관용어 사전·격언 사전을 겸한

우리말 띄어쓰기 대사전

권오운 편저

집사재

관용어 사전 · 격언 사전을 겸한

우리말 띄어쓰기 대사전

초판 1쇄 인쇄일 │ 2014년 01월 20일
개정 1쇄 발행일 │ 2018년 10월 25일

편저자 │ 권오운
발행인 │ 최화숙
발행처 │ 집사재
출판등록 │ 1994년 6월 9일
등록번호 │ 제10-991호

주소 │ 서울시 마포구 서교동 377-13 성은빌딩 301호
전화 │ 335-7353~4
팩스 │ 325-4305
e-mail │ pub95@hanmail.net / pub95@naver.com

ISBN 978-89-5775-191-6 13710

ⓒ 2018 권오운

값 55,000원

:: 머리말

최근, 수년간 국립국어원장을 지낸 한 대학교수가 '우리말 띄어쓰기는 솔직히 말해 나도 자신 없다.'고 털어놓아 큰 파장을 일으켰다. 그의 처신을 두고 왈가왈부한다거나 또는 그의 발언의 진위와는 상관없이 이는 현행 우리말 띄어쓰기의 진면목을 보여 주는 한 단면으로서 씁쓸함을 금할 길 없다.

띄어쓰기는 한글맞춤법의 한 분야이다. 그것도 한글맞춤법 전체 규정의 10분의 1에도 못 미치는, 비교적 간략한 설명으로 이루어져 있는 분야이다. 그런데도 일상적으로 '맞춤법과 띄어쓰기'처럼 표현하여, 마치 맞춤법과 띄어쓰기가 대등한 별개의 항목으로 인식되어 오고 있다. 그것은 띄어쓰기가 그만큼 어렵고 까다롭기 때문일 것이다. 대학에서 10여 년 동안 글쓰기를 지도하면서 겪어서 얻은 결론이기도 하다.

맞춤법보다도 띄어쓰기에 더욱 신경을 쓰면서도 쩔쩔매는 꼴이 안타깝기 그지없을 지경이었다. 이런 현실이 〈관용어 사전·격언 사전을 겸한 우리말 띄어쓰기 대사전〉을 펴내게 만든 크나큰 요인이었다. 여기 조그마한 내 노력이 보탬의 한 가지가 되기를 바라는 마음 간절하다.

2013년 겨울에

편저자

:: 일러두기

(1) 띄어쓰기의 기본은 국립국어원 편 〈표준국어대사전〉의 지침을 따랐다.

(2) 띄어 쓰는 것을 원칙으로 하나 붙여 써도 되는 것은 등호를 사이로 나란히 실었다.

 * 합자 회사＝합자회사(合資會社)

단, 보조 용언의 경우 '경우에 따라 붙여 씀도 허용한다.'는 배제하고, '띄어 씀을 원칙으로 함'을 취하였다.

 * 불이 꺼져 간다.
 * 어머니를 도와 드린다.
 * 그릇을 깨뜨려 버렸다.

(3) 의존 명사 '양, 척, 체, 만, 법, 듯' 등에 '-하다'나 -싶다'가 결합하여 된 보조용언의 경우도 원칙(띄어 씀)만을 취했다.

 * 학자인 양하다.
 * 모르는 체하다.
 * 올 듯싶다.
 * 놓칠 뻔하다.

(4) 각 표제어와 관련하여 실려 있는 관용구는 띄어쓰기와는 별개로 모두 실었으며, 띄어쓰기가 필요하다고 생각되는 속담이나 비속어까지도 가능한 한 많이 실으려 노력했다.

(5) 같은 말인데 뜻에 따라 띄어쓰기가 달라지는 것은 간략한 뜻풀이나 예문으로 구별할 수 있도록 했다.

 * 훑어보다 대강 훑어보다.
 * 훑어 보다 이삭을 손으로 훑어 보다.

(6) 동음이의어이기도 하고 띄어쓰기도 같은 경우 ⑴ ⑵로 나누어 뜻풀이나 예문을 달았다.

 * 가윗날⑴ ＝추석
 * 가윗날⑵ 가위의 날카로운 부분.

(7) 사이시옷은 '순 우리말 또는 순 우리말과 한자어로 된 합성어 가운데 앞말이 모음으로 끝나거나 뒷말의 첫소리가 된소리로 나거나 뒷말의 첫소리 'ㄴ, ㅁ' 앞에서 'ㄴ' 소리가 덧나거나, 뒷말의 첫소리 모음 앞에서 'ㄴㄴ' 소리가 덧나는 것 따위에 받치어 적는다.'고 되어 있는 것과 상관없이 표준국어대사전에 표제어로 올라 있는 것만 취하였다.

 * 등굣길, 아랫니, 나뭇잎, 장밋빛

(8) 구령이나 호령의 띄어쓰기는 표준국어대사전의 원칙(모두 붙여 쓰기)을 따랐다.

 * 우향우, 좌향좌, 앞으로나란히, 서서쏴

(9) 관용어는 [관], 속담이나 격언은 [격]으로 표시하였다.

[ㄱ]

ㄱㄴㄷ순(-順) = 가나다순.
ㄱ자자(-字-) 'ㄱ'자 모양의 자.
ㄱ자집(-字-) 'ㄱ'자 모양의 집.
가 (명)('주변'의 뜻) 강가, 냇가, 우물가, 부
　　둣가.
가가호호(家家戶戶)
가감 없이(加減-)
가감해 보다(加減-)
가갸날
가갸 뒷자도 모른다(-字-) [격]
가거나 말거나
가건 말건
가건물(假建物)
가건 안 가건
가게그려
가게 기둥
가게 기둥에 입춘(-立春) [격]
가게내기
가게 내다
가게 되다
가게 될 것 같다
가게 되는지 모르겠다
가게 될 듯싶다
가게 될 듯하다
가게 될지
가게 뒤
가게 문 열다(-門-)
가게 세(-貰)
가게 안
가게 옆
가게 입구(-入口)
가게 전화(-電話)
가게 주인(-主人)
가게채　가게로 쓰는 집채.

가게 하다
가게 한들
가게 할 수는 없다
가게 해 달라고 하다
가게 해 달라다
가게 해 주다
가겟방(-房)
가겟집
가격 경쟁=가격경쟁(價格競爭)
가격 내리다(價格-)
가격 담합(價格談合)
가격 상승(價格上昇)
가격 올리다(價格-)
가격 인상(價格引上)
가격 인하(價格引下)
가격 절충(價格折衝)
가격 차이=가격차이(價格差異)
가격 파괴(價格破壞)
가격 표시(價格標示)
가격 할인(價格割引)
가결 안 되다(可決-)
가결의(假決議)
가결해 버리다(可決-)
가계 대출(家計貸出)
가계 부채(家計負債)
가계 빚(家計-)
가계 수입(家計收入)
가계 수표=가계수표(家計手票)
가계 형편(家計形便)
가고 나니
가고 나다
가고 난 후(-後)
가고말고
가고 말다

가고 말 일
가고 싶다
가고 싶어 하다
가고 싶은가 보다
가고 안 가고
가고 오다
가고자 하다
가공 소금(加工-)
가공 식품=가공식품(加工食品)
가공인물(架空人物)
가공해 놓다(加工-)
가공해 두다(加工-)
가교사(假校舍)
가교실(假敎室)
가교 역할(架橋役割)
가구공예(家具工藝)
가구 공장(家具工場)
가구 수(家口數)
가구장이(家具-)
가기는 가다
가기는 가 봐야지
가기는 고사하고(-姑捨-)
가기는커녕
가기만 해 봐라
가기 위하여(-爲-)
가긴 간다만
가까우리만큼
가까운 남이 먼 일가보다 낫다(- -家-) [격]
가까운데 가까운데도 못 간다.
가까운 데 가까운 데로 가다.
가까운 데를 가도 점심밥을 싸 가지고 가거라
　　(-點心-) [격]
가까운 데 집은 깎이고 먼 데 절은 비친다 [격]
가까운 무당보다 먼 데 무당이 영하다(-靈 -)
　　[격]
가까운 집 며느리일수록 흉이 많다(-凶-) [격]
가까울 거야
가까울걸
가까울 걸세
가까울걸요
가까울뿐더러
가까울 뿐만 아니라
가까울 뿐 아니라
가까울수록
가까워 보이다
가까워 오다

가까워져 가다
가까워질 거야
가까워질수록
가까이 가까이
가까이 가다
가까이 못 하다
가까이 안 하다
가까이하다
가까이해 오다
가까이해 주다
가깝긴 하지만
가깝디가깝다
가꾸게 되다
가꾸러뜨리다
가꾸러지다
가꾸러트리다
가꾸로 되다
가꾸로 박히다
가꾸어 가다
가꾸어 나가다
가꾸어 놓다
가꾸어 놔두다
가꾸어 두다
가꾸어 보다
가꾸어 오다
가꾸어 주다
가꾸어 나가다
가꾸어 달라고 하다
가꾸어 달라다
가꾸어 먹다
가꾸어 오다
가꾸어 주다
가꾸어 줘 봤자
가끔가끔
가끔가다 =가끔가다가.
가끔 가다 고향에 가끔 가다.
가끔가다가
가끔씩
가나다순(-順)
가나다차례(-次例)
가나 마나
가나 보다
가나 안 가나
가나오나
가난 구제는 나라도 못한다 [격]
가난도 비단 가난 [격]

가난뱅이
가난살이
가난살이하다
가난은 나라도 못 당한다(-當-) [격]
가난이 들다 [관]
가난이 싸움이다 [격]
가난이 원수(-怨讐) [격]
가난이 죄다(-罪-) [격]
가난이 질기다 [격]
가난이 파고들다 [관]
가난타령
가난하긴 하지만
가난하다 보니
가난한 듯하다
가난한 상주 방갓 대가리 같다(-喪主方-) [격]
가난한 양반 향청에 들어가듯(-兩班鄕廳-) [격]
가난한 집 신주 굶듯(-神主-) [격]
가난한 집에 자식이 많다(-子息-) [격]
가난한 집 제사 돌아오듯(-祭祀-) [격]
가난한 체하다
가난할망정
가난할뿐더러
가난할 뿐 아니라
가난할수록 기와집 짓는다 [격]
가난할 수밖에 없어 보이다
가난해 보이다
가난해져 가다
가난해지다
가내 공업=가내공업(家內工業)
가네그려
가녀린 손목
가녘
가녘에까지
가누지 못하다
가느냐 마느냐
가느니 마느니
가느다래지다
가느스름해지다
가는가 보다
가는 거야
가는 건지 안 가는 건지
가는 걸 거야
가는귀먹다
가는 날이 생일(-生日) [격]
가는 날이 장날(-場-) [격]
가는 년이 물 길어다 놓고 갈까 [격]

가는 대로
가는 떡이 커야 오는 떡이 크다 [격]
가는 말에도 채찍을 치랬다 [격]
가는 말이 고와야 오는 말이 곱다 [격]
가는 며느리가 보리방아 찧어 놓고 가랴 [격]
가는 모래
가는 방망이 오는 홍두깨 [격]
가는베
가는베 낳겠다 [격]
가는 세월 오는 백발(-歲月-白髮) [격]
가는소금
가는 손님은 뒤꼭지가 예쁘다 [격]
가는 정이 있어야 오는 정이 있다(-情-情-)
　　[격]
가는 족족
가는 중(-中)
가는지 안 가는지
가는 척하다
가는체 =고운체.
가는 체하다
가는 토끼 잡으려다 잡은 토끼 놓친다 [격]
가는허리
가는홈
가늘 거야
가늘걸
가늘 걸세
가늘걸요
가늘게 먹고 가는 똥 싸라 [격]
가늘긴 하지만
가늘디가늘다
가늘어 보이다
가늘어지다
가늠구멍
가늠쇠
가늠을 보다 [관]
가늠이 가다 [관]
가늠해 보다
가능성 없다(可能性-)
가능성 있다(可能性-)
가능 여부(可能與否)
가능하게 하다(可能-)
가능한 대로(可能-)
가능한 한(可能-限)
가능해 보이다(可能-)
가능해져 가다(可能-)
가능해지다(可能-)

가다가다 동안이 뜨게 이따금.
가다듬어 가다
가다듬어 놓다
가다듬어 두다
가다듬어 주다
가다루다
가다마다 가고말고.
가다 말고 길을 가다 말고.
가다 말다 하다
가다 보니
가다 서다 하다
가 다오
가닥가닥
가닥가닥이
가닥 못 잡다
가닥 잡다
가닥 잡히다
가 달라고 하다
가 달라다
가담시켜 주다(加擔-)
가담 안 하다(加擔-)
가담 않기로 하다(加擔-)
가담하지 마라(加擔-)
가담해 오다(加擔-)
가당찮다(可當-)
가당찮아 보이다(可當-)
가당치 않다(可當-)
가당치 않아 보이다(可當-)
가대기꾼 창고나 부두 따위에서 쌀가마니 따
    위의 무거운 짐을 갈고리로 찍어 당겨서 어
    깨에 메고 나르는 사람.
가대기 치다
가대기하다
가댁질
가덕치(加德-) 가덕도에서 만들어 내는 탕건.
가던 대로
가던 중(-中)
가도 가도 끝이 안 보이다
가도구(家道具)
가도밋국(假-)
가도록 해 주다
가도 오도 못하다 [관]
가동가동하다
가동 못 하다(稼動-)
가동 안 하다(稼動-)
가동이치다

가동 중단(稼動中斷)
가동질 어린아이의 겨드랑이를 치켜들고 올렸
    다 내렸다 하며 어를 때에, 아이가 다리를
    오그렸다 폈다 하는 짓.
가동해 오다(稼動-)
가두극장(街頭劇場)
가두리 양식=가두리양식(-養殖)
가두모금(街頭募金)
가두방송(街頭放送)
가두서명(街頭署名)
가두선전(街頭宣傳)
가두시위(街頭示威)
가두어 기르다
가두어 놓다
가두어 두다
가두어 버리다
가두연설(街頭演說)
가두집회(街頭集會)
가두 투쟁(街頭鬪爭)
가두판매(街頭販賣)
가두 행진(街頭行進)
가득가득
가득가득하다
가득 넣다
가득 담다
가득 메우다
가득 싣다
가득 안다
가득 차다
가득 차 보이다
가득 차 있다
가득 찬 것 같다
가득 찬 듯하다
가득 채우다
가득 채워 놓다
가득 채워 주다
가득 채워지다
가득하다
가득한 듯하다
가득해 보이다
가득해져 가다
가든가든
가든가든하다
가든그뜨리다
가든그트리다
가든그리다

가든 말든
가든 안 가든
가든지 말든지 간에(-間-)
가뜩가뜩
가뜩한데   지금도 매우 어려운데 거기다 더.
가라고 안 하다
가라고 하다
가라는 대로
가라 마라 하다
가라말   털빛이 온통 검은 말.
가라앉아 가다
가라앉아 버리다
가라앉을 듯하다
가라앉을 뻔하다
가라앉혀 놓다
가라앉혀 두다
가라앉혀 보다
가라앉혀 버리다
가라앉혀 주다
가라앉히다
가라 하다
가락가락
가락가락이
가락국수
가락꼬치 아니면 송곳 [격]
가락엿
가락을 내다 [관]
가락을 떼다 [관]
가락이 나다 [관]
가락이 맞다 [관]
가락지매듭
가락짓벌
가락토리
가란침못
가랑가랑
가랑가랑하다
가랑개미
가랑눈
가랑니
가랑니가 더 문다 [격]
가랑머리
가랑무
가랑비
가랑비녀
가랑비에 옷 젖는 줄 모른다 [격]
가랑이 찢어지다 [격]

가랑이에 두 다리를 넣는다 [격]
가랑이지다
가랑잎 같은
가랑잎같이
가랑잎 소리
가랑잎에 불 붙듯 [격]
가랑잎으로 눈 가리기 [격]
가랑잎으로 똥 싸 먹겠다 [격]
가랑잎이 솔잎더러 바스락거린다고 한다 [격]
가래그물
가래꾼
가래단속곳
가래 끓다
가래떡
가래바대
가래엿
가래질
가래질꾼
가래 터 종놈 같다 [격]
가래톳 서다
가랫날
가랫노(-櫓)
가랫대
가랫바닥
가랫밥
가랫장부
가랫줄
가량가량하다
가량 못 하다(假量-)
가량 안 되다(假量-)
가량없다(假量-)
가려내다
가려 놓다
가려는 중(-中)
가려듣다
가려 들다
가려 먹다
가려보다
가려보이다
가려 뽑다
가려 쓰다
가려 안 하다
가려운 데를 긁어 주듯 [격]
가려울 거야
거려울걸
가려울 걸세

가려울걸요
가려움증(-症)
가려워지다
가려워하다
가려잡다 골라잡다.
가려 주다
가려지다
가려진 대로
가려진 채로
가려 하다
가로거치다
가로걸다
가로걸리다
가로글씨
가로금
가로꿰지다
가로나비 옷감 따위를 가로로 잰 길이.
가로놓다
가로놓이다
가로누르기
가로누이다
가로눕다
가로눕히다
가로다리
가로다지 가로로 된 방향.
가로닫다 샛길로 질러 달리거나 빨리 걷다.
가로닫이
가로닫이창(-窓)
가로돛
가로둑
가로들다 가로로 비스듬히 들다.
가로 뛰고 세로 뛰다 [관]
가로띠
가로막다
가로막아 서다
가로막히다
가로맡다 남의 일을 가로채서 맡거나 대신해
　　　서 맡다.
가로무늬
가로무늬근(-筋)
가로물다 기다란 것이 가로놓이게 물다.
가로물리다
가로새다 중간에 다른 곳으로 빠져나가다.
가로서다 가로 방향으로 나란히 서다.
가로세로
가로세우다

가로수 잎
가로썰다
가로쓰기
가로안다 가로로 놓이게 안다.
가로장 가로로 건너지른 나무 막대기.
가로젓다
가로줄
가로쥐다
가로 지나 세고 지나 [관]
가로지다
가로지르다
가로질러 가다
가로질러 놓다
가로질러 두다
가로질리다
가로짜기
가로찢다
가로차다
가로채 가다
가로채 오다
가로채이다
가로코
가로타다
가로톱
가로퍼지다
가로획(-畫) 글자에서 가로로 긋는 획.
가로흔들다
가뢰꾼 대궐에서 잡일을 맡아보는 일꾼을 이
　　　르던 말.
가루 가지고 떡 못 만들랴 [격]
가루내기
가루눈
가루는 칠수록 고와지고 말은 할수록 거칠어진
　　　다 [격]
가루담배
가루모래
가루 모양(-模樣)
가루모이
가루받이
가루분(-粉)
가루붙이
가루비누
가루뿌리개
가루사탕(-砂糖)
가루소금
가루약(-藥)

가루우유(-牛乳)
가루음식(-飮食)
가루자반
가루젖 =가루우유.
가루즙(-汁)
가루집 가루로 지은 벌레의 집.
가루차(-茶)
가루체
가루택이 뎟의 하나.
가룻국
가르랑가르랑
가르랑가르랑하다
가르마꼬챙이
가르마질
가르마 타다
가르맛길
가르맛자리
가르쳐 가지고
가르쳐 나가다
가르쳐 놓다
가르쳐 달라고 하다
가르쳐 달라다
가르쳐 두다
가르쳐 드리다
가르쳐 보다
가르쳐 오다
가르쳐 주다
가르쳐 준 대로
가르치려 하다
가르친 대로
가르친사위 창조성이 없이 무엇이든지 남이 가
　　르친 대로만 하는 사람을 낮잡아 이르는 말.
가르침대로
가리가리
가리나무 갈퀴로 긁어모은 땔나무.
가리를 틀다 [관]
가리맛살
가리맛저냐
가리맛찌개
가리부피 나뭇단이나 곡식단 같은 것을 차곡
　　차곡 쌓아 올린 더미의 부피.
가리비료(-肥料)
가리산지리산
가리지 않다
가리질
가리켜 달라고 하다

가리켜 달라다
가리켜 드리다
가리켜 주다
가리키는 듯하다
가린나무 쓰임에 따라 켜 놓은 재목.
가린병아리 암수를 가려 놓은 병아리.
가린주머니 인색한 사람을 놀림조로 이르는 말.
가린 채로
가릴 것 없다
가림담
가림빛 =보호색.
가림색(-色)
가림은 있어야 의복이라 한다(-衣服-) [격]
가림집
가마가 검기로 밥도 검을까 [격]
가마가 많으면 모든 것이 헤프다 [격]
가마가 솥더러 검정이 한다 [격]
가마구이
가마굽
가마꾼
가마노르께하다
가마니때기
가마니바늘
가마니 치다
가마니틀
가마닛동(-垌)
가마때기
가마떼기
가마뚜껑
가마를 태우다 [관]
가마멀미
가마발갛다
가마소
가마 속의 콩도 삶아야 먹는다 [격]
가마솔
가마솥
가마솥더위
가마솥 밑이 노구솥 밑을 검다 한다 [격]
가마솥에 든 고기 [격]
가마솥이 검기로 밥도 검을까 [격]
가마싸움
가마 안의 팥이 풀어져도 그 안에 있다 [격]
가마채
가마 타고 가다
가마 타고 시집가기는 틀렸다 [격]
가마 타고 옷고름 단다 [격]

가마타기
가마 태우다
가마터
가마통 한 가마니에 드는 곡식의 분량.
가마푸르레하다
가막덤불
가막쇠
가막조개
가만가만
가만가만하다
가만 놓아두다
가만 놔두다
가만두다
가만둘 수 없다
가만빛
가만사뿐
가만 안 놔두다
가만있거라
가만있자
가만있지 마라
가만한 바람이 대목을 꺾는다(-大木-) [격]
가만히 먹으라니까 뜨겁다 한다 [격]
가만히 생각해 보다
가만히 있을 수 없다
가맛바가지
가맛바람
가맛바탕
가맛밥
가맛방석(-方席)
가맛전
가망 없다(可望-)
가망 없이 되다(可望-)
가매장(假埋葬)
가맹단체(加盟團體)
가면 갈수록
가면무도회(假面舞蹈會)
가면무용(假面舞踊)
가면 안 된다
가면을 벗다(假面-) [관]
가면을 쓰다(假面-) [관]
가면허(假免許)
가멸차다
가명 계좌(假名計座)
가명 쓰다(假名-)
가무끄름하다
가무대대하다

가무댕댕하다
가무뜨리다
가무러치다
가무숙숙하다
가무잡잡하다
가무총총하다
가문 논에 물 대기 [격]
가문을 흐리다(家門-) [관]
가문 덕에 대접받는다(家門德-待接-) [격]
가문 땅(家門-)
가물가물하다
가물 끝에
가물대다
가물 끝은 있어도 장마 끝은 없다 [격]
가물 들다
가물 안 타다
가물에 단비 [격]
가물에 돌 친다 [격]
가물에 콩 나듯 [격]
가물철
가물치곰 가물치를 푹 고아 만든 국.
가물치회(-膾)
가물칫국
가물 타다
가뭄 극복(-克服)
가뭄더위
가뭄 들다
가뭄 때
가뭄못자리
가뭄 안 타다
가뭄에 콩 나듯 하다
가뭄 지역(-地域)
가뭄철
가뭄철 물웅덩이의 올챙이 신세(-身世) [격]
가뭄 타다
가뭄 피해(-被害)
가뭄해(-害)
가뭇가뭇하다
가뭇없다
가미해 놓다(加味-)
가방 끈
가방 속
가방 안에
가 버릇하다
가 버리다
가 버린 줄 알다

가벼운 듯하다
가벼운리을
가벼운미음
가벼운비읍
가벼운시옷
가벼운쌍비읍
가벼운입술소리
가벼운피읖
가벼울 거야
가벼울걸
가벼운 걸세
가벼울걸요
가벼울 것 같다
가벼울뿐더러
가벼울 뿐만 아니라
가벼울 뿐 아니라
가벼울수록
가벼울지라도
가벼워 보이다
가벼워져 가다
가벼워지다
가벼워질 거야
가벼이 보다
가벼이 여기다
가볍게 가볍게
가볍기만 하다
가볍긴 하지만
가볍다나 봐
가볍디가볍다
가 보게 되다
가 보고 싶다
가보낭청   노름에서 가보 쪽을 내놓으며 외치
       는 말.
가 보라고 하다
가 보려 하다
가 보지 않다
가보 쪽 같은 양반(-兩班) [격]
가 본 데가 없다
가 본 듯하다
가본적(假本籍)
가 본 일 없다
가 본 적 있다
가 본 지 오래되다
가 볼 거야
가 볼걸
가 볼 걸세

가 볼걸요
가 볼게
가 볼게요
가 볼까 하다
가 볼 만하다
가 볼 수 없다
가 볼 참이다
가 봄 직하다
가 보아라
가 뵙다
가부간에(可否間-)
가부 동수(可否同數)
가부득감부득(加不得減不得)
가분가분하다
가불가(可不可)
가불가불하다
가빠 오다
가빠져 가다
가빠지다
가뿐가뿐하다
가뿐해 보이다
가뿐해하다
가삐 몰아쉬다
가사 노동(家事勞動)
가사 문제(家事問題)
가사 문학(歌辭文學)
가산 탕진(家産蕩盡)
가살을 빼다 [관]
가살을 쓰다 [관]
가상공간(假想空間)
가상 세계(假想世界)
가상 인물(假想人物)
가상현실(假想現實)
가상훈련(假想訓練)
가새지르다
가서는 안 되다
가서 보다
가서 알아보다
가설극장(假設劇場)
가설랑
가설랑은
가설무대(假設舞臺)
가설해 놓다(架設-)
가설해 두다(架設-)
가설해 주다(架設-)
가성명(假姓名)

가세할 것 같다(加勢-)
가세해 버리다(加勢-)
가셔 내다
가셔 버리다
가셔지다
가속 장치＝가속장치(加速裝置)
가솔린펌프(gasoline pump)
가수요자(假需要者)
가수용소(假收容所)
가스난로(gas煖爐)
가스 누출(gas漏出)
가스러지다
가스레인지(gas range)
가스 배달(gas配達)
가스 배출(gas排出)
가스 사고(gas事故)
가스 요금(gas料金)
가스잡이(gas-)
가스 중독＝가스중독(gas中毒)
가스 충전소(gas充塡所)
가스탱크(gas tank)
가스 폭발＝가스폭발(gas爆發)
가스히터(gas heater)
가슬가슬하다
가슴 가슴마다
가슴걸이
가슴골
가슴 깊은 곳
가슴 깊이
가슴너비
가슴놀이 가슴의 맥박이 뛰는 곳.
가슴다리
가슴둘레
가슴 뛰다
가슴 뜨겁다
가슴 막히다
가슴 뭉클해지다
가슴바대
가슴 벅차다
가슴 부위(-部位)
가슴 부풀다
가슴뼈
가슴 뿌듯하다
가슴살
가슴 설레다
가슴속 ＝마음속

가슴속 깊이
가슴속에서 우러나오다
가슴숨
가슴숨쉬기
가슴 시리다
가슴 아프다
가슴 아파하다
가슴앓이
가슴에 멍이 들다 [관]
가슴에 못을 박다 [관]
가슴에 불붙다 [관]
가슴에 새기다 [관]
가슴에서 불이 일다 [관]
가슴에 와 닿다
가슴에 칼을 품다 [관]
가슴을 불태우다 [관]
가슴을 앓다 [관]
가슴을 저미다 [관]
가슴을 짓찧다 [관]
가슴을 치다 [관]
가슴을 태우다 [관]
가슴을 허비다 [관]
가슴이 내려앉다 [관]
가슴이 두방망이질하다 [관]
가슴이 뜨겁다 [관]
가슴이 뜨끔하다 [관]
가슴이 막히다 [관]
가슴이 무겁다 [관]
가슴이 무너져 내리다 [관]
가슴이 미어지다 [관]
가슴이 방망이질하다 [관]
가슴이 벅차다 [관]
가슴이 서늘하다 [관]
가슴이 숯등걸이 되다 [관]
가슴이 아리다 [관]
가슴이 저리다 [관]
가슴이 찔리다 [관]
가슴이 찢어지다 [관]
가슴이 콩알만 해지다 [관]
가슴이 타다 [관]
가슴이 터지다 [관]
가슴이 트이다 [관]
가슴 저리다
가슴 저미다
가슴 적시다
가슴 졸여 오다

가슴 졸이다
가슴 죄며 살다
가슴지느러미
가슴 찔리다
가슴 태우다
가슴 태워 오다
가슴통 가슴의 앞부분 전부.
가슴 통증(-痛症)
가슴팍
가슴패기 = 가슴팍.
가슴 펴고 살다
가슴 펴 보다
가슴 한구석이 텅 비다
가슴호흡(-呼吸)
가슴힘살
가시가 박히다 [관]
가시가 세다 [관]
가시 같은
가시같이
가시거리(可視距離)
가시나무
가시나무에 가시가 난다 [격]
가시나무에 연줄 걸리듯(-鳶 -) [격]
가시눈
가시덤불
가시 돋친 말
가시 먹은 것 같다 [관]
가시못
가시 무서워 장 못 담그랴(-醬-) [격]
가시 방석(-方席)
가시밭
가시밭길
가시버시 부부를 낮잡아 이르는 말.
가시섶 가시가 많은 땔나무.
가시쇠줄
가시신호(可視信號)
가시아비 '장인'의 낮춤말.
가시아비 돈 떼어먹은 놈처럼 [격]
가시어미 '장모'의 낮춤말.
가시어미 눈멀 사위 [격]
가시어미 장 떨어지자 사위가 국 싫다 한다(-
    醬-) [격]
가시연밥(-蓮-)
가시줄 가시철을 끼운 철사.
가시집 '처가'의 낮춤말.
가시 찔리다

가시철(-鐵)
가시철사(-鐵絲)
가시철조망(-鐵條網)
가시할머니 =처조모.
가시할미
가시할아버지 =처조부.
가시할아비
가식 없다(假飾-)
가실 거야
가실걸
가실 걸세
가실걸요
가실 것 같다
가실 듯하다
가심질
가십거리(gossip-)
가십 기사(gossip記事)
가십난(gossip欄)
가 앉다
가압류당하다(假押留當-)
가야금 타다(伽倻琴-)
가야 된다
가야만 한다
가야 하나 말아야 하나
가야 한다
가야 할 것 같다
가야 할 데가 있다
가야 할 텐데
가어음(假-)
가없다
가없이 넓은 바다
가여운 듯하다
가여워 보이다
가여워지다
가여워하다
가열 처리(加熱處理)
가엾게 되다
가엾어 보이다
가엾이 여기다
가오리무침
가오리백숙(-白熟)
가오리어채(-魚采)
가오리연(-鳶)
가오리탕(-湯)
가오리흥정 흥정 중에 잘못하여 도리어 값을
    올리게 된 흥정.

가오릿국
가옥대장(家屋臺帳)
가옥 형태(家屋形態)
가욋길(加外-)
가욋돈(加外-)
가욋벌이(加外-)
가욋사람(加外-)
가욋일(加外-)
가요만담(歌謠漫談)
가운데귀
가운데뜰
가운데 부분(-部分)
가운데아버지
가운데어머니
가운데 자리
가운데 쪽
가운데 창자=가운데창자
가운데치마
가운데톨
가운뎃다리 남자의 성기를 비유적으로 이르는
　　　말.
가운뎃마디
가운뎃발가락
가운뎃소리
가운뎃손가락
가운뎃점(-點)
가운뎃줄
가운뎃집
가위꼴
가위놀이
가위눌리다
가위다리
가위다리를 치다 [관]
가위다리양자(-養子) 형제 중 한 사람에게만
　　　외아들이 있을 때, 그 외아들이 두 아들을
　　　낳아 그 하나를 아들이 없는 할아버지의 양
　　　손으로 삼음. 또는 그 양손.
가위뛰기
가위바위보
가위손
가위질 소리
가위질하다
가위춤
가위표(-標) =가새표.
가윗날(1) =추석.
가윗날(2) 가위의 날카로운 부분.

가윗밥
가을갈이
가을걷이
가을걷이철
가을걷이하다
가을 경치(-景致)
가을고치
가을 길
가을꽃
가을꿀
가을 나들이
가을날
가을 날씨
가을 내내
가을누에
가을 더위와 노인의 건강(-老人-健康) [격]
가을 동안
가을 들어
가을 들판
가을마당
가을맞이
가을맞이하다
가을무
가을 물은 소 발자국에 고인 물도 먹는다 [격]
가을밀
가을바람
가을바람은 총각 바람, 봄바람은 처녀 바람(-總
　　　角-處女-) [격]
가을바람의 새털 [격]
가을밤
가을밭
가을밭은 안 갈아엎는다 [격]
가을배추
가을벌레
가을볕
가을보리
가을봄
가을비
가을비는 떡 비라 [격]
가을비는 턱 밑에서도 긋는다 [격]
가을빛
가을 산행(-山行)
가을살이 가을에 입는 옷.
가을 상추는 문 걸어 잠그고 먹는다 [격]
가을 소풍(-逍風)
가을 식은 밥이 봄 양식이다(-糧食-) [격]

가을심기
가을심기하다
가을 아욱국은 계집 내쫓고 먹는다 [격]
가을에는 부지깽이도 덤빈다 [격]
가을옷
가을일
가을일은 미련한 놈이 잘한다 [격]
가을일하다
가을 작물=가을작물
가을장마
가을줄이　가을 수확량이 예상보다 줄어드는
　　　일.
가을 중 싸대듯 [격]
가을철
가을철에는 죽은 송장도 꿈지럭한다 [격]
가을 축제(-祝祭)
가을 하늘
가을 한철
가을 햇볕
가을 호(-號)
가인박명(佳人薄命)
가일층(加一層)
가임 연령(可姙年齡)
가입자 수(加入者數)
가입전화(加入電話)
가입 회원(加入會員)
가 있다
가 있다가 오다
가자는 대로
가자마자
가자미눈
가자미식해(-食醢)
가자미저냐
가자미젓
가자미조림
가자미지짐이
가자미회(-膾)
가자산적(茄子散炙)
가자화향적(茄子花香炙)
가잠나룻
가장귀지다
가장귀창(-槍)
가장무도회(假裝舞蹈會)
가장 비싸다
가장 오래되다
가장 잘 알다

가장 잘하다
가장질
가장 크다
가장행렬(假裝行列)
가재걸음
가재는 게 편(-便) [격]
가재도구(家財道具)
가재를 치다 [관]
가재 물 짐작하듯 [격]
가재수염(-鬚髥)
가재지짐이
가전 기기(家電機器)
가전제품(家電製品)
가정 간호사=가정간호사(家庭看護師)
가정거장(假停車場)
가정교사(家庭敎師)
가정교육(家庭敎育)
가정 내(家庭內)
가정밖에 모른다(家庭-)
가정 방문=가정방문(家庭訪問)
가정배달(家庭配達)
가정별(家庭別)
가정부인(家庭婦人)
가정 분위기(家庭雰圍氣)
가정불화(家庭不和)
가정 사정(家庭事情)
가정상담소(家庭相談所)
가정상비약(家庭常備藥)
가정생활(家庭生活)
가정에서뿐만 아니라(家庭-)
가정오락(家庭娛樂)
가정 요리(家庭料理)
가정용구(家庭用具)
가정용품(家庭用品)
가정 일(家庭-)
가정주부(家庭主婦)
가정집(家庭-)
가정 통신=가정통신(家庭通信)
가정 파괴범=가정파괴범(家庭破壞犯)
가정 파탄(家庭破綻)
가정 폭력(家庭暴力)
가정해 보다(假定-)
가정 형편(家庭形便)
가정환경(家庭環境)
가져가다
가져가 버리다

가져가 보다
가져가지 마라
가져간다 해도
가져갈까 보다
가져갈 터이다
가져다 놓다
가져다 대다
가져다 드리다
가져다주다
가져 보지 못하다
가져오게 하다
가져오다
가져온 듯하다
가져올 듯하다
가져와 보다
가졌나 보다
가조기 배를 갈라 펴서 말린 조기.
가족 간(家族間)
가족 같은(家族-)
가족같이(家族-)
가족계획(家族計劃)
가족 관계(家族關係)
가족끼리(家族-)
가족 나들이(家族-)
가족 내에(家族內 -)
가족 단위로(家族單位-)
가족 되는 분(家族-)
가족 된 도리(家族-道理)
가족 모임(家族-)
가족묘(家族墓)
가족 묘지(家族墓地)
가족사진(家族寫眞)
가족 삼다(家族-)
가족 상봉(家族相逢)
가족생활(家族生活)
가족 수(家族數)
가족 여행(家族旅行)
가족 역할(家族役割)
가족 외에(家族外-)
가족 전체(家族全體)
가족주의(家族主義)
가족 중심(家族中心)
가족 중에(家族中-)
가족 품(家族-)
가족 형태(家族形態)
가족회의(家族會議)

가졸업(假卒業)
가 주고 싶다
가주소(假住所)
가 주다
가죽 가방
가죽 공장(-工場)
가죽 구두
가죽나무
가죽 띠
가죽배
가죽 부대(-負袋)
가죽숫돌 면도칼의 날을 세우는 데에 쓰는 가
　　죽으로 된 띠.
가죽신
가죽 신발
가죽 옷
가죽이 모자라서 눈을 냈는가 [격]
가죽이 있어야 털이 나지 [격]
가죽 장갑(-掌匣)
가죽점퍼(-jumper)
가죽 제품(-製品)
가죽 조각
가죽조끼
가죽집
가죽칼
가죽피리
가 줄 거야
가 줄걸
가 줄 걸세
가 줄걸요
가 줄게
가 줄게요
가 줘
가 줘야 해
가지가위 =전지가위.
가지가지
가지각색(-各色)
가지게 되다
가지고 가다
가지고 나가다
가지고 나오다
가지고 놀다
가지고 다니다
가지고르기 =가지치기.
가지고 싶어 하다
가지고 싶은가 보다

가지고 싶은 대로
가지고 싶은 듯하다
가지고 오다
가지고 있지 않다
가지급금(假支給金)
가지김치
가지꽂이
가지 끝
가지나무에 목을 맨다 [격]
가지나물
가지노리개 가지 모양을 본뜬 노리개.
가지누름적(-炙)
가지 따 먹고 외수 한다(-外數-) [격]
가지런해 보이다
가지런해지다
가지려 들지 마라
가지려 하지 마라
가지를 치다 [관]
가지 마
가지 마라
가지만지 가지를 데쳐 속에 고명을 넣고 삭힌
　　반찬.
가지 많은 나무가 잠잠할 적 없다 [격]
가지 많은 나무에 바람 잘 날이 없다 [격]
가지 못하게 하다
가지바늘
가지번호(-番號) 일정하게 매긴 번호에서 다
　　시 가지를 치듯 갈라져 나가 매긴 번호.
가지 붕탱이 같다 [격]
가지뿌리
가지산적(-散炙)
가지색(-色)
가지 수(-數) 나뭇가지의 수.
가지 않아야 한다
가지 않으면 안 된다
가지 않은 듯하다
가지 않을 수 없다
가지자르기 =가지치기.
가지장아찌
가지적(-炙)
가지전(-煎)
가지지 마라
가지지 못하다
가지찜
가지치기하다
가지 치다

가지톱
가지회(-膾)
가진 것 없다
가진 것 중에(-中-)
가진 놈의 겹철릭 [격]
가진 대로 내놓다
가진 돈이 없으면 망건 꼴이 나쁘다(-網巾-)
　　[격]
가진 만큼
가진 이와 못 가진 이
가진 자 중에서(-者中-)
가진 지 오래되다
가진 채
가질 거야
가질걸
가질 걸세
가질걸요
가질게
가질게요
가질 듯하다
가질 만큼 가지다
가질 만하다
가질수록
가질 테면 가져라
가집행(假執行)
가짓말쟁이
가짓부렁
가짓부렁이
가짓부리
가짓불
가짓빛
가짓수(-數)
가짓잎괭이
가짓잎쌈
가짜가 병이라(假-病-) [격]
가짜 꿀(假-)
가짜배기(假-)
가짜 상품(假-商品)
가짜 수표(假-手票)
가짜 양주(假-洋酒)
가짜어사(假-御使)
가짜 휘발유(假-揮發油)
가 쪽에
가차없다(假借-)
가차없이(假借-)
가처분 명령=가처분명령(假處分命令)

가처분 신청(假處分申請)
가추렴(加-) 추렴을 한 뒤 다시 더 거둠.
가축 기르기(家畜-)
가축병원(家畜病院)
가축 사료(家畜飼料)
가축우리(家畜-)
가축 인공 수정=가축인공수정(家畜人空受精)
가축 전염병=가축전염병(家畜傳染病)
가출 신고(家出申告)
가출 청소년(家出靑少年)
가출 후(家出後-)
가치담배 =낱담배.
가치 없이(價値-)
가치 있다(價値-)
가치작가치작하다
가치 전도(價値顚倒)
가치중립(價値中立)
가치 판단=가치판단(價値判斷)
가칠가칠하다
가칠장이(假漆-)
가칠편수(假漆-) 가칠장이의 우두머리.
가타부타(可-否-)
가타부타 말 없이(可-否-)
가타부타 안 하다(可-否-)
가탈가탈하다
가탈걸음
가탈 부리다
가택 방문=가택방문(家宅訪問)
가택 수색=가택수색(家宅搜索)
가택 연금(假宅軟禁)
가톨릭교회(Catholic敎會)
가판 신문(街販新聞)
가풀막지다
가하지다(加下-)
가해 오다(加-)
가해자 쪽(加害者-)
가해 차량(加害車輛)
가혹할뿐더러(苛酷-)
가혹할 뿐만 아니라(苛酷-)
가혹할 뿐 아니라(苛酷-)
가혹해져 가다(苛酷-)
가혹해지다(苛酷-)
가혹 행위(苛酷行爲)
각 가정(各家庭)
각가지(各-)
각개 점호=각개점호(各個點呼)

각 건물(各建物)
각계각층(各界各層)
각계 인사(各界人士)
각 계층 간(各階層間)
각 계층별(各階層別)
각고 끝에(刻苦-)
각 고을마다(各-)
각골난망(刻骨難忘)
각골명심(刻骨銘心)
각 과별(各科別)
각광 못 받다(脚光-)
각광을 받다(脚光-)
각 교실(各敎室)
각 구역(各區域)
각 국가 간에(各國家間-)
각국 선수(各國選手)
각 군마다(各郡-)
각급 학교(各級學校)
각기 다른(各其-)
각 나라마다(各-)
각다귀판
각 단체 간(各團體間)
각 대학별로(各大學別-)
각 도 간에(各道間-)
각 도별로(各道別-)
각 동 간에(各洞間-)
각 동네 간에(各-間-)
각료 명단(閣僚名單)
각 마을 간에(各 -間-)
각 민족 간에(各民族間-)
각 반 간에(各班間-)
각 반별로(各班別-)
각방거처(各房居處)
각방 쓰다(各房-)
각방자리(各房-)
각벌(各-)
각별나다(各別-)
각별해 보이다(各別-)
각본대로(脚本-)
각본 짠 대로(脚本-)
각 부문별로(各部門別-)
각 부서별로(各部署別-)
각 분야별로(各分野別-)
각불때다(各-) 각기 따로 살림을 하다.
각불불다(各-) =각불때다.
각살림(各-)

각살이(各-)
각삽(角-)
각상(各床)
각상 보다(各床-)
각상 차리다(各床-)
각색각양(各色各樣)
각설이의 장타령(却說-場-) [격]
각설이패(却說-牌)
각성바지(各姓-)
각성시켜 주다(覺醒-)
각 시 간에(各市間-)
각시귀신(-鬼神)
각시노리
각시놀음
각시놀이
각시도령
각시방(-房)
각아비자식(各 -子息)
각양각색(各樣各色)
각양각태(各樣各態)
각 위원회 간에(各委員會間-)
각을 뜨다(脚 -) [관]
각인각색(各人各色)
각자갈(角-) 모가 난 자갈.
각자도생(各自圖生)
각자 부담(各自負擔)
각자 책임(各自責任)
각 장마다(各章-)
각적 소리(角笛-)
각전 시전 통비단 감듯(各廛市廛-緋緞-) [격]
각전의 난전 몰듯(各廛-亂廛-) [격]
각 정당 간에(各政黨間-)
각 정당별로(各政黨別-)
각 조 간에(各組間-)
각 조별로(各組別-)
각좆(角-)
각종 자료(各種資料)
각종 행사(各種行事)
각 지다(角-)
각 지방(各地方)
각 지역 간에(各地域間-)
각 지역별로(各地域別-)
각추렴(各-)
각 층 간에(各層間-)
각 층별로(各層別-)
각테(角-)

각통질 소 장수가 소의 배를 크게 보이도록 하
　　기 위하여 억지로 풀과 물을 먹이는 짓.
각 학과 간에(各學科間-)
각 학과별로(各學科別-)
각 학교 간에(各學校間-)
각 학교별로(各學校別-)
각 학급 간에(各學級間-)
각 학급별로(各學級別-)
각 항목별로(各項目別-)
각 행(各行)
각향노리개(角香-)
각 회사 간에(各會社間-)
각 회사별로(各會社別-)
-간(間) (의존 명사) 서울과 부산 간, 부모와
　　자식 간에도, 하든지 말든지 간에.
-간(間) (접사) 이틀간, 한 달간, 삼십 일간, 10
　　분간, 10년간.
간간짭짤하다
간 거로구먼
간거르다(間-)
간거리(間-)
간 거야
간걸
간 걸세
간걸요
간고르다 간추려 고르다.
간곳없다
간국
간굴
간 기능 검사=간기능검사(肝機能檢査)
간 김에
간나위치다
간내 풍기다
간 녹다(肝-) [관]
간다 간다 하면서 아이 셋 낳고 간다 [격]
간다개 말 머리에서 고삐에 매는 끈.
간다손 치더라도
간다 안 간다 하다
간다 하더라도
간단간단하다(簡單簡單-)
간단명료(簡單明瞭)
간단없다(間斷-)
간단없이(間斷-)
간단해 보이다(簡單-)
간단해지다(簡單-)
간담을 헤치다(肝膽-) [관]

24

간담이 내려앉다(肝膽-) [관]
간담이 떨어지다(肝膽-) [관]
간담이 서늘하다(肝膽-) [관]
간담이 한 움큼 되다(肝膽-) [관]
간댕간댕하다
간덩이가 붓다(肝-) [관]
간덩이가 크다(肝-) [관]
간 데다가
간 데마다
간데없다
간데없이
간데온데없다
간데온데없이
간데족족
간도 모르다 [관]
간두다
간드랑간드랑하다
간들간들하다
간들바람
간 듯싶다
간 듯하다
간땡이가 붓다(肝-)
간 떨어지다(肝-)
간 떨어질 뻔하다(肝-)
간 마르다(肝-) [관]
간말리다
간 맞추다
간면(-面) 칼 따위의 갈아 놓은 면.
간 못 맞추다
간무침(肝-)
간물때
간발의 차이(間髮-差異)
간밤 =지난밤.
간볶음(肝-)
간부급(幹部級)
간부들 간에(幹部-間-)
간부 중에(幹部中-)
간부 직원(幹部職員)
간부 회의(幹部會議)
간 빼 먹고 등치다(肝-) [격]
간사 떨다(奸詐-)
간사 부리다(奸詐-)
간사스러워 보이다(奸詐-)
간사스러워져 가다(奸詐-)
간사위
간사해 보이다(奸詐-)

간살부리다
간살쟁이
간살질
간색대(看色-)
간서리목(肝-)
간선 도로=간선도로(幹線道路)
간섭 마라(干涉-)
간섭 못 하다(干涉-)
간섭무늬(干涉-)
간섭받아 오다(干涉-)
간섭 안 받다(干涉-)
간섭 안 하다(干涉-)
간섭 없이(干涉-)
간섭하려 들다(干涉-)
간섭해 오다(干涉-)
간수해 두다
간식거리(間食-)
간악무도(奸惡無道)
간악질투(奸惡嫉妬)
간 안 맞다
간암 환자(肝癌患者)
간언 놓다(間言-)
간언 들다(間言-)
간에 가 붙고 쓸개에 가 붙는다(肝-) [격]
간에 기별도 안 가다(肝-奇別-) [관]
간에 바람 들다(肝-) [관]
간에 불 붙다(肝-) [관]
간에 붙었다 쓸개에 붙었다 한다(肝-) [격]
간에 차지 않다(肝-) [관]
간여해 오다(干與-)
간염 환자(肝炎患者)
간을 녹이다(肝-) [관]
간을 빼 먹다(肝-) [관]
간을 졸이다(肝-) [관]
간이 건물(簡易建物)
간이 녹다(肝-) [관]
간이 덜렁하다(肝-) [관]
간이 뒤집혔나 허파에 바람이 들었나(肝-) [격]
간이 뒤집히다(肝-) [관]
간이 떨어지다(肝-) [관]
간이라도 빼어 먹겠다(肝-) [격]
간이 마르다(肝-) [관]
간이매점(簡易賣店)
간이 벌름거리다(肝-) [관]
간이 붓다(肝-) [관]
간이생활(簡易生活)

간이 서늘하다(肝-) [관]
간이수도(簡易水道)
간이 시설(簡易施設)
간이식당(簡易食堂)
간이식사(簡易食事)
간이 영수증(簡易領收證)
간이 오그라들다(肝-) [관]
간이 오르다 [관]
간이음식점(簡易飮食店)
간이 작다(肝-) [관]
간이주점(簡易酒店)
간이침대(簡易寢臺)
간이 콩알만 해지다(肝-) [관]
간이 크다(肝-) [관]
간이 타다(肝-) [관]
간이 화장실(簡易化粧室)
간잎(肝-)
간자말 이마와 뺨이 흰 말.
간자숟가락 곱고 두껍게 만든 숟가락.
간장국(-醬-)
간장국에 절다(-醬-) [격]
간장 냄새(-醬-)
간장 녹이다(肝腸-)
간장독(-醬-)
간장 맛(-醬-)
간장비지(-醬-)
간장에 전 놈이 초장에 죽으랴(-醬-醋醬-) [격]
간장을 끊다(肝腸-) [관]
간장을 녹이다(肝腸-) [관]
간장을 태우다(肝腸-) [관]
간장이 녹다(肝腸-) [관]
간장이 사라지다(肝腸-) [관]
간장이 시고 소금이 곰팡 난다(-醬-) [격]
간장이 썩다(肝腸-) [관]
간장이 타다(肝腸-) [관]
간장 종지(-醬-)
간장쪽박(-醬-)
간장 찍어 먹다(-醬-)
간장 쳐 먹다(-醬-)
간장 치다(-醬-)
간저냐(肝-)
간 적 있다
간절한 듯하다(懇切-)
간절해 보이다(懇切-)
간접 거름=간접거름(間接-)
간접 광고(間接廣告)

간접구이(間接-)
간접 높임말=간접높임말(間接-)
간접 생산비=간접생산비(間接生産費)
간접 선거(間接選擧)
간접 자료(間接資料)
간접 자본(間接資本)
간접 재료=간접재료(間接材料)
간접 조명=간접조명(間接照明)
간접 화법=간접화법(間接話法)
간접흡연(間接吸煙)
간조기 =자반조기.
간 졸여 오다(肝-)
간 졸이다(肝-)
간종그리다
간종지
간주해 버리다(看做-)
간 줄 알다
간지라기
간지러워하다
간지럼 안 타다
간지럼 타다
간지럼 태우다
간 지 오래되다
간지피다
간직 못 하다
간직해 오다
간질간질해 오다
간질여 보다
간짓대
간처녑(肝-)
간척 사업(干拓事業)
간첩 교육(間諜敎育)
간첩 침투(間諜浸透)
간첩 활동(間諜活動)
간청하다시피 하다(懇請-)
간청하듯 하다(懇請-)
간청해 오다(懇請-)
간추려 가다
간추려 놓다
간추려 두다
간추려 보다
간 크다(肝-)
간 큰 놈(肝-)
간 타다(肝-)
간파해 버리다(看破-)
간판 내리다(看板-)

간판 달다(看板-)
간판선수(看板選手)
간판스타(看板star)
간판장이(看板-)
간판짝(看板-)
간판타자(看板打者)
간팥
간편한 듯하다(簡便-)
간편해 보이다(簡便-)
간피다 　바닷물에서 미역을 감고 난 뒤 살갗 따
　　위에 소금기가 남게 되다.
간행 위원회(刊行委員會)
간헐 온천=간헐온천(間歇溫泉)
간호보조원(看護補助員)
간호 장교=간호장교(看護將校)
간호조무사(看護助務士)
간호학교(看護學校)
간호해 드리다(看護-)
간호해 주다(看護-)
간혹 가다가(間或-)
간혹이기는 하지만(間或-)
간혼질(間婚-)
간힘 　숨 쉬는 것을 억지로 참으며 고통을 견디
　　려고 애쓰는 힘.
간힘 쓰다
간힘 주다
갇혀 버리다
갇혀 살다
갇혀 있다시피 하다
갇혀 지내다
갇히게 되다
갇힌 채
갈가리 찢기다
갈갈이 　'가을갈이'의 준말.
갈개꾼
갈개발
갈개질
갈 거야
갈 거야 안 갈 거야
갈 건가 봐
갈건야복(葛巾野服)
갈 건지 안 갈 건지
갈건이하다
갈걸
갈 걸세
갈걸요

갈 것 같다
갈게
갈게요
갈겨먹다
갈겨쓰다
갈겨 주다
갈고 다듬다
갈고닦다
갈고랑막대기
갈고리걸쇠
갈고리낚시
갈고리눈
갈고리단추
갈고리달
갈고리 맞은 고기 [격]
갈고리못
갈고리바늘
갈고리질
갈고쟁이
갈 곳 못 되다
갈 곳 없다
갈구슬 　칡의 열매.
갈그랑갈그랑하다
갈기갈기 찢다
갈기털
갈 길
갈 길 가다
갈 길 멀다
갈 길 바쁘다
갈 길 없다
갈깃머리
갈까 말까 하다
갈까 보다
갈꺾이
갈낙전골
갈닦다
갈대 같은
갈대같이
갈대국수
갈대꽃
갈대발
갈대밭
갈대배
갈대숲
갈대청 　갈대의 줄기 안쪽에 붙어 있는 아주 얇
　　고 흰 막.

갈댓잎
갈 데까지 가다
갈 데까지 가 보다
갈데없다 갈데없는 쥐새끼 꼴.
갈 데 없다 갈 곳이 없다
갈 둥 말 둥 하다
갈 듯도 하다
갈 듯 말 듯 하다
갈 듯싶다
갈 듯하다
갈등 구조(葛藤構造)
갈등 끝에(葛藤-)
갈등 빚다(葛藤-)
갈등상태(葛藤狀態)
갈등 생기다(葛藤-)
갈등 없다(葛藤-)
갈등 일으키다(葛藤-)
갈등 해소(葛藤解消)
갈 때까지
갈라 가지다
갈라 나누다
갈라내다
갈라놓다
갈라땋다
갈라 먹다
갈라 보다
갈라붙이다
갈라서다
갈라설 듯하다
갈라설 수밖에
갈라져 나가다
갈라져 나오다
갈라 주다
갈락 말락 하다
갈래갈래
갈래진 길
갈려 가다
갈려 나오다
갈려 있다
갈림목
갈마들다
갈마들이다
갈마바람
갈마보다
갈마뿌리기 =대용갈이(代用-).
갈마쥐다

갈 만하다
갈망해 오다(渴望-)
갈매기도 제 집이 있다 [격]
갈매기 떼
갈매기살
갈매틀
갈맷빛
갈멍덕
갈모테
갈모 형제라(-帽兄弟-) [격]
갈목
갈목비
갈 무렵
갈무리광
갈무리먹이
갈무리해 두다
갈무리해 주다
갈묻이
갈물
갈바람
갈바람에 곡식이 혀를 빼물고 자란다(-穀食-)
    [격]
갈바래다
갈밭
갈 바를 모르다
갈밭머리
갈보리
갈봄
갈부수다
갈분개떡(葛粉-)
갈분국수(葛粉-)
갈분다식(葛粉茶食)
갈분응이(葛粉-)
갈분죽(葛粉粥)
갈붙이다
갈비가 휘다 [관]
갈비구이
갈비볶음
갈비뼈
갈비새김
갈비씨(-氏)
갈비찜
갈빗국
갈빗대
갈빗대가 휘다 [관]
갈빗대 힘살=갈빗대힘살

갈빗살
갈뿐더러
갈 뿐 아니라
갈 사람 올 사람
갈삿
갈삿갓
갈색목탄(褐色木炭)
갈색빛
갈서다
갈 성싶지 않다
갈수록 태산(-泰山) [격]
갈 수밖에 없다
갈 수 없다
갈아 가며
갈아 끼다
갈아 끼우다
갈아 나가다
갈아 놓다
갈아 누이다
갈아 달다
갈아대다
갈아 두다
갈아들다
갈아들이다
갈아매다 바꾸어서 매다.
갈아먹다 '농사짓다' 의 뜻.
갈아 먹다 물을 바꾸어 먹다.
갈아붙이다
갈아서다
갈아세우다
갈아 신다
갈아엎다
갈아입다
갈아입히다
갈아주다 상인의 물건을 이익을 붙여 주고 사
　　　다.
갈아 주다 어항의 물을 갈아 주다.
갈아 치우다
갈아타다
갈앉다
갈앉히다
갈을 켜다
갈을 타다
갈음옷
갈음질하다
갈이공장(-工場)

갈이그릇
갈이깊이
갈이너비
갈이농사(-農事)
갈이땅
갈이모래
갈이박
갈이삯
갈이소리
갈이숫돌
갈이어처구니
갈이장이
갈이질
갈이칼
갈이흙
갈잎
갈잎나무
갈잎난장이나무
갈잎숲
갈잎작은떨기나무
갈잎작은큰키나무
갈잎작은키나무
갈잎중간큰키나무
갈잎큰키나무
갈 적에
갈 줄 알다
갈 즈음에
갈증 나다(渴症-)
갈증 안 나다(渴症-)
갈지 안 갈지
갈지언정
갈지자(-之字)
갈지자를 그리다(-之字-) [관]
갈지자걸음(-之字-)
갈지자형(-之字形)
갈짚
갈초(-草) 겨울 동안 가축에게 먹이기 위하여
　　　초가을에 베어서 말린 풀.
갈치가 갈치 꼬리 문다 [격]
갈치구이
갈치밭 갈치가 많이 잡히는 어장.
갈치속젓
갈치자반
갈치잠
갈치조림
갈퀴나무

갈퀴눈

갈퀴지다

갈퀴질하다

갈퀴코

갈큇밑

갈큇발

갈큇밥

갈 터이다

갈 테니까

갈 테다

갈통(-筒) 굵은 갈대 줄기로 결어 만든 통.

갈판(1) 갈대가 무성한 들판.

갈판(2) 염전 판에서 긁어모은 흙을 쌓는 곳.

갈판(3) 밑에 받쳐서 곡식이나 열매 따위를 가는 판.

갈팡질팡하다

갈팡질팡해 오다

갈포벽지(葛布壁紙)

갈풀 논에 거름하기 위하여 베는 부드러운 나뭇잎이나 풀.

갈품 꽃이 채 피지 않은 갈대의 이삭.

갈풍(-風) 갈댓잎을 둥글게 말아 만든 피리.

갈피갈피

갈피끈

갈피리

갈피 못 잡다

갈피 안 잡히다

갈피짬

갈피표(-標)

갚아당기다

갚아먹다

갚이질

갚작갚작하다

-감 (명)(자격을 갖춘 사람의 뜻) 신랑감, 며느릿감, 사윗감, 장군감.

-감 (명)(대상이 되는 사람, 사물의 뜻) 구경감, 놀림감, 장난감, 안줏감.

감가상각(減價償却)

감감무소식(-無消息) =감감소식.

감감소식(-消息)

감개 줄이나 실 따위를 감거나 감아 두는 기구.

감개무량(感慨無量)

감겨들다

감겨 주다

감격무지(感激無地)

감격 어린 선물(感激-膳物)

감격한 듯하다(感激-)

감격해하다(感激-)

감 고장의 인심(-人心) [격]

감궂은 밭

감귤 밭(柑橘-)

감금 상태(監禁狀態)

감금시켜 놓다(監禁-)

감금하다시피 하다(監禁-)

감금해 두다(監禁-)

감기 걸리다(感氣-)

감기 고뿔도 남을 안 준다(感氣-) [격]

감기 기운(感氣-)

감기는 밥상머리에 내려앉는다(感氣-床-) [격]

감기는 밥상머리에서 물러간다(感氣-床-) [격]

감기 들다(感氣-)

감기 안 걸리다(感氣-)

감기 앓다(感氣-)

감기 증상(感氣症狀)

감기 환자(感氣患者)

감김치

감꼬치

감꼬치 빼 먹듯 [격]

감꼭지

감꽃

감나무 밑에 누워도 삿갓 미사리를 대어라 [격]

감나무 밑에서도 먹는 수업을 하여라(-修業-) [격]

감나무 잎

감나무 집

감 내고 배 낸다 [격]

감내해 나가다(堪耐-)

감내해 오다(堪耐-)

감노랗다

감 놓아라 배 놓아라 하다

감는줄기

감단자(-團餈)

감당 못하다(堪當-)

감당할 듯하다(堪當-)

감당해 나가다(堪當-)

감당해 오다(堪當-)

감독관청(監督官廳)

감독 교사(監督敎師)

감독 기관(監督機關)

감독 나오다(監督-)

감독 소홀(監督疏忽)

감독 안 하다(監督-)
감독 잘하다(監督-)
감독하에(監督下-)
감독해 오다(監督-)
감돌다
감돌아들다
감돌아치다
감돌아 흐르다
감동된 듯하다(感動-)
감동 못 주다(感動-)
감동시켜 주다(感動-)
감동시킬 만큼(感動-)
감동 어리다(感動-)
감동젓 푹 삭힌 곤쟁이젓.
감동 주다(感動-)
감동한 것 같다(感動-)
감동해 버리다(感動-)
감때사납다
감때세다
감떡
감또개 꽃과 함께 떨어진 어린 감.=감똑.
감똑
감뛰다
감람기름(橄欖-)
감람녹색(橄欖綠色)
감량 경영=감량경영(減量經營)
감리 교회=감리교회(監理敎會)
감면시켜 주다(減免-)
감면해 주다(減免-)
감명 깊다(感銘-)
감명 주다(感銘-)
감 못 잡다(感-)
감물 들다
감물 들이다
감미로워 보이다(甘味-)
감바리
감발 치다
감발 풀다
감방 같다(監房-)
감방같이(監房-)
감방살이(監房-)
감방 생활(監房生活)
감방 신세(監房身世)
감벼락 뜻밖에 만난 재난.
감벼락 맞다
감별해 내다(鑑別-)

감봉 처분(減俸處分)
감빛
감빨다
감빨리다
감사가 행차하면 사또만 죽어난다(監司-行次-)
  [격]
감사 결과(監査結果)
감사 기관=감사기관(監査機關)
감사 기도(感謝祈禱)
감사 나가다(監査-)
감사납다
감사 덕분에 비장 나리 호사한다(監司德分-裨
  將-豪奢-) [격]
감사드리다(感謝-)
감사 보고(監査報告)
감사 인사(感謝人事)
감사 편지(感謝便紙)
감사할 줄 알다(感謝-)
감상주의(感傷主義)
감상해 보다(鑑賞-)
감새마루
감소 추세(減少趨勢)
감소해 가다(減少-)
감속 신호=감속신호(減速信號)
감속 장치=감속장치(減速裝置)
감수해 나가다(甘受-)
감시 구역=감시구역(監視區域)
감시 기능(監視機能)
감시 대상(監視對象)
감시 소홀(監視疎忽)
감시 속(監視-)
감시 신호=감시신호(監視信號)
감시 아래(監視-)
감시 안 받다(監視-)
감시 요원(監視要員)
감시 위성=감시위성(監視衛星)
감시 장비(監視裝備)
감시 체계=감시체계(監視體系)
감시 초소=감시초소(監視哨所)
감시하에(監視下-)
감시해 오다(監視-)
감실감실하다
감싸고돌다
감싸 안다
감싸이다
감싸 주다

감싸 쥐다
감씹다
감아 놓다
감아 놔두다
감아 들이다
감아 매다
감아 버리다
감아시침하다
감아올리다
감아 주다
감아쥐다
감안해 주다(勘案-)
감언이설(甘言利說)
감염 경로=감염경로(感染經路)
감염된 듯하다(感染-)
감염 예방(感染豫防)
감염 지역(感染地域)
감옥 가다(監獄-)
감옥 갈 것 같다(監獄-)
감옥 같다(監獄-)
감옥같이(監獄-)
감옥 귀신을 만들다(監獄鬼神-) [관]
감옥 내에(監獄內-)
감옥살이(監獄-)
감옥 생활(監獄生活)
감옥신세(監獄身世)
감옥신세를 지다(監獄身世-)
감옥행(監獄行)
감원 대상자(減員對象者)
감원될 것 같다(減員-)
감원 바람(減員-)
감원할 듯하다(減員-)
감원해 버리다(減員-)
감은부복(感恩俯伏)
감은빛
감은사 터(感恩寺-)
감은색(-色)
감은약(-藥)
감을 잡다(感-) [관]
감응 신호기=감응신호기(感應信號機)
감이상투
감이 재간이다(-才幹-) [격]
감잎
감잎전(-煎)
감자 가루
감자경자(-梗子)

감자국수
감자나물
감자녹말(-綠末)
감자다식(-茶食)
감자된장(-醬)
감자떡
감자만두(-饅頭)
감자밥
감자 밭
감자 밭에서 바늘 찾는다 [격]
감자버무리
감자볶음
감자 심다
감자알
감자엿
감자장(-醬)
감자장아찌
감자전(-煎)
감자정과(柑子正果)
감자조림
감자찌개
감자채(-菜)
감자튀김
감자풀
감 잡다(感-)
감잡이쇠
감잡히다
감잣고개
감잣국
감장강아지
감장강아지라면 다 제집 강아지인가 [격]
감장강아지로 돼지 만든다 [격]
감장 병아리
감장콩알
감전 사고(感電事故)
감점해 버리다(減點-)
감접이
감정 가격=감정가격(鑑定價格)
감정값(鑑定-)
감정 나다(憾情-)
감정 내다(憾情-)
감정 내지 말고(憾情-)
감정놀음(感情-)
감정 대립(憾情對立)
감정 사다(憾情-)
감정 생기다(憾情-)

감정생활(感情生活)
감정 섞이다(憾情-)
감정싸움(憾情-)
감정아이 월경을 하지 않고 밴 아이.
감정 안 가지다(憾情-)
감정 안 나다(憾情-)
감정 안 사다(憾情-)
감정애 '감정아이'의 준말.
감정 어리다(感情-)
감정업자(鑑定業者)
감정 없다(憾情-)
감정 오르다(憾情-)
감정을 사다(感情-) [관]
감정을 잡다(感情-) [관]
감정을 해치다(感情-) [관]
감정이 오르다(感情-) [관]
감정 이입=감정이입(感情移入)
감정 잡다(感情-)
감정 평가=감정평가(鑑定評價)
감정 표현(感情表現)
감 좋다(感-)
감지덕지하다(感之德之-)
감질나다(疳疾-)
감질내다(疳疾-)
감쪼으다(鑑-)
감쪽같다
감쪽같이
감찰검열(監察檢閱)
감찰제도(監察制度)
감참외
감창소리 성교할 때 내는 소리.
감쳐물다
감초나물(甘草-)
감추어 놓다
감추어 두다
감추어 버리다
감추어 오다
감추어 주다
감추어지다
감축 안 하다(減縮-)
감축해 오다(減縮-)
감춘 채
감출 길 없다
감출 줄은 모르고 훔칠 줄만 안다 [격]
감춰 가며
감춰 가지고 오다

감춰 놓다
감춰 두다
감춰 버리다
감춰 오다
감춰 주다
감칠맛
감칠맛 나다
감침 시침=감침시침
감침실
감침질하다
감탄고토(甘呑苦吐)
감탄 어리다(感歎-)
감탄한 듯이(感歎-)
감탄할 만하다(感歎-)
감탄해 마지않다(感歎-)
감탄해 오다(感歎-)
감탕물
감탕밭
감탕벌
감탕질 성교할 때 여자가 소리를 내며 몸을 음
        탕하게 놀리는 짓.
감탕 찜질=감탕찜질
감탕판 =감탕밭.
감태같다
감태자반(甘苔-)
감투가 커도 귀가 짐작이라(-斬酌-) [격]
감투거리 여자가 남자 위에 올라가 하는 성행
        위.
감투를 벗다 [관]
감투를 쓰다 [관]
감투밥
감투싸움
감투 씌우다
감투장이
감투쟁이
감파랗다
감파래지다
감파르잡잡하다
감파르족족하다
감편
감푸르잡잡하다
감풀다
감항아리(-缸-)
감행되어 오다(敢行-)
감행해 버리다(敢行-)
감형해 주다(減刑-)

감호 조치＝감호조치(監護措置)
감화 교육＝감화교육(感化敎育)
감화시켜 주다(感化-)
감회 어리다(感懷-)
갑갑궁금하다
갑갑증 나다(-症-)
갑갑한 놈이 송사한다(-訟事-) [격]
갑갑한 놈이 우물 판다 [격]
갑갑해 보이다
갑갑해지다
갑골 문자＝갑골문자(甲骨文字)
갑남을녀(甲男乙女)
갑론을박(甲論乙駁)
갑문 운하＝갑문운하(閘門運河)
갑방장수(甲坊匠手)
갑부 되다(甲富-)
갑부인 척하다(甲富-)
갑사댕기(甲紗-)
갑사쾌자(甲紗快子)
갑삼지(甲衫紙)
갑삼팔(甲三八)
갑상 연골＝갑상연골(甲狀軟骨)
갑술 병정이면 다 흉년인가(甲戌丙丁-凶年-)
　　[격]
갑술 병정 흉년인가(甲戌丙丁凶年-) [격]
갑술옥사(甲戌獄事)
갑술환국(甲戌換局)
갑신정변(甲申政變)
갑오경장(甲午更張)
갑오농민전쟁(甲午農民戰爭)
갑옷미늘(甲-)
갑옷 입다(甲-)
갑옷투구(甲-)
갑이별(-離別)　　사로 사랑하다가 갑자기 헤어
　　짐.
갑인년 흉년에도 먹다 남은 것이 물이다(甲寅
　　年凶年-) [격]
갑자사화(甲子士禍)
갑작병(-病)
갑작사랑
갑잡골　골패로 하는 가보잡기 노름.
값가다
값나가다
값나갈 만하다
값나다
값 내리다

값 놓다
값도 모르고 싸다 한다 [격]
값도 모르고 쌀자루 내민다 [격]
값 매기다
값 못 매기다
값 보다
값 부르다
값비싸다
값싸게 사다
값싸다
값싼 갈치자반 [격]
값싼 것이 갈치자반 [격]
값싼 비지떡 [격]
값 안 나가다
값없다
값없이
값 오르다
값 올리다
값을 놓다 [관]
값을 보다 [관]
값을 부르다 [관]
값이 닿다 [관]
값있다
값있어 보이다
값져 보이다
값지다
값 쳐 주다
값 치르다
갓 결혼하다(-結婚-)
갓걸이
갓골
갓 구워 내다
갓길
갓김치
갓끈
갓나무
갓나물
갓 나오다
갓난것
갓난아기
갓난아이
갓난애
갓난이
갓난쟁이
갓 낳다
갓 넘다

갓도래
갓두루마기
갓두루마기하다
갓 들어오다
갓등
갓등거리
갓 마흔에 첫 버선 [격]
갓망건(-網巾)
갓 모양(-模樣)
갓모자(-帽子)
갓모자갈이(-帽子-)
갓바다
갓밝이
갓방 인두 달듯(-房-) [격]
갓벙거지
갓봉돌
갓 부임하다(-赴任-)
갓 사러 갔다가 망건 산다(-網巾-) [격]
갓상자(-箱子)
갓 서른
갓 스물
갓 시집 오다(-媤-)
갓싸개
갓 쓰고 구두 신기 [격]
갓 쓰고 넥타이 매기 [격]
갓 쓰고 망신(-亡身) [격]
갓 쓰고 박치기해도 제멋 [격]
갓 쓰고 자전거 타기(-自轉車-) [격]
갓양태
갓옷
갓일
갓 입학하다(-入學-)
갓장이
갓장이 헌 갓 쓰고 무당 남 빌려 굿하고 [격]
갓쟁이
갓 졸업하다(-卒業-)
갓집
갓 찌다
갓창옷(-氅-)
갓철대
갓 취임하다(-就任-)
갓 태어나다
갓털
갓판(-板)
갓 피다
갓 피어나다

갔나 보다
갔나 봐
갔나 봐요
갔는데도
갔는지도 모르겠다
갔다손 치더라도
갔다 오다
갔을 거야
갔을걸
갔을 걸세
갔을걸요
갔을는지도 모르겠다
갔을 텐데
강가(江-)
강가 마을(江-)
강가 쪽(江-)
강갈래(江-)
강강술래
강 건너 불구경(江-) [관]
강 건너 불 보듯(江-) [관]
강 건너편(江-便)
강경 노선(强硬路線)
강경 대응(强硬對應)
강경 진압(强硬鎮壓)
강구 중(講究中)
강구해 나가다(講究-)
강굴 다른 것이 섞이지 않은 굴.
강굽이(江-)
강권 발동=강권발동(强權發動)
강권 통치(强權統治)
강권하다시피 하다(强勸-)
강 근처(江近處)
강기슭(江-)
강기침 =마른기침.
강나루(江-)
강남땅(江南-)
강남 장사(江南-) [격]
강남 제비(江南-)
강남 지역(江南地域)
강낭콩저냐
강낭콩 꼬투리
강낭콩 꽃
강낭콩만 하다
강낭콩저냐
강냉이떡
강냉이묵

35

강냉이밥
강냉이튀김
강다리 괴다
강다짐
강단 있다(剛斷-)
강단 있어 보이다(剛斷-)
강당 내(講堂內)
강당 입구(講堂入口)
강대국가(强大國家)
강대나무
강대해지다(强大-)
강더위
강도끼장이(江-)
강도 높다(强度-)
강도떼(强盜-)
강도 만나다(强盜-)
강도 미수죄=강도미수죄(强盜未遂罪)
강도 사건(强盜事件)
강도질(强盜-)
강도 짓(强盜-)
강도 행각(强盜行脚)
강돌(江-)
강된장(-醬)
강둑(江-)
강둑길(江-)
강 따라(江-)
강똥
강력 단속(强力團束)
강력밀가루(强力-)
강력 반발(强力反撥)
강력 사건(强力事件)
강력해 보이다(强力-)
강력해져 가다(强力-)
강렬해 보이다(强烈-)
강렬해져 가다(强烈-)
강릉 단오제=강릉단오제(江陵端午祭)
강릉행(江陵行)
강마르다
강마른 얼굴
강 마을(江-)
강모   가물 때 마른논에 억지로 호미나 꼬챙이
      따위로 땅을 파서 심는 모.
강모래(江-)
강목을 치다 [관]
강물도 쓰면 준다(江-) [격]
강물 따라(江-)

강물 속(江-)
강물은 흘러야 썩지 않는다(江-) [격]
강물이 돌을 굴리지 못한다(江-) [격]
강물이 흘러도 돌은 굴지 않는다(江-) [격]
강바닥(江-)
강바람(江-)
강박 관념=강박관념(强迫觀念)
강밥
강밭다
강배(江-)
강벼랑(江-)
강변길(江邊-)
강변도로(江邊道路)
강변벌(江邊-)
강변 쪽(江邊-)
강변턱(江邊-)
강병부국(强兵富國)
강보유아(襁褓幼兒)
강북 지역(江北地域)
강비탈(江-)
강산풍월(江山風月)
강 상류(江上流)
강샘 나다
강샘 내다
강섬(江-)
강성 노조(强性勞組)
강섶(江-)
강소주(-燒酒)
강쇠바람
강술 마시다
강심들이(鋼心-)
강씨(康氏/强氏/姜氏)   성을 뜻할 경우.
강 씨(姜氏/康氏/强氏)   사람을 가리킬 경우.
강 씨 집(姜氏/康氏/强氏-)
강아지 깎아 먹던 송곳 자루 같다 [격]
강아지도 닷새면 주인을 안다(-主人-) [격]
강아지 똥은 똥이 아닌가 [격]
강아지에게 메주 멍석 맡긴 것 같다 [격]
강알칼리(强alkali)
강압 수사(强壓搜查)
강어귀(江-)
강어귀굽이(江-)
강 언덕(江-)
강여울(江-)
강 옆(江-)
강요당하다(强要當-)

강요 못 하다(强要-)

강요받아 오다(强要-)

강요하다시피 하다(强要-)

강요해 오다(强要-)

강요 행위(强要行爲)

강우띠(降雨-)

강울음　억지로 우는 울음.

강원도 땅(江原道-)

강원도 안 가도 삼척(江原道-三陟) [격]

강원도 참사(江原道參事) [격]

강원도 포수(江原道砲手) [격]

강원 지방(江原地方)

강 유역(江流域)

강을 바치다(講-) [관]

강을 받다(講-) [관]

강의 내용(講義內容)

강의 맡다(講義-)

강의 시간(講義時間)

강의실 내에(講義室內-)

강의실 밖(講義室-)

강의실 입구(講義室入口)

강의 중(講義中)

강의해 오다(講義-)

강자갈(江-)

강절도(强竊盜)

강점하다시피 하다(强占-)

강점해 버리다(强占-)

강정밥

강정속

강제 규정(强制規定)

강제 노동(强制勞動)

강제 동원(强制動員)

강제 소환(强制召喚)

강제 송환＝강제송환(强制送還)

강제 수용＝강제수용(强制收容)

강제 안 하다(强制-)

강제 연행(强制連行)

강제 진압(强制鎭壓)

강제 집행＝강제집행(强制執行)

강제 징수＝강제징수(强制徵收)

강제 징용＝강제징용(强制徵用)

강제 철거(强制撤去)

강제 추방(强制追放)

강제 추행(强制醜行)

강제 출국(强制出國)

강제하다시피 하다(强制-)

강제 해산＝강제해산(强制解散)

강제흡연(强制吸煙)

강조 기간(强調期間)

강조밥

강조 안 하다(强調-)

강조 주간(强調週間)

강조해 두다(强調-)

강조해 오다(强調-)

강주정(-酒酊)

강줄기(江-)

강즙소주(薑汁燒酒)

강직해 보이다(剛直-)

강직해져 가다(剛直-)

강짜 부리다

강짜샘

강 쪽(江-)

강참숯

강천일색(江天一色)

강철 같다(鋼鐵-)

강철같이(鋼鐵-)

강철못(鋼鐵-)

강철판(鋼鐵板)

강철이 간 데는 가을도 봄이라(强鐵-) [격]

강철이 달면 더욱 뜨겁다(鋼鐵-) [격]

강추위

강추위(强-)

강탈 사건(强奪事件)

강탈해 가다(强奪-)

강탈 행위(强奪行爲)

강태공(姜太公)

강태공의 곧은 낚시질(姜太公-) [격]

강태공이 세월 낚듯 한다(姜太公-歲月-) [격]

강터(江-)

강턱(江-)

강파르다

강팔지다

강펀치(强punch)

강펄(江-)

강풀

강풀(江-)

강풀을 치다 [관]

강피밥

강피쌀

강피죽(-粥)

강하다 해도(强-)

강 하류(江下流)

강하천(江河川)
강한 것 같다(强-)
강한 듯하다(强-)
강한 듯해 보이다(强-)
강한 말은 매 놓은 기둥에 상한다(强-傷-) [격]
강한 장수 밑에는 약한 군사가 없다(强-將帥-
　　弱-軍士-) [격]
강한 체하다(强-)
강해 보이다(强-)
강해져 가다(强-)
강행되어 오다(强行-)
강행 못 하다(强行-)
강행 안 하다(强行-)
강행해 오다(强行-)
강 형(姜兄/康兄/强兄)
강호령(-號令)
강호 문학=강호문학(江湖文學)
강호산인(江湖散人)
강화되어 가다(强化-)
강화시켜 주다(强化-)
강화식품(强化食品)
강화우유(强化牛乳)
강화 유리=강화유리(强化琉璃)
강화해 나가다(强化-)
강화 훈련(强化訓練)
강회(-蛔)
강회(-膾)
갖가지
갖게 되다
갖게 해 달라고 하다
갖게 해 달라다
갖게 해 주다
갖고 가다
갖고 나가다
갖고 놀다
갖고 다니다
갖고 볼 일이다
갖고 싶다
갖고 싶어 하다
갖고 오다
갖고 올 때
갖기 위하여(-爲-)
갖는 데 대해(-對-)
갖다 걸다
갖다 놓다
갖다 놔라

갖다 대라
갖다 두다
갖다 드리다
갖다 맞추다
갖다 바치다
갖다 버리다
갖다 붙이다
갖다 쓰다
갖다 주다
갖다 줄 거야
갖다 줄걸
갖다 줄걸요
갖다 줄 겁니다
갖다 줄게
갖다 줄게요
갖다 팔다
갖두루마기
갖바치
갖바치 내일 모레(-來日-) [격]
갖바치에 풀무는 있으나 마나 [격]
갖벙거지
갖신
갖옷
갖은것
갖은 고생(-苦生)
갖은 고생 다 겪으며(-苦生-)
갖은 곤욕 다 겪다(-困辱-)
갖은그림씨
갖은꽃
갖은남움직씨
갖은떡
갖은삼거리(-三-)
갖은색떡(-色-)
갖은소리
갖은시루떡
갖은안장(-鞍裝)
갖은 양념
갖은움직씨
갖은잎
갖은제움직씨
갖은 짓 다 하다
갖은 풍상 다 겪다(-風霜-)
갖은 황아다(-荒-) [격]
갖저고리
갖지 않기로 하다
갖추갖추

38

갖추게 되다
갖추게 하다
갖추느니보다
갖추쓰다
갖추어 가다
갖추어 가지고 가다
갖추어 나가다
갖추어 놓다
갖추어 놔두다
갖추어 두다
갖추어 오다
갖추어 입다
갖추어 입히다
갖추어 주다
갖추어 줘 본들
갖추지 못하다
갖춘꽃
갖춘꽃부리
갖춘마디
갖춘잎
갖춘탈바꿈
갖춰 가다
갖춰 나가다
갖춰 놓다
갖춰 놔라
갖춰 달라고 하다
갖춰 달라다
갖춰 두다
갖춰 먹다
갖춰 입다
갖춰 입히다
갖춰 주다
갖춰 줘 본들
갖풀
갖풀관자(-貫子)
갖에서 좀 난다 [격]
같게 하다
같게 해 주다
같기만 하다
같다나 봐
같아 보이다
같아져 가다
같아지다
같아질 거야
같아질걸
같아질 걸세

같아질걸요
같은 값에[관]
같은 값이면[관]
같은 값이면 과부 집 머슴살이(-寡婦-) [격]
같은 값이면 껌정소 잡아먹는다 [격]
같은 값이면 다홍치마(-紅-) [격]
같은 값이면 은가락지 낀 손에 맞으랬다(-銀-)
  [격]
같은 값이면 처녀(-處女)
같은 거야
같은 것 같다
같은 것끼리
같은 깃의 새는 같이 모인다 [격]
같은 날
같은 달
같은 듯하다
같은 떡도 맏며느리 주는 것이 더 크다 [격]
같은 또래
같은 말도 툭 해서 다르고 탁 해서 다르다 [격]
같은 물에 놀다 [관]
같은 반(-班)
같은 병신끼리 불쌍해한다(-病身-) [격]
같은비(-比)
같은 손가락에도 길고 짧은 것이 있다 [격]
같은으뜸음조(-音調)
같은음(-音)
같은자리
같은자리말
같은 자리에서 서로 딴 꿈을 꾼다 [격]
같은 점(-點)
같은지 몰라
같은쪽각(-角)
같은 척하다
같은 체하다
같은 편(-便)
같은 해
같을 거야
같을걸
같을 걸세
같을걸요
같을뿐더러
같을 뿐만 아니라
같을 뿐 아니라
같을지 몰라
같음표(-標)
-같이 (조사) 얼음장같이 차갑다. 새벽같이 떠

나다.

-같이 (격조사 '과' 또는 '와' 뒤에 쓰여) 친구
　　와 같이 가다. 선생님이 하는 것과 같이.

같이 가다

같이 나누다

같이 다니다

같이 만나다

같이 못 살다

같이 살다

같이 안 살다

같이 안 하다

같이 우물 파고 혼자 먹는다 [격]

같이 좀 가자

같이하다

같이 해 오다

같이해 오다　뜻을 같이해 오다.

같잖아 보이다

같잖은 투전에 돈만 잃었다(-鬪牋-) [격]

같지 않다

같지 않은 듯하다

갚게 해 주다

갚고 말다

갚아 가다

갚아 나가다

갚아 다오

갚아 달라고 하다

갚아 달라다

갚아 드리다

갚아 드릴 테다

갚아 버리다

갚아 볼까

갚아 오다

갚아 주다

갚아 줄 거야

갚아 줄걸

갚아 줄 걸세

갚아 줄걸요

갚아 줘라

갚을 것 같다

갚을 듯하다

갚을 만하다

갚을 성싶지 않다

갚을지 모른다

갚음하다

갚지 못하다

갚지 않다

개가 개를 낳지 [격]

개가 겨를 먹다가 말경 쌀을 먹는다(-末境-)
　　[격]

개가 똥을 마다할까 [격]

개가 벼룩 씹듯 [격]

개가 약과 먹은 것 같다(-藥果-) [격]

개가 웃을 일이다 [격]

개가죽

개가 콩엿 사 먹고 버드나무에 올라간다 [격]

개 같은 놈

개같이 벌어서 정승같이 산다(-政丞-) [격]

개개다

개개빌다

개개풀리다

개개풀어지다

개고기

개고기는 언제나 제 맛이다 [격]

개고생(-苦生)

개 고양이 보듯 [격]

개골창

개과천선(改過遷善)

개교기념일(開校紀念日)

개교 후(開校後)

개구리 낯짝에 물 붓기 [격]

개구리눈　불거져 나온 눈.

개구리 눈　개구리의 눈.

개구리 대가리에 찬물 끼얹기 [격]

개구리도 움쳐야 뛴다 [격]

개구리뜀

개구리볶음

개구리 삼킨 뱀의 배 [격]

개구리 소리도 들을 탓 [격]

개구리 알

개구리 올챙이 적 생각 못한다 [격]

개구리울음　개구리가 우는 것처럼 시끄럽기만
　　하고 쓸데없는 말.

개구리 울음　개구리의 울음.

개구리잠

개구리젓

개구리 주저앉는 뜻은 멀리 뛰자는 뜻이다 [격]

개구리참외

개구리헤엄

개구멍바지

개구멍받이

개구멍서방(-書房)

개구멍에 망건 치기(-網巾-) [격]

개구멍으로 통랑갓을 굴려 내다(-統凉-) [격]
개구쟁이
개국 공신=개국공신(開國功臣)
개국시조(開國始祖)
개국 신화(開國神話)
개국 전(開國前)
개국 초(開國初)
개국 후(開國後)
개귀쌈지
개 귀에 방울 [격]
개 귀의 비루를 털어 먹어라 [격]
개 그림 떡 바라듯 [격]
개그맨(gagman)
개근상장(皆勤賞狀)
개기름
개기 월식=개기월식(皆旣月蝕)
개기 일식=개기일식(皆旣日蝕)
개기침소리
개 꼬락서니 미워서 낙지 산다 [격]
개꼬리비
개 꼬리 삼 년 묵어도 황모 되지 않는다(-三年-黃毛-) [격]
개꼬리상모(-象毛)
개 꼬리 잡고 선소리하겠군 [격]
개꼴
개 꾸짖듯 [격]
개꾼
개꿈
개 끌듯 하다
개 끌려가듯 하다
개나리꽃
개나발 불다(-喇叭-) [관]
개놈
개 눈에는 똥만 보인다 [격]
개는 나면서부터 짖는다 [격]
개다리상제(-喪制)
개다리소반(-小盤)
개다리질
개다리참봉(-參奉)
개다리출신(-出身)
개 닭 보듯 [격]
개 대가리에 옥관자(-玉貫子-) [격]
개도 나갈 구멍을 보고 쫓아라 [격]
개도 닷새가 되면 주인을 안다(-主人-) [격]
개도 무는 개를 돌아본다 [격]
개도 손 들 날이 있다 [격]

개도 안 짖고 도적 맞는다(-盜賊-) [격]
개도 제 주인을 보면 꼬리 친다(-主人-) [격]
개도 제 털을 아긴다 [격]
개도 주인을 알아본다(-主人-) [격]
개도 텃세한다(-勢-) [격]
개도 하루에 겨 세 홉 녹은 있다(-祿-) [격]
개독(-毒)
개돼지 같다
개돼지만도 못하다
개두릅나물
개 등의 등겨를 털어 먹는다 [격]
개딸년
개떡 같다
개떡같이 주무르다 [관]
개떡수제비
개떼
개똥갈이
개똥 같다
개똥도 모른다 [관]
개똥도 약에 쓰려면 없다(-藥-) [격]
개똥도 약에 쓴다(-藥-) [격]
개똥도 없다 [관]
개똥망태
개똥 밟은 얼굴 [격]
개똥밭
개똥밭에 굴러도 이승이 좋다 [격]
개똥밭에 이슬 내릴 때가 있다 [격]
개똥밭에 인물 난다(人物-) [격]
개똥번역(-飜譯)
개똥벌레
개똥 보듯 [격]
개똥삼태기
개똥상놈(-常-)
개똥이라도 씹은 듯 [격]
개똥장마
개똥참외
개똥참외는 먼저 맡는 이가 임자라 [격]
개똥철학(-哲學)
개띠
개띠 해
개량간장(改良-醬)
개량된장(改良-醬)
개량변소(改良便所)
개량섶(改良-)
개량아궁이(改良-)
개량종자改良種子)

개량 한복(改良韓服)
개량해 오다(改良-)
개를 기르다 다리를 물렸다 [격]
개를 따라가면 측간으로 간다(-廁間-) [격]
개를 친하면 옷에 흙칠을 한다(-親-) [격]
개막 공연(開幕公演)
개막되자마자(開幕-)
개막된 지 사흘(開幕-)
개막될 듯하다(開幕-)
개막 시간(開幕時間)
개막 연설(開幕演說)
개막 전(開幕前)
개막 후(開幕後)
개만도 못하다
개망나니
개망신(-亡身)
개망신당하다(-亡身當-)
개 머루 먹듯 [격]
개머리쇠
개머리판(-板)
개먹
개먹다
개명꾼(開明-)
개명딸(開明-)
개명세대(開明世代)
개명 천지(開明天地)
개 목에 방울 [격]
개 못된 것은 들에 가서 짖는다 [격]
개 못된 것은 부뚜막에 올라간다 [격]
개미가 절구통 물고 나간다 [격]
개미가 정자나무 건드린다(-亭子-) [격]
개미가 큰 바윗돌을 굴리려고 하는 셈 [격]
개미구멍
개미구멍으로 공든 탑 무너진다(-塔-) [격]
개미구멍이 둑을 무너뜨린다 [격]
개미구멍 하나가 큰 제방 둑을 무너뜨린다(-堤防-) [격]
개미 군단(-群團)
개미굴
개미 금탑 모으듯(-金塔-) [격]
개미는 작아도 탑을 쌓는다(-塔-) [격]
개미동물(-動物)
개미 떼
개미 메 나르듯 [격]
개미 새끼
개미 새끼 하나도 얼씬 못한다 [관]

개미 새끼 하나 볼 수 없다 [관]
개미손님
개미식물
개미 역사하듯(-役事-) [격]
개미장(-場) 장마가 오기 전에 개미들이 줄지어 먹이를 나르거나 집을 옮기는 일.
개미지옥(-地獄)
개미집
개미집을 들쑤셔 놓은 것 같다 [관]
개미 쳇바퀴 돌듯 [격]
개미총(-塚)
개미탑(-塔)
개미 한 잔등이만큼 걸린다 [격]
개미허리 매우 가는 허리를 비유적으로 이르는 말.
개미 허리 개미의 허리.
개밋둑
개 바위 지나가는 격(-格) [격]
개바자 갯버들의 가지로 엮은 바자.
개발 계획=개발계획(開發計劃)
개발도상국(開發途上國)
개발 독재=개발독재(開發獨裁)
개발사슴
개발 사업(開發事業)
개 발싸개 같다 [관]
개발 안 되다(開發-)
개 발에 대갈 [격]
개 발에 땀 나다 [관]
개 발에 진드기 끼듯 한다 [격]
개 발에 편자 [격]
개발 이익=개발이익(開發利益)
개발 제한=개발제한(開發制限)
개발 중(開發中)
개발 지역(開發地域)
개발코
개발해 나가다(開發-)
개발해 내다(開發-)
개밥
개밥 갖다 주고도 워리 해야 먹는다 [격]
개밥 그릇
개밥바라기
개밥에 달걀 [격]
개밥에 도토리 [격]
개방 경제=개방경제(開放經濟)
개 방귀 같다 [관]
개방 대학=개방대학(開放大學)

개방 안 하다(開放-)
개방 전(開放前)
개방주의(開放主義)
개방해 오다(開放-)
개방해 버리다(開放-)
개방화 시대(開放化時代)
개방 후(開放後)
개밭
개백장
개백장 같다
개 버릇 남 못 준다 [격]
개별검사(個別檢查)
개별난방(個別暖房)
개별 면담(個別面談)
개별 상담(個別相談)
개별 접촉(個別接觸)
개별 지도=개별지도(個別指導)
개별 통보(個別通報)
개별 행동(個別行動)
개보름쇠기
개 보름 쇠듯 [격]
개복 수술=개복수술(開腹手術)
개 복에도 먹고산다(-福-) [격]
개봉 극장(開封劇場)
개봉 박두(開封迫頭)
개봉 안 하다(開封-)
개봉 영화(開封映畫)
개봉할 것 같다(開封-)
개봉 후(開封後)
개부심
개불상놈(-常-)
개뼈다귀
개뼈다귀 은 올린다(-銀-) [격]
개뿔
개뿔 같은 소리
개뿔도 모르다 [관]
개뿔도 아니다 [관]
개뿔도 없다 [관]
개사냥
개사망   남이 뜻밖에 재수 좋은 일이 생기거나
        이득을 보는 것을 비난조로 이르는 말.
개산날(開山-) 절을 처음으로 세운 날.
개살구
개살구도 맛 들일 탓 [격]
개살구 먹은 뒷맛 [관]
개살구 지레 터진다 [격]

개살이
개상소반(-床小盤)
개상질(-床-)
개새끼
개 새끼 개의 새끼.
개 새끼는 나는 족족 짖는다 [격]
개 새끼는 도둑 지키고 닭 새끼는 홰를 친다
        [격]
개 새끼는 짖고 고양이 새끼는 할퀸다 [격]
개 새끼도 주인을 보면 꼬리를 친다(-主人-)
        [격]
개 새끼치고 물지 않는 종자 없다(-種子--) [격]
개 새끼 한 마리 얼씬 안 하다 [관]
개선 대책(改善對策)
개선 방안(改善方案)
개선 안 되다(改善-)
개선장군(凱旋將軍)
개선해 나가다(改善-)
개설해 놓다(開設-)
개성 넘치다(個性-)
개성반닫이(開城-)
개성 분석=개성분석(個性分析)
개성상인(開城商人)
개성 없다(個性-)
개성 있다(個性-)
개성적이기보다는(個性的-)
개성 존중(個性尊重)
개세영웅(蓋世英雄)
개소리
개 소리 개 짖는 소리.
개소리괴소리
개소리 치다 [관]
개소리하다
개소주(-燒酒)
개 쇠 발괄 누가 알꼬 [격]
개수작(-酬酌)
개수틀
개숫간(-間)
개숫물
개승냥이
개시 못 하다(開市-)
개시 안 하다(開始-)
개신개신하다
개심매듭
개 싸대듯 하다 [관]
개싸움

개싸움에는 모래가 제일이라(−第一−−) [격]
개싸움에는 물 끼얹는다 [격]
개썰매 경기=개썰매경기(−競技)
개씨바리
개씹단추
개씹머리
개씹옹두리
개 씹에 보리알 끼이듯 [격]
개아들
개안 수술=개안수술(開眼手術)
개암 까먹기
개암들다 아이를 낳은 뒤에 잡병이 생기다.
개암사탕(−砂糖)
개암장(−醬)
개암죽(−粥)
개암 지르다
개어 가다
개어귀
개어 놓다
개어 두다
개어 주다
개업 선물(開業膳物)
개업술(開業−)
개업 인사(開業人事)
개업 초(開業初)
개업 후(開業後)
개에게 된장 덩어리 지키게 하는 격(−醬−格)
　　[격]
개에게 메스꺼움 [격]
개에게 호패(−號牌) [격]
개여울
개올리다
개운찮게 되다
개운치 않다
개운해지다
개울가
개울 건너편(−便)
개울녘
개울 둑
개울물
개울 쪽
개월 수(個月數)
개으름뱅이
개으름 부리다
개으름쟁이
개으름 피우다

개을러빠지다
개을러터지다
개의치 마라(介意−)
개의치 않다(介意−)
개의하지도 않다(介意−)
개인 간(個人間)
개인감정(個人感情)
개인 것(個人−)
개인 대 개인(個人對個人)
개인 땅(個人−)
개인 명의(個人名義)
개인 문제(個人問題)
개인별(個人別)
개인 사업(個人事業)
개인 사정(個人事情)
개인 상담(個人相談)
개인 소득=개인소득(個人所得)
개인 소유=개인소유(個人所有)
개인숭배(個人崇拜)
개인 어음=개인어음(個人−)
개인영업(個人營業)
개인 용도(個人用度)
개인으로서뿐만 아니라(個人−)
개인 자격(個人資格)
개인잡지(個人雜誌)
개인 장비=개인장비(個人裝備)
개인 재산(個人財産)
개인 정보(個人情報)
개인주의(個人主義)
개인 주택(個人住宅)
개인 지도(個人指導)
개인차(個人差)
개인 천막=개인천막(個人天幕)
개인택시(個人taxi)
개인행동(個人行動)
개인 회사=개인회사(個人會社)
개입 안 하다(介入−)
개입해 오다(介入−)
개자리
개자리골
개자리두둑
개자식(−子息)
개질량 털이 붙어 있는 채로 무두질하여 다룬
　　개의 가죽.
개잠
개잠(改−)

44

개잠자다

개잠자다(改-)

개잡년(-雜-)

개잡놈(-雜-)

개잡다 담배 피우는 것을 속되게 이르는 말.

개 잡든 하다 [관]

개장사

개장수

개장수도 올가미가 있어야 한다 [격]

개장 초(開場初)

개장 후(開場後)

개전 초(開戰初)

개전 후(開戰後)

개점 시간(開店時間)

개점휴업(開店休業)

개정안(改正案)

개정 안 되다(改定-)

개정 증보판(改訂增補版)

개정해 놓다(改定-)

개조 안하다(改造-)

개조해 주다(改造-)

개좆같다

개좆같은 놈

개좆같이

개좆부리 '감기'를 속되게 이르는 말.

개좆불

개 주인(-主人)

개죽(-粥)

개죽음

개죽음당하다(當-)

개죽음하다

개 줄

개지랄

개지랄 같다

개지랄 나다

개지랄 치다

개지랄하다

개짐승

개짐승만도 못하다

개집만 하다

개짓거리

개 짖는 소리

개찜

개차반

개척 정신(開拓精神)

개척해 나가다(開拓-)

개척해 내다(開拓-)

개척해 놓다(開拓-)

개천가(-川-)

개천 건너(-川-)

개천 건너편(-川-便)

개천 둑(-川-)

개천 물(-川-)

개천 바닥(-川-)

개천아 네 그르냐 눈먼 봉사 내 그르냐(-川-)
　　[격]

개천에 나도 제 날 탓이라(-川-) [격]

개천에 내다 버릴 종 없다(-川-種-) [격]

개천에 든 소(-川-) [격]

개천에서 용 난다(-川-龍-) [격]

개천 쪽(-川-)

개천 치다 금을 줍는다(-川-金-) [격]

개최 일시(開催日時)

개최 장소(開催場所)

개최해 오다(開催-)

개치네쒜 재채기를 한 뒤에 내는 소리.

개켜 놓다

개코같다

개코같이

개코망신(-亡身)

개코쥐코

개 콧구멍으로 알다 [관]

개타령

개탄조로(慨歎調-)

개탕대패

개탕을 치다 [관]

개털

개털 모자(-帽子)

개털에 벼룩 끼듯 [격]

개판

개판 되다

개판 치다

개 팔아 두 냥 반(-兩半) [격]

개 팔자가 상팔자(-八字-上八字) [격]

개 패듯 하다 [관]

개펄 속

개펄 위

개편육(-片肉)

개편 작업(改編作業)

개편해 나가다(改編-)

개평꾼

개평을 떼다 [관]

개평을 뜯다 [관]
개평 얻다
개풀
개풀리다
개피떡
개하고 똥 다투랴 [격]
개학 날(開學-)
개학 초(開學初)
개학 후(開學後)
개 핥은 죽사발 같다(-粥沙鉢-) [격]
개항 초(開港初)
개항 후(開港後)
개해 =술년(戌年).
개행실(-行實)
개헌안(改憲案)
개헤엄
개헤엄 치다
개혁 노선(改革路線)
개혁 바람(改革-)
개혁 세력(改革勢力)
개혁 추진(改革推進)
개혁해 나가다(改革-)
개 호랑이가 물어 간 것만큼 시원하다 [격]
개호주 범의 새끼.
개화물(開化-)
개화 물결(開化-)
개화물 먹다(開化-)
개화사상(開化思想)
개화 운동=개화운동(開化運動)
개화 정책(開化政策)
개홧지팡이(開化-)
개회 선언(開會宣言)
개회 전(開會前)
개회 후(開會後)
개흘레 집의 벽 밖으로 조그맣게 달아 낸 칸
　　살.
개흙
개흙 밭
객고막심(客苦莫甚)
객고 치르다(客苦-)
객고 풀다(客苦-)
객공잡이(客工-)
객관주의(客觀主義)
객귀(客-)
객기 부리다(客氣-)
객꾼(客-)

객담 검사=객담검사(喀痰檢査)
객담 늘어놓다(客談-)
객돈(客-)
객돈 쓰다(客-)
객물(客-)
객물 붓다(客-)
객반위주(客反爲主)
객소리(客-)
객소리하다(客-)
객숟가락(客-)
객숟갈(客-)
객술(客-)
객스님(客-)
객식구(客食口)
객원 교수=객원교수(客員敎授)
객원 기자(客員記者)
객주가 망하려니 짚단만 들어온다(客主-亡-)
　　[격]
객줏집(客主-)
객줏집 칼도마 같다(客主-) [격]
객지살이(客地-)
객지 생활(客地生活)
객지 생활 삼 년에 골이 빈다(客地生活三年-)
　　[격]
객짓밥(客地-)
객쩍다(客-)
객쩍은 소리(客-)
객차 내(客車內)
객차 열 량(客車-輛)
객화차(客貨車)
갠 날
갤러빠지다
갤러터지다
갬대
갬상추 잎이 다 자라서 쌈을 싸 먹을 수 있을
　　만큼 큰 상추.
갯가
갯값
갯것
갯것전(-廛) 바닷물이 드나드는 곳에서 나는
　　물건을 파는 가게.
갯고랑
갯고랑을 베게 되었다 [격]
갯골
갯내
갯논

갯놈
갯돌
갯둑
갯마을
갯머리
갯물
갯바닥
갯바람
갯바위
갯바위 낚시
갯밭
갯버들
갯벌
갯벌장(-場)
갯벌투성이
갯사람
갯솜고무
갯솜동물(-動物)
갯솜벽돌(-甓-)
갯일
갱내 사고(坑內事故)
갱내 작업(坑內作業)
갱년기 장애=갱년기장애(更年期障碍)
갱무꼼짝(更無-) 다시 더 이상 꼼짝할 수 없음.
갱무도리(更無道理)
갱 밖(坑-)
갱생고무(更生-)
갱생사위(更生-)
갱생 시설=갱생시설(更生施設)
갱소년(更少年)
갱 속(坑-)
갱신 못하다
갱 안에서(坑-)
갱엿
갱을 달다(坑-) [관]
갱지미(羹-)
갱짜(更-)
갱충맞다
갱충쩍다
갸름갸름하다
갸름캉캉하다
갸우뚱갸우뚱하다
갸울어지다
갸웃갸웃하다
갸웃이 기울이다
갸자꾼(架子-)

거간꾼(居間-)
거간을 서다(居間-) [관]
거간질(居間-)
거거년(去去年)
거거번(去去番)
거거월(去去月)
거거일(去去日)
거국 내각=거국내각(擧國內閣)
거국일치(擧國一致)
거금 들이다(巨金-)
거기나 여기나
거기 살 때
거길 거야
거꾸러뜨리다
거꾸러트리다
거꾸로 가다
거꾸로 되다
거꾸로 매달다
거꾸로 매달리다
거꾸로 매달아도 사는 세상이 낫다(-世上-) [격]
거꾸로 박히다
거꾸로 서다
거꿀가랑이표(-標)
거꿀달걀꼴
거꿀막이
거꿀분수(-分數)
거꿀알꼴
거나하게 취하다(-醉-)
거년스러운 차림새
거나한 김에
거니채다
거대 도시=거대도시(巨大都市)
거대 조직(巨大組織)
거덕치다
거덜거덜하다
거덜 나다
거덜 나 버리다
거덜 내다
거두러 가다
거두러 다니다
거두어 가다
거두어 내다
거두어 놓다
거두어 두다
거두어들이다
거두어 먹이다

거두어 쓰다
거두어 오다
거두어 주다
거두절미(去頭截尾)
거둥길(擧動-)
거둥길 닦아 놓으니까 깍정이가 먼저 지나간다
　　(擧動-) [격]
거둥에 망아지 따라다니듯(擧動-) [격]
거둬 가다
거둬 내다
거둬 놓다
거둬 두다
거둬들이다
거둬 먹이다
거둬 쓰다
거둬 오다
거둬 주다
거드럭거드럭하다
거드름 부리다
거드름쟁이
거드름춤
거드름 피우다
거든거든하다
거든그뜨리다
거든그트리다
거들거들하다
거둘 거야
거들걸
거들 걸세
거들걸요
거들게
거들게요
거들떠도 안 보다
거들떠보다
거들떠보지도 않다
거들뜨다
거들먹거들먹하다
거들어 다오
거들어 달라고 하다
거들어 달라다
거들어 드리다
거들어 주다
거듬거듬하다
거듭거듭
거듭나다
거듭닿소리

거듭되다
거듭되어 가다
거듭되어 오다
거듭매매(-賣買)
거듭소리
거듭이름씨
거듭제곱
거듭제곱근(-根)
거듭제곱하다
거듭제곱 함수=거듭제곱함수(-函數)
거듭하다 보니
거듭해 나가다
거듭해 오다
거듭홀소리
거뜬거뜬하다
거뜬해지다
거란지뼈
거랑꾼
거래 가격(去來價格)
거래 규모(去來規模)
거래 내역(去來內譯)
거래 명세(去來明細)
거래 시장(去來市場)
거래 안 하다(去來-)
거래 은행(去來銀行)
거래 정지(去來停止)
거래 트다(去來-)
거래해 오다(去來-)
거래 현장(去來現場)
거랫날
거령맞다
거령맞아 보이다
거론되어 오다(擧論-)
거론 안 하다(擧論-)
거론 않기로 하다(擧論-)
거론해 오다(擧論-)
거룩해 보이다
거룻배
거류민단(居留民團)
거르기관(-管)
거른물
거름기　=거름 기운.
거름 내다
거름 더미
거름독
거름 되다

거름망(-網)
거름발
거름발 나다
거름 뿌린 밭
거름 식물=거름식물(-植物)
거름 안 주다
거름종이
거름주기
거름 주다
거름집
거름 치다
거름통(-桶)
거름풀
거름흙
-거리 (의존 명사) 국거리, 일거리, 반찬거리.
-거리 (접사) 떼거리, 패거리, 짓거리.
-거리 (접사) 달거리, 하루거리, 이틀거리.
거리거리
거리 곳곳
거리굿
거리껴지다
거리끼지 않다
거리낄 것 없다
거리낌 없다
거리낌 없이 하다
거리녹음(-錄音)
거리 두다(距離-)
거리목장수 각 장이 버스로 연결되면서 나타난
　　　중간 상인.
거리서낭
거리 유세(-遊說)
거리제(-祭)
거리 행진(-行進)
거릿송장
거릿집
거만대금(巨萬大金)
거만스러워 보이다(倨慢-)
거만스러워지다(倨慢-)
거만지다(倨慢-)
거만해 보이다(倨慢-)
거만해지다(倨慢-)
거만히 굴다(倨慢-)
거맹빛
거머누르께하다
거머당기다
거머들이다

거머먹다
거머무트름하다
거머삼키다
거머안다
거머잡다
거머잡히다
거머쥐다
거머채다
거먼빛
거먼색(-色)
거멀도장(-圖章)
거멀띠
거멀맞춤
거멀못
거멀쇠
거멀장식(-裝飾)
거멀접이
거멀쪽
거메지다
거무끄름하다
거무데데하다
거무숙숙하다
거무접접하다
거무죽죽하다
거무튀튀하다
거문고자리
거문고 타는 손
거물급 인사(巨物級人士)
거뭇거뭇하다
거미구에(居未久-)
거미그물
거미는 작아도 줄만 잘 친다 [격]
거미도 줄을 쳐야 벌레를 잡는다 [격]
거미 떼
거미망태(-網-)
거미발
거미 발 거미의 발.
거미 새끼
거미 새끼 풍기듯 [관]
거미 새끼 흩어지듯 [관]
거미 알 까듯 [관]
거미줄 같다
거미줄 누르다 [관]
거미줄 늘이다 [관]
거미줄도 줄은 줄이다 [격]
거미줄 따르듯 [격]

거미줄로 방귀 동이듯 [격]
거미줄에 목을 맨다 [격]
거미줄 치다
거미치밀다
거방진 허우대
거벼이 들다
거 보란 듯이
거보를 내디디다(巨步-)
거보시오
거봐
거봐라
거부 반응=거부반응(拒否反應)
거부 안 하다(拒否-)
거부 운동(拒否運動)
거부 의사(拒否意思)
거부해 버리다(拒否-)
거부해 오다(拒否-)
거부형하다(擧父兄-)
거북놀이
거북등 물살에 밀려서 쌓인 시내나 강 속의 자
　　갈 더미.
거북딱지
거북살스러워하다
거북스러워지다
거북스러워하다
거북운행(-運行)
거북을 타다 [관]
거북의 털[격]
거북이걸음
거북이 등의 털을 긁는다 [격]
거북점(-占)
거북지 않다
거북해지다
거북해하다
거분거분하다
거붓한 짐
거뿐거뿐하다
거뿐거뿐해지다
거사 전(擧事前)
거사 후(擧事後)
거섶안주(-按酒) 나물로 차린 초라한 안주.
거세당하다(去勢當-)
거세어져 가다
거세어지다
거세차다
거세해 버리다(去勢-)

거센 것 같다
거센말
거센소리
거센소리되기
거센털
거수경례(擧手敬禮)
거수기 노릇(擧手機-)
거스러미 일다
거스름돈
거슬러 가다
거슬러 드리다
거슬러 오르다
거슬러 올라가다
거슬러 주다
거슬리지 않다
거슬톱니
거슴츠레해 보이다
거슴츠레해지다
거실 바닥(居室-)
거액 대부(巨額貸付)
거엽스런 몸가짐
거울 같다
거울 보듯 하다
거울삼다
거울상(-像)
거울 속
거울 앞
거울지다
거울진 얼굴
거울집
거위 간(-肝)
거위걸음
거위배
거위배 앓다
거위영장 여위고 키가 크며 목이 긴 사람을 놀
　　림조로 이르는 말.
거위젓
거위침
거의거의
거의거의 다 만들다
거의 다 가다
거의 다되다
거의 다 되어 가다
거의 다 오다
거의 대부분(-大部分)
거의 안 하다

거의 없다
거의 전부(-全部)
거인 나라(巨人-)
거장치다
거저 가지다
거저 나눠 주다
거저먹기
거저먹다
거저 보내다
거저 안 주다
거저 앉아 먹다
거저 주다시피 하다
거저 줄 테니
거저줍다
거적눈
거적눈이
거적때기
거적모　거적모판에서 가꾸어 기른 모.
거적모판(-板)　거적으로 덮개를 한 모판.
거적문(-門)
거적문 드나들던 버릇(-門-) [격]
거적문에 돌쩌귀(-門-) [격]
거적문이 문이러냐 의붓아비 아비러냐(-門-)
　　[격]
거적송장
거적시체(-屍體)
거적쌈
거적 쓴 놈 내려온다 [격]
거적자리
거적주검
거절 못 하다(拒絕-)
거절해 버리다(拒絕-)
거절해 오다(拒絕-)
거점 도시(據點都市)
거주 구역(居住區域)
거주 불명(居住不明)
거주성명(居住姓名)
거주 신고=거주신고(居住申告)
거주 인구(居住人口)
거주 제한=거주제한(居住制限)
거주지 내(居住地內)
거주지별(居住地別)
거죽감　옷이나 이불 따위의 거죽으로 쓰는 감.
거지가 꿀 얻어먹기 [격]
거지가 도승지를 불쌍타 한다(-都承旨-) [격]
거지가 말 얻은 격(-格) [격]

거지가 하늘을 불쌍히 여긴다 [격]
거지 같다
거지꼴
거지꼴 되다
거지끼리 자루 찢는다 [격]
거지는 논두렁 밑에 있어도 웃음이 있다 [격]
거지는 모닥불에 살찐다 [격]
거지 다되다
거지도 부지런하면 더운밥을 먹는다 [격]
거지도 손 볼 날이 있다 [격]
거지 되다
거지 떼
거지발싸개
거지발싸개 같다
거지발싸개만도 못하다
거지 밥주머니 [관]
거지새끼
거지 생활(-生活)
거지 술안주 같다(-按酒-) [관]
거지 신세(-身世)
거지 옷 해 입힌 셈 친다 [격]
거지 자루 기울 새 없다 [격]
거지 자루 크면 자루대로 다 줄까 [격]
거지 제 쪽박 깨기 [격]
거지주머니
거지 취급(-取扱)
거지 턱을 쳐 먹어라 [격]
거지 행세(-行世)
거짓꼴
거짓나이테
거짓되다
거짓말 같다
거짓말 대장(-大將)
거짓말도 잘만 하면 논 닷 마지기보다 낫다 [격]
거짓말도 잘하면 오려논 닷 마지기보다 낫다
　　[격]
거짓말 안 하다
거짓말은 도둑놈 될 장본(-張本) [격]
거짓말을 밥 먹듯 하다 [관]
거짓말을 보태다 [관]
거짓말이 외삼촌보다 낫다(-外三寸-) [격]
거짓말쟁이
거짓말 탐지기=거짓말탐지기(-探知機)
거짓말투성이
거짓말하고 뺨 맞는 것보다 낫다 [격]
거짓말하다

거짓 보고 하다(-報告-)
거짓부렁
거짓부리
거짓불
거짓소리
거짓 소문(-所聞)
거짓 없이
거짓 증언(-證言)
거짓 진술(-陳述)
거찬 웃음
거참
거창스러워 보이다(巨創-)
거창해 보이다(巨創-)
거처방(居處房)
거처불명(去處不明)
거청숫돌   거센 숫돌.
거쳐 가다
거쳐 오다
거추꾼
거추없다
거추장스러워 보이다
거추장스러워지다
거취 문제(去就問題)
거취 표명(去就表明)
거치렁이
거치적거치적하다
거친널
거친널판(-板)
거친대패
거친돌
거친돌쌓기
거친 들
거친 땅
거칠 거야
거칠거칠해지다
거칠 것이 없다
거칠기만 하다
거칠어 보이다
거칠어져 가다
거침돌
거침새 없다
거침없다
거쿨스럽다
거탈수작(-酬酌) 실속없이 겉으로 주고받는 말.
거푸거푸
거푸뛰기

거푸집
거푸집널
거푸짓기
거푼거푼 날리다
거품 같다
거품 경제=거품경제(-經濟)
거품고무
거품돌
거품을 물다 [관]
거품을 치다 [관]
거품이 빠지다
거품이 일다
거품이 잦듯 [관]
거피고물(去皮-)
거피녹두떡(去皮綠豆-)
거피두병(去皮豆餠-)
거피떡(去皮-)
거피팥(去皮-)
거피팥떡(去皮-)
거행해 오다(擧行-)
걱실걱실하다
걱정가마리
걱정거리
걱정걱정하다
걱정꾸러기
걱정 끼쳐 드리다
걱정 덩어리
걱정도 팔자(-八字) [격]
걱정 마
걱정 마라
걱정만 하다
걱정 많은 사람
걱정 말고
걱정스러워지다
걱정시켜 드리다
걱정 안 시키다
걱정 안 하다
걱정 어린 표정(-表情)
걱정 없다
걱정을 사서 하다 [격]
걱정이 많으면 빨리 늙는다 [격]
걱정이 반찬이면 상발이 무너진다(-飯饌-床-)
  [격]
걱정이 태산이다(-泰山-) [관]
걱정하지 마
걱정할 거야

52

걱정할걸

걱정할 걸세

걱정할걸요

걱정할까 봐

걱정할 만도 하다

걱정해 오다

걱정해 주다

걱정했던 대로

건가자미(乾-)

건강 검진=건강검진(健康檢診)

건강관리(健康管理)

건강 돌보다(健康-)

건강 되찾다(健康-)

건강 보조 식품(健康補助食品)

건강 보험=건강보험(健康保險)

건강 비결(健康秘訣)

건강 상식(健康常識)

건강 상태(健康狀態)

건강 식단(健康食單)

건강식품(健康食品)

건강염려(健康念慮)

건강 음료(健康飮料)

건강 이상(健康異常)

건강 증진(健康增進)

건강 진단=건강진단(健康診斷)

건강 체질(健康體質)

건강 탓으로 돌리다(健康-)

건강해 보이다(健康-)

건강 해치다(健康-)

건강 회복(健康回復)

건건찝찔하다

건곤일척(乾坤一擲)

건공잡이(乾空-)

건구역질(-乾嘔逆-)

건국 신화(建國神話)

건국이념(建國理念)

건국 이래(建國以來)

건국 초(建國初)

건국 후(建國後)

건기운(乾-)

건기침(乾-)

건깡깡이(乾-) 아무 기술이나 기구 따위가 없이
　　맨손으로 하는 일. 또는 그렇게 하는 사람.

건낙지(乾-)

건너가다

건너가 버리다

건너간 듯하다

건너게 해 주다

건너고 건너서

건너긋다

건너다보니 절터 [격]

건너다보니 절터요 찌그르르하니 입맛이라 [격]

건너다보이다

건너대다

건너따옴법(-法)

건너뛰다

건너뜸　건너편에 있는 작은 마을.

거너막다

건너 버리다

건너보내다

건너보다　=건너다보다.

건너서 가다

건너서다

건너오다

건너지르다

건너지피다

건너질리다

건너짚다

건너 쪽

건너편(-便)

건넌방(-房)

건넌사랑(-舍廊)

건널 것 같다

건널목

건널목지기

건널 수 없다

건넛마을

건넛마을 불구경하듯 [관]

건넛방(-房)

건넛산(-山)

건넛산 돌 쳐다보듯(-山-) [격]

건넛산 보고 꾸짖기(-山-) [격]

건넛산 쳐다보기(-山-) [격]

건넛집

건네받다

건네 오다

건네주다

건다짐

건달 같다(乾達-)

건달기(乾達氣)

건달꾼(乾達-)

건달 노릇(乾達-)

건달농사(乾達農事)
건달뱅이(乾達-)
건달 생활(乾達生活)
건달패(乾達牌)
건달패거리(乾達牌-)
건달풍 느껴지다(乾達風-)
건답 농사(乾畓農事)
-건대 (어미) 바라건대, 내가 보건대.
건대구(乾大口)
건대 놈 풋농사 짓기(巾臺-農事-) [격]
건더기 먹은 놈이나 국물 먹은 놈이나 [격]
건덩건덩하다
건둥반둥하다
건드렁타령
건드려 보다
건드려 주다
건드리면 안 되다
건드리지 마라
건들건들하다
건들마 남쪽에서 불어오는 초가을의 선들선들
    한 바람.
건들멋
건들바람
건들장마
건들팔월(-八月)
건땅
건립 기금(建立基金)
건립 중(建立中)
건립해 놓다(建立-)
건머루(乾-)
건명태(乾明太)
건모판(乾-板)
건목을 치다 [관]
건몸 공연히 혼자서만 애쓰며 안달하는 일.
건몸 달다
건못자리(乾-)
건문어(乾文魚)
건물 관리(建物管理)
건물 내부(建物內部)
건물 높이(建物-)
건물밖에 없다(建物-)
건물 밖에서(建物-)
건물 속(建物-)
건물 앞(建物-)
건물 옥상(建物屋上)
건물 입구(建物入口)

건물 터(建物-)
건미역(乾-)
건바닥(乾-)
건반 악기=건반악기(鍵盤樂器)
건밤 잠을 자지 않고 뜬눈으로 새우는 밤.
건밤 새우다
건방 떨다
건방 부리다
건방져 보이다
건방진 것 같다
건방진 녀석
건방 피우다
건밭
건배 들다(乾杯-)
건뱃도랑(乾-)
건비빔(乾-)
건사 못하다
건사해 나가다
건사해 두다
건사해 주다
건살구(乾-)
건살포(乾-) 일은 하지 않으면서 건성으로 살
    포만 짚고 다니는 사람.
건삶이(乾-)
건상어(乾-)
건새지붕(乾-)
건설 경기(建設景氣)
건설 공사=건설공사(建設工事)
건설업자(建設業者)
건설 중(建設中)
건설해 나가다(建設-)
건설 현장(建設現場)
건설 회사(建設會社)
건성건성
건성꾼
건성드뭇하다
건성울음
건성질
건성찜질(乾性-)
건성 피부(乾性皮膚)
건시나 감이나(乾枾-) [관]
건시단자(乾枾團餈)
건식세탁(乾式洗濯)
건실해 보이다(健實-)
건실해져 가다(健實-)
건어물 가게(乾魚物-)

건오금   성한 오금.
건오징어(乾-)
건울음
건으로(乾-)
건의 내용(建議內容)
건의 사항(建議事項)
건의 안 하다(建議-)
건의해 오다(建議-)
건입맛
건잠머리
건재 약국(乾材藥局)
건전복(乾全鰒)
건정건정하다
건져 가다
건져 가지고 오다
건져 내다
건져 놓다
건져다 주다
건져 두다
건져 먹다
건져 오다
건져 올리다
건져 주다
건조 경보=건조경보(乾燥警報)
건조무미(乾燥無味)
건조식품(乾燥食品)
건조 안 되다(乾燥-)
건조야채(乾燥野菜)
건조 주의보=건조주의보(乾燥注意報)
건조할뿐더러(乾燥-)
건조할 뿐 아니라(乾燥-)
건조해 놓다(建造-)
건조해 두다(建造-)
건조해 보이다(乾燥-)
건조해져 가다(乾燥-)
건조채소(乾燥菜蔬)
건주정(乾酒酊)
건주정 피우다(乾酒酊-)
건짐국수
건초 더미(乾草-)
건축 공사(建築工事)
건축 설계=건축설계(建築設計)
건축 양식=건축양식(建築樣式)
건축 일 하다(建築-)
건축 중(建築中)
건축 폐기물(建築廢棄物)

건축 허가(建築許可)
건축 현장(建築現場)
건칠가루(乾漆-)
건침(乾-)
건포마찰(乾布摩擦)
건학 이념(建學理念)
건학 정신(建學精神)
건한 대접(-待接)
건해삼(乾海蔘)
건혼나다(乾魂-)
건홍합(乾紅蛤)
건흙
걷게 되다
걷게 하다
걷고 싶어 하다
걷기도 전에 뛰려고 한다(-前-) [격]
걷기 운동(-運動)
걷는 참새를 보면 그 해에 대과를 한다(-大科-)
        [격]
걷다 보니
걷몰다
걷어 가다
걷어 가지고 가다
걷어 가지고 오다
걷어 내다
걷어 놓다
걷어들다
걷어매다
걷어붙이다
걷어안다
걷어 올리다
걷어입다
걷어잡다
걷어 주다
걷어쥐다
걷어지르다
걷어질리다
걷어차다
걷어차 버리다
걷어채다
걷어치우다
걷을 거야
걷을걸
걷을 걸세
걷을걸요
걷을게

걷을게요
걷잡다
걷잡을 수 없다
걷잡히다
걷지르다
걷질러 버리다
걷혀 버리다
걷힌 돈
걸개그림
걸 거야
걸고넘어지다
걸군다
걸궁농악(-農樂)
걸귀 같다(乞鬼-)
걸귀돼지(乞鬼-)
걸귀 들린 듯이(乞鬼-) [관]
걸그림
걸그물
걸기질
걸까리지다
걸낫
걸다랗다
걸뜨리다
걸량걸다(-兩-)
걸량짚다(-兩-)
걸러내기
걸러내기하다
걸러 내다
걸러 놓다
걸러 두다
걸러뛰다
걸러 마시다
걸러 먹다
걸러 보다
걸러 주다
걸러지다
걸레 같다
걸레 다 되다
걸레를 씹어 먹었나 [격]
걸레받이
걸레부정(-不淨)
걸레질
걸레짝
걸레쪽
걸레통(-桶)
걸려 넘어지다

걸려들다
걸려 들어가다
걸려 오다
걸리는 대로
걸릴 거야
걸릴걸
걸릴 걸세
걸릴걸요
걸릴 만큼
걸림돌
걸림돌 안 되다
걸림새
걸림어찌씨
걸립을 놀다(乞粒-) [관]
걸망(-網)
걸망태(-網-)
걸맞지 않다
걸머맡다
걸머메다
걸머메이다
걸머잡다
걸머쥐다
걸머지다
걸머지우다
걸메다
걸메이다
걸상그네(-床-)
걸식 다니다(乞食-)
걸신들리다(乞神-)
걸신쟁이(乞神-)
걸어가다
걸어가 보다
걸어 나가다
걸어 나오다
걸어 내려가다
걸어 놓다
걸어 놔두다
걸어 다녀 보다
걸어 다니다
걸어 달라고 하다
걸어 달라다
걸어도 걸어도 끝이 없다
걸어 두다
걸어 드리다
걸어 들어가다
걸어 들어오다

걸어 보다

걸어 봐라

걸어서 가다

걸어서 오다

걸어앉다

걸어앉히다

걸어오다

걸어 올라가다

걸어 올라오다

걸어 잠그다

걸어 주다

걸어총(-銃)

걸을 거야

걸을걸

걸을 걸세

걸을걸요

걸을게

걸을게요

걸음 걷다

걸음걸음

걸음걸음이

걸음 끊다

걸음나비

걸음낚시 계곡을 따라 걸으면서 하는 낚시.

걸음 내딛다

걸음 떼다

걸음 떼어 놓다

걸음마

걸음마 단계(-段階)

걸음마하다

걸음마찍찍

걸음마타다

걸음 못 걷다

걸음 못 내딛다

걸음 못 떼다

걸음발

걸음발타다

걸음사위

걸음새 뜬 소가 천 리를 간다(-千里-) [격]

걸음아 날 살려라 [관]

걸음을 떼다 [관]

걸음을 재촉하다 [관]

걸음이 가볍다 [관]

걸음이 무겁다 [관]

걸음장맞춤

걸음짐작

걸음짓

걸음품

걸음품 팔다

걸입다

걸쩍걸쩍하다

걸쭉해 보이다

걸쭉해지다

걸차다

걸찬 땅

걸채이다

걸쳐 놓다

걸쳐 두다

걸쳐 입다

걸쳐 주다

걸치고 나가다

걸치고 다니다

걸친코

걸침기와

걸침턱

걸침턱맞춤

걸타다

걸태질하다

걸터들이다

걸터듬다

걸터듬질

걸터먹다

걸터앉다

걸터앉히다

걸터타다

걸핏하면

검거해 오다(檢擧-)

검거 후(檢擧後)

검기울다

검덕귀신(-鬼神)

검둥개

검둥개는 돼지 편(-便) [격]

검둥개 멱 감기듯 [격]

검둥개 미역 감긴다고 희어지지 않는다 [격]

검디검다

검뜯기다

검뜯다

검문검색(檢問檢索)

검문 안 받다(檢問-)

검문 초소(檢問哨所)

검묽다

검버섯
검버섯 끼다
검버섯 돋다
검버섯 피다
검보라색(-色)
검부나무
검부러기
검부잿불
검부저기
검불덤불
검불막이
검불밭
검불밭에서 수은 찾기(-水銀-) [격]
검붉다
검뿌옇다
검사 결과(檢査結果)
검사 나오다(檢査-)
검사 맡다(檢査-)
검사 안 하다(檢査-)
검사 출신(檢事出身)
검사하게 하다(檢査-)
검사해 보다(檢査-)
검소해 보이다(儉素-)
검숭검숭하다
검시 결과(檢屍結果)
검쓰다
검어져 가다
검어지다
검열점호(檢閱點呼)
검은간토기(-土器)
검은 강아지로 돼지 만든다 [격]
검은건반(-鍵盤)
검은 고기 맛 좋다 한다 [격]
검은 고양이 눈 감은 듯 [격]
검은 구름 [관]
검은 구름에 백로 지나가기(-白鷺-) [격]
검은그루
검은깨
검은깨 가루
검은 대륙(-大陸)
검은돈
검은똥
검은 마수를 뻗치다(-魔手-) [관]
검은 말
검은 머리 가진 짐승은 구제 말란다(-救濟-)
　　　[격]

검은 머리 파뿌리 되도록 [격]
검은무소 =검은코뿔소.
검은 뱃속을 채우다 [관]
검은빛
검은 빛깔
검은뿌리썩음병(-病)
검은색(-色)
검은손
검은손 뻗치다
검은썩음
검은엿
검은 옷
검은자 =검은자위.
검은자위
검은점병(-點病)
검은콩
검은팥
검은흙
검인정 교과서=검인정교과서(檢認定敎科書)
검자주색(-紫朱色)
검자줏빛(-紫朱-)
검잡다
검적검적하다
검정개
검정개는 돼지 편(-便) [격]
검정개 미역 감긴 격(-格) [격]
검정개 한 마리 얼씬 안 하다 [관]
검정개 한패(-牌)
검정고동색(-古銅色)
검정고양이
검정고양이 눈 감은 듯 [격]
검정깨 =검은깨.
검정말
검정새치　같은 편인 체하면서 남의 염탐꾼 노
　　　릇을 하는 사람.
검정양반(-兩班)
검정 치마
검정콩
검정콩알
검쥐다
검증 없이(檢證-)
검증 절차(檢證節次)
검증해 보다(檢證-)
검질기다
검질손
검차다

검찰 수사(檢察搜査)
검찰 조사(檢察調査)
검찰 측(檢察側)
검출해 내다(檢出-)
검침 나오다(檢針-)
검침해 가다(檢針-)
검토 끝에(檢討-)
검토 안 하다(檢討-)
검토 중(檢討中)
검토해 보다(檢討-)
검토해 볼 만하다(檢討-)
검토해 오다(檢討-)
검토 후(檢討後)
검퍼렇다
검퍼레지다
검표집게(檢票-)
검푸르접접하다
검푸르죽죽하다
검흐르다
겁결에(怯-)
겁꾸러기(怯-)
겁나게 하다(怯-)
겁나하다(怯-)
겁날 것 없다(怯-)
겁내다(怯-)
겁내지 마라(怯-)
겁낼 것 없다(怯-)
겁 많은 사람(怯-)
겁먹다(怯-)
겁먹지 마라(怯-)
겁보(怯-)
겁 안 나다(怯-)
겁 안 내다(怯-)
겁 없다(怯-)
겁에 질리다(怯-) [관]
겁쟁이(怯-)
겁주다(怯-)
겁주려는 거야(怯-)
겁주지 마라(怯-)
겁탈질(劫奪-)
것 같다
것 같지 않다
것만치
것만큼
것밖에 없다
것 외에(-外-)

것으로밖에
것이라기보다는
것이야말로
것인 듯하다
것인 만큼
것인 양
것 중 하나(-中-)
겅그레 놓다
겅더리되다
겅둥겅둥하다
겅성드뭇하다
겅정겅정하다
겅중겅중하다
겉가량(-假量)
겉가루
겉가마
겉가마가 먼저 끓는다 [격]
겉가마도 안 끓는데 속가마부터 끓는다 [격]
겉가죽
겉갈이
겉잠
겉개화(-開花)
겉겨
겉고름
겉고삿
겉고춧가루
겉곡(-穀)
겉곡식(-穀食-)
겉과 속이 다르다 [격]
겉깃
겉깃니
겉꺼풀
겉껍데기
겉껍질
겉꾸리다
겉꾸림
겉꾸미다
겉나깨
겉날리다
겉날실
겉낫
겉넌출
겉넓이
겉녹다
겉놀다
겉눈 감고 자다

겉눈썹
겉늙다
겉늙어 보이다
겉늙히다
겉 다르고 속 다르다 [격]
겉단추
겉대답(-對答)
겉대접(-待接)
겉대중
겉더껑이
겉더께
겉도랑
겉도랑빼기
겉돌다
겉동정
겉뜨기코
겉뜨물
겉뜨이다
겉마르다
겉마음
겉말
겉맞추다
겉멋
겉멋 내다
겉멋 들다
겉메밀
겉면(-面)
겉면적(-面積)
겉모골(-毛骨)
겉모래
겉모습
겉모양(-模樣)
겉모양 내다(-模樣-)
겉모양새(-模樣-)
겉목소리
겉몸
겉묻다
겉물
겉물이 돌다 [관]
겉바람
겉바르다
겉발림
겉밤
겉버력
겉버선
겉벌

겉벼
겉보기
겉보기가 속 보기 [격]
겉보기와는 다르다
겉보기와 안 보기가 다르다 [격]
겉보리
겉보리 단 거꾸로 묶은 것 같다 [격]
겉보리 돈 사기가 수양딸로 며느리 삼기보다
    쉽다(-收養-) [격]
겉보리 서 말만 있으면 처가살이하랴(-妻家-)
    [격]
겉보리 술 막치 사람 속인다 [격]
겉보매
겉볼안
겉봉(-封)
겉봉투(-封套)
겉뼈대
겉사주(-四柱)
겉살
겉섶선(-線)
겉소매
겉수눅
겉수수
겉수습(-收拾)
겉수작(-酬酌)
겉수청(-守廳) 곁에서 잔심부름이나 하는 일.
겉수틀
겉실
겉시늉
겉싸개
겉씨껍질
겉씨식물(-植物)
겉약다
겉어림
겉어림해 보다
겉언치
겉여물다
겉옷
겉옷고름
겉욕심(-慾心)
겉웃음
겉웃음 치다
겉으로 빙빙 돌다 [관]
겉은 늙어도 속은 새파랗다 [격]
겉이 검기로 속도 검을까 [격]
겉이 고우면 속도 곱다 [격]

겉잎

겉잎사귀

겉자락

겉자리

겉잠

겉잠 들다

겉잡다

겉잣

겉장(-張)

겉재목(-材木)

겉저고리

겉적삼

겉절이

겉절이다

겉조 껍질을 벗기지 않은 조.

겉주름

겉주머니

겉짐작(-斟酌)

겉짐작 들다

겉짐작하다

겉쪽

겉창(-窓)

겉채비

겉층(-層)

겉치레

겉치마

겉치장(-治粧)

겉칠(-漆)

겉틀

겉판(-板)

겉팔매

겉표지(-表紙)

겉피 껍질을 벗기지 않은 피.

겉핥다

겉허울

겉흙

게감정

게거품

게거품 물다

게걸게걸하다

게걸대거리(-對-)

게걸들다

게걸들리다

게걸들린 듯 퍼먹다

게걸을 떼다 [관]

게걸음

게걸음 치다

게걸쟁이

게고둥

게구이

게꽁지

게꽁지만 하다

게나예나

게 눈 감추듯 [관]

게눈모

게도 구럭도 다 잃었다 [관]

게도 구멍이 크면 죽는다 [격]

게두덜게두덜하다

게들다

게 등에 소금 치기 [격]

게딱지 같다

게딱지만 하다

게뚜더기 눈두덩 위의 살이 헐거나 다친 자국
이 있어 꿰맨 것같이 보이는 눈. 또는 그런
눈을 가진 사람.

게를 똑바로 기어가게 할 수는 없다 [격]

게름뱅이

게름쟁이

게릴라 작전(guerilla作戰)

게릴라전(guerilla戰)

게막(-幕)

게먹다

게면쩍은 웃음

게목나물

게발걸음

게발글씨

게 발 물어 던지듯 [격]

게분(-粉)

게살

게 새끼는 나면서 집는다 [격]

게 새끼는 집고 고양이 새끼는 할퀸다 [격]

게 섰거라

게슴츠레하다

게슴츠레해지다

게알젓

게알탕건(-宕巾)

게염나다

게염내다

게울 것 같다

게워 내다

게워 놓다

게워 버리다

게으른 년이 삼 가래 세고 게으른 놈이 책장 센다(-册張-) [격]
게으른 놈 밭고랑 세듯 [격]
게으른 놈 짐 많이 지기 [격]
게으른 듯하다
게으른 말 짐 탐하기(-貪-) [격]
게으른 선비 책장 넘기기(-册張-) [격]
게으른 여편네 아이 핑계하듯 [격]
게으름뱅이
게으름 부리다
게으름 안 부리다
게으름쟁이
게으름 피우다
게을러 보이다
게을러빠지다
게을러터지다
게을리 안 하다
게을리 하지 마라
게을리 해 오다
게임 규칙(game規則)
게 잡아 물에 놓았다 [격]
게장(-醬)
게장 담그다(-醬-)
게재비구멍
게재 안 하다(揭載-)
게재해 오다(揭載-)
게재해 주다(揭載-)
게저냐
게접스럽기 짝이 없다
게젓
게정게정하다
게정꾼
게정내다
게줄
게줄다리기
게지짐
게집
게찜
게통발
게트림
게 편(-便)
게포(-脯)
게포무침(-脯-)
게회(-膾)
겔러빠지다
겔러터지다

겟가루
겟국
겨기름
겨꿈내기
겨꿈내다
겨냥대
겨냥 대다 [관]
겨냥떼기
겨냥 보다 [관]
겨냥해 보다
겨누어 보다
겨눠 보다
겨된장(-醬)
겨드랑눈
겨레말
겨레붙이
겨루어 나가다
겨루어 보다
겨루어 오다
겨뤄 나가다
겨뤄 볼 만하다
겨뤄 오다
겨를 없이
겨를철
겨릅단
겨릅대
겨릅등(-燈)
겨릅문(-門)
겨릅발
겨릅불
겨릅이엉
겨릅피(-皮)
겨릅호두(-胡桃)
겨리질
겨린을 잡다 [관] 살인범 이웃 사람이나 범죄현장 근처로 지나가는 사람을 증인으로 잡아가다.
겨린을 잡히다 [관]
겨릿소
겨릿소리
겨 묻은 개가 똥 묻은 개를 나무란다 [격]
겨반지기(-半-)
겨범벅
겨우내
겨우살이
겨울 가뭄

겨울나기
겨울나다
겨울나무
겨울날
겨울 날씨
겨울 내내
겨울냉면(-冷麪)
겨울눈
겨울 동안
겨울띠
겨울맞이
겨울바람
겨울바람이 봄바람 보고 춥다 한다 [격]
겨울밤
겨울 방학=겨울방학(-放學)
겨울비
겨울 산(-山)
겨울새
겨울 숲
겨울옷
겨울을 지내 보아야 봄 그리운 줄 안다 [격]
겨울이 다 되어야 솔이 푸른 줄 안다 [격]
겨울이 지나지 않고 봄이 오랴 [격]
겨울잠
겨울잠 자다
겨울 준비(-準備)
겨울줄   겨울철에 물고기의 비늘에 나이테처럼
    나타나는 줄.
겨울철
겨울 철새
겨울 추위
겨울콩강정
겨울 타다
겨울털
겨울 풍경(-風景)
겨울 하늘
겨울 호(-號)
겨울 화롯불은 어머니보다 낫다(-火爐-) [격]
겨워 보이다
겨워하다
겨자기름
겨자김치
겨자깍두기
겨자선(-膳)
겨자씨
겨자즙(-汁)

겨자찜질
겨자채(-菜)
겨자초(-醋)
겨자탄(-彈)
겨잣가루
겨 주고 겨 바꾼다 [격]
겨죽(-粥)
격간살이(隔間-)
격강천리(隔江千里)
격년결과(隔年結果)
격년결실(隔年結實)
격려 속에(激勵-)
격려 전화(激勵電話)
격려해 주다(激勵-)
격렬해 보이다(激烈-)
격렬해져 가다(激烈-)
격류 속(激流-)
격리 병동=격리병동(隔離病棟)
격리 수용(隔離收容)
격리시켜 놓다(隔離-)
격리해 두다(隔離-)
격물치지(格物致知)
격세안면(隔歲顏面)
격식 갖추다(格式-)
격식 따지다(格式-)
격식 차리다(格式-)
격앙 상태(激昂狀態)
격에 맞다(格-)
격에 안 맞다(格-)
격월간 잡지(隔月刊雜誌)
격월간지(隔月刊誌)
격을 두다(隔-) [관]
격을 치다(格-) [관]
격의 없다(隔意-)
격일 근무(隔日勤務)
격자무늬(格子-)
격자문(格子門)
격자창(格子窓)
격전 끝에(激戰-)
격전 치르다(激戰-)
격조 높다(格調-)
격 조사=격조사(格助詞)
격지격지 덧붙이다
격지지 않다
격추당하다(擊墜當-)
격추해 버리다(擊墜-)

격투 끝에(格鬪-)
격해져 가다(激-)
격화되어 가다(激化-)
격화일로(激化一路)
겪게 되다
겪게 하다
겪고 나다
겪고 난 후(-後)
겪고 보다
겪는다 해도
겪어 가다
겪어 나가다
겪어 내다
겪어 보다
겪어 본 적 있다
겪어 봤나 보다
겪어 오다
겪은 적 있다
겪을 수밖에 없다
겪지 않다
견고해져 가다(堅固-)
견고해지다(堅固-)
견대미
견대팔(肩帶-)
견뎌 나가다
견뎌 내다
견뎌 내지 못하다
견뎌 낼 듯하다
견뎌 보다
견뎌 봐라
견뎌 오다
견뎌 왔나 보다
견디다 못해
견디어 나가다
견디어 내다
견디어 내지 못하다
견디어 보다
견디어 봐야 한다
견디어 오다
견딜 것 같다
견딜 듯도 하다
견딜 듯하다
견딜 만하다
견딜성 없다(-性-)
견딜 줄 알다
견딜힘

견리사의(見利思義)
견문일치(見聞一致)
견물생심(見物生心)
견본 매매=견본매매(見本賣買)
견습기자(見習記者)
견습사원(見習社員)
견우직녀(牽牛織女)
견인자동차(牽引自動車)
견인차 역할(牽引車役割)
견인해 가다(牽引-)
견적 가격=견적가격(見積價格)
견제 기능(牽制機能)
견제 사격=견제사격(牽制射擊)
견제 세력(牽制勢力)
견제 역할(牽制役割)
견제해 나가다(牽制-)
견제해 오다(牽制-)
견주어 보다
견주어 오다
견줄 만하다
견줄 수 없다
견줘 보다
견줘 볼 만하다
견줌그림씨
견줌자리토씨
견지낚시
견지낚싯대
견지뼈
견지질
견지해 나가다(堅持-)
견지해 오다(堅持-)
견짓살
견책 처분(譴責處分)
견학 가다(見學-)
견학 다니다(見學-)
견학 보내다(見學-)
견학시켜 주다(見學-)
견학 오다(見學-)
견학할 만하다(見學-)
견해차(見解差)
견해 차이(見解差異)
곁거니틀거니
곁고틀다
곁지르다
결가부좌(結跏趺坐)
결거취(決去就)

64

결격 사유＝결격사유(缺格事由)
결격 사항(缺格事項)
결결이 생각나다
결과 보고(結果報告)
결구배추(結球-)
결국원인(結局原因)
결근 사유(缺勤事由)
결근 안하다(缺勤-)
결근하게 되다(缺勤-)
결근하면 안 된다(缺勤-)
결근하지 마라(缺勤-)
결김에
결나다
결내다
결단 내리다(決斷-)
결단성 있다(決斷性-)
결단코 해내다(決斷-)
결딱지
결딴나다
결딴나 버리다
결딴내다
결딴내지 마라
결렬되고 말다(決裂-)
결렬되어 버리다(決裂-)
결례 되는 짓(缺禮-)
결례한 것 같다(缺禮-)
결론 나다(結論-)
결론 내다(結論-)
결론 내리다(結論-)
결론 내 버리다(結論-)
결론 맺다(結論-)
결론 못 내리다(結論-)
결론 못 짓다(結論-)
결론 안 나다(結論-)
결론 없이(結論-)
결론지어 버리다(結論-)
결론짓다(結論-)
결말나다(結末-)
결말내다(結末-)
결말내 버리다(結末-)
결말 못 내다(結末-)
결말 못 짓다(結末-)
결말 부분(結末部分)
결말 안 나다(結末-)
결말짓다(結末-)
결머리

결메우기
결 바르다
결 바른 성품(-性品)
결박 짓다(結縛-)
결발부부(結髮夫婦)　총각과 처녀가 혼인하여
　　맺은 부부.
결백청정(潔白淸淨)
결별 선언(訣別宣言)
결부시키지 마라(結付-)
결사반대(決死反對)
결사보국(決死報國)
결사코 해내다(決死-)
결사 항쟁(決死抗爭)
결사 항전(決死抗戰)
결 삭다
결산 보고(決算報告)
결산 연도＝결산연도(決算年度)
결석 사유(缺席事由)
결석신고(缺席申告)
결석 안 하다(缺席-)
결선 진출(決選進出)
결선 투표＝결선투표(決選投票)
결성해 놓다(結成-)
결속시켜 주다(結束-)
결손 가정＝결손가정(缺損家庭)
결손 나다(缺損-)
결손 내다(缺損-)
결승 진출(決勝進出)
결식노인(缺食老人)
결식아동(缺食兒童)
결실 맺다(結實-)
결심 공판＝결심공판(結審公判)
결심 굳히다(決心-)
결심대로 하다(決心-)
결심한 대로(決心-)
결심한 듯하다(決心-)
결심해 오다(決心-)
결연 맺다(結緣-)
결을 삭이다 [관]
결의 대회(決議大會)
결의형제(結義兄弟)
결이 바르다 [관]
결이 삭다 [관]
결재 나다(決裁-)
결재 맞다(決裁-)
결재 못 받다(決裁-)

결재 받다(決裁-)
결재 서류(決裁書類)
결재 안 받다(決裁-)
결재 안 해 주다(決裁-)
결재 올리다(決裁-)
결재해 주다(決裁-)
결전투표(決戰投票)
결점 없는 사람(缺點-)
결점투성이(缺點-)
결정 과정(決定過程)
결정 나다(決定-)
결정 내리다(決定-)
결정대로(決定-)
결정되는 대로(決定-)
결정되어 버리다(決定-)
결정된 대로(決定-)
결정 못 짓다(決定-)
결정 못 하다(決定-)
결정 보다(決定-)
결정 사항(決定事項)
결정 안 되다(決定-)
결정 안 하다(決定-)
결정짓게 되다(決定-)
결정짓다(決定-)
결정타 맞다(決定打-)
결정타 터지다(決定打-)
결정투표(決定投票)
결정한 것 같다(決定-)
결정한 대로(決定-)
결정한 듯하다(決定-)
결정해 버리다(決定-)
결제 대금(決濟代金)
결제 안 해 주다(決濟-)
결제해 주다(決濟-)
결 좋은 머리카락
결창이 터지다 [관]
결초보은(結草報恩)
결투 청하다(決鬪請-)
결판나다(決判-)
결판내다(決判-)
결판내 버리다(決判-)
결판싸움(決判-)
결판 안 나다(決判-)
결함 없는 사람(缺陷-)
결함투성이(缺陷-)
결합시켜 주다(結合-)

결합점토(結合粘土)
결합해 주다(結合-)
결핵 걸리다(結核-)
결핵 앓다(結核-)
결핵 환자(結核患者)
결혼기념식(結婚記念式)
결혼기념일(結婚記念日)
결혼 날(結婚-)
결혼 날짜 받다(結婚-)
결혼 당시(結婚當時)
결혼 때(結婚-)
결혼 못 시키다(結婚-)
결혼 못 하다(結婚-)
결혼반지(結婚半指)
결혼 비용(結婚費用)
결혼사진(結婚寫眞)
결혼상담소(結婚相談所)
결혼 상대(結婚相對)
결혼 생활(結婚生活)
결혼 서약(結婚誓約)
결혼 선물(結婚膳物)
결혼시켜 주다(結婚-)
결혼식 날(結婚式-)
결혼식 때(結婚式-)
결혼식장(結婚式場)
결혼 신고(結婚申告)
결혼 안 시키다(結婚-)
결혼 안 하다(結婚-)
결혼 않겠다고 하다(結婚-)
결혼 않기로 하다(結婚-)
결혼 약속 한 사이(結婚約束-)
결혼 연령＝결혼연령(結婚年齡)
결혼 예물(結婚禮物)
결혼 예식(結婚禮式)
결혼 자금(結婚資金)
결혼 잔치(結婚-)
결혼 잘못 하다(結婚-)
결혼 적령기(結婚適齡期)
결혼 전(結婚前)
결혼 준비(結婚準備)
결혼 직전(結婚直前)
결혼 직후(結婚直後)
결혼 초(結婚初)
결혼 축의금(結婚祝儀金)
결혼하자마자(結婚-)
결혼할 것 같다(結婚-)

결혼할지 모른다(結婚-)
결혼해 주다(結婚-)
결혼 행진곡=결혼행진곡(結婚行進曲)
결혼 허락 받다(結婚許諾-)
결혼 후(結婚後)
겸사겸사(兼事兼事)
겸사말(謙辭-)
겸상 받다(兼床-)
겸상 차리다(兼床-)
겸상해 먹다(兼床-)
겸손 떨다(謙遜-)
겸손해 보이다(謙遜-)
겸손해져 가다(謙遜-)
겸손해지다(謙遜-)
겸업농가(兼業農家)
겸업 작가(兼業作家)
겸연쩍어 보이다(慊然-)
겸연쩍은 듯이(慊然-)
겸임 교수(兼任敎授)
겸임 교원=겸임교원(兼任敎員)
겸임해 오다(兼任-)
겸직 금지=겸직금지(兼職禁止)
겹가루받이
겹경사(-慶事)
겹경사 나다(-慶事-)
겹고깔
겹고리무늬
겹구름
겹그림씨
겹글자
겹깔고 앉다
겹꽃받침
겹꽃잎
겹나이테
겹낚시
겹낱말
겹내림표(-標)
겹널마루
겹눈
겹대이름씨
겹대패
겹도르래
겹두루마기
겹떡잎
겹마고자
겹매기

겹매듭
겹무대(-舞臺)
겹문장(-文章)
겹바닥
겹바지
겹받침
겹버선
겹보(-褓)
겹사돈(-査頓)
겹사라지 헝겊이나 종이를 겹쳐 만들어서 기
　　름에 결은 담배쌈지.
겹산(-山)
겹살림
겹새김
겹새끼
겹실
겹쌈솔
겹쌓다
겹쌓이다
겹씨방(-房)
겹아가리
겹암술
겹어찌씨
겹여밈
겹열매
겹오염(-汚染)
겹온음표(-音標)
겹올림표(-標)
겹올실
겹옷
겹움직씨
겹이름씨
겹이불
겹잎
겹잎꽃
겹자락
겹저고리
겹족두리
겹주름위(-胃)
겹줄
겹진동(-振動)
겹질리다
겹집
겹집다
겹창(-窓)
겹처마

67

겹철릭

겹체

겹쳐 놓다

겹쳐 보이다

겹쳐 쓰다

겹쳐잇기

겹쳐지다

겹치기 출연(-出演)

겹치마

겹침무늬

겹턱

겹토씨

겹통신(-通信)

겹현미경(-顯微鏡)

겹혼인(-婚姻)

겹홀소리

겹화산(-火山)

겹흔들이

겻불 겨를 태우는 불.

겻불내

겻불 쬐다

겻불 피우다

겻섬 털듯 [관]

-경(頃) (접사) ('쯤, 무렵'의 뜻) 월말경, 초순경, 9시경

-경(輕) (접사) ('간단한'의 뜻) 경양식, 경무장.

경가파산(傾家破産)

경각간에(頃刻間-)

경각심 높이다(警覺心-)

경각심 불러일으키다(警覺心-)

경거망동(輕擧妄動)

경건해 보이다(敬虔-)

경겁도주(驚怯逃走)

경계경보(警戒警報)

경계 근무(警戒勤務)

경계선 밖(警戒線-)

경계수위(警戒水位)

경계 안 하다(警戒-)

경계 지역(警戒地域)

경계 짓다(境界-)

경계 초소=경계초소(警戒哨所)

경계 태세(警戒態勢)

경계표지(警戒標識)

경계해 오다(警戒-)

경곗돌(境界-)

경곗빛(警戒-)

경고 방송(警告放送)

경고 사격=경고사격(警告射擊)

경고 주다(警告-)

경고 처분(警告處分)

경과보고(經過報告)

경관 훼손(景觀毀損)

경구 감염=경구감염(經口感染)

경구 피임약=경구피임약(經口避妊藥)

경국제세(經國濟世)

경기 과열=경기과열(景氣過熱)

경기 관람(競技觀覽)

경기 규칙(競技規則)

경기까투리(京畿-)

경기 대회(競技大會)

경기도 땅(京畿道-)

경기 도중(競技途中)

경기 부양(景氣浮揚)

경기 불안(景氣不安)

경기 불황(景氣不況)

경기 악화(景氣惡化)

경기장 내(競技場內)

경기 전망(景氣展望)

경기 전(競技前)

경기 종료(競技終了)

경기 중(競技中)

경기 지역(京畿地域)

경기 침체(景氣沈滯)

경기평야(京畿平野)

경기 활성화(景氣活性化)

경기 회복=경기회복(景氣回復)

경기 후(競技後)

경남 지역(慶南地域)

경남평야(慶南平野)

경 다 읽고 떼어 버려야겠다(經-) [격]

경대 앞(鏡臺-)

경대 서랍(鏡臺-)

경력 사원(經歷社員)

경력 쌓다(經歷-)

경력 위조(經歷僞造)

경력 위주로(經歷爲主-)

경력 증명서(經歷證明書)

경련 나다(痙攣-)

경련 일으키다(痙攣-)

경례 붙이다(敬禮-)

경로사상(敬老思想)

경로 우대(敬老優待)

경로잔치(敬老-)

경로 정신(敬老精神)

경로 효친 사상(敬老孝親思想)

경륜 있는 인사(經綸-人士)

경리규정(經理規定)

경리 분야(經理分野)

경리사무(經理事務)

경리 사원(經理社員)

경리 장부(經理帳簿)

경리 직원(經理職員)

경마 들다 [관]

경마 잡다 [관]

경마 잡히다 [관]

경마잡이

경마잡이 앞세우다

경망스러워 보이다(輕妄-)

경망해 보이다(輕妄-)

경매 가격(競賣價格)

경매 부동산(競賣不動産)

경매 부치다(競賣-)

경매 처분(競賣處分)

경멸해 버리다(輕蔑-)

경멸해 오다(輕蔑-)

경미미음(粳米米飮)

경박스러워 보이다(輕薄-)

경배 드리다(敬拜-)

경보 대회(競步大會)

경보 발령(警報發令)

경보 장치(警報裝置)

경보 해제(警報解除)

경복궁 타령=경복궁타령(景福宮-)

경부 고속도로=경부고속도로(京釜高速道路)

경북 지방(慶北地方)

경북 지역(慶北地域)

경비 강화(警備強化)

경비 구역(警備區域)

경비 내역(經費內譯)

경비 서다(警備-)

경비 속에(警備-)

경비 요원(警備要員)

경비 절감(經費節減)

경비 초소(警備哨所)

경비 태세(警備態勢)

경사 나다(慶事-)

경사 난 듯이(慶事-)

경사 안 지다(傾斜-)

경사 중의 경사(慶事中-慶事)

경사진 길(傾斜-)

경사 치르다(慶事-)

경삿날(慶事-)

경상남도 지사(慶尙南道支社)

경상 남북도(慶尙南北道)

경상도 땅(慶尙道-)

경상도서 죽 쑤는 놈 전라도 가도 죽 쑨다(慶尙道-粥-全羅道-粥-) [격]

경상도반닫이(慶尙道半-)

경상도 입납(慶尙道入納) [격]

경상도 쪽(慶尙道-)

경상북도 지사(慶尙北道支社)

경상 수지=경상수지(經常收支)

경선 후보(競選候補)

경세제민(經世濟民)

경소리(經 -)

경승용차(輕乘用車)

경시 대회(競試大會)

경시 못 하다(輕視-)

경시해 오다(輕視-)

경신 새다(庚申-) 섣달 중의 경신 날에 밤을 새다.

경신년 글강 외듯(庚申年-講-) [격]

경신박해(庚申迫害)

경신을 새다(庚申-) [관]

경악을 금치 못하다(驚愕-禁-)

경악할 만하다(驚愕-)

경연 대회(競演大會)

경영 관리=경영관리(經營管理)

경영권 장악(經營權掌握)

경영난 겪다(經營難-)

경영난 타개(經營難打開)

경영 방침(經營方針)

경영 악화(經營惡化)

경영 잘해 오다(經營-)

경영 철학(經營哲學)

경영해 오다(經營-)

경영 혁신(經營革新)

경우 바르다(境遇-)

경우 밝다(境遇-)

경우 없는 소리(境遇-)

경우 틀리다(境遇-)

경원사구(敬遠四球)

경원시하다(敬遠視-)

경원해 오다(敬遠-)

경위가 삼칠장이라(涇渭-三七-) [격]
경위 따지다(涇渭-)
경위 바른 소리(涇渭-)
경위 밝다(涇渭-)
경위서 쓰다(經緯書-)
경유해 오다(經由-)
경을 팥 다발같이 치다(黥-) [격]
경인 고속도로=경인고속도로(京仁高速道路)
경인 지역(京仁地域)
경자년 가을보리 되듯(庚子年-) [격]
경작 안 하다(耕作-)
경작해 오다(耕作-)
경쟁 관계(競爭關係)
경쟁력 높이다(競爭力-)
경쟁력 잃다(競爭力-)
경쟁사 간의(競爭社間-)
경쟁 상대(競爭相對)
경쟁 속(競爭-)
경쟁시험(競爭試驗)
경쟁 안 하다(競爭-)
경쟁의식(競爭意識)
경쟁 입찰=경쟁입찰(競爭入札)
경쟁하다시피 하다(競爭-)
경쟁하듯 하다(競爭-)
경쟁 회사(競爭會社)
경적 소리(警笛-)
경적 울리다(警笛-)
경적필패(輕敵必敗)
경점 치고 문지른다(更點-) [격]
경제 개발(經濟開發)
경제관념(經濟觀念)
경제 규모(經濟規模)
경제 논리(經濟論理)
경제 단체(經濟團體)
경제 문제=경제문제(經濟問題)
경제 발전(經濟發展)
경제 부흥(經濟復興)
경제 불황(經濟不況)
경제사상(經濟思想)
경제 사정(經濟事情)
경제생활(經濟生活)
경제 성장=경제성장(經濟成長)
경제속도(經濟速度)
경제 신문(經濟新聞)
경제 자립(經濟自立)
경제 재건(經濟再建)

경제 정책=경제정책(經濟政策)
경제 지원(經濟支援)
경제특구(經濟特區)
경제 파탄(經濟破綻)
경제 협력=경제협력(經濟協力)
경조부박(輕佻浮薄)
경조사 때(慶弔事-)
경조상문(慶弔相問)
경조전보(慶弔電報)
경종을 울리다(警鐘-) [관]
경주 경기=경주경기(競走競技)
경주 대회(競走大會)
경주 돌이면 다 옥석인가(慶州-玉石-) [격]
경주인 집에 똥 누러 갔다가 잡혀간다(京主人-)
    [격]
경주평야(慶州平野)
경지 정리=경지정리(耕地整理)
경진 대회(競進大會)
경질 사유(更迭事由)
경질해 버리다(更迭-)
경찰 간부(警察幹部)
경찰 기동대=경찰기동대(警察機動隊)
경찰 내에(警察內-)
경찰 병력(警察兵力)
경찰 순찰차=경찰순찰차(警察巡察車)
경찰지서(警察支署)
경찰 특공대(警察特攻隊)
경찰 행세(警察行世)
경찰학교(警察學校)
경천동지(驚天動地)
경천사상(敬天思想)
경천애인(敬天愛人)
경쳐 포도청이라(黥-捕盜廳-) [격]
경축 행사(慶祝行事)
경치게도 좋다(黥-)
경치고 포도청 간다(黥-捕盜廳-) [격]
경치 구경(景致-)
경치 좋다(景致-)
경칠 놈(黥-)
경칠 줄 알다(黥-)
경칠 테니(黥-)
경텃절몽구리아들 머리를 빡빡 깎은 사람을 비
    유적으로 이르는 말.
경파기자(硬派記者)
경편요리(輕便料理)
경품 증정(景品贈呈)

경품 행사(景品行事)
경풍 들리다(驚風-)
경풍 일으키다(驚風-)
경합 끝에(競合-)
경합 벌이다(競合-)
경합 속(競合-)
경향 각지(京鄕各地)
경향 문학=경향문학(傾向文學)
경향출몰(京鄕出沒)
경향출입(京鄕出入)
경험 많은 사람(經驗-)
경험 못 해 보다(經驗-)
경험 부족(經驗不足)
경험 삼아 해 보다(經驗-)
경험 쌓다(經驗-)
경험 안 해 보다(經驗-)
경험 없이(經驗-)
경험한 적 있다(經驗-)
경험해 보지 못하다(經驗-)
경험해 오다(經驗-)
경호 부대(警護部隊)
경호 요원(警護要員)
경호 요청(警護要請)
경황실색(驚惶失色)
경황없다(驚惶-)
경황 중에(驚惶中-)
곁가다
곁가닥
곁가지
곁가지 마라
곁가지 치다
곁간(-肝)
곁갈래
곁고름
곁골목
곁공(-工)
곁굴
곁길
곁꾼
곁낫질
곁노(-櫓)
곁노질(-櫓-)
곁누르기
곁눈
곁눈 뜨다 [관]
곁눈 안 팔다

곁눈 주다 [관]
곁눈질 안 하다
곁눈질하다
곁눈질해 가며
곁눈질해 보며
곁눈 팔다 [관]
곁눈 팔지 마라
곁다리 끼다 [관]
곁다리 들다 [관]
곁달다
곁달리다
곁달아 내다
곁두리
곁두리 먹다
곁들다
곁들리다
곁들여 내놓다
곁들여 내오다
곁들여 놓다
곁들여 먹다
곁들여지다
곁들이
곁들이다
곁따르다
곁딸리다
곁땀
곁때
곁마(-馬)
곁마기
곁마름
곁마부(-馬夫)
곁말
곁매
곁매질
곁머슴
곁문(-門)
곁바대
곁방(-房)
곁방 년이 코 곤다(-房-) [격]
곁방망이
곁방망이질
곁방살림(-房-)
곁방살이(-房-)
곁방살이 코 곤다(-房-) [격]
곁방석(-方席)
곁방에서 불난다(-房-) [격]

71

곁부축
곁불⑴ 얻어 쬐는 불.
곁불⑵ 목표물 근처에 있다가 맞는 총알.
곁붙다
곁붙이
곁붙이다
곁붙이차(-車)
곁비녀
곁뺨
곁뿌리
곁사돈(-査頓)
곁사람
곁상(-床)
곁쇠
곁쇠질
곁순(-筍)
곁순치기(-筍-)
곁쐐기
곁쐐기 박다 [관]
곁아래 겨드랑이의 아랫부분.
곁옷고름
곁을 떠나다 [관]
곁을 비우다 [관]
곁을 주다 [관]
곁이 비다 [관]
곁자리
곁장구
곁점(-點)
곁주머니
곁줄
곁줄기
곁집
곁집 잔치에 낯을 낸다 [격]
곁쪽
곁채
곁칼
곁콩팥
곁탁자(-卓子)
곁태도(-態度)
곁피(-皮)
계간 잡지(季刊雜誌)
계계승승(繼繼承承)
계곡 물(溪谷-)
계관 시인=계관시인(桂冠詩人)
계관없다(係關-)
계군일학(鷄群一鶴)

계급 낮다(階級-)
계급 높다(階級-)
계급의식(階級意識)
계급투쟁(階級鬪爭)
계단갈이(階段-)
계단강의실(階段講義室)
계단교실(階段敎室)
계단밭(階段-)
계단식 논(階段式-)
계단참(階段站)
계단코(階段-)
계도 기간(啓導期間)
계란구이(鷄卵-)
계란덮밥(鷄卵-)
계란말이(鷄卵-)
계란밥(鷄卵-)
계란빵(鷄卵-)
계란선(鷄卵膳)
계란 세례(鷄卵洗禮)
계란에도 뼈가 있다(鷄卵-) [격]
계란이나 달걀이나(鷄卵-) [관]
계란 장사(鷄卵-)
계란 장수(鷄卵-)
계란장아찌(鷄卵-)
계란죽(鷄卵粥)
계란찌개(鷄卵-)
계란찜(鷄卵-)
계란채(鷄卵菜)
계란 프라이(鷄卵fry)
계란형 얼굴(鷄卵形-)
계량스푼(計量spoon)
계량컵(計量cup)
계류낚시(溪流-)
계류 중(繫留中)
계류부표(繫留浮標)
계림팔도(鷄林八道)
계면놀이
계면돌다
계면떡
계명산천(鷄鳴山川)
계명워리 행실이 바르지 못한 여자를 낮잡아
    이르는 말.
계모 밑에서 자라다(繼母-)
계 모임(契-)
계몽 문학=계몽문학(啓蒙文學)
계몽사상(啓蒙思想)

계몽 운동=계몽운동(啓蒙運動)
계몽주의(啓蒙主義)
계발 교육=계발교육(啓發敎育)
계발시켜 주다(啓發-)
계발해 나가다(啓發-)
계빠지다(契-)
계산대로 되다(計算-)
계산된 대로(計算-)
계산 방식(計算方式)
계산 빠르다(計算-)
계산속(計算-)
계산속 밝다(計算-)
계산 안 하다(計算-)
계산 잘못 하다(計算-)
계산 잘 못하다(計算-)
계산 치르다(計算-)
계산해 내다(計算-)
계산해 주다(計算-)
계성자손(繼姓子孫)
계셔 달라고 하다
계셔 달라다
계속되어 오다(繼續-)
계속 안 하다(繼續-)
계속해 나가다(繼續-)
계수나무(桂樹-)
계수번을 다녔나 말도 잘한다(界首番-) [격]
계수씨(季嫂氏)
계수 조정(計數調整)
계승되어 오다(繼承-)
계승 발전(繼承發展)
계승 안 하다(繼承-)
계승해 나가다(繼承-)
계시게 하다
계시해 주다(啓示-)
계신가 봐요
계실 거야
계실 건가요
계실걸
계실 걸세
계실걸요
계실 터인데
계실 텐데
계알(契-)
계약 갱신(契約更新)
계약 결혼(契約結婚)
계약금 조로(契約金調-)

계약 기간(契約期間)
계약 당시(契約當時)
계약 만료(契約滿了)
계약 맺다(契約-)
계약 무효(契約無效)
계약 문서(契約文書)
계약 불이행(契約不履行)
계약 안 하다(契約-)
계약 위반(契約違反)
계약 이행(契約履行)
계약 재배=계약재배(契約栽培)
계약 조건(契約條件)
계약 체결(契約締結)
계약 파기(契約破棄)
계약해 놓다(契約-)
계약해 버리다(契約-)
계약 해제=계약해제(契約解除)
계엄 사령부=계엄사령부(戒嚴司令部)
계열 기업=계열기업(系列企業)
계이름(階-)
계절노동자(季節勞動者)
계절상품(季節商品)
계절을 앞당기다(季節-) [관]
계절 지난 옷(季節-)
계절 타다(季節-)
계절 학기(季節學期)
계좌 이체(計座移替)
계좌 추적(計座追跡)
계집년
계집 둘 가진 놈의 창자는 호랑이도 안 먹는다
　　[격]
계집 들이다
계집 때린 날 장모 온다(-丈母-) [격]
계집 바뀐 건 모르고 젓가락 짝 바뀐 건 안다
　　[격]
계집붙이
계집사람
계집아이
계집애
계집은 남의 것이 곱고 자식은 제 새끼가 곱다
　　(-子息-) [격]
계집은 상을 들고 문지방을 넘으며 열두 가지
　　생각을 한다(-床-門地枋-) [격]
계집을 보다 [관]
계집의 독한 마음 오뉴월에 서리 친다(-毒-五
　　六月-) [격]

계집의 말은 오뉴월 서리가 싸다(-五六月-) [격]

계집의 매도 너무 맞으면 아프다 [격]

계집의 악담은 오뉴월에 서리 온 것 같다(-惡談-五六月-) [격]

계집의 얼굴은 눈의 안경(-眼鏡) [격]

계집이 늙으면 여우가 된다 [격]

계집 입 싼 것 [격]

계집자식(-子息)

계집장사

계집종

계집질하다

계집 타령

계집편성(-偏性)

계측 기기(計測器機)

계층 간 갈등(階層間葛藤)

계 타고 집 판다(契-) [격]

계 타다(契-) [관]

계 태우다(契-)

계 태워 주다(契-)

계파 간(系派間)

계피강정(桂皮-)

계피술(桂皮-)

계핏가루(桂皮-)

계화꽃(桂花-)

계획대로 되다(計劃-)

계획도시(計劃都市)

계획된 대로(計劃-)

계획성 있다(計劃性-)

계획 세우다(計劃-)

계획 안 하다(計劃-)

계획 없다(計劃-)

계획 잡다(計劃-)

계획 짜다(計劃-)

계획 틀어지다(計劃-)

계획한 대로(計劃-)

계획해 오다(計劃-)

겝시다 '계시다'의 높임말.

겝실 터이니

곗날(契-)

곗돈(契-)

곗돈 떼먹다(契-)

곗돈 붓다(契-)

곗돈 타다(契-)

곗술(契-)

곗술에 낯 내기(契-) [격]

곗일(契-)

고가구(古家具)

고가 도로=고가도로(高架道路)

고가 매입(高價買入)

고가옥촌(古家屋村)

고가 옷(高價-)

고가주(高價株)

고가차(高價車)

고가 판매(高價販賣)

고갈돼 버리다(枯渴-)

고갈되어 가다(枯渴-)

고갈 상태(枯渴狀態)

고강도(高強度)

고개고개

고개가 수그러지다 [관]

고개 너머

고개 돌리다

고개 들고 못 다니다

고개 떨구다

고개를 꼬다 [관]

고개를 끄덕이다 [관]

고개를 들다 [관]

고개를 묻다 [관]

고개를 숙이다 [관]

고개를 영남으로 두어라(-嶺南-) [격]

고개를 흔든다 [관]

고개 마루터기

고개 못 들다

고개 숙인 채

고개 아프다

고개 젖히다

고개턱

고개티

고개 하나 까딱하지 않다 [관]

고객 관리(顧客管理)

고객 분(顧客-)

고객 사은 잔치(顧客謝恩-)

고객 상담(顧客相談)

고객 정보(顧客情報)

고객 중에는(顧客中-)

고갯길

고갯마루

고갯방아

고갯방아를 찧다

고갯심

고갯영상(-嶺上)

고갯장단
고갯짓
고건물(古建物)
고건 뭐냐
고걸 이리 좀 다오
고것 봐라
고고미(古古米) 두 해 전에 수확한 쌀.
고고한 척하다(孤高-)
고고해 보이다(孤高-)
고공 낙하(高空落下)
고공비행(高空飛行)
고관대작(高官大爵)
고교 교사(高校敎師)
고교 때(高校-)
고교 시절(高校時節)
고교 졸업(高校卒業)
고교 출신(高校出身)
고구려 때(高句麗-)
고구려 말에(高句麗末-)
고구려 시대(高句麗時代)
고구려인(高句麗人)
고구려 초(高句麗初)
고구마 농사(-農事)
고구마 덩굴
고구마볶음
고구마술
고구마엿
고구마 줄기
고구마튀김
고국 동포(故國同胞)
고국 땅(故國-)
고국 방문(故國訪問)
고국산천(故國山川)
고국 품에 안기다(故國-)
고군분투(孤軍奮鬪)
고궁 나들이(古宮-)
고궁 산책(古宮散策)
고금리(高金利)
고금천지(古今天地)
고급 두뇌(高級頭腦)
고급문화(高級文化)
고급술(高級-)
고급 옷(高級-)
고급 음식점(高級飮食店)
고급 인력(高級人力)
고급 장교=고급장교(高級將校)

고급 주택(高級住宅)
고급화되어 가다(高級化-)
고기간장(-醬)
고기 값을 하다 [관]
고기구이
고기 국물
고기꾸미
고기나 되었으면 남이나 먹지 [격]
고기는 씹어야 맛을 안다 [격]
고기는 씹어야 맛이요 말은 해야 맛이라 [격]
고기는 안 익고 꼬챙이만 탄다 [격]
고기는 안 잡히고 송사리만 잡힌다 [격]
고기닭
고기도 먹어 본 사람이 많이 먹는다 [격]
고기도 저 놀던 물이 좋다 [격]
고기도 큰물에서 노는 놈이 크다 [격]
고기돼지
고기 떼
고기만두(-饅頭)
고기 만진 손 국 솥에 씻으랴 [격]
고기 맛
고기 맛본 중 [격]
고기반찬(-飯饌)
고기받이
고기밥
고기밥이 되다 [관]
고기 보고 기뻐만 말고 가서 그물을 떠라 [격]
고기볶음
고기붙이
고기비늘
고기비늘연(-鳶)
고기 새끼
고기 새끼 하나 보고 가마솥 부신다 [격]
고기서리목
고기소　(1)고기를 다져 양념과 함께 만든 소.
　　(2)=육우(肉牛).
고기시렁
고기쌈
고기야채죽(-野菜粥)
고기작고기작하다
고기 잡다
고기잡이
고기잡이꾼
고기잡이 나가다
고기잡이배
고기잡이하다

고기저냐
고기전골
고기젓
고기즙(-汁)
고기 한 점이 귀신 천 머리를 쫓는다(-點-鬼神
　　千-) [격]
고김살
고깃가루
고깃고깃하다
고깃국
고깃기름
고깃길
고깃깃
고깃덩어리
고깃덩이
고깃배
고깃점(-點)
고까신
고까옷
고까움타다
고까워하다
고까지로　겨우 고만한 정도로.
고까짓
고까짓 것
고까짓 일
고깔동기(-銅器)
고깔 뒤의 군 헝겊 [격]
고깔모자(-帽子)
고깔밑
고깔 쓰다
고깟 것
고깟 일
고꾸라뜨리다
고꾸라지다
고꾸라트리다
고나마
고나마 몇 푼 건지다
고난 겪다(苦難-)
고난 극복(苦難克服)
고난 속(苦難-)
고난 이기다(苦難-)
고냥 놓아두다
고 녀석
고년
고년이 여간 아냐
고논　(1)봇물이 가장 먼저 들어오는 물꼬가 있

는 논. (2)=고래실.
고놈
고놈 참 똑똑하게 생겼다
고뇌 속(苦惱-)
고누두기
고누 두다
고누판(-板)
고다릿줄
고다음
고다지
고단할뿐더러
고단할 뿐만 아니라
고단할 뿐 아니라
고단할 텐데
고단해 보이다
고단해하다
고달을 부리다
고달이 나다
고달파 보이다
고달파지다
고달파질 거야
고달파질걸
고달파질 걸세
고달파질걸요
고달플 거야
고달플걸
고달플 걸세
고달플걸요
고달피 잠든 사람들
고담준론(高談峻論)
고답주의(高踏主義)
고대고모(高大姑母)　고조할아버지의 누이.
고대광실(高臺廣室)
고대 국가=고대국가(古代國家)
고대로 따라 하다
고대 오다
고대 유적(古代遺蹟)
고대하던 대로(苦待-)
고대하던 중에(苦待-中-)
고대하던 차에(苦待-次-)
고대 한 말　이제 막 한 말.
고대해 오다(苦待-)
고도성장(高度成長)
고도 제한=고도제한(高度制限)
고도화하다(高度化-)
고독고독하다

고독단신(孤獨單身)
고독한 것 같다(孤獨-)
고독해 보이다(孤獨-)
고독해져 가다(孤獨-)
고독해지다(孤獨-)
고동빛(古銅-)
고동 소리(鼓動-)
고동을 멈추다(鼓動-) [격]
고동을 불다 [관]
고동을 틀다 [관]
고동이 나다 [관]
고동치다
고되어 보이다
고되어지다
고된 것 같다
고된 일 하다
고두리뼈
고두리살
고두리손잡이
고두리에 놀란 새 [격]
고두머리
고두밥
고두쇠
고두저고리
고드래뿅   어린이들의 놀이에서 술래 따위를
        정할 때 세던 말의 끝말.
고드랫돌
고드러지다
고드름똥   고드름 모양으로 뾰족하게 눈 똥.
고드름똥 싸겠다 [격]   몹시 춥다.
고드름장아찌
고드름 초장 같다(-醋醬-) [격]
고들개머리
고들개 소리
고들개채찍
고들빼기김치
고들빼기나물
고등 교육＝고등교육(高等敎育)
고등 법원＝고등법원(高等法院)
고등실업자(高等失業者)
고등어구이
고등어자반
고등어저냐
고등어조림
고등어찌개
고등유민(高等遊民)

고등학교(高等學校)
고등학생(高等學生)
고따위
고따위 짓
고라말   등에 검은 털이 난 누런 말.
고락간에(苦樂間-)
고락찌개
고랑도 이랑 될 날 있다 [격]
고랑못자리
고랑물대기
고랑배미
고랑창
고래 같다
고래같이
고래고기
고래고래 소리 지르다
고래고함(-高喊)
고래 그물에 새우가 걸린다 [격]
고래기와집
고래 등 같다 [관]
고래만 하다
고래 배 속에
고래수염(-鬚髥)
고래술   몹시 많이 마시는 술. 또는 그런 사람.
고래실
고래실논
고래 심줄 같다
고래 싸움에 새우 등 터진다 [격]
고래작살
고래 잡으러
고래잡이
고래잡이배
고래조래 다 빠져나가다
고래켜기
고래회(-膾)
고랫고무래
고랫당그래
고랫등고랫재
고랬다조랬다 하다
고랭지(高冷地)
고랭지 채소(高冷地菜蔬)
고량소주(高粱燒酒)
고량진미(膏粱珍味)
고러고러하다
고러루하다
고러면 안 되지

고려조려하다
고런 거야
고런대로
고런조런
고렇듯
고렇듯이
고려공사 사흘(高麗公事-) [격]
고려 끝에(考慮-)
고려 때(高麗-)
고려 말(高麗末)
고려밤떡(高麗-)
고려 시대(高麗時代)
고려 안 하다(考慮-)
고려 없이(考慮-)
고려율병(高麗栗餠)
고려자기(高麗瓷器)
고려 적에(高麗-)
고려 전기(高麗前期)
고려 중(考慮中)
고려청자(高麗靑瓷)
고려 초(高麗初)
고려해 볼 만하다(考慮-)
고려해 봄직하다(考慮-)
고려 후기(高麗後期)
고령화 시대(高齡化時代)
고로롱고로롱하다
고로롱팔십(-八十)
고롱고롱하다
고루고루 나누다
고루해 보이다(固陋-)
고르잡다
고르잡히다
고른값
고른쌀
고를 거야
고를걸
고를 걸세
고를걸요
고를게
고를게요
고름 매다
고름 빨다
고름이 살 되랴 [격]
고름질
고름집
고름 짜다

고름 풀다
고리개   고리눈을 가진 개.
고리게 굴다
고리 끊다
고리눈
고리눈말
고리눈이
고리대금(高利貸金)
고리대금업자(高利貸金業者)
고리 모양(-模樣)
고리못
고리바늘
고리바지
고리받이
고리백장
고리백장 내일 모레(-來日-) [격]
고리백정(-白丁)
고리봉돌
고리삭다
고리잡이
고리장이
고리점무늬(-點-)
고리조리
고리칼
고리타분해 보이다
고리탑탑하다
고리틀
고린내
고린내 나다
고린내 풍기다
고린샌님
고린 장이 더디 없어진다(-醬-) [격]
고린전(-錢)   보잘것없는 푼돈.
고린짓
고립무원(孤立無援)
고립 상태(孤立狀態)
고립 생활(孤立生活)
고립주의(孤立主義)
고립 지역(孤立地域)
고립화되다(孤立化-)
고릿적 이야기
고마울뿐더러
고마울 뿐만 아니라
고마울 뿐 아니라
고마워 안 하다
고마워하기는커녕

고마워하는 듯하다
고마워할 거야
고마워할걸
고마워할 걸세
고마워할걸요
고마워할게
고마워할게요
고마워할뿐더러
고마워할 뿐만 아니라
고마워할 뿐 아니라
고만 가 버리다
고만고만하다
고만고만해 보이다
고만두다
고만이 귀신이 붙었다(-鬼神-) [격]
고만이 밭에 빠졌다 [격]
고만 일 가지고
고만치
고만큼
고만하다
-고말고   (어미) 기쁜 일이고말고, 나야 물론 좋
   고말고.
고맘때
고명따님
고명딸
고명딸아기
고명장(-醬)
고명파   고명으로 쓰려고 잘게 썬 파.
고모님 댁(姑母-宅)
고모부님(姑母夫-)
고모 집(姑母-)
고모할머니(姑母-)
고모할아버지(姑母-)
고목나무(古木/枯木-)
고목 넘어가듯(枯木-) [격]
고목에 꽃이 피랴(枯木-) [격]
고목에 꽃이 핀다(枯木-) [격]
고무공
고무나무
고무다리
고무도장(-圖章)
고무딸기   =복분자딸기.
고무뜸
고무띠줄
고무락고무락하다
고무래바탕

고무래질
고무마개
고무망치
고무바닥
고무바퀴
고무반창고(-絆瘡膏)
고무방울
고무배
고무벨트(-belt)
고무보트(-boat)
고무빗
고무손
고무신짝
고무장갑(-掌匣)
고무장화(-長靴)
고무젖꼭지
고무주머니
고무줄넘기
고무줄놀이
고무줄뛰기
고무지우개
고무창
고무천
고무총(-銃)
고무테
고무테이프(-tape)
고무풀
고무풍선(-風船)
고무호스(-hose)
고묵다(古-)   오래 묵다.
고문당하다(拷問當-)
고문 변호사(顧問辯護士)
고문 안 하다(拷問-)
고문치사(拷問致死)
고물가게(古物-)
고물간(-間)
고물고물하다
고물단지(古物-)
고물딱지(古物-)
고물머리
고물방(-房)
고물상물건(古物商物件)
고물 장사(古物-)
고물 장수(古物-)
고미를 누르다 [관]
고미술품(古美術品)

고민거리(苦悶-)
고민 끝에(苦悶-)
고민 속에(苦悶-)
고민 안 하다(苦悶-)
고민 없는 사람(苦悶-)
고민은커녕(苦悶-)
고민 있는 사람(苦悶-)
고민 중(苦悶中)
고민할 만하다(苦悶-)
고민해 오다(苦悶-)
고발당하다(告發當-)
고발 문학=고발문학(告發文學)
고발정신(告發精神)
고발해 버리다(告發-)
고발해 오다(告發-)
고배를 들다(苦杯-) [관]
고배를 마시다(苦杯-) [관]
고배를 맛보다(苦杯-) [관]
고백 성사=고백성사(告白聖事)
고백 안 하다(告白-)
고백할 수밖에(告白-)
고백해 오다(告白-)
고별 강연(告別講演)
고별모임(告別-)
고별인사(告別人事)
고별잔치(告別-)
고봉밥(高捧-)
고봉정상(高峰頂上)
고봉준령(高峰峻嶺)
고부가 가치=고부가가치(高附加價値)
고부 갈등(姑婦葛藤)
고부라들다
고부라뜨리다
고부라지다
고부라트리다
고부랑길
고부랑이
고부리통   매의 고부라진 부리.
고부장고부장하다
고부탕이
고분고분하다
고분고분해지다
고분 벽화=고분벽화(古墳壁畵)
고불탕고불탕하다
고불통(-桶)
고붙치다

고비고비마다
고비나물
고비늙다
고비살살
고비에 인삼(-人蔘) [격]
고비찌개
고비판
고비판만 넘기면 산다
고빗국
고빗사위   매우 중요한 단계나 대목 가운데서
　　　도 가장 아슬아슬한 순간.
고뿔들다   '임신하다'를 속되게 이르는 말.
고뿔 들다   감기 들다.
고뿔 앓다
고삐가 길면 밟힌다 [격]
고삐고리
고삐 놓은 말 [관]
고삐다리
고삐 당기다
고삐를 늦추다 [관]
고삐를 조이다 [관]
고삐를 채다 [관]
고삐를 틀어쥐다 [관]
고삐이음쇠
고삐 잡다
고삐 죄다
고삐 풀리다
고사 드리다(告祀-)
고사떡(告祀-)
고사리 같은 손 [관]
고사리나물
고사리도 꺾을 때 꺾는다 [격]
고사리무늬
고사리밥
고사리밥 같은 손
고사리산적(-散炙)
고사릿국
고사새끼   초가의 지붕을 일 때에, 먼저 지붕
　　　위에 잡는 벌이줄.
고사이를 못 참고
고사 작전(枯死作戰)
고사 지내다(告祀-)
고사풍   말이나 돼지의 병
고사하고(姑捨-)
고사해 버리다(枯死-)
고삭부리

80

고산강아지(高山-)
고산강아지 감 꼬챙이 물고 나서듯 한다(高山-)
　　[격]
고산 지대=고산지대(高山地帶)
고산 도시=고산도시(高山都市)
고산 식물=고산식물(高山植物)
고산유수(高山流水)
고산준령(高山峻嶺)
고삿고기(告祀-)
고삿말(告祀-)
고삿소리(告祀-)
고상고상하다
고샅고샅
고샅길
고새　'고사이'의 준말.
고새를 못 참고
고색창연(古色蒼然)
고생고생하다(苦生苦生-)
고생길(苦生-)
고생 끝에 낙이 온다(苦生-樂-) [격]
고생 다하다(苦生-)
고생 더 해야 한다(苦生-)
고생 덜 하다(苦生-)
고생 많다(苦生-)
고생바가지(苦生-)
고생보따리(苦生-)
고생살이(苦生-)
고생 시키다(苦生-)
고생 안 시키다(苦生-)
고생 안 해 본 사람(苦生-)
고생을 밥 먹듯 하다(苦生-) [격]
고생을 사서 한다(苦生-) [격]
고생 좀 더 해 봐라(苦生-)
고생주머니(苦生-)
고생태학(古生態學)
고생티 나다(苦生-)
고생하던 중에(苦生-中-)
고생할 거야(苦生-)
고생할걸(苦生-)
고생할 걸세(苦生-)
고생할걸요(苦生-)
고생할까 봐(苦生-)
고생할뿐더러(苦生-)
고생할 뿐만 아니라(苦生-)
고생할 뿐 아니라(苦生-)
고생해 오다(苦生-)

고서적(古書籍)
고석박이(蠱石-)
고성방가(高聲放歌)
고소 고발 사건(告訴告發事件)
고소당하다(告訴當-)
고소득 올리다(高所得-)
고소 사건(告訴事件)
고소해 버리다(告訴-)
고소해하다
고속도로(高速道路)
고속버스(高速bus)
고속버스 편에(高速bus便-)
고속 성장(高速成長)
고속 질주(高速疾走)
고속 철도=고속철도(高速鐵道)
고손녀(高孫女)
고손자(高孫子)
고수강회(-膾)
고수김치
고수레떡
고수레하다
고수머리
고수머리 옥니박이하고는 말도 말랬다 [격]
고수부지(高水敷地)
고수익 올리다(高收益-)
고수풀
고스란하다
고스톱(go stop)
고슴도치도 살 동무가 있다 [격]
고슴도치도 제 새끼가 제일 곱다고 한다(-第一-) [격]
고슴도치도 제 새끼는 함함하다고 한다 [격]
고슴도치 외 따 지듯 [격]
고슴돚
고시 공부(高試工夫)
고시랑고시랑하다
고시 준비(高試準備)
고시 합격(高試合格)
고심거리(苦心-)
고심 끝에(苦心-)
고심 중에(苦心中-)
고심참담(苦心慘憺)
고심해 오다(苦心-)
고싸움놀이
고쌈
고 씨 댁(高氏宅)

고씨 문중(高氏門中)
고씨 성 가진 사람(高氏姓-)
고아 되다(孤兒-)
고아 먹다
고 아무개 씨(高-氏)
고아 입양(孤兒入養)
고안해 내다(考案-)
고압가스(高壓gas)
고압솥(高壓-)
고압수단(高壓手段)
고압 전력(高壓電力)
고압 전선=고압전선(高壓電線)
고액 과외(高額課外)
고액 예금(高額預金)
고액지폐(高額紙幣)
고약한 짓 하다
고얀 놈 같으니라고
고양이가 쥐를 마다한다 [격]
고양이 간 골에 쥐 죽은 듯 [격]
고양이 개 보듯 [격]
고양이 걸음
고양이 기름 종지 노리듯 [격]
고양이 낙태한 상(-落胎-相) [격]
고양이 낯짝만 하다 [관]
고양이는 발톱을 감춘다 [격]
고양이 달걀 굴리듯 [격]
고양이 덕과 며느리 덕은 알지 못한다(-德-德-) [격]
고양이 도장에 든 것 같다 [격]
고양이 만난 쥐 [격]
고양이 목에 방울 달기 [격]
고양이 발에 덕석 [격]
고양이 버릇이 괘씸하다 [격]
고양이 보고 반찬 가게 지키라는 격(-飯饌-格) [격]
고양이 세수하듯(-洗手-) [격]
고양이소(-素)
고양이 소리 [관]
고양이수염(-鬚髥) 사초과의 여러해살이풀.
고양이 수파 쓴 것 같다(-水波-) [격]
고양이 알 낳을 노릇이다 [격]
고양이 앞에 고기반찬(-飯饌) [격]
고양이 앞에 쥐 [격]
고양이와 개 [관]
고양이 우산 쓴 격(-雨傘-格) [격]
고양이 죽는 데 쥐 눈물만큼 [격]

고양이 쥐 노리듯 [격]
고양이 쥐 생각 [격]
고양이 쥐 어르듯 [격]
고양이 쫓던 개 [격]
고양이 털 낸다 [격]
고양이한테 생선을 맡기다(-生鮮-) [격]
고어사전(古語辭典)
고여 가다
고역살이(苦役-)
고역 치르다(苦役-)
고온건조법(高溫乾燥法)
고온 다습(高溫多濕)
고와도 내 님 미워도 내 님 [격]
고와 보이다
고와져 가다
고와질 거야
고와질 걸세
고와질걸요
고욕 치르다(苦辱-)
고욤 맛 알아 감 먹는다 [격]
고욤이 감보다 달다 [격]
고욤 일흔이 감 하나만 못하다 [격]
고용 계약=고용계약(雇傭契約)
고용살이(雇傭-)
고용살이꾼(雇傭-)
고용 시장(雇傭市場)
고용 정책=고용정책(雇傭政策)
고용 촉진(雇傭促進)
고용해 오다(雇傭-)
고운대
고운대패
고운댓국
고운때
고운때 앉다
고운 말
고운 말 쓰다
고운 일 하면 고운 밥 먹는다 [격]
고운 자식 매로 키운다(-子息-) [격]
고운 정 미운 정(-情-情) [격]
고운체
고운 털이 박히다 [격]
고울 거야
고울걸
고울 걸세
고울걸요
고울뿐더러

고울 뿐만 아니라
고울 뿐 아니라
고원 지대=고원지대(高原地帶)
고위 공직자(高位公職者)
고위 관리(高位官吏)
고위 인사(高位人事)
고위층 인사(高位層人士)
고유 권한(固有權限)
고유 명사=고유명사(固有名詞)
고유 문자=고유문자(固有文字)
고유문화(固有文化)
고유 번호(固有番號)
고유 음식(固有飮食)
고유 의상(固有衣裳)
고유 재산=고유재산(固有財産)
고율 관세(高率關稅)
고을고을
고을살이
고을 안에 둘도 없다
고의든 아니든 간에(故意-間-)
고의적삼
고의춤
고의춤 헤치고
고이고이
고인돌
고인 물에 이끼가 낀다 [격]
고인 물이 썩는다 [격]
고임돌
고자누룩하다
고자빼기 썩은 그루.
고자세(高姿勢)
고자쟁이(告者-)
고자쟁이가 먼저 죽는다(告者-) [격]
고자弓(鼓子-)
고자질하다(告者-)
고자 처갓집 가듯(鼓子妻家-) [격]
고자 힘줄 같은 소리(鼓子-) [격]
고작 해 봤자
고장 나다(故障-)
고장 나 버리다(故障-)
고장 난 것 같다(故障-)
고장 내 놓다(故障-)
고장 내다(故障-)
고장물 무엇을 씻거나 빨거나 하여 꽤 더러워
　　진 물.
고장 사람

고장 안 나다(故障-)
고장 잘 나다(故障-)
고장 잦다(故障-)
고쟁이를 열두 벌 입어도 보일 것은 다 보인다
　　[격]
고저장단(高低長短)
고적 답사(古蹟踏査)
고전 무용=고전무용(古典舞踊)
고전 문학=고전문학(古典文學)
고전주의(古典主義)
고전 중(苦戰中)
고정간첩(固定間諜)
고정관념(固定觀念)
고정 부수=고정부수(固定部數)
고정불변(固定不變)
고정 수입(固定收入)
고정 안 되다(固定-)
고정 자산=고정자산(固定資産)
고정 출연(固定出演)
고정 환율=고정환율(固定換率)
고조부모(高祖父母)
고조할머니(高祖-)
고조할아버지(高祖-)
고졸 사원(高卒社員)
고졸 학력(高卒學歷)
고종 사촌 형(姑從四寸兄)
고종씨(姑從氏)
고종 임금(高宗-)
고종형(姑從兄)
고종 황제(高宗皇帝)
고주망태
고주박잠
고주알미주알
고주일배(苦酒一杯)
고춧구멍
고즈음
고지논
고지랑물
고지말랭이
고지 먹다 [관]
고지식쟁이
고지자리품
고지젓
고지혈증(告脂血症)
고진감래(苦盡甘來)
고집 꺾다(固執-)

83

고집대로 하다(固執-)
고집덩어리(固執-)
고집 부리다(固執-)
고집불통(固執不通)
고집 세다(固執-)
고집 세우다(固執-)
고집스러워 보이다(固執-)
고집 안 부리다(固執-)
고집 있어 보이다(固執-)
고집쟁이(固執-)
고집통(固執-)
고집통머리(固執-)
고집통이(固執-)
고집 피우다(固執-)
고집해 오다(固執-)
고쪽에 앉아라
고쯤 해 두자
고착화하다(固着化-)
고찰해 보다(考察-)
고참 선수(古參選手)
고참티 나다(古參-)
고참티 안 나다(古參-)
고철 값(古鐵-)
고철 덩어리(古鐵-)
고철 장사(古鐵-)
고체 상태(固體狀態)
고쳐 가다
고쳐 가지고 가다
고쳐 나가다
고쳐 놓다
고쳐 달라고 하다
고쳐 달라다
고쳐되다 다르게 되다.
고쳐 드리다
고쳐먹다
고쳐 봐라
고쳐 부르다
고쳐 쓰다
고쳐 오다
고쳐 입다
고쳐 주다
고쳐질 거야
고쳐질걸
고쳐질 걸세
고쳐질걸요
고초를 겪다(苦楚-)

고초만상(苦楚萬狀)
고추가 커야만 맵나 [격]
고추감
고추감주(-甘酒)
고추기름
고추기름장(-醬)
고추김치
고추나물
고추 농사(-農事)
고추는 작아도 맵다 [격]
고추 먹은 소리 [관]
고추 모 심다
고추바람
고추박이
고추 밭에 말 달리기 [격]
고추 밭을 매도 참이 있다 [격]
고추보다 후추가 더 맵다 [격]
고추뿔 둘 다 곧게 벋은 소의 뿔.
고추상투
고추선(-膳)
고추쌕나물
고추쌈
고추씨
고추알
고추알만 하다
고추자지 어린아이의 조그맣고 귀여운 자지를
　　　　이르는 말.
고추장(-醬)
고추장 단지가 열둘이라도 서방님 비위를 못
　　　　맞춘다(-醬-書房-脾胃-) [격]
고추장 독(-醬-)
고추장 맛(-醬-)
고추장볶이(-醬-)
고추장이 밥보다 많다(-醬-) [격]
고추장지짐이(-醬-)
고추장찌개(-醬-)
고추장 항아리(-醬-)
고추전(-煎)
고추 절임
고추짱아
고추찌 몸통이 고추 모양으로 생긴 낚시찌.
고춧가루
고춧대
고춧물
고춧잎
고춧잎나물

고춧잎장아찌
고충 처리(苦衷處理)
고취해 주다(鼓吹-)
고층 건물(高層建物)
고치고 난 후(-後)
고치고르개
고치고름틀
고치나 마나 하다
고치는 체하다
고치 따기=고치따기
고치를 짓는 것이 누에다 [격]
고치말리개
고치솜
고치실
고칠 것 같다
고침단명(高枕短命)
고칫대
고콜불
고탑지근하다
고탑탑하다
고택골로 가다(高宅-)
고통 겪다(苦痛-)
고통 끝에(苦痛-)
고통 덜다(苦痛-)
고통 분담(苦痛分擔)
고통 속에(苦痛-)
고통스러워 보이다(苦痛-)
고통스러워지다(苦痛-)
고통 안 받다(苦痛-)
고통 없이 지내다(苦痛-)
고통 주다(苦痛-)
고패낚
고패낚시
고패를 떨어뜨리다 [관]
고패를 빼다 [관]
고패를 숙이다 [관]
고패집
고팻줄
고팽이까지 오르다
고품위(高品位)
고프다 못해
고픈가 보다
고픈 것 같다
고픈 듯하다
고플 거야
고플걸

고플 걸세
고플걸요
고하간에(高下間-)
고학력자(高學歷者)
고함 소리(高喊-)
고함지르다(高喊-)
고함지르듯 하다(高喊-)
고함질(高喊-)
고함치다(高喊-)
고함치듯 하다(高喊-)
고해바치다(告-)
고해 성사=고해성사(告解聖事)
고향 가는 길(故鄕-)
고향 갔다 오다(故鄕-)
고향 길(故鄕-)
고향 다녀오다(故鄕-)
고향 땅(故鄕-)
고향 떠난 지 오래되다(故鄕-)
고향 마을(故鄕-)
고향 못 가다(故鄕-)
고향 방문(故鄕訪問)
고향 사람(故鄕-)
고향 산천(故鄕山川)
고향 생각(故鄕-)
고향 소식(故鄕消息)
고향을 떠나면 천하다(故鄕-賤-) [격]
고향 집(故鄕-)
고향 하늘(故鄕-)
고혈단신(孤孑單身)
고혈을 짜다(膏血-)
고황에 들다(膏肓-) [관]
고회 털어놓다(苦懷-)
고희 기념(古稀記念)
곡괭이 자루
곡괭이질
곡기를 끊다(穀氣-) [관]
곡물 운반선=곡물운반선(穀物運搬船)
곡물 창고(穀物倉庫)
곡사포 공격(曲射砲攻擊)
곡소리(哭-)
곡수 놓다(曲水-)
곡수 틀다(曲水-)
곡식과 사람은 가꾸기에 달렸다(穀食-) [격]
곡식 농사=곡식농사(穀食農事)
곡식 더미(穀食-)
곡식바다(穀食-)

곡식밭(穀食-)
곡식알(穀食-)
곡식에 제비 같다(穀食-) [격]
곡식은 될수록 준다(穀食-) [격]
곡식 이삭(穀食-)
곡식 이삭은 익을수록 고개를 숙인다(穀食-)
　　[격]
곡식질(穀食-) 소가 풀이 아닌 곡식을 먹는 일.
곡예비행(曲藝飛行)
곡우사리(穀雨-)
곡우살굴비(穀雨-)
곡우살조기(穀雨-)
곡 이름=곡이름(曲-)
곡절 끝에(曲折-)
곡직불문(曲直不問)
곡창 지대=곡창지대(穀倉地帶)
곡학아세(曲學阿世)
곤궁 속에(困窮-)
곤달걀
곤달걀 꼬끼오 울거든 [격]
곤달걀 지고 성 밑으로 못 가겠다(-城-) [격]
곤댓국
곤댓짓
곤두곤두
곤두기침
곤두박다
곤두박이
곤두박이치다
곤두박질
곤두박질치다
곤두뱉다
곤두서다
곤두세우다
곤두질
곤두짓
곤두치다
곤드기장원(-壯元) 노름판에서 서로 비기게
　　된 일.
곤드레만드레
곤때 '고운때'의 준말.
곤란 겪다(困難-)
곤란해 보이다(困難-)
곤봉질(棍棒-)
곤봉 체조=곤봉체조(棍棒體操)
곤산의 옥(崑山-玉) [관]
곤소금

곤쇠아비동갑(-同甲) 나이가 많고 흉측한 사
　　람을 낮잡아 이르는 말.
곤욕 치르다(困辱-)
곤자소니
곤자소니에 발기름이 끼었다 [격]
곤잠(困-)
곤잠 들다(困-)
곤잠 자다(困-)
곤장놀이(棍杖-)
곤장 때리다(棍杖-)
곤장 맞다(棍杖-)
곤장에 대갈 바가지(棍杖-) [격]
곤장을 내다(棍杖-) [관]
곤장을 메고 매 맞으러 간다(棍杖-) [격]
곤장질(棍杖-)
곤장 치다(棍杖-)
곤쟁이젓
곤쟁이 주고 잉어 낚는다 [격]
곤죽 같다(-粥-)
곤줄매기통방
곤지곤지
곤지 찍다
곤질고누
곤충바늘(昆蟲-)
곤충 채집=곤충채집(昆蟲採集)
곤충침(昆蟲針)
곤포쌈(昆布-)
곤폿국(昆布-)
곤혹스러워하다(困惑-)
곧 갈 거야
곧 갈걸
곧 갈 걸세
곧 갈걸요
곧 갈게
곧 갈게요
곧게 곧게
곧고 곧은
곧기는 먹줄 같다 [격]
곧날대패
곧듣다
곧바로
곧바르다
곧뿌림하다
곧선사람
곧 올 거야
곧 올걸

곧 올 걸세
곧 올걸요
곧 올게
곧 올게요
곧은금
곧은길
곧은 나무 쉬 꺾인다 [격]
곧은바닥
곧은불림　지은 죄를 사실대로 바로 말함.
곧은뿌리
곧은솔기
곧은줄기
곧은창자
곧이곧다
곧이곧대로
곧이듣다
곧이들리다
곧이 안 듣다
곧이 안 들리다
곧이 알아듣다
곧이어
곧잘
곧잘 하다
곧장
곧장 가다
곧장 난 길
곧추갈이
곧추들다
곧추뜨다
곧추서다
곧추세우다
곧추안다
곧추앉다
골감
골걷이하다
골격이 서다(骨格-) [관]
골고래
골골대다
골골샅샅
골골샅샅이
골기와
골김에
골 깊다
골나다
골난 듯하다
골난 소리

골내다
골내지 말고
골답(-畓)　물이 흔하고 기름진 논.
골대(goal-)
골동품 가게(骨董品-)
골동품 감정(骨董品鑑定)
골동품 수집(骨董品蒐集)
골 득실 차(goal得失差)
골 득점(goal得點)
골딱지
골땅　골짜기를 이룬 땅.
골때장군(-將軍)
골라 가다
골라 가지다
골라내다
골라 넣다
골라 놓다
골라 놔두다
골라 다니다
골라 달라고 하다
골라 달라다
골라 담다
골라 두다
골라 들다
골라 디디다
골라 먹다
골라 먹이다
골라 보다
골라 사다
골라 쓰다
골라 오다
골라 읽다
골라 입다
골라잡다
골라 주다
골라 하다
골려 먹다
골려 주다
골로 가다 [관]
골마루
골마지 끼다
골막골막하다
골막해 보이다
골머리 빠지다 [관]
골머리 썩이다 [관]
골머리 앓다 [관]

ㄱ

골모판(-板) 골이 지게 만든 모판.
골목골목
골목골목이
골목길
골목 끝
골목대장(-大將)
골목 안
골목 어귀
골목쟁이
골목집
골목 쪽
골몰 중(汩沒中)
골몰해 오다(汩沒-)
골무는 시어미 죽은 넋이라(-媤-) [격]
골무떡
골물
골못감
골바람
골 박다
골방 속(-房-)
골방지기(-房-)
골배질 얼음을 깨고 뱃길을 만드는 일.
골백번(-百番)
골뱅이무침
골병들다(-病-)
골부림
골비단지
골살이하다 =고을살이하다.
골샌님(骨-)
골생원(骨生員)
골선비(骨-)
골속이 쑤시는 듯하다
골수박(骨-)
골수분자(骨髓分子)
골수에 들다(骨髓-) [관]
골수에 맺히다(骨髓-) [관]
골수에 박히다(骨髓-) [관]
골수에 사무치다(骨髓-) [관]
골수에 새기다(骨髓-) [관]
골수 이식=골수이식(骨髓移植)
골싸다
골 싸매다
골 썩이다
골 쓰다
골 안 내다
골 앓다

골 오르다
골 올리다
골육상잔(骨肉相殘)
골을 박다 [관]
골을 싸매고 [관]
골을 썩이다 [관]
골을 쓰다 [관]
골을 앓다 [관]
골을 올리다 [관]
골을 지르다 [관]
골을 치다 [관]
골을 켜다 [관]
골이 비다 [관]
골이 빠지다 [관]
골이 상투 끝까지 나다 [관]
골이 오르다 [관]
골이 저리다 [관]
골이 틀리다 [관]
골잡이(goal-)
골재 채취(骨材採取)
골저냐
골조 공사(骨組工事)
골 지르다
골차다
골참외
골치가 아프다 [관]
골 치다
골치를 앓다 [관]
골치 썩다
골치 썩이다
골치 아프게 되다
골치 아프다
골치 앓다
골치 앓아 오다
골칫거리
골칫덩어리
골칫덩이
골 켜다
골탕 먹다 [관]
골탕 먹이다 [관]
골통대
골 틀리다 부아가 나다.
골판지 상자(-板紙箱子)
골패 놀다(骨牌-)
골패 떼다(骨牌-)
골패잡이(骨牌-)

골패쪽썰기(骨牌-)
골풀무
골풀이
골풀자리
골프공(golf-)
골프 대회(golf大會)
골프 선수(golf選手)
골프 잡지(golf雜誌)
골프채(golf-)
골프 치다(golf-)
골프 회동(golf會同)
골함석
골혹(骨-)
곯고 곯다
곯아 빠져도 마음은 조방에 있다(-助幇-) [격]
곯아 빠지다
곯으면 터지는 법(-法) [격]
곯을 대로 곯다
곯마르다
곯아도 젓국이 좋고 늙어도 영감이 좋다 [격]
곯아떨어뜨리다
곯아떨어지다
곯아떨어트리다
곯을 대로 곯다
곰 가재 뒤듯 [격]
곰 같다
곰같이 굴다
곰거리
곰곰궁리(-窮理)
곰곰 생각해 보다
곰국
곰국 끓이다
곰긴 부스럼
곰덫
곰돌이
곰바지런하다
곰 발바닥 같다
곰방담뱃대
곰방대 빨다
곰방메
곰배말 등이 굽은 말.
곰배팔
곰배팔이
곰배팔이 담배 목판 끼듯(-木板-) [격]
곰배팔이춤
곰뱅이트다

곰보딱지
곰보망치
곰보빵
곰보양반(-兩班)
곰보유리(-琉璃)
곰비임비
곰비임비 술을 들이켰다
곰 사냥
곰삭다
곰삭을 대로 삭다
곰삭히다
곰살갑게 굴다
곰살갑다
곰살궂게 굴다
곰살궂다
곰상곰상하다
곰상스럽게 대하다(-對-)
곰상스럽다
곰상스레 굴다
곰 설거지하듯 [격]
곰을 잡겠다 [격]
곰이라고 발바닥이나 핥고 살까 [격]
곰이 제 발바닥 핥듯 [격]
곰이 창날 받듯(-槍-) [격]
곰 인형(-人形)
곰 재주
곰통방
곰투덜
곰틀곰틀하다
곰파다
곰팡 나다
곰팡내
곰팡내 나다
곰팡내 풍기다
곰팡냄새
곰팡붙이
곰팡 슬다
곰팡이 끼다
곰팡이 돋다
곰팡이 피다
곰피다
곱걸다
곱걸리다
곱게 곱게
곱게 살면 갚음 받을 날이 있다 [격]
곱고 곱다

곱구슬
곱기만 하다
곱긴 곱다
곱길 두 곱이나 걸리는 길.
곱꺾다
곱꺾이다
곱끼다
곱나들다
곱놓다
곱놓이다
곱다고 안아 준 아기 바지에 똥 싼다 [격]
곱다래지다
곱다시
곱닿다
곱돌냄비
곱돌솥
곱돌탕관(-湯罐)
곱돌화로(-火爐)
곱드러지다
곱들다
곱들이다
곱디곱다
곱디디다
곱똥
곱먹다
곱먹이다
곱빼기
곱사등
곱사등이
곱사등이 짐 지나 마나 [격]
곱사등이춤
곱사춤
곱사혹
곱살끼다
곱살문(-門)
곱살스레 굴다
곱삶다
곱삶이
곱삶이나마도 양이 덜 차다(-量-)
곱삶이 주먹밥
곱삿병(-病)
곱새기다
곱새치기
곱셈
곱셈 기호=곱셈기호(-記號)
곱소리 코끼리의 꼬리털.

곱솔
곱송그리다
곱슬머리
곱슬머리 옥니박이하고는 말도 말랬다 [격]
곱시침
곱쌈솔
곱써레
곱써레질
곱씹다
곱씹어 보다
곱씹히다
곱아들다
곱이곱이
곱이치다
곱자
곱자꼴
곱잡다
곱장다리
곱장리(-長利)
곱장사
곱잦히다
곱쟁이
곱쟁이 장사
곱접다
곱접이문(-門)
곱존장(-尊長)
곱지 않은 말 [관]
곱징역(-懲役)
곱창 안주(-按酒)
곱창전골
곱채다
곱캐다
곱표(-標)
곱하기표(-標)
곱해 가다
곱해 보다
곱해지다
곳간(庫間)
곳간 열쇠(庫間-)
곳간차(庫間車)
곳곳이
-공(公) (접사)('높임'의 뜻) 충무공, 태사공,
　　목면공.
공-(空) (접사)('힘이나 돈이 들지 않은'의 뜻)
　　공것, 공돈, 공밥, 공술.
공-(空) (접사)('빈' 또는 '효과가 없는'의 뜻)

90

공수표, 공염불, 공테이프.

공간 내(空間內)
공간 속(空間-)
공간 활용(空間活用)
공갈 놓다(恐喝-) [관]
공갈 때리다(恐喝-) [관]
공갈빵(恐喝-)
공갈치다(恐喝-)
공갈 협박(恐喝脅迫)
공감 사다(共感-)
공감 살 만하다(共感-)
공감 안 하다(共感-)
공감해 오다(共感-)
공개강좌(公開講座)
공개경쟁(公開競爭)
공개 말라고 하다(公開-)
공개 모집(公開募集)
공개 방송=공개방송(公開放送)
공개 사과(公開謝過)
공개서한(公開書翰)
공개 수배(公開手配)
공개수사(公開搜査)
공개 수업=공개수업(公開授業)
공개 안 하다(公開-)
공개 입찰(公開入札)
공개 채용(公開採用)
공개 토론(公開討論)
공개해 버리다(公開-)
공개해 오다(公開-)
공개회의(公開會議)
공걸음(空-)
공걸음 시키다(空-)
공것(空-)
공것 바라기는 무당의 서방이라(空-書房-) [격]
공것 바라면 이마가 벗어진다(空-) [격]
공것은 써도 달다(空-) [격]
공것이라면 눈도 벌겅 코도 벌겅(空-) [격]
공것이라면 비상도 먹는다(空-砒霜-) [격]
공것이라면 사족을 못 쓴다(空-四足-) [격]
공격 개시(攻擊開始)
공격당하다(攻擊當-)
공격 명령(攻擊命令)
공격 안 하다(攻擊-)
공격 태세(攻擊態勢)
공격해 오다(攻擊-)
공격 행위(攻擊行爲)

공고치   둥근 누에고치.
공고해 놓다(公告-)
공고해 보이다(鞏固-)
공고해지다(鞏固-)
공고히 하다(鞏固-)
공골말   털빛이 누런 말.
공공건물(公共建物)
공공 기관(公共機關)
공공 도서관(公共圖書館)
공공 방송=공공방송(公共放送)
공공복리(公共福利)
공공 부문(公共部門)
공공시설(公共施設)
공공연히(公公然-)
공공질서(公共秩序)
공공칠가방(空空七-)
공공 행사(公共行事)
공교하기는 마디에 옹이라(工巧-) [격]
공군 기지=공군기지(空軍基地)
공군 부대(空軍部隊)
공군 장교(空軍將校)
공그르다
공글리다
공금 횡령=공금횡령(公金橫領)
공급 못 받다(供給-)
공급 안 되다(供給-)
공급 중단(供給中斷)
공급해 오다(供給-)
공급해 주다(供給-)
공기가 팽팽하다(空氣-) [관]
공기구멍(空氣-)
공기 놀다 [관]
공기 놀리다 [관]
공기놀이
공기놀이하다
공기받기
공기방석(空氣方席)
공기베개(空氣-)
공기 속(空氣-)
공기 오염(空氣汚染)
공기주머니(空氣-)
공기 중에(空氣中-)
공기창(空氣窓)
공기 청정기=공기청정기(空氣淸淨器)
공기총(空氣銃)
공기탱크(空氣tank)

공기하다 공기놀이하다.
공깃길(空氣－)
공깃돌
공깃돌 놀리듯 [관]
공깃독(空氣－)
공깃밥(空器－)
공꽃
공놀이
공놀이하다
공 닦다(功－)
공단 내에(工團內－)
공단 조성(工團造成)
공대말(恭待－)
공대 안 하다(恭待－)
공대해 주다(恭待－)
공 던져 넣다
공 던지다
공돈(空－)
공돈 바라지 마라(空－)
공돈 생기다(空－)
공돌다(空－)
공동 개발(共同開發)
공동결혼식(共同結婚式)
공동 관심사(共同關心事)
공동 구매(共同購買)
공동 대표＝공동대표(共同代表)
공동 명의(共同名義)
공동묘지(共同墓地)
공동밭(共同－)
공동변소(共同便所)
공동 부담(共同負擔)
공동생활(共同生活)
공동 성명＝공동성명(共同聲明)
공동 수상(共同受賞)
공동욕실(共同浴室)
공동 우승(共同優勝)
공동 운명체(共同運命體)
공동 제작(共同製作)
공동 주최(共同主催)
공동 주택＝공동주택(共同住宅)
공동 책임(共同責任)
공동체 내에(共同體內－)
공동체 속(共同體－)
공동 행사(共同行事)
공든 탑(功－塔)
공든 탑도 개미구멍으로 무너진다(功－塔－) [격]

공든 탑이 무너지랴(功－塔－) [격]
공들다(功－)
공들여 오다(功－)
공들이다(功－)
공떠 있다(空－)
공떡(空－)
공뜨다(空－)
공뜬 표(空－票)
공뜬 소문(空－所聞)
공력 기울이다(功力－)
공력 들이다(功力－)
공로 표창(功勞表彰)
공로패 받다(功勞牌－)
공룡 알(恐龍－)
공리공론(空理空論)
공립학교(公立學校)
공말(空－)
공매 처분＝공매처분(公賣處分)
공먹다(空－)
공먹히다(空－)
공명선거(公明選擧)
고명정대하다(公明正大－)
공 모는 선수(－選手)
공무 수행(公務遂行)
공무원 생활(公務員生活)
공문 띄우다(公文－)
공문 받다(公文－)
공문 보내다(公文－)
공문서식(公文書式)
공민학교(公民學校)
공바기 씨도리배추를 잘라 내고 남은 뿌리.
공바기밭
공 받다
공밥(空－)
공밥 먹다(空－) [관]
공밥 생기다(空－)
공밥 얻어먹다(空－)
공밥 죽이다(空－)
공방살이(空房－)
공방전 벌이다(攻防戰－)
공백 기간(空白期間)
공백 상태(空白狀態)
공변되다
공병 부대(工兵部隊)
공병삽(工兵－)
공병 수거(空瓶收去)

92

공복 시에(空腹時-)
공부 가르치다(工夫-)
공부 계속하다(工夫繼續-)
공부는 늙어 죽을 때까지 해도 다 못한다(工夫-) [격]
공부는커녕(工夫-)
공부 더 하고 싶다(工夫-)
공부 때문에(工夫-)
공부 마치다(工夫-)
공부 못 마치다(工夫-)
공부 못 시키다(工夫-)
공부 못 하게 하다(工夫-)
공부 못한 탓에(工夫-)
공부방(工夫房)
공부 시간(工夫時間)
공부시켜 주다(工夫-)
공부 안 시키다(工夫-)
공부 안 하다(工夫-)
공부 외에(工夫外-)
공부 잘 안 되다(工夫-)
공부 중(工夫中)
공부 탓하지 말고(工夫-)
공부하기는커녕(工夫-)
공부하나 마나(工夫-)
공부하다 보니(工夫-)
공부하랬더니 개잡이를 배웠다(工夫-) [격]
공부해 가면서(工夫-)
공부해 보고(工夫-)
공붓벌레(工夫-)
공비 토벌(共匪討伐)
공사 간에(公私間-)
공사 기간(工事期間)
공사다망(公私多忙)
공사 도중(工事途中)
공사 따 내다(工事-)
공사 맡다(工事-)
공사부담금(工事負擔金)
공사 수주(工事受注)
공사 장비(工事裝備)
공사장 일(工事場-)
공사 중(工事中)
공사판(工事-)
공사 현장(工事現場)
공산 국가=공산국가(共産國家)
공산도당(共産徒黨)
공산 독재(共産獨裁)

공산명월(空山明月)
공산 정권(共産政權)
공산주의(共産主義)
공산 치하(共産治下)
공상볼기 친구들끼리 장난으로 치는 볼기.
공생 관계(共生關係)
공생생활(共生生活)
공생활(公生活)
공서 양속=공서양속(公序良俗)
공석 중(空席中)
공설 운동장(公設運動場)
공 세운 사람(功-)
공소 기각=공소기각(公訴棄却)
공소 유지(公訴維持)
공손해 보이다(恭遜-)
공수 부대=공수부대(空輸部隊)
공수표 띄우다(空手票-)
공술(空-)
공술 먹다(空-)
공술 얻어먹다(空-)
공술에 술 배운다(空-) [격]
공술 한 잔 보고 십 리 간다(空-盞-十里-) [격]
공습경보(空襲警報)
공시 지가=공시지가(公示地價)
공식 기구(公式機構)
공식 명칭(公式名稱)
공식 발표(公式發表)
공식 방문(公式訪問)
공식 사과(公式謝過)
공식 석상(公式席上)
공식 외교 관계(公式外交關係)
공식 일정(公式日程)
공식 입장(公式立場)
공식 창구(公式窓口)
공식 항의(公式抗議)
공식 행사(公式行事)
공식화 안 하다(公式化-)
공식화해 놓다(公式化-)
공식 활동(公式活動)
공신력 있는(公信力-)
공 쌓은 뒤(功-)
공안 당국(公安當局)
공 안 들이다(功-)
공안 사범(公安事犯)
공약 사항(公約事項)
공양드리다(供養-)

공양미 삼백 석(供養米三百石)

공어음(空-)

공얻다(空-)

공업 기술(工業技術)

공업 단지=공업단지(工業團地)

공업용수(工業用水)

공에도 사가 있다(公-私-) [격]

공연 금지(公演禁止)

공연 끝나다(公演-)

공연 날(公演-)

공연 무대(公演舞臺)

공연 시간(公演時間)

공연 예술(公演藝術)

공연 중(公演中)

공연한 제사 지내고 어물 값에 졸린다(空然-祭祀-魚物-) [격]

공연히 긁어서 부스럼 만든다(空然-) [격]

공염불(空念佛)

공염불하다(空念佛-)

공염송(空念誦)

공영 방송=공영방송(公營放送)

공영사업(公營事業)

공예사진(工藝寫眞)

공용 면적=공용면적(公用面積)

공용외출(公用外出)

공용 주차장(公用駐車場)

공원 내(公園內)

공원묘지(公園墓地)

공원 용지(公園用地)

공원 쪽(公園-)

공유 재산=공유재산(公有財産)

공은 공이고 사는 사다(公-公-私-私-) [격]

공을 닦다(功-) [관]

공을 쌓다(功-) [관]

공이질

공이치기

공익 광고=공익광고(公益廣告)

공익 단체=공익단체(公益團體)

공익사업(公益事業)

공인 기관(公認機關)

공인 기록=공인기록(公認記錄)

공인 안 되다(公認-)

공인 중개사=공인중개사(公認仲介士)

공일(空-)

공일 날(空日-)

공자 앞에서 문자 쓴다(孔子-文字-) [격]

공자 왈 맹자 왈(孔子曰孟子曰) [격]

공자집(工字-)

공작무늬(孔雀-)

공작부인(孔雀夫人)

공작 부인(公爵夫人)

공작새(孔雀-)

공작이 날거미를 먹고 살까(孔雀-) [격]

공작 정치(工作政治)

공 잘 못 차다 공 차는 기술 부족.

공 잘못 차다 공을 어긋나게 차다.

공 잡다

공장 건물(工場建物)

공장공해(工場公害)

공장 관리=공장관리(工場管理)

공장 내(工場內)

공장 문 닫다(工場門-)

공장 설립(工場設立)

공장 안(工場-)

공장 용지(工場用地)

공장 일(工場-)

공장입지(工場立地)

공장 주인(工場主人)

공장 짓다 말고(工場-)

공장 쪽(工場-)

공적 쌓다(功績-)

공적 자금(公的資金)

공정 가격=공정가격(公定價格)

공정 거래=공정거래(公正去來)

공정 보도(公正報道)

공정 인사(公正人事)

공정치 못하다(公正-)

공제 조합=공제조합(共濟組合)

공제해 주다(控除-)

공제 혜택(控除惠澤)

공조 체제(共助體制)

공존공영(共存共榮)

공존 관계(共存關係)

공존의식(共存意識)

공중걸이(空中-)

공중 곡예(空中曲藝)

공중 납치(空中拉致)

공중누각(空中樓閣)

공중도덕(公衆道德)

공중 떠 버리다(空中-)

공중뛰기(空中-)

공중 뜨다(空中-)

공중목욕탕(公衆沐浴湯)
공중방아(空中-)
공중방아 놓다(空中-)
공중방아 찧다(空中-)
공중변소(公衆便所)
공중분해(空中分解)
공중사진(空中寫眞)
공중살(空中-) 터무니없이 높이 떠 날아가는
　　화살.
공중서커스(空中circus)
공중에 뜨다(空中-) [관]
공중위생(公衆衛生)
공중을 쏘아도 알과녁만 맞춘다(空中-) [격]
공중전화(公衆電話)
공중제비(空中-)
공중제비 넘다(空中-)
공중제비 돌다(空中-)
공중 촬영=공중촬영(空中撮影)
공중 폭발=공중폭발(空中爆發)
공중 화장실(公衆化粧室)
공중회전(空中回轉)
공증해 놓다(公證-)
공지 사항(公知事項)
공직 기강(公職紀綱)
공직 생활(公職生活)
공직 윤리(公職倫理)
공집기(空-)
공짚기(空-)
공짜구경(空-)
공짜라면 당나귀도 잡아먹는다(空-) [격]
공짜라면 양잿물이라도 먹는다(空-洋-) [격]
공짜배기(空-)
공짜 술 얻어먹다(空-)
공짜 일 해 주다(空-)
공짜 표 얻다(空-票-)
공차기
공 차다
공차표(空車票)
공창 제도=공창제도(公娼制度)
공채(空-) 사람이 살지 않는 빈 집채.
공채 시험(公採試驗)
공채 잡다
공책 값(空冊-)
공천 못 받다(公薦-)
공천 안 해 주다(公薦-)
공천해 주다(公薦-)

공출 안 내다(供出-)
공치기
공치다(空-)
공치사 늘어놓다(空致辭-)
공치사 듣다(空致辭-)
공치사 받다(空致辭-)
공친 날(空-)
공쿠르상(Goncourt賞)
공터(空-)
공통 과목=공통과목(共通科目)
공통부분(共通部分)
공통분모(共通分母)
공통 사항(共通事項)
공 튀기다
공판 기일=공판기일(公判期日)
공판 날(公判-)
공평무사(公平無私)
공평치 못하다(公平-)
공포 날짜(公布-)
공포를 놓다(空砲-)
공포 분위기(恐怖雰圍氣)
공포 속에(恐怖-)
공포 쏘다(空砲-)
공포 영화(恐怖映畫)
공포 정치=공포정치(恐怖政治)
공포탄 쏘다(空砲彈-)
공포해 버리다(公布-)
공학 박사=공학박사(工學博士)
공항 내에서(空港內-)
공항버스(空港bus)
공항 세관(空港稅關)
공항 안에서(空港-)
공항 입구(空港入口)
공항 쪽(空港-)
공항 청사(空港廳舍)
공해 방지법=공해방지법(公害防止法)
공해 배출(公害排出)
공해 상에(公海上-)
공해 없는 마을(公害-)
공허해 보이다(空虛-)
공헌해 오다(貢獻-)
공화 정치=공화정치(共和政治)
공황 상태(恐慌狀態)
공황 장애(恐慌障碍)
공훈 표창(功勳表彰)
곶감 꼬치를 먹듯 [격]

곶감 꼬치에서 곶감 빼 먹듯 [격]

곶감 빼 먹다

곶감 뽑아 먹듯

곶감이 접 반이라도 입이 쓰다(-半-) [격]

곶감 죽을 쑤어 먹었나(-粥-) [격]

과감해 보이다(果敢-)

과객질(過客-)

과객질할 만하다(過客-)

과거가 있다(過去-) [관]

과거 급제(科擧及第)

과거를 아니 볼 바에야 시관이 개떡(科擧-試官-) [격]

과거 보러 가다(科擧-)

과거 시험(科擧試驗)

과거 완료=과거완료(過去完了)

과거 일(過去-)

과거 전에 창부(科擧前-倡夫) [격]

과거 제도=과거제도(科擧制度)

과거 청산(過去淸算)

과격분자(過激分子)

과격 시위(過激示威)

과격 투쟁(過激鬪爭)

과격한 듯하다(過激-)

과격해져 가다(過激-)

과격 행동(過激行動)

과녁 맞히다

과녁받이

과녁빼기

과녁빼기집

과녁판(-板)

과년이 차다(瓜年-) [관]

과년 찬 여식(瓜年-女息)

과다 경쟁(過多競爭)

과다 노출(過多露出)

과다 지급(過多支給)

과다 청구(過多請求)

과다 출혈(過多出血)

과당 경쟁=과당경쟁(過當競爭)

과대광고(誇大廣告)

과대망상(誇大妄想)

과대평가(誇大評價)

과대 포장(誇大包裝)

과도 정부=과도정부(過渡政府)

과도현상(過渡現象)

과똑똑이(過-)

과로 안 하다(過勞-)

과로 탓(過勞-)

과립 형태(顆粒形態)

과목낙제(科目落第)

과목밭(果木-)

과목 수(科目數)

과물전 망신은 모과가 시킨다(果物廛亡身-木瓜-) [격]

과민 반응(過敏反應)

과밀 교실(過密敎室)

과밀 학급=과밀학급(過密學級)

과반수 이상(過半數以上)

과반 의석(過半議席)

과방꾼(果房-)

과방남(過房男-) 아들이 없는 일갓집에 양자로 간 아들의 아들.

과방녀(過房女)

과보호 속에(過保護-)

과부가 찬밥에 곯는다(寡婦-) [격]

과부는 은이 서 말(寡婦-銀-) [격]

과부는 찬물만 먹어도 살이 찐다(寡婦-) [격]

과부댁 종놈은 왕방울로 행세한다(寡婦宅-行世-) [격]

과부 되다(寡婦-)

과부 될 뻔하다(寡婦-)

과부 사정은 과부가 안다(寡婦事情-寡婦-) [격]

과부 설움은 서방 잡아먹은 년이 안다(寡婦-書房-) [격]

과부 설움은 홀아비가 안다(寡婦-)

과부 신세 되다(寡婦身世-)

과부 은 팔아먹기(寡婦銀-) [격]

과부의 대 돈 오 푼 빚을 내서라도(寡婦-五-) [격]

과부족 없이(過不足-)

과부 좋은 것과 소 좋은 것은 동네에서 나가지 않는다(寡婦-) [격]

과부 중매 세 번 처녀 중매 세 번 하면 죽어서 좋은 곳으로 간다(寡婦仲媒-處女仲媒-) [격]

과부 집 똥넉가래 내세우듯(寡婦-) [격]

과부 집 송아지 백정 부르러 간 줄 모르고 날뛴다(寡婦-白丁-) [격]

과부 집 수고양이 같다(寡婦-) [격]

과부 집에 가서 바깥양반 찾기(寡婦-兩班-) [격]

과붓집(寡婦-)

과산화수소(過酸化水素)

과산화 효소=과산화효소(過酸化酵素)

과세 기준(課稅基準)
과세 비율(課稅比率)
과세 안 하다(課稅-)
과세 표준=과세표준(課稅標準)
과세해 오다(課稅-)
과소비 조장(過消費助長)
과소비 추방(過消費追放)
과소평가(過小評價)
과소평가하다(過小評價-)
과속 방지 턱=과속방지턱(過速防止-)
과속 운전(過速運轉)
과속 차량(過速車輛)
과수나무(果樹-)
과수 농가(果樹農家)
과수밭(果樹-)
과수원 길(果樹園-)
과수원 끝 쪽(果樹園-)
과수원 일(果樹園-)
과수원 주인(果樹園主人)
과수원 집(果樹園-)
과식 안 하다(過食-)
과실나무(果實-)
과실 망신은 모과가 시킨다(果實亡身-木瓜-)
　　[격]
과실섬유(果實纖維)
과실음료(果實飲料)
과실즙(果實汁)
과실채(果實菜)
과실 책임=과실책임(過失責任)
과실 치사=과실치사(過失致死)
과실편(果實-)
과언 아니다(過言-)
과업 완수(課業完遂)
과열 경쟁(過熱競爭)
과열돼 가다(過熱-)
과열 현상(過熱現象)
과오 없이(過誤-)
과외 공부(課外工夫)
과외 교사(課外教師)
과외 교습(課外教習)
과외 비용(課外費用)
과외 선생(課外先生)
과외 수업=과외수업(課外授業)
과외 안 하다(課外-)
과외 열풍(課外熱風)
과외 활동=과외활동(課外活動)

과욕 때문에(過慾-)
과욕 부리다(過慾-)
과욕 안 부리다(過慾-)
과욕해 오다(過慾-)
과유불급(過猶不及)
과음 탓(過飲-)
과일 가게
과일 값
과일나무
과일 농사(-農事)
과일 망신은 모과가 시킨다(-亡身-木瓜-) [격]
과일 서리
과일 장사
과일 장수
과일즙(-汁)
과일칼
과일 한 쪽
과임신(過姙娠)
과잉 경쟁(過剩競爭)
과잉 단속(過剩團束)
과잉 반응(過剩反應)
과잉보호(過剩保護)
과잉 생산=과잉생산(過剩生産)
과잉 인구=과잉인구(過剩人口)
과잉 지출(過剩支出)
과잉 친절(過剩親切)
과잉 투자=과잉투자(過剩投資)
과자 값(菓子-)
과자방(菓子房)
과자 봉지(菓子-)
과자 부스러기(菓子-)
과자정과(菓子正果)
과작가(寡作家)
과장 광고(誇張廣告)
과장기 넘치다(誇張氣-)
과장님 댁(課長-宅)
과장 대리(課長代理)
과장되다(誇張-)
과장 되다(課長-)
과장 보도(誇張報道)
과장스럽다(誇張-)
과장 시켜 주다(課長-)
과장 안 하다(誇張-)
과장 자리(課長-)
과적재(過積載)
과적 차량(過積車輛)

과전압(過電壓)
과즙판(-板)
과즙 음료(果汁飮料)
과징금 물다(過徵金-)
과태료 물다(過怠料-)
과태료 부과하다(過怠料賦課-)
과학 교사(科學敎師)
과학 교육=과학교육(科學敎育)
과학만능주의(科學萬能主義)
과학박물관(科學博物館)
과학 분야(科學分野)
과학사전(科學辭典)
과학 상식(科學常識)
과학 소설=과학소설(科學小說)
과학 수사=과학수사(科學搜査)
과학 실험(科學實驗)
과학 잡지(科學雜誌)
과학전람회(科學展覽會)
과학주의(科學主義)
과학 책(科學册)
과혈당증(過血糖症)
곽란에 약 지으러 보내면 좋겠다(霍亂-藥-) [격]
곽란에 죽은 말 상판대기 같다(霍亂-相-) [격]
곽분양팔자(郭汾陽八字)
관가 돼지 배 앓는 격(官家-格) [격]
관개 시설=관개시설(灌漑施設)
관개용수(灌漑用水)
관객 수(觀客數)
관계 가지다(關係-)
관계 개선(關係改善)
관계 당국(關係當局)
관계 맺다(關係-)
관계 법규(關係法規)
관계 부처 간(關係部處間)
관계 속에(關係-)
관계 악화(關係惡化)
관계없다(關係-) =상관없다.
관계 없다(關係-) 아무런 관계 없다.
관계있다(關係-)
관계 정상화(關係正常化)
관계 짓다(關係-)
관계치 않다(關係-)
관공사립(官公私立)
관곽장이(棺槨-)
관광 가다(觀光-)
관광객 유치(觀光客誘致)

관광농원(觀光農園)
관광 다니다(觀光-)
관광단지(觀光團地)
관광 떠나다(觀光-)
관광 명소(觀光名所)
관광버스(觀光bus)
관광 비용(觀光費用)
관광 산업=관광산업(觀光産業)
관광 상품(觀光商品)
관광 수입(觀光收入)
관광 안내(觀光案內)
관광 여행(觀光旅行)
관광 요금(觀光料金)
관광 자원=관광자원(觀光資源)
관광차 가다(觀光次-)
관광특구(觀光特區)
관광호텔(觀光hotel)
관광 휴양 도시(觀光休養都市)
관광 회사(觀光會社)
관권 선거(官權選擧)
관권주의(官權主義)
관권 행사(官權行使)
관급 공사(官給工事)
관기 끼고 술판 벌이다(官妓-)
관끈(冠-)
관내 거주(管內居住)
관념 소설=관념소설(觀念小說)
관념주의(觀念主義)
관놈(館-)
관능검사(官能檢査)
관능주의(官能主義)
관담배(官-)
관대해 보이다(寬大-)
관대해지다(寬大-)
관도랑(管-)
관돈(貫-)
관동 지방(關東地方)
관동 팔경=관동팔경(關東八景)
관 돌 배 앓기(官-) [격]
관두다
관둬 달라고 하다
관둬 달라다
관등놀이(觀燈-)
관등 성명(官等姓名)
관디목지르다 벼슬이 낮은 사람이 높은 사람에
　　게 경례를 하다.

관똥(管-)
관 뚜껑(棺-)
관람객석(觀覽客席)
관람료 인상(觀覽料引上)
관람 시간(觀覽時間)
관람석 수(觀覽席數)
관련 국가(關聯國家)
관련 기관(關聯機關)
관련 당사자(關聯當事者)
관련된 것 같다(關聯-)
관련 맺다(關聯-)
관련 못 시키다(關聯-)
관련 사항(關聯事項)
관련성 없다(關聯性-)
관련시켜 보다(關聯-)
관련 안 되다(關聯-)
관련 업계(關聯業界)
관련 없다(關聯-)
관련 있어 보이다(關聯-)
관련 있는 듯하다(關聯-)
관련 자료(關聯資料)
관련지어 보다(關聯-)
관련짓다(關聯-)
관례 깨다(慣例-)
관례대로 하다(慣例-)
관례 따르다(慣例-)
관례옷(冠禮-)
관례 치르다(冠禮-)
관례화되다(慣例化-)
관록 있다(貫祿-)
관료 사회(官僚社會)
관료 정치=관료정치(官僚政治)
관료주의(官僚主義)
관료 출신(官僚出身)
관료화되다(官僚化-)
관리 감독(管理監督)
관리 사무소(管理事務所)
관리 생활(官吏生活)
관리 소홀(管理疏忽)
관리 안 되다(管理-)
관리 잘하다(管理-)
관리 종목=관리종목(管理種目)
관리 중(管理中)
관리 책임자(管理責任者)
관리해 오다(管理-)
관리해 주다(管理-)

관망만 하다(觀望-)
관망세 보이다(觀望勢-)
관망해 보다(觀望-)
관망해 오다(觀望-)
관머리(棺-)
관멤(棺-) 시체를 관에 넣은 뒤에 관 속의 빈
　　곳을 다른 물건으로 메워서 채움.
관명 짓다(冠名-)
관목 숲(灌木-)
관 물 들다(官-) [관]
관 물 먹다(官-) [관]
관물 정돈(官物整頓)
관변 단체(官邊團體)
관보 치다(官報-)
관복 벗다(官服-)
관복 타고나다(官福-)
관북 지방(關北地方)
관사무늬(官紗-)
관상녀(觀相女)
관상 동맥=관상동맥(冠狀動脈)
관상 보다(觀相-)
관상동물(觀賞動物)
관상식물(觀賞植物)
관상쟁이(觀相-)
관상 좋다(觀相-)
관상풀이(觀相-)
관서 지방(關西地方)
관선 이사(官選理事)
관세 부과(關稅賦課)
관세 인하(關稅引下)
관세음보살(觀世音菩薩)
관소금(官-)
관 속(棺-)
관 속에 들어가도 막말은 말라(棺-) [격]
관솔불
관솔불 밝히다
관솔불 붙이다
관솔불 지피다
관솔불 피우다
관솔옹이
관수로 묻다(管水路)
관심 가다(關心-)
관심 가지다(關心-)
관심 갖지 마라(關心-)
관심거리(關心-)
관심권 밖의 일(關心圈-)

관심 깊다(關心-)
관심 끌다(關心-)
관심 끌 만하다(關心-)
관심 높다(關心-)
관심 대상(關心對象)
관심 돌리다(關心-)
관심 두다(關心-)
관심 많다(關心-)
관심 모으다(關心-)
관심 못 끌다(關心-)
관심 밖(關心-)
관심 분야(關心分野)
관심 속에(關心-)
관심 쏟다(關心-)
관심 쏠리다(關心-)
관심 안 가지다(關心-)
관심 안 두다(關心-)
관심 없어 보이다(關心-)
관심 외(關心外)
관심은커녕(關心-)
관심 있어 보이다(關心-)
관심조차 없다(關心-)
관심 좀 가져라(關心-)
관심 집중(關心集中)
관악 연주(管樂演奏)
관에 들어가는 소(館-) [격]
관에 들어가는 소 걸음(館-) [격]
관여 말 것(關與-)
관여 안 하다(關與-)
관여하지 마라(關與-)
관여해 오다(關與-)
관엽 식물=관엽식물(觀葉植物)
관영 통신=관영통신(官營通信)
관 옆에서 싸움한다(棺-) [격]
관용 차량(官用車輛)
관음보살(觀音菩薩)
관이음(管-)
관인복색(官人服色)
관인요금(官認料金)
관자놀이(貫子-)
관장 능력(管掌能力)
관장식(冠裝飾)
관재구설(官災口舌)
관재 입다(官災-)
관전 요령(觀戰要領)
관전자

관절뼈(關節-)
관제담배(官制-)
관제 데모(官制demo)
관제연초(官製煙草)
관제엽서(官製葉書)
관존민비(官尊民卑)
관 주도 행사(官主導行事)
관중 수(觀衆數)
관직 박탈(官職剝奪)
관직 생활(官職生活)
관 짜다(棺-)
관찰 기록=관찰기록(觀察記錄)
관찰사 닿는 곳에 선화당(觀察使-宣化堂) [격]
관찰해 보다(觀察-)
관찰해 오다(觀察-)
관철 못 시키다(貫徹-)
관철시켜 나가다(貫徹-)
관철해 나가다(貫徹-)
관청 뜰에 좁쌀을 펴 놓고 군수가 새를 쫓는다
　　　(官廳-郡守-) [격]
관청 물 먹다(官廳-) [관]
관청에 잡아다 놓은 닭(官廳-)
관측기구(觀測氣球)
관측 장비(觀測裝備)
관측해 오다(觀測-)
관치행정(官治行政)
관테(冠-)
관통 도로(貫通道路)
관통볼트(貫通bolt)
관통상 입다(貫通傷-)
관한 한(關-限)
관할 관청=관할관청(管轄官廳)
관할 구역=관할구역(管轄區域)
관할 내(管轄內)
관할 밖(管轄-)
관할해 오다(管轄-)
관행대로 하다(慣行-)
관허 업소(官許業所)
관허요금(官許料金)
관현악단(管絃樂團)
관형사형 어미(冠形詞形語尾)
관혼상제(冠婚喪祭)
관훈 클럽=관훈클럽(寬勳club)
괄괄스럽다
괄기(-氣)
괄기는 인왕산 솔가지라(-仁旺山-) [격]

괄목상대(刮目相對)
괄목할 만하다(刮目-)
괄시 못 하다(恝視-)
괄시 안 하다(恝視-)
괄시해 오다(恝視-)
괄호 속(括弧-)
괄호 치다(括弧-)
광개토 대왕=광개토대왕(廣開土大王)
광개토왕(廣開土王)
광개토왕릉비(廣開土王陵碑)
광개토왕비(廣開土王碑)
광견병 돌다(狂犬病-)
광견병 증세(狂犬病症勢)
광고 나다(廣告-)
광고 내다(廣告-)
광고 대행사=광고대행사(廣告代行社)
광고 매체=광고매체(廣告媒體)
광고 모델(廣告model)
광고 문안(廣告文案)
광고 방송(廣告放送)
광고 수입(廣告收入)
광고 시장(廣告市場)
광고 제작(廣告製作)
광고탑(廣告塔)
광고해 주다(廣告-)
광고 효과=광고효과(廣告效果)
광기 띠다(狂氣-)
광기 부리다(狂氣-)
광기 서리다(狂氣-)
광기 어리다(狂氣-)
광꾼(鑛-)
광나다(光-)
광내다(光-)
광다발(光-)
광달다
광대 같은
광대같이
광대 끈 떨어졌다 [격]
광대 노릇 하다
광대놀음
광대덕담(-德談)
광대등걸
광대를 그리다 [관]
광대머리
광대무변(廣大無邊)
광대 짓 하다

광대치장(-治粧)
광대탈
광대해 보이다(廣大-)
광댓살
광등뼈
광디스크(光disk)
광뜨다
광란젓(廣卵-) 넙치 알로 담근 젓.
광명두 나무로 만든 등잔걸이.
광명시대(光明時代)
광명정대(光明正大)
광명 천지(光明天地)
광목 떠 옷을 짓다(廣木-)
광목 보자기(廣木-)
광목옷(廣木-)
광목 적삼(廣木-)
광목천(廣木-)
광목 한 필(廣木-疋)
광못(光-)
광문(-門)
광물 자원=광물자원(鑛物資源)
광발아종자(光發芽種子)
광복 이후(光復以後)
광복 전(光復前)
광복절 날(光復節-)
광복 후(光復後)
광부 생활(鑛夫生活)
광부의 말도 성인이 가려 쓴다(鑛夫-聖人-)
　　[격]
광산 개발(鑛山開發)
광산 도시(鑛山都市)
광산쟁이(鑛山-)
광산 지대=광산지대(鑛山地帶)
광산촌(鑛山村)
광산 회사(鑛山會社)
광색소(光色素)
광석 채굴(鑛石採掘)
광선총(光線銃)
광섬유(光纖維)
광 속에
광쇠(光-)
광 안에
광알갱이(鑛-)
광어눈이(廣魚-)
광어무침(廣魚-)
광어전유어(廣魚煎油魚)

광어회(廣魚膾)
광업 도시=광업도시(鑛業都市)
광에서 인심 난다(-人心-) [격]
광 열쇠
광을 치다(光-) [관]
광인일체(狂人一體)
광장 한복판(廣場-)
광주리덫
광주리에 담은 밥도 엎어질 수가 있다 [격]
광주리 이고 가다
광주리장사
광주리장수
광주 생원 첫 서울(廣州生員-) [격]
광주 지역(光州地域)
광지렛대(光-)
광채 나다(光彩-)
광채 띠다(光彩-)
광채 번득이다(光彩-)
광채 없다(光彩-)
광채 있다(光彩-)
광 치다(光-)
광친쇠(光-)
광택 나다(光澤-)
광택 내다(光澤-)
광택 없다(光澤-)
광택 있다(光澤-)
광택 좋다(光澤-)
광 통신=광통신(光通信)
광표백(光漂白)
광풍 노도(狂風怒濤)
광학 기기=광학기기(光學機器)
광합성(光合成)
광호흡(光呼吸)
광화문 네거리(光化門-)
괘괘떼다
괘괘이떼다
괘 그르다 [관] 일이 뜻대로 되지 않다.
괘꽝스럽다
괘념 말고 가 봐라(掛念-)
괘념치 마라(掛念-)
괘다리적다
괘달머리적다
괘방을 치다(掛榜-) [관]
괘사 떨다
괘사 부리다
괘씸스럽기 짝이 없다

괘씸죄(-罪)
괘씸해하다
괘씸히 여기다
괘장 부리다
괘장 부치다 [관]
괘종시계(掛鐘時計)
괘지 석 장(罫紙-張)
괜스레 겁을 먹다(-怯-)
괜찮아 보이다
괜찮아지다
괜찮을 거야
괜찮을걸
괜찮을 걸세
괜찮을걸요
괜찮을 텐데
괜한 걱정 하다
괜한 소리
괜한 짓 하다
괜한 트집 잡다
괫대 강릉 단오제에 쓰는 깃대.
괭이자루
괭이잠
괭이질
괭잇날
괴괴망측(怪怪罔測)
괴구멍
괴기 소설=괴기소설(怪奇小說)
괴기 영화(怪奇映畵)
괴까다로워 보이다
괴까닭스럽다
괴꼴 더미
괴끼만 날리다
괴나리봇짐(-褓-)
괴 다리에 기름 바르듯 [격]
괴담이설(怪談異說)
괴덕부리다
괴덕스레 굴다
괴 똥같이 싼다 [격]
괴로운 것 같다
괴로운 듯하다
괴로운 체하다
괴로울뿐더러
괴로울 뿐만 아니라
괴로울 뿐 아니라
괴로울수록
괴로울 적에

괴로움 겪다
괴로움 달래다
괴로움 속
괴로움 이겨 내다
괴로움 주다
괴로워 보이다
괴로워지다
괴로워해 오다
괴롭혀 오다
괴롭혀 주다
괴롭히지 마라
괴롭힌 듯하다
괴롭힐뿐더러
괴롭힐 뿐 아니라
괴롭힐지 모른다
괴뢰 정권＝괴뢰정권(傀儡政權)
괴뢰 집단(傀儡集團)
괴리개념(乖離槪念)
괴망스레 구는 놈(怪妄−)
괴머리 물레의 왼쪽 가로대 끝부분에 놓는 받침
　　　나무.
괴머리기둥
괴멸되어 가다(壞滅−)
괴 목에 방울 달고 뛴다 [격]
괴물 같다(怪物−)
괴물같이(怪物−)
괴발개발
괴발개발 그리다
괴발디딤
괴발디딤으로 걷다
괴 밥 먹듯 한다 [격]
괴 배다(塊−)
괴벽스럽다(乖僻−)
괴 불알 앓는 소리 [격]
괴불주머니
괴사 상태(壞死狀態)
괴상망측하다(怪常罔測−)
괴상야릇하다(怪常−)
괴석기초(怪石奇草)
괴성 지르다(怪聲−)
괴수염(−鬚髥)
괴어 놓다
괴어 담다
괴어 두다
괴어들다
괴어 받치다

괴어오르다
괴어 올라오다
괴어 올리다
괴이쩍다(怪異−)
괴이찮다(怪異−)
괴이히 여기다(怪異−)
괴죄죄하다
괴질 돌다(怪疾−)
괴질 번지다(怪疾−)
괴짜 행세(怪−行世)
괴찮다
괴춤 쌈지
괴팍해 보이다(乖愎−)
괴한 침입(怪漢侵入)
괴화나무(槐花−)
굄대
굄돌
굄돌 받쳐 두다
굄만 받고 자라다
굄목(−木)
굄목 놓다(−木−)
굄목 대다(−木−)
굄 받다
굄새 좋다
굄성(−性)
굉음 소리(轟音−)
굉장스러운 규모(宏壯−規模)
굉장해 보이다(宏壯−)
교가 제창(校歌齊唱)
교각 세우다(橋脚−)
교감 나누다(交感−)
교감 선생님(校監先生−)
교과 과목(敎科科目)
교과 과정＝교과과정(敎科課程)
교과 지도(敎科指導)
교군꾼(轎軍−)
교권주의(敎權主義)
교권확립(敎權確立)
교꾼(轎−)
교내 방송(校內放送)
교내 식당(校內食堂)
교내 행사(校內行事)
교내 활동(校內活動)
교단생활(敎壇生活)
교단에 서다(敎壇−) [관]
교단을 떠나다(敎壇−) [관]

교대 시간(交代時間)
교대 없이 일하다(交代-)
교도소 가다(矯導所-)
교도소 생활(矯導所生活)
교도소 신세(矯導所身世)
교두보 삼다(橋頭堡-)
교두보 역할(橋頭堡役割)
교란 작전=교란작전(攪亂作戰)
교량 건설(橋梁建設)
교량 역할(橋梁役割)
교량 파괴(橋梁破壞)
교련 수업(教鍊授業)
교료를 놓다(校了-)
교류 증진(交流增進)
교류해 오다(交流-)
교류 협력(交流協力)
교류 확대(交流擴大)
교만 방자하다(驕慢放恣-)
교만 부리다(驕慢-)
교만한 것 같다(驕慢-)
교만해 보이다(驕慢-)
교모 쓰다(校帽-)
교무 주임=교무주임(教務主任)
교문 밖(校門-)
교문 안(校門-)
교문 앞(校門-)
교문을 나서다(校門-) [관]
교문 쪽(校門-)
교미 행위(交尾行爲)
교민 사회(僑民社會)
교 믿는 사람(教-)
교복 맞추다(校服-)
교복 입다(校服-)
교복 차림(校服-)
교부해 주다(交付-)
교분 두터운 사이(交分-)
교분 맺다(交分-)
교분 쌓다(交分-)
교사 간에(教師間-)
교사 노릇(教師-)
교사 생활(教師生活)
교사 증축(校舍增築)
교사 혐의(教唆嫌疑)
교생 실습=교생실습(教生實習)
교섭 단체=교섭단체(交涉團體)
교섭 중(交涉中)

교섭해 보다(交涉-)
교섭해 오다(交涉-)
교수님 댁(教授-宅)
교수 방법(教授方法)
교수 연구실(教授研究室)
교수 출신(教授出身)
교수 협의회(教授協議會)
교신 내용(交信內容)
교신 중(交信中)
교실 내(教室內)
교실 문 밖(教室-)
교실 문 앞(教室-)
교실 바닥(教室-)
교실 밖(教室-)
교실 안(教室-)
교실 입구(教室入口)
교실 쪽(教室-)
교실 청소(教室淸掃)
교안 작성(教案作成)
교양 강좌(教養講座)
교양 과목=교양과목(教養科目)
교양 교육(教養教育)
교양미 넘치다(教養美-)
교양미 풍기다(教養美-)
교양서적(教養書籍)
교양 수준(教養水準)
교양 없어 보이다(教養-)
교양 없이 굴다(教養-)
교양오락비(教養娛樂費)
교양 있어 보이다(教養-)
교양 학부=교양학부(教養學部)
교역 확대(交易擴大)
교열 기자(校閱記者)
교외 생활(校外生活)
교외 행사(校外行事)
교외 활동(校外活動)
교우 관계(交友關係)
교원 단체(教員團體)
교원 생활(教員生活)
교원 자격(教員資格)
교육 개혁=교육개혁(教育改革)
교육 공무원=교육공무원(教育公務員)
교육 내용(教育內容)
교육 대학=교육대학(教育大學)
교육 못 받다(教育-)
교육 못 시키다(教育-)

교육 방침(敎育方針)

교육 사업(敎育事業)

교육산업(敎育産業)

교육 상담=교육상담(敎育相談)

교육 수준(敎育水準)

교육 시설(敎育施設)

교육시켜 주다(敎育-)

교육 안 하다(敎育-)

교육 여건(敎育與件))

교육 이념(敎育理念)

교육인구(敎育人口)

교육입국(敎育立國)

교육 자료(敎育資料)

교육 잘못 시키다(敎育-)

교육 정책=교육정책(敎育政策)

교육 중(敎育中)

교육해 오다(敎育-)

교육 헌장=교육헌장(敎育憲章)

교육 활동(敎育活動)

교인 모임(敎人-)

교자꾼(轎子-)

교자상 상다리 부러질 만큼(交子床床-)

교장 선생님 댁(校長先生-宅)

교장실 앞(校長室-)

교장 자리(校長-)

교재 연구(敎材硏究)

교전 상태(交戰狀態)

교전 중(交戰中)

교정보다(校正-)

교정시력(矯正視力)

교정 일 하다(校正-)

교정 잘못 보다(校正-)

교정해 주다(敎正-)

교제 끊다(交際-)

교제 상대(交際相對)

교제 안 하다(交際-)

교제 중(交際中)

교제해 오다(交際-)

교조주의(敎條主義)

교지기(校-)

교지 편집(校誌編輯)

교직 과목=교직과목(敎職科目)

교직 사회(敎職社會)

교직 생활(敎職生活)

교차 승인=교차승인(交叉承認)

교차 지점(交叉地點)

교착 상태(交錯狀態)

교천 부자가 눈 아래로 보인다(敎川富者-) [격]

교체 대상(交替對象)

교체 선수(交替選手)

교체시켜 주다(交替-)

교체 안 되다(交替-)

교체해 나가다(交替-)

교체해 버리다(交替-)

교칙 위반(校則違反)

교탁 서랍(敎卓-)

교태 부리다(嬌態-)

교태 어리다(嬌態-)

교통경찰(交通警察)

교통 규칙(交通規則)

교통 대란(交通大亂)

교통 대책(交通對策)

교통도덕(交通道德)

교통마비(交通痲痺)

교통 법규=교통법규(交通法規)

교통사고(交通事故)

교통 사정(交通事情)

교통수단(交通手段)

교통순경(交通巡警)

교통 신호=교통신호(交通信號)

교통 안내(交通案內)

교통안전(交通安全)

교통 요금(交通料金)

교통정리(交通整理)

교통 정보=교통정보(交通情報)

교통 정체(交通停滯))

교통조사(交通調査)

교통 중심지(交通中心地)

교통지옥(交通地獄)

교통질서(交通秩序)

교통 체증(交通滯症)

교통 통제(交通統制)

교통 편한 곳(交通-)

교통 표지=교통표지(交通標識)

교통 혼잡(交通混雜)

교통 흐름(交通-)

교파 간(敎派間)

교파 중에(敎派中-)

교편생활(敎鞭生活)

교편을 놓다(敎鞭-) [관]

교편을 잡다(敎鞭-) [관]

교포 사회(僑胞社會)

교향악단(交響樂團)
교화되어 가다(敎化-)
교화 사업(敎化事業)
교환 경기＝교환경기(交歡競技)
교환 교수＝교환교수(交換敎授)
교환끝(交換-)
교환 방문(交換訪問)
교환 시에(交換時-)
교환양(交換孃)
교환 학생＝교환학생(交換學生)
교환해 드리다(交換-)
교환해 주다(交換-)
교활해 보이다(狡猾-)
교황 정치＝교황정치(敎皇政治)
교회 가다(敎會-)
교회 간의(敎會間-)
교회 나가다(敎會-)
교회 내에(敎會內-)
교회 다니다(敎會-)
교회 밖의 일(敎會-)
교회 안에(敎會-)
교회 앞(敎會-)
교회 옆(敎會-)
교회 일(敎會-)
교회 입구(敎會入口)
교회 종소리(敎會鐘-)
교회 쪽(敎會-)
교회 차원(敎會次元)
교회 학교＝교회학교(敎會學校)
교훈 삼다(敎訓-)
교훈 얻다(敎訓-)
구가마하다
구가해 오다(謳歌-)
구간 거리(區間距離)
구간 요금(區間料金)
구강 검사(口腔檢查)
구강성교(口腔性交)
구강외과(口腔外科)
구강 질환(口腔疾患)
구걸 나가다(求乞-)
구걸 나서다(求乞-)
구걸 다니다(求乞-)
구걸 생활(求乞生活)
구걸 안 하다(求乞-)
구걸질(求乞-)
구걸하다시피 하다(求乞-)

구걸하듯 하다(求乞-)
구걸해 가다(求乞-)
구걸해 오다(求乞-)
구겨 넣다
구겨 박히다
구겨 버리다
구겨 신다
구겨 쥐다
구겨지다
구경 가다
구경가마리
구경감
구경거리
구경꾼
구경나다
구경 다니다
구경도 못하다
구경만 하다
구경 못 해 보다
구경 삼다
구경스럽다
구경시켜 주다
구경 안 하다
구경 오다
구경 왔다 가다
구경 잘 하다
구경터
구경하듯 하다
구경하러 오다
구경할 만하다
구경해 볼 만하다
구경해 오다
구곡간장(九曲肝腸)
구곡간장을 녹이다(九曲肝腸-) [관]
구곡간장이 녹다(九曲肝腸-) [관]
구공탄 구멍(九孔炭-)
구관 사또(舊官-)
구관이 명관이다(舊官-名官-) [격]
구구단 외다(九九段-)
구구사정(區區私情)
구구생활(區區生活)
구구절절(句句節節)
구구절절 옳다(句句節節-)
구국간성(救國干城)
구국 운동(救國運動)
구굿셈하다(九九-)

구근 식물＝구근식물(球根植物)
구금 상태(拘禁狀態)
구금시켜 놓다(拘禁-)
구금 중(拘禁中)
구급 대책(救急對策)
구급 방안(救急方案)
구급붕대(救急繃帶)
구급상비약(救急常備藥)
구급상자(救急箱子)
구급약품(救急藥品)
구급 장비(救急裝備)
구급차 부르다(救急車-)
구기박지르다
구기박질러 놓다
구기박질러 버리다
구기자나물(枸杞子-)
구기자주(枸杞子酒)
구기자죽(枸杞子粥)
구기자차(枸杞子茶)
구기적거려 놓다
구기적구기적하다
구기지르다
구길 것까지야
구길 대로 구기다
구김살
구김살 가다
구김살 없다
구김살 지다
구김살 펴다
구김새
구김새 심하다
구김새 없다
구김 없다
구김지다
구깃구깃하다
구깃구깃해 버리다
구난부표(救難浮漂)
구난차(救難車)
구내매점(構內賣店)
구내방송(構內放送)
구내식당(構內食堂)
구내 이발소(構內理髮所)
구내전화(構內電話)
구년묵이(舊年-)
구년지수 해 돋는다(九年之水-) [격]
구년지수 해 바라듯(九年之水-) [격]

구년친구(舊年親舊)
구 년 홍수에 볕 기다리듯(九年洪水-) [격]
구닥다리
구닥다리 옷
구더기 끓다
구더기 될 놈[관]
구더기 들끓다
구더기 무서워 장 못 담글까(-醬-) [격]
구더기 생기다
구더기 슬다
구덕구덕 마르다
구덕구덕하다
구덕구덕해지다
구덥다
구덩무덤
구덩이 속
구덩이심기
구덩이 파다
구도 수련(求道修鍊)
구도 잡나(構圖-)
구독 신문(購讀新聞)
구독 신청(購讀申請)
구동력 좋다(驅動力-)
구되(舊-)
구두 가게
구두 계약＝구두계약(口頭契約)
구두 굽
구두끈
구두끈 끄르다
구두끈 매다
구두끈 풀다
구두 닦다
구두 닦아 주다
구두닦이
구두덜구두덜하다
구두 뒤축
구두 맞추다
구두못
구두 밑창
구두 바닥
구두 발자국
구두 변론＝구두변론(口頭辯論)
구두 보고(口頭報告)
구두 속
구두쇠 같다
구두쇠같이 굴다

구두쇠 영감
구두쇠 취급(-取扱)
구두 승인(口頭承認)
구두시험(口頭試驗)
구두 신고(口頭申告)
구두 신고 발등 긁기 [격]
구두약 바르다(-藥-)
구두약 칠하다(-藥漆-)
구두 약속(口頭約束)
구두 예약(口頭豫約)
구두 자국
구두장이
구두장이 셋이면 제갈량의 꾀를 이긴다(-諸葛亮-) [격]
구두장이 셋이 모이면 제갈량보다 낫다(-諸葛亮-) [격]
구두 지시(口頭指示)
구두질
구두창 갈다
구두칼
구두코
구두 한 켤레
구두 한 짝
구둣대
구둣발
구둣솔
구둣발길
구둣방(-房)
구둣주걱
구드러져 버리다
구들구들 마르다
구들더께
구들돌
구들동티
구들막농사(-農事)   남녀가 함께 이불 속에서 성적으로 희롱함을 비유적으로 이르는 말.
구들미
구들바닥
구들방(-房)
구들장
구들장 깔다
구들장 놓다
구들장 지다 [관]
구들재
구들직장(-直長)
구듭치기

구듭 치다
구렁논
구렁말   털 빛깔이 밤색인 말.
구렁배미
구렁이 담 넘어가듯 [격]
구렁이알   소중한 밑천.
구렁이 알   구렁이의 알.
구렁이 제 몸 추듯 [격]
구렁지다
구렁진 데로
구렁찰
구렁텅
구렁텅이
구레나룻
구레논
구렛들
구령 소리(口令-)
구류 처분=구류처분(拘留處分)
구르는 돌은 이끼가 안 낀다 [격]
구름 갈 제 비가 간다 [격]
구름 같다
구름같이 모여들다 [관]
구름 걷히다
구름결
구름길
구름 끼다
구름다리
구름 덩이
구름 따라
구름 떼
구름 뜬 하늘
구름머리
구름무늬
구름문(-紋)
구름바다
구름발
구름발치
구름밤   구름 낀 밤.
구름밭   산꼭대기에 높이 있는 뙈기밭.
구름밭 갈며 살아가다
구름밭 부쳐 먹다
구름사다리
구름 사이사이
구름 속
구름송이
구름 아래

구름양(-量)
구름 없는 하늘에 비 올까 [격]
구름옷
구름 위
구름이 자주 끼면 비가 온다 [격]
구름자 =운형자(雲形-).
구름자락
구름 잡다 [관]
구름장
구름장 사이사이
구름장에 치부했다(-置簿-) [격]
구름짬
구름차일(-遮日)
구름층(-層)
구름칼
구름판(-板)
구름 한 점 없다
구릉 지대(丘陵地帶)
구리거울
구리귀신(-鬼神)
구리 막대
구리 석쇠
구리자
구리장이
구리종(-鐘)
구리줄
구리창(-槍)
구리철(-鐵)
구리철사(-鐵絲)
구리텁텁하다
구리팔괘(-八卦)
구리 합금=구리합금(-合金)
구린내
구린내가 나다
구린 입도 안 떼다 [격]
구린 입 지린 입 [격]
구릿빛 얼굴
구만리(九萬里) 아득히 먼 거리.
구만 리(九萬里)
구만리장공(九萬里長空)
구만리장천(九萬里長天)
구매 고객(購買顧客)
구매 관리=구매관리(購買管理)
구매 심리(購買心理)
구매 의욕(購買意慾)
구멍가게

구멍구멍
구멍 나다
구멍나사(-螺絲)
구멍뚫기끌
구멍 뚫다
구멍 뚫리다
구멍문(-門)
구멍 보고 쐐기를 깎아라 [격]
구멍 보아 가며 말뚝 깎는다 [격]
구멍봉
구멍봉돌
구멍새
구멍 속
구멍수
구멍수 생기다
구멍은 깎을수록 커진다 [격]
구멍치기
구멍탄(-炭)
구멍파기끌
구메구메
구메농사(-農事) (1)농사 형편이 고르지 못하여 곳에 따라 풍작과 흉작이 같지 않은 농사. (2)작은 규모로 짓는 농사.
구메밥
구메밥 들여보내다
구메밥 먹기 십상이다
구메혼인(-婚姻) 널리 알리지 않고 하는 혼인.
구메활터
구명도생(苟命徒生)
구명동의(救命胴衣)
구명띠(救命-)
구명보트(救命boat)
구명부기(救命浮器)
구명부대(救命浮帶)
구명부표(救命浮標)
구명 요원(救命要員)
구명 운동(救命運動)
구명줄(救命-)
구무럭구무럭하다
구무소식(久無消息)
구문 받다(口文-)
구문 주다(口文-)
구문서(舊文書)
구미 당기다(口味-) [관]
구미 돋우다(口味-) [관]
구미 돋워 주다(口味-)

구미 돌다(口味-)
구미 동하다(口味-) [관]
구미 안 당기다(口味-)
구미 선진국(歐美先進國)
구미수(舊未收)
구미 열강(歐美列強)
구민 사업(救民事業)
구박 속에서(驅迫-)
구박 안 하다(驅迫-)
구박지르다
구박질(驅迫-)
구박해 오다(驅迫-)
구변머리(口辯-)
구변 좋다(口辯-)
구별 말고(區別-)
구별 못 하다(區別-)
구별 안 하다(區別-)
구별 없이(區別-)
구별 짓다(區別-)
구별해 내다(區別-)
구별해 놓다(區別-)
구별해 두다(區別-)
구별해 보다(區別-)
구보 행군(驅步行軍)
구복을 달래다(口腹-) [관]
구복이 원수(口腹-怨讐) [격]
구부러들다
구부러뜨리다
구부러지다
구부러진 송곳 [격]
구부러트리다
구부렁구부렁하다
구부렁길
구부린 채
구부정구부정하다
구분될뿐더러(區分-)
구분될 뿐만 아니라(區分-)
구분될 뿐 아니라(區分-)
구분 말고(區分-)
구분 안 되다(區分-)
구분 안 하다(區分-)
구분 없이(區分-)
구분 지어 놓다(區分-)
구분 지어 두다(區分-)
구분 지어 주다(區分-)
구분 짓다(區分-)

구분해 놓다(區分-)
구분해 보다(區分-)
구분해 주다(區分-)
구불구불 난 길
구불텅구불텅하다
구비 문학=구비문학(口碑文學)
구비 서류(具備書類)
구비 안 되다(具備-)
구비해 놓다(具備-)
구비해 두다(具備-)
구빈사업(救貧事業)
구쁜 속을 달래다
구사 능력(驅使能力)
구사력 뛰어나다(驅使力-)
구사상(舊思想)
구사일생(九死一生)
구살머라쩍다
구상 단계(構想段階)
구상 미술=구상미술(具象美術)
구상 중(構想中)
구상해 보다(構想-)
구새 먹다 [관]
구새통
구색 갖추다(具色-)
구색 맞추다(具色-)
구색이 맞다(具色-)
구색친구(具色親舊)
구석건년방(-房)
구석구석
구석기 시대=구석기시대(舊石器時代)
구석방(-房)
구석빼기
구석 자리
구석장(-欌)
구석지다
구석 쪽
구석차기 =코너 킥.
구선왕도떡(九仙王道-)
구성단위(構成單位)
구성맞다
구성 안 되다(構成-)
구성없다
구성 요소(構成要素)
구성원 간에(構成員間-)
구성원 중(構成員中)
구성지다

구성진 노랫소리
구성해 내다(構成-)
구성해 놓다(構成-)
구성해 보다(構成-)
구세대(舊世代)
구세동거(九世同居)
구세력(舊勢力)
구세배(舊歲拜)
구세제민(救世濟民)
구소련(舊蘇聯)
구속감 느끼다(拘束感-)
구속 기소(拘束起訴)
구속당하다(拘束當-)
구속됨 없이(拘束-)
구속 수감(拘束收監)
구속시켜 놓다(拘束-)
구속 안 하다(拘束-)
구속 영장=구속영장(拘束令狀)
구속해 버리다(拘束-)
구수닭 얼룩점이 박힌 닭.
구수회의(鳩首會議)
구순히 지내다
구술시험(口述試驗)
구술필기(口述筆記)
구슬가방
구슬갓끈
구슬 같은
구슬같이
구슬갱기
구슬구슬하다
구슬꿰미
구슬 달다
구슬 따먹기 하다
구슬땀
구슬땀 맺히다
구슬땀 흘리다
구슬뜨기
구슬려내다
구슬려 넘기다 [관]
구슬려 보내다
구슬려 삶다 [관]
구슬려 생각해 보다
구슬려 세우다 [관]
구슬못
구슬발
구슬방울

구슬상모(-象毛)
구슬양피(-羊皮)
구슬 없는 용(-龍) [격]
구슬이 서 말이라도 꿰어야 보배 [격]
구슬자갈
구슬주렴(-珠簾)
구슬찌
구슬치기
구슬픈 노래
구슬피 울다
구슬핀(-pin)
구슬 한 꿰미
구습 타파(舊習打破)
구시가(舊市街)
구시대(舊時代)
구시렁구시렁하다
구시월(九十月)
구시월 세단풍(九十月細丹楓) [격]
구식 결혼(舊式結婚)
구식 사고(舊式思考)
구식 인물(舊式人物)
구식쟁이(舊式-)
구실길
구실 다하다
구실 못 하다
구실 삼다(口實-)
구실을 붙이다(口實-) [관]
구실을 찾다(口實-)
구심운동(求心運動)
구십여 명(九十餘名)
구십일(九十日) 아흐레나 열흘.
구 씨 댁(具氏宅)
구씨 문중(具氏門中)
구씨 성 가진 사람(具氏姓-)
구 씨 집(具氏-)
구악 일소(舊惡一掃)
구애 안 받다(拘礙-)
구약 성서=구약성서(舊約聖書)
구어박다
구어박혀 지내다
구어박히다
구여성(舊女性)
구역나다(嘔逆-)
구역 내(區域內)
구역 밖(區域-)
구역 안(區域-)

구역 예배=구역예배(區域禮拜)
구역질(嘔逆-)
구역질 나다(嘔逆-)
구역질 일다(嘔逆-)
구연동화(口演童話)
구외전화(構外電話)
구우일모(九牛一毛)
구운 게도 다리를 떼고 먹는다 [격]
구운석고(-石膏)
구운흙
구울 거야
구울걸
구울 걸세
구울걸요
구울게
구울게요
구움일
구움판
구워 가며
구워 가지고 오다
구워 내다
구워 놓다
구워 달라고 하다
구워 달라다
구워 두다
구워 만들다
구워 먹다
구워삶다
구워 익히다
구워 주다
구워지다
구워 팔다
구원 못 받다(救援-)
구원병(救援兵)
구원 부대(救援部隊)
구원 얻다(救援-)
구원 요청(救援要請)
구원이 우환이라(救援-憂患-) [격]
구원 투수=구원투수(救援投手)
구원해 주다(救援-)
구월 달(九月-)
구월 말(九月末)
구월 말경(九月末頃)
구월 중(九月中)
구월 초(九月初)
구월 호(九月號)

구위 떨어지다(球威-)
구위 살아나다(球威-)
구유방아
구유배
구유 전 뜯다 [격]
구유젖 =귀웅젖.
구융젖
구의원(區議員)
구의회(區議會)
구이가마
구이통(-筒)
구인 광고(求人廣告)
구인난(求人難)
구인란(求人欄)
구인 정보(求人情報)
구인 조건(求人條件)
구일장 지내다(九日葬-)
구입 가격(購入價格)
구입 비용(購入費用)
구입 시(購入時)
구입 신청(購入申請)
구입 안 하다(購入-)
구입 예산=구입예산(購入豫算)
구입 자금(購入資金)
구입장생 겨우 밥벌이하여 살아감.
구입해 가다(購入-)
구입해 주다(購入-)
구장 해 먹다(區長-)
구저분해 보이다
구적 조각
구전되어 오다(口傳-)
구전 떼다(口錢-)
구전 뜯다(口錢-)
구전 받다(口錢-)
구전 설화=구전설화(口傳說話)
구절구절(句節句節)
구절양장(九折羊腸)
구절판찬합(九折坂饌盒)
구접스러워 보이다
구접스레 얻어먹다
구정겹줄(九井-)
구정뜰(九鼎-)
구정물
구정 쇠다(舊正-)
구제 금융=구제금융(救濟金融)
구제도(舊制度)

112

구제 못 하다(救濟-)
구제 불능(救濟不能)
구제비나무
구제비젓 생선의 내장으로 담근 젓.
구제할 것은 없어도 도둑 줄 것은 있다(救濟-)
　　[격]
구제해 주다(救濟-)
구조개 굴과 조개.
구조 개편(構造改編)
구조사다리(救助-)
구조 선박(救助船舶)
구조 신호(救助信號)
구조 요원(救助要員)
구조 요청(救助要請)
구조 조정(構造調整)
구조주의(構造主義)
구조해 내다(救助-)
구조해 주다(救助-)
구조 활동(救助活動)
구종을 들다(驅從-) [관]
구주인(舊主人)
구죽바위
구중궁궐(九重宮闕)
구중 들다 [관]
구중심처(九重深處)
구중중해 보이다
구지렁물
구지레해 보이다
구직 광고(求職廣告)
구직 정보(求職情報)
구질구질해 보이다
구집지레하다
구차스럽다(苟且-)
구채 갚다(舊債-)
구척장신(九尺長身)
구천에 사무치다(九泉-) [관]
구천지하(九天地下))
구첩반상(九-飯床)
구청 내(區廳內)
구청 앞(區廳-)
구청 직원(區廳職員)
구청 쪽(區廳-)
구체제(舊體制)
구체화되어 가다(具體化-)
구체화시켜 나가다(具體化-)
구체화시켜 주다(具體化-)

구촌 조카(九寸-)
구축함대(驅逐艦隊)
구출되어 나오다(救出-)
구출 못 하다(救出-)
구출 요청(救出要請)
구출 작전(救出作戰)
구출해 내다(救出-)
구출해 주다(救出-)
구취 나다(口臭-)
구취 풍기다(口臭-)
구타당하다(毆打當-)
구태 간다면 잡지 않겠다
구태 못 벗다(舊態-)
구태 벗다(舊態-)
구태의연하다(舊態依然-)
구텁지근하다
구텁텁하다
구토 나다(嘔吐-)
구토 일어나다(嘔吐-)
구토증 나다(嘔吐症-)
구토증 일으키다(嘔吐症-)
구푸린 자세(-姿勢)
구하는 중(求-中)
구하러 가다(求-)
구하러 다니다(求-)
구한말(舊韓末)
구해 가다(求-)
구해 내다(求-)
구해 놓다(求-)
구해 달라고 하다(求-)
구해 달라다(求-)
구해 두다(求-)
구해 보다(求-)
구해 쓰다(求-)
구해 오다(求-)
구해 주다(求-)
구현 못 하다(具現-)
구현해 나가다(具現-)
구현해 내다(具現-)
구형 자동차(舊型自動車)
구호 내걸다(口號-)
구호 단체=구호단체(救護團體)
구호 대책(救護對策)
구호물자(救護物資)
구호 사업(救護事業)
구호 시설=구호시설(救護施設)

구호 식량(救護食糧)
구호 아래(口號-)
구호양곡(救護糧穀)
구호 외치다(口號-)
구호 요원(救護要員)
구호 활동(救護活動)
구혼 광고(求婚廣告)
구화 학교=구화학교(口話學校)
구활자본(舊活字本)
구황 식물=구황식물(救荒植物)
구황 식품(救荒食品)
구획 정리=구획정리(區劃整理)
구획 짓다(區劃-)
구휼 사업(救恤事業)
국가 간에(國家間-)
국가 경제(國家經濟)
국가고시(國家考試)
국가 공무원=국가공무원(國家公務員)
국가 기관=국가기관(國家機關)
국가 대 국가(國家對國家)
국가 대사(國家大事)
국가 대표(國家代表)
국가들 중에(國家-中-)
국가 발전(國家發展)
국가별로(國家別-)
국가 보조금=국가보조금(國家補助金)
국가사업(國家事業)
국가수반(國家首班)
국가시험(國家試驗)
국가 안보(國家安保)
국가 예산(國家豫算)
국가 원수=국가원수(國家元首)
국가 유공자=국가유공자(國家有功者)
국가 이익=국가이익(國家利益)
국가 재산(國家財産)
국가 정책=국가정책(國家政策)
국가 지도자(國家指導者)
국가 체면(國家體面)
국가 행사(國家行事)
국거리
국거리 끊어 오다
국경 너머(國境-)
국경 넘어서다(國境-)
국경 밖(國境-)
국경 분쟁=국경분쟁(國境紛爭)
국경선 너머(國境線-)

국경 지대(國境地帶)
국경 쪽(國境-)
국고 보조=국고보조(國庫補助)
국고 지원(國庫支援)
국곰팡이(麴-)
국공립 대학(國公立大學)
국공유지(國公有地)
국교 끊다(國交-)
국교 단절=국교단절(國交斷絕)
국교 맺다(國交-)
국교 수립(國交樹立)
국교 정상화(國交正常化)
국교 트다(國交-)
국 국물 흘리다
국군묘지(國軍墓地)
국군 아저씨(國軍-)
국군 용사(國軍勇士)
국군 장병(國軍將兵)
국군 포로(國軍捕虜)
국궁 대회(國弓大會)
국권 상실(國權喪失)
국권 회복(國權回復)
국그릇
국그릇 쏟다
국그릇 엎지르다
국기 게양(國旗揭揚)
국기 내걸다(國旗-)
국기 단 집(國旗-)
국기 달다(國旗-)
국기 문란(國紀紊亂)
국기배례(國旗拜禮)
국 끓여 먹다
국 끓이다
국난 극복(國難克服)
국난 타개(國難打開)
국내 기술(國內技術)
국내 도입(國內導入)
국내 무대(國內舞臺)
국내 문제=국내문제(國內問題)
국내 사정(國內事情)
국내 시장=국내시장(國內市場)
국내 시판(國內市販)
국내외(國內外)
국내 정세(國內情勢)
국내 총생산=국내총생산(國內總生産)
국내 최초로(國內最初-)

국내 출장(國內出張)
국도 따라 빠지다(國道-)
국력 신장(國力伸張)
국록 먹다(國祿-)
국론 분열(國論分裂)
국론 통일(國論統一)
국리민복(國利民福)
국립공원(國立公園)
국립대학(國立大學)
국립묘지(國立墓地)
국립 병원(國立病院)
국립 학교=국립학교(國立學校)
국 말아 먹다
국말이 밥
국말이 한 그릇
국 맛 보다
국면 전환(局面轉換)
국면 타개(局面打開)
국무 위원=국무위원(國務委員)
국무총리(國務總理)
국물김치
국물도 없다
국물 맛 보다
국물 맛 좋다
국민 가수(國民歌手)
국민가요(國民歌謠)
국민감정(國民感情)
국민 건강(國民健康)
국민 경제=국민경제(國民經濟)
국민대표(國民代表)
국민 된 도리(國民-道理)
국민 부담(國民負擔)
국민 생활(國民生活)
국민 성금(國民誠金)
국민 소득=국민소득(國民所得)
국민 여론(國民輿論)
국민 연금(國民年金)
국민운동(國民運動)
국민의례(國民儀禮)
국민 정서(國民情緒)
국민정신(國民精神)
국민 주택=국민주택(國民住宅)
국민차(國民車)
국민 통합(國民統合)
국민 투표=국민투표(國民投票)
국민 화합(國民和合)

국밥 말다
국밥 집
국방 기밀(國防機密)
국방백서(國防白書)
국방부 장관(國防部長官)
국방색(國防色)
국방 예산(國防豫算)
국방 의무=국방의무(國防義務)
국방헌금(國防獻金)
국번호(局番號)
국부 마취=국부마취(局部痲醉)
국부 절개(局部切開)
국비 보조(國費補助)
국비 장학생(國費獎學生)
국빈 자격(國賓資格)
국사 책(國史冊)
국산 기술(國産技術)
국산 영화(國産映畵)
국산 장비(國産裝備)
국산품 애용(國産品愛用)
국상에 죽산마 지키듯(國喪-竹散馬-) [격]
국선 변호인=국선변호인(國選辯護人)
국소 마취=국소마취(局所痲醉)
국 솥
국수 가락
국수 말다
국수 먹다 [관]
국수 먹은 배 [격]
국수 못하는 년이 안반만 나무란다 [격]
국수물
국수발
국수방망이
국수비빔
국수 뽑다
국수사리
국수 삶아 건지다
국수원밥숭이 흰밥과 국수를 넣어 끓인 떡국.
국수자루
국수 잘하는 솜씨가 수제비 못하랴 [격]
국수장국(-醬-)
국수장국밥(-醬-)
국수주의(國粹主義)
국수틀
국수판(-板)
국수 해 먹다
국숫발

국숫분(-粉)
국숫분통(-粉桶)
국숫상(-床)
국숫상 보다(-床-)
국숫집
국숫집 차리다
국악가요(國樂歌謠)
국악 공연(國樂公演)
국어 교과서(國語敎科書)
국어 교육=국어교육(國語敎育)
국어사전(國語辭典)
국어 선생님(國語先生-)
국어 시간(國語時間)
국어 책(國語册)
국에 덴 놈 냉수 보고도 놀란다(-冷水-) [격]
국영 기업=국영기업(國營企業)
국영 방송=국영방송(國營放送)
국영사업(國營事業)
국영 회사(國營會社)
국외 추방(國外追放)
국위 선양(國威宣揚)
국유 산업(國有産業)
국유임야(國有林野)
국유 재산=국유재산(國有財産)
국으로 가만히 있어라
국은 입다(國恩-)
국이 끓는지 장이 끓는지(-醬-) [격]
국장 자리(局長-)
국적 불명(國籍不明)
국적 취득=국적취득(國籍取得)
국적 회복=국적회복(國籍回復)
국정 감사=국정감사(國政監査)
국정 공백(國政空白)
국정 교과서=국정교과서(國定敎科書)
국정 쇄신(國政刷新)
국정 연설(國政演說)
국정 조사=국정조사(國政調査)
국정 혼란(國政混亂)
국제결혼(國際結婚)
국제공항(國際空港)
국제 관계(國際關係)
국제관례(國際慣例)
국제 교류(國際交流)
국제기구(國際機構)
국제노선(國際路線)
국제단위(國際單位)

국제 대회(國際大會)
국제도시(國際都市)
국제무대(國際舞臺)
국제 문제(國際問題)
국제 사회=국제사회(國際社會)
국제색 짙은 도시(國際色-都市)
국제 수준(國際水準)
국제 시장=국제시장(國際市場)
국제 영향력(國際影響力)
국제 우편=국제우편(國際郵便)
국제 유가(國際油價)
국제 전화=국제전화(國際電話)
국제주의(國際主義)
국제 질서(國際秩序)
국제 평화(國際平和)
국제 행사(國際行事)
국제회의(國際會議)
국졸 학력(國卒學歷)
국지 전쟁=국지전쟁(局地戰爭)
국책 사업(國策事業)
국책 은행=국책은행(國策銀行)
국태민안(國泰民安)
국토 관리(國土管理)
국토방위(國土防衛)
국토 분단(國土分斷)
국토 순례(國土巡禮)
국토 통일(國土統一)
국한문 혼용=국한문혼용(國漢文混用)
국헌 문란=국헌문란(國憲紊亂)
국화꽃(菊花-)
국화는 서리를 맞아도 꺾이지 않는다(菊花-)
　　[격]
국화떡(菊花-)
국화만두(菊花饅頭)
국화매듭(菊花-)
국화빵(菊花-)
국화송곳(菊花-)
국화 향기(菊花香氣)
국화전(菊花煎)
국회 내(國會內)
국회 도서관=국회도서관(國會圖書館)
국회 비준(國會批准)
국회 의사당=국회의사당(國會議事堂)
국회의원(國會議員)
국회 의장=국회의장(國會議長)
국회 청문회(國會聽聞會)

국회 회기＝국회회기(國會會期)
군걱정
군걸음
군것
군것지다
군것질
군계집　결혼한 남자가 아내 외에 비도덕적으
　　로 관계를 맺고 있는 여자.
군고구마
군고구마 장수
군고기
군 고위층(軍高位層)
군 관계자(軍關係者)
군국주의(軍國主義)
군글
군글자(-字)
군 기강(軍紀綱)
군기 세우다(軍紀-)
군기와
군기 잡다(軍紀-)
군기침
군기 확립(軍紀確立)
군납업자(軍納業者)
군내 나다
군눈 뜨다
군눈 팔다
군다리미질
군단지럽다
군대 가다(軍隊-)
군대놀이(軍隊-)
군대답(-對答)
군대 생활(軍隊生活)
군대 안 가다(軍隊-)
군더더기
군더더기 하나 없이
군덕살
군던지럽다
군데군데
군돈
군돈 뿌리다
군돈질
군두드러기
군두부(-豆腐)
군두새끼
군두쇠
군둣구멍

군령 내리다(軍令-)
군령다짐(軍令-)
군령 따르다(軍令-)
군령 어기다(軍令-)
군막 치다(軍幕-)
군만두(-饅頭)
군말
군말뚝(群-)
군말 말고
군말썽
군말 안 하다
군말 없이
군말이 많으면 쓸 말이 적다 [격]
군매점(軍賣店)
군물
군물 돌다
군밤
군밤 둥우리 같다 [격]
군밤에서 싹 나거든 [격]
군밤 장수
군밥
군번줄(軍番-)
군 병력(軍兵力)
군 복무 중(軍服務中)
군복 벗다(軍服-)
군복을 입다(軍服-)
군복 차림(軍服-)
군부 내(軍部內)
군부대(軍部隊)
군부 독재＝군부독재(軍部獨裁)
군부 세력(軍部勢力)
군불
군불 넣다
군불 때다
군불 때지 마라
군불솥
군불아궁이
군불에 밥 짓기
군불 장댄가 키만 크다 [격]
군불 지피다
군붓
군붓질
군비 경쟁＝군비경쟁(軍備競爭)
군비 증강(軍備增强)
군비 확장(軍備擴張)
군빗질

군사 개입=군사개입(軍事介入)
군사계엄(軍事戒嚴)
군사 기밀=군사기밀(軍事機密)
군사 독재=군사독재(軍事獨裁)
군사람
군사 문화(軍事文化)
군사부일체(君師父一體)
군사 분계선=군사분계선(軍事分界線)
군사설(-辭說)
군사 우편=군사우편(軍事郵便)
군사 원조=군사원조(軍事援助)
군사 재판소=군사재판소(軍事裁判所)
군사 정권=군사정권(軍事政權)
군사 혁명=군사혁명(軍事革命)
군사 훈련=군사훈련(軍事訓練)
군살
군살 빼다
군살 없는 몸집
군새 초가지붕의 썩은 곳을 파내고 덧끼워 질러 넣는 짚.
군색해 보이다(窘塞-)
군 생활(軍生活)
군세 떨치다(軍勢-)
군소리
군소리 못 하다
군소리 안 하다
군소리 없다
군소리하다
군 소식통(軍消息通)
군소 업체(群小業體)
군손님
군손질
군쇠 농이나 장 따위에서 문쇠 옆에 세로로 댄 나무.
군수(-手)
군 수뇌부(軍首腦部)
군수 물자=군수물자(軍需物資)
군순(-筍)
군 시설물(軍施設物)
군식구(-食口)
군신유의(君臣有義)
군실군실하다
군심부름
군악대장(軍樂隊長)
군욕질(-辱-)
군용 도로=군용도로(軍用道路)

군용 비둘기=군용비둘기(軍用-)
군용 열차=군용열차(軍用列車)
군음식(-飲食)
군의원(郡議員)
군인 가다(軍人-)
군인 가족(軍人家族)
군인 되다(軍人-)
군인 생활(軍人生活)
군인 신분(軍人身分)
군인 아저씨(軍人-)
군인 정신(軍人精神)
군인 출신(軍人出身)
군일
군입
군입 다시다
군 입대(軍入隊)
군입정 때 없이 군음식으로 입을 다심.
군입정질
군입질
군잎
군자 같다(君子-)
군자금(軍資金)
군자도 시속을 따른다(君子-時俗-) [격]
군자 말년에 배추 씨 장사(君子-) [격]
군자인 척하다(君子-)
군작이 어찌 대붕의 뜻을 알랴(群雀-大鵬-) [격]
군장(-醬)
군장 검열(軍裝檢閱)
군 장병(軍將兵)
군주름
군주 정치=군주정치(君主政治)
군주주의(君主主義)
군중대회(群衆大會)
군중 속(群衆-)
군중 심리=군중심리(群衆心理)
군중집회(群衆集會)
군지럽다
군짓
군창 가는 배도 둘러 먹는다(軍倉-) [격]
군 출신(軍出身)
군치리 개고기를 안주로 술을 파는 집.
군치리집
군침
군침 돋우다
군침 돌다

118

군침 삼키다
군침 흘리다
군턱
군턱 지다
군티
군티 하나 없다
군핍해 보이다(窘乏-)
군 헌병대(軍憲兵隊)
군호 주고받다(軍號-)
군화 끈(軍靴-)
군화 소리(軍靴-)
군화 신다(軍靴-)
군홧발(軍靴-)
군획(-劃)
군획지다(-劃-)
굳건해 보이다
굳건히 하다
굳게 굳게 다짐하다
굳게 믿다
굳고 굳은
굳기름
굳기름산(-酸)
굳돌
굳세어 보이다
굳세어져 가다
굳세어지다
굳센 주먹
굳어 가다
굳어 버리다
굳어 보이다
굳어져 가다
굳어져 버리다
굳어지다
굳은대
굳은돌
굳은 땅에 물이 괸다 [격]
굳은밀
굳은살
굳은살 박이다
굳은쌀
굳은씨앗
굳은어깨
굳은열매
굳은입천장(-天障)
굳짜
굳짜배기 누가 가지게 될 것인지가 정해져 있

는 물건.
굳혀 나가다
굳혀 놓다
굳혀 두다
굳혀 버리다
굳혀 주다
굳혀지다
굳히다
굳힘약(-藥)
굴가마(窟-)
굴개(窟-)
굴건 쓰다(屈巾-)
굴건제복(屈巾祭服)
굴곡(屈曲-)
굴곡 심한 도로(屈曲甚-道路)
굴곡지다(屈曲-)
굴국
굴길(窟-)
굴김치
굴깍두기
굴 껍데기
굴다리
굴대통(-筒)
굴도리집
굴 따다
굴때장군(-將軍)
굴똥 물레의 몸이 실린 중심의 굴대.
굴뚝같다
굴뚝같이
굴뚝 막은 덕석 [격]
굴뚝목
굴뚝목 헐고 재 쳐내다
굴뚝 보고 절한다 [격]
굴뚝 산업(-産業)
굴뚝 속
굴뚝 없는 공장(-工場)
굴뚝에 바람 들었나 [격]
굴뚝에서 빼 놓은 족제비 [격]
굴뚝쟁이
굴뚝 청소(-淸掃)
굴뚝청어(-靑魚)
굴뚝 후비다 [관]
굴러가다
굴러갈 리 없다
굴러 내리다
굴러다니다

굴러듣다
굴러들다
굴러 들어가다
굴러 들어오다
굴러 떨어지다
굴러먹다
굴러 버리다
굴러 보다
굴러 오다
굴러 온 돌이 박힌 돌 뺀다 [격]
굴러 온 돌한테 발등 다친다 [격]
굴러 온 호박 [격]
굴렁대
굴렁쇠
굴레 벗다 [관]
굴레 벗은 말 [관]
굴레 속
굴레 쓰다 [관]
굴레 쓴 말 [관]
굴레 씌우다 [관]
굴레옆쇠
굴레치기
굴려 가다
굴려 보내다
굴려 오다
굴림끌
굴림대
굴림대질
굴림대패
굴림마찰(-摩擦)
굴림백토(-白土)
굴먹굴먹 담다
굴먹굴먹하다
굴목숭어 3월 초 경칩 직후에 평안북도 철산군
    다사도 부근에서 잡히는 숭어.
굴 문 앞(窟門-)
굴 바닥(窟-)
굴 밖(窟-)
굴밤
굴밤나무
굴밤 주우러 가다
굴밥
굴방에 틀어박혀(窟房-)
굴복당하다(屈服當-)
굴복 못 시키다(屈服-)
굴복 안 하다(屈服-)

굴복 않다(屈服-)
굴복해 버리다(屈服-)
굴복해 오다(屈服-)
굴비 굽다
굴비 비늘 긁다
굴비 엮듯 엮이다
굴비찌개
굴속(窟-)
굴썩굴썩하다
굴 안(窟-)
굴 앞(窟-)
굴에 든 뱀 길이를 알 수 없다(窟-) [격]
굴에 들어가야 범을 잡는다(窟-) [격]
굴왕신같다(屈枉神-)
굴 요리(-料理)
굴욕감 느끼다(屈辱感-)
굴욕감 이기다(屈辱感-)
굴욕감 치밀다(屈辱感-)
굴욕 외교(屈辱外交)
굴우물(窟-)
굴우물에 돌 넣기(窟-) [격]
굴우물에 말똥 쓸어 넣듯 한다(窟-) [격]
굴 입구(窟入口)
굴장(-醬)
굴장아찌
굴저냐
굴적(-炙)
굴전(-煎)
굴절 버스(屈折bus)
굴절 없이(屈折-)
굴젓
굴젓눈이
굴죽(-粥)
굴진(-津)
굴집(窟-)
굴착 공사(掘鑿工事)
굴축나다
굴침스럽다
굴타리먹다
굴튀김
굴 파다(窟-)
굴회(-膾)
굴회(-灰)
굵게 굵게
굵다랗게 되다
굵다래지다

굵어 보이다
굵어져 가다
굵어지다
굵은베
굵은베가 옷 없는 것보다 낫다 [격]
굵은베 몇 자 끊어 오다
굵은소금
굵은체
굵직굵직하다
굵직굵직해 보이다
굵직해지다
굶겨 가며 일 시키다
굶겨 놓다
굶겨 죽이다
굶기를 밥 먹듯 하다 [격]
굶다 굶다 못해
굶다 못해
굶다 보니
굶다시피 하다
굶어 가며 일하다
굶어 버릇하다
굶어 보다
굶어 보아야 세상을 안다(-世上-) [격]
굶어 오다
굶어 죽게 되다
굶어 죽기는 정승 하기보다 어렵다(-政丞-) [격]
굶어 죽어 가다
굶어 죽어도 종자는 베고 죽는다(-種子-) [격]
굶으면 아낄 것 없어 통 비단도 한 끼라(-緋緞-) [격]
굶은 개 부엌 들여다보듯 [격]
굶은 것 같다
굶은 듯하다
굶주려 오다
굶주리다 못해
굶주리다시피 하다
굶주린 듯이
굼드렁타령
굼뜬 행동(-行動)
굼벵이 걸음
굼벵이대롱
굼벵이도 구르는 재주가 있다 [격]
굼벵이도 꾸부리는 재주가 있다 [격]
굼벵이도 밟으면 꿈틀한다 [격]
굼벵이도 제 일을 하려면 한 길을 판다 [격]

굼벵이매듭
굼벵이 천장하듯(-遷葬-) [격]
굼벵이콩
굼실굼실하다
굼지럭굼지럭하다
굼틀굼틀하다
굽갈래
굽갈리장수 예전에, 나막신의 굽을 갈아 대는 일을 직업으로 하던 사람.
굽갈이
굽구멍
굽깎기
굽 높은 구두
굽 높이
굽다리
굽다리합(-盒)
굽 달리다
굽달이
굽도리
굽도 젖도 할 수 없다 [관]
굽뒤축
굽바닥
굽바자
굽바탕
굽새 말이나 소 따위의 굽의 갈라진 사이.
굽싸다
굽어보다
굽어보이다
굽어 살피다
굽어지다
굽은 나무가 선산을 지킨다(-先山-) [격]
굽은 나무는 길맛가지가 된다 [격]
굽은 지팡이는 그림자도 굽어 비친다 [격]
굽이감다
굽이굽이
굽이돌다
굽이돌이
굽이 많은 산길(-山-)
굽이지다
굽이치다
굽이칼
굽잇길
굽적굽적하다
굽죄다
굽죄이다
굽질리다

굽창
굽통
굽통 쑤시다 [관]
굽혀 보다
굽혀지다
굽혔다 폈다 하다
굽힐 줄 모른다
굽힘 없다
굿거리장단
굿 구경 간 어미 기다리듯 [격]
굿 구경을 하려면 계면떡이 나오도록 [격]
굿도 볼 겸 떡도 먹을 겸 [격]
굿 뒤에 날장구 [격]
굿 들은 무당 재 들은 중 [격]
굿 마친 뒷장구 [격]
굿 못하는 무당 장구 타박한다 [격]
굿 보고 떡 먹기 [격]
굿 보다
굿복(-服)
굿 본 거위 죽는다 [격]
굿북
굿상(-床)
굿에 간 어미 기다리듯 [격]
굿옷
굿이나 보고 떡이나 먹지 [격]
굿일
굿일꾼
굿자리
굿춤
굿판
굿하고 싶어도 맏며느리 춤추는 꼴 보기 싫다
    [격]
굿하다
굿하다 파한 집 같다(-罷-) [격]
굿한다고 마음 놓으랴 [격]
굿한 뒷장구 [격]
굿해 먹은 집 같다 [격]
굿해 보다
궁굴리다
궁굴채
궁궐 내(宮闕內)
궁궐 안(宮闕-)
궁궐 입구(宮闕入口)
궁궐 짓다(宮闕-)
궁근소리
궁근 목소리

궁글막대
궁금답답하다
궁금증 나다(-症-)
궁금증 더하다(-症-)
궁금증 일다(-症-)
궁금증 자아내다(-症-)
궁금해지다
궁금해하다
궁기 끼다(窮氣-)
궁기 돌다(窮氣-)
궁기 흐르다(窮氣-)
궁깃(弓-)
궁 끼다(窮-) [관]
궁노루
궁도 대회(弓道大會)
궁도련님(宮-)
궁둥배지기
궁둥이가 가볍다 [관]
궁둥이가 무겁다 [관]
궁둥이내외(-內外) 얼굴을 마주 보지 아니할
    여자와 남자가 마주쳤을 때에 멀리 피하지
    않고 궁둥이만 슬쩍 돌려서 외면하는 일.
궁둥이를 붙이다 [관]
궁둥이 맞다
궁둥이뼈
궁둥이 살
궁둥이에 좀이 쑤시다 [관]
궁둥이에서 비파 소리가 난다(-琵琶-) [격]
궁둥이 털다
궁둥잇바람
궁둥잇짓
궁둥짝
궁둥춤
궁따다
궁리궁리 끝에(窮理窮理-)
궁리해 보다(窮理-)
궁무소불위(窮無所不爲)
궁문 밖(宮門-)
궁 밖(宮-)
궁방장이(弓房-)
궁벽스럽다(窮僻-)
궁상떨다(窮狀-)
궁상맞다(窮狀-)
궁상스럽다(窮狀-)
궁색한 듯하다(窮塞-)
궁색해 보이다(窮塞-)

궁서가 고양이를 문다(窮鼠-) [격]
궁싯궁싯하다
궁 안(宮-)
궁장이(弓-)
궁전 밖(宮殿-)
궁전 안(宮殿-)
궁중말(宮中-)
궁중무(宮重-)
궁중 무용=궁중무용(宮中舞踊)
궁중 생활(宮中生活)
궁중 요리(宮中料理)
궁중 음악=궁중음악(宮中音樂)
궁지에 빠진 쥐가 고양이를 문다(窮地-) [격]
궁 처지기 불 처지기(宮-) [격]
궁 처지면 코 처진다(宮-) [격]
궁초댕기
궁촌 벽지(窮村僻地)
궁터(宮-)
궁티 벗다(窮-)
궁티 흐르다(窮-)
궁핍해 보이다(窮乏-)
궁하면 통한다(窮-通-) [격]
궁한 뒤에 행세를 본다(窮-行世-) [격]
궁한 새가 사람을 쫓는다(窮-) [격]
궁한 소리(窮-) [관]
궁한 소리 하다(窮-)
궁한 쥐가 고양이한테 대든다(窮-) [격]
궁합 보다(宮合-)
궂은고기
궂은고기 먹은 것 같다 [격]
궂은날
궂은 날씨
궂은비
궂은살
궂은소리
궂은쌀
궂은일
궂은일 도맡아 하다
궂은일에는 일가만 한 이가 없다(--家-) [격]
권고사직(勸告辭職)
권고해 보다(勸告-)
권고해 오다(勸告-)
권농책 쓰다(勸農策-)
권당바느질
권당질
권도살림(權道-)

권두 대담(卷頭對談)
권력 구조(權力構造)
권력 기관=권력기관(權力機關)
권력 남용(權力濫用)
권력 다툼(權力-)
권력 비리(權力非理)
권력 승계(權力承繼)
권력 실세(權力實勢)
권력 싸움(權力-)
권력 잡다(權力-)
권력 쟁탈(權力爭奪)
권력 쥐다(權力-)
권력 집중(權力集中)
권력층 내(權力層內)
권력 투쟁=권력투쟁(權力鬪爭)
권력 행사(權力行使)
권리 남용=권리남용(權利濫用)
권말 부록(卷末附錄)
권모술수(權謀術數)
권문세가(權門勢家)
권세 부리다(權勢-)
권세 있는 집안(權勢-)
권 씨 댁(權氏宅)
권씨 문중(權氏門中)
권씨 성 가진 사람(權氏姓-)
권에 못 이겨 방립 쓴다(勸-方笠-) [격]
권에 비지떡(勸-) [격]
권위 서다(權威-)
권위 세우다(權威-)
권위 세워 주다(權威-)
권위 안 서다(權威-)
권위 없다(權威-)
권위 의식(權威意識)
권위 있는(權威-)
권위주의(權威主義)
권유 안 하다(勸誘-)
권유해 보다(勸誘-)
권유해 오다(勸誘-)
권익 보호(權益保護)
권익 옹호(權益擁護)
권익 증진(權益增進)
권장 가격=권장가격(勸奬價格)
권장 도서(勸奬圖書)
권장 사항(勸奬事項)
권장 안 하다(勸奬-)
권장할 일 아니다(勸奬-)

권장해 보다(勸獎-)
권장해 오다(勸獎-)
권주가 부르다(勸酒歌-)
권총 강도(拳銃强盜)
권총띠(拳銃-)
권총 뽑아 들다(拳銃-)
권총 쏘다(拳銃-)
권총 자살(拳銃自殺)
권총집(拳銃-)
권총 차고 다니다(拳銃-)
권총 차다(拳銃-)
권커니 잣거니(勸-) [관]
권태기 오다(倦怠期-)
권태로워 보이다(倦怠-)
권태로이 보내다(倦怠-)
권토중래(捲土重來)
권투 경기=권투경기(拳鬪競技)
권투 선수(拳鬪選手)
권투 시합(拳鬪試合)
권투 중계(拳鬪中繼)
권하는 대로(勸-)
권한 가지다(權限-)
권한 대행=권한대행(權限代行)
권한 밖의 일(權限-)
권한 행사(權限行使)
권할 만하다(勸-)
권할 일 아니다(勸-)
권해 드리다(勸-)
권해 봄직하다(勸-)
권해 주다(勸-)
궐기 대회=궐기대회(蹶起大會)
궐나다(闕-)
궐난 자리(闕-)
궐내다(闕-)
궐련갑(-匣)
궐련딱지
궐련 마는 당지로 인경을 싸려 한다(-唐紙-)
　　[격]
궐련상자(-箱子)
궐련 연기(-煙氣)
궐 밖(闕-)
궐석 재판=궐석재판(闕席裁判)
궐석 중(闕席中)
궐식아동(闕食兒童)
궐 안(闕-)
궐에 들다(闕-)

궐위 시(闕位時)
궐 잡다(闕-) [관]
궤도 수정(軌道修正)
궤도 열차(軌道列車)
궤도 이탈(軌道離脫)
궤도 진입(軌道進入)
궤란쩍은 말씀이오나
궤를 달리하다(軌-)
궤변론자(詭辯論者)
궤변학파(詭辯學派)
궤 속에(櫃-)
궤 속에 녹슨 돈은 똥도 못 산다(櫃-) [격]
궤지기
궤짝 속에(櫃-)
귀가 가렵다 [관]
귀가 도자전 마룻구멍이라(-刀子廛-) [격]
귀가 도중(歸家途中)
귀가 따갑다 [관]
귀가 뚫리다 [관]
귀가렴증(-症)
귀가 번쩍 뜨이다 [관]
귀가 보배라 [격]
귀가 솔깃하다 [관]
귀가 시간(歸家時間)
귀가 아프다 [관]
귀가 안 하다(歸家-)
귀가 여리다 [관]
귀가 울다 [관]
귀가 절벽이다(-絶壁-) [관]
귀가 중(歸家中)
귀가 질기다 [관]
귀가 항아리만 하다 [격]
귀감 삼다(龜鑑-)
귀갑무늬(龜甲-)
귀갓길(歸家-)
귀걸이수화기(-受話器)
귀걸이안경(-眼鏡)
귀결 나다(歸結-)
귀결 짓다(歸結-)
귀경 길(歸京-)
귀경 인파(歸京人波)
귀고리 끼다
귀고리 달다
귀고리 코걸이
귀공자 같다(貴公子-)
귀공자같이(貴公子-)

귀공자 못지않다(貴公子-)
귀국 길(歸國-)
귀국 못 하다(歸國-)
귀국시켜 주다(歸國-)
귀국 안 하다(歸國-)
귀국하는 대로(歸國-)
귀국한 지 사흘(歸國-)
귀국 후(歸國後)
귀기 감돌다(鬼氣-)
귀기 띄우다(鬼氣-)
귀기 서리다(鬼氣-)
귀 기울여 듣다
귀 기울이다
귀깃
귀꿈맞다
귀나다
귀넘어듣다
귀농 생활(歸農生活)
귀농 일기(歸農日記)
귀느래 귀가 늘어진 말.
귀다라기소
귀다래기 귀가 작은 소.
귀담다
귀담아 두다
귀담아듣다
귀담아들을 만하다
귀대 신고(歸隊申告)
귀동냥
귀둥대둥이
귀둥대둥하다
귀둥이가 천둥이 된다(貴-賤-) [격]
귀뒤주
귀 따갑게 듣다
귀 따갑다
귀때그릇
귀때기가 새파란 녀석 [관]
귀때기가 떨어졌으면 이다음 와 찾지 [격]
귀때기 떨어져 나가려 한다
귀때 달리다
귀때동이
귀때병(-瓶)
귀때항아리
귀 떨어지다
귀때기
귀뚜라미 소리
귀뚜라미 풍류하다(-風流-) [격]

귀 뜨다
귀띔
귀띔질
귀띔해 드리다
귀띔해 주다
귀룽자리
귀를 기울이다 [관]
귀를 뜨다 [관]
귀를 씻다 [관]
귀를 의심하다(-疑心-) [관]
귀를 재다 [관]
귀를 재우다 [관]
귀를 주다 [관]
귀를 팔다 [관]
귀리국수
귀리떡
귀리밥
귀리소주(-燒酒)
귀리술
귀리쌀
귀리죽(-粥)
귀리풀떼기
귀릿집
귀마개
귀 막고 방울 도둑질한다 [격]
귀 막고 아옹 한다 [격]
귀막새
귀맛
귀맛 나다
귀머거리
귀머거리 귀 있으나 마나 [격]
귀머거리는 눈치 빠르다 [격]
귀머거리 들으나 마나 [격]
귀머거리 삼 년이요 벙어리 삼 년이라(-三年-
　　三年-) [격]
귀머거리 제 마음에 있는 소리 한다 [격]
귀머리
귀머리 쓸어 넘기다
귀먹다
귀먹은 듯하다
귀먹은 셈 치다
귀먹은 욕(-辱) [관]
귀먹은 푸념 [관]
귀먹은 중 마 캐듯 [격]
귀목뒤주(櫰木-)
귀목반닫이(櫰木半-)

귀밑
귀밑때기
귀밑머리
귀밑머리 마주 풀고 만나다 [관]
귀밑머리 풀다 [관]
귀밑머리 풀어 얹다 [관]
귀밑머리 풀어 준 남편(-男便) [관]
귀밑샘염(-炎)
귀밑에 피도 안 마른 놈 [관]
귀밑이 빨개지다 [관]
귀밑털
귀바늘
귀박   나무를 긴 네모꼴로 네 귀가 지게 파서 자그마하게 만든 함지박.
귀 밖으로 듣다 [관]
귀밝이술
귀 베고 꼬리 베고 [관]
귀부레기   시루떡에서 베어 내고 남은 가의 부분.
귀빈 식당(貴賓食堂)
귀빠지다
귀빠진 날
귀뺨
귀뺨 올려붙이다
귀뺨 후려치다
귀뿌리
귀살머리쩍다
귀살이
귀살쩍다
귀성 길(歸省-)
귀성없다
귀성열차(歸省列車)
귀성 인파(歸省人波)
귀성지다
귀성 차량(歸省車輛)
귀 소문 말고 눈 소문 하라(-所聞-所聞-) [격]
귀소 본능=귀소본능(歸巢本能)
귀송곳
귀순 용사(歸順勇士)
귀순해 오다(歸順-)
귀신같다(鬼神-)
귀신같이 먹고 장승같이 간다(鬼神-) [격]
귀신 곡할 노릇(鬼神哭-)
귀신 대접하여 그른 데 있느냐(鬼神待接-) [격]
귀신도 경문에 매어 산다(鬼神-經文-) [격]
귀신도 모르다(鬼神-) [관]

귀신도 빌면 듣는다(鬼神-) [격]
귀신도 사귈 탓(鬼神-) [격]
귀신 듣는 데 떡 소리 한다(鬼神-) [격]
귀신 들리다(鬼神-)
귀신불(鬼神-)
귀신 상(鬼神像)
귀신 씌우다(鬼神-) [관]
귀신 씻나락 까먹는 소리(鬼神-) [격]
귀신에 복숭아나무 방망이(鬼神-) [격]
귀신은 경에 막히고 사람은 인정에 막힌다(鬼神-經-人情-) [격]
귀신의 귀에 떡 소리(鬼神-) [격]
귀신이 곡하다(鬼神-哭-) [격]
귀신이 되다(鬼神-)
귀신이 탄복할 노릇(鬼神-歎服-)
귀신이 하품을 할 만하다(鬼神-) [격]
귀신 잡는 해병(鬼神-海兵)
귀신 피하려다 호랑이 만난다(鬼神避-)
귀싸대기
귀싸대기 때리다
귀싸대기를 올리다 [관]
귀싸대기 얻어맞다
귀쌈지
귀썰미 있다
귀 씻다
귀 아파하다
귀 아프게 듣다
귀 안 기울이다
귀앓이 앓다
귀약(-藥)
귀약통(-藥筒)
귀얄문(-紋)
귀얄잡이
귀양 가다 [관]
귀양 갔다 오다
귀양 길
귀양다리
귀양 보내다
귀양살이
귀양 생활(-生活)
귀양 오다
귀양이 홀벽에 가렸다(-壁-) [격]
귀 언저리
귀에 거슬리다 [관]
귀에 거칠다 [관]
귀에 걸면 귀걸이 코에 걸면 코걸이 [격]

126

귀에다 말뚝을 박았나 [격]
귀에 들어가다 [관]
귀에 못이 박히다 [관]
귀에 싹이 나다 [관]
귀에 안 들리다
귀에 익다 [관]
귀엣말
귀엣머리
귀여겨듣다
귀 여리다
귀여운 애한테는 매채를 주고 미운 애한테는
    엿을 준다 [격]
귀여운 자식 매로 키운다(-子息-) [격]
귀여울 거야
귀여울걸
귀여울 걸세
귀여울걸요
귀여움 못 받다
귀여워 보이다
귀여워지다
귀여워할 거야
귀여워해 주다
귀염 못 받다
귀염 부리다
귀염성스럽다(-性-)
귀염성 있다(-性-)
귀 울다
귀울이증(-症)
귀웅젖
귀이개
귀 익다
귀 익은 듯하다
귀인상스럽다(貴人相-)
귀인성스럽다(貴人性-)
귀 작으면 앙큼하고 담대하다(-膽大-) [격]
귀 장사 하지 말고 눈 장사 하라 [격]
귀재다
귀재 소리 듣다(鬼才-)
귀젖 귀나 그 언저리에 젖꼭지 모양으로 볼록
    나온 군살.
귀족 계급＝귀족계급(貴族階級)
귀족 노릇(貴族-)
귀족 사회(貴族社會)
귀족 정치＝귀족정치(貴族政治)
귀족 출신(貴族出身)
귀족풍(貴族風)

귀족화하다(貴族化-)
귀 좋은 거지 있어도 코 좋은 거지 없다 [격]
귀 주다
귀주머니
귀 주위(-周圍)
귀중중하다
귀중할뿐더러(貴重-)
귀중할 뿐만 아니라(貴重-)
귀중할 뿐 아니라(貴重-)
귀중히 여기다(貴重-)
귀 질기다
귀짐작
귀찮게 굴다
귀찮게 하다
귀찮다는 듯이
귀찮다 해도
귀찮아 보이다
귀찮아지다
귀찮아하다
귀책사유(歸責事由)
귀천 없이(貴賤-)
귀청 떨어지다 [관]
귀청을 때리다 [관]
귀청을 떼다 [관]
귀청이 터지다 [관]
귀축축하다
귀침(-鍼)
귀탈(-頉)
귀퉁머리
귀퉁배기
귀틀나무
귀틀마루
귀틀막(-幕)
귀틀무덤
귀틀집
귀티 나다(貴-)
귀티 풍기다(貴-)
귀티 흐르다(貴-)
귀표내기(-標-)
귀한 걸음 하다(貴-)
귀한 것은 상량문(貴-上樑文) [격]
귀한 그릇 쉬 깨진다(貴-) [격]
귀한 자식 매로 키워라(貴-子息-) [격]
귀한 자식 매 한 대 더 때린다(貴-子息-) [격]
귀한 줄 모른다(貴-)
귀함지

귀항 중(歸航中)
귀해 보이다(貴-)
귀향길(歸鄉-)
귀향 못 하다(歸鄉-)
귀향 안 하다(歸鄉-)
귀향 열차(歸鄉列車)
귀향 인파(歸鄉人波)
귀환 길(歸還-)
귀히 되다(貴-)
귀히 여기다(貴-)
귓가
귓가로 듣다
귓가에 맴돌다
귓결
귓구멍
귓구멍에 마늘쪽 박았나 [격]
귓구멍이 나팔통 같다(-喇叭-) [관]
귓구멍이 넓다 [관]
귓구멍이 도자전 마룻구멍이다 (-刀子廛-) [격]
귓기둥
귓기스락
귓기슭
귓돈 =수수료.
귓돌 =머릿돌.
귓등
귓등으로 넘어가다 [관]
귓등으로도 안 듣는다 [관]
귓등으로 듣다 [관]
귓등으로 흘리다 [관]
귓맛
귓문(-門)
귓문이 넓다(-門-) [관]
귓바퀴
귓밥
귓병(-病)
귓불 귓바퀴의 아래쪽에 붙어 있는 살.
귓불만 만진다 [격]
귓속
귓속다짐
귓속말
귓속질
귓전
귓전으로 듣다 [관]
귓전을 때리다 [관]
귓전을 울리다 [관]
귓집

규각나다(圭角-)
규격화되어 가다(規格化-)
규명 못 하다(糾明-)
규명 안 되다(糾明-)
규명해 놓다(糾明-)
규모 있는 살림(規模-)
규범 문법=규범문법(規範文法)
규범 밖(規範-)
규범의식(規範意識)
규산거름(硅酸-)
규정대로 하다(規定-)
규정 못 짓다(規定-)
규정 밖의 일(規定-)
규정상(規定上)
규정 외(規定外)
규정 위반(規定違反)
규정짓다(規定-)
규정해 놓다(規定-)
규제 대상(規制對象)
규제되어 오다(規制-)
규제 안 받다(規制-)
규제 안 하다(規制-)
규제 완화(規制緩和)
규제해 오다(規制-)
규준틀(規準-)
규중부녀(閨中婦女)
규중심처(閨中深處)
규중절색(閨中絕色)
규중처녀(閨中處女)
규중처자(閨中處子)
규칙대로 하다(規則-)
규칙 위반(規則違反)
규탄 대회(糾彈大會)
규탄 운동(糾彈運動)
규탄해 오다(糾彈-)
규합 세력(糾合勢力)
균등 배분(均等配分)
균등해 보이다(均等-)
균열 가다(龜裂-)
균열 생기다(龜裂-)
균일상점(均一商店)
균질 우유=균질우유(均質牛乳)
균형감 잃다(均衡感-)
균형 감각(均衡感覺)
균형 발전(均衡發展)
균형 잃다(均衡-)

균형 있게(均衡-)
균형 잡다(均衡-)
귤 까다(橘-)
귤 까먹다(橘-)
귤껍질(橘-)
귤껍질무늬(橘-)
귤꽃(橘-)
귤병떡(橘餠-)
귤빛(橘-)
귤술(橘-)
귤열매(橘-)
귤잎(橘-)
귤정과(橘正果)
귤피차(橘皮茶)
귤화채(橘花茶)
그 가운데
그간(-間)
그 같은
그같이
그거 말고
그거 보란 듯이
그거야말로
그건 그거고
그건 그래
그건 그렇고
그건 그렇다 치고
그것대로
그것 대신(-代身)
그것 때문에
그것만큼
그것 말고
그것 말이지
그것 밖에 그것 밖에도 많다.
그것밖에 그것밖에 없다.
그것 보라는 듯이
그것 봐요
그것뿐 아니라
그것 외(-外)
그것이야말로
그것 좀 봐라
그것쯤이야
그것참, 희한한 일이군(-稀罕-)
그게 그거 같다
그게 그거다
그게 아니고
그 곁 그곳

그곳밖에 없다
그곳 외(-外)
그 기간 중(-期間中)
그길로 오자마자 그길로.
그 길로 그 길로 가시오.
그 길 말고
그 길밖에 없다
그 김에
그까지로 화를 내다니
그까짓 거
그까짓 일
그깟 일
그 꼴
그 꼴 보느니 신 첨지 꼴을 보겠다(-申僉知-)
　　[격]
그끄러께
그끄저께
그끄제
그 나름대로
그나마 다행이다(-多幸-)
그 나물에 그 밥 [격]
그 나이 되도록
그 나이 또래
그 나이 먹도록
그나저나
그날
그날그날 벌어먹다
그날따라
그날 밤 늦도록
그날 아침
그날 액은 독 안에 앉아도 오고야 만다(-厄-)
　　[격]
그날 오후(-午後)
그날이 그날이다
그날 일
그날 저녁
그 날짜로
그냥 가다
그냥고지 모내기나 초벌 김맬 때에, 아침 곁두
　　리와 점심으로 삯을 대신하는 일.
그냥 그대로
그냥 그 타령이다
그냥 그 턱이다
그냥 넘기다
그냥 넘어가다
그냥 놔두다

그냥 놔둔 채
그냥 되는 게 아니다
그냥 두고 보다
그냥 둔 채
그냥 둘 수밖에 없다
그냥 둬라
그냥 안 놔두다
그냥저냥
그냥 주다
그냥 지나가다
그냥 해 본 소리
그냥 해 주다
그네너비
그네뛰기
그네 뛰다
그네 밀어 주다
그네 밑싣개
그네 타다
그넷줄
그넷줄 매다
그녀(-女)
그 녀석
그년
그놈
그놈이 그놈이다 [관]
그 누구도 아니다
그늘나무 =정자나무.
그늘대
그늘말림
그늘 밑의 매미 팔자(-八字) [격]
그늘받이
그늘 속
그늘숲
그늘 식물=그늘식물(-植物)
그늘 아래
그늘잎
그늘지다
그늘지붕
그늘 쪽
그닐그닐하다
그다음
그다음 날
그다음 사람
그다음 해
그 다 이를 말인가 [관]
그다지 신통치 않다(-神通-)

그달 말(-末)
그달 초(-初)
그담
그담 사람
그 당시(-當時)
그대 곁
그대 따라서
그대로 놔두다
그대로 두다
그대로 안 놔두다
그 대신(-代身)
그 덕에(-德-)
그 덕분으로(-德分-)
그도 그럴 것이 [관]
그도 그럴 만하다
그도 저도 아니다
그동안
그 뒤
그득그득
그득그득하다
그득 채우다
그들끼리
그들 나름대로
그들먹그들먹하다
그들뿐 아니라
그들식으로(-式-)
그들 앞에
그들에게뿐 아니라
그들 외에(-外-)
그들 자신이(-自身-)
그들 중에(-中-)
그들 편에(-便-)
그따위
그따위 가지고
그따위 일
그따위 짓
그딴 소리 하지 마라
그 땅 위
그때
그때 가 보고
그때 가 봐야 안다
그때 가서
그때 그곳
그때그때마다
그때그때 해 놓다
그때그때 해 둬라

130

그때 그 사람
그때 그 시절(-時節)
그때까지만 해도
그때 되면
그때 따라서
그때마다
그때 마침
그때만 해도
그때뿐 아니라
그때쯤 해서
그 또래
그 또한
그뜩그뜩하다
그뜩 채우다
그래 가지고
그래 놓고
그래 보여도
그래 봤자
그래 봬도
그래서 그랬는지
그래서 그런지
그래 오다
그래 왔듯이
그래저래
그랬나 보다
그랬다저랬다 하다
그러거나 말거나[관]
그러고 나서
그러고 보니
그러고저러고
그러나저러나
그러내다
그러넣다
그러는 가운데
그러는 거야
그러는 게 아니다
그러는 듯하다
그러는 중에도(-中-)
그러니까 늘 그 모양이지(-模樣-)
그러니만큼
그러니저러니 하다
그러다 말 테지
그러다 보니
그러담다
그러당기다
그러던 중(-中)

그러들이다
그러려니 하다
그러리 말리 [관]
그러리 말리 결정 못 하다(-決定-)
그러먹다
그러면 그렇지 [관]
그러면 안 되지
그러모으다
그러묻다
그러안기다
그러안다
그러자꾸나
그러자마자
그러잖아도
그러잡다
그러저러다가
그러저러하다
그러쥐다
그러지 마라
그러지 말고
그러지 않는 한(-限)
그러지 않아도
그러하고 말고[관]
그러하듯이
그러한 가운데
그러한 데다가
그러한 뒤
그러한즉
그러한 터에
그러했듯이
그럭저럭 다 와 가다
그럭저럭하다 보니
그럭하는 게 아니다
그런가 보다
그런가 봐
그런가 싶다
그런 가운데
그런가 하면
그런 거 같다
그런 거야
그런 거지 뭐
그런 건 아니다
그런 건지도 모를 일이다
그런 걸 가지고
그런 걸 거야
그런 걸세

그런걸요
그런 것도 아니다
그러 것 외에(-外-)
그런 게 아닐 텐데
그러고로
그런 끝에
그런 날
그런 녀석
그런 년
그런 놈
그런 다음
그런대로 지낼 만하다
그런 데 가지 마라
그런 데다가
그런데도 불구하고(-不拘-)
그런데 말이야
그런 뒤
그런 듯싶다
그런 듯하다
그런 따위
그런 때에
그런 뜻에서
그런 만큼
그런 말 한 적 없다
그런 면에서(-面-)
그런 바에야
그런 반면(-反面)
그런 밤에
그런 법이 어디 있나(-法-)
그런 사정(-事情)
그런 생각 말고
그런 셈 치고
그런 소리 하지 마라
그런 의미에서(-意味-)
그런 일 없다
그런저런
그런 적 없다
그런 줄 모르고
그런 중에도(-中-)
그런즉
그런지 아닌지
그런 지 오래되다
그런 짓 안 하다
그런 짓 하면 안 돼
그런 참에
그런 척하다

그런 탓으로
그런 터에
그런 투로(-套-)
그런 판에
그럴 거면
그럴 거야
그럴 거 없잖아
그럴걸 아마 그럴걸.
그럴 걸세
그럴걸요
그렇게
그럴 게 아니라
그렇게요
그럴 듯도 싶다
그럴듯하다
그럴듯해 보이다
그럴 리 없다
그럴 만도 하다
그럴 만큼
그럴 만한
그럴 바에는
그럴 법도 하다(-法-)
그럴 뿐 아니라
그럴수록
그럴 수밖에
그럴싸하다
그럴싸해 보이다
그럴 적에
그럴 줄 알았다
그럴 즈음
그럴진대
그럴 턱이 없다
그럴 테죠
그럼 그렇지
그럼 안 된다
그럼에도 불구하고(-不拘-) [관]
그럼은요
그렁그렁하다
그렁성저렁성하다
그렁저렁하다
그렇게 되다
그렇게 된 데에는
그렇게만 해 봐라
그렇게밖에 안 된다
그렇게 하다 보니
그렇게 하면 뒷간에 옻칠을 하나(-間-漆-) [격]

132

그렇고 그런 거다
그렇고 그렇다 [관]
그렇고 말고 [관]
그렇고 저렇고 간에(-間-)
그렇긴 하지만
그렇다고 치고
그렇다나 봐
그렇다느니 저렇다느니 하다
그렇다 마다 [관]
그렇다 보니
그렇다손 치더라도
그렇다 치고
그렇다 하더라도
그렇듯이
그렇잖아도
그렇지마는
그렇지 못한 데는
그렇지 않고는
그렇지 않을 거야
그렇지 않을걸요
-그려   (조사) 이제야 돌아왔네그려, 참 딱하데
　　그려.
그려 가다
그려 가지고 오다
그려 나가다
그려 내다
그려 넣다
그려 놓다
그려 두다
그려 보다
그려 보이다
그려 오다
그려 주다
그려지다
그로 하여금
그루갈이
그루 갖추다 [관]
그루되다
그루 뒤다 [관]
그루 들이다 [관]
그루뜨기
그루바꿈
그루박다
그루밭   밀이나 보리를 베어 내고 다른 작물을
　　심은 밭.
그루벼

그루빈대
그루빼기
그루 앉히다 [관]
그루잠
그루조
그루차례(-次例)
그루 치다 [관]
그루콩
그루 타다 [관]
그루팥
그룹 과외(group課外)
그룹 총수(group總帥)
그르쳐 놓다
그르쳐 버리다
그르칠 뻔하다
그른 것 하나 없다
그릇그릇
그릇 깨겠다 [관]
그릇도 차면 넘친다 [격]
그릇되다
그릇 뚜껑
그릇 바닥
그릇박
그릇붙이
그릇 속
그릇장(-欌)
그릇 장사
그릇 조각
그릇테
그리 가다
그리고 말이야
그리 넉넉하지 않다
그리돼 버리다
그리되다
그리된 뒤
그리로 가다
그리 많지 않다
그리 멀지 않으니
그리 보내 드리죠
그리 생각해 주니 고맙다
그리 서 있지 말고
그리 쉬운 일이 아니다
그리스 신화=그리스신화(Greece神話)
그리 아십시오
그리 앉아라
그리 어렵지 않다

그리울 거야
그리워지다
그리워질 거야
그리워하다
그리워해 오다
그리 이끌다
그리저리
그리하지 못하다
그리해 오다
그린 듯이
그림 같은 집
그림같이
그림 공부(-工夫)
그림 그리다
그림 동화(-童話)
그림말
그림물감
그림 설명(-說明)
그림 속
그림 솜씨
그림엽서(-葉書)
그림의 떡 [관]
그림일기(-日記)
그림자놀이
그림자도 없다 [관]
그림자를 감추다 [관]
그림자밟기
그림자 인생(-人生)
그림자점(-占)
그림자조차 찾을 수 없다 [관]
그림자 지다
그림자 하나 얼씬하지 않다 [관]
그림쟁이
그림책(-冊)
그림첩(-牒)
그림칼
그림틀
그림판(-板)
그림풀이
그립고 그립다
그만 가 봐라
그만 갑시다
그만 것 가지고
그만그만하다
그만그만해 보이다
그만 끝내자

그만도 못하다
그만두게 하다
그만둔 뒤
그만둘 수밖에 없다
그만둬 버리다
그만들 하자
그만 먹다
그만 못지않다
그만 못하다
그만 일 가지고
그만저만 살 만하다
그만치 가 서라
그만큼 했으면 됐지
그만하길 다행이다(-多幸-)
그만하면 됐다
그만한 것 가지고
그만한 게 다행이다(-多幸-)
그만한 사람 없다
그만한 일로 뭘 그리 화를 내나
그만한 정도로 해 두다(-程度-)
그만 해 둬라
그만 해라
그 말 그대로
그 말밖에 안 하다
그맘때
그맘때쯤
그 못지않게
그무러지다
그 무렵
그물감
그물걷개
그물 걷다
그물계(-契)
그물그물하다
그물눈
그물떨기
그물뜨기
그물망(-網)
그물바늘
그물배
그물사냥
그물 속
그물에 걸린 고기 신세(-身世) [격]
그물에 든 고기요 쏘아 놓은 범이래[격]
그물을 던지다 [관]
그물을 따다 [관]

그물을 벗어난 새
그물이 삼천 코라도 벼리가 으뜸(-三千-) [격]
그물이 열 자라도 벼리가 으뜸 [격]
그물이 천 코면 걸릴 날이 있다(-千-) [격]
그물주머니
그물질
그물채
그물추(-錘)
그물추기
그물 치다
그물코
그물톱
그물틀
그믐께
그믐날
그믐달
그믐달 보자고 초저녁부터 나선다(-初-) [격]
그믐반달(-半-)
그믐밤
그믐밤에 달이 뜨는 것과 같다 [격]
그믐밤에 홍두깨 내민다 [격]
그믐사리
그믐장(-場)
그믐초승(-初-)
그믐치
그믐칠야(-漆夜)
그 바람에
그 밖에도 많다
그밖에 없다
그 반면에(-反面-)
그 밤 안으로
그 방법밖에 없다(-方法-)
그보다 더
그보다 먼저
그분 찾아뵙고
그빨로
그뿐만 아니라
그뿐 아니라
그뿐인 줄 알다
그 사람 말이야
그 사람이 그 사람이다
그사이를 못 참고
그새 많이 컸구나
그 생각 하면
그 속에
그 속옷이 그 속옷이다 [격]

그 손 안에
그 수밖에 없다
그 순간
그슬리는 냄새
그슬린 돼지가 달아맨 돼지 타령한다 [격]
그슬음 없이 굽다
그 시절(-時節)
그 식으로(-式-)
그 식이 장식이다 [관]
그 신사 분(-紳士-)
그 아니 좋은가
그 아버지에 그 아들 [격]
그 안에
그 앞에
그야 그렇지
그야말로
그 얘기 하면
그어 놓다
그 어느 것도 아니다
그 어느 날에
그 어느 때보다 더
그어 달라고 하다
그어 달라다
그어 버리다
그어 보다
그어주다 몫으로 떼어 주다.
그어지다
그에 따라
그에 못지않다
그에 비할 만큼(-比-)
그에 앞서
그 역시(-亦是)
그예 몸살이 났다
그 옛날
그와 같은
그와 같이
그와 달리
그와 더불어
그 외에(-外-)
그윽하다
그은총이(-驄-)
그을 거야
그을걸
그을 걸세
그을걸요
그을게요

그을리지 마라
그을음 나다
그을음 묻히다
그을음물
그이
그 이듬해
그이밖에 없다
그 이상(-以上)
그 이후(-以後)
그 일
그자(-者)
그 자식(-子息)
그 자신(-自身)
그 작자(-作者)
그 장단 맞추기 어렵다 [격]
그저 그런 정도(-程度)
그저 그렇다
그저 그만이다
그저 그 타령이다
그저께 밤
그저 비가 내린다
그저 잠만 잔다
그저 한번 해 본 소리다(-番-)
그적에 만났던 사람
그전(-前)
그전 같으면(-前-)
그전 같지 않다(-前-)
그 전날 밤(-前-)
그 전달(-前-)
그전대로(-前-)
그전번(-前番)
그전부터 내려오는 풍속(-前-風俗)
그 전해(-前-)
그 점 때문에(-點-)
그 정도 되면(-程度-)
그 정도밖에 안 된다(-程度-)
그제 밤
그제야 알겠다
그중 낫다(-中-)
그중에서(中-)
그즈음
그지없다
그 집 앞
그 집 주인(-主人)
그 짓 하면
그 짝 나다

그 짝 날 뻔하다
그 짝이다
그쪽 길
그쪽 생각은
그쪽 저쪽으로
그쪽 편(-便)
그쯤 되고 보니
그쯤 해 두다
그처럼
그쳐 버리다
그쳐서는 안 된다
그쳐지다
그치지 못하다
그치지 않고
그칠 것 같지 않다
그칠 새 없이
그칠 줄 모르고
그 타령이다
그 턱이다
그토록 말렸으나
그 틈에
그편(-便)
그 한 가지
그해 가을
그해 말(-末)
그해 초(-初)
그 후(-後)
극고생하다(極苦生-)
극구 말리다(極口-)
극구 사양하다(極口辭讓-)
극기주의(克己主義)
극기 훈련(克己訓鍊)
극단 상황(極端狀況)
극단주의(極端主義)
극단 투쟁(極端鬪爭))
극동 지역(極東地域)
극락 가다(極樂-)
극락길(極樂-)
극락길 버리고 지옥 길 간다(極樂-地獄-) [격]
극락세계(極樂世界)
극락왕생(極樂往生)
극락정토(極樂淨土)
극력 말리다(極力-)
극력 반대하다(極力反對-)
극렬분자(極烈分子)
극렬 시위(極烈示威)

극복해 나가다(克服-)
극복해 내다(克服-)
극복해 보다(克服-)
극복해 오다(克服-)
극비리에(極秘裡-)
극비밀리에(極秘密裡-)
극비 문서(極秘文書)
극빈 생활(極貧生活)
극빈자 대우(極貧者待遇)
극사실주의(極寫實主義)
극성떨다(極盛-)
극성뗑이(極盛-)
극성맞다(極盛-)
극성부리다(極盛-)
극성스러워 보이다(極盛-)
극성 엄마(極盛-)
극성쟁이(極盛-)
극성팬(極盛fan)
극심한 듯하다(極甚-)
극악무도(極惡無道)
극악 분자(極惡分子)
극약 처방(劇藥處方)
극언도 서슴지 않고(極言-)
극에 달하다(極-達-)
극우 단체(極右團體)
극우 인사(極右人士)
극장 가다(劇場-)
극장식당(劇場食堂)
극장 앞(劇場-)
극적 타결(劇的妥結)
극젱이질
극좌 성향(極左性向)
극 중에서(劇中-)
극 중 인물(劇中人物)
극지 식물=극지식물(極地植物)
극진해 보이다(極盡-)
극진히 보살피다(極盡-)
극찬해 오다(極讚-)
극터듬다
극피동물(棘皮動物)
극한 대립(極限對立)
극한 상황=극한상황(極限狀況)
극한투쟁(極限鬪爭)
극한 행동(極限行動)
극히 드물다(極-)
근거리(近距離)

근거 삼다(根據-)
근거 없이(根據-)
근거 자료(根據資料)
근검절약(勤儉節約)
근근이 살아가다(僅僅-)
근기 있는(根氣-)
근년 들어(近年-)
근대 국가=근대국가(近代國家)
근대나물
근대 문명(近代文明)
근대정신(近代精神)
근댓국
근덕근덕하다
근덩근덩하다
근 두 해 동안(近-)
근드렁근드렁하다
근드렁타령
근래 들어(近來-)
근래 보기 드문(近來-)
근량쭝(斤兩-)
근력 세다(筋力-)
근로 시간=근로시간(勤勞時間)
근로자 간에(勤勞者間-)
근로 장학생(勤勞獎學生)
근로정신(勤勞精神)
근로 조건=근로조건(勤勞條件)
근린공원(近隣公園)
근린소음(近隣騷音)
근무 교대(勤務交代)
근무 기간(勤務期間)
근무 도중에(勤務途中-)
근무 마치고(勤務-)
근무 서다(勤務-)
근무 수당(勤務手當)
근무 시간=근무시간(勤務時間)
근무 안 하다(勤務-)
근무 일지(勤務日誌)
근무 중(勤務中)
근무 태만(勤務怠慢)
근무해 가면서(勤務-)
근무해 오다(勤務-)
근무 환경(勤務環境)
근 백 년간(近百年間)
근본 대책(根本對策)
근본 원인(根本原因)
근본이념(根本理念)

137

근본 있는 집안(根本-)
근본 취지(根本趣旨)
근사하게 보이다(近似-)
근사해 보이다(近似-)
근 삼십 리 길(近三十里-)
근성 없이는(根性-)
근성 있는(根性-)
근세조선(近世朝鮮)
근속 기간(勤續期間)
근속 연한=근속연한(勤續年限)
근수 나가다(斤數-)
근수 달아 보다(斤數-)
근시안자(近視眼者)
근신 중에(謹愼中-)
근신 처분(謹愼處分)
근실근실하다
그심 가득하다
근심거리
근심 걱정 없다
근심덩어리
근심 많은
근심 속에
근심스러운 듯하다
근심스러워 보이다
근심스러워하다
근심 안 하다
근심 어린 얼굴
근심 없이
근심 있는
근심주머니
근 십 년간(近十年間)
근엄해 보이다(謹嚴-)
근엄해지다(謹嚴-)
근엄히 꾸짖다(謹嚴-)
근원둥이(根源-)
근원 벨 칼이 없고 근심 없앨 약이 없다(根源-
　　藥-) [격]
근육노동(筋肉勞動)
근육 운동=근육운동(筋肉運動)
근육 주사=근육주사(筋肉注射)
근육 통증(筋肉痛症)
근 일주일 동안(近一週日-)
근일 중에(近日中-)
근자 들어서(近者-)
근작 전시(近作展示)
근저당 설정(根抵當設定)

근절 대책(根絕對策)
근절 안 되다(根絕-)
근절해 버리다(根絕-)
근접 경호(近接警護)
근접 도시(近接都市)
근접 촬영(近接撮影)
근정훈장(勤政勳章)
근종 생기다(根腫-)
근지구력(筋持久力)
근지러운 데 긁어 주다
근지러워하다
근지 모를 떠돌이(根地-)
근질근질하다
근착 도서(近着圖書)
근천 떨다
근천맞다
근천스럽다
근친결혼(近親結婚)
근친상간(近親相姦)
근터리 없다
근풀이하다(斤-)
근하신년(謹賀新年)
근 한 달 동안(近-)
글감
글감 찾다
글거리
글겅글겅하다
글겅이질
글공부(-工夫)
글공부 게을리하다(-工夫-)
글공부 다니다(-工夫-)
글공부하다(-工夫-)
글구멍
글구멍 트이다
글귀
글귀 밝다 [관]
글귀 어둡다 [관]
글귀 트이다 [관]
글그렁글그렁하다
글깨나 배웠다고
글꼬리
글눈
글눈 뜨다
글다듬기
글 다듬다
글 동냥

글동무
글동접
글뛰다
글 뜻 모르다
글마루
글말체(-體)
글맛
글맵시
글머리
글 모르는 귀신 없다(-鬼神-) [격]
글 모르다
글 못 배우다
글 못한 놈 붓 고른다 [격]
글밑천
글발 고르다
글방(-房)
글방도련님(-房-)
글방물림(-房-)
글방사랑(-房舍廊)
글방서방님(-房書房-)
글방 선생님(-房先生-)
글방퇴물(-房退物)
글밭
글밭 매다
글벗
글벙어리
글 속
글 속에도 글 있고 말 속에도 말 있다 [격]
글속 학문을 이해하는 정도.
글속이 깊다
글속이 뒤지다
글 솜씨 좋다
글 써 주다
글썽글썽하다
글썽글썽해지다
글썽해지다
글쎄 말이다
글쎄올시다
글쓰기
글 쓰는 법(-法)
글 쓰다
글쓴이
글씨 공부(-工夫)
글씨 못 쓰다
글씨 쓰다
글씨체(-體)

글에 미친 송 생원(-宋生員) [격]
글월 올리다
글은 기성명이면 족하다(-記姓名-足-) [격]
글은 제 이름 석 자나 알면 족하다(-字-足-)
　　[격]
글 읽다
글자 공부(-字工夫)
글자 그대로(-字-)
글자꼴(-字-)
글자 모양(-字模樣)
글자 수(-字數)
글자 크기(-字-)
글자 획(-字劃)
글 잘못 쓰다
글 잘하는 자식 낳지 말고 말 잘하는 자식 낳으
　　랬다(-子息-子息-) [격]
글재간(-才幹)
글재주
글재주 있다
글재주 좋다
글쟁이
글줄 바꾸다
글줄이나 쓴다고
글짓기
글짓기 공부(-工夫)
글짓기 대회(-大會)
글짓기하다
글쪽지
글쪽지 건네다
글치레
글투(-套)
글품
글품쟁이
글품 팔다
글하는 선비
글하다
긁어내다
긁어내리다
긁어놓다
긁어당기다
긁어 드리다
긁어 들이다
긁어먹다
긁어모으다
긁어 버리다
긁어 보다

긁어 부스럼 [격]
긁어쟁이
긁어 주다
긁어쥐다
긁적긁적하다
긁혀지다
긁힌 자국
금 가다
금가락지(金-)
금가루(金-)
금 간 그릇
금값 되다(金-)
금강사숫돌(金剛砂-)
금강산 구경도 먹은 후에야 한다(金剛山-後-)
　　　[격]
금강산 구경도 식후경이라(金剛山-食後景-)
　　　[격]
금강산 그늘이 관동 팔십 리(金剛山-關東八十
　　里) [격]
금강산도 식후경(金剛山-食後景) [격]
금강산 상상봉에 물 밀어 배 띄워 평지 되거든
　　　(金剛山上上峰-平地-) [격]
금경로누룩(金莖露-)
금고 털이(金庫-)
금관자 서슬에 큰기침한다(金貫子-) [격]
금광쟁이(金鑛-)
금괴 밀수(金塊密輸)
금구덩이(金-)
금 구슬(金-)
금권만능(金權萬能)
금귀고리(金-)
금 긋듯 하다
금기 사항(禁忌事項)
금기시하다(禁忌視-)
금기시해 오다(禁忌視-)
금꼭지(金-)
금꼭지연(金-鳶)
금나다　=값나다.
금나비(金-)
금낮다　=값싸다.
금녀하다(禁女-)
금년 가을(今年-)
금년 내로(今年內-)
금년 들어(今年-)
금년 말(今年末)
금년뿐 아니라(今年-)

금년 상반기(今年上半期)
금년 새 다리가 명년 소 다리보다 낫다(今年-
　　明年-) [격]
금년 안에(今年-)
금년 예산(今年豫算)
금년 중(今年中)
금년 초(今年初)
금년 한 해(今年-)
금높다
금 놓다 [관]
금 맞추다 [관]
금니박이(金-)
금니 빠지다(金-)
금니 해 넣다(金-)
금단 현상=금단현상(禁斷現象)
금 닳다 [관]
금덩(金-)
금덩이(金-)
금도금(金鍍金)
금도끼(金-)
금도 모르면서 싸다 한다 [격]
금돈(金-)
금돈도 안팎이 있다(金-) [격]
금동부처(金銅-)
금동 칼(金銅-)
금 두꺼비(金-)
금딱지(金-)
금딱지 시계(金-時計)
금띠쇠(金-)
금란을 잡다(禁亂-) [관]
금란을 치다(禁亂-) [관]
금란이 잡히다(禁亂-) [관]
금리 인상(金利引上)
금리 인하(金利引下)
금말(金-)
금 맞추다
금 매기다
금메달(金medal)
금명간(今明間)
금명년(今明年)
금명일(今明日)
금명일간(今明日間)
금모래 빛(金-)
금 모으기 운동(金-運動)
금 목걸이(金-)
금물결(金-)

금바늘(金-)
금박댕기(金箔-)
금박 입히다(金箔-)
금 밖으로
금반지(金斑指)
금발 머리(金髮-)
금발 미인(金髮美人)
금방금방(今方今方)
금방망이 우려먹듯(金-) [격]
금방 먹을 떡에도 소를 박는다(今方-) [격]
금방아(金-)
금방앗간(金-間)
금방울(金-)
금배지(金badge)
금병풍(金屛風)
금 보다 [관]
금부채(金-)
금부처(金-)
금붙이(金-)
금비녀(金)
금 빛깔(金-)
금빛 나다(金-)
금빛 모래(金-)
금사망을 썼다(金絲網-)
금살(金-) 금빛으로 반짝이는 빛살.
금상황제(今上皇帝)
금새 치다 [관]
금색 단추(金色-)
금 서 돈(金-)
금선남오리(金線藍-)
금성철벽(金城鐵壁)
금세 알다
금속 공예=금속공예(金屬工藝)
금속 테(金屬-)
금송아지(金-)
금수강산(錦繡江山)
금술(金-)
금승말 그해에 태어난 말.
금승말 갈기 외로 질지 바로 질지 모른다 [격]
금시계(金時計)
금시발복(今時發福)
금시초문(今時初聞)
금식 기도(禁食祈禱)
금실금실하다
금실 좋은(琴瑟-)
금싸라기(金-)

금싸라기 땅(金-)
금싸라기 줍듯 하다(金-)
금 안으로
금액 내에서(金額內-)
금연 구역(禁煙區域)
금연 운동(禁煙運動)
금옥군자(金玉君子)
금요일 날(金曜日-)
금요일 밤(金曜日-)
금욕 생활(禁慾生活)
금욕주의(禁慾主義)
금융 거래=금융거래(金融去來)
금융 기관=금융기관(金融機關)
금융 사고(金融事故)
금융 실명제=금융실명제(金融實名制)
금융 회사=금융회사(金融會社)
금은단청(金銀丹靑)
금은방(金銀房)
금은보석(金銀寶石)
금은붙이(金銀-)
금은붙이 팔아 끼니 때운다(金銀-)
금은 세공=금은세공(金銀細工)
금을 긋다 [관]
금을 보다 [관]
금을 치다 [관]
금의환향(錦衣還鄕)
금이 가다 [관]
금이빨(金-)
금이삭(金-)
금이야 옥이야(金-玉-) [격]
금일 내로(今日內-)
금일 중(今日中)
금일 충청도 명일 경상도(今日忠淸道明日慶尙
　　道) [격]
금잉어(金-)
금자둥이(金子-)
금자탑 세우다(金字塔-)
금자탑 쌓다(金字塔-)
금잔디(金-)
금잔옥대(金盞玉臺)
금 잘 치는 서순동이라(-徐順同-) [격]
금잡인하다(禁雜人-)
금장식(金粧飾)
금장이(金-)
금장이 금 불리듯(金-金-) [격]
금전 거래(金錢去來)

금전만능(金錢萬能)
금전 신탁＝금전신탁(金錢信託)
금전 출납부＝금전출납부(金錢出納簿)
금정 놓다(金井-)
금정 놓아 두니 여우가 지나간다(金井-) [격]
금정틀 박다(金井-)
금제품(金製品)
금조개(金-)
금족령 내리다(禁足令-)
금족령 풀다(禁足令-)
금종이(金-)
금주 내(今週內)
금주 들어(今週-)
금주 안으로(今週-)
금주에 누룩 흥정(禁酒-) [격]
금주 운동＝금주운동(禁酒運動)
금주일(今週日)
금주 중에(今週中-)
금줄(金-)
금줄(禁-)
금줄 달다(金-)
금줄을 쥐다(禁-) [관]
금줄 치다(禁-)
금지 구역(禁止區域)
금지 기간(禁止期間)
금지당하다(禁止當-)
금지령 내리다(禁止令-)
금지령 풀리다(禁止令-)
금지 명령＝금지명령(禁止命令)
금지 사항(禁止事項)
금지 안 하다(禁止-)
금지옥엽(金枝玉葉)
금지 운동(禁止運動)
금지 처분(禁止處分)
금지 표지＝금지표지(禁止標識)
금지해 오다(禁止-)
금지 행위(禁止行爲)
금쪽같다(金-)
금쪽같은 시간(金-時間)
금천 원이 서울 올라 다니듯(金川員-) [격]
금치기 물건의 시세를 따져서 값을 매기는 일.
금 치다 [관]
금치 못하다(禁-)
금치산 선고(禁治産宣告)
금 캐다(金-)
금털(金-) 금빛이 나는 털.

금테 두르다(金-)
금테 안경(金-眼鏡)
금판때기(金板-)
금팔찌(金-)
금품 거래(金品去來)
금품 수수(金品收受)
금품 제공(金品提供)
금하다 흥정하여 값을 정하다.
금하다(禁-)
금할 수 없다(禁-)
금해 오다(禁-)
금화벌초(禁火伐草)
금환 일식＝금환일식(金環日蝕)
금후에(今後-)
금흙(金-)
급가속(急加速)
급감 추세(急減趨勢)
급거 귀국(急遽歸國)
급거 상경(急遽上京)
급경사면(急傾斜面)
급경사지(急傾斜地)
급경사 지다(急傾斜-)
급급해 오다(汲汲-)
급기야(及其也)
급등세 보이다(急騰勢-)
급락세 보이다(急落勢-)
급료 받는 날(給料-)
급료 인상(給料引上)
급료 지급(給料支給)
급류 타다(急流-)
급매 공고(急賣公告)
급매물 쏟아지다(急賣物-)
급배수 시설(給排水施設)
급보 전하다(急報傳-)
급브레이크(急brake)
급사 노릇(給仕-)
급사 생활(給仕生活)
급살 나다(急煞-)
급살 맞다(急煞-)
급살김치(急煞-) ＝벼락김치.
급살장아찌(急煞-)
급성 간염＝급성간염(急性肝炎)
급성장 보이다(急成長-)
급성 질환＝급성질환(急性疾患)
급소 가격(急所加擊)
급소 맞고 쓰러지다(急所-)

급스레 떠나다(急-)
급습 작전(急襲作戰)
급식 시간(給食時間)
급식 인원(給食人員)
급신장세(急伸張勢)
급여 명세서(給與明細書)
급여 지급(給與支給)
급유 시설(給油施設)
급작스레 개다
급장 선거(級長選擧)
급장 선출(級長選出)
급장 시키다(級長-)
급전 돌리다(急錢-)
급전직하(急轉直下)
급전환(急轉換)
급제동 걸다(急制動-)
급제점 받다(及第點-)
급증 현상(急增現象)
급진 노선(急進路線)
급진 사상(急進思想)
급진 세력(急進勢力)
급진전 보이다(急進展-)
급진 좌파(急進左派)
급진주의(急進主義)
급체 내리다(急滯-)
급탕 시설(給湯施設)
급템포(急tempo)
급팽창(急膨脹)
급피치 올리다(急pitch)
급하기는 우물에 가서 숭늉 달라겠다(急-) [격]
급하다고 갓 쓰고 똥 싸랴(急-) [격]
급하다 보니(急-)
급하면 관세음보살을 왼다(急-觀世音菩薩-)
　　[격]
급하면 바늘허리에 실 매어 쓸까(急-) [격]
급하면 부처 다리를 안는다(急-) [격]
급하면 임금 망건 사러 가는 돈이라도 쓴다
　　(急-網巾-) [격]
급하면 콩마당에서 간수 치랴(急-水-) [격]
급한 거로구나(急-)
급한 김에(急-)
급한 대로(急-)
급한 볼일(急-)
급한 불을 끄다(急-) [관]
급할 것 없다(急-)
급해 보이다(急-)

급행료 내다(急行料-)
급행 버스(急行bus)
급행열차(急行列車)
급행요금(急行料金)
급행 타고 가다(急行-)
급히 더운 방이 쉬 식는다(急-房-) [격]
급히 먹는 밥이 목이 멘다(急-) [격]
긍지 삼다(矜持-)
기가 꺾이다(氣-)
기가 눌리다(氣-)
기가 막히다(氣-)
기가 막힐 일(氣-)
기가 살다(氣-) [관]
기가 세다(氣-)
기가 죽다(氣-)
기가 질리다(氣-)
기가 차다(氣-) [관]
기가 찰 노릇(氣-)
기가 통하다(氣-通-)
기가 하도 막혀서 막힌 둥 만 둥(氣-) [격]
기가 허하다(氣-虛-)
기각 결정(棄却決定)
기간 내(期間內)
기간 동안(期間-)
기간산업(基幹産業)
기간 시설(基幹施設)
기간요원(基幹要員)
기간 중(期間中)
기갈나다(飢渴-)
기갈 든 놈은 돌담조차도 부순다(飢渴-) [격]
기갈 들다(飢渴-) [관]
기갈삵(飢渴-)
기갈이 감식(飢渴-甘食) [격]
기갈임금(飢渴賃金)
기갑 부대=기갑부대(機甲部隊)
기강 잡다(紀綱-)
기강 해이(紀綱解弛)
기강 확립(紀綱確立)
기개 높다(氣槪-)
기개 떨치다(氣槪-)
기거동작(起居動作)
기거 못하다(起居-)
기겁 먹다(氣怯-)
기결 서류(旣決書類)
기결 안건(旣決案件)
기계 고장(機械故障)

기계국수(機械-)
기계기름(機械-)
기계끌(機械-)
기계떡(機械-)
기계 문명＝기계문명(機械文明)
기계 부품(機械部品)
기계 소리(機械-)
기계손(機械-)
기계 정비(機械整備)
기계제품(機械製品)
기계 체조＝기계체조(機械體操)
기계톱(機械-)
기계틀(機械-)
기고 들다(忌故-)
기고만장(氣高萬丈)
기골장대(氣骨壯大)
기곳날(忌故-)
기공 수련(氣功修鍊)
기관 단총＝기관단총(機關短銃)
기관지염(氣管支炎)
기관총 소리(機關銃-)
기관 투자＝기관투자(機關投資)
기광 나다(氣狂-)
기광 떨다(氣狂-)
기광 부리다(氣狂-)
기교 부리다(技巧-)
기교 없이(技巧-)
기교주의(技巧主義)
기구 개편(機構改編)
기구 드리다(祈求-)
기구 띄우다(氣球-)
기권 안 하다(棄權-)
기궐씨(氣厥氏) 인쇄할 목적으로 나무 판에 글
　　자를 전문으로 새기는 사람.
기금 마련(基金-)
기금 조성(基金造成)
기기도 전에 날기부터 하려 한다(-前-) [격]
기꺼워하다
기꺼이 해 주다
기 꺾다(氣-)
기 꺾이다(氣-)
기껏 한다는 짓이
기껏 해 봐야
기껏해야
기꼭지(旗-)
기나긴 겨울

기나길다
기내 방송(機內放送)
기내 식사(機內食事)
기네스북(Guinness Book)
기념 강연(記念講演)
기념 공연(記念公演)
기념 논문(記念論文)
기념 대회(記念大會)
기념될 만하다(記念-)
기념 무대(記念舞臺)
기념 문집(記念文集)
기념박물관(記念博物館)
기념벽화(記念壁畵)
기념사업(記念事業)
기념사진(紀念寫眞)
기념상품(記念商品)
기념식수(紀念植樹)
기념식전(紀念式典)
기념 연주회(記念演奏會)
기념엽서(記念葉書)
기념우표(記念郵票)
기념인장(記念印章)
기념주화(記念鑄貨)
기념집회(記念集會)
기념 촬영(記念撮影)
기념행사(記念行事)
기는가지
기는 놈 위에 나는 놈이 있다 [격]
기는줄기
기능 강화(機能强化)
기능 대학＝기능대학(技能大學)
기능 마비(機能痲痺)
기능 보유자(技能保有者)
기능사보(技能士補)
기능 상실(機能喪失)
기능 인력(技能人力)
기능 장애＝기능장애(機能障礙)
기능주의(機能主義)
기능 회복(機能回復)
기다라니 늘어서다
기다래 보이다
기다래지다
기다려 달라고 하다
기다려 달라다
기다려 보다
기다려 오다

기다려 주다
기다려지다
기다렸다는 듯이
기다리기라도 한 듯이
기다리나 마나 하다
기다리는 수밖에
기다리는 중에(-中-)
기다리다 못해
기다리다 지치다
기다릴 거야
기다릴걸
기다릴 걸세
기다릴걸요
기다릴 것 같지 않다
기다릴게
기다릴게요
기다릴 듯하다
기다릴 테야
기다림 끝에
기다마하다
기다시피 하다
기담괴설(奇談怪說)
기대 갖다(期待-)
기대 갖지 마라(期待-)
기대 걸다(期待-)
기대게 되다
기대되다(期待-)
기대만큼 안 되다(期待-)
기대 못 미치다(期待-)
기대 밖의 일(期待-)
기대 반 걱정 반(期待半-半)
기대서다
기대 섞인(期待-)
기대 속에(期待-)
기대 심리(期待心理)
기대 안 하다(期待-)
기대앉다
기대어 살다
기대어 서다
기대어 오다
기대 이상으로(期待以上-)
기대지 마라
기대하고 있었다는 듯이(期待-)
기대하는 만큼(期待-)
기대한 대로(期待-)
기대해 볼 만하다(期待-)

기대해 오다(期待-)
기대했다는 듯이(期待-)
기댄 채
기댈 데 없다
기댓값(期待-)
기도 덕분(祈禱德分)
기도 드리다(祈禱-)
기도 못하는 게 날려 한다 [격]
기도 못하면서 뛰려 한다 [격]
기도 바치다(祈禱-)
기도 속에(祈禱-)
기도 안 하다(祈禱-)
기도 올리다(祈禱-)
기도 중에(祈禱中-)
기독교 문화(基督敎文化)
기독교 신자(基督敎信者)
기독교인(基督敎人)
기동력 강하다(機動力强-)
기동력 발휘하다(機動力發揮-)
기동 못하다(起動-)
기동 수사대=기동수사대(機動搜査隊)
기동 취재(機動取材)
기동 훈련=기동훈련(機動訓鍊)
기둥감
기둥머리
기둥목(-木)
기둥 밑
기둥밑동
기둥보다 서까래가 더 굵다 [격]
기둥뿌리
기둥뿌리 뽑히다
기둥뿌리 흔들리다
기둥 사이
기둥서방(-書房)
기둥서방 노릇 하다(-書房-)
기둥서방 삼다(-書房-)
기둥 세우다
기둥을 치면 대들보가 운다(-大-) [격]
기득권 세력(旣得權勢力)
기득권 지키다(旣得權-)
기득권층(旣得權層)
기 들고 북 치기(旗-) [격]
기똥차다
기량 향상(技倆向上)
기러기는 백 년의 수를 갖는다(-百年-壽-) [격]
기러기떡

기러기 떼
기러기발
기러기 불렀다 [관]
기러기 소리
기러기 아빠
기러기포(-脯)
기러기 한평생(-平生) [관]
기럭기럭 운다
기려 오다
기력 강화(氣力强化)
기력 넘치다(氣力-)
기력 다하다(氣力-)
기력 회복(氣力回復)
기록경기(記錄競技)
기록 경신(記錄更新)
기록 깨다(記錄-)
기록 내다(記錄-)
기록 단축(記錄短縮)
기록되다(記錄-)
기록 사진=기록사진(記錄寫眞)
기록 세우다(記錄-)
기록 영화=기록영화(記錄映畫)
기록 카드(記錄card)
기록해 놓다(記錄-)
기록해 두다(記錄-)
기록해 오다(記錄-)
기롱지거리(欺弄-)
기르던 개에게 다리를 물렸다 [격]
기르도록 해 주다
기른 개가 아들 불알 잘라 먹는다 [격]
기를 거야
기를걸
기를 걸세
기를걸요
기를게
기를게요
기를 못 펴다(氣-)
기를 쓰다(氣-) [관]
기를 펴다(氣-) [관]
기름간장(-醬)
기름감
기름 값
기름거르개
기름걸레
기름걸레질
기름과자(-菓子)

기름구멍
기름구이
기름기 많다(-氣-)
기름기 없다(-氣-)
기름내
기름 냄새
기름 넣다
기름 덩어리
기름 덩이
기름독
기름독에 빠졌다 나오다 [격]
기름등(-燈)
기름등잔(-燈盞)
기름땀
기름땀을 흘리다 [관]
기름땀 짜다 [관]
기름때
기름때 묻다
기름때 앉다
기름떡
기름떡 먹기 [격]
기름띠
기름막이
기름 맛을 본 개 [격]
기름매미
기름 먹어 본 개 [격]
기름 먹인 가죽이 부드럽다 [격]
기름방울
기름밭
기름배
기름 배급(-配給)
기름병(-瓶)
기름보(-褓)
기름보일러(-boiler)
기름복자 기름을 되는 데에 쓰는 그릇.
기름불
기름 붓다
기름소금
기름소금장(-醬)
기름숫돌
기름얼룩
기름 엎지르고 깨 줍기 [격]
기름옷
기름을 버리고 깨를 줍는다 [격]
기름을 짜다 [관]
기름을 치다 [관]

기름이 흐르다 [관]
기름 장사 하다
기름 장수
기름접시
기름져 보이다
기름종이
기름줄
기름지다
기름진 음식(-飮食)
기름집
기름 짜다 [관]
기름찌꺼기
기름차(-車)
기름채
기름챗날
기름천
기름체
기름 치다 [관]
기름칠(-漆)
기름칠해 놓다
기름콩
기름통(-桶)
기름투성이
기름튀기
기름틀
기름 흐르다
기름흙
기리나 보다
기린아(麒麟兒)
기린은 잠자고 스라소니가 춤춘다(麒麟-) [격]
기린이 늙으면 노마만 못하다(麒麟-) [격]
기립 박수(起立拍手)
기립 반대(起立反對)
기립 표결(起立表決)
기마경찰(騎馬警察)
기마 민족=기마민족(騎馬民族)
기마바지(騎馬-)
기마순경(騎馬巡警)
기마행렬(騎馬行列)
기막혀 말이 안 나오다(氣-)
기막히게 좋다(氣-)
기막히다는 듯이(氣-)
기막힌 사연(氣-事緣)
기만당하다(欺瞞當-)
기만 술책(欺瞞術策)
기만전술(欺瞞戰術)

기만하려 하다(欺瞞-)
기만해 오다(欺瞞-)
기만행위(欺瞞行爲)
기말 결산(期末決算)
기말 고사(期末考査)
기말 시험=기말시험(期末試驗)
기맥상통(氣脈相通)
기맥을 차리다(奇脈-)
기명날인(記名捺印)
기명 투표=기명투표(記名投票)
기 못 펴다(氣-)
기묘사화(己卯士禍)
기물답다(器物-)
기물 파손(器物破損)
기미가 통하다(氣味-通) [관]
기미 끼다
기미독립운동(己未獨立運動)
기미를 보다(氣味-) [관]
기미 앉다
기미운동(己未運動)
기미채다
기민을 먹이다(饑民-) [관]
기밀 누설(機密漏泄)
기밀문서(機密文書)
기밀 유출(機密流出)
기밀장치(氣密裝置)
기반 다지다(基盤-)
기반 닦다(基盤-)
기반 두다(基盤-)
기반 못 잡다(基盤-)
기반 시설(基盤施設)
기반 위에(基盤-)
기반 잡다(基盤-)
기반 잡혀 가다(基盤-)
기반 잡히다(基盤-)
기반 조성(基盤造成)
기받이(旗-)
기방 출입(妓房出入)
기백 넘다(幾百-)
기백 넘어 보이다(幾百-)
기백 넘치다(氣魄-)
기백 년(幾百年)
기백만 원(幾百萬-)
기백 매(幾百枚)
기백 명(幾百名)
기백 있다(氣魄-)

기별꾼(奇別-)
기별꾼 보내다(奇別-)
기별 받고 오다(奇別-)
기별 오다(奇別-)
기병전 벌이다(騎兵戰-)
기복 많은 시기(起伏-時期)
기복 심하다(起伏甚-)
기복 없이(起伏-)
기본 계획(基本計劃)
기본 골격(基本骨格)
기본권 보장(基本權保障)
기본급 인상(基本給引上)
기본기 닦다(基本技-)
기본기 익히다(基本技-)
기본 단위=기본단위(基本單位)
기본 동작=기본동작(基本動作)
기본 뜻=기본뜻(基本-)
기본 바탕(基本-)
기본 설계=기본설계(基本設計)
기본양념(基本-)
기본 요건(基本要件)
기본예절(基本禮節)
기본요금(基本料金)
기본 원리(基本原理)
기본 원칙(基本原則)
기본 의무(基本義務)
기본임금(基本賃金)
기본자세(基本姿勢)
기본 자질(基本資質)
기본 조직=기본조직(基本組織)
기본 취지(基本趣旨)
기본 틀(基本-)
기부금 내다(寄附金-)
기부예약(寄附豫約)
기부족(氣不足)
기부해 주다(寄附-)
기부 행위=기부행위(寄附行爲)
기분 나는 대로(氣分-)
기분 나빠 보이다(氣分-)
기분 나빠져 가다(氣分-)
기분 나빠지다(氣分-)
기분 나쁜 체하다(氣分-)
기분 나쁠 만하다(氣分-)
기분 내다(氣分-)
기분 내키는 대로(氣分-)
기분대로 하다(氣分-)

기분 맞추다(氣分-)
기분 맞춰 주다(氣分-)
기분 상하다(氣分傷-)
기분 안 나다(氣分-)
기분 안 내키다(氣分-)
기분 안 상하게 하다(氣分-傷-)
기분 잡치다(氣分-)
기분 전환(氣分轉換)
기분 좋다(氣分-)
기분 좋아 보이다(氣分-)
기분 좋아져 가다(氣分-)
기분 좋아 하다(氣分-)
기분 좋은 날(氣分-)
기분 풀다(氣分-)
기뻐 날뛰다
기뻐 안 하다
기뻐 어쩔 줄 모르다
기뻐하기는커녕
기뻐할 거야
기뻐할걸
기뻐할 걸세
기뻐할걸요
기뻐할 만하다
기뻐할뿐더러
기뻐할 뿐만 아니라
기뻐할 뿐 아니라
기뻐할 텐데
기뻐해 주다
기쁘게 맞아 주다
기쁘게 해 주다
기쁘고 기쁜 날
기쁘기도 하다
기쁘기 짝이 없다
기쁘기 한이 없다(-限-)
기쁜 나머지
기쁠 거야
기쁠걸
기쁠 걸세
기쁠걸요
기쁨 속에
기사광고(記事廣告)
기사 나다(記事-)
기사 내용(記事內容)
기사 대기실(技士待機室)
기사도 정신(騎士道精神)
기사 실리다(記事-)

기사 쓰다(記事-)
기사 전송(記事電送)
기사환국(己巳換局)
기사회생(起死回生)
기사회생반(起死回生飯)
기 살려 주다(氣-)
기삿거리(記事-)
기상 경보=기상경보(氣象警報)
기상 관측=기상관측(氣象觀測)
기상나팔(起床喇叭)
기상 상태(氣象狀態)
기상 시간(起床時間)
기상 악화(氣象惡化)
기상 예보=기상예보(氣象豫報)
기상 이변=기상이변(氣象異變)
기상재해(氣象災害)
기상 정보=기상정보(氣象情報)
기상천외(奇想天外)
기상 통보=기상통보(氣象通報)
기상 특보=기상특보(氣象特報)
기색 없이(氣色-)
기색이 죽다(氣色-)
기색혼절(氣塞昏絕)
기생 년(妓生-)
기생도가(妓生都家)
기생 동물=기생동물(寄生動物)
기생 식물=기생식물(寄生植物)
기생오라비(妓生-)
기생의 자릿저고리(妓生-) [격]
기생 죽은 넋(妓生-) [격]
기생집(妓生-)
기생집 드나들다(妓生-)
기생집 출입(妓生-出入)
기생첩(妓生妾)
기생첩 데리고 살다(妓生妾-)
기생첩 두다(妓生妾-)
기생충 박멸(寄生蟲撲滅)
기생충병(寄生蟲病)
기생충 생활(寄生蟲生活)
기생퇴물(妓生退物)
기생 환갑은 서른(妓生還甲-) [격]
기선 꺾다(機先-)
기선 꺾이다(機先-)
기선 빼앗기다(機先-)
기선 여행(汽船旅行)
기선은 부지(其先-不知) [격]

기선 잡다(機先-)
기선 제압(機先制壓)
기선 회사=기선회사(汽船會社)
기성관념(旣成觀念)
기성도덕(旣成道德)
기성 문단=기성문단(旣成文壇)
기성복 차림(旣成服-)
기성세대(旣成世代)
기성 연발(奇聲連發)
기성 제품(旣成製品)
기성차다(氣盛-)
기성회비(期成會費)
기세당당(氣勢堂堂)
기세등등(氣勢騰騰)
기세 떨치다(氣勢-)
기세 보이다(氣勢-)
기세부리다(氣勢-)
기세 싸움(氣勢-)
기세 좋다(氣勢-)
기세충천하다(氣勢衝天-)
기세피우다(氣勢-)
기소당하다(起訴當-)
기소 유예=기소유예(起訴猶豫)
기수를 남으로 향하다(機首-南-向-)
기수 앞세우다(旗手-)
기수채다(幾數-)
기숙사 생활(寄宿舍生活)
기숙생 받다(寄宿生-)
기술 가르치다(技術-)
기술 개발(技術開發)
기술 경쟁(技術競爭)
기술 고문(技術顧問)
기술 교육(技術敎育)
기술 내용(記述內容)
기술되다(記述-)
기술 문명(技術文明)
기술밖에 없다(技術-)
기술 방법(記述方法)
기술 배우다(技術-)
기술 부리다(技術-)
기술 분야(技術分野)
기술 수준(技術水準)
기술 연수(技術硏修)
기술 용역=기술용역(技術用役)
기술 이전=기술이전(技術移轉)
기술 인력(技術人力)

기술자 못지않다(技術者-)
기술자 양성(技術者養成)
기술 자문(技術諮問)
기술 전수(技術傳受)
기술 제휴=기술제휴(技術提携)
기술 좋다(技術-)
기술 지원(技術支援)
기술학교(技術學校)
기술 학원(技術學院)
기술해 놓다(記述-)
기술 혁신=기술혁신(技術革新)
기슭동네 산기슭에 자리 잡은 동네.
기습 공격(奇襲攻擊)
기습당하다(奇襲當-)
기습 시위(奇襲示威)
기습 작전(奇襲作戰)
기습 한파(奇襲寒波)
기습해 오다(奇襲-)
기습 호우(奇襲豪雨)
기승떨다(氣勝-)
기승부리다(氣勝-)
기승스레 굴다(氣勝-)
기승스레 보채다(氣勝-)
기승전결(起承轉結)
기시체험(旣視體驗)
기식 생활(寄食生活)
기신기신하다
기신없다(氣神-)
기신 차리다(氣神-)
기실 알고 보면(其實-)
기십만 원(幾十萬-)
기십 명(幾十名)
기 싸움 하다(氣-)
기 쓰고 덤비다(氣-)
기아 상태(飢餓狀態)
기아선상에 놓이다(飢餓線上-)
기아 임금=기아임금(飢餓賃金)
기안 용지(起案用紙)
기 안 죽다(氣-)
기암괴석(奇巖怪石)
기암절벽 천층석이 눈비 맞아 썩어지거든(奇巖
　　絕壁千層石-) [격]
기약 못 하다(期約-)
기약 없이(期約-)
기어가다
기어 나가다

기어 나오다
기어 내려오다
기어 다니다
기어들다
기어 들어가다
기어 들어오다
기어 오다
기어오르다
기어 올라가다
기어 올라오다
기어이 밝혀내겠다(期於-)
기억 못 하다(記憶-)
기억 상실=기억상실(記憶喪失)
기억 속(記憶-)
기억시켜 주다(記憶-)
기억 안 나다(記憶-)
기억 없다(記憶-)
기억에서 사라지다(記憶-) [관]
기억 용량=기억용량(記憶容量)
기억 장애=기억장애(記憶障礙)
기억조차 안 나다(記憶-)
기억해 내다(記憶-)
기억해 두다(記憶-)
기억해 오다(記憶-)
기엄기엄 기어 나오다
기엄둥실 헤엄치다
기업 간의(企業間-)
기업 경영(企業經營)
기업 내에(企業內-)
기업 설명회(企業說明會)
기업 윤리(企業倫理)
기업의식(企業意識)
기업 이익(企業利益)
기업체 간에(企業體間-)
기업체 내에(企業體內-)
기업체 중에(企業體中-)
기업 총수(企業總帥)
기업 현장(企業現場)
기업 활동(企業活動)
기여 못 하다(寄與-)
기여 입학제(寄與入學制)
기여해 오다(寄與-)
기역니은
기역니은디귿순(-順)
기역니은디귿차례(-次例)
기역니은순(-順)

기역 자 왼 다리도 못 그린다 [격]

기역자자(-字-)

기역자집(-字-)

기연가미연가하다(其然-未然-)

기연미연하다(其然未然-)

기염만장(氣焰萬丈)

기염 토하다(氣焰吐-)

기온 차(氣溫差)

기온 차이(氣溫差異)

기와공(-工)

기와 공장(-工場)

기와 굽다

기와꼴

기와막(-幕)

기와못

기와버섯

기와 벗기다

기와이끼

기와 이다

기와장이

기와 조각

기와지붕

기와집

기와집 물려 준 자손은 제사를 두 번 지내야 한
　　다(-子孫-祭祀-) [격]

기와집에 옷칠하고 사나(-漆-) [격]

기와집이면 다 사창인가(-社倉-) [격]

기와 한 장 아끼다가 대들보 썩힌다(-張-大-)
　　[격]

기왓가마

기왓개미

기왓고랑

기왓골

기왓등

기왓장(-張)

기왓장꿇림(-張-)

기왕 말이 나왔으니(旣往-)

기왕에 그리된 일인데(旣往-)

기왕 온 김에(旣往-)

기왕이면 과붓집 머슴살이를 한다고(旣往-寡
　　婦-)

기왕지사(旣往之事)

기왕지사는 기왕지사고(旣往之事-旣往之事-)

기우뚱기우뚱하다

기우뚱해지다

기우에 그치다(杞憂-)

기우에 불과하다(杞憂-不過-)

기우제 올리다(祈雨祭-)

기우제 지내다(祈雨祭-)

기운깨나 쓰다

기운꼴

기운 나다

기운 내다

기운 못 쓰다

기운 못 차리다

기운 빠지다

기운 세다

기운 쓰다

기운 안 나다

기운 없어 보이다

기운 없이

기운차다

기운 차리다

기울 거야

기울 걸세

기울걸요

기울 대로 기울다

기울어 가다

기울어뜨리다

기울어 버리다

기울어 보이다

기울어지다

기울어트리다

기울여 가다

기울여 나가다

기울여 놓다

기울여 두다

기울여 보다

기울여 오다

기울여 주다

기움말

기움질

기웃거려 보다

기웃기웃하다

기웃대지 마라

기웃이 기울이다

기웃이 넘겨다보다

기워 달라고 하다

기워 달라다

기워 입다

기워 주다

기원 드리다(祈願-)

기원전(紀元前)
기원후(紀元後)
기이는 것만 같다
기이는 일 없이
기이해 보이다(奇異-)
기일 내에(期日內-)
기일 안에(期日-)
기일 엄수(期日嚴守)
기입 안 하다(記入-)
기입해 놓다(記入-)
기입해 두다(記入-)
기자 간담회(記者懇談會)
기자 생활(記者生活)
기자재 공급(機資材供給)
기자 출신(記者出身)
기자 회견=기자회견(記者會見)
기잡이(旗-)
기장국수
기장떡
기장밥
기장쌀
기장인절미
기장전병(-煎餠)
기장차다
기재 내용(記載內容)
기재 안 하다(記載-)
기재해 놓다(記載-)
기재해 두다(記載-)
기재해 오다(記載-)
기저귀 갈다
기저귀 채우다
기적 같은(奇蹟-)
기적같이(奇蹟-)
기적과 같은(奇蹟-)
기적과 같이(奇蹟-)
기적 소리(汽笛-)
기적 울리다(汽笛-)
기적표 선 자리(汽笛標-)
기절낙담(氣絶落膽)
기절 상태(氣絶狀態)
기절이나 한 사람 모양으로(氣絶-模樣-)
기절초풍(氣絶-風)
기절하다시피 하다(氣絶-)
기절한 체하다(氣絶-)
기절할 듯이(氣絶-)
기절할 뻔하다(氣絶-)

기절해 버리다(氣絶-)
기점으로 하다(起點-)
기정방침(旣定方針)
기정사실(旣定事實)
기정사실화되다(旣定事實化-)
기정사실화하다(旣定事實化-)
기제 지내다(忌祭-)
기제사 드리다(基劑祀-)
기제사 지내다(忌祭祀-)
기조 강연(基調講演)
기조 삼다(基調-)
기조연설(基調演說)
기존 방식(旣存方式)
기존 방침(旣存方針)
기존 세력(旣存勢力)
기존 시설(旣存施設)
기존 제품(旣存製品)
기존 질서(旣存秩序)
기존 체제(旣存體制)
기죽다(氣-)
기죽어 살다(氣-)
기죽어 지내다(氣-)
기죽여 놓다(氣-)
기죽여 버리다(氣-)
기죽을 것 없다(氣-)
기죽이다(氣-)
기죽이지 마라(氣-)
기죽지 말고(氣-)
기준 가격=기준가격(基準價格)
기준 강화(基準强化)
기준골(基準-)
기준대로(基準-)
기준 미달(基準未達)
기준 밖(基準-)
기준 삼다(基準-)
기준 시가(基準市價)
기준 시점(基準時點)
기준 없이(基準-)
기준 완화(基準緩和)
기준 외의(基準外-)
기준 잡다(基準-)
기준 초과(基準超過)
기준치 초과(基準値超過)
기준틀(基準-)
기준틀말뚝(基準-)
기준화되다(基準化-)

기준화하다(基準化-)
기중 낫다(其中-)
기중기차(起重機車)
기중미생물(氣中微生物)
기중식물(氣中植物)
기증해 버리다(寄贈-)
기증해 주다(寄贈-)
기지개 켜다
기지개 펴다
기지개하다
기지 내에(基地內-)
기지 마련하다(基地-)
기지 삼다(基地-)
기지 세우다(基地-)
기지 있는(機智-)
기지촌 생활(基地村生活)
기직가시
기직자리
기진맥진(氣盡脈盡)
기진맥진한 듯하다(氣盡脈盡-)
기진맥진해 보이다(氣盡脈盡-)
기진한 듯하다(氣盡-)
기차게 잘하다(氣-)
기차 꽁무니 따라가다(汽車-)
기차놀이(汽車-)
기차다(氣-)
기차 밖(汽車-)
기차 사고(汽車事故)
기차선로(汽車線路)
기차 소리(汽車-)
기차 속(汽車-)
기차 시간(汽車時間)
기차 안에서(汽車-)
기차 여행(汽車旅行)
기차역(汽車驛)
기차 정거장(汽車停車場)
기차 타고 가다(汽車-)
기차 통학(汽車通學)
기차 편(汽車便)
기차표(汽車票)
기차표 끊다(汽車票-)
기차표 사다(汽車票-)
기찻길(汽車-)
기찻길 옆 오막살이(汽車-幕-)
기찻삯(汽車-)
기척 나다

기척 내다
기척 들리다
기척 없다
기천만 원(幾千萬-)
기천 명(幾千名)
기체 상태(氣體狀態)
기체조(旗體操)
기체후 일향 만강하옵신지요(氣體候一向萬康-)
기초 공사=기초공사(基礎工事)
기초 과정(基礎過程)
기초 과학=기초과학(基礎科學)
기초 다지다(基礎-)
기초 닦다(基礎-)
기초 단체장(基礎團體長)
기초 대사량=기초대사량(基礎代謝量)
기초 삼다(基礎-)
기초 상식(基礎常識)
기초 생활(基礎生活)
기초식품(基礎食品)
기초 실력(基礎實力)
기초 쌓다(基礎-)
기초 운동=기초운동(基礎運動)
기초 원리(基礎原理)
기초 위에(基礎-)
기초 작업(基礎作業)
기초 조사(基礎調査)
기초 지식(基礎知識)
기초 질서(基礎秩序)
기초 체력(基礎體力)
기초 학력=기초학력(基礎學力)
기초 학문(基礎學問)
기초화장(基礎化粧)
기총 소사=기총소사(機銃掃射)
기추놓다(騎芻-) 말을 타고 달리면서 활을 쏘
    다.
기층말(基層-)
기층문화(基層文化)
기치 내걸다(旗幟-)
기치 들다(旗幟-)
기치 아래(旗幟-)
기치 올리다(旗幟-)
기침감기
기침 나다
기침머리 기침이 나오려고 하는 첫머리.
기침 멎다
기침병(-病)

기침 소리

기침에 재채기 [격]

기타 등등(其他等等)

기타 사항(其他事項)

기타 소득=기타소득(其他所得)

기타 소리(guitar-)

기타 줄(guitar-)

기타 치며(guitar-)

기탁 증서=기탁증서(寄託證書)

기탁해 오다(寄託-)

기탄없다(忌憚-)

기탄없이 말하라(忌憚-)

기특해하다(奇特-)

기특히 여기다(奇特-)

기틀 다지다

기틀 닦다

기틀 마련하다

기틀 잡다

기틀 잡혀 가다

기틀 잡히다 [관]

기판쇠   절에서 끼니때를 알리기 위하여 치는
　　　종.

기 펴고 살다(氣-)

기포 생기다(氣泡-)

기포 일다(氣泡-)

기폭 장치(起爆裝置)

기폭제 역할(起爆劑役割)

기표소 밖(記票所-)

기표소 안(記票所-)

기품 넘치다(氣品-)

기품 높다(氣品-)

기품 있어 보이다(氣品-)

기피 시설(忌避施設)

기피 인물(忌避人物)

기피 현상(忌避現象)

기하급수적으로(幾何級數的-)

기하무늬(幾何-)

기한 내에(期限內-)

기한 넘기다(期限-)

기한 되는 대로(期限-)

기한 두다(期限-)

기한부 조건(期限附條件)

기한 안 되다(期限-)

기한 안에(期限-)

기한 어기다(期限-)

기한 없이(期限-)

기한 연장(期限延長)

기한 정하다(期限定-)

기한 지나다(期限-)

기한 차다(期限-)

기함 치다(氣陷-) [관]

기합 넣다(氣合-)

기합 받다(氣合-)

기합 소리(氣合-)

기합 주다(氣合-)

기행렬(旗行列)

기행 문학=기행문학(紀行文學)

기형화되다(畸形化-)

기형화하다(畸形化-)

기호 붙이다(記號-)

기호 사용(記號使用)

기호 식품(嗜好食品)

기호음료(嗜好飮料)

기혼 남성(旣婚男性)

기혼 여성(旣婚女性)

기회균등(機會均等)

기회균등주의(機會均等主義)

기회 노리다(機會-)

기회 놓치다(機會-)

기회 닿는 대로(機會-)

기회 되면(機會-)

기회 만들다(機會-)

기회 봐서(機會-)

기회 삼다(機會-)

기회 엿보다(機會-)

기회 오면(機會-)

기회 없다(機會-)

기회 있는 대로(機會-)

기회 잡다(機會-)

기회주의자(機會主義者)

기획 기사(企劃記事)

기획력 돋보이다(企劃力-)

기획력 뛰어나다(企劃力-)

기획 상품(企劃商品)

기획 특집(企劃特輯)

기후 변화=기후변화(氣候變化)

기후 조건(氣候條件)

기후 탓(氣候-)

긴가민가하다

긴경마   의식(儀式)에 쓰는 말의 왼쪽에 다는,
　　　넓고 긴 고삐.

긴급 경보(緊急警報)

긴급 구조(緊急救助)
긴급 뉴스(緊急news)
긴급 대책(緊急對策)
긴급 대피(緊急待避)
긴급동의(緊急動議)
긴급 명령=긴급명령(緊急命令)
긴급 방역(緊急防疫)
긴급 사태=긴급사태(緊急事態)
긴급 소집(緊急召集)
긴급 조치=긴급조치(緊急措置)
긴급 처분(緊急處分)
긴급 체포(緊急逮捕)
긴급 출동(緊急出動)
긴급 호출(緊急呼出)
긴급 회동(緊急會同)
긴급회의(緊急會議)
긴긴날
긴긴낮
긴긴밤
긴긴 세월(-歲月)
긴긴해
긴꼬리닭
긴꼬리원숭이
긴난봉가(-歌)
긴네모
긴네모꼴
긴단장(-丹粧)
긴달걀꼴
긴대답(-對答)
긴등 길게 뻗어 나간 언덕의 등성이.
긴뜨기코
긴 만큼
긴말
긴말 않겠다
긴말하지 마라
긴말할 것 없다 [관]
긴맛살
긴밀해 보이다(緊密-)
긴밀해지다(緊密-)
긴밑 길게 붙인 한복 바지의 밑.
긴바늘
긴 바지
긴박감 감돌다(緊迫感-)
긴박감 느끼다(緊迫感-)
긴박감 흐르다(緊迫感-)
긴박해져 가다(緊迫-)

긴반경(-半徑)
긴반지름(-半-)
긴 밤
긴병(-病)
긴병에 효자 없다(-病-孝子-) [격]
긴보 보통보다 길게 된 보.
긴불긴간에(緊不緊間-)
긴뼈
긴뿔열매
긴사설(-辭說)
긴살 =볼기긴살.
긴 생각
긴 세월(-歲月)
긴소리
긴소리 마라
긴소리 집어치워라
긴소매
긴시침
긴아리랑
긴 얘기 안 하다
긴 여정(-旅程)
긴요한 듯하다(緊要-)
긴요해지다(緊要-)
긴원기둥(-圓-)
긴원둘레(-圓-)
긴원뿔(-圓-)
긴잎곰취
긴잡가(-雜歌)
긴장감 감돌다(緊張感-)
긴장감 넘치다(緊張感-)
긴장감 돌다(緊張感-)
긴장감 속에서(緊張感-)
긴장 고조(緊張高潮)
긴장 관계(緊張關係)
긴장 늦추다(緊張-)
긴장 상태(緊張狀態)
긴장 속에서(緊張-)
긴장시켜 주다(緊張-)
긴장 안 하다(緊張-)
긴장 완화(緊張緩和)
긴장 풀다(緊張-)
긴장 해소(緊張解消)
긴지름
긴짐승
긴축 생활(緊縮生活)
긴축 예산=긴축예산(緊縮豫算)

긴축 재정=긴축재정(緊縮財政)
긴치마
긴파람 길게 부는 휘파람.
긴팔
긴팔 옷
긴팔원숭이
긴팔 입다
긴한목(緊-)
긴 한숨
긴히 쓸 데가 있다(緊-)
길가
길가 곳곳
길 가는 사람
길 가다
길 가다 보니
길 가리켜 주다
길가에 집 짓기 [격]
길 가운데
길가의 돌부처가 다 웃겠다 [격]
길갓집
길강도(-强盜)
길거리
길 거야
길 건너다
길 건너쪽
길 건너편(-便)
길 건넛집
길 걷다
길 걸세
길걸요
길게 길게
길게 눕다 [관]
길게 늘어놓다 [관]
길게 되다
길게 앉다 [관]
길경자반(桔梗-)
길경전유어(桔梗煎油魚)
길경정과(桔梗正果)
길고 긴 날
길고 짧고 간에(-間-)
길고 짧은 것은 대어 보아야 안다 [격]
길공원(-公園)
길굼턱 길이 굽어진 턱.
길귀 =갓길.
길그물
길길이 날뛰다

길길이 뛰다
길꾼
길 끊기다
길 끝에
길나다   (1)버릇이나 습관이 되어 익숙해지다.
        (2)윤기가 나거나 쓰기 좋게 되다.
길 나다 길이 생기다.
길나들이
길 내 주다
길녘
길눈
길눈 밝다 [관]
길눈 쌓이다
길눈 어둡다 [관]
길눈 익히다
길 닦아 놓다
길 닦아 놓으니까 거지가 먼저 지나간다 [격]
길닦이
길도랑
길 도중에(-途中-)
길독(-毒)
길동그랗다
길동글다
길동무
길동무 만나다
길동무 생기다
길동무하다
길동무해 가다
길둥그렇다
길둥글다
길든 짧든 간에(-間-)
길든 짧든 대보아야 한다 [격]
길들다
길들여 가다
길들여 놓다
길들여 오다
길들여 주다
길들여지다
길들이다
길디길다
길 따라
길 떠나다
길 뚫다 [관]
길라잡이
길라잡이 세우다
길러 나가다

156

길러 내다
길러 낸 사위 [관]
길러 놓다
길러 달라고 하다
길러 달라다
길러 두다
길러 보다
길러 오다
길러 주다
길러지다
길로 가라니까 뫼로 간다 [격]
길마머리
길마 무거워 소 드러누을까 [격]
길마상처(-傷處)
길마을
길마중
길마 지우다
길마 짓다
길 막고 물어 봐라
길 막히다
길맛가지
길머리
길면 길수록
길 모르다
길모퉁이
길모퉁이 돌다
길목
길목 곳곳에
길목 막다
길목버선
길목 좋은 곳
길목 지키다
길몽 꾸다(吉夢-)
길물
길미 갚다
길미 치다
길바닥
길바로
길 밖에
길반(-半) 한 길 반.
길벌레
길벗
길벗 되어 주다
길벗 삼다
길봇짐(-褓-)
길봇짐 싸다(-褓-)

길비용(-費用)
길사람 길에서 만나는 낯모르는 사람.
길상무늬(吉祥-)
길섶
길속 다르다
길속 따지다
길속 트이다
길손
길송장
길싸움 길을 먼저 지나가려고 하는 싸움.
길쌈
길쌈놀이
길쌈 솜씨
길쌈 잘하는 첩(-妾) [격]
길쌈질
길쌈틀
길쌈하다
길쌈해 오다
길 쓸다 [관]
길 쓸어 놓다
길 아래 돌부처 [격]
길 아래 돌부처도 돌아앉는다 [격]
길 안내(-案內)
길 안 들다
길 안 들이다
길양식(-糧食)
길 양쪽(-兩-)
길 양편(-兩便)
길어 가다
길어 나르다
길어 내다
길어다 놓다
길어다 붓다
길어 보이다
길어 오다
길어 올리다
길어져 가다
길어 주다
길어지다
길어질 거야
길어질걸
길어질 걸세
길어질걸요
길어질수록
길 없는 데에
길에 돌도 연분이 있어야 찬다(-緣分-) [격]

길 열어 놓다
길옆
길요강
길운 트이다(吉運-)
길 위에
길은 갈 탓이요 말은 할 탓이라 [격]
길을 두고 뫼로 갈까 [격]
길을 떠나려거든 눈썹도 빼어 놓고 가라 [격]
길을 무서워하면 범은 만난다 [격]
길을 알면 앞서 가라 [격]
길을 재촉하다 [관]
길을 죄다 [관]
길이길이
길이 남다
길이 늦다 [관]
길이 닿다 [관]
길이 더디다 [관]
길이모쌓기
길이 바쁘다 [관]
길이 보전하세(-保全-)
길이 본다 [관]
길이 붇다 [관]
길이불 여행할 때 가지고 다니기 편하도록 가
　　볍고 얇게 만든 이불.
길이 빛내다
길이세워쌓기
길이쌓기
길이 아니거든 가지 말고 말이 아니거든 듣지
　　마라 [격]
길이 없으니 한길을 걷고 물이 없으니 한물을
　　먹는다 [격]
길일 잡다(吉日-)
길일 택하다(吉日擇-)
길 잃다
길 잘못 들다
길잡이
길잡이 노릇 하다
길장승
길 저쪽
길 저쯤에서
길 저편(-便)
길 조심
길 주변(-周邊)
길짐승
길 쪽으로
길쭉길쭉하다

길쭉길쭉해 보이다
길쭉스름하다
길쭉해지다
길쯤길쯤하다
길찍길찍하다
길차다
길찬 숲 속
길 찾다
길 찾아 헤매다
길채비
길처
길체 한쪽으로 치우쳐 있는 자리.
길카리 가깝지 않은 친척.
길켠
길 터 주다
길턱
길트기
길 트다
길품
길품삯
길품 팔다
길 한가운데에
길 한복판에
길허리
길호사(-豪奢)
길흉화복(吉凶禍福)
-김 (의존 명사) 마음 먹은 김에, 급한 김에, 이
　　왕 참는 김에.
김가(金哥)
김 과장(金課長)
김구이
김국
김국 끓이다
김 굽다
김 나가 버리다
김 나다
김 내뿜다
김 대통령(金大統領)
김 뜯다
김 말리다
김매가꾸기
김매개 =제초기.
김매기
김매기 끝나다
김매기 두레
김매기 싫은 놈 밭고랑만 센다 [격]

김매기틀
김매기하다
김매는 데 주인은 아흔아홉 몫을 맨다(-主人-)
    [격]
김매다
김매듯 하다
김 모 선생 댁에(金某先生宅-)
김 모 씨의(金某氏-)
김반대기
김발
김발 엮다
김밥
김밥 말다
김밥 싸다
김밥 한 줄
김봇짐 잣 따위를 김으로 싸서 기름에 지져 만
    든 반찬.
김부각
김빠지다
김 빼기 작전(-作戰)
김 빼 놓다
김 빼다
김새다
김 서리다
김 서방(金書房)
김 선생 댁에(金先生宅-)
김수로왕(金首露王)
김쌈
김쌈 먹다
김 씨가 먹고 이 씨가 취한다(金氏-李氏-醉-)
    [격]
김 씨가 한몫 끼지 않은 우물은 없다(金氏-)
    [격]
김 씨 댁에(金氏宅-)
김씨 부인(金氏夫人) 김씨 성 가진 부인.
김 씨 부인(金氏夫人) 김씨의 부인.
김씨 성 가진 이(金氏姓-)
김 씨 집에(金氏-)
김 아무개 씨(金-氏)
김 안 나는 숭늉이 더 뜨겁다 [격]
김 안 나는 숭늉이 덥다 [격]
김 안 나다
김 오르다
김이 식다 [관]
김자반
김장감

김장값
김장거리
김장 김치
김장 담그다
김장독
김장독 묻다
김장밭
김장 재료(-材料)
김장철
김장파
김장하다
김장해 놓다
김장해 묻다
김 전 대통령(金前大統領)
김 진사 댁(金進士宅)
김첨지감투(金僉知-)
김초밥(-醋-)
김치 국물
김치 그릇
김치 냄새
김치 냉장고(-冷藏庫)
김치 담그다
김치말이
김치 맛
김치밥
김치보시기
김치움
김치움 파다
김치 익다
김치전(-煎)
김치 조각
김치주저리
김치죽(-粥)
김치찌개
김치참외
김치 항아리
김칫거리
김칫거리 다듬다
김칫국
김칫국 먹고 수염 쓴다(-鬚髯-) [격]
김칫국부터 마신다 [격]
김칫국 채어 먹은 거지 떨듯 [격]
김칫독
김칫돌
김칫보
김칫소

김칫소 버무리다
김포 공항=김포공항(金浦空港)
김해평야(金海平野)
김 형(金兄)
김 회장 댁(金會長宅)
깁각질 옷 따위를 깁는 일.
깁바탕
깁부채
깁스붕대(Gips繃帶)
깁실
깁옷
깁창(-窓)
깁체
깃가시
깃간(-間)
깃갈이
깃고대
깃광목(-廣木)
깃그물
깃기바람
깃 깔다
깃꼬리
깃꼴
깃꼴잎
깃니
깃 달다
깃달이
깃당목(-唐木)
깃대(旗-)
깃대강이(旗-)
깃대기둥(旗-)
깃대 꺾다(旗-)
깃대 꺾이다(旗-)
깃대 끝에(旗-)
깃대 들다(旗-)
깃대 세우다(旗-)
깃대종(旗-種)
깃동
깃들다
깃들여지다
깃들이다
깃머리(1) 소의 양에 붙은 좁고 두꺼운 고기.
깃머리(2) 옷깃의 끝.
깃목(-木) 바래지 않은 무명.
깃무늬
깃발(旗-)

깃발 날리다(旗-) [관]
깃발 들다(旗-) [관]
깃발 아래 모이다(旗-)
깃발 올리다(旗-)
깃발 펄럭이다(旗-)
깃버선
깃봉(旗-)
깃뿌리
깃 없는 어린 새 그 몸을 보전치 못한다(-保全-) [격]
깃옷
깃을 다듬다 [관]
깃을 주다
깃이불
깃저고리
깃주머니
깃펜(-pen)
깊게 깊게
깊게 해 주다
깊고 깊은
깊고 넓은
깊고 얕고 간에(-間-)
깊고 얕은 물은 건너 보아야 한다 [격]
깊기만 하다
깊다랗다
깊다 하더라도
깊다 하여도
깊던 물이라도 얕아지면 오던 고기도 아니 온다 [격]
깊드리 바닥이 깊은 논.
깊드리배미
깊디깊게 파다
깊디깊다
깊수룩하다
깊어 가다
깊어만 가다
깊어 보이다
깊어져 가다
깊어지다
깊으면 깊을수록
깊은 데에
깊은 만큼
깊은 밤
깊은사랑(-舍廊)
깊은 산속에
깊은 산에서 목마르다고 하면 호랑이를 본다

160

[격]
깊은 속에
깊은 숲 속에
깊은 잠
깊을 거야
깊을걸
깊을 걸세
깊을걸요
깊을까 봐
깊을 듯하다
깊을뿐더러
깊을 뿐만 아니라
깊을 뿐 아니라
깊을수록
깊이갈이
깊이 감동하다(-感動-)
깊이 감사드리다(-感謝-)
깊이 감추다
깊이깊이
깊이깊이 가라앉다
깊이깊이 간직하다
깊이깊이 맹세하다(-盟誓-)
깊이깊이 잠재우다
깊이깊이 파고들다
깊이 눌러쓰다
깊이다
깊이 묻다
깊이 사랑하다
깊이 사로잡히다
깊이 새겨 두다
깊이 생각하다
깊이 있는
깊이 파다
깊이 하다
깊지 않아 보이다
까 가며
까 가지고 오다
까기 전에 병아리 세지 마라(-前-) [격]
까까머리
까까중
까까중머리
까까중이
까꾸러뜨리다
까꾸러트리다
까꾸로
까꾸로 서다

까뀌질
까뀟밥
까 나가다
까 나오다
까 내다
까 내리다
까 넣다
까놓고 말해서
까놓다 마음속의 생각이나 비밀을 숨김없이 털
　　어놓다.
까 놓다 병아리를 까 놓다.
까다로워 보이다
까다로워지다
까다로이 굴다
까다롭기 짝이 없다
까닭 모를 일
까닭수
까닭수 찾다
까닭 없이
까뒤집다
까뒤집어 놓다
까뒤집히다
까들막까들막하다
까딱 못하다
까딱수(-手)
까딱수 바라다(-手-)
까딱 안 하다
까딱없다
까딱 잘못하면
까딱하면
까라기 '까끄라기'의 준말.
까라기벼
까라져 가다
까래그물
까르르까르르하다
까마귀가 검기로 마음도 검겠나 [격]
까마귀가 검어도 살은 희다 [격]
까마귀가 까치 집을 뺏는다 [격]
까마귀가 메밀을 마다한다 [격]
까마귀가 아저씨 하겠다 [격]
까마귀 알 감추듯 [격]
까마귀가 열두 번 울어도 까옥 소리뿐이다(-
　　番-) [격]
까마귀 겉 검다고 속조차 검은 줄 아느냐 [격]
까마귀 게 발 던지듯 [격]
까마귀 고기

까마귀 고기를 먹었나 [격]
까마귀 날자 배 떨어진다 [격]
까마귀 대가리 희거든 [격]
까마귀도 내 땅 까마귀라면 반갑다 [격]
까마귀 둥우리에 솔개미 들어앉는다 [격]
까마귀 떡 감추듯 [격]
까마귀 떼
까마귀 떼 다니듯 [격]
까마귀 똥도 약에 쓰려면 오백 냥이라(-藥-五百兩-) [격]
까마귀 똥도 약이라니까 물에 깔긴다(-藥-) [격]
까마귀 똥 헤치듯 [격]
까마귀머리
까마귀 모르는 제사(-祭祀) [격]
까마귀 무리
까마귀 뭣 뜯어 먹듯 [격]
까마귀 미역 감듯 [격]
까마귀발
까마귀발을 하고
까마귀밥
까마귀 밥이 되다 [격]
까마귀사촌(-四寸)
까마귀 소리
까마귀 소리 열 소리에 한마디 신통한 소리 없다(-神通-) [격]
까마귀소식(-消息) 소식이 전혀 없음을 비유적으로 이르는 말.
까마귀손
까마귀 아래턱이 떨어질 소리 [격]
까마귀 안 받아먹듯 [격]
까마귀 열두 소리에 하나도 좋지 않다 [격]
까마귀 열두 소리 하나도 들을 것 없다 [격]
까마귀와 사촌(-四寸) [격]
까마귀 제 소리 하면 온다 [격]
까마귀 짖어 범 죽으랴 [격]
까마귀 하루에 열두 마디를 울어도 송장 먹는 소리 [격]
까마귀 학이 되랴(-鶴-) [격]
까마득해 보이다
까마득히 모르다
까마득히 속다
까마득히 잊어버리다
까마무트룸하다
까마아득히 먼 옛날
까마아득히 잊혀지다

까막과부(-寡婦)
까막관자(-貫子)
까막길
까막까치
까막까치도 집이 있다 [격]
까막눈
까막눈 면하다(-免-)
까막눈 신세(-身世)
까막눈이
까막뒤짐
까막바보
까막별
까막솔개
까막잡기
까막잡기하다
까만 눈
까만빛
까만 빛깔
까만색(-色)
까매 보이다
까매지다
까먹게 생기다
까먹다
까먹어 가다
까먹어 버리다
까무끄름하다
까무대대하다
까무댕댕하다
까무러쳐 버리다
까무러치다시피 하다
까무러칠 뻔하다
까무러뜨리다
까무러트리다
까무숙숙하다
까무잡잡하다
까무족족하다
까무총총하다
까무칙칙하다
까무퇴퇴하다
까물쳐 들어가는 숨결
까뭇까뭇하다
까뭉개고 나서다
까뭉개다
까바치다
까바칠 말까
까발리다

까밝히다
까 보다
까 볼 수만 있다면
까부라뜨리다
까부라져 버리다
까부라지다
까부르다
까부수다
까불러서 날려 보내다
까불리다
까불면 안 되겠다
까불지 마라
까붐질
까붙이다
까붙인 눈
까세다
가스러지다
까올려 버리다
까올리다
까이다
까인 정강이
까 주다
까진 무릎
까질 대로 까지다
까질러 다니다
까짓것
까짓것 그럴 필요 없다(-必要-)
까짓 일
까치걸음
까치걸음 치다
까치걸음하다
까치구멍
까치구이
까치놀
까치눈
까치두루마기
까치둥지
까치 떼
까치발
까치발 신호기=까치발신호기(-信號機)
까치 발을 밟으면 도둑질한 사람이 말라 죽는
　　다 [격]
까치밥
까치 배 바닥 같다 [격]
까치볶음
까치 새끼

까치선(-扇)
까치설
까치설날
까치설빔
까치설빔해 입다
까치 소리
까치작까치작하다
까치저고리
까치집
까치집에 비둘기 들어 있다 [격]
까치집 짓다
까치콩
까치허리띠
까칫까칫하다
까탈 부리다
까탈지다
까투리 까투리 얼었다 [격]
까투리 북한 다녀온 셈이다(-北韓-) [격]
까팡돈　까팡이로 돈처럼 만든 장난감.
까팡이　질그릇의 깨어진 조각.
까풀진 눈
깍두기공책(-空册)
깍두기 담그다
깍두기 신세(-身世)
깍두기집안
깍두기찌개
깍두기판　=난장판.
깍둑썰기
깍듯이 모시다
깍쟁이 같은
깍쟁이같이
깍지걸이
깍지 끼다 [관]
깍지 떼다 [관]
깍짓동
깍짓동만 하다
깍짓방(-房)
깍짓손
깍짓손 떼다
깎기끌
깎낫
깎아 내다
깎아내리다
깎아 놓다
깎아 다듬다
깎아 달라고 하다

깎아 달라다
깎아 두다
깎아 만들다
깎아 먹다
깎아 보다
깎아썰기
깎아 쓰다
깎아 오다
깎아 주다
깎아지르다
깎아지른 듯하다
깎아차기
깎아치기
깎여 나가다
깎여 나오다
깎여 내려가다
깎여지다
깎은당한삼(-唐汗衫)
깎은 듯이
깎은 밤 같다 [관]
깎은서방님(-書房-)
깎은선비
깎음질
깎인 채
깐깐오월(-五月)
깐깐해 보이다
깐깐해지다
깐동깐동하다
깐보다   마음속으로 가늠하다.
깐져 보이다
깐족깐족하다
깐지다
깐질기다
갈갯짚
깔 거야
깔걸
깔 걸세
깔걸요
깔게
깔게요
깔겨 놓다
깔고 앉다
깔고 자다
깔깔수(-繡)
깔깔 웃다
깔끄랑벼

깔끄랑보리
깔끔해 보이다
깔끔히 하다
깔딱낫
깔때기꼴
깔때기홈통
깔뜨다
깔려 죽다
깔밋잖다
깔방석(-方席)
깔보다가는 큰코다친다
깔보면 안 된다
깔보이다
깔보지 마라
깔뵈다
깔빼기
깔색(-色)   물건의 빛깔이나 맵씨.
깔아 놓다
깔아 달라고 하다
깔아 달라다
깔아 두다
깔아뭉개다
깔아 주다
깔이 곱다
깔종 잡다 [관]
깔창
깔창 갈다
깔축
깔축 안 내다
깔축없다
깔판(-板)
깜깜나라
깜깜무소식(-無消息)
깜깜무식(-無識)
깜깜무식쟁이(-無識-)
깜깜밤중(-中)
깜깜부지(-不知)
깜깜소식(-消息)
깜깜속
깜깜절벽(-絶壁)
깜깜해지다
깜냥깜냥
깜둥개
깜박깜박하다
깜박등(-燈)
깜박불

깜부기불
깜부기숯 나뭇가지를 때고 난 뒤에 그것으로
　　만든 뜬숯.
깜부깃병(-病)
깜빡이등(-燈)
깜빡 잊고 오다
깜빡 잊어버리다
깜장 고무신
깜장소
깜짝깜짝 놀라다
깜짝 놀랄 만하다
깜짝 쇼(-show)
깜짝이야
깜찌기
깜찌기실 아주 가늘고도 질긴 실.
깜찍스러워 보이다
깜찍해 보이다
깝대기 벗기다 [관]
깝살려 버리다
깡그러뜨리다
깡그러트리다
깡그리 잊다
깡다구 부리다
깡다구 세다
깡동치마
깡마르다
깡마른 몸집
깡말라 보이다
깡으로 버티다
깡통 따다(-筒-)
깡통 차다(-筒-) [관]
깡통 찬 신세(-筒-身世)
깡패 놈(-牌-)
깡패 두목 노릇(-牌頭目-)
깡패 생활(-牌生活)
깡패 집단(-牌集團)
깨 가다
깨가 쏟아지다 [관]
깨강정
깨고 나오다
깨고물
깨고소하다
깨금발 딛고 서다
깨금집기
깨깨 마르다
깨끔스러워 보이다

깨끗이 하다
깨끗지 않다
깨끗한 척하다
깨끗해 보이다
깨끗해져 가다
깨끗해지다
깨끼겹저고리
깨끼두루마기
깨끼바지
깨끼밭
깨끼옷
깨끼저고리
깨끼적삼
깨끼춤
깨나다
깨나른하다
깨 나오다
깨 넣다
깨 농사(-農事)
깨 놓다
깨다듬다
깨다식(-茶食)
깨닫게 되다
깨닫게 해 주다
깨닫지 못하다
깨달아 가다
깨달아 알다
깨달아지다
깨달을 거야
깨달을걸
깨달을 걸세
깨달을걸요
깨두드려 부수다
깨떡
깨뚜드리다
깨 먹다
깨 모종
깨 모종 심다
깨물 거야
깨물걸
깨물 걸세
깨물걸요
깨물게
깨물게요
깨물어 먹다
깨물어 보다

165

깨물어서 아프지 않은 손가락 없다 [격]
깨물어지다
깨 버리다
깨보숭이
깨부수다
깨소   깨로 만든 소.
깨소금
깨소금 맛 [관]
깨알
깨알 같은 글씨
깨알만 하다
깨어나 보니
깨어나자마자
깨어 보니
깨어 부수다
깨어 일어나다
깨어져 나가다
깨어진 그릇[관]
깨어진 그릇 맞추기 [관]
깨어진 냄비와 꿰맨 뚜껑 [관]
깨어진 요강 단지 받들듯 [관]
깨엿
깨우자마자
깨우쳐 가다
깨우쳐 주다
깨워 놓다
깨워 주다
깨인자갈
깨자마자
깨져 나가다
깨져 버리다
깨죽(-粥)
깨지기 쉽다
깨진 채로
깨질 듯하다
깨춤
깨춤 추다 [관]
깩소리 말고
깩소리 못하다
깬 것 같다
깬 듯하다
깻가루
깻국
깻묵
깻묵 미끼
깻묵에도 씨가 있다 [격]

깻박쳐 버리다
깻박치다
깻송이
깻이파리
깻잎
깻잎나물
깻잎쌈
깼나 보다
깽깽이걸음
깽판 놓다
깽판 치다
꺄우스름하다
꺄울어뜨리다
꺄울어트리다
꺅차다
꺼귀꺼귀 먹다
꺼꾸러져 버리다
꺼끙그린 보리
꺼 나가다
꺼내 가다
꺼내 놓다
꺼내다 주다
꺼내 달라고 하다
꺼내 달라다
꺼내 두다
꺼내 드리다
꺼내 들다
꺼내려 놓다
꺼내려 놔두다
꺼내 먹다
꺼내 물다
꺼내 보다
꺼내 보여 주다
꺼내 보이다
꺼내 쓰다
꺼내 오다
꺼내 입다
꺼내 입히다
꺼내 주다
꺼 놓다
꺼 놔두다
꺼 달라고 하다
꺼 달라다
꺼당겨 주다
꺼 두다
꺼들먹꺼들먹하다

꺼뜨려 놓다
꺼뜨려 버리다
꺼려 오다
꺼려지다
꺼려하다
꺼리지 마라
꺼릴 게 없다
꺼릴 수밖에 없다
꺼림칙스럽다
꺼림텁텁하다
꺼머무트름하다
꺼먼빛
꺼먼 빛깔
꺼먼색(-色)
꺼메지다
꺼무뎅뎅하다
꺼 버리다
꺼불지 마라
꺼오다 끌어서 오게 하다.
꺼 오다 할부금을 갚아 나가다.
꺼올리다
꺼이꺼이 울다
꺼져 가다
꺼져 버리다
꺼 주다
꺼진 채로
꺼질 듯하다
꺼칠꺼칠해지다
꺼칠해 보이다
꺼칠해지다
꺼트려 놓다
꺼트려 버리다
꺼풀 벗기다
꺼풀지다
꺽꺽 울다
꺽센 목소리
꺽저기탕(-湯)
꺽저기탕에 개구리 죽는다(-湯-) [격]
꺽지가리
꺽지지 못하다
꺽지탕(-湯)
꺽지탕에 개구리 죽는다(-湯-) [격]
꺽짓손
꺽짓손 세다
꺾꽂이
꺾꽂이모

꺾꽂이모판
꺾꽂이묘(-苗)
꺾꽂잇법(-法)
꺾는소리
꺾다시피 하다
꺾쇠
꺾쇠괄호(-括弧)
꺾쇠구멍
꺾어 가다
꺾어 내다
꺾어 놓다
꺾어 놔두다
꺾어 누르다
꺾어다 놓다
꺾어다 주다
꺾어 대다
꺾어 들다
꺾어 버리다
꺾어 오다
꺾어쟁이
꺾어 주다
꺾어지다
꺾여 나가다
꺾은지붕
꺾음솔
꺾이고 말다
꺾인계단(-階段)
꺾일 듯하다
꺾일 줄이야
꺾임꺾임
꺾임새
꺾자 놓다(-字-) [관]
꺾자 치다(-字-) [관]
껄껄 웃다
껄끄러워 보이다
껄끄러워지다
껄끄러워하다
껄끄렁베
껄끄렁벼
껄끄렁보리
껄때청 크게 꽥꽥 지르는 소리.
껄떡쇠
껄렁패(-牌)
껌껌나라
껌둥개
껌 씹듯 하다

껌정소
껌팔이
껍데기 벗기다
껍질눈
껍질박이
껍질 벗기다
껍질 상치 않게 호랑이를 잡을까(-傷-) [격]
껍질 속
껍질째 먹다
껍질 없는 털이 있을까 [격]
껍질켜
껐나 보다
껐다 켰다 하다
껑거리
껑거리끈
껑거리막대
껑까다
껑껑 짖다
껑더리되다
껑짜치다
껑충껑충
껑충 뛰다
껑충 뛰어오르다
께껴 본 적 있다
께끄름하다
께끼꾼
께지럭께지럭하다
껴들다
껴들어 오다
껴들자마자
껴들지 마라
껴들지 못하다
껴묻다
껴묻어 가다
껴묻어 버리다
껴붙들려 가다
껴안다
껴안다시피 하다
껴안듯 하다
껴안아 주다
껴안은 채
껴안자마자
껴얹다
껴입다
껴입지 말고
껴입혀 보내다

껴잡아 살다
껴잡혀 가다
꼬겨 놓다
꼬겨 버리다
꼬김살
꼬까신
꼬까옷
꼬꼬닭
꼬꼬댁꼬꼬댁하다
꼬꾸라뜨려 버리다
꼬꾸라져 버리다
꼬나들다
꼬나물다
꼬나보다
꼬나봤자
꼬나 잡다
꼬나 쥐다
꼬드겨 놓다
꼬드겨 보다
꼬드겨 오다
꼬라박아 버리다
꼬라박혀 버리다
꼬락서니 보기 싫다
꼬랑지 놀리다
꼬리가 길다 [관]
꼬리가 길면 밟힌다 [격]
꼬리 감추다 [관]
꼬리곰
꼬리곰탕(-湯)
꼬리구름
꼬리긴닭
꼬리 길다 [관]
꼬리 길이
꼬리 날개=꼬리날개
꼬리 내리다 [관]
꼬리 달다 [관]
꼬리 드러내다 [관]
꼬리등뼈
꼬리떡
꼬리를 대다 [관]
꼬리말
꼬리 맞물다 [관]
꼬리 먼저 친 개가 밥은 나중에 먹는다 [격]
꼬리 물다 [관]
꼬리 밟히다 [관]
꼬리별

꼬리 부분(-部分)
꼬리 빠지게 [관]
꼬리 빼다 [관]
꼬리 사리다 [관]
꼬리손잡이
꼬리 잇다 [관]
꼬리 자르다
꼬리잡기
꼬리 잡다 [관]
꼬리 잡히다
꼬리지느러미
꼬리질
꼬리초리   꼬리의 끝.
꼬리 치다 [관]
꼬리치마
꼬리털
꼬리표(-票)
꼬리표가 붙다(-票-) [관]
꼬리 흔들다 [관]
꼬마 녀석
꼬마 눈사람
꼬마둥이
꼬마 신랑(-新郎)
꼬마 아가씨
꼬마 인형(-人形)
꼬마잎
꼬마전구(-電球)
꼬마전등(-電燈)
꼬마 천재(-天才)
꼬마 친구(-親舊))
꼬막손
꼬물도 없다
꼬박꼬박 말대답하다(-對答-)
꼬박 새우다
꼬부라들다
꼬부라뜨리다
꼬부라지다
꼬부라트리다
꼬부랑글씨
꼬부랑글자(-字)
꼬부랑길
꼬부랑꼬부랑하다
꼬부랑 노인(-老人)
꼬부랑 늙은이
꼬부랑말
꼬부랑자지

꼬부랑자지 제 발등에 오줌 눈다 [격]
꼬부랑 할머니
꼬부려 눕다
꼬부장꼬부장하다
꼬불꼬불하다
꼬불꼬불해지다
꼬불쳐 두다
꼬빡연(-鳶)
꼬빡 잠이 들다
꼬빡 졸다
꼬아 놓다
꼬아 두다
꼬아 만들다
꼬아 엮다
꼬아 주다
꼬여 가다
꼬여 내다
꼬여만 가다
꼬인결
꼬일 대로 꼬이다
꼬임새
꼬잘스럽게 굴다
꼬장꼬장하다
꼬장떡
꼬집듯 하다
꼬집어 뜯다
꼬집어 말하다 [관]
꼬집어 보다
꼬집어 주다
꼬창모
꼬챙이는 타고 고기는 설었다 [격]
꼬치구이
꼬치꼬치 말라 가다
꼬치꼬치 묻다
꼬치꼬치 캐묻다
꼬치 꿰듯 하다
꼬치백반(-白飯)
꼬치안주(-按酒)
꼬투리 속에
꼬투리열매
꼬투리 잡다
꼬투리 잡히다
꼬푸린 자세(-姿勢)
꼭 가다
꼭 갈 거야
꼭 갈 걸세

꼭 갈걸요
꼭 갈게
꼭 갈게요
꼭 감다
꼭 그 짝이다
꼭 껴안다
꼭꼭 숨다
꼭 눌러 담다
꼭 눌러 보다
꼭 다물다
꼭 닮다
꼭대기 층(-層)
꼭 될 거야
꼭두각시 노릇 하다
꼭두각시놀음
꼭두각시놀이
꼭두놀리다 꼭두각시를 놀리다.
꼭두머리
꼭두사람 주로 옷을 파는 곳에서 쓰는 사람 모
　　형.
꼭두새벽
꼭두식전(-食前)
꼭뒤
꼭뒤가 세 뼘 [격]
꼭뒤 누르다 [관]
꼭뒤 눌리다 [관]
꼭뒤상투
꼭뒤잡이
꼭뒤 지르다 [관]
꼭뒤 질리다
꼭뒤에 부은 물이 발뒤꿈치로 내린다 [격]
꼭뒤에 피도 안 마르다 [관]
꼭 들다
꼭 들어맞다
꼭 맞다
꼭 붙들다
꼭 싸 쥐다
꼭 안 맞는다
꼭 안아 주다
꼭 알맞다
꼭 올 거야
꼭 올 걸세
꼭 잡다
꼭지가 무르다 [관]
꼭지도둑
꼭지도적(-盜賊)

꼭지 따다 [관]
꼭지마리 물레 따위를 돌리는 손잡이.
꼭지미역
꼭지 부분(-部分)
꼭지숟가락
꼭지숟갈
꼭지연(-鳶)
꼭지표(-表) 태엽을 감는 장치가 붙어 있는 몸
　　시계나 손목시계.
꼭 집어 말하다
꼭짓점(-點)
꼭짓집
꼭 참다
꼭 틀어박히다
꼭 하고 만다
꼭 한 번만(-番-)
꼭 한번 와라(-番-)
꼭한 성질(-性質)
꼭 할 거야
끈사(-絲)
끈사실(-絲-)
꼴간(-間) 꼴을 모아 두는 곳.
꼴값대로
꼴값 떨다
꼴값하다
꼴같잖다
꼴같잖은 말은 이도 들쳐 보지 않는다 [격]
꼴같지 않다
꼴까닥꼴까닥하다
꼴까닥 넘어가다
꼴까닥 삼키다
꼴깍꼴깍하다
꼴꾼
꼴다듬기
꼴단
꼴답잖다
꼴등(-等)
꼴딱 넘어가다
꼴딱 새우다
꼴딱 찰 만큼
꼴뚜기구이
꼴뚜기어채(-魚菜)
꼴뚜기 장사
꼴뚜기장수 재산이나 밑천을 모두 없애고 어렵
　　게 사는 사람을 비유적으로 이르는 말.
꼴뚜기젓

꼴뚜기질
꼴망태
꼴머슴
꼴머슴살이
꼴밉다
꼴바탕
꼴밭
꼴배
꼴 베러 가다
꼴 베어 오다
꼴 보고 이름 짓고 체수 맞춰 옷 마른다(-體-)
　[격]
꼴 보고 이름 짓는다 [격]
꼴 보기 싫다
꼴불견(-不見)
꼴사나워 보이다
꼴사나워져 가다
꼴사납게 되다
꼴사납다
꼴싸다
꼴에 군밤 사 먹겠다 [격]
꼴에 수캐라고 다리 들고 오줌 눈다 [격]
꼴을 베어 신을 삼겠다 [격]
꼴이 박히다 [관]
꼴좋게 되다
꼴지게
꼴짐
꼴찌락꼴찌락하다
꼴찌 면하다(-免-)
꼴흉내말
꼼꼼성(-性)
꼼꼼쟁이
꼼꼼히 하다
꼼바르기가 이만저만이 아니다
꼼바지런하다
꼼수 쓰다
꼼지락꼼지락하다
꼼질꼼질 기어가다
꼼짝꼼짝하다
꼼짝달싹 못 하다
꼼짝달싹 안 하다
꼼짝달싹하지 마라
꼼짝도 못 하다
꼼짝도 안 하다
꼼짝 마
꼼짝 마라

꼼짝 말고 있어라
꼼짝 못하다 [관]
꼼짝부득(-不得)
꼼짝 아니하다 [관]
꼼짝 안 하다
꼼짝없다
꼼짝하지 마라
꼼트락꼼트락하다
꼽게 되다
꼽꼽쟁이
꼽사리꾼
꼽사리 끼다
꼽사리 붙다
꼽아 보다
꼽장선(-扇)
곱재기만 하다
꼽혀 오다
꼿꼿이 들다
꼿꼿이 서다
꼿꼿이 세우다
꼿꼿하기는 개구리 삼킨 뱀 [격]
꼿꼿하기는 서서 똥 누겠다 [격]
꼿꼿한 체하다
꼿꼿해 보이다
꼿꼿해지다
꽁꽁 묶다
꽁꽁 앓다
꽁꽁 얼어붙다
꽁댕이배
꽁무니 따라다니다 [관]
꽁무니바람
꽁무니 빼다 [관]
꽁무니 사리다 [관]
꽁무니지느러미
꽁보리
꽁보리밥
꽁숫구멍
꽁숫달
꽁숫줄
꽁영감(-令監)
꽁지깃
꽁지덮깃
꽁지머리
꽁지발
꽁지별
꽁지 빠진 새 같다 [격]

꽁초 태우다
꽁초 피우다
꽁하니 입 다물고
꽁할 것까지야
꽁해 가지고
꽂아 가며
꽂아 넣다
꽂아 놓다
꽂아 놔두다
꽂아 달라고 하다
꽂아 달라다
꽂아 두다
꽂아 드리다
꽂아 보다
꽂아 주다
꽂을대
꽃 가게
꽃 가꾸다
꽃가루
꽃가루꽃
꽃가루받이
꽃가루주머니
꽃가룻병(-病)
꽃가마
꽃가마 타고 가다
꽃가위
꽃가지
꽃가지 꺾어 들고
꽃값
꽃갖신
꽃 같은 얼굴
꽃같이 예쁜
꽃게젓
꽃고무신
꽃과 같은
꽃과 같이
꽃구경
꽃구경도 식후사(-食後事) [격]
꽃그름
꽃국
꽃국물
꽃굴레
꽃그늘
꽃그릇
꽃기운
꽃길

꽃 꺾다
꽃꼭지
꽃꽂이
꽃꿀꽃
꽃나무
꽃나이
꽃 냄새
꽃노을
꽃놀이
꽃놀이패(-覇)
꽃눈
꽃다발
꽃다운 나이
꽃다지
꽃단장(-丹粧)
꽃달임
꽃당혜(-唐鞋)
꽃 대궐(-大闕)
꽃대롱
꽃동네
꽃돗자리
꽃동산
꽃등 맨 처음.
꽃등(-燈)
꽃따기
꽃떨기
꽃띠
꽃마차(-馬車)
꽃말
꽃망울
꽃망울 터지다
꽃맺이
꽃모
꽃모습
꽃 모양(-模樣)
꽃모종
꽃목걸이
꽃묶음
꽃문양(-文樣)
꽃물
꽃물결
꽃물 들다
꽃물 들이다
꽃미투리
꽃바구니
꽃바람

꽃바리
꽃반지(-斑指)
꽃발
꽃방(-房) =꽃집.
꽃방망이
꽃방석(-方席)
꽃밭
꽃밭에 불 지른다 [격]
꽃배
꽃 배달(-配達)
꽃버선
꽃베개
꽃병(-瓶)
꽃보라
꽃 본 나비 [격]
꽃 본 나비 담 넘어가랴 [격]
꽃 본 나비 불을 헤아리랴 [격]
꽃 본 듯이
꽃봉오리
꽃봉투(-封套)
꽃부꾸미
꽃부채
꽃분(-盆)
꽃분홍색(-粉紅色)
꽃불
꽃비
꽃사슴
꽃 사이사이로
꽃 사진(-寫眞)
꽃살창(-窓)
꽃삽
꽃상여(-喪輿)
꽃샘
꽃샘바람
꽃샘잎샘
꽃샘잎샘에 설늙은이 얼어 죽는다 [격]
꽃샘추위
꽃소금
꽃 소식(-消息)
꽃소주(-燒酒)
꽃솖음
꽃솜
꽃송아리
꽃송이
꽃수(-繡)
꽃수레

꽃술
꽃숭어리
꽃시계(-時計)
꽃 시장(-市場)
꽃식물(-植物)
꽃신
꽃 심다
꽃싸움
꽃씨
꽃씨 받아 놓다
꽃 없는 나비[격]
꽃은 꽃이라도 호박꽃이라[격]
꽃은 목화가 제일이다(-木花-第一-) [격]
꽃 이름
꽃이삭
꽃이슬
꽃이 시들면 오던 나비도 안 온다 [격]
꽃이 좋아야 나비가 모인다 [격]
꽃일다
꽃잎 같은
꽃잎같이
꽃잎 위에
꽃잎 지다
꽃자동차(-自動車)
꽃자루
꽃자리
꽃 잔치
꽃잠
꽃 장수
꽃 장식(-裝飾)
꽃전(-煎)
꽃전차(-電車)
꽃종이
꽃주름
꽃줄기
꽃지짐
꽃집
꽃차례(-次例)
꽃철
꽃축제(-祝祭)
꽃팔찌
꽃포기
꽃 피고 새 우는
꽃 피는 봄
꽃피다 민주주의가 꽃피다.
꽃피우다

꽃피워 가다
꽃 피자 임 온다 [격]
꽃 한 송이
꽃향기(-香氣)
꽃향내(-香-)
꽈당 넘어지다
꽈르릉꽈르릉하다
꽈리단추
꽈리색(-色)
꽈리정과(-正果)
꽈리주둥이
꽈릿빛
꽈배기
꽈배기엿
꽉 깨물다
꽉 누르다
꽉 눌러 놓다
꽉 닫히다
꽉 들어차다
꽉 막히다
꽉 메우다
꽉 묶다
꽉 붙들다
꽉 안다
꽉 잡다
꽉 쥐다
꽉집게
꽉집이
꽉 짜이다
꽉 채우다
꽐꽐 흐르다
꽛꽛이 얼다
꽝꽝 얼다
꽝 소리 나다
꽝 하고 닫다
꽝 하는 소리
꽤 괜찮다
꽤 될 텐데
꽤 많다
꽤 멀다
꽤 무겁다
꽤 오래되다
꽤 잘하다
꽥 소리 지르다
꽹과리 소리
꽹그랑꽹그랑하다

꽹그랑 소리
꾀가 나다 [관]
꾀까다롭다
꾀꼬리눈썹 약간 노르스름한 빛을 띠는 눈썹.
꾀꼬리단풍(-丹楓)
꾀꼬리상모(-象毛)
꾀꼬리 소리
꾀꼬리참외
꾀꼴꾀꼴하다
꾀꾀로 놀러 다니다
꾀꾀해 보이다
꾀꾼
꾀똥
꾀만 있으면 용궁에 잡혀갔다가도 살아 나온다
      (-龍宮-) [격]
꾀 많다
꾀바르다
꾀배
꾀병(-病)
꾀병 부리다(-病-)
꾀병 앓다(-病-)
꾀병에 말라 죽겠다(-病-) [격]
꾀병쟁이(-病-)
꾀병하다(-病-)
꾀보
꾀부리다
꾀쓰다
꾀어내다
꾀어넘기다
꾀어들다
꾀어 보다
꾀어 오다
꾀자기
꾀잠
꾀쟁이
꾀죄죄해 보이다
꾀죄죄해지다
꾀주머니
꾀피우다
꾀해 오다
꾐낚시
꾐등불(-燈-)
꾐수
꾐약(-藥)
꾐주머니
꾐질

174

꾸겨 넣다
꾸겨 놓다
꾸겨 버리다
꾸겨지다
꾸김살
꾸김새
꾸김없다
꾸깃꾸깃하다
꾸드러지다
꾸러 가다
꾸러미에 단 장 들었다(-醬-) [격]
꾸러 오다
꾸려 가다
꾸려 가지고 오다
꾸려 나가다
꾸려 놓다
꾸려 오다
꾸려 주다
꾸리살
꾸림감
꾸며 가다
꾸며 나가다
꾸며 내다
꾸며 놓다
꾸며 놔두다
꾸며 대다
꾸며 보다
꾸며 보이다
꾸며 주다
꾸며지다
꾸미개
꾸미고기
꾸미장수 꾸밋거리를 이고 다니며 파는 장수.
꾸민족두리
꾸밈구슬
꾸밈말
꾸밈새
꾸밈없다
꾸밈장이
꾸밈종이
꾸밋거리
꾸벅꾸벅 졸다
꾸벅잠
꾸부러들다
꾸부러뜨리다
꾸부러지다

꾸부러트리다
꾸부렁길
꾸부렁나무
꾸부렁한 나무도 선산을 지킨다(-先山-) [격]
꾸부스름해지다
꾸부정해 보이다
꾸부정해지다
꾸불텅꾸불텅하다
꾸뻑꾸뻑하다
꾸어 가지고 가다
꾸어다 놓다
꾸어다 쓰다
꾸어다 놓은 보릿자루 [격]
꾸어 다오
꾸어 쓰다
꾸어 오다
꾸어 온 조상은 자기네 자손부터 돕는다(-祖
    上-子孫-) [격]
꾸역꾸역 먹다
꾸역꾸역 몰려든다
꾸준히 하다
꾸중 듣다
꾸지람
꾸지람 듣다
꾸지람해 주다
꾸짖기보다는
꾸짖다시피 하다
꾸짖듯 하다
꾸짖어 주다
꾸짖지 마라
꾹꾹 누르다
꾹꾹 눌러 담다
꾹꾹 참다
꾹 누르다
꾹 눌려 지내다
꾹 박히다
꾹 찌르다
꾹 참다
꾹 참아 오다
꾼 값은 말 닷 되[격]
꾼 다 되다
꾼 돈 갚다
꾼들 모이다
꿀가르개
꿀 같은
꿀같이

꿀과 같은
꿀과 같이
꿀곽
꿀꺼덕 삼키다
꿀꺽 삼키다
꿀꺽 소리도 못하다 [격]
꿀꿀돼지
꿀꿀이죽(-粥)
꿀 냄새
꿀단지
꿀단지 겉 핥기 [격]
꿀단지를 파묻어 놓다 [격]
꿀도 약이라면 쓰다(-藥-) [격]
꿀돼지
꿀 따다
꿀떡
꿀떡꿀떡 마시다
꿀떡 해 놓다
꿀뜨개
꿀뜨기
꿀려 들어가다
꿀리지 않고
꿀릴 것 없다
꿀맛
꿀맛 같다
꿀맛같이
꿀맛 나다
꿀 먹은 개 욱대기듯 [격]
꿀 먹은 벙어리 [격]
꿀물
꿀밀(-蜜)
꿀밤
꿀밤 먹다 [관]
꿀밤 먹이다
꿀밥
꿀방구리
꿀방울
꿀밭
꿀벌 치다
꿀범벅
꿀보다 약과가 달다(-藥果-) [격]
꿀수박
꿀은 달아도 벌은 쏜다 [격]
꿀은 적어도 약과만 달면 쓴다(-藥果-) [격]
꿀 있는 데 벌 모인다
꿀잠

꿀참외
꿀칼
꿀컥 소리도 못하다
꿀 타 마시다
꿀팥
꿀 항아리
꿇려 놓다
꿇린 다음
꿇았다
꿇어앉혀 놓다
꿇어앉히다
꿇어 엎드리다
꿈같다
꿈같은 일
꿈같이
꿈결 같다
꿈결같이
꿈과 같다
꿈과 같이
꿈길 속
꿈 깨다
꿈꾸다   대통령을 꿈꾸다.
꿈 꾸다   꿈을 꾸다.
꿈꾸듯 하다
꿈꾸어 오다
꿈꿔 오다
꿈나라로 가다
꿈 나무
꿈도 꾸기 전에 해몽(-解夢) [격]
꿈도 못 꾸다 [관]
꿈도 안 꾸다 [관]
꿈땜
꿈만 같다
꿈 많은 어린이
꿈밖에
꿈보다 해몽이 좋다(-解夢-) [격]
꿈 서리다
꿈속에서나 만나다
꿈 싣고
꿈 안 꾸다
꿈에 나타난 돈도 찾아 먹는다 [격]
꿈에 넋두리로 안다 [격]
꿈에 네뚜리 [격]
꿈에도 생각지 못하다 [관]
꿈에도 없다 [관]
꿈에 떡 맛보듯 [격]

꿈에 밟히다 [관]
꿈에 본 돈이다 [격]
꿈에 본 천량 같다(-千兩-) [격]
꿈에 사위 본듯 [격]
꿈에 서방 맞은 격(-書房-格) [격]
꿈은 아무렇게 꾸어도 해몽만 잘하여라(-解夢-) [격]
꿈을 꾸어야 임을 보지 [격]
꿈 이야기
꿈인지 생시인지(-生時-) [관]
꿈인 듯하다
꿈자리
꿈자리가 사납더니 [격]
꿈지러기
꿈지럭꿈지럭하다
꿈쩍도 안 하다 [관]
꿈쩍 못하다
꿈쩍 안 하다 [관]
꿈쩍없다
꿈쩍없이
꿈트럭꿈트럭하다
꿈 해몽(-解夢)
꼿꼿이 견디다
꼿꼿이 버티다
꼿꼿이 살아가다
꼿꼿이 해 나가다
꼿꼿지 못하다
꿍꽝꿍꽝하다
꿍꿍 앓다
꿍꿍 찧다
꿍꿍이셈
꿍꿍이속
꿍꿍이수
꿍꿍이수작(-酬酌)
꿍꿍이수작 부리다(-酬酌-)
꿍꿍이짓
꿍꿍이짓하다
꿍쳐 놓다
꿍쳐 두다
꿔 가지고 가다
꿔다 놓은 보릿자루
꿔다 먹다
꿔 달라고 하다
꿔 달라다
꿔 오다
꿔 주다

꿩고기
꿩 구워 먹은 소식(-消息) [격]
꿩 구워 먹은 자리 [격]
꿩국
꿩그물
꿩김치
꿩 놓친 매 [격]
꿩닭
꿩 대신 닭(-代身-) [격]
꿩 떨어진 매 [격]
꿩망태(-網-)
꿩 먹고 알 먹고 둥지 털어 불 땐다 [격]
꿩 사냥 하다
꿩 새끼
꿩 새끼 제 길로 찾아든다 [격]
꿩의장옷
꿩 잃고 매 잃는 셈 [격]
꿩 잡는 것이 매다 [격]
꿩잡이
꿩 장수 후리듯 [격]
꿩창애
꿩처럼 굴레를 벗고 쓴다 [격]
꿩피리
꿰들다
꿰뚫고 나가다
꿰뚫리다
꿰뚫어 보다
꿰뜨리다
꿰맞추다
꿰맞추어 놓다
꿰맞추어 보다
꿰맞추어 주다
꿰매 놓다
꿰매 달라고 하다
꿰매 달라다
꿰매 두다
꿰매 주다
꿰맴질
꿰미 안주(-按酒)
꿰신다
꿰어 걸다
꿰어 놓다
꿰어 두다
꿰어 신다
꿰어 입어 보다
꿰어 차고 보다

꿰어 차다
꿰입다
꿰져 나오다
꿰지다
꿰질러 나가다
꿰찌르다
꿰찔리다
꿰차다
꿴대
뀌어 드리다
뀌어주다
뀌어줘 버리다
끄나풀 노릇
끄는 대로
끄덕 인사하다(-人事-)
끄덕여 보이다
끄덩이 잡다
끄덩이 잡히다
끄떡도 안 하다
끄떡 안 하다
끄떡 않다
끄떡없다
끄떡없이
끄를 새 없이
끄무레해지다
끄숙이다
끄잡다
끄잡아 일으키다
끄지 마라
끄지 않다
끄집고 나오다
끄집어내다
끄집어 내리다
끄집어 넣다
끄집어 당기다
끄집어들여 놓다
끄집어들이다
끄집어 올리다
끄트머리 부분(-部分)
끈고리
끈기 없이
끈기 있게
끈 꿰다
끈끈막(-膜)
끈끈물
끈 달다

끈덕지게 물고 늘어지다
끈 떨어지다 [관]
끈 떨어진 뒤웅박 [격]
끈 붙다 [관]
끈 붙이다 [관]
끈삼태기
끈술 달다
끈질기다
끈치톱
끈히 버티어 나가다
끊겨 버리다
끊고 나서
끊고 말다
끊기 어렵다
끊길 듯 이어지다
끊는 듯하다
끊다시피 하다
끊어 가다
끊어 가지고
끊어 내다
끊어 놓다
끊어 다오
끊어 두다
끊어뜨리다
끊어 버리다
끊어 읽다
끊어져 버리다
끊어 주다
끊어지기 쉽다
끊어지지 않다
끊어질락 말락 하다
끊어트리다
끊으나 마나 하다
끊이지 않다
끊은뿌리
끊일 날 없다
끊일 새 없다
끊임없다
끊임없이
끊자마자
끊지 못하다
끌개
끌 거야
끌걸
끌 걸세
끌걸요

178

끌게
끌게요
끌고 가게 하다
끌고 가다
끌고 가다시피 하다
끌고 가듯 하다
끌고 나가다
끌고 다니다
끌고 들어가다
끌고 오다
끌구멍
끌그물
끌끌 차다
끌낚시
끌날같다
끌다시피 하다
끌듯 하다 개 끌듯.
끌 듯하다 오래 끌 듯하다.
끌러 내다
끌러 놓다
끌러 놔두다
끌러 달라고 하다
끌러 달라다
끌러 두다
끌러 주다
끌러진 듯하다
끌려가다
끌려가다시피 하다
끌려가듯 하다
끌려갔다 오다
끌려 나가다
끌려 나오다
끌려 내려오다
끌려 다니다
끌려들다
끌려 들어가다
끌려오다
끌려오다시피 하다
끌려오듯 하다
끌로 박은 듯 [관]
끌리는 대로
끌리다시피 하다
끌리듯이
끌리어 가다
끌리어 오다
끌망치

끌면 끌수록
끌밥
끌방망이
끌배
끌신
끌안다
끌어가다시피 하다
끌어 나가다
끌어내기 무섭게
끌어내다
끌어내다시피 하다
끌어내리다
끌어넣다
끌어 놓다
끌어다 놓다
끌어다 대다
끌어다 붙이다
끌어다 쓰다
끌어다 주다
끌어 달라고 하다
끌어 달라다
끌어당기다
끌어대다
끌어들이다
끌어매다
끌어 모아 놓다
끌어 모으다
끌어 붙이다
끌어 쓰다
끌어안다
끌어 오다
끌어올리다
끌어 잡다
끌어 주다
끌쟁기
끌줄
끌질
끌탕
끌탕하다
끌통(-桶)
끓는 국에 국자 휘젓는다 [격]
끓는 국에 맛 모른다 [격]
끓는 물에 냉수 부은 것 같다(-冷水-) [격]
끓는점(-點)
끓는 피
끓듯 하다

끓어 넘치다
끓어오르다
끓여 가지고 오다
끓여 내다
끓여 놓다
끓여 마시다
끓여 먹다
끓여 먹이다
끓여 오다
끓여 주다
끔찍해 보이다
끕끕수   체면이 깎일 일을 당하여 갖는 부끄러
　　움.
끗발 나다
끗발 세다 [관]
끗발 세우다
끗발 센 사람
끗발 올리다
끗발 좋다 [관]
끙끙대다
끙끙 앓다
끙끙 앓아 눕다
끙짜놓다
끝가지
끝 간 데 없다 [관]
끝갈망
끝걷기
끝 글자(-字)
끝끝내
끝끝내 듣지 않다
끝나 가다
끝나 갈 때
끝나게 하다
끝나고 나니
끝나기 무섭게
끝나기 전(-前)
끝나는 대로
끝나 버리고 말다
끝나 봐야
끝나자마자
끝난 거야
끝난 다음
끝난 뒤
끝난 듯하다
끝난 지 오래되다
끝난 후(-後)

끝 날
끝날 거야
끝날걸
끝날 걸세
끝날걸요
끝날 듯하다
끝날 때
끝날 뻔하다
끝날 수밖에 없다
끝났나 보다
끝내 가다
끝내고 나니
끝내고 난 지
끝내기
끝내 놓다
끝내다시피 하다
끝내 버리다
끝내 보다
끝내자마자
끝내 주다
끝낼까 말까 하다
끝낼 듯 말 듯 하다
끝낼 듯하다
끝단속(-團束)
끝닿다
끝닿은 데 없이
끝댕기
끝도 한도 없다(-限-)
끝돈
끝동 달다
끝동 대다
끝 동생(-同生)
끝마감
끝마감 못 하다
끝마감해 주다
끝마무리
끝마무리 안 되다
끝마무리하다
끝마무리해 놓다
끝마쳐 가다
끝마쳐 놓다
끝마쳐 주다
끝마치는 대로
끝막음하다
끝막음해 놓다
끝말 잇기

끝매듭 짓다

끝맺어 버리다

끝맺음 못 하다

끝맺음하다

끝머리

끝 모를 데까지

끝모음(-母音)

끝 무렵

끝물

끝물 고추

끝반지 물건을 여러 몫으로 가를 때 맨 끝판의 차례.

끝 방(-房)

끝보기낚시

끝 부러진 송곳 [격]

끝 부분(-部分)

끝빨다

끝서리

끝소리

끝손질

끝 순서(-順序)

끝 시간(-時間)

끝 안 나다

끝이 가도 없다 [관]

끝없다

끝없이

끝일

끝 자(-字)

끝 자락

끝자리

끝자리 수(-數)

끝잔(-盞)

끝 장(-張)

끝장나다

끝장내다

끝장내 버리다

끝장놀이(-張-)

끝 장면(-場面)

끝장 보다

끝장 쥐다

끝전 치르다(-錢-)

끝줄

끝지다

끝 지점(-地點)

끝 집

끝 쪽

끝판

끼고 다니다

끼고돌다

끼니 거르다

끼니 걱정

끼니 굶다

끼니때 다가오다

끼니때 되다

끼니때마다

끼니 때우다

끼니 없는 놈에게 점심 의논(-點心議論) [격]

끼닛거리

끼리끼리

끼리끼리 모이다

끼어들지 마라

끼어 서다

끼어 앉다

끼어 앉아 가다

끼었다

끼었은 듯하다

끼울어지다

끼워 가지고

끼워 넣다

끼워 놓다

끼워 놔두다

끼워 두다

끼워 맞추다

끼워 버리다

끼워 주다

끼워 주지 마라

끼워 팔다

끼 있다

끼 있어 보이다

끼지럭끼지럭하다

끼지 않은 데가 없다

끼쳐 드리다

끼쳐 오다

끼쳐 주다

끼칠까 봐

끼칠뿐더러

끼칠 뿐만 아니라

끼칠 뿐 아니라

끽겁한 듯하다(喫怯-)

끽소리 못하다

끽소리 없다

끽해야 얼마 못 갈 거야

긴 듯하다
낌새
낌새 못 채다

낌새 봐서
낌새채다
낑낑 앓다

[ㄴ]

-ㄴ걸 (어미) 차는 이미 떠난걸, 이미 돌아가신 걸.

-ㄴ 셈 치고

-ㄴ즉 (어미) 비가 내린즉, 날씨가 찬즉.

-ㄴ즉슨 (조사) 이야긴즉슨.

-ㄴ즉슨 (어미) 들어 본즉슨.

-ㄴ 지 떠난 지 한달.

-ㄴ지 큰지 작은지 입어 봐라.

-ㄴ커녕 (조사) 고마워하긴커녕, 빨린커녕 천 천히도 못 걷겠다.

나가건 말건

나가게 되다

나가고 싶어 하다

나가곤드라지다

나가기 전에(-前-)

나가나 마나 하다

나가너부러지다

나가넘어지다

나가 놀다

나가는 년이 세간 사랴 [격]

나가는 대로

나가는 포수만 보고 들어오는 포수는 못 보겠 네(-砲手-砲手-) [격]

나가 다니다

나가 달라고 하다

나가 달라다

나가던 범이 몰려든다 [격]

나가 돌아다니다

나가동그라지다

나가들 놀아라

나가떨어지다

나가려던 참에

나가려던 터에

나가려 들다

나가려 하다

나가 버리다

나가 보다

나가뻐드러지다

나가 살다

나가실 거야

나가실걸

나가실 걸세

나가실걸요

나가실 텐데

나가쓰러지다

나가 있다 오다

나가자마자

나가자빠지다

나가 주다

나가지 마라

나가지 않고

나간 것 같다

나간 놈의 몫은 있어도 자는 놈의 몫은 없다 [격]

나간 놈의 집구석이라 [격]

나간다나 봐

나간 듯하다

나간 머슴이 일을 잘했다 [격]

나간 지 한 달

나간 후(-後)

나갈 거야

나갈걸

나갈 걸세

나갈걸요

나갈게

나갈게요

나갈까 말까 하다

나갈 데 없다

나갈 테다
나갈 테면 나가라지
나갔나 봐
나갔다 들어왔다 하다
나갔다 오다
나갔던 며느리 효도한다(-孝道-) [격]
나갔던 상주 제상 엎지른다(-喪主祭床-) [격]
나갔던 상주 제청에 달려들 듯(-喪主祭廳-)
　　[격]
나갔던 파리 왱왱거린다 [격]
나갔을 거야
나갔을걸
나갔을 걸세
나갔을걸요
나 같은 것이
나 같은 놈
나같이 못난 놈이
나 같지 않다
나굴며 조르다
나귀는 샌님만 섬긴다 [격]
나귀는 샌님만 업신여긴다 [격]
나귀 등 타고
나귀 샌님 대하듯(-對-) [격]
나귀 샌님 쳐다보듯 [격]
나귀쇠
나귀쇠 노릇 하다
나귀에 짐을 지고 타나 싣고 타나 [격]
나그네가 주인 노릇 한다(-主人-) [격]
나그네 귀는 간짓대 귀 [격]
나그네 귀는 석 자라 [격]
나그네 노릇 [관]
나그네 보내고 점심 한다(-點心-) [격]
나그네새
나그네 생활(-生活)
나그네 세상(-世上) [관]
나그네 신세(-身世)
나그네 주인 쫓는 격(-主人-格) [격]
나그넷길
나긋나긋이 굴다
나긋나긋하다
나긋나긋해 보이다
나깨나 먹다
나깨떡
나깨만두(-饅頭)
나깨 범벅
나깨수제비

나꾸러기
나나는 새
나 나름대로
나날계(-契)
나날꽃
나날이 좋아지다
나노 기술(nano技術)
나농꾼(懶農-)
나누게 되다
나누기표(-標)
나누기하다
나누는수(-數)
나누다 보니
나누어 가다
나누어 가르다
나누어 가지다
나누어 넣다
나누어 놓다
나누어 두다
나누어 드리다
나누어떨어지다
나누어 마시다
나누어 맡다
나누어 먹기 식이다(-式-)
나누어 먹다
나누어 보다
나누어 쓰다
나누어 오다
나누어 주다
나누어 타다
나누어 팔다
나누어 할 일
나눌 수밖에 없다
나눗셈
나눗셈법(-法)
나눠 가다
나눠 가지다
나눠 갚다
나눠 내다
나눠 넣다
나눠 놓다
나눠 담다
나눠 두다
나눠떨어지다
나눠 마시다
나눠 맡다

나눠 먹기 식이다(-式-)
나눠 먹다
나눠 먹이다
나눠 보다
나눠 쓰다
나눠 오다
나눠 주다
나눠지다
나눠 타다
나눠 하다
나는 놈마다 장군이다(-將軍-) [격]
나는 놈 위에 타는 놈 있다 [격]
나는 대로
나는 듯이
나는 듯하다
나는 바람 풍 해도 너는 바람 풍 해라(-風-風-) [격]
나는 새도 깃을 쳐야 날아간다 [격]
나는 새도 떨어뜨린다 [격]
나는 새도 움직여야 난다 [격]
나니는 벌
나다니다
나다분하다
나닥나닥 기우다
나달나달 낡다
나 대신(-代身)
나대접(-待接)
나대지 마라
나덤벙이지 말고
나도 덩더꿍 너도 덩더꿍 [격]
나도 모르게
나도 몰래
나돌게 되다
나돌아 다니다
나동그라지다
나둥그러지다
나뒤쳐지다
나뒹굴지나 말고
나드리다
나들이 가다
나들이객(-客)
나들이고누
나들이 길
나들이 삼아 나오다
나들이옷
나들이 인파(-人波)

나들이 철
나들이하다
나떠 있다
나떡
나떨어지다
나라가 어지러우면 충신이 난다(-忠臣-) [격]
나라가 없어 진상하나(-進上-) [격]
나라가 편해야 신하가 편하다(-便-臣下-便-) [격]
나라 간에(-間-)
나라 걱정 하다
나라 것
나라 고금도 잘라먹는다(-雇金-) [격]
나라 곳곳에
나라 꼴
나라꽃
나라는 백성이 근본이다(-百姓-根本-) [격]
나라님 만든 관지 판 돈도 자른다(-款識-) [격]
나라님 망건 값도 쓴다(-網巾-) [격]
나라님이 약 없어 죽나(-藥-) [격]
나라말
나라 망신(-亡身)
나라 밖 소식(-消息)
나라별로(-別-)
나라 사랑
나라 사이
나라 살림
나라 상감님도 늙은이 대접은 한다(-待接-) [격]
나라 안
나라 안팎
나라 없는 백성 없다(-百姓-) [격]
나라 위상(-位相)
나라의 쌀독이 차야 나라가 잘산다 [격]
나라 이름
나라 잃은 슬픔
나라진 몸
나라 형편(-形便)
나락뒤주
나란해지다
나란히고래   나란히 놓여 있는 방고래.
나란히금 =평행선.
나란히 되다
나란히 서다
나란히 하다
나란히 해 놓다

나랏돈
나랏빚
나랏일
나랑 너랑
나래꾼
나래질
나래치기
나로 말미암아
나로 하여금
나루 건너 배 타기[격]
나루지기
나루질
나루채
나루치
나루터
나루터지기
나룻가
나룻목
나룻배
나룻이 석 자라도 먹어야 샌님 [격]
나른해져 가다
나를 거야
나를걸
나를 걸세
나를걸요
나를게
나를게요
나름대로
나룻걸이
나릿나릿하다
나막신 신고 대동선 쫓아간다(-大同船-) [격]
나만도 못하다
나만 못하다
나만 하다
나 많은
나 많은 말이 콩 마다할까 [격]
나 많은 아저씨가 져라 [격]
나 말고
나머지 것
나머지 돈
나머지 중에서(-中-)
나 먹기는 싫어도 남 주기는 아깝다 [격]
나 먹자니 배 부르고
나 먹자니 싫고 개 주자니 아깝다 [격]
나 모르는 기생은 가기생이라(-妓生-假妓生-)
　　[격]

나 모르는 사이
나 몰라라 하다 [관]
나 몰래
나 못 먹을 밥에는 재나 넣지 [격]
나 못잖은
나 못지않은
나무 가꾸다
나무가위
나무갓
나무거울
나무거죽
나무 걸상(-床)
나무걸
나무 계단(-階段)
나무공사(-工事)
나무 공이 등 맞춘 것 같다 [격]
나무 구멍
나무 궤짝(-櫃-)
나무귀신(-鬼神)
나무 그늘
나무그루
나무 그릇
나무 기둥
나무김칫독
나무깽이
나무껍질
나무 꼬챙이
나무 꼭대기
나무꽂이
나무꾼
나무 끝의 새 같다 [격]
나무눈
나무다리(1)　나무로 놓은 다리.
나무다리(2)　나무 의족.
나무달굿대
나무도 달라서 층암절벽에 선다(-層巖絶壁-)
　　[격]
나무 도둑
나무 도둑과 숟가락 도둑은 간 곳마다 있다 [격]
나무 도마
나무 도막
나무도 쓸 만한 것이 먼저 베인다 [격]
나무도 옮겨 심으면 삼 년은 뿌리를 잃는다(-
　　三年-) [격]
나무도 크게 자라야 소를 맬 수 있다 [격]
나무 될 것은 떡잎 때부터 알아본다 [격]

187

나무때기
나무때기 시집보낸 것 같다 [격]
나무떨기
나무 뚝배기 쇠 양푼 될까 [격]
나무라도 고목이 되면 오던 새도 아니 온다(-古木-) [격]
나무라듯 하다
나무라지 마라
나무랄 데 없다
나무람 듣다
나무람 타다 [관]
나무람 해 주다
나무래 주다
나무를 보고 숲을 보지 못한다 [격]
나무 막대
나무말미
나무망치
나무모
나무모밭
나무못
나무 밑
나무바가지
나무바다
나무바리
나무 방망이
나무배
나무 부스러기
나무부처
나무뿌리
나무 사이사이
나무 상자(-箱子)
나무새(1) 여러 가지 땔나무를 통틀어 이르는 말.
나무새(2) =나무숲.
나무새김
나무새 해 놓다
나무속
나무손
나무순
나무숲
나무숲 속
나무시집보내기
나무 심다
나무 아래
나무에도 못 대고 돌에도 못 댄다 [격]
나무에서 고기를 찾는다 [격]

나무에 오르라 하고 흔드는 격(-格) [격]
나무 열매
나무오리
나무옹이
나무 위
나무 의자(-椅子)
나무 이름
나무일
나무일 하다
나무 잘 타는 잔나비 나무에서 떨어진다 [격]
나무 장사
나무장(-場)
나무장수
나무전(-廛)
나무절구
나무젓가락
나무 주걱
나무줄기
나무즙(-汁)
나무 지게
나무진 =나무즙.
나무진판(-板)
나무집게
나무쪽
나무창(-槍)
나무초리
나무총(-銃)
나무 침대(-寢臺)
나무칼
나무칼로 귀를 베어도 모르겠다 [격]
나무토막
나무통 커다란 통나무를 몇 개로 끊어 놓은 토막.
나무통(-桶) 나무로 만든 통.
나무틀
나무 판(-板)
나무판자(-板子)
나무패(-牌)
나무하다 땔감으로 쓸 나무를 베거나 주워 모으다.
나무하러 가다
나무 한 대를 베면 열 대를 심으라 [격]
나무해 오다
나무흙손
나문재나물
나물거리

나물국
나물꾼
나물 무치다
나물무침
나물바구니
나물 반찬(-飯饌)
나물밥
나물범벅
나물볶음
나물죽(-粥)
나물 캐러 가다
나물하러 가다
나뭇가리
나뭇가지
나뭇간(-間)
나뭇개비
나뭇결
나뭇결무늬
나뭇고갱이
나뭇길
나뭇단
나뭇더미
나뭇독
나뭇동
나뭇등걸
나뭇바리
나뭇잎
나뭇잎 배
나뭇재
나뭇조각
나뭇진(-津)
나뭇짐
나박김치
나박나박 썰다
나밖에 없다
나 밖에도 얼마든지
나밖에 모른다
나발 불다(喇叭-) [관]
나발치마(喇叭-)
나방꾐등(-燈)
나방난고치
나배기
나뱃뱃이 생긴 얼굴
나번득이다
나볏이 인사하다(-人事-)
나 보고 싶지

나 보기가 역겨워
나 보란 듯이
나부대대하다
나부라지다
나부랑납작하다
나 부를 노래를 사돈집에서 부른다(-査頓-)
   [격]
나부시 내려앉다
나부터 고쳐야지
나불나불하다
나붙다
나비경첩
나비꼴
나비꽃
나비꽃부리
나비꽃잎
나비내기
나비넥타이(-necktie)
나비눈 못마땅해서 눈알을 굴려 못본 체하는
   눈짓.
나비 눈 나비의 눈.
나비 떼
나비매듭
나비 모양(-模樣)
나비물
나비수염(-鬚髥)
나비잠 갓난아이가 두 팔을 머리 위로 벌리고
   자는 잠.
나비장붙임
나비질
나비춤
나비치다
나빠 보이다
나빠져 가다
나빠지게 되다
나빠질 거야
나빠질걸
나빠질 걸세
나빠질걸요
나빴을 거야
나뿐만 아니라
나뿐 아니라
나쁘게 먹다
나쁘긴 하지만
나쁘다나 봐
나쁘다 하더라도

나쁜 것 같지 않다
나쁜 년
나쁜 놈
나쁜 데 가지 마라
나쁜 듯하다
나쁜 소문은 빨리 퍼진다(-所聞-) [격]
나쁜 술 먹기는 정승 하기보다 어렵다(-政丞-)
　　[격]
나쁜 일은 천 리 밖에 난다(-千里-) [격]
나쁜 자식(-子息)
나쁜 짓 안 하다
나쁜 짓 하다
나쁜 쪽
나쁜 풀은 빨리 자란다 [격]
나쁠 거야
나쁠걸
나쁠 걸세
나쁠걸요
나쁠 것 같다
나쁠 게 없다
나삐 듣지 마라
나삐 보다
나삐 여기다
나사가 빠지다(螺絲-) [관]
나사가 풀어지다(螺絲-) [관]
나사고리(螺絲-)
나사꼴(螺絲-)
나사돌리개(螺絲-)
나사를 죄다(螺絲-) [관]
나사못(螺絲-)
나사 빠진 듯이(螺絲-)
나사송곳(螺絲-)
나사탕개(螺絲-)
나사 풀린 듯이(螺絲-)
나삿니(螺絲-)
나서려 안 하다
나서려 하다
나서면 안 된다
나서 보다
나서서 하다
나서자마자
나서지 마라
나선 계단=나선계단(螺旋階段)
나선 모양(螺線模樣)
나선무늬(螺線-)
나설 만도 하다

나설 줄이야
나스르르 돋다
나슨히 드러눕다
나싸대다
나아가서
나 아니면 남이다 [격]
나 아니면 안 된다
나아 보이다
나아오다
나아와 서다
나아져 가다
나아지게 되다
나아질 거야
나아질걸
나아질 걸세
나아질걸요
나아질 듯하다
나앉게 되다
나았을 거야
나았을걸요
나약해 보이다(懦弱-)
나약해져 가다(懦弱-)
나어리다
나어린 딸년
나 없을 때
나엎어지다
나 역시(-亦是)
나열되다(羅列-)
나열해 놓다(羅列-)
나열해 두다(羅列-)
나오고 나서야
나오고 싶어 하다
나오는 대로
나오는 듯싶다
나오는 듯하다
나오는 척하다
나오든 안 나오든
나오려던 참에
나오려던 터에
나오려 안 하다
나오르다　소문 따위가 퍼져 자꾸 남의 입에 오
　　르내리다.
나오면 안 된다
나오자마자
나오지 마라
나온다나 봐

나온 데 이어
나온 지 얼마 안 되다
나올 거야
나올걸
나올 걸세
나올걸요
나올 것 같다
나올게
나올게요
나올 둥 말 둥 하다
나올 듯도 하다
나올 듯 말 듯 하다
나올 듯싶다
나올 듯하다
나올 리 없다
나올 만하다
나올 법하다(-法-)
나올 수밖에
나올 적에 봤다면 짚신짝으로 틀어막을 걸 [격]
나올지 말지
나올지 모르겠다
나올 테니
나옴직하다
나와 같은
나와 같이
나와 놀다
나와 다니다
나와 달라고 하다
나와 달라다
나와 버리다
나와 보고 싶다
나와 앉다
나와 주다
나왔나 봐
나왔다 가다
나왔을 거야
나왔을걸
나왔을 걸세
나왔을걸요
나 외에(-外-)
나요양소(癩療養所)
나은가 보다
나은 게 뭐냐
나은 쪽으로 생각하다
나을 거야
나을걸

나을 걸세
나을걸요
나을 것 같지 않다
나을 듯싶다
나을 듯하다
나이가 들면 어린애가 된다 [격]
나이가 원수(-怨讐) [격]
나이깨나 먹어 보이다
나이는 못 속인다 [격]
나이대접(-待接)
나이 덕이나 입자(-德-) [격]
나이 드신 분
나이 든 사람
나이 들수록
나이 들어 가다
나이 들어 보이다
나이떡
나이 또래
나이롱환자(nylon患者)
나이 많아 보이다
나이 많아지다
나이 많이 들어 보이다
나이 먹고 보니
나이 먹어 가다
나이바퀴 =나이테.
나이배기
나이순으로(-順-)
나이 아깝다 [관]
나이 안 들어 보이다
나이 어린 것이
나 이외에는(-外-)
나이자락 지긋한 나이를 낮잡아 이르는 말.
나이 자랑
나이 젊은 딸이 먼저 시집간다(-媤-) [격]
나이 제한(-制限)
나이 지긋해 보이다
나이 차다
나이 차 많이 나다(-差-)
나이 차서 미운 계집 없다 [격]
나이 차이(-差異)
나이층(-層) =연령층.
나이 탓
나이트클럽(nightclub)
나이티
나이티 나다
나일 강(Nile江)

나일론 실(nylon-)
나잇값
나잇값도 못 하다
나잇살
나잇살이나 먹다
나 자신(-自身)
나자빠질 뻔하다
나 잡아 잡수 한다 [격]
나전 칠기=나전칠기(螺鈿漆器)
나절가웃
나조반(-盤)
나 좀 보자
나좃쟁반(-錚盤)
나중 것
나중 난 뿔이 우뚝하다 [격]
나중 달아난 놈이 먼저 달아난 놈을 비웃는다
  [격]
나중 문제(-問題)
나중에 들어온 놈이 아랫목 차지한다 [격]
나중에 보자는 사람 무섭지 않다 [격]
나중에야 삼수갑산을 갈지라도(-三水甲山-)
  [격]
나중지사(-之事)
나중판
나지리 보다
나지리 여기다
나지막해 보이다
나직나직하다
나직이 속삭이다
나직해 보이다
나쪼아 앉다
나체 사진=나체사진(裸體寫眞)
나체쇼(裸體show)
나체촌(裸體村)
나타나 있는 대로
나타나자마자
나타난 대로
나타난 바와 같이
나타날 거야
나타날걸
나타날 걸세
나타날걸요
나타날 것 같다
나타날 듯하다
나타날지 모르겠다
나타날지도 몰라

나타내 보이다
나타내 주다
나타낸 듯하다
나타낼 만하다
나탈나탈하다
나태해 보이다(懶怠-)
나태해져 가다(懶怠-)
나태해지다(懶怠-)
나토군(NATO軍)
나팔꼭지(喇叭-)
나팔나팔하다
나팔바지(喇叭-)
나팔 불다(喇叭-)
나팔 소리(喇叭-)
나 하고 싶은 게 있다
나 하나쯤
나 한 몸
나한에도 모래 먹는 나한이 있다(羅漢-羅漢-)
  [격]
나 할 일
나 혼자
나 홀로
나흗날
나흘간(-間)
나흘 내로(-內-)
나흘 동안
나흘 만에 오다
나흘밖에 안 남다
나흘 밤
나흘분(-分)
나흘 전(-前)
나흘 정도 되다(-程度-)
나흘째
나흘 치 식량(-食糧)
나흘 후(-後)
낙관론자(樂觀論者)
낙관 마라(樂觀-)
낙관만 하다 보니(樂觀-)
낙관 안 하다(樂觀-)
낙관주의(樂觀主義)
낙관 찍다(落款-)
낙관해 오다(樂觀-)
낙농산물(酪農産物)
낙담 안겨 주다(落膽-)
낙도 지역(落島地域)
낙동강 오리알(洛東江-)

192

낙락장송도 근본은 종자(落落長松-根本-種子)

　　[격]

낙뢰 사고(落雷事故)

낙마 사고(落馬事故)

낙방거지(落榜-)

낙상거리(落傷-)

낙서 금지(落書禁止)

낙석 조심(落石-)

낙선 운동(落選運動)

낙수받이(落水-)

낙수받잇돌(落水-)

낙수 소리(落水-)

낙숫고랑(落水-)

낙숫물(落水-)

낙숫물받이(落水-)

낙숫물 소리(落水-)

낙숫물은 떨어지던 데 또 떨어진다(落水-) [격]

낙숫물이 댓돌을 뚫는다(落水-) [격]

낙심 안 하다(落心-)

낙심천만(落心千萬)

낙심하지 마라(落心-)

낙양의 지가를 올리다(洛陽-紙價-) [관]

낙엽 관목=낙엽관목(落葉灌木)

낙엽 교목=낙엽교목(落葉喬木)

낙엽비행(落葉飛行)

낙엽수림(落葉樹林)

낙엽 지다(落葉-)

낙오되지 않다(落伍-)

낙오 없이(落伍-)

낙오자 되다(落伍者-)

낙원 같다(樂園-)

낙원 속(樂園-)

낙인찍다(烙印-)

낙인찍히다(烙印-)

낙장거리

낙장불입(落張不入)

낙점 받다(落點-)

낙제 수준(落第水準)

낙제시키다(落第-)

낙제점 받다(落第點-)

낙조기　주낙으로 잡은 조기.

낙조 물든 항구(落照-港口)

낙종머리(落種-)

낙종물(落種-)

낙죽장도(烙竹粧刀)

낙지발술

낙지배

낙지백숙(-白熟)

낙지볶음

낙지어채(-魚菜)

낙지자반

낙지저냐

낙지적(-炙)

낙지전골

낙지젓

낙지호미

낙지회(-膾)

낙차 크다(落差-)

낙찰 가격(落札價格)

낙천주의자(樂天主義者)

낙타 등 같다(駱駝-)

낙태 수술(落胎手術)

낙태한 고양이 상(落胎-相) [격]

낙하산 부대=낙하산부대(落下傘部隊)

낙하산 인사(落下傘人事)

낙하산 타다(落下傘-)

낙하지점(落下地點)

낙향 선비(落鄕-)

낙화생죽(落花生粥)

낙화시절(落花時節)

낙화유수(落花流水)

낙후 지역(落後地域)

낚거루

낚시 가다

낚시 가방

낚시걸이(1)　보통 쓰는 낚시 모양의 호미.

낚시걸이(2)　조그마한 것을 미끼로 삼아 남에게
　　　　　서 많은 이익을 얻어내려는 짓.

낚시꾼

낚시눈

낚시 다녀오다

낚시 대회(-大會)

낚시를 던지다 [관]

낚시도래

낚시어업(-漁業)

낚시얼레

낚시질 가다

낚시질하다

낚시찌

낚시채비

낚시코

낚시터

193

낚시회 총무(-會總務)
낚싯거루
낚싯대
낚싯대꽂이
낚싯돌
낚싯바늘
낚싯바늘에 걸린 생선(-生鮮) [격]
낚싯밥
낚싯봉
낚싯줄
낚아 가다
낚아 내다
낚아 보다
낚아 오다
낚아 올리다
낚아채다
낚인 고기
낚일 만한 자리
낚지 못하다
난가게
난가난든부자(-富者)
난간뜰(欄干-)
난간마루(欄干-)
난간머리(欄干-)
난간 위(欄干-)
난간엄지기둥(欄干-)
난간이마(欄干-)
난감한 듯하다(難堪-)
난감해지다(難堪-)
난감해하다(難堪-)
난거지든부자(-富者)
난공사(難工事)
난국 타개(難局打開)
난 나는 해 과거했다(亂-科擧-) [격]
난놈
난다 긴다 하다 [관]
난 대로 있다 [격]
난데없다
난데없이
난뎃놈
난뎃사람
난뎃손님
난도질(亂刀-)
난도질 당하다
난도질 치다(亂刀-)
난도질하다(亂刀-)

난동 부리다(亂動-)
난동 사건(亂動事件)
난동 피우다(亂動-)
난든벌
난든벌 갖추다
난든집
난든집 나다 [관]
난들
난딱 일어서다
난로 과열(煖爐過熱)
난로 피우다(煖爐-)
난롯가(煖爐-)
난롯불(煖爐-)
난리가 나도 얻어먹고 살겠다(亂離-) [격]
난리가 모 뿌리로 들어갔다(亂離-) [격]
난리 겪다(亂離-)
난리굿(亂離-)
난리굿 치다(亂離-)
난리 나다(亂離-)
난리 법석(亂離-)
난리 치다(亂離-)
난리 통에(亂離-)
난리판(亂離-)
난마 끓듯이(亂麻-)
난 말이야
난목 서너 필(-木-疋)
난 못 하겠다
난민 구호(難民救護)
난민 돕기(難民-)
난민 수용소(難民收容所)
난바다
난반사되다(亂反射-)
난방 기구(暖房器具)
난방 시설=난방시설(暖房施設)
난방 안 되어 있다(暖房-)
난방용품(暖房用品)
난방 장치=난방장치(暖房裝置)
난밭
난밭 사람
난버덩파기
난번(-番)
난벌
난봉기(-氣)
난봉기 가득하다(-氣-)
난봉꾼
난봉나다

194

난봉살림
난봉자식(-子息)
난봉자식이 마음잡아야 사흘이다(-子息-) [격]
난봉쟁이
난봉 피우다
난부자(-富者)
난부자든가난(-富者-)
난사냥
난사람
난사젓 양미리 새끼로 담근 젓갈.
난산 끝에(難産-)
난상공론(爛商公論)
난상토의(爛商討議)
난색 보이다(難色-)
난색 표하다(難色表-)
난생 겪어 보지 못하다(-生-)
난생 본 적이 없다(-生-)
난생처음(-生-)
난생후(-生後)
난생후 처음 겪다(-生後-)
난시청 지역(難視聽地域)
난 안 하다
난을 치다(蘭-)
난의포식(暖衣飽食)
난 자리
난자질(亂刺-)
난잡스러워 보이다(亂雜-)
난잡해 보이다(亂雜-)
난잡해지다(亂雜-)
난잡히 굴다(亂雜-)
난장개(亂杖-)
난장굿(亂場-)
난장 맞다(亂杖-) [관]
난장 벌이다(-場-)
난장 서다(-場-)
난장쇠(-場-)
난장을 트다(-場-) [관]
난장을 치다(亂場-) [관]
난장질(亂杖-)
난장 치다(亂杖-) [관]
난장판(亂場-)
난장판 되다(亂場-)
난장패(亂場牌)
난쟁이 같다
난쟁이같이
난쟁이 교자꾼 참여하듯(-較子--參與-) [격]

난쟁이끼리 키 자랑하기 [격]
난쟁이 월천꾼 즐기듯(-越川-) [격]
난쟁이 허리춤 추키듯 [격]
난쟁이나무
난쟁이춤
난적 만나다(難敵-)
난전 몰리듯(亂廛-) [격]
난전붙이(亂廛-)
난전을 치다(亂廛-) [관]
난전질(亂廛-)
난전 치듯(亂廛-) [격]
난전 치르다(亂戰-)
난점 해결(難點解決)
난제 중 하나(難題中-)
난중일기(亂中日記)
난지락난지락하다
난질가다
난질꾼 술과 색에 빠져 방탕하게 놀기를 잘하
    는 사람.
난질 나선 년
난질난질하다
난처한 듯이(難處-)
난처한 듯해 보이다(難處-)
난처해져 가다(難處-)
난처해지다(難處-)
난처해하다(難處-)
난청 지역(難聽地域)
난 체하다
난초를 치다(蘭草-) [관]
난초 불붙으니 혜초 탄식한다(蘭草-蕙草歎息-)
    [격]
난추니 새매의 수컷.
난침모(-針母)
난타당하다(亂打當-)
난타전 끝에(亂打戰-)
난탕질
난탕 치다
난통 겪다(難-)
난투 끝에(亂鬪-)
난파당하다(難破當-)
난폭 운전(亂暴運轉)
난폭해져 가다(亂暴-)
난폭해지다(亂暴-)
난폭 행동(亂暴行動)
난항 끝에(難航-)
난해해 보이다(難解-)

난형난제(難兄難弟)
낟가리
낟알
낟알 구경을 하다 [관]
낟알기라고는 구경도 못하다
낟알은 익을수록 고개를 숙인다 [격]
날가루
날 가리다 [관]
날가죽
날가지
날간(-肝)
날갈이
날감
날감자
날강도(-强盜)
날강도질(-强盜-)
날강목
날강목을 치다
날개그물
날개깃
날개끝
날개 단 듯이
날개 달린 듯이
날개덮깃
날개돋이
날개돋이하다
날개 돋치다 [관]
날개 돋친 듯이
날개 돋친 범 [격]
날개바람
날개바퀴
날개 부러진 매 [격]
날개사위
날개 없는 봉황(-鳳凰) [격]
날개열매
날개옷
날개 잃은
날개 접다
날개집
날개 치다
날개털
날개 펴다 [관]
날개 펼치다
날개폭(-幅)
날갯죽지
날갯짓

날거리
날 거야
날건달
날걸
날 걸세
날걸요
날것
날 것 같다 [관]
날것 먹지 마라
날계란(-鷄卵)
날고구마
날고기
날고 기다
날고깔
날고뛰다
날고르기
날고추
날고치
날곡식(-穀食)
날공전(-工錢)
날구역(-嘔逆)
날귀
날기와
날김치
날꼬챙이
날나다 (1)짚신 따위가 닳아서 날이 보이다.
       (2)일이 거덜나다.
날나무
날내
날내 나다
날단거리 풀이나 나뭇가지를 베는 대로 곧 묶
       어서 말린 땔나무.
날달걀
날달기
날도둑
날도둑년
날도둑놈
날도둑질
날도적(-盜賊)
날도적놈(-盜賊-)
날도적질(-盜賊-)
날돈
날된장(-醬)
날등성
날 들다 [관]
날 듯하다

날듯 하다   나비 날듯 하다.
날땅
날 때 궂은 아이가 죽을 때도 궂게 죽는다 [격]
날떡
날뛰듯 하다
날뜀판
날뜨기
날라 가다
날라 놓다
날라다 놓다
날라리쟁이
날라리판
날라리패(-牌)
날라 오다
날라 주다
날랐을 걸세
날랐을걸요
날랜 장수 목 베는 칼은 있어도 윤기 베는 칼은
      없다(-將帥-倫紀-) [격]
날려 버리다
날려 보내다
날로 날로 번창하다(-繁昌-)
날로달로
날로 먹다
날로 보나 등으로 보나[격]
날름막(-膜)
날름쇠
날리듯 하다
날림 공사(-工事)
날림식(-式)
날림치
날망치
날매
날메
날면 기는 것이 능하지 못하다(-能-) [격]
날목(-木)
날문(-門)
날 문은 낮아도 들 문은 높다(-門-門-) [격]
날물
날미역
날밑
날바늘
날바닥
날바탕
날반죽
날 받다 [관]

날 받아 놓은 색시 같다 [격]
날받이
날 밝는 대로
날밤(1) 부질없이 새우는 밤.
날밤(2) 굽거나 삶거나 찌거나 말리지 않은 밤.
날밤 새우다 [관]
날밤집
날밥   매에게 보통 때 자유롭게 먹게 하는 밥.
날배기   굽지 않은 독.
날백이칼
날벌레
날벼
날벼락
날벼락 맞다
날변(-邊)
날 보러 오다
날보리
날 봐
날불한당(-不汗黨)
날붙이
날빛
날사기꾼(-詐欺-)
날사리
날사이
날삯
날삯꾼
날삯월급(-月給)
날상가(-喪家)
날상제(-喪制)
날새
날새경
날 새다 [관]
날 샌 올빼미 신세(-身世) [격]
날 샌 은혜 없다(-恩惠-) [격]
날 샐 녘
날 서다 [관]
날 세우다 [관]
날소일(-消日)
날솟아 오르다
날송장
날수 모자라다(-數-)
날수 세다(-數-)
날수수
날수 채우다(-數-)
날숨
날숨소리

날실(1) 삶지 않은 실.
날실(2) 피륙을 짤 때, 세로 방향으로 놓인 실.
날쌀
날쌔다
날쌘 솜씨
날씨 고르지 못하다
날씨금
날씨 정보(-情報)
날씬해 보이다
날씬해져 가다
나씬해지다
날아가다
날아가듯이
날아가듯 하다
날아가 버리다
날아갈 것 같다
날아갈 듯하다
날아 내리다
날아놓다
날아다니는 까막까치도 제 밥은 있다 [격]
날아다니다
날아돌다
날아들다
날아 들어가다
날아 보다
날아서 가다
날아예다
날아오다
날아오르다
날아편(-阿片)
날어김
날엿기름
날 오라 하다
날 위해(-爲-)
날은 저물어 가고 길은 멀다 [격]
날을 세우다
날을 지우다 [관]
날이면 날마다 [관]
날이 못 되어 이루어졌다 [격]
날이 서다
날인 받다(捺印-)
날일
날일꾼
날입 대팻밥이 빠져나오도록 대패의 등 쪽으로
      파인 틈.
날 잡다 [관]

날 잡아 잡수 한다
날 잡은 놈이 자루 잡은 놈을 당하랴(-當-) [격]
날장구
날장작
날장판(-壯版)
날 저물다
날전복(-全鰒)
날정
날젖
날제육(-肉)
날조 기사(捏造記事)
날 좀 도와줘
날종이
날주정(-酒酊)
날짐승
날짜 가는 줄도 모른다
날짜 계산(-計算)
날짜별로(-別-)
날짱날짱하다
날치구이
날치기꾼
날치기당하다(-當-)
날치기 사건(-事件)
날치기식으로(-式-)
날치기 통과(-通過)
날치기하다
날치기해 가다
날치꾼
날카로울 거야
날카로울걸
날카로울 걸세
날카로울걸요
나카로워 보이다
날카로워져 가다
날카로워지다
날콩
날콩가루
날큰날큰하다
날탕으로 하다
날탕 치다
날틀
날파람
날파람둥이
날파람스럽다
날파람잡다
날파람쟁이

날판
날팥
날포 하루 이상이 걸친 동안.
날품
날품삯
날품 팔다
날품팔이
날품팔이꾼
날피리 급히 쫓길 때 물 위로 뛰어오르며 도망
　　가는 피라미.
날홈 대패 날을 끼기 위하여 파 놓은 홈.
날 흐리다
낡고 낡은
낡아 가다
낡아 보이다
낡아 빠지다
낡아지다
낡은 듯하다
낡은 듯해 보이다
낡은 존위 댁네 보리밥은 잘해(-尊位宅-) [격]
낡삭다
낡삭은 초가집(-草家-)
남가일몽(南柯一夢)
남 같은
남같이
남 같지 않다
남게 되다
남게 하다
남겨 가지고 오다
남겨 놓다
남겨 두다
남겨 보다
남겨 오다
남겨 주다
남겨지다
남극 지방=남극지방(南極地方)
남근 숭배(男根崇拜)
남기게 되다
남기고 가다
남기고 싶다
남기고 오다
남기다시피 하다
남기자마자
남기지 마라
남긴 대로
남긴 듯해 보이다

남긴 채
남길 듯하다
남길 듯해 보이다
남김없이
남김없이 먹어 치우다
남나중으로 나서다
남날개
남남 간에(-間-)
남남 같은
남남같이
남남끼리
남남 된 지 오래다
남남북녀(南男北女)
남남 사이
남남서풍(南南西風)
남녀 간에(男女間-)
남녀 공용(男女共用)
남녀 공학=남녀공학(男女共學)
남녀 관계(男女關係)
남녀 구분 없이(男女區分-)
남녀노소 없이(男女老少-)
남녀동등권(男女同等權)
남녀별로(男女別-)
남녀 불문하고(男女不問-)
남녀유별(男女有別)
남녀종(男女-)
남녀 종업원(男女從業員)
남녀 차별(男女差別)
남녀추니(男女-) 남자와 여자의 생식기를 둘
　　다 가지고 있는 사람.
남녀칠세부동석(男女七歲不同席)
남녀평등(男女平等)
남녀 학생(男女學生)
남녘땅(南-)
남는 게 없다
남늦다
남다르다
남달리
남대문 거리(南大門-)
남대문 구멍 같다(南大門-) [관]
남대문 시장=남대문시장(南大門市場)
남대문이 열리다(南大門-) [관]
남대문입납(南大門入納)
남도 땅(南道-)
남도 민요=남도민요(南道民謠)
남동생(男-)

남동쪽(南東-)
남 되다
남 떡 먹는데 팥고물 떨어지는 걱정한다 [격]
남마구리(南-)
남만도 못하다
남만 못하다
남만 하다
남 말 하듯 하다
남 말 하지 마라
남매간(男妹間)
남매덤(男妹-)
남매 사이(男妹-)
남매죽(男妹粥)
남 먼저 하다
남모르다
남몰래
남 못지않다
남문 밖(南門-)
남문안장(南門-場)
남미 대륙＝남미대륙(南美大陸)
남미 지역(南美地域)
남방샤쓰(南方shirts)
남방셔츠(南方shirts)
남방아
남방 한계선(南方限界線)
남배우(男俳優)
남베트남(南Viet Nam)
남보라(藍-)
남 보란 듯이
남볼썽
남볼썽 사납다
남부끄럽다
남부끄러울 게 없다
남부럽다
남부럽잖다
남부여대(男負女戴)
남부 지방(南部地方)
남북 간(南北間)
남북 교류(南北交流)
남북 나다(南北-) [관]
남북대가리(南北-) '장구머리'를 낮잡아 이르
　　는 말.
남북 대화＝남북대화(南北對話)
남북문제(南北問題)
남북촌(南北村)
남북통일(南北統一)

남북 화해(南北和解)
남사당놀이(男-)
남사당패놀음(男-牌-)
남산골(南山-)
남산골딸깍발이(南山-)
남산골샌님(南山-)
남산골샌님이 망해도 걸음 걷는 보수는 남는다
　　(南山-亡-步數-) [격]
남산골샌님이 역적 바라듯(南山-逆賊-) [격]
남산 소나무를 다 주어도 서캐조롱 장사를 하
　　겠다 [격]
남상남상하다
남상 지르다(男相-)
남새밭
남새붙이
남색짜리(藍色-)
남 생각 않다
남생이 등 맞추듯 [격]
남생이 등에 풀쌔기 쐼 같다 [격]
남생이 등에 활 쏘기 [격]
남서쪽(南西-)
남선생(男先生)
남 선생(南先生)
남성 근로자(男性勤勞者)
남성용품(男性用品)
남성 전용(男性專用)
남성지다(男性-)
남술(男-)　남자가 쓰는 숟가락.
남스님(男-)
남스란치마(藍-)
남실바람
남십자성(南十字星)
남십자자리(南十字-)
남씨금(南-)
남아나다
남아나지 못하다
남아돌다
남아돌 리 없다
남아돌아가다
남아돌아갈는지는 모르지만
남아 보다
남아 선호(男兒選好)
남아 오다
남아 있는 한(-限)
남아프리카(南Africa)
남 안 보다

남 안 주다
남았을 텐데
남 앞에
남양 군도=남양군도(南洋群島)
남양 원님 굴회 마시듯(南陽員-膾-) [격]
남에게 매 맞고 개 옆구리 찬다 [격]
남에 없는 [관]
남용되어 오다(濫用-)
남용 안 하다(濫用-)
남용해 오다(濫用-)
남우세스럽다
남우 주연(男優主演)
남원부채(南原-)
남은 것 없다
남을 것 같다
남을 듯 말 듯 하다
남을 물에 넣으려면 제가 먼저 물에 들어간다
　　[격]
남을 위해 주는 일엔 북두칠성도 굽어본다(-
　　爲-北斗七星-) [격]
남을 텐데
남을 것
남의 것을 마 베어 먹듯 한다 [격]
남의 고기 한 점 먹고 내 고기 열 점 준다(-
　　點-點-) [격]
남의 고기 한 점이 내 고기 열 점보다 낫다(-
　　點-點-) [격]
남의나이　환갑이 지난 뒤의 나이.
남의 나이 먹다 [관]
남의 눈에 눈물 내면 제 눈에는 피눈물이 난다
　　[격]
남의눈이 두렵다
남의 다리 긁는다 [격]
남의 다리에 행전 친다(-行纏-) [격]
남의달　아이를 밴 부인이 해산달로 꼽아 놓은
　　달의 다음 달.
남의달잡다
남의 돈 천냥이 내 돈 한 푼만 못하다(-千兩-)
　　[격]
남의 두루마기에 밤 주워 담는다 [격]
남의 등을 쳐 먹다 [관]
남의 딸이 되거들랑 시정 딸 돼라(-寺正-) [격]
남의 떡 가지고 낯을 낸다 [격]
남의 떡에 설 쇤다 [격]
남의 떡으로 선심 쓴다(-善心-) [격]
남의 떡으로 조상 제 지낸다(-祖上祭-) [격]

남의 떡 함지에 넘어진다 [격]
남의 말 다 들으면 목에 칼 벗을 날 없다 [격]
남의 말도 석 달 [격]
남의 말이라면 쌍지팡이 짚고 나선다 [격]
남의 말 하기는 식은 죽 먹기(-粥-) [격]
남의 말 하다 [관]
남의 말 하듯 하다
남의 말 하지 마라
남의 밑에 들다 [관]
남의 바지 입고 새 벤다 [격]
남의 바지 입고 춤추기 [격]
남의 발에 감발한다 [격]
남의 발에 버선 신긴다 [격]
남의 밥 보고 장 떠먹는다(-醬-) [격]
남의 밥에 든 콩이 굵어 보인다 [격]
남의 밥은 맵고도 짜다 [격]
남의 복은 끌로도 못 판다(-福-) [격]
남의 부모 공경이 제 부모 공경이다(-父母恭
　　敬-父母恭敬-) [격]
남의 불에 게 잡는다 [격]
남의 사돈이야 가거나 말거나(-査頓-) [격]
남의 사정 보다가 갈보 난다(-事情-) [격]
남의 사정 보다가 망한다(-事情-亡-) [격]
남의 상사에 머리를 푼다(-喪事-) [격]
남의 생손은 제 살의 티눈만도 못하다 [격]
남의 소 들고 뛰는 건 구경거리 [격]
남의 속에 있는 글도 배운다 [격]
남의 손을 빌리다 [관]
남의 손의 떡은 커 보인다 [격]
남의 술에 삼십 리 간다(-三十里-) [격]
남의 싸움에 칼 빼기[격]
남의 아이 이름 내가 어이 짓나 [격]
남의 열 아들 부럽지 않다 [격]
남의 염병이 내 고뿔만 못하다(-染病-) [격]
남의 일 같지 않다
남의 일 보듯 하다
남의 일에 흥야흥야한다 [격]
남의 일은 오뉴월에도 손이 시리다(-五六月-)
　　[격]
남의 자식 흉보지 말고 내 자식 가르쳐라(-子
　　息.凶-子息-) [격]
남의 잔치에 감 놓아라 배 놓아라 한다 [격]
남의 장단에 엉덩춤 춘다 [격]
남의 장단에 춤춘다 [격]
남의 제삿날도 우기겠다(-祭祀-) [격]
남의 제상에 배 놓거나 감 놓거나(-祭床-) [격]

남의 짐이 가벼워 보인다 [격]
남의 집 금송아지 우리 집 송아지만 못하다(-金-) [격]
남의 집 불구경 않는 군자 없다(-君子-) [격]
남의집살다
남의집살이
남의 집 제사에 절하기(-祭祀-) [격]
남의 참견 말고 제 발등의 불 끄지(-參見-) [격]
남의 처녀 나이도 모르고 숙성하다고 한다(-處女-熟成-) [격]
남의 친기도 우기겠다(-親忌-) [격]
남의 친환에 단지(-親患-斷指) [격]
남의 탓만 하다
남의 탓 하다
남의 팔매에 밤 줍는다 [격]
남의 피리에 춤춘다 [격]
남의 호박에 말뚝박기 [격]
남의 흉이 한 가지면 제 흉은 열 가지(-凶-凶-) [격]
남이 놓은 것은 소도 못 찾는다 [격]
남이 눈 똥에 주저앉는다 [격]
남이 서울 간다니 저도 간단다 [격]
남이야 낮잠을 자든 말든 [격]
남이야 내 상전을 두려워할까(-上典-) [격]
남이야 뒷간에서 낚시질을 하건 말건(-間-) [격]
남이야 삼승 버선을 신고 못자리를 밟든 말든(-三升-) [격]
남이야 전봇대로 이를 쑤시건 말건(-電報-) [격]
남이야 지게 지고 제사를 지내건 말건(-祭祀-) [격]
남이 은장도를 차니 나는 식칼을 낀다(-銀粧刀-食-) [격]
남이 장 간다고 하니 거름 지고 나선다(-場-) [격]
남이 장에 간다니까 씨오쟁이 떼어 지고 간다(-場-) [격]
남이 친 장단에 엉덩춤 춘다 [격]
남자가 상처하는 것은 과거할 신수라야 한다(男子-喪妻-科擧-身手-) [격]
남자가 죽어도 전장에 가서 죽어라(男子-戰場-) [격]
남자관계(男子關係)
남자 구실 하다(男子-)
남자 노인(男子老人)

남자는 이레 굶으면 죽고 여자는 열흘 굶으면 죽는다(男子-女子-) [격]
남자다워 보이다(男子-)
남자답지 않다(男子-)
남자 동생(男子-)
남자 된 도리(男子-道理)
남자들 중에서(男子-中-)
남자 때문에(男子-)
남자 마음(男子-)
남자 모델(男子model)
남자 몸(男子-)
남자 못지않다(男子-)
남자 배우(男子俳優)
남자 상대(男子相對)
남자 선수(男子選手)
남자 셋이 모이면 없는 게 없다(男子-) [격]
남자 손님(男子-)
남자 심리(男子心理)
남자 아이(男子-)
남자 어린이(男子-)
남자 여자 할 것 없이(男子女子-)
남자 역 하다(男子役-)
남자 역할 하다(男子役割-)
남자 옷(男子-)
남자 일(男子-)
남자주색(藍紫朱色)
남자 주인공(男子主人公)
남자줏빛(藍紫朱-)
남자 중에(男子中-)
남자 직원(男子職員)
남자 친구(男子親舊)
남자 형제(男子兄弟)
남자 화장실(男子化粧室)
남 잡으려다가 제가 잡힌다 [격]
남 잡이가 제 잡이 [격]
남장미인(男裝美人)
남정네(男丁-)
남정북벌 명장 믿듯(南征北伐名將-) [격]
남 좋은 일을 하다 [관]
남주빈(男主賓)
남 지은 글로 과거했다(-科擧-) [격]
남진계집 내외를 갖춘 남의 집 하인.
남짓 남다
남쪽 길(南-)
남쪽 끝(南-)
남쪽 나라(南-)

남쪽 땅(南-)
남쪽 편(南-便)
남쪽 하늘(南-)
남챗방(南-房)
남첩 둔 년(男妾-)
남촌 양반이 반역할 뜻을 품는다(南村兩班-反
　　逆-) [격]
남측 대표(南側代表)
남치마(藍-)
남침 감행(南侵敢行)
남 켠 횃불에 조개 잡듯 [격]
남 탓 마라
남 탓하지 마라
남파 간첩(南派間諜)
남파랑(藍-)
남편감(男便-)
남편 걱정 하다(男便-)
남편 덕 보다(男便德-)
남편 덕을 못 보면 자식 덕을 못 본다(男便德-
　　子息德-) [격]
남편 된 도리(男便-道理)
남편 될 사람(男便-)
남편 명의(男便名義)
남편 복 없는 여자는 자식 복도 없다(男便福-
　　女子-子息福-) [격]
남편 복 없다(男便福-)
남편 사랑(男便-)
남편 삼아 살아가다(男便-)
남편 시중 들다(男便-)
남편 외조(男便外助)
남편은 두레박 아내는 항아리(男便-缸-) [격]
남편 일(男便-)
남편 죽었다고 섧게 울던 년이 시집은 먼저 간
　　다(男便-媤-) [격]
남포까기
남포꾼
남포등(-燈)
남포약(-藥)
남포질
남폿구멍
남폿돌
남폿불
남풍 불다(南風-)
남 하는 대로 하다
남하해 오다(南下-)
남학교(男學校)

남학생 수(男學生數)
남한 땅(南韓-)
남한 북한 간에(南韓北韓間-)
남한 사람(南韓-)
남한산성(南漢山城)
남한 지역(南韓地域)
남한 쪽(南韓-)
남해 대교＝남해대교(南海大橋)
남해 바다(南海-)
남행길(南行-)
남행 열차(南行列車)
남향받이(南向-)
남향집(南向-)
남향판(南向-)
남획해 오다(濫獲-)
납골 묘(納骨墓)
납구리
납기 내에(納期內-)
납덩이
납덩이같다
납도리
납도리집
납독(-毒)
납득 못 하다(納得-)
납득 안 가다(納得-)
납득 안 되다(納得-)
납득할 만하다(納得-)
납땜
납땜인두
납땜질
납똥
납량 특집(納凉特輯)
납본 부수(納本部數)
납부 기한(納付期限)
납부금 못 내다(納付金-)
납북당하다(拉北當-)
납북되어 가다(拉北-)
납 성분(-成分)
납세 의무＝납세의무(納稅義務)
납세필증(納稅畢證)
납입 고지서(納入告知書)
납작감
납작궁　판판하고 얄팍하면서 넓게 생긴 모습
　　이나 물건.
납작궁이
납작마루

203

납작모자(-帽子)
납작못
납작바닥
납작발
납작발톱
납작보리
납작붓
납작소반(-小盤)
납작이매듭
납작코
납작해 보이다
납작해지다
납작호박
납장이
납 중독=납중독(-中毒)
납치 강도(拉致强盜)
납치 기도(拉致企圖)
납치당하다(拉致當-)
납치되어 가다(拉致-)
납치 사건(拉致事件)
납치해 가다(拉致-)
납품 계약(納品契約)
납품 기일(納品期日)
납품 대금(納品代金)
납품업체(納品業體)
납품해 오다(納品-)
납 활자(-活字)
낫값
낫갱기
낫걸이
낫게 해 주다
낫공치
낫기는 개 코가 나아 [관]
낫꽂이
낫날
낫놀
낫 놓고 기역 자도 모른다(-字-) [격]
낫다나 봐
낫등
낫몸
낫부리
낫살 먹다
낫살이나 건사하다 [관]
낫으로 눈 가려운 데 긁기 [격]
낫으로 눈을 가린다 [격]
낫자라다

낫자루
낫잡다
낫질
낫치기
낫치기놀이
낫칼
낭군님(郎君-)
낭길 낭떠러지를 끼고 난 길.
낭독연설(朗讀演說)
낭떠러지
낭비되다(浪費-)
낭비 안 하다(浪費-)
낭비 요인(浪費要因)
낭비해 버리다(浪費-)
낭비해 오다(浪費-)
낭송시(朗誦詩)
낭자궤(-櫃)
낭자머리
낭잣비녀
낭패 나다(狼狽-)
낭패당하다(狼狽當-)
낭패되다(狼狽-)
낭패 보다(狼狽-) [관]
낭패스러워하다(狼狽-)
낭패시키다(狼狽-)
낮 같은
낮같이
낮거리 낮에 하는 성교.
낮게 낮게
낮곁
낮과 밤을 잊다 [관]
낮과 밤이 따로 없다 [관]
낮교대(-交代)
낮 근무 하다(-勤務-)
낮 기온(-氣溫)
낮달
낮닭
낮도깨비
낮도둑
낮도적(-盜賊)
낮 동안
낮때
낮말
낮말은 새가 듣고 밤말은 쥐가 듣는다 [격]
낮물잡이
낮방송(-放送)

낮번(-番)
낮볕
낮보다
낮보이다
낮술
낮 시간(-時間)
낮 시간 동안(-時間-)
낮아 보이다
낮아져 가다
낮아지다
낮에 난 도깨비 [격]
낮에 낮에나 밤에 밤에나
낮은 데로
낮은말
낮은숲
낮은음(-音)
낮은음자리표(-音-標)
낮은청 가장 낮은 노래 목소리.
낮은 편이다(-便-)
낮이고 밤이고 [관]
낮이나 밤이나 [관]
낮일
낮잠
낮잠 자다
낮잡다
낮차(-車)
낮참
낮추 내려오다
낮추보다
낮추어 보다
낮추어 잡다
낮추잡다
낮춤말
낮춰 가다
낮춰 놓다
낮춰 받다
낮춰 보다
낮춰 부르다
낮춰 주다
낮춰 짓다
낮 한때
낮후(-後) 한낮이 지난 뒤.
낯가리다
낯가림하다
낯가죽
낯가죽이 두껍다 [관]

낯가죽이 얇다 [관]
낯간지럽다
낯 깎이다
낯꼴
낯꽃
낯나다
낯내다
낯놀림
낯닦음
낯 두껍다
낯 뜨거워하다
낯 뜨겁다 [관]
낯모르다
낯바닥
낯바닥이 땅 두께 같다 [관]
낯바닥이 홍당무 같다 [관]
낯바대기
낯부끄러워하다
낯부끄럽다
낯 붉히다
낯빛 달라지다
낯빼기
낯살
낯선 사람
낯설고 물 설다 [관]
낯설기만 하다
낯설다
낯설어 보이다
낯설어하다
낯설지 않다
낯 안 가리다
낯알다
낯없다
낯없어하다
낯은 알아도 마음은 모른다 [격]
낯을 깎다 [관]
낯을 돌리다 [관]
낯을 들다 [관]
낯을 못 들다 [관]
낯을 보다 [관]
낯을 붉히다 [관]
낯이 깎이다 [관]
낯이 넓다 [관]
낯이 떳떳하다 [관]
낯이 뜨뜻하다 [관]
낯이 있다 [관]

낯익다
낯익은 도끼에 발등 찍힌다 [격]
낯익은 듯해 보이다
낯익히다
낯짝 없이 되다
낯짝이 소가죽보다 두껍다 [관]
낯판
낯판대기
낯하다 =대면하다.
낱가락
낱값
낱값표(-表)
낱개로 팔다
낱개비
낱권(-卷)
낱그릇
낱꼬치
낱낱이 훑다
낱냥쭝(-兩重)
낱눈
낱단자(-單子)
낱담배
낱덩이
낱돈
낱돈쭝
낱되
낱되질
낱뜨기
낱마리
낱말 풀이
낱몸
낱뭇
낱밥
낱벌
낱상(-床)
낱섬
낱셈
낱소리글자(-字)
낱알
낱이삭
낱자
낱자루
낱잔(-盞)
낱장(-張)
낱짐
낱축

낱켤레
낱폭(-幅)
낱푼
낱푼쭝(-重)
낱흥정
낳는 놈마다 장군 난다(-將軍-) [격]
낳는 아이 아들 아니면 딸이지 [격]
낳아 가지고 오다
낳아 기르다
낳아 길러 주다
낳아 놓다
낳아 주다
낳은 정보다 기른 정이 더 크다(-情-情-) [격]
낳이하다
내가다
내 가슴속
내가 중이 되니 고기가 천하다(-賤-) [격]
내갈겨 쓰다
내갈기다
내 갈 길 가다
내 거 네 거 안 가리다
내 거야
내 걱정 마라
내건다
내걸다
내걸리다
내걸어 두다
내 것 같다
내 것같이
내 것 네 것 없이
내 것도 내 것 네 것도 내 것 [격]
내 것 되다
내 것 아니면 남의 밭머리 개똥도 안 줍는다 [격]
내 것 없어 남의 것 먹자니 말도 많다 [격]
내 것 잃고 내 함박 깨뜨린다 [격]
내 것 잃고 죄 짓는다(-罪-) [격]
내 것 주고 매 맞는다 [격]
내 게 아니다
내 곁에
내고 가다
내 고기야 날 잡아먹어라 [격]
내고 나서
내 고뿔이 남의 염병보다 더하다(-染病-) [격]
내고 싶어 내다
내 고집대로 (-固執-)
내 고향(-故鄕)

내곱다
내과 의사(內科醫師)
내과 질환(內科疾患)
내과 치료(內科治療)
내관 처가 출입하듯(內官妻家出入-) [격]
내광쓰광하다   서로 사이가 좋지 않아 만나도
　　모르는 체하며 냉정하게 대하다.
내구연한(耐久年限))
내국돈(內國-)
내굴리다
내굽다
내근 사원(內勤社員)
내기 바둑
내기하다
내 깐에는
내깔겨 두다
내꽂다
내끌다
내 나름대로
내남없이
내남직없이
내내년(來來年)
내내월(來來月)
내년 가을(來年-)
내년 되면(來年-)
내년 말경(來年末頃)
내년 안에(來年-)
내년 예산(來年豫算)
내년 운세(來年運勢)
내년 이맘때(來年-)
내년 일(來年-)
내년쯤(來年-)
내년 초(來年初)
내 노랑 병아리만 내라 한다 [격]
내 노래를 사돈이 부른다(-査頓-) [격]
내 논에 물 대기 [격]
내놓고 가다
내놓다시피 하다
내놓은 지 얼마 안 되다
내놓을 만하다
내놓이다
내놓자마자
내놓지 마라
내놓지 말아라
내놔라
내놔 보다

내 님 보고 남의 님 보면 심화 난다(-心火-)
　　[격]
내다 걸다
내다 놓다
내다 버리다
내다보다
내다보이다
내다뵈다
내다 붙이다
내 다오
내다 쌓다
내다 주다
내다 팔다
내닫기는 주막집 강아지라(-酒幕-) [격]
내닫이창(-窓)
내달다
내달리다
내달 말(來-末)
내달 중순(來-中旬)
내달 초(來-初)
내달 치 요금(來-料金)
내 대신(-代身)
내 덕이다(-德-)
내던져 놓다
내던져 버리다
내던져지다
내던지다시피 하다
내던지듯 하다
내 돈 내고 사다
내 돈 서 푼은 알고 남의 돈 칠 푼은 모른다(-
　　七-) [격]
내 돈 써 가며
내 돈 안 들이고
내돋다
내돋치다
내돌리다
내동댕이쳐지다
내동댕이치다
내두드리다
내두르다
내둘리다
내드리다
내디디다
내딛다
내 딴에는
내 딸이 고와야 나비가 모인다 [격]

내 딸이 고와야 사위를 고르지 [격]
내 땅 까마귀는 검어도 귀엽다 [격]
내떨다
내떨리다
내또래
내뚫다
내뚫리다
내뛰기는 주막집 강아지라(-酒幕-) [격]
내뛸성(-性)
내뜨리다
내 뜻대로
내란 상태(內亂狀態)
내려가는 듯하다
내려가 버리다
내려가 보다
내려가자마자
내려놓고 가다
내려놓지 마라
내려놔라
내려다보다
내려다보이다
내려 달라고 하다
내려 달라다
내려디디다
내려딛다
내려뜨리다
내려만 가다
내려 받다
내려 보내다
내려 보내 버리다
내려 보내 주다
내려 붙이다
내려붙이다 숯불 따위를 불을 피웠던 자리에서
　다리미 따위에 옮겨 담다.
내려서다
내려쓰다
내려앉다
내려앉히다
내려오자마자
내려와 앉다
내려 입다
내려제기다
내려 주다
내려지다
내려쫓다
내려찍다

내려치다
내려트리다
내렸는가 보다
내로라하다
내륙 지방(內陸地方)
내리갈기다
내리감다
내리구르다
내리굴리다
내리글씨
내리긋다
내리까다
내리깔기다
내리깔다
내리꽂다
내리꽂히다
내리꿰다
내리누르다
내리눌리는 듯하다
내리다 말다 하다
내리다물다
내리닫다
내리닫이(1)　바지와 저고리를 한데 붙이고 뒤
　를 튼 어린아이의 옷.
내리닫이(2)　두 짝의 창문을 서로 위아래로 오
　르내려서 여닫는 창.
내리닫이문(-門)
내리 달리다
내리덮다
내리덮이다
내리뒹굴다
내리뛰다
내리뜨다
내리막
내리막길
내리매기다
내리먹다
내리먹이다
내리몰다
내리밀다
내리밀리다
내리바수다
내리박다
내리박히다
내리받다
내리받이

208

내리밟다
내리벋다
내리부수다
내리 불다
내리붓다
내리붙다
내리비추다
내리비치다
내리뻗다
내리사랑
내리사랑은 있어도 치사랑은 없다 [격]
내리쉬다
내리쌓다
내리쌓이다
내리쏘다
내리쏟다
내리쏟아지다
내리쏠리다
내리쓰기
내리쓸다
내리엮다
내리외다
내리외우다
내리읽다
내리자마자
내리제기다
내리족치다
내리지르다
내리지 마라
내리질리다
내리 짓누르다
내리 짓밟다
내리짚다
내리쪼이다
내리쫓다
내리쬐다
내리찍다
내리찧다
내리치다
내리키다
내리패다
내리퍼붓다
내리 하다   잇따라 계속 하다.
내리훑다
내리흐르다
내릴 대로 내린 뒤

내릴톱
내림내림
내림받다
내림세(-勢)
내림족보(-族譜)
내림차순(-次順)
내립떠보다
내 마신 고양이 상(-相) [격]
내 마음 같지 않다
내 마음대로 하다
내 마음속
내 말대로 하다
내 말 듣지 않다
내 말 들어 봐
내 말은 남이 하고 남 말은 내가 한다 [격]
내 말 하지 마라
내 맘대로 못 하다
내 맘 모를 거야
내 맘속
내맡겨 두다
내맡겨 버리다
내매다
내맺히다
내먹다
내 멋대로
내면 묘사=내면묘사(內面描寫)
내면생활(內面生活)
내면세계(內面世界)
내명년(來明年)
내 몫 찾다
내 몫 챙기다
내몰다
내몰리다
내 몸 같은
내 몸같이
내 몸 안에
내 몸이 높아지면 아래를 살펴야 한다 [격]
내 몸이 중이면 중의 행세를 하라(-行世-) [격]
내무당(內-)
내무반장(內務班長)
내무 생활=내무생활(內務生活)
내무행정(內務行政)
내 물건은 좋다 한다(-物件-) [격]
내 물건이 좋아야 값을 받는다(-物件-) [격]
내물려쌓음
내물리다

내 미락 네 미락 [격]
내 미룩 네 미룩 [격]
내미손 물건을 흥정하러 온 어수룩한 사람.
내 미워 기른 아기 남이 괸다 [격]
내민 손이 무안하다 [격]
내민창(-窓)
내민턱
내밀다
내밀리다
내밀어 보다
내밀치다
내밀힘
내 밑 들어 남 보이기[격]
내바치다
내박차다
내박치다
내발리다
내 발밑에
내발뺌
내밟다
내 밥 먹은 개가 발뒤축을 문다 [격]
내방욷
내 배가 부르니 종의 배고픔을 모른다 [격]
내배다
내 배 부르니 평안 감사가 조카 같다(-平安監
司-) [격]
내 배 부르면 종의 밥 짓지 말라 한다 [격]
내뱉다
내버려 두다
내버려 두다시피 하다
내버려 둔 채
내버려 둬라
내버려지다
내버리다시피 하다
내버리지 마라
내버티다
내번지다
내보내게 되다
내보내 놓고
내보내 달라고 하다
내보내 버리다
내보내 보다
내보내 주다
내보내지 마라
내보다
내보여 주다

내보이다
내 복에 난리야(-福-亂離-) [격]
내복 입다(內服-)
내복 차림(內服-)
내부 갈등(內部葛藤)
내부 결속(內部結束)
내부 공사(內部工事)
내부딪다
내부딪뜨리다
내부딪치다
내부딪트리다
내부 방침(內部方針)
내부 수리 중(內部修理中)
내부 시설(內部施設)
내부 인사(內部人事)
내부 일(內部-)
내부 지침(內部指針)
내부치다
내분비샘(內分泌-)
내분 사태(內紛事態)
내분 수습(內紛收拾)
내불다
내붙이다
내비쳐지다
내비치다
내빼다
내빼 오다
내뻗다
내뻗치다
내뽑다
내뿌리다
내뿜다
내사 받다(內査-)
내사 받아 오다(內査-)
내사해 오다(內査-)
내 살길 찾다
내살리다
내 상주 되니 개고기도 흔하다(-喪主-) [격]
내색 안 하다(-色-)
내 생각 같아서는
내세우지 마라
내세울 만하다
내세워 보다
내세워 오다
내생기다 내리 이 말 저 말 자꾸 주워 대다.
내소박(內疏薄)

210

내 속 짚어 남의 말 한다 [격]
내 손안에
내 손에 장을 지지겠다(-醬-) [격]
내 손이 내 딸이라 [격]
내 손톱에 뜸을 떠라 [격]
내 손톱에 장을 지져라(-醬-) [격]
내솟다
내 솥 팔아 남의 솥 사도 밑질 것 없다 [격]
내수 경기(內需景氣)
내수 침체(內需沈滯)
내숭꾸러기
내숭 떨다
내숭스러워 보이다
내숭쟁이
내쉬다
내쉬어 보다
내시 이 앓는 소리(內侍-) [격]
내 식대로(-式-)
내신 성적(內申成績)
내실화하다(內實化-)
내쌓다
내쏟다
내씹다
내앉다
내앉히다
내 앞도 못 닦는 것이 남의 걱정 한다 [격]
내어 놓다
내어 던지다
내어 보내다
내어 뻗치다
내어 쌓다
내어 주다
내 얼굴에 침 뱉기 [격]
내연 관계(內緣關係)
내연 기관=내연기관(內燃機關)
내오다   먹을 것을 내오다.
내 오다   매달 내 오다.
내왕꾼(來往-)
내외간(內外間)
내외간도 돌아누우면 남이다(內外間-) [격]
내외간 싸움은 개싸움(內外間-) [격]
내외간 싸움은 칼로 물 베기라(內外間-) [격]
내외 귀빈(內外貴賓)
내외분(內外-)
내외삿갓(內外-)
내외술집(內外-)   접대부가 술자리에 나오지

않고 술을 순배로 파는 술집.
내외신 기자(內外信記者)
내외주점(內外酒店)
내외하다(內外-)
내외형제(內外兄弟)
내용인즉(內容-)
내용 전달(內容傳達)
내용 증명=내용증명(內容證明)
내 울음이 진정 울음이냐(-眞正-) [격]
내워서 눈 못 뜨다
내의 바람(內衣-)
내의 안 입다(內衣-)
내의 입다(內衣-)
내 이웃
내 일같이
내일 날짜(來日-)
내일 낮(來日-)
내 일 네 일 따지다
내 일 네 일을 가리지 않다 [격]
내일모레 안으로(來日-)
내 일 바빠 한댁 방아(-宅-) [격]
내일 밤 안으로(來日-)
내일 새벽(來日-)
내일 오전(來日午前)
내일은 삼수갑산을 가더라도(來日-三水甲山-)
    [격]
내일의 천자보다 오늘의 재상(來日-天子-宰
    相) [격]
내일 일(來日-)
내일 자 신문(來日字新聞)
내 일처럼 하다
내 일 하듯 하다
내장 공사(內粧工事)
내재봉소(內裁縫所)   여염집에서 집안에 재봉
    틀을 놓고 삯바느질을 하는 곳.
내전 상태(內戰狀態)
내 절 부처는 내가 위해야 한다(-爲-) [격]
내 점포 앞(-店鋪-)
내젓다
내정 간섭=내정간섭(內政干涉)
내정돌입(內庭突入)
내 정신 아니다(-精神-)
내종매부(內從妹夫)
내종형제(內從兄弟)
내주고 말다
내주다   안방 내주다.

내 주다 대신 내 주다.
내주 말경(來週末頃)
내주장(內主張)
내준 듯하다
내줄 듯하다
내줄 리 없다
내줄 만하다
내줘 버리다
내지르다
내질리다
내 집 가지다
내 집 드나들듯 하다
내 집 마련
내 집 앞
내 집 일 하듯 하다
내 집 장만 못 하다
내 집 짓다
내짚다
내 짝 나다
내쫓기다
내쫓듯 하다
내쫓아 버리다
내찌르다
내차다
내 차지 되다
내 책임 아래(-責任-)
내처 가다
내처 자다
내치락들이치락
내치락들치락
내치외교(內治外交)
내친걸음
내친김에
내 칼도 남의 칼집에 들면 찾기 어렵다 [격]
내켜놓다
내 코가 석 자[격]
내 콩이 크니 네 콩이 크니 한다 [격]
내키는 대로
내 탓 네 탓 안 하다
내 탓 하지 마라
내통해 오다(內通-)
내팽개쳐 두다
내팽개쳐지다
내팽개치다
내퍼붓다
내 편 네 편 가리다(-便-便-)

내 편 되다(-便-)
내폿국(內包-) 짐승의 내장을 넣고 끓인 국.
내풀로 해도 될 일
내 품속에
내 품 안에
내풍기다
내피세포(內皮細胞)
내핍생활(耐乏生活)
내학년(來學年)
내한 공연(來韓公演)
내 한 급제에 선배 비장 호사한다(-及第-先輩
　　裨將豪奢-) [격]
내 한 몸
내 할 말을 사돈이 한다(-査頓-) [격]
내 할 일을 사돈이 한다(-査頓-)
내 해 =내 것.
내헤치다
내후리다
내휘두르다
내휘둘리다
내흔들다
내흔들리다
낸 듯하다
낼 것 다 내다
낼 둥 말 둥 하다
낼 듯 말 듯 하다
낼모레
낼모레 동동 [관]
낼 수밖에 없다
낼지 말지 하다
낼지 안 낼지
냄비국수
냄비 끓듯 하다
냄비 뚜껑
냄비 받침
냄새나다
냄새 내지 마라
냄새 맡다 [관]
냄새 못 맡다
냄새 배다
냄새 안 나게 하다
냄새 없애다
냄새 제거(-除去)
냄새 좋다
냄새 풍기다
냄새피우다 어떤 티를 드러내다.

212

냄새 피우다 냄새 나게 하다.

냅기는 과부 집 굴뚝이라(-寡婦-) [격]

냅다 갈기다

냅다 뛰다

냅디다

냅뛰다

냅뛸 힘 없다

냅뜨다

냅뜰성(-性)

냅뜰힘

냇가 돌 닳듯 [격]

냇내 나다

냇둑

냇모래

냇물

냇물 가에

냇물 건너편(-便)

냇물 소리

냇물은 보이지도 않는데 신발부터 벗는다 [격]

냇바닥

냇바람

냇자갈

냇줄기

냉가슴

냉가슴 앓듯 하다

냉각기간(冷却期間)

냉각 기류(冷却氣流)

냉각되어 가다(冷却-)

냉각 장치=냉각장치(冷却裝置)

냉각탑(冷却塔)

냉골(冷-)

냉과리 잘 구워지지 않아서 불을 붙이면 연기
　　와 냄새가 나는 숯.

냉구들(冷-)

냉국(冷-)

냉국국수(冷-)

냉기 가시다(冷氣-)

냉기 돌다(冷氣-)

냉기 속(冷氣-)

냉기 쐬다(冷氣-)

냉기 풍기다(冷氣-)

냉난방 시설(冷煖房施設)

냉난방 잘되다(冷煖房-)

냉담해 보이다(冷淡-)

냉담해지다(冷淡-)

냉대 안 하다(冷待-)

냉대해 오다(冷待-)

냉돌방(冷埃房)

냉동 고기(冷凍-)

냉동 보관(冷凍保管)

냉동식품(冷凍食品)

냉동 차량(冷凍車輛)

냉동 창고(冷凍倉庫)

냉랭해 보이다(冷冷-)

냉랭해져 가다(冷冷-)

냉랭해지다(冷冷-)

냉면 그릇(冷麪-)

냉면 사리(冷麪-)

냉 받치다(冷-) [관]

냉상모(冷床-)

냉소 머금다(冷笑-)

냉소 속에(冷笑-)

냉수도 불어 먹겠다(冷水-) [격]

냉수를 끼얹은 것 같다(冷水-) [관]

냉수마찰(冷水摩擦)

냉수 맛(冷水-)

냉수 맛 같다(冷水-) [관]

냉수 먹고 갈비 트림 한다(冷水-) [격]

냉수 먹고 된똥 눈다(冷水-) [격]

냉수 먹고 속 차려라(冷水-) [격]

냉수 먹고 이 쑤시기(冷水-) [격]

냉수스럽다(冷水-)

냉수에 뼈뜯이(冷水-) [격]

냉수에 이 부러진다(冷水-) [격]

냉잇국

냉장 식품(冷藏食品)

냉장창고(冷藏倉庫)

냉전 종식(冷戰終熄)

냉정스레 돌아서다(冷情-)

냉정 잃지 않다(冷情-)

냉정해 보이다(冷情-)

냉정해지다(冷情-)

냉찜질(冷-)

냉찜질법(冷-法)

냉 치다(冷-) [관]

냉커피(冷 coffee)

냉큼냉큼 주워 먹다

냉큼 달아나다

냉피해(冷被害)

냉하다(冷-)

냉해 입다(冷害-)

냉혈 동물=냉혈동물(冷血動物)

너 같으면 하겠니?
너 같지 않다
너구리 굴 보고 피물 돈 내어 쓴다(-皮物-) [격]
너구리 잡다 [관]
너구리 집
너그러울 거야
너그러울걸
너그러울 걸세
너그러울걸요
너그러워 보이다
너그러워지다
너그러워질 거야
너나 나나 매일반이다(---般-)
너나들이
너나들이로 지내다
너 나름대로
너나없이
너 나 할 것 없이 [관]
너 난 날 내 났다 [관]
너는 너고 나는 나다 [관]
너는 용빼는 재주가 있느냐 [격]
너니 내니 하다 [관]
너답지 않다
너 대신(-代身)
너댓새
너더댓
너더댓새
너더댓째
너더러 하라겠니
너덜겅
너덜나다
너덜나 버리다
너덜너덜해지다
너덜밭
너덧
너덧 개
너덧째
너도나도 나서다
너도 나도 하다 [관]
너 따위
너 때문에
너 또한
너럭바위
너로 하여금
너르디너르다
너른명 올 사이가 성긴 무명.

너른바지
너름새
너만 못하다
너만 하다
너만 한 나이
너만 할 적에
너 말 곡식 너 말.
너 말고 나 말이야
너면 너고 나면 나다 [관]
너 못잖다
너무 고르다가 눈먼 사위 고른다 [격]
너무나 너무나
너무날 밀물과 썰물의 차이를 볼 때, 열사흘과
　　　스무여드레를 이르는 말.
너무너무
너무 뻗은 팔은 어깨로 찢긴다 [격]
너무하다 해도 해도 너무한다.
너무 하다 공부를 너무 한다.
너밖에 없다
너벅선(-船)
너벳벳한 얼굴
너볏한 태도(-態度)
너 보란 듯이
너부데데하다
너부러지다
너부렁넓적하다
너붓너붓이 내려앉다
너비구이
너비아니 얄팍하게 저미며 갖은 양념을 하여 구
　　　운 쇠고기.
너뿐만 아니라
너새기와
너새집
너스래미
너스레 떨다
너스레 부리다
너스레웃음
너 아니면 안 된다
너 역시(-亦是)
너와 같은
너와 같이
너와집
너울가지
너울 벗다
너울 쓴 거지 [격]
너울을 쓰다 [관]

너울지다
너울짜리
너울춤
너 자신(-自身)
너 좋은 대로
너 좋을 대로
너 죽고 나 죽고 해 보다 [격]
너 죽고 나 죽자 [관]
너즈러지다
너털뱅이
너털웃음
너펄춤
너 푼
너하고 말하느니 개하고 말하겠다 [격]
너 한 몸
너 혼자 몸
너 혼 좀 나 봐라(-魂-)
너희 속에
너희 편 우리 편(-便-便)
넉가래
넉가래 내세우듯 [격]
넉걷이
넉괭이
넉넉잖아 보이다
넉넉잡다
넉넉잡아 한 시간(-時間)
넉넉지 못해 보이다
넉넉한 듯하다
넉넉한 듯해 보이다
넉넉해 보이다
넉넉해져 가다
넉넉해지다
넉 달 가뭄에도 하루만 더 개었으면 한다 [격]
넉 달간(-間)
넉 달 동안
넉더듬이하다
넉동 윷놀이에 쓰는 네 개의 말.
넉동내기
넉동 다 갔다 [격]
넉동무늬
넉 되
넉살꾼
넉살 떨다
넉살맞다
넉살머리 좋다
넉살 좋다

넉살 피우다
넉새베
넉 섬
넉 자
넉자바기(-字-)
넉자화두(-字話頭)
넉잠누에
넉장거리
넉장뽑다(-張-)
넉점박이(-點-)
넉 줄
넉줄고누
넉줄시(-詩)
넋걷이
넋 나가다 [관]
넋 나간 듯이
넋 놓다 [관]
넋두리
넋두리 늘어놓다
넋 빠진 듯이
넋 없다 [관]
넋이야 신이야 [관]
넋이 오르다 [관]
넋 잃다 [관]
넋 잃은 듯이
넋 잃은 채
넋자리
넋전(-錢)
넋풀이
넌더리 나다
넌더리 내다
넌더리 대다 [관]
넌덕 부리다
넌덜머리
넌덜머리 나다
넌덜머리 내다
넌짓넌짓
넌출문(-門)
넌출지다
널감
널 거야
널거죽
널결
널기와
널다리
널담

널대문(-大門)
널도듬
널돌
널두께
널따랗게 되다
널따래지다
널뛰기
널뛰기판
널뛰기하다
널뛰듯 하다
널려 있다시피 하다
널름 먹다
널리널리
널리 알려진 대로
널리 알려진 바와 같이
널마루
널말뚝
널못
널무덤
널문(-門)
널받침
널밥
널밥 길다
널밥 더 가지다
널밥 많이 놓아 주다
널방(-房)
널방석(-方席)
널벽(-壁)
널 보러 가다
널브러뜨리다
널브러지다
널브러트리다
널빈지
널빤지
널어놓다
널어놔 두다
널어 달라고 하다
널어 달라다
널어 두다
널어 말리다
널어 주다
널장(-張)
널조각
널집
널 짜다
널쪽

널쪽문(-門)
널찌감치 떨어져 가다
널찍널찍하다
널찍해 보이다
널찍해지다
널판(-板)
널판때기(-板-)
널판자(-板子)
널평상(-平牀)
넓게 넓게
넓게 보면
넓고 깊다
넓긴 넓다만
넓다나 봐
넓다듬이   홍두깨에 올리지 않고 다듬잇돌 위
        에 넓적하게 개어 놓고 하는 다듬이.
넓다듬이질
넓둥글다
넓디넓다
넓살문(-門)
넓어 보이다
넓어져 가다
넓어지다
넓어질 거야
넓어질걸
넓어질 걸세
넓어질걸요
넓은귀
넓은끌
넓은다대
넓은도랑
넓은잎
넓은잎나무
넓은잎나무숲
넓은 편이다(-便-)
넓이 재다
넓적괭이
넓적끌
넓적넓적하다
넓적다리
넓적다리뼈
넓적스름하다
넓적뼈
넓적썰기
넓적코
넓적팔

넓적해 보이다
넓적해지다
넓혀 가다
넓혀 나가다
넓혀 놓다
넓혀 보다
넓혀 오다
넓혀 주다
넓혀지다
넘겨 가다
넘겨 놓다
넘겨다보다
넘겨다보이다
넘겨 달라고 하다
넘겨 달라다
넘겨듣다
넘겨박다
넘겨박히다
넘겨받다
넘겨받을 수만 있다면
넘겨 버리다
넘겨쓰고 말다
넘겨씌우다
넘겨잡다
넘겨주다
넘겨주면 안 된다
넘겨주지 마라
넘겨지다
넘겨짚다
넘겨짚어 보다
넘고 넘어
넘고처지다
넘기게 되다
넘기지 마라
넘나다니다
넘나들다
넘나물　원추리의 잎과 꽃으로 무쳐 먹는 나물.
넘내리다
넘노닐다
넘놀다
넘늘다
넘늘어지다
넘늘이
넘늘이성(-性)
넘보다
넘보이다

넘보이지 마라
넘볼 수 없다
넘빨강살　=적외선.
넘어가다
넘어가듯 하다
넘어 다니다
넘어다보다
넘어 들어가다
넘어 들어오다
넘어뜨리다
넘어박히다
넘어 버린 뒤
넘어 보이다
넘어서다
넘어오다
넘어지기 전에 지팡이 짚다(-前-) [격]
넘어지다
넘어지다시피 하다
넘어지면 막대 타령이라 [격]
넘어지면 밟지 않는다 [격]
넘어지면 코 닿을 데 [관]
넘어진 김에 쉬어 간다 [격]
넘어질까 봐
넘어질 듯이
넘어질 뻔하다
넘어트리다
넘을 듯하다
넘쳐 나다
넘쳐흐르다
넘칠 듯 말 듯 하다
넘칠 듯이
넘칠 만큼
넓적넙적하다
넙치가 되도록 맞다 [관]
넙치 눈은 작아도 먹을 것은 잘 본다 [격]
넙치눈이
넙치어채(-魚采)
넙치저냐
넙치회(-膾)
넙칫국
넛손자(-孫子)　누이의 손자.
넛할머니
넛할아버지
넝마장(-場)
넝마장수
넝마전(-廛)

넝마주이
넝마쪽
넝쿨무늬
넝쿨지다
넣고 다니다
넣고 싶다
넣어 가지고 다니다
넣어 놓아두다
넣어 두다
넣어 버리다
넣어 보내다
넣어 보다
넣어 주다
넣지 마라
넣지 말아라
넣지 못하다
네가 죽든 내가 죽든 해보다 [격]
네가지닺
네 각담이 아니면 내 쇠뿔 부러지랴 [격]
네 갈 길 가거라
네 갈래 길
네 개째
네 거 내 거 가리다
네 거야
네 걸 가지고
네 것 같다
네 것 내 것 가리다 [격]
네 것 내 것 안 가리다
네 것 내 것을 가리지 않다 [격]
네 게 아니다
네굽을 놓다 [관]
네굽을 안고 [관]
네굽지랄
네굽질
네 귀퉁이
네기둥안
네기 빌어먹을
네까짓 것
네까짓 게
네까짓 년
네까짓 놈
네 깐에는
네 깜냥으로는
네깟 년
네깟 놈
네 나름대로

네 녀석 같은
네 녀석같이
네년 보아하니
네놈 죽고 살기는 네놈 하기 달렸다
네눈깔잡이
네눈박이
네 눈 속에
네다리 뻗고 자다
네다섯
네다섯째
네 대신(-代身)
네댓
네댓새
네댓째
네 덕에(-德-)
네 등분(-等分)
네 딴에는
네 떡 내 먹었더냐 [격]
네 떡 내 모른다 [격]
네 떡이 한 개면 내 떡이 한 개라 [격]
네 또래
네뚜리(1) 사람이나 물건 따위를 대수롭지 않게
          여김.
네뚜리(2) 새우젓 한 독을 네 몫으로 가르는 일.
네 뜻대로
네 마음대로
네 말대로 하마
네 말마따나
네 맘 알다가도 모르겠다
네 맛도 내 맛도 없다 [격]
네모기둥
네모꼴
네모나다
네모나 보이다
네모난 종이
네모반듯하다
네모뿔
네모서까래
네모송곳
네모얼레
네모지다
네모진 얼굴
네모찌 네모가 나도록 쪼갠 재목.
네 미락 내 미락 [격]
네 미룩 내 미룩 [격]
네발걸음

네발 달린 짐승
네발 들다 [관]
네발짐승
네발 타다 [관]
네방망이
네밭고누
네 번째(-番-)
네벌상투
네 병이야 낫든 안 낫든 내 약값이나 내라(-
　病-藥-) [격]
네 살 난 아이
네 살 된 아이
네 살 먹은 아이
네 살배기
네 살 적에
네 살짜리
네 손안에
네쌍둥이(-雙-)
네오내오없이 =너나없이.
네온등(neon燈)
네온불(neon-)
네온전구(neon電球)
네 이놈
네 일 내 일을 가리다 [격]
네 일 내 일을 가리지 않다 [격]
네 일 내 일 안 따지다
네잎꽃
네잎 클로버(-clover)
네 자릿수(-數)
네 자매(-姉妹)
네절로
네제곱근(-根)
네제곱하다
네줄고누
네 짝 나다
네쪽매듭
네 차지 되다
네 책임 아래(-責任-)
네 콩이 크니 내 콩이 크니 한다 [격]
네 탓 안 하다
네패잡이(-牌-)
네 해
네 활개 치다 [관]
넥타이핀(necktie pin)
넨다하다　어린아이나 아랫사람을 사랑하여 너
　그렇게 대하다.

넨다해 키우면 버릇 없다
넨장맞을
넨장칠 놈 같으니라구
넷째 딸
넷째 줄
노가리 까다
노가리 안주(-按酒)
노가리하다
노가리 풀다
노가 실이 되도록 [관]
노각나물(老-)
노각채(老-菜)
노감투
노걸이
노곤해져 오다(勞困-)
노곤해지다(勞困-)
노골화되다(露骨化-)
노구거리　둘 다 안으로 꼬부라졌으나 하나는
　높고 다른 하나는 낮은 쇠뿔.
노구솥
노구쟁이(老軀-)
노구 전에 엿을 붙였나 [격]
노구질
노굿이 일다 [관]
노그라지다
노기등등하다(怒氣騰騰-)
노기 찬 목소리(怒氣-)
노기충천하다(怒氣衝天-)
노깃
노끈
노나 가지다
노나 놓다
노나 두다
노나 먹다
노나 쓰다
노나 주다
노남자(魯男子)　여색을 좋아하지 않는 남자.
노내끈
노년 생활(老年生活)
노노스님(老老-)
노놓치다
노느매기
노느몫
노는 걸 거야
노는계집
노는 데 팔리다

노는 듯하다
노는 입에 염불하기(-念佛-) [격]
노는 척하다
노는 체하다
노다지광(-鑛)
노다지판
노닥노닥 기워도 마누라 장옷 [격]
노닥노닥 기워도 비단 걸레(-緋緞-) [격]
노닥노닥해도 비단일세(-緋緞-) [격]
노대바람
노독 쌓이다(路毒-)
노독 풀다(路毒-)
노동 시장=노동시장(勞動市場)
노동 운동=노동운동(勞動運動)
노동 인력(勞動人力)
노동 일 하다(勞動-)
노동조합(勞動組合)
노동 현장(勞動現場)
노둣돌   말에 오르거나 내릴 때에 발돋음하기
    위하여 대문 앞에 놓은 큰 돌.
노뒤(櫓-)
노드리듯
노들나루
노땅 취급(老-取扱)
노라리 생활(-生活)
노라발개져 가다
노라발갈다
노란불
노란빛
노란 빛깔
노란색(-色)
노란 잎
노랄병(老辣餠)
노랑감투
노랑나비
노랑대가리
노랑돈
노랑말
노랑머리
노랑목
노랑 물감
노랑물 들이다
노랑연두(-軟豆)
노랑이짓
노랑 저고리
노랑퉁이

노랑포수(-砲手)
노랑회장저고리(-回裝-)
노랗게 되다
노래 가사(-歌詞)
노래 곡목(-曲目)
노래기 족통도 없다(-足-) [격]
노래기 푸념한 데 가 시룻번이나 얻어먹어라
    [격]
노래기 회도 먹겠다(-膾-) [격]
노래꾼
노래 못 부르다
노래 못 하게 하다
노래 못하다
노래방(-房)
노래 보이다
노래 부르다
노래비(-碑)
노래 솜씨
노래시키다
노래 실력(-實力)
노래 안 하다
노래자랑
노래잔치
노래 잘못 하다   틀리게 하다.
노래 잘 못하다   잘 부르지 못하다.
노래쟁이
노래지다
노래집(-集)
노래 책(-冊)
노래판
노래하다시피 하다
노래하듯 하다
노랫가락
노랫말
노랫소리
노략질해 가다(擄掠-)
노량으로 하는 일
노려보다
노려 오다
노력 봉사(努力奉仕)
노력 안 하다(努力-)
노력 없이(努力-)
노력 여하에 따라(努力如何-)
노력은 못 할망정(努力-)
노력은커녕(努力-)
노력하는 만큼(努力-)

노력하다 보니(努力-)
노력한 만큼(努力-)
노력해 나가다(努力-)
노력해 오다(努力-)
노력해 오던 중(努力-中)
노력해 온 데 대해(努力-對-)
노련미 풍기다(老鍊味-)
노령 연금=노령연금(老齡年金)
노령 인구(老齡人口)
노령화되어 가다(老齡化-)
노령화 사회(老齡化社會)
노루가 제 방귀에 놀라듯 [격]
노루걸음
노루 고기
노루글   노루가 겅중겅중 걷는 것처럼 내용을
     건너뛰며 띄엄띄엄 읽는 글.
노루 꼬리가 길면 얼마나 길까 [격]
노루 꼬리만 하다 [관]
노루 때린 막대기 [격]
노루뜀
노루막이
노루목
노루발장도리
노루발한량(-閑良)
노루 보고 그물 짊어진다 [격]
노루 보고 신들메 맨다 [격]
노루 본 놈이 그물 짊어진다 [격]
노루 뼈 우리듯 우리지 마라 [격]
노루 새끼
노루잠
노루잠에 개꿈이라 [격]
노루 잠자듯 [관]
노루 잡기 전에 골뭇감 마련한다(-前-) [격]
노루 잡는 사람에 토끼가 보이나 [격]
노루종아리
노루 친 막대기 삼 년 우린다(-三年-) [격]
노루 피
노루 피하니 범이 온다(-避-) [격]
노류장화(路柳墻花)
노르끄무레하다
노르댕댕하다
노르퇴퇴하다
노른빛
노른색(-色)
노른자
노른자 땅

노른자막(-膜)
노른자위
노른잣빛
노름꾼
노름 돈
노름 뒤는 대어도 먹는 뒤는 안 댄다 [격]
노름 밑천
노름방(-房)
노름빚
노름에 미쳐 나면 여편네도 팔아먹는다 [격]
노름은 도깨비 살림 [격]
노름은 본전에 망한다(-本錢-亡-) [격]
노름접주(-接主)
노름질
노름채(-債)
노름판
노름패(-牌)
노릇꾼
노릇마당
노릇바치
노리개보(-褓)
노리개첩(-妾)
노리갯감
노리게 되다
노리착지근하다
노린내 나다 [관]
노린내가 나도록 때리다 [관]
노린동전(-銅錢)
노린전(-錢)
노림수(-數)
노림수 쓰다(-數-)
노마님(老-)
노망기(老妄氣)
노망나다(老妄-)
노망들다(老妄-)
노망 떨다(老妄-)
노망 부리다(老妄-)
노망태(-網-)
노망태기(-網-)
노모 모시다(老母-)
노모 봉양(老母奉養)
노목궤(櫨木櫃)
노무배상(勞務賠償)
노뭉치
노뭉치로 개 때리듯 [격]
노박이로 술타령이다

노발대발(怒發大發)

노벨 문학상(Nobel文學賞)

노벨상(Nobel賞)

노변정담(爐邊情談)

노부모 수발들다(老父母-)

노부부(老夫婦)

노비 문서(奴婢文書)

노뻔지(櫓-) 배를 저을 때 물살을 밀어내는 노
　　의 넓적한 부분.

노사 갈등(勞使葛藤)

노사 분규=노사분규(勞使紛糾)

노사장어른(老査丈-) 자녀 배우자의 증조부를
　　높이 이르는 말.

노상강도(路上强盜)

노상 방뇨(路上放尿)

노상안면(路上顔面)

노상에 오르다(路上-) [관]

노상 웃고 다니다

노상 주차(路上駐車)

노샌님(老-)

노선버스(路線bus)

노선생(老先生)

노손(櫓-)

노송나무(老松-)

노송나무 밑이다(老松-) [격]

노쇠해 보이다(老衰-)

노쇠해지다(老衰-)

노숙 생활(露宿生活)

노스님(老-)

노신랑(老新郎)

노신부(老新婦)

노앞(櫓-)

노여운 표정(-表情)

노여움 사다 [관]

노여움 타다

노여워지다

노여워하다

노엮개

노염 사다 [관]

노염은 호구 별성인가(-戶口別星-) [격]

노염 잘 타다

노염 탈 것 없다

노염 풀다

노예근성(奴隸根性)

노예 다루듯 하다(奴隸-)

노예사냥(奴隸-)

노예 생활(奴隸生活)

노예장사(奴隸-)

노예 제도=노예제도(奴隸制度)

노예 취급(奴隸取扱)

노예 해방=노예해방(奴隸解放)

노예화되다(奴隸化-)

노오라기

노오리

노을빛

노을 진 바닷가

노인네 망령은 고기로 고치고 젊은이 망령은
　　몽둥이로 고친다(老人-妄靈-妄靈-) [격]

노인네 취급(老人-取扱)

노인 대학(老人大學)

노인 되다(老人-)

노인 복지=노인복지(老人福祉)

노인 분들(老人-)

노인 세대(老人世代)

노인용품(老人用品)

노인 인구(老人人口)

노인자제(老人子弟)

노인잔치(老人-)

노인 전용(老人專用)

노인 취급(老人取扱)

노인 학교=노인학교(老人學校)

노인 헌장(老人憲章)

노잎(櫓-)

노 잡다(櫓-)

노잡이(櫓-)

노잣돈(路資-)

노장 사상=노장사상(老莊思想)

노장 선수(老將選手)

노장이 무용이라(老將-無用-) [격]

노 저어 가다(櫓 -)

노적가리(露積-)

노적가리에 불 지르고 싸라기 주워 먹는다(露
　　積-) [격]

노적 담불에 싸이었다(露積-) [관]

노적 섬에 불붙여 놓고 박산 주워 먹는다(露
　　積-) [격]

노 전 대통령(盧前大統領)

노점상 하다(露店商-)

노 젓다(櫓-)

노조 간부(勞組幹部)

노조 운동(勞組運動)

노조 파업(勞組罷業)

노지 재배=노지재배(露地栽培)
노질(櫓-)
노처녀(老處女)
노처녀가 시집을 가려니 등창이 난다(老處女-
　媤-瘡-) [격]
노처녀더러 시집가라 한다(老處女-媤-) [격]
노천갑판(露天甲板)
노천강당(露天講堂)
노천극장(露天劇場)
노천 수업=노천수업(露天授業)
노천카페(露天cafe)
노총각 신세(老總角身世)
노총각 티 나다(老總角-)
노총 지르다
노축들 화투 치다(老-花鬪-)
노출 부족(露出不足)
노출시키다(露出-)
노출 안 되다(露出-)
노출 안 하다(露出-)
노출해 버리다(露出-)
노크 소리(knock-)
노크하다(knock-)
노타이(no tie)
노티 나다(老-)
노파리가 나다 [관]
노햇사람　바닷가의 벌판에 사는 사람.
노화되다(老化-)
노화 방지(老化防止)
노화 현상(老化現象)
노후 걱정(老後-)
노후 대책(老後對策)
노후 생활(老後生活)
노후 설계(老後設計)
노후 시설(老朽施設)
노후화되다(老朽化-)
녹나다(綠-)
녹내 나다(綠-)
녹느즈러지다
녹는점(-點)
녹두누룩(綠豆-)
녹두떡(綠豆-)
녹두묵(綠豆-)
녹두밤(綠豆-)
녹두방정(綠豆-)
녹두밭(綠豆-)
녹두베개(綠豆-)

녹두봉돌(綠豆-)
녹두부침개(綠豆-)
녹두새(綠豆-)
녹두알(綠豆-)
녹두알만 하다(綠豆-)
녹두엿(綠豆-)
녹두유죽(綠豆乳粥)
녹두전(綠豆煎)
녹두전병(綠豆煎餅)
녹두죽(綠豆粥)
녹두지짐(綠豆-)
녹두차(綠豆茶)
녹듯 하다
녹록지 않다(碌碌-)
녹록지 않아 보이다(碌碌-)
녹록해 보이다(碌碌-)
녹막이(綠-)
녹말가루(綠末-)
녹말다식(綠末茶食)
녹말만두(綠末饅頭)
녹말묵(綠末-)
녹말비지(綠末-)
녹말씨(綠末-)
녹말씨앗(綠末-)
녹말응이(綠末-)
녹말찌끼(綠末-)
녹말편(綠末-)
녹말풀(綠末-)
녹물 들다(綠-)
녹변 보다(綠便-)
녹비(鹿-)　사슴의 가죽.
녹비에 가로왈(鹿-曰) [격]
녹색등(綠色燈)
녹색 빛
녹색신고(綠色申告)
녹색 혁명=녹색혁명(綠色革命)
녹수 갈 제 원앙 가듯(綠水-鴛鴦-) [격]
녹수청산(綠水靑山)
녹슬어 가다(綠-)
녹슬어 버리다(綠-)
녹슬지 않게 하다(綠-)
녹쌀(祿-)
녹아 가다
녹아나다
녹아내리다
녹아들다

223

녹아 들어가다
녹아떨어지다
녹아 버리다
녹아 흐르다
녹 안 슬다(綠-)
녹얼룩점(綠-點)
녹여 가다
녹여 가지고 가다
녹여 내다
녹여 놓다
녹여 두다
녹여 만들다
녹여 버리다
녹여 보다
녹여 주다
녹여지다
녹용 대가리 베어 가는 셈(鹿茸-) [격]
녹육저냐(鹿肉-)
녹을 먹다(祿-) [관]
녹음방초(綠陰芳草)
녹음 연설(錄音演說)
녹음 우거지다(綠陰-)
녹음 장치(錄音裝置)
녹음 짙은(綠陰-)
녹음테이프(錄音tape)
녹음해 놓다(錄音-)
녹음해 두다(錄音-)
녹음해 주다(錄音-)
녹임가마
녹조식물(綠藻植物)
녹주건(漉酒巾) 술을 거르는 헝겊.
녹지 공간(綠地空間)
녹지 조성(綠地造成)
녹초 되다
녹초 부르다 [관]
녹화 방송=녹화방송(錄畵放送)
녹화 사업(綠化事業)
녹화 중계(錄畵中繼)
논갈이
논고랑
논고랑 세고 다니다
논곡(-穀)
논곡식(-穀食)
논공행상(論功行賞)
논귀
논길

논김
논꼬 트다
논농사(-農事)
논농사 짓다(-農事-)
논다니 웃음과 몸을 파는 여자를 속되게 이르
　　는 말.
논다니 신세(-身世)
논다랑이
논단에 오르다(論壇-) [관]
논도랑
논두렁
논두렁길
논두렁 베다 [관]
논두렁에 구멍 뚫기 [격]
논두렁 죽음 [관]
논두렁콩
논두렁하다
논둑
논둑길
논둔덕
논뒷갈이
논뒷그루
논들
논땅
논뙈기
논란거리(論難-)
논란 불러일으키다(論難-)
논란 빚다(論難-)
논리 정연(論理整然)
논마지기
논매기
논매다
논머리
논문 심사(論文審査)
논문 쓰다(論文-)
논문 지도(論文指導)
논물 대다
논물 빠지다
논바닥
논밭 길
논밭은 다 팔아먹어도 향로 촛대는 지킨다(香
　　爐-臺-) [격]
논밭 문서(-文書)
논밭 일
논밭전지(-田地)
논배미

논벌
논벼
논보리
논삶이
논설위원(論說委員)
논술 고사(論述考査)
논술 교사(論述敎師)
논스톱(nonstop)
논앞갈이
논앞그루
논에는 물이 장수(-將帥) [격]
논외로 하다(論外-)
논을 사려면 두렁을 보라 [격]
논의 과정(論議過程)
논의 끝에(論議-)
논의되어 오다(論議-)
논의 안 하다(論議-)
논의해 나가다(論議-)
논의해 오다(論議-)
논 이기듯 신 이기듯 [격]
논이랑
논일
논일하다
논임자
논자리
논 자취는 없어도 공부한 공은 남는다(-工夫-
功-) [격]
논틀
논틀길
논틀밭틀
논틀밭틀길
논판
논 팔아 굿하니 맏며느리 춤추더라 [격]
논평 없이(論評-)
논풀
논풀다
논풀이
논피 논에서 자라는 피.
논흙
논흙 이겨 바르다
놀 거리 없다
놀 거야
놀걸
놀 걸세
놀걸요
놀게

놀게요
놀고먹다
놀고 싶어 하다
놀고 지내다
놀구름
놀금 놓다
놀금 부르다
놀기만 하다
놀기 좋아 넉동 치기 [격]
놀기 좋아하다
놀까 말까 하다
놀다 가다
놀다 말고
놀다 보니
놀다시피 하다
놀다 오다
놀다 일하다 하다
놀다 하다
놀던 계집이 결딴나도 엉덩이 짓은 남는다 [격]
놀던 대로
놀들다
놀뛰다
놀라게 하다
놀라게 해 주다
놀라 까무러치다
놀라 깨다
놀라 달아나다
놀라셨나 보다
놀라울 뿐이다
놀라워하다
놀라 자빠지다
놀라 주춤하다
놀라지 않을 수 없다
놀란 가슴 [관]
놀란 듯하다
놀란 토끼 벼랑 바위 쳐다보듯 [격]
놀란 피[관]
놀란 혼(-魂) [관]
놀란흙 한 번 파서 건드린 흙.
놀랄 거야
놀랄걸
놀랄 걸세
놀랄걸요
놀랄까 봐
놀랄 만큼
놀랄 만하다

225

놀랄 뿐 아니라
놀랄 뿐이다
놀랄 수밖에
놀랄 일
놀랄 정도로(-程度-)
놀랍다는 듯이
놀랐나 보다
놀량패(-牌)
놀래 주다
놀러 가기로 하다
놀러 가다
놀러 갈 생각 하다
놀러 갔다 오다
놀러 나가다
놀러 나오다
놀러 다니다
놀러 오다
놀려고 하다
놀려내다 남을 놀아나게 만들다.
놀려 대다
놀려 먹다
놀려 쌓다
놀려 주다
놀리려 들다
놀리지 마라
놀릴까 봐
놀림가마리
놀림감
놀림거리
놀림낚시
놀림당하다(-當-)
놀림조로(-調-)
놀부 부인(-夫人)
놀부 심보(-心-)
놀부 심사(-心思)
놀소리
놀 수밖에 없다
놀아 가면서
놀아나다
놀아날 만큼
놀아 달라고 조르다
놀아 달라고 하다
놀아 달라다
놀아먹다
놀아 보니
놀아 버릇하다

놀아 주다
놀았나 봐
놀았을 거야
놀았을걸
놀았을 걸세
놀았을걸요
놀음놀이
놀음놀이판
놀음상(-床)
놀음쟁이
놀음차 (1)잔치 때 기생이나 악사에게 놀아준
　　　　대가로 주는 돈이나 물건. (2)=해웃값.
놀음판
놀이 공원(-公園)
놀이 기구(-器具)
놀이꾼
놀이동산
놀이딱지
놀이마당
놀이 문화(-文化)
놀이방(-房)
놀이 시설(-施設)
놀이옷
놀이조각(-彫刻)
놀이터
놀이판
놀이하다
놀잇배
놀 줄 모르다
놀 줄 알다
놀하다
놈놀이
놉겪이
놉살다
놉 일꾼
놋가락
놋갓장이
놋갓점(-店)
놋갖신
놋구멍
놋그릇
놋기명(-器皿)
놋날
놋날 드리듯 [관]
놋대야
놋대접

놋동이
놋바리
놋방울
놋봉(櫓-)
놋상(-床)
놋쇠 그릇
놋수저
놋숟가락
놋숟갈
놋연적(-硯滴)
놋요강
놋재떨이
놋점(-店)
놋접시
놋젓가락
놋젓갈
놋좆
놋칼
놋타구(-唾具)
놋화로(-火爐)
놋활자(-活字)
농가 부채(農家負債)
농가 빚(農家-)
농가 소득(農家所得)
농가월령가(農家月令歌)
농간당하다(弄奸當-)
농간 부리다(弄奸-)
농간질(弄奸-)
농간 피우다(弄奸-)
농갓집(農家-)
농경문화(農耕文化)
농경민족(農耕民族)
농경 사회(農耕社會)
농경 시대=농경시대(農耕時代)
농경의례(農耕儀禮)
농구 경기(籠球競技)
농구공(籠球-)
농구공만 하다(籠球-)
농구 선수(籠球選手)
농구 시합(籠球試合)
농구자루(農具-)
농군살이(農軍-)
농군이 여름에 하루 놀면 겨울에 열흘 굶는다
　　(農軍-) [격]
농기구 다루다(農器具-)
농기구 수리(農器具修理)

농기맞이(農旗-)
농기뺏기(農旗-)
농기싸움(農旗-)
농기패(農旗牌)
농담 반 진담 반(弄談半眞談半)
농담 삼아(弄談-)
농담 섞어(弄談-)
농담 심하다(弄談甚-)
농담 주고받다(弄談-)
농담조로(弄談調-)
농담 한 마디 안 하다(弄談-)
농 던지다(弄-)
농들다(膿-)
농땡이꾼
농땡이 부리다
농땡이 치다
농땡이 피우다
농락당하다(籠絡當-)
농락되다(籠絡-)
농락해 오다(籠絡-)
농로 확장(農路擴張)
농말(弄-)
농민 단체(農民團體)
농민 운동=농민운동(農民運動)
농바리(籠-)
농 반 진 반(弄半眞半)
농번기 일손 돕기(農繁期-)
농본사상(農本思想)
농부는 두더지다(農夫-) [격]
농사꾼(農事-)
농사꾼이 죽어도 종자는 베고 죽는다(農事-種
　　子-) [격]
농사땅(農事-)
농사 못 짓다(農事-)
농사 물정 안다니까 피는 나락 획 뽑는다(農事
　　物情-) [격]
농사아비(農事-)
농사 안되다(農事-)
농사 안 짓다(農事-)
농사일(農事-)
농사일하다(農事-)
농사 잘되다(農事-)
농사 잘 짓다(農事-)
농사 잘하다(農事-)
농사짓다(農事-)
농사철(農事-)

227

농사치(農事-)
농사치기(農事-)
농사터(農事-)
농산물 시장(農産物市場)
농산어촌(農山漁村)
농 삼아(弄-)
농삿길(農事-)
농삿집(農事-)
농성 사태(籠城事態)
농세상(弄世上)
농 속에 갇혔던 새(籠-) [격]
농수산 시장(農水産市場)
농시방장(農時方張)
농악 놀이(農樂-)
농약 살포(農藥撒布)
농약 중독(農藥中毒)
농약 치다(農藥-)
농약 친 밭(農藥-)
농어채(-朵)
농어회(-膾)
농업 기술=농업기술(農業技術)
농업용수(農業用水)
농업 인구=농업인구(農業人口)
농업 지역=농업지역(農業地域)
농업학교(農業學校)
농외소득(農外所得)
농익다(濃-)
농익히다(濃-)
농장 일(農場-)
농장 주인(農場主人)
농지 개혁=농지개혁(農地改革)
농지거리(弄-)
농지거리하다(弄-)
농지조성(農地造成)
농지 훼손(農地毁損)
농짝(籠-)
농채 내어 먹다(農債-)
농채 지다(農債-)
농철(農-) =농사철.
농쳐서 골리다(弄-)
농촌 계몽=농촌계몽(農村啓蒙)
농촌 마을(農村-)
농촌 봉사(農村奉仕)
농촌 사람(農村-)
농촌 생활(農村生活)
농촌 운동(農村運動)

농촌 일(農村-)
농촌 출신(農村出身)
농축산물(農畜産物)
농축 진액(濃縮津液)
농치다(弄-)
농탕질(弄蕩-)
농탕치다(弄蕩-)
농터 일구다(農-)
농투성이(農-)
농투성이 신세(農-身世)
농트다(弄-)
농틀 정도로(弄-程度-)
농판스럽다(弄-)
농협 창고=농협창고(農協倉庫)
높게 높게
높게더기 고원의 평평한 땅.
높고 낮고 간에(-間-)
높고 높은
높고도 높은
높기도 하다
높기만 하다
높긴 높은데
높긴 하다
높나직하다
높낮이
높높이 날뛰다
높다락
높다랗다
높다래지다
높다 하되
높다 한들
높드리 (1)골짜기의 높은 곳. (2)높고 메말라서
    물기가 적은 논밭.
높드리 돌아 나오다
높드리나 부쳐 먹다
높디높다
높뛰다
높바람
높새
높새바람
높쌘구름
높아 가다
높아만 가다
높아 보이다
높아져 가다
높아지다

228

높아질 거야
높아질걸
높아질 걸세
높아질걸요
높아질 대로 높아지다
높았을 거야
높여 가다
높여 나가다
높여 놓다
높여 두다
높여 부르다
높여 오다
높여 주다
높여 줘라
높으락낮으락하다
높으면 높을수록
높은 가지가 부러지기 쉽다 [격]
높은기둥
높은 나무에는 바람이 세다 [격]
높은 데로 가다
높은 데 송아지 간 발자국만 있고 온 발자국은
　　없다 [격]
높은 만큼
높은음자리표(-音-標)
높은주춧돌
높은 편이다(-便-)
높을 거야
높을걸
높을 걸세
높을걸요
높을 뿐만 아니라
높이뛰기
높이뛰기대(-臺)
높이뛰기틀
높이 뛰다
높이 사다
높이 살 만하다
높이 차이(-差異)
높임말
높지거니 뜬 달
높지막이 띄우다
높지 않아 보이다
높직높직하다
높직해 보이다
높직해지다
높층구름(-層-)

높푸르다
높푸른 가을 하늘
높하늬바람
놓고 가다
놓고 오다
놓아가다　배나 말 따위가 빨리 가다
놓아 가다　하나 둘 놓아 가다.
놓아기르다
놓아기른 망아지 놀듯 [관]
놓아두다
놓아먹다
놓아먹이다
놓아먹인 망아지 놀듯 [관]
놓아 버리다
놓아주다　잡았다 놓아주다.
놓아 주다　앞에다 놓아 주다.
놓여나다
놓여나오다
놓은 대로
놓인 그대로
놓인소
놓자마자
놓쳐 버리다
놓쳐 본 적 없다
놓치지 마라
놓친 고기가 더 커 보인다 [격]
놓칠까 봐
놓칠 뻔하다
놔 달라고 하다
놔 달라다
놔두고 오다
놔둬라
놔둬 보다
놔 버리다
놔주다
놔줘라
뇌관 터지다(雷管-)
뇌꼴스러운 꼴 보지 않고
뇌동맥(腦動脈)
뇌랗다
뇌래지다
뇌물 먹다(賂物-)
뇌물 받다(賂物-)
뇌물받이(賂物-)
뇌물 수수(賂物收受)
뇌물 안 받다(賂物-)

뇌물 주다(賂物-)
뇌사 상태(腦死狀態)
뇌성 마비=뇌성마비(腦性麻痺)
뇌성벽력(雷聲霹靂)
뇌성에 벽력(雷聲-霹靂) [관]
뇌 세포(腦細胞)
뇌 손상(腦損傷)
뇌 수술(腦手術)
뇌염모기(腦炎-)
뇌파 검사=뇌파검사(腦波檢査)
뇟보 사람됨이 천하고 더러운 사람.
누가 누가 잘하나
누가 되든지 간에(-間-)
누가 먼저랄 것도 없이
누가 뭐라고 해도
누가 뭐라 하든
누가 뭐래도
누가 보더라도
누가 봐도
누구 거냐
누구건 간에(-間-)
누구네 집
누구누구
누구든 간에(-間-)
누구를 막론하고(-莫論-) [관]
누구 마음대로
누구 못잖은
누구 못지않은
누구 짓이냐
누구 코에 바르겠는가 [관]
누구 탓 안 하다
누구 한 사람
누구 할 것 없다 [관]
누군가 했더니
누군 줄 알고
누그러들다
누구러뜨리다
누그러지다
누구러트리다
누글누글하다
누글누글해지다
누기 치다(漏氣-) [관]
누 끼치다(累-)
누나네 집
누나 노릇 하다
누나 집

누다락(樓-)
누더기 속에서 영웅 난다(-英雄-) [격]
누더기 옷
누 되다(累-)
누드모델(nude model)
누드 사진(nude寫眞)
누드쇼(nude show)
누락시키다(漏落-)
누런빛
누런색(-色)
누렁개
누렁물
누렁 소
누렁 송아지
누렁우물
누렇게 뜨다 [관]
누레지다
누려 보지 못하다
누려 오다
누룩곰팡이
누룩 덩이
누룩두레
누룩밑
누룩방(-房)
누룽지 긁다
누르끄무레하다
누르뎅뎅하다
누르디누르다
누르락붉으락하다
누르락푸르락하다
누르러 보이다
누르스름해지다
누른고갈병(-病)
누른 빛깔
누름단추
누름돌
누름새
누름적(-炙)
누릇누릇해지다
누리척지근하다
누리게 되다
누린내가 나도록 때리다 [관]
누린내 나다
누린내 풍기다
누릴 만큼 누리다
누릴 만하다

누마루(樓-)
누명 쓰다(陋名-)
누명 씌우다(陋名-)
누벼 가다
누벼 나가다
누벼 놓다
누비게 되다
누비고 다니다
누비끈
누비두렁이
누비듯 하다
누비민저고리
누비바지
누비버선
누비솜
누비옷
누비이불
누비저고리
누비질
누비처네
누비치마
누비포대기
누비혼인(-婚姻) 두 성 사이에 많이 겹치어 혼
　　인함.
누빗대
누설 안 하다(漏泄-)
누설해 버리다(漏泄-)
누수 현상(漏水現象)
누 안 되게 하다(累-)
누에 거적=누에거적
누에고치
누에깨기
누에 나이=누에나이
누에 농사=누에농사(-農事)
누에늙은이
누에덕 =누에 시렁.
누에떨기
누에똥
누에머리
누에머리손톱
누에섶
누에 시렁=누에시렁
누에쓸기
누에씨
누에알
누에 오르다 [관]

누에 올리기=누에올리기
누에잠
누에치기
누에 치다
누엣병(-病)
누엣자리
누엣장
누여 놓다
누여 주다
누운 나무에 열매 안 연다 [격]
누운다리 =베틀다리.
누운목(-木)
누운벼락
누운 소 똥 누듯 한다 [격]
누운 소 타기 [격]
누운솔술 =와송주.
누운장대(-長臺)
누운찌
누운 채로
누울 거야
누울게요
누울 자리 봐 가며 발을 뻗어라 [격]
누워 뜨는 소 [격]
누워먹다
누워먹는 팔자라도 삿갓 밑을 도려야 한다(-八
　　字-) [격]
누워 버리다
누워서 떡 먹기 [격]
누워서 찌르는 소 [격]
누워서 침 뱉기 [격]
누워 있다시피 하다
누워 자다
누워 지내다
누이네 집에 어석술 차고 간다 [격]
누이동생
누이 믿고 장가 안 간다 [격]
누이바꿈
누이 좋고 매부 좋다(-妹夫-) [격]
누임질
누적 적자(累積赤字)
누지 못하는 똥을 오드득 누라 한다 [격]
누진 요금(累進料金)
누천년(累千年)
누출 사고(漏出事故)
눅눅해지다
눅늘어지다

231

눅신눅신해지다
눅어지다
눅은 튀김
눅잦히다
눈가
눈가늠
눈가루
눈가리개
눈 가리고 아옹 [격]
눈가림식(-式)
눈가림 안 하다
눈가림하다
눈가장 =눈가.
눈 가장자리
눈가죽
눈가짐
눈 감고 따라간다 [격]
눈 감고 아옹 한다 [격]
눈 감고 자다
눈감다
눈감아 달라고 하다
눈감아 오다
눈감아 주다
눈 감으면 코 베어 먹을 세상(-世上) [격]
눈 감은 채
눈검정이
눈겨냥
눈겨눔
눈겨룸 =눈싸움.
눈겨룸질
눈결에
눈경치(-景致)
눈곱 끼다
눈곱만큼
눈곱만하다
눈곱자기
눈공 눈을 써서 일하는 품.
눈구덩이
눈구름
눈구멍
눈구멍길
눈구석
눈구석에 쌍가래톳이 선다(-雙-) [격]
눈금 속이다
눈금자
눈금 재다

눈금줄
눈금판(-板)
눈기운
눈길 끌다
눈길 모으다 [관]
눈길을 거두다 [관]
눈까풀
눈까풀 지다
눈깔딱부리
눈깔망나니
눈깔머리동이
눈깔바구니
눈깔사탕(-砂糖)
눈깔에 흙 들어가다 [관]
눈깔을 뒤집다 [관]
눈깔이 나오다 [관]
눈깔이 뒤집히다 [관]
눈깔이 멀다 [관]
눈깔이 벌겋다 [관]
눈깔이 붉다 [관]
눈깔이 삐다 [관]
눈감작이
눈감쟁이
눈 깜짝 안 하다
눈 깜짝할 사이 [관]
눈꺼풀
눈꼬리
눈꼴
눈꼴사나워지다
눈꼴사납다
눈꼴시다
눈꼴시어지다
눈꼴틀리다
눈끔적이
눈 내리다
눈 녹는 듯이
눈 녹듯이
눈 녹듯 하다
눈높이
눈눈이
눈대답(-對答)
눈대중
눈 덮인 산(-山)
눈도 거들떠보지 않다 [관]
눈도 깜짝 안 하다 [관]
눈도 못 뜨다

눈도장(-圖章)
눈독 들다
눈독 들여 오다
눈독 들이다 [관]
눈독 오르다 [관]
눈 돌리다
눈 돌릴 틈 없이
눈동냥
눈동냥 귀동냥 [관]
눈동자가 눈썹에 매달리다(-瞳子-) [관]
눈두덩
눈두덩이 멍들다
눈 둘 곳 없다
눈 둘 곳을 모르다 [관]
눈 뒤집다
눈 딱 감다 [관]
눈딱부리
눈딱지
눈땜
눈떠 가다
눈뜨게 되다
눈 뜨고 당하다(-當-)
눈 뜨고 도둑맞는다 [격]
눈 뜨고 못 볼 일
눈 뜨고 볼 수 없다 [관]
눈 뜨고 봉사질 한다 [격]
눈뜬장님
눈 뜬 채
눈 맞다
눈 맞추다
눈 맞히다
눈매 곱다
눈맵시
눈머리
눈 먹던 토끼 얼음 먹던 토끼가 제각각(-各各)
  [격]
눈먼 돈
눈먼 소경
눈멀다
눈 못 감다
눈 못 뜨다
눈물 거두다 [관]
눈물겨워지다
눈물겨워하다
눈물겹다
눈물길

눈물 나다
눈물단지
눈물 맺히다
눈물 머금다 [관]
눈물 못 보겠다
눈물바다
눈물받이
눈물방울
눈물범벅
눈물이 골짝 난다 [격]
눈물이 앞서다 [관]
눈물이 앞을 가리다 [관]
눈물이 없다 [관]
눈물이 헤프다 [관]
눈물 자국
눈물 젖은 손수건(-手巾)
눈물지다
눈물짓다
눈물 짜다 [관]
눈물 짜지 마라
눈물 한 방울 안 흘리다
눈물 흘려 가며
눈물 흘리다
눈물 흘리면서 겨자 먹기 [격]
눈 밑
눈바람
눈 밖에 나다 [관]
눈발 날리다
눈발 서다 [관]
눈 벌리고 아웅 [격]
눈 벌리고 어비야 한다 [격]
눈벌판
눈병 나다(-病-)
눈보다 동자가 크다(-瞳子-) [격]
눈보라 몰아치다
눈보라 치다
눈 부릅뜨다
눈부시다
눈부처
눈 붙이다
눈비 오다
눈비음   남의 눈에 들기 위하여 겉으로만 꾸미
  는 일.
눈빛
눈 빛깔
눈빛 보이다

눈빨강이
눈빨리 살피다
눈사람
눈사태(-沙汰)
눈사탯길(-沙汰-)
눈살 찌푸리다 [관]
눈살 펼 새 없다 [관]
눈살피다
눈삽
눈석임 쌓인 눈이 속으로 녹아 스러짐.
눈석임물
눈석임하다
눈 설다
눈세계(-世界)
눈 세상(-世上)
눈셈
눈 속이다
눈속임
눈 수술 받다(-手術-)
눈시울
눈시울 붉히다
눈시울 적시다
눈신호 보내다(-信號-)
눈심지(-心-)
눈심지 돋우다(-心-) [관]
눈싸움
눈쌈
눈 쌓이다
눈썰매
눈썰매장(-場)
눈썰미
눈썹노리
눈썹달
눈썹대
눈썹도 까딱하지 않다 [관]
눈썹만 뽑아도 똥 나오겠다 [격]
눈썹먹
눈썹바라지
눈썹 싸움을 하다 [관]
눈썹에 떨어진 액(-厄) [격]
눈썹에 불이 붙는다 [격]
눈썹연필(-鉛筆)
눈썹줄
눈썹지붕
눈썹차양(-遮陽)
눈썹춤

눈씨름
눈씨 맵다
눈 씻고 보려야 볼 수 없다 [관]
눈안개
눈 안 오다
눈알 굴리다
눈알 나오다 [관]
눈알맹이
눈알을 곤두세우다 [관]
눈알이 곤두서다 [관]
눈알이 뒤집히다 [관]
눈알이 빠지도록 기다리다 [관]
눈 앓는 놈 고춧가루 넣기 [격]
눈앞에 두고도 못 찾는다
눈앞에서 자랑 말고 뒤에서 꾸짖지 마라 [격]
눈앞이 캄캄하다 [관]
눈앞이 환해지다 [관]
눈약속(-約束)
눈 어두운 사람
눈 어둡다 하더니 다홍 고추만 잘 딴다(-紅-)
  [격]
눈어림
눈어림해 보다
눈언저리
눈얼음
눈에 거슬리다 [관]
눈에 거칠다 [관]
눈에 나다
눈에 넣어도 아프지 않다 [관]
눈에는 눈 이에는 이 [격]
눈에 들다
눈에 띄다 [관]
눈에 띌 만한 곳에
눈에 모를 세우다 [관]
눈에 밟히다 [관]
눈에 불을 달다 [관]
눈에 불을 켜다 [관]
눈에 불이 나다 [관]
눈에 불이 일다 [관]
눈에서 딱정벌레가 왔다 갔다 하다 [관]
눈에서 번개가 번쩍 나다 [관]
눈에서 벗어나다 [관]
눈에서 황이 나다 [관]
눈에 선하다 [관]
눈에 쌍심지가 나다(-雙心-) [관]
눈에 쌍심지를 켜다(-雙心-) [관]

눈에 안경(-眼鏡) [관]
눈에 안 들다
눈에 안 띄다
눈에 안 차다
눈에 약할래도 없다(-藥-) [관]
눈에 어리다 [관]
눈에 이슬이 맺히다 [관]
눈에 익다 [관]
눈에 차다 [관]
눈에 천불이 나다 [관]
눈에 칼을 세우다 [관]
눈에 콩깍지가 씌었다 [관]
눈에 풀칠하다 [관]
눈에 헛거미가 잡히다 [관]
눈에 흙이 들어가다 [관]
눈엣가시
눈여겨 바라보다
눈여겨보다
눈여겨보아 두다
눈여겨볼 만하다
눈여기다
눈 오나 보다
눈 오는 날 개 싸다니듯 [격]
눈 온 끝에
눈 온 뒤에는 거지가 빨래를 한다 [격]
눈옷
눈 와야 솔이 푸른 줄 안다 [격]
눈요기
눈요깃감
눈요깃거리
눈욕(-辱)
눈웃음
눈웃음 띠다
눈웃음 지어 보이다
눈웃음 짓다
눈웃음치다
눈 위에 서리 친다 [격]
눈 위에 흙 [관]
눈은 그 사람의 마음을 닮는다 [격]
눈은 마음의 거울 [격]
눈은 있어도 망울이 없다 [격]
눈은 풍년이나 입은 흉년이다(-豊年-凶年-) [격]
눈을 곤두세우다 [관]
눈을 굴리다 [관]
눈을 까뒤집다 [관]

눈을 꺼리다 [관]
눈을 끌다 [관]
눈을 돌리다 [관]
눈을 뒤집다 [관]
눈을 떠도 코 베어 간다 [격]
눈을 떠야 별을 보지 [격]
눈을 맞추다 [관]
눈을 밝히다 [관]
눈을 붙이다 [관]
눈을 속이다 [관]
눈을 씻고 보려야 볼 수 없다 [관]
눈을 씻고 봐도
눈을 의심하다(-疑心-) [관]
눈을 져다가 우물을 판다 [격]
눈을 주다 [관]
눈을 틔워 주다 [관]
눈을 피하다(-避-) [관]
눈이 가다 [관]
눈이 까매지도록 [관]
눈이 까뒤집히다 [관]
눈이 꺼지다 [관]
눈이 높다 [관]
눈이 동그래지다 [관]
눈이 뒤집히다 [관]
눈이 등잔만 하다(-燈盞-) [관]
눈이 뚫어지도록 [관]
눈이 많다 [관]
눈이 맞다 [관]
눈이 무디다 [관]
눈이 무섭다 [관]
눈이 벌겋다 [관]
눈이 보배다 [격]
눈이 빠지도록 기다리다 [관]
눈이 삐다 [관]
눈이 산 밖에 비어지다 [관]
눈이 시다 [관]
눈이 시뻘겋다 [관]
눈이 시퍼렇게 살아 있다 [관]
눈이 십 리만큼 들어갔다(-十里-) [관]
눈이 아무리 밝아도 제 코는 안 보인다 [격]
눈이 여리다 [관]
눈이 저울이라 [격]
눈이 캄캄하다 [관]
눈이 트이다 [관]
눈이 휘둥그레지다 [관]
눈 익고 손 설다 [격]

235

눈 익어 가다
눈인사(-人事)
눈자라기 아직 꼿꼿이 앉지 못하는 어린아이.
눈자리가 나도록 보다 [격]
눈자위
눈자위 꺼지다 [관]
눈접모(-椄-)
눈접칼(-椄-)
눈정기(-精氣)
눈정신(-精神)
눈조화(-造化)
눈 주다
눈주름
눈주름 잡히다
눈지방 눈의 위아래 언저리.
눈짐작
눈짓물이
눈짓콧짓
눈짓하다
눈짓해 오다
눈 찌를 막대 [격]
눈찌 무섭다
눈차(-車) =제설차.
눈초리 매섭다
눈총 맞다 [관]
눈총받다
눈총 쏘다 [관]
눈총 주다
눈치가 발바닥이라 [격]
눈치가 빠르기는 도갓집 강아지(-都家-) [격]
눈치가 빠르면 절에 가도 젓갈은 얻어먹는다
　　[격]
눈치가 안는 암탉 잡아먹겠다 [격]
눈치가 있으면 떡이나 얻어먹지 [격]
눈치가 참새 방앗간 찾기(-間-) [격]
눈치개
눈치껏 해라
눈치꾸러기
눈치꾼
눈치놀음
눈치는 형사다(-刑事-) [격]
눈치 다르다 [관]
눈치레
눈치 못 채다
눈치 보다 [관]
눈치 보아 가며

눈치 보이다 [관]
눈치 보지 마라
눈치 볼 것 없다
눈치 빠르다 [관]
눈치 살피다 [관]
눈치 안 보다
눈치 없다
눈 치다
눈 치우다
눈치작전(-作戰)
눈치 채다
눈치 채이다
눈치 채지 못하다
눈치 챈 듯하다
눈치코치 다 알다 [관]
눈치코치도 모르다 [관]
눈치코치 없이
눈칫밥
눈칫밥 먹다 [관]
눈코 뜰 사이 없다 [관]
눈코 바로 박인 놈이
눈코 사이 [관]
눈 큰 황소 발 큰 도둑놈 [격]
눈퉁이 붓다
눈트다
눈 틔워 주다
눈판(-板)
눈 팔다
눈표 나다(-標-) [관]
눈 피해(-被害)
눈 하나 깜짝 안 하다
눈 화장 하다(-化粧-)
눈 흘겨 가며
눋내 나다
눋지 않게 하다
눌러놓다
눌러 다지다
눌러 달라고 하다
눌러 달라다
눌러 담다
눌러두다
눌러듣다
눌러먹다
눌러 밟다
눌러보다
눌러봐 주다

눌러쓰다
눌러앉다
눌러자다
눌러 주다
눌러 짜다
눌려 살다
눌려 지내다
눌릴 대로 눌리다
눌림끈
눌림대
눌어붙다
눌은밥
눌은밥튀각
눌한 말투(訥-)
눕다시피 하다
눕자마자
눕혀 놓다
눕혀 달라고 하다
눕혀 달라다
눕혀묻기
눙쳐 버리다
뉘 것이냐
뉘 골라내듯 한다 [관]
뉘 덕으로 잔뼈가 굵었기에(-德-) [격]
뉘동생
뉘레지다
뉘반지기(-半-)
뉘 보다
뉘 아기 이름인 줄 아나 [격]
뉘어 놓다
뉘어 두다
뉘어지다
뉘엿뉘엿하다
뉘우쁜 마음
뉘우치는 기색 없다(-氣色-)
뉘우침 없이
뉘 집 개가 짖어 대는 소리냐 [격]
뉘 집 숟가락이 몇 갠지 아냐 [격]
뉘 집에 죽이 끓는지 밥이 끓는지 아나 [격]
뉨질
뉫결
뉫살
뉫살 일다
뉴스거리(news-)
뉴욕 시(New York市)
뉴욕 주(New York州)

느글느글하다
느긋해 보이다
느긋해지다
느껴 보지 못한
느껴 본 적 없다
느껴 오다
느껴 울다
느껴지다
느껴질 만큼
느끼게 되다
느끼게 하다
느끼게 해 주다
느끼하다
느낀 대로
느낀 듯하다
느낀 만큼
느낄 만큼
느낌 안 들다
느닷없이
느려 빠지다
느려 터지다
느루 가다 [관]
느루 먹다 [관]
느루배기   해산한 다음 달부터 계속하여 월경
    이 있는 현상. 또는 그런 여자.
느루 잡다 [관]
느루 재다 [관]
느리광이
느리터분하다
느린 감이 있다(-感-)
느린데다가
느림물매
느림뱅이
느림보 걸음
느슨해 보이다
느슨해지다
느즈러지다
느지감치 일어나다
느지막이 떠나다
느티떡
늑목 타고 놀다(肋木-)
늑장 대처(-對處)
늑장 보도(-報道)
늑장 부리다
늑장 피우다
늑장 행정(-行政)

ㄴ

237

는개 내리다
-는걸 　(어미) 눈이 많이 쌓였는걸! 아기가 춥
　　겠는걸.
-는데 　(어미) 텔레비전을 보고 있는데 그가
　　왔다.
- 는 데 　(의존 명사) 가는 데가 어디냐?
-는커녕 　(조사) 밥은커녕 물도 못 마셨다.
는실난실하다
는지렁이
는질맞다
늘 거야
늘걸
늘 걸세
늘걸요
늘게 되다
늘고 줄고 하다 [관]
늘그막에 얻은 자식(-子息)
늘 그 턱이다
늘려 가다
늘려 나가다
늘려 놓다
늘려 잡다
늘려 주다
늘렸다 줄였다 하다
늘배
늘보
늘보리
늘삿갓
늘씬해 보이다
늘씬해지다
늘어 가다
늘어나다
늘어놓다
늘어놓아 보다
늘어뜨리다
늘어만 가다
늘어박히다
늘어서다
늘어세우다
늘어앉다
늘어앉히다
늘어져 자다
늘어지게 자다 [관]
늘어진패(-覇)
늘어트리다
늘었나 보다

늘었다 줄었다 하다
늘없디다
늘여 가다
늘여 놓다
늘옴치래기 　늘었다 줄었다 하는 물건.
늘이듯 하다
늘임봉(-棒)
늘자리
늘잡다
늘줄다
늘차다
늘찬 일솜씨
늘채다
늘키다
늘펀하게 앉다
늘푸른나무
늘푸른넓은잎나무
늘푸른떨기나무
늘푸른여러해살이풀
늘푸른잎
늘푸른작은큰키나무
늘푸른큰키나무
늘푸른풀
늘품 없다
늘품 있어 보이다
늘 하던 대로
늙게 되다
늙게 된서방 만난다(-書房-) [격]
늙게 마련이다
늙고 병든 몸은 눈 먼 새도 안 앉는다(-病-)
　　[격]
늙다리소
늙다리 신세(-身世)
늙다리처녀(-處女)
늙바탕
늙수그레하다
늙수레하다
늙어 가다
늙어도 소승 젊어도 소승 한다 [격]
늙어도 죽기는 싫다 [격]
늙어 버리다
늙어 보이다
늙어 빠지다
늙어 죽다
늙어지다
늙으데기

늙으면 눈물이 헤퍼진다 [격]
늙으면 설움이 많다 [격]
늙으면 아이 된다 [격]
늙으면 욕이 많다(-辱-) [격]
늙으신네
늙은 말이 길을 안다 [격]
늙은 말이 콩 마다할까 [격]
늙은 말 콩 더 달란다 [격]
늙은 말 콩 마다하듯 [격]
늙은 소 콩밭으로 간다 [격]
늙은 소 흥정하듯 [격]
늙은 영감 덜미 잡기 [격]
늙은이 가죽 두껍다 [격]
늙은이 괄시는 해도 아이들 괄시는 안 한다(-
　　恝視-恝視-) [격]
늙은이 무릎 세우듯 씌운다 [격]
늙은이 박대는 나라도 못한다(-薄待-) [격]
늙은이 뱃가죽 같다 [관]
늙은이 아이 된다 [격]
늙은이 취급 하다(-取扱-)
늙은이한테는 수염이 있어야 한다(-鬚髥-) [격]
늙은이 호박나물에 용쓴다 [격]
늙은 중이 먹을 간다 [격]
늙은 쥐가 독 뚫는다 [격]
늙을수록 느는 건 잔소리뿐이다 [격]
늙정이
늙판 =늙바탕.
늙히고 말다
늠그다
늠름해 보이다(凜凜-)
늦먹다
능갈맞다
능갈지다
능갈치다
능구리 같은 놈
능그다
능글능글해지다
능글맞다
능글차다
능금술
능금화채(-花菜)
능놀아 가며
능두다
능라도 수박 같다(綾羅島-) [관]
능력 개발(能力開發)
능력 되는 대로(能力-)

능력 밖의 일(能力-)
능력 부족(能力不足)
능률 높이다(能率-)
능률 안 오르다(能率-)
능률 오르다(能率-)
능수꾼(能手-)
능숙해 보이다(能熟-)
능숙해지다(能熟-)
능이나물(能耳-)
능이버섯(能耳-)
능잇국(能耳-)
능장질(稜杖-)
능지기(陵-)
능지 되다(凌遲-)
능청꾸러기
능청 떨다
능청맞다
능청 부리다
능처스러워지다
능청 피우다
능통하게 되다(能通-)
능통해 보이다(能通-)
능통해지다(能通-)
능히 해내다(能-)
늦가을
늦갈이
늦감자
늦거름
늦게나마
늦게 된서방 걸린다(-書房-) [격]
늦게 배운 도둑이 날 새는 줄 모른다 [격]
늦게 잡고 되게 친다 [격]
늦겨울
늦공부(-工夫)
늦과일
늦기 전에(-前-)
늦김치
늦깎이
늦닭
늦더위
늦동지(-冬至)
늦되다
늦마
늦맞이 고추
늦모
늦모내기

239

늦모내기 때에는 아궁 앞의 부지깽이도 뛴다
　　[격]
늦모내기에 죽은 중도 꿈쩍거린다 [격]
늦물⑴　제철보다 늦게 열린 과일이나 늦게 잡
　　힌 고기.
늦물⑵　제철보다 늦게 지는 홍수.
늦바람
늦바람둥이
늦바람 들다
늦바람이 용마름을 벗긴다 [격]
늦밤
늦밭갈이
늦배
늦벼
늦보리
늦복(-福)
늦복숭아
늦복 터지다(-福-)
늦봄
늦부지런
늦뿌리다
늦사리
늦새끼
늦서리
늦심다
늦어 버리다
늦어지다
늦여름
늦여름 밤
늦은가락
늦은 가을
늦은 겨울
늦은 김에
늦은 밤
늦은 밥 먹고 파장 간다(-罷場-) [격]
늦은 봄
늦은불
늦은 시간(-時間)
늦은씨 =만생종.
늦은 여름
늦을 거야
늦을걸
늦을 걸세
늦을걸요
늦을까 봐
늦을 뻔하다

늦익다
늦익은 벼
늦잎
늦자라다
늦자식(-子息)
늦작물(-作物)
늦잠
늦잠꾸러기
늦잠 자 버릇하다
늦잠쟁이
늦잡도리하다
늦잡아도 한 달
늦잡죄다
늦장가 가다
늦장가 들다
늦장마 들다
늦장마 지다
늦장 부리다
늦재주
늦저녁 먹다
늦점심 들다(-點心-)
늦지 마라
늦지 않게 하다
늦철 들다
늦추어 오다
늦추어 주다
늦추위
늦추잡다
늦춰 달라고 하다
늦춰 달라다
늦춰 오다
늦춰 주다
늦춰지다
늦춰질 거야
늦춰질걸
늦춰질 걸세
늦춰질걸요
늦춰질 듯하다
늦치르게 되다
늦콩
늦팥
늦풀
늦하늬
늦하늬바람
늦호박
늦휴가(-休暇)

늦이 사납다
늪가
늪 속

늪지대(-地帶)
늴리리쿵더쿵
니나놋집

[ㄷ]

다가가다
다가가 보다
다가 놓다
다 가도록
다 가도 문턱 못 넘기(-門-) [격]
다가들다
다 가 버리다
다 가 보다
다가붙다
다가붙이다
다가서다
다가세우다
다가앉다
다가앉히다
다가오다
다가와 앉다
다 각각(-各各)
다각도로(多角度-)
다각뿔(多角-)
다각화되다(多角化-)
다각화하다(多角化-)
다갈솥 작고 오목한 솥.
다국적군(多國籍軍)
다 그런 거지
다 그렇고 그런
다그쳐 묻다
다그치다
다급한 김에(多急-)
다급한 듯하다(多急-)
다급해 보이다(多急-)
다급해져 가다(多急-)
다급해지다(多急-)
다급해하다(多急-)
다기 있다(多氣-)

다기지다(多氣-)
다기차다(多氣-)
다 끝나 가다
다 끝나 버리다
다 내주다
다녀가다
다녀가자마자
다녀 보고 싶다
다녀오다
다녀온 지 몇 년인가(-年-)
다년간(多年間)
다년생(多年生)
다 늙어 된서방을 만난다(-書房-) [격]
다니는 둥 마는 둥
다니는 듯하다
다니는 척하다
다니는 체하다
다니다 말다 하다
다니러 가다
다니러 오다
다닐 듯 말 듯
다닐 듯하다
다닐 만하다
다다귀다다귀하다
다다기오이
다다기외
다다기찰 늦게 익는 찰벼의 하나.
다닥뜨리다
다닥치다
다닥트리다
다달다달하다
다달이 얼마씩
다 닳아 버리다
다 닳은 대갈마치라 [격]

244

다담대접(茶啖待接)
다담상(茶啖床)
다도해(多島海)
다독거려 달래다
다독거려 주다
다독다독하다
다 돼 가다
다 돼 버리다
다 된 농사에 낫 들고 덤빈다(-農事-) [격]
다 된 밥에 재 뿌리기
다된 세상(-世上)
다 된 죽에 코 빠졌다(-粥-) [격]
다 된 죽에 코 풀기(-粥-) [격]
다된 집안
다 된 흥정 파의하기(-罷意-) [격]
다 듣고 나니
다 들어 주다
다듬가위
다듬돌
다듬면(-面)
다듬어 가다
다듬어 나가다
다듬어 놓다
다듬어 두다
다듬어 주다
다듬어지다
다듬이 소리
다듬이질 소리
다듬이질하다
다듬이포대기
다듬잇감
다듬잇돌
다듬잇방망이
다듬잇방석(-方席)
다듬잇살
다듬잇살 서다
다듬작다듬작하다
다듬질
다디달다
다떠위다
다라운 부자가 활수한 빈자보다 낫다(-富者-
　　滑手-貧者-) [격]
다라지다
다라진살　가늘고 무거운 화살.
다락같다
다락기둥

다락마루
다락문(-門)
다락바위
다락방(-房)
다락배
다락북
다락장지(-障-)
다락집
다람쥐 계집 얻은 것 같다 [격]
다람쥐 밤 까먹듯 [격]
다람쥐 쳇바퀴 돌듯 [격]
다랑귀
다랑귀 떼다 [관]
다랑귀 뛰다 [관]
다랑논
다랑이
다랑전(-田)
다래다래 열리다
다래술
다래정과(-正果)
다려 가다
다려 놓다
다려 두다
다려 입다
다려 주다
다례 지내다(茶禮-)
다루기 어렵다
다루듯 하다
다루려 하다
다루어 가다
다루어 나가다
다루어 보다
다루어 오다
다루어지다
다룸가죽
다뤄 가다
다뤄 나가다
다뤄 보다
다뤄 오다
다르긴 하지만
다르기보다는
다른 건 몰라도
다른 게 아니라 [관]
다른꼴꽃
다른꽃잎
다른 나라

다른 날 같으면
다른 데 가 보다
다른 듯하다
다른 듯해 보이다
다른 볼일
다른 분
다른 어느 때보다
다른 일 하다
다른지 같은지
다른 쪽
다른 체하다
다른 한쪽은
다른 한편으로(-便-)
다를 거야
다를걸
다를 걸세
다를걸요
다를 듯싶다
다를 듯하다
다를망정
다를 바 없다
다를뿐더러
다를 뿐만 아니라
다를 뿐 아니라
다를 수밖에
다름 아니라 [관]
다름 아닌 [관]
다름없다
다름없어 보이다
다름이 아니라 [관]
다름 직하다
다리가 길다 [관] 먹을 복이 있다.
다리가 의붓자식보다 낫다(-子息-) [격]
다리가 짧다 [관]
다리갱이
다리 건너다 [관]
다리 걸치다
다리 근육(-筋肉)
다리깽이
다리꼭지
다리 난간(-欄干)
다리 놓다 [관]
다리 놓아 주다
다리띠
다리를 들리다 [관] 손 쓸 기회를 빼앗기다.
다리를 잇다 [관]

다리맵시
다리목
다리몽둥이
다리미요
다리미질
다리미판(-板)
다리밑자루
다리 밑에서 욕하기(-辱-) [격]
다리병신(-病身)
다리 부러진 장수 성 안에서 호령한다(-將帥 城-號令-) [격]
다리 뻗고 자다 [관]
다리뼈
다리살
다리샅
다리샅바
다리속곳
다리쇠
다리쉬임
다리쉼
다리씨름
다리 아래서 원을 꾸짖는다(-員-) [격]
다리아랫소리
다리 안 아프다
다리야 날 살려라 [관]
다리 역할 하다(-役割-)
다리오금
다리 운동=다리운동(-運動)
다리 위
다리전(-廛)
다리 절다
다리지기
다리질
다리춤
다리탑(-塔)
다리털
다리통
다리팔
다리품
다리품 팔다 [관]
다림 보다 겨냥하여 살피다.
다림줄
다림질
다림질하다
다림추(-錘)
다림판(-板)

246

다릿골독
다릿골 빠지다
다릿기둥
다릿널
다릿돌
다릿마디
다릿목
다릿발
다릿병(-病)
다릿심
다릿심 풀리다
다릿장갱이
다릿짓
다릿짓하다
다 말하다
다 말해 봐라
다 망해 가다(-亡-)
다 먹어 버리다
다 먹은 죽에 코 빠졌다 한다(-粥-) [격]
다목다리
다목적 댐=다목적댐(多目的dam)
다 못 두다
다 못 먹다
다 못 보다
다 못 하다
다문꽃
다문다문하다
다문박식(多聞博識)
다물 거야
다물걸
다물 걸세
다물걸요
다물게
다물게요
다물리다
다물린 입술
다물다물 쌓여 있다
다물어라
다물어지지 않아서
다미씌우다
다민족 국가=다민족국가(多民族國家)
다민족 사회(多民族社會)
다 바치다
다박나룻
다박머리
다박수염(-鬚髥)

다발나무
다발총(多發銃)
다 밝게 범두와 소리라 [격]
다방골잠(茶坊-)
다밭다   길이가 몹시 짧다.
다변화되다(多變化-)
다변화하다(多變化-)
다 보고 나서
다보록다보록하다
다복밭
다복솔
다복솔밭
다부닐다
다부져 보이다
다부진 몸
다붙어 앉다
다붙어 앉히다
다사로운 햇살
다 삭은 바자 틈에 누렁개 주둥이 같다 [격]
다섯가락
다섯 가지
다섯 개 중에(-中-)
다섯모기둥
다섯목가래질
다섯목한카래
다섯무날
다섯물
다섯 번째(-番-)
다섯 살 난 아이
다섯 살 된 아이
다섯 살배기
다섯 살 적에
다섯 살짜리
다섯 손가락 깨물어서 아프지 않은 손가락이
   없다 [격]
다섯 손가락 안에 들다
다섯잎꽃
다섯잠누에
다섯째 아들
다섯콩
다섯 해 동안
다세대 주택=다세대주택(多世帶住宅)
다소간(多少間)
다소곳해 보이다
다소곳해지다
다솔식구(多率食口)

다수가결(多數可決)
다수 국민(多數國民)
다수확왕(多收穫王)
다스려 나가다
다스려 오다
다스려지다
다스워져 가다
다스워지다
다시 가 보다
다시 갈 것 없이
다시마산자(-饊子)
다시마쌈
다시마장아찌
다시마조림
다시마차(-茶)
다시마튀각
다시 말하면 [관]
다시 말해 [관]
다시맛국
다시 못 보다
다시 못 오다
다시 쓰다
다시 안 갈 테다
다시 안 하다
다시없다
다시 오나 봐라
다시지 못하다
다시 한 번(-番) 다시 한 번만 더.
다시 한번(-番) 나중에 다시 한번.
다시 해 보다
다 써 버리다
다 쑤어 놓은 죽(-粥) [격]
다 쓰러져 가다
다 쓴 뒤
다 아는 바와 같이
다 아시다시피
다 안 가다
다 안 하다
다 알다시피
다 알 만하다
다양해 보이다(多樣-)
다양해져 가다(多樣-)
다양화되다(多樣化-)
다올대
다 와 가다
다운되다(down-)

다음실하다 잠깐 머춤하다.
다원 사회(多元社會)
다원주의(多元主義)
다원화되어 가다(多元化-)
다원화하다(多元化-)
다음가다
다음가라면 서러울 사람
다음날 정해지지 않은 미래의 어떤 날.
다음 날 말하고 있는 날의 바로 다음 날.
다음 날 밤
다음다음
다음 단계(-段階)
다음 달 내에(-內-)
다음 달 말(-末)
다음 달 안으로
다음 달 초(-初)
다음번(-番)
다음 사람
다음 세대(-世代)
다음 순간(-瞬間)
다음 시간(-時間)
다음 역(-驛)
다음 장(-張)
다음 주(-週)
다음 주 내로(-週內-)
다음 주 중으로(-週中-)
다음 쪽
다음 차례(-次例)
다음 해 초(-初)
다음 호(-號)
다 익어 가다
다 읽어 가다
다 읽어 보다
다자간 협상(多者間協商)
다자녀하다(多子女-)
다자손하다(多子孫-)
다자 외교(多者外交)
다 잘될 거야
다 잘될 걸세
다잡아 나가다
다 잡아먹다
다잡이하다
다잡지 않으면 안 될 것 같다
다저녁때
다정한 척하다(多情-)
다정해 보이다(多情-)

248

다정해지다(多情-)
다져 가다
다져 나가다
다져 놓다
다져 두다
다져 먹다
다져 바르다
다져 오다
다져 주다
다져지다
다조지다
다종다양(多種多樣)
다좇다
다좇치다
다좇다
다좇아 나오다
다죄다
다 죽게 되다
다 죽어 가다
다 줄 거야
다 줄걸
다 줄 걸세
다 줄걸요
다 줄게
다 줄게요
다즙사료(多汁飼料)
다지기
다지기 공사(-工事)
다지기 풀어 먹다
다지르다
다질러 두다
다직하면 서너 가마나 될까
다직해서 한 십 리나 갔을 걸세
다직해야 쌀 몇 가마니를 가지고
다짐 놓다 [관]
다짐 두다 [관]
다짐바닥
다짐봉(-棒)
다짐장(-狀)
다짐하듯 하다
다짐한 듯하다
다짐해 두다
다짐해 보지만
다짐해 오다
다짜고짜
다짜고짜로

다채로워 보이다(多彩-)
다채로워지다(多彩-)
다채롭기는 하다만(多彩-)
다취미하다(多趣味-)
다층 건물=다층건물(多層建物)
다치게 되다
다치게 하다
다친 데 없이
다칠까 봐 걱정
다칠 뻔하다
다 큰 애
다 털다
다 털어 놓다
다 털어 버리다
다투게 되다
다투게 하다
다투길 잘하다
다투다 못해
다툼 없이
다툼질까지 해 가며
다툼질하다
다팔머리
다 팔아도 내 땅 [격]
다 팔아먹다
다 퍼먹다
다 퍼먹은 김칫독 [격]
다 하고 나서
다 하다   일을 다 하다.
다하다   최선을 다하다. 천명을 다하다.
다할 뿐
다함없다
다 해 놓다
다 해 버리다
다 해 본 나머지
다 해 오다
다해 오다   최선을 다해 오다.
다행스러워하다(多幸-)
다홍강정(-紅-)
다홍꼭지(-紅-)
다홍물(-紅-)
다홍사(-紅絲)   =다홍실.
다홍실(-紅-)
다홍치마(-紅-)
다회띠(多繪-)
다회치다(多繪-)
닥굿

닥긋하다
닥달리다
닥들여오다
닥들여온 일
닥뜨리다
닥밭
닥종이
닥지닥지하다
닥채
닥쳐오다
닥치는 대로
닥칠지도 모른다
닥트리다
닦는 둥 마는 둥
닦달
닦달질
닦달질하다
닦아 가다
닦아 내다
닦아 놓다
닦아대다
닦아 두다
닦아 버리다
닦아 보다
닦아세우다
닦아 오다
닦아 주다
닦은 방울 같다 [격]
닦음대패
닦음새
닦음질
닦이쟁이
닦이질
단 가마에 눈[격]
단가살림(單家-)
단가살이(單家-)
단가살이하다(單家-)
단간장(-醬)
단감나무
단감자
단거리　단으로 묶은 땔나무.
단거리서방(-書房)
단걸음에(單-)
단것 너무 먹지 마라
단결 안 되다(團結-)
단결에　=단김에.

단계 밟아서(段階-)
단골 가게
단골 노래
단골 되다
단골말
단골 메뉴(-menu)
단골무당
단골무당 머슴같이 [격]
단골섬김
단골소리
단골손님
단골 식당(-食堂)
단골집
단과 대학=단과대학(單科大學)
단교 선언(斷交宣言)
단국
단국 우러나다
단군기원(檀君紀元)
단군 신화=단군신화(檀君神話)
단군왕검(檀君王儉)
단군 이래(檀君以來)
단근질 참듯
단근질하다
단기간(短期間)
단기간 내에(短期間內-)
단기 계획(短期計劃)
단기 교육(短期敎育)
단기일(短期日)
단기일 내로(短期日內-)
단기 체류(短期滯留)
단기 투자(短期投資)
단김　음식물의 제 맛이 되는 맛이나 김.
단김 빠진 맥주(-麥酒)
단김에
단김에 결판을 내다(-決判-)
단꿈
단꿈 꾸다
단나무
단나무 때다
단내 나다
단념 안 하다(斷念-)
단념해 버리다(斷念-)
단단하기만 하면 벽에 물이 고이나(-壁-) [격]
단단한 땅에 물이 괸다 [격]
단단해 보이다
단단해져 가다

단단해지다
단단히 하다
단대목(單-) 명절이나 큰일이 바싹 다가온 때.
단대목이 되어서야(單-)
단도직입적으로(單刀直入的-)
단독 가구(單獨家口)
단독 공연(單獨公演)
단독 면담(單獨面談)
단독 범행(單獨犯行)
단독 보도(單獨報道)
단독 선두(單獨先頭)
단독 입수(單獨入手)
단독정부(單獨政府)
단독 주택=단독주택(單獨住宅)
단독 출마(單獨出馬)
단독 회담(單獨會談)
단돈 아주 적은 돈임을 강조하여 이르는 말.
단돈 몇 푼
단동 윷놀이에서의 한 동.
단동 날 걸 가지고(單-)
단동내기(單-)
단동무늬(單-)
단동치기(單-)
단 두 군데
단두대에 오르다(斷頭臺-) [관]
단두대의 이슬로 사라지다(斷頭臺-) [관]
단 두 식구(-食口)
단둘
단둘만 같으면 걱정 안 한다
단락 맺다(段落-)
단락 짓다(段落-)
단란 주점(團欒酒店)
단란해 보이다(團欒-)
단련되다(鍛鍊-)
단련시키다(鍛鍊-)
단련 안 되다(鍛鍊-)
단마디(單-)
단마디명창(單-名唱)
단말마적 비명(斷末魔的悲鳴)
단맛 나다
단맛 내다
단맛 쓴맛 다 보았다
단매(單-)
단매에 때려잡다(單-)
단명 내각(短命內閣)
단모금(單-)

단모금에 마시다(單-)
단무지
단물고기 =민물고기.
단물곤물
단물나다
단물 빨아 먹다
단미사료(單味飼料)
단바둑(段-)
단박 맛이 단 박.
단박에 알아보다
단발머리(短髮-)
단발총(單發銃)
단방에 쓰러뜨리다(單放-)
단방치기(單放-)
단배 입맛이 당겨 음식을 달게 많이 먹을 수
   있는 배.
단배 곯리다
단배 주리다
단배추
단번(單番) 단 한 번.
단번에 해치우다(單番-)
단벌(單-)
단벌가다(單-)
단벌 신사(單-紳士)
단벌옷(單-)
단벌치기(單-)
단벌치기 신세(單-身世)
단봇짐(單褓-)
단봇짐 싸다(單褓-)
단봉낙타(單峰駱駝)
단봉약대(單峰-)
단불
단불에 나비 죽듯 [관]
단비
단비 내리다
단사자리(丹絲-)
단살(單-) 단 한 대의 화살.
단삼 적삼 벗고 은가락지 낀다(單衫-銀-) [격]
단색 옷감(單色-)
단서 달다(但書-)
단서 잡다(端緒-)
단서 조항(但書條項)
단소 소리(短簫-)
단속 강화(團束強化)
단속곳 받쳐 입다
단속 기간(團束期間)

단속 나가다(團束-)
단속 대상(團束對象)
단속 안 하다(團束-)
단속 요원(團束要員)
단속해 오다(團束-)
단손에 들어 올리다
단솥
단솥에 물 붓기
단수 높다(段數-)
단수 조치(斷水措置)
단순 강도(單純强盜)
단순 노동=단순노동(單純勞動)
단순 논리(單純論理)
단순 비교(單純比較)
단순 업무(單純業務)
단순한 듯하다(單純-)
단순해 보이다(單純-)
단순해지다(單純-)
단순화되다(單純化-)
단순화시키다(單純化-)
단술
단술 먹은 여드레 만에 취한다(-醉-) [격]
단숨에(單-)
단숨에 마시다(單-)
단시간(短時間)
단시간 내로(短時間內-)
단시일(短時日)
단시일 안으로(短時日-)
단식구(單食口)
단식기도(斷食祈禱)
단식 농성(斷食籠城)
단식 투쟁=단식투쟁(斷食鬪爭)
단신 월남(單身越南)
단안 내리다(斷案-)
단안 못 내리다(斷案-)
단양놀이(端陽-)
단언 못 하다(斷言-)
단언해 버리다(斷言-)
단역 배우=단역배우(端役俳優)
단열밤(短-) 짧은 밤.
단열 효과(斷熱效果)
단오굿(端午-)
단오놀이(端午-)
단오떡(端午-)
단오빔(端午-)
단오야(端午夜)

단옷날(端午-)
단옷날 밤(端午-)
단위 부대=단위부대(單位部隊)
단위생식(單位生殖)
단위 조합=단위조합(單位組合)
단일과세(單一過歲)
단일 문화(單一文化)
단일 민족=단일민족(單一民族)
단일팀(單一team)
단일 품목(單一品目)
단일화되다(單一化-)
단일화하다(單一化-)
단일 후보(單一候補)
단작노리개(單作-)
단작스럽게 굴다
단잠
단잠 깨다
단잠 깨우다
단잠 자다
단장거울(丹粧-)
단장해 놓다(丹粧-)
단전시켜 놓다(斷電-)
단전 조치(斷電措置)
단전호흡(丹田呼吸)
단절해 버리다(斷絶-)
단점 보완(短點補完)
단접기 치마나 소매 따위의 단을 접는 일.
단정 내리다(斷定-)
단정 못 하다(斷定-)
단정 지어 버리다(斷定-)
단정 짓다(斷定-)
단정해 버리다(斷定-)
단정해 보이다(端正-)
단정히 하다(端正-)
단조로워 보이다(單調-)
단조로워지다(單調-)
단죄해 버리다(斷罪-)
단짝 친구(單-親舊)
단참에 달려오다(單-)
단천 놈이 은 값 떼듯 한다(端川-銀-) [격]
단청수 솜씨(丹靑手-)
단청 입히다(丹靑-)
단청장이(丹靑-)
단체 관광(團體觀光)
단체 관람(團體觀覽)
단체 교섭=단체교섭(團體交涉)

단체 구입(團體購入)
단체 급식(團體給食)
단체 기합(團體氣合)
단체 명의로(團體名義−)
단체 모임(團體−)
단체별로(團體別−)
단체 사진(團體寫眞)
단체 생활(團體生活)
단체 손님(團體−)
단체 여행(團體旅行)
단체옷(團體−)
단체 일(團體−)
단체정신(團體精神)
단체 주문(團體注文)
단체 행동(團體行動)
단체 활동(團體活動)
단체 회식(團體會食)
단총박이
단추 끄르다
단추 끼우다
단추 누르다
단추 달아 입다
단추매듭
단추 채우다
단추 풀다
단축 근무(短縮勤務)
단축 수업(短縮授業)
단축시키다(短縮−)
단출내기
단출해 보이다
단출해지다
단춧고리
단춧구멍
단층집(單層−)
단치마
단침 =군침.
단침 삼키다
단칸(單−)
단칸방(單−房)
단칸방에 새 두고 말할까(單−房−) [격]
단칸 사글세(單−貰)
단칸살림(單−)
단칸살이(單−)
단칸 셋방(單−貰房)
단칸집 살림(單−)
단칸짜리(單−)

단칼에 베다(單−)
단탕건(單宕巾)
단통에(單−)
단통에 해치우다(單−)
단틀(單−)
단판걸이(單−)
단판 승부(單−勝負)
단판싸움(單−)
단판씨름(單−)
단팥묵
단팥죽(−粥)
단편 소설＝단편소설(短篇小說)
단풍 구경(丹楓−)
단풍놀이(丹楓−)
단풍도 떨어질 때에 떨어진다(丹楓−) [격]
단풍 들다(丹楓−)
단풍 빛깔(丹楓−)
단풍 숲(丹楓−)
단풍잎(丹楓−)
단풍철(丹楓−)
단 하나뿐이다
단 하루 만에
단 한 가지뿐
단 한 마디
단 한 번(−番)
단 한 푼밖에
단합 대회(團合大會)
단행해 버리다(斷行−)
단홍빛(丹紅−)
닫는 놈의 주먹만도 못하다 [격]
닫는 데 발 내민다 [격]
닫는 말에도 채를 친다 [격]
닫는 사슴을 보고 얻은 토끼를 잃는다 [격]
닫아걸다
닫아 놓다
닫아 달라고 하다
닫아 달라다
닫아 두다
닫아 버리다
닫아 주다
닫았나 보다
닫았다 열었다 하다
닫았을 거야
닫았을걸
닫았을 걸세
닫았을걸요

닫을 거야
닫을게
닫을게요
닫혀 버리다
닫힌사회(-社會)
닫힌열매
달가당달가당하다
달 가시다 [관]
달가워하다
달갑잖다
달갑잖아하다
달걀가루
달걀 값
달걀 공예(-工藝)
달걀구이
달걀귀신(-鬼神)
달걀 껍데기
달걀꼴
달걀 꾸러미
달걀노른자
달걀덮밥
달걀도 굴러 가다 서는 모가 있다 [격]
달걀로 바위 치기 [격]
달걀로 치면 노른자다 [격]
달걀만 하다
달걀말이
달걀 모양(-模樣)
달걀밥
달걀 빛깔
달걀빵
달걀 섬 다루듯 [격]
달걀 세례 받다(-洗禮-)
달걀술
달걀쌈
달걀에도 뼈가 있다 [격]
달걀옷
달걀 요리(-料理)
달걀조림
달걀죽(-粥)
달걀 지고 성 밑으로 못 가겠다(-城-) [격]
달걀지단
달걀찌개
달걀찜
달걀튀김
달걀판(-板)
달걀형(-形)

달걀흰자
달거리
달거리하다
달 거야
달걸
달 걸세
달걸요
달게 굴다 [관]
달게 되다
달게 먹다
달게 받다
달게 여기다
달고 다니다
달고 쓴 맛을 보다 [관]
달고 오다
달고 치는데 안 맞을 장사가 있나(-壯士-) [격]
달구경
달구경 나가다
달구어지다
달구지꾼
달구지 끌다
달구지 몰다
달구지 타다
달구질
달구질패(-牌)
달구치다
달굿대
달궈 놓다
달궈지다
달그랑달그랑하다
달그림자
달근달근하다
달기는 엿집 할머니 손가락이라 [격]
달기둥
달기만 하다
달기살
달꼴
달나라
달넘이
달님
달다 쓰다 말이 없다 [관]
달달 떨다
달달 볶다
달달 외우다
달덩어리
달덩이

254

달도 차면 기운다 [격]
달돈 다달이 얼마씩 치르는 돈.
달돈이
달동네
달떡
달뜨다
달뜬 얼굴
달라고 안 하다
달라는 대로 주다
달라 보이다
달라붙다
달라져 가다
달라져 버리다
달라지면 달라진 대로
달라진 듯하다
달라질 거야
달라질걸
달라질 걸세
달라질걸요
딜라질 만큼
달라질뿐더러
다라질 뿐 아니라
달라질지 모른다
달랄 거야
달랄걸
달랄 걸세
달랄걸요
달랄게
달랄게요
달랑쇠같이 굴다
달래 가다
달래 가지고 데려오다
달래 놓다
달래달래하다
달래듯 하다
달래 보내다
달래 보다
달래 오다
달래장(-醬)
달래장아찌
달래 주다
달래 캐 오다
달램수 달래서 꾀는 수단.
달러길미(dollar-) =날변.
달러돈(dollar-)
달러벌이(dollar-)

달러이자(dollar利子)
달러 환율(dollar換率)
달려가다
달려가자마자
달려 나가다
달려 나오다
달려 내려가다
달려들다
달려들다시피 하다
달려 들어가다
달려 들어오다
달려들지 마라
달려 보내다
달려 보다
달려오다
달려오자마자
달려오지 마라
달력 보고 알다(-曆-)
달로켓(-rocket)
달리기
달리기 대회(-大會)
달리기 운동(-運動)
달리기하듯 하다
달리는 말에 채찍질 [격]
달리다 딸기 따먹듯 [격]
달리 말하자면
달리하다 생각을 달리하다.
달리 하다 달리 해 보다.
달림채
달립문골(-門-)
달마중
달맞이
달맞이하다
달머슴
달머슴 살다
달면 삼키고 쓰면 뱉는다 [격]
달무늬
달무리
달물 매달 물장수에게 값을 치르고 사는 물.
달물 먹다
달밑 솥 밑의 둥근 부분.
달바자
달발 달뿌리풀로 엮어 만든 발.
달 밝은 밤
달 밝은 밤이 흐린 낮만 못하다 [격]
달밤

달밤에 삿갓 쓰고 나온다 [관]
달밤에 체조하다(-體操-) [관]
달밭   달풀이 많이 난 곳.
달배기
달변(-邊)   달로 계산하여 일정하게 무는 이자
　　돈.
달변 쓰다(-邊-)
달 보고 울다
달 보고 짓는 개 [격]
달붙다
달빛 아래
달빛 어리다
달샀
달성 못 하다(達成-)
달성 안 되다(達成-)
달성해 내다(達成-)
달셈
달소수
달수(-數)
달아나는 노루 보고 얻은 토끼를 놓았다 [격]
달아나다
달아나다시피 하다
달아나듯 하다
달아나면 이밥 준다 [격]
달아나 버리다
달아나자마자
달아난 듯하다
달아내다   덧대어 늘이다.
달아 놓다
달아 달라고 하다
달아 달라다
달아 두다
달아매다
달아보다   사람 됨됨이를 달아보다.
달아 보다   무게를 달아 보다.
달아 빼다
달아오르다
달아 주다
달아지다
달안개   달밤에 끼는 안개.
달여 먹다
달여 주다
달음박질
달음박질치다
달음박질하다
달음질

달음질쳐 가다
달음질쳐 오다
달음질치다
달음질하다
달이 둥글면 이지러지고 그릇이 차면 넘친다
　　[격]
달자리
달장   날짜로 거의 한 달 기간.
달장간(-間)
달장근(-將近)
달장이나 걸리다
달 지고 나면
달집
달집사르기
달집태우기
달차(-車)
달 차다 [관]
달 착륙(-着陸)
달창나다
달첩(-妾)   한 달에 얼마씩 받고 몸을 파는 여
　　자.
달첩질(-妾-)
달초생(-初生)
달치기
달콤새콤하다
달팔십(達八十)
달팽이가 바다를 건너다니 [격]
달팽이 눈이 되다 [관]
달팽이 뚜껑 덮는다 [관]
달포 지나다
달 표면(-表面)
달품 팔다
닭고기
닭고기덮밥
닭고기무침
닭고집(-固執)
닭곰
닭곰탕(-湯)
닭구이
닭국
닭기름
닭 길러 족제비 좋은 일 시킨다 [격]
닭김치
닭깍두기
닭냉채(-冷菜)
닭대가리

닭도 제 앞 모이 긁어 먹는다 [격]
닭도 홰에서 떨어지는 날이 있다 [격]
닭둥우리
닭똥 같은 눈물 [관]
닭똥집
닭띠
닭 물 먹듯 [관]
닭발
닭 발 그리듯 [관]
닭백숙(-白熟)
닭볶음밥
닭볶음탕(-湯)
닭산적(-散炙)
닭살
닭살 돋다
닭생채(-生菜)
닭서리
닭 소 보듯 소 닭 보듯 [격]
닭 손님으로는 아니 간다 [격]
닭 싸우듯 [관]
닭싸움
닭쌈
닭쌈에도 텃세한다(-勢-) [격]
닭쌈하다
닭 요리(-料理)
닭 우는 소리
닭 울음 소리
닭의 갈비 먹을 것 없다 [격]
닭의 대가리가 소꼬리보다 낫다 [격]
닭의똥
닭의 볏이 될지언정 소의 꼬리는 되지 마라 [격]
닭의 새끼가 발을 벗으니 오뉴월만 여긴다(-五
　　六月-) [격]
닭의 새끼 봉 되랴(-鳳-) [격]
닭의어리
닭의 입이 될지라도 소의 꼬리는 되지 마라 [격]
닭의장(-欌)
닭의홰
닭이 천이면 봉이 한 마리 있다(-千-鳳-) [격]
닭이 헤집어 놓은 것 같다 [관]
닭잡기
닭 잡아 겪을 나그네 소 잡아 겪는다 [격]
닭 잡아먹고 오리발 내놓기 [격]
닭 잡아먹다
닭장(-欌)
닭 장사

닭 장수
닭장차(-欌車)
닭잦추다　새벽에 닭이 홰를 치며 울다.
닭저냐
닭적(-炙)
닭전골
닭조림
닭죽(-粥)
닭지짐이
닭 쫓던 개 울타리 넘겨다보듯 [격]
닭 쫓던 개의 상(-相) [격]
닭 쫓던 개 지붕 쳐다보듯 [격]
닭찜
닭치기
닭치다
닭튀김
닭해
닮다마다
닮아 가다
닮아 보이다
닮은꼴
닮은 데 하나 없다
닳고 닳다 [관]
닳아먹다
닳아 버리다
닳아빠지다
담가 놓다
담가 두다
담가라　털빛이 거무스름한 말.
담가라말
담가 먹다
담가 버리다
담가 주다
담겨 나오다
담결석(膽結石)
담고 가다
담 구멍을 뚫다 [관]
담그자마자
담글 거야
담글걸
담글 걸세
담글걸요
담글게
담글게요
담금질
담기 어렵다

담기침(痰-)
담꾼(擔-)
담날 '다음날'의 준말.
담남색(淡藍色)
담 너머 길이 있다
담 넘어 뛰다
담 넘어가듯
담녹색(淡綠色)
담담해 보이다
담당 과목(擔當科目)
담당 교수(擔當敎授)
담당 기관(擔當機關)
담당 안 하다(擔當-)
담당 직원(擔當職員)
담당해 오다(擔當-)
담덩어리(膽-)
담력 세다(膽力-)
담마루
담 모서리
담 모퉁이
담묵빛(淡墨-)
담 밑
담바당담바당하다
담박질
담배 가게
담배 가격(-價格)
담배꼬투리
담배꽁초
담배 냄새
담배 농사(-農事)
담배 맛
담배 못 피우다
담배물부리
담배벌레
담배 생각 나다
담배설대
담배쌈지
담배씨
담배씨네 외손자(-外孫子) [격]
담배씨로 뒤웅박을 판다 [격]
담배씨만 하다
담베 안 피우다
담배 연기(-煙氣)
담배 잘 먹기는 용귀돌일세(-龍貴乭-) [격]
담배질
담배치기

담배칼
담배 태우다
담배 태우지 마라
담배통(-桶)
담배통받침(-桶-)
담배 피워 물다
담배 피워 보다
담배합(-盒)
담배 회사(-會社)
담뱃갑(-匣)
담뱃갑만 하다(-匣-)
담뱃값
담뱃귀
담뱃낫
담뱃대꽂이
담뱃불
담뱃불 좀 빌려 주시오
담뱃서랍
담뱃세(-稅)
담뱃순(-筍)
담뱃잎
담뱃잎 따다
담뱃재
담뱃재떨이
담뱃진
담벼락
담벼락을 문이라고 내민다(-門-) [격]
담벼락하고 말하는 셈이다 [격]
담벽색(淡碧色)
담보 대출=담보대출(擔保貸出)
담보 설정(擔保設定)
담보 잡히다(擔保-)
담보 제공(擔保提供))
담보 크다(膽-)
담북장(-醬)
담불 소
담뿍 담다
담수화하다(淡水化-)
담숭담숭하다
담쌓고 벽 친다(-壁-) [관]
담쌓고 지내다
담아 가다
담아 가지고 가다
담아 나르다
담아내다
담아 놓다

258

담아 놔두다
담아 두다
담아 버리다
담아 보다
담아 오다
담아 옮기다
담아 주다
담양 갈 놈(潭陽-)
담에도 귀가 달렸다 [격]
담요 덮고 자다(毯-)
담을 쌓고 벽을 친다(-壁-) [격]
담을 쌓았다 헐었다 한다 [격]
담을 지다 [관]
담임교사(擔任敎師)
담임 맡다(擔任-)
담임 목사(擔任牧師)
담임선생(擔任先生)
담자색(淡紫色)
담쟁이넝쿨
담쟁이덩굴
담적색(淡赤色)
담 지고 산다
담차다(膽-)
담천황색(淡淺黃色)
담철색(淡鐵色)
담청색(淡靑色)
담치기
담 치다
담타기
담타기 쓰다
담타기 씌우다
담판 짓다(談判-)
담합 행위=담합행위(談合行爲)
담홍빛(淡紅-)
담황빛(淡黃-)
담흑빛(淡黑-)
답답하기만 하다
답답하긴 하지만
답답하다는 듯이
답답한 놈이 송사한다(-訟事-) [격]
답답한 송사다(-訟事-) [관]
답답할 만큼
답답해 보이다
답답해하다
답변 못 하다(答辯-)
답변 안 하다(答辯-)

답보 상태(踏步狀態)
답사 가다(踏査-)
답사해 보다(踏査-)
답삭나룻
답삿길(踏査-)
답세기 긁어모아 군불 때다
답습해 오다(踏襲-)
답쌓이다
답쌔기
답안 작성(答案作成)
답인사(答人事)
답장 받다(答狀-)
답장 보내다(答狀-)
답장해 주다(答狀-)
답전갈(答傳喝)
답치기 놓다 함부로 덤벼들다.
답해 주다(答-)
닷곱
닷곱에 참녜 서 홉에 참견(-參見) [격]
닷곱되
닷곱방
닷곱장님
닷 냥
닷 돈 보고 보리밭에 갔다가 명주 속옷 찢었다
　　(-明紬-) [격]
닷 돈 추렴에 두 돈 오 푼을 내었다
닷 되
닷 되들이
닷새간(-間)
닷새 걸리다
닷새 동안
닷새 되는 날
닷새를 굶어도 풍잠 멋으로 굶는다(-風簪-)
　　[격]
닷새 만에 오다
닷새째 날
닷새 치 양식(-糧食)
닷샛날
당감잇줄
당겨 놓다
당겨 놓은 화살을 놓을 수 없다 [격]
당겨 보다
당겨쓰다
당겨 주다
당고모(堂姑母)
당고모부(堂姑母夫)

당구공(撞球-)
당구공만 하다(撞球-)
당구 삼 년에 폐풍월(堂狗三年-吠風月) [격]
당구알(撞球-)
당구 치다(撞球-)
당근누름적(-炙)
당근화향적(-花香炙)
당금같다(唐錦-)
당금아기(唐錦-)
당기 손익=당기손익(當期損益)
당길문(-門)
당길손
당길심(-心)
당김그물
당꼬마(唐-)
당나귀 귀치레(唐-) [격]
당나귀 못된 것은 생원님만 업신여긴다(唐-生員-) [격]
당나귀 새낀가 보다 술 때 아는 걸 보니(唐-) [격]
당나귀 찬물 건너가듯(唐-) [격]
당나귀 하품한다고 한다(唐-) [격]
당나귀기침(唐-)
당나귀뼈(唐-)
당나발(唐喇叭)
당나발 불다(唐喇叭-)
당내간(堂內間)
당 내외(堂內外)
당년치(當年-)
당년치기(當年-)
당뇨 환자(糖尿患者)
당달봉사(-奉事)
당닭의 무녀리냐 작기도 하다(唐-) [격]
당당해 보이다(堂堂-)
당당해지다(堂堂-)
당당히 해 내다(堂堂-)
당 대변인(黨代辯人)
당대 최고(當代最高)
당 대표(黨代表)
당도해 보니(當到-)
당도 높은 사과(糖度-)
당도리
당도리선(-船)
당돌해 보이다(唐突-)
당돌해지다(唐突-)
당돌히 대들다(唐突-)

당두루마기(唐-)
당랑이 수레를 버티는 셈(螳螂-) [격]
당리당략(黨利黨略)
당마루(堂-)
당면 과제(當面課題)
당목 떠 오다(唐木-)
당목 보자기(唐木-)
당 방침 아래(黨方針-)
당번 빼 주다(當番-)
당번 서다(當番-)
당부 말씀(當付-)
당부해 두다(當付-)
당분간 두고 보다(當分間-)
당사자 간의(當事者間-)
당사주책(唐四柱册)
당산굿(堂山-)
당산나무(堂山-)
당선 가능성(當選可能性)
당선될 듯하다(當選-)
당선 무효=당선무효(當選無效)
당선사례(當選謝禮)
당선 소감(當選所感)
당선시켜 주다(當選-)
당선 안 되다(當選-)
당선 작품(當選作品)
당수 끓이다
당수 쑤다
당숙 되는 분(堂叔-)
당시만 해도(當時-)
당시 상황(當時狀況)
당신 거야(當身-)
당신밖에 없다(當身-)
당신뿐 아니라(當身-)
당신 자신(當身自身)
당신 좋을 대로(當身-)
당연시되다(當然視-)
당연시하다(當然視-)
당연시해 오다(當然視-)
당연하다는 듯이(當然-)
당연함 직하다(當然-)
당일 밤(當日-)
당일치기(當日-)
당장 떠나라(當場-)
당장 먹기엔 곶감이 달다(當場-) [격]
당장이라도 가마(當場-)
당장 해 보다(當場-)

당저고리(唐-)
당정 개편(黨政改編)
당정 협의(黨政協議)
당조짐
당좌 수표=당좌수표(當座手票)
당지기(堂-)
당직 근무(當直勤務)
당집(堂-)
당차 보이다
당찮은 소리(當-)
당채련 바지저고리(唐-)
당철(當-) 꼭 알맞은 시절.
당첨 안 되다(當籤-)
당첨 확률(當籤確率)
당초매듭(唐草-)
당초무늬(唐草-)
당초 안대로(當初案-)
당 총재(黨總裁)
당코 여자 저고리 깃의 뾰족하게 내민 끝.
당태구름(唐-)
당태솜(唐-)
당파 싸움(黨派-)
당하게 되다(當-)
당하고 말다(當-)
당하기만 하다(當-)
당한 듯하다(當-)
당할 대로 당하다(當-當-)
당할 만하다(當-)
당할 뻔하다(當-)
당해 내지 못하다(當-)
당해 낼 만하다(當-)
당해 보지 않으면 모른다(當-)
당해 봐야 안다(當-)
당해 연도(當該年度)
당해 오다(當-)
당혹스러워하다(當惑-)
당혹해하다(當惑-)
당혼감(當婚-) 혼인할 나이가 된 처녀나 총각.
당홍빛(唐紅-)
당황하지 마라(唐惶-)
당황해지다(唐惶-)
닻가지
닻걸이
닻고리
닻낚
닻낚시

닻 내리다
닻돌
닻배
닻뿌리
닻사슬
닻을 감다 [관]
닻을 올리다 [관]
닻을 주다 [관]
닻잡이
닻줄
닻줄 풀다
닻채
닻혀
닿는 대로
닿다시피 하다
닿을 듯 말 듯 하다
닿을락 말락 하다
닿자마자
닿지 않게 하다
닿치다
대가기 어렵다
대가다
대가람 =큰 절.
대가리를 삶으면 귀까지 익는다 [격]
대가리를 싸고 덤비다 [관]
대가리를 잡다가 꽁지를 잡았다 [격]
대가리보다 꼬리가 크다 [격]
대가리에 쉬슨 놈 [격]
대가리에 피도 안 마르다 [관]
대가리에 물도 안 마르다 [관]
대가리 크다 [관]
대가리 터지도록 싸우다 [관]
대가 받다(代價-)
대가 없이(代價-)
대가연하다(大家然-)
대가족 제도=대가족제도(大家族制度)
대가족주의(大家族主義)
대가 치르다(代價-)
대간첩 작전=대간첩작전(對間諜作戰)
대갈놀음
대갈마치
대갈머리
대갈못
대갈받이
대갈빠리
대갈빡

대갈빼기
대갈장군(-將軍)
대갈쟁이
대갈통
대감놀이(大監-)
대감 댁(大監宅)
대감마님(大監-)
대갓끈
대갓집(大家-)
대갓집 마님(大家-)
대강대강하다
대강 둘러보다
대강풍(大强風)
대갚음(對-)
대거리하다(代-)
대거리하지 마라(對-)
대거 몰리다(大擧-)
대걸레질
대견스러워하다
대견하다는 듯이
대견해 보이다
대견해하다
대견히 바라보다
대결 구도(對決構圖)
대결 상태(對決狀態)
대결시키다(對決-)
대결 양상(對決樣相)
대결해 보다(對決-)
대경실색(大驚失色)
대고동   논에 김을 맬 때 손가락에 끼우는 도구.
대고리
대고모(大姑母)
대고모님(大姑母-)
대고모부(大姑母夫)
대공 미사일=대공미사일(對空missile)
대공방전(大攻防戰)
대공사(大工事)
대공 수사(對共搜査)
대공 포화(對空砲火)
대공 화기=대공화기(對空火器)
대과 없이(大過-)
대광주리
대구구이(大口-)
대구무침(大口-)
대구입(大口-)
대구장아찌(大口-)

대구저냐(大口-)
대구조림(大口-)
대구죽(大口粥)
대구 지역(大邱地域)
대구찌개(大口-)
대구탕반(大邱湯飯)
대구포(大口脯)
대구회(大口膾)
대국 고추는 작아도 맵다(大國-) [격]
대국민 사과(對國民謝過)
대국민 홍보(對國民弘報)
대굿국(大口-)
대궁궐(大宮闕)
대궁밥   먹다가 그릇에 남긴 밥.
대궁상(-床)
대궁상 물려 먹다(-床-)
대궁술
대권 도전(大權挑戰)
대권 후보(大權候補)
대궐 같은 기와집(大闕)
대궐 역사는 한이 없다(大闕歷史-限-) [격]
대궐 입구(大闕入口)
대궐집(大闕-)
대궐 터(大闕-)
대규모 병력(大規模兵力)
대규모 집회(大規模集會)
대규모화하다(大規模化-)
대그릇
대금 결제(代金決濟)
대금 지불(代金支拂)
대금 치르다(代金-)
대기 발령(待機發令)
대기 번호(待機番號)
대기 상태(待機狀態)
대기 시간=대기시간(待機時間)
대기시켜 놓다(待機-)
대기 신호(待機信號)
대기 오염=대기오염(大氣汚染)
대기 중(待機中)
대기층(大氣層)
대기 태세(待機態勢)
대갈   대나무를 얇게 쪼갠 부스러기.
대껍질
대꼬챙이
대꼬챙이로 째는 소리를 한다 [격]
대꾸 안 하다

262

대꾸 없이
대꾸질
대꾸해 주다
대 끊기다(代-)
대 끝에서 대가 나고 싸리 끝에서 싸리가 난다
　[격]
대 끝에서도 삼 년이라(-三年-) [격]
대나무 그루에선 대나무가 난다 [격]
대나무 숲
대나무에서 대 난다 [격]
대나무 잎
대낚
대낚시
대남 방송(對南放送)
대납시키다(代納-)
대납해 주다(代納-)
대낮 강도(-强盜)
대낮에 도깨비에 홀렸나 [격]
대낮에 마른벼락 [격]
대낮의 올빼미 [격]
대내리다
대내외 활동(對內外活動)
대놀음
대농(-籠)
대농가(大農家)
대농장주(大農場主)
대농지(大農地)
대놓고 흉본다
대뇌 피질=대뇌피질(大腦皮質)
대님오리
대님 치다
대단찮아 보이다
대단치 않다
대단한가 보다
대단한 체하다
대단해 보이다
대담배
대담스러워 보이다(大膽-)
대담해 보이다(大膽-)
대담해져 가다(大膽-)
대담해지다(大膽-)
대답 못하다(對答-)
대답 안 하다(對答-)
대답 없는(對答-)
대답 잘하다(對答-)
대답질(對答-)

대답한 대로(對答-)
대답해 주다(對答-)
대대 곱사등이(代代-) [격]
대대 본부=대대본부(大隊本部)
대대손손(代代孫孫)
대도시권(大都市圈)
대도시 내에(大都市內-)
대도시 지역(大都市地域)
대돈변(-邊)
대돈변을 내서라도(-邊-) [관]
대동단결(大同團結)
대동두레(大洞-)
대동사상(大同思想)
대됫밥(大-)
대두냉수(大豆冷水)
대두되다(擡頭-)
대두리 나다
대두리판
대두병(大斗瓶)
대두 한 말(大斗-)
대들 거야
대들걸
대들 걸세
대들걸요
대들게
대들게요
대들 듯이
대들 듯하다
대들듯 하다
대들보 썩는 줄 모르고 기왓장 아끼는 격(大-
　格) [격]
대들지 마라
대등거리
대등 간계(對等關係)
대등해 보이다(對等-)
대등해져 가다(對等-)
대등해지다(對等-)
대뚫이
대뜸 화부터 내다
대량 공급(大量供給)
대량 매입(大量買入)
대량 생산=대량생산(大量生産)
대량 주문(大量注文)
대량 학살(大量虐殺)
대량 해고(大量解雇)
대령해 놓다(待令-)

대례 올리다(大禮-)
대례 치르다(大禮-)
대렛술(大禮-)
-대로   (의존 명사) 본 대로, 느낀 대로, 들은
　　대로.
-대로   (조사) 법대로 해라, 너는 너대로 나는
　　나대로.
대로변(大路邊)
대로 한길 노래로 열라(大路-) [격]
대롱꽃
대롱술
대륙 간 유도탄=대륙간유도탄(大陸間誘導彈)
대륙 횡단(大陸橫斷)
대를 두고(代-) [관]
대리 만족(代理滿足)
대리업자(代理業者)
대리 운전(代理運轉)
대리전쟁(代理戰爭)
대리 참석(代理參席)
대립 관계(對立關係)
대립 상황(對立狀況)
대립시켜 보다(對立-)
대립해 오다(對立-)
대마루판
대마불사(大馬不死)
대막대기
대만원(大滿員)
대맛   낚시에 걸린 고기의 저항이 낚싯대를 통
　　하여 전해 오는 느낌.
대맛 보다
대매   =단매.
대매에 때려 죽일 놈 [격]
대머리 되다
대머리 머리칼 세듯
대면시켜 주다(對面-)
대명일(大名日)
대명천지(大明天地)
대모갓끈(玳瑁-)
대모관자(玳瑁貫子)
대모관자 같으면 되겠다(玳瑁貫子-) [격]
대모관자 같으면 뛰겠다(玳瑁貫子-) [격]
대모테(玳瑁-)
대목땜
대목 만나다
대목 맞다
대목장 보다(-場-)

대못   대를 깎아서 만든 못.
대못(大-)   =큰못.
대못박이
대 이어 가다(代-)
대문간(大門間)
대문니(大門-)
대문 닫아걸고(大門-)
대문대문이(大文大文-)
대문띠(大門-)
대문띳장(大門-)
대문만 하다(大門-)
대문 밖(大門-)
대문 밖이 저승이라(大門-) [격]
대문 앞(大門-)
대문을 열다(大門-) [관]
대문이 가문(大門-家門) [격]
대문짝(大門-)
대문짝만하다(大門-)
대문채(大門-)
대문턱(大門-)
대문 틈으로(大門-)
대물려 가며 쓰다(代-)
대물려 주다(代-)
대물리다(代-)
대물림하다(代-)
대물림해 오다(代-)
대물부리
대물 사고(對物事故)
대미 외교(對美外交)
대미 협상(對美協商)
대민 지원(對民支援)
대바구니
대바늘
대바라기
대박 터뜨리다
대받아 말하다
대받치다
대발   대를 엮어서 만든 발.
대밭
대밭목
대번에 알아보다
대범스러운 태도(大汎-態度)
대법원장(大法院長)
대법원 판사=대법원판사(大法院判事)
대베개
대변 검사=대변검사(大便檢査)

대변 못 보다(大便-)
대변보다(大便-)
대변해 주다(代辯-)
대보다 누가 더 큰지 대보다.
대 보다 손을 한번 대 보다.
대보름(大-)
대보름날(大-)
대보름달(大-)
대보고자 하다
대봉 치다(代捧-) [관] 다른 것으로 대신 채우
　　다.
대부 노릇(代父-)
대부등만 해 보이다(大不等-)
대부등에 걸낫질이라(大不等-) [격]
대북 관계(對北關係)
대북 정책(對北政策)
대북 지원(對北支援)
대비 가는 댓가지나 잘게 쪼갠 대오리를 엮어
　　서 만든 비.
대비녀
대비 마마(大妃-)
대비 못 하다(對備-)
대비 안 하다(對備-)
대비 태세(對備態勢)
대비해 놓다(對備-)
대비해 오다(對備-)
대빗 대나무로 만든 빗.
대 뿌리에서 대가 난다 [격]
대사에 낭패 없다(大事-狼狽-) [격]
대사 치르다(大事-)
대살 단단하고 야무지게 찐 살.
대살지다
대삼작노리개(大三作-)
대삿갓
대삿자리
대상으로 삼다(對象-)
대상 지역(對象地域)
대서쟁이(代書-)
대서특필(大書特筆)
대선 공약(大選公約)
대선후보(大選候補)
대설 경보＝대설경보(大雪警報)
대성가문(大姓家門)
대성통곡(大聲痛哭)
대성할 거야(大成-)
대성할 걸세(大成-)

대성할걸요(大成-)
대소 가릴 것 없이(大小-)
대소변 가리다(大小便-)
대소변 받아 내다(大小便-)
대소인원(大小人員)
대소제절(大小諸節)
대소쿠리
대소한 추위(大小寒-)
대솔씨(大-)
대솔잎(大-)
대솔장작(大-長斫)
대솔하라지(大-)
대솔하인(帶率下人)
대송장작(大松長斫)
대수로이 여기다
대수롭잖아 보이다
대수롭지 않게 여기다
대수술 받다(大手術-)
대숲 가에
대승리 거두다(大勝利-)
대승리하다(大勝利-)
대신 가다(代身-)
대신 댁 송아지 백정 무서운 줄 모른다(大臣
　　宅-白丁-) [격]
대신 집 강아지 범 무서운 줄 모른다(大臣-)
　　[격]
대신할 만한 인물(代身-人物)
대신해 주다(代身-)
대심박이(大心-)
대안 없이(代案-)
대안 제시(代案提示)
대얏물
대어 가다
대어 놓다
대어 두다
대어 보다
대어 오다
대여섯 개(-個)
대여섯 살
대여섯째
대여 투쟁＝대여투쟁(對與鬪爭)
대여해 오다(貸與-)
대여해 주다(貸與-)
대역사(大歷史)
대역사전(對譯辭典)
대역 죄인(大逆罪人)

대역죄 저지르다(大逆罪-)
대열 지어 가다(隊列-)
대열 짓다(隊列-)
대엿새
대엿새 만에 오다
대엿샛날
대오 각성(大悟覺醒)
대오리
대오리문(-門)
대오 맞추다(隊伍-)
대왕대비(大王大妃)
대외 신인도(對外信認度)
대외 업무(對外業務)
대외 의존(對外依存)
대외 정책(對外政策)
대외 홍보(對外弘報)
대외 활동(對外活動)
대용갈이(代用-)
대우 교수=대우교수(待遇敎授)
대우깨
대우리 대나무로 만든 우리.
대우 못 받다(待遇-)
대우 안 하다(待遇-)
대우주(大宇宙)
대우 치다 [관]
대우콩 다른 작물을 심어 놓은 밭이랑에 심은
    콩.
대우 파다 [관]
대우팥
대우해 오다(待遇-)
대우해 주다(待遇-)
대울타리
대원 모집(隊員募集)
대유행(大流行)
대응 못 하다(對應-)
대응 방법(對應方法)
대응 안 하다(對應-)
대응 전략(對應戰略)
대응 태세(對應態勢)
대응해 오다(對應-)
대의명분(大義名分)
대 이어 가다(代-)
대 이어 주다(代-)
대인 관계(對人關係)
대인군자(大人君子)
대인기(大人氣)

대인물(大人物)
대인 사고(對人事故)
대인 지뢰=대인지뢰(對人地雷)
대일 관계(對日關係)
대일 외교(對日外交)
대일 정책(對日政策)
대일 협상(對日協商)
대입 전형(大入銓衡)
대입 준비(大入準備)
대 잇다(代-)
대자 대나무로 만든 자.
대자대비(大慈大悲)
대자리
대자보 나붙다(大字報-)
대자연(大自然)
대작대기
대잔치(大-)
대장간 집(-間-)
대장 노릇(隊長-)
대장의 집에 식칼이 논다(-食-) [격]
대장일
대장장이
대장정 길(大長程-)
대장질(大將-)
대장질하다 대장일하다.
대저울
대적할 만하다(對敵-)
대전 전(大戰前)
대전 지역(大田地域)
대전차 지뢰=대전차지뢰(對戰車地雷)
대전투(大戰鬪)
대접감
대접 못 받다(待接-)
대접무늬
대접받아 오다(待接-)
대접붙이
대접살
대접 안 해 주다(待接-)
대접자루
대접전 끝에(大接戰-)
대접젖 아래로 처지지 않고 대접을 엎어 놓은
    것처럼 생긴 여자의 젖퉁이.
대접해 드리다(待接-)
대접해 보내다(待接-)
대접해 주다(待接-)
대젓가락

266

대정부 질문(對政府質問)
대조시켜 보다(對照-)
대조해 보다(對照-)
대졸 사원(大卒社員)
대주객(大酒客)
대 주다
대줄거리(大-)
대줄기(大-)
대중가요(大衆歌謠)
대중교통(大衆交通)
대중말(大衆-) =표준어.
대중 매체=대중매체(大衆媒體)
대중목욕탕(大衆沐浴湯)
대중 못 잡다
대중문화(大衆文化)
대중 삼다 [관]
대중 소설=대중소설(大衆小說)
대중식당(大衆食堂)
대중 앞에서(大衆-)
대중없다
대중 연설(大衆演說)
대중오락(大衆娛樂)
대중으로 더듬어 나가다
대중음식점(大衆飲食店)
대중음악(大衆音樂)
대중 잡다 [관]
대중 잡지=대중잡지(大衆雜誌)
대중 치다 [관]
대중 투쟁=대중투쟁(大衆鬪爭)
대중해 보다
대중화되다(大衆化-)
대중화 시대(大衆化時代)
대중화시키다(大衆化-)
대중화하다(大衆化-)
대증 요법=대증요법(對症療法)
대지르며 막아 서다
대지주 집안(大地主-)
대지팡이
대질시키다(對質-)
대질 심문=대질심문(對質審問)
대짜(大-)
대짜배기(大-)
대쪽
대차게 나오다
대차 관계(貸借關係)
대차꾼(大借-)

대차 대조표=대차대조표(貸借對照表)
대차매듭
대찬성(大贊成)
대참패(大慘敗)
대창저냐
대창젓 대구의 창자로 담근 젓.
대책 기구(對策機構)
대책 못 세우다(對策-)
대책 세우다(對策-)
대책 없이(對策-)
대책 회의(對策會議)
대처네
대처 못 하다(對處-)
대처 요령(對處要領)
대처해 나가다(對處-)
대처해 오다(對處-)
대천가의 논은 살 것이 아니다(大川-) [격]
대천 바다도 건너 봐야 안다(大川-) [격]
대청마루(大廳-)
대청색(帶靑色)
대청소(大淸掃)
대체 무슨 소리냐(大體-)
대체 수단(代替手段)
대체 어찌 된 일이냐(大體-)
대체 연료(代替燃料)
대체 요법(對替療法)
대체 인력(代替人力)
대체 작물(代替作物)
대체해 나가다(代替-)
대체 효과(代替效果)
대초(大-) 큰 초.
대초원(大草原)
대추격전(大追擊戰)
대추나무
대추나무 시집보내기=대추나무시집보내기(-
    媤-)
대추나무에 연 걸리듯(-鳶-) [격]
대추단자(-團餈)
대추미음(-米飮)
대추설기
대추술
대추씨
대추씨 같은 사람
대추옥(-玉)
대추인절미
대추전병(-煎餠)

267

대추주악
대추차(-茶)
대추채(-菜)
대추초(-炒)
대추편포(-片脯)
대추포(-脯)
대축제(大祝祭)
대출 금리=대출금리(貸出金利)
대출 사기(貸出詐欺)
대출 안 해 주다(貸出-)
대출 이자=대출이자(貸出利子)
대출해 주다(貸出-)
대촛빛
대충대충 해치우다
대치 국면(對峙局面)
대치 상태(對峙狀態)
대치 상황(對峙狀況)
대치해 놓다(代置-)
대칼   대나무로 만든 칼.
대타협(大妥協)
대테   대나무를 쪼개어 걸어 만든 테.
대통(-桶)
대통령 될 사람(大統領-)
대통령 선거(大統領選擧)
대통령 중심제=대통령중심제(大統領中心制)
대통령 직속(大統領直屬)
대통령 표창(大統領表彰)
대통령 후보(大統領候補)
대통 맞은 병아리 같다(-桶-) [격]
대통머리(-桶-)
대통목(-桶-)
대통 잇다(大統-)
대파당하다(大破當-)
대판거리(大-)
대판 싸우다(大-)
대패아가리
대패질
대패질꾼
대패질하다
대팻날
대팻밥
대팻밥모자(-帽子)
대팻손
대팻자국
대팻집
대팻집고치기대패

대포 놓다(大砲-) [관]
대포 소리(大砲-)
대포 쏘다(大砲-)
대포알(大砲-)
대포알만 하다(大砲-)
대포쟁이(大砲-)
대포 한잔 하다(-盞-)
대폭 개각(大幅改閣)
대폭 인상(大幅引上)
대폭 할인(大幅割引)
대폿술
대폿잔(-盞)
대폿집
대표 격이다(代表格-)
대표 선수(代表選手)
대표 이사=대표이사(代表理事)
대표 자격(代表資格)
대표 전화=대표전화(代表電話)
대표 주자(代表走者)
대푼   돈 한 푼이라는 뜻으로, 아주 적은 돈을
     이르는 말.
대푼거리질
대푼짜리
대푼쭝(-重)
대풍년(大豊年)
대풍 들다(大豊-)
대풍작(大豊作)
대피 시설(待避施設)
대피시켜 놓다(待避-)
대피 장소(待避場所)
대피 훈련(待避訓練)
대필업자(代筆業者)
대하다 보면(對-)
대하드라마(大河drama)
대하듯이(對-)
대하듯 하다(對-)
대하무침(大蝦-)
대하소설(大河小說)
대하젓(大蝦-)
대학 가다(大學-)
대학 건물(大學建物)
대학교수(大學敎授)
대학 교재(大學敎材)
대학 나오다(大學-)
대학 다니다(大學-)
대학 동창(大學同窓)

대학 못 가다(大學-)
대학 못 보내다(大學-)
대학물 먹다(大學-)
대학 병원(大學病院)
대학 보내다(大學-)
대학 본부(大學本部)
대학 사회(大學社會)
대학생 때(大學生-)
대학생 행세(大學生行世)
대학 생활(大學生活)
대학 시절(大學時節)
대학 안 가다(大學-)
대학 안 다니다(大學-)
대학을 가르칠라(大學-) [격]
대학 입시(大學入試)
대학 졸업장(大學卒業狀)
대학 주변(大學周邊)
대학 중퇴(大學中退)
대학 진학(大學進學)
대학 총장(大學總長)
대학 축제(大學祝祭)
대학 출신(大學出身)
대학 캠퍼스(大學campus)
대학 학장(大學學長)
대한 건아(大韓健兒)
대한 끝에 양춘이 있다(大寒-陽春-) [격]
대한이 소한의 집에 가서 얼어 죽는다(大寒-小
　　寒-) [격]
대한 독립 만세(大韓獨立萬歲)
대한민국(大韓民國)
대한 사람(大韓-)
대한의 운예(大旱-雲霓) [관]
대한 제국＝대한제국(大韓帝國)
대한 추위(大寒-)
대한 칠 년 비 바라듯(大旱七年-) [격]
대합속살이(大蛤-)
대합속살이게(大蛤-)
대합젓(大蛤-)
대합조개(大蛤-)
대항거리(對抗-)
대항 못 하다(對抗-)
대항문화(對抗文化)
대항 안 하다(對抗-)
대항해 나가다(對抗-)
대항해 오다(對抗-)
대해 오다(對-)

대해 주다(對-)
대행 기관(代行機關)
대행시키다(代行-)
대행업체(代行業體)
대행 체제(代行體制)
대행해 오다(代行-)
대행해 주다(代行-)
대행 회사(代行會社)
대형 건물(大型建物)
대형 사고(大型事故)
대형 서점(大型書店)
대형 참사(大型慘事)
대형 트럭(大型truck)
대형 할인점(大型割引店)
대형화되다(大型化-)
대형 화면＝대형화면(大型畫面)
대형화하다(大型化-)
대호황(大好況)
대홍색(帶紅色)
대화 나누다(對話-)
대화 내용(對話內容)
대화 도중에(對話途中-)
대화만담(對話漫談)
대화 방식＝대화방식(對話方式)
대화 부족(對話不足)
대화 상대(對話相對)
대화 못 하다(對話-)
대화 안 하다(對話-)
대화 창구(對話窓口)
대화해 보다(對話-)
대화 형식(對話形式)
대회 기간(大會期間)
대회 성적(大會成績)
대회 조직 위원회(大會組織委員會)
대회 출전(大會出戰)
대후비개
대흉년(大凶年)
-댁(宅) (명)(남의 집을 높여) 선생님 댁, 뉘 댁
　　자제인고?
-댁(宅) (접사) 오라버니댁, 처남댁.
-댁(宅) (접사) 안성댁, 상주댁, 광주댁.
댁대구루루
댁대굴댁대굴하다
댁대령(宅待令)
댁사람(宅-) 큰 살림집에 친밀하게 자주 드나
　　드는 사람.

댁종(宅-)
댁하인(宅下人)
댄스파티(dance parny)
댐 건설(dam 建設)
댐나무
댑바람
댑싸리비
댑쌀비
댓가지
댓가지활
댓개비
댓고리
댓곡식(-穀食)
댓구멍
댓바람에 때려눕히다
댓살   대나무를 가늘게 쪼갠 오리.
댓 살배기
댓새
댓속
댓잎
댓잎색(-色)
댓잎술
댓조각
댓줄기
댓진 냄새(-津-)
댓째 줄
댕가리
댕가리지다
댕갈댕갈하다
댕그랗다
댕기꼬리
댕기풀이
댕댕이바구니
댕돌같다
더 가다
더그매
더그아웃(dugout)
더기밭   고원의 평평한 땅을 일군 밭.
더껑이 앉다
더께더께 엉겨 있다
더께 앉다
더끔더끔 모으다
더 나가다
더 낫다
더넘바람
더넘차다

더 높이 더 멀리
더 늦기 전에(-前-)
더더구나
더더군다나
더더욱 심해지다(-甚-)
더덕구이
더덕나물
더덕누름적(-炙)
더덕바심
더덕북어(-北魚)
더덕자반
더덕장(-醬)
더덕장아찌
더덕정과(-正果)
더덜없이 맞아떨어지다
더뎅이 앉다
더뎌지다
더도 덜도 말고
더도 말고 덜도 말고
더 두고 보다
더 들 텐데
더듬더듬하다
더듬어 가다
더듬어 나가다
더듬어 내려가다
더듬어 보다
더듬어 올라가다
더듬어지다
더듬이질
더듬적더듬적하다
더듬질
더디게 하다
더디더디 지나가다
더러더러 만나다
더러운 듯하다
더러운 처와 악한 첩이 빈방보다 낫다(-妻-
　　惡-妾-房-) [격]
더러울 거야
더러울걸
더러울 걸세
더러울걸요
더러울망정
더러울뿐더러
더러울 뿐 아니라
더러울 텐데
더러움 안 타다

270

더러움 타다
더러워 못 살겠다
더러워 보이다
더러워져 가다
더러워 죽겠다
더러워지다
더러웠을 거야
더러웠을걸
더러웠을 걸세
더러웠을걸요
더럭 겁이 나다(-怯-)
더럭더럭 우기다
더럼 안 타다
더럼 잘 타다
더럽기 짝이 없다
더럽혀 놓다
더럽혀 버리다
더럽혀 오다
더럽혀지다
더럽히지 마라
더 말할 것 없이
더 말할 나위 없다
더 먹고 싶어 하다
더 먹지 마라
더 멀리 더 높이
더 못 먹겠다
더 못 살겠다
더 못살다
더 못 오르다
더 못 참겠다
더 못하다
더미(붙이는 경우) 돈더미, 빚더미, 장작더미,
  잿더미, 흙더미.
더미(띄우는 경우) 거름 더미, 두엄 더미, 쓰레
  기 더미.
더미더미 쌓다
더미씌우다
더 바랄 것 없다
더벅머리
더벅머리 댕기 치레하듯 [격]
더부러지다
더부룩해 보이다
더부룩해지다
더부살이
더부살이가 주인 마누라 속곳 베 걱정한다 [격]
  (-主人-)

더부살이벌
더부살이뿌리
더부살이 살다
더부살이 신세(-身世)
더부살이하다
더부살이 환자 걱정(-還子-) [격]
더불어 사는 사회(-社會)
더블 침대(double寢臺)
더아니 기쁜가
더 안 하다
더없이 좋은 사람
더우면 더운 대로
더우면 더울수록
더욱더
더욱더욱 불리해지다(-不利-)
더운가 보다
더운갈이
더운 건지 추운 건지
더운 데다가
더운 듯하다
더운물
더운밥
더운색(-色)
더운술
더운약(-藥)
더운 음식(-飮食)
더운점심(-點心)
더운죽(-粥)
더운죽에 파리 날아들듯(-粥-) [격]
더운죽에 혀 데기(-粥-) [격]
더운찜질
더운피 =온혈.
더운 피 [관] 의로운 일을 위해 바치는 피.
더운피동물(-動物)
더울 거야
더울걸
더울 걸세
더울걸요
더울 텐데
더워 못 살겠다
더워 보이다
더워서 못 먹고 식어서 못 먹고 [격]
더워 죽겠다
더워지다
더워하다
더위 들다 [관]

더위 먹다 [관]
더위 먹은 소 달만 보아도 헐떡인다 [격]
더위 안 타다
더위 잡다
더위 잡히다
더위 타다 [관]
더위팔기
더위하다
더위해(-害)
더 이상 안 되다(-以上-)
더 있다 가다
더 잘되다
더 잘살게 되다
더 잘 알다
더 잘 입다
더 주다
더 줄 게 없다
더 참지 못하다
더 큰 일
더 큰 잘못
더펄개
더펄머리
더하기하다
더하면 더했지 덜하지 않다
더하여지다
더한층(-層)
더할 나위 없다
더 할 말 없다
더 할 수 없다
더 할 일 많다
더해 가다 증세가 더해 가다.
더 해 가다 음식을 더 해 가다.
더 해 보다
더해져 가다
더 해 주다
더해 주다
더해지다
덕금어미(德今-)
덕금어미잠(德今-)
덕기 어리다(德氣-)
덕기 풍기다(德氣-)
덕낚시
덕달귀(-鬼)
덕담 나누다(德談-)
덕담노래(德談-)
덕담 주고받다(德談-)

덕대갱(-坑)
덕대질
덕 되다(德-)
덕땅 둘레의 지형보다 높으면서 평평한 땅.
덕망 높은 스승(德望-)
덕 못 보다(德-)
덕 보다(德-)
덕살 좋다
덕색 내다(德色-)
덕석밤
덕석이 멍석이라고 우긴다 [격]
덕석이 멍석인 듯 [격]
덕석잠
덕석풀기
덕성스러워 보이다(德性-)
덕용 성냥(德用-)
덕 좀 보다(德-)
덕지기 덕장을 지키는 사람.
덕지덕지 바르다
덕지덕지하다
덖어지다
던적맞게 굴다
던져 넣다
던져 놓다
던져 달라고 하다
던져 달라다
던져두다
던져 마름쇠[격]
던져 버리다
던져 보다
던져 주다
-던지 (어미) 얼마나 춥던지, 얼마나 많이 먹던
        지.
던지기하다
던지다시피 하다
던지자마자
던질까 말까
던질낚시
덜걱마루
덜 곪은 부스럼에 아니 나는 고름 짜듯 [격]
덜 깨다
덜께기 늙은 수꿩.
덜나다
덜 늙다
덜되다 됨됨이가 경솔하고 건방지다.
덜 되다 다 되지 않다.

덜된 녀석
덜된 듯하다
덜된 소리
덜된 짓
덜떨어지다
덜렁꾼
덜렁말
덜룽스러운 데가 있다
덜머리　투전이나 화투 노름에서 여덟 끗을 이
　　르는 말.
덜 먹다　너보다 내가 덜 먹었다.
덜먹다　하는 짓이 온당하지 못하고 제멋대로
　　함부로 나가다.
덜미를 넘겨짚다 [관]
덜미를 누르다 [관]
덜미를 눌러놓다 [관]
덜미를 잡다 [관]
덜미잡이하다 [관]
덜미 잡히다 [관]
덜미 짚다 [관]
덜미 치다 [관]
덜밋대문(-大門)
덜 쓰다
덜어 내다
덜어 놓다
덜어 달라고 하다
덜어 달라다
덜어 두다
덜 어려워하다
덜어 먹다
덜어 오다
덜어 주다
덜 익다
덜 자다
덜 춥다
덜컥 겁이 나다(-怯-)
덜퍽부리다
덜퍽지다
덜하다　고생이 덜하다.
덜 하다　노력을 덜 하다.
덜해 가다　통증이 덜해 가다.
덜 해 가다　숙제를 덜 해 가다.
덜해져 가다
덜해지다
덤거칠다
덤덤해 보이다

덤덤해지다
덤바둑
덤받이
덤벙꾼
덤벼들다
덤벼들 뻔하다
덤벼들지 마라
덤벼 보다
덤벼 볼 만하다
덤벼 봐라
덤벼 오다
덤부렁듬쑥
덤불길
덤불김치
덤불밭
덤불숲
덤불지다
덤불혼인(-婚姻)　인척 관계가 있는 사람끼리
　　결혼함. 또는 그런 혼인.
덤붙이
덤비지 마라
덤빌 테면 덤벼 봐
덤삯
덤 얹다
덤장그물
덤터기 쓰다
덤터기 씌우다
덤통(-桶)
덤프트럭(dump truck)
덤핑 판매(dumping販賣)
덤핑하다(dumping-)
덤핑 행위(dumping行爲)
덥기만 하다
덥긴 덥지만
덥다나 봐
덥석 잡다
덥절덥절하다
덥혀 먹다
덧가지
덧거름
덧거리
덧거리질
덧거침
덧거리표(-票)
덧걸리다
덧걸어 놓다

덧게비치다
덧겹닿소리
덧그림
덧긋다
덧기둥
덧기워 입다
덧깔다
덧껴입다
덧꽂다
덧끼다
덧끼우다
덧나다
덧난 이빨
덧낚시
덧날대패
덧날막이
덧날무덤
덧놓다
덧놓이다
덧니
덧니박이
덧단 달다
덧단 대다
덧대다
덧대어 기우다
덧댄이음
덧덮다
덧도리
덧돈
덧돈 달라다
덧두리
덧두리 주다
덧두리 치다 [관]
덧드러나다
덧들다
덧매다
덧머리
덧모
덧무늬토기(-土器)
덧문(-門)
덧묻다
덧묻히다
덧물
덧물 지다
덧바르다
덧바지

덧밥
덧방나무
덧버선
덧베개
덧보태다
덧붙어 살다
덧붙여 놓다
덧붙여 대다
덧붙임주머니
덧빗
덧뿌리다
덧살창(-窓)
덧새기다
덧서까래
덧세우다
덧셈하다
덧소금 뿌려 두다
덧손질
덧신
덧신기다
덧싣다
덧심다
덧싸다
덧쌓다
덧쓰다
덧씌워 놓다
덧양말(-洋襪)
덧양판
덧얹다
덧얼다
덧얼음
덧없다
덧엮다
덧옷
덧의족(-義足)
덧입다
덧잠
덧잡다
덧장벽(-牆壁)
덧장판(-壯版)
덧장화(-長靴)
덧저고리
덧정 없다(-情-)
덧지붕
덧짐
덧창(-窓)

덧창문(-窓門)
덧천
덧치마
덧치마저고리
덧칠하다(-漆-)
덧토시
덧홈대
덩거칠다
덩굴걷이
덩굴나무
덩굴무늬
덩굴시렁
덩굴줄기
덩굴지다
덩굴치기
덩굴풀
덩그맣다
덩다랗다
덩달아 나서다
덩달아 하다
덩더꿍이 소출(-所出) [관]
덩덕새대가리
덩덕새머리
덩덩하니 굿만 여겨 [격]
덩덩하니 문 너머 굿인 줄 아느냐(-門-) [격]
덩덩그렇다
덩어리꼴
덩어리지다
덩이덩이
덩이뿌리
덩이수술
덩이주사(-朱沙)
덩이줄기
덩이지다
덩이차(-茶)
덩저리 크다
덩지 작다
덩칫값을 하다
덩칫값 할 것 같지 않다
덫사냥
덫 안에 든 쥐 [관]
덫에 치인 범이요 그물에 걸린 고기라 [격]
덫틀
덫활
덮개
덮고 자다

덮그물
덮누르다
덮두들기다
덮밥
덮싸다
덮싸쥐다
덮쌓다
덮어 나가다
덮어놓고 열넉 냥 금(-兩金) [격]
덮어놓고 야단만 친다
덮어 놓다
덮어 두다
덮어 버리다
덮어쓰다
덮어씌우다
덮어 주다
덮쳐누르다
덮쳐들다
덮쳐 버리다
덮쳐 오다
덮쳐잡다
덮쳐쥐다
-데 (의존 명사) 갈 데 없다, 사는 데가 어디냐? 졸업장을 따는 데 목적이 있다. 아픈 데 먹는 약.
데거칠다
데데하다
데되다
데드라인(deadline)
데드 볼=데드볼(dead ball)
데려가다
데려가 달라고 하다
데려가 달라다
데려가 버리다
데려다 기르다
데려다 놓다
데려다 쓰다
데려다 주다
데려오다
데려와 달라다
데리고 가다
데리고 나가다
데리고 놀다
데리고 다니다
데리고 살다
데리고 오다

275

데리러 가다
데릴사위
데릴사윗감
데림사람 집안에 데리고 부리는 사람.
데림추(-錘)
데면데면하다
데모대(demo隊)
데모 안 하다(demo-)
데모하다(demo-)
데밀다
데바쁘다
데뷔시키다(debut-)
데뷔 작품(debut 作品)
데삶기다
데삶다
데생각
데생기다
데설궂다
데설데설하다
데시기지 말고 그만 먹어라
데식다
데워 먹다
데워 주다
데이트하다(date-)
데익다
데쳐 먹다
데친회(-膾)
데퉁바리
덴 데 털 안 나다 [격]
덴 소 날치듯 [격]
뎅 하는 소리
뎅그렁뎅그렁하다
뎅그렇다
도가니탕(-湯)
도가 뜨다(導駕-) [관]
도가머리
도가 사상(道家思想)
도갓술(都家-)
도갓집(都家-)
도거리부침
도거리흥정 어떤 물건을 한 사람이 몽땅 도맡
    아서 사려고 하는 흥정.
도교 사상(道敎思想)
도구화되다(道具化-)
도구화하다(道具化-)
도굴된 듯하다(盜掘-)

도굿대당기기
도굿대춤
도금칠(鍍金漆)
도급 계약(都給契約)
도급 맡다(都給-)
도급 주다(都給-)
도긴개긴
도깨그릇
도깨비감투
도깨비굴(-窟)
도깨비 기왓장 뒤듯(-張-) [격]
도깨비놀음
도깨비 달밤에 춤추듯 [격]
도깨비 대동강 건너듯(-大同江-) [격]
도깨비도 수풀이 있어야 모인다 [격]
도깨비 땅 마련하듯 [격]
도깨비를 사귀었나 [격]
도깨비방망이
도깨비불
도깨비 사귄 셈이라 [격]
도깨비 살림[관]
도깨비 수키왓장 뒤듯(-張-) [격]
도깨비 시장(-市場)
도깨비 쓸개라 [격]
도깨비에 홀린 것 같다 [관]
도깨비 음모 같다(-陰毛-) [관]
도깨비장난
도깨비짓
도깨비판
도꼬마리떡
도꼭지(都-)
도끼가 제 자루 깎지 못한다 [격]
도끼가 제 자루 못 찍는다 [격]
도끼 가진 놈이 바늘 가진 놈을 못 당한다(-
    當-) [격]
도끼나물 절에서 쇠고기 따위의 육류를 이르
    는 말.
도끼날
도끼눈
도끼는 날을 달아 써도 사람은 죽으면 그만 [격]
도끼 등에 칼날을 붙인다 [격]
도끼라 날 달아 쓸까 [격]
도끼로 제 발등 찍는다 [격]
도끼를 베고 잤나 [격]
도끼머리
도끼목수(-木手)

도끼버섯

도끼벽력(-霹靂)

도끼별 산판에서 도끼로 대강 다듬어 제재한
목재.

도끼뿔

도끼 삶은 물 [격]

도끼질

도끼집

도낏밥

도낏자루

도낏자루를 쥐다

도낏자루 썩는 줄 모른다 [격]

도낏자루 쥐다

노나캐나

도난당하다(盜難當-)

도난 방지(盜難防止)

도난 사건(盜難事件)

도난 신고(盜難申告)

도난 차량(盜難車輛)

도남의 날개(圖南-) [관]

도내기개탕

도내기샘 깊게 판 샘.

도내기흠

도넛판(doughnut板)

도닐다

도다녀가다

도다녀오다

도 닦다(道-) [관]

도달 가능한 시간(到達可能-時間)

도달주의(到達主義)

도담스러운 데가 있다

도당겨 오다

도당굿(都堂-)

도덕관념(道德觀念)

도덕군자(道德君子)

도덕규범(道德規範)

도덕 불감증(道德不感症)

도덕의식(道德意識)

도도록해 보이다

도도록해지다

도도하게 굴다

도도해지다

도두들리다 .

도두뛰다

도두뜨다

도두베다

도두보다

도두뵈다

도두새기다

도두앉다

도두치다

도둑개

도둑개 겻섬에 오른다 [격]

도둑개 살 안 찐다 [격]

도둑고양이

도둑고양이더러 제물 지켜 달라 한다(-祭物-)
　[격]

도둑괭이

도둑글

도둑나무

도둑나무하다

도둑년

도둑노름

도둑놈

도둑놈 개 꾸짖듯 [격]

도둑놈 개에게 물린 셈 [격]

도둑놈더러 인사불성이라 한다(-人事不省-)
　[격]

도둑놈도 인정이 있다(-人情-) [격]

도둑놈 딱장 받듯(-狀-) [격]

도둑놈 문 열어 준 셈(-門-) [격]

도둑놈 볼기짝 같다 [격]

도둑놈 부싯돌만 한 놈 [격]

도둑놈 소 몰듯 [격]

도둑놈 심보(-心-)

도둑놈 열쇠 맡긴 셈 [격]

도둑놈은 한 죄 잃은 놈은 열 죄(-罪-罪) [격]

도둑놈의 뒤턱을 친다 [격]

도둑놈이 씻나락을 헤아리랴 [격]

도둑놈이 제 말에 잡힌다 [격]

도둑놈이 제 발자국에 놀란다 [격]

도둑놈 취급(-取扱)

두둑놈 허접대듯 [격]

두둑 누명(-陋名)

도둑눈

도둑 들다

도둑때 도둑이라는 누명.

도둑때 벗다

도둑 떼

도둑맞고 사립 고친다 [격]

도둑맞고 죄 된다(-罪-) [격]

도둑맞다

도둑맞으면 어미 품도 들춰 본다 [격]
도둑맞은 셈 치다
도둑벌
도둑벌레
도둑빨래
도둑살 임자의 이름을 새기지 않은 화살.
도둑 소굴(-巢窟)
도둑에게 열쇠 준다 [격]
도둑에도 의리가 있고 딴꾼에도 꼭지가 있다(-義理-) [격]
도둑을 뒤로 잡지 앞으로 잡나 [격]
도둑을 맞으려면 개도 안 짖는다 [격]
도둑의 때는 벗어도 자식의 때는 못 벗는다(-子息-) [격]
도둑의 때는 벗어도 화냥의 때는 못 벗는다 [격]
도둑의 묘에 잔 부어 놓기(-盞-) [격]
도둑의 씨가 따로 없다 [격]
도둑의 집에도 되는 있다 [격]
도둑의 집에 한당이 들었다(-汗黨-) [격]
도둑의 찌끼는 있어도 불의 찌끼는 없다 [격]
도둑이 달릴까 했더니 우뚝 선다 [격]
도둑이 도둑이야 한다 [격]
도둑이 매를 든다 [격]
도둑이 제 발 저리다 [격]
도둑이 포도청 간다(-捕盜廳-) [격]
도둑잠
도둑잡기
도둑장가
도둑장가 가다
도둑장가 들다
도둑죄(-罪)
도둑질
도둑질도 혼자 해 먹어라 [격]
도둑질 안 하다
도둑질은 내가 하고 오라는 네가 져라 [격]
도둑질을 해도 손발이 맞아야 한다 [격]
도둑질해 오다
도둑 취급 하다(-取扱-)
도둑합례(-合禮)
도드라지다
도드락망치
도드미
도드밟다
도듬문(-門)
도듬문살(-門-)
도듬지(-紙)

도떼기시장(-市場)
도라젓 숭어 창자로 담근 것.
도라지나물
도라지생채(-生菜)
도라지장아찌
도랑못
도랑둑
도랑물
도랑에 든 소 [격]
도랑 치고 가재 잡는다 [격]
도랑창
도랑치마
도랒나물
도랒생채(-生菜)
도랒자반
도랒저냐
도랒정과(-正果)
도래걸쇠
도래도래 모이다
도래떡
도래떡이 안팎이 없다 [격]
도래매듭
도래목정
도래방석(-方席)
도래샘
도래샘물
도래솔
도래송곳
도래함지
도랫굽이
도량스러워 보이다(跳梁-)
도량형기(度量衡器)
도려내다
도려내 버리다
도려빠지다
도련님은 당나귀가 제격이라(-唐-格-) [격]
도련님 천량(-千兩) [격]
도련님 풍월에 염이 있으랴(-風月-簾-) [격]
도련님짜리
도련장이(搗鍊-)
도련치다(刀鍊-)
도련칼(刀鍊-)
도련판(刀鍊板)
도령귀신(-鬼神)
도령 상에 구방상(-喪-九方相) [격]
도로 가다

도로 가 버리다
도로가에(道路-)
도로 건설(道路建設)
도로 공사(道路工事)
도로대장(道路臺帳)
도로 사정 안 좋다(道路事情-)
도로 아미타불(-阿彌陀佛) [관]
도로 앉다
도로 오다
도로 주어 버리다
도로 찾아가다
도로포장(道路鋪裝)
도로 표지=도로표지(道路標識)
도로 확장 공사(道路擴張工事)
도롱태　사람이 밀거나 끌게 된 간단한 나무 수
　　레.
도루묵깍두기
도루묵찌개
도루묵회(-膾)
도륙 내다(屠戮-)
도르리하다
도리기하다
도리깨꼭지
도리깨바람
도리깨소리
도리깨질
도리깨찜질
도리깨채
도리깨춤
도리깨침
도리깻열
도리깻장부
도리도리 짝짜꿍
도리도리하다
도리머리
도리머리하다
도리반도리반하다
도리소반(-小盤)
도리암직하다
도리 없이 그만두다
도리질
도린곁
도림장이
도림질
도립 공원=도립공원(道立公園)
도릿감

도마에 오른 고기 [격]
도마 위에 오르다 [관]
도마 위에 올려놓다 [관]
도마 위의 고기가 칼을 무서워하랴 [격]
도마질 소리
도마질하다
도막 나다
도막 내다
도막도막 썰다
도막말
도맛밥
도맛소리
도망가다(逃亡-)
도망가다시피 하다(逃亡-)
도망가듯 하다(逃亡-)
도망가 버리다(逃亡-)
도망꾼(逃亡-)
도망 나오다(逃亡-)
도망 다니다(逃亡-)
도망 못 가다(逃亡-)
도망 안 가다(逃亡-)
도망 오다(逃亡-)
도망질(逃亡-)
도망질치다(逃亡-)
도망질하다(逃亡-)
도망짐(逃亡-)
도망쳐 나오다(逃亡-)
도망쳐 버리다(逃亡-)
도망쳐 오다시피 하다(逃亡-)
도망치다시피 하다(逃亡-)
도망치듯 나오다(逃亡-)
도망하다시피 하다(逃亡-)
도망해 버리다(逃亡-)
도망해 오다(逃亡-)
도망혼(逃亡婚)
도맡게 되다
도맡아·오다
도맡아 하다
도맡아 해 오다
도매가격(都賣價格)
도매 상가(都賣商街)
도매상인(都賣商人)
도매상점(都賣商店)
도매 시장=도매시장(都賣市場)
도매업자(都賣業者)
도맷값(都賣-)

도문잔치(到門-)
도미구이
도미국수
도미노 현상(domino現象)
도미면(-麵)
도미백숙(-白熟)
도미소금구이
도미어채(-魚菜)
도미저냐
도미젓
도미찜
도밋국
도박놀이(賭博-)
도박 벌이다(賭博-)
도박 빚(賭博-)
도박 자금(賭博資金)
도박판(賭博-)
도박 행위(賭博行爲)
도발해 오다(挑發-)
도발 행위(挑發行爲)
도배장이(塗褙-)
도배장판(塗褙壯版)
도배종이(塗褙-)
도벌꾼(盜伐-)
도보 여행(徒步旅行)
도보주의(徒步主義)
도보 행군(徒步行軍)
도부꾼(到付-)
도부쟁이(到付-)
도부 치다(到付-)
도붓길(到付-)
도붓돌이(到付-)
도붓장사(到付-)
도붓장수(到付-)
도붓장수 개 후리듯(到付-) [관]
도비꾼 통나무 운반을 직업으로 하는 사람.
도사리
도산매하다(都散賣-)
도산 위기(倒産危機)
도산지기(都山-)
도산해 버리다(倒産-)
도살업자(屠殺業者)
도상 연습=도상연습(圖上練習)
도상 훈련(圖上訓練)
도색 영화=도색영화(桃色映畫)
도서 대여(圖書貸與)

도서 목록(圖書目錄)
도서 벽지(島嶼僻地)
도선생(盜先生)
도섭부리다
도섭쟁이
도수 높은 안경(度數-眼鏡)
도숙붙다 머리털이 아래로 나서 이마가 좁게
　　　되다.
도술 부리다(道術-)
도술 쓰다(道術-)
도시가스(都市gas)
도시 개발(都市開發)
도시 계획=도시계획(都市計劃)
도시공원(都市公園)
도시락밥
도시락 싸 오다
도시 문화(都市文化)
도시물 들다(都市-)
도시물 먹다(都市-)
도시 미관(都市美觀)
도시 바람=도시바람(都市-)
도시 빈민(都市貧民)
도시 사람(都市-)
도시 생활(都市生活)
도시 지역=도시지역(都市地域)
도시화되다(都市化-)
도식화되다(圖式化-)
도식화하다(圖式化-)
도심 곳곳(都心-)
도심질 칼 따위로 물체의 가장자리나 굽은 곳
　　　을 도려내는 일.
도심 한가운데(都心-)
도약 단계(跳躍段階)
도어맨(doorman)
도와 가다
도와 달라고 하다
도와 달라다
도와 드리다
도와주고 말고
도와주고 붙잡아 준다 [관]
도와주기는커녕
도와주나 마나 하다
도와주는 셈 치다
도와주기는 못할망정
도와줄 거야
도와줄걸

도와줄 걸세
도와줄걸요
도와줄게
도와줄게요
도와줄 만하다
도와줘 버릇하다
도외시당하다(度外視當-)
도외시해 오다(度外視-)
도요시절(桃夭時節)
도용되어 오다(盜用-)
도울 만하다
도움닫기
도움 되다
도움 될 만하다
도움말
도움 못 받다
도움 못 주다
도움 받다
도움 받아 오다
도움 안 되다
도움 주다
도움 주어 오다
도원결의(桃園結義)
도의 앙양(道義昂揚)
도의회 의원(道議會議員)
도입 부분(導入部分)
도입 안 하다(導入-)
도입해 오다(導入-)
도자기공(陶瓷器工)
도장 받다(圖章-)
도장 받아 오다(圖章-)
도장밥(圖章-)
도장방(-房) =규방.
도장 새기다(圖章-)
도장알짜
도장을 누르다(圖章-) [관]
도장을 찍다(圖章-) [관]
도장장이(圖章-)
도장주머니(圖章-)
도장집(圖章-)
도장 찍다(圖章-)
도장칼(圖章-)
도장 파다(圖章-)
도적개(盜賊-)
도적고양이(盜賊-)
도적글(盜賊-)

도적나무(盜賊-)
도적년(盜賊-)
도적노름(盜賊-)
도적놈(盜賊-)
도적놈 발 같다(盜賊-) [관]
도적눈(盜賊-)
도적 떼(盜賊-)
도적맞고 욕본다(盜賊-辱-) [격]
도적맞다(盜賊-)
도적빨래(盜賊-)
도적은 제 발이 저려서 뛴다(盜賊-) [격]
도적잠(盜賊-)
도적질(盜賊-)
도전권 따내다(挑戰權-)
도전 정신(挑戰精神)
도전해 보다(挑戰-)
도전해 오다(挑戰-)
도전 행위(挑戰行爲)
도정 공장=도정공장(搗精工場)
도제 교육(徒弟敎育)
도조바리(賭租-)
도주해 버리다(逃走-)
도중하차(途中下車)
도지개를 틀다 [관]
도지게 마음먹다
도짓논(賭地-)
도짓논 부쳐 먹다(賭地-)
도짓돈(賭地-)
도짓밭(賭地-)
도짓소(賭地-)
도차지(都-)
도착순(到着順)
도착 시간(到着時間)
도착 안 되다(到着-)
도착역(到着驛)
도착 예정(到着豫定)
도착 지점(到着地點)
도착하는 대로(到着-)
도착하자마자(到着-)
도채장이(塗彩-)
도처낭패(到處狼狽)
도척의 개 범 물어 간 것 같다(盜跖-) [격]
도청당하다(盜聽當-)
도청 사건(盜聽事件)
도청 소재지(道廳所在地)
도청 장치(盜聽裝置)

도청 탐지(盜聽探知)

도출해 내다(導出-)

도취되다(陶醉-)

도침을 맞다(搗砧-)

도침질(搗砧-)

도캐간에(-間-)

도컬간에(-間-)

도태당하다(淘汰當-)

도태시켜 버리다(淘汰-)

도토리깍정이

도토리나무

도토리만두(-饅頭)

도토리만 하다

도토리묵

도토리묵무침

도토리받침

도토리범벅

도토리수제비

도토리 키 재기 [격]

도톨밤

도통 알아들을 수가 없다(都統-)

도투락댕기

도투락머리

도투마리

도투마리 잘라 넉가래 만들기 [격]

도포를 입고 논을 갈아도 제멋이다(道袍-) [격]

도포 입고 논 썰기(道袍-) [격]

도포 자락(道袍-)

도포짜리(道袍-)

도포 차림(道袍-)

도피사상(逃避思想)

도피 생활(逃避生活)

도피시켜 주다(逃避-)

도피 자금(逃避資金)

도피해 버리다(逃避-)

도피해 오다(逃避-)

도피 행각(逃避行脚)

도하 작전=도하작전(渡河作戰)

도학선생(道學先生)

도형화하다(圖形化-)

도홍빛(桃紅-)

도회병(都會病)

도회 생활(都會生活)

도회 소식 들으려면 시골로 가거라(都會消息-)
　　[격]

도회지물(都會地-)

도회지물 먹다(都會地-)

도흥정(都-) =도거리흥정.

독가스(毒gas)

독감 걸리다(毒感-)

독감 백신(毒感vaccine)

독감 앓다(毒感-)

독개미(毒-)

독거노인(獨居老人)

독거미(毒-)

독거 생활(獨居生活)

독그릇

독기 품다(毒氣-)

독김치

독나다(毒-)

독니(毒-)

독단론자(獨斷論者)

독동이

독려해 오다(督勵-)

독립가옥(獨立家屋)

독립 국가=독립국가(獨立國家)

독립 기념관=독립기념관(獨立記念館)

독립 못하다(獨立-)

독립사상(獨立思想)

독립생활(獨立生活)

독립 선언=독립선언(獨立宣言)

독립시켜 주다(獨立-)

독립 영웅(獨立英雄)

독립운동(獨立運動)

독립 자금(獨立資金)

독립 전쟁(獨立戰爭)

독립지사(獨立志士)

독립 채산=독립채산(獨立採算)

독립투사(獨立鬪士)

독립 투쟁(獨立鬪爭)

독립해 나가다(獨立-)

독메(獨-)　외따로 떨어져 있는 조그마한 산.

독무덤

독물　짙은 빛깔의 남빛.

독물(毒-)

독바늘(毒-)

독방거처(獨房居處)

독버섯(毒-)

독벌(毒-)

독벌레(毒-)

독별나다(獨別-)

독별난 짓 하다(獨別-)

독불장군(獨不將軍)
독사눈(毒蛇-)
독사뱀(毒蛇-)
독사 아가리에 손가락을 넣는다(毒蛇-) [격]
독사진(獨寫眞)
독살나다(毒煞-)
독살당하다(毒殺當-)
독살림(獨-)
독살림 차리다(獨-)
독살림하다(獨-)
독살 부리다(毒煞-)
독살스러워 보이다(毒煞-)
독살 음모(毒殺陰謀)
독살풀이(毒煞-)
독살 피우다(毒煞-)
독상 받다(獨床-)
독상 차려 주다(獨床-)
독서 감상문(讀書感想文)
독서 교육(讀書教育)
독서당 개가 맹자 왈 한다(讀書堂-孟子曰-)
　　[격]
독서 목록(讀書目錄)
독서삼매(讀書三昧)
독서 지도(讀書指導)
독선생(獨先生)
독선생을 앉히다(獨先生-)
독성 물질(毒性物質)
독소 조항(毒素條項)
독 속에 든 쥐
독수공방(獨守空房)
독수공방에 유정 낭군 기다리듯(獨守空房-有
　　情郎君-) [격]
독수리눈(禿-)
독수리는 파리를 못 잡는다(禿-) [격]
독수리 떼(禿-)
독수리 본 닭 구구 하듯(禿-) [격]
독신 남성(獨身男性)
독신 생활(獨身生活)
독신주의(獨身主義)
독실해 보이다(篤實-)
독실해지다(篤實-)
독 안에 든 쥐 [관]
독 안에 들다 [관]
독 안에서 소리치기 [격]
독 안에서 푸념 [격]
독야청청(獨也靑靑)

독 오르다(毒-) [관]
독 올리다(毒-) [관]
독우물　밑바닥을 없앤 독을 묻어서 만든 우물.
독을 보아 쥐를 못 친다 [격]
독일 유학(獨逸留學)
독자 노선(獨自路線)
독자란(讀者欄)
독자배기
독자 생존(獨自生存)
독자 투고(讀者投稿)
독자 행보(獨自行步)
독장수
독장수구구(-九九)
독장수구구는 독만 깨뜨린다(-九九-) [격]
독장수셈　실현 가능성이 없는 허황된 계산을
　　하거나 헛수고로 애만 씀을 이르는 말.
독장치다(獨場-)
독재 국가=독재국가(獨裁國家)
독재 권력(獨裁權力)
독재 정치=독재정치(獨裁政治)
독재주의(獨裁主義)
독재 체제(獨裁體制)
독재 치하(獨裁治下)
독점 계약(獨占契約)
독점 사업=독점사업(獨占事業)
독점 상품(獨占商品)
독점 판매(獨占販賣)
독점하다시피 하다(獨占-)
독점해 버리다(獨占-)
독점해 오다(獨占-)
독주머니(毒-)
독직 사건(瀆職事件)
독집(獨-)　=독채.
독차지하다시피 하다(獨-)
독차지해 버리다(獨-)
독차지해 오다(獨-)
독채 전세(獨-傳貰)
독챗집(獨-)
독촉 안 하다(督促-)
독촉이 불같다(督促-) [관]
독촉장 날아오다(督促狀-)
독촉해 오다(督促-)
독탕하다(獨湯-)
독특해 보이다(獨特-)
독 틈에도 용소가 있다(-龍沼-) [격]
독 틈에서 쥐잡기 [격]

독 틈에 탕관(-湯罐) [격]
독판(獨-) =독무대.
독판치다(獨-)
독풀(毒-)
독한 듯하다(毒-)
독한사전(獨韓辭典)
독해 보이다(毒-)
독해져 가다(毒-)
독해지다(毒-)
독화살(毒-)
돈 가방
돈 가져 오다
돈값
돈거래(-去來)
돈거리 되는
돈 걱정 말고
돈 걱정 안 하고 살다
돈 걱정 하다
돈 건네주다
돈고생(-苦生)
돈고지 엽전 모양으로 둥글게 썰어서 말린 호
　　박고지.
돈 관리(-管理)
돈 구경 못 하다
돈구멍 막히다
돈 굴리다 [관]
돈궤(-櫃)
돈길 막히다
돈깨나 있어 보이다
돈꿰미
돈끈
돈 나갈 일만 남다
돈 나는 모퉁이 죽는 모퉁이 [격]
돈 내고 가다
돈내기하다
돈 낸 만큼
돈 냄새 맡다
돈냥이나 모으다(-兩-)
돈놀이
돈놀이꾼
돈농사(-農事)
돈 놓고 돈 먹기
돈 놓고는 못 웃어도 아이 놓고는 웃는다 [격]
돈다발
돈단련(-鍛鍊)
돈 대 주다

돈 더 들다
돈더미
돈더미에 깔리다
돈더미에 올라앉다
돈 더 받다
돈 덜 받다
돈도지(-賭地)
돈독(-毒)
돈독 오르다(-毒-)
돈독해 보이다(敦篤-)
돈독해지다(敦篤-)
돈돈쭝(-重)
돈 되는 장사
돈 될 만하다
돈 들다
돈 들어가다
돈 들이다
돈등화(-燈花) 촛불이나 등잔불의 심지 끝에
　　동그랗게 앉은 불똥.
돈 떨어지자 입맛 난다 [격]
돈 떼먹다
돈 떼이다
돈 마련 안 되다
돈만 있으면 개도 멍첨지라(-僉知-) [격]
돈만 있으면 귀신도 부릴 수 있다(-鬼神-) [격]
돈 만지다 [관]
돈 많이 들다
돈맛
돈맛 들다
돈맛 보다
돈맛 알다
돈머리
돈머릿수(-數)
돈 먹다 [관]
돈메소 삯을 받기로 하고 빌려 주는 소.
돈 몇 푼
돈 모으다
돈 못 내다
돈 못 벌다
돈 묶음
돈문서(-文書)
돈뭉치
돈바르다
돈바리
돈밖에 모르다
돈반쭝(-半重)

돈 받다
돈 받아 가다
돈 받아 주다
돈받이
돈방석(−方席)
돈백깨나 들다(−百−)
돈 버는 데 온 힘 쏟다
돈 벌러 가다
돈벌레
돈 벌어 오다
돈벌이 나서다
돈벌이 삼아
돈벌이하다
돈벼락
돈변(−邊)
돈변리(−邊利)
돈 보따리
돈복 타고나다(−福−)
돈복 터지다(−福−)
돈 봉투(−封套)
돈 빌려 주다
돈빚
돈빚 갚다
돈빚 받으러 가다
돈 뺏다
돈 뿌리고 다니다
돈 사정 안 좋다(−事情−)
돈 생각 말고
돈 생기다
돈 선거(−選擧)
돈세탁(−洗濯)
돈 심부름
돈 써 가며
돈 쓴 만큼
돈 쓸 데 많다
돈 쓸 일
돈 씀씀이
돈 아까운 줄 모르고
돈 안 내다
돈 안 대 주다
돈 안 되는 일
돈 안 들이다
돈 안 받다
돈 안 쓰다
돈 안 아끼다
돈 안 주다

돈 액수(−額數)
돈 얘기 꺼내다
돈어치
돈 없는 놈이 선가 먼저 물어본다(−船價−) [격]
돈 없는 놈이 큰 떡 먼저 든다 [격]
돈에 침 뱉는 놈 없다 [격]
돈 욕심(−慾心)
돈은 더럽게 벌어도 깨끗이 쓰면 된다 [격]
돈은 돈대로 들고
돈을 물 쓰듯 하다 [관]
돈을 주면 배 속의 아이도 기어 나온다 [격]
돈을 찌르다 [관]
돈을 치다 [관]
돈이 돈을 번다 [격]
돈이라면 호랑이 눈썹이라도 빼 온다 [격]
돈이면 나는 새도 떨어진다 [격]
돈이면 지옥문도 연다(−地獄門−) [격]
돈이 양반이라(−兩班−) [격]
돈이 자가사리 끓듯 한다 [격]
돈이 장사라(−壯士−) [격]
돈이 제갈량(−諸葛亮−) [격]
돈 있으면 활량 돈 못 쓰면 건달(−乾達) [격]
돈 자랑 하다
돈 잔치
돈 잘 벌다
돈 잘 쓰다
돈저냐
돈전병(−煎餅)
돈점박이(−點−)
돈 좀 달라다
돈 주고 병 얻는다(−病−) [격]
돈 주고 사다
돈 주다 [관]
돈주머니
돈주머니를 털어 내다 [관]
돈 주지 마라
돈줄 막히다
돈줄 잡다
돈지갑(−紙匣)
돈지랄
돈질하다
돈짝만 하다
돈쭝(−重)
돈치기하다
돈치다
돈타령

285

돈타령만 하다
돈타령하다
돈 타 쓰다
돈팔이
돈푼 받다
돈푼깨나 있는 집안
돈피 옷 잣죽에 자랐느냐(獤皮-粥-) [격]
돈 한 푼 못 벌다
돈 한 푼 안 내다
돈 한 푼 없는 놈이 자두치떡만 즐긴다 [격]
돈 한 푼을 쥐면 손에서 땀이 난다 [격]
돈궈 주다
돈김불　옹기를 구울 때 높은 온도로 때는 불.
돈나다
돈난 인물(-人物)
돋보기눈
돋보기안경(-眼鏡)
돋아나다
돋아 나오다
돋아 오르다
돋우고 뛰어야 복사뼈라 [격]
돋워 주다
돋을걸상(-床)
돋을무늬
돋을볕
돋을새김
돋을양지(-陽地)
돋음갱이
돌가루
돌감
돌감나무
돌개바람
돌개바람에 먼지 날리듯 [관]
돌격 부대(突擊部隊)
돌격 앞으로(突擊-)
돌결　돌에 있는 결.
돌계단(-階段)
돌계집
돌고 나서
돌고 돌아서
돌고드름
돌고래(1)　흙 따위를 섞지 않고 돌로만 쌓아 만든 방고래.
돌고래(2)　연기가 고래 밑으로 되돌아 빠져나오게 만든 방고래.
돌곰기다

돌공이
돌괭이
돌구멍
돌구멍안　'서울 성안'을 속되게 이르는 말.
돌구유
돌구조(-構造)
돌그릇
돌금　돌에 난 금.
돌기둥
돌기와집　=너새집.
돌기총
돌길(1)　돌이 많은 길.
돌길(2)　돌아가는 길.
돌까뀌
돌껏잠
돌나물
돌나물김치
돌난간(-欄干)
돌난돌(-欄-)
돌날
돌낫
돌너덜
돌너덜길
돌널
돌널무덤
돌놈　버릇이 없는 사람을 낮잡아 이르는 말.
돌능금
돌니
돌다리
돌다리도 두들겨 보고 건너라 [격]
돌다 보아도 마름 [격]
돌다시피 하다
돌단(-壇)
돌담
돌담 구멍에 독사 주둥이(-毒蛇-) [격]
돌담 구멍에 족제비 눈깔 [격]
돌담 배 부른 것 [격]
돌담 길
돌담불　산이나 들에 모여 있는 돌무더기.
돌담의 부른 배는 쓸모가 없다 [격]
돌담장(-牆)
돌대가리
돌 더미
돌 던지다 [관]
돌덩어리
돌덩이

돌도끼
돌도끼장이
돌도 십 년을 보고 있으면 구멍이 뚫린다(-十
　年-) [격]
돌돈　돌떡 값으로 내놓는 돈.
돌돌 말다
돌 된 아기
돌둑　도랑의 양옆에 만든 둑.
돌듯 하다　쳇바퀴 돌듯 하다.
돌 듯하다　전혀 못 돌 듯하다.
돌등　넓적한 돌의 윗면이나 뒷면.
돌땅　돌이나 망치로 고기가 숨어 있을 만한 물
　속의 돌을 쳐서 고기를 잡는 일.
돌떡
돌 떠 내다
돌 뜨다 [관]
돌띠(1)　어린아이의 저고리나 두루마기에 달린
　긴 옷고름.
돌띠(2)　돌을 맞은 아기의 허리에 매는 띠.
돌라가다
돌라내다
돌라놓다
돌라대다
돌라막다
돌라맞추다
돌라매다
돌라방치다
돌라버리다
돌라보다
돌라붙다
돌라서다
돌라싸다
돌라쌓다
돌라앉다
돌라입다
돌라 주다
돌라치다
돌레돌레하다
돌려 깎다
돌려나기
돌려나기눈
돌려나기잎
돌려나다
돌려내다
돌려놓다　반대쪽으로 돌려놓다.
돌려 놓다　팽이를 돌려 놓다.

돌려다붙이다
돌려 다오
돌려 달라고 하다
돌려 달라다
돌려 막다
돌려 말하다
돌려먹다
돌려받다
돌려 버리다
돌려보내다
돌려 보다
돌려붙다
돌려 빼다
돌려세우다
돌려 쌓다
돌려쓰다
돌려씌우다
돌려 앉히다
돌려주다　빼앗은 것을 도로 돌려주다.
돌려 주다　맷돌을 돌려 주다.
돌려지다
돌려짓기
돌려 차다
돌려치기
돌로 치면 돌로 치고 떡으로 치면 떡으로 친다
　[격]
돌리개못
돌리고 다니다
돌리어 빼다
돌림감기(-感氣)
돌림고뿔
돌림구덩이
돌림길
돌림매
돌림방
돌림방 놓다
돌림배지기
돌림병(-病)
돌림병 걸리다(-病-)
돌림병 앓다(-病-)
돌림병에 까마귀 울음(-病-) [격]
돌림자(-字)
돌림잔(-盞)
돌림쟁이
돌림젖
돌림차례(-次例)

돌림턱

돌림통 돌림병이 돌아다니는 시기.

돌림판(-板)

돌림편지(-便紙)

돌마낫적

돌망치

돌망태(-網-)

돌맞이 아기

돌맞이 잔치

돌맞이하다

돌먼지

돌메

돌메밀

돌멩이질

돌못

돌무늬

돌무당

돌무더기

돌무덤

돌무지

돌문(-門)

돌물 소용돌이치는 물의 흐름.

돌물레

돌미나리

돌미륵이 웃을 노릇 [격]

돌바닥

돌바리 작은 바리.

돌 반지(-斑指)

돌반지기(-半-)

돌발 사고(突發事故)

돌발 상황(突發狀況)

돌방(-房)

돌방무덤(-房-)

돌방아

돌방죽

돌밭

돌배

돌배도 맛 들일 탓 [격]

돌번지

돌베개

돌벼

돌벼락

돌벼랑

돌벼루

돌벽(-壁)

돌보는 이 없이

돌 보듯 하다 돌처럼 보다.

돌보듯 하다

돌보송곳

돌보습

돌보아 오다

돌보아 주다

돌볼 거야

돌볼걸

돌볼 걸세

돌볼걸요

돌볼게

돌볼게요

돌복숭아

돌봐 달라다

돌봐 드리다

돌봐 오다

돌봐 주다

돌부리

돌부리를 차면 발부리만 아프다 [격]

돌부처

돌부처가 웃다가 배꼽이 떨어지겠다 [격]

돌부처가 웃을 노릇 [격]

돌부처도 꿈적인다 [격]

돌부처 보고 아이 낳아 달란다 [격]

돌비(-碑)

돌비알

돌사다리

돌사닥다리

돌사막(-沙漠)

돌사자(-獅子)

돌사태(-沙汰)

돌산(-山)

돌삼(-蔘)

돌삽

돌상(-床)

돌샘 돌 틈에서 흘러나오는 샘.

돌서덜

돌서덜밭

돌섬 돌이 많은 섬.

돌성(-城)

돌 세례(-洗禮)

돌소금

돌송곳

돌송편(-松-)

돌솥

돌실낳이

돌심보(-,心-)
돌싸움
돌싸움질
돌싸움하다
돌쌈
돌쌈질
돌씨 품질이 나쁜 씨앗.
돌아가는 대로
돌아가 다오
돌아가 달라고 하다
돌아가 달라다
돌아가 버리다
돌아가자마자
돌아간 듯하다
돌아갈 거야
돌아갈걸
돌아갈 걸세
돌아갈걸요
돌아갈게
돌아갈게요
돌아갈지라도
돌아기
돌아 나가다
돌아 나오다
돌아내리다
돌아눕다
돌아다니다
돌아다보다
돌아들다
돌아보다
돌아본 마을 꾸어 본 방귀 [격]
돌아서다
돌아서 버리다
돌아앉다
돌아오는 대로
돌아오자마자
돌아올 길 없다
돌아올지도 모른다
돌아와 다오
돌아와 달라고 하다
돌아와 달라다
돌아와 보니
돌아치다
돌았다
돌알 삶은 달걀.
돌았나 보다

돌엄마
돌연모
돌연장
돌옷 돌이나 바위의 거죽에 난 이끼.
돌우물
돌을 차면 발부리만 아프다 [격]
돌이끼
돌이켜 보다
돌이켜 생각해 보다
돌이킬 수 없는
돌잔치
돌잡이
돌잡이 아기
돌잡이하다
돌잡히기하다
돌잡히다
돌장이 =석수(石手).
돌쟁이
돌절구
돌절구도 밑 빠질 때가 있다 [격]
돌조각(-彫刻)
돌 조각
돌주먹
돌중 중이 아니면서 중처럼 행세하며 동냥하러
     다니는 사람.
돌중방
돌 지고 방아 찧는다 [격]
돌 지나다
돌질 =돌멩이질.
돌짐승
돌짐 지다
돌집
돌짜리
돌짬
돌쩌귀에 녹이 슬지 않는다 [격]
돌쩌귀에 불이 나겠다 [격]
돌쩌귀에 불이 난다 [격]
돌찜질
돌차기 =깨금집기.
돌처럼 굳어지다 [관]
돌쳐나가다
돌쳐나오다
돌출 발언(突出發言)
돌충 행동(突出行動)
돌층계(-層階)
돌층대(-層臺)

돌치기 =비사치기.
돌 침대(-寢臺)
돌칼
돌탑(-塔)
돌통대 흙이나 나무로 만든 담뱃대.
돌 틈
돌티 돌의 잔 부스러기.
돌파해 나가다(突破-)
돌파해 오다(突破-)
돌팔매
돌팔매질
돌팔매질꾼
돌팔이글방(-房)
돌팔이 무당
돌팔이 의사(-醫師)
돌팔이장님
돌팥
돌풍 일으키다(突風-)
돌하르방
돌함(-函)
돌합(-盒)
돌홍예(-虹霓)
돌화덕(-火-)
돌화로(-火爐)
돌화살
돌확
돔 구장=돔구장(dome 球場)
돔바르다
돔방총(-銃)
돕고 싶어 하다
돕는 데 힘쓰다
돗바늘
돗자리
돗자리 말듯 하다 [관]
돗자리 치다
돗짚요
돗짚자리
돗짚자리방(-房)
돗총이
돗틀
동가김치(冬茄-)
동가리톱
동가식서가숙(東家食西家宿)
동가홍상(同價紅裳)
동갑내기(同甲-)
동갑네(同甲-)

동갑짜리(同甲-)
동강글 매우 짤막한 글.
동강 나다
동강 내다
동강 치다
동강치마
동개달이 경첩, 돌쩌귀 따위로 단 문.
동개살 깃을 크게 댄 화살.
동개활
동거남(同居男)
동거녀(同居女)
동거 생활(同居生活)
동거해 오다(同居-)
동결해 버리다(凍結-)
동경해 오다(憧憬-)
동계 방학(冬季放學)
동계 훈련(冬季訓練)
동고동락(同苦同樂)
동고리
동곳을 빼다 [관]
동구래깃
동구래저고리
동구 밖(洞口-)
동굴 속(洞窟-)
동궁마마(東宮-)
동그라미 쳐 놓다
동그라미표(-標)
동그라지다
동그랑땡
동그랑쇠 =굴렁쇠.
동그래지다
동그마니
동글갸름하다
동글납대대하다
동글반반하다
동글붓
동기 동창(同期同窓)
동기 부여=동기부여(動機附與)
동기 유발(動機誘發)
동 끊기다 [관]
동나다
동나 버리다
동난지이 방게를 간장에 넣어 담근 것.
동남간(東南間)
동남동풍(東南東風)
동남부 지역(東南部地域)

동남아시아(東南Asia)
동남쪽(東南-)
동내사랑(洞內舍廊)
동내의 입다(冬內衣-)
동냥 가다 [관]
동냥 나가다
동냥 다니다
동냥밥
동냥아치
동냥아치 쪽박 깨진 셈 [격]
동냥아치 첩도 제멋에 한다(-妾-) [격]
동냥 얻다
동냥은 못 줘도 쪽박은 깨지 마라 [격]
동냥은 아니 주고 자루 찢는다 [격]
동냥은 안 주고 쪽박만 깬다 [격]
동냥은 혼자 간다 [격]
동냥자루
동냥자루도 마주 벌려야 들어간다 [격]
동냥자루도 제멋에 찬다 [격]
동냥자루를 찢는다 [격]
동냥자루를 찼나 [격]
동냥젖
동냥중
동냥질하다
동냥질하다시피 하다
동냥치
동냥치가 동냥치 꺼린다 [격]
동냥치 첩도 제멋에 취한다(-妾-醉-) [격]
동냥하듯 하다
동냥하러 다니다
동냥하려다가 추수 못 본다(-秋收-) [격]
동냥해 오다
동네 개 짖는 소리(洞-) [격]
동네 골목(洞-)
동네 길(洞-)
동네논(洞-)
동네마다 후레아들 하나씩 있다(洞-) [격]
동네 무당 영하지 않다(洞-靈-) [격]
동네방네(洞-坊-)
동네볼기(洞-)
동네북(洞-)
동네북 치듯 하다(洞-) [관]
동네 사람(洞-)
동네 색시 믿고 장가 못 든다(洞-) [격]
동네 송아지는 커도 송아지란다(洞-) [격]
동네 쉬파리 모여들듯(洞-) [격]

동네 싸움(洞-)
동네 어귀(洞-)
동네 어른(洞-)
동네 의원 용한 줄 모른다(洞-醫員-) [격]
동네일(洞-)
동네 일꾼(洞-)
동네 입구(洞-入口)
동네잔치(洞-)
동네조리(洞-) 동네에서 죄지은 사람을 조리
　　돌리던 일.
동네 주민(洞-住民)
동네 처녀(洞-處女)
동네 친구(洞-親舊)
동네 행사(洞-行事)
동넷집(洞-)
동년배 아이들(同年輩-)
동녘 땅(東-)
동녘이 번하니까 다 내 세상인 줄 안다(東-世
　　上-) [격]
동녘이 훤하면 새벽인 줄 안다(東-) [격]
동녘 하늘(東-)
동 달다 [관]
동당치기
동당형제(同堂兄弟)
동대구(凍大口)
동 대다 [관]
동대문 시장(東大門市場)
동댕이질
동댕이치다
동동걸음
동동 구르다
동동팔월(-八月)
동두부(凍豆腐)
동떨어진 소리
동뜨다
동띠 서로 힘이 같음.
동력삽(動力-)
동력톱(動力-)
동력화하다(動力化-)
동록 오르다(銅綠-)
동료 간에(同僚間-)
동료끼리(同僚-)
동료 의식(同僚意識)
동류의식(同類意識)
동막이(垌-)
동매 물건을 동일 때 가로로 묶는 새끼나 끈.

동맹 관계(同盟關係)
동맹 국가(同盟國家)
동맹 맺다(同盟-)
동맹 휴업=동맹휴업(同盟休業)
동먹다 광맥이 거의 동이 나다.
동메달(銅medal)
동면 중(冬眠中)
동명이인(同名異人)
동명태(凍明太)
동모란(冬牧丹)
동무 따라 강남 간다(-江南-) [격]
동무 몰래 양식 내기(-糧食-) [격]
동무 사나워 뺨 맞는다 [격]
동무 삼다
동무장사
동무장수
동무해 주다
동문빨래(東問-)
동문 선배(同門先輩)
동문수업(同門受業)
동문 출신(同門出身)
동문회관(同門會館)
동물 농장(動物農場)
동물도감(動物圖鑑)
동물무늬(動物-)
동물바위(動物-)
동물 병원(動物病院)
동물 보호(動物保護)
동물 사랑(動物-)
동물 사육(動物飼育)
동물 세계(動物世界)
동물숭배(動物崇拜)
동물숯(動物-)
동물 실험=동물실험(動物實驗)
동물 애호가(動物愛護家)
동물 학대(動物虐待)
동물학자(動物學者)
동민 체육 대회(洞民體育大會)
동바리
동바릿돌
동반 상승(同伴上昇)
동반 자살(同伴自殺)
동방 누룩 뜨듯(東方-) [격]
동방구리
동방삭이는 백지장도 높다고 하였단다(東方朔-
　　白紙張-) [격]

동방삭이 밤 깎아 먹듯(東方朔-) [격]
동방삭이 인절미 먹듯(東方朔-) [격]
동방예의지국(東方禮義之國)
동방화촉(洞房華燭)
동방화촉 노도령이 숙녀 만나 즐거운 일(洞房
　　華燭老-淑女-) [격]
동백기름(冬柏-)
동백하젓(冬白蝦-)
동복누이(同腹-)
동복동생(同腹同生)
동복아우(同腹-)
동복형(同腹兄)
동복형제(同腹兄弟)
동부고물
동부노굿
동부레기 뿔이 날 만한 나이의 송아지.
동부모(同父母)
동부인(同夫人)
동부인절미
동부 전선=동부전선(東部戰線)
동부 지역(東部地域)
동북간(東北間)
동북아 시대(東北亞時代)
동북쪽(東北-)
동사무소(洞事務所)
동산바치 =원예사.
동산소(同山所)
동살널문(-門)
동살 잡히다
동상 건립(銅像建立)
동상 걸리다(凍傷-)
동생 내외(-內外)
동생네 집
동생 녀석
동생 노릇 하다
동생 놈
동생 대신(-代身)
동생 되는 분
동생만 못하다
동생만 하다
동생뻘 되는
동생 삼다
동생 죽음은 거름이라 [격]
동생 줄 것은 없어도 도둑 줄 것은 있다 [격]
동생 집
동서 냉전(東西冷戰)

동서를 모르다(東西-) [관]
동서 문명(東西文明)
동서 시집살이는 오뉴월에도 서릿발 친다(同壻
　媤-五六月-) [격]
동서쪽(東西-)
동서 춤추게(同壻-) [격]
동서 화합(東西和合)
동성동본(同姓同本)
동성아주머니(同姓-)
동성아주머니 술도 싸야 사 먹지(同姓-) [격]
동성연애(同性戀愛)
동성은 백대지친(同姓-百代之親) [격]
동성할머니(同姓-)
동성할아버지(同姓-)
동숭어(凍-)
동승해 오다(同乘-)
동시 개봉(同時開封)
동시 녹음=동시녹음(同時錄音)
동시 다발(同時多發)
동시대(同時代)
동시대인(同時代人)
동시 상영(同時上映)
동시 촬영(同時撮影)
동시통역(同時通譯)
동아김치
동아따기
동아리 활동(-活動)
동아섞박지
동아 속 썩는 것은 밭 임자도 모른다 [격]
동아시아(東Asia)
동아정과(-正果)
동아줄
동아차(-茶)
동안이 뜨다 [관]
동앗국
동양 문화(東洋文化)
동양 사람(東洋-)
동양 사상(東洋思想)
동양식(東洋式)
동양 철학=동양철학(東洋哲學)
동양풍(東洋風)
동양화가(東洋畵家)
동어 반복=동어반복(同語反覆)
동업해 오다(同業-)
동에 번쩍 서에 번쩍(東-西-) [격]
동여매 가지고 오다

동여매 놓다
동여매 두다
동여매 주다
동여 묶다
동옷　남자가 입는 저고리.
동요 안 하다(動搖-)
동요 없이(動搖-)
동원되다시피 하다(動員-)
동원되어 오다(動員-)
동원령 내리다(動員令-)
동원 안 하다(動員-)
동원해 오다(動員-)
동위 원소=동위원소(同位元素)
동유럽(東Europe)
동음이의어(同音異議語)
동의머리
동의 아래(同意-)
동의 안 받다(同意-)
동의 안 하다(同意-)
동의 없이(同意-)
동의 일 하라면 서의 일 한다(東-西-) [격]
동의 하에
동의해 주다(同意-)
동이머리　다리를 틀어서 머리에 이는 머리 모
　양의 하나.
동이물
동이배
동이배지기
동이연(-鳶)
동이 트는 대로 가마
동인잡지(同人雜誌)
동일 계열(同一系列)
동일 규격(同一規格)
동일 분야(同一分野)
동일 수법(同一手法)
동일 시기(同一時期)
동일시되다(同一視-)
동일시하다(同一視-)
동일 인물(同一人物)
동일화하다(同一化-)
동 자르다 [관]
동자박
동자부처(童子-)
동자삭발(童子削髮)
동자삼(童子蔘)
동자아치

동자질
동장군(冬將軍)
동저고리
동전꽂이(銅錢-)
동전닢(銅錢-)
동전만 하다(銅錢-)
동전만 해 보이다(銅錢-)
동전푼(銅錢-)
동전 한 푼 못 받다(銅錢-)
동점 골(同點goal)
동정남(童貞男)
동정녀(童貞女)
동정니 동정의 양 끝 모서리.
동정 못 다는 며느리 맹물 발라 머리 빗는다
　　[격]
동정 못 받다(同情-)
동정 안 하다(同情-)
동정 어린 손길(同情-)
동정질(同情-)
동정해 오다(同情-)
동정해 주다(同情-)
동정호 칠백 리(洞庭湖七百里) [격]
동정호 칠백 리를 내 당나귀 타고 간다(洞庭湖
　　七百里-唐-) [격]
동정호 칠백 리를 훤화 사설한다(洞庭湖七百
　　里-喧譁辭說-) [격]
동조 세력(同調勢力)
동조 안 하다(同調-)
동조해 오다(同調-)
동족결혼(同族結婚)
동족상잔(同族相殘)
동족 의식(同族意識)
동죽젓
동죽조개
동줄기
동지 때(冬至-)
동지 때 개딸기(冬至-) [격]
동지받이(冬至-)
동지 삼다(同志-)
동지섣달(冬至-)
동지 팥죽=동지팥죽(冬至-粥)
동질화되다(同質化-)
동질화하다(同質化-)
동짓날(冬至-)
동짓달(冬至-)
동쪽 길(東-)

동쪽 나라(東-)
동쪽 땅(東-)
동쪽 지방(東-地方)
동쪽 하늘(東-)
동참 안 하다(同參-)
동참해 달라고 하다(同參-)
동참해 달라다(同參-)
동참해 오다(同參-)
동창 관계(同窓關係)
동창 모임(同窓-)
동창생 중에(同窓生中-)
동창회관(同窓會館)
동창회 때(同窓會-)
동창회비(同窓會費)
동창회장(同窓會長)
동챗방(東-房)
동체 착륙=동체착륙(胴體着陸)
동치미 국물
동치밋국
동침질(-鍼-)
동태가 되다(凍太-) [관]
동태나 북어나(凍太-北魚-) [격]
동태눈(凍太-)
동태순대(凍太-)
동탯국(凍太-)
동터 오다(東-)
동트기 전(東-前)
동트다(東-)
동틀 녘에(東-)
동틀돌
동틀 무렵(東-)
동티 나다
동티 내다
동파 방지(凍破防止)
동파 사고(凍破事故)
동편 하늘(東便-)
동포들 간에(同胞-間-)
동포들끼리(同胞-)
동포들 중에(同胞-中-)
동포 여러분(同胞-)
동풍 닷 냥이다(東風-兩-) [격]
동풍 맞은 익모초(東風-益母草) [격]
동풍삭임(東風-)
동풍 안개 속에 수수 잎 꼬이듯(東風-) [격]
동풍에 원두한의 탄식(東風-園頭干-歎息) [격]
동학사상(東學思想)

294

동학쟁이(東學-)
동학 혁명＝동학혁명(東學革命)
동해 물과 백두산이(東海-白頭山-)
동해 바다(東海-)
동해부인(東海夫人)
동해 입다(凍害-)
동해 지역(東海地域)
동행 명령＝동행명령(同行命令)
동행 안 하다(同行-)
동행친구(同行親舊)
동행해 가다(同行-)
동행해 오다(同行-)
동향 사람(同鄉-)
동향집(東向-)
동향 친구(同鄉親舊)
동향 파악(動向把握)
동향판(東向-)
동헌방(東軒房)
동헌에서 원님 칭찬한다(東軒-員-稱讚-) [격]
동홍선생(冬烘先生)
동화 같은 이야기(童話-)
동화같이(童話-)
동화 구연(童話口演)
동화되어 가다(同化-)
동화뿌리(同化-)
동화 속(童話-)
동화시키다(同化-)
동화 작용＝동화작용(同化作用)
동화책 읽어 주다(童話册-)
동화 한 편 쓰다(童話-)
동화해 가다(同化-)
동홰 큰 홰.
동횃불 큰 횃불.
돛 단 듯이
돛단배
돛 달다
돛대
돛대치기
돛배
돛베 ＝돛천.
돛 올리다
돛자락
돛자리
돛줄임줄
돛천
돛폭(-幅)

돼 가는 대로
돼 가는 듯하다
돼 가다
돼 놔서
돼 달라고 하다
돼 달라다
돼먹다
돼먹지 못하다 [관]
돼먹지 않다 [관]
돼 버리다
돼 보고 나서
돼 보이다
돼 봐야 안다
돼서는 안 된다
돼선 안 된다
돼야 될 텐데
돼야 한다
돼야 할 텐데
돼 있지 않다
돼 주다
돼지가죽
돼지감자
돼지 값은 칠 푼이요 나무 값은 서 돈이다 [격]
돼지 같은 놈
돼지같이
돼지거름
돼지고기
돼지 곱창
돼지 기르다
돼지기름
돼지 꼬리
돼지꿈
돼지꿈 꾸다
돼지는 흐린 물을 좋아한다 [격]
돼지 대가리
돼지도 낯을 붉히겠다 [격]
돼지떡
돼지띠
돼지를 그려서 붙이겠다 [격]
돼지 머리
돼지 멱 감은 물 [격]
돼지 멱따는 소리 [관]
돼지목매 주로 멧돼지를 잡기 위하여 만든 올
       가미.
돼지물
돼지 발톱에 봉숭아를 들인다 [격]

돼지비계
돼지 사육(-飼育)
돼지 새끼
돼지에 진주(-眞珠) [격]
돼지오줌깨
돼지 오줌통 몰아 놓을 이 같다 [격]
돼지 왼 발톱 [격]
돼지우리
돼지우리에 주석 자물쇠(-朱錫-) [격]
돼지 저금통(-貯金筒)
돼지죽(-粥)
돼지 창자
돼지 취급 당하다(-取扱當-)
돼지 취급 하다(-取扱-)
돼지치기
돼지 치다
돼지해
돼짓국
됐나 보다
됐을 거야
됐을걸
됐을 걸세
됐을걸요
됐을 텐데
되가웃
되가지다
되갈다
되감기다
되감다
되강오리 =논병아리.
되걸다
되걸리다
되게 마련이다
되게 앓다
되게 잘난 체하다
되게 하다
되게 해 주다
되고 나서
되고말고
되고 말다
되고 보니
되고 싶다
되고 안 되고 간에(-間-)
되곱치다
되광대
되 글을 가지고 말 글로 써먹는다 [격]

되기는커녕
되기 전에(-前-)
되깎이
되깔다
되깔리다
되나 마나 하다
되나 보다
되나 안 되나
되나오다
되내기
되내치다
되넘겨짚다
되넘기다
되넘기장사
되넘다
되놈과 겸상을 하면 재수가 없다(-兼床-) [격]
되놓다
되뇌다
되뇌어 오다
되누비다
되누워 버리다
되눕다
되는가 보다
되는 거야 안 되는 거야
되는 건 줄 알다
되는 것도 안 되는 것도 없다 [격]
되는 것도 없고 안 되는 것도 없다
되는 게 아니다
되는 게 없다
되는대로 되는대로 지껄이다.
되는 대로 일이 되는 대로 가마.
되는 듯하다
되는 일이 없다
되는지 안 되는지
되는 집에는 가지 나무에 수박이 열린다 [격]
되다랗게 되다
되다래지다
되다시피 하다
되대패
되도록 빨리 하다
되돌다
되돌려 놓다
되돌려 드리다
되돌려 받다
되돌려 보내다
되돌려 주다

되돌리다
되돌릴 수 없다
되돌아가다
되돌아 나가다
되돌아 나오다
되돌아들다
되돌아보다
되돌어서다
되돌아오다
되돌이표(-標) =도돌이표.
되되이 팔아서 먹다
되두부(-豆腐)
되든 말든
되든 안 되든
되든지 말든지
되들고 되나다 [관]
되들어가다
되들이
되들잇병(-甁)
되디되다
되뜨다
되뜬 소리
되려 하다
되로 주고 말로 받는다 [격]
되마중
되말려들다
되맞이하다
되먹다
되먹히다
되면 더 되고 싶다 [격]
되모시 행색(-行色)
되몰다
되몰리다
되몰아치다
되묻다
되물어 보다
되밀다
되밀리다
되밀어 버리다
되바라지다
되박다
되박이하다
되받다
되받아넘기다
되받아 가다
되받아 오다

되받아치다
되받이하다
되밟다
되배기
되벗어지다
되부르다
되비지
되빼앗다
되사다
되사정(-事情)
되살다
되살려 내다
되살려 주다
되살리다
되살릴 만하다
되살아나다
되살아오다
되살이은어(-銀魚)
되살피다
되삼키다
되새겨 보다
되새겨 주다
되새기다
되새김
되새김위(-胃)
되새김질하다
되새김하다
되생각하다
되세우다
되순라잡다(-巡邏-)
되술래잡다
되술래잡히다
되쌓다
되쏘다
되쓰다
되씌우다
되씹다
되씹어 보다
되씹히다
되앉다
되앉히다
되알지다
되양되양하다
되어 가다
되어 다오
되어 달라고 하다

297

되어 달라다
되어 드리다
되어 버리다
되어 보이다
되어 오다
되어 있을 듯하다
되어 주다
되어지다
되오르다
되올라가다
되외다
되우 앓다
되울려 나오다
되울리다
되읽다
되읽히다
되자마자
되잖다
되잖은 소리
되잡다
되잡아 두들겨 패다
되잡아넣다
되잡아 흥 [관]
되잡히다
되접다
되지도 않는 소리 [관]
되지도 않을 일
되지르다
되지못하다 되지못한 놈.
되지 못하다 [관] 교사가 되지 못하다.
되지 못한 풍잠이 갓 밖에 어른거린다(-風簪-)
    [격]
되직해 보이다
되직해져 가다
되직해지다
되질하다
되짚다
되짚어가다
되짚어 보다
되짚어 오다
되짚어 흥
되쫓기다
되쫓다
되차지하다
되찾다
되찾아 가다

되찾아 오다
되찾아 주다
되채다
되처 묻다
되트집
되틀다
되팔기
되팔다
되풀다
되풀리다
되풀이되다
되풀이 마라
되풀이 안 하다
되풀이해 오다
된 거야
된 건가요
된걸
된 걸세
된걸요
된기역
된길
된다 해도
된 데에는
된 듯싶다
된 듯이
된 듯하다
된디글
된똥
된똥 싸다
된마파람
된맛 보다
된매 맞다
된물 빨래나 설거지를 하여 더럽혀진 물.
된밀치 안장을 얹을 때 볼기 쪽으로 연결하는
    가죽끈.
된바람
된밥
된방망이
된방망이를 맞다 [관]
된변(-邊)
된불
된비알
된비탈
된빔실 꼬임이 많은 실.
된 사람
된새바람

된서리
된서리를 맞다 [관]
된서방(-書房)
된서방에 걸리다(-書房-) [관]
된서방을 만나다(-書房-) [관]
된소리
된소리되기
된수
된시름
된시앗
된시옷
된여울
된욕(-辱)
된욕 퍼붓다(-辱-)
된장국(-醬-)
된장 내 나다(-醬-)
된장 냄새(-醬-)
된장 독(-醬-)
된장떡(-醬-)
된장 맛(-醬-)
된장에 풋고추 박히듯(-醬-) [격]
된장찌개(-醬-)
된장 항아리(-醬缸-)
된죽(-粥)
된지읒
된침(-鍼)
된침 놓다(-鍼-)
된통 혼나다
된트림
된풀
된하늬
될 거야
될 거예요
될걸
될 걸세
될걸요
될게
될게요
될까 말까 하다
될까 봐
될 대로 돼라
될 대로 되라는 듯
될동말동하다
될 듯도 하다
될 듯 말 듯 하다
될 듯하다

될 듯해 보이다
될락 말락 하다
될 리 없다
될 만도 하다
될 만큼
될 만하다
될 법도 하다(-法-)
될 법하다(-法-)
될뻔댁(-宅) 어떤 일이 될 뻔하다가 아니 된
　　사람을 놀림조로 이르는 말.
될 뻔하다
될뿐더러
될 뿐 아니라
될성부르다
될성부른 나무는 떡잎부터 알아본다 [격]
될 성싶다
될 수밖에 없다
될 수 있는 대로
될 수 있는 한(-限)
될 일도 안 된다
될 줄 알고
될지 모르겠다
될지 안 될지
될 테니 두고 봐라
될 텐데
됨됨이
됨새　=작황(作況).
됨직하다
됫밑
됫박이마
됫박질
됫밥
됫병(-甁)
됫수(-數)
됫술
두 가지 중 하나(-中-)
두 갈래 길
두개골(頭蓋骨)
두겁벽돌(-甓-)
두겁조상(-祖上)
두견이 목에 피 내어 먹듯(杜鵑-) [격]
두견전병(杜鵑煎餅)
두견화전(杜鵑花煎)
두견화채(杜鵑花菜)
두껍지다
두 계집 둔 놈의 똥은 개도 안 먹는다 [격]

299

두고 가다
두고 내리다
두고 다니다
두고두고 잊지 못하다
두고 떠나다
두고 보다 [관]
두고 보자는 건 무섭지 않다 [격]
두고 볼 일이다
두고 봐라
두고 오다
두골밀이
두골백숙(頭骨白熟)
두골회(頭骨膾)
두 귀가 번쩍 뜨이다 [관]
두그루부치기
두그루심기
두근거려지다
두근두근해지다
두 길마를 보다 [관]
두꺼비 꽁지 같다 [격]
두꺼비 꽁지만 하다 [격]
두꺼비눈
두꺼비 돌에 치였다 [격]
두꺼비씨름
두꺼비씨름 누가 질지 누가 이길지 [격]
두꺼비집
두꺼비 파리 잡아먹듯 [격]
두꺼워 보이다
두꺼워져 가다
두꺼워지다
두껍다랗다
두껍다리
두껍닫이
두껍닫이자물쇠
두껍디두껍다
두께살
두남두다
두남받다
두남일인(斗南一人)
두냥머리(-兩-)
두뇌 발달(頭腦發達)
두뇌 싸움(頭腦-)
두뇌 활동(頭腦活動)
두뇌 회전(頭腦回轉)
두 눈 감고
두 눈 뜨고 못 볼 일

두눈박이
두 눈에서 불이 번쩍 나게 [관]
두 눈에 쌍심지를 켜다(-雙心-) [관]
두 눈의 부처가 발등걸이했다 [격]
두 다리를 걸치다 [관]
두다리방아
두 다리 쭉 뻗다 [관]
두 달 가량
두 달간(-間)
두 달 남짓
두 달 내로(-內-)
두 달 동안
두 달 만에
두 달여 동안(-餘-)
두달음질
두 달 정도 되다(-程度-)
두 달 지난 다음
두 달째
두 달 후(-後)
두 대박이
두더지 굴(-窟)
두더지꾼
두더지 혼인 같다(-婚姻-) [격]
두덩톱
두덮다
두돌잡이
두 동강 나다
두 동강 내 버리다
두동달이베개
두동무니
두동베개
두둑보리
두둑해 보이다
두둑해져 가다
두둑해지다
두둔만 말고(斗頓-)
두둔해 주다(斗頓-)
두둥게둥실
두둥실두둥실
두드러기 나다
두드러져 보이다
두드려 깨우다
두드려 보다
두드려 맞다
두드려 맞추다
두드려 박다

300

두드려 보다
두드려 부수다
두드려 주다
두드려 패다
두드려 패 주다
두드리지 마라
두들겨 대다
두들겨 맞다
두들겨 주다
두들겨 패다
두렁길
두렁쇠
두렁에 누운 소 [격]
두렁풀
두레귀
두레기
두레길쌈
두레꾼
두레놀이
두레 농사＝두레농사(-農事)
두레 먹다 [관]
두레 박다
두레박줄
두레박질
두레박틀
두레삼
두레삼판
두레상(-床)
두레우물
두레질
두레첩지
두레패(-牌)
두레풀
두레풍장
두렛날
두렛논
두렛물
두렛일
두렛줄
두려빠지다
두려빼다
두려운 듯하다
두려울 거야
두려울걸
두려울 걸세
두려울걸요

두려울 것 없다
두려울 뿐 아니라
두려울수록
두려움 없이
두려워 떨다
두려워만 말고
두려워만 하지 말고
두려워 말아라
두려워 안 하다
두려워지다
두려워하지 마라
두려워할뿐더러
두려워할 뿐 아니라
두려워할수록
두렵기만 하다
두렵지 않다는 듯이
두루거리상(-床)
두루 돌아다니다
두루두루
두루딱딱이
두루마리구름
두루마리 화장지(-化粧紙)
두루뭉수리
두루뭉술하다
두루미걸음
두루미 꽁지 같다 [관]
두루미병(-瓶)
두루빛
두루주머니
두루춘풍(-春風)
두루치기
두루치다
두룽다리
두룽배지기
두르풍(-風)
두름손
두릅나물
두릅적(-炙)
두릅회(-膾)
두리걸그물
두리광주리
두리기둥
두리기상(-床)
두리두리하다
두리둥실
두리목(-木) 둥근 재목.

두리반(-盤)
두리번두리번하다
두리함지박
두릿그물
두릿그물배
두마음
두마음 먹다
두말
두말 다시 했다간 [관]
두말만 하면 [관]
두말 말고
두말 못하다 [관]
두말 안 하다
두말없다
두말없이
두말하면 못써
두말하면 잔소리 [관]
두말하지 마라
두말할 것 없이
두말할 나위 없다 [관]
두매한짝 다섯 손가락을 이르는 말.
두멍거루
두메로 꿩 사냥 보내 놓고 [격]
두메 마을
두메산골(-山-)
두메싸립
두메 앉은 이방이 조정 일 알듯(-吏房-朝廷-)
      [격]
두멧골
두멧구석
두멧길
두멧놈
두멧사람
두 명 중 한 명꼴로(-名中-名-)
두 명 치(-名-)
두모얼레
두목 노릇 하다(頭目-)
두무날
두 무릎을 꿇다 [관]
두문벌(杜門罰)
두미없다(頭尾-)
두발걸이
두발놀이
두발당사니
두발당성
두발바늘

두발제기
두발짐승
두발차기
두방망이질
두방무덤(-房-)
두 배 이상(-倍以上)
두 번 다시 안 하다(-番-)
두 번 정도(-番程度)
두 번째(-番-)
두벌갈이
두벌김
두벌논
두벌 도배(-塗褙)
두벌매기
두벌묻기
두벌속음
두벌일
두벌잠
두벌주검
두벌죽음하다
두 볼에 밤을 물다 [격]
두부껍질(豆腐-)
두부껍질비빔(豆腐-)
두부 맛(豆腐-)
두부 먹다 이 빠진다(豆腐-) [격]
두부모(豆腐-)
두부모 베듯(豆腐-) [관]
두부모 자르듯(豆腐-)
두부비빔(豆腐-)
두부살(豆腐-)
두부살에 바늘뼈(豆腐-)
두부선(豆腐膳)
두부에도 뼈라(豆腐-) [격]
두부 요리(豆腐料理)
두부장(豆腐醬)
두부장국(豆腐醬-)
두부 장사(豆腐-)
두부 장수(豆腐-)
두부장아찌(豆腐-)
두부저냐(豆腐-)
두부적(豆腐炙)
두부전골(豆腐-)
두부점(豆腐點)
두부조림(豆腐-)
두부찌개(豆腐-)
두부콩(豆腐-)

두부피(豆腐皮)
두부피골동(豆腐皮骨董)
두불콩 한 해에 두 번 심어 거두는 콩.
두붓국(豆腐-)
두붓물(豆腐-)
두붓발(豆腐-)
두 살 난 아기
두 살 되던 해
두 살배기
두 살짜리
두샛바람
두서너 개(-個)
두서너째
두서넛
두서없다(頭緒-)
두선두선하다
두세 개(-個)
두세 달간(-間)
두세 번(-番)
두세째
두세 해
두셋
두 소경 한 막대 짚고 걷는다 [격]
두 손 놓다
두 손 들다 [관]
두 손 맞잡고 앉다 [관]
두손매무리
두 손 모아 빌다
두 손 바짝 들다 [관]
두 손뼉이 맞아야 소리가 난다 [격]
두 손의 떡 [격]
두 손 털고 나서다 [관]
두 수 보다 [관]
두수 없다
두습 소 두 살 된 소.
두어 개(-個)
두어 달 전(-前)
두어두다
두어째
두억시니
두엄간(-間)
두엄걸채
두엄 내 나다
두엄 냄새
두엄 더미
두엄물

두엄발치
두엄자리
두엄터
두었다가 국 끓여 먹겠느냐 [격]
두음 법칙=두음법칙(頭音法則)
두이레
두 자릿수(-數)
두잠 자는 누에
두절개
두 절 개 같다 [격]
두제곱
두 조각 나다
두 주머니 차다 [관]
두주불사(斗酒不辭)
두줄나사(-螺絲)
두 집 살림 하다
두 짝
두짝문(-門)
두짝열개
두 쪽 나다
두치못
두태구이
두터워져 가다
두터워지다
두터이 하다
두텁떡
두톨박이
두통거리(頭痛-)
두통 나다(頭痛-)
두통 앓다(頭痛-)
두툼해 보이다
두툼해지다
두트레방석(-方席)
두패지르기
두 해 동안
두 해 만에
두해살이
두해살이뿌리
두해살이식물(-植物)
두해살이풀
두 해 전(-前)
두 활개를 펴다 [관]
둑길
둑논
둑막이 공사(-工事)
둑 쌓다

둑 터지다
둔덕길
둔덕 너머
둔덕돌
둔덕지다
둔치 같은 놈
둔치다   여러 사람이 한곳에 떼 지어 머무르다.
둔패기   =아둔패기.
둔해 보이다(鈍-)
둔해 빠지다(鈍-)
둔해지다(鈍-)
둔화되다(鈍化-)
둔화시키다(鈍化-)
둘 건가
둘 곳 없다
둘 다 같다
둘도 없다 [관]
둘되다   상냥하지 못하고 미련하고 무디게 생
    기다.
둘러 가다
둘러 감다
둘러꺼지다
둘러놓다
둘러대다
둘러막다
둘러막히다
둘러말하다
둘러맞추다
둘러매다
둘러메치다
둘러방치다
둘러 버리다
둘러보다
둘러붙다
둘러빠지다
둘러서다
둘러싸다
둘러쌓다
둘러쓰다
둘러씌우다
둘러앉다
둘러앉히다
둘러업다
둘러엎다
둘러 입다
둘러차다

둘러치나 메어치나 매한가지 [격]
둘러치다
둘레돌
둘레둘레 돌아보다
둘레둘레하다
둘레방석(-方席)
둘레춤
둘밖에 없다
둘 사이
둘소   새끼를 낳지 못하는 소.
둘씩 짝을 이루다
둘암말
둘암소
둘암캐
둘암탉
둘암퇘지
둘이 먹다 하나 죽어도 모르겠다 [격]
둘 이상(-以上)
둘 중 하나(中-)
둘째가다
둘째가라면 서럽다 [관]
둘째 날
둘째날개깃
둘째날개덮깃
둘째 달
둘째 동생
둘째 딸
둘째 며느리
둘째 며느리 삼아 보아야 맏며느리 착한 줄 안
    다 [격]
둘째밥통(-桶)   =벌집위.
둘째 번(-番)
둘째 부인(-夫人)
둘째 사위
둘째 손가락
둘째 아들
둘째아버지
둘째 아이
둘째어머니
둘째 주(-週)
둘째 주일(-週日)
둘째 줄
둘째 치다
둘째 형(-兄)
둘쨋순(-筍)
둘쨋집

둘하다
둥개다
둥개둥개
둥구나무 크고 오래된 정자나무.
둥굴대
둥그러지다
둥그레모춤
둥그레지다
둥근기둥
둥근꼴
둥근나사(-螺絲)
둥근달
둥근대갈못
둥근대패
둥근못
둥근바닥
둥근박테리아(-bacteria)
둥근삽
둥근상(-床)
둥근줄
둥근찌
둥근찍개
둥근톱
둥근함지
둥근 해
둥근형(-形)
둥글넓데데하다
둥글넓적하다
둥글둥글하다
둥글리다
둥글뭉수레하다
둥글번번하다
둥글부채
둥글어 가다
둥덩실 떠 가다
둥둥 떠다니다 [관]
둥둥 떠 있다 [관]
둥둥 뜨다
둥둥이김치
둥실 떠가다
둥우리막대
둥우리장수
둥주리감
둥지 치다
둥지 틀다
둬두다

뒈져 버리다
뒝벌
뒤가 구리다 [관]
뒤가 깨끗하다 [관]
뒤가 꿀리다 [관]
뒤가 나다 [관]
뒤가 늘어지다 [관]
뒤가 드러나다 [관]
뒤가 든든하다 [관]
뒤가 들리다 [관]
뒤가 무겁다 [관]
뒤가 무사하다(-無事-) [관]
뒤가 저리다 [관]
뒤가 켕기다 [관]
뒤걷이
뒤걸이
뒤구르다
뒤굴리다
뒤까부르다
뒤까불다
뒤껼
뒤꼬다
뒤꼬리
뒤꼬리 따르다 [관]
뒤꽁무니
뒤꽁무니 빼다 [관]
뒤꽂이
뒤꾸머리
뒤꾼
뒤꿈치
뒤끓다
뒤끝
뒤끝 보다 [관]
뒤끝이 흐리다 [관]
뒤널리다
뒤넘기치다
뒤넘스럽게 굴다
뒤놀다
뒤놓다
뒤눕다
뒤늦게나마
뒤늦게 알다
뒤늦추다
뒤달리다
뒤대다
뒤대패

뒤덮다시피 하다
뒤덮어 버리다
뒤덮을 만큼
뒤덮이다
뒤덮치다
뒤도 안 돌아보다
뒤돌다
뒤돌리다
뒤돌아 눕다
뒤돌아보다
뒤돌아볼 새 없다
뒤돌아서다
뒤두다
뒤둥그러지다
뒤듬바리 어리석고 둔하여 거친 사람.
뒤따라가다
뒤따라 나가다
뒤따라 나오다
뒤따라 다니다
뒤따라 들어가다
뒤따라 들어오다
뒤따라오다
뒤따르다
뒤딱지
뒤딸리다
뒤떠들다
뒤떨구다
뒤떨다
뒤떨어져 가다
뒤뚱발이
뒤뜨다
뒤뜨지 마라
뒤뜰
뒤띔
뒤란 장독대(-醬-臺)
뒤로 돌리다
뒤로돌아
뒤로돌아가
뒤로 밀리다
뒤로하다 (1)뒤로 두다. (2)뒤에 남겨 놓고 떠나
    다.
뒤로 호박씨 깐다 [격]
뒤룩뒤룩해지다
뒤를 거두다 [관]
뒤를 노리다 [관]
뒤를 누리다 [관]

뒤를 다지다 [관]
뒤를 달다 [관]
뒤를 돌아보다 [관]
뒤를 두다 [관]
뒤를 맑히다 [관]
뒤를 맡기다 [관]
뒤를 물다 [관]
뒤를 뭉개다 [관]
뒤를 밀다 [관]
뒤를 받들다 [관]
뒤를 받치다 [관]
뒤를 빼다 [관]
뒤를 사리다 [관]
뒤를 재다 [관]
뒤를 캐다 [관]
뒤를 캐면 삼거웃이 안 나오는 집안이 없다 [격]
뒤말다
뒤말리다
뒤몰다
뒤무르다
뒤묻다
뒤미처 나오다
뒤밀이꾼
뒤바꾸다
뒤바꿔 놓다
뒤바뀌다
뒤바르다
뒤받다
뒤받치다
뒤발하다
뒤밟아 보다
뒤밟히다
뒤방이다
뒤버무려 섞어 놓다
뒤번져 눕다
뒤범벅되다
뒤범벅상투
뒤범벅판
뒤법석
뒤변덕스레 굴다
뒤보깨다
뒤보다
뒤보러 가다
뒤보아주다
뒤볶다
뒤볶이다

뒤부시다
뒤비침거울
뒤뻗치다
뒤뿌리치고 말다
뒤뿔치기
뒤살펴 본 다음
뒤삶아 놓다
뒤서 가다
뒤섞어 버리다
뒤섞이다
뒤설레다
뒤설레를 놓다
뒤세우다
뒤숭숭하다
뒤스럭뒤스럭하다
뒤스럭쟁이 말이나 하는 짓이 수다스럽고 부산
　　하며 변덕스러운 사람.
뒤스르다
뒤슬러 놓다
뒤쓰고 나오다
뒤쓰레질
뒤안굿
뒤안길
뒤어금니
뒤어쓰다
뒤얽어 놓다
뒤얽은 얼굴
뒤얽히다
뒤엉기다
뒤엉키다
뒤엎어 버리다
뒤엎어지다
뒤에 난 뿔이 우뚝하다 [격]
뒤에 보자는 사람 무섭지 않다 [격]
뒤에 볼 나무는 그루를 돋우어라 [격]
뒤에 오면 석 잔(-盞) [격]
뒤여밈
뒤울리다
뒤울안
뒤움치다
뒤웅박
뒤웅박 신고 얼음판에 선 것 같다 [격]
뒤웅박 신은 것 같다 [격]
뒤웅박 차고 바람 잡는다 [격]
뒤웅박 팔자(-八字) [격]
뒤이어

뒤잇다
뒤잡다
뒤재비꼬다
뒤재주치다
뒤적거려 보다
뒤적뒤적하다
뒤적질
뒤젓다
뒤젖히다
뒤져내다
뒤져 보다
뒤조지다
뒤좇다
뒤좇아 나서다
뒤주 밑이 긁히면 밥맛이 더 난다 [격]
뒤주방천(-防川)
뒤죽박죽되다
뒤지(-紙) 밑씻개로 쓰는 종이.
뒤지개
뒤지르다
뒤지지 않을 것 같다
뒤짊어지다
뒤집개
뒤집개질
뒤집고 핥다 [관]
뒤집대패
뒤집어 놓다
뒤집어 버리다
뒤집어 보다
뒤집어쓰다
뒤집어씌우다
뒤집어없다
뒤집어엎어 놓다
뒤집어져 버리다
뒤집혀지다
뒤짱구
뒤쪽되다
뒤쫓아 가다
뒤쫓아 오다
뒤차 타고 가다(-車-)
뒤창 갈다
뒤창 열다(-窓-)
뒤채
뒤채잡이
뒤처리되다(-處理-)
뒤처리하다(-處理-)

뒤처리해 주다(-處理-)
뒤처지다
뒤초리
뒤축 해진 양말(-洋襪)
뒤춤 허리 뒤의 바지춤.
뒤치다꺼리
뒤치락엎치락하다
뒤치송(-治送)
뒤침말 같은 뜻의 다른 말.
뒤 칸
뒤탈 나다
뒤탈 생기다
뒤탈 없게 하다
뒤태 곱다(-態-)
뒤태도(-態度)
뒤터지다
뒤턱 놓다 [관]
뒤턱따기
뒤통수 굵다
뒤통수 맞다
뒤통수치다
뒤트레방석(-方席)
뒤트임 주다
뒤틀어지다
뒤틈바리
뒤파도(-波濤)
뒤편(-便)
뒤편짝(-便-)
뒤폭(-幅)
뒤표지(-表紙)
뒤풀이하다
뒤헝클다
뒤훑어 버리다
뒤흔들어 놓다
뒤흔들어 버리다
된장질
뒵들다
뒵쓰다
뒷가르마
뒷가리개
뒷간 가다(-間-)
뒷간 개구리한테 하문을 물렸다(-間-下門-)
    [격]
뒷간과 사돈집은 멀어야 한다(-間-査頓-) [격]
뒷간 기둥이 물방앗간 기둥을 더럽다 한다(-
    間-間-) [격]

뒷간에 갈 적 마음 다르고 올 적 마음 다르다(-
    間-) [격]
뒷간에 앉아서 개 부르듯 한다(-間-) [격]
뒷간에 옻칠하고 사나 보자(-間-漆-) [격]
뒷간질(-間-)
뒷갈망
뒷갈이
뒷감당(-堪當)
뒷갱기
뒷거둠해 주다
뒷거래꾼(-去來-)
뒷거래해 오다(-去來-)
뒷거름
뒷거리
뒷거울
뒷걱정
뒷걸음질
뒷걸음치다
뒷겨드랑이
뒷결박(-結縛)
뒷경과(-經過)
뒷고대
뒷고살
뒷고생(-苦生)
뒷골
뒷골목
뒷골방(-房)
뒷공론(-公論)
뒷괴춤
뒷구멍으로 호박씨 깐다 [격]
뒷구멍을 캐다 [관]
뒷귀 밝다
뒷귀 어둡다
뒷그루
뒷그림자
뒷근심
뒷글 달다
뒷기약 없이(-期約-)
뒷길 두다 [관]
뒷깃
뒷깃선(-線)
뒷나무
뒷날
뒷내
뒷널
뒷논

뒷눈
뒷눈질
뒷뉘 앞으로 올 세상.
뒷다리 긁다 [관]
뒷다리 잡다 [관]
뒷다리 잡히다 [관]
뒷단속(-團束)
뒷단장(-丹粧)
뒷담
뒷담당(-擔當)
뒷대
뒷대문(-大門)
뒷덜미
뒷덜미 잡히다 [관]
뒷덫
뒷도랑
뒷돈
뒷돈 대어 주다
뒷동네
뒷동산
뒷동 살펴 가며
뒷들
뒷등
뒷등(-燈)
뒷등성이
뒷마감
뒷마구리
뒷마당
뒷마루
뒷마무리
뒷마무새
뒷마을
뒷말 나지 않게
뒷말 들리다
뒷말 안 하다
뒷맛이 쓰다
뒷맵시
뒷면
뒷면도(-面刀)
뒷모습
뒷모양(-模樣)
뒷목 타작할 때 북데기에 섞이거나 마당에 흩어져 남은 찌꺼기 곡식.
뒷목(-木) 뒤를 본 뒤에 밑을 닦을 때 쓰는 것.
뒷몸 몸의 뒷부분.
뒷무릎

뒷문거래(-門去來)
뒷문으로 드나들다(-門-) [관]
뒷물대야
뒷물하다
뒷밀이
뒷바닥
뒷바대
뒷바라지해 오다
뒷받침해 주다
뒷발굽
뒷발길
뒷발길질
뒷발질
뒷발차기
뒷발치
뒷방(-房)
뒷방공론(-房公論)
뒷방마누라(-房-)
뒷방살이(-房-)
뒷밭
뒷배 봐 주다
뒷벽(-壁)
뒷보증(-保證)
뒷불 대다
뒷북치다
뒷불
뒷사람
뒷산(-山)
뒷생각
뒷설거지
뒷세상(-世上)
뒷셈
뒷소리
뒷소문(-所聞)
뒷손가락질하다
뒷손 벌리다
뒷손 쓰다 [관]
뒷손잡이
뒷손질
뒷수발
뒷수쇄(-收刷)
뒷수습(-收拾)
뒷시세(-時勢)
뒷시중
뒷심 믿고
뒷심 세다

뒷얘기
뒷옆
뒷욕(-辱)
뒷욕질(-辱-)
뒷이야기
뒷일
뒷일꾼
뒷입맛
뒷자금(-資金)
뒷자락
뒷자리
뒷자손(-子孫)
뒷장 때 만나세(-場-)
뒷전놀다
뒷전보다
뒷전풀이
뒷정리(-整理)
뒷정신 없다(-精神-)
뒷조사(-調査)
뒷조사해 보다(-調査-)
뒷조처(-措處)
뒷주머니 차다
뒷줄 믿고 날뛰다
뒷지느러미
뒷질 물에 뜬 배가 앞뒤로 흔들리는 일.
뒷짐결박(-結縛)
뒷짐 지다 [관]
뒷짐 지우다 [관]
뒷짐 진 채
뒷짐질
뒷집 마당 벌어진 데 솔뿌리 걱정한다 [격]
뒷집 짓고 앞집 뜯어 내란다 [격]
드나나나 말썽만 부린다
드나 놓으나 하나뿐이다 [관]
드나드는 개가 꿩을 문다 [격]
드나들듯 하다
드난꾼
드난살다
드난살이
드난해 보니
드날리다
드넓다
드높은 하늘
드높이 솟다
드는 돌에 낯 붉는다 [격]
드는 정은 몰라도 나는 정은 안다(-情-情-)

[격]
드는 줄은 몰라도 나는 줄은 안다 [격]
드다루다
드다르다
드던지다
드라이브 나가다(drive-)
드라이브하다(drive-)
드라이하다(dry-)
드러나는 대로
드러난 상놈이 울 막고 살랴(-常-) [격]
드러내 놓다
드러내 보이다
드러낸 채
드러누운 채
드러눕게 되다
드러눕히다
드러쌓인 눈
두러쌔다
드러장이다
드럼통(drum桶)
드렁조로 듣다(-調-) [관]
드레나다
드레시하다(dressy-)
드레져 보이다
드레죽(-粥)
드레질
드리없다
드리워지다
드릴 거야
드릴걸
드릴 걸세
드릴걸요
드릴게
드릴게요
드릴 테니
드림셈
드림장막(-帳幕)
드림줄 마루에 오르내릴 때 붙잡을 수 있도록
　　　늘어뜨린 줄.
드림추(-錐)
드림흥정
드맑다
드문드문 걸어도 황소걸음 [격]
드문드문하다
드문 일
드물 거야

드물걸
드물 걸세
드물걸요
드물다나 봐
드물어도 아이가 든다 [격]
드물어지다
드밀다
드바쁘다
드바쁜 일손
드바삐 뛰어다니다
드밝다
드뿍드뿍 퍼 주다
드샌 밤
드센 바람
드솟는 마음
드습다
드잡이
드잡이판
드티어 주다
드팀없다
득달같다
득달같이 달려가다
득돌같다
득돌같이 달려오다
득 되다(得-)
득 될 것 없다(得-)
득 보다(得-)
득 볼 것 없다(得-)
득시글득시글하다
득실 따지다(得失-)
득 없는 일(得-)
득의만면해 보이다(得意滿面-)
득인심(得人心)
득점 기회 놓치다(得點機會-)
득점수(得點數)
득점 없이 비기다(得點-)
득점 경쟁(得點競爭)
득표수(得票數)
득표 활동(得票活動)
든가난
든가난난부자(-富者)
든거지
든거지난부자(-富者) 사실은 가난하면서도 겉
　　으로는 부자처럼 보이는 사람.
든난벌
든든한 듯하다

든든해 보이다
든든해져 가다
든든해지다
든버릇난버릇
든번(-番)
든벌
든부자(-富者)
든부자난가난(-富者-)
든부자난거지(-富者-)
든손에 아주 끝내다
-든지 (조사) 사과든지 배든지, 걸어서든지 달
　　려서든지.
-든지 (어미) 노래를 부르든지 춤을 추든지, 무
　　엇을 그리든지 잘만 그려라.
든침모(-針母)
듣거니 맺거니 [관]
듣건 말건
듣건 안 듣건
듣게 하다
듣고 난 후(-後)
듣고도 못 들은 체하다
듣고 따라 하다
듣고 보니
듣고 본 대로
듣고부르기
듣고 싶어도 못 듣다
듣고 싶어 하다
듣고 싶은가 보다
듣고 오다
듣고자 하다
듣그럽다
듣기 거북한 소리
듣기 나름이다
듣기 능력(-能力)
듣기만 하다
듣기만 해 보다
듣기 시험(-試驗)
듣기 싫다
듣기 싫어하다
듣기 싫은가 보다
듣기 좋은 꽃노래도 한두 번이지(-番-) [격]
듣기 좋은 육자배기도 한두 번(-番) [격]
듣기 훈련(-訓練)
듣긴 했지만
듣는 거예요
듣는 것이 보는 것만 못하다 [격]

311

듣는다나 봐
듣는 대로
듣는 둥 마는 둥
듣는 척하다
듣는 척하지도 안 하다
듣는 체해 오다
듣는힘
듣다 말고
듣다못해
듣다 보니
듣다 처음 [관]
듣던 대로
듣던 바와 같이
듣던 중 반가운 소리(-中-)
듣도록 해 주다
듣도 보도 못하다 [관]
듣보기장사
듣보기장사 애 말라 죽는다 [격]
듣보기장사치
듣자 듣자 하니
듣자마자
듣자 하니
듣잡다
듣지 못하다
-들 (접사) 남자들, 학생들.
-들 (의존 명사) 쌀, 기장, 콩 들은 오곡이다.
들 거야
들걸
들 걸세
들걸요
들것병(-兵)
들게
들게요
들고나가다
들고 나니 초롱꾼 [격]
들고날 만하다
들고 나서다
들고 나오다
들고 다니다
들고뛰다
들고버리다
들고빼다
들고양이
들고일어나다
들고주다
들고차다

들고쳐 대다
들고튀다
들고파다
들고패다
들곡식(-穀食)
들그서내다
들기름 냄새
들기름 짜다
들까부르다
들까불다
들까불들까불하다
들깨워 보내다
들깨죽(-粥)
들깻묵
들깻잎
들꽃 씨
들꽃 향기(-香氣)
들꾀다
들끓어 오르다
들나물
들날리다
들내 들깨나 들기름에서 나는 냄새.
들내 나다
들녘 길
들녘 소경 머루 먹듯 [격]
들놀다
들놀이 가다
들놀이하다
들덤비다
들두드리다
들두들기다
들뒤져 놓다
들들 볶다
들때리다
들때밀
들떠들다
들떠 보이다
들떠 지내다
들떼놓고
들떼려 놓다
들떼리다
들뛰다
들뜨게 하다
들뜬 듯하다
들뜬 마음
들뜰 만하다

들락날락하다
들락 말락 하다
들랑날랑하다
들러 가다
들러 달라고 하다
들러 달라다
들러리 서다
들러 보다
들러붙다
들러 오다
들렀다 가다
들렀을 거야
들렀을걸
들렀을 걸세
들렀을걸요
들렀을 테니
들레는 소리
들려 나가다
들려 드리다
들려오다
들려주다
들를 거야
들를걸
들를 걸세
들를걸요
들를게
들를게요
들리는 대로
들리는 듯도 하다
들리는 듯하다
들리는 바와 같이
들릴 듯 말 듯 하다
들릴 듯싶다
들릴 듯하다
들릴락 말락 하다
들릴 성싶다
들마루
들 만큼 들다
들맞추다
들매화(-梅花)
들머리판
들머리판 내다
들메끈
들무 들에서 저절로 자란 무.
들무새(1) (1)뒷바라지에 쓰는 물건. (2)어떤 일
    에 쓰는 재료.

들무새(2) 남의 막일을 힘껏 도움.
들바라지
들바람
들밥
들밭
들배나무
들배지기
들버섯
들병장사(-瓶-)
들병장수(-瓶-) 병에다 술을 가지고 다니면서
    파는 사람.
들보 내려앉다
들보 얹다
들보 올리다
들보 차다
들볶아 대다
들볶여 오다
들부드레하다
들부딪다
들부셔내다
들부수다
들불
들붓다
들붙다
들비둘기
들비벼 대다
들삐 독을 다 만들고 딴 곳에 옮겨 놓을 때 쓰
    는 무명줄.
들사냥
들사람
들새
들새경 머슴살이를 시작할 때 미리 받는 새경.
들손
들솟다
들숨 날숨 없다 [관]
들쑤셔 놓다
들쑥날쑥하다
들안
들안개
들앉다
들어가 버리다
들어가 보다
들어가 살다
들어가자마자
들어갈 거야
들어갈걸

313

들어갈 걸세
들어갈걸요
들어갈게
들어갈게요
들어갈 뻔하다
들어갈수록
들어갔다 나왔다 하다
들어 나르다
들어 내가다
들어내 놓다
들어내다
들어 내오다
들어 넘기다
들어 달라고 하다
들어 달라다
들어 두다
들어들 가지
들어맞다
들어맞히다
들어먹다
들어박혀 나오지 않다
들어 버리다
들어 보나 마나
들어 보란 듯이
들어 보이다
들어 보지 못한 말
들어 본 적 없다
들어 본즉
들어 본 지 오래되다
들어 볼 만하다
들어 봐
들어붓다
들어서는 안 될 말
들어서자마자
들어서 죽 쑨 놈은 나가서도 죽 쑨다(-粥-粥-)
　　　[격]
들어앉아 버리다
들어 알다
들어오는 대로
들어오는 복도 문 닫는다(-福-門-) [격]
들어오는 복도 차 던진다(-福-) [격]
들어오자마자
들어온 놈이 동네 팔아먹는다 [격]
들어올 거야
들어올 거예요
들어올걸

들어올 걸세
들어올걸요
들어올게
들어올게요
들어올 듯하다
들어 올려 보다
들어 올려 주다
들어 올리다
들어와 달라고 하다
들어와 달라다
들어와 버리다
들어와 보다
들어와 살다
들어와 앉다
들어왔을 거야
들어왔을걸
들어왔을 걸세
들어왔을걸요
들어주다　부탁을 들어주다.
들어 주다　짐을 들어 주다.
들어차다
들어 하다　마음에 들어 하다.
들었나 보다
들었다나 봐
들었다 놓다 [관]
들었다 놓았다 하다
들엉기다
들엎드리다
들여가다
들여놓다
들여다보다
들여다보이다
들여다뵈다
들여대다
들여디디다
들여디딘 발
들여보내다
들여세우다
들여쌓다
들여앉히다
들여오다
들오리
들온말
들옷
들으나 마나 하다
들으라는 듯이

들으면 들을수록
들으면 병이요 안 들으면 약이다(-病-藥-) [격]
들으면 안 된다
들은귀
들은 귀는 천 년이요 한 입은 사흘이라(-千年-)
　　[격]
들은 대로 하다
들은 둥 만 둥 하다
들은 듯도 하다
들은 듯하다
들은 만큼
들은 말 들은 데 버리고 본 말 본 데 버려라[격]
들은 바대로
들은 바에 의하면(-依-)
들은 바와 같이
들은 바 없다
들은 적 있다
들은 지 오래되다
들은 척도 안 하다
들은 척 만 척 하다
들은 척 안 하다
들은 척하다
들은 체도 안 하다
들은 체 만 체 하다
들은 체하다
들은풍월(-風月)
들은 풍월 얻은 문자(-風月-文字) [격]
들을 거야
들을걸
들을 걸세
들을걸요
들을 것 같지 않다
들을게
들을게요
들을까 봐
들을 만도 하다
들을 만큼 듣다
들을 만하다
들을 뿐 아니라
들을 수밖에 없다
들을 이 짐작(-斟酌) [격]
들을지 안 들을지
들음들음으로 알다
들음직하다
들이갈기다
들이곱다

들이굽다
들이긋다
들이꽂다
들이꽂히다
들이끌다
들이끼다
들이끼우다
들이닥치다
들이닫다
들이대다
들이대지르다
들이댓바람
들이덤비다
들이덮치다
들이돋다
들이떨다
들이뛰다
들이뜨리다
들이마르다
늘이마시다
들이맞추다
들이먹다
들이몰다
들이밀다
들이밀리다
들이박다
들이박히다
들이받다
들이부수다
들이불다
들이붓다
들이비추다
들이비치다
들이빨다
들이빼다
들이세우다
들이손가락　엄지손가락과 집게손가락을 통틀
　　어 이르는 말.
들이쉬다
들이쌓다
들이쌓이다
들이쏘다
들이쑤시다
들이울다
들이웃다
들이조르다

들이좋다
들이지르다
들이찧다
들이차다
들이치다
들이치락내치락하다
들이켜다
들이키다
들이파다
들이패다
들이퍼붓다
들일 나가다
들일하다
들입다 뛰다
들자마자
들장대질(-長-)
들저울
들 적 며느리 날 적 송아지[격]
들 중은 소금을 먹고 산 중은 나물을 먹는다 [격]
들지 않는 솜틀은 소리만 요란하다 [격]
들짐승
들쫓기다
들쭉날쭉하다
들쭉술
들쭉정과(-正果)
들차다
들창눈(-窓-)
들창눈이(-窓-)
들창코(-窓-)
들처나다
들쳐 업다
들추기보다는
들추어 가며
들추어내다
들추어 보다
둘춰내다
들춰 보다
들춰 보이다
들치기하다
들켜 버리다
들켰나 보다
들키고 말다
들킬까 봐
들킬 뻔하다
들타작(-打作)

들턱 내다
들통나고 말다
들통 나다
들통 나 버리다
들통 날까 봐
들통 내다
들피지다
듬성드뭇하다
듬직해 보이다
듯이 (의존 명사) 뛸 듯이 기뻐하다, 아는 듯이 말하다.
-듯이 (어미) 파도가 일듯이, 죽순이 돋듯이, 생김새가 다르듯이.
듯하다 (보조 형용사) 어려운 듯하다. 비가 온 듯하다.
등가구(藤家具)
등가죽
등갈비
등갓(燈-)
등거리꾼
등거리 외교=등거리외교(等距離外交)
등걸밭
등걸불
등걸숯
등걸음치다
등걸이 없는 휘추리가 있나 [격]
등걸잠
등겨가 서 말만 있으면 처가살이 안 한다(-妻家-) [격]
등겨 먹던 개는 들키고 쌀 먹던 개는 안 들킨다 [격]
등겻섬
등겻섬에 생쥐 엉기듯 [격]
등골백숙(-白熟)
등골 빠지다 [관]
등골 빼먹다 [관]
등골뼈
등골 뽑다 [관]
등골 우리다 [관]
등골이 서늘하다 [관]
등골이 오싹하다 [관]
등골찜
등골회(-膾)
등교 거부(登校拒否)
등교 안 하다(登校-)
등굣길(登校-)

316

등굽잇길

등글개첩(-妾) 등의 가려운 곳을 긁어 주는 첩
이라는 뜻으로, 늙은이가 데리고 사는 젊은
첩을 이르는 말.

등 긁어 주다

등긁이

등급 매기다(等級-)

등급화하다(等級化-)

등기부 등본(登記簿謄本)

등기 우편=등기우편(登記郵便)

등기 이전(登記移轉)

등기필증(登記畢證)

등기해 놓다(登記-)

등껍질

등껍질 벗기다 [관]

등꽃나물(藤-)

등넘이눈

등 달다

등대기톱

등 대다 [관]

등대 삼다(燈臺-)

등대섬(燈臺-)

등대지기(燈臺-)

등댓불(燈臺-)

등덜미

등덩굴(藤-)

등덮개

등 돌려 버리다

등 돌리다 [관]

등 두드려 주다

등등거리(藤-)

등딱지

등 떼밀다

등 떼밀리다

등록금 대 주다(登錄金-)

등록금 면제(登錄金免除)

등록 기간(登錄期間)

등록 대장(登錄臺帳)

등록 못 하다(登錄-)

등록 번호(登錄番號)

등록 상표=등록상표(登錄商標)

등록 서류(登錄書類)

등록 안 하다(登錄-)

등록 취소(登錄取消)

등록해 놓다(登錄-)

등롱꾼(燈籠-)

등롱불(燈籠-)

등롱잡이(燈籠-)

등멍석(藤-)

등메

등명접시(燈明-)

등밀이

등바닥

등바대

등반길(登攀-)

등반 대회(登攀大會)

등반 사고(登攀事故)

등배 운동=등배운동(-運動)

등불놀이(燈-)

등빛(橙-)

등뼈동물(-動物)

등산 가다(登山-)

등산길(登山-)

등산 대회(登山大會)

등산복 차림(登山服-)

등산옷(登山-)

등산용품(登山用品)

등산지팡이(登山-)

등살 달다 [관]

등살 바르다 [관]

등살이 꼿꼿하다 [관]

등솔기

등수 매기다(等數-)

등수 안에 들다(等數-)

등 시린 절 받기 싫다 [격]

등신 같은 짓(等神-)

등신같이(等神-)

등신 꼴 되다(等神-)

등신짓(等神-)

등심머리

등쌀 대다

등업이

등에 업다 [관]

등에 찬물을 끼얹은 것 같다 [관]

등에 풀 바른 것 같다 [격]

등원 거부(登院拒否)

등을 벗겨 먹다 [관]

등을 쓰다듬어 준 강아지 발등 문다 [격]

등을 타다 [관]

등의자(藤椅子)

등이 달다 [관]

등이 닿다 [관]

등이 더우랴 배가 부르랴 [격]
등이 따스우면 배부르다 [격]
등자리(燈-)
등자 치다(鐙子-) [관]
등잔걸이(燈盞-)
등잔 뒤가 밝다(燈盞-) [격]
등잔머리(燈盞-)
등잔 밑이 어둡다(燈盞-) [격]
등잔불(燈盞-)
등잔불에 콩 볶아 먹을 놈(燈盞-) [격]
등잔 심지(燈盞心-)
등장인물(登場人物)
등 좀 긁어라
등종지(燈-)
등줄기
등줄기에서 노린내가 나게 두들긴다 [격]
등지느러미
등지다
등진 가재 [관]
등짐장사
등짐장수
등짐장이
등 쪽
등쳐 먹다
등치고 간 내먹다(-肝-) [격]
등치고 배 문지른다 [격]
등태 짐을 질 때 등이 배기지 않도록 짚으로 엮
    어 등에 걸치는 물건.
등토시(藤-)
등 푸른 생선(-生鮮)
등한시되다(等閑視-)
등한시해 오다(等閑視-)
등한히 하다(等閑-)
등헤엄
등화관제(燈火管制)
등화앉다(燈花-)
등화지다(燈花-)
등황빛(橙黃-)
디귿 자(-字)
디귿자집(-字-)
디너쇼(dinner show)
디데이(D-Day)
디딜개
디딜방아
디딜방앗간(-間)
디딜풀무

디딤널
디딤돌
디딤말
디딤바닥
디딤쇠
디딤틀
디딤판(-板)
디밀어 넣다
디젤 자동차(Diesel自動車)
디젤차(Diesel車)
디지털시계(digital時計)
디지털 카메라(digital camera)
디피점(DP店)
딛개
딛고 일어서다
딛지 마라
따 가다
따가워지다
따개칼
따귀 때리다
따귀 맞다
따귀 한 대 올려붙이다
따까리 노릇 하다
따깜질
따끈따끈해지다
따끔령(-令)
따 내다
따 놓은 당상(-堂上) [격]
따님 댁(-宅)
따다 먹다
따다바리다
따다 주다
따돌려 보내다
따돌리다
따돌림당하다(-當-)
따 두다
따 들이다
따듬작따듬작하다
따따부따하다
따뜻이 해 주다
따뜻한가 보다
따뜻해 보이다
따뜻해져 가다
따라가다
따라가 보다
따라가 주다

따라갈 만하다
따라 걷다
따라 나가다
따라나서다
따라 나오다
따라 내려가다
따라 내려오다
따라 놓다
따라다니다
따라 달라고 하다
따라 달라다
따라 두다
따라 들어가다
따라 들어오다
따라 마시다
따라 먹다
따라 부르다
따라붙다
따라서다
따라오기는커녕
따라오다
따라 웃다
따라 일어나다
따라 읽다
따라잡다
따라잡히다
따라 주다
따라지목숨
따라지신세(-身世)
따라 하다
따라 해 보다
따려 하다
따로국밥
따로 나가 살다
따로나다
따로내다
따로 놀다
따로따로
따로따로 넣어 두다
따로따로따따로
따로 떼어 놓다
따로 살다
따로서다
따로 없다
따로 있다
따로 하다

따로 해 주다
따르게 되다
따르게 하다
따르는 체하다
따르다 보니
따르르 외우다
따르르하다
따른 듯하다
따를 거야
따를걸
따를 걸세
따를걸요
뜨를게
따를게요
따를 듯하다
따를 만하다
따를 수밖에 없다
따리 붙이다 [관]
따먹다 돈을 따먹다.
따 먹다 사과를 따 먹다.
따발총(-銃)
따 봤자 헛일이다
따 버리다
따분해지다
따분해하다
따비밭 따비로나 갈 만한 좁은 밭.
따스해지다
따오다 〈논어〉에서 따오다.
따 오다 사과를 따 오다.
따옥새
따옴말
따잡다
따져 가며
따져 나가다
따져 묻다
따져 보다
따 주다
따지고 들다
따지고 보다
따지기
따지기때
따지다시피 하다
따지려 들다
따지지 마라
따짐조로 묻다(-調-)
딱 들어맞다

딱따구리 부작(-符作)
딱따기
딱따기꾼
딱딱 치다
딱딱하기는 삼 년 묵은 물박달나무 같다(-三
　年-) [격]
딱딱해 보이다
딱딱해지다
딱 버티다
딱 벌리다
딱 부러지게 [관]
딱성냥
딱 자르다
딱 잘라 말하다
딱 잡아떼다
딱장개비
딱장떼다
딱장받다
딱 좋은 때
딱지가 덜 떨어지다(-紙-) [관]
딱지꾼(-紙-)
딱지날개
딱지놀이(-紙-)
딱지 떼다(-紙-)
딱지 붙이다(-紙-)
딱지붙임
딱지장수(-紙-)
딱지종이(-紙-)
딱지치기하다(-紙-)
딱지 치다(-紙-)
딱 질색이다
딱콩총(-銃)
딱하게 되다
딱 한 가지
딱 한 번(-番)
딱 한 잔(-盞)
딱해 보이다
딴가루받이
딴가마
딴것 주다
딴 곳
딴그루꽃
딴그루정받이(-精-)
딴기적다(-氣-)
딴 길로 가다
딴 나라

딴눈　다른 곳을 보는 눈.
딴 데 가 보다
딴따라패(-牌)
딴 때
딴 뜻
딴 마을
딴마음 먹다
딴마음 안 먹다
딴말
딴말 않기로 하다
딴말하다
딴맛
딴머리
딴 목소리 내다
딴 방 쓰다(-房-)
딴사람　딴사람이 되어 돌아왔다.
딴 사람　딴 사람에게 주다.
딴살림
딴살림 나다
딴살림 내 주다
딴살림 차리다
딴살림하다
딴상투
딴생각
딴생각 말고
딴생각 안 하다
딴생각하다
딴 세상(-世上)
딴소리　딴소리 하면 안 된다.
딴 소리　딴 소리는 안 들린다.
딴소리 못 하게 하다
딴소리 안 하다
딴소리하다
딴 속셈
딴솥 걸다
딴솥부뚜막
딴요대(-腰帶)
딴은 그렇다
딴 일 하다
딴전 부리다
딴전 피우다
딴 주머니 차다 [관]
딴죽 걸다 [격]
딴집살이
딴 짓 못 하게 하다
딴 짓 안 하다

딴 짓 하지 마라
딴채
딴청 부리다
딴청 피우다
딴총박이
딴통같이
딴판
딴흙
딸 가진 사람
딸 걱정
딸기나무
딸기 덤불
딸기 밭
딸기술
딸기잼(-jam)
딸기코
딸기편
딸기 향(-香)
딸기화채(-花菜)
딸깃물
딸깍발이
딸꾹질하다
딸 낳다
딸내미
딸 내외(-內外)
딸네 집
딸년
딸 노릇
딸 덕에 부원군(-德-府院君) [격]
딸 된 도리(-道理)
딸 둔 사람
딸따니
딸딸 외다
딸딸이꾼
딸려 가다
딸려 나오다
딸려 다니다
딸려 보내다
딸려 오다
딸린무덤
딸 먹은 것은 쥐 먹는 것 같다 [격]
딸부자(-富者)
딸 삼다
딸 삼형제 시집보내면 좀도둑도 안 든다(-三兄弟媤-) [격]
딸 셋을 여의면 기둥뿌리가 팬다 [격]

딸 손자는 가을볕에 놀리고 아들 손자는 봄볕에 놀린다(-孫子-孫子-) [격]
딸아기
딸아이
딸애
딸 없는 사위 [격]
딸 역 맡다(-役-)
딸은 두 번 서운하다(-番-) [격]
딸은 산적 도둑이라 하네(-山賊-) [격]
딸은 예쁜 도적(-盜賊) [격]
딸은 제 딸이 고와 보이고 곡식은 남의 곡식이 탐스러워 보인다(-穀食-穀食-) [격]
딸의 굿에 가도 전대가 셋(-纏帶-) [격]
딸의 시앗은 바늘방석에 앉히고 며느리 시앗은 꽃방석에 앉힌다(-方席-方席-) [격]
딸의 집에서 가져온 고추장(-醬) [격]
딸의 차반 재 넘어가고 며느리 차반 농 위에 둔다(-籠-) [격]
딸이 셋이면 문을 열어 놓고 잔다(-門-) [격]
딸이 여럿이면 어미 속곳 벗는다 [격]
딸이 하나면 과하고 반이면 모자란다(-過-半-) [격]
딸자식(-子息)
딸 죽은 사위 불 꺼진 화로(-火爐) [격]
딸 집
땀구멍
땀국
땀기(-氣)
땀나다 몹시 힘들거나 긴장되고 애가 쓰이다.
땀 나다 실제로 땀이 나다.
땀 날 때까지 뛰다
땀내 나다
땀 내다
땀 냄새
땀 들이다
땀등거리
땀띠 나다
땀띠분(-粉)
땀띠약(-藥)
땀바가지
땀발
땀방울
땀 배다
땀벌창
땀범벅
땀복 입고 뛰다(-服-)

321

땀 빼다 [관]
땀수건(-手巾)
땀 씻다
땀 안 나다
땀 안 흘리다
땀으로 미역을 감다 [관]
땀을 들이다 [관]
땀이 비 오듯 하다 [관]
땀이 빠지다 [관]
땀자국
땀줄기
땀질
땀참봉(-參奉)
땀투성이
땀 한 방울 안 흘리다
땀 흘리다 [관]
땀 흘린 만큼
땅가림
땅가물 들다
땅가시
땅 가진 사람
땅값
땅강아지
땅개
땅거미 지다
땅거죽
땅거지
땅고르기하다
땅고름하다
땅고집 부리다(-固執-)
땅굴(-窟)
땅귀신(-鬼神)
땅그네
땅기운
땅김
땅까불 암탉이 혼자서 몸을 땅바닥에 대고 비
　　비적거림. 또는 그렇게 하는 짓.
땅깎기
땅껍질
땅꼬마
땅꾼
땅 끝 마을
땅내
땅내가 고소하다 [격]
땅내 맡다
땅 냄새

땅 넓은 줄 모르고 하늘 높은 줄만 안다 [격]
땅덩어리
땅덩이
땅두멍
땅따기
땅따먹기
땅딸보
땅떼기
땅띔
땅띔도 못하다
땅마지기
땅 매매(-賣買)
땅문서(-文書)
땅 밑
땅밑줄기
땅바닥
땅방울
땅방울같이 으르다 [관]
땅벽집(-壁-)
땅보탬
땅볼(-ball)
땅 부자(-富者)
땅뺏기
땅 사 두다
땅사태(-沙汰)
땅세 물다(-貰-)
땅속뿌리
땅속줄기
땅안개
땅에 떨어지다 [관]
땅에서 솟았나 하늘에서 떨어졌나 [격]
땅울림
땅위뿌리
땅위줄기
땅을 열 길 파도 고리전 한 푼 생기지 않는다(-
　　錢-) [격]
땅을 칠 노릇 [관]
땅을 파다 [관]
땅을 팔 노릇 [관]
땅이 꺼지게 [관]
땅 이름
땅임자
땅자리
땅장사
땅재기
땅재먹기

땅재주
땅주낙
땅주릅
땅 주인(-主人)
땅줄기
땅 짚고 헤엄치기 [격]
땅차(-車)
땅콩강정
땅콩기름
땅콩사탕(-砂糖)
땅콩엿
땅콩죽(-粥)
땅 투기(-投機)
땅파기
땅 파다가 은 얻었다(-銀-) [격]
땅 파먹다 [관]
땅 판 돈
땅 팔다
땅풀림
땋아 내리다
땋아 주다
때가다
때가 때인 만큼
때가 타다 [관]
때군때군하다
때깔 안 나다
때깔 좋다
때꼽
때꼽 끼다
때꼽재기
때꼽 지우다
때꾼해 보이다
때꾼해지다
때 끼다
때늦은 손님
때 되면
때때신
때때옷
때때저고리
때때중
때려 가며 부리다
때려내다
때려 놓고
때려누이다
때려눕히다
때려 대다

때려 부수다
때려잡다
때려 주다
때려죽이다
때려 줄 테야
때려치우다
때려치워 버리다
때리는 대로 맞다
때리는 시늉하면 우는 시늉을 한다 [격]
때리는 시어머니보다 말리는 시누이가 더 밉다
　　(-媤-媤-) [격]
때리려 들다
때리면 맞는 척이라도 해라 [격]
때리면 우는 척하다 [격]
때린 놈은 가로 가고 맞은 놈은 가운데로 간다
　　[격]
때린 놈은 다릴 못 뻗고 자도 맞은 놈은 다릴
　　뻗고 잔다 [격]
때릴 거야
때릴걸
때릴 걸세
때릴걸요
때릴 것같이
때릴게
때릴게요
때릴 테면 때려 봐
때림끌
때림도끼
때마침
때 만난 듯이
때맞게 오다
때맞추어 오다
때맞춰 가다
때맞춰 오다
때 묻은 왕사발 부시듯(-王沙鉢-) [격]
때물 벗다
때밀이
때수건(-手巾)
때 아닌
때오르다
때움질
때워 주다
때워지다
때 이른
때찔레 =해당화.
땍때구루루

땔감
땔거리
땔나무
땔나무꾼
땔나무하다
땜가게
땜인두
땜일하다
땜장이
땜쟁이
땜질 처방(-處方)
땜질하다
땜통
땟거리
땟국 흐르다
땟덩이
땟물 벗다
땟솔
땟자국
땡감 씹은 표정(-表情)
땡감은 따 먹어도 이승이 좋다 [격]
땡고추
땡고함 지르다(-高喊-)
땡땡구리
땡땡이꾼
땡땡이 부리다
땡땡이중
땡땡이치다
땡땡이판
땡볕 아래
땡잡다
땡추중
땡 하자마자
떠가다 둥실 떠가는 달.
떠 가다 물을 떠 가지고 가다.
떠구지머리
떠꺼머리
떠꺼머리처녀(-處女)
떠꺼머리총각(-總角)
떠껑지
떠나가다
떠나가 버리다
떠나가자마자
떠나갈 듯이
떠나갈 듯하다
떠나게 되다

떠나 계시다
떠나고 난 뒤
떠나고 싶어 하다
떠나 달라고 하다
떠나 달라다
떠나듯 하다
떠나려던 참에
떠나려 하다
떠나 버리다
떠나보내다
떠나 보다
떠나 살다
떠나야 할 텐데
떠나오다
떠나온 지 몇 해
떠나와 보니
떠나자마자
떠나 주다
떠나지 못하다
떠난 적 없다
떠난 지 오래되다
떠날 거야
떠날걸
떠날 걸세
더날걸요
떠날게
떠날게요
떠날 듯하다
떠날 수밖에
떠내다
떠내려가다
떠내려가 버리다
떠 내려오다
떠넘겨 버리다
떠 넣다
떠 놓다
떠는잠
떠다 놓다
떠다니다
떠다밀다
떠다밀듯이
떠다박지르다
떠다박질리다
떠다 주다
떠 달라고 하다
떠 달라다

324

떠돌뱅이
떠돌아다니다
떠돌이별
떠돌이새
떠돌이 생활(-生活)
떠돌이 신세(-身世)
떠 두다
떠둥그뜨리다
떠둥그리다
떠둥그트리다
떠드는 통에
떠들 거야
떠들걸
떠들 걸세
떠들걸요
떠들게
떠들게요
떠들고 다니다
떠들기는 천안 삼거리라(-天安三-) [격]
떠들리다
떠들썩해지다
떠들어 대다
떠들어 쌓다
떠들어오다
떠들추다
떠들치다
떠름해 보이다
떠맡겨 버리다
떠맡기다시피 하다
떠맡아 오다
떠맡아 하다
떠먹다
떠먹여 주다
떠먹이다
떠메고 가다
떠밀다시피 하다
떠밀려 가다
떠밀려 가다시피 하다
떠밀려 나가다
떠밀려 들어가다
떠밀려 오다
떠밀리다시피 하다
떠밀리듯이
떠밀어 내다
떠박지르다
떠받들리다

떠받들어 주다
떠받쳐 나가다
떠받쳐 주다
떠벌려 놓다
떠벌리고 다니다
떠보다 남의 속뜻을 넌지시 알아보다.
떠 보다 눈을 떠 보다.
떠세 부리다
떠세하다
떠싣다
떠안기다
떠안다
떠엎다
떠오다 물 위에 나뭇잎이 떠오다.
떠 오다 물을 떠 오다.
떠오르는 달
떠오르는 대로
떠오르는 별
떠오르자마자
떠 온 물
떠올려 보다
떠올리다 모습을 떠올리다.
떠 올리다 뜰채로 물고기를 떠 올리다.
떠이다
떠 주다
떠지다
떡가래
떡가루
떡가루 두고 떡 못할까
떡가위
떡갈비
떡갈잎
떡값
떡개 떡의 낱개.
떡개구리
떡고리
떡고리에 손 들어간다 [격]
떡고물
떡고추장(-醬)
떡국
떡국을 먹다 [관]
떡국이 농간한다(-弄奸-) [격]
떡국점(-點)
떡국점이 된 눈깔(-點-) [격]
떡국제(-祭)
떡국차례(-次例)

ㄷ

325

떡니

떡 다 건지는 며느리 없다 [격]

떡 덩어리

떡 덩이

떡도 떡같이 못 해 먹고 생떡국으로 망한다(-
　　生-亡-) [격]

떡도 떡이려니와 합이 더 좋다(-盒-) [격]

떡 도르라면 덜 도르고 말 도르라면 더 도른다
　　[격]

떡도 먹어 본 사람이 먹는다 [격]

떡돌

떡돌림

떡돌멩이

떡 되다

떡두꺼비 같은

떡 떼어 먹듯 [격]

떡마래미

떡 먹듯 [관]

떡 먹듯 하다

떡 먹은 입 쓸어 치듯 [격]

떡메

떡메주

떡무거리

떡 반죽

떡밥

떡밥 찌다

떡방아

떡방아꾼

떡방아 소리 듣고 김칫국 찾는다 [격]

떡방아 찧다

떡 버티다

떡 벌어지게 차리다

떡보

떡보(-褓)

떡 보따리

떡볶이

떡 본 김에 굿한다 [격]

떡 본 김에 제사 지낸다(-祭祀-) [격]

떡 부스러기

떡부엉이

떡 사 먹다

떡 사 먹을 양반은 눈꼴부터 다르다(-兩班-)
　　[격]

떡산적(-散炙)

떡살

떡살 무늬

떡 삶은 물에 중의 데치기(-中衣-) [격]

떡 삶은 물에 풀한다 [격]

떡소

떡수단(-水團)

떡시루

떡심

떡심 좋다 [관]

떡심 풀리다 [관]

떡쌀 빻다

떡암죽(-粥)

떡에 밥주걱 [격]

떡에 웃기 [격]

떡으로 치면 떡으로 치고 돌로 치면 돌로 친다
　　[격]

떡을 치다 [관]

떡을할　못마땅할 때 내뱉거나 아무 생각이 없
　　이 하는 말.

떡이 되다 [관]

떡이 별 떡 있지 사람은 별사람 없다(-別-) [격]

떡이 생기다 [관]

떡 장사 하다

떡 장수

떡조개

떡 주고 뺨 맞는다 [격]

떡 주무르듯 하다 [관]

떡 줄 사람은 꿈도 안 꾸는데 김칫국부터 마신
　　다 [격]

떡집

떡찜

떡 치다

떡 친 데 엎드러졌다 [격]

떡판에 엎드러지듯 [관]

떡팥

떡하니 버티고 서다

떡함지

떡 해 먹다

떡 해 먹을 세상(-世上) [격]

떡 해 먹을 집안 [격]

떨거지

떨걱마루

떨 것 없다

떨게 하다

떨기나무

떨꺼둥이

떨듯 하다　사시나무 떨듯 하다.

떨 듯하다　떨 것 같다.

326

떨떠름해지다
떨려 오다
떨어 가다
떨어내다
떨어뜨려 놓다
떨어뜨려 버리다
떨어뜨려 보다
떨어뜨려 주다
떨어뜨릴 만큼
떨어 버리다
떨어져 가다
떨어져 나가다
떨어져 나오다
떨어져 내리다
떨어져 버리다
떨어져 보다
떨어져 살다
떨어져 앉다
떨어져 지내다
떨어지자마자
떨어지지 않는 발길 [관]
떨어진 듯하다
떨어진 주머니에 어패 들었다(-御牌-) [격]
떨어질까 봐
떨어질 대로 떨어지다
떨어질 듯 말 듯 하다
떨어질 듯해 보이다
떨어질락 말락 하다
떨어진 만큼
떨어질 뻔하다
떨어질수록
떨어질 수밖에 없다
떨어질지라도
떨어트리다
떨이하다
떨잠(-簪)
떨쳐나서다
떨쳐 내다
떨쳐 버리다
떨쳐 일어나다
떨쳐입다
떨켜
떫기로 고욤 하나 못 먹으랴 [격]
떫디떫다
떫은 맛
떫은 배도 씹어 볼 만하다 [격]

떳떳스럽다
떳떳이 하다
떳떳지 못하다
떳떳해지다
떴나 봐
떴다 하면
떴을 거야
떴을걸
떴을 걸세
떴을걸요
떵기떵기
떵떵대다
떵떵 치다
떼 가다
떼가 사촌보다 낫다(-四寸-) [격]
떼강도(强盜)
떼거리 쓰다
떼거지 꼴 되다
떼걸다
떼과부(-寡婦)
떼구름
떼꾸러기
떼꾼
떼 꿩에 매 놓기 [격]
떼 내 버리다
떼 내 주다
떼 놓다
떼도둑
떼도망(-逃亡)
떼도적(-盜賊)
떼돈 벌다
떼 떠 놓다
떼떼이 몰려가다
떼 뜨다
떼러 가다
떼려야 뗄 수 없다
떼먹다 남의 돈 떼먹다.
떼 먹다 조금씩 떼어 먹다.
떼몰이꾼
떼몰이하다
떼무덤
떼밀리다시피 하다
떼밀려 오다
떼밀리다시피 하다
떼밭
떼배

떼 버리다
떼새
떼송장
떼쓰다
떼쓰지 말고
떼 안 쓰다
떼어 가다
떼어 내다
떼어 놓고 나니
떼어 놓다
떼어 놓은 당상(-堂上) [격]
떼어 두다
떼어 둔 당상 좀 먹으랴(-堂上-) [격]
떼어먹다   남의 돈을 떼어먹다.
떼어 먹다   조금씩 떼어서 먹다.
떼어먹히다
떼어 버리다
떼어 주다
떼울음
떼인 돈
떼 입히다
떼잔디
떼쟁이
떼전(-田)
떼 져 다니다
떼 주다
떼죽음당하다(-當-)
떼죽음하다
떼 지어 놀다
떼 지어 다니다
떼집어 내다
떼 짓다
떼쳐 버리다
뗀돌
뗄 수 없는 사이
뗏길
뗏말
뗏말에 망아지 [격]
뗏목(-木)
뗏목다리(-木-)
뗏밥
뗏솔
뗏일
뗏장
뗏장 뜨다
또 그럴 거야

또 다른 한 사람
또다시
또드락장이
또라젓   숭어 창자로 담근 것.
또래끼리
또래 아이들
또렷또렷해 보이다
또렷또렷해지다
또바기
또순이
또아리
또아리 샅 가린다 [격]
또야머리
또야치
또 올 거야
또 한 번(-番)
똑같다
똑같아 보이다
똑같아지다
똑도기자반
똑따다
똑딱단추
똑딱선(-船)
똑떨어지다
똑똑한 듯해 보이다
똑똑한 체하다
똑똑해 보이다
똑똑해지다
똑똑히 하다
똑바로 가다
똑바로 말하다
똑바르게 하다
똑 부러지다
똑 소리 나다
똘똘 말다
똘똘 뭉치다
똘똘해 보이다
똘똘해지다
똘마니
똥간(-間)
똥갈보
똥감태기
똥값 되다
똥거름
똥거름장수
똥고집 부리다(-固執-)

똥구기
똥구덩이
똥구멍
똥구멍으로 호박씨 깐다 [격]
똥구멍이 찢어지게 가난하다 [격]
똥구멍 짤린 소 모양(-模樣) [격]
똥그래지다
똥글똥글해지다
똥금
똥기다
똥 꿰다 [관]
똥 뀐 년이 바람맞이에 선다 [격]
똥끝
똥끝이 타다 [관]
똥내 나다
똥 냄새
똥넉가래
똥넉가래 내세우듯 [관]
똥 누고 개 불러 대듯 [격]
똥 누고 밑 아니 씻은 것 같다 [격]
똥 누는 놈 주저앉히기 [격]
똥 누러 가다
똥 누러 가서 밥 달라고 하느냐 [격]
똥 누러 갈 적 마음 다르고 올 적 마음 다르다
　　[격]
똥 누면 분칠하여 말려 두겠다(-粉漆-) [격]
똥닦개
똥 덩어리
똥 덩이 굴리듯 [격]
똥독
똥독 오르다(-毒-)
똥 되다 [관]
똥 때문에 살인 난다(-殺人-) [격]
똥 떨어진 데 섰다 [격]
똥 마렵다
똥 먹던 강아지는 안 들키고 겨 먹던 강아지는
　　들킨다 [격]
똥 묻은 개가 겨 묻은 개 나무란다 [격]
똥 묻은 개 쫓듯 [격]
똥 묻은 속옷을 팔아서라도 [격]
똥물에 튀할 놈 [관]
똥물 튀기다
똥바가지
똥바가지를 쓰다 [관]
똥받기
똥배 나오다

똥배짱 부리다
똥 벌레가 제 몸 더러운 줄 모른다 [격]
똥싸개
똥 싸고 매화타령 한다(-梅花-) [격]
똥 싸고 성낸다 [격]
똥 싸다 [관]
똥 싼 년이 핑계 없을까
똥 싼 놈은 달아나고 방귀 뀐 놈만 잡혔다 [격]
똥오줌을 못 가리다
똥요강
똥은 말라도 구리다 [격]
똥은 칠수록 튀어 오른다 [격]
똥을 주물렀나 손속도 좋다 [격]
똥이 무서워 피하나 더러워 피하지(-避-避-)
　　[격]
똥자루
똥재
똥주머니
똥 주워 먹은 곰 상판대기 [격]
똥줄 나게 [관]
똥줄 당기다 [관]
똥줄 빠지게 [관]
똥줄 타다 [관]
똥지게
똥 진 오소리 [격]
똥질하다
똥집
똥집 무겁다 [관]
똥짜바리 똥구멍의 언저리.
똥차가 밀리다(-車-) [관]
똥차 되다(-車-)
똥창 맞다
똥 치다
똥 친 막대기 [격]
똥칠하다(-漆-)
똥탈 나다 [관]
똥통쟁이(-桶-)
똥통 지다(-桶-)
똥항아리(-缸-)
똬리굴
똬리쇠
똬리 틀다
뙈기논
뙈기밭
뙤뙤거리다
뙤새집 안뜰을 중심으로 'ㅁ'자 모양으로 된

집.
뙤약볕
뙤창문(-窓門)
뚜깔나물
뚜깔지짐이
뚜껑 덮다
뚜껑밥
뚜껑 열고 보니
뚜껑 열다 [관]
뚜껑이불
뚜께머리
뚜께버선
뚜드려 맞추다
뚜드려 부수다
뚜드려 패다
뚜렷뚜렷하다
뚜렷해 보이다
뚜렷해지다
뚜벅뚜벅 걷다
뚜쟁이
뚜쟁이 노릇 하다
뚜쟁잇감
뚝감자
뚝 그치다
뚝기(-氣)
뚝 끊어지다
뚝다리 크게 자란 숭어.
뚝 떨어지다
뚝머슴
뚝배기 깨지는 소리 [격]
뚝배기보다 장맛이 좋다(-醬-) [격]
뚝배기춤
뚝별나다
뚝별씨
뚝심 부리다
뚝심 세다
뚝심 좋다
뚝 잘라 말하다
뚫고 가다
뚫고 나가다
뚫고 들어가다
뚫고 오다
뚫린골
뚫어 가다
뚫어 나가다
뚫어 놓다

뚫어 두다
뚫어맞히다
뚫어 보다
뚫어새기다
뚫어 주다
뚫어진 벙거지에 우박 맞듯 [격]
뚫어질 듯이
뚱겨 주다
뚱그레지다
뚱기다
뚱딴지같다
뚱딴지같은 소리
뚱딴짓소리
뚱뚱보
뚱뚱 붓다
뚱뚱해 보이다
뚱뚱해져 가다
뚱보 되다
뚱하다
뚱한 성격(-性格)
뛰고 나서
뛰나 마나 하다
뛰놀 곳
뛰는 놈 위에 나는 놈 [격]
뛰는 토끼 잡으려다 잡은 토끼 놓친다 [격]
뛰다시피 하다
뛰뛰빵빵
뛰면 벼룩이요 날면 파리 [격]
뛰 소리 나다
뛰어가다
뛰어가다시피 하다
뛰어 건너다
뛰어나가다
뛰어나다
뛰어나오다
뛰어 내려가다
뛰어 내려오다
뛰어내리다
뛰어넘다
뛰어 넘어가다
뛰어놀다
뛰어다니다
뛰어 달아나다
뛰어드는 바람에
뛰어들다
뛰어들 듯하다

뛰어 들어가다
뛰어 들어오다
뛰어 보다
뛰어 보았자 부처님 손바닥 [격]
뛰어서 가다
뛰어서 오다
뛰어야 벼룩 [격]
뛰어오다
뛰어오르다
뛰어 올라가다
뛰엄젓 개구리로 담근 젓.
뛰엄줄기
뛰지도 걷지도 못하다 [관]
뛰쳐나가다
뛰쳐나오다
뛸 듯이 기뻐하다
뜀걸음
뜀뛰기
뜀뛰다
뜀바위
뜀박질하다
뜀질하다
뜀틀 운동＝뜀틀운동(-運動)
뜨개바늘
뜨개보(-褓)
뜨개실
뜨개 옷
뜨개질바늘
뜨개질실
뜨개질하다
뜨개천
뜨개코
뜨개틀
뜨갯거리
뜨갯것
뜨거운 국에 맛 모른다 [격]
뜨거운 맛을 보다 [관]
뜨거운 물에 덴 놈 숭늉 보고도 놀란다 [격]
뜨거울 거야
뜨거울걸
뜨거울 걸세
뜨거울걸요
뜨거워 보이다
뜨거워져 가다
뜨거워지다
뜨거워질 거야

뜨거워질걸
뜨거워질 걸세
뜨거워질걸요
뜨거워하다
뜨겁기는 박태보가 살았을라고(-朴泰輔-) [격]
뜨겁기만 하다
뜨겁디뜨겁다
뜨게부부(-夫婦) 정식으로 결혼하지 않고 오
　　다가다 우연히 만나 함께 사는 남녀.
뜨게 하다
뜨내기
뜨내기꾼
뜨내기살이
뜨내기손님
뜨내기 일꾼
뜨내기장사
뜨내기장수
뜨내기표(-票) ＝부동표.
뜨더귀판
뜨더귀하다
뜨더귀해 놓다
뜨덤뜨덤 읽다
뜨덤뜨덤하다
뜨뜻무레하다
뜨뜻해져 가다
뜨뜻해지다
뜨르르 읽다
뜨르르하다
뜨물국
뜨물 먹고 주정한다(-酒酊-) [격]
뜨물 먹은 당나귀 청(-唐-) [격]
뜨물에도 아이가 든다 [격]
뜨물에 빠진 바퀴 눈 같다 [격]
뜨물통(-桶)
뜨음하다
뜨음해져 가다
뜨음해지다
뜨임새
뜬걸그물
뜬계집 어쩌다 우연하게 관계를 맺게 된 여자.
뜬구름
뜬구름 같은
뜬구름같이
뜬구름 잡는 격(-格)
뜬금
뜬금으로 팔다

뜬금없다
뜬내
뜬내 나다
뜬눈으로 밤을 새다
뜬당김그물
뜬도배
뜬돈
뜬마음
뜬머슴
뜬물식물(-植物)
뜬벌이하다
뜬살이그물
뜬색시
뜬생각
뜬세상(-世上)
뜬소경
뜬소문(-所聞)
뜬숯
뜬잎
뜬잠
뜬재물(-財物)
뜬주낙
뜬판수
뜬풀
뜯게옷
뜯게질
뜯게질하다
뜯겨 나가다
뜯겨 버리다
뜯기고 나니
뜯기다 못해
뜯어 가다
뜯어고치다
뜯어내다
뜯어 놓다
뜯어 두다
뜯어말리다
뜯어 맞추다
뜯어먹다 남의 재물을 빼앗아 가지다.
뜯어 먹다   풀을 뜯어 먹다.
뜯어벌이다
뜯어보다
뜯어 오다
뜯어읽다
뜯어 주다
뜯어진 채로

뜯이것
뜯이질
뜯이하다
뜰 거야
뜰걸
뜰 걸세
뜰걸요
뜰낚
뜰망(-網)
뜰밟기
뜰밟이
뜰아래
뜰아래채
뜰아랫방(-房)
뜰 안
뜰 앞
뜰층계(-層階)
뜰힘
뜸가게
뜸 들다
뜸 들이다 [관]
뜸뜨다 결코 묫지 않다.
뜸 뜨다 약쑥을 비벼 허리에 뜸을 떴다.
뜸마을
뜸막 짓다(-幕-)
뜸베질
뜸부기구이
뜸새끼
뜸 안 들다
뜸자리
뜸질
뜸집
뜸집배
뜸팡이
뜸팡잇가루
뜸하다
뜸해지다
뜻같이 안 되다
뜻과 같이 되니까 입맛이 변해진다(-變-) [격]
뜻글자(-字)
뜻 깊은 날
뜻대로 되다
뜻대로 못 하다
뜻대로 안 하다
뜻대로 하다
뜻 맞다 [관]

뜻매김하다
뜻 모를 말
뜻밖에도
뜻밖이라는 듯이
뜻 설명(-說明)
뜻 세우다 [관]
뜻 아니 한
뜻 없이
뜻을 같이하다
뜻을 달리하다
뜻을 받다 [관]
뜻있다
뜻풀이
뜻풀이하다
뜻하는 바대로
뜻하는 바 있어
뜻하지 않게
뜻한 대로 되다
뜻한 바대로
띄어 놓다
띄어쓰기
띄어 쓰다
띄어 쓰지 마라

띄엄띄엄 걸어도 황소걸음 [격]
띄엄띄엄하다
띄움낚시
띄움닻
띄워 놓다
띄워 두다
띄워 보내다
띄워 주다
띠가 세다
띠고 있다
띠구름
띠 두르다
띠 무늬
띠밭
띠배
띠앗머리
띠어보다
띠지(-紙)
띠허리
띳집
띵까띵까
띵하다
띵해지다

[ㄹ]

－ㄹ걸 (어미) 미국으로 떠날걸, 이걸 보면 웃을걸.

－ㄹ라치면 (어미) 꽃이라도 필라치면, 한번 외출하실라치면.

－ㄹ망정 (어미) 시골에서 살망정, 시험에 떨어질망정.

－ㄹ밖에 (어미) 시키는데 할밖에, 어른들이 다 가시니 나도 갈밖에.

－ㄹ뿐더러 (어미) 일도 잘할뿐더러, 꽃은 예쁠뿐더러.

－ㄹ지언정 (어미) 무모한 행동일지언정.

라디오 뉴스(radio news)

라디오 방송(radio 放送)

라마교(lama 敎)

라면 박스(ramen box)

라벤더 향(lavender 香)

라이트급(light 級)

라이트 플라이급＝라이트플라이급(light fly 級)

라이플총(rifle 銃)

라일락 향기(lilac 香氣)

라장조(-長調)

라켓볼(racket ball)

라틴 문화(Latin 文化)

라틴 음악＝라틴음악(Latin 音樂)

랩뮤직(rap music)

랭크되다(rank-)

러닝메이트(running mate)

러브 레터(love letter)

러브 스토리(love story)

러브신(love seene)

러브호텔(love hotel)

러시아워(rush hour)

러키세븐(lucky seven)

럭비공(Rugby-)

럼주(rum 酒)

레귤러커피(regular coffee)

레그혼종(leghorn 種)

레드 와인(red wine)

레몬주스(lemon juice)

레슨받다(lesson-)

레이더망(radar 網)

레인코트(raincoat)

레임덕(lame duck)

레저 문화(leisure 文化)

레저용품(leisure 用品)

레저 활동(leisure 活動)

레코드음악(record 音樂)

레코드판(record 板)

렌즈구름(lens-)

로마 문화(Roma 文化)

로마 시대(Roma 時代)

로마 신화＝로마신화(Roma 神話)

로맨스그레이(romance grey)

로맨틱하다(romantic-)

로비 사건(lobby 事件)

로비하다(lobby-)

로스구이(roast-)

로스 타임＝로스타임(loss time)

로열박스(royal box)

로열층(Royal 層)

로켓포(rocket 砲)

록카페(rock cafe)

롤빵(roll-)

롱런하다(long-run-)

루스하다(loose-)

루어낚시(lure-)

루주 자국(rouge-)

룸바춤(rumba-)

룸살롱(room salon)
르네상스 시대(Renaissance時代)
리그전(league戰)
리드미컬하다(rhythmical−)
리듬감(rhythm感)
리듬 체조=리듬체조(rhythm體操)
−리만치 (어미) =−리만큼
−리만큼 (어미) 더는 못하리만큼, 더는 걷지 못
　　하리만큼.=−리만치
−ㄹ뿐더러 싫을뿐더러
리스 산업=리스산업(lease産業)

리얼하다(real−)
리을 자(−字)
리을자집(−字−)
리필제품(refill製品)
릴낚시(reel−)
릴낚싯대(reel−)
립싱크(lip sync)
립크림(lip cream)
링거 주사=링거주사(Ringer注射)
링 아나운서=링아나운서(ring announcer)

[ㅁ]

ㅁ자집(-字-)
마각을 드러내다(馬脚-) [관]
마각이 드러나다(馬脚-) [관]
마감 공사(-工事)
마감 날
마감 뉴스(-news)
마감 시간(-時間)
마감 짓다
마고할미(麻姑-) 전설에 나오는 신선 할미.
마구대고
마구 때리다
마구 뚫은 창(-窓) [격]
마구리면(-面)
마구리벽(-壁)
마구리테
마구리하다
마구발방
마구발치
마구설기
마구잡이
마구 해 대다
마귀 들리다(魔鬼-)
마귀할멈(魔鬼-)
마기말로
마까질하다
마꾼(魔-)
마나님 댁(-宅)
마냥 그립다
마냥모 =늦모
마냥모 판에는 뒷방 처녀도 나선다(-房處女-)
　　[격]
마녀 사냥=마녀사냥(魔女-)
마놋빛(瑪瑙-)
마누라쟁이

마늘각시
마늘 농사(-農事)
마늘등(-燈)
마늘모눈
마늘씨
마늘잎
마늘잎조림
마늘장아찌
마늘적(-炙)
마늘종
마늘종구이
마늘쪽
마닐라지(Manila紙)
마닐마닐하다
마다 안 하다
마다 않다
마다하다
마단조(-短調)
마담뚜(madame-)
마당 가에
마당과부(-寡婦) 신부 집 안마당에서 치르는
　　초례나 겨우 올리고 이내 남편을 잃은 청상
　　과부.
마당귀
마당길
마당꿇림
마당놀이
마당들이기
마당맥질
마당발
마당밟이
마당 벌어진 데 웬 솔뿌리 걱정[격]
마당비
마당 빌리다 [관]

마당삼(-蔘)
마당삼을 캐었다(-蔘-) [격]
마당쓰레기
마당여　바다에 널찍하고 평평하게 뻗은 바위.
마당을 빌리다
마당질
마당출입(-出入)
마당춤
마당 터진 데 솔뿌리 걱정한다 [격]
마당통
마당허리
마도위(馬-)
마되질
마두납채(馬頭納采)
마두출령(馬頭出令)
마들가리
마디누에
마디마디
마디숨
마디에 공이 닿아 [격]
마디에 옹이 [격]
마디자라기
마디지다
마땅잖아 보이다
마뜩찮다
마뜩찮아하다
-마라　(보조동사) 먹지 마라, 떠들지 마라.
마라소
마라톤 경기(marathon競技)
마라톤 코스=마라톤코스(marathon course)
마라톤협상(marathon協商)
마련그림　=설계도.
마련되는 대로
마련될 듯하다
마련 못 하다
마련 안 되다
마련 안 해 놓다
마련이 아니다 [관]
마련 중(-中)
마련해 가다
마련해 놓다
마련해 두다
마련해 보다
마련해 오다
마련해 주다
마루광

마루 넘은 수레 내려가기 [격]
마루머리
마루문(-門)
마루 밑에 볕 들 때가 있다 [격]
마루방(-房)
마루벽돌(-甓-)
마루 아래 강아지가 웃을 노릇 [격]
마루 운동=마루운동(-運動)
마루 위
마루청(-廳)
마루터기
마루턱
마루판(-板)
마루폭
마룻구멍
마룻구멍에도 볕 들 날이 있다 [격]
마룻귀틀
마룻널
마룻대공
마룻도리
마룻바닥
마룻보
마룻장
마룻전
마룻줄
마른가래질
마른간법(-法)
마른갈이
마른거름
마른걸레
마른걸레질
마른고기
마른과자(-菓子)
마른국수
마른기침
마른나무
마른나무 꺾듯 [격]
마른나무에 꽃이 피랴 [격]
마른나무에 물 내기라 [격]
마른나무에 좀먹듯이 [격]
마른날
마른날에 벼락 맞는다 [격]
마른논
마른논에 물 대기 [격]
마른논에 물 잦듯 [격]
마른눈

마른땀
마른땅
마른땅에 말뚝 박기 [격]
마른땅에 물이 잦아들듯 [격]
마른똥
마른 말은 꼬리가 길다 [격]
마른먹이
마른못자리
마른미역
마른바가지
마른바람
마른박살(-撲殺)
마른반찬(-飯饌)
마른밥
마른버짐
마른번개
마른 벼
마른벼락
마른벼락을 맞다 [관]
마른벼락이 떨어지다 [관]
마른빨래
마른 샘
마른세수(-洗手)
마른손
마른신
마른써레
마른써레질
마른안주(-按酒)
마른오징어
마른 옷
마른 이 죽이듯 [격]
마른일
마른일하다
마른입
마른자리
마른장(-醬)
마른장마
마른찜질
마른찬합(-饌盒)
마른천둥
마른침
마른침을 삼키다 [관]
마른타작(-打作)
마른편포(-片脯)
마른풀
마른하늘

마른하늘에 날벼락 [격]
마른하늘에 벼락 맞는다 [격]
마른행주
마른행주질
마른홍두깨
마를 거야
마를걸
마를 걸세
마를걸요
마를 대로 마르다
마름다식(-茶食)
마름돌
마름둥굴이
마름모
마름모꼴
마름모무늬
마름새
마름쇠
마름쇠도 삼킬 놈 [격]
마름자
마름재목(-材木)
마름죽(-粥)
마름질하다
마름해 놓다
마름해 두다
마리아 상(Maria像)
마릿수(-數)
마마 그릇되듯 [관]
마마꽃
마마딱지
마마떡
마마 손님 배송하듯(-拜送-) [관]
마마하다
마맛자국
마목지기(馬木-)
마무리 공사(-工事)
마무리 단계(-段階)
마무리대패
마무리돼 가다
마무리되는 대로
마무리 못 하다
마무리 안 되다
마무리 작업(-作業)
마무리 지어 놓다
마무리 짓다
마무리하다

마무리해 놓다
마무리해 두다
마바리
마바리꾼
마발꾼
마방간(馬房間)
마방집(馬房-)
마방집이 망하려면 당나귀만 들어온다(馬房-亡-唐-) [격]
마병장수 오래된 헌 물건을 가지고 다니며 파는 사람.
마보병(馬步兵)
마분여물(馬糞-)
마비돼 가다(痲痺-)
마비된 듯하다(痲痺-)
마비 상태(痲痺狀態)
마비시켜 놓다(痲痺-)
마사지하다(massage-)
마삯꾼(馬-)
마상치(馬上-)
마석먹다(-石-)
마셔 대다
마셔 두다
마셔 버리다
마셔 보다
마셔 봐라
마셔 주다
마소 먹이다
마소 부리다
마소 새끼
마소 새끼는 시골로 사람의 새끼는 서울로 [격]
마소수레
마소일
마수걸이
마수손님
마수없이
마술 같은(魔術-)
마술같이(魔術-)
마술 걸다(魔術-)
마술마장(馬術馬場)
마술 부리다(魔術-)
마술 상자(魔術箱子)
마술쟁이(魔術-)
마스터플랜(master plan)
마스터하다(master-)
마시고 나니

마시고 마셔
마시다 남은
마시다 말고
마시다 보니
마시던 중에(-中-)
마실 거야
마실걸
마실 걸세
마실걸요
마실게
마실게요
마실 물
마야 문명=마야문명(Maya文明)
마야 족=마야족(Maya族)
마약 밀매(痲藥密賣)
마약 복용(痲藥服用)
마약 사범(痲藥事犯)
마약 조직(痲藥組織)
마약 중독=마약중독(痲藥中毒)
마약 환자(痲藥患者)
마을 가다 [관]
마을 근처(-近處)
마을금고(-金庫)
마을 길
마을꾼
마을 나오다
마을 다니다
마을돌이
마을문고(-文庫)
마을버스(-bus)
마을별로(-別-)
마을 사람
마을 사정(-事情)
마을신(-神)
마을신네(-神-)
마을 앞
마을 어귀
마을 외곽(-外廓)
마을 이름
마을 입구(-入口)
마을 잔치
마을 주민(-住民)
마을 주변(-周邊)
마을 진입로(-進入路)
마을 쪽으로
마을 축제(-祝祭)

마을 한가운데
마을 한구석
마을 회관(-會館)
마음 가는 대로
마음 가다
마음가짐
마음 같아서는
마음결
마음고생(-苦生)
마음공부(-工夫)
마음 굳히다
마음 깊은 곳에
마음 깊이
마음껏
마음 끌리다
마음 내키는 대로
마음 놓고 하다
마음 놓이다
마음 다하다
마음 단단히 먹다
마음대로 못 하다
마음대로 안 되다
마음도 못 먹다
마음 두고 있다
마음 든든하다
마음 따라
마음 따로 몸 따로
마음만큼이나
마음 맞는 상대(-相對)
마음먹기에 따라
마음먹다
마음먹은 대로 안 되다
마음 못 놓다
마음 못 잡다
마음 못 정하다(-定-)
마음 무겁다
마음보
마음보 사납다
마음 부자(-富者)
마음 붙이다
마음 비우다
마음뿐 아니라
마음 상하다(-傷-)
마음속 깊이
마음 수련(-修鍊)
마음 써 주다

마음 쓰다
마음 쓰이다
마음 쓰지 마라
마음 씀씀이
마음씨
마음씨가 고우면 옷 앞섶이 아문다 [격]
마음 아파하다
마음 아픈 일
마음 안 내키다
마음 안 놓이다
마음 안 들다
마음 안 맞다
마음 안 잡히다
마음 약한 사람(-弱-)
마음 없는 염불 [격]
마음 없이
마음에 그늘이 지다 [관]
마음에 두다 [관]
마음에 들다
마음에 들어 하다
마음에 못을 박다 [관]
마음에 안 들다
마음에 안 들어 하다
마음에 없다 [관]
마음에 있다 [관]
마음에 있어야 꿈도 꾸지 [격]
마음에 차다 [관]
마음은 걸걸해도 왕골자리에 똥 싼다 [격]
마음을 붙이다 [관]
마음을 사다 [관]
마음을 삭이다 [관]
마음을 썩이다 [관]
마음을 주다 [관]
마음을 풀다 [관]
마음이 가볍다 [관]
마음이 간지럽다 [관]
마음이 돌아서다 [관]
마음이 무겁다 [관]
마음이 삭다 [관]
마음이 열두 번씩 변사를 한다(-番-變詐-) [격]
마음이 통하다(-通-) [관]
마음이 풀리다 [관]
마음이 풀어지면 하는 일이 가볍다 [격]
마음이 흔들 비쭉이라 [격]
마음자리
마음 자세(-姿勢)

344

마음잡다
마음잡아 개 장사 [격]
마음 정하다(-定-)
마음 졸여 오다
마음 졸이다
마음 좋은 사람
마음 주다
마음처럼 간사한 건 없다(-奸邪-) [격]
마음 탁 놓다
마음 편히(-便-)
마음 푹 놓다
마음 한구석
마음 한번 잘 먹으면 북두칠성이 굽어보신다(-
　　番-北斗七星-) [격]
마이너스 성장=마이너스성장(minus成長)
마이카 시대(my car時代)
마작꾼(麻雀-)
마작 판(麻雀-)
마장수　말에 물건을 싣고 다니면서 파는 사람.
마장조(-長調)
마적굴(馬賊-)
마적 떼(馬賊-)
마전장이
마전터
마젤란운(Magellan雲)
마조장이(磨造-)　도자기를 굽기 전에 이리저
　　리 매만져 맵시를 내는 사람.
마주나기
마주나기눈
마주나기잎
마주나다
마주나무　말이나 소를 매어 놓는 나무.
마주 놓다
마주 대다
마주배(馬主輩)
마주 보다
마주 붙다
마주 서다
마주 안 하다
마주 오다
마주이야기
마주잇기
마주 잡다
마주잡이
마주잡이하다
마주치다

마주하다
마중 가다
마중 나가다
마중 나오다
마중 못 나가다
마중물
마중 안 나가다
마중해 주다
마지기
마지노선(Maginot線)
마지막 가는 길
마지막 고개를 넘기기가 가장 힘들다 [격]
마지막 날
마지막 날 밤
마지막 담배 한 대는 기생첩도 안 준다(-妓生
　　妾-) [격]
마지막 되는 날
마지막 밤
마지막 잔(-盞)
마지막 회(-回)
마지못하다
마지못해 보아 주다
마지못해 해 주다
마지쌀(摩旨-)
마지아니하다
마지않는 바이다
마지않다
마질　곡식을 말로 되는 일.
마질하다
마짓밥(摩旨-)
마차꾼(馬車-)
마차 타고 가다(馬車-)
마찬가지
마찰 빚다(摩擦-)
마찰 일으키다(摩擦-)
마찻길(馬車-)
마쳐 놓다
마쳐 두다
마취 상태(痲醉狀態)
마취 요법=마취요법(痲醉療法)
마취 총(痲醉銃)
마치가 가벼우면 못이 솟는다 [격]
마치게 되다
마치고 나서
마치나 마나 하다
마치는 대로

마치자마자
마치질
마침가락
마침구이
마침맞게 오다
마침몰라 그때를 당하면 어찌 될지 모르나.
마크하다(mark-)
마파람에 게 눈 감추듯 [격]
마파람에 곡식이 혀를 빼물고 자란다(-穀食-)
　　[격]
마파람에 돼지 불알 놀듯 [격]
마판이 안 되려면 당나귀 새끼만 모여든다(馬
　　板-唐-) [격]
마피아 조직(Mafia組織)
마호메트교(Mahomet敎)
마흔 대여섯 살
마흔 댓 살
마흔두 살
마흔 두세 살
마흔 두어 살
마흔 두엇쯤 돼 보이는
마흔 서넛쯤
마흔아홉
막- (접사) 막국수, 막노동, 막차.
-막 (접사) 내리막, 오르막.
막가는 소리
막가다
막간극(幕間劇)
막거르다
막걸다
막걸리 거르려다 지게미도 못 건진다 [격]
막걸리다
막걸리 잔(-盞)
막걸리 한잔 하세(-盞-)
막고무신
막고비 막바지 고비.
막고춧가루
막과자(-菓子)
막구들
막국수
막그릇
막깎기
막깎다
막깎이
막낳이
막내 고모(-姑母)

막내 남동생(-男-)
막내 년
막내 놈
막내둥이
막내둥이 응석 받듯 [격]
막내딸
막 내리다(幕-) [관]
막내며느리
막내아들
막내아들이 첫아들이라 [격]
막내아우
막내 여동생(-女-)
막내 외삼촌(-外三寸)
막내 이모(-姨母)
막내티 나다
막냇누이
막냇동생
막냇사위
막냇삼촌(-三寸)
막냇손자(-孫子)
막냇자식(-子息)
막넘기기 =덤핑.
막노동(-勞動)
막노동 일(-勞動-)
막노동판(-勞動-)
막노동하다(-勞動-)
막놀다
막놓다
막누더기
막다르다
막다른 골목[관]
막다른 골목이 되면 돌아선다 [격]
막다른 집
막다짐
막달 해산할 달.
막달 채워 낳다
막담배
막대겨눔
막대그림표(-表)
막대기질
막대살
막대 잃은 장님 [격]
막대자석(-磁石)
막대잡이
막대잡이하다
막대접

막대질
막대찌
막대체
막대패
막대패질
막대표(-表)
막대황(-黃)
막댓가지
막 더듬다
막도장(-圖章)
막돌
막돼먹다
막되다
막된놈
막된 사람
막된 일
막둥이
막둥이 씨름하듯 [격]
막막해지다
막막해하다
막말
막말이
막말이 국수
막말하다
막무가내(莫無可奈)
막물 =끝물.
막물태(-太) 맨 끝물에 잡은 명태.
막바우
막바지 작업(-作業)
막바지 협상(-協商)
막배
막배 타고 가다
막벌(1) 막벌 김 매다.
막벌(2) 막벌로 입을 옷.
막벌다
막벌어 먹다
막벌이
막벌이꾼
막벌이판
막벌이하다
막벌이해 먹고 살다
막베
막베먹다
막보다
막부득이하다(莫不得已-)
막불겅이

막뿌리
막사리
막사발
막살다
막살이
막상막하(莫上莫下)
막상말로
막새기와
막서까래
막서다
막서리
막설탕(-雪糖)
막소금
막소리
막소주(-燒酒)
막술
막술에 목이 멘다 [격]
막심기
막아 내다
막아 낼 거야
막아 낼걸
막아 낼 걸세
막아 낼걸요
막아 낼게
막아 낼게요
막아 낼 듯하다
막아 달라고 하다
막아 달라다
막아 두다
막아 버리다
막아벌리다
막아 보려 하다
막아서다
막아 오다
막아 주다
막았나 보다
막았는데도
막았을 거야
막연해지다(漠然-)
막 오는 길에
막 오르다(幕-)
막옷
막 울다
막으려 하다
막을 거야
막을걸

막을 걸세
막을걸요
막을게
막을게요
막을 내리다(幕-) [관]
막을 올리다(幕-) [관]
막음돌
막음벽돌(-甓-)
막음불질
막이 오르다(幕-) [관]
막일
막일꾼
막일하다
막일해 먹고 살다
막자갈
막자사발(-沙鉢)
막잔(-盞)
막잠
막잠 자는 누에
막잡이
막장(-醬)
막장꾼
막장일
막주름
막주춧돌
막 지껄이다
막지르다
막지밀
막질러 버리다
막질리다
막집(幕-)
막집기
막 짓밟다
막차 시간(-車時間)
막차 타다(-車-)
막차 표(-車票)
막참
막참 먹다
막창(-娼)
막창자 =맹장.
막창자꾸리
막초(-草)
막춤
막춤 추다
막치
막토(-土)

막판
막판 뒤집기
막판 승부(-勝負)
막판 조율(-調律)
막판 추격(-追擊)
막품팔이
막필(-筆)
막 하다
막해야 아무리 나쁘다 허여도.
막혀 버리다
막후 공작(幕後工作)
막후교섭(幕後交涉)
막후 세력(幕後勢力)
막후 접촉(幕後接觸)
막후 협상(幕後協商)
막힌 데 없이
막힌 듯하다
막힐 듯하다
막힘없다
막힘없이
만 카펀테리아 만.
－만 (의존 명사) 십 년 만의 귀국. 이게 얼마 만
　　인가?
－만(滿) (관형사) 올해 만으로 20세. 만 하루
　　동안.
－만 (조사) 집채만 한 파도.
만고강산(萬古江山)
만고잡놈(萬古雜-)
만국 회의＝만국회의(萬國會議)
만근같이 무겁다(萬斤-)
만기 날짜(滿期-)
만기 돌아오다(滿期-)
만기 연장(滿期延長)
만기 제대＝만기제대(滿期除隊)
만기 출소(滿期出所)
만나게 되다
만나고 다니다
만나고 싶어 하다
만나기만 해 봐라
만나기 싫어하다
만나나 마나 하다
만나다시피 하다
만나 달라고 하다
만나 달라다
만나듯 하다
만나러 가다

만나러 오다
만나 보다
만나 뵙다
만 나이로 치면(滿−)
만나자마자
만나자 이별(−離別) [격]
만나 주다
만난 것 같다
만난 것만큼이나
만난 듯이
만난 듯하다
만난 지 오래되다
만날 거야
만날걸
만날 걸세
만날걸요
만날게
만날게요
만날 그 턱이다(萬−)
만날 날만 기다리다
만날 듯하다
만날 뗑그렁(萬−) [격]
만날 만날(萬−萬−)
만날 뻔하다
만날 텐데
만남표(−표)
만 냥의 돈인들 무슨 소용이냐(萬兩−所用−)
　　[격]
만냥태수(萬兩太守)
만 네 살 되다(滿−)
만년 고생(晩年苦生)
만년눈(萬年−)
만년묵이(萬年−)
만년불패(萬年不敗)
만년 청춘(萬年青春)
만년치기(萬年−)
만년필대(萬年筆−)
만년필촉(萬年筆−)
만능선수(萬能選手)
만능숫돌(萬能−)
만능열쇠(萬能−)
만능잡이(萬能−)
만 다섯 살(滿−)
만 단위(萬單位)
만달기와 덩굴무늬를 그린 기와.
만담쟁이(漫談−)

만 두 살(滿−)
만두소(饅頭−)
만두소찌개(饅頭−)
만두송이(饅頭−)
만두전골(饅頭−)
만두피(饅頭皮)
만둣국(饅頭−)
만득이 북 짊어지듯(晩得−) [격]
만든 거야
만든 건가요
만든다나 봐
만든 대로
만든 듯하다
만들 거야
만들걸
만들 걸세
만들걸요
만들게
만들게요
만들고 싶어 하다
만들다 말다
만들다 보니
만들어 가다
만들어 나가다
만들어 내다
만들어 놓다
만들어 다오
만들어 달라고 하다
만들어 달라다
만들어 두다
만들어 버리다
만들어 보다
만들어 볼게
만들어 볼게요
만들어 오다
만들어져 가다
만들어 주다
만들어지다
만들었나 봐
만들었을 거야
만들지라도
만듦새
만료 기간(滿了期間)
만료되어 가다(滿了−)
만료 일자(滿了日字)
만루 홈런(滿壘 home run)

만 리 길(萬里-)

만 리 길도 한 걸음으로 시작된다(萬里-始作-)
　　[격]

만리성(萬里城)

만리타향(萬里他鄕)

만만쟁이　남에게 만만하게 보이는 사람을 낮
　　잡아 이르는 말.

만만찮기는 사돈집 안방(-査頓-房) [격]

만만찮다

만만찮아 보이다

만만찮아지다

만만치 않다

만만하게 보다

만만한 년은 제 서방 굿도 못 본다(-書房-)
　　[격]

만만한 놈은 성도 없나(-姓-) [격]

만만한 데 말뚝 박는다 [격]

만만한 듯하다

만만한 싹을 봤나 [격]

만만해지다

만만해하다

만 명 중 한 명(萬名中-名)

만 몇천 명(萬-千名)

만무방

만물

만물박사(萬物博士)

만물상점(萬物商店)

만물 시장(萬物市場)

만백성(萬百姓)

만벼(晩-) =늦벼.

만벽서화(滿壁書畵)

만병통치(萬病通治)

만병통치약(萬病通治藥)

만부당천부당(萬不當千不當)

만부득이하다(萬不得已-)

만부하 걸다(滿負荷-)

만분의 일(萬分-)

만사를 불구하고(萬事-不拘-) [관]

만사여의(萬事如意)

만사 제쳐 놓고(萬事-)

만사형통(萬事亨通)

만사휴의(萬事休矣)

만 서른 살(滿-)

만석꾼(萬石-)

만석들이(萬石-)

만성 전염병=만성전염병(慢性傳染病)

만성 피로=만성피로(慢性疲勞)

만성화되다(慢性化-)

만세 부르다(萬歲-)

만 세 살 되다(滿-)

만세 삼창(萬歲三唱)

만세 소리(萬歲-)

만세 운동(萬歲運動)

만수꾼(萬首-)

만수무강(萬壽無疆)

만수받이

만수산에 구름 모이듯(萬壽山-) [격]

만 스무 살(滿-)

만 십 년간(滿十年間)

만억 가지(萬億-)

만억년(萬億年)

만에 하나(萬-)

만 여덟 살(滿-)

만여 명(萬餘名)

만 여섯 살(滿-)

만연되어 가다(蔓延-)

만 열 살(滿-)

만 원권(萬-券)

만원 버스(滿員bus)

만원사례(滿員謝禮)

만 원어치(萬-)

만 원짜리(萬-)

만이천봉(萬二千峰)

만인간(萬人間)

만인 평등(萬人平等)

만 일곱 살(滿-)

만 일 년간(滿一年間)

만 일 년 되다(滿一年-)

만장에 호래자식이 없나(滿場-子息-) [격]

만장중(滿場中)

만장폭포(萬丈瀑布)

만점 받다(滿點-)

만점짜리(滿點-)

만져 보다

만져 주다

만져지다

만조 때(滿潮-)

만족 못 시키다(滿足-)

만족 못 하다(滿足-)

만족스러워 보이다(滿足-)

만족스러워하다(滿足-)

만족스럽지 못하다(滿足-)

만족시켜 주다(滿足-)
만족 안 하다(滿足-)
만족하리만큼(滿足-)
만족할 듯하다(滿足-)
만족할 만큼(滿足-)
만족해 보이다(滿足-)
만족해하다(滿足-)
만주 땅(滿洲-)
만지걸음
만지고 싶어 하다
만지긴 만졌으나
만지긴 했지만
만지자마자
만지작만지작하다
만지지 마라
만질만질해지다
만찬 석상(晩餐席上)
만찬 자리(晩餐-)
만찬 회동(晩餐會同)
만취 상태(滿醉狀態)
-만큼 (조사) 남자만큼 일한다. 전봇대만큼 크
　　다.
-만큼 (의존 명사) 볼 만큼 보았다, 애쓴 만큼
　　얻는다.
만탱크(滿tank)
만판 먹고 마시다
-만하다 (보조 형용사) 볼 만하다. 괄목할 만하
　　다.
만하바탕
만 한 달 만에(滿-)
만화방석(滿花方席)
만화방창(萬化方暢)
만화 영화＝만화영화(漫畫映畫)
만홧가게(漫畫-)
만회해 나가다(挽回-)
많거나 적거나 간에(-間-)
많건 적건 간에(-間-)
많게 많게
많고도 많은
많고 많은
많고 적고 간에(-間-)
많고 적음에 따라
많기도 하다
많기만 하다
많긴 많은데
많긴 하지만

많다나 봐
많다 보니
많다 하더라도
많든 적든 간에(-間-)
많아 보이다
많아져 가다
많아지다
많아질 거야
많아질걸
많아질 걸세
많아질걸요
많아질수록
많으나 적으나
많으면 많을수록
많은가 보다
많은가 봐
많은 거로구나
많은 거야
많은 건지 적은 건지
많은걸
많은 고생 하다(-苦生-)
많은 데다
많은 데 대하여(-對-)
많은 듯도 하다
많은 듯해 보이다
많은 밥에 침 뱉기 [격]
많은 체하다
많을 거야
많을걸
많을 걸세
많을걸요
많을 듯하다
많을뿐더러
많을 뿐만 아니라
많을수록
많을지라도
많을 텐데
많이많이
많지도 적지도 않게
많지 않아 보이다
맏나물
맏누이
맏동서(-同壻)
맏딸
맏딸 노릇 하다
맏매부(-妹夫)

맏며느리
맏며느리 손 큰 것 [격]
맏물
맏배
맏사위
맏상제(-喪制)
맏상제 노릇 하다(-喪制-)
맏손녀(-孫女)
맏손자(-孫子)
맏시누
맏아들
맏아들 노릇 하다
맏아들 잡이가 못 된다
맏아이
맏아주머니
맏양반(-兩班)
맏언니
맏오빠
맏이 노릇 하다
맏자식(-子息)
맏조카
맏집
맏형(-兄)
맏형 노릇 하다(-兄-)
맏형수(-兄嫂)
맏형 역할(-兄役割)
맏효자(-孝子)
말가웃
말가죽
말갈기
말 갈 데 소 간다 [격]
말 갈 데 소 갈 데 다 다녔다 [격]
말갈망
말갖춤
말 같잖은 소리
말 같지 않은
말개미
말개지다
-말거나 (동사) 웃거나 말거나, 자거나 말거나.
말거리
말거미
말결
말결 달다
말결 채다
-말고 (동사) 걱정 말고, 염려는 말고.
-말고 (보조 동사) 남기지 말고 다 먹어라.

말고기
말고기를 다 먹고 무슨 냄새 난다 한다 [격]
말고기 자반 [관]
말고삐
말곡식(-穀食)
말공대(-恭待)
말공부(-工夫)
말공부쟁이(-工夫-)
말공부질(-工夫-)
말광대
말괴불
말구멍
말구유
말구종(-驅從)
말굴레
말굽꼴
말굽돌이
말굽따비
말굽 모양(-模樣)
말굽서까래
말굽 소리
말굽옹두리
말굽자석(-磁石)
말굽지남철(-指南鐵)
말굽추녀
말굽토시
말귀 알아듣다
말귀 어둡다
말 귀에 염불 [격]
말 그대로 [관]
말기끈
말기름
말기 암 환자(末期癌患者)
말기 증상(末期症狀)
말기 환자(末期患者)
말길이 되다
말깨나 하다
말꼬리를 물다 [관]
말꼬리 물고 늘어지다 [관]
말 꼬리에 파리가 천 리 간다(-千里-) [격]
말꼬리 잡기 식으로(-式-)
말꼬리 잡다
말꼬투리 캐다
말꼬 트다
말꼭지
말꼴 말리다

352

말꼴 베다
말꽁무니
말꾸러기
말꾼⑴ '마을꾼' 의 준말.
말꾼⑵ =말몰이꾼.
말끄트머리
말끔해 보이다
말끔해지다
말끝
말끝 달다 [관]
말 끝에 단 장 달란다(-醬-) [관]
말끝 잡다 [관]
말 나다 [관]
말낱
말 내다 [관]
말년 휴가(末年休暇)
말놀음
말놀음질
말놀이하다
말 놓다
말눈깔
말눈치
말다래
말다툼
말다툼질
말 다 하다
말단위(-單位)
말단 직원(末端職員)
말 단 집에 장 단 법 없다(-醬-法-) [격]
말 단 집에 장이 곤다(-醬-) [격]
말 단 집 장맛이 쓰다(-醬-) [격]
말달리기
말달리다
말 대가리
말대꾸하다
말대답 안 하다(-對答-)
말대답질(-對答-)
말대답하다(-對答-)
말대로 되다
말 더듬다
말더듬이
말덕석
말덫
말도 마라 [관]
말도 못 걸다
말도 못 하게 하다

말도 사촌까지 상피한다(-四寸-相避-) [격]
말도 안 되는 소리
말 돌리다 [관]
말동무
말동무 삼다
말동무하다
말동무해 주다
말 되는 얘기
말 되다 [관]
말 뒤에 말이 있다 [격]
말 듣다 [관]
말들이 그릇
말듯 하다 돗자리 말듯 하다.
말등자(-鐙子)
말 따로 행동 따로(-行動-)
말떡 말쌀로 만든 떡.
말 떨어지기 무섭게
말 떨어지다 [관]
말 떼다 [관]
말똥
말똥구리
말똥굼벵이
말똥도 모르고 마의 노릇 한다(-馬醫-) [격]
말똥도 밥알처럼 생각한다 [격]
말똥도 세 번 굴려야 제자리에 선다(-番-) [격]
말똥말똥해지다
말똥에 굴러도 이승이 좋다 [격]
말똥을 놓아도 손맛이더라 [격]
말똥이 밤알 같으냐 [격]
말똥지기
말뚝댕기
말뚝 박다 [관]
말뚝벙거지
말뚝 베끼기 [격]
말뚝 보고 절하다
말뚝비녀
말뚝이탈
말뚝잠
말뚝질
말뚯
말띠
말띠 해
말라깽이
말라 놓다
말라 들어가다
말라리아모기(malaria-)

353

말라 버리다
말라 버릴 듯하다
말라 보다
말라 보이다
말라붙다
말라비틀어지다
말라빠지다
말라 죽겠다
말라죽다 뭐 말라죽을 짓이냐
말라 죽어 가다
말라 쪼그라지다
말라 터지다
말란 말이야
말랑말랑해지다
말랑무
말랭이
말려 가져 오다
말려 놓다
말려 달라고 하다
말려 달라다
말려 두다
말려들다
말려 오다
말려 주다
말려 죽이다
말렸는데도
말로는 못할 말이 없다 [격]
말로는 안 되다
말로 다 못 하다
말로 배워 되로 풀어먹는다 [격]
말로 온 공을 갚는다(-功-) [격]
말로 온 동네 다 겪는다 [격]
말롱질하다
말리구이
말리는 체하다
말리지 마라
말림간장(-肝臟)
말림갓
말림방(-房)
말림하다
말마당
말마디
말마디나 하다 [관]
말마따나
말 마라
말막음하다

말만 귀양 보낸다 [격]
말만 앞세우다 [관]
말만 잘하면 천 냥 빚도 가린다(-千·兩-) [격]
말만 하다 말만 한 개.
말만 하지 말고
말 많은 것은 과붓집 종년(-寡婦-) [격]
말 많은 집은 장맛도 쓰다(-醬-) [격]
말말결
말말끝에
말말끝에 단 장 달란다(-醬-) [격]
말말뚝
말 말라고 하다
말맛이 다르다
말 맞추다 [관]
말머리
말 머리 말의 머리.
말머리 돌리다
말머리아이 결혼한 뒤에 곧바로 배서 낳은 아
    이.
말 머리에 태기가 있다(-胎氣-) [격]
말 먹여 달라고 하다
말 먹여 달라다
말먹이
말 먹이다
말 몇 마디 못 나누다
말몫
말몰이꾼
말 못하다
말 못 할 형편(-形便)
말문(-門)
말문 막다(-門-) [관]
말문 열다(-門-) [관]
말문이 막히다(-門-) [관]
말문 트이다(-門-)
말미 나다
말미 내다
말미 받다
말미암다
말미 얻다
말미 주다
말밋집(末尾-)
말밑
말 밑으로 빠진 것은 다 망아지 [격]
말밑천
말 바꾸다
말박 매우 큰 바가지.

354

말받이
말발구
말발굽
말발굽 소리
말발 서다 [관]
말발 세다
말발 안 서다
말 발이 젖어야 잘 산다 [격]
말밥
말밥에 얹다 [관]
말밥에 오르다 [관]
말방울
말뱃대끈
말버둥질
말버르장머리
말버릇
말벗김
말벗 노릇 하다
말벗 삼다
말벗해 주다
말보
말보다 업신여기어 깔보다.
말보 터지다
말복 날(末伏-)
말본새
말부리
말부리를 따다
말부리를 헐다
말부조(-扶助)
말 붙이다
말 비치다
말빗
말빚
말뺌하다
말뿐 아니라
말살되어 가다(抹殺-)
말 살에 쇠 뼈다귀 [격]
말 살에 쇠 살 [격]
말살 정책(抹殺政策)
말살해 버리다(抹殺-)
말 삼은 소 신이라 [격]
말 삼키다 [관]
말 상대 하다(-相對-)
말상(-相)
말세 부드럽다(-勢-)
말소리

말소리를 입에 넣다 [관]
말소수
말속 말의 속뜻.
말 속에
말 속에 뜻이 있고 뼈가 있다 [격]
말 속에 말 들었다 [격]
말솔
말솜씨
말수작(-酬酌)
말수 적다(-數-)
말술
말승강이(-昇降-)
말승강이질(-昇降-)
말시비(-是非)
말시초(-始初)
말시초동(-始初-) 말을 꺼내거나 시작하는 실
　　　마리.
말실수(-失手)
말싸움
말싸움질
말쌀
말쌈질하다
말썽거리
말썽꾸러기
말썽꾼
말썽 나다
말썽 부리다
말썽 안 나다
말썽 없게 하다
말썽쟁이
말썽질
말썽 피우다
말쑥해 보이다
말쑥해지다
말씀 그대로
말씀대로
말씀드려 두다
말씀드린 대로
말씀드린 바와 같이
말씀 못 드리다
말씀 안 드리다
말씀 여쭈어 보다
말씀 여쭙다
말씀 잘 해 주시다
말씀 중에(-中-)
말씀하신 대로

말씀하신 중에(-中-)
말씀해 주신 대로
말씨름
말씹다
말 아끼다
말아 놓다
말아 놔두다
말 아닌 말 [격]
말아 다오
말아 달라고 하다
말아 달라다
말아 두다
말아먹다   전 재산을 말아먹다.
말아 먹다   밥을 국에 말아 먹다.
말아 올리다
말아웃
말아 주다
말 안 나다
말 안 되다
말 안 듣다
말안장(-鞍裝)
말 안 통하다(-通-)
말 안 하려 하다
말 안 하면 귀신도 모른다(-鬼神-) [격]
말 안 할 것 같다
말 안 해 주다
말 않기로 하다
말 않다
말약속(-約束)
말 없다
말없음표(-標)
말없이
말 없이 걷다
말여물
말 옮기다
말 울음 소리
말 위에 말을 얹는다 [격]
말은 꾸밀 탓으로 간다 [격]
말은 보태고 떡은 뗀다 [격]
말은 앵무새(-鸚鵡-) [격]
말은 이 죽이듯 한다 [격]
말은 적을수록 좋다 [격]
말은 청산유수다(-靑山流水-) [격]
말은 할수록 늘고 되질은 할수록 준다 [격]
말은 할 탓이다 [격]
말은 해야 맛이고 고기는 씹어야 맛이다 [격]

말을 받다 [관]
말을 삼키다 [관]
말이 고마우면 비지 사러 갔다가 두부 사 온다
   [격]
말이 굳다 [관]
말이 나다 [관]
말이 되다 [관]
말이 떨어지다 [관]
말이 뜨다 [관]
말이란 아 해 다르고 어 해 다르다 [격]
말이란 탁 해 다르고 툭 해 다르다 [격]
말이 많다 [관]
말이 많으면 쓸 말이 적다 [격]
말이 말을 만든다 [격]
말이 말을 물다 [격]
말이 못 되다 [관]
말이 무겁다 [관]
말이 물 흐르듯 하다 [관]
말이 씨가 된다 [격]
말이 아니다 [관]
말이 안 나온다
말이 안 된다
말이 앞서지 일이 앞서는 사람 본 일 없다 [격]
말이야 바른 대로 말이지 [관]
말이야 바른말이지
말이 있다 [관]
말 익히다
말인사(-人事)
말일 자로(末日字-)
말 잃고 외양간 고친다(-間-) [격]
말 잇지 못하다
말자루
말 잔등
말잔치
말 잘 듣다
말 잘못 하다   말이 틀렸다.
말 잘 못하다   말이 서투르다.
말 잘 안 듣다
말 잘하고 징역 가랴(-懲役-) [격]
말 잡은 집에 소금이 해자라(-解座-) [격]
말잡이
말장감(-杖-)
말장구
말장난
말장난하다
말장단

356

말장단 맞추다
말재간(-才幹)
말재기
말재주
말재주꾼
말쟁이(1) 추수 따위에서 마름을 대신하여 품 삯을 받고 마질을 해 주는 사람.
말쟁이(2) 말이 많거나 말을 잘하는 사람을 낮잡아 이르는 말.
말적수(-敵手)
말전주
말전주꾼
말전주하다
말 전하다(-傳-)
말 전해 주다(-傳-)
말조심(-操心)
말조심 안 하다(-操心-)
말조심하다(-操心-)
말 좀 해 봐
말종방울(-鐘-)
말주벅이나 하는 사람
말주변 없다
말 주인(-主人)
말죽 쑤다(-粥-)
말 죽은 데 체 장수 모이듯 [격]
말 죽은 밭에 까마귀같이 [격]
말죽통(-粥桶)
말줄임표(-標)
말중동(-中-)
말 중에(-中-)
말지(-紙) 궐련이 귀했을 때, 담배를 마는 데 쓰던 종이.
말질하다
말짓거리
말짓기놀이
말짓일치(-一致)
말짱구슬
말짱 도루묵 [관]
말짱해 보이다
말짱해지다
말째
말참견(-參見)
말참견 못 하다(-參見-)
말참견하다(-參見-)
말참례(-參禮)
말채

말채찍
말책임(-責任)
말초 신경=말초신경(末梢神經)
말총갓
말총머리
말총오리
말총체
말추렴
말추렴하다
말치레
말치레하다
말치장(-治粧)
말코(1) 베틀에 딸린 기구의 하나.
말코(2) 코끝이 둥글넓적하고 콧구멍이 커서 벌름벌름하는 특징이 있는 코.
말코지
말 타고 오다
말 타면 경마 잡히고 싶다 [격]
말 타면 종 두고 싶다 [격]
말타박하다
말 탄 양반 끄덕 소 탄 녀석 끄덕(-兩班-) [격]
말 탄 채
말탕목수(-木手) 솜씨가 별로 좋지 않은 목수.
말 태우고 버선 깁는다 [격]
말토막
말 통하다(-通-)
말투
말판 쓰다
말편자
말품앗이
말품 팔다
말하고 싶어 하다
말하기
말하는 것을 개 방귀로 안다 [격]
말하는 남생이 [격]
말하는 대로
말하는 매실(-梅實) [격]
말하다 말고
말하려 안 하다
말한 것과 같이
말한 대로 되다
말한 데 대하여(-對-)
말한 듯하다
말 한마디가 대포알 만 개도 당한다(-大砲-萬個-當-) [격]
말 한마디로 천 냥 빚 갚는다(-千兩-) [격]

말 한마디에 천금이 오르내린다(-千金-) [격]
말 한 마디 한 마디
말 한 번 잘못해서(-番-)
말 한번 잘한다(-番-)
말한 입에 침도 마르기 전(-前) [격]
말 한 필(-匹)
말할 거리
말할 거야
말할걸
말할 걸세
말할걸요
말할 것도 없다 [관]
말할게
말할 게 없다
말할게요
말할 나위 없다
말할 듯 말 듯 하다
말할 듯하다
말할 뻔하다
말할 수밖에 없다
말할 수 없이 [관]
말할 줄 알다
말해 가며
말해 놓고 보니
말해 다오
말해 달라고 하다
말해 달라다
말해 두다
말해 무엇 해
말해 버리다
말해 보고 싶다
말해 오다
말해 주다
말해 주듯이
말했나 보다
말했던 대로
말했듯이
말했을 거야
말했을걸
말했을 걸세
말했을걸요
말허두
말허두 돌리다
말허두 자르다
말휘갑
맑게 맑게

맑게 해 주다
맑고 맑은
맑디맑다
맑아 보이다
맑아져 가다
맑아지다
맑은 물에 고기 안 논다 [격]
맑은 샘에서 맑은 물이 난다 [격]
맑은소리
맑은술
맑은장국(-醬-)
맑은 하늘에 벼락 맞겠다 [격]
맘가짐
맘고생(-苦生)
맘 내키지 않다
맘 놓지 마라
맘눈
맘대로 못 하다
맘대로 안 되다
맘대로 해 보다
맘 따로 몸 따로
맘먹다
맘먹어 오다
맘먹은 대로 하다
맘 못 놓다
맘보바지(mambo-)
맘보 잘 써야지
맘 상하다(-傷-)
맘속
맘씨 곱다
맘 아파하다
맘 안 내키다
맘 안 놓이다
맘에 안 들다
맘 졸이다
맘 편하다(-便-)
맘 편히 살다(-便-)
맘 푹 놓다
맛감각(-感覺)
맛국물
맛김
맛나다
맛난 음식(-飮食)
맛난이
맛대가리 없다
맛 들다 [관]

맛 들여 오다
맛 들이다 [관]
맛 따라 가다
맛맛으로 먹다
맛 못 내다
맛바르다
맛보기
맛보다
맛 보이다
맛봉오리
맛부리다
맛 붙이다 [관]
맛살백숙(-白熟)
맛살조림
맛소금
맛술
맛 안 나다
맛없나 보다
맛없는 국이 뜨겁기만 하다 [격]
맛없다
맛 없다 아무 맛 없다.
맛없어 보이다
맛 오르다
맛이 가다 [관]
맛이 좋으면 넘기고 쓰면 뱉는다 [격]
맛있나 보다
맛있는 음식도 늘 먹으면 싫다(-飮食-) [격]
맛있어 보이다
맛장수
맛적다
맛 좀 봐라
맛 좋고 값싼 갈치 자반 [격]
맛피우다
망가뜨리다
망가지다시피 되다
망가트리다
망각되어 가다(忘却-)
망각 속에(忘却-)
망각해 버리다(忘却-)
망개떡
망건골(網巾-)
망건꾸미개(網巾-)
망건 끝에 앉았다(網巾-) [격]
망건당줄(網巾-)
망건뒤(網巾-)
망건 쓰고 귀 안 빼는 사람 있느냐(網巾-) [격]

망건 쓰고 세수한다(網巾-洗手-) [격]
망건 쓰자 파장(網巾-罷場) [격]
망건앞(網巾-)
망건장이(網巾-)
망건쟁이(網巾-)
망건집(網巾-)
망건편자(網巾-)
망건편자를 줍는다(網巾-) [격]
망그러지다
망그물
망그지르다
망꾼(望-) 망을 보는 사람.
망나니 같은 놈
망나니같이
망나니 노릇 하다
망나니짓
망나니짓하다
망녕그물
망둥부리
망둥이가 뛰니까 전라도 빗자루도 뛴다(-全羅道-) [격]
망둥이가 뛰면 꼴뚜기도 뛴다 [격]
망둥이 제 새끼 잡아먹듯 [격]
망령 들다(妄靈-)
망령 들리다(妄靈-)
망령 피우다(妄靈-)
망망대해(茫茫大海)
망명 가다(亡命-)
망명 길에 오르다(亡命-)
망명도주하다(亡命逃走-)
망명 생활(亡命生活)
망명 정부=망명정부(亡命政府)
망명죄인(亡命罪人)
망명 중에(亡命中-)
망명해 오다(亡命-)
망문과부(望門寡婦) 정혼한 남자가 죽어서 시집도 가 보지 못하고 과부가 되었거나, 혼례는 했으나 첫날밤을 치르지 못하여 처녀로 있는 여자. =까막과부.
망발 토 달아 놓다(妄發-) [격]
망발풀이(妄發-)
망보다(望-)
망사리
망사창(網紗窓)
망 서다(望-)
망석중 놀리듯 [격]

망석중놀이
망석중이극(-劇)
망설망설하다
망설여 오다
망설여지다
망설이지 마라
망설임 끝에
망신감(亡身-)
망신거리(亡身-)
망신당하다(亡身當-)
망신살 뻗치다(亡身煞-)
망신살이 무지갯살 뻗치듯 한다(亡身煞-) [격]
망신스러워하다(亡身-)
망신 안 하다(亡身-)
망신 주다(亡身-)
망신하려면 아버지 이름자도 안 나온다(亡身-
　　字-) [격]
망얽이(網-)
망에 들다(望-) [관]
망우물(忘憂物)
망울 서다
망울지다
망원 렌즈=망원렌즈(望遠lens)
망원초소(望遠哨所)
망 잘 보다(望-)
망조가 들다(亡兆-)
망종길(亡終-)
망쳐 놓다
망쳐 버리다
망치가 가벼우면 못이 솟는다 [격]
망치려 들다
망치려 하다
망치 소리
망치 자루
망치질하다
망팔쇠년(望八衰年)
망하고 말다(亡-)
망하다시피 하다(亡-)
망한 듯하다(亡-)
망할 년(亡-)
망할 놈(亡-)
망할 놈의 집안(亡-)
망할 듯하다(亡-)
망할 자식(亡-子息)
망할지라도(亡-)
망해 가다(亡-)

망해 나가다(亡-)
망해 버리다(亡-)
맞갖잖다
맞갖지 않다
맞건 안 맞건 간에(-間-)
맞걸어 매다
맞게 해 주다
맞겨누다
맞겨루다
맞견줄 수 없다
맞겯고 나가다
맞결리다
맞계약(-契約)
맞고 살다
맞고소(-告訴)
맞고 오다
맞고함(-高喊)
맞교대(-交代)
맞교환(-交換)
맞구멍 내다
맞그물질
맞꿍이
맞나 안 맞나 보자
맞남여(-藍輿)
맞놓으면 안 된다
맞는다나 봐
맞다닥뜨리다
맞다물다
맞닥뜨려지다
맞닥치게 되다
맞단추
맞달리다
맞담배
맞담배질
맞당기다
맞대결(-對決)
맞대꾸
맞대꾸질
맞대 놓고
맞대들다
맞대매
맞대면(-對面)
맞대응(-對應)
맞대응해 오다(-對應-)
맞도끼질
맞도리깨질

360

맞돈거래(-去來)
맞두기 어렵다
맞두레
맞두레질
맞뒤집어 보다
맞든 안 맞든 간에(-間-)
맞들고 가다
맞땜
맞뚫린 구멍
맞매다
맞맺어 놓다
맞먹을 듯하다
맞무역(-貿易)
맞물려 돌아가다
맞미닫이
맞바꾸어 오다
맞바꾸어 주다
맞바느질
맞바둑
맞바라보다
맞바라보이다
맞바람
맞바로 쳐다보다
맞바리로 실어 나르다
맞받아치다
맞방망이
맞방망이를 대다 [관]
맞방망이질하다
맞방아
맞방아를 찧다 [관]
맞배지붕
맞버텨 보다
맞벌이 부부(-夫婦)
맞벌이하다
맞벽질(-壁-)
맞보증(-保證)
맞부닥뜨리다
맞부딪뜨리다
맞부딪치다
맞부딪트리다
맞불 놓다
맞불 작전(-作戰)
맞불 지르다
맞불질
맞붙들다
맞붙이다

맞붙잡다
맞비겨떨어지다
맞비기고 말다
맞비비다
맞상대 안 하다(-相對-)
맞상대해 가며(-相對-)
맞서게 되다
맞서 대들다
맞서 싸우다
맞서 오다
맞선 보다
맞섬
맞세워 놓다
맞송사(-訟事)
맞수 두다
맞술 들다
맞싸우다
맞싸움
맞싸움질
맞쐬다
맞씨름
맞아들이다
맞아떨어지다
맞아 보아라
맞아 주다
맞아 죽다
맞아 죽을 뻔하다
맞았다
맞았히다
맞았을 거야
맞았을 걸
맞았을 걸세
맞았을걸요
맞옮기다
맞욕(-辱)
맞은 놈은 펴고 자고 때린 놈은 오그리고 잔다
　　[격]
맞은 듯하다
맞은바라기
맞은바람
맞은살
맞은쪽 골목
맞은편(-便)
맞은편짝(-便-)
맞은혼인(-婚姻)
맞을 거야

맞을걸
맞을 걸세
맞을걸요
맞을게
맞을게요
맞을 뻔하다
맞을 짓 하다
맞이하다
맞이해 주다
맞인사(-人事)
맞잇다
맞자라다
맞잡아 주다
맞장구쳐 주다
맞장구치다
맞장기 두다(-將棋-)
맞장단질
맞적수(-敵手)
맞절하다
맞조상(-弔喪)
맞주름 잡다
맞줄임하다
맞쥐다
맞질리다
맞쪼다
맞찌르다
맞찧다
맞창이 뚫리다
맞추어 가다
맞추어 놓다
맞추어 두다
맞추어 보다
맞추어 주다
맞춤 가구(-家具)
맞춤 교육(-敎育)
맞춤무늬
맞춤부엌
맞춤세간
맞춤 셔츠(-shirt)
맞춤옷
맞춤장난감
맞춤집
맞춤 추다
맞춰 가다
맞춰 놓다
맞춰 두다

맞춰 보다
맞춰 오다
맞춰 주다
맞처지다
맞혀 보다
맞혼인(-婚姻) (1)혼인에 드는 비용을 양가에
　　　서 똑같이 부담하는 혼인. (2)중매 없이 당
　　　사자끼리 하는 혼인.
맞흥정하다
맡겨 놓다
맡겨 두다
맡겨 버리다
맡겨 보다
맡겨 오다
맡겨 주다
맡겨지다
맡고 보다
맡기게 되다
맡기 싫어하다
맡기지 마라
맡아 가지고
맡아 기르다
맡아 놓고
맡아 놔두다
맡아 다오
맡아 달라고 하다
맡아 달라다
맡아 두다
맡아보다 직무를 수행하다.
맡아 보다 냄새를 맡아 보다.
맡아 주다
맡아 하다
맡아 해 주다
맡은 듯하다
맡은 바
맡은 체하다
매가 꿩을 잡아 주고 싶어 잡아 주나 [격]
매가리 없다
매가리 풀리다
매각 공고(賣却公告)
매각 협상(賣却協商)
매갈이꾼
매갈이하다
매갈잇간(-間)
매개댕기
매개 보다 [관]

362

매개 수단(媒介手段)
매개 역할(媒介役割)
매개해 주다(媒介-)
매게 하다
매겨 가며
매겨 놓다
매겨 두다
매겨 버리다
매겨 주다
매겨지다
매 경기(每競技)
매고르다
매관매직(賣官賣職)
매구럭
매기단하다
매기어 놓다
매기어 두다
매기어 버리다
매기어 주다
매김꼴
매김씨
매김자리
매꾸러기
매 꿩 차가듯 하다
매 꿩 찬 듯 [격]
매끄러워 보이다
매끄러워지다
매끈매끈해지다
매 끝에 정든다(-情-) [격]
매나니
매 놓다
매닥질
매단 채
매달려 가다
매달리다시피 하다
매달리듯이 하다
매달리듯 하다
매달린 개가 누워 있는 개를 웃는다 [격]
매달아 놓다
매달아 두다
매달아 버리다
매달아 주다
매달 한 번씩(每-番-)
매대기질
매대기 치다
매도 맞으려다 안 맞으면 서운하다 [격]

매도 먼저 맞는 놈이 낫다 [격]
매도해 버리다(罵倒-)
매동그리다
매 두다
매두피
매듭 공예(-工藝)
매듭단추
매듭 못 짓다
매듭술
매듭실
매듭자반
매듭지다
매듭지어 가다
매듭지어 놓다
매듭짓다
매력 넘치다(魅力-)
매력 못 느끼다(魅力-)
매력 있어 보이다(魅力-)
매련쟁이
매련퉁이
매로 키운 자식이 효성 있다(-子息-孝誠-) [격]
매를 꿩으로 보다 [격]
매를 들다 [관]
매를 솔개로 본다 [격]
매립 공사=매립공사(埋立工事)
매만져 주다
매맛 좀 볼래
매 맞다
매 맞아 죽다
매 맞을 뻔하다
매 맞을 짓 하다
매매 가격=매매가격(賣買價格)
매매 값(賣買-)
매매 계약=매매계약(賣買契約)
매매 차익(賣買差益)
매매 행위(賣買行爲)
매몰되어 가다(埋沒-)
매몰차다
매무새
매무시 가다듬다
매무시하다
매미 소리
매미채
매미 허물
매밋집
매방앗간(-間)

363

매방울
매복 작전(埋伏作戰)
매부리징
매부리코
매부 밥그릇이 클사 해 한다(妹夫-) [격]
매 분기별(每分期別)
매사냥
매사냥꾼
매사냥하다
매사는 간주인(每事-看主人) [관]
매상 실적(賣上實績)
매서워 보이다
매설 공사(埋設工事)
매설해 놓다(埋設-)
매소래
매손붙이다
매수공작(買收工作)
매수 주문(買收注文)
매 순간(每瞬間)
매스 게임＝매스게임(mass game)
매 시각
매시간(每時間)
매실정과(梅實正果)
매싸리 종아리채로 쓰는 가는 싸릿가지.
매 안 들다
매 안 맞다
매암돌다
매암쇠
매 앞에 뜬 꿩 같다 [격]
매어기르기
매어 놓다
매어 두다
매어먹이기
매어 주다
매어지다
매얼음
매여 살다
매연가스(煤煙gas)
매 연도(每年度)
매연물질(煤煙物質)
매우통(-桶) ＝매화틀.
매운맛
매운바람
매운재
매운탕(-湯)
매울 거야

매울걸
매울 걸세
매울걸요
매워지다
매워하다
매월(每月)
매 위에 장사 있나(-壯士-) [격]
매인 개처럼 돌아다니려고만 한다 [격]
매인당(每人當)
매인 목숨
매일매일
매일반(--一般)
매일 밤(每日-)
매일 아침(每日-)
매일없이(每日-)
매일 저녁(每日-)
매입 가격(買入價格)
매입가액(買入價額)
매입 당시(買入當時)
매입 원가＝매입원가(買入原價)
매입 자금(買入資金)
매잡이하다
매장꾼(埋葬-)
매장 당하다
매장시켜 버리다(埋葬-)
매장을 치다(每場-)
매장이치다(買贓-)
매장지기(埋葬-)
매장치기(每場-)
매점 매석(買占賣惜)
매정스러워 보이다
매조미간(-糙米間)
매조미쌀(-糙米-)
매조밋겨(-糙米-)
매조이
매조이꾼
매조이하다
매조지다
매죄다
매죄료장수 매통이나 맷돌의 닳은 이를 정으로
    쪼아서 날카롭게 만드는 일을 업으로 삼는
    사람.
매주(每週)
매 주다
매주 말(每週末)
매주 수요일(每週水曜日)

매주 초(每週初)
매지구름
매지근해지다
매직펜(magic pen)
매진되어 버리다(賣盡−)
매진일로(邁進一路)
매질꾼
매질 안 하다
매질하다
매찜질
매춘 행위(賣春行爲)
매출 규모(賣出規模)
매출 부진(賣出不振)
매출 실적(賣出實績)
매출 원가=매출원가(賣出原價)
매출 전표(賣出傳票)
매치광이
매치레
매타작(−打作)
매틀
매판
매판 자본=매판자본(買辦資本)
매팔자(−八字)
매표창구(賣票窓口)
매품 팔다
매품팔이
매 학기(每學期)
매한가지
매함지
매해(每−) =매년.
매화강정(梅花−)
매화꽃(梅花−)
매화도 한철 국화도 한철(梅花−菊花−) [격]
매화를 보다 [관]
매화산자(梅花饊子)
매화죽(梅花粥)
매화타령(梅花−)
매화틀
매횃간(−間)
매회(每回)
매 회계 연도(每會計年度)
매흙
매흙모래
매흙질
맥고모자(麥藁帽子)
맥 끊기다(脈−)

맥낚시(脈−)
맥 놓다(脈−) [관]
맥도 모르고 침통 흔든다(脈−鍼筒−) [격]
맥도 모르다(脈−) [관]
맥맥해지다
맥 못 추다(脈−) [관]
맥문동정과(麥門冬正果)
맥박 뛰다(脈搏−)
맥박 치다(脈搏−) [관]
맥 보다(脈−) [관]
맥 빠지게 하다(脈−)
맥 빠지다(脈−)
맥아음료(麥芽飮料)
맥아추출물(麥芽抽出物)
맥없다(脈−)
맥없어 보이다(脈−)
맥없어지다(脈−)
맥없이(脈−)
맥을 놓다(脈−)
맥을 못 추다(脈−)
맥을 보다(脈−) [관]
맥을 쓰다(脈−) [관]
맥을 짚다(脈−) [관]
맥을 추다(脈−) [관]
맥이 나다(脈−) [관]
맥이 빠지다(脈−) [관]
맥 이어 가다(脈−)
맥이 풀리다(脈−) [관]
맥 잇다(脈−)
맥장꾼(−場−)
맥주 맛(麥酒−)
맥주병(麥酒瓶)
맥주잔(麥酒盞)
맥주홀(맥주hall)
맥줏집(麥酒−)
맥질판
맥 짚다(脈−)
맥짜리
맥쩍어하다
맥풀(脈−)
맥 풀리다(脈−)
−맨 (관사) 맨 꼭대기, 맨 먼저, 맨 구석.
−맨 (부사) 맨 놀기만 하고, 맨 돌뿐이다.
−맨 (접사) 맨눈, 맨다리, 맨땅, 맨발.
맨가슴
맨 가장자리

맨 구석
맨 꼭대기
맨 꼴찌
맨꽁무니
맨 끝
맨 줄
맨 나중
맨날 그 모양이다
맨눈
맨다리
맨대가리
맨 뒤
맨 뒷사람
맨드리 곱다
맨땅
맨땅바닥
맨 마지막
맨망 떨다
맨머리
맨머릿바람
맨 먼저
맨몸
맨몸뚱이
맨 밑
맨바닥
맨발
맨발로 바위 차기 [격]
맨발바닥
맨발 벗고 나서다 [관]
맨발 벗다
맨밥
맨방바닥(-房-)
맨봉당(-封堂)
맨살
맨상투
맨손
맨손바닥
맨손 체조＝맨손체조(-體操)
맨쌀밥
맨 아래
맨 앞
맨 앞자리
맨 얼굴
맨 위
맨 위쪽
맨이름

맨입
맨입으로 드난한다 [격]
맨입으로 앞 교군 서라 한다(-轎軍-) [격]
맨재준치　소금에 절여 매운재의 빛처럼 파랗게 된 자반준치.
맨 정신(-精神)
맨제기
맨주먹
맨 처음
맴돌다
맴돌이치다
맴돌이하다
맵고 짜다
맵디맵다
맵시 곱다
맵시 나다
맵시 내다
맵시 부리다
맵시 안 나다
맵시 없다
맵시 있다
맵시 좋다
맵짜다
맵차다
맷가마리
맷감
맷고기
맷단
맷담배
맷독(-毒)
맷돌다리
맷돌면(-麵)
맷돌 죄다 [관]
맷돌중쇠(-中-)
맷돌질
맷돌흐름
맷방석(-方席)
맷손 돌리다
맷수쇠
맷중쇠(-中-)
맷지게
맷지게질
맷집 좋다
맹공격하다(猛攻擊-)
맹꽁이 같은 놈
맹꽁이같이 생기다

맹꽁이 결박한 것 같다(-結縛-) [격]
맹꽁이덩이
맹꽁이밭
맹꽁이배
맹꽁이 소리
맹꽁이자물쇠
맹꽁이 통에 돌 들이친다(-桶-) [격]
맹꽁징꽁하다
맹렬 여성(猛烈女性)
맹렬해져 가다(猛烈-)
맹모삼천(孟母三遷)
맹모삼천지교(孟母三遷之敎)
맹문 모르다
맹문이 같은 짓
맹물 같은 소리 [격]
맹물에 조약돌 삶은 맛이다 [격]
맹물단지
맹물탕(-湯)
맹상군의 호백구 믿듯(孟嘗君-狐白裘-) [격]
맹세지거리(盟誓-)
맹세코(盟誓-)
맹연습(猛練習)
맹위 떨치다(猛威-)
맹인 학교＝맹인학교(盲人學校)
맹자 사상(孟子思想)
맹자 왈 한다(孟子曰-)
맹자 집 개가 맹자 왈 한다(孟子-孟子曰-) [격]
맹장 수술(盲腸手術)
맹장질(盲杖-)
맹점투성이(盲點-)
맹추격(猛追擊)
맹추 짓
맹탕 놀기만 하다(-湯-)
맹패치마
맹포격(猛砲擊)
맹학교(盲學校)
맹화력(猛火力)
맹활약(猛活躍)
맺거니 듣거니 [관]
맺게 되다
맺게 하다
맺고 끊는 데가 있다
맺고 끊은 듯하다 [관]
맺는말
맺어 가다
맺어 나가다

맺어 놓다
맺어 두다
맺어 주다
맺어지다
맺은 놈이 풀지 [관]
맺음단추
맺음말
맺음새
맺이관(-冠)
맺힌 데가 없다 [관]
맺힌 데가 있다 [관]
마얄마얄하다
머구리배   해녀가 해물을 따는 데 쓰는 배.
머그잔(mug盞)
머금어 보이다
머나먼 옛날
머나멀다
머다랗게 보이다
머드레콩
머루나무
머루 먹은 속
머루술
머루정과(-正果)
머루주(-酒)
머름중방(-中枋)
머리가 가볍다 [관]
머리가 굳다 [관]
머리가 굵다 [관]
머리가 깨다 [관]
머리가 모시 바구니가 되었다 [격]
머리가 무겁다 [관]
머리가 빠지다 [관]
머리가 세겠다 [관]
머리가 수그러지다 [관]
머리가지
머리가 잘 돌아가다 [관]
머리가 젖다 [관]
머리가 크다 [관]
머리 간 데 끝 간 데 없다 [격]
머리 검은 짐승은 남의 공을 모른다(-功-) [격]
머리공(-功)
머리 굴리다 [관]
머리 굽히다 [관]
머리그물
머리글
머리글자(-字)

머리 굵다 [관]
머리기사(-記事)
머리깎개
머리 깎다 [관]
머리 깎아 주다
머리 깎였다 [관]
머리꼬리
머리 꼭대기
머리꼭지
머리꾸미개
머리끄덩이
머리 끈
머리끝
머리끝에서 발끝까지
머리 나쁜 놈
머리 내밀다 [관]
머리 냄새
머리는 끝부터 가르고 말은 밑부터 한다 [격]
머리단장(-丹粧)
머리댕기
머리 두를 데를 모른다 [격]
머리 둘 곳 없다
머리 들다 [관]
머리동이(1) 머리를 긴 색종이로 바른 종이 연.
머리동이(2) 머리가 아플 때 머리를 둘러 동이
　　　는 물건.
머리등(-燈)
머리때
머리띠
머리를 감추고 꼬리를 숨긴다 [격]
머리를 삶으면 귀까지 익는다 [격]
머리를 쥐어짜다 [관]
머리를 짓누르다 [관]
머리를 쳐들다 [관]
머리말
머리 맞대다 [관]
머리맡
머리 모양(-模樣)
머리 모으다 [관]
머리빗
머리 빠지다
머리빡
머리빼기
머리뼈
머리새
머리서방(-書房) 맨 처음으로 결혼한 남편.

머리소리
머리 손질 하다
머리 숙이다 [관]
머리숱
머리 식히다 [관]
머리 싸고 [관]
머리 싸매다 [관]
머리싸움
머리 썩다 [관]
머리쓰개
머리 쓰다 [관]
머리 아파하다
머리 아프다
머리악
머리악을 쓰다 [관]
머리앓이
머리 얹다 [관]
머리 얹히다 [관]
머리 없는 놈 댕기 치레한다 [격]
머리에 그려 넣다 [관]
머리에 새겨 넣다 [관]
머리에 서리가 앉다 [관]
머리에 피도 안 마르다 [관]
머리 염색(-染色)
머리 위
머리 장식(-裝飾)
머리 조아리다
머리 좀 쓰다
머리채
머리처네
머리 쳐들다
머리치기
머리치장(-治粧)
머리카락 뒤에서 숨바꼭질한다 [격]
머리카락에 홈 파겠다 [격]
머리칼이 곤두서다 [관]
머리 터지다
머리털을 베어 신발을 삼다 [격]
머리털이 곤두서다 [관]
머리통만 하다
머리틀
머리핀(-pin)
머리 풀다 [관]
머리하다
머리하러 가다
머리 흔들다 [관]

머릿결
머릿골
머릿그림
머릿기름
머릿내
머릿돌
머릿밑
머릿방(-房)
머릿병풍(-屛風)
머릿살
머릿살 앓다 [관]
머릿살 아프다 [관]
머릿살 어지럽다 [관]
머릿속
머릿수(-數)
머릿수건(-手巾)
머릿장(-欌)
머릿짓
머무는 중에(-中-)
머무르지 마라
머무를 거야
머무를걸
머무를 걸세
머무를걸요
머무를게
머무를게요
머무름표(-標)
머물다 가다
머물다 오다
머물러 있던 중에(-中-)
머물러 지내다
머물지 마라
머뭇거림 없이
머슴꾼
머슴날
머슴 노릇 하다
머슴 두고 살다
머슴밥
머슴방(-房)
머슴 보고 속곳 묻는다 [격]
머슴 부리듯 하다
머슴 살다 [관]
머슴살이
머슴살이꾼
머슴살이 삼 년에 주인 성 묻는다(-三年-主人
　　姓-) [격]

머슴살이하다
머슴아이
머슴애
머슴이 강짜한다 [격]
머슴장원놀이(-壯元-)
머슴찌
머슴 취급 하다(-取扱-)
머쓱해 보이다
머쓱해지다
머위장아찌
머윗잎
머윗잎쌈
머저리 같은 놈
머저리같이
머저리 노릇 하다
머저리 취급 하다(-取扱-)
머절싸하다
머지않은 장래(-將來)
머츰해지다
먹감
먹감나무
먹감나무농(-籠)
먹감나무장(-欌)
먹거나 말거나
먹건 말건
먹건 안 먹건
먹게 해 주다
먹고 가다
먹고 나서
먹고 난 뒤
먹고 남다
먹고 다니다
먹고 닮다 [관]
먹고도 굶어 죽는다 [격]
먹고 들어가다 [관]
먹고 떨어지다 [관]
먹고 마시다
먹고 말다
먹고 먹히는
먹고 보니
먹고살기 위해(-爲-)
먹고살다
먹고살 듯하다
먹고살 만큼
먹고살 만하다
먹고 싶어지다

먹고 싶어 하다
먹고 싶은가 보다
먹고 싶은 것도 많겠다 [격]
먹고 자고
먹고 죽자 해도 없다
먹고 지낼 만하다
먹곰보
먹과녁
먹구름 같은
먹구름같이
먹국하다
먹그림
먹 글씨
먹긋기
먹기는 아귀같이 먹고 일은 장승같이 한다 [격]
먹기는 파발이 먹고 뛰기는 역마가 뛴다(−擺
　　撥−驛馬−) [격]
먹기름
먹기만 하다
먹기만 해도
먹기 싫어지다
먹기 싫어하다
먹기 싫은 밥에 재나 뿌리지 [격]
먹기 전(−前)
먹기 좋아하다
먹긴 하지만
먹꼭지
먹꼭지연(−鳶)
먹꾼
먹나 보네
먹나 보다
먹나 안 먹나 어디 보자
먹네그려
먹놓기
먹놓다
먹느니 마느니
먹는 개도 아니 때린다 [격]
먹는 거야
먹는 건가
먹는 건 줄 알다
먹는 건지 못 먹는 건지
먹는 걸 거야
먹는 놈이 똥을 눈다 [격]
먹는다나 봐
먹는다 해도
먹는 대로

먹는 데는 감돌이 일에는 배돌이 [격]
먹는 데는 관발이요 일에는 송곳이라 [격]
먹는 데는 남이요 궂은 일에는 일가라(−−家−)
　　[격]
먹는 데 대하여(−對−)
먹는 동안
먹는 둥 마는 둥
먹는 듯하다
먹는 때는 개도 때리지 않는다 [격]
먹는 떡에도 소를 박으라 한다 [격]
먹는 만큼
먹는 소가 똥을 누지 [격]
먹는장사
먹는 족족
먹는 중(−中)
먹는지 안 먹는지
먹는 척하다
먹다가 굶어 죽겠다 [격]
먹다 가다
먹다가 보니 개떡 [격]
먹다 남기다
먹다 남은 밥
먹다 남은 죽은 오래 못 간다(−粥−) [격]
먹다 말다
먹다 못해
먹다 보니
먹다 죽은 대장이나 밭갈이하다 죽은 소나(−大
　　將−) [격]
먹던 대로
먹던 떡도 아니고 보던 굿도 아니다 [격]
먹던 술도 떨어진다 [격]
먹던 중(−中)
먹두루마기
먹뒝벌
먹든 말든
먹든지 말든지
먹듯이 하다
먹듯 하다
먹딸기
먹똥
먹매　음식을 먹는 정도나 태도.
먹매김
먹머리동이
먹먹해지다
먹물
먹물 들다 [관]

370

먹물뜨다
먹물 먹다 [관]
먹물 번지다
먹물을 뿌린 듯 [관]
먹물주머니
먹반달(-半-)
먹병(-瓶)
먹빛 같은
먹빛같이
먹사과
먹사진(-寫眞)
먹새 검거나 거무스름한 모래.
먹색(-色)
먹성 좋다(-性-)
먹수건(-手巾)
먹실 넣다
먹어 가다
먹어 갈수록
먹어나다
먹어 대다
먹어 두다
먹어 들어가다
먹어 버릇하다
먹어 버리다
먹어 보다
먹어 보이다
먹어 보지 못하다
먹어 본 적 없다
먹어 본 지 얼마만인지
먹어 볼 거야
먹어 볼걸
먹어 볼 걸세
먹어 볼걸요
먹어 볼게
먹어 볼게요
먹어 볼 만하다
먹어 봐라
먹어서는 안 된다
먹어서 싫다는 놈 없다 [격]
먹어 쌓다
먹어야 체면(-體面) [격]
먹어 없애다
먹어 오다
먹어 주다
먹어 줄 거야
먹어 치우다

먹어 치워 버리다
먹었나 보다
먹었는데도
먹었을 거야
먹었을뿐더러
먹었을 뿐 아니라
먹여 달라고 하다
먹여 달라다
먹여 드리다
먹여 버릇하다
먹여 보내다
먹여 살리다 [관]
먹여 살리다시피 하다
먹여 주는 대로
먹여 줄 거야
먹여 줄걸
먹여 줄 걸세
먹여 줄게요
먹여치다
먹였나 보다
먹옷
먹으나 마나 하다
먹으나 안 먹으나
먹으러 가다
먹으러 오다
먹으려 들다
먹으면 먹을수록
먹으면 안 된다
먹은 거로구나
먹은 거예요
먹은 건지 안 먹은 건지
먹은금
먹은금새
먹은 김에
먹은 대로
먹은 둥 만 둥 하다
먹은 듯 만 듯 하다
먹은 듯싶다
먹은 듯하다
먹은 만치
먹은 만큼
먹은 죄는 꿀 종지도 하나(-罪-) [격]
먹은 죄는 없다(-罪-) [격]
먹은 지 오래되다
먹은 척도 안 하다
먹은 체하다

먹은 후(-後)
먹을 가까이 하면 검어진다 [격]
먹을거리
먹을 거야
먹을걸
먹을 걸세
먹을걸요
먹을 것 없는 제사에 절만 많다(-祭祀-) [격]
먹을 것을 보면 세 치를 못 본다 [격]
먹을게
먹을게요
먹을까 말까 하다
먹을까 보다
먹을 듯 말 듯 하다
먹을 만도 하다
먹을망정
먹을뿐더러
먹을 뿐 아니라
먹을수록 남남한다 [격]
먹을알
멋을 줄 알다
먹을지 안 먹을지
먹을 콩 났다고 덤빈다 [격]
먹을 터이니
먹을 테면 먹어라
먹음먹이
먹음새
먹음직도 하다
먹음직스럽다
먹음직해 보이다
먹이 그릇
먹이망(-網)
먹이 사슬=먹이사슬
먹이양(-量)
먹이잡이
먹이 주다
먹이통(-桶)
먹이풀
먹일 거야
먹일걸
먹일 걸세
먹일걸요
먹일게
먹일게요
먹잇감
먹자 목수가 나무에 먹으로 금을 그을 때 쓰는

'T' 자 모양의 자.
먹자골목
먹자는 귀신은 먹여야 한다(-鬼神-) [격]
먹자는 대로
먹자리
먹자리은어(-銀魚)
먹자마자
먹자파(-派)
먹자판
먹장 갈아 부은 듯하다 [관]
먹장구름
먹장삼(-長衫)
먹장쇠
먹종이
먹줄
먹줄꼭지
먹줄치기
먹줄 친 듯하다
먹지는 못하지만
먹지도 못하는 제사에 절만 죽도록 한다(-祭
祀-) [격]
먹지 마라
먹지 말라고 하다
먹지 못하다
먹지 못할 풀이 오월에 겨우 나온다(-五月-)
[격]
먹지 않는 씨아에서 소리만 난다 [격]
먹지 않는 종 투기 없는 아내(-妬忌-) [격]
먹지 않으려 한다
먹지 않으면 안 된다
먹지 않은 채
먹지 않을 수 없다
먹집게
먹참외
먹총이 검은 털과 흰 털이 섞여 난 말.
먹치마
먹칠당하다(-漆當-)
먹칼
먹통줄(-桶-)
먹투성이
먹팥
먹피
먹혀들다
먹혀 들어가다
먹혀들지 않는다
먼가래

372

먼가래질
먼가랫밥(1) 가래로 떠서 멀리 던진 흙.
먼가랫밥(2) 객사한 사람을 임시로 파묻는 가래
　　흙.
먼개 썰물 때 멀리까지 드러나는 개펄.
먼 곳
먼 그날
먼 길 가다
먼 나라
먼눈
먼눈팔다
먼 데 것을 얻으려고 가까운 것을 버린다 [격]
먼 데 단 냉이보다 가까운 데 쓴 냉이 [격]
먼 데로 가다
먼 데 무당이 영하다(-靈-) [격]
먼데를 보다
먼 데 일가가 가까운 이웃만 못하다(--家-)
　　[격]
먼뎃말
먼뎃불빛
먼뎃손
먼동 트다
먼말 =먼뎃말.
먼먼 옛날
먼물 먹을 수 있는 우물물.
먼발치
먼빛으로
먼 사촌보다 가까운 이웃이 낫다(-四寸-) [격]
먼산나무(-山-)
먼산나무하다(-山-)
먼산나물(-山-)
먼산나물하다(-山-)
먼산바라기(-山-)
먼산주름(-山-)
먼 앞날
먼 옛날
먼우물 =먼물.
먼일 먼 앞날의 일.
먼 일가(--家)
먼 일가와 가까운 이웃(--家-)
먼장질 먼발치로 총이나 활 따위를 쓰는 일.
먼저 가다
먼저께
먼저 꼬리 친 개 나중 먹는다 [격]
먼저 난 머리보다 나중 난 뿔이 무섭다 [격]
먼저 먹은 후 답답(-後-) [격]

먼저 오다
먼저 하다
먼전만 바라보다
먼전으로 돌다 [관]
먼젓번(-番)
먼 조상 때(-祖上-)
먼 조카는 따져도 가까운 삼촌은 따지지 않는다
　　(-三寸-) [격]
먼지 같은
먼지같이
먼지 끼다
먼지 나다
먼지 날리다
먼지내
먼지 냄새
먼지답새기
먼지도 쌓이면 큰 산이 된다(-山-) [격]
먼지떨음하다
먼지떨이
먼지바람
먼지분(-粉)
먼지 속
먼지 안 나다
먼지 앉다
먼지잼 비가 겨우 먼지나 날리지 않을 정도로
　　조금 옴.
먼지투성이
먼짓길
먼 쪽
먼촌 일가(-寸一家)
먼 친척(-親戚)
먼 하늘
먼 훗날(-後-)
멀거나 가깝거나
멀거니 앉아
멀 거야
멀 걸세
멀걸요
멀걸게 되다
멀게 멀게
멀게지다
멀고도 먼
멀그스레하다
멀기만 하다
멀다 않고
멀다 하고

멀떠구니
멀리 가다
멀리 가 버리다
멀리 내다보다
멀리는 못 가다
멀리뛰기
멀리멀리
멀리 못 가다
멀리보기눈
멀리 보다
멀리서나마
멀리 안 가다
멀리 안 하다
멀리하고 지내다
멀리하지 말고
멀리해 오다
멀면 멀수록
멀미 나다
멀미 내다
멀미 안 나다
멀미약(-藥)
멀미증(-症)
멀미하다
멀 뿐더러
멀 뿐만 아니라
멀어 보이다
멀어져 가다
멀어질 거야
멀어질걸
멀어질 걸세
멀어질걸요
멀어질수록
멀었을 거야
멀지 않은 곳
멀쩡해 보이다
멀쩡해지다
멀찌가니 물러앉다
멀찌감치 물러서다
멀찍멀찍이
멀태죽(-粥)
멀티미디어(multimedia)
멈살이
멈추어 달라고 하다
멈추어 달라다
멈추어 서다
멈출 수 없다

멈춰 버리다
멈춰 서다
멈춰 주다
멈춰지다
멋거리
멋거리지다
멋 나다
멋 내다
멋대가리 없이
멋대로 하다
멋들어 보이다
멋들어지다
멋모르고 나서다
멋모르다
멋 부리다
멋 안 나다
멋 안 부리다
멋없어 보이다
멋에 치여 중 서방질한다(-書房-) [격]
멋있어 보이다
멋있어지다
멋져 보이다
멋질리다
멋쩍어 보이다
먹쩍어지다
멋쩍어하다
멋쩍은 듯이
멋 피우다
멍구럭
멍군 장군
멍군하다
멍덕꿀
멍들게 하다
멍들어 가다
멍멍개
멍멍해지다
멍석 구멍에 생쥐 눈 뜨듯 [격]
멍석 깔아 놓다
멍석만 하다
멍석말이
멍석자리
멍석잠
멍석짝
멍에끈
멍에담
멍에 메다 [관]

멍에목
멍에 쓰다
멍에투겁
멍엣상처(-傷處)
멍엣줄
멍엣집
멍울멍울하다
멍울 서다 [관]
멍울 지다
멍이야 장이야 [관]
멍 자국
멍 지다 [관]
멍첨지(-僉知)
멍청이 짓 하다
멍청해 보이다
멍청해지다
멍텅구리낚시
멍하니 바라보다
멍해 보이다
멍해지다
멎어 버리다
멎어서다
멎은 지 오래되다
메가바이트(megabyte)
메가톤 급(megaton級)
메가폰을 잡다(megaphone-) [관]
메고 가다
메고 나면 상두꾼 들고 나면 초롱꾼(-喪-) [격]
메고 다니다
메고 오다
메공이
메기구이
메기 등에 뱀장어 넘어가듯 [격]
메기수염(-鬚髯)
메기 아가리 큰 대로 다 못 먹는다 [격]
메기입
메기 잡다 [관]
메기장
메기주둥이
메기지짐이
메기 침만큼 [관]
메기탕(-湯)
메김새
메꽃다
메다꽂다
메다듬

메다붙이다
메다치다
메달 따다(medal-)
메달박스(medal box)
메달밭(medal-)
메달 획득(medal獲得)
메떡
메떨어지다
메뚜기도 유월이 한철이다(-六月-) [격]
메뚜기볶음
메뚜기장(-醬)
메뚜기팔찌
메마른 듯해 보이다
메마를 거야
메마를걸
메마를 걸세
메마를걸요
메말라 가다
메말라 버리다
메말라질 거야
메모 남기다(memo-)
메모 용지(memo用紙)
메모지(memo紙)
메모 쪽지(memo-)
메모판(memo板)
메모하다(memo-)
메모홀더(memo holder)
메밀가루
메밀국수
메밀껍질
메밀꽃
메밀꽃 일다 [관]
메밀나깨
메밀나물
메밀누룩
메밀당수
메밀대
메밀도 굴러가다가 서는 모가 있다 [격]
메밀떡
메밀떡 굿에 쌍장구 치랴(-雙-) [격]
메밀만두(-饅頭)
메밀묵
메밀밥
메밀밭
메밀 벌 같다 [관]
메밀부침

메밀산자(-饊子)
메밀소주(-燒酒)
메밀수제비
메밀쌀
메밀응이
메밀이 세 모라도 한 모는 쓴다더니 [격]
메밀이 있으면 뿌렸으면 좋겠다 [격]
메밀잠자리
메밀짚
메박아 버리다
메밥
메벼
메부엉이
메붙이다
메설기
메숲지다
메스 가하다(mes加-) [관]
메스꺼워지다
메스꺼워하다
메슥거려지다
메슥메슥해지다
메시루떡
메아리 소리
메아리쳐 오다
메아리치다
메어꽂다
메어박다
메어붙이다
메어지는 듯하다
메어쳐 버리다
메어치다
메옥수수
메워 가다
메워 나가다
메워 놓다
메워 두다
메워 버리다
메워 주다
메워지다
메워질 듯하다
메이데이(May Day)
메이커품(maker品)
메인타이틀(main title)
메조
메조소프라노(mezzo-soprano)
메좁쌀

메주 뜨다
메주 띄우다
메주 밟듯 [관]
메주 쑤다
메주콩
메줏가루
메줏덩이
메줏말
메줏물
메줏불
메지 나다 [관]
메지 내다 [관]
메지대다
메지메지 나누다
메지 짓다 [관]
메질꾼
메질하다
메찰떡
메추라기찜
메추리구이
메추리저냐
메탄가스(methane gas)
메틸알코올(methy alcohol)
멕시코 만(Mexico灣)
멜대
멜로드라마(melo drama)
멜빵
멜빵끈
멜빵바지
멜빵짐
멜빵허리
멜채
멤버십(membership)
멤겨
멥쌀
멥쌀가루
멥쌀미음(-米飮)
멥쌀밥
멥쌀술
멧갓
멧고추잠자리
멧괴새끼
멧기
멧나물
멧나물지짐이
멧누에고치

멧누에고치실
멧대추
멧돼지 같은
멧돼지같이
멧돼지 새끼
멧두릅
멧두릅나물
멧부리
멧부엉이
멧불
멧새통방
멧수수
멧수수밥
멧짐승
며느님
며느리가 미우면 손자까지 밉다(-孫子-) [격]
며느리고금 날마다 앓는 학질.
며느리 노릇
며느리 늙어 시어미 된다(-媤-) [격]
며느리발톱
며느리 보다
며느리 사랑은 시아버지 사위 사랑은 장모(媤-
    丈母) [격]
며느리 삼다
며느리 상청에서도 떡 웃지짐이 제일(-喪廳-
    第一) [격]
며느리 샘에 발꿈치 희어진다 [격]
며느리 아이 낳는 건 봐도 딸 애 낳는 건 못 본
    다 [격]
며느릿감
며늘아기
며늘애
며칟날
며칠간(-間)
며칠 내로(-內-)
며칠 동안
며칠 뒤
며칠 만에
며칠 못 가다
며칠 밤
며칠 밤낮
며칠 새
며칠 안 남다
며칠 안으로
며칠 앞두고
며칠 있다 오다

며칠 지난 후(-後)
며칠째
며칠쯤
멱 감다
멱국
멱나다
멱둥구미
멱따는 소리 [관]
멱따다
멱미레
멱부리
멱부리 암탉이다 [격]
멱살 들다 [관]
멱살 잡다
멱살잡이
멱살 잡히다
멱서리
멱신 짚이나 삼 따위로 멱서리처럼 결어서 만
    든 신.
멱씨름하다
멱 진 놈 섬 진 놈 [격]
멱찌르다
멱차다
면구스러워하다(面灸-)
면구쩍다(面灸-)
면나다(面-)
면난쩍다(面板-)
면내다(面-)
면내의(綿內衣)
면 단위(面單位)
면담 중에(面談中-)
면담해 보다(面談-)
면도날 같은(面刀-)
면도날같이(面刀-)
면도 못 하다(面刀-)
면도솔(面刀-)
면도질(面刀-)
면도해 주다(面刀-)
면돗밥(面刀-)
면례하는 데 뼈 감추기(緬禮-) [격]
면먹다
면목 가리다(面目-) [관]
면목 세우다(面目-)
면목 세워 주다(面目-)
면목 없다(面目-) [관]
면목이 익다(面目-) [관]

377

면목이 있다(面目-) [관]
면무식(免無識)
면바로 쳐다보다(面-)
면바르다(面-)
면바지(綿-)
면박당하다(面駁當-)
면박 주다(面駁-)
면발(麵-)
면벽돌(面甓-)
면벽참선(面壁參禪)
면보다(面-)
면분솔(面粉-)
면빗(面-)
면사무소(面事務所)
면사포구름(面紗布-)
면사포 쓰다(面紗布-)
면 서기(面書記)
면세 가격(免稅價格)
면세 혜택(免稅惠澤)
면 소재지(面所在地)
면실(綿-)
면싸대기(面-)
면양말(綿洋襪)
면역 기능(免疫機能)
면역 체계(免疫體系)
면역 효과(免疫效果)
면장갑(綿掌匣)
면접 보다(面接-)
면접시험(面接試驗)
면제될 듯하다(免除-)
면제시켜 주다(免除-)
면제 안 해 주다(免除-)
면제해 주다(免除-)
면직당하다(免職當-)
면직 처분(免職處分)
면책 특권=면책특권(免責特權)
면치다(面-)
면치레하다(面-)
면치 못하다(免-)
면케 되다(免-)
면키 어렵다(免-)
면포플린(綿 poplin)
면피가 두껍다(面皮-)
면하자마자(免-)
면학 분위기(勉學雰圍氣)
면해 보려 하다(免-)

면허 갱신(免許更新)
면허 내주다(免許-)
면허 시험(免許試驗)
면허 정지=면허정지(免許停止)
면허 취득(免許取得)
면허 취소=면허취소(免許取消)
면화씨(綿花-)
면화자유(棉花子油)
면회 가다(面會-)
면회 금지(面會禁止)
면회 날(面會-)
면회 사절(面會謝絶)
면회 시간(面會時間)
면회시켜 주다(面會-)
면회 오다(面會-)
멸균 우유=멸균우유(滅菌牛乳)
멸망시켜 버리다(滅亡-)
멸망한 듯하다(滅亡-)
멸망해 버리다(滅亡-)
멸사봉공(滅私奉公)
멸시당하다(蔑視當-)
멸시해 오다(蔑視-)
멸장(-醬)
멸종되다시피 하다(滅種-)
멸종되어 가다(滅種-)
멸종 위기(滅種危機)
멸치들망(-網) 멸치잡이에 쓰는 들그물.
멸치 떼
멸치수제비
멸치잡이
멸치저냐
멸치젓
멸치조림
멸치 한 마리는 어쭙잖아도 개 버릇이 사납다
    [격]
명가수(名歌手)
명가자제(名家子弟)
명갈이 밭을 갈아 목화씨를 심는 일.
명감독(名監督)
명개흙
명궁수(名弓手)
명기해 놓다(明記-)
명나라(明-)
명년도(明年度)
명단 공개(名單公開)
명답변(名答辯)

378

명답안(名答案)
명당바람(明堂-)
명당자리(明堂-)
명당자손(明堂子孫)
명당 터(明堂-)
명란젓(明卵-)
명란찌개(明卵-)
명랑해 보이다(明朗-)
명랑해지다(明朗-)
명령대로 움직이다(命令-)
명령 불응(命令不應)
명령조로 말하다(命令調-)
명령하다시피 하다(命令-)
명령하듯 하다(命令-)
명료해지다(明瞭-)
명망 높은 분(名望-)
명매기걸음 맵시 있게 아장거리며 걷는 걸음.
명맥 붙이다(命脈-) [관]
명맥 유지(命脈維持)
명맥 잇다(命脈-)
명목뿐인 사장(名目-社長)
명문 가문(名門家門)
명문가 집안(名門家-)
명문구(名文句)
명문 규정(明文規定)
명문대가(名門大家)
명문 대학(名門大學)
명문 막히다(命門-) [관]
명문자제(名門子弟)
명문 잡아먹고 휴지 똥 눌 놈(明文-休紙-) [격]
명문장(名文章)
명문 출신(名門出身)
명문화되다(明文化-)
명문화해 놓다(明文化-)
명배우(名俳優)
명백해지다(明白-)
명복 빌다(冥福-)
명부지성부지(名不知姓不知)
명분 없이(名分-)
명 붙이다(命-)
명사격술(名射擊術)
명사수(名射手)
명사십리(明沙十里)
명산대찰(名山大刹)
명산물(名産物)
명산 잡아 쓰지 말고 배은망덕하지 마라(名山-

背恩忘德-) [격]
명삿길(鳴砂-)
명색이 좋다(名色-) [관]
명승고적(名勝古蹟)
명승부(名勝負)
명시된 대로(明示-)
명시선(名詩選)
명시해 두다(明示-)
명실 공히(名實共-)
명심하면 명심 덕이 있다(銘心-銘心德-) [격]
명심할 거야(銘心-)
명심할 걸세(銘心-)
명심할걸요(銘心-)
명심할게요(銘心-)
명씨박이다
명아줏대
명예 교수=명예교수(名譽教授)
명예박사(名譽博士)
명예시민(名譽市民)
명예제대=명예제대(名譽除隊)
명예퇴직(名譽退職)
명예 회복(名譽回復)
명예 회원(名譽會員)
명예 훼손=명예훼손(名譽毀損)
명의 도용(名義盜用)
명의 변경=명의변경(名義變更)
명의 이전(名義移轉)
명일날(名日-)
명절 기분 나다(名節氣分-)
명절날(名節-)
명절놀이(名節-)
명절 때(名節-)
명절맞이(名節-)
명절빔(名節-)
명절 쇠다(名節-)
명절 연휴(名節連休)
명주 고름 같다(明紬-) [격]
명주낳이(明紬-)
명주바람(明紬-)
명주 보자기(明紬-)
명주붙이(明紬-)
명주솜(明紬-)
명주실(明紬-)
명주실구름(明紬-)
명주옷(明紬-)
명주옷은 사촌까지 덥다(明紬-四寸-) [격]

379

명주 자루에 개똥(明紬-) [격]
명주 저고리(明紬-)
명줄 끊다(命-)
명줄을 걸다(命-) [관]
명줄을 쥐다(命-) [관]
명중한 듯하다(命中-)
명지바람 보드랍고 화창한 바람.
명질날 =명절.
명 짧은 놈 턱 떨어지겠다(命-) [격]
명찰 달다(名札-)
명찰에 절승(名刹-絶勝) [격]
명치끝
명치뼈
명콤비(名combination)
명탐정(名探偵)
명태구이(明太-)
명태덕(明太-)
명태 알(明太-)
명태조림(明太-)
명태포(明太脯)
명태 한 마리 놓고 딴전 본다(明太-) [격]
명태회(明太膾)
명탯국(明太-)
명토 박다(名-) [관]
명포수(名砲手)
명품 판매(名品販賣)
명함도 못 내밀다(名銜-)
명함도 못 들이다(名銜-) [관]
명함을 내밀다(名銜-) [관]
명함판 사진(名銜判寫眞)
명확해 보이다(明確-)
명후년(明後年)
몇 가지
몇 개 안 되다(-個-)
몇 개월 만에(-個月-)
몇 걸음 못 가다
몇 곱절
몇 군데
몇 날 며칠
몇 년간(-年間)
몇 년 동안(-年-)
몇 년 새(-年-)
몇 년씩이나(-年-)
몇 년 전(-年前)
몇 년째(-年-)
몇 달간(-間)

몇 달 만에
몇 달 새
몇 달씩
몇 달 안 되다
몇 달째
몇 등(-等)
몇 리(-里)
몇 마디
몇 만 명(-萬名)
몇몇 사람
몇 배(-倍)
몇 번씩(-番-)
몇 번째(-番-)
몇 분 만에(-分-)
몇 분씩(-分-)
몇 분째(-分-)
몇 시간 만에(-時間-)
몇 시경(-時頃)
몇 시쯤(-時-)
몇 십만 원이냐(-十萬-)
몇 안 되다
몇 억 들었니(-億-)
몇 월 달(-月-)
몇 자(-字)
몇 주 만에(-週-)
몇 주일간(-週日間)
몇 주일 만에(-週日-)
몇 주일째(-週日-)
몇 천 리냐(-千里-)
몇 천만 명이냐(-千萬名-)
몇 푼 안 되다
몇 해 동안
몇 해 만에
모가비 되다
모가쓰다
모가지 떨어지다 [관]
모가지를 자르다 [관]
모가지 잘리다 [관]
모개로 사 오다
모개모개
모개흥정 모개로 하는 흥정.
모갯돈
모걸음
모걸음질
모걸음 치다
모계 사회=모계사회(母系社會)

모골이 송연하다(毛骨-悚然-)
모과나무(木瓜-)
모과나무 심사(木瓜-心思) [관]
모과정과(木瓜正果)
모과죽(木瓜粥)
모과편(木瓜-)
모교 방문(母校訪問)
모군꾼(募軍-)
모군삯(募軍-)
모군을 서다(募軍-) [관]
모군일하다(募軍-)
모금모금
모금 운동(募金運動)
모금해 오다(募金-)
모금 활동(募金活動)
모 기관(某機關)
모기 다리에서 피 뺀다 [격]
모기 다리의 피만 하다 [격]
모기 대가리에 골을 내랴 [격]
모기도 낯짝이 있지 [격]
모기도 모이면 천둥소리 난다 [격]
모기둥
모기떼
모기르기
모기 밑구멍에 당나귀 신이 당할까(-唐-當-)
    [격]
모기발순(-發巡) 어둑어둑할 무렵에 모기가
    떼를 지어 왱왱거리고 날아다님.
모기 보고 칼 빼기 [격]
모기쑥
모기약(-藥)
모기장 치다(-帳-)
모기풀
모기향(-香)
모깃불
모 꺾다 [관]
모꼬지하다
모꾼
모끼질하다
모나게 하다
모나무(1) =묘목.
모나무(2) 네모지게 다듬은 나무.
모난 돌이 정 맞는다 [격]
모난 듯하다
모내기꾼
모내기 때는 고양이 손도 빌린다 [격]

모내기 철에는 아궁 앞의 부지깽이도 뛴다 [격]
모내기하다
모내다
모녀간(母女間)
모녀 관계(母女關係)
모녀 사이(母女-)
모년 모월 모일(某年某月某日)
모노레일(monorail)
모눈
모눈자
모눈종이
모닝콜(morning call)
모다기령(-令)
모다기모다기
모다깃매
모다깃매질
모닥모닥
모닥불
모대갈못
모델 노릇(model-)
모델 일 하다(model-)
모델케이스(model case)
모델 하우스=모델하우스(model house)
모도장(-圖章)
모독 행위(冒瀆行爲)
모돌 네모진 돌.
모되 네 모가 반듯하게 된 되.
모두거리
모두놀이
모두 다
모두뛰다
모두띔
모두머리
모두먹기
모두베기
모두부(-豆腐)
모두숨 한 번에 크게 몰아쉬는 숨.
모두 진술=모두진술(冒頭陳述)
모둠꽃밭
모둠냄비
모둠밥
모드레짚다
모든 게 다 있다
모든 이
모들뜨기
모들뜨다

모땜
모뜨기 =모찌기.
모뜨다
모란꽃(牧丹-)
모래가 싹 난다 [격]
모래강변(-江邊)
모래곶
모래땅
모래로 물 막는다 [격]
모래로 방천한다(-防川-)
모래막이
모래막이숲
모래막이하다
모래밭
모래벌판
모래벽(-壁)
모래사막(-砂漠)
모래사장(-沙場)
모래사탕(-砂糖)
모래섬
모래성(-城)
모래시계(-時計)
모래알
모래알도 모으면 산이 된다(-山-) [격]
모래 언덕
모래 위에 물 쏟은 격(-格) [격]
모래 위에 선 누각(-樓閣) [격]
모래 위에 쌓은 성(-城) [격]
모래자갈
모래주머니
모래집
모래찜질
모래 채취(-採取)
모래층(-層)
모래톱
모래투성이
모래판
모래펄
모래흙
모랫구멍
모랫길
모랫논
모랫둑
모랫바닥
모로 가나 기어가나 서울 남대문만 가면 그만
　　이다(-南大門-) [격]

모로 가도 서울만 가면 된다 [격]
모로 눕다
모로 던져 마름쇠 [격]
모루구름
모루떼기
모루채
모룻돌
모르고 살다
모르고 지나가다
모르고 한 짓
모르긴 해도
모르나 보다
모르는 게 낫다
모르는 결에
모르는 듯하다
모르는 바 아니다
모르는 새
모르는 줄 알다
모르는 채
모르는 체하다
모르는 체해 오다
모르면 몰라도 [관]
모르면 약이요 아는 게 병(-藥-病) [격]
모르쇠
모르쇠 잡다 [관]
모르실 거야
모르실걸
모르실 걸세
모르실걸요
모른 채
모른 척하다
모른 체해 오다
모를 거야
모를걸
모를 걸세
모를걸요
모를까 봐
모를 꺾다
모를 리 없다
모를 만도 하다
모를 만큼
모를 뻔하다
모를 재다
모를 텐데
모름하다
모릿줄

모말 곡식 따위를 되는 말의 하나.
모말꿇림
모말집
모모한 인사(某某-人士)
모모 회사(某某會社)
모몰염치(冒沒廉恥)
모무늬
모반(-盤)
모반 꾀하다(謀反-)
모반 사건(謀反事件)
모반죄(謀反罪)
모방 못 하다(模倣-)
모방 범죄(模倣犯罪)
모방 안 하다(模倣-)
모방해 오다(模倣-)
모밭 묘목을 기르는 밭.
모범 답안(模範答案)
모범 보이다(模範-)
모범 사례(模範事例)
모범생티 내다(模範生-)
모범 인물(模範人物)
모범촌(模範村)
모범택시(模範taxi)
모범학교(模範學校)
모범 학생(模範學生)
모 병원(某病院)
모 붓다 [관]
모사꾼(謀事-)
모삿그릇(茅沙-)
모새밭
모색해 보다(摸索-)
모색해 오다(摸索-)
모서까래
모서다
모서리각(-角)
모설탕(-雪糖)
모성 본능(母性本能)
모세 혈관＝모세혈관(毛細血管)
모셔 가다
모셔 가다시피 하다
모셔 가 달라고 하다
모셔 가 달라다
모셔 놓다
모셔다 놓다
모셔 두다
모셔 들이다

모셔 오다
모셔 오다시피 하다
모션을 걸다(motion-) [관]
모송곳
모숨모숨
모습 드러나다
모시게 되다
모시계(-時計)
모시고 가다
모시 고르다 베 고른다 [격]
모시고 살다
모시듯 하다
모시러 가다
모시러 오다
모시려 하다
모시밭
모시실
모시옷
모시조개
모시조개젓
모시 짜다
모실 거야
모실걸
모실 걸세
모실걸요
모실게
모실게요
모실 듯하다
모심개 ＝이앙기.
모심기 철
모심기하다
모심다
모싯물
모싯빛
모아 가다
모아 나가다
모아 놓다
모아 달라고 하다
모아 달라다
모아 두다
모아들다
모아들이다
모아 보다
모아쓰다
모아 오다
모아 주다

모아 쥐다
모 안 나다
모았나 보다
모야간에(暮夜間-)
모야모야(某也某也)
모야무지(暮夜無知)
모약과(-藥果)
모양꾼(模樣-)
모양내다(模樣-)
모양내다 얼어 죽겠다(模樣-) [격]
모양 사납다(模樣-) [관]
모양새 갖추다(模樣-)
모양 안 나다(模樣-)
모양이 개잘량이라(模樣-) [격]
모양이 아니다(模樣-) [관]
모양이 있다(模樣-) [관]
모양 차리다(模樣-) [관]
모여나다
모여 놀다
모여들다
모여 살다
모여 앉다
모여지다
모오리돌
모욕당하다(侮辱當-)
모욕 주다(侮辱-)
모월 모일 모시(某月某日某時)
모으는 중에(-中-)
모을 거야
모을걸
모을 걸세
모을걸요
모을게
모을게요
모음조화(母音調和)
모의고사(模擬考査)
모의시험(模擬試驗)
모의실험(模擬實驗)
모의장이(毛衣-)
모의재판(模擬裁判)
모의저고리(毛衣-)
모의총(模擬銃)
모의 투표(模擬投票)
모이 그릇
모이마당(1) 봉분 앞의 넓은 터.
모이마당(2) 닭의 모이를 뿌려 주는 마당이라는

뜻으로, 아주 좁은 마당을 이르는 말.
모이 주다
모이주머니
모이 쪼아 먹다
모이통(-桶)
모 인사(某人士)
모임 갖다
모임 날
모임 약속(-約束)
모임열매
모임 장소(-場所)
모임지붕
모임지붕집
모임 활동(-活動)
모자간(母子間)
모자갈
모자갈바위
모자걸이(帽子-)
모자라나 보다
모자라는 대로
모자라 보이다
모자랄 거야
모자랄걸
모자랄 걸세
모자랄걸요
모자랄는지는 모른다
모자랄 듯하다
모자랄 만큼
모자람 없이
모자분(母子-)
모자 쓰다(帽子-)
모자 씌우다(帽子-)
모자챙(帽子-)
모잡이
모장갑(毛掌匣)
모 재다 [관] 모퉁이를 깎아 내다.
모재비
모잽이
모잽이헤엄
모쟁이
모전 다리 다모의 겨드랑이(毛廛-茶母-) [격]
모조리 내놓다
모종나무(-種-)
모종 내다(-種-)
모종밭(-種-)
모종비(-種-)

384

모종삽(-種-)
모종순(-種筍)
모종판(-種板)
모종하다(-種-)
모주꾼(母酒-)
모주망태(母酒-)
모주 먹은 돼지 껄때청(母酒-) [격]
모주 먹은 돼지 벼르듯(母酒-) [격]
모주 장사 열 바가지 두르듯(母酒-) [격]
모주팔이(母酒-)
모줏집(母酒-)
모지다
모지라지다
모지락스러운 데가 있다
모지랑갈퀴
모지랑붓
모지랑비
모지랑숟가락
모지랑이
모진 가난
모진 년의 시어미 밥내 맡고 들어온다(-媤-) [격]
모진 놈 옆에 있다가 벼락 맞는다 [격]
모진 놈은 계집 치고 흐린 놈은 세간 친다 [격]
모진 목숨
모질어 보이다
모질어져 가다
모질어지다
모질음
모질지 못하다
모집 광고(募集廣告)
모집 기간(募集期間)
모집 안내(募集案內)
모집 인원(募集人員)
모짝모짝
모찌기
모찌기하다
모 찌다 [관]
모처럼 능참봉을 하니까 한 달에 거둥이 스물
    아홉 번(-陵參奉-番) [격]
모처럼 태수 되니 턱이 떨어져(-太守-) [격]
모천국주의(母川國主義)
모천회귀(母川回歸)
모친상 당하다(母親喪當-)
모코리 대, 싸릿가지, 고리버들 따위의 재료로
    엮어 만든 그릇.

모탄자(毛-)
모탕고사(-告祀)
모태끝
모터보트(motor-boat)
모터쇼(motor show)
모토 뽑다(母土-) [관]
모투저기다
모퉁이 집
모퉁잇돌
모판흙(-板-)
모풀
모품 팔다
모피 옷(毛皮-)
모함 잡다(謀陷-)
모함해 오다(謀陷-)
모험사업(冒險事業)
모험 소설=모험소설(冒險小說)
모험 안 하다(冒險-)
모험해 오다(冒險-)
모형 비행기(模型飛行機)
모형실험(模型實驗)
모호해 보이다(模糊-)
모호해지다(模糊-)
모화관 동냥아치 떼쓰듯(慕華館-)
모화사대사상(慕華事大思想)
모회사(母會社)
모 회사(某會社)
목각 인형(木刻人形)
목간문(沐間門)
목간통(沐間桶)
목감기(-感氣)
목격해 오다(目擊-)
목곧이
목골통이(木-)
목공예품(木工藝品)
목공 일 하다(木工-)
목관 악기=목관악기(木管樂器)
목구멍 때도 못 씻었다 [격]
목구멍소리
목구멍에 풀칠하다(-漆-) [관]
목구멍의 때를 벗긴다 [격]
목구멍이 크다 [관]
목구멍이 포도청(-捕盜廳) [격]
목구성 목구멍의 구성진 맛.
목귀질하다
목기러기(木-)

목기침하다
목 긴 항아리(-缸-)
목랑청의 혼이 씌다(睦郎廳-魂-) [격]
목내의(木內衣)
목놀림하다
목 놓아 울다
목다리 짚다
목다심하다
목달구(木-)
목 달아나다
목대야(木-)
목대 잡다
목대잡이
목대접(木-)
목댕기
목덜미를 잡히다 [관]
목도군
목도리깨꾼
목도장(木圖章)
목도질
목도채
목돈 들다
목돈 들이다
목돈 만들다
목돈을 찌르다 [관]
목돗줄
목둘레
목둘레선(-線)
목돗개비
목뒤가 뻣뻣하다
목뒤털
목 따는 소리
목련꽃(木蓮-)
목로술집(木壚-)
목로주점(木壚酒店)
목로청(木壚廳)
목로판(木壚板)
목롯집(木壚-)
목마르다
목마른가 보다
목마른 놈이 우물 판다 [격]
목마른 송아지 우물 들여다보듯 [격]
목마름증(-症)
목말라 보이다
목말라하다
목말 타다

목말 태우다
목매기
목매기송아지
목매다
목매달다
목매아지
목매어 죽다
목매 죽다
목맨 송아지
목메다
목메어 울다
목 멘 개 겨 탐하듯(-貪-) [격]
목멘 소리
목목이 지키다
목물하다
목반자(木-)
목발 짚다(木-)
목 베다
목 부위(-部位)
목비 오다
목 빠지게 기다리다 [관]
목사리
목새돌다
목석간장(木石肝腸)
목석같다(木石-)
목석도 땀 날 때 있다(木石-) [격]
목석연하다(木石然-)
목소리 내다
목소리를 곤두세우다 [관]
목수가 많으면 기둥이 기울어진다(木手-) [격]
목수가 많으면 집을 무너뜨린다(木手-) [격]
목수가 해금통을 부순다(木手-奚琴筒-) [격]
목수건(木手巾)
목수 일 하다(木手-)
목숨을 거두다 [관]
목숨을 건지다
목숨을 걸다 [관]
목숨을 끊다 [관]
목숨을 다하다
목숨을 도모하다(-圖謀-) [관]
목숨을 바치다 [관]
목숨을 버리다 [관]
목숨을 부지하다(-扶持-)
목숨을 안 돌보다
목숨을 잃다 [관]
목숨이 왔다 갔다 하다 [관]

목쉬다
목쉰 소리
목 아프게 울부짖다
목 안
목 안의 소리 [관]
목양말(木洋襪)
목에 거미줄 치다 [관]
목에 걸리다 [관]
목에 칼이 들어와도 [관]
목에 핏대를 세우다 [관]
목에 힘을 주다 [관]
목요일 날(木曜日-)
목욕 가다(沐浴-)
목욕간(沐浴間)
목욕물(沐浴-)
목욕시켜 주다(沐浴-)
목욕 안 하다(沐浴-)
목욕옷(沐浴-)
목욕하나 마나 하다(沐浴-)
목욕하는 데 흙 뿌리기(沐浴-) [격]
목욕하러 가다가(沐浴-)
목 운동=목운동(-運動)
목울대
목울음
목을 걸다 [관]
목을 놓아 [관]
목을 따다 [관]
목을 세우다 [관]
목을 자르다 [관]
목을 조이다 [관]
목을 죽이다 [관]
목을 파다 [관]
목의 때도 못 씻는 살림 [격]
목이 간들거린다 [관]
목이 곧다 [관]
목이 날아가다 [관]
목이 떨어지다 [관]
목이 마르게 [관]
목이 막히다 [관]
목이버섯(木耳-)
목이 붙어 있다 [관]
목이 빠지게 기다리다 [관]
목이 찢어지게 [관]
목이 타다 [관]
목자가 사납다(目眦-)
목자놀이 =돌차기.

목 자르다
목 잘리다
목 잠기다
목장갑(木掌匣)
목적 달성(目的達成)
목적대로 이루다(目的-)
목적 없이(目的-)
목적의식(目的意識)
목적한 대로(目的-)
목접이질
목접이하다
목접질
목젓가락(木-)
목젖 떨어지다 [관]
목젖살
목젖이 간질간질하다 [관]
목젖이 내리다 [관]
목젖이 닳다 [관]
목제기(木祭器)
목조 건물=목조건물(木造建物)
목 조르다
목 조이다
목조 주택(木造住宅)
목 졸라 죽이다
목 졸려 죽다
목 좋은 자리
목주름
목줄띠
목 짧은 강아지 겻섬 넘어다보듯 한다 [격]
목청껏 외치다
목청 돋우다 [관]
목청을 뽑다 [관]
목촛대(木-臺)
목축문화(牧畜文化)
목축임
목침돌림(木枕-)
목침찜(木枕-) 목침으로 사람을 마구 때림.
목 타다
목탁귀(木鐸-)
목탁귀가 밝아야 한다(木鐸-) [격]
목탁귀신(木鐸鬼神)
목탁동냥(木鐸-)
목탁 소리(木鐸-)
목탄차(木炭車)
목털 뽑다
목테

목통 조르다
목판 인쇄＝목판인쇄(木板印刷)
목포수(-砲手) 사냥할 때에, 짐승이 다니는 목
　　을 지키는 포수.
목표 달성(目標達成)
목표로 하다(目標-)
목표 삼다(目標-)
목표 아래(目標-)
목표 지점(目標地點)
목표한 대로(目標-)
목피 목에서 흐르는 피.
목홍빛(木紅-)
목화꽃(木花-)
목화모(木花-)
목화밭(木花-)
목화솜(木花-)
목화송이(木花-)
목화 신고 발등 긁기(木靴-) [격]
목화씨(木花-)
목활자(木活字)
목회 활동(牧會活動)
몫몫이 나누다
몬다위 (1)말이나 소의 어깻죽지. (2)낙타의 등
　　에 두두룩하게 솟은 부분.
몬닥몬닥하다
몰고 가다
몰고 나가다
몰고 오다
몰골사납다
몰라도 돼
몰라보다
몰라볼까 봐
몰라볼 만큼
몰라주다
몰라 하다
몰락해 가다(沒落-)
몰락해 버리다(沒落-)
몰랐나 보다
몰랐을 거야
몰랐을걸
몰랐을 걸세
몰랐을걸요
몰랐을 리 없다
몰래몰래
몰래 빠져 나가다
몰래 하다시피 하다

몰래 하듯 하다
몰려가다
몰려나다
몰려나오다
몰려다니다
몰려들다
몰려 살다
몰려서다
몰려오다
몰릴 대로 몰리다
몰매 맞다
몰매질
몰밀다
몰박다
몰방질(沒放-)
몰살당하다(沒殺當-)
몰살시켜 버리다(沒殺-)
몰상식해 보이다(沒常識-)
몰수당하다(沒收當-)
몰수해 가다(沒收-)
몰수해 버리다(沒收-)
몰아가다
몰아내다
몰아내다시피 하다
몰아내자마자
몰아넣다
몰아닥치다
몰아 달라고 하다
몰아 달라다
몰아대다
몰아들다
몰아들이다
몰아 버리다
몰아 보다
몰아붙이다
몰아세다
몰아세우다
몰아쉬다
몰아애(沒我愛)
몰아오다
몰아주다
몰아치다
몰이꾼
몰이사냥
몰잇그물
몰잇배

388

몰잇줄
몰죽음(沒-)
몰취미하다(沒趣味-)
몰풍치(沒風致)
몸가짐
몸가축하다
몸값
몸거울
몸결 몸의 살결.
몸 관리 하다(-管理-)
몸길이
몸꼴
몸꼴 내다 얼어 죽는다 [격]
몸 나다
몸내 나다
몸 냄새
몸놀림
몸닦달
몸닦달질
몸단속(-團束)
몸단장(-丹粧)
몸 달다
몸담다
몸담아 오다
몸 더럽히다
몸동작(-動作)
몸 둘 바를 모르다 [관]
몸 뒤지다
몸 따로 마음 따로
몸때
몸뚱어리
몸뚱이
몸만들기
몸말
몸매 가꾸다
몸매 관리(-管理)
몸맨두리
몸맵시
몸무게
몸 바치다
몸바탕
몸밖정받이(-精-)
몸 버리다
몸보다 배꼽이 더 크다 [격]
몸보신(-補身)
몸부림치다

몸부림하다
몸 붙일 데 없이
몸빠진살
몸 사리다
몸살감기(-感氣)
몸살기(-氣)
몸살 기운(-氣運)
몸살 나다 [관]
몸살 날 듯하다
몸살 앓다
몸살 차살 하다 [관]
몸살풀이하다
몸상(-床)
몸 상태(-狀態)
몸 상하다(-傷-)
몸 생각해서
몸서리나다
몸서리치다
몸소름
몸소 하다
몸속
몸솔
몸수고
몸수색(-搜索)
몸시계(-時計)
몸시중
몸싸움하다
몸 쓰다
몸 아끼다
몸 안
몸안정받이(-精-)
몸에 배다 [관]
몸엣것
몸 움직임
몸은 개천에 가 있어도 입은 관청에 가 있다(-
    川-官廳-) [격]
몸을 가지다 [관]
몸을 꼬다 [관]
몸을 닦다 [관]
몸을 더럽히다 [관]
몸을 던지다 [관]
몸을 두다 [관]
몸을 바치다 [관]
몸을 받다 [관]
몸을 버리다 [관]
몸을 붙이다 [관]

몸을 쓰다 [관]
몸을 아끼다 [관]
몸을 잡다 [관]
몸을 팔다 [관]
몸을 허락하다(-許諾-) [관]
몸이 나다 [관]
몸이 달다 [관]
몸이 되면 입도 되다 [격]
몸이 비지 않다 [관]
몸자세(-姿勢)
몸 전체(-全體)
몸져눕다
몸조리하다(-調理-)
몸조심하다(-操心-)
몸조심해 오다(-操心-)
몸종 부리다
몸주체 못하다
몸집 좋은 사람
몸짓하다
몸차림하다
몸치레하다
몸치장하다(-治粧-)
몸칼　호신용으로 늘 몸에 지니고 다니는 은장
　　　도 따위의 작은 칼.
몸태 나다(-態-)
몸태질
몸통뼈
몸통 운동=몸통운동(-運動)
몸 팔다
몸 풀다
몸하인(-下人)
몸흙　인삼을 재배하는 데에 쓰는 거름을 섞은
　　　흙.
몹시 데면 회도 불어 먹는다(-膾-) [격]
몹쓸 것
몹쓸 놈
몹쓸 짓 하다
못가
못 가게 하다
못 가다
못 가 본 데
못 가져가다
못 가져 보다
못가새
못 가지다
못 간 지 오래되다

목 갈 것 같다
못 갈 데가 없다
못 갈 듯하다
못 갈망정
못 갈 바에는
못 갈 뻔하다
못 갈 줄 알고
못 갖다 주다
못갖춘마디
못 걸을 거야
못 걸을걸
못 걸을 걸세
못 걸을걸요
못 걸을 줄 알고
못걸이
못 견뎌 내다
못 견뎌 하다
못 견디게 굴다
못 견디게 하다
못 견딜 만큼
못 견딜 텐데
못 까다
못 깎다
못 꺾다
못 꼬다
못 꾸미다
못 끼다
못 나가다
못나다
못나 빠지다
못 나오다
못 나올 듯하다
못난 녀석
못난 놈
못난 놈 잡아들이라면 없는 놈 잡아간다 [격]
못난 색시 달밤에 삿갓 쓰고 나선다 [격]
못난 소리
못난이
못난 짓 하다
못난 탓으로
못내 아쉽다
못 내놓다
못논
못 놀 거야
못 놀걸
못 놀 걸세

못 놀걸요
못 놀 줄 알고
못 다니다
못다 이룬 꿈
못다 한 이야기
못 당하다(-當-)
못 당해 내다(-當-)
못대가리
못 대다
못 대 주다
못도랑
못 도와주다
못돼 먹다
못되면 조상 탓(-祖上-) [격]
못된 나무에 열매만 많다 [격]
못된 놈
못된 바람은 수구문으로 들어온다(-水口門-)
　　[격]
못된 버릇
못된 버섯이 삼월 달부터 난다(-三月-) [격]
못된 벌레 장판방에서 모로 긴다(-壯版房-)
　　[격]
못된 생각
못된 소나무에 솔방울만 많다 [격]
못된 송아지 엉덩이에 뿔이 난다 [격]
못된 심보(-心-)
못된 음식이 뜨겁기만 하다(-飮食-) [격]
못된 일가 항렬만 높다(--家行列-) [격]
못된 짓 하다
못 될 거야
못 될걸
못 될 걸세
못 될걸요
못 될 바에는
못 들어 보다
못 들어오다
못 들어 주다
못 들은 척하다
못 따라가다
못마땅하다
못 막다
못 막아 내다
못 만나다
못 만날 뻔하다
못 만져 보다
못 말리다

못 맺을 텐데
못 먹게 하다
못 먹는 감 찔러나 본다 [격]
못 먹는 걸 거야
못 먹는 떡 개 준다 [격]
못 먹는 밥에 재 집어 넣기 [격]
못 먹는 씨아가 소리만 난다 [격]
못 먹는 잔치에 갓만 부순다 [격]
못 먹는 호박 찔러 보는 심사(-心思) [격]
못 먹어 보다
못 먹을망정
못물
못 미더워 하다
못 미칠 거야
못 미칠걸
못 미칠 걸세
못 미칠걸요
못 미칠 듯하다
못 믿는 도둑개같이 [격]
못 믿을 거야
못바늘
못 박다
못박이
못 박히다
못발
못 밝혀 내다
못밥
못 배기다
못 배우다
못 버리다
못 보다
못 본 듯이
못 본 듯하다
못 본 지 오래되다
못 본 척하다
못 볼 뻔하다
못 볼 줄 알고
못 봐주다
못 봤을걸요
못비
못뽑이
못 사귀다
못사는 사람
못 사 주다
못살게 굴다
못살면 조상 탓(-祖上-)

391

못살면 터 탓 [격]
못생기다
못생긴 며느리 제삿날에 병난다(-祭祀-病-)
　　[격]
못서까래
못서다
못 속이다
못 시키다
못 싸다
못 싸 오다
못쓰다　그런 짓 하면 못쓴다.
못 쓰다　그릇이 못 쓰게 되다.
못 알아듣다
못 알아보다
못 알아차리다
못 오를 나무는 쳐다보지도 마라 [격]
못 올 거야
못 올걸
못 올 걸세
못 올걸요
못 올 듯하다
못 올망정
못 올 바에는
못 올 뻔하다
못 올 줄 알고
못 이겨 내다
못 이기는 체하다
못 읽어 보다
못 입다
못 입어 잘난 놈 없고 잘 입어 못난 놈 없다 [격]
못 잊다
못 잊어 하다
못자리
못자리철
못자리판
못자리하다
못정　못대가리를 깊숙이 박는 데 쓰는 연장.
못주다　못을 박다.
못 주다　주지 못하다.
못줄
못 줄망정
못줄 잡다
못줄 치다
못지아니하다
못지않아 보이다
못질하다

못짐　모내기하기 위하여 지게나 수레에 실은
　　볏모.
못 참다
못 찾다
못 찾아내다
못 챙기다
못 팔다
못핀(-pin)　=시침바늘.
못 하게 하다　오도 가도 못 하게 하다.
못하는 소리가 없다 [관]
못하는 체하다
못하다　(동사) 말을 잇지 못하다.
못 할 짓
못 해 먹겠다
못 해 보다
못해 보이다
못 해 주다
몽고 말(蒙古-)
몽고반점(蒙古斑點)
몽고 사람(蒙古-)
몽고인(蒙古人)
몽그라뜨리다
몽그라지다
몽그라트리다
몽근겨
몽근벼
몽근짐
몽글게 먹고 가늘게 싼다 [격]
몽깃돌
몽니 궂다
몽니 부리다
몽니 사납다
몽니쟁이
몽달귀신(-鬼神)
몽달이
몽당붓
몽당비
몽당소나무
몽당손
몽당솔
몽당수염(-鬚髥)
몽당연필(-鉛筆)
몽당치마
몽당팔
몽돌
몽동발이

몽둥이는 주인을 미워한다(-主人-) [격]

몽둥이 들고 포도청 담에 오른다(-捕盜廳-) [격]

몽둥이맛

몽둥이 세 개 맞아 담 안 뛰어넘을 놈 없다(-個-) [격]

몽둥이세례(-洗禮)

몽둥이질

몽둥이찜

몽둥이찜질

몽둥잇바람

몽따다

몽땅 날리다

몽똥그리다

몽롱상태(朦朧狀態)

몽롱해져 가다(朦朧-)

몽매간에(夢寐間-)

몽 사납다

몽을 부리다

몽을 피우다

몽짜 부리다

몽치 깎자 도둑이 뛴다 [격]

몽치질

몽크라뜨리다

몽크라지다

몽크라트리다

몽태치다 남의 물건을 슬그머니 훔치어 가지다.

뫼 쓰다 [관]

뫼지기

묏등

묏바람

묏자리

묘기 대회(妙技大會)

묘목 밭(苗木-)

묘수풀이(妙手-)

묘 쓰다(墓-)

묘 이장(墓移葬)

묘 자리 보다(墓-)

묘족뿔 소의 짧은 뿔.

묘지공원(墓地公園)

묘지기(墓-)

묘지 참배(墓地參拜)

묘해지다(妙-)

묘혈을 파다(墓穴-)

무감각해지다(無感覺-)

무강즙(-薑汁)

무개화차(無蓋貨車)

무거리고추장(-醬)

무거운 듯하다

무거울 거야

무거울걸

무거울 걸세

무거울걸요

무거울 듯해 보이다

무거워 보이다

무거워하다

무거웠을 거야

무겁기도 하다

무겁기만 하다

무겁다 해도

무겁디무겁다

무게가 천 근이나 된다(-千斤-) [격]

무게 나가다

무게 달다

무게 달아 보다

무게 두다

무게 실리다

무게 안 나가다

무게 잡다 [관]

무게 중심=무게중심(-中心)

무경험자(無經驗者)

무고꾼(誣告-)

무공 훈장=무공훈장(武功勳章)

무관심한 듯하다(無關心-)

무관심한 체하다(無關心-)

무교양하다(無敎養-)

무교육하다(無敎育-)

무교회주의(無敎會主義)

무교회파(無敎會派)

무국적인(無國籍人)

무궁화 꽃(無窮花-)

무궁화나무(無窮花-)

무궁화동산(無窮花-)

무권리(無權利)

무궤도(無軌道)

무규율(無規律)

무급 휴가(無給休暇)

무기 구매(武器購買)

무기력해 보이다(無氣力-)

무기명 투표=무기명투표(無記名投票)

무기 밀매(武器密賣)

무기 삼아(武器-)
무기 연기(無期延期)
무기정학(無期停學)
무기 징역＝무기징역(無期懲役)
무기한 단속(無期限團束)
무김치
무김치나물
무꽃
무꾸리질하다
무나물
무난해 보이다(無難-)
무너져 가다
무너져 내리다
무너져 버리다
무너지듯 하다
무너지자마자
무너질 거야
무너질걸
무너질 걸세
무너질걸요
무너질까 봐
무너질 듯하다
무넘기
무넘깃둑
무논
무논갈이
무논써레
무눅다
무는 개를 돌아본다 [격]
무는 개 짖지 않는다 [격]
무는 말 아가리와 깨진 독 서슬 같다 [격]
무는 말 있는 데에 차는 말 있다 [격]
무는 호랑이는 뿔이 없다 [격]
무늬목(-木)
무늬본(-本)
무늬 지다
무늬찍개
무닛결
무단가출(無斷家出)
무단결석(無斷缺席)
무단 복사(無斷複寫)
무단 이용(無斷利用)
무단이탈(無斷離脫)
무단 점거(無斷占據)
무단출입(無斷出入)
무단 횡단(無斷橫斷)

무당개구리
무당굿
무당노래
무당말
무당서방(-書房)
무당의 영신인가(-靈神-) [격]
무당이 제 굿 못하고 소경이 저 죽을 날 모른다
      [격]
무당질
무당질 십 년에 목두기란 귀신은 처음 보았다
      (-十年-鬼神-) [격]
무당 집
무당차지
무당춤
무대그림(舞臺-)
무대에 올리다(舞臺-) [관]
무대 예술＝무대예술(舞臺藝術)
무대 장치＝무대장치(舞臺裝置)
무더기무더기 쌓아 놓다
무더울 거야
무더울걸
무더울 걸세
무더울걸요
무도워져 가다
무덤가
무덤 속
무동놀이(舞童-)
무동 서다(舞童-) [관]
무동 타다(舞童-) [관]
무두장이
무두질
무둣대
무드럭지다
무드럭진 입에는 들깻묵이 제격(-格) [격]
무드음악(mood音樂)
무딘 듯하다
무따래기   남의 일에 함부로 훼방을 놓는 사람
      들.
무떡
무뚝뚝해 보이다
무뜯다
무람없다
무량세계(無量世界)
무럼생선(-生鮮)
무력간섭(武力干涉)
무력 도발(武力挑發)

무력 사용(武力使用)
무력시위(武力示威)
무력 충돌(武力衝突)
무력해 보이다(無力-)
무력해져 가다(無力-)
무력행사(武力行使)
무력화시키다(無力化-)
무롸가다
무롸내다
무료 강좌(無料講座)
무료 개방(無料開放)
무료 급식(無料給食)
무료승차권(無料乘車券)
무료입장(無料入場)
무료 증정(無料贈呈)
무료해 보이다(無聊-)
무르꿇다
무르녹다
무르와가다
무르와내다
무르익다
무르팍걸음
무른 감도 쉬어 가면서 먹어라 [격]
무른 땅에 말뚝 박기 [격]
무른대
무른밀
무른숫돌
무른쌀
무릅쓰다
무릇인지 닭의 똥인지 모른다 [격]
무릎걸음
무릎길이
무릎깍지
무릎 꿇다 [관]
무릎 꿇리다 [관]
무릎꿇림하다
무릎도가니
무릎도리
무릎마디
무릎맞춤
무릎 반사=무릎반사(-反射)
무릎방아
무릎베개
무릎쌰
무릎앉아
무릎을 마주하다 [관]

무릎을 맞대다 [관]
무릎장단
무릎치기
무릎 치다 [관]
무리고치
무리꾸럭하다
무리떡
무리떡국
무리무리
무리바닥
무리송편(-松-)
무리수 쓰다(無理數-)
무리 없이(無理-)
무리의식(-意識)
무리죽음
무리 지어 다니다
무리 짓다
무리풀
무리할 것 없다
무릿가루
무릿돌
무릿매
무릿매질
무마시켜 주다(撫摩-)
무마해 오다(撫摩-)
무말랭이
무말랭이장아찌
무맛(無-)
무망중에(無妄中-)
무면나다(無麵-)
무면지다(無麵-)
무면허 운전(無免許運轉)
무명 가수(無名歌手)
무명것
무명길쌈
무명끝
무명베
무명색하다(無名色-)
무명 시절(無名時節)
무명실
무명씨 =목화씨.
무명씨(無名氏)
무명옷
무명용사(無名勇士)
무명작가(無名作家)
무명 저고리

무명 적삼
무명전사(無名戰士)
무명조개
무명천
무명 치마
무명활 목화를 타서 솜을 만드는 데 사용하는
　　　활.
무 밑동 같다 [격]
무반동총(無反動銃)
무반주곡(無伴奏曲)
무밥
무방비 상태(無防備狀態)
무법 지대(無法地帶)
무법천지(無法天地)
무병이 장자(無病-長者) [격]
무부모하다(無父母-)
무비판(無批判)
무사고 운전(無事故運轉)
무사귀신(無祀鬼神)
무사 귀환(無事歸還)
무사마귀
무사 안일(無事安逸)
무사주의(無事主義)
무사통과(無事通過)
무사할 거야(無事-)
무사할걸요(無事-)
무산 계급=무산계급(無産階級)
무산대중(無産大衆)
무산시켜 버리다(霧散-)
무살 단단하지 못하고 물렁물렁하게 찐 살.
무삶이
무상 교육=무상교육(無償敎育)
무상 분배=무상분배(無償分配)
무상 수리(無償修理)
무상 증자=무상증자(無償增資)
무상출입(無常出入)
무새우젓
무새젓 '무새우젓'의 준말
무새젓찌개
무색옷(-色-)
무색 치마(-色-)
무색해지다(無色-)
무생채(-生菜)
무서리 내리다
무서우리만큼
무서운 게 없다

무서운 줄 모른다
무서울 거야
무서울걸
무서울 걸세
무서울걸요
무서울 게 없다
무서울 만큼
무서움 타다
무서워 떨다
무서워하다
무서워할 거야
무서워할걸요
무서웠을 걸세
무선 교신(無線交信)
무선 전화=무선전화(無線電話)
무섭기만 하다
무섭다는 듯이
무섭다니까 바스락거린다 [격]
무섭지는 않아도 똥 쌌다는 격(-格) [격]
무성 영화=무성영화(無聲映畫)
무소득(無所得)
무소뿔
무소식이 희소식(無消息-喜消息) [격]
무속 신앙(巫俗信仰)
무솔다
무쇠 가마솥
무쇠 다리
무쇠발굽
무쇠붙이
무쇠 솥
무쇠지레
무수옹(無愁翁) 근심 걱정 없이 지내는 늙은
　　　이.
무순(-筍)
무순김치(-筍-)
무순나물(-筍-)
무술주(戊戌酒)
무술 훈련(武術訓練)
무슨 낯으로
무슨 바람이 불어서 [관]
무슨 뾰족한 수 있나 [관]
무슨 생각 하느라고
무슨 소리 하는 거야
무슨 수를 써서라도
무슨 일 있나
무슨 짓을 했기에

무슨 짓이든 간에(-間-)
무슨 짝에 쓰려고
무슨 할 말이 있으랴
무시당하다(無視當-)
무시돼 버리다(無視-)
무시래기
무시로(無時-)
무시로객주(無時-客主)   주로 쓰는 세간을 거
　　래하는 객줏집.
무시루떡
무시 못 하다(無視-)
무시무시해져 가다
무시한 채로(無視-)
무시해 버리다(無視-)
무시험검정(無試驗檢定)
무식군자(無識君子)
무식꾼(無識-)
무식쟁이(無識-)
무식해 보이다(無識-)
무신론자(無神論者)
무심결에(無心-)
무심중간에(無心·中間-)
무심중에(無心·中-)
무싯날(無市-)   정기적으로 장이 서는 곳에서,
　　장이 서지 않는 날. =예삿날.
무씨
무씨기름
무안당하다(無顔當-)
무안 보다(無顔-) [관]
무안 주다(無顔-) [관]
무안쩍다(無顔-)
무안 타다(無顔-) [관]
무안해하다(無顔-)
무알코올(無alcohol)
무어니 무어니 해도 [관]
무언중에(無言中-)
무얼 먹고 사느냐
무얼 하든 간에(-間-)
무엇 떨어지기를 기다린다 [격]
무엇보다도 더욱
무엇이든 간에(-間-)
무엇이든지 먹고자 한다 [격]
무엇하다
무엇 하러 가느냐
무에 그리 좋다고
무에리수에   돌팔이 장님 점쟁이가 자기에게 점

을 치라고 할 때 외치는 소리.
무역 분쟁(貿易紛爭)
무역 수지=무역수지(貿易收支)
무역업계(貿易業界)
무역 전쟁(貿易戰爭)
무역 협상(貿易協商)
무역 회사(貿易會社)
무연고 묘지(無緣故墓地)
무연묘지(無緣墓地)
무연 휘발유=무연휘발유(無鉛揮發油)
무염간장(無鹽-醬)
무용장물(無用長物)
무용 학원(舞踊學院)
무움   =무순.
무의미해 보이다(無意味-)
무의식 세계(無意識世界)
무의식중에(無意識中-)
무의탁 노인(無依託老人)
무이자 할부(無利子割賦)
무인고도(無人孤島)
무인공산(無人空山)
무인 단속(無人團束)
무인 비행기=무인비행기(無人飛行機)
무인 우주선(無人宇宙船)
무인점포(無人店鋪)
무인 판매(無人販賣)
무일푼(無一-)
무일푼하다(無一-)
무임승차권(無賃乘車券)
무 잎
무자귀신(無子鬼神)
무자락   옷의 양쪽 겨드랑이 밑에 대는 딴 폭의
　　자락.
무자리
무자맥질
무자본하다(無資本-)
무자식 상팔자(無子息上八字) [격]
무자위
무자윗간(-間)
무작정하다(無酌定-)
무장(-醬)
무장간첩(武裝間諜)
무장 강도(武裝强盜)
무장 괴한(武裝怪漢)
무장 군인(武裝軍人)
무 장다리

397

무장 반란(武裝反亂)
무장 병력(武裝兵力)
무장봉기(武裝蜂起)
무장아찌
무장찌개(-醬-)
무장 해제＝무장해제(武裝解除)
무저항주의(無抵抗主義)
무적함대(無敵艦隊)
무전여행(無錢旅行)
무전 연락(無電連絡)
무전 치다(無電-)
무절이
무정부 상태(無政府狀態)
무정부주의(無政府主義)
무정세월(無情歲月)
무정해 보이다(無情-)
무젖다
무제한급(無制限級)
무조건하다(無條件-)
무조기 얼음에 채우지 않아서 내장이 발효하
　　여 영양소로 분해된 조기.
무종 무의 장다리.
무종아리
무죄 선고(無罪宣告)
무죄 판결＝무죄판결(無罪判決)
무죄한 놈 뺨 치기(無罪-) [격]
무주공산(無主空山)
무주택 가구(無住宅家口)
무죽(-粥)
무죽다 야무진 맛이 없다.
무중력 상태＝무중력상태(無重力狀態)
무즙(-汁)
무지각이 상팔자(無知覺-上八字) [격]
무지개다리
무지개떡
무지개무늬
무지개사위
무지개 서다
무지갯빛
무지갯살
무지기
무지렁이
무지무지하다(無知無知-)
무지짐이
무진년 글강 외듯(戊辰年-) [격]
무진년 팥 방아 찧듯(戊辰年-) [격]

무진 애먹다(無盡-)
무질서 행위(無秩序行爲)
무집게
무짠지
무쩍무쩍
무쪽같다
무찌개
무찔러 죽이다
무차별 사격(無差別射擊)
무채
무책임해 보이다(無責任-)
무척추동물(無脊椎動物)
무청 김치
무쳐 먹다
무침 반찬(-飯饌)
무턱대고
무텅이
무테
무테안경(-眼鏡)
무통 분만＝무통분만(無痛分娩)
무투표 당선＝무투표당선(無投票當選)
무트림 무를 날로 먹은 뒤에 나오는 트림.
무패 행진(無敗行進)
무표정해 보이다(無表情-)
무풍지대(無風地帶)
무한 경쟁(無限競爭)
무한궤도(無限軌道)
무한 책임＝무한책임(無限責任)
무한해 보이다(無限-)
무허가 건물(無許可建物)
무허 업소(無許業所)
무혈입성(無血入城)
무혈 혁명＝무혈혁명(無血革命)
무혐의 처리(無嫌疑處理)
무협 소설(武俠小說)
무형 문화재＝무형문화재(無形文化財)
무형 재산＝무형재산(無形財産)
무화과나무(無花果-)
무화식물(無花植物)
무효 소송(無效訴訟)
무효투표(無效投票)
묵고 가다
묵고 오다
묵과할 수 없다(黙過-)
묵과해 오다(黙過-)
묵나물

묵나물밥
묵당수
묵모　네모나게 만들어 놓은 묵.
묵뫼
묵무덤
묵무침
묵물
묵물국
묵물죽(-粥)
묵밭
묵볶이
묵비지
묵사발(-沙鉢)
묵사발 되다(-沙鉢-)
묵삭다
묵살당하다(黙殺當-)
묵살해 버리다(黙殺-)
묵새(墨沙)　거무스름한 모래흙.
묵새기다
묵솜　묵은 솜.
묵어가다
묵어 오다
묵은 거지보다 햇거지가 더 어렵다 [격]
묵은 김치
묵은 낙지 꿰듯 [격]
묵은 낙지 캐듯 [격]
묵은내
묵은눈
묵은닭
묵은돼지
묵은땅
묵은 때
묵은똥
묵은먹
묵은빚
묵은세배(-歲拜)
묵은셈
묵은 솜
묵은쌀
묵은장(-醬)
묵은장 쓰듯(-醬-) [격]
묵은찌끼
묵은 치부책(-置簿册) [격]
묵은해
묵이매
묵인해 오다(黙認-)

묵인해 주다(黙認-)
묵재　불기가 없는 식은 재.
묵저냐
묵적(-炙)
묵전(-煎)
묵정논
묵정밭
묵주머니
묵주머니를 만들다 [관]
묵직해 보이다
묵지빠
묵청포(-清泡)
묵튀각
묵혀 놓다
묵혀 두다
묵혀 오다
묶어 가다
묶어 놓다
묶어 두다
묶어 버리다
묶어세우다
묶어 주다
묶어치밀다
묶여 가다
묶여지다
묶이다시피 되다
묶인 채로
문가에서(門-)
문간방(門間房)
문간채(門間-)
문경 새재 박달나무는 홍두깨 방망이로 다 나
　간다(聞慶-) [격]
문경이 충청도 되었다가 경상도가 되었다(聞
　慶-忠清道-慶尚道-) [격]
문고리(門-)
문과 계열(文科系列)
문과 대학=문과대학(文科大學)
문구멍(門-)
문기둥(門-)
문길(門-)
문끈(門-)
문내　쌀 따위가 오래되거나, 열이나 습기 때문
　에 뜨거나 해서 나는 냄새.
문단속(門團束)
문단 활동(文壇活動)
문 닫다(門-) [관]

문 닫아 버리다(門-)
문답식(問答式)
문답 형식(問答形式)
문돌이(紋-) 돋을무늬로 짠 비단.
문돌쩌귀(門-)
문 돌쩌귀에 불 나겠다(門-) [격]
문동정과(門冬正果)
문동죽(門冬粥)
문둥이나 문둥 어머니 한 값이다 [격]
문둥이 떼쓰듯 한다 [격]
문둥이 버들강아지 따먹고 배 앓는 소리한다 [격]
문둥이 시악 쓰듯 한다 [격]
문둥이 자지 떼어먹듯 [격]
문둥이 죽이고 살인당한다(-殺人當-) [격]
문둥이 콧구멍에 박힌 마늘씨도 파먹겠다 [격]
문 뒤(門-)
문란해져 가다(紊亂-)
문맥이 닿다(文脈-) [관]
문맹 퇴치(文盲退治)
문머리(門-)
문명국가(文明國家)
문명사회(文明社會)
문명 세계(文明世界)
문명의 이기(文明-利器) [관]
문 못 열다(門-)
문문해 보이다
문민정부(文民政府)
문바람(門-)
문 바른 집은 써도 입 바른 집은 못 쓴다(門-) [격]
문바위(門-) 어떤 어귀에 대문처럼 서 있는 바위.
문밖(門-)
문밖놀이(門-)
문밖출입(門-出入)
문받이턱(門-)
문발(門-) 문에 치는 발.
문방구점(文房具店)
문방사우(文房四友)
문방치레(文房-)
문뱃내
문병 가다(問病-)
문병 다녀오다(問病-)
문병하다(問病-)
문비를 거꾸로 붙이고 환쟁이만 나무란다(門

禪-) [격]
문빗장(門-)
문살무늬(門-)
문상 가다(問喪-)
문상하러 가다(問喪-)
문서궤(文書櫃)
문서놀음(文書-)
문서 번호(文書番號)
문서 없는 상전(文書-上典) [격]
문서 없는 종(文書-) [격]
문서 위조=문서위조(文書僞造)
문서질하다(文書-)
문서철(文書綴)
문서화하다(文書化-)
문선왕 끼고 송사한다(文宣王-訟事-) [격]
문소리(門-)
문소문(聞所聞) 소문으로 전하여 들음.
문손잡이(門-)
문안(門-) 서울 사대문 안.
문안 계시다(問安-) [관]
문안드리다(問安-)
문 안에(門-)
문안 여쭈다(問安-)
문안 인사(問安人事)
문안 작성(文案作成)
문안 전화(問安電話)
문 앞(門-)
문어귀(門-)
문어 낚시=문어낚시(文魚-)
문어백숙(文魚白熟)
문어숙회(文魚熟膾)
문어오름(文魚-)
문어장아찌(文魚-)
문어 제 다리 뜯어먹는 격(文魚-格) [격]
문어조림(文魚-)
문어포(文魚脯)
문어회(文魚膾)
문얼굴(門-) =문틀.
문 여는 소리(門-)
문 연 지 얼마 안 되다(門-)
문 열고 보나 문 닫고 보나 보기는 일반(門-門--般) [격]
문 열다(門-) [관]
문 열쇠(門-)
문 열어 놓다(門-)
문 열어 주다(門-)

400

문 옆(門-)
문예사전(文藝辭典)
문예 사조=문예사조(文藝思潮)
문예 작품(文藝作品)
문울거미(門-)
문을 연 사람이 바로 문을 닫은 사람(門-門-)
　　[격]
문의 전화(問議電話)
문의해 보다(問議-)
문자 그대로(文字-) [관]
문자새(門-)
문자 쓰다(文字-) [관]
문자화하다(文字化-)
문 잠그다(門-)
문잡다(門-) 아이를 낳을 때 아이의 머리가 나
　　오도록 산문(産門)이 열리다.
문장 교열(文章校閱)
문장 부호=문장부호(文章符號)
문전걸식(門前乞食)
문전 나그네 흔연대접(門前-欣然待接) [격]
문전 박대(門前薄待)
문전성시(門前成市)
문전옥답(門前沃畓)
문제 되는 일(問題-)
문제 삼다(問題-)
문제시해 오다(問題視-)
문제 아동=문제아동(問題兒童)
문제아 취급(問題兒取扱)
문제 안 삼다(問題-)
문제없다(問題-)
문제의식(問題意識)
문제 인물(問題人物)
문제 제기(問題提起)
문제 풀이(問題-)
문제 해결(問題解決)
문젯거리(問題-)
문종이(門-)
문중 어르신(門中-)
문쥐
문쥐놀음
문지기(門-)
문지도리(門-)
문지방(門地枋)
문지방이 닳도록 드나들다(門地枋-) [관]
문질러 주다
문짝(門-)

문짝알갱이(門-)
문 쪽에(門-)
문창살(門窓-)
문창호지(門窓戶紙)
문채가 좋은 차복성이라(文彩-車福成-) [격]
문책당하다(問責當-)
문책 대상(問責對象)
문책 인사(問責人事)
문치주의(文治主義)
문턱(門-)
문턱 높은 집에 무종아리 긴 며느리 생긴다
　　(門-) [격]
문턱 드나들듯(門-) [관]
문턱 밑이 저승이라(門-) [관]
문턱에 들어서다(門-) [관]
문턱을 넘어서다(門-) [관]
문턱이 높다(門-) [관]
문턱이 닳도록 드나들다(門-) [관]
문테(門-)
문틀(門-)
문틈(門-)
문틈에 손을 끼었다(門-) [격]
문틈으로 보나 열고 보나 보기는 일반(門--一
　　般) [격]
문풍지(門風紙)
문풍지 떨어진 데는 풀비가 제격(門風紙-格)
　　[격]
문필이 있다(文筆-) [관]
문학 박사=문학박사(文學博士)
문학 사전(文學辭典)
문학소녀(文學少女)
문학예술(文學藝術)
문학 작품=문학작품(文學作品)
문학잡지(文學雜誌)
문학청년(文學靑年)
문학 평론=문학평론(文學評論)
문헌 자료(文獻資料)
문헌 정보(文獻情報)
문호 개방(門戶開放)
문화 공간(文化空間)
문화 교류(文化交流)
문화 단체=문화단체(文化團體)
문화 민족=문화민족(文化民族)
문화 사업(文化事業)
문화생활(文化生活)
문화 시민(文化市民)

문화 예술(文化藝術)
문화유산(文化遺産)
문화 유적(文化遺蹟)
문화 중심=문화중심(文化中心)
문화 창달(文化暢達)
문화 축제(文化祝祭)
문화 행사(文化行事)
문화 혁명=문화혁명(文化革命)
묻는 대로
묻어가다
묻어나다
묻어 나오다
묻어 놓다
묻어 두다
묻어 둔 채로
묻어 버리다
묻어오다
묻어 주다
묻었나 보다
묻은 불이 일어났다 [격]
묻을게
묻을게요
묻을무 겨울에 먹기 위하여 움 속에 묻는 무.
묻잡다
묻지 마라
묻지 말라 갑자생(-甲子生) [격]
묻혀 놓다
묻혀 버리다
묻혀 살다
묻혀 오다
묻혀 지내다
물가에
물가꾸기
물 가다
물가 대책(物價對策)
물가 동향=물가동향(物價動向)
물가 상승(物價上昇)
물가 안정(物價安定)
물가 잡다(物價-)
물가죽
물가지
물가 지수=물가지수(物價指數)
물간(-間)
물간법(-法)
물 간 생선(-生鮮)
물갈래

물 갈다
물갈음
물갈이
물갈퀴
물감 감의 하나.
물감칼
물감판(-板)
물감 풀다
물 값
물개수염(-鬚髥)
물거르개
물거름
물거름통(-桶)
물거리
물거미 뒷다리 같다 [격]
물 거슬러 먹는 놈 [격]
물거울
물거품
물 걱정 안 하다
물건 값
물 건너가다
물 건너 손자 죽은 사람 같다(-孫子--) [격]
물 건너온 범 [격]
물건 사러 가다(物件-)
물건 사 오다(物件-)
물건을 모르거든 값을 더 주라(物件-) [격]
물건을 모르거든 금 보고 사라(物件-) [격]
물건 잃고 병신 발명(物件-病身發明) [격]
물건 해 오다(物件-)
물걸레
물걸레질
물것
물결구름
물결무늬
물결바지
물결치는 대로
물결 타다
물결털
물겹것
물겹바지
물겹바지저고리
물겹저고리
물계 찹쌀 속에 섞인, 멥쌀같이 보이는 좋지
       않은 쌀알.
물고구마
물고기가 물속에 놓여 나다 [격]

물고기길
물고기는 물을 떠나 살 수 없다 [격]
물고기도 제 놀던 물이 좋다 한다 [격]
물고기 밥이 되다 [관]
물고 나다(物故-) [관]
물고 내다(物故-) [관]
물고 놓은 범 [격]
물고 늘어지다 [관]
물고 뜯다 [관]
물고랑
물고문(-拷問)
물고 물리다
물고 뽑은 듯하다 [관]
물고 오다
물고 올리다(物故-) [관]
물고의
물고자(-鼓子)
물고 차는 상사말(-相思-) [격]
물고추
물고추장(-醬)
물골
물곬
물과 기름 [관]
물과 불 [관]
물과 불과 악처는 삼대 재액(-惡妻-三大災厄)
        [격]
물과실(-果實)
물 관리(-管理)
물구나무서다
물구덩이
물구렁텅이
물구름
물구멍
물구유
물굴젓
물굽이
물귀신 같은(-鬼神-)
물귀신같이(-鬼神-)
물귀신 되다(-鬼神-) [관]
물귀신 심사(-鬼神心思) [관]
물귀신 작전(-鬼神作戰)
물그릇
물그림자
물 기근(-饑饉)
물기둥
물기름

물기슭
물 긷다
물길 따라
물 길어 오다
물 길으러 가다
물길 트다
물김 서리다
물김치
물껍질
물꼬 내다
물꼬받이
물꼬 트다
물꽃
물끄럼말끄럼
물 끓듯 하다 [관]
물 끓이다
물 끓이면 돼지밖에 죽을 게 없다 [격]
물 끼얹은 듯하다
물나팔(-喇叭)
물 난 뒤끝은 없어도 불탄 끝은 있다 [격]
물난리(-亂離)
물난리 나다(-亂離-)
물 내리다 [관]
물냉면(-冷麪)
물너울
물녘
물노래
물노릇하다 물을 다루는 일을 하다.
물놀이
물놀이하다
물눌은밥
물다짐
물 대다
물 대 주다
물덤벙술덤벙하다
물도 가다 구비를 친다 [격]
물도랑
물도 씻어 먹을 사람 [격]
물독
물독 뒤에서 자랐느냐 [격]
물독에 빠진 생쥐 같다 [격]
물돌
물동 물이 흘러 내려가지 못하고 한 곳에 괴어
        있도록 막아 놓은 둑.
물동이 이고 가다
물동이자리

물두멍
물두부(-豆腐)
물둘레
물들어 가다
물들여 놓다
물들여 주다
물딱총(-銃)
물때썰때
물때썰때를 안다 [격]
물 떠 오다
물똥싸움
물뚱뚱이
물 뜨다
물라는 쥐나 물지 씨암탉은 왜 물어 [격]
물량 공세(物量攻勢)
물량 확보(物量確保)
물러가다
물러가자마자
물러갈 듯하다
물러나다
물러나 앉다
물러나자마자
물러날 거야
물러날걸
물러날 걸세
물러날걸요
물러날게
물러날게요
물러서다
물러앉다
물러오다
물러 주다
물러지다
물러 터지다
물렁뼈
물렁살
물렁열매
물렁팥죽(-粥)
물레걸음 천천히 바퀴를 돌려서 뒷걸음질치는
    걸음.
물레바퀴
물레방아
물레방앗간(-間)
물레질
물렛가락
물렛돌

물렛줄
물려 드는 범을 안 잡고 어이리 [격]
물려받다
물려주다
물려줄 거야
물려줄게요
물려지내다
물로 보다 [관]
물류 대란(物流大亂)
물류비용(物流費用)
물류 창고(物流倉庫)
물류 회사(物流會社)
물리 요법＝물리요법(物理療法)
물리쳐 버리다
물리 치료＝물리치료(物理治療)
물림쇠
물림집
물림하다
물마개
물마루
물 마시다
물막이
물막이 공사(-工事)
물막이하다
물막이흙
물막잇감
물막잇골
물막잇둑
물 만난 고기 [관]
물 만난 오리 걸음 [격]
물만두(-饅頭)
물만밥
물만밥이 목이 메다 [격]
물말이
물 맑은 시내
물맛
물맛 좋다
물 맞다 [관]
물맞이하다
물매 맞다
물매잡기
물매지다
물매질하다
물맷돌
물머리
물먹다

물 먹으러 가다
물 먹은 배만 튕긴다 [격]
물먹은 솜
물먹이다
물멀미하다
물면(-面)
물명주(-明紬)
물모　물속에서 자라는 어린 볏모.
물모래
물모이
물모판(-板)
물몰이
물못자리
물몽둥이
물무늬
물문(-門)
물 묻은 바가지에 깨 엉겨 붙듯 [격]
물 묻은 치마에 땀 묻는 걸 꺼리랴 [격]
물물 교환=물물교환(物物交換)
물미역
물미작대기
물미장(-杖)
물밀다
물밀듯 들어오다
물밑
물밑 작업(-作業)
물밑 협상(-協商)
물바가지
물바다
물바람
물바퀴
물 밖에 난 고기 [격]
물받이
물발 세다
물방귀
물방아
물방아채
물방앗간(-間)
물방앗간에서 고추장 찾는다(-間-醬-) [격]
물방울무늬
물배 부르다
물배 채우다
물벌레
물베개
물벼
물벼락

물병(-瓶)
물보낌　여러 사람을 모조리 매질함.
물보라
물보라 일다
물보라 치다 [관]
물복숭아　=수밀도.
물 본 기러기 꽃 본 나비 [격]
물 본 기러기 산 넘어가랴(-山-) [격]
물볼기
물볼기 치다
물부리
물 부어 샐 틈 없다 [격]
물 부족 국가(-不足國家)
물분(-粉)
물불 가리지 않다 [격]
물불 안 가리다
물비누
물비늘
물비린내
물빛
물 빠지다
물빨래
물뽕
물뿌리
물뿌리개
물 뿌린 듯이 [관]
물뿜이
물살 세다
물 새다
물새 소리
물색 고운 옷(物色-)
물색 모르고 날뛰다(物色-)
물색없다
물색없이 나대다
물색 저고리(-色-)
물색하다(物色-)
물샐틈없다
물설다
물세(-稅)
물세례(-洗禮)
물세탁(-洗濯)
물소리
물소 뿔
물속 깊이
물속뿌리
물속 식물=물속식물(-植物)

물속줄기
물손 반죽, 밥, 떡 따위의 질거나 된 정도.
물손받다 밭곡식이나 푸성귀 따위가 물의 해
　　　를 입다.
물손 보아 가면서 물을 붓다
물송편(-松-)
물수건(-手巾)
물수건질(-手巾-)
물수란(-水卵)
물수레
물수제비
물수제비뜨다
물시계(-時計)
물시중
물시중 들다
물시중하다
물식물(-植物) =수중식물.
물신선(-神仙)
물실호기(勿失好機)
물심부름
물심부름 시키다
물심부름하다
물싸움
물싸움하다
물쌈
물쌈하다
물써다
물써레
물써레질
물썬 때는 나비잠 자다 물 들어야 조개 잡듯 [격]
물썰 때
물 쏘듯 총 쏘듯(-銃-) [관]
물쑥나물
물쑥차(-茶)
물 쓰듯이
물 쓰듯 하다 [관]
물씬 풍기다
물아래
물아범
물안개
물안경(-眼鏡)
물 안 나오다
물 안 들다
물앉다
물알
물알이 들다 [관]

물앵두
물약(-藥)
물어 나르다
물어내다
물어내리다
물어넣다
물어다 주다
물어도 준치 썩어도 생치 [격]
물어들이다
물어뜯다
물어물어 찾아가다
물어미
물어박지르다
물어보나 마나 하다
물어보다
물어볼 거야
물어볼걸
물어볼 걸세
물어볼걸요
물어볼게
물어볼게요
물어 오다
물어 죽이다
물 얻은 고기 [관]
물얼굴 물 위에 비친 얼굴 모습.
물었나 보다
물었을 거야
물었을걸요
물에 물 탄 것 같다 [관]
물에 물 탄 듯 술에 술 탄 듯 [격]
물에 빠져도 정신을 차려야 산다(-精神-) [격]
물에 빠져도 주머니밖에 뜰 것이 없다 [격]
물에 빠지면 지푸라기라도 움켜쥔다 [격]
물에 빠진 놈 건져 놓으니까 망건 값 달라 한다
　　　(-網巾-) [격]
물에 빠진 사람이 죽을 때는 기어 나와 죽는다
　　　[격]
물에 빠진 생쥐 [관]
물에 빠질 신수면 접시 물에도 빠져 죽는다(-
　　　身數-) [격]
물에 있는 고기 금치기 [격]
물여울
물연자(-研子) 물의 힘을 이용하여 돌리는 연
　　　자방아.
물열매
물엿

406

물오르다
물오른 송기 때 벗기듯(-松肌-) [격]
물오징어
물옷
물외
물욕 채우다(物慾-)
물웅덩이
물위 물이 흘러 내려오는 위쪽.
물 위에 뜨다
물 위에 수결 같다(-手決-) [격]
물 위의 기름 [관]
물윗배 뱃전이 비교적 낮고 바닥이 평평한 배.
물은 건너 보아야 알고 사람은 지내보아야 안
   다 [격]
물은 흘러도 여울은 여울대로 있다 [격]
물은 흘러야 썩지 않는다 [격]
물을 거야
물을걸
물을 걸세
물을걸요
물을게
물을게요
물을 끼얹은 듯 [관]
물을 떠난 고기가 물을 그리워한다 [격]
물음말
물의 일으키다(物議-)
물이 가다 [관]
물이 가야 배가 오지 [격]
물이 깊어야 고기가 모인다 [격]
물이 깊을수록 소리가 없다 [격]
물이 날다 [관]
물이 너무 맑으면 고기가 아니 모인다 [격]
물이랑
물이못나게
물인지 불인지 모른다 [관]
물일
물자 물 높이를 재기 위하여 강가에 세우거나
   바위 따위에 그려 놓은 자.
물자동차(-自動車)
물자리
물자 절약(物資節約)
물 잡다 [관]
물 잡히다 [관]
물장구
물장구질
물장구치다

물장난
물장사
물장수
물장수 삼 년에 궁둥잇짓만 남았다(-三年-)
   [격]
물장수 삼 년에 남은 것은 물고리뿐(-三年-)
   [격]
물장수 상이다(-床-) [격]
물재배(-栽培)
물적 교류(物的交流)
물정 모르고 까불다(物情-)
물젖
물 젖다 [관]
물조개젓
물 좋고 정자 좋은 데가 있으랴(-亭子-) [격]
물 좋은 생선(-生鮮)
물 주다
물주머니
물주머니가 되다 [관]
물 주워 먹을 사이 없다 [격]
물주 잡다(物主-)
물죽(-粥)
물줄
물줄기
물증 확보(物證確保)
물지게
물지게꾼
물지는 않고 솔다 [격]
물질과학(物質科學)
물질대사(物質代謝)
물질만능주의(物質萬能主義)
물질문명(物質文明)
물질주의(物質主義)
물질하다
물짐승
물집 잡히다
물쩍지근하다
물찌똥
물찜질
물차(-車)
물 찬 제비 [관]
물참 =물때.
물참봉(-參奉)
물청소(-淸掃)
물초 되다
물총(-銃)

물추리나무
물추리막대
물침대(-寢臺)
물커지다
물 컵(-cup)
물컹이
물켜다
물코
물쿠다
물크러지다
물타기
물 타다
물타작(-打作)
물 탄 꾀가 전 꾀를 속이려 한다(-全-) [격]
물탕치다
물탱크(-tank)
물터
물통(-桶)
물통줄(-桶-)
물통줄기(-桶-)
물통배기
물퉁보리 채 여물지 않거나 마르지 않아 물기
　　가 많은 보리.
물퉁이
물파이프(-pipe)
물판
물팔매
물 퍼런 것도 잘 보면 여러 가지라 [격]
물 퍼붓듯 하다 [관]
물편
물푸개 =무자위.
물 푸다
물풀
물풀매
물품 대금(物品代金)
물품 조달(物品調達)
물품 창고(物品倉庫)
물풍년(-豐年)
물 한 그릇 떠 놓고
물 한 모금 입에 물고
물한식(-寒食)
물행주
물행주질
물호박떡
물홈통(-桶)
물황태수(-太守)

물휴지(-休紙)
물 흐리다
묽디묽다
뭇가름
뭇갈림
뭇국
뭇까마귀
뭇나무
뭇년
뭇놈
뭇 닭 속의 봉황이요 새 중의 학두루미다(-鳳
　　凰-中-鶴-) [격]
뭇따래기
뭇매
뭇매질
뭇바리
뭇발길
뭇발길질
뭇방치기
뭇 백성 여울 건너듯(-百姓-) [격]
뭇별
뭇사람
뭇사랑
뭇생각
뭇소리
뭇시선(-視線)
뭇웃음
뭇입
뭇잡종(-雜種)
뭇종 무 장다리의 어린 대.
뭇줄
뭇줄거리
뭇짐승
뭇추수(-秋收)
뭇칼질
뭉개 놓다
뭉개 버리다
뭉개지다
뭉게구름
뭉구리
뭉그대다
뭉그러뜨리다
뭉그지르다
뭉때리다
뭉우리돌
뭉쳐나다

뭉쳐 놓다
뭉쳐 두다
뭉쳐 싸다
뭉쳐 주다
뭉쳐지다
뭉치사태
뭉치어 놓다
뭉칫돈
뭉칫돈을 지르다
뭉크러지다
뭉클해지다
뭉키다
뭉텅이
뭉텅이지다
뭉툭코
뭉툭해지다
뭍길
뭍나라
뭍바람
뭍사람
뭍살이
뭍에서 배 부린다 [격]
뭍에 오른 고기 [격]
뭍짐
뭍짐승
뭍짐질
뭐가 뭔지 모르겠다
뭐 그리 좋아서
뭐니 뭐니 해도 [관]
뭐든 간에(-間-)
뭐라고 해도
뭐라 뭐라 하다 [관]
뭐라 해도
뭐 말라빠진 [관]
뭐 먹고 사느냐
뭐 볼 겨를도 없이
뭐 주고 뺨 맞는 격(-格)
뭐 하는 거니
뭐하다 '무엇하다' 의 준말.
뭐 하러 왔니
뭐 할 거니
뭐 해 먹고 살지
뭔가 해 보자
뭔 줄 알고
뭔지 모르지만
뭘 더 해

뭘로 보고 이래
뭘 먹고 사나
뭘 믿고 저래
뭘 봐
뭘 안다고
뭘 잘못했기에
뭘 좀 해 보자
뭘 하려고
뭘 해 먹고 살지
뭘 했기에
뭣들 하는 거야
뭣에 홀린 듯이
뭣 주고 뺨 맞는 격(-格)
뭣 하는 사람이지
뭣하다 '무엇하다' 의 준말.
뭣 하려고
뮈쌈
뮤직 비디오(music video)
뮤직홀(music hall)
미개간지(未開墾地)
미개 민족＝미개민족(未開民族)
미결 서류(未決書類)
미 공군(美空軍)
미관 지구＝미관지구(美觀地區)
미국 동포(美國同胞)
미국 땅(美國-)
미국 문화(美國文化)
미국 사람(美國-)
미국산(美國産)
미국 시장(美國市場)
미국 유학(美國留學)
미국 정부(美國政府)
미국 제품(美國製品)
미국 진출(美國進出)
미국 팀(美國team)
미군 병사(美軍兵士)
미군 부대(美軍部隊)
미군정(美軍政)
미그기(MIG機)
미꾸라지곰
미꾸라지 모래 쑤신다 [격]
미꾸라지 속에도 부레풀은 있다 [격]
미꾸라지 용 됐다(-龍-) [격]
미꾸라지 천 년에 용 된다(-千年-龍-) [격]
미꾸라지 한 마리가 온 웅덩이를 흐려 놓는다
    [격]

미꾸라지 한 마리가 한강 물을 다 흐리게 한다
　　(-漢江-) [격]
미꾸라지 한 마리에 물 한 동이를 붓는다 [격]
미꾸라짓국
미꾸라짓국 먹고 용트림한다(-龍-) [격]
미꾸라지저냐
미끄러워지다
미끄러져 내려가다
미끄러지다시피 하다
미끄러지듯 하다
미끄러진 김에 쉬어 간다 [격]
미끄러질 뻔하다
미끄럼대(-臺)
미끄럼마찰(-摩擦)
미끄럼질
미끄럼질하다
미끄럼 타다
미끄럼틀
미끄럼판
미끈둥미끈둥하다
미끈미끈해 보이다
미끈유월(-六月)
미끌감
미끼낚시
미끼치기
미나리강회(-膾)
미나리꽝
미나리나물
미나리 도리듯 하다 [격]
미나리 무침
미나리볶음
미나리잎쌈
미나리적(-炙)
미나리회(-膾)
미남 배우(美男俳優)
미납 금액(未納金額)
미는끌
미늘 달다 [관]
미늘창(-槍)
미니멈급(minimum級)
미니버스(minibus)
미니스커트(mini-skirt)
미닥질
미닫이
미닫이문(-門)
미닫이창(-窓)

미닫이틀
미담 사례(美談事例)
미당기다
미대다
미 대사관(美大使館)
미더워하다
미두꾼(米豆-)
미두쟁이(米豆-)
미들급(middle級)
미등기 건물(未登記建物)
미래 사회(未來社會)
미래 설계(未來設計)
미래주의(未來主義)
미랭시(未冷尸)
미랭시 김칫국 흘리듯 한다(未冷尸-) [격]
미레그물
미련 두다
미련 부리다
미련 안 갖다
미련 없이
미련은 먼저 나고 슬기는 나중 난다 [격]
미련이 담벼락 뚫는다 [격]
미련쟁이
미련퉁이
미련하기는 곰일세 [격]
미련한 게 간능 맞다(-幹能-) [격]
미련한 놈 가슴의 고드름은 안 녹는다 [격]
미련한 놈 똥구멍에 불송곳이 안 들어간다 [격]
미련한 놈 잡아들이라 하면 가난한 놈 잡아들
　　인다 [격]
미련한 송아지 백정을 모른다(-白丁-) [격]
미련해 보이다
미루게 되다
미루기만 하다
미루나무
미루어 가다
미루어 놓다
미루어 두다
미루어 오다
미루어지다
미루적미루적하다
미루지 마라
미룸미룸 미뤄 오다
미뤄 가다
미뤄 놓다
미뤄 두다

미뤄 오다
미뤄지다
미륵보살(彌勒菩薩)
미리감치
미리미리
미리아리
미립나다
미립이 트다 [관]
미립이 트이다 [관]
미명 아래(美名-)
미묘해 보이다(微妙-)
미묘해져 가다(微妙-)
미분화되다(未分化-)
미비 사항(未備事項)
미사용품(未使用品)
미사일 공격(missile攻擊)
미상장주(未上場株)
미생물학자(微生物學者)
미설치(未設置)
미성이 대국까지 뻗쳤다(尾星-大國-) [격]
미세 먼지(微細-)
미소 띠다(微笑-)
미소 짓다(微笑-)
미수가리
미수 사건(未遂事件)
미숙련(未熟練)
미숙해 보이다(未熟-)
미술 교사(美術敎師)
미술 교육=미술교육(美術敎育)
미술 시간(美術時間)
미술 작품(美術作品)
미술 학원(美術學院)
미숫가루
미스 김(miss金)
미스 코리아=미스코리아(Miss Korea)
미스프린트(misprint)
미시시피 강(Missippi江)
미식 영어(美式英語)
미식축구(美式蹴球)
미심결에 일어난 일(未審-)
미심쩍다(未審-)
미심쩍어 보이다(未審-)
미아보호소(迷兒保護所)
미안쩍어하다(未安-)
미안풀이(未安-)
미안해하다(未安-)

미어지는 듯하다
미어터지다
미역 감다
미역국
미역국 먹고 생선 가시 내랴(-生鮮-) [격]
미역국 먹다 [관]
미역귀
미역귀김치
미역무침
미역바위
미역발
미역밭
미역볶음
미역쌈
미역자반
미역지짐이
미역찬국
미역튀각
미완료되다(未完了-)
미완 상태(未完狀態)
미완성품(未完成品)
미용 체조=미용체조(美容體操)
미용 학원(美容學院)
미우나 고우나
미욱쟁이
미욱한 듯하다
미욱해 보이다
미운가 보다
미운 강아지 우쭐거리며 똥 싼다 [격]
미운 개가 주걱 들고 조왕에 오른다 [격]
미운 년이 겸상을 한다(-兼床-) [격]
미운 놈 떡 하나 더 주고 우는 놈 한 번 더 때
  린다 [격]
미운 놈 보려면 길 나는 밭 사라 [격]
미운 놈 보려면 딸 많이 낳아라 [격]
미운 놈 보려면 술장수 하라 [격]
미운 마누라가 죽젓광이에 이 죽인다 [격]
미운 벌레 모로 간다 [격]
미운 사람 고운 데 없고 고운 사람 미운 데 없
  다 [격]
미운 사람에게는 좇아가 인사한다(-人事-) [격]
미운 아이 떡 하나 더 준다 [격]
미운 아이 먼저 품어라 [격]
미운 열 사위 없고 고운 외며느리 없다 [격]
미운 일곱 살격]
미운 자식 밥 많이 먹인다(-子息-) [격]

미운 정 고운 정(-情-情) [격]
미운 중놈이 고깔 모로 쓰고 이래도 밉소 한다
    [격]
미운 짓 하다
미운 털이 박혔나
미운 파리 치려다 고운 파리 상한다(-傷-) [격]
미운 풀이 죽으면 고운 풀도 죽는다 [격]
미울 거야
미울걸
미울 걸세
미울걸요
미움받아 오다
미움받이
미움 사다
미워도 내 남편 고와도 내 남편(-男便-男便)
    [격]
미워 마라
미워져 가다
미워하지 마라
미워할 거야
미워할걸
미워할 걸세
미워할걸요
미워할 만하다
미워할뿐더러
미워할 뿐 아니라
미워해 오다
미웠을 거야
미웠을걸요
미음상(米飲床)
미음솥(米飲-)
미음 쑤다(米飲-)
미음자집(-字-)
미의식(美意識)
미인 대회(美人大會)
미인박명(美人薄命)
미인 행세(美人行世)
미일 관계(美日關係)
미장 공사(-工事)
미장이의 비비송곳 같다 [격]
미장일
미장질
미적미적해 오다
미제 사건(未濟事件)
미주 대륙(美洲大陸)
미주알고주알

미주알고주일 밑두리콧두리 캔다 [격]
미주알고주알 캔다 [격]
미주 지역(美洲地域)
미지근해도 흥정은 잘한다 [격]
미지근해 보이다
미지급금(未支給金)
미쭉한 종아리
미착수되다(未着手-)
미처리되다(未處理-)
미처 못 느끼다
미쳐 가다
미쳐 날뛰다 [관]
미쳐 버리겠다
미쳤나 보다
미취학하다(未就學-)
미치광이 같은
미치광이같이
미치광이 풋나물 캐듯 [격]
미치지 못하다
미친개
미친개가 천연한 체한다(-天然-) [격]
미친개가 호랑이 잡는다 [격]
미친개 고기 나눠 먹듯 [격]
미친개 눈엔 몽둥이만 보인다 [격]
미친개 다리 틀리듯 [격]
미친개 친 몽둥이 삼 년 우린다(-三年-) [격]
미친개 패듯 [격]
미친개 풀 먹듯 [격]
미친갯병(-病)
미친것
미친 녀석
미친년
미친년 널 뛰듯 [격]
미친년 달래 캐듯 [격]
미친년 방아 찧듯 [격]
미친년의 속곳 가랑이 빠지듯 [격]
미친년의 치맛자락 같다 [격]
미친년이 아이를 씻어서 죽인다 [격]
미친놈
미친 듯 날뛰다
미친바람
미친병(-病)
미친 사람의 말에서도 얻어들을 것이 있다 [격]
미친 소리
미친 중놈 집 헐기다 [격]
미친증(-症)

미친 짓
미친 척하다
미친 체하고 떡판에 엎드러진다(-板-) [격]
미칠 듯이
미칠 만도 하다
미칠 만하다
미터기(meter器)
미풍양속(美風良俗)
미합중국(美合衆國)
미해결되다(未解決-)
미행당하다(尾行當-)
미행해 오다(尾行-)
미혼 남녀(未婚男女)
미혼 남성(未婚男性)
미혼 부부＝미혼부부(未婚夫婦)　정식으로 혼
　　인 절차를 밟지 않고 동거하는 부부.
미혼 시절(未婚時節)
미혼 자녀(未婚子女)
미화시키다(美化-)
미확인 비행 물체＝미확인비행물체(未確認飛行
　　物體)
미확정되다(未確定-)
미흡하나마(未洽-)
미흡한 대로(未洽-)
민간 교류(民間交流)
민간단체(民間團體)
민간사절(民間使節)
민간 업자(民間業者)
민간 외교＝민간외교(民間外交)
민간요법(民間療法)
민간 자본(民間資本)
민간 주도(民間主導)
민걸그물
민걸상(-床)
민고리자루
민관 합동(民官合同)
민권 운동＝민권운동(民權運動)
민권주의(民權主義)
민그림
민꼬리닭
민꽃
민꽃식물(-植物)
민낚시
민낚싯대
민날　밖으로 날카롭게 드러난 칼이나 창 따위
　　의 날.

민낯
민눈알　＝무정란.
민대가리
민돗자리
민둥산(-山)
민둥씨름
민등뼈동물(-動物)
민머리
민머리못
민며느리
민모습
민무늬
민물　강이나 호수 따위와 같이 염분이 없는 물.
민물고기
민물낚시
민물조개
민물진주(-眞珠)
민박 집(民泊-)
민부채
민비녀
민사 소송＝민사소송(民事訴訟)
민색떡(-色-)
민생 경제(民生經濟)
민생 안정(民生安定)
민생 치안(民生治安)
민생 파탄(民生破綻)
민소매
민속 공예＝민속공예(民俗工藝)
민속놀이(民俗-)
민속 마을(民俗-)
민속 무용＝민속무용(民俗舞踊)
민속 문화(民俗文化)
민속 박물관＝민속박물관(民俗博物館)
민속 씨름(民俗-)
민속자료(民俗資料)
민속 축제(民俗祝祭)
민속학자(民俗學者)
민속 행사(民俗行事)
민심 동향(民心動向)
민심 수습(民心收拾)
민심은 천심(民心-天心) [격]
민심 이반(民心離反)
민어구이(民魚-)
민어어채(民魚魚菜)
민어저냐(民魚-)
민어조림(民魚-)

민어지짐이(民魚-)
민어풀(民魚-)
민어회(民魚膾)
민얼굴
민엇국(民魚-)
민영 방송=민영방송(民營放送)
민옷
민완 형사(敏腕刑事)
민요잔치(民謠-)
민원서류(民願書類)
민원 업무(民願業務)
민원 처리(民願處理)
민자 유치(民資誘致)
민저고리
민정 시찰(民情視察)
민족 감정(民族感情)
민족 국가=민족국가(民族國家)
민족두리
민족 문화=민족문화(民族文化)
민족상잔(民族相殘)
민족 얼(民族-)
민족의식(民族意識)
민족 자주(民族自主)
민족정기(民族精氣)
민족 정서(民族情緒)
민족정신(民族精神)
민족주의(民族主義)
민족중흥(民族中興)
민족 통일(民族統一)
민족 해방(民族解放)
민주개혁(民主改革)
민주고주
민주 국가=민주국가(民主國家)
민주대다
민주 시민(民主市民)
민주 정치=민주정치(民主政治)
민주 체제(民主體制)
민주 항쟁(民主抗爭)
민주 혁명=민주혁명(民主革命)
민주화 바람(民主化-)
민주 회복(民主回復)
민죽절(-竹節)
민중가요(民衆歌謠)
민중 문학=민중문학(民衆文學)
민중 봉기(民衆蜂起)
민중 운동=민중운동(民衆運動)

민지낚시
민짜
민짜건(-巾)
민짜못
민첩해 보이다(敏捷-)
민코
민판 아무것도 없는 들판.
민폐 끼치다(民弊-)
민홈대
민화투(-花鬪)
민흘림기둥
믿거나 말거나
믿건 말건
믿고 따르다
믿고 맡기다
믿고 살다
믿고 쓰다
믿고 주다
믿기는 신주 믿듯(-神主-) [격]
믿기지 않다
믿기 힘들다
믿느냐 마느냐
믿는 나무에 곰이 핀다 [격]
믿는 도끼에 발등 찍힌다 [격]
믿는 듯하다
믿는 체하다
믿던 발에 돌 찍힌다 [격]
믿어 달라고 하다
믿어 달라다
믿어 보다
믿어 주다
믿었나 보다
믿었던 돌에 발부리 채었다 [격]
믿었을 거야
믿었을걸
믿었을 걸세
믿었을걸요
믿으나 마나 하다
믿을 거야
믿을걸
믿을 걸세
믿을걸요
믿을게
믿을게요
믿을 만해 보이다
믿을 수 없을 만큼

414

믿음직스러워 보이다
믿음직스럽지 못하다
믿음직해 보이다
믿음직해져 가다
믿지 마라
믿지 말라고 하다
믿지 말라다
믿지 못할 일
밀가루
밀가루 반죽
밀가루 장사 하면 바람이 불고 소금 장사 하면
　　비가 온다 [격]
밀갈퀴
밀개떡
밀거래되다(密去來-)
밀 거야
밀거적
밀걸레질
밀걸요
밀게
밀게요
밀고 가다
밀고 나가다
밀고 당기다
밀고당하다(密告當-)
밀고 들어가다
밀고 들어오다
밀고 밀리다
밀고 올라오다
밀고해 버리다(密告-)
밀골무
밀국수
밀그물
밀기름
밀기름 새옹에 밥을 지어 귀이개로 퍼서 먹겠
　　다 [격]
밀기울
밀기울밥
밀기울장(-醬)
밀깜부기
밀낫
밀담 나누다(密談-)
밀도 높은 공부(密度-工夫)
밀동자(-童子)
밀떡
밀뚤레

밀랍 인형(蜜蠟人形)
밀려가다
밀려 나가다
밀려나다
밀려나 버리다
밀려 나오다
밀려날 듯하다
밀려다니다
밀려닥치다
밀려들다
밀려 버리다
밀려오다
밀렵꾼(密獵-)
밀리고 밀리다
밀리기만 하다
밀릴 대로 밀리다
밀릴 수밖에 없다
밀림 지대(密林地帶)
밀마당질
밀만두(-饅頭)
밀맡기다
밀매매하다(密賣買-)
밀매음녀(密賣淫女)
밀매음하다(密賣淫-)
밀몰다
밀무역(密貿易)
밀물받이
밀물 때
밀물지다
밀박　큰 바가지.
밀반입(密搬入)
밀반죽
밀밥
밀방망이
밀방아
밀밭 길
밀밭도 못 지나간다 [격]
밀밭만 지나가도 주정한다(-酒酊-) [격]
밀밭만 지나가도 취한다(-醉-) [격]
밀범벅
밀보리
밀보릿짚
밀봉교육(密封敎育)
밀봉 상태(密封狀態)
밀뵙기　설, 추석 따위의 명절에 부득이 그날
　　찾아가 인사를 하지 못할 경우, 그 전에 미

리 찾아가는 일.

밀붓

밀삐

밀삐세장

밀삐아랫도리

밀사탕(蜜砂糖)

밀살구

밀 서리

밀소주(-燒酒)

밀수꾼(密輸-)

밀수 사건(密輸事件)

밀수입품(密輸入品)

밀수제비

밀수 조직(密輸組織)

밀실 거래(密室去來)

밀실 정치(密室政治)

밀쌀

밀쌈

밀썰물

밀알 같은

밀알같이

밀알지다

밀양 싸움(密陽-)

밀어내다

밀어 넘기다

밀어 넘어뜨리다

밀어 넣다

밀어 놔두다

밀어닥치다

밀어 달라고 하다

밀어 달라다

밀어 두다

밀어뜨리다

밀어 버리다

밀어붙이다

밀어 올리다

밀어젖히다

밀어제치다

밀어주다 도와주다.

밀어 주다 뒤에서 힘을 가하다.

밀었다 당겼다 하다

밀월 관계(蜜月關係)

밀월여행(蜜月旅行)

밀음쇠

밀장지(-障-)

밀전병(-煎餠)

밀접해지다(密接-)

밀정질(密偵-)

밀종이(蜜-)

밀줏집(密酒-)

밀지짐

밀집 지역(密集地域)

밀짚

밀짚모(-帽)

밀짚모자(-帽子)

밀짚서까래

밀차(-車)

밀착 감시(密着監視)

밀착렌즈(密着lens)

밀착 취재(密着取材)

밀청대

밀쳐 내다

밀쳐 넘어뜨리다

밀쳐놓다

밀쳐 버리다

밀초 냄새(-醋-)

밀치깃대

밀치끈

밀치락달치락하다

밀태상

밀트리다

밀폐 공간(密閉空間)

밀폐 용기(密閉容器)

밀푸러기

밀풀 쑤다

밀항해 오다(密航-)

밀화갓끈(蜜花-)

밀화단추(蜜花-)

밉기만 하다

밉다고 차 버리면 떡고리에 자빠진다 [격]

밉다니까 떡 사 먹으면서 서방질한다(-書房-)
    [격]

밉다 하니 업자 한다 [격]

밉둥 부리다

밉든 곱든

밉디밉다

밉보기만 하다

밉보다

밉보이다

밉살맞다

밉살머리궂다

밉상 중의 밉상(-相中-相)

416

밉성 부리다(-性-)
밉쌀   참외 서리, 닭서리 따위의 대가로 그 부
　　모가 내놓는 쌀.
밋밋해 보이다
밍크코트(mink coat)
밑가지
밑간하다
밑갓채(-茱)
밑거름
밑거름 주다
밑구멍
밑구멍에 불이 나다 [격]
밑구멍으로 노 꼰다 [격]
밑구멍으로 숨 쉰다 [격]
밑구멍으로 호박씨 깐다 [격]
밑구멍은 들출수록 구린내만 난다 [격]
밑구멍을 씻어 준다 [격]
밑구멍이 웃는다 [격]
밑구멍이 찢어지게 가난하다 [격]
밑그루
밑그림
밑기둥
밑깔이짚
밑널
밑넓이
밑다짐
밑도 끝도 모르다 [관]
밑도 끝도 없다 [관]
밑돌다
밑돌 듯하다
밑돌 빼서 윗돌 고인다 [격]
밑동부리
밑두리
밑두리콧두리
밑둥치
밑뒤
밑들다
밑머리
밑모서리
밑바닥
밑바닥 삶 살다
밑바닥에 깔리다 [관]
밑바닥이 드러나다 [관]
밑바닥 인생(-人生)
밑바대
밑바탕

밑반찬(-飯饌)
밑받침
밑받침돌
밑밥
밑밥망(-網)
밑밥질
밑 부분(-部分)
밑불
밑 빠진 독 [관]
밑 빠진 독에 물 붓기 [격]
밑 빠진 동이에 물 괴거든 [격]
밑뿌리
밑살
밑세장
밑손
밑솜
밑쇠
밑술
밑싣개
밑쌀
밑씻개
밑아래
밑알
밑알을 넣어야 알을 내어 먹는다 [격]
밑앞
밑 없는 독
밑위
밑으로 호박씨 깐다 [격]
밑이 가볍다 [관]
밑이 구리다 [관]
밑이 더럽다 [관]
밑이 드러나다 [관]
밑이 질기다 [관]
밑자락
밑자리
밑장
밑절미
밑져야 본전(-本錢)
밑조사(-調査)
밑줄 긋다
밑줄 치다
밑지는 셈 치다
밑지는 장사
밑질 것 없다
밑짝
밑창

417

밑창 갈다
밑창널
밑천
밑천 날리다
밑천 달리다
밑천 대다
밑천 대 주다
밑천도 못 건지는 장사 [관]
밑천도 못 찾다 [관]
밑천 삼다
밑천이 드러나다 [관]

밑천이 짧다 [관]
밑층(-層)
밑칠(-漆)
밑턱구름
밑털
밑틀
밑판(-板)
밑폭(-幅)
밑홈대
밑힘

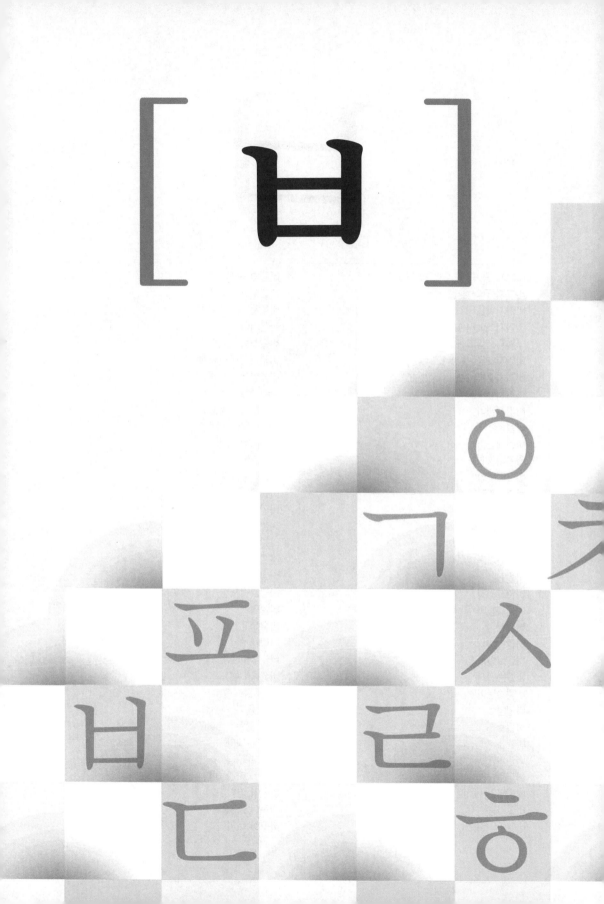

[ㅂ]

바가지 공예=바가지공예(-工藝)
바가지 긁다 [관]
바가지싸움
바가지 쓰다 [관]
바가지 씌우다 [관]
바가지요금(-料金)
바가지 차다 [관]
바가지탈
바가지팽이
바걸(bar-girl)
바겐세일(bargain-sale)
바구니 끼고
바구니짜리
바그라뜨리다
바그라지다
바그라트리다
바깥 경치(-景致)
바깥공기(-空氣)
바깥귀
바깥꼬리깃
바깥나들이
바깥날
바깥 날씨
바깥노인(-老人)
바깥눈
바깥늙은이
바깥담
바깥뜰
바깥뜸
바깥마당
바깥문(-門)
바깥문간(-門間)
바깥바람
바깥방(-房)

바깥벽(-壁)
바깥부모(-父母)
바깥사돈(-査頓)
바깥사람
바깥사랑(-舍廊)
바깥사랑채(-舍廊-)
바깥상제(-喪制)
바깥 생활(-生活)
바깥세상(-世上)
바깥소문(-所聞)
바깥소식(-消息)
바깥손님
바깥식구(-食口)
바깥심부름
바깥양반(-兩班)
바깥어른
바깥어버이
바깥옷
바깥일
바깥주인(-主人)
바깥짝
바깥쪽
바깥채
바깥출입(-出入)
바깥층(-層)
바깥치수(-數)
바깥 풍경(-風景)
바깥 활동(-活動)
바꾸게 되다
바꾸고 나니
바꾸나 마나 하다
바꾸어 가다
바꾸어 가지다
바꾸어 나가다

바꾸어 달라고 하다
바꾸어 달라다
바꾸어 드리다
바꾸어 말하면
바꾸어 먹다
바꾸어 보다
바꾸어 쓰다
바꾸어 오다
바꾸어 입다
바꾸어 주다
바꿀 거야
바꿀걸
바꿀 걸세
바꿀걸요
바꿀게
바꿀게요
바꿀 만도 하다
바꿀 테면 바꾸어라
바꿈질하다
바꿔 가다
바꿔 가지다
바꿔 끼우다
바꿔 나가다
바꿔 놓다
바꿔 달다
바꿔 달라고 하다
바꿔 달라다
바꿔 드리다
바꿔 말하면 [관]
바꿔 먹다
바꿔 버리다
바꿔 보다
바꿔 생각하다
바꿔 신다
바꿔 쓰다
바꿔 앉다
바꿔 얘기하면
바꿔 오다
바꿔 입다
바꿔 주다
바뀌게 되다
바뀌고 나니
바뀌어 가다
바뀌어 오다
바뀔 거야
바뀔걸

바뀔 걸세
바뀔걸요
바뀔 리 없다
바끄럼
바끄럼성(-性)
바나나킥(banana kick)
바나나 향(banana香)
바느실
바느질
바느질감
바느질값
바느질거리
바느질고리
바느질꾼
바느질법(-法)
바느질삯
바느질손
바느질 솜씨
바느질실
바느질 용구(-用具)
바느질자
바느질집
바느질틀
바느질품
바느질품팔이
바늘 가는 데 실 가고 바람 가는 데 구름 간다
　　[격]
바늘 가는 데 실 간다 [격]
바늘겨레
바늘구멍
바늘구멍으로 코끼리를 몰라 한다 [격]
바늘구멍으로 하늘 보기 [격]
바늘구멍으로 황소바람 들어온다 [격]
바늘귀
바늘꽂이
바늘 끝에 알을 올려놓지 못한다 [격]
바늘 넣고 도끼 낚는다 [격]
바늘대
바늘대뜨기
바늘 도둑이 소 도둑 된다 [격]
바늘 따라 실 간다 [격]
바늘땀
바늘로 몽둥이 막는다 [격]
바늘로 찔러도 피 한 방울 안 난다 [격]
바늘밥
바늘방석(-方席)

421

바늘방석에 앉은 것 같다(-方席-) [관]
바늘보다 실이 굵다 [격]
바늘뼈
바늘뼈에 두부살(-豆腐-) [격]
바늘쌈
바늘 쌈지에서 도둑이 난다 [격]
바늘 잃고 도끼 낚는다 [격]
바늘잎
바늘잎나무
바늘집
바늘집노리개
바늘첩(-帖)
바늘토막
바늘통(-筒)
바늘투구
바늘허리
바다갈대 바닷가에서 자라는 갈대.
바다 같다 [관]
바다거북
바다낚시
바다는 메워도 사람의 욕심은 못 채운다(-慾
　心-) [격]
바다 밑
바다색(-色)
바다 생물(-生物)
바다선반 =대륙붕.
바다 속
바다 속의 좁쌀알 같다 [격]
바다 위
바다 쪽
바다표범(-豹-)
바다풀
바다 한가운데
바다흙
바닥걸기질
바닥고기
바닥 긁다 [관]
바닥기와
바닥끝 손바닥의 가운데 금이 끝난 곳.
바닥나다
바닥나 버리다
바닥날 듯하다
바닥내다
바닥 누르다 [관]
바닥 다 보았다 [격]
바닥 드러나다 [관]

바닥 모를 낭떠러지
바닥무대(-舞臺)
바닥 보다 [관]
바닥 생활(-生活)
바닥세(-勢)
바닥시세(-時勢)
바닥을 비우다 [관]
바닥이 질기다 [관]
바닥장(-欌) 바닥에 만든 닭장.
바닥 장식(-裝飾)
바닥재(-材)
바닥 짚다 [관]
바닥 첫째 [관] '꼴찌'를 놀림조로 이르는 말.
바닥 청소(-淸掃)
바닥 치다
바닥칠(-漆)
바단조(-短調)
바닷가
바닷가 개는 호랑이 무서운 줄 모른다 [격]
바닷가 식물=바닷가식물(-植物)
바닷고기
바닷길
바닷말
바닷모래
바닷목
바닷물
바닷물고기
바닷물조개
바닷바람
바닷사람
바닷새
바닷소금
바닷소리
바닷자갈
바닷자락
바닷장어(-長魚)
바닷조개
바둑강아지
바둑꾼
바둑 대회(-大會)
바둑돌
바둑 두다
바둑말
바둑머리
바둑 못 두다
바둑무늬

바둑쇠 마고자에 다는, 바둑돌과 비슷한 단추.
바둑 실력(-實力)
바둑알
바둑점(-點)
바둑통(-桶)
바둑판같다(-板-)
바둑판무늬(-板-)
바둑판연(-板鳶)
바드등바드등하다
바드러워 보이다
바듯해 보이다
바듯해지다
바디 구멍에도 용수 있다 [격]
바디질
바디집
바디집비녀
바디치다
바디틀
바따라지다
바라는 대로
바라는 듯하다
바라다보다
바라다보이다
바라던 대로
바라 마지않다
바라보기만 하다
바라보이다
바라볼 거야
바라볼 걸세
바라볼게요
바라볼 만큼
바라지다
바라지 마라
바라지창(-窓)
바라지하다
바라진목
바리춤
바랄 거야
바랄걸
바랄 걸세
바랄걸요
바랄 게 없다
바랄 뿐 아니라
바람 간 데 범 간다 [격]
바람개비
바람개비놀이

바람결
바람결에 날려 왔나 떼구름에 싸여 왔나 [격]
바람구멍
바람기둥
바람기 있는 남자(-氣-男子)
바람꼭지
바람꽃
바람나다
바람났나 보다
바람내다
바람 넣다 [관]
바람도 올바람이 낫다 [격]
바람도 지난 바람이 낫다 [격]
바람도 타향에서 맞는 바람이 더 차고 시리다
    (-他鄕-) [격]
바람둥이
바람 들다 [관]
바람 등지다 [관]
바람 따라 구름 따라
바람막이
바람막이고무
바람막이숲
바람막이하다
바람만바람만 뒤따라가다
바람맞다
바람맞은 병신같이(-病身-) [관]
바람맞이
바람맞히다
바람머리
바람 먹고 구름 똥 싼다 [격]
바람 몰이
바람 바른 데 탱자 열매같이 [격]
바람받이
바람받이에 선 촛불 [격]
바람벽(-壁)
바람벽에 돌 붙나 보지(-壁-) [격]
바람 부는 날 가루 팔러 가듯 [격]
바람 부는 대로 돛을 단다 [격]
바람 부는 대로 물결 치는 대로 [격]
바람 부는 대로 살다 [격]
바람비
바람살
바람서리
바람세(-勢)
바람 소리
바람 쐬다 [관]

바람씨 바람이 불어오는 모양.
바람 안다 [관]
바람 안 타다
바람 앞의 등불(-燈-) [격]
바람을 일으키다 [관]
바람이 나가다 [관]
바람이 불어야 배가 가지 [격]
바람 자다 [관]
바람 잘 날 없다
바람 잡다 [관]
바람잡이
바람쟁이
바람직해 보이다
바람 차다
바람총(-銃) 대롱이나 나무통 속에 화살 같은
　　　것을 넣고 입으로 불어서 쏘는 총.
바람칼
바람 켜다 [관]
바람 타다
바람피우다
바래다 드리다
바래다주다
바로 가다
바로 곁
바로 그날
바로 그때
바로꽂이
바로 뒤
바로 못 가다
바로 밑
바로바로
바로 보다
바로 보이다
바로 서다
바로 세우다
바로쓰다
바로 안 가다
바로 알리다
바로 앞
바로 옆
바로 위
바로 이때
바로잡다 바르게 고치다.
바로 잡다 곧 잡다.
바로잡아 가다
바로잡히다

바로 전(-前)
바로 후(-後)
바르르 떨다
바르쥐다
바르집다
바른걸음
바른귀
바른길
바른네모꼴
바른대로
바른말 고운말
바른말 잘하다
바른말 하는 사람 귀염 못 받는다 [격]
바른말 해 주다
바른발
바른생활(-生活)
바른손
바른손잡이
바른쪽
바른팔
바른편(-便)
바른편짝(-便-)
바름벽(-壁)
바리꼭지
바리나무 마소에 바리로 실은 땔나무.
바리때
바리뚜껑
바리무
바리바리
바리 수건=바리수건(-手巾) 바리때를 닦는 행
　　　주.
바리안베
바리장대(-長-)
바리탕기(-湯器)
바리포(-布) =바리안베.
바림수(-繡)
바릿대
바릿밥
바바리코트(Burberry coat)
바보 같은
바보같이
바보 녀석
바보 노릇
바보 되다
바보상자(-箱子)
바보 소리 듣다

바보짓 하다
바보 취급 하다(-取扱-)
바빠 보이다
바빠 못 가다
바빠질 거야
바빠질걸
바빠질걸요
바쁘게 살다
바쁘게 찧는 방아에도 손 놀 틈이 있다 [격]
바쁘기만 하다
바쁘긴 하지만
바쁘다나 봐
바쁘다 보니
바쁘실 텐데
바쁜 듯하다
바쁜 일
바쁜 척하다
바쁜 체하다
바쁜 탓으로 돌리다
바쁠 거야
바쁠걸
바쁠 걸세
바쁠걸요
바쁠 뿐만 아니라
바쁠 텐데
바삐 굴다
바서지다
바소쿠리
바수뜨리다
바수지르다
바수트리다
바스대다
바스락 소리
바스락장난
바스락하다
바스러지다
바심질하다
바싹 다가앉다
바싹 마르다
바싹 줄다
바오라기
바운드되다(bound-)
바위긁개
바위 길
바위너설
바위 덩어리

바위를 차면 제 발부리만 아프다 [격]
바위 밑
바위산(-山)
바위섬
바위 속에도 용수가 있다 [격]
바위 언덕
바위에 달걀 부딪치기 [격]
바위에 머리 받기 [격]
바위옷
바위옹두라지
바위울
바위짬
바위츠렁 바위가 겹겹이 많이 있는 험한 곳.
바위틈
바윗고을
바윗골
바윗돌
바윗등
바윗면(-面)
바윗장
바이없다
바이킹요리(Viking料理)
바자굽
바자무늬
바자운 마음
바자울
바잡이
바잣문(-門)
바장조(-長調)
바지게
바지까지 벗어 주다 [관]
바지락저냐
바지락젓
바지락조개
바지랑대
바지랑대로 하늘 재기 [격]
바지런 떨다
바지런해 보이다
바지씨(-氏)
바지저고리
바지저고리만 다닌다 [격]
바지춤
바지통
바지폭(-幅)
바지허리
바짓가랑이

바짓단
바짓말
바짓부리
바짝 마르다
바짝바짝 줄다
바쳐 오다
바쳐지다
바치다시피 하다
바치듯 하다
바침술집　술을 많이 만들어 술장수에게 파는
　　것을 직업으로 하는 집.
바코드(bar code)
바퀴살
바퀴통(-筒)
바큇자국
바탕감
바탕색(-色)
바탕실
바탕천
바탕칠(-漆)
바탕 화면(-畫面)
바탕흙
바투 깎다
바투바투
바투보기
바투보기눈　=근시안.
바투 앉다
박가(朴哥)
박고지
박공마루
박공예(-工藝)
박공처마
박구기
박국
박김치
박꽃
박나물
박누름적(-炙)
박달나무
박달나무도 좀이 쓴다 [격]
박대 못 하다(薄待-)
박대 안 하다(薄待-)
박 덩굴
박두해 오다(迫頭-)
박력 넘치다(迫力-)
박력 있어 보이다(迫力-)

박리다매(薄利多賣)
박 모 씨(朴某氏)
박물군자(博物君子)
박물표본(博物標本)
박박 긁다
박박 깎다
박박 우기다
박박 찢다
박사 과정＝박사과정(博士課程)
박사 학위(博士學位)
박산가루
박살 나다
박살 내다
박석고개
박 선생 댁(朴先生宅)
박속　박의 안에 씨가 박혀 있는 하얀 부분.
박속같다
박속나물
박속무침
박수갈채(拍手喝采)
박수무당
박수 소리(拍手-)
박수 쳐 주다(拍手-)
박수 치다(拍手-)
박쌈
박쌈질하다
박 씨　박의 씨.
박씨 문중(朴氏門中)
박씨 성 가진 사람(朴氏姓-)
박 씨 집(朴氏-)
박아 나가다
박아 놓다
박아 두다
박아디디다
박 아무개 씨(朴-氏)
박아 주다
박애 정신(博愛精神)
박애주의(博愛主義)
박우물
박은 대로
박은 듯이
박은이
박을 타다 [관]
박음질하다
박이것
박이겹것

박이겹바지
박이끌
박이두루마기
박이연(-鳶)
박이옷
박잔(-盞)
박장구
박장기(-將棋)
박장대소(拍掌大笑)
박 전 대통령(朴前大統領)
박죽(-粥)
박죽목(-木) 방앗공이에 가로 박혀 있는 나무.
박쥐구실
박쥐오입쟁이
박쥐우산(-雨傘)
박쥐의 두 마음 [격]
박쥐족(-族)
박지르다
박지짐이
박진감 넘치다(迫眞感-)
박 진사 댁(朴進士宅)
박차 가하다(拍車加-)
박차고 일어나다
박첨지놀음(朴僉知-)
박초바람
박치기하다
박타다
박탈해 버리다(剝奪-)
박통 통짜의 박.
박 패듯 [관]
박하담배(薄荷-)
박하물부리(薄荷-)
박하사탕(薄荷砂糖)
박한 듯하다(薄-)
박해받아 오다(迫害-)
박해해 오다(迫害-)
밖굽
밖넓적다리
밖복사뼈
밖사랑(-舍廊)
-밖에 (조사) 공부밖에 모르는 학생, 하나밖에
　　　남지 않다.
-밖에 (명사) 합격자는 너 밖에도 여럿 있다.
밖여닫이
밖주인(-主人)
밖품 밖에 나가서 하는 노동.

밖홀씨
반가공품(半加工品)
반가부좌(半跏趺坐)
반가운 척하다
반가울 거야
반가울걸
반가울 걸세
반가울걸요
반가워할 거야
반가워할걸요
반가이 맞다
반감 갖다(反感-)
반감 사다(反感-)
반감 살 만하다(反感-)
반감 품어 오다(反感-)
반값 할인(半-割引)
반갓집(班家-)
반거들충이(半-)
반거충이(半-)
반걸음(半-)
반겨 주다
반격 작전(反擊作戰)
반격해 오다(反擊-)
반결구배추(半結球-)
반결음(半-)
반고수(半-)
반고수머리(半-)
반골 기질(反骨氣質)
반공 교육(反共敎育)
반공일날(半空日-)
반공정신(反共精神)
반공중(半空中)
반공 투쟁(反共鬪爭)
반관반민(半官半民)
반구두(半-)
반구비(半-)
반국가 단체(反國家團體)
반군항(半軍港)
반굽이(半-)
반기둥(半-)
반기 들다(反旗-)
반기살이 잔치나 제사 음식을 여러 군데에 나
　　　누어 줌.
반기조례(半旗弔禮)
반길 만도 하다
반깃반(-盤)

427

반나마(半-)

반나마 늙다(半-) [관]

반나마를 부른다(半-) [격]

반나절(半-)

반나절 거리(半-)

반나체(半裸體)

반날갈이(半-)

반 남짓(半-)

반납해 버리다(返納-)

반널 두껍고 넓게 제재한 널빤지.

반년간(半年間)

반년 동안(半年-)

반년 만에(半年-)

반년밖에 안 되어(半年-)

반년분(半年分)

반노예 취급(半奴隸取扱)

반농가(半農家)

반농노(半農奴)

반농반어(半農半漁)

반농담조로(半弄談調-)

반눈(半-)

반늙은이(半-)

반달가슴곰(半-)

반달 같은 딸 있으면 온달 같은 사위 삼겠다 (半-) [격]

반달꼴(半-)

반달꽃이(半-)

반달낫(半-)

반달눈(半-)

반달눈썹(半-)

반달 모양(半-模樣)

반달무늬(半-)

반달문(半-門)

반달빗(半-)

반달송곳(半-)

반달썰기(半-)

반달연(半-鳶)

반달음(半-)

반달음박질(半-)

반달음질(半-)

반달홈통(半-桶)

반담(半-) 낮게 쌓은 담.

반대 개념＝반대개념(反對概念)

반대급부(反對給付)

반대 논리(反對論理)

반대말(反對-)

반대 방향(反對方向)

반대색(反對色)

반대 성명(反對聲明)

반대 세력(反對勢力)

반대 운동(反對運動)

반대 의사(反對意思)

반대 입장(反對立場)

반대 집회(反對集會)

반대쪽(反對-)

반대 차로(反對車路)

반대 측(反對側)

반대투표(反對投票)

반대편(反對便)

반대해 오다(反對-)

반더부살이식물(半-植物)

반덤핑(反dumping)

반도 안 되다(半-)

반도체 칩(半導體chip)

반독립국(半獨立國)

반돌리기(半-)

반동분자(反動分子)

반동사상(反動思想)

반동 세력(反動勢力)

반돛(半-)

반두루마기(半-)

반두부(半豆腐) ＝되두부.

반두질꾼

반두질하다

반둥건둥하다

반드럽기는 삼 년 묵은 물박달나무 방망이(-三年-) [격]

반듯반듯해 보이다

반디그물

반딧벌레

반딧불로 별을 대적하랴(-對敵-) [격]

반딧불만 하다

반땀침(半-針)

반려 삼다(伴侶-)

반론 펴다(反論-)

반마상치(半馬上-)

반만년(半萬年)

반만년 동안(半萬年-)

반말지거리(半-)

반말질(半-)

반말 투로(半-套-)

반머슴(半-)

428

반머슴꾼(半-)
반면교사(反面教師)
반면미인(半面美人)
반명함판(半名銜判)
반몫(半-)
반몸(半-)
반물
반물빛
반물색(-色)
반물집
반물치마
반미 감정(反美感情)
반미 시위(反美示威)
반미치광이(半-)
반민주주의(反民主主義)
반바지(半-)
반박 성명(反駁聲明)
반박음질(半-)
반발 의식(反撥意識)
반밤(半-)
반방학(半放學)
반배부르다(半-)
반뱃짐(半-)
반벙어리(半-)
반벙어리 축문 읽듯(半-祝文-) [격]
반병두리
반병신(半病身)
반복소인(反覆小人)
반복 연습=반복연습(反復練習)
반복 학습(反復學習)
반복 훈련(反復訓練)
반봇짐(半褓-)
반부담(半負擔)
반부새 말이 조금 거칠게 닫는 일.
반불겅이(半-)
반비알지다(半-)
반빗하님(飯-)
반사 이익=반사이익(反射利益)
반사 작용=반사작용(反射作用)
반살미
반생애(半生涯)
반석 같은(盤石-)
반석같이(盤石-)
반섞이(半-)
반섞이자갈(半-)
반성은커녕(反省-)

반세기 동안(半世紀-)
반세기 만에(半世紀-)
반소경(半-)
반소매(半-)
반소매 셔츠(半-shirt)
반소작농(半小作農)
반송장(半-)
반수둑이(半-) 물건이 완전히 마르지 않고 반
    쯤만 마른 정도.
반수 이상(半數以上)
반승낙 얻다(半承諾-)
반실업자(半失業者)
반실이(半失-)
반액 할인(半額割引)
반역 행위(反逆行爲)
반영 못 하다(反映-)
반영 안 되다(反映-)
반영해 주다(反映-)
반올림하다(半-)
반외투(半外套)
반웃음(半-)
반원대패(半圓-)
반월간(半月刊)
반월반(半月盤)
반월창(半月窓)
반의반(半-半)
반 이상(半以上)
반일 감정(反日感情)
반입 금지(搬入禁止)
반자가 얕다 하고 펄펄 뛰다 [격]
반자널
반자동식(半自動式)
반자동화되다(半自動化-)
반자 받다 [관] 성이 나서 펄펄 뛰다.
반자주(半紫朱)
반자지(-紙)
반자틀
반자틀받이
반작이꾼(半作-)
반 잔 술에 눈물 나고 한 잔 술에 웃음 난다(半
    盞-盞-) [격]
반잣대
반잣대받이
반장 되다(班長-)
반전 문학=反戰文學)
반전사상(反戰思想)

429

반전 운동＝반전운동(反戰運動)
반절로 받다(半-)
반정부 시위(反政府示威)
반정부 활동(反政府活動)
반죽음되다(半-)
반죽 좋다 [관]
반중간(半中間)
반지기층(半-層)
반지꽃(半指-) '제비꽃'을 달리 이르는 말.
반지놀이(半指-)
반지름(半-)
반지빠르기는 제일이라(-第一-) [격]
반지빠르다
반짇고리
반집(半-)
반짓다
반짝 추위
반짝 효과(-效果)
반쪽 되다(半-)
반쯤 되다(半-)
반찬 가게(飯饌-)
반찬감(飯饌-)
반찬 값(飯饌-)
반찬거리(飯饌-)
반찬 그릇(飯饌-)
반찬 냄새(飯饌-)
반찬단지(飯饌-)
반찬단지에 고양이 발 드나들듯(飯饌-) [격]
반찬 먹은 개(飯饌-) [격]
반찬 먹은 고양이 잡도리하듯(飯饌-) [격]
반찬속(飯饌-)
반찬쟁이(飯饌-)
반찬 찌꺼기(飯饌-)
반찬 투정(飯饌-)
반찬 항아리가 열둘이라도 서방님 비위를 못
　　맞추겠다(飯饌-書房脾胃-) [격]
반창(半窓)
반체제 인사(反體制人士)
반추 동물＝반추동물(反芻動物)
반춤 추다(半-)
반치기(半-)
반코트(半coat)
반 타다(半-) [관]
반타작(半打作)
반턱대패(半-)
반토굴집(半土窟-)

반토막(半-)
반토막 나다
반팔(半-)
반편이(半偏-)
반편이 명산 폐묘한다(半偏-名山廢墓-) [격]
반편짓(半偏-)
반평생(半平生)
반품해 버리다(返品-)
반풍수(半風水)
반풍수 집안 망친다(半風水-亡-) [격]
반한 감정(反韓感情)
반한 인사(反韓人士)
반할 만하다
반할인(半割引)
반항 못 하다(反抗-)
반항해 오다(反抗-)
반해 버리다
반허락(半許諾)
반허리(半-)
반혁명 세력(反革命勢力)
반환 청구(返還請求)
반환해 주다(返還-)
반회장저고리(半回裝-)
반휴일(半休日)
반흘림(半-)
받걷이 다니다
받게 되다
받게 해 주다
받고 나니
받고 난 뒤
받고말고
받고 말다
받고 보니
받기만 하다
받기만 해도
받기 전(-前)
받긴 받다
받긴 하다
받나 보다
받내다
받느니 마느니
받느니만 못하다
받는 대로
받는 둥 마는 둥 하다
받는 만큼
받는 소는 소리 치지 않는다 [격]

430

받는 이
받는 족족
받는 체하다
받다마다
받다 보니
받대접(-待接)
받던 대로
받들게 하다
받들듯 하다
받들어 나가다
받들어 모시다
받들어 오다
받들어 올리다
받들어 주다
받들어총(-銃)
받아 가다
받아 가지다
받아 갈 뿐
받아 내다
받아 내지 못하다
받아넘기다
받아 넣다
받아 놓다
받아 놓은 당상(-堂上) [격]
받아 놓은 밥상(-床) [격]
받아 놔두다
받아 달라고 하다
받아 달라다
받아 두다
받아 들다
받아들여지다
받아들일 듯하다
받아들일 만하다
받아 마땅하다
받아 마시다
받아먹다
받아 버릇하다
받아 보다
받아 보지 못하다
받아 봤자
받아서는 안 된다
받아 쌓다
받아쓰기
받아쓰기하다
받아 오다
받아 적다

받아 주다
받아 쥐다
받아 챙기다
받아치다
받았나 보다
받았을 거야
받았을걸
받았을 걸세
받았을걸요
받으나 마나 하다
받으러 가다
받으러 다니다
받으러 오다
받으려 하지 않다
받으면 안 된다
받은 것만큼
받은 대로
받은 듯하다
받은 밥상을 찬다(-床-) [격]
받은 지 오래되다
받을 거야
받을걸
받을 걸세
받을걸요
받을게
받을게요
받을까 말까
받을 듯하다
받을 만도 하다
받을 만하다
받을지 안 받을지
받을 텐데
받자마자
받자하다
받잡다
받쳐 놓다
받쳐 두다
받쳐 이다
받쳐 입다
받쳐 주다
받침다리
받침단추
받침돌
받침두리
받침목(-木)
받침박

받침쇠
받침옷 겉옷 안에 끼어 입는 옷.
받침잔(-盞)
받침저울
받침점(-點)
받침틀
받침판(-板)
받힘술 직접 담가서 술장수에게 대어 주는 술.
받힘술집
발 가는 대로
발가늠하다
발가락뼈
발가락의 티눈만큼도 안 여긴다 [격]
발가벗겨지다
발가벗고 달밤에 체조한다(-體操-) [격]
발가벗기다
발가벗다
발가숭이
발각 나다(發覺-)
발각될까 보아(發覺-)
발각 안 되다(發覺-)
발간 거짓말
발간빛
발간 상놈(-常-)
발간색(-色)
발간해 오다(發刊-)
발감개
발감개하다
발개지다
발갯깃
발거리
발걸음
발걸음도 안 하다 [관]
발걸음 소리
발걸음 안 하다
발길음을 재촉하다 [관]
발걸음이 가볍다 [관]
발걸음이 떨어지지 않다 [관]
발걸이
발겨 내다
발견 안 되다(發見-)
발견 즉시(發見卽時)
발견해 내다(發見-)
발고무래
발곱 끼다
발괄꾼

발 구르다 [관]
발굴 작업(發掘作業)
발굴 조사(發掘調査)
발굴해 내다(發掘-)
발굴 현장(發掘現場)
발그댕댕하다
발그림자
발그림자 끊다 [관]
발그림자도 들여놓지 않다 [관]
발그림자도 아니하다 [관]
발그스름해 보이다
발그스름해지다
발급 못 받다(發給-)
발급해 주다(發給-)
발기계(-機械)
발기 대회(發起大會)
발기름
발기발기 찢어 버리다
발기 부전=발기부전(勃起不全)
발기 위원(發起委員)
발기척
발길 끊다
발 길다 [관]
발길 닿는 대로
발길에 채다 [관]
발길이 내키지 않다 [관]
발길이 떨어지지 않다 [관]
발길이 멀어지다 [관]
발길이 무겁다 [관]
발길질하다
발김도 비치지 않다
발김쟁이
발꿈치
발꿈치를 물다 [관]
발꿈치를 물리다 [관]
발꿈치를 접하여 일어나다 [관]
발 끊고 지내다
발 끊다 [관]
발끝걸음
발 냄새
발 넓다
발노구 놋쇠나 구리로 만든, 발이 달린 작은
  솥.
발놀림
발놀이
발달 과정(發達過程)

432

발달 단계＝발달단계(發達段階)
발달해 오다(發達-)
발 닿는 대로
발대중
발덫 나다
발도 못 붙이다
발돋움
발돋움질
발돋움질하다
발돋움하다
발돋줄
발동 걸다(發動-)
발 동동 구르다
발동작(-動作)
발뒤꿈치
발뒤꿈치
발뒤축
발뒤축을 물다
발뒤축을 물리다
발 들여놓을 자리 하나 없다 [관]
발등거리
발등걸이 남이 하려는 일을 앞질러 먼저 함.
발등걸이하다
발등눈
발등 밟히다
발등뼈
발등어리
발등에 불이 떨어지다 [관]
발등에 오줌 싼다 [관]
발등을 디디다 [관]
발등을 밟히다 [관]
발등을 찍다 [관]
발등을 찍히다 [관]
발등의 불을 끄다 [관]
발 디딜 틈 없다
발떠퀴 사람이 가는 곳에 따라 생기는 길흉화
　　　복의 운수.
발라내다
발라 놓다
발라 달라고 하다
발라 달라다
발라맞추다
발라먹다 남을 꾀거나 속여서 물건을 빼앗아
　　　가지다.
발라 먹다 생선을 발라 먹다.
발라 주다

발랄해 보이다(潑剌-)
발령 나다(發令-)
발령 내 주다(發令-)
발령 못 받다(發令-)
발령 안 나다(發令-)
발령 일자(發令日字)
발리슛(volley shoot)
발림소리
발림수작(-酬酌)
발만 보고도 무엇까지 보았다고 [격]
발맘발맘
발맞추다
발맞추어 나가다
발매 넣다 [관]
발매 놓다 [관]
발매나무
발매치
발매터
발명이 대책이라(發明-對策-) [격]
발명 특허(發明特許)
발명해 내다(發明-)
발모가지
발목물 겨우 발목 정도까지 잠길 만한 얕은
　　　물.
발목뼈
발목 잡다
발목 잡히다 [관]
발목쟁이
발 못 붙이다
발 묶이다
발밑
발바닥
발바닥에 불이 일다 [관]
발바닥에 털 나겠다 [관]
발바닥에 흙 안 묻히고 살다 [관]
발바닥을 핥다 [관]
발바심하다
발바투
발밤발밤
발밭다
발버둥이 치다
발버둥질하다
발버둥 치다
발 벗고 나서다 [관]
발 벗고 대들다 [관]
발 벗고 따라가도 못 따르겠다 [격]

433

발 벗고 뛰다
발 벗다 [관]
발병 나다(-病-)
발병 원인(發病原因)
발보다 발가락이 더 크다 [격]
발보이다
발본색원(拔本塞源)
발볼 넓다
발뵈다
발부리
발부해 주다(發付-)
발붙이다
발붙일 데 없다
발 빠르다
발 빼다 [관]
발뺌만 일삼다
발뺌 못 하다
발 뻗고 자다 [관]
발 뻗을 자리 보고 누우랬다 [격]
발사 실험(發射實驗)
발사 준비(發射準備)
발샀
발샀전(-錢)
발산해 버리다(發散-)
발상 전환(發想轉換)
발샅
발샅자국
발새
발새 티눈만도 못하다
발생 과정(發生過程)
발생 시기(發生時期)
발생 원인(發生原因)
발생하자마자(發生-)
발생해 오다(發生-)
발설 않기로(發說-)
발설해 버리다(發說-)
발성 연습(發聲練習)
발소리
발소리 나다
발소리 안 나다
발소리 죽이다
발솥
발쇠꾼
발쇠 서다 [관]
발수건(-手巾)
발숫물

발싸개
발싸심하다
발씨름
발씨 서투르다 [관]
발씨 익다 [관]
발 씻다
발아래
발아래로 보다 [관]
발아래에도 못 가다 [관]
발암 물질=발암물질(發癌物質)
발야구(-野球)
발양머리(發陽-)
발언 못 하다(發言-)
발언 안 하다(發言-)
발 없는 말이 천 리 간다(-千里-) [격]
발에 채다 [관]
발육 부전(發育不全)
발육 상태(發育狀態)
발을 달다 [관]
발을 뻗다 [관]
발음 못하다(發音-)
발음해 보다(發音-)
발이 내키지 않다 [관]
발이 넓다 [관]
발이 닳다 [관]
발이 떨어지지 않다 [관]
발이 뜨다 [관]
발이 뜸하다 [관]
발이 맞다 [관]
발이 묶이다 [관]
발이 손이 되도록 빌다 [관]
발이 의붓자식보다 낫다(-子息-) [격]
발이 익다 [관]
발이 잦다 [관]
발이 저리다 [관]
발이 짧다 [관]
발자국
발자국 나다
발자국 내다
발자취 남기다
발자취 더듬어 보다
발자취를 감추다
발자하다
발작 일으키다(發作-)
발작 증세(發作症勢)
발잔등

발장구 치다
발 장난
발장단(-長短)
발장이
발재간(-才幹)
발재봉침(-裁縫針)
발재봉틀(-裁縫-)
발 재주
발전 기금(發展基金)
발전도상국(發展途上國)
발전 모델(發展model)
발전 시설(發電施設)
발전시켜 오다(發展-)
발전 안 되다(發展-)
발전 용량(發電容量)
발전해 오다(發展-)
발정 나다(發精-)
발족 이래(發足以來)
발주저리　해진 버선이나 양말을 신은, 너절하
　　고 지저분한 발.
발주 회사(發注會社)
발줄
발질하다
발짐작
발짓하다
발창(-窓)
발 치다
발칫잠
발칵 뒤집히다
발칸 반도=발칸반도(Balkan半島)
발 큰 놈이 득이다(-得-) [격]
발 타다 [관]
발탁해 오다(拔擢-)
발탄강아지
발탕기(鉢湯器)
발톱눈
발트 해(Balt海)
발파 소리(發破-)
발판널(-板-)
발판 삼다(-板-)
발편잠
발포 명령(發砲命令)
발표 나다(發表-)
발표 날(發表-)
발표 내용(發表內容)
발표 안 되다(發表-)

발표해 버리다(發表-)
발풀무
발품 팔다
발행 부수(發行部數)
발행 연도(發行年度)
발행해 오다(發行-)
발허리
발헤엄
발헤엄하다
발화 지점(發火地點)
발회목
발효 식품(醱酵食品)
발효 음식(醱酵飮食)
발휘 못 하다(發揮-)
발힘
밝고 밝은 달
밝는 대로
밝아 보이다
밝아 오다
밝아지다
밝을 녘
밝을 무렵
밝자마자
밝혀 나가다
밝혀내다
밝혀 놓다
밝혀 달라고 하다
밝혀 달라다
밝혀 두다
밝혀 주다
밝혀지는 대로
밝혀지자마자
밝힌 대로
밟고 가다
밟고 다니다
밟고 서다
밟고 오다
밟고 지나가다
밟는 대로
밟다듬이　피륙이나 종이 따위를 발로 밟아서
　　구김살이 퍼지게 다듬는 일.
밟아 가다
밟아 나가다
밟아 대다
밟아 버리다
밟아 보다

밟아 쌓다
밟아 오다
밟아 주다
밟혀 죽다
밤 가는 줄 모르다
밤거리
밤경단(-瓊團)
밤경치(-景致)
밤고구마
밤고기
밤공기(-空氣)
밤공부(-工夫)
밤교대(-交代)
밤 근무(-勤務)
밤기운
밤기차(-汽車)
밤길 가다
밤길 떠나다
밤 깊은 줄 모르다
밤꽃
밤나무뿌리
밤나무 숲
밤나무에서 은행이 열기를 바란다(-銀杏-) [격]
밤나무 집
밤낚시
밤낚시질
밤낮 가리지 않다 [관]
밤낮 안 가리다
밤낮없이
밤낮으로 여드레를 자면 참 잠이 온다 [격]
밤낮이 따로 없다 [관]
밤놀이
밤놀이하다
밤농사(-農事)
밤눈
밤눈 내리다
밤눈 어두운 말이 워낭 소리 듣고 따라간다 [격]
밤눈이 어둡다 [관]
밤느정이
밤늦
밤늦다
밤다듬이
밤다식(-茶食)
밤단자(-團餈)
밤대거리
밤더위

밤도둑
밤도망(-逃亡)
밤도적(-盜賊)
밤도주(-逃走)
밤돌이로
밤 동안
밤뒤 보다
밤들다
밤 따다
밤떡
밤똥 누다
밤마을 가다
밤마을 다니다
밤 말은 쥐가 듣고 낮 말은 새가 듣는다 [격]
밤무대(-舞臺)
밤물
밤물결
밤바다
밤바람
밤밥
밤밥 먹었다 [격]
밤배
밤배질
밤번(-番)
밤볼
밤볼 지다 [관]
밤불
밤비
밤비에 자란 사람 [격]
밤빛
밤사이
밤새
밤새껏
밤새다
밤새도록 가도 문 못 들기(-門-) [격]
밤새도록 물레질만 하겠다 [격]
밤새도록 울다가 누가 죽었느냐고 한다 [격]
밤새도록 통곡해도 어느 마누라 초상인지 모른
　　다(-痛哭-初喪-) [격]
밤새우다
밤새움하다
밤새워 일하다
밤색(-色)
밤샘
밤샘 공부(-工夫)
밤샘 근무(-勤務)

밤샘 조사(-調査)
밤샘하다
밤설기
밤소경
밤소 든 송편(-松-)
밤소리
밤소일(-消日)
밤손
밤손님
밤송이
밤송이머리
밤송이솔
밤송이 우엉 송이 다 끼어 보았다 [격]
밤술
밤싸라기
밤 쌀 보기 남의 계집 보기 [격]
밤안개
밤알
밤암죽(-粥)
밤얽이
밤업소(-業所)
밤에 보아도 낫자루 낮에 보아도 밤나무 [격]
밤에 패랭이 쓴 놈 보일라 [격]
밤 여행(-旅行)
밤엿
밤우리
밤윷
밤을 도와
밤을 돕다 [관]
밤을 패다 [관]
밤이나 낮이나
밤이슬
밤이슬 맞는 놈 [격]
밤일 나가다
밤일낮장
밤일하다
밤자갈
밤 자고 나서 문안하기(-問安-) [격]
밤잔물
밤잔숭늉
밤 잔 원수 없고 날 샌 은혜 없다(-怨讐-恩
    惠-) [격]
밤잔치하다
반잔침 밤잠에서 갓 깨어난 입에 들어 있는 침.
밤잠
밤잠 못 이루다

밤잠 설치다
밤장 서다(-場-)
밤재우다
밤저녁
밤주악
밤죽(-粥)
밤 줍다
밤중 같은 사람 [관]
밤즙(-汁)
밤차(-車)
밤참
밤참거리
밤출입(-出入)
밤출입 잦다(-出入-)
밤콩
밤 털다
밤털이
밤톨만 하다
밤편
밤 풍경(-風景)
밤하늘
밤 한때
밥값
밥값도 못하다
밥거리
밥걱정하다
밥공기(空器)
밥 구경을 못하다 [관]
밥 구경을 하다 [관]
밥 굶다
밥그릇
밥그릇 싸움
밥그릇이나 축내다 [관]
밥그릇이 높으니까 생일만큼 여긴다(-生日-)
    [격]
밥내
밥 냄새
밥 달라고 하다
밥 달라다
밥 덩이
밥도둑
밥도 못 먹다
밥 떠먹다
밥뚜껑
밥말이
밥맛

437

밥맛 나다
밥맛 떨어지다
밥맛없다
밥 먹고 오다
밥 먹다
밥 먹듯이 하다
밥 먹듯 하다 [관]
밥 먹여 보내다
밥 먹여 주다
밥 먹을 때는 개도 안 때린다 [격]
밥 못 먹다
밥물
밥물림
밥물 잡다
밥밑
밥밑을 두다
밥밑콩
밥반찬(-飯饌)
밥받이하다
밥버러지
밥 벌다
밥벌레
밥 벌어먹다
밥벌이
밥벌이도 못하다
밥벌이하다
밥병신(-病身)
밥보
밥보자(-褓子)
밥보자기(-褓子-)
밥 빌다 [관]
밥 빌어다가 죽을 쑤어 먹을 놈(-粥-) [격]
밥 빌어 먹다
밥빼기
밥 사 먹다
밥사발(-沙鉢)
밥 사 주다
밥살
밥상(-床)
밥상 다리(-床-)
밥상머리(-床-)
밥상보(-床褓)
밥상 차리다(-床-)
밥 선 것은 사람 살려도 의원 선 것은 사람 죽
　　인다(-醫員-) [격]
밥소라

밥솥
밥쇠
밥숟가락
밥숟가락 놓다 [관]
밥숟가락이나 뜨다 [관]
밥숟갈
밥술깨나 먹다 [관]
밥술 놓다 [관]
밥술을 쥐고 산다 [관]
밥술이나 뜨다 [관]
밥시간(-時間)
밥 시키다
밥 싸 가다
밥쌀
밥 안 먹어도 배부르다 [격]
밥 안치다
밥알
밥알을 세다 [관]
밥알이 곤두서다 [관]
밥 얻어먹다
밥 위에 떡 [격]
밥은 굶어도 속이 편해야 산다(-便-) [격]
밥은 열 곳에 가 먹어도 잠은 한 곳에서 자랬다
　　[격]
밥은 주는 대로 먹고 일은 시키는 대로 하래[격]
밥을 주다
밥을 치면 떡이 되고 사람을 치면 도둑이 된다
　　[격]
밥이 얼굴에 더덕더덕 붙었다 [격]
밥자루
밥자배기
밥잔치
밥장(-醬)
밥장사하다
밥장수
밥주걱
밥주머니
밥주발(-周鉢)
밥줄
밥줄이 끊어지다 [관]
밥지랄하다
밥 지어 먹다
밥집
밥 짓다
밥찌꺼기
밥찌끼

밥 차리다
밥통(-桶)
밥통이 떨어지다(-桶-) [관]
밥투정
밥 퍼 주다
밥표(-票)
밥 푸다
밥풀강정
밥풀과자(-菓子)
밥풀눈
밥풀눈이
밥풀떼기
밥풀 물고 새 새끼 부르듯 [격]
밥풀질
밥풀칠(-漆)
밥하다
밥 한 끼 때우다
밥 한 술 뜨다
밥 한 알이 귀신 열을 쫓는다(-鬼神-) [격]
밥 한 톨 안 남기다
밥함지
밥해 놓다
밥해 주다
밧줄
방갓쟁이(方-)
방게볶음
방게젓
방계 가족=방계가족(傍系家族)
방고래(房-)
방공 훈련=방공훈련(防空訓練)
방과 후
방관해 오다(傍觀-)
방구들(房-)
방구리
방구석(房-)
방귀가 잦으면 똥 싸기 쉽다 [격]
방귀 뀌다
방귀 뀐 놈이 성낸다 [격]
방귀 냄새
방귀 소리
방귀 자라 똥 된다 [격]
방귀쟁이
방나다 집안의 재물이 모두 다 없어지다.
방 내놓다(房-)
방 놓다(房-) [관]
방둥구부렁이 엉덩이가 구부러진 길짐승.

방둥이
방둥이 부러진 소 사돈 아니면 못 팔아먹는다
　　(-査頓-) [격]
방랑길(放浪-)
방랑 생활(放浪生活)
방랑 시인(放浪詩人)
방립에 쇄자질(方笠-刷子-) [격]
방망이가 가벼우면 주름이 잡힌다 [격]
방망이꾼
방망이 들다 [관]
방망이로 맞고 홍두깨로 때린다 [격]
방망이질
방망이찜질
방머리(房-)
방문(房門)
방문 기간(訪問期間)
방문 비자(訪問visa)
방문 조사(訪問調査)
방문 초청(訪問招請)
방문턱(房門-)
방문 판매=방문판매(訪問販賣)
방물장사
방물장수
방물판
방바닥(房-)
방바닥에서 낙상한다(房-落傷-) [격]
방 밖에서(房-)
방범 초소(防犯哨所)
방 보아 똥 싼다(房-) [격]
방부 처리(防腐處理)
방불케 하다(彷彿-)
방비(房-)
방사능비(放射能-)
방사능 오염=방사능오염(放射能汚染)
방석니(方席-)
방석덮개(方席-)
방석집(方席-)
방석코(方席-)
방세간(房-)
방소 꺼리다(方所-) [관]
방송 광고(放送廣告)
방송 교재(放送教材)
방송극본(放送劇本)
방송 기자=방송기자(放送記者)
방송 보도(放送報道)
방송 시간(放送時間)

방송 위성=방송위성(放送衛星)

방송 출연(放送出演)

방송 토론(放送討論)

방술(房-) 주막이나 선술집 같은 데서 특별한 손님들을 방에 들어앉히고 파는 술.

방심 안 하다(放心-)

방아굴대

방아꾼

방아다리노리개

방아다리양자(-養子)

방아두레박

방아 소리

방아살

방아쇠

방아쇠울

방아질

방아 찧다

방아채

방아틀뭉치

방아품

방아품 팔다

방아허리

방아확

방안칠판(方眼漆板)

방 안 풍수(房-風水) [격]

방앗간(-間)

방앗간에서 울었어도 그 집 조상(-間-弔喪) [격]

방앗공이

방앗공이는 제 산 밑에서 팔아먹으랬다 [격]

방앗삯

방어구이(魴魚-)

방어 능력(防禦能力)

방어백숙(魴魚白熟)

방어 수단(防禦手段)

방어저냐(魴魚-)

방어지짐이(魴魚-)

방어 진지=방어진지(防禦陣地)

방어찌개(魴魚-)

방어 태세(防禦態勢)

방언사전(方言辭典)

방에 가면 더 먹을까 부엌에 가면 더 먹을까(房-) [격]

방에서는 매부 말이 옳고 부엌에 가면 누이 말이 옳다(房-妹夫-) [격]

방역 소독(防疫消毒)

방역 활동(防疫活動)

방울강정

방울깔때기

방울나귀

방울낚시

방울눈

방울등(-燈)

방울땀

방울떡

방울띠

방울방울 맺히다

방울병(-瓶)

방울 소리

방울손잡이

방울알

방울열매

방울을 굴리는 듯 [관]

방울잔(-盞)

방울증편(-蒸-)

방울지다

방울집게

방울춤

방울 토마토(-tomato)

방위 능력(防衛能力)

방위 보아 똥 눈다(方位-) [격]

방위 산업=방위산업(防衛産業)

방위성금(防衛誠金)

방위 조약=방위조약(防衛條約)

방을 따다 [관]

방음 장치=방음장치(防音裝置)

방이불(方-)

방임주의(放任主義)

방잇전

방자고기 씻지도 않고 양념 없이 소금만 뿌려 구운 고기.

방자질하다

방재 시설(防災施設)

방점 찍다(傍點-)

방정꾸러기

방정꾼

방정 떨다

방 정리(房整理)

방정맞아 보이다

방죽갓끈

방죽배미

방죽을 파야 개구리가 뛰어놀지 [격]

440

방지기(房-)
방지 대책(防止對策)
방직 공장=방직공장(紡織工場)
방진고무(防振-)
방짜 대야
방천길(防川-)
방천숲(防川-)
방 청소(房淸掃)
방치돼 오다(放置-)
방치레(房-)
방치 상태(放置狀態)
방치해 둔 채(放置-)
방침대로 하다(方針-)
방탄 국회(防彈國會)
방탄유리(防彈琉璃)
방탄조끼(防彈-)
방탄차(防彈車)
방틀(方-)
방틀무늬(方-)
방패막이(防牌-)
방패 삼다(防牌-)
방패 역할(防牌役割)
방패연(防牌鳶)
방패연의 갈개발 같다(防牌鳶-) [격]
방패질하다(防牌-)
방학 기간(放學期間)
방학 내내(放學-)
방학 숙제(放學宿題)
방 한가운데(房-)
방 한구석(房-)
방한 기구(防寒器具)
방한모자(防寒帽子)
방한용품(防寒用品)
방 한쪽 구석(房-)
방 한 칸(房-)
방 한편(房-便)
방해 공작(妨害工作)
방해꾼(妨害-)
방해 놓다(妨害-) [관]
방해 못 하다(妨害-)
방해 안 되다(妨害-)
방해 요인(妨害要因)
방해 전파=방해전파(妨害電波)
방해해 오다(妨害-)
방해 행위(妨害行爲)
방향 감각=방향감각(方向感覺)

방향 못 잡다(方向-)
방향 설정(方向設定)
방향 잃고(方向-)
방향 전환(方向轉換)
방향키(方向-)
방향타(方向舵)
방호 시설=방호시설(防護施設)
방호의복(防護衣服)
방화 사건(放火事件)
방황해 오다(彷徨-)
밭 갈다
밭갈이 가다
밭갈이소리
밭갈이철
밭갈이하다
밭걷이하다
밭고누
밭고랑
밭곡(-穀)
밭곡식(-穀食)
밭골 =밭고랑.
밭관개(-灌漑)
밭구실 받치다
밭귀
밭귀때기
밭길
밭김 매다
밭날갈이 며칠 동안 걸려서 갈 만큼 큰 밭.
밭농사(-農事)
밭농사하다(-農事-)
밭담 제주도에서, 밭의 가장자리를 돌로 쌓은
담.
밭도랑
밭도랑을 베개하고 죽을 놈 [격]
밭도지(-賭地)
밭두둑
밭두렁
밭둑
밭둑가
밭둑길
밭뒤다
밭뒷그루
밭들
밭떼기
밭뙈기
밭마당

밭막(-幕)
밭매기
밭 매다
밭 매 주다
밭머리
밭머리쉼
밭머릿길
밭모   밭에서 키우는 모.
밭모퉁이
밭못자리
밭문서(-文書)
밭물   밭에 대는 물.
밭벼
밭벼밭
밭벼쌀
밭벽(-壁)   =바깥벽.
밭볏짚
밭보리
밭부모(-父母)   =바깥부모.
밭부침
밭사돈(-査頓)
밭상제(-喪制)
밭섶
밭알곡(-穀)
밭앞그루
밭어버이
밭은기침
밭을 사려면 변두리를 보라 [격]
밭이 다르다 [관]
밭이랑
밭일 나가다
밭일하다
밭작물(-作物)
밭장다리
밭 장사는 있어도 논 장사는 없다 [격]
밭쟁이
밭주인(-主人)   =바깥양반.
밭 주인(-主人)   밭의 주인.
밭지대(-地帶)
밭쪽   =바깥쪽.
밭틀
밭틀길
밭 팔다
밭 팔아 논 사면 좋아도 논 팔아 밭 사면 안 된
   다 [격]
밭 팔아 논 살 때는 이밥 먹자는 뜻 [격]

밭풀
밭 한 뙈기
밭후작(-後作)
배가 남산만 하다(-南山-) [격]
배가 등에 붙다 [관]
배가리개
배가 맞다 [관]
배가 부르면 세상인 줄 안다(-世上-) [격]
배겨 내다
배겨 내지 못하다
배격해 오다(排擊-)
배경 삼다(背景-)
배경 음악=배경음악(背景音樂)
배고파 못 살다
배고파 보이다
배고파하다
배고프다
배고픈 놈더러 요기시키란다(-療飢-) [격]
배고픈 듯하다
배고픈 때에는 침만 삼켜도 낫다 [격]
배고픈 호랑이가 원님을 알아보나(-員-) [격]
배고플 거야
배고플걸
배고플 걸세
배고플걸요
배고픔 잊고
배곯다
배곯아 오다
배관 공사(配管工事)
배구 경기(排球競技)
배구공(排球-)
배구 선수(排球選手)
배구 시합(排球試合)
배금사상(拜金思想)
배급 못 받다(配給-)
배급 타다(配給-)
배급 타 먹다(配給-)
배급해 주다(配給-)
배기가스(排氣 gas)
배길 수 없다
배껏 먹다
배꼬다
배꼬아 묶다
배꼴   배와 같이 생긴 꼴.
배꼽노리
배꼽도 덜 떨어지다 [관]

배꼽 떨어진 고장 [격]
배꼽마당
배꼽 밑에 털 나다 [관]
배꼽 빠지다 [관]
배꼽 빼다 [관]
배꼽시계(-時計)
배꼽에 노송나무 나거든(-老松-) [격]
배꼽에 어루쇠를 붙인 것 같다 [격]
배꼽을 맞추다 [관]
배꼽이 웃다 [관]
배꼽 잡고 웃다
배꼽쟁이
배꼽쟁이외
배꼽 쥐다 [관]
배꼽참외
배꼽춤
배꽃
배꽃술
배끌그물
배나무
배나무에 배 열리지 감 안 열린다 [격]
배 나오다
배낚시
배낚싯대
배낭끈(背囊-)
배낭여행(背囊旅行)
배내똥
배내리
배 내밀다 [관]
배내옷
배내콩팥
배내털
배냇교인(-敎人)
배냇냄새
배냇니
배냇닭
배냇돼지
배냇머리
배냇물
배냇버릇
배냇병신(-病身)
배냇불행(-不幸)
배냇소
배냇저고리
배냇적
배냇짓

배 놓아라 감 놓아라 하다
배다르다
배다른 형(-兄)
배다리
배다릿집
배달 가다(配達-)
배달겨레
배달꾼(配達-)
배달 나가다(配達-)
배달나라
배달말
배달민족(-民族)
배달 사고(配達事故)
배달시켜 먹다(配達-)
배달 안 되다(配達-)
배달 일 하다(配達-)
배달해 주다(配達-)
배당 못 받다(配當-)
배당 이익(配當利益)
배당해 주다(配當-)
배대패
배돌다
배돌이
배동바지 벼가 알이 들 무렵.
배 두드리다 [관]
배두렁이
배둥근끌
배둥근대패
배드민턴공(badminton-)
배따기
배 따다
배딱지
배때기
배때가 벗다 [관]
배뚜리
배뚱뚱이
배 띄우다
배띠
배라먹다
배라먹을
배랑뱅이
배래기
배래선(-線)
배려해 주다(配慮-)
배롱나무꽃
배롱질하다(焙籠-)

443

배를 불리다 [관]
배를 앓다 [관]
배말뚝
배 맞다
배 먹고 배 속으로 이를 닦는다 [격]
배 먹고 이 닦기 [격]
배메기
배메기 농사＝배메기농사(-農事)
배메깃논
배목걸쇠
배밀이하다
배 밑창
배밑판(-板)
배반당하다(背反當-)
배반이 낭자하다(杯盤-狼藉-) [관]
배반해 버리다(背反-)
배반 행위(背反行爲)
배배 꼬다
배배 틀다
배뱅잇굿
배보다 배꼽이 더 크다 [격]
배부르고 등 따습다 [격]
배부르니까 평안 감사도 부럽지 않다(-平安監司-) [격]
배부른 고양이는 쥐를 잡지 않는다 [격]
배부른 고양이 새끼 냄새 맡아 보듯 [격]
배부른 놈이 잠도 많이 잔다 [격]
배부른 데 선떡 준다 [격]
배부른 듯하다
배부른 매는 사냥을 않는다 [격]
배부른 상전이 하인 밥 못하게 한다(-上典-下人-) [격]
배부른 흥정 [관]
배부를 거야
배부를걸
배부를 걸세
배부를걸요
배부장나리
배불뚝이
배불러 보이다
배불러하다
배불리다
배불리 먹다
배붙이다
배빗대
배상부리다

배상 책임(賠償責任)
배상 판결(賠償判決)
배상해 주다(賠償-)
배색실(配色-)
배 속에
배송 내다(拜送-)
배수 시설(排水施設)
배수진 치다(背水陣-)
배수펌프(排水pump)
배숙(-熟)
배술 배를 발효하여 담근 술.
배숨쉬기
배신당하다(背信當-)
배신행위(背信行爲)
배쌈 뱃전의 언저리를 돌아가며 나무나 타이어 같은 것으로 둘러쌈.
배 썩은 것은 딸을 주고 밤 썩은 것은 며느리 준다 [격]
배씨 서너 살 된 어린 여자 아이의 머리 꾸미개.
배아 복제(胚芽複製)
배 아파 하다
배 아프다 [관]
배악비
배 안 곯다
배 안 부르다
배 안에
배 안엣 조부는 있어도 배 안엣 형은 없다(-祖父-兄-) [격]
배 안의 아이 아들 아니면 딸이다 [격]
배알
배알부리다
배알이 꼴리다
배앓이
배양해 내다(培養-)
배어나다
배어 나오다
배어들다
배어 들어가다
배어루러기
배에 기름이 오르다 [관]
배에 기름이 지다 [관]
배에 발기름이 꼈다 [격]
배열매
배열 순서(配列順序)
배열해 놓다(配列-)

배오개장(-場)
배외사상(排外思想)
배우게 하다
배우나 마나 하다
배우는 대로
배우는 듯하다
배우는 체하다
배우러 가다
배우러 다니다
배우려 하다
배우자마자
배우 지망생(俳優志望生)
배운 게 없다
배운 대로
배운 도둑질 같다 [격]
배운 듯하다
배울 거야
배울걸
배울 걸세
배울걸요
배울게
배울게요
배울 만큼 배우다
배울 만하다
배움배움
배움술   처음으로 술을 배울 때 마시는 술.
배움터
배웅 나가다
배웅해 주다
배워 가다
배워 나가다
배워 두다
배워 오다
배 위
배의 때를 벗다 [관]
배일 감정(排日感情)
배일사상(排日思想)
배잡잇줄
배장수   남의 일을 캐내어 변을 꾸미는 사람.
배 장수   배 파는 사람.
배재기
배 저어 가다
배전 시설(配電施設)
배젊다
배젊어 보이다
배 젓다

배정과(-正果)
배정 못 받다(配定-)
배정해 주다(配定-)
배젖씨
배제당하다(排除當-)
배제해 버리다(排除-)
배좁다
배 주고 속 빌어먹는다 [격]
배 지나간 자리 [관]
배지느러미
배지 아니한 아이를 낳으라 한다 [격]
배질하다
배집고 들어오다
배짱 내밀다
배짱대로 하다
배짱 맞다
배짱부리다
배짱 세다
배짱 안 맞다
배짱을 대다 [관]
배짱이 맞다 [관]
배짱 좋다
배짱 지원(-志願)
배짱 퉁기다
배짱파(-派)
배 쪽
배차 간격(配車間隔)
배차 시간(配車時間)
배차해 주다(配車-)
배착걸음
배 채우다
배척당하다(排斥當-)
배척해 오다(排斥-)
배추 값
배추 고갱이
배추김치
배추꼬랑이
배추꼬랑잇국
배추꽃
배추 밑에 바람이 들었다 [격]
배추 밭
배추 밭에 개똥처럼 내던진다 [격]
배추벌레
배추속대
배추속대쌈
배추속대찜

배추속댓국
배추쌈
배추씨기름
배추씨만 하다
배추씨장사 보잘것없는 일 또는 그런 일을 하
　　는 사람을 비유적으로 이르는 말.
배추 잎
배추저냐
배추절임
배추찜
배추통
배추 포기
배출 가스(排出 gas)
배출 기준＝배출기준(排出基準)
배출해 내다(輩出-)
배춧국
배춧속
배치시켜 놓다(配置-)
배치해 두다(配置-)
배코
배코질
배코 치다
배코칼
배콧자리
배 타다
배타주의(排他主義)
배탈 나다
배태기 조기의 배를 갈라서 내장을 버리고 소
　　금에 절여 말린 것.
배 태우다
배 태워 주다
배털
배틀걸음
배틀걸음을 치다
배틀어지다
배편(-便)
배포가 유하다(-柔-) [관]
배포가 크다 [관]
배포 금지(配布禁止)
배표 끊다(-票-)
배필감 찾다(配匹-)
배 한 척
배합 사료＝배합사료(配合飼料)
배호흡(-呼吸)
배화채(-花菜)
배후리 ＝배끌그물.

배후릿그물
배후 세력(背後勢力)
배후 인물(背後人物)
배후 조종(背後操縱)
배흘림
배흘림기둥
배흘림낚시
백결 치다(白-) [관]
백고모(伯姑母)
백골집(白骨-)
백곰(白-)
백과사전(百科事典)
백과전서(百科全書)
백과총서(百科叢書)
백구두(白-)
백기 들다(白旗-) [관]
백기 투항(白旗投降)
백김치(白-)
백나비(白-)
백날 떠들어 봤자(百-)
백납 먹다(白-) [관]
백 냥(百兩)
백년가약(百年佳約)
백 년간(百年間)
백년대계(百年大計)
백 년 동안(百年-)
백 년 되다(百年-)
백 년 만에(百年-)
백 년 묵다(百年-)
백년손(百年-)
백년손님(百年-)
백년언약(百年言約)
백 년을 다 살아야 삼만육천 일(百年-三萬六千
　　日) [격]
백 년 전(百年前)
백년해로(百年偕老)
백 년 후(百年後)
백 달러
백두건(白頭巾)
백두 대간(白頭大幹)
백두루마기(白-)
백두산 까마귀도 심지 맛에 산다(白頭山-) [격]
백두산이 무너지나 동해수가 메어지나(白頭山-
　　東海水-) [격]
백두옹(白頭翁)
백등색(白藤色)

백릉버선(白綾-)
백 리 길(百里-)
백 리밖에 안 되는 길(百里-)
백마고지(白馬高地)
백마 탄 왕자(白馬-王子)
백만 대군(百萬大軍)
백만여 명(百萬餘名)
백만 원어치(百萬-)
백만장자(百萬長者)
백면가루(白麵-)
백면서생(白面書生)
백 명분(百名分)
백 몇 십 년(百-十年)
백모란(白牧丹)
백모래(白-)
백모래밭(白-)
백모래밭에 금 자라 걸음(白-金-) [격]
백묵 가루(白墨-)
백묵통(白墨桶)
백미러(back mirror)
백미 삼백 석(白米三百石)
백미에 뉘 섞이듯(白米-) [격]
백미에는 뉘나 섞였지(白米-) [격]
백발노인(白髮老人)
백발도 내일모레(白髮-來日-) [격]
백발백중(百發百中)
백발삼천장(白髮三千丈)
백배사죄(百拜謝罪)
백 배 천 배(百倍千倍)
백번(百番) 여러 번 거듭.
백 번(百番) 이백 번, 삼백 번…….
백번 낫다(百番-)
백 번 듣는 것이 한 번 보는 것만 못하다(百
　番-番-) [격]
백번 잘한 일(百番-)
백번 죽어 마땅하다(百番-)
백병통치(百病通治)
백부모(伯父母)
백사과(白-瓜)
백사지에 무엇이 있나(白沙地-) [격]
백사청송(白沙靑松)
백색선전(白色宣傳)
백생채(白生菜)
백설총이(白雪驄-)
백성의 입 막기는 내 막기보다 힘들다(百姓-)
　[격]

백성이 제 구실을 돋운다(百姓-) [격]
백세(百歲) 긴 세월.
백세소주(百洗燒酒)
백소주(白燒酒)
백수건달(白手乾達)
백신 주사=백신주사(vaccine注射)
백씨(白-) 아무 거름도 주지 않고 맨땅에 심은
　씨앗.
백안시해 오다(白眼視-)
백에 하나(百-) [격]
백여 개국(百餘個國)
백여 년간(百餘年間)
백여 년 만에(百餘年-)
백여 년 전(百餘年前)
백여우(白-)
백여우 같은 년(白-)
백열전구(白熱電球)
백열전등(白熱電燈)
백엽상자(百葉箱子)
백옥 같은(白玉-)
백옥같이(白玉-)
백옥이 진토에 묻힌다(白玉-塵土-) [격]
백 원짜리(百-)
백의민족(白衣民族)
백의용사(白衣勇士)
백의의 천사(白衣-天使) [관]
백의정승(白衣政丞)
백의종군(白衣從軍)
백이숙제(伯夷叔齊)
백인백색(百人百色)
백인 사회(白人社會)
백일기도(百日祈禱)
백일기침(百日-)
백 일 동안(百日-)
백 일 떡(百日-)
백 일 반지(百日斑指)
백 일 사진(百日寫眞)
백일일수(百日日收)
백일잔치(百日-)
백 일 장마에도 하루만 더 비가 왔으면 한다(百
　日-) [격]
백일치성(百日致誠)
백일하에(白日下-)
백자널(柏子-)
백자단자(柏子團餈)
백자반(白-)

447

백자천손(百子千孫)
백자편(柏子-)
백작 부인(伯爵婦人)
백장고누
백전노장(百戰老將)
백전백승(百戰百勝)
백전불패(百戰不敗)
백 점 만점(百點滿點)
백 점 맞다(百點-)
백 점짜리(百點-)
백정 년(白丁-)
백정 년 가마 타고 모퉁이 도는 격(白丁-格)
　　[격]
백정 놈(白丁-)
백정도 올가미가 있어야 한다(白丁-) [격]
백정이 가마를 타면 동네 개가 짖는다(白丁-)
　　[격]
백정이 버들잎 물고 죽는다(白丁-) [격]
백정이 양반 행세를 하면 개가 짖는다(白丁-兩
　　班行世-) [격]
백정질하다(白丁-)
백제 고분(百濟古墳)
백제 문화(百濟文化)
백제 시대(百濟時代)
백주 대로(白晝大路)
백주에(白晝-)
백중날(百中-)
백중놀이(百中-)
백중물(百中-)
백중사리(百中-)
백줴 '백주에'의 준말.
백지 답안(白紙答案)
백지 동맹=백지동맹(白紙同盟)
백지상태(白紙狀態)
백지 수표=백지수표(白紙手票)
백지위임(白紙委任)
백지장 같은 얼굴(白紙張-)
백지장같이(白紙張-)
백지장도 맞들면 낫다(白紙張-) [격]
백지 한 장도 맞들면 낫다(白紙-張-) [격]
백지 한 장 차이(白紙-張差異) [관]
백지화되다(白紙化-)
백지화시키다(白紙化-)
백차일 치듯(白遮日-) [관]
백척간두(百尺竿頭)
백천만겁(百千萬劫)

백치천재(白痴天才)
백태눈(白苔-)
백 톤의 말보다 한 그램의 실천(百-實踐) [격]
백통대
백통돈
백통딱지
백통시계(-時計)
백파이프(bag pipe)
백팔 번뇌=백팔번뇌(百八煩惱)
백팔십도로 바뀌다(百八十度-)
백팔 염주=백팔염주(百八念珠)
백합꽃(白合-)
백합저냐(白合-)
백해무익(百害無益)
백화만발(百花滿發)
밴대보지 음모(陰毛)가 나지 않은 어른의 보지.
밴대질 치다
밴대질하다
밴댕이구이
밴댕이 소갈머리 [관]
밴댕이수제비
밴댕이저냐
밴댕이젓
밴댕이찌개
밴댕이회(-膾)
밴덕꾸러기
밴덕맞다
밴덕쟁이
밴 아이 사내 아니면 계집이지 [격]
밴텀급(bantam 級)
밸런타인데이(Valentine Day)
밸 뽑다 [관]
밸을 삭이다 [관]
밸을 쓰다 [관]
밸이 꼴리다 [관]
밸젓
뱀눈
뱀독(-毒)
뱀띠
뱀띠 해
뱀 발을 덧붙이다 [관]
뱀뱀이 없는 놈
뱀 본 새 짖어 대듯 [격]
뱀살
뱀술
뱀을 그리고 발까지 단다 [격]

뱀을 잡다 [관]
뱀이 용 되어 큰소리한다(-龍-) [격]
뱀장어 눈은 작아도 저 먹을 것은 다 본다(-長
　　魚-) [격]
뱀장어포(-長魚脯)
뱀장어회(-長魚膾)
뱀탕(-湯)
뱀해
뱀 허물
뱁대
뱁댕이
뱁새가 수리를 낳는다 [격]
뱁새가 황새를 따라가면 다리가 찢어진다 [격]
뱁새눈
뱁새눈이
뱁새는 작아도 알만 잘 낳는다 [격]
뱃가죽이 두껍다 [관]
뱃가죽이 등에 붙다 [관]
뱃가죽이 땅 두께 같다 [격]
뱃간(-間)
뱃강(-江)
뱃고동
뱃고동 소리
뱃고물
뱃구레
뱃길
뱃노래
뱃놀이하다
뱃놈
뱃놈 배 둘러대듯 [관]
뱃놈의 개 [격]
뱃대끈
뱃덧
뱃두리
뱃마루
뱃말
뱃머리
뱃머슴
뱃멀미하다
뱃바람
뱃밥
뱃방(-房)
뱃벌(倍-)
뱃병(-病)
뱃사공(-沙工)
뱃사공이 닻줄 감듯(-沙工-) [격]

뱃사람
뱃삯
뱃살
뱃세(-貰)
뱃소리
뱃속
뱃속을 들여다보다 [관]
뱃속을 채우다
뱃속이 검다 [관]
뱃속 편하다(-便-)
뱃숨
뱃심 부리다
뱃심 좋다 [관]
뱃일하다
뱃자반
뱃장사
뱃장사하다
뱃장수
뱃장작(-長斫)
뱃전
뱃줄
뱃지게
뱃지붕
뱃짐
뱃집
뱃집지붕　＝맞배지붕.
뱅뱅 돌다
뱅어저냐
뱅어젓
뱅어찌개
뱅어포(-脯)
뱅어포구이(-脯-)
뱅충맞다
뱅충이
뱉어 내다
뱉어 버리다
뱉어 주다
뱌비대다
뱌비치다
뱐덕쟁이
뱐미주룩이
뱝뛰다
버금가다
버금상(-賞)
버꾸놀음
버꾸재비

449

버꾸춤
버나 마나 하다
버나재비
버는 대로
버는 듯하다
버는 만큼
버는 자랑 말고 쓰는 자랑 하랬다 [격]
버둥질하다
버드나무
버드나무판(-板)
버드러지다
버드렁니
버들가지
버들가지공(-工)
버들강아지
버들개지
버들고리
버들고리짝
버들낫
버들눈썹
버들막(-幕)
버들살
버들상자(-箱子)
버들올벼
버들잎
버들채반(-盤)
버들피리
버러지 같은
버러지같이
버럭 화를 내다
버려 놓다
버려두다
버려둔 채
버려지다
버력더미
버력을 입다 [관]
버르장머리
버르장머리 고쳐 놓다
버르집다
버르집어 놓다
버릇 고치다
버릇되다
버릇 들이다
버릇없는 짓 하다
버릇없어 보이다
버릇없이 굴다

버릇하다
버릇해 오다
버릇다
버릇어 놓다
버리고 가다
버리고 오다
버리다시피 하다
버리듯 하다
버린 듯하다
버릴 거야
버릴걸
버릴 걸세
버릴걸요
버릴게
버릴 게 없다
버릴게요
버릴 듯싶다
버릴 듯하다
버림받아 오다
버림치 못 쓰게 되어서 버려 둔 물건.
버마재비
버무려 놓다
버무려 먹다
버무리떡
버뮤다팬츠(Bermuda pants)
버번위스키(bourbon whiskey)
버블 현상＝버블현상(bubble現象)
버선꿈치
버선농(-籠)
버선등
버선목
버선목에 이 잡을 때 보아야 알지 [격]
버선목이라 뒤집어 보이나 [격]
버선목이라 뒤집어 보이지도 못하고 [격]
버선발
버선본(-本)
버선볼
버선 신고 발바닥 긁기 [격]
버선 신다
버선코
버선코빼기
버섯갓
버섯구름
버섯국
버섯기둥
버섯나무

버섯나물
버섯누름적(-炙)
버섯머리비녀
버섯밭
버섯볶음
버섯저냐
버섯전골
버섯채 잘게 썬 버섯.
버성기다
버스 기사(bus技士)
버스 노선(bus路線)
버스 문(bus門)
버스 삯(bus-)
버스 요금(bus料金)
버스 정류장(bus停留場)
버스 타고 다니다(bus-)
버스 터미널(bus terminal)
버스 통학(bus通學)
버스 편(bus便)
버스표(bus票)
버스 회사(bus會社)
버짐 먹다
버찌소주(-燒酒)
버찌편
버캐 앉다
버터기름(butter-)
버텨 나가다
버텨 내다
버텨 낼 듯하다
버텨 보다
버텨 오다
버티고 서다
버티나 마나
버티어 가다
버티어 나가다
버티어 내다
버티어 오다
버틸 거야
버틸걸
버틸 걸세
버틸걸요
버틸 겁니다
버틸게
버틸게요
버팀기둥
버팀나무

버팀돌
버팀목(-木)
벅차 보이다
벅차오르다
벅찬 듯하다
벅찰 거야
벅찰걸
벅찰 걸세
벅찰걸요
벅찰 듯하다
벅찰 만큼
번가루 곡식의 가루를 반죽할 때에 물손을 맞
    추어 가며 덧치는 가루.
번가루 치다
번갈다(番-)
번갈아든다
번갈아들다
번갈아들이다
번갈아 보다(番-)
번갈아 오다(番-)
번갈아 하다(番-)
번개가 잦으면 벼락 늦이라 [격]
번개가 잦으면 천둥을 한다 [격]
번개 같은
번개같이
번개곤두
번개무늬
번개시장(-市場)
번개 치다
번개탄(-炭)
번갯불
번갯불에 담배 붙이겠다 [격]
번갯불에 솜 구워 먹겠다 [격]
번갯불에 콩 볶아 먹겠다 [격]
번갯불에 회 쳐 먹겠다(-膾-) [격]
번거로울 듯하다
번거로워 보이다
번드치다
번듯해 보이다
번듯해지다
번 만큼 쓰다
번민해 오다(煩悶-)
번바라지(番-)
번복 안 하다(飜覆-)
번살이(番-)
번서다(番-)

번성해져 가다(蕃盛-)
번식 능력=번식능력(繁殖能力)
번안 소설(飜案小說)
번역 문학=번역문학(飜譯文學)
번역 소설(飜譯小說)
번역 작품(飜譯作品)
번역해 주다(飜譯-)
번연히 알면서 새 바지에 똥 싼다 [격]
번을 갈다(番-) [관]
번을 나다(番-) [관]
번을 나들다(番-) [관]
번을 들다(番-) [관]
번잡해 보이다(煩雜-)
번져 가다
번져 나가다
번져 오다
번지르르하다
번지수가 틀리다(番地數-) [관]
번지수를 잘못 찾다(番地數-) [관]
번지 없는 주막(番地-酒幕)
번지 점프=번지점프(bungee jump)
번지질하다
번질나다
번질 듯하다
번쩍 들다
번쩍 뜨이다
번차례(番次例)
번창해 가다(繁昌-)
번하게 밝아 오다
번해 오다
번호순(番號順)
번화해 보이다(繁華-)
번화해져 가다(繁華-)
벋가기 쉽다
벋나가다
벋나지 않도록
벋놀지 마라
벋놓다
벋놓일까 봐 걱정이다
벋다리
벋대지 마라
벋디디다
벋서다
벋어 가는 칡도 한이 있다(-限-) [격]
벋어 나가다
벋음새

벋정다리
벋지르다
벋쳐오르다
벌거벗고 환도 차기(-還刀-) [격]
벌거벗기다
벌거벗다시피 하다
벌거벗은 손님이 더 어렵다 [격]
벌거벗은 채로
벌거숭이
벌거숭이산(-山)
벌 거야
벌건 거짓말
벌건 상놈(-常-)
벌 걸세
벌걸요
벌게요
벌구멍
벌금 내다(罰金-)
벌금 물리다(罰金-)
벌금 안 내다(罰金-)
벌금형 받다(罰金刑-)
벌기어 놓다
벌꿀
벌낫
벌논
벌도 덤이 있다(罰-) [격]
벌도 법이 있지(-法-) [격]
벌땅
벌떡증(-症)
벌 떼 같은
벌 떼같이
벌똥
벌러 가다
벌러 오다
벌렁 드러눕다
벌렁코
벌레그물
벌레도 밟으면 꿈틀한다 [격]
벌레띠
벌레 먹다 [관]
벌레 먹은 배추 잎 같다 [격]
벌레 물린 자국
벌레 보듯 하다
벌레 씹은 표정(-表情)
벌레 울음소리
벌레 잡다

벌레잡이잎
벌레잡이주머니
벌레집
벌레퉁이
벌려 놓다
벌려 주다
벌리나 오므리나 [관]
벌린 입을 다물지 못하다 [관]
벌림쐐기
벌말
벌매듭
벌모
벌목꾼(伐木-)
벌목 작업(伐木作業)
벌목 현장(伐木現場)
벌물
벌물 켜듯
벌바람
벌 받다
벌벌 기다
벌벌 떨다
벌불
벌비
벌서다(罰-)
벌선 꼴이라니(罰-)
벌세우다(罰-)
벌세우지 마라(罰-)
벌술
벌쐬다
벌쐰 사람 같다 [격]
벌쓰다(罰-)
벌씌우다(罰-)
벌어 가다
벌어 놓다
벌어다 주다
벌어들이다
벌어먹다
벌어 쓰다
벌어 오다
벌어 주다
벌어진 틈새
벌어질 거야
벌어질걸
벌어질 걸세
벌어질걸요
벌었나 보다

벌었을걸요
벌에 쏘였나 [격]
벌여 가다
벌여 나가다
벌여 놓다
벌여 놓은 굿판 [관]
벌여 오다
벌윷
벌을 씌우다(罰-) [관]
벌의집 =벌집.
벌이 역사하듯(-役事-) [격]
벌이 시원찮다
벌이 잘 되다
벌이줄
벌이줄 잡다 [관]
벌이터
벌인춤
벌임새
벌잇거리
벌잇길
벌잇속
벌잇자리
벌잇줄
벌점 받다(罰點-)
벌주놀이(罰酒-)
벌주다(罰-)
벌주 마시다(罰酒-)
벌집
벌집구름
벌집 되다
벌집무늬
벌집 쑤셔 놓은 듯이
벌집위(-胃)
벌집을 건드리다 [관]
벌초사래(伐草-)　묘지기가 벌초하는 값으로
　　　부쳐 먹는 논밭.
벌초 안 하다(伐草-)
벌초해 주다(伐草-)
벌충 못 하다
벌충하고도 남다
벌충해 주다
벌치기
벌치기하다
벌 치다
벌침(-針)
벌컥 뒤집어 놓다

453

벌컥 뒤집히다
벌컥 화를 내다(-火-)
벌컨포(Vulcan砲)
벌타령
벌터질하다
벌통(-桶)
벌통 쑤신 것 같다(-桶-)
벌판 같은
벌판같이
벌판길
벌판 한가운데
범 가는 데 바람 간다 [격]
범강장달이(范彊張達-)
범국민 운동(汎國民運動)
범굴
범굴에 들어가야 범을 잡는다 [격]
범나비
범 나비 잡아먹듯 [격]
범눈썹
범도 보기 전에 똥을 싼다(-前-) [격]
범도 새끼 둔 골을 두남둔다 [격]
범도 새끼 둔 골을 센다 [격]
범도 제 말 하면 온다 [격]
범도 제 소리 하면 오고 사람도 제 말 하면 온
　　다 [격]
범도 죽을 때 제 굴에 가서 죽는다 [격]
범띠
범띠 해
범 모르는 하룻강아지 [격]
범 무서운 줄 모른다
범 무서워 산에 못 가랴(-山-) [격]
범발톱
범백사물(凡百事物)
범벅 덩어리
범벅 되다
범벅 먹은 고양이 손 같다 [격]
범벅에 꽂은 저라(-箸-) [격]
범법 행위(犯法行爲)
범 본 여편네 창 구멍을 틀어막듯(-窓-) [격]
범상치 않다(凡常-)
범생명론(汎生命論)
범시민 운동(汎市民運動)
범 아가리에 날고기 넣은 셈 [격]
범아귀
범 없는 골에 토끼가 스승이라 [격]
범에게 개를 빌려 준 셈 [격]

범에게 날개 [격]
범에게 물려 가도 정신만 차리면 산다(-精神-)
　　[격]
범위 내에(範圍內-)
범은 그려도 뼈다귀는 못 그린다 [격]
범을 그리려다 개를 그린다 [격]
범을 길러 화를 받는다(-禍-) [격]
범을 보니 무섭고 범 가죽을 보니 탐난다(-貪-)
　　[격]
범의 아가리 [관]
범의 아가리를 벗어나다 [관]
범의 어금니 [관]
범의 차반 [관]
범이 날고기 먹을 줄 모르나 [관]
범이 담배를 피우고 곰이 막걸리를 거르던 때
　　[격]
범이 불알을 동지에 얼리고 입춘에 녹인다(-冬
　　至-立春-) [격]
범인 검거(犯人檢擧)
범인 은닉죄=범인은닉죄(犯人隱匿罪)
범인 일당(犯人一黨)
범인 체포(犯人逮捕)
범인 취급(犯人取扱)
범 잡아먹는 담비가 있다 [격]
범 잡은 포수(-砲手) [격]
범죄 기록(犯罪記錄)
범죄꾼(犯罪-)
범죄 사실(犯罪事實)
범죄 수법(犯罪手法)
범죄시하다(犯罪視-)
범죄 신고(犯罪申告)
범죄 예방(犯罪豫防)
범죄 유형=범죄유형(犯罪類型)
범죄 조직(犯罪組織)
범죄 행각(犯罪行脚)
범죄 행위=범죄행위(犯罪行爲)
범죄 현장(犯罪現場)
범주 안에 들다(範疇-)
범칙물자(犯則物資)
범 탄 장수 같다(-將帥-) [격]
범탈　범 모양의 탈.
범한테 쫓긴 사람 [관]
범해　범띠 해.
범행 계획(犯行計劃)
범행 대상(犯行對象)
범행 동기(犯行動機)

범행 수법(犯行手法)
범행 장소(犯行場所)
범행 현장(犯行現場)
법고놀음(法鼓-)
법고놀이하다(法鼓-)
법고 소리(法鼓-)
법고춤(法鼓-)
법과 대학=법과대학(法科大學)
법규 위반(法規違反)
법당 내에(法堂內-)
법당 뒤로 돈다(法堂-) [격]
법대로 하다(法-)
법도대로(法度-)
법 따로 집행 따로(法-執行-)
법령 위반=법령위반(法令違反)
법률 고문=법률고문(法律顧問)
법률관계(法律關係)
법률 규정(法律規定)
법률문제(法律問題)
법률 상식(法律常識)
법률생활(法律生活)
법률 위반(法律違反)
법률 제정(法律制定)
법률 지식(法律知識)
법률학자(法律學者)
법률 행위=법률행위(法律行爲)
법 모르는 관리가 볼기로 위세 부린다(法-官
　　吏-威勢-) [격]
법 밑에 법 모른다(法-法-) [격]
법석구니　소란스럽게 떠드는 짓.
법석 떨다
법석법석하다
법석판
법 시행 전후(法施行前後)
법 안 지키다(法-)
법안 통과(法案通過)
법 어기다(法-)
법 없이 살다(法-) [관]
법원 판결(法院判決)
법은 멀고 주먹은 가깝다(法-) [격]
법의식(法意識)
법이념(法理念)
법 이론(法理論)
법인 설립(法人設立)
법인 소유(法人所有)
법인세법(法人稅法)

법인 카드(法人card)
법적 공방(法的攻防)
법적 근거(法的根據)
법적 보호(法的保護)
법적 절차(法的節次)
법적 조치(法的措置)
법정 공방(法廷攻防)
법정 구속(法廷拘束)
법정 기간=법정기간(法定期間)
법정 다툼(法廷-)
법정 시한(法定時限)
법정 싸움(法廷-)
법정 이자=법정이자(法定利子)
법정 진술(法廷陳述)
법정 투쟁=법정투쟁(法廷鬪爭)
법조문(法條文)
법질서(法秩序)
법 집행(法執行)
법치 국가=법치국가(法治國家)
법치주의(法治主義)
법 테두리 안에서(法-)
법 해석(法解釋)
벗가다
벗개다
벗걸다
벗겨 내다
벗겨 먹다
벗겨 버리다
벗겨 주다
벗겨지다
벗고 다니다
벗고 싶어 하다
벗기지 마라
벗나가다
벗나인
벗다시피 하다
벗 따라 강남 간다(-江南-) [격]
벗바리　뒷배를 보아 주는 사람.
벗바리 좋다 [관]
벗 삼다
벗어나다
벗어나지 못하다
벗어난그림씨
벗어난끝바꿈
벗어난움직씨
벗어난풀이씨

벗어 놓다
벗어 달라고 하다
벗어 달라다
벗어던지다
벗어 두다
벗어 버리다
벗어 보이다
벗어부치다
벗어젖히다
벗어 주다
벗어지다
벗으나 마나 하다
벗은 채로
벗을 거야
벗을걸
벗을 걸세
벗을걸요
벗을게
벗을게요
벗이 닳다
벗 줄 것은 없어도 도둑 줄 것은 있다 [격]
벗지 마라
벗집
벗트다
벗하다
벙거지
벙거지떡
벙거지 시울 만지는 소리 [격]
벙거지 시울을 만진다 [격]
벙거지 조각에 콩가루 묻혀 먹을 놈 [격]
벙거짓골
벙벙해지다
벙어리가 서방질을 해도 제 속이 있다(-書房-)
    [격]
벙어리 냉가슴 앓듯(-冷-) [격]
벙어리 두 몫 떨어 댄다 [격]
벙어리매미
벙어리 발등 앓는 소리냐 [격]
벙어리보(-洑)
벙어리 삼신(-三身) [격]
벙어리 소를 몰고 가듯 [격]
벙어리 속은 그 어미도 모른다 [격]
벙어리 속은 벙어리가 안다 [격]
벙어리 심부름하듯 [격]
벙어리 예장 받은 듯 싱글벙글한다(-禮狀-)
    [격]

벙어리 웃는 뜻은 양반 욕하자는 뜻이다(-兩班
    辱-) [격]
벙어리 입에 깻묵 장 처넣듯(-醬-) [격]
벙어리장갑(-掌匣)
벙어리 재판(-裁判) [격]
벙어리저금통(-貯金筒)
벙어리 차첩을 맡았다(-差帖-) [격]
벙어리 호적을 만났다(-胡狄-) [격]
벚꽃
벚꽃 구경
벚꽃 길
벚꽃 놀이
벚꽃 축제(-祝祭)
벚나무
베갈기다
베감투
베개를 높이 베다 [관]
베개 베다
베개 삼다
베개송사(-訟事) =베갯밑공사
베갯동서(-同壻)
베갯머리
베갯머리송사(-訟事)
베갯모
베갯밑공사(-公事) 잠자리에서 아내가 남편에
    게 바라는 바를 속살거리며 청하는 일.
베갯밑송사(-訟事)
베갯속
베갯잇
베거리하다
베껴 가다
베껴 놓다
베껴 두다
베껴 보다
베껴 쓰다
베껴 오다
베껴 주다
베끼다
베는 석 자라도 틀은 틀대로 해야 된다 [격]
베니어판(veneer板)
베돌다
베돌던 닭도 때가 되면 홰 안에 찾아든다 [격]
베돌이
베돛
베드타운(bed town)
베려 하다

베리줄
베망건(-網巾)
베매기
베 먹다
베목
베 물다
베수건(-手巾)
베스트셀러(best seller)
베실곱박이 베실로 총을 만든 미투리.
베실톳
베어 가다
베어 가지 마라
베어 나가다
베어 내다
베어 놓다
베어 놔두다
베어도 움돋이 [격]
베어 두다
베어 들이다
베어 먹다
베어 물다
베어 버리다
베어 보다
베어 오다
베어 주다
베올
베옷
베이스캠프(base camp)
베일 속(veil-)
베자 베로 만든 자.
베자루
베잠방이
베저고리
베적삼
베정적 폭행이나 위협을 당할 때에 마구 떠들
　　면서 대드는 짓.
베주머니
베주머니에 의송 들었다(-議送-) [격]
베줄 베천의 결이 고르지 못하여 생긴 줄.
베 짜다
베치마
베트남 어=베트남어(Vietnam語)
베틀다리
베틀뒷기둥
베틀신
베틀신끈

베틀신대
베틀앞기둥
베틀에 북 나들듯 [관]
베푼 만큼
베풀 거야
베풀걸
베풀 걸세
베풀걸요
베풀게
베풀게요
베풀어 오다
베풀어 주는 대로
베풀어지다
벤처 기업=벤처기업(venture企業)
벤처 회사(venture會社)
벨 소리(bell-)
벼 가마니
벼까라기
벼까락
벼꽃
벼농사(-農事)
벼농사 짓다(-農事-)
벼농사하다(-農事-)
벼때 벼가 여물어서 거두어들이게 된 때.
벼락감투
벼락감투 쓰다
벼락같다
벼락공부(-工夫)
벼락김치
벼락 내리다
벼락닫이
벼락대신(-大臣)
벼락덩이
벼락령(-令)
벼락령이 내리다(-令-)
벼락 맞다
벼락 맞은 소 뜯어먹듯 [격]
벼락 맞을 소리
벼락바람
벼락방망이
벼락부자(-富者)
벼락불
벼락불 치듯 [관]
벼락술
벼락에는 바가지라도 쓴다 [격]
벼락에는 오히려 바가지를 쓴다 [격]

벼락장(-醬)
벼락장아찌
벼락죽음
벼락질
벼락출세(-出世)
벼락치기
벼락치기 공부(-工夫)
벼락 치는 소리
벼락 치는 하늘도 속인다 [격]
벼락 치듯
벼랑길
벼랑 끝에 서다
벼랑 끝 전술(-戰術)
벼루면(-面)
벼루못
벼룩 간 빼 먹을 짓(-肝-)
벼룩 꿇어앉을 땅도 없다 [격]
벼룩도 낯짝이 있다 [격]
벼룩시장(-市場)
벼룩의 간을 내먹는다(-肝-) [격]
벼룩의 등에 육간대청을 짓겠다(-六間大廳-)
　　 [격]
벼룩의 불알만 하다 [관]
벼룩잠
벼룻길　 아래가 강가나 바닷가로 통하는 벼랑길.
벼룻논
벼룻돌
벼룻물
벼룻집
벼르고 별러 한 말
벼르던 아기 눈이 먼다 [격]
벼르던 제사 물도 못 떠 놓는다(-祭祀-) [격]
벼름이 많다
벼름질하다
벼린 도끼가 이 빠진다 [격]
벼릿줄
벼메뚜기
벼벌레
벼 베다
벼 베러 가다
벼 베 주다
벼 수확(-收穫)
벼슬길
벼슬길에 오르다
벼슬덤
벼슬 살다

벼슬살이
벼슬아치
벼슬양반(-兩班)
벼슬은 높이고 뜻은 낮추어라 [격]
벼슬자리
벼슬하기 전에 일산 준비(-前-日傘準備) [격]
벼 알갱이
벼 이삭
벼 이삭은 익을수록 고개를 숙인다 [격]
벼쭉정이
벼팔이　 장사할 목적으로 벼를 사들이는 일.
벼팔이꾼
벼팔이하다
벼 포기
벼훑이
벽걸이(壁-)
벽걸이 시계(壁-時計)
벽기둥(壁-)
벽널(壁-)
벽다락(壁-)
벽담(壁-)
벽돌 건물(甓-建物)
벽돌담(甓-)
벽돌막(甓-幕)
벽돌무덤(甓-)
벽돌문(甓-門)
벽돌 쌓듯 하다(甓-)
벽돌장(甓-)
벽돌장이(甓-)
벽돌집(甓-)
벽력같다(霹靂-)
벽력같은 소리(霹靂-)
벽보판(壁報板)
벽사가면(辟邪假面)
벽시계(壁時計)
벽신문(壁新聞)
벽 쌓다(壁-) [관]
벽에도 귀가 있다(壁-) [격]
벽에 부딪치다(壁-) [관]
벽을 안다(壁-) [관]
벽을 치면 대들보가 울린다(壁-大-) [격]
벽장돌(甓-)
벽장문(壁欌門)
벽 장식(壁裝飾)
벽장코
벽지 마을(僻地-)

벽지 학교＝벽지학교(僻地學校)
벽 쪽(壁-)
벽창호 같은(碧昌-)
벽창호같이(碧昌-)
벽촌 생활(僻村生活)
벽치다(壁-)
벽타일(壁tile)
벽 한쪽(壁-)
변 검사(便檢査)
변경될 듯하다(變更-)
변경 지역(邊境地域)
변놀이하다(邊-)
변덕꾸러기(變德-)
변덕 부리다(變德-)
변덕스러워 보이다(變德-)
변덕이 죽 끓듯 하다(變德-粥-) [관]
변덕쟁이(變德-)
변돈 꾸어 쓰다(邊-)
변돈 얻다(邊-)
변동 사항(變動事項)
변동 폭(變動幅)
변두 놓다(邊頭-) [관]
변두리 마을(邊-)
변두리벽(邊-壁)
변두리 지역(邊-地域)
변두 맞다(邊頭-) [관]
변리 놓다(邊利-)
변말 ＝은어(隱語).
변명 같지만(辨明-)
변명 못 하다(辨明-)
변명 안 하다(辨明-)
변명조로(辨明調-)
변명투로(辨明套-)
변명해 오다(辨明-)
변모없다(變貌-)
변방 지키다(邊方-)
변변찮다
변변치 못하다
변 보다(便-)
변사 사건(變死事件)
변상 안 해 주다(辨償-)
변상해 주다(辨償-)
변색 안 되다(變色-)
변소 가다(便所-)
변소에 기와 올리고 살겠다(便所-) [격]
변소 치다(便所-)

변심해 버리다(變心-)
변쓰다 암호로 말을 하다.
변씨만두(卞氏饅頭)
변제 기간(辨濟期間)
변제해 주다(辨濟-)
변죽 울리다(邊-) [관]
변죽울림(邊-)
변죽을 치다(邊-) [관]
변죽을 치면 복판이 운다(邊-) [격]
변죽 치고 넘다(邊-) [관]
변질 안 되다(變質-)
변천 과정(變遷過程)
변천해 오다(變遷-)
변칙국회(變則國會)
변칙 운영(變則運營)
변칙 처리(變則處理)
변탕대패(邊錫-)
변탕질(邊錫-)
변통머리(變通-)
변통해 오다(變通-)
변한 대로(變-)
변한 듯하다(變-)
변한말(變-)
변할 것 같지 않다(變-)
변함없는 마음(變-)
변해 가다(變-)
변해 버리다(變-)
변해 오다(變-)
변형되지 않도록(變形-)
변형시키다(變形-)
변호해 주다(辯護-)
변화 과정(變化過程)
변화되어 가다(變化-)
변화무쌍(變化無雙)
변화 안 되다(變化-)
변화 안 하다(變化-)
변화해 가다(變化-)
변화해 오다(變化-)
별가살이(別家-)
별 같은
별같이
별개 문제(別個問題)
별거 끝에 헤어지다(別居-)
별거 다 해 본다(別-)
별 거리낌 없이(別-)
별거 상태(別居狀態)

별거 생활(別居生活)
별거 아닌 것 가지고 야단이다(別-)
별거 중(別居中)
별거해 오다(別居-)
별걱정 다 하다(別-)
별걱정 안 하고 산다(別-)
별걱정 없이 자라다(別-)
별것 다 먹어 보다(別-)
별것 아니다(別-)
별것 아닌 일(別-)
별 겯듯 하다 [관]
별고 없이 잘 지내다(別故-)
별 관계 없다(別關係-)
별 관심 없다(別關心-)
별구경 다 해 보다(別-)
별궁리 다 해 보다(別窮理-)
별 기대 안 하다(別期待-)
별꼭지
별꼴 다 보다(別-)
별나게 더운 날씨(別-)
별나라
별나 보이다(別-)
별난 사람(別-)
별놈 다 보겠네(別-)
별놈의 소리 다 듣다(別-)
별다르다(別-)
별다른 생각 없이(別-)
별다른 일 없이(別-)
별 달다
별달리 생각할 것 없이(別-)
별달리 할 말이 없다(別-)
별당 아씨(別堂-)
별대 마병 편구 치듯(別隊馬兵鞭毬-) [격]
별 대책 없이(別對策-)
별도 규정(別途規定)
별도리 없이(別道理-)
별도 기구(別途機構)
별도로 생각해 보다(別途-)
별 도움 안 되다(別-)
별도 항목(別途項目)
별동대원(別動隊員)
별 따다 주마
별똥돌
별똥별
별똥재
별 뜻 없이(別-)

별러 오다
별러주다　몫으로 나누어 주다.
별로 나아진 게 없다(別-)
별로 생각해 본 적 없다(別-)
별로 할 말이 없다(別-)
별말 다 하는구나(別-)
별말씀 다 하시네(別-)
별말씀 없으시다(別-)
별말 안 하다(別-)
별말 없이(別-)
별맛 아니다(別-)
별명 붙여 주다(別名-)
별명 짓다(別名-)
별무늬
별 무리 없이(別無理-)
별무신통(別無神通)
별문제 안 되다(別問題-)
별문제 없이(別問題-)
별미쩍다(別味-)
별 미친 놈 다 있네(別-)
별 밑천 안 들고(別-)
별바다
별박이
별반 내세울 게 없다(別般-)
별반 할 일이 없다(別般-)
별 반응 안 보이다(別反應-)
별반조처(別般措處)
별밤
별밥(別-)　=별반(別飯).
별별 것 다 있다(別別-)
별별 사람 다 보다(別別-)
별별 소리 다 듣다(別別-)
별별 음식 다 먹어 보다(別別飮食-)
별별 일 다 겪다(別別-)
별별 짓 다 하다(別別-)
별 볼일 없이(別-)
별 부담 없이(別負擔-)
별빛 같은
별빛같이
별사건(別事件)
별사람 다 보겠네(別-)
별 사이 아니다(別-)
별생각 다 나다(別-)
별생각 없이(別-)
별성마마 배송 내듯(別星-拜送-) [격]
별세계(別世界)

별세상(別世上)
별 소득 없이(別所得-)
별소리 다 듣다(別-)
별소리하다(別-)
별수단 다 쓰다(別手段-)
별수 없다(別-)
별스럽게 생긴 사람(別-)
별시계(-時計)
별식 해 먹다(別食-)
별 신경 안 쓰다(別神經-)
별 얘기 없이(別-)
별 어려운 일 없이(別-)
별 어려움 없이(別-)
별 영향 안 주다(別影響-)
별 움직임 없이(別-)
별유천지(別有天地)
별유풍경(別有風景)
별의별 고생 다 하다(別-別苦生-)
별의별 생각 다 들다(別-別-)
별의별 짓 다 하다(別-別-)
별 의심 없이(別疑心-)
별 이상한 놈 다 있네(別異常-)
별 이유 없이(別理由-)
별인물(別人物) =별사람.
별일 다 있다(別-)
별일 아닌 걸 가지고(別-)
별일 없을 거야(別-)
별일 없이(別-)
별자리
별장 주인(別莊主人)
별장지기(別莊-)
별 재미 못 보다(別-)
별점 치다(-占-)
별점쟁이(-占-)
별조식(別早食)
별 중의 별(-中-)
별지장 없이(別支障-)
별 진전 없이(別進展-)
별짓 다 해 보다(別-)
별짜로 생긴 물건(別-物件)
별짜리
별쭝나다
별차 없다(別差-)
별 차이 없다(別差異-)
별채(別-) =딴채.
별챗집(別-)

별천지(別天地)
별 탈 없이(別-)
별 할 말 없다(別-)
별 해괴한 일 다 보겠네(別駭怪-)
별 흥미 못 느끼다(別興味-)
볍쌀
볍씨
볏가락
볏가리
볏가릿대
볏가을하다
볏겨
볏귀
볏낟
볏논
볏단
볏담불
볏모
볏목
볏밥
볏밥덩이
볏섬
볏술 가을에 벼로 갚기로 하고 외상으로 마시
    는 술.
볏자리
볏지게
볏짐 지다
볏짚
볏짚 단
볏칼
병가상사(兵家常事)
병간호(病看護)
병 걸리다(病-)
병 고치다(病-)
병구완(病-)
병나다(病-)
병나발(瓶-)
병나발 불다(瓶-)
병날 거야(病-)
병날걸(病-)
병날 걸세(病-)
병날걸요(病-)
병날 듯하다(病-)
병 낫다(病-)
병 늙으면 산으로 간다(病-山-) [격]
병 되다(病-)

병든 까마귀 어물전 돌듯(病-魚物廛-) [격]
병든 솔개같이(病-) [격]
병들다(病-)
병들어 가다(病-)
병들어 보이다(病-)
병들어야 설움을 안다(病-) [격]
병들어 죽게 되다(病-)
병따개(瓶-)
병뚜껑(瓶-)
병력 동원(兵力動員)
병력 이동(兵力移動)
병력 철수(兵力撤收)
병렬연결(竝列連結)
병렬 회로=병렬회로(竝列回路)
병리 현상(病理現象)
병마개(瓶-)
병막 구경이 장자(病幕-長子) [격]
병맥주(瓶麥酒)
병목(瓶-)
병목 구간(瓶-區間)
병목 현상=병목현상(瓶-現象)
병문안(病問安)
병문안 다녀오다(病問安-)
병문안하다(病問安-)
병보석(病保釋)
병색 짙은 얼굴(病色-)
병 속에(瓶-)
병 수발 들다(病-)
병술(瓶-)
병술집(瓶-)
병시중(病-) =간병(看病).
병시중해 오다(病-)
병신 같은 놈(病身-)
병신같이 굴다(病身-)
병신 고운 데 없다(病身-) [격]
병신구실(病身-)
병신굿(病身-)
병신노릇(病身-)
병신 달밤에 체조한다(病身-體操-) [격]
병신도 병신이라면 좋다는 사람 없다(病身-病身-) [격]
병신 되다(病身-)
병신 될 뻔하다(病身-)
병신 육갑하다(病身六甲-) [관]
병신이 한 고집이 있다(病身-固執-) [격]
병신이 호미 훔친다(病身-) [격]

병신자식(病身子息) 못난 사람.
병신 자식(病身子息) 병신의 자식.
병신 자식이 더 귀엽다(病身子息-) [격]
병신 자식이 효도한다(病身子息-孝道-) [격]
병신 취급(病身取扱)
병신 행세(病身行世)
병아리 눈물만큼 [관]
병아리 본 솔개 [관]
병아리 오줌 [관]
병아리 우장 쓰다(-雨裝-) [격]
병 안 나다(病-)
병 앓다(病-)
병어젓
병어조림
병어주둥이
병어지짐이
병에는 장사 없다(病-壯士-) [격]
병에 찬 물은 저어도 소리가 나지 않는다(瓶-) [격]
병역 기피=병역기피(兵役忌避)
병역 면제=병역면제(兵役免除)
병역 의무=병역의무(兵役義務)
병영 생활(兵營生活)
병원 가다(病院-)
병원 다니다(病院-)
병원 생활(病院生活)
병원 신세 지다(病院身世-)
병원 원장(病院院長)
병원 일 보다(病院-)
병은 한 가지 약은 천 가지(病-藥-千-) [격]
병이 생기면 죽겠지(病-) [격]
병이 양식이다(病-糧食-) [격]
병인양요(丙寅洋擾)
병자국치(丙子國恥)
병자년 까마귀 빈 뒷간 들여다보듯(丙子年-間-) [격]
병자년 방죽이다(丙子年-) [관]
병자호란(丙子胡亂)
병쟁이(病-)
병정개미(兵丁-)
병정놀이(兵丁-)
병조림(瓶-)
병조 판서 집 활량 나그네 드나들듯(兵曹判書-) [격]
병 주고 약 준다(病-藥-) [격]
병주머니(病-)

병줄 놓다(病-) [관]
병참 부대(兵站部隊)
병추기(病-)
병축원굿(病祝願-)
병충해(病蟲害)
병치레(病-)
병풍바위(屏風-)
병풍에 그린 닭이 홰를 치거든(屏風-) [격]
병풍에 모과 구르듯 한다(屏風-木瓜-) [격]
병풍을 치다(屏風-) [관]
병풍틀(屏風-)
병행해 나가다(竝行-)
병환에 까마귀(病患-) [격]
병환 중(病患中)
볕 기운(-氣運)
볕 나다
볕내 쐬다
볕뉘
볕 들다
볕바른 곳
볕받이
볕살
볕소금
볕 안 들다
볕 잘 들다
볕 쬐다
보가살이(保家-)
보강 조사(補强調査)
보거나 말거나
보건 말건
보건식량(保健食糧)
보게 해 주다
보고 가다
보고 나니
보고 다니다
보고대회(報告大會)
보고도 못 본 체하다
보고 들은 대로
보고 라인(報告line)
보고 못 먹는 것은 그림의 떡 [격]
보고 못 받다(報告-)
보고 배우다
보고 사항(報告事項)
보고 싶어 하다
보고 싶은가 보다
보고 안 하다(報告-)

보고 오다
보고해 오다(報告-)
보고해 주다(報告-)
보관 안 되다(保管-)
보관 창고=보관창고(保管倉庫)
보관해 두다(保管-)
보관해 주다(保管-)
보굿 굵은 나무줄기에 비늘 모양으로 덮여 있
     는 겉껍질.
보굿켜
보궐 선거=보궐선거(補闕選擧)
보금자리 치다 [관]
보금자리 틀다
보급 기지=보급기지(補給基地)
보급 부대(補給部隊)
보급해 오다(補給-)
보기 드물다
보기 딱하다
보기만 해도
보기 싫어지다
보기 싫은 반찬이 끼마다 오른다(-飯饌-) [격]
보기 어렵다
보기 좋은 떡이 먹기도 좋다 [격]
보기 좋은 음식 별수 없다(-飮食-) [격]
보기표(-表)
보기 흉하다(-凶-)
보긴 보았으나
보깨다
보꼬리(洑-)
보꾸러미(褓-)
보나 마나 하다
보내기하다(洑-)
보내 놓다
보내는 대로
보내 달라고 하다
보내 달라다
보내 버리다
보내오다
보내온 듯하다
보내 주다
보내 줄 텐데
보낼 거야
보낼걸
보낼 걸세
보낼걸요
보낼게

보낼게요
보냈나 보다
보냈을뿐더러
보는 대로
보는 둥 마는 둥 하다
보는 듯 마는 듯 하다
보는 듯하다
보는 족족
보는 체하다
-보다 (조사) 너보다, 나보다, 그것보다.
-보다 (보조동사) 먹어 보다, 두드려 보다.
보다 말고
보다 보니
보다시피
보답 못 하다(報答-)
보답해 주다(報答-)
보대껴 죽겠다
보대끼다 보니
보던 대로
보도 기관＝보도기관(報道機關)
보도 내용(報道内容)
보도록 해 주다
보도블록(步道 block)
보도 사진＝보도사진(報道寫眞)
보도 안 되다(報道-)
보도 자료(報道資料)
보두다(保-)
보득솔
보든 말든
보듬어 안다
보듯 하다
보디가드(body guard)
보디랭귀지(body language)
보따리상권(褓-商圈)
보따리 싸다(褓-) [관]
보따리 장사(褓-)
보따리장수(褓-)
보따리 풀다(褓-) [관]
보라머리동이
보라색(-色)
보라장기(-將棋)
보라초 꼭지를 제외한 전 부분이 보라색으로
　　된 연.
보라치마
보란 듯이[관]
보람 느끼다

보람된 일
보람 없이
보람줄 책 따위에 표지를 하도록 박아 넣는
　　줄.
보람차다
보랏빛
보랏지다 보람이 많다.
보러 가다
보러 다니다
보러 오다
보렁대구(-大口) 대구의 작은 것이나 그 새끼
　　를 이르는 말.
보료방석(-方席)
보류해 두다(保留-)
보름가량
보름게 음력 보름께에 잡히는, 살이 덜찬 게.
보름께
보름나물
보름날
보름달
보름달 밝아 구황 타러 가기 좋다(-救荒-) [격]
보름 동안
보름떡
보름밤
보름보기
보름사리
보름새
보름새기
보름째 되다
보름차례(-茶禮)
보름치(1) 음력 보름께에 비나 눈이 오는 날씨.
　　또는 그 비나 눈.
보름치(2) 열닷새 동안 분량의 삯이나 물건.
보리 가마니
보리 갈아 놓고 못 참는다 [격]
보리 갈아 이태 만에 먹으랴 [격]
보리갈이
보리감주(-甘酒)
보리고추장(-醬)
보리곱삶이
보리까락
보리깜부기
보리논
보리농사(-農事)
보리누룩
보리 누르개＝보리누르개

464

보리누름

보리누름까지 세배한다(-歲拜-) [격]

보리누름에 선늙은이 얼어 죽는다 [격]

보리단술

보리동지(-同知)

보리된장(-醬)

보리등겨

보리때

보리떡

보리떡을 떡이라 하며 의붓아비를 아비라 하랴
　　[격]

보리로 담근 술 보리 냄새가 안 빠진다 [격]

보리마당질

보리바둑

보리밟기

보리밥

보리밥 알로 잉어 낚는다 [격]

보리밥에 고추장이 제격이다(-醬-格-) [격]

보리방아

보리밭

보리밭만 지나가도 주정한다(-酒酊-) [격]

보리밭에 가 숭늉 찾는다 [격]

보리새우무침

보리소주(-燒酒)

보리수단(-水團)

보리수제비

보리술

보리술이 제 맛 있다 [격]

보리숭늉

보리쌀

보리 안 패는 삼월 없고 나락 안 패는 유월 없
　　다(-三月-六月-) [격]

보리알

보리윷

보리 이삭

보리자염주(菩提子念珠)

보리장(-醬)

보리장기(-將棋)

보리저녁

보리 주면 오이 안 주랴 [격]

보리죽(-粥)

보리죽도 못 먹다(-粥-)

보리죽에 물 탄 것 같다(-粥-) [격]

보리차(-茶)

보리초(-醋)

보리 타다 [관]

보리타작(-打作)

보리풀

보리풀하다

보리피리

보릿가루

보릿가리

보릿가을

보릿거름

보릿겨

보릿겨수제비

보릿고개

보릿고개가 태산보다 높다(-泰山-) [격]

보릿고개에 죽는다 [격]

보릿국

보릿단

보릿대

보릿동

보릿자루

보릿재

보릿재내기

보릿짚

보막이하다(洑-)

보만두(褓饅頭)

보면 볼수록

보면 안 된다

보모 노릇(保姆-)

보무라지

보물단지(寶物-)

보물덩이(寶物-)

보물 상자(寶物箱子)

보물 창고(寶物倉庫)

보물찾기(寶物-)

보물 찾다(寶物-)

보받이돌

보병것(步兵-)

보병목(步兵木)

보병삽(步兵-)

보보행진(步步行進)

보복당하다(報復當-)

보복 안 하다(報復-)

보복 행위(報復行爲)

보부장사(褓負-)

보비위(補脾胃)

보살감투(菩薩-)　돼지 똥집에 붙어 있는 고기
　　조각의 한 부위.

보살펴 오다

보살펴 주다
보살할미(菩薩-)
보상 금액(補償金額)
보상 못 받다(補償-)
보상 안 해 주다(補償-)
보상 판매(補償販賣)
보상해 주다(補償-)
보서다(保-)
보석 감정(寶石鑑定)
보석돌(步石-) =디딤돌.
보석 반지(寶石斑指)
보석 상자(寶石箱子)
보석 신청(保釋申請)
보 세우다(保-)
보세 창고=보세창고(保稅倉庫)
보셋집(保稅-)
보수 공사=보수공사(補修工事)
보수 단체(保守團體)
보수 비용(補修費用)
보수 세력(保守勢力)
보수 지급(報酬支給)
보수 진영(保守陣營)
보스락장난
보슬비 내리다
보습고지
보습귀퉁이
보습살
보습장
보습 학원(補習學院)
보시다시피
보시신호(報時信號)
보시쌀(布施-)
보신각종(普信閣鐘)
보신총(保身銃)
보신탕 집(補身湯-)
보싯돈(布施-)
보싸움(洑-)
보쌈김치(褓-)
보쌈 놓다(褓-)
보쌈에 넣다(褓-) [관]
보쌈에 들다(褓-) [관]
보쌈질(褓-)
보아 가면서
보아 넘기다
보아 놓다
보아 두다

보아 버리다
보아서는 안 된다
보아 오다
보아주다 사정을 보아주다.
보아 주다 애를 보아 주다.
보아하니
보아한들
보안 규정=보안규정(保安規定)
보안 사범(保安事犯)
보안 요원(保安要員)
보안 의식(保安意識)
보안 장치=보안장치(保安裝置)
보안 카드(保安card)
보암보암으로는
보았듯이
보았을 거야
보았을걸
보았을 걸세
보았을걸요
보약 달여 먹다(補藥-)
보약 지어다 드리다(補藥-)
보얘지다
보여 달라고 하다
보여 달라다
보여 드리다
보여 오다
보여 주다
보여 줄 거야
보여 줄 걸세
보여 줄걸요
보여 줄게
보여 줄 게 없다
보여 줄 텐데
보온 단열재(保溫斷熱材)
보온밥통(保溫-桶)
보온병(保溫瓶)
보완 관계=보완관계(補完關係)
보완 대책(補完對策)
보완해 가다(補完-)
보유 기간(保有期間)
보유 한도(保有限度)
보유해 오다(保有-)
보육 교사(保育教師)
보육 시설(保育施設)
보은대추(報恩-)
보은대추나무(報恩-)

보이게 되다
보이게 하다
보이기로 하다
보이나 마나 하다
보이는 대로
보이는 듯하다
보이 스카우트=보이스카우트(Boy Scouts)
보이자마자
보인 만큼
보일 듯 말 듯 하다
보일 듯하다
보일락 말락 하다
보일 만큼
보일보 나아가다(步一步－)
보일뿐더러
보일 뿐 아니라
보임새
보잇보잇하다
보자기   바다 속에 들어가서 해산물을 따는 일
　　　을 하는 사람.
보자마자
보자 보자 하니까 얻어 온 장 한 번 더 뜬다(－
　　　醬－番－) [격]
보자 하니
보잘것없다
보잡이
보장 못 하다(保障－)
보장해 주다(保障－)
보쟁기
보쟁이는 사이
보조개 짓다
보조닻(補助－)
보조 동사=보조동사(補助動詞)
보조 맞추다(步調－)
보조 식품(補助食品)
보조 안 해 주다(補助－)
보조 요원(補助要員)
보조해 주다(補助－)
보존 상태(保存狀態)
보존 지역(保存地域)
보존해 오다(保存－)
보증 기간=보증기간(保證期間)
보증 서다(保證－)
보증 수표=보증수표(保證手票)
보증 한도(保證限度)
보지 마라

보지 못하게 하다
보지 못하는 소 멍에가 아홉 [격]
보지 못한 듯하다
보직 변경(補職變更)
보직 해임(補職解任)
보짱 크다
보찜만두(褓－饅頭)
보채는 아이 밥 한 술 더 준다 [격]
보채는 아이 젖 준다 [격]
보초 서다(步哨－)
보추때기 없는 놈
보충 교육(補充敎育)
보충 설명(補充說明)
보충 수업=보충수업(補充授業)
보충 안 되다(補充－)
보충 질문(補充質問)
보충해 주다(補充－)
보타이(bow tie)
보태 나가다
보태 쓰다
보태 주다
보탬 되다
보탬 안 되다
보통날(普通－)
보통내기(普通－)
보통내기가 아니다(普通－)
보통 때 같으면(普通－)
보통 명사=보통명사(普通名詞)
보통 사람 같았으면(普通－)
보통 아니다(普通－) [관]
보통 예금=보통예금(普通預金)
보통 일 아니다(普通－)
보통지식(普通知識)   =상식.
보통 키(普通－)
보퉁이 속에
보편타당(普遍妥當)
보편화하다(普遍化－)
보풀떡   =쑥굴리.
보풀명주(－明紬)
보풀실
보풀털
보행객주(步行客主)
보행꾼(步行－)
보행집(步行－)
보험 가입(保險加入)
보험 계약=보험계약(保險契約)

ㅂ

467

보험 들다(保險-)
보험 사기(保險詐欺)
보험 상품(保險商品)
보험업계(保險業界)
보험 회사=보험회사(保險會社)
보혁 갈등(保革葛藤)
보호 감호=보호감호(保護監護)
보호 구역=보호구역(保護區域)
보호 못 받다(保護-)
보호 무역=보호무역(保護貿易)
보호 시설=보호시설(保護施設)
보호 지역(保護地域)
보호해 오다(保護-)
보호해 주다(保護-)
보훈 성금(報勳誠金)
복가마(福-)
복가마 타다(福-)
복개 공사(覆蓋工事)
복고 바람(復古-)
복고주의(復古主義)
복구공사(復舊工事)
복구 작업(復舊作業)
복국
복권 당첨(福券當籤)
복귀 명령(復歸命令)
복기미(福-)
복기해 보다(復棋-)
복꾼(卜-) =짐꾼.
복날(伏-)
복날 개 맞듯(伏-) [격]
복날 개 잡듯(伏-) [격]
복날 개 패듯(伏-) [격]
복놀이하다(伏-)
복닥판
복달(伏-)
복달더위(伏-) =삼복더위
복달임(伏-)
복달임에 죽을 개 끌듯(伏-) [격]
복달임하다(伏-)
복대기 삭히다 [관]
복대기 치다
복대기탕(-湯)
복더위(伏-)
복덩어리(福-)
복덩이(福-)
복덩이가 굴러 들어오다(福-) [격]

복독(-毒)
복된 날(福-)
복두쟁이(幞頭-)
복띠(服-)
복령죽(茯苓粥)
복리 증진(福利增進)
복마꾼(卜馬-)
복 많은 집안(福-)
복면강도(覆面强盜)
복면 쓰다(覆面-)
복명복창(復命復唱)
복무규정(服務規程)
복무 기간(服務期間)
복무연한(服務年限)
복무 지침(服務指針)
복무해 오다(服務-)
복물(伏-) 복날 또는 복날을 전후하여 많이 내
　　리는 비.
복 받다(福-)
복받이하다(福-)
복받쳐 오다
복 벗다(服-)
복병 만나다(伏兵-)
복부르다(復-)
복부 비만(腹部肥滿)
복부인(福婦人)
복분자편(覆盆子-)
복사꽃
복사나무
복사마귀(福-)
복사뼈
복사 용지(複寫用紙)
복사장아찌
복사정과(-正果)
복사해 주다(複寫-)
복사화채(-花菜)
복수 전공(複數專攻)
복수 지원(複數志願)
복수해 주다(復讐-)
복술쟁이(卜術-)
복숭아꽃
복숭아나무
복숭아밭
복숭아벌레
복숭아술
복숭아씨

복숭아정과(-正果)
복숭아털
복숭아화채(-花菜)
복숭앗빛
복슬강아지
복습해 오다(復習-)
복식 호흡=복식호흡(複式呼吸)
복싱 선수(boxing選手)
복쌈(福-)
복어 독(-魚毒)
복 없는 가시내 봉놋방에 가 누워도 고자 곁에
　　가 눕는다(福-房-鼓子-) [격]
복 없는 정승은 계란에도 뼈가 있다(福-政丞-
　　鷄卵-) [격]
복에 겨워하다(福-)
복역 중(服役中)
복요리(-料理)
복용해 오다(服用-)
복원 공사(復元工事)
복원 작업(復元作業)
복원해 놓다(復元-)
복은 쌍으로 안 오고 화는 홀로 안 온다(福-
　　雙-禍-) [격]
복음 성가=복음성가(福音聖歌)
복의 배 [관]
복의 이 갈듯 [격]
복이야 명이야(福-命-) [격]
복 입다(服-)
복 있는 과부는 앉아도 요강 꼭지애 앉는다
　　(福-寡婦-) [격]
복자망건(-網巾)
복작노루
복잡다단하다(複雜多端-)
복잡해 보이다(複雜-)
복잡해져 가다(複雜-)
복장거리(腹臟-)
복장 단정(服裝端正)
복장을 짓찧다(腹臟-) [관]
복장이 따뜻하니까 생시가 꿈인 줄 안다(腹臟-
　　生時-) [격]
복장이 타다(腹臟-) [관]
복장이 터지다(腹臟-) [관]
복쟁이
복쟁이 헛배 부르듯 [격]
복저냐
복정을 씌우다(卜定-) [관]

복정을 안기다(卜定-) [관]
복정을 안다(卜定-) [관]
복제 불허(複製不許)
복제 양(複製羊)
복제 인간(複製人間)
복제해 놓다(複製-)
복조리(福笊籬)
복종 안 하다(服從-)
복종해 오다(服從-)
복주감투
복주머니(福-)
복지 국가=복지국가(福祉國家)
복지 단체(福祉團體)
복지부동(伏地不動)
복지 사회=복지사회(福祉社會)
복지 시설=복지시설(福祉施設)
복지 정책(福祉政策)
복직시키다(復職-)
복직 안 되다(復職-)
복찜
복찻다리
복처리(福-)　복을 타고나지 못하여 만사에 실
　　패하는 사람.
복철(伏-)
복철을 밟지 말라(覆轍-) [격]
복 치듯 하다 [격]
복치마(服-)
복 타다(福-)
복 터지다(福-)
복합 명사=복합명사(複合名詞)
복합 주택(複合住宅)
복허리(伏-)
볶아 대다
볶아때리다
볶아치다
볶여 오다
볶은고추장(-醬)
볶은장(-醬)
볶은 콩도 골라 먹는다 [격]
볶은 콩 먹기 [격]
볶은 콩에 꽃이 피랴 [격]
볶은 콩에 싹이 날까 [격]
볶음밥
볶음수란(-水卵)
볶음 요리(-料理)
본가댁(本家宅)

본값(本-)
본격 착수(本格着手)
본격 추진(本格推進)
본격화되다(本格化-)
본격화하다(本格化-)
본계집(本-)
본고장(本-)
본교 출신(本校出身)
본궤도(本軌道)
본그림(本-)
본그림자(本-)
본금새(本-)
본길(本-)
본 김에
본나라(本-)
본남편(本男便)
본노루 오래 묵어서 늙고 큰 노루.
본 놈이 도둑질한다 [격]
본능대로(本能-)
본다나 봐
본다 해도
본당 신부＝본당신부(本堂神父)
본 대로 들은 대로
본 대로 하다
본댁네(本宅-)
본데없다
본데없이 굴다
본 둥 만 둥 하다
본 듯도 하다
본 듯싶다
본 듯하다
본디대로(本-)
본디부터 타고나다(本-)
본딧말(本-)
본때를 보이다(本-) [관]
본때 있다(本-) [관]
본뜬 듯하다(本-)
본뜻(本-)
본래 모습(本來-)
본마나님(本-)
본마누라(本-)
본마음(本-)
본말이 전도되다(本末-顚倒-) [관]
본맘(本-)
본맛(本-)
본머리(本-)

본모습(本-)
본밑(本-)
본밑천(本-)
본바느질(本-)
본바닥(本-)
본 바와 같이
본바탕(本-)
본받아 오다
본받을 만하다
본밭(本-)
본보기 되다(本-)
본보기를 내다(本-) [관]
본보기 삼다(本-)
본보깃감(本-)
본 보이다(本-)
본볼 거야(本-)
본볼까 두렵다(本-)
본부인(本夫人)
본부 중대＝본부중대(本部中隊)
본분 다하다(本分-)
본사내(本-)
본살하다(本-)
본색 드러내다(本色-)
본생부모(本生父母)
본서방(本書房)
본선 진출(本選進出)
본성명(本姓名)
본숭만숭하다
본얼굴(本-)
본의 아니게(本意-)
본이름(本-)
본인 부담(本人負擔)
본인 의사(本人意思)
본 적 없다
본전 건지다(本錢-)
본전꾼(本錢-)
본전도 못 찾다(本錢-) [관]
본전 뽑다(本錢-)
본전 생각 나다(本錢-)
본전 찾다(本錢-)
본전치기(本錢-)
본정신 들다(本精神-)
본제입납(本第入納)
본줄기(本-)
본 지 오래되다
본집(本-)

470

본채(本-)
본 척도 안 하다
본척만척
본 체도 안 하다
본체만체
본체만체하다
본치 좋게 걸어오다
본토박이(本土-)
본허울(本-)
볼가심
볼거리
볼 거야
볼걸
볼 걸세
볼걸요
볼게
볼게요
볼기긴살
볼기 때리다
볼기 맞다
볼기지느러미
볼기짝
볼기짝얼레
볼기채
볼기 치다
볼깃살
볼까 봐 두렵다
볼꼴 사납다
볼꼴 없다
볼꼴 좋다 [관]
볼 낯이 없다 [관]
볼넷(ball-)
볼달다
볼되다
볼된 망치질
볼 듯하다
볼따구니
볼때기
볼떼기
볼록 거울=볼록거울
볼록날
볼록 렌즈=볼록렌즈(-lens)
볼링공(bowling-)
볼만장만
볼만장만하다
볼 만지다

볼 만큼 보다
볼만하게 되다
볼맞다
볼맞추다
볼먹다
볼메다
볼멘소리
볼 면목 없다(-面目-)
볼모로 앉았다 [격]
볼모 삼다
볼모 생활(-生活)
볼모양(-模樣) 겉으로 드러나 보이는 형태.
볼물다
볼물어서 쏘아붙이다
볼 받다 [관]
볼받이
볼비빔
볼 뿐 아니라
볼 수 없다
볼수염(-鬚髥)
볼썽사납다
볼썽없다
볼에 밤을 물다 [관]
볼연지(-臙脂)
볼우물
볼을 적시다 [관]
볼이 붓다 [관]
볼일
볼일 보다
볼일 보러 가다
볼일 없이
볼일 좀 보러 가다
볼 장 보다 [관] 해야 할 일을 알아서 하다.
볼 장 다 보다 [관]
볼 적시다
볼 줄 모르다
볼췌지르다
볼쥐어지르다
볼 테면 보라지
볼퉁이
볼펜(ball pen)
볼품사납다
볼품없다
볼호령(-號令)
봄가물
봄가을

봄갈이
봄갈이팥
봄갈이하다
봄 같지 않은 봄
봄 경치(-景致)
봄고치
봄기운 넘치다
봄김치
봄꽃
봄꽃도 한때
봄꿈
봄 꿩이 제 바람에 놀란다 [격]
봄 꿩이 제 울음에 죽는다 [격]
봄나들이
봄나들이하다
봄나물
봄나물 캐다
봄날
봄 날씨
봄낳이
봄내
봄 내내
봄노래
봄놀이
봄놀이하다
봄누에
봄눈
봄눈 녹듯
봄단장(-丹粧)
봄 돈 칠 푼은 하늘이 안다(-七-) [격]
봄 떡은 들어앉은 샌님도 먹는다 [격]
봄뜻 계절이 봄인 때.
봄맛
봄맞이
봄맞이하다
봄매미
봄물 (1)봄이 되어 얼음이나 눈이 녹아 흐르는
     물. (2)봄철에 지는 장마.
봄물 지다
봄물에 방게 기어 나오듯
봄밀
봄바람
봄바람에 말 씹도 터진다 [격]
봄바람에 죽은 노인(-老人) [격]
봄바람은 품으로 기어든다 [격]
봄밤

봄 방 추우면 맏사위 달아난다(-房-) [격]
봄 방학=봄방학(-放學)
봄밭
봄배추
봄 백양 가을 내장(-白楊-內藏) [격]
봄버들
봄베기
봄볕
봄볕에 그을리면 보던 임도 몰라본다 [격]
봄볕은 며느리를 쬐이고 가을볕은 딸을 쬐인다
     [격]
봄보리
봄 보지가 쇠 저를 녹이고 가을 좆이 쇠판을 뚫
     는다(-箸-板-) [격]
봄봄이
봄부채
봄비
봄비가 잦으면 마을 집 지어미 손이 크다 [격]
봄빛
봄 사돈은 꿈에도 보기 무섭다(-査頓-) [격]
봄살이
봄살이 걱정
봄살이 장만
봄새 봄철이 지나는 동안.
봄소식(-消息)
봄 소풍(-逍風)
봄씨 봄에 뿌리는 씨앗.
봄에 깐 병아리 가을에 와서 세어 본다 [격]
봄여름
봄옷
봄잠
봄장마
봄장작(-長斫)
봄 조개 가을 낙지 [격]
봄채마(-菜麻)
봄채마 붙이다(-菜麻-)
봄철
봄추위
봄 타다 [관]
봄풀
봄풀 자라듯
봄 학기(-學期)
봄 햇살
봄 호(-號)
봇궤(-櫃)
봇논(洑-)

472

봇도랑(洑-)
봇둑(洑-)
봇둑길(洑-)
봇머리(洑-)
봇목(洑-)
봇물(洑-)
봇물 터지듯(洑-)
봇살(洑-)
봇일(洑-)
봇일 보다(洑-)
봇줄
봇짐(褓-)
봇짐 내어 주며 앉아라 한다(褓-) [격]
봇짐 싸 가지고 말리다(褓-) [관]
봇짐을 싸다(褓-) [관]
봇짐을 지다(褓-) [관]
봇짐을 풀다(褓-) [관]
봇짐장사(褓-)
봇짐장수(褓-)
봉 가는 데 황 간다(鳳-凰-) [격]
봉건 국가=봉건국가(封建國家)
봉건사상(封建思想)
봉건 사회=봉건사회(封建社會)
봉건 시대=봉건시대(封建時代)
봉급날(俸給-)
봉급 못 받다(俸給-)
봉급생활(俸給生活)
봉급 인상(俸給引上)
봉급쟁이(俸給-)
봉급 주다(俸給-)
봉급 타다(俸給-)
봉놋방(-房)
봉당마루(封堂-)
봉당을 빌려 주니 안방까지 달란다(封堂-房-)
　　[격]
봉당집(封堂-)
봉덕사종(鳳德寺鐘)
봉돌
봉두난발(蓬頭亂髮)
봉뒤꽂이(鳳-)
봉물짐(封物-)
봉바리
봉 박다
봉변당하다(逢變當-)
봉비녀(鳳-)
봉사가격(奉仕價格)

봉사 개천 나무란다(-川-) [격]
봉사 기름 값 물어 주기 [격]
봉사 눈 뜬 것 같다 [격]
봉사단원(奉仕團員)
봉사 단청 구경(-丹靑-) [격]
봉사 단체(奉仕團體)
봉사 등불 쳐다보듯(-燈-) [격]
봉사 마누라는 하늘이 점지한다 [격]
봉사 문고리 잡기(-門-) [격]
봉사 씻나락 까먹듯 [격]
봉사 안경 쓰나 마나(-眼鏡-) [격]
봉사 안 하다(奉仕-)
봉사 앞 정강이[격]
봉사 정신(奉仕精神)
봉사 제 점 못한다(-占-) [격]
봉사해 주다(奉仕-)
봉사 활동(奉仕活動)
봉산 수숫대 같다(鳳山-) [격]
봉산 참배는 물이나 있지(鳳山-) [격]
봉산 탈춤=봉산탈춤(鳳山-)
봉쇄시키다(封鎖-)
봉쇄해 두다(封鎖-)
봉숭아씨기름
봉 아니면 꿩이다(鳳-) [격]
봉양해 오다(奉養-)
봉의 알(鳳-)
봉이 나매 황이 난다(鳳-凰-) [격]
봉 잡다(鳳-) [관]
봉제 공장(縫製工場)
봉제사하다(奉祭祀-)
봉제완구(縫製玩具)
봉죽꾼　남의 일을 거들어서 도와주는 사람.
봉죽놀이(奉竹-)
봉죽들다
봉찌　낚시를 던질 때 무게를 더하기 위하여 납
　　덩이를 박은 찌.
봉창고지
봉천답이 소나기를 싫다 하랴(奉天畓-) [격]
봉총찜
봉축 행사(奉祝行事)
봉충걸음
봉충다리
봉충다리의 울력걸음 [격]
봉치에 포도군사(-捕盜軍士) [격]
봉칫날
봉칫시루

봉함엽서(封緘葉書)
봉합 수술(縫合手術)
봉해 버리다(封-)
봉화 들다(烽火-) [관]
봉화를 일으키다(烽火-) [관]
봉화 올리다(烽火-) [관]
봉화지기(烽火-)
봉홧대(烽火-)
봉홧둑(烽火-)
봉홧불(烽火-)
봉홧불 받듯(烽火-) [격]
봉홧불에 김을 구워 먹는다(烽火-) [격]
봉홧불에 떡 구워 먹기(烽火-) [격]
봉홧불에 산적 굽기(烽火-散炙) [격]
봉황에 닭을 비교한다(鳳凰-比較-) [격]
봐 가면서
봐 넘기다
봐 달라고 하다
봐 달라다
봐도 못 본 체하다
봐 두다
봐 버리다
봐 오다
봐주다 사정을 봐주다.
봐 주다 아기를 봐 주다.
봐줄 거야
봐줄걸
봐줄 걸세
봐줄걸요
봐줄게
봐줄게요
봐하니 어려운가 보네
봤나 보다
봤을 거야
봤을걸
뵈는 게 없다
뵈러 가다
뵌 지 오래되다
뵐 낯이 없다
뵙고 오다
부가 가치=부가가치(附加價値)
부가 기능(附加機能)
부가옹(富家翁) 부잣집의 늙은 주인.
부각시켜 주다(浮刻-)
부개비잡히다
부검지

부계 사회(父系社會)
부고마루(付高-)
부과 삼 년에 말라 죽는다(付科三年-) [격]
부관참시(剖棺斬屍)
부구치기 조밭의 헛고랑을 처음으로 매는 일.
부국강병(富國强兵)
부귀빈천이 물레바퀴 돌듯(富貴貧賤-) [격]
부귀영달(富貴榮達)
부귀영화(富貴榮華)
부기방망이(簿記-)
부기 내리다(浮氣-)
부기 빠지다(浮氣-)
부끄러울 거야
부끄러울걸
부끄러울 뿐 아니라
부끄러움 타다
부끄러워지다
부끄러워하다
부끄럼성(-性)
부끄럼 안 타다
부끄럼 타다
부넘기
부녀간(父女間)
부녀 관계(父女關係)
부다듯하다
부닥방망이
부닥치다
부단염불(不斷念佛)
부담 갖지 마라(負擔-)
부담 느끼다(負擔-)
부담 능력(負擔能力)
부담 덜다(負擔-)
부담스러워하다(負擔-)
부담 안 되다(負擔-)
부담 안 주다(負擔-)
부담 없이(負擔-)
부담 주다(負擔-)
부담 지우다(負擔-)
부담짐(負擔-)
부담짝(負擔-)
부담틀(負擔-)
부담해 주다(負擔-)
부당 요금(不當料金)
부당 이득=부당이득(不當利得)
부당 해고(不當解雇)
부대껴 오다

부대밭 =화전(火田).
부대 비용(附帶費用)
부대사업(附帶事業)
부대시설(附帶施設)
부대찌개(部隊-)
부대 행사(附帶行事)
부도나다(不渡-)
부도내다(不渡-)
부도덕성(不道德性)
부도 사태(不渡事態)
부도 수표=부도수표(不渡手票)
부도 안 나다(不渡-)
부도 안 내다(不渡-)
부도 어음=부도어음(不渡-)
부도 업체(不渡業體)
부도 처리(不渡處理)
부동산 거래(不動産去來)
부동산 시장(不動産市場)
부동산 중개인(不動産仲介人)
부동산 투기(不動産投機)
부동 인구(浮動人口)
부동 자금(浮動資金)
부동자세(不動姿勢)
부두꾼(埠頭-)
부두 노동자(埠頭勞動者)
부둣가(埠頭-)
부둥켜안다
부둥팥
부드레 큰 그릇을 만들 때 안쪽을 말리기 위해
    숯불을 담아 드리우는 그릇.
부득이한 일(不得已-)
부들김치
부들방석(-方席)
부들부들 떨다
부들부채
부들솜
부들자리
부등가리
부등가리 안 옆 죄듯 [격]
부등깃
부디기
부디부디
부딪뜨리다
부딪쳐 오다
부딪칠 뻔하다
부딪트리다

부뚜막 땜질 못하는 며느리 이마의 털만 뽑는
    다 [격]
부뚜막신(-神)
부뚜막의 소금도 집어넣어야 짜다 [격]
부뚜손
부뚜질
부라부라
부라질하다
부라퀴
부랑둥이(浮浪-)
부랑자제(浮浪子弟)
부랴부랴
부랴사랴
부러뜨려 버리다
부러우리만큼
부러울 거야
부러울걸
부러울 걸세
부러울걸요
부러울 뿐 아니라
부러움 사다
부러워해 오다
부러져 버리다
부러진 칼자루에 옻칠하기(-漆-) [격]
부러질망정
부러질 뻔하다
부럼 까다
부럼 깨물다
부럽기만 하다
부레끓다
부레끓이다
부레뜸
부레저냐
부레질하다
부레찜
부레풀
부레풀로 일월을 붙인다(-日月-) [격]
부려 먹다
부려 보고 나서
부려 오다
부루나가다
부루퉁이
부루퉁하다
부룩 박다
부룩소 작은 수소.
부룩송아지 아직 길들지 않은 송아지.

475

부룻동
부룻동나물
부르걷다
부르느니 말하지 [관]
부르는 게 값 [관]
부르는 대로
부르대다
부르돋다
부르돋치다
부르러 가다
부르자마자
부르쥐다
부르지 마라
부르짖다시피 하다
부르짖듯 하다
부르터나다
부른기둥
부른 배 고픈 건 더 답답하다 [격]
부른지붕
부를 거야
부를걸
부를 걸세
부를걸요
부를게
부를게요
부를 만큼
부를 만하다
부름 받다
부름이 크면 대답도 크다(-對答-) [격]
부름켜
부릅뜨다
부리 까다 [관]
부리나케
부리듯이 하다
부리듯 하다
부리를 까다 [관]
부리를 따다 [관]
부리를 헐다 [관]
부리망 씌우다(-網-)
부리병(-瓶)
부리부리하다
부리부리해 보이다
부리 세다 [관]
부리 잡히다 [관]
부림꾼
부림소

부모가 반팔자(父母-半八字) [격]
부모가 온효자 되어야 자식이 반효자(父母-孝子-子息-半孝子) [격]
부모가 자식을 겉 낳았지 속 낳았나(父母-子息-) [격]
부모가 착해야 효자 난다(父母-孝子-) [격]
부모 교육(父母敎育)
부모 노릇 못 하다(父母-)
부모 노릇 해 오다(父母-)
부모덕 보다(父母德-)
부모 된 도리(父母-道理)
부모 말을 들으면 자다가도 떡이 생긴다(父母-) [격]
부모 묘(父母墓)
부모 밑에서(父母-)
부모 봉양(父母奉養)
부모 사랑(父母-)
부모상(父母喪)
부모상 당하다(父母喪當-)
부모 생각 나다(父母-)
부모 세대(父母世代)
부모 속에는 부처가 들어 있고 자식 속에는 앙칼이 들어 있다(父母-子息-) [격]
부모 슬하(父母膝下)
부모 없이 자라서(父母-)
부모 유산(父母遺産)
부모 자식 간에(父母子息間-)
부모 집(父母-)
부모처자(父母妻子)
부모 탓 하다(父母-)
부모 품(父母-)
부모 형제(父母兄弟)
부방파제((浮防波堤)
부부간에(夫婦間-)
부부 관계(夫婦關係)
부부 동반(夫婦同伴)
부부 모임(夫婦-)
부부 사이(夫婦-)
부부 생활(夫婦生活)
부부 싸움(夫婦-)
부부 싸움은 개도 안 말린다(夫婦-) [격]
부부 싸움은 칼로 물 베기(夫婦-) [격]
부부유별(夫婦有別)
부부일신(夫婦一身)
부분 개각(部分改閣)
부분 마취(部分痲醉)

부분 일식＝부분일식(部分日蝕)
부분 통제(部分統制)
부분 파업＝부분파업(部分罷業)
부산 땅(釜山-)
부산 떨다
부산스러워 보이다
부산 시민(釜山市民)
부산 지역(釜山地域)
부산 피우다
부산해 보이다
부상꾼(負商-)　＝등짐장수.
부상당하다(負傷當-)
부상 입다(負傷-)
부서져 내리다
부서져 버리다
부서진 갓모자가 되었다(-帽子-) [격]
부서질 거야
부서질걸
부서질 걸세
부서질걸요
부서질 뻔하다
부석돌(浮石-)
부설 학교(附設學校)
부섭마루
부섭지붕
부섭집
부속 기관(附屬機關)
부속 병원＝부속병원(附屬病院)
부속 중학교＝부속중학교(附屬中學校)
부속학교(附屬學校)
부손　화로에 꽂아 두고 쓰는 작은 부삽.
부수뜨리다
부수지르다
부수 확장(部數擴張)
부숴 놓다
부숴 버리다
부스대기 치다
부스럼 나다
부스럼 딱지
부스럼떡
부스럼이 살 될까 [격]
부스럼 자국
부스스해 보이다
부슬비
부시쌈지
부시 치다

부시통(-桶)
부시통에 연풍대 하겠다(-桶-筵風擡-) [격]
부식화되다(腐蝕化-)
부실 경영(不實經營)
부실 공사(不實工事)
부실기업(不實企業)
부실시공(不實施工)
부실 운영(不實運營)
부실 채권＝부실채권(不實債權)
부실해 보이다(不實-)
부실 회사(不實會社)
부싯깃
부싯돌
부싯불
부아 나다
부아 내다
부아 돋는 날 의붓아비 온다 [격]
부아 돋우다
부아초(-炒)
부아 치밀다
부아통 삭이다
부아통 터지다
부앗가심
부앗김에
부앗김에 서방질한다(-書房-) [격]
부양가족(扶養家族)
부양 능력(扶養能力)
부양 안 하다(扶養-)
부양 의무＝부양의무(扶養義務)
부양해 오다(扶養-)
부어 가다
부어 나가다
부어내리다
부어 달라고 하다
부어 달라다
부어오르다
부어 주다
부어터지다
부언해 두다(附言-)
부업거리(副業-)
부업 삼다(副業-)
부엉새
부엉이 곳간(-庫間) [격]
부엉이 방귀 같다 [관]
부엉이살림
부엉이셈

부엉이 셈 치기 [격]
부엉이 소리도 제가 듣기에는 좋다고 [격]
부엉이 집을 얻었다 [격]
부엌 가구(-家具)
부엌간(-間)
부엌것
부엌데기
부엌문(-門)
부엌방(-房)
부엌방석(-方席)
부엌비
부엌살림
부엌살이하다
부엌세간
부엌에 가면 더 먹을까 방에 가면 더 먹을까(-
　　房-) [격]
부엌에서 숟가락을 얻었다 [격]
부엌일
부엌칼
부여안다
부여잡다
부역꾼(賦役-)
부역 나가다(賦役-)
부역 다니다(賦役-)
부연 설명(敷衍說明)
부예지다
부유스름해 보이다
부유 식물=부유식물(浮游植物)
부유인생(蜉蝣人生)
부유일기(蜉蝣一期)
부유표지(浮遊標識)
부유해 보이다(富裕-)
부을 거야
부을걸
부을 걸세
부을걸요
부을 겁니다
부을게
부을게요
부음 받다(訃音-)
부음 전하다(訃音傳-)
부인 못 하다(否認-)
부인 병원=부인병원(婦人病院)
부인해 오다(否認-)
부임 인사(赴任人事)
부임해 오다(赴任-)

부자가 더 무섭다(富者-) [격]
부자간(父子間)
부자 관계(父子關係)
부자 꿈(富者-)
부자 나라(富者-)
부자는 많은 사람의 밥상(富者-床) [격]
부자는 망해도 삼 년 먹을 것이 있다(富者-亡-
　　三年-) [격]
부자도 한이 있다(富者-限-) [격]
부자 동네(富者-)
부자 되다(富者-)
부자 몸조심(富者-操心) [격]
부자 세습(父子世襲)
부자 소리 듣다(富者-)
부자연스러워 보이다(不自然-)
부자유하다(不自由-)
부자유친(父子有親)
부자 하나면 세 동네가 망한다(富者-亡-) [격]
부자 행세 하다(富者行世-)
부작용 생기다(副作用-)
부작용 안 생기게(副作用-)
부잣집 가운데 자식(富者-子息) [격]
부잣집 맏며느리감이다(富者-) [격]
부잣집 업 나가듯 한다(富者-) [격]
부잣집 외상보다 비렁뱅이 맞돈이 좋다(富者-)
　　[격]
부잣집이 망해도 삼 년을 간다(富者-亡-三
　　年-) [격]
부잣집 자식 공물방 출입하듯(富者-子息貢物
　　房出入-) [격]
부장 검사=부장검사(部長檢事)
부장 자리(部長-)
부재중(不在中)
부재지주(不在地主)
부적격 판정(不適格判定)
부적합해 보이다(不適合-)
부전부전하다
부전자전(父傳子傳)
부전조개
부전조개 이 맞듯 [격]
부절따말 갈기가 검고 털빛이 붉은 말.
부절을 맞춘 듯하다(符節-) [격]
부접 못하다(附接-)
부젓가락
부정 보다(不淨-) [관]
부정부패(不正腐敗)

478

부정 선거＝부정선거(不正選擧)
부정 입학(不正入學)
부정 축재(不正蓄財)
부정 치다(不淨-) [관]
부정 타다(不淨-) [관]
부정풀이(不淨-)
부정행위(不正行爲)
부조는 않더라도 제상이나 치지 말라(扶助-祭
　床-) [격]
부조도 말고 제상 다리도 치지 말라(扶助-祭
　床-) [격]
부조리극(不條理劇)
부조 안한 나그네 제상 친다(扶助-祭床-) [격]
부족감 느끼다(不足感-)
부족될 듯하다(不足-)
부족분 채우다(不足分-)
부족하나마(不足-)
부족한 대로(不足-)
부족한 데다가(不足-)
부족한 듯해 보이다(不足-)
부족할 듯하다(不足-)
부족할뿐더러(不足-)
부족할 뿐만 아니라(不足-)
부족해 보이다(不足-)
부족 현상(不足現象)
부존자원(賦存資源)
부좃돈(扶助-)
부좃술(扶助-)
부좃일(扶助-)
부좃일꾼(扶助-)
부주의한 탓에(不注意-)
부줏대넘기
부줏술(父祖-)
부지거처(不知去處)
부지기수(不知其數)
부지깽이
부지깽이가 곤두선다 [격]
부지꾼　실없는 짓을 잘하고 심술궂은 사람.
부지느러미(副-)
부지런 떨다
부지런쟁이
부지런 피우다
부지런한 듯하다
부지런한 물방아는 얼 새도 없다 [격]
부지런한 벌은 슬퍼하지 않는다 [격]
부지런한 부자는 하늘도 못 막는다(-富者-) [격]

부지런한 이는 앓을 틈도 없다 [격]
부지런해 보이다
부지 못 하다(扶支-)
부지불식간에(不知不識間-)
부지세월(不知歲月)
부지중에(不知中-)
부지하세월(不知何歲月)
부지해 나가다(扶支-)
부질간(-間)　놋그릇 따위를 만드는 공장에 있
　는 대장간.
부질없는 생각
부집게
부쩍 더해 가다
부쩍부쩍 자라다
부착해 놓다(附着-)
부창부수(夫唱婦隨)
부채고리
부채 규모(負債規模)
부채꼭지
부채꼴
부채 도끼＝부채도끼
부채 비율＝부채비율(負債比率)
부채빗
부채 상환(負債償還)
부채잡이
부채질하다
부채질해 주다
부채 총액(負債總額)
부채춤
부채 탕감(負債蕩減)
부챗살
부챗살골
부챗살마루
부챗살빛
부처님 가운데 토막 [격]
부처님 같은
부처님같이
부처님 공양 말고 배고픈 사람 밥을 먹여라(-
　供養-) [격]
부처님 궐이 나면 대를 서겠네(-闕-代-) [격]
부처님더러 생선 방어 토막을 도둑질하여 먹었
　다 한다(-生鮮魴魚-) [격]
부처님 살찌고 파리하기는 석수에게 달렸다(-
　石手-) [격]
부처님 상(-像)
부처님 오신 날

479

부처님한테 설법(-說法) [격]
부처를 건드리면 삼거웃이 드러난다 [격]
부처를 위해 불공하나 제 몸을 위해 불공하지
　(-爲-佛供-爲-佛供-) [격]
부처 밑을 기울이면 삼거웃이 드러난다 [격]
부쳐 놓다
부쳐 먹다
부쳐 오다
부쳐지내다
부추겨 주다
부추김치
부추떡
부추잡채(-雜菜)
부추장아찌
부추죽(-粥)
부축빼기
부축 없이 일어나다
부축해 드리다
부축해 주다
부춛돌
부출각시
부칙 조항(附則條項)
부친상 당하다(父親喪當-)
부침개질
부침개질하다
부침대패
부침질
부침질하다
부탁 들어주다(付託-)
부탁 못 하다(付託-)
부탁 안 하다(付託-)
부탁한 대로(付託-)
부탁해 오다(付託-)
부탄가스(butane gas)
부티끈
부티 나다(富-)
부패 고리(腐敗-)
부패 방지(腐敗防止)
부패 세력(腐敗勢力)
부패 정권(腐敗政權)
부패 척결(腐敗剔抉)
부패해 버리다(腐敗-)
부평초 같은(浮萍草-)
부평초같이(浮萍草-)
부푸러기
부풀듯 하다

부풀려 놓다
부풀리다
부풀리지 마라
부풀릴 거야
부풀릴걸
부풀릴 걸세
부풀릴걸요
부풀어 오르다
부풀어 올라오다
부품 값(部品-)
부품 공장(部品工場)
부품 산업(部品産業)
부품 회사(部品會社)
부픈살
부픈짐
부하 노릇 하다(部下-)
부하 직원(部下職員)
부하 취급(部下取扱)
부하 통솔(部下統率)
부항단지(附缸-)
부형자제(父兄子弟)
부활 전야=부활전야(復活前夜)
부활절 날(復活節-)
부황 들다(浮黃-)
부흥 운동(復興運動)
북강정
북경요리(北京料理)
북과 아이는 칠수록 소리가 커진다 [격]
북극 탐험(北極探險)
북길　베틀에서 북이 드나드는 공간.
북 나들듯
북꾸리
북너구리
북녘 동포(北-同胞)
북녘 땅(北-)
북녘 하늘(北-)
북단 거동에 보군진 몰리듯(北壇擧動-步軍陣-)
　[격]
북대서양(北大西洋)
북덕명주(-明紬)
북덕무명
북덕지
북돋아 주다
북돋워 주다
북동쪽(北東-)
북두갈고리

북두끈
북두칠성(北斗七星)
북두칠성이 앵돌아졌다(北斗七星-) [격]
북등(-燈) 북 모양으로 된 작은 등.
북마구리(北-)
북망산천(北邙山川)
북미 대륙(北美大陸)
북미 지역(北美地域)
북바늘
북반구(北半球)
북반부(北半部)
북받자 곡식 따위를 말로 수북이 되어 받아들
　　이는 일.
북받쳐 오다
북방 한계선(北方限界線)
북벌 정책(北伐政策)
북부 전선(北部戰線)
북부 지방(北部地方)
북부 지역(北部地域)
북북동풍(北北東風)
북북서풍(北北西風)
북상투
북새 놀다
북새 떨다
북새 부리다
북새질
북새질 놓다
북새질 치다
북새질하다
북새통
북새통 이루다
북새틈
북새판
북새판 벌이다
북새판 이루다
북서쪽(北西-)
북소리
북소리 나다
북숫대(北水-)
북슬강아지
북아프리카(北Africa)
북어 값 받으려고 왔나(北魚-) [격]
북어구이(北魚-)
북어 껍질(北魚-)
북어 껍질 오그라들듯(北魚-) [관]
북어냉국(北魚冷-)

북어냉탕(北魚冷湯)
북어대가리(北魚-)
북어대가리무침(北魚-)
북어 뜯고 손가락 빤다(北魚-) [격]
북어무침(北魚-)
북어보풀음(北魚-)
북어장아찌(北魚-)
북어저냐(北魚-)
북어적(北魚炙)
북어조림(北魚-)
북어죽(北魚粥)
북어찌개(北魚-)
북어찜(北魚-)
북어쾌(北魚-)
북어탕(北魚湯)
북어포(北魚脯)
북어 한 마리 주고 제상 엎는다(北魚-祭床-)
　　[격]
북어 한 쾌
북엇국(北魚-)
북유럽(北Europe)
북은 칠수록 맛이 난다 [격]
북은 칠수록 소리가 난다 [격]
북을 메우다 [관]
북자루
북장구
북장단
북장단을 맞추다
북장단을 치다
북장지(-障-)
북주감투
북주기
북주기하다
북 주다
북진 정책(北進政策)
북쪽 길(北-)
북쪽 나라(北-)
북쪽 방면(北-方面)
북쪽 지방(北-地方)
북쪽 하늘(北-)
북창삼우(北窓三友)
북측 대표(北側代表)
북 치고 장구 치고
북 치듯 하다 [관]
북통 지다(-筒-) [관]
북통 지우다(-筒-) [관]

북통배(-筒-)
북틀
북편 길(北便-)
북풍받이(北風-)
북풍한설(北風寒雪)
북한 동포(北韓同胞)
북한 땅(北韓-)
북한 사회(北韓社會)
북한산성(北漢山城)
북한 주민(北韓住民)
북한 체제(北韓體制)
북한 측(北韓側)
북행길(北行-)
북행 열차(北行列車)
북향재배(北向再拜)
북향집(北向-)
북향판(北向-)
북회귀선(北回歸線)
분가루(粉-)
분가해 나가다(分家-)
분간 못 하다(分揀-)
분갈이하다(盆-)
분개없다(分槪-)
분개해 오다(憤慨-)
분결같이 곱다(粉-)
분결에(憤-)
분골쇄신(粉骨碎身)
분기별(分期別)
분기탱천(憤氣撑天)
분김에 울컥하여(憤-)
분깃 나누다
분꽃 씨
분내 풍기다(粉-)
분 냄새(粉-)
분노 삭이다(憤怒-)
분노 어리다(憤怒-)
분뇨차(糞尿車)
분단국가(分斷國家)
분단 상황(分斷狀況)
분단 이후(分斷以後)
분단장하다(粉丹粧-)
분단 현실(分斷現實)
분담해 오다(分擔-)
분대끈
분대질
분대질 치다

분대질해 오다
분돋움하다(憤-)
분때(粉-)
분때 밀리다(粉-)
분때 지우다(粉-)
분란 일으키다(紛亂-)
분란통에(紛亂-)
분류 방법(分類方法)
분류해 놓다(分類-)
분리수거(分離收去)
분리시켜 놓다(分離-)
분만 휴가=분만휴가(分娩休假)
분말계란(粉末鷄卵)
분말식용유(粉末食用油)
분말약(粉末藥)
분말주스(粉末juice)
분명코(分明-)
분명해 보이다(分明-)
분명해져 가다(分明-)
분무칠(噴霧漆)
분물(粉-)
분미투리(粉-)
분 바르다(粉-)
분받침(盆-)
분배해 주다(分配-)
분별 못 하다(分別-)
분별없다(分別-)
분별해 내다(分別-)
분부 내리다(分付-)
분부대로 하다(分付-)
분부한 대로(分付-)
분산 배치(分散配置)
분산 투자(分散投資)
분산해 놓다(分散-)
분서갱유(焚書坑儒)
분석 기법(分析技法)
분석 연구(分析研究)
분석해 보다(分析-)
분세수하다(粉洗手-)
분쇄해 버리다(粉碎-)
분수 넘치다(分數-)
분수 모르고(分數-)
분수없다(分數-)
분수 지키다(分數-)
분수탑(噴水塔)
분식집(粉食-)

분식 회계(粉飾會計)
분신 같은(分身-)
분신같이(分身-)
분신술 쓰다(分身術-)
분신자살(焚身自殺)
분실 공고(紛失公告)
분실된 듯하다(紛失-)
분실 사고(紛失事故)
분실 신고=분실신고(紛失申告)
분실해 버리다(紛失-)
분야별(分野別)
분양 가격(分讓價格)
분양 주택=분양주택(分讓住宅)
분양해 주다(分讓-)
분업화하다(分業化-)
분에 심어 놓으면 풀도 화초라 한다(盆-花草-)
　　　[격]
분위기 있다(雰圍氣-)
분위기 잡다(雰圍氣-)
분위기 탓 하지 마라(雰圍氣-)
분의를 따다(分義-)
분임 토의(分任討議)
분자반(粉-) =가루자반.
분재(糞-) 똥에 재를 섞은 거름.
분잿깃(分財-)
분쟁 일으키다(紛爭-)
분쟁 지역(紛爭地域)
분쟁 해결(紛爭解決)
분접시(粉-)
분주해 보이다(奔走-)
분줄(粉-)
분지르다
분질러 놓다
분청사기(粉靑沙器)
분청자기(粉靑磁器)
분초를 다투다(分秒-) [관]
분초를 아끼다(分秒-) [관]
분탕 치다(焚蕩-)
분탕질하다(焚蕩-)
분통같다(粉桶-)
분통 삭이다(憤痛-)
분통 터지다(憤痛-)
분투노력(奮鬪努力)
분틀(粉-) =국수틀.
분풀이 못 하다(憤-)
분풀이하다(憤-)

분필 가루(粉筆-)
분필 가루를 먹다(粉筆-) [관]
분필갑(粉筆匣)
분필통(粉筆桶)
분한 있다(分限-) [관]
분할 모집(分割募集)
분할 상환=분할상환(分割償還)
분할 점령(分割占領)
분합열쇠(分閤-)
분항아리(粉缸-)
분해 못 참겠다(憤-)
분해 안 되다(分解-)
분해해 보다(分解-)
분향재배(焚香再拜)
분홍머리동이(粉紅-)
분홍빛(粉紅-)
분홍 빛깔(粉紅-)
분홍치마(粉紅-)
분화 현상(分化現象)
불가근불가원(不可近不可遠)
불가능한 듯하다(不可能-)
불가능해 보이다(不可能-)
불가마
불가물
불가사의(不可思議)
불 가져오라는데 물 가져온다 [격]
불가침 조약=불가침조약(不可侵條約)
불가피한 듯하다(不可避-)
불가피해 보이다(不可避-)
불가항력(不可抗力)
불갈고리
불갑사(-甲紗)
불강도(-强盜)
불강아지 몸이 바짝 여윈 강아지.
불같다
불같은 성격(-性格)
불같이 일어나다
불 거야
불거웃
불거지다
불걸
불 걸세
불걸요
불걸음
불 겁니다
불게

불게요
불결한 듯하다(不潔-)
불결해 보이다(不潔-)
불경사소년(不經事少年)
불경 소리(佛經-)
불고기
불고기 백반(-白飯)
불고기 판(-板)
불고무래
불고 쓴 듯하다 [격]
불고지죄(不告知罪)
불공드리다(佛供-)
불공밥(佛供-)
불공쌀(佛供-)
불공정 거래(不公正去來)
불공정 보도(不公正報道)
불공정 행위(不公正行爲)
불공정한 듯하다(不公正-)
불공정해 보이다(不公正-)
불공평한 듯하다(不公平-)
불공평해 보이다(不公平-)
불교 경전(佛敎經典)
불교문화(佛敎文化)
불교 사상(佛敎思想)
불교 신자(佛敎信者)
불교 유적(佛敎遺蹟)
불교 의식(佛敎儀式)
불구경
불구경하다
불구대천(不俱戴天)
불구덩이
불구 된 몸(不具-)
불구멍
불구멍 열어 놓다
불구속 기소(不拘束起訴)
불구슬
불구아 돌보다(不具兒-)
불구 아동(不具兒童)
불구자 신세(不具者身世)
불귀신(-鬼神)
불그숙숙하다
불기둥
불기소 처분=불기소처분(不起訴處分)
불기 없는 방(-氣-房)
불기운(-氣運)
불길 같은

불길같이
불길 잡다
불깃 달다
불깃을 대다
불까기
불까다
불깍쟁이
불 꺼 주다
불 꺼진 창(-窓)
불꽃같다
불꽃같이
불꽃놀이
불꽃색(-色)
불꽃심(-心)
불꽃 일다
불꽃 청소=불꽃청소(-淸掃)
불꽃 축제(-祝祭)
불꽃 튀다 [관]
불꾸러미
불 끄다
불 끄러 가다
불 끄지 마라
불끈불끈하다
불끈 솟다
불끈 쥐다
불나다
불나무
불나비사랑
불난 것 같다
불난 끝은 있어도 물 난 끝은 없다 [격]
불난 데서 불이야 한다 [격]
불난 데 풀무질한다 [격]
불난리(-亂離)
불난리 겪다(-亂離-)
불난리 나다(-亂離-)
불난 집에 부채질한다 [격]
불난 집에 키 들고 간다 [격]
불내다
불 넣다 [관]
불놀이
불놀이하다
불 놓다 [관]
불놓이
불놓이하다
불능 상태(不能狀態)
불당그래

불 당기다
불더미
불더미 헤쳐 보다
불더위
불덕 입다(佛德-)
불덩어리
불덩이
불덩이 같은
불덩이같이
불도가니
불도장(-圖章)
불도장 찍다(-圖章-)
불돌
불돌 찜질
불되다
불두덩
불두덩뼈
불등걸
불딱총(-銃)
불땀
불땀머리
불땀 좋은
불 때다
불 때 주다
불 땐 자리
불땔감
불땔꾼
불똥
불똥앉다
불똥이 떨어지다 [관]
불똥 튀다 [관]
불뚝성
불뚝성이 살인낸다(-殺人-) [격]
불뚝심지(-心-)
불뚱불뚱하다
불뚱이
불뚱이 나다
불량 기업(不良企業)
불량분자(不良分子)
불량소녀(不良少女)
불량소년(不良少年)
불량 식품(不良食品)
불량 아동(不良兒童)
불량투성이(不良-)
불러 가다
불러내다

불러 놓고
불러 달라고 하다
불러 달라다
불러 대다
불러 드리다
불러들이다
불러먹기
불러먹기하다
불러 모으다
불러 보다
불러 세우다
불러 앉히다
불러오다   불러서 오게 하다.
불러 오다   배가 불러 오다.
불러올리다
불러일으키다
불러 주다
불려 가다
불려 나가다
불려 나오다
불려 다니다
불려 오다
불로 소득=불로소득(不勞所得)
불로장생(不老長生)
불로초를 먹었나(不老草-) [격]
불룩해 보이다
불륜 관계(不倫關係)
불리한 듯하다(不利-)
불리해 보이다(不利-)
불릴 만하다
불만분자(不滿分子)
불만 사항(不滿事項)
불만스러워 보이다(不滿-)
불만 쌓이다(不滿-)
불만 안 가지다(不滿-)
불만 없어 보이다(不滿-)
불만 있는 듯하다(不滿-)
불만투성이(不滿-)
불만 품다(不滿-)
불망난이
불 맞다 [관]
불매 운동=불매운동(不買運動)
불면 깨질까 쥐면 터질까 [격]
불면 날아갈 듯 쥐면 꺼질 듯 [격]
불명예제대(不名譽除隊)
불명예 퇴진(不名譽退陣)

ㅂ

485

불명확해 보이다(不明確-)
불모지대(不毛地帶)
불목하니 절에서 밥을 짓고 물을 긷는 일을 맡
    아서 하는 사람.
불문가지(不問可知)
불문곡직(不問曲直)
불문에 부치다(不問-) [관]
불물
불바다
불 받다 [관]
불받이
불발탄(不發彈)
불 밝혀 주다
불 밝히다
불밤송이
불방망이
불배
불배롱(-焙籠)
불벌 무서운 기세로 불이 타 가는 벌판.
불벌레
불법 거래(不法去來)
불법 과외(不法課外)
불법 매립(不法埋立)
불법 선거(不法選擧)
불법 시위(不法示威)
불법 이민(不法移民)
불법 주차(不法駐車)
불법 집회(不法集會)
불법 체류=불법체류(不法滯留)
불법 행위=불법행위(不法行爲)
불벼락
불벼락 떨어지다
불벼락 맞다
불벽돌(-甓-)
불병풍(-屛風)
불볕
불볕나다
불볕더위
불 보듯 뻔하다 [관]
불부채
불불불 떨다
불붙는 데 키질하기 [격]
불붙듯 하다
불붙여 주다
불붙을 듯하다
불비

불비 쏟아지다
불 뿜다
불사르다
불살라 버리다
불상년(-常-)
불상놈(-常-)
불상사 일어나다(不祥事-)
불성실해 보이다(不誠實-)
불소치약(弗素齒藥)
불속
불손해 보이다(不遜-)
불솜
불송이
불수년간(不數年間)
불수노리개(佛手-)
불수일간(不數日間)
불숙련노동(不熟練勞動)
불순분자(不純分子)
불순 세력(不純勢力)
불순해 보이다(不純-)
불시계(-時計)
불시울
불식시켜 주다(拂拭-)
불신 사다(不信-)
불신임해 오다(不信任-)
불신 풍조(不信風潮)
불신해 오다(不信-)
불신행위(不信行爲)
불심 검문=불심검문(不審檢問)
불심지(-心-)
불심지 오르다(-心-)
불 싸지르다
불 싸질러 버리다
불쌍놈
불쌍해 보이다
불쌍히 여기다
불쏘다
불쏘시개
불쑥 내밀다
불씨
불씨 남기다
불씨 살리다
불씨 안고
불안감 감돌다(不安感-)
불안 느끼다(不安-)
불 안 땐 굴뚝에 연기 날까(-煙氣-) [격]

불안 상태(不安狀態)
불안스러워 보이다(不安-)
불안 심리(不安心理)
불안 요인(不安要因)
불안해 보이다(不安-)
불알동무
불알 두 쪽만 대그락대그락한다 [격]
불알 두 쪽밖에는 없다 [격]
불알망태
불알 밑이 근질근질하다 [격]
불알시계(-時計)
불알을 긁어 주다 [격]
불알주머니
불알 차인 중놈 달아나듯 [격]
불알친구(-親舊)
불암소
불어 가다
불어나다
불어넣다 활력을 불어넣다.
불어 넣다 바람을 불어 넣다.
불어 닥치다
불어 대다
불어리 불티가 바람에 날리는 것을 막으려고
    화로에 들씌우는 제구.
불어먹다
불어세다
불어세우다
불어오다
불어제치다
불어치다
불어 터지다
불 없는 화로 딸 없는 사위(-火爐-) [격]
불에 놀란 놈이 부지깽이만 보아도 놀란다 [격]
불에 든 나비와 솥에 든 고기 [격]
불여우
불여우 같은
불여우같이
불여우 꾐에 빠지다
불여튼튼(不如-)
불온 분자(不穩分子)
불온사상(不穩思想)
불온서적(不穩書籍)
불완전해 보이다(不完全-)
불요불급(不要不急)
불우 이웃 돕기(不遇-)
불원천리(不遠千里)

불을 끄다 [관]
불을 보듯 뻔하다 [관]
불을 뿜다 [관]
불이랑
불일내로(不日內-)
불 일다
불 일듯 하다 [관]
불임 부부(不姙夫婦)
불임 수술=불임수술(不妊手術)
불잉걸
불자동차(-自動車)
불장난
불장난에 오줌 싼다 [격]
불쟁이
불조심하다(-操心-)
불 주다 [관]
불줄기
불 지르다
불지옥(-地獄)
불 지피다
불 질러 버리다
불질하다
불집게
불집을 건드리다 [관]
불집을 일으키다 [관]
불쪽 둘
불 쬐다
불 차인 중놈 달아나듯 [격]
불찬성하다(不贊成-)
불찰
불참 선언(不參宣言)
불창(-窓)
불천지(-天地)
불철주야(不撤晝夜)
불초남(不肖男)
불초녀(不肖女)
불초 소생(不肖小生)
불초자식(不肖子息)
불초자제(不肖子弟)
불춤 추다
불충분해 보이다(不充分-)
불친소
불침 놓다
불침번 서다(不寢番-)
불침질하다(-鍼-)
불 켜 놓다

불 켜 주다
불콰해지다
불쾌지수(不快指數)
불쾌한 듯하다(不快-)
불타는 듯하다
불타 버리다
불타오르다
불타 죽다
불탁자(佛卓子)
불탄 강아지 않는 소리 [격]
불탄 개 가죽 같다 [격]
불탄 쇠가죽 오그라들듯 [격]
불태우다
불태워 버리다
불투명해 보이다(不透明-)
불퉁그러지다
불특정 다수(不特定多數)
불티같다
불티같이 팔리다
불티나게 나가다
불티 날리다
불판령(-令)
불판쇠
불편 겪다(不便-)
불편 끼치다(不便-)
불편리하다(不便利-)
불편 없이(不便-)
불편하기 짝이 없다(不便-)
불편할 듯하다(不便-)
불편해 보이다(不便-)
불평꾼(不平-)
불평 못 하다(不平-)
불평분자(不平分子)
불평불만(不平不滿)
불평 안 하다(不平-)
불평조로(不平調-)
불평 한 마디 없이(不平-)
불평해 오다(不平-)
불풍나게
불 피우다
불필요한 듯하다(不必要-)
불필요해 보이다(不必要-)
불하해 주다(拂下-)
불한당 치른 놈의 집구석 같다(不汗黨-) [격]
불한당패(不汗黨牌)
불한사전(佛韓辭典)

불합리한 듯하다(不合理-)
불합리해 보이다(不合理-)
불행 중 다행(不幸中多幸)
불행해 보이다(不幸-)
불허복제(不許複製)
불혀
불현듯
불현듯이
불호령(-號令)
불호박
불화로(-火爐)
불화살
불확실해 보이다(不確實-)
불황 안 타다(不況-)
불황 여파(不況餘波)
불황 이기다(不況-)
불황 타다(不況-)
불회목(不灰木)
불효자식(不孝子息)
붉고 쓴 장(-醬) [격]
붉누르다
붉덩물
붉디붉다
붉어지다
붉으락푸르락해지다
붉은발
붉은발 서다
붉은 보라
붉은빛
붉은색(-色)
붉은엿
붉은차돌
붉은팥
붉은피톨
붐빌 거야
붐빌걸
붐빌 걸세
붐빌걸요
붐빌 것 같다
붐빠붐빠하다
붓 가는 대로
붓걸이
붓글
붓글씨
붓글씨체(-體)
붓꼬리

붓꽃이
붓끝이 날카롭다
붓 끝이 닳다
붓날다
붓날리다
붓놀림
붓대
붓두껍
붓두껍무늬
붓방아
붓방아질
붓방아 찧다 [관]
붓셈
붓을 꺾다 [관]
붓을 놓다 [관]
붓을 대다 [관]
붓을 들다 [관]
붓이 가볍다 [관]
붓이 나가다 [관]
붓자리   은어가 알을 낳는 곳.
붓장난
붓질
붓질법(-法)
붓질하다
붓촉(-촉)
붓털
붕괴 사고(崩壞事故)
붕괴 현장(崩壞現場)
붕당 정치=붕당정치(朋黨政治)
붕대 감다(繃帶-)
붕 뜨다
붕붕대다
붕어곰
붕어과자(-菓子)
붕어구이
붕어눈
붕어 밥알 받아 먹듯 [격]
붕어배래기
붕어빵
붕어사탕(-砂糖)
붕어소매
붕어연적(-硯滴)
붕어자물쇠
붕어저냐
붕어조림
붕어죽(-粥)

붕어찜
붕어톱
붕어회(-膾)
붙견디기 힘들다
붙는 대로
붙는 불에 키질 [격]
붙는뿌리
붙는줄기
붙당기다
붙동이다
붙들고 늘어지다
붙들려 가다
붙들어 가다
붙들어 놓다
붙들어 두다
붙들어 매다
붙들어 오다
붙들어 주다
붙듦줄
붙따라 가다
붙매이다
붙박아 두다
붙박여 지내다
붙박이 가구(-家具)
붙박이별
붙박이식(-式)
붙박이장(-欌)
붙박이창(-窓)
붙박이표(-票)
붙살이
붙살이뿌리
붙살이집
붙안고 가다
붙어 다니다
붙어먹다
붙어 보다
붙어살다
붙어살이벌레
붙어 서다
붙어 앉다
붙어 지내다
붙여 나가다
붙여 놓다
붙여 달라고 하다
붙여 달라다
붙여 두다

붙여 보다
붙여 쓰다
붙여 주다
붙여 짓다
붙였다 뗐다 하다
붙은돈
붙은문자(-文字)
붙음살이벌
붙이고 다니다
붙이고 오다
붙이기일가(--家)
붙이사랑
붙임붙임
붙임뿌리
붙임서까래
붙임소리
붙임수
붙임질하다
붙임틀
붙임풀
붙임혀
붙잡고 늘어지다
붙잡아 가다
붙잡아 가두다
붙잡아 놓다
붙잡아 달라고 하다
붙잡아 달라다
붙잡아 두다
붙잡아 매다
붙잡아 주다
붙잡혀 가다
붙잡혀 오다
붙접을 못하게 하다
붙좇다
붙죄다
붊달다
붊대다
뷔페식당(buffet食堂)
블랙리스트(black list)
블랙박스(black box)
블랙커피(black coffee)
블랙홀(black hole)
비가림막(-幕)
비가 오나 눈이 오나 [관]
비 갠 날
비거스렁이

비걱배각하다
비겁해 보이다(卑怯-)
비게질하다
비껴대다
비견되다(比肩-)
비견할 만하다(比肩-)
비계기둥
비계다리
비계띳장
비계목(-木)
비계발판(-板)
비계지다
비곗덩어리
비곗덩이
비곗살
비공개 수사(非公開搜査)
비공개회의(非公開會議)
비공식 회의(非公式會議)
비관 자살(悲觀自殺)
비관주의(悲觀主義)
비관해 오다(悲觀-)
비교다수(比較多數)
비교 대상(比較對象)
비교도 안 되다(比較-)
비교도 되지 않다(比較-) [관]
비교 분석(比較分析)
비교 안 될 만큼(比較-)
비교 연구(比較研究)
비교해 보다(比較-)
비구름
비굴해 보이다(卑屈-)
비그어 가다
비극영화(非劇映畵)
비극 영화(悲劇映畵)
비긋다
비길 데 없이
비길 바 아니다
비껴가다
비껴들다
비껴쓰다
비꼬아 보다
비꼬여 가다
비꼬지 마라
비꽈서 듣다
비끄러매다
비낀땅굽성(-性)

490

비낌응력(-應力)
비나리쇠
비나리패(-牌)
비난거리(非難-)
비난 공세(非難攻勢)
비난 못 하다(非難-)
비난 성명(非難聲明)
비난 안 하다(非難-)
비난 여론(非難輿論)
비난조로(非難調-)
비난해 오다(非難-)
비 내리다
비녀 꽂다
비녀못
비녀 찌르다
비누 거품
비누 냄새
비누질
비누칠(-漆)
비누통(-桶)
비누합(-盒)
비눗갑(-匣)
비눗기 덜 빠지다
비눗물
비눗방울
비는 놈한테 져야 한다 [격]
비는 데는 무쇠도 녹는다 [격]
비는 장수 목 벨 수 없다(-將帥-) [격]
비늘구름
비늘긁기
비늘김치
비늘깍두기
비늘꼴줄기
비늘무늬
비늘살
비늘잎
비늘줄기
비늘창(-窓)
비늘털
비닐 백(vinyl bag)
비닐봉지(vinyl封紙)
비닐우산(vinyl雨傘)
비닐장갑(vinyl掌匣)
비닐 조각(vinyl-)
비닐하우스(vinyl house)
비다듬다

비단개구리(緋緞-)
비단결 같은(緋緞-)
비단결같이(緋緞-)
비단구렁이(緋緞-)
비단길(緋緞-)
비단 방석(緋緞方席)
비단 방석에 앉다(緋緞方席-) [관]
비단보(緋緞褓)
비단보에 개똥(緋緞褓-) [격]
비단 보자기(緋緞褓-)
비단 보자기에 개똥(緋緞褓-) [격]
비단부채(緋緞-)
비단술(緋緞-)
비단신(緋緞-)
비단실(緋緞-)
비단에 수결이라(緋緞-手決-) [격]
비단 올이 춤을 추니 베올도 춤을 춘다(緋緞-)
　　[격]
비단옷(緋緞-)
비단옷 속에 눈물이 괸다(緋緞-) [격]
비단옷 입고 밤길 가기(緋緞-) [격]
비단 이불(緋緞-)
비단이 한 끼라(緋緞-) [격]
비단 장사(緋緞-)
비단 장수(緋緞-)
비단팔(緋緞-)
비대다
비대발괄하다
비대해 보이다(肥大-)
비도덕주의(非道德主義)
비동맹주의(非同盟主義)
비둘기구이
비둘기는 콩밭에만 마음이 있다 [격]
비둘기 떼
비둘기시계(-時計)
비둘기장(-欌)
비둘기파(-派)
비디오 가게(video-)
비디오 촬영(video撮影)
비디오카메라(video camera)
비디오테이프(video tape)
비뚜로 나가다
비뚤어져 가다
비라리청하다(-請-)
비라리 치다
비럭질하다

비럭질해 살다
비럭질해 오다
비렁뱅이
비렁뱅이가 하늘을 불쌍히 여긴다 [격]
비렁뱅이 노릇 하다
비렁뱅이 비단 얻은 격(-緋緞-格) [격]
비렁뱅이 자루 찢기 [격]
비례 대표=비례대표(比例代表)
비료 공장(肥料工場)
비료 지원(肥料支援)
비루먹다
비루먹은 강아지 대호를 건드린다(-大虎-) [격]
비루 오른 강아지 범 복장거리 시킨다(-腹臟-)
　　[격]
비를 드니까 마당을 쓸라 한다 [격]
비름나물
비리비리하다
비리 수사(非理搜査)
비리 의혹(非理疑惑)
비리 척결(非理剔抉)
비리 혐의(非理嫌疑)
비린내 나다 [관]
비린내 맡다
비린내 안 나다
비린 냄새
비만 아동(肥滿兒童)
비만 체질(肥滿體質)
비 맞다
비 맞은 생쥐
비 맞은 용대기 같다(-龍大旗-) [격]
비 맞은 장닭 같다 [격]
비 맞은 중놈 중얼거리듯 [격]
비 맞은 중 담 모퉁이 돌아가는 소리 [격]
비명 소리(悲鳴-)
비명 올리다(悲鳴-) [관]
비명 지르다(悲鳴-)
비몽사몽간에(非夢似夢間-)
비무장 지대=비무장지대(非武裝地帶)
비밀경찰(秘密警察)
비밀과외(秘密課外)
비밀 기록(秘密記錄)
비밀 누설(秘密漏泄)
비밀리에(秘密裏-)
비밀 문건(秘密文件)
비밀문서(秘密文書)
비밀 번호(秘密番號)

비밀 보장(秘密保障)
비밀 사항(秘密事項)
비밀 안 지키다(秘密-)
비밀 요원(秘密要員)
비밀 장부(秘密帳簿)
비밀 접촉(秘密接觸)
비밀 조직(秘密組織)
비밀 지키다(秘密-)
비밀 창고(秘密倉庫)
비밀 통로(秘密通路)
비밀 투표=비밀투표(秘密投票)
비밀 회담(秘密會談)
비밀 회동(秘密會同)
비밀회의(秘密會議)
비바람
비바람 소리
비바리는 말똥만 보아도 웃는다 [격]
비방질하다(誹謗-)
비번 날(非番-)
비범한 듯하다(非凡-)
비범해 보이다(非凡-)
비벼 꼬아 가며
비벼 끄다
비벼 놓다
비벼 달라고 하다
비벼 달라다
비벼 대다
비벼 먹다
비벼 빨다
비벼 주다
비보라
비비 꼬다
비비 꼬이다
비비대기치다
비비대다
비비송곳
비비틀다
비빔국수
비빔냉면(-冷麵)
비빔밥
비빔밥저냐
비 뿌리다
비사치기
비사치다
비상 걸다(非常-)
비상경계(非常警戒)

비상경보(非常警報)
비상계단(非常階段)
비상계엄(非常戒嚴)
비상 국으로 안다(砒霜−) [격]
비상근무(非常勤務)
비상 대기＝비상대기(非常待機)
비상 대책(非常對策)
비상 대피(非常待避)
비상 명령(非常命令)
비상벨(非常bell)
비상사건(非常事件)
비상사태(非常事態)
비상 상황(非常狀況)
비상소집(非常召集)
비상수단(非常手段)
비상시국(非常時局)
비상식량(非常食糧)
비상장주(非上場株)
비상 전화(非常電話)
비상조치(非常措置)
비상 착륙＝비상착륙(非常着陸)
비상 체제(非常體制)
비상 탈출(非常脫出)
비상한 듯하다(非常−)
비상해 보이다(非常−)
비상 호출(非常呼出)
비상 훈련(非常訓練)
비 새다
비서 역할(秘書役割)
비석거리(碑石−)
비설거지
비솟거리(誹笑−)
비스듬해 보이다
비스코스스펀지(viscose sponge)
비슷비슷해 보이다
비슷한말 ＝유의어.
비슷해 보이다
비슷해지다
비신사적(非紳士的)
비싸기만 하다
비싸다 보니
비싸리구시
비싸면 비쌀수록
비싼 값
비싼 곳
비싼 놈의 떡은 안 사 먹으면 그만이다 [격]

비싼 듯하다
비싼 만큼
비싼 밥 먹고 헐한 걱정 한다 [격]
비싼흥정
비쌀 만도 하다
비쌀뿐더러
비쌀 뿐 아니라
비아냥거리
비아냥조로(−調−)
비아무림
비안개
비 안 맞다
비 안 오는 날
비양조로(−調−)
비어 가다
비어져 나오다
비어홀(beer hall)
비역살
비역질 치다
비열한 듯하다(卑劣−)
비열해 보이다(卑劣−)
비영리 단체＝비영리단체(非營利團體)
비영리사업(非營利事業)
비 오거든 산소 모종을 내어라(−山所−) [격]
비 오기 전에 집이다(−前−) [격]
비 오나 보다
비 오는 날 나막신 찾듯 [격]
비 오는 날 소꼬리 같다 [격]
비 오는 날 장독 덮었다 한다(−醬−) [격]
비 오는 날 장독 열기(−醬−) [격]
비 오듯 하다 [관]
비오리사탕(−砂糖)
비옥해 보이다(肥沃−)
비 온 날
비 온 뒤에 땅이 굳어진다 [격]
비 올 듯하다
비옷
비용 들이다(費用−)
비용 분담(費用分擔)
비우나 마나 하다
비우다시피 하다
비울 듯하다
비웃구이
비웃기라도 하듯
비웃기만 하다
비웃는 듯하다

비웃 두름 엮듯

비웃듯 하다

비웃백숙(-白熟)

비웃알 청어의 알.

비웃음거리

비웃저냐

비웃젓

비웃조림

비웃죽(-粥)

비웃지짐이

비웃찜

비워 가다

비워 놓다

비워 놔두다

비워 달라고 하다

비워 달라다

비워 두다

비워 버리다

비워 주다

비위가 노래기 회 쳐 먹겠다(脾胃-膾-) [격]

비위가 떡판에 가 넘어지겠다(脾胃-) [격]

비위 거스르다(脾胃-) [관]

비위 건드리다(脾胃-) [관]

비위 긁다(脾胃-) [관]

비위 당기다(脾胃-)

비위 맞추다(脾胃-)

비위 못 맞추다(脾胃-)

비위 사납다(脾胃-) [관]

비위 사실(非違事實)

비위 상하다(脾胃傷-) [관]

비위 쓰다(脾胃-) [관]

비위 안 맞다(脾胃-)

비위 좋다(脾胃-) [관]

비위짱(脾胃-)

비위 틀리다(脾胃-) [관]

비위 팔다(脾胃-) [관]

비윗살

비유해 보다(比喩-)

비윤리적(非倫理的)

비이슬

비인간화되다(非人間化-)

비자강정(榧子-)

비자 갱신(visa 更新)

비자 받다(visa-)

비자 발급(visa 發給)

비자 신청(visa 申請)

비정규군(非正規軍)

비좁아 보이다

비좁을 거야

비좁을걸

비좁을 걸세

비좁을걸요

비좁을 듯하다

비주얼랭귀지(visual language)

비준 동의(批准同義)

비중 있게 다루다(比重-)

비중 큰 기사(比重-記事)

비지땀

비지떡

비지 먹은 배는 연약과도 싫다 한다(-軟藥果-)
 [격]

비지밥

비지장(-醬)

비지죽(-粥)

비지찌개

비질하다

비질해 놓다

비질해 두다

비집고 나가다

비집고 들어가다

비집어 까다

비집어 보다

비짓국

비짓국 먹고 용트림한다(-龍-) [격]

비쩍 마르다

비참해 보이다(悲慘-)

비참해져 가다(悲慘-)

비척걸음

비철(非-)

비쳐 보이다

비쳐 오다

비추어 보다

비추어 주다

비축 물량(備蓄物量)

비축해 놓다(備蓄-)

비춰 보다

비춰 오다

비춰 주다

비취가락지(翡翠-)

비취반지(翡翠斑指)

비취장도(翡翠粧刀)

비췻빛(翡翠-)

494

비층구름(-層-)
비치가운(beach gown)
비치 안 되다(備置-)
비치파라솔(beach parasol)
비치해 놓다(備置-)
비치해 두다(備置-)
비침무늬
비컨대(比-) 비교하여 보건대.
비켜 가다
비켜 나가다
비켜나다
비켜 놓다
비켜 달라고 하다
비켜 달라다
비켜덩이
비켜서다
비켜 앉다
비켜 주다
비키니 수영복(bikini 水泳服)
비탄조로(悲歎調-)
비탈갈이
비탈길
비탈땅
비탈면(-面)
비탈 밭
비탈 산(-山)
비탈지다
비통해 보이다(悲痛-)
비틀걸음
비틀걸음치다
비틀어 매다
비틀어 버리다
비틀어지다
비틀어 짜다
비 틈으로 빠져나가겠다
비파 소리가 나도록 갈팡질팡한다(琵琶-) [격]
비판 기사(批判記事)
비판 못 하다(批判-)
비판 여론(批判輿論)
비판 의식(批判意識)
비판해 오다(批判-)
비평각도(批評角度)
비평준화(非平準化)
비포장 길(非鋪裝-)
비포장도로(非鋪裝道路)
비표준어(非標準語)

비품 구비(備品具備)
비프스테이크(beef steak)
비 피해(-被害)
비할 데 없다(比-)
비할 만하다(比-)
비할 바 아니다(比-)
비할 바 없다(比-) [관]
비할 수 없이(比-)
비행갑판(飛行甲板)
비행 거리(飛行距離)
비행경로(飛行經路)
비행 계획(飛行計劃)
비행 고도=비행고도(飛行高度)
비행 금지(飛行禁止)
비행기고문(飛行機拷問) 주리를 틀어 뒷짐 결박을 지우고 공중에 달아매어 흔들거나 돌리는 고문.
비행기구(飛行氣球)
비행기구름(飛行機-)
비행기말고도(飛行機-)
비행기멀미(飛行機-)
비행기 삯(飛行機-)
비행기연(飛行機鳶)
비행기운(飛行機雲)
비행기 타다(飛行機-)
비행기태우기(飛行機-)
비행기 태우다(飛行機-) [관]
비행기 태워 보내다(飛行機-)
비행기 편에(飛行機便-)
비행기 표(飛行機票)
비행길(飛行-)
비행 물체(飛行物體)
비행 소년=비행소년(非行少年)
비행 속도(飛行速度)
비행시간(飛行時間)
비행접시(飛行-)
비행 중(飛行中)
비행 훈련(飛行訓練)
비호같다(飛虎-)
비호 세력(庇護勢力)
비호해 주다(庇護-)
비흘림
빅뉴스(big news)
빅장질하다(-將-)
빈 가방
빈 가슴

빈값 빈 가마니 값.

빈곤 타파(貧困打破)

빈곤한 듯하다(貧困-)

빈곤해 보이다(貧困-)

빈 곳

빈구석 솜씨가 빈구석이 없다.

빈 구석 빈 구석에 놓아 두다.

빈 그릇

빈껍데기

빈담 빈 터에 남아 있는 담.

빈대도 낯짝이 있다 [격]

빈대떡

빈대 미워 집에 불 놓는다 [격]

빈대밤

빈대 붙다 [관]

빈대 잡다

빈대 잡으려고 초가삼간 태운다(-草家三間-)
  [격]

빈 데 없이

빈 들

빈 마음

빈말

빈말만 하다

빈말 안 하다

빈 몸으로

빈미주룩하다

빈민 구제(貧民救濟)

빈민굴(貧民窟)

빈방(-房)

빈 밭

빈 배

빈번한 듯하다(頻繁-)

빈 병(-瓶)

빈부 격차(貧富隔差)

빈부귀천(貧富貴賤)

빈사 상태(瀕死狀態)

빈산(-山)

빈 상자(-箱子)

빈 소리

빈속 빈속에 마신 술.

빈손

빈손으로 나앉다 [관]

빈손 털고 나앉다 [관]

빈손 털다 [관]

빈 솥

빈 수레가 요란하다(-搖亂-) [격]

빈숲 낙엽진 수풀.

빈 시간(-時間)

빈약한 듯하다(貧弱-)

빈약해 보이다(貧弱-)

빈 외양간에 소 들어간다(-間-) [격]

빈이름 내용은 없고 형식뿐인 이름.

빈자리

빈자리 나다

빈자리 노리다

빈자리 메우다

빈자리 생기다

빈자리 없이

빈자리 채우다

빈 잔(-盞)

빈 절에 구렁이 모이듯 [격]

빈 주머니

빈주먹

빈주먹만 들다 [관]

빈지문(-門)

빈집

빈집에 소 매였다 [격]

빈집 털다

빈 차(-車)

빈창자

빈총(-銃)

빈축 사다(嚬蹙-)

빈치사(-致辭) 공치사.

빈칸

빈탈타리

빈탕

빈 택시(-taxi)

빈 터

빈털터리

빈틈

빈틈없다

빈틈에 바람이 나다 [격]

빈티(貧-)

빈티 나다(貧-)

빈티 벗다(貧-)

빈혈 증세(貧血症勢)

빌다시피 하다

빌딩 숲(building-)

빌러 가다

빌러 오다

빌려 가다

빌려다 놓다

빌려다 보다
빌려다 쓰다
빌려 달라고 하다
빌려 달라다
빌려 드리다
빌려 보다
빌려 살다
빌려 쓰다
빌려 오다
빌려 온 고양이 같이 [격]
빌려 온 말이 삼경이 되었다(-三更-) [격]
빌려 입다
빌려 주다
빌려줘 보다
빌려 타다
빌리러 가다
빌리러 다니다
빌리러 오다
빌미 되다
빌미 삼다
빌미잡다
빌미 주다
빌붙다
빌붙어 살다
빌어는 먹어도 다리아랫소리 하기는 싫다 [격]
빌어 마지않다
빌어먹는 놈이 이밥 조밥 가리랴 [격]
빌어먹는 놈이 콩밥을 마다할까 [격]
빌어먹어도 절하고 싶지 않다 [격]
빌어먹을
빌어 보다
빌어 주다
빌자마자
빔실 몇 가닥의 실을 꼬아서 만든 실.
빔실틀
빔지(-紙) 종이를 비벼 꼬아 만든 끈.
빕더서다
빗가다
빗겨 드리다
빗겨 주다
빗금 긋다
빗금무늬
빗길
빗꺾다
빗꽃이
빗나가다

빗나가 버리다
빗나다
빗놓다
빗놓이다
빗대어 말하다
빗더서다
빗돌(碑-)
빗돌받침(碑-)
빗되다
빗듣다
빗디디다
빗뚫다
빗뛰다
빗뜨다
빗맞다
빗먹다
빗모서리
빗못치기
빗물
빗물받이
빗밑
빗밑이 가볍다 [관]
빗밑이 무겁다 [관]
빗반자
빗발
빗발치다
빗방울
빗방울 소리
빗변(-邊)
빗보다
빗보이다
빗빠지다
빗살
빗살문(-門)
빗살창(-窓)
빗소리
빗속
빗솔
빗쏠리다
빗쓸다
빗쓸어 올리다
빗어 넘기다
빗을 거야
빗을걸
빗을 걸세
빗을걸요

빗을 겁니다
빗을게
빗을게요
빗자국
빗자루
빗장거리 남녀가 '十' 자 모양으로 눕거나 기대
　　어 서서 하는 성교.
빗장 걸다
빗장고름
빗장나무
빗장 따다
빗장뼈
빗장 뽑다
빗장을 지르다 [관]
빗장 풀다
빗접
빗접고비
빗줄
빗줄기
빗질
빗질해 주다
빗쪽매
빗천장(-天障)
빗치개
빗치개꼴
빙 둘러싸다
빙떡
빙벽 등반(氷壁登攀)
빙산의 일각(氷山-一角) [관]
빙상 경기＝빙상경기(氷上競技)
빙점하(氷點下)
빙퉁그러지다
빙판 길(氷板-)
빙하 시대＝빙하시대(氷河時代)
빙하 지대(氷河地帶)
빚 감면 받다(-減免-)
빚값
빚값에 계집 뺏기 [격]
빚 갚다
빚 갚아 주다
빚거간(-居間)
빚구럭
빚구멍
빚꾸러기
빚내다
빚내어 밑천 삼다

빚내 오다
빚놀이하다
빚 놓다 [관]
빚 다 못 갚다
빚단련(-鍛鍊)
빚더미
빚 독촉(-督促)
빚돈
빚두루마기
빚 물다 [관]
빚 물어 달라는 자식은 낳지도 말랬다(-子息-)
　　[격]
빚물이하다
빚 받다
빚받이하다
빚보증(-保證)
빚보증 서 주다(-保證-)
빚 보증하는 자식은 낳지도 말라(-保證-子息-)
　　[격]
빚봉수(-逢受)
빚 상환(-償還)
빚 안 갚다
빚 안 지다
빚어내다
빚어낸 듯하다
빚어 놓다
빚어 달라고 하다
빚어 달라다
빚어 두다
빚어 오다
빚 얻어 굿하니 맏며느리 춤춘다 [격]
빚 얻어 쓰다
빚잔치
빚잔치하다
빚쟁이
빚쟁이 발을 뻗고 잠을 못 잔다 [격]
빚 주고 뺨 맞기 [격]
빚 주다 [관]
빚 준 상전이요 빚 쓴 종이라(-上典-) [격]
빚지고 살다
빚지시하다
빚진 죄인(-罪人) [격]
빚 청산 하다(-淸算-)
빚추심(-推尋)
빚 탕감(-蕩減)
빚갓

빛기둥
빛깔 좋다
빛나다
빛나 보이다
빛내 주다
빛다발
빛동물(-動物) =발광동물.
빛띠
빛바래다
빛반응(-反應)
빛받이
빛발
빛보라
빛살
빛식물(-植物)
빛없다
빛은 검어도 속은 희다 [격]
빛을 보다 [관]
빛을 잃다 [관]
빛전지(-電池)
빛접다
빛종이
빛 좋은 개살구 [격]
빛줄기
빠개 놓다
빠개 버리다
빠개 주다
빠대다
빠대지만 말고
빠득빠득 대들다
빠듯한 듯하다
빠듯해 보이다
빠뜨려 놓다
빠뜨려 버리다
빠르기말
빠르기표(-標)
빠른 듯하다
빠른 바람에 굳센 풀을 안다 [격]
빠른우편(-郵便)
빠를 거야
빠를걸
빠를 걸세
빠를걸요
빠져나가다
빠져나오다
빠져 들다

빠져 들어가다
빠져 버리다
빠져 보다
빠져 있다
빠져 죽다
빠진 괴머리 [격]
빠진 도낏자루 [격]
빠진 듯하다
빠진옹이
빠질 뻔하다
빠짐없다
빡빡 깎은 머리
빡빡머리
빤한 눈치
빨가벗기다
빨가벗다
빨가벗은 채
빨가숭이
빨간 거짓말 [관]
빨간딱지
빨간불
빨간빛
빨간 빛깔
빨간 상놈(-常-) [관]
빨간 상놈 푸른 양반(-常-兩班) [격]
빨간색(-色)
빨간 색깔(-色-)
빨간약(-藥)
빨간책(-冊)
빨강고동색(-古銅色)
빨강무지기
빨강 물감
빨강자주(-紫朱)
빨개져 가다
빨갱이질
빨 거야
빨걸
빨 걸세
빨걸요
빨게
빨게요
빨그댕댕하다
빨낚시
빨다리다
빨다린 체 말고 진솔로 있거라 [격]
빨대

499

빨라 보이다
빨라질 거야
빨라질걸
빨라질 걸세
빨라질걸요
빨래꾼
빨래 널다
빨래방(-房)
빨래 이웃은 안 한다 [격]
빨래질하다
빨래집게
빨래터
빨래판(-板)
빨래품
빨래품 팔다
빨랫간(-間)
빨랫감
빨랫대야
빨랫돌
빨랫말미
빨랫방망이
빨랫보(-褓)
빨랫비누
빨랫솔
빨랫줄
빨려 가다
빨려 들다
빨려 들어가다
빨리 먹은 콩밥 똥 눌 때 보자 한다 [격]
빨리빨리
빨리 알기는 칠월 귀뚜라미라(-七月-) [격]
빨리하다
빨병(-瓶)
빨부리
빨붙이 =흡착기.
빨아내다
빨아 놓다
빨아 달라고 하다
빨아 달라다
빨아들이다
빨아먹다 남의 돈을 빨아먹다.
빨아 먹다 빨대로 빨아 먹다.
빨아 오다
빨아올리다
빨아 입다
빨아 입히다

빨아 주다
빨종이
빨펌프(-pump)
빳빳이 굶다
빵 가게
빵가루
빵 값
빵 구워 먹다
빵깐
빵꽃공예(-工藝)
빵따냄
빵따냄은 삼십 집(-三十-) [격]
빵떡
빵떡모자(-帽子)
빵모자(-帽子)
빵 장사 하다
빵점(-點)
빵 조각
빵집
빵틀
빵효모(-酵母)
빻아 가다
빻아 놓다
빻아 주다
빻으러 가다
빼 가다
빼 가지 마라
빼기표(-標)
빼기하다
빼내 가다
빼내 쓰다
빼내 오다
빼내 주다
빼낸 적 있다
빼놓고 가다
빼놓고 오다
빼놓을 뻔하다
빼닮다
빼도 박도 못하다 [관]
빼도리
빼돌려 놓다
빼돌려 주다
빼 두다
빼 들다
빼뚤어지다
빼먹다 글자를 빼먹고 읽다.

빼 먹다　곶감을 빼 먹다.
빼물다
빼 버리다
빼쏘다
빼 쓰다
빼앗겨 버리다
빼앗기다시피 하다
빼앗길 거야
빼앗길 걸세
빼앗길걸요
빼앗길 뻔하다
빼앗다시피 하다
빼앗아 가다
빼앗아 가 버리다
빼앗아 먹다
빼앗아 버리다
빼앗아 주다
빼앗을 거야
빼앗을걸
빼앗을 걸세
빼앗을걸요
빼앗을게
빼앗을게요
빼어 가다
빼어나다
빼어 놓다
빼어 두다
빼어 들다
빼어 버리다
빼어 주다
빼입다
빼 주다
빨낚싯대
빨대
빨셈
빨셈법(-法)
빨셈표(-標)
뺏겨 버리다
뺏다시피 하다
뺏마르다
뺏어 가다
뺏어 가 버리다
뺏어 놓다
뺏어 달라고 하다
뺏어 달라다
뺏어 두다

뺏어 먹다
뺏어 버리다
뺏어 주다
뺑당그리다
뺑대
뺑대쑥
뺑대쑥 밭이 되었다 [관]
뺑댓집
뺑덕어멈
뺑덕어멈 외상 빚 걸머지듯 [격]
뺑뺑이 돌리다
뺑소니 사고(-事故)
뺑소니차(-車)
뺑소니치다
뺑줄
뺑줄 치다
뺨가죽
뺨따귀
뺨 때리다
뺨 맞는 데 구레나룻이 한 부조(-扶助) [격]
뺨 맞을 놈이 여기 때려라 저기 때려라 한다 [격]
뺨뼈
뺨살
뺨을 맞아도 은가락지 낀 손에 맞는 것이 좋다
　　　(-銀-) [격]
뺨 잘 때리기는 나막신 신은 깍정이라 [격]
뺨치게 똑똑하다
뺨칠 만큼
뻐개다
뻐개 놓다
뻐갤듯이
뻐기다
뻐길 거야
뻐길 걸세
뻐길걸요
뻐길 생각뿐
뻐꾸기도 유월이 한철이라(-六月-) [격]
뻐꾸기 소리
뻐꾸기시계(-時計)
뻐꾹새
뻐꾹종(-鐘)
뻐꾹피리
뻐끔담배
뻐드렁니
뻐드렁이
뻐세다

501

뻐센 줄기
뻑 소리 나다
뻔뻔스러워 보이다
뻔뻔하기는 양푼 밑구멍 같다 [격]
뻔질나게 드나들다
뻔쩍하면 화를 낸다(-火-)
뻔찔나게 드나들다
뻔한 거짓말
뻔히 알면서
뻗가기만 하다
뻗대다
뻗대 보다
뻗디디다
뻗어 가는 칡도 한이 있다(-限-) [격]
뻗어 나가다
뻗어 나오다
뻗어 내려오다
뻗어 버리다
뻗어 보다
뻗장대다
뻗장대 보다
뻗정다리
뻗정다리글
뻗정다리 서나 마나
뻗쳐 나가다
뻗쳐 오다
뻗쳐오르다
뻗치고 눕다
뻗친 쇠발
뻗침대
뻗팔이
뻘거벗기다
뻘거벗은 채
뻘거숭이
뻘건 거짓말
뻘건 상놈(-常-)
뻘게지다
뻘때추니
뻘뻘 돌아다니다
뻣세다
뻥까다
뻥나다
뻥날 짓을 왜 해
뻥놓다
뻥 뚫리다
뻥쟁이

뻥짜 되고 말다
뻥치고 다니다
뻥튀기하다
뼈가 휘도록 [관]
뼈거름
뼈고도리   뼈로 만든 화살촉.
뼈고둥
뼈끝
뼈낚시
뼈다귀
뼈다귀 녹이다
뼈다귓국
뼈대
뼈대가 굵어지다 [관]
뼈대그림
뼈대살
뼈대 있다 [관]
뼈대힘살
뼈도가니
뼈도끼
뼈도 못 추리다 [관]
뼈들다
뼈들어지다
뼈뜯이
뼈를 깎다 [관]
뼈마디
뼈만 남다 [관]
뼈만 앙상하다 [관]
뼈맞춤
뼈물다
뼈바늘
뼈붙이
뼈 빠지게 [관]
뼈살촉(-촉)
뼈 속속들이
뼈송곳
뼈아프다
뼈아픈 실수(-失手)
뼈에 사무치다 [관]
뼈에 새기다 [관]
뼈연장
뼈오징어
뼈와 살로 만들다 [관]
뼈인두
뼈 있는 말
뼈저리다

뼈저린 실수(-失手)
뼈제품(-製品)
뼈조직(-組織)
뼈지다
뼈진 소리
뼈째 먹다
뼈창(-槍)
뼈칼
뼈품
뼈품 들다
뼈품 판 논밭
뼈품 팔아 산 논
뺌내기
뺌들이로
뺌어 보다
뺌 재다
뺌창(-槍)
뺌치
뼛가루
뼛골
뼛골 빠지다 [관]
뼛골 빼다 [관]
뼛골 쑤시다
뼛골 아프다 [관]
뼛골에 사무치다 [관]
뼛국
뼛성 내다
뼛속 깊이
뼛심 들이다
뼛심 쓰다
뼛조각
뽀뽀하다
뽀송뽀송하다
뽀얀 먼지
뽀얗게 쌓이다
뽀얘지다
뽐내다
뽐내지 마라
뽑개
뽑다가 그만두다
뽑다가 말다
뽑스린목
뽑아 가다
뽑아내다
뽑아 놓다
뽑아 달라고 하다

뽑아 달라다
뽑아 두다
뽑아 먹다
뽑아 버리다
뽑아 보다
뽑아 쓰다
뽑아 없애다
뽑아 주다
뽑혀 가다
뽑혀 오다
뽕가지
뽕나다
뽕나무
뽕나무겨우살이
뽕나무고지
뽕나무벌레
뽕나무 숲
뽕 내 맡은 누에 같다 [격]
뽕놓다
뽕누에
뽕도 따고 임도 보고 [격]
뽕 따러 가다
뽕모판(-板)
뽕밭
뽕빠지다
뽕빼다
뽕순(-筍)
뽕씨
뽕잎
뾰족구두
뾰족배
뾰족집
뾰족코
뾰족탑(-塔)
뾰주리
뾰주리감
뿌려 가다
뿌려 놓다
뿌려 두다
뿌려 버리다
뿌려 보다
뿌려 주다
뿌리가름하다
뿌리거름
뿌리그루
뿌리 깊다 [관]

뿌리 깊은 나무 가뭄 안 든다 [격]
뿌리껍질
뿌리꼴줄기
뿌리꽂잇법(-法)
뿌리나눔
뿌리내리다
뿌리등걸
뿌리목
뿌리 못 내리다
뿌리박다
뿌리박히다
뿌리벌레
뿌리 빠지다 [관]
뿌리 뽑다 [관]
뿌리 뽑히다 [관]
뿌리 없는 나무가 없다 [격]
뿌리 없는 나무에 잎이 필까 [격]
뿌리잎
뿌리접(-椄)
뿌리줄기
뿌리째 먹다
뿌리 찾기
뿌리채소(-菜蔬)
뿌리쳐 버리다
뿌리치지 못하다
뿌리털
뿌리혹
뿌리혹박테리아(-bacteria)
뿌리혹뿌리
뿌린 대로
뿌릴 듯하다
뿌장귀
-뿐 (접사) 남자뿐이다, 셋뿐이다.
-뿐 (의존 명사) 웃을 뿐이다, 만졌을 뿐이다.
뿔고둥
뿔 공예＝뿔공예(-工藝)
뿔관자(-貫子)
뿔기둥
뿔꼴
뿔나다

뿔내다
뿔다귀
뿔도장(-圖章)
뿔따구
뿔 떨어지면 구워 먹지 [격]
뿔빛
뿔 뺀 쇠 상이라(-相-) [격]
뿔색(-色)
뿔송곳
뿔싸움하다
뿔쌈
뿔자
뿔잔(-盞)
뿔질하다
뿔테
뿔테 안경(-眼鏡)
뿔피리
뿔활
뿜빠거리다
뿜어 나오다
뿜어내다
뿜어져 나오다
뿜어 주다
뿜이개
뿜칠(-漆)
삐꾸러져 보이다
삐딱해 보이다
삐뚤어져만 가다
삐져나오다
삐져 넣다
삐침
삥기살
삘리리삘리리
삥 돌다
삥 둘러앉다
삥땅 치다
삥땅해 버리다
삥삥 돌다
삥삥매다

[ㅅ]

사 가다
사가댁(査家宅)
사각기둥(四角-)
사각나사(四角螺絲)
사각모(四角帽)
사각모자(四角帽子)
사각봉투(四角封套)
사각뿔(四角-)
사각지대(死角地帶)
사각지붕(四角-)
사각팔방(四角八方)
사각팬티(四角panties)
사 갈 거야
사 갈걸
사 갈 걸세
사 갈걸요
사 갈게
사 갈게요
사갈시하다(蛇蝎視-)
사갓집(私家-)
사 갖고 가다
사개 맞다 [관]
사개 맞추다
사개맞춤
사 개월간(四個月間)
사 개월 동안(四個月-)
사 개월 만에(四個月-)
사 개월 전(四個月前)
사 개월 후(四個月後)
사 개 항(四個項)
사거리(四-)
사거리표(射距離表)
사건 경위(事件經緯)
사건기자(事件記者)

사건 당일(事件當日)
사건 발생(事件發生)
사건 수습(事件收拾)
사건 진상(事件眞相)
사건 현장(事件現場)
사격 명령(射擊命令)
사격 연습(射擊演習)
사격 훈련(射擊訓練)
사경추니(四更-)
사경 한 푼 목 받다(私耕-)
사고 경위(事故經緯)
사고 나다(事故-)
사고 날 뻔하다(事故-)
사고 내다(事故-)
사고 당시(事故當時)
사고뭉치(事故-)
사고방식(思考方式)
사고 소식(事故消息)
사고 수습(事故收拾)
사고 없이(事故-)
사고 원인(事故原因)
사고 지점(事故地點)
사고 차량(事故車輛)
사고 치다(事故-)
사고팔다
사고 현장(事故現場)
사곳덩어리(事故-)
사공이 많으면 배가 산으로 간다(沙工-山-) [격]
사과 궤짝(沙果櫃-)
사과 껍질(沙果-)
사과나무(沙果-)
사과드리다(謝過-)
사과 말씀(謝過-)
사과 상자(沙果箱子)

사과 성명(謝過聲明)
사과술(沙果-)
사과 장사(沙果-)
사과 장수(沙果-)
사과 주스(沙果juice)
사과즙(沙果汁)
사과참외
사과화채(沙果花菜)
사과후(事過後)
사관생도(士官生徒)
사관 트다(四關-) [관]
사관학교(士官學校)
사관후보생(士官候補生)
사교댄스(社交dance)
사교육비(私敎育費)
사교춤(社交-)
사귀어 나가다
사귀어 보다
사귀어야 절교하지(-絕交-) [격]
사귀어 오다
사검성 있는(-性)
사그라뜨리다
사그라져 가다
사그라져 버리다
사그라트리다
사그랑주머니
사그릇(沙-)
사글세(-貰)
사글세 집(-貰-)
사글셋방(-貰房)
사금파리
사기그릇(沙器-)
사기담(沙器-)
사기당하다(詐欺當-)
사기대야(沙器-)
사기대접(沙器-)
사기도박(詐欺賭博)
사기 돋우다(士氣-)
사기 떨어지다(士氣-)
사기말(沙器-)
사기 사건(詐欺事件)
사기 오르다(士氣-)
사기옷(沙器-)
사기왕성(士氣旺盛)
사기요강(沙器-)
사기잔(沙器盞)

사기전에 종짓굽 맞추듯(沙器廛-) [격]
사기 접시(沙器-)
사기 접시를 죽으로 엎칠 것 같다(沙器-) [격]
사기 증진(士氣增進)
사기 진작(士氣振作)
사기 치다(詐欺-)
사기 치지 마라(詐欺-)
사기 항아리(沙器缸-)
사기 행각(詐欺行脚)
사기횡령(詐欺橫領)
사기흙(沙器-)
사깃개미(沙器-)
사깃물(沙器-)
사나나달
사나 보다
사나운 개도 먹여 주는 사람은 안다 [격]
사나운 개 입 성할 날 없다 [격]
사나운 개 콧등 아물 틈이 없다 [격]
사나운 듯해 보이다
사나운 말에는 특별한 길마 지운다(-特別-) [격]
사나운 팔자는 불에도 타지 않는다(-八字-) [격]
사나울뿐더러
사나울 뿐 아니라
사나워 보이다
사나워져 가다
사나이다워 보이다
사나흘
사날없다
사내가 바가지로 물을 마시면 수염이 안 난다
　　(-鬚髥-) [격]
사내가 어디 가나 옹솥하고 계집은 있다 [격]
사내가 우비하고 거짓말은 가지고 다녀야 한다
　　(-雨備-) [격]
사내 결혼(社內結婚)
사내구실 못하다
사내놈
사내는 도둑질 빼고 다 배워라 [격]
사내는 죽을 때 계집과 돈을 머리맡에 놓고 죽
　　어라 [격]
사내다워 보이다
사내답지 못하다
사내대장부(-大丈夫)
사내 등골 빼먹는다
사내 못난 것은 북문에 가 호강받는다(-北門-)
　　[격]
사내리다(赦-)

사내 분규(社內紛糾)
사내 상처 세 번 하면 대감 한 것만 하다(-喪妻-番-大監-) [격]
사내새끼
사내아이
사내아이가 열다섯이면 호패를 찬다(-號牌-) [격]
사내애
사내자식(-子息)
사내장부(-丈夫)
사내종
사내 커플(社內couple)
사냇값
사냥 가는 데 총 놓고 간다(-銃-) [격]
사냥 가다
사냥감
사냥개
사냥개 언 똥 들어먹듯 [격]
사냥개자리
사냥 나가다
사냥 대회(-大會)
사냥 도구(-道具)
사냥돌
사냥매
사냥새
사냥 시즌(-season)
사냥철
사냥총(-銃)
사냥칼
사냥터
사 년간(四年間)
사 년 만에(四年-)
사 년밖에 안 되다(四年-)
사놓다(赦-)
사 놓다
사 놓아 두다
사느래지다
사는 거야
사는 것같이 살다
사는 데에 어려움이 많다
사는지 안 사는지
사다 놓다
사다 달라고 하다
사다 달라다
사다 두다
사다 드리다

사다리꼴
사다리꼴나사(-螺絲)
사다리차(-車)
사다 먹다
사다 주다
사닥다리
사단조(-短調)
사달 나다
사 달라고 하다
사 달라다
사당 당직은 타도 빈대 당직 타서 시원하다(祠堂-) [격]
사당지기(祠堂-)
사당집(祠堂-)
사당치레하다(祠堂-)
사당치레하다가 신주 개 물려 보낸다(祠堂-神主-) [격]
사당패(-牌)
사 대다
사대부가(士大夫家)
사대부 집안(士大夫-)
사대사상(事大思想)
사대육신(四大六身)
사대주의(事大主義)
사도 세자=사도세자(思悼世子)
사도행전(使徒行傳)
사돈 간(査頓間)
사돈 남 나무란다(査頓-) [격]
사돈네 논 산대(査頓-) [격]
사돈네 안방 같다(査頓-房-) [격]
사돈네 제사에 가서 감 놓아라 배 놓아라 한다(査頓-祭祀-) [격]
사돈댁(査頓宅)
사돈도 이럴 사돈 다르고 저럴 사돈 다르다(査頓-査頓-査頓-) [격]
사돈도 이럴 사돈 저럴 사돈 있다(査頓-査頓-査頓-) [격]
사돈도령(査頓-)
사돈 되다(査頓-)
사돈 맺다(査頓-)
사돈 밤 바래기(査頓-) [격]
사돈아가씨(査頓-)
사돈어른(査頓-)
사돈 영감(査頓令監)
사돈 영감 제상 바라보듯(査頓令監祭床-) [격]
사돈은 부처님 팔촌만도 못하다(査頓-八寸-)

[격]
사돈을 하려면 근본을 봐라(查頓-根本-) [격]
사돈의 잔치에 중이 참여한다(查頓-參與-) [격]
사돈의 팔촌(查頓-八寸) [관]
사돈이 말하는데 싸라기 엎지른 것까지 들춘다
　　(查頓-) [격]
사돈이 물에 빠졌나 웃기는 왜 웃어(查頓-) [격]
사돈집(查頓-)
사돈집과 뒷간은 멀어야 한다(查頓-間-) [격]
사돈집 외 먹기도 각각(查頓-各各) [격]
사돈집 잔치에 감 놓아라 배 놓아라 한다(查
　　頓-) [격]
사돈처녀(查頓處女)
사돈총각(查頓總角)
사돈하다(查頓-)
사동치마(四-)
사 두다
사두마차(四頭馬車)
사둘질하다
사 드리다
사득다리　삭은 나뭇가지.
사든지 말든지
사들여 놓다
사들이다
사또 걸어 등영고(-登營告) [격]
사또놀이
사또님 말씀이야 다 옳습지 [격]
사또 덕분에 나팔 분다(-德分-喇叭-) [격]
사또 덕에 비장이 호강한다(-德-裨將-) [격]
사또 떠난 뒤에 나팔 분다(-喇叭-) [격]
사또 밥상에 간장 종지 같다(-床-醬-) [격]
사또 방석에 기름 종지 나앉는다(-方席-) [격]
사또 상 같다(-床-) [격]
사또 상의 장 종지(-床-醬-) [격]
사또 행차엔 비장이 죽어난다(-行次-裨將-)
　　[격]
사뜨다
사라뜨리다
사라져 가다
사라져 버리다
사라지고 말다
사라진 지 오래다
사라질 거야
사라질걸
사라질 걸세
사라질걸요

사라트리다
사람값
사람값에 들다 [관]
사람값에 들지 못하다 [관]
사람값하다
사람 같지 않다 [관]
사람과 곡식은 가꾸기에 달렸다(-穀食-) [격]
사람과 그릇은 많을수록 좋다 [격]
사람과 그릇은 있으면 쓰고 없으면 못 쓴다 [격]
사람과 산은 멀리서 보는 게 낫다(-山-) [격]
사람과 쪽박은 있는 대로 쓴다 [격]
사람 구경
사람 구실 못 하다
사람 나고 돈 났지 돈 나고 사람 났나 [격]
사람 나름이다
사람 노릇 못 하다
사람답게 살다
사람대우(-待遇)
사람대이름씨(-代-)
사람대접(-待接)
사람대접 안 하다(-待接-)
사람대접해 주다(-待接-)
사람도 늦바람이 무섭다 [격]
사람 되다 [관]
사람됨
사람 됨됨이
사람 따라 다른
사람마다 저 잘난 맛에 산다 [격]
사람마다 한 가지 버릇은 있다 [격]
사람 마음
사람멀미
사람 모양(-模樣)
사람 밥 빌어먹는 구멍은 삼천 몇 가지(-三千-)
　　[격]
사람 버려 놓다
사람 버리다 [관]
사람 사람마다
사람사람이
사람사태(-沙汰)
사람 살 곳은 골골이 있다 [격]
사람 살 데
사람 살레[관]
사람 살 만하다
사람 세워 놓고 입관하겠다(-入棺-) [격]
사람 속은 천 길 물속이라(-千--) [격]
사람 수(-數)

509

사람 안 죽은 아랫목 없다 [격]

사람에 버릴 사람 없고 물건에 버릴 물건 없다 (-物件-物件-) [격]

사람 위에 사람 없고 사람 밑에 사람 없다 [격]

사람으로 콩나물을 길렀나 [격]

사람은 겪어 보아야 알고 물은 건너 보아야 안다 [격]

사람은 구하면 양분을 하고 짐승은 구하면 은혜를 한다 (-救-快怏-救-恩惠-) [격]

사람은 남 어울림에 산다 [격]

사람은 늙어 죽도록 배운다 [격]

사람은 늙어지고 시집은 젊어진다 (-媤-) [격]

사람은 두고 보아야 안다 [격]

사람은 백지 한 장의 앞을 못 본다 (-白紙-張-) [격]

사람은 속일 수 있어도 농사는 속일 수 없다 (-農事-) [격]

사람은 얼굴보다 마음이 고와야 한다 [격]

사람은 열 번 된다 (-番-) [격]

사람은 인정에 막히고 귀신은 경문에 막힌다 (-人情-鬼神-經文-) [격]

사람은 일생을 속아서 산다 (--生-) [격]

사람은 일을 해야 입맛이 난다 [격]

사람은 입성이 날개라 [격]

사람은 작게 낳아서 크게 길러야 한다 [격]

사람은 잡기를 해 보아야 마음을 안다 (-雜技-) [격]

사람은 조석으로 변한다 (-朝夕-變-) [격]

사람은 죽으면 이름을 남기고 범은 죽으면 가죽을 남긴다 [격]

사람은 지내봐야 안다 [격]

사람은 하늘을 이긴다 [격]

사람은 헌 사람이 좋고 옷은 새 옷이 좋다 [격]

사람을 알자면 하루 길을 같이 가 보라 [격]

사람의 눈은 속여도 땅은 속이지 못한다 [격]

사람의 마음은 하루에도 열두 번 (-番) [격]

사람의 새끼는 서울로 보내고 마소 새끼는 시골로 보내라 [격]

사람의 속은 눈을 보아야 안다 [격]

사람의 얼굴은 열두 번 변한다 (-番變-) [격]

사람의 혀는 뼈가 없어도 사람의 뼈를 부순다 [격]

사람이 곱나 일이 곱지 [격]

사람이 굶어 죽으란 법은 없다 (-法-) [격]

사람이 궁할 때는 대 끝에서도 삼 년을 산다 (-窮-三年-) [격]

사람 이름

사람이 많으면 길이 열린다 [격]

사람이면 다 사람인가 사람이라야 사람이지 [격]

사람이 세상에 나면 저 먹을 것은 가지고 나온다 (-世上-) [격]

사람이 오래면 지혜요 물건이 오래면 귀신이다 (-知慧-物件-鬼神-) [격]

사람이 자지 돈이야 자나 [격]

사람이 천 냥이면 눈이 팔백 냥이다 (-千兩-八百兩-) [격]

사람 잡다 [관]

사람 좋아 보이다

사람 죽여 놓고 초상 치러 준다 (-初喪-) [격]

사람 죽이다 [관]

사람 죽은 줄 모르고 팥죽 생각만 한다 (-粥-) [격]

사람 축에 못 든다

사람 취급 안 하다 (-取扱-)

사람 칠 줄 모르는 것이 코피만 낸다 [격]

사람 팔자 시간문제 (-八字時間問題) [격]

사람 하나 안 보이다

사람 한평생이 물레바퀴 돌듯 한다 (-平生-) [격]

사랑꾼 (舍廊-)

사랑 노래

사랑놀이하다

사랑니

사랑땜

사랑마루 (舍廊-)

사랑문 (舍廊門)

사랑받아 오다

사랑방 (舍廊房)

사랑사람 (舍廊-)

사랑살이 (舍廊-)

사랑손님 (舍廊-)

사랑스러워 보이다

사랑싸움

사랑싸움하다

사랑쌈

사랑 안 하다

사랑앓이

사랑양반 (舍廊兩班)

사랑어른 (舍廊-)

사랑은 내려가고 걱정은 올라간다 [격]

사랑은 내리사랑 [격]

사랑은 마음속에서 자란다 [격]

사랑을 속삭이다 [관]
사랑의 보금자리 [관]
사랑지기(舍廊-)
사랑집(舍廊-)
사랑채(舍廊-)
사랑하는 자식일수록 매로 다스려라(-子息-)
　　[격]
사랑할 만하다
사랑해 달라고 하다
사랑해 달라다
사랑해 마지않다
사랑해 오다
사랑해 주다
사래논
사래밭
사래쌀
사래질하다
사랫길
사러 가다
사러 나가다
사러 다니다
사러 오다
사러 올 거야
사러 올걸
사러 올 걸세
사러 올걸요
사러 올게
사러 올게요
사레들다
사레들리다
사려 깊다(思慮-)
사례굿(謝禮-)
사로자다
사로잠　염려가 되어 마음을 놓지 못하고 조바
　　심하며 자는 잠.
사로잠그다
사로잡다
사로잡아 오다
사로잡히다
사뢰어 주시오
사륙전지(四六全紙)
사륜 구동(四輪驅動)
사륜마차(四輪馬車)
사르디디다
사를 떠 놓다
사를 뜨다 [관]

사를 보다(私-) [관]
사릅 송아지
사릅잡이
사리고기
사리물다
사리 분별(事理分別)
사리사리 얽힌 생각
사리사욕(私利私慾)
사리살짝
사리 판단(事理判斷)
사립대학(私立大學)
사립문 밖(-門-)
사립짝
사립짝문(-門)
사립학교(私立學校)
사릿길
사막 바람=사막바람(沙漠-)
사막 지대=사막지대(沙漠地帶)
사망 사고(死亡事故)
사망 신고=사망신고(死亡申告)
사망 연도(死亡年度)
사망자 수(死亡者數)
사망 진단=사망진단(死亡診斷)
사망한 듯하다(死亡-)
사망해 버리다(死亡-)
사매돌쩌귀
사매질하다(私-)
사 먹다
사 먹이다
사면경작(斜面耕作)
사면공격(四面攻擊)
사면 복권(赦免復權)
사면 조치(赦免措置)
사면팔방(四面八方)
사멸되어 가다(死滅-)
사멸해 버리다(死滅-)
사명당의 사첫방 같다(四溟堂-房-) [격]
사명당이 월참하겠다(四溟堂-越站-) [격]
사명 의식(使命意識)
사명일(四名日)
사모님(師母-)
사모 바람에 거드럭거린다(紗帽-) [격]
사모뿔(紗帽-)
사모싸개(紗帽-)
사모싸기경대(四-鏡臺)
사모 쓴 도둑놈(紗帽-) [격]

511

사 모아 두다
사모에 갓끈(紗帽-) [격]
사 모으다
사모해 오다(思慕-)
사못집(四-)
사무 관리=사무관리(事務管理)
사무규정(事務規定)
사무기기(事務器機)
사무 보다(事務-)
사무 안 보다(事務-)
사무용지(事務用紙)
사무직원(事務職員)
사무 착오(事務錯誤)
사무 처리(事務處理)
사문서 위조(私文書僞造)
사문화되다시피 하다(死文化-)
사물놀이(四物-)
사민집(私民-)
사바사바하다
사바세계(裟婆世界)
사박 오일(四泊五日)
사반세기(四半世紀)
사발고누
사발고의(沙鉢-)
사발농사(沙鉢農事)
사발막걸리(沙鉢-)
사발막걸릿집(沙鉢-)
사발무더기(沙鉢-)
사발묶음
사발밥(沙鉢-)
사발색(沙鉢-)
사발석방이 =쇠코잠방이.
사발술(沙鉢-)
사발시계(沙鉢時計)
사발 안의 고기도 놔주겠다(沙鉢-) [격]
사발에 든 고기나 잡겠다(沙鉢-) [격]
사발옷(沙鉢-)
사발 이 빠진 것(沙鉢-) [격]
사발잠방이(沙鉢-)
사발젖(沙鉢-)
사발춤(沙鉢-)
사발통문(沙鉢通文)
사방 공사=사방공사(砂防工事)
사방등(四方燈)
사방란(四方卵)
사방모자(四方帽子)

사방제기(四方-)
사방집
사방치기
사방침(四方枕)
사방탁자(四方卓子)
사방팔방(四方八方)
사배하직(四拜下直)
사범 대학=사범대학(師範大學)
사범학교(師範學校)
사법 경찰=사법경찰(司法警察)
사법 고시(司法考試)
사법 기관(사법기관(司法機關)
사법 시험=사법시험(司法試驗)
사법 제도=사법제도(司法制度)
사법 처리=사법처리(司法處理)
사벽질하다(砂壁-)
사변 나다(事變-)
사병 출신(士兵出身)
사 보내다
사 보다
사복 경찰(私服警察)
사복 근무(私服勤務)
사복 물어미냐 지절거리기도 한다(司僕-) [격]
사복 차림(私服-)
사복 채우다(私腹-)
사복형사(私服刑事)
사 볼 거야
사부랑삽작 건너뛰다
사부주 꼭 맞다
사분쉼표(四分-標)
사분오열(四分五裂)
사분음표(四分音標)
사분의 일(四分-一)
사붓집(士夫-)
사붙이(紗-)
사사건건(事事件件)
사사밑 =마늘모.
사사분기(四四分期)
사사오입(四捨五入)
사살낱
사삼버무레 이삭과 수염이 길고 열매가 약간
    푸른 조.
사삿되(私私-)
사삿사람(私私-)
사삿일(私私-)
사삿집(私私-)

사상경찰(思想警察)
사상 논쟁(思想論爭)
사상 무장(思想武裝)
사상싸움(思想-)
사상 의학=사상의학(四象醫學)
사상 전향(思想轉向)
사상 체계(思想體系)
사상 초유의 일(史上初有-)
사상 최고(史上最高)
사색당파(四色黨派)
사색 없다(辭色-) [관]
사색잡놈(四色雜-)
사생결단(死生決斷)
사생활 보호(私生活保護)
사생활 침해(私生活侵害)
사서 고생을 하다(-苦生-) [관]
사서삼경(四書三經)
사서삼경을 다 읽어도 누울 와자가 제일(四書
     三經-臥字-第一) [격]
사선부채(四仙-)
사설 강습소(私設講習所)
사설시조(辭說時調)
사설쟁이(辭說-)
사설탐정(私設探偵)
사설 학원(私設學院)
사성 가다(四星-) [관]
사성 받다(四星-) [관]
사성 보내다(四星-) [관]
사성 오다(四星-) [관]
사성장군(四星將軍)
사세부득이(事勢不得已)
사소해 보이다(些少-)
사속죽(死粟粥)
사슬고리
사슬낫
사슬누르미
사슬누름적(-炙)
사슬돈
사슬문고리(-門-)
사슬산적(-散炙)
사슬적(-炙)
사슴뿔
사슴 피
사시나무 떨듯 [관]
사시사철(四時四-)
사시장철(四時長-)

사시장청(四時長靑)
사시장춘(四時長春)
사시절(四時節)
사시춘풍(四時春風)
사시풍류(四時風流)
사신 접대(使臣接待)
사실 관계=사실관계(事實關係)
사실대로 말하다(事實-)
사실무근(事實無根)
사실 여부(事實與否)
사실 왜곡(事實歪曲)
사실주의(寫實主義)
사실 확인(事實確認)
사심 없이(私心-)
사십객(四十客)
사십 고개(四十-)
사십구공탄(四十九孔炭)
사십구일(四十九日)
사십구일재(四十九日齋)
사십구재(四十九齋)
사십 년간(四十年間)
사십 대 여인(四十代女人)
사십 리(四十里)
사십 먹은 아이 없다(四十-) [격]
사십에 첫 버선(四十-) [격]
사십여 년 전(四十餘年前)
사십여만 명(四十餘萬名)
사십일주(四十日酒)
사십 줄에 들어서다(四十-)
사 써라
사악해 보이다(邪惡-)
사앗대
사양길(斜陽-)
사양 말고(辭讓-)
사양 산업=사양산업(斜陽産業)
사양 안 하다(辭讓-)
사양해 오다(辭讓-)
사업 계획(事業計劃)
사업 규모(事業規模)
사업 못 하다(事業-)
사업 부진(事業不振)
사업 설계(事業設計)
사업 승인(事業承認)
사업 실적(事業實績)
사업 실패(事業失敗)
사업 연도=사업연도(事業年度)

사업 자금(事業資金)
사업 잘 되다(事業－)
사업 추진(事業推進)
사업 확장(事業擴張)
사역 나가다(使役－)
사 오다
사오 년간(四五年間)
사오 년 만에(四五年－)
사 오라고 하다
사오락사오락하다
사오십 대 남자(四五十代男子)
사오십여 명(四五十餘名)
사오월(四五月)
사오월경(四五月頃)
사오일(四五日)
사옥 이전(社屋移轉)
사온일(四溫日)
사외 이사(社外理事)
사용 가치=사용가치(使用價値)
사용 금지(使用禁止)
사용 기간(使用期間)
사용 못 하다(使用－)
사용 방법(使用方法)
사용 안 하다(使用－)
사용 요금(使用料金)
사용 중지(使用中止)
사용 한도(使用限度)
사원 모집(社員募集)
사원 채용(社員採用)
사월 달(四月－)
사월 말(四月末)
사월 말경(四月末頃)
사월 없는 곳에 가서 살면 좋겠다(四月－) [격]
사월 중(四月中)
사월 초(四月初)
사월 초파일(四月初八日)
사월 파일 등대 감듯(四月八日燈－) [격]
사월 파일 등 올라가듯(四月八日燈－) [격]
사월 호(四月號)
사위가 고우면 요강 분지를 쓴다(－糞池－) [격]
사위가 무던하면 개 구유를 씻는다 [격]
사위 노릇 하다
사위는 백 년 손이라(－百年－) [격]
사위는 백 년 손이요 며느리는 종신 식구라(－
　　百年－終身食口－) [격]
사위도 반자식(－半子息) [격]

사위 반찬은 장모 눈썹 밑에 있다(－飯饌－丈
　　母－) [격]
사위 사랑은 장모(－丈母) [격]
사위 사랑은 장모 며느리 사랑은 시아버지(－丈
　　母－媤－) [격]
사위 삼다
사위와 씨아는 먹어도 안 먹는다 [격]
사위 자식 개자식(－子息－子息) [격]
사위 집
사위 집 더부살이 [격]
사윗감
사유 재산=사유재산(私有財産)
사유 체계(思惟體系)
사육 방법(飼育方法)
사육신묘(死六臣墓)
사육해 오다(飼育－)
사은 잔치(謝恩－)
사은 행사(謝恩行事)
사의 표명(辭意表明)
사이갈이
사이 뜨다 [관]
사이버 공간=사이버공간(cyber空間)
사이비 종교(似而非宗敎)
사이사이
사이시옷
사이장지(－障－)
사이좋다
사이좋아 보이다
사이짓기
사이하다
사인 규명(死因糾明)
사 인분(四人分)
사인펜(sign pen)
사인해 주다(sign－)
사 일 만에(四日－)
사 일째(四日－)
사 입다
사 입히다
사잇가락
사잇골목
사잇길
사잇도장(－圖章)
사잇문(－門)
사잇소리
사자가 눈깔이 멀었다(使者－) [격]
사자굿(使者－)

514

사자놀이(獅子-)
사자는 불가부생이라(死者-不可復生-) [격]
사자어금니(獅子-)
사자어금니같이 아끼다(獅子-) [격]
사자 없는 산에 토끼가 왕 노릇 한다(獅子-山-王-) [격]
사자자리(獅子-)
사자코(獅子-)
사자탈(獅子-)
사자 회담(四者會談)
사잣밥(使者-)
사잣밥 싸 가지고 다닌다(使者-) [격]
사잣밥을 목에 매달고 다닌다(使者-) [격]
사잣밥인 줄 알고도 먹는다(使者-) [격]
사잣짚신(使者-)
사장 노릇 하다(社長-)
사장님(社長-)
사장님 댁(社長-宅)
사장 되다(社長-)
사장되다(死藏-)
사장 자리(社長-)
사장조(-長調)
사장티 나다(社長-)
사재기하다
사재다
사재 털다(私財-)
사전 검토(事前檢討)
사전 경고(事前警告)
사전꾼(私錢-) 가짜 돈을 몰래 만드는 사람.
사전 답사(事前踏査)
사전 동의(事前同意)
사전 승인(事前承認)
사전 신고(事前申告)
사전 심의(事前審議)
사전 약속(事前約束)
사전 예약(事前豫約)
사전 유출(事前流出)
사전 점검(事前點檢)
사전 조율(事前調律)
사전 통보(事前通報)
사전 합의(事前合議)
사전 허가(事前許可)
사절기(四節氣)
사절지(四折紙)
사절해 오다(謝絕-)
사접시(沙-)

사정거리(射程距離)
사정 기관(司正機關)
사정 두다(事情-) [관]
사정말(事情-)
사정 봐주다(事情-)
사정사정하다(事情事情-)
사정 안 봐주다(事情-)
사정없다(事情-)
사정이 많으면 한 동리에 시아버지가 아홉(事情-洞里-媤-) [격]
사정이 사촌보다 낫다(事情-四寸-) [격]
사제 간(師弟間)
사제관계(師弟關係)
사제담배(私製-)
사제동행(師弟同行)
사제 서품(司祭敍品)
사제연초(私製煙草)
사제엽서(私製葉書)
사제 총(私製銃)
사제 폭탄(私製爆彈)
사족동물(四足動物)
사족 못 쓰다(四足-) [관]
사족발이(四足-) 네 굽이 흰 말.
사족백(四足白)
사족백이(四足白-)
사족 성한 병신(四足-病身) [격]
사죄드리다(謝罪-)
사죄 안 하다(謝罪-)
사 주다
사주단자(四柱單子)
사주땜하다(四柱-)
사주 받다(四柱-)
사주 보다(四柱-) [관]
사주 세다(四柱-) [관]
사주에 없는 관을 쓰면 이마가 벗어진다(四柱-官-) [격]
사주쟁이(四柱-)
사주팔자(四柱八字)
사주팔자는 날 때부터 타고난다(四柱八字-) [격]
사주한 듯하다(使嗾-)
사 줄 거야
사 줄걸
사 줄 걸세
사 줄걸요
사 줄게

사 줄게요
사중주곡(四重奏曲)
사지놀이(四指-)
사지동물(四肢動物)
사지를 못 쓰다(四肢-)
사지를 펴다(四肢-)
사지육체(四肢六體)
사직 안 하다(辭職-)
사직원서(辭職願書)
사직청원(辭職請願)
사직해 버리다(辭職-)
사진결혼(寫眞結婚)
사진 기자=사진기자(寫眞記者)
사진발 받다(寫眞-)
사진 설명(寫眞說明)
사진엽서(寫眞葉書)
사진 자료(寫眞資料)
사진작가(寫眞作家)
사진 찍다(寫眞-)
사진 찍듯 하다(寫眞-)
사진 촬영(寫眞撮影)
사진틀(寫眞-)
사진 필름=사진필름(寫眞film)
사짜신
사찰 입구(寺刹入口)
사채 끌어 쓰다(私債-)
사채놀이(私債-)
사채 시장=사채시장(私債市場)
사채 쓰다(私債-)
사채 이자(私債利子)
사천요리(四川料理)
사철나무(四-)
사철무(四-)
사첫방(-房)
사체 유기(死體遺棄)
사초갈이(莎草-)
사초롱(紗-)
사촌네 집(四寸-)
사촌네 집도 부엌부터 들여다본다(四寸-) [격]
사촌 누나(四寸-)
사촌 언니(四寸-)
사촌이 땅을 사면 배가 아프다(四寸-) [격]
사촌 형(四寸兄)
사춘기 때(思春期-)
사춘기 소녀(思春期少女)
사출나다(査出-)

사춤쌓기
사춤치기
사춤 치다 [관]
사 층(四層)
사치 성향(奢侈性向)
사치스러워 보이다(奢侈-)
사치스러워져 가다(奢侈-)
사치 풍조(奢侈風潮)
사치해져 가다(奢侈-)
사친회비(師親會費)
사침에도 용수가 있다 [격]
사타구니를 긁다 [관]
사타구니에 방울 소리가 나도록 [격]
사탕가루(沙糖-)
사탕 맛(沙糖-)
사탕무(沙糖-)
사탕발림(沙糖-)
사탕 봉지(沙糖封紙)
사탕붕어(沙糖-)
사탕붕어의 겅둥겅둥이라(沙糖-) [격]
사탕수수(沙糖-)
사탕절이(沙糖-)
사탕절임(沙糖-)
사태고기
사태 나다(沙汰-)
사태눈(沙汰-)
사태막이(沙汰-)
사태막이둑(沙汰-)
사태 만난 공동묘지 같다(沙汰-共同墓地-) [격]
사태밥(沙汰-)
사태 수습(事態收拾)
사태저냐
사태 지다(沙汰-)
사태 파악(事態把握)
사태회(-膾)
사태흙(沙汰-)
사토장이(莎土-)
사통오달(四通五達)
사통팔달(四通八達)
사퇴 안 하다(辭退-)
사퇴할 듯하다(辭退-)
사퇴해 버리다(辭退-)
사투 벌이다(死鬪-)
사파리룩(safari look)
사파이어혼식(sapphire婚式)
사팔눈

사팔뜨기
사포질하다(沙布-)
사표 내다(辭表-)
사표 삼다(師表-)
사표 쓰다(辭表-)
사무주(私-) 관청의 허가 없이 몰래 소나 돼지
　　를 잡아 고기로 팖. 또는 그런 장소.
사푼 내딛다
사풍맞다(邪風-)
사하라 사막=사하라사막(Sahara 沙漠)
사학 비리(私學非理)
사학 재단(私學財團)
사해동포(四海同胞)
사해동포주의(四海同胞主義)
사해 주다(赦-)
사해형제(四海兄弟)
사행 행위(射倖行爲)
사향내(麝香-)
사향노루(麝香-)
사향머리(麝香-)
사향주머니(麝香-)
사형당하다(死刑當-)
사형 선고=사형선고(死刑宣告)
사형 제도(死刑制度)
사형 집행(死刑執行)
사혼 맺어 주다(死婚-)
사환꾼(使喚-)
사활 걸다(死活-)
사활 문제(死活問題)
사핫술(私和-)
사회 개혁(社會改革)
사회 계층=사회계층(社會階層)
사회관계(社會關係)
사회 교육=사회교육(社會教育)
사회 기강(社會紀綱)
사회냄비(社會-) =자선냄비.
사회단체(社會團體)
사회도덕(社會道德)
사회동원(社會動員)
사회 맡다(司會-)
사회 문제=사회문제(社會問題)
사회 보다(司會-)
사회 보장=사회보장(社會保障)
사회 복지=사회복지(社會福祉)
사회본능(社會本能)
사회봉사(社會奉仕)

사회사업(社會事業)
사회생활(社會生活)
사회의 목탁(社會-木鐸) [관]
사회의식(社會意識)
사회자원(社會資源)
사회 전반(社會全般)
사회 정의=사회정의(社會正義)
사회 제도=사회제도(社會制度)
사회주의(社會主義)
사회 질서=사회질서(社會秩序)
사회 탐구(社會探究)
사회 풍조(社會風潮)
사회 풍토(社會風土)
사회 혼란(社會混亂)
사회 활동(社會活動)
사후 대책(事後對策)
사후명장(死後名將)
사후 수습(事後收拾)
사후 술 석 잔 말고 생전에 한 잔 술이 달다(死
　　後-盞-生前-盞-) [격]
사후 승인=사후승인(事後承認)
사후 양방문(死後藥方文) [격]
사흑싸리(四黑-)
사흘날
사흘간(-間)
사흘거리
사흘 굶어 담 안 넘을 놈 없다 [격]
사흘 굶어 도둑질 아니 할 놈 없다 [격]
사흘 굶어 아니 날 생각 없다 [격]
사흘 굶으면 못할 노릇이 없다 [격]
사흘 굶으면 양식 지고 오는 놈 있다(-糧食-)
　　[격]
사흘 굶은 범이 원님을 안다더냐(-員-) [격]
사흘 길
사흘 길에 하루쯤 가서 열흘씩 눕는다 [격]
사흘 길 하루도 아니 가서 [격]
사흘도 못 가서
사흘돌이
사흘 동안
사흘 만에
사흘 밤
사흘분(-分)
사흘 살고 나올 집이라도 백 년 앞을 보고 짓는
　　다(-百年-) [격]
사흘에 피죽 한 그릇도 못 얻어먹은 듯하다(-
　　粥-) [격]

517

사흘에 한 끼도 못 먹은 듯하다 [격]
사흘에 한 끼 입에 풀칠하기도 어렵다(-漆-)
　　[격]
사흘을 굶으면 포도청의 담도 뛰어넘는다(-捕
　　盜廳-) [격]
사흘이 멀다 하고 [관]
사흘째 되다
사흘 책을 안 읽으면 머리에 곰팡이가 슨다(-
　　冊-) [격]
사흘 치
삭갈다
삭갈이하다
삭감당하다(削減當-)
삭감 안 되다(削減-)
삭단에 떡 맛보듯(朔單-) [격]
삭막해 보이다(索莫-)
삭막해져 가다(索莫-)
삭모　논을 삭갈아 심은 모.
삭발날(削髮-)
삭신 쑤시다
삭심다　논을 삭갈아 모를 심다.
삭아 가다
삭아 버리다
삭은니
삭은 바자 구멍에 노란 개 주둥이 내밀듯 [격]
삭은코
삭임물
삭임샘
삭임통(-桶)
삭임틀
삭전(-田)　오랫동안 경작하여 기름지지 못하
　　고 메마른 밭.
삭정불
삭제해 버리다(削除-)
삭치다(削-)
삭탈관직(削奪官職)
삯가게
삯갈이
삯김
삯꾼
삯 내다
삯돈
삯마전
삯말
삯매
삯매 모으듯 [격]

삯메기
삯바느질
삯방아
삯밭매기
삯배
삯벌이
삯벌이꾼
삯벌이하다
삯벼슬아치
삯빨래
삯일
삯일꾼
삯일하다
삯전(-錢)
삯지게꾼
삯짐
삯팔다
삯팔이
삯팔이꾼
삯팔이하다
삯품
삯품팔이
산가지(算-)
산가지를 놓다(算-) [관]
산간 마을(山間-)
산간벽지(山間僻地)
산간벽촌(山間僻村)
산간 지방(山間地方)
산감독(山監督)
산값　물건을 사는 데에 치르는 값.
산 개 새끼가 죽은 정승보다 낫다(-政丞-) [격]
산 고개(山-)
산고모(山高帽)　=중산모자.
산고 치르다(産苦-)
산골강(山-江)
산골고라리(山-)　어리석고 고집 센 산골 사람
　　을 놀림조로 이르는 말.
산골길(山-)
산골내기(山-)
산골뜨기(山-)
산골 마을(山-)
산골바람(山-)
산골 생활(山-生活)
산골 중놈 같다(山-) [격]
산골짜기(山-)
산골짝(山-)

산과실(山果實)
산과실나무(山果實-)
산과실주(山果實酒)
산과일(山-)
산과일나무(山-)
산군읍(山郡邑) 산골에 있는 여러 고을.
산굴(山窟)
산굽이(山-)
산그늘(山-)
산기둥
산기 보이다(産氣-)
산기슭(山-)
산기운(山)
산길(山-)
산 까마귀 염불한다(山-念佛-) [격]
산꼬대(山-)
산꼬대하다(山-)
산꼭대기(山-)
산꽃 =생화(生花).
산꽃(山-)
산꿀(山-)
산나물(山-)
산나물국(山-)
산나물밥(山-)
산나물범벅(山-)
산내림(山-) 산에서 벤 나무를 산기슭이나 평
　　지까지 굴려서 내리는 일.
산 너머(山-)
산 넘어 산이다(山-山-) [격]
산놀이(山-)
산 놈의 계집은 범도 안 물어 간다(山-) [격]
산 높이(山-)
산 눈깔 빼 먹을 놈 [격]
산달(山-) 산이 있는 곳.
산달(産-) =해산달.
산 닭 길들이기는 사람마다 어렵다 [격]
산 닭 주고 죽은 닭 바꾸기도 어렵다 [격]
산당집(山堂-)
산더미(山-)
산덩이(山-)
산도깨비(山-)
산도 못 놓다(算-) [관]
산도 허물고 바다도 메울 기세(山-氣勢) [격]
산돈(算-) 노름판 따위에서 산가지 대신 쓰는
　　돈.
산돌림(山-)

산돌이(山-) ⑴다른 산에서 온 호랑이. ⑵산
　　에 익숙한 사람.
산동네(山-)
산돼지(山-)
산돼지를 잡으려다가 집돼지까지 잃는다(山-)
　　[격]
산들다
산들바람
산등(山-)
산등선(山-線)
산등성(山-)
산등성마루(山-)
산등성이(山-)
산떨음(山-)
산똥 배탈로 먹은 것이 제대로 소화되지 못하
　　고 나오는 똥.
산뜻해 보이다
산란강도(産卵强度)
산림간수(山林看守)
산림녹화(山林綠化)
산림 보호(山林保護)
산림 자원=산림자원(山林資源)
산림 지대=산림지대(山林地帶)
산림처사(山林處士)
산림 훼손(山林毁損)
산마루(山-)
산마루터기(山-)
산마루턱(山-)
산마을(山-)
산만해 보이다(散漫-)
산만해져 가다(散漫-)
산매 들리다(山魅-) [관]
산머리(山-)
산멀미(山-)
산멱
산멱통
산모래(山-)
산모롱이(山-)
산모퉁이(山-)
산목숨
산몸
산몸붙살이
산문정신(散文精神)
산물 =생수(生水).
산 밑(山-)
산 밑 집에 방앗공이 논다(山-) [격]

519

산바라지(産-)
산바람(山-)
산 밖에 난 범이요 물 밖에 난 고기라(山-) [격]
산발(山-) =산줄기.
산발치(山-)
산밭(山-)
산벌(山-) 산에 나는 야생의 벌.
산 범의 눈썹을 뽑는다 [격]
산벼락
산벼랑(山-)
산보 가다(散步-)
산 보다(算-) [관]
산보다 골이 더 크다(山-) [격]
산보다 호랑이가 더 크다(山-) [격]
산봉우리(山-)
산봉우리구름(山-)
산부리(山-)
산불(山-)
산불 나다(山-)
산불 예방(山-豫防)
산불 조심(山-操心)
산비(山-)
산비탈(山-)
산사람(山-)
산 사람 눈 빼 먹겠다 [격]
산 사람은 아무 때나 만난다 [격]
산 사람 입에 거미줄 치랴 [격]
산사정과(山査正果)
산사태(山沙汰)
산사태 지다(山沙汰-)
산사편(山査-)
산산조각 나다(産産-)
산새(山-)
산새 소리(山-)
산새 울음(山-)
산 설고 물 설다(山-) [관]
산성비(酸性-)
산성 식품=산성식품(酸性食品)
산성흙(酸性-)
산소 공급(酸素供給)
산소 등에 꽃이 피었다(山所-) [격]
산소땜(酸素-)
산소리
산소마스크(酸素 mask)
산소 부족(酸素不足)
산소 호흡=산소호흡(酸素呼吸)

산속(山-)
산솟불(酸素-)
산송장
산수유죽(-粥)
산수정원(山水庭園)
산수털(山獸-) 산짐승의 털.
산수털벙거지(山獸-)
산수풍경(山水風景)
산수화가(山水畫家)
산신나무(山神-)
산신 제물에 메뚜기 뛰어들듯(山神祭物-)
산실과(山實果)
산 아래(山-)
산아 제한=산아제한(産兒制限)
산악숭배(山岳崇拜)
산악신앙(山岳信仰)
산악자전거(山岳自轉車)
산악 지대(山岳地帶)
산악 훈련(山岳訓練)
산안개(山-)
산안개구름(山-)
산약다식(山藥茶食)
산약응이(山藥-)
산약죽(山藥粥)
산양자리(山羊-)
산양털(山羊-)
산 어귀(山-)
산언덕(山-)
산언저리(山-)
산업 국가=산업국가(産業國家)
산업 기반(産業基盤)
산업 단지(産業團地)
산업 도로=산업도로(産業道路)
산업 사회=산업사회(産業社會)
산업 시찰(産業視察)
산업 연수(産業研修)
산업 인력(産業人力)
산업 재해=산업재해(産業災害)
산업 혁명=산업혁명(産業革命)
산업 활동(産業活動)
산에 가야 꿩을 잡고 바다엘 가야 고기를 잡는
   다(山-) [격]
산에 들어가 호랑이를 피하랴(山-避-) [격]
산에서 물고기 잡기(山-) [격]
산역꾼(山役-)
산열매(山-)

산올벼(山-)
산올림(山-)
산울타리(山-)
산 위(山-)
산으로 들어가다(山-) [관]
산은 오를수록 높고 물은 건널수록 깊다(山-)
　　[격]
산을 벗기다(山-) [관]
산이 깊어야 범이 있다(山-) [격]
산이 높아야 골이 깊다(山-) [격]
산이 떠나갈 듯(山-) [관]
산 이름(山-)
산이마(山-)
산이 우니 돌이 운다(山-) [격]
산이 울면 들이 웃고 들이 울면 산이 웃는다
　　(山-山-) [격]
산이 커야 그늘이 크다(山-) [격]
산일하다(山-)
산 입에 거미줄 치랴
산자갈(山-)
산자락(山-)
산자 받다(饊子-) [관]
산자밥풀(饊子-)
산자수명(山紫水明)
산자전(-字典)
산잔등(山-)
산잣감(饊子-)
산장지기(山莊-)
산재 보험=산재보험(産災保險)
산쟁이(山-)
산적도둑(散炙-)
산전수전(山戰水戰)
산정무한(山情無限)
산정 가격(算定價格)
산 정상(山頂上)
산젯밥(山祭-)
산젯밥에 청메뚜기 뛰어들듯(山祭-靑-) [격]
산 좋고 물 좋고 정자 좋은 데 없다(山-亭子-)
　　[격]
산 주인(山主人)
산줄기(山-)
산중 놈은 도끼질 야지 놈은 팽이질(山中-野
　　地-) [격]
산중 놈의 풋농사(山中-農事) [격]
산중 벌이하여 고라니 좋은 일 했다(山中-) [격]
산중 생활(山中生活)

산중에 거문고라(山中-) [격]
산 중턱(山中-)
산중호걸(山中豪傑)
산쥐(山-)
산증인(-證人)
산지 공급(産地供給)
산지기(山-)
산지기가 놀고 중이 추렴을 낸다(山-) [격]
산지기 눈 봐라 도낏밥을 남 줄까(山-) [격]
산지기 눈치 보니 도끼 빼앗기겠다(山-) [격]
산지니(山-)
산지사방(散之四方)
산지식(-知識)
산지옥(-地獄)
산 진 거북이요 돌 진 가재라(山-) [격]
산짐승(山-)
산집(山-)
산 채로
산책 나가다(散策-)
산챗국(山菜-)
산천경개(山川景槪)
산천 도망은 해도 팔자 도망은 못한다(山川逃
　　亡-八字逃亡-) [격]
산천초목(山川草木)
산철(山-)　산에 오르는 계절.
산초장아찌(山椒-)
산촌 마을(山村-)
산출해 내다(産出-)
산코숭이(山-)
산탄총(散彈銃)
산턱(山-)
산토끼(山-)
산토끼를 잡으려다가 집토끼를 놓친다(山-)
　　[격]
산통 깨다(算筒-) [관]
산통이 깨지다(算筒-) [관]
산티 보이다(産-)
산판일(山坂-)
산포수(山砲手)
산하 기관=산하기관(傘下機關)
산하 단체=산하단체(傘下團體)
산학 연계(産學連繫)
산해진미(山海珍味)
산행 길(山行-)
산허리(山-)
산호 기둥에 호박 주추다(珊瑚-琥珀-) [격]

521

산 호랑이 눈썹도 그리울 게 없다 [격]
산 호랑이 눈썹 찾는다 [격]
산호모래(珊瑚-)
산호바다(珊瑚-)
산호 서 말 진주 서 말 싹이 나거든(珊瑚-眞珠-) [격]
산호향집(珊瑚香-)
산호혼식(珊瑚婚式)
산홋가지(珊瑚-)
산홋빛(珊瑚-)
산화산(-火山) =활화산.
산후더침(産後-)
산후바라지(産後-)
산후이슬(産後-)
산후 조리(産後調理)
산후취(-後娶)
산휴강사(産休講師)
살 가다(煞-) [관]
살가죽
살갑기는 평양 나막신(-平壤-) [격]
살강 밑에서 숟가락 얻었다 [격]
살갗병(-病)
살같이 지나가다
살거름
살거리
살 거야
살결
살 걸세
살걸요
살걸음
살게
살게 되다
살게요
살게 해 주다
살결박(-結縛)
살결이 희면 열 허물 가린다 [격]
살계백반(殺鷄白飯)
살고(-高) 쏜 화살이 날아갈 때의 높낮이.
살 곳 못 되다
살구꽃
살구떡
살 구멍을 뚫다 [관]
살 구멍 찾다
살구씨정과(-正果)
살구정과(-正果)
살구편

살군두
살균 작용(殺菌作用)
살그물
살기등등(殺氣騰騰)
살기 떠돌다(殺氣-) [관]
살기 띠다(殺氣-)
살기 좋은 곳
살기충천(殺氣衝天)
살길 찾다
살 깊다 [관]
살까 말까
살꽃 웃음과 몸을 파는 계집의 몸뚱이.
살 끼다(煞-) [관]
살 나가다(煞-) [관]
살 날 얼마 안 남다
살내
살 내리다(煞-) [관]
살다 가다
살다듬이
살담배 칼 따위로 썬 담배.
살다 보면
살다시피 하다
살닿다
살덩어리
살덩이
살돈 지르다
살 돋다(煞-) [관]
살뚱스럽게 굴다
살랑바람
살러 가다
살려 나가다
살려 내다
살려 놓다
살려 달라고 하다
살려 달라다
살려 주는 셈 치다
살로 가다 [관]
살림꾼
살림 나다
살림 내 주다
살림때
살림때 묻다
살림망(-網)
살림 맡다 [관]
살림방(-房)
살림살이

살림살이꾼
살림살이하다
살림에는 눈이 보배[격]
살림은 오장 같다(-五臟-) [격]
살림이 거덜이 나면 봄에 소를 판다 [격]
살림 장만
살림집
살림 차리다
살림채
살림터
살림통(-桶)
살림푼수
살막이
살 만하다
살맛
살맛 나다
살맛 안 나다
살 맞다(煞-)
살 맞은 뱀 같다
살몸살
살밀치
살밑
살밑천
살바람
살바탕
살 박다
살 박아 치다 [관]
살 박히다(煞-) [관]
살받이
살방석(-方席)
살벌해져 가다(殺伐-)
살범벅
살별
살보시(-布施) 여자가 중에게 몸을 허락하는
    일을 놀림조로 이르는 말.
살 붙다(煞-) [관]
살붙이
살 붙이다(煞-) [관]
살비듬
살빛
살빛고치
살 빠지다
살 빼다
살살 기다
살살 녹다
살 섞다 [관]

살소매
살손 붙이다
살수건(-手巾)
살수세미
살신성인(殺身成仁)
살쐐기 일다 [관]
살아가다
살아가다 보면
살아가면 고손자한테도 배운다(-高孫子-) [격]
살아가면 고향(-故鄕) [격]
살아 계시다
살아 나가다
살아나게 되다
살아날 듯하다
살아날 사람은 약을 만난다(-藥-) [격]
살아남다
살아남을 거야
살아 볼 만하다
살아생이별(-生離別)
살아생이별은 생초목에 불붙는다(-生離別-生
    草木-) [격]
살아생전(-生前)
살아오다
살아 있나 보다
살아 있는 동안
살아평생(-平生)
살 안 찌다
살언치
살얼음
살얼음 밟는 것 같다 [관]
살얼음을 밟듯이 [관]
살얼음판
살얼음판 걷듯
살없는창(-窓)
살여울
살열매
살 오르다(煞-) [관]
살은 쏘고 주워도 말은 하고 못 줍는다 [격]
살을 깎고 뼈를 갈다 [관]
살을 떨다 [관]
살을 먹이다 [관]
살을 박다 [관]
살을 붙이고 살다 [관]
살을 붙이다 [관]
살을 에고 소금 치는 소리 [관]
살을 에다 [관]

살이 끼다(煞-) [관]
살이 내리다(煞-) [관]
살이라도 베어 먹이다 [관]
살이 붙다(煞-) [관]
살이 살을 먹고 쇠가 쇠를 먹는다 [격]
살이 붙다(煞-) [관]
살이 서다(煞-) [관]
살이 세다(煞-) [관]
살인강도(殺人强盜)
살인극 벌이다(殺人劇-)
살인나다(殺人-)
살인내다(殺人-)
살인 누명(殺人陋名)
살인 모의(殺人謀議)
살인 미수=살인미수(殺人未遂)
살인 사건(殺人事件)
살인을 메다(殺人-) [관]
살인치다(殺人-)
살인 혐의(殺人嫌疑)
살잡다
살 잡다 [관] 기울어진 것을 세우다.
살 잡히다 [관]
살점(-點)
살점을 베어 주고 싶다(-點-) [관]
살조기
살죽다
살줄치다
살지르다
살진 암소
살집 좋다
살짝곰보
살쩍밀이
살쩍밀이질
살쪄 보이다
살찐 놈 따라 붓는다 [격]
살찐식물(-植物)
살찐열매
살찐잎
살찐줄기
살차다
살창문(-窓門)
살책박
살친구(-親舊)
살코
살코기
살쾡이자리

살터
살통주머니(-筒-)
살판
살판꾼
살판나다
살판 만난 듯이
살펴 가다
살펴 나가다
살펴보다
살평상(-平牀)
살푸둥이
살 풀다(煞-) [관]
살풀이춤(煞-)
살풀이하다(煞-)
살품
살피꽃밭
살피듬
살피살피
살피죽
살해당하다(殺害當-)
살해 사건(殺害事件)
살해해 버리다(殺害-)
살흙
삵피(-皮)
삶아 내다
삶아 논 녹비 끈 [격]
삶아 놓다
삶아 두다
삶아 먹다
삶아 빨다
삶은 개 다리 뒤틀리듯 [격]
삶은 달걀
삶은 닭이 울까 [격]
삶은 무에 이 안 들 소리 [격]
삶은 소가 웃다가 꾸러미 터지겠다 [격]
삶은 팥이 싹 나거든 [격]
삶은 호박에 침 박기(-針-) [격]
삶이 논을 삼는 일.
삶이하다
삼가는 척하다
삼가 달라고 하다
삼가 달라다
삼 가르다
삼각관계(三角關係)
삼각기둥(三角-)
삼각끌(三角-)

삼각나사(三角螺絲)

삼각돛(三角-)

삼각뿔(三角-)

삼각산넘이(三角山-)

삼각산 밑에서 짠물 먹는 놈(三角山-) [격]

삼각산 바람이 오르락내리락(三角山-) [격]

삼각산풍류(三角山風流)

삼각연애(三角戀愛)

삼각의자(三脚椅子)

삼각자(三角-)

삼각팬티(三角panties)

삼간집(三間-)

삼간초가(三間草家)

삼간초옥(三間草屋)

삼간통(三間通)   세 칸이 전부 통하게 되어 있
　　는 집 구조.

삼강오륜(三綱五倫)

삼강행실도(三綱行實圖)

삼 개국(三個國)

삼 개월간(三個月間)

삼 개월 동안(三個月-)

삼 개월여 만에(三個月餘-)

삼거웃

삼겹살(三-)

삼겹실(三-)

삼경에 만난 액이라(三更-厄-) [격]

삼고초려(三顧草廬)

삼교대(三交代)

삼국 시대=삼국시대(三國時代)

삼국 시절에 났나 말을 굵게 한다(三國時節-)
　　[격]

삼국정립(三國鼎立)

삼국 통일(三國統一)

삼굿

삼굿돌

삼권 분립=삼권분립(三權分立)

삼급 비밀=삼급비밀(三級秘密)

삼기름 　=삼씨기름.

삼깻묵

삼꽃

삼끈

삼남이 풍년이면 천하는 굶주리지 않는다(三
　　南-豊年-天下-) [격]

삼낳이

삼낳이하다

삼 년 가뭄에는 살아도 석 달 장마에는 못 산다

(三年-) [격]

삼 년 가뭄에 하루 쓸 날 없다(三年-) [격]

삼 년간(三年間)

삼 년 구병에 불효 난다(三年救病-不孝-) [격]

삼 년 남의집살고 주인 성 묻는다(三年-主人
　　姓-) [격]

삼 년 동안(三年-)

삼 년 만에(三年-)

삼 년 먹여 기른 개가 주인 발등을 문다(三年-
　　主人-) [격]

삼 년 묵은 새댁이 고콜불에 속곳 밑 말려 입고
　　간다(三年-宅-) [격]

삼 년밖에 못 산다(三年-)

삼 년 반 만에(三年半-)

삼년부조(三年不弔)

삼년부조면 절교라(三年不弔-絕交-) [격]

삼년상(三年喪)

삼 년을 결은 노망태기(三年-) [격]

삼 년째(三年-)

삼 년 후(三年後)

삼노끈

삼노두(蔘蘆頭)

삼단 같은 머리 [관]

삼단 같은 불길 [관]

삼단 논법=삼단논법(三段論法)

삼단뛰기(三段-)

삼당숙(三堂叔)

삼당숙모(三堂叔母)

삼대   삼의 줄기.

삼대 거지 없고 삼대 부자 없다(三代-三代富
　　者-) [격]

삼대 구 년 만에(三代九年-) [관]

삼대독자(三代獨子)

삼대 들어서듯 [관]

삼대월(三大月)

삼 대 일(三對一)

삼대 적선을 해야 동네 혼사를 한다(三代積善-
　　婚事-) [격]

삼대 정승이 없고 삼대 거지가 없다(三代政丞-
　　三代-) [격]

삼대 주린 걸신(三代-乞神) [격]

삼도둑(蔘-)

삼동네(三洞-)

삼동리(三洞里)

삼동물림(三-)

삼 동서가 모이면 황소도 잡는다(三同壻-) [격]

525

삼동설한(三冬雪寒)
삼동치마(三-)
삼두마차(三頭馬車)
삼두박근(三頭膊筋)
삼등분하다(三等分-)
삼등 상(三等賞)
삼등칸(三等-)
삼딸(蔘-) 인삼의 꽃이나 열매.
삼똥 =검은똥.
삼류 작가(三流作家)
삼림재해(森林災害)
삼림 지대=삼림지대(森林地帶)
삼만 명(三萬名)
삼만여 원(三萬餘-)
삼면거울(三面-)
삼면기사(三面記事)
삼 명분(三名分)
삼모자(三母子)
삼모창(三-槍)
삼묵실(三-)
삼문 잡다(三門-) [관]
삼밭이꾼
삼발이(三-)
삼밧줄
삼밭
삼밭 사자 이 빠진다 [격]
삼밭에 쑥대 [격]
삼밭에 한 번 똥 싼 개는 늘 싼 줄 안다(-番-)
    [격]
삼배출(三倍出)
삼백 년(三百年)
삼백예순날(三百-)
삼벌레
삼베길쌈
삼베옷
삼베 주머니
삼베 주머니에 성냥 들었다 [격]
삼복더위(三伏-)
삼복비(三伏-)
삼복에 비가 오면 보은 처자 울겠다(三伏-報恩
    處子-) [격]
삼복염천(三伏炎天)
삼복중에(三伏中-)
삼복지경(三伏之境)
삼봉낚시(三鋒-)
삼부영양소(三副營養素)

삼부자(三父子)
삼 분 만에(三分-)
삼분오열(三分五裂)
삼불 해산 후 태를 태우는 불.
삼사 년(三四年)
삼사미 세 갈래로 갈라진 곳.
삼사반기(三四半期)
삼사분기(三四分期)
삼사월(三四月)
삼사월 긴긴 해(三四月-)
삼사월 낳은 아기 저녁에 인사한다(三四月-人
    事-) [격]
삼사일 만에(三四日-)
삼삿반(蔘-盤)
삼색과실(三色果實)
삼색 볼펜(三色ball pen)
삼색실과(三色實果)
삼색전(三色煎)
삼색편(三色-)
삼색휘장(三色揮帳)
삼 서다
삼선 의원(三選議員)
삼선죽(三仙粥)
삼성들리다 음식을 욕심껏 먹다.
삼세번(三-番)
삼세판(三-)
삼수갑산(三水甲山)
삼수갑산에 가는 한이 있어도(三水甲山-限-)
    [격]
삼수갑산을 가서 산전을 일궈 먹더라도(三水甲
    山-山田-) [격]
삼순구식(三旬九食)
삼시옭(三-) 세 가닥으로 꼰 노끈이나 실.
삼신산불사약(三神山不死藥)
삼신풀이(三神-)
삼신할머니(三神-)
삼신할미(三神-)
삼실
삼실뽑기
삼심들이(-心-)
삼십 넘은 계집(三十-) [격]
삼십 년간
삼십 리 강짜(三十里-) [관]
삼십 리 길(三十里-)
삼십 분간(三十分間)
삼십삼인(三十三人)

삼십육계(三十六計)

삼십육계 놓다(三十六計-) [관]

삼십육계 줄행랑을 놓다(三十六計-) [관]

삼십육계 줄행랑이 제일(三十六計-第一) [격]

삼십육계 줄행랑치다(三十六計-)

삼십이분쉼표(三十二分-標)

삼십일공탄(三十一孔炭)

삼십 줄에 들다(三十-)

삼십팔도선(三十八度線)

삼쌍둥이(三雙-)

삼씨

삼씨기름

삼아 놓다

삼아 주다

삼여물

삼 열로 늘어서다(三列-)

삼오야(三五夜)

삼월 달(三月-)

삼월 말(三月末)

삼월 초(三月初)

삼월 호(三月號)

삼위일체(三位一體)

삼이웃(三-)

삼 인분(三人分)

삼일(三日) 해산·혼인한 지 사흘째.

삼 일(三日) 삼 일 동안.

삼일신행(三日新行)

삼일 안 새색시(三日-) [관]

삼일 안 새색시도 웃을 일(三日-) [격]

삼일우(三日雨)

삼일 운동=삼일운동(三一運動)

삼일절 날(三一節-)

삼일정신(三一精神)

삼일천하(三日天下)

삼자대면(三者對面)

삼자 회담(三者會談)

삼작노리개(三作-)

삼잡이

삼재풀이(三災-)

삼절죽장(三絶竹杖)

삼정과(蔘正果)

삼정승(三政丞)

삼정승 부러워 말고 내 한 몸 튼튼히 가지라(三
政丞-) [격]

삼정승 육판서(三政丞六判書) [관]

삼정승을 사귀지 말고 내 한 몸을 조심하라(三

政丞-操心-) [격]

삼조대면(三造對面)

삼종매부(三從妹夫)

삼종숙모(三從叔母)

삼종형제(三從兄弟)

삼주기(三周忌)

삼중주곡(三重奏曲)

삼지끈(三指-)

삼지놀이(三指-)

삼지니(三-)

삼짇날

삼척동자(三尺童子)

삼천갑자(三千甲子)

삼천갑자 동방삭(三千甲子東方朔)

삼천갑자 동방삭이도 저 죽을 날은 몰랐다(三千
甲子東方朔-) [격]

삼천 궁녀=삼천궁녀(三千宮女)

삼천리(三千里)

삼천리강산(三千里江山)

삼천리강토(三千里疆土)

삼천리금수강산(三千里錦繡江山)

삼천지교(三遷之敎)

삼천포로 빠지다(三千浦-) [관]

삼첩반상(三-飯床)

삼촌네 집(三寸-)

삼촌댁(三寸宅)

삼촌 못난이 조카 장물 짐 진다(三寸-贓物-)
[격]

삼촌 집(三寸-)

삼총박이

삼 층(三層) 삼 층 건물.

삼층밥(三層-)

삼층집(三層-)

삼층탑(三層塔)

삼치구이

삼치저냐

삼칠일(三七日)

삼칠일 금기(三七日禁忌)

삼칼

삼칼(蔘-)

삼켜 버리다

삼킬 듯하다

삼태그물

삼태기로 앞 가리기 [격]

삼태불

삼탯국(三太-)

삼투 작용=삼투작용(滲透作用)
삼판양승(三-兩勝)
삼팔따라지(三八-)
삼팔바지(三八-)
삼팔장(三八場)
삼팔저고리(三八-)
삼한 사온=삼한사온(三寒四溫)
삼할미
삼합무지기(三合-)
삼합미음(三合米飮)
삼합장과(三合醬果)
삼행광고(三行廣告)
삼현띠돌이(三絃-)
삼현 육각=삼현육각(三絃六角)
삼현 육각 잡히고 시집간 사람 잘산 데 없다(三
  絃六角-媤-) [격]
삼 형제(三兄弟)
삼형제별(三兄弟-)
삼호잡지(三號雜誌)
삼회장저고리(三回裝-)
삽가래
삽괭이
삽날
삽목조림(揷木造林)
삽살개 뒷다리 [격]
삽시간에(霎時間-)
삽자루
삽주나물
삽질꾼
삿갓가마
삿갓구름
삿갓들이
삿갓반자
삿갓배미
삿갓서까래
삿갓 쓰다
삿갓 씌우다 [관]
삿갓에 쇄자질(-刷子-) [격]
삿갓장이
삿갓쟁이
삿갓지붕
삿갓집
삿대질하다
삿되다
삿돼기
삿무늬

삿바늘
삿반(-盤)
삿부채
삿자리
삿자리깔음
삿자리무늬
삿자리장(-欌)
샀을 거야
샀을걸
샀을 걸세
샀을걸요
상가 건물(商街建物)
상가 분양(商街分讓)
상가아파트(商街 apartment)
상감님 망건 사러 가는 돈도 써야만 하겠다(上
  監-網巾-) [격]
상감마마(上監-)
상갓집(喪家-)
상갓집 개 노릇(喪家-)
상갓집 개만도 못하다(喪家-) [격]
상거지(上-)
상걸음(常-)
상걸인(上乞人)
상것(常-)
상계집(常-)
상고머리
상관 노릇 하다(上官-)
상관 안 하다(相關-)
상관없다(相關-)
상관있다(相關-)
상관할 바 아니다(相關-)
상근 직원(常勤職員)
상급 기관(上級機關)
상급 부대(上級部隊)
상기게 짠 광주리
상기시켜 주다(想起-)
상길(上-)
상납해 오다(上納-)
상냥스러워 보이다
상노인(上老人)
상놈 같은(常-)
상놈같이(常-)
상놈의 발 덕 양반의 글 덕(常-德兩班-德) [격]
상놈의 살림이 양반의 양식이라(常-兩班-糧
  食-) [격]
상놈 행세(常-行世)

상늙은이(上-)
상다리(床-)
상다리가 부러지다(床-) [관]
상달(上-) =시월상달.
상닭(常-)
상담 기관(相談機關)
상담해 주다(相談-)
상 당하다(喪當-)
상대 못 할 사람(相對-)
상대 선수(相對選手)
상대 안 하다(相對-)
상대접(常-) 품질이 좋지 않아 허드레로 쓰는
　　대접.
상대주의(相對主義)
상대 팀(相對team)
상대 평가=상대평가(相對評價)
상대 후보(相對候補)
상도덕(商道德)
상도의(商道義)
상돌(床-)
상되다(常-)
상두꾼(喪-)
상두꾼은 연못국에 반한다(喪-軟泡-) [격]
상두받잇집(喪-)
상두수번(喪-首番) 상여꾼의 우두머리.
상두쌀(喪-)
상두쌀에 낯 내기(喪-) [격]
상둣도가(喪-都家)
상둣술(喪-)
상둣술에 낯 내기(喪-) [격]
상둣술에 벗 사귄다(喪-) [격]
상류 계층(上流階層)
상류 사회=상류사회(上流社會)
상륙 작전=상륙작전(上陸作戰)
상말(常-)
상머리(床-)
상 머리에 뿔 나기 전에 재산을 모아라(床-前-
　　財産-) [격]
상머슴(上-)
상모놀이(象毛-)
상모돌리기(象毛-)
상모막이(上-)
상목(上-) 내나 강의 상류 쪽.
상 못 받다(賞-)
상무이사(常務理事)
상물림(床-)

상 받을 만하다(賞-)
상발(床-) =상다리.
상밥(床-)
상밥집(床-)
상보(床褓)
상 보다(床-)
상부상조(相扶相助)
상부 지시(上部指示)
상사람(常-)
상사리(上-)
상사말(相思-) 발정하여 일시적으로 매우 사
　　나워진 수말.
상사목
상사발(常沙鉢)
상사뱀(相思-)
상상도 못 하다(想像-)
상상미(上上米)
상상봉(上上峰)
상상외(想像外)
상상 임신=상상임신(想像姙娠)
상상치(上上-)
상상해 보다(想像-)
상설 기구(常設機構)
상설 전시(常設展示)
상소리(常-)
상소반(常小盤)
상속 못 받다(相續-)
상속시켜 주다(相續-)
상속 재산=상속재산(相續財産)
상손님(上-)
상쇄시켜 주다(相殺-)
상수리나무
상수리밥
상수리쌀
상습 도박(常習賭博)
상승 가도를 달리다(常勝街道-) [관]
상승 곡선(上昇曲線)
상승 기류=상승기류(上昇氣流)
상승 요인(上昇要因)
상승일로(上昇一路)
상승 작용=상승작용(相乘作用)
상승장군(常勝將軍)
상승효과(相乘效果)
상시에 먹은 마음 취중에 난다(常時-醉中-)
　　[격]
상식 밖의 행동(常識-行動)

상식선을 넘다(常識線-)
상식주의(常識主義)
상식화되다(常識化-)
상실해 가다(喪失-)
상실해 버리다(喪失-)
상심해 오다(傷心-)
상씨름(上-)
상아 도장(象牙圖章)
상아먹(象牙-)
상아색(象牙色)
상아저(象牙-)
상아 젓가락(象牙-)
상아혼식(象牙婚式)
상앗대질하다
상앗빛(象牙-)
상어간유(-肝油)
상어바늘
상어백숙(-白熟)
상어산적(-散炙)
상어찜
상어포(-脯)
상어피(-皮)
상업도덕(商業道德)
상업 도시(商業都市)
상업 방송=상업방송(商業放送)
상업신문(商業新聞)
상업영어(商業英語)
상업 지역=상업지역(商業地域)
상업 활동(商業活動)
상없다(常-)
상여글(喪輿-) =만장(輓章).
상여꾼(喪輿-)
상여 나갈 때 귀청 내 달란다(喪輿-) [격]
상여놀음(喪輿-)
상여다룸(喪輿-)
상여 뒤에 약방문(喪輿-藥方文) [격]
상여 메고 가다가 귀청 후빈다(喪輿-) [격]
상여메김소리(喪輿-)
상여 메는 사람이나 가마 메는 사람이나(喪輿-)
   [격]
상여엣 장사 같다(喪輿-壯士-) [격]
상엿소리(喪輿-)
상엿집(喪輿-)
상영 금지(上映禁止)
상영 시간(上映時間)
상영해 오다(上映-)

상욕 듣다(-辱-)
상용한자(常用漢字)
상용해 오다(常用-)
상우다(傷-) 상하게 하다.
상원 달 보아 수한을 안다(上元-水旱-) [격]
상원의 개와 같다(上元-) [격]
상원 의원(上院議員)
상위 개념=상위개념(上位概念)
상위 등급(上位等級)
상을 보다(相-) [관]
상을 보이다(相-) [관]
상의 안 하다(相議-)
상의하달(上意下達)
상의해 오다(相議-)
상이군경(傷痍軍警)
상이군인(傷痍軍人)
상이 어둡다(床-) [관]
상이용사(傷痍勇士)
상이죽(桑耳粥)
상일꾼(常-)
상임 이사(常任理事)
상자떼기(箱子--)
상장 기업(上場企業)
상장막대(喪杖-)
상쟁이(相-)
상전 노릇 하다(上典-)
상전댁(上典宅)
상전 배부르면 종 배고픈 줄 모른다(上典-) [격]
상전벽해(桑田碧海)
상전벽해 되어도 비켜설 곳이 있다(桑田碧海-)
   [격]
상전 앞의 종(上典-) [격]
상전은 말은 믿고 살아도 종은 믿고 못 산다(上
   典-) [격]
상전은 미고 살아도 종은 미고 못 산다(上典-)
   [격]
상전의 빨래에 종의 발뒤축이 희다(上典-) [격]
상점 입구(商店入口)
상점 주인(商店主人)
상정해 놓다(上程-)
상제 노릇 하다(喪制-)
상제보다 복재기가 더 설워한다(喪制-服-) [격]
상제와 젯날 다툰다(喪制-祭-) [격]
상종 못 하다(相從-)
상좌가 많으면 가마솥을 깨뜨린다(上佐-) [격]
상좌 스님(上座-)

상좌 중의 법고 치듯(上座-法鼓-) [격]
상주 노릇 하다(喪主-)
상주물림
상주 보고 제삿날 다툰다(喪主-祭祀-) [격]
상주시켜 놓다(常住-)
상주 안 하다(常住-)
상주인구(常住人口)
상주 직원(常住職員)
상주하다시피 하다(常住-)
상 줄 만하다(賞-)
상중순(上中旬)
상중하(上中下)
상직꾼(上直-)
상직잠(上直-)
상직할미(上直-)
상 차리다(床-)
상차례(床次例)
상차림(床-)
상처 나다(傷處-)
상처 내다(傷處-)
상처 부위(傷處部位)
상처 안 나다(傷處-)
상처 입다(傷處-)
상처 입히다(傷處-)
상처 자국(傷處-)
상처 주다(傷處-)
상처투성이(傷處-)
상추떡
상추 밭에 똥 싼 개는 저 개 저 개 한다 [격]
상추쌈
상추쌈 싸 먹다
상추쌈에 고추장이 빠질까(-醬-) [격]
상치(上-)
상침 놓다(上針-) [관]
상침질하다(上針-)
상쾌해 보이다(爽快-)
상쾌해져 가다(爽快-)
상 타다(賞-)
상투가 국수버섯 솟듯 [격]
상투 머리
상투밑
상투밑 치다 [관]
상투빗
상투 위에 올라앉다 [격]
상투 잡다 [관]
상투잡이

상투쟁이
상투제침
상투찌
상투털
상투 틀다 [관]
상툿고
상툿바람
상판대기(相-)
상판대기가 꽹과리 같다(相-) [격]
상팔십(上八十)
상팔십이 내 팔자(上八十-八字) [격]
상팔자(上八字)
상표 등록=상표등록(商標登錄)
상품 광고=상품광고(商品廣告)
상피 나다(相避-)
상피 붙다(相避-)
상하 관계(上下關係)
상하수도(上下水道)
상학종(上學鐘)
상할 거야(傷-)
상할걸(傷-)
상할 걸세(傷-)
상할걸요(傷-)
상할 듯하다(傷-)
상해 가다(傷-)
상해 버리다(傷-)
상해 진단서(傷害診斷書)
상행 열차(上行列車)
상향 곡선(上向曲線)
상현달(上弦-)
상형 문자=상형문자(象形文字)
상호 교류(相互交流)
상호 보완(相互補完)
상호 부조(相互扶助)
상호 불신(相互不信)
상호 비방(相互誹謗)
상호 신뢰(相互信賴)
상호 작용(相互作用)
상호주의(相互主義)
상호 협력(相互協力)
상화떡(霜花-)
상환 기간(償還期間)
상환 방법(償還方法)
상황 따라(狀況-)
상황버섯(桑黃-)
상황 변화(狀況變化)

人

상황 파악(狀況把握)

샅바 싸움

샅바 씨름=샅바씨름

샅바지르다

샅바채우다

샅폭(-幅)

새가슴

새갓통(-桶)

새것

새겨 넣다

새겨 놓다

새겨 달라고 하다

새겨 달라다

새겨 두다

새겨듣다

새겨 주다

새고기

새고자리

새그물

새근발딱새근발딱하다

새금물 조금 흐린 물.

새기개 새김질을 하는 데에 쓰는 연장.

새김글

새김무늬

새김밥통(-桶)

새김붓

새김위(-胃)

새김질하다

새김칼

새까맣게 되다 [관]

새까매지다

새 까먹은 소리 [격]

새꽤기 갈대, 띠, 억새, 짚 따위의 껍질을 벗긴
　　줄기.

새꽤기에 손 베었다 [격]

새끼가락

새끼 꼬다

새끼낮 정오가 채 되지 않은 낮.

새끼 낳다

새끼 낳은 암캐같이 앙앙 말라 [격]

새끼달이

새끼도막

새끼 돼지

새끼똥구멍

새끼마루

새끼 많은 거지 말 많은 장자(-長者) [격]

새끼 많이 둔 소 길마 벗을 날 없다 [격]

새끼바늘

새끼발

새끼발가락

새끼발톱

새끼 배다

새끼벌레

새끼보기곰

새끼손

새끼손가락

새끼손톱

새끼시계(-時計)

새끼에 맨 돌[격]

새끼주머니

새끼줄 치다

새끼집

새끼치기하다

새끼 치다 [관]

새끼 칼=새끼칼

새끼틀

새 나가다

새나다

새나무 띠, 억새 따위의 땔나무.

새 나오다

새날

새남터

새남터에 나가도 먹어야 한다 [격]

새내기

새눈 낮에만 잘 보이는 눈.

새달

새대가리

새덫

새도 가지를 가려서 앉는다 [격]

새도 나는 대로 깃이 빠진다 [격]

새도 날개가 생겨야 날아간다 [격]

새 도랑 내지 말고 옛 도랑 메우지 말라 [격]

새도 앉는 데마다 깃이 떨어진다 [격]

새도 염불 하고 쥐도 방귀를 뀐다(-念佛-) [격]

새도 제 보금자리를 사랑한다 [격]

새되다

새된 소리

새둥주리

새때 끼니와 끼니의 중간 되는 때.

새똥

새 뜨다 [관]

새로울 거야

새로워 보이다
새로이
새로 집 지은 후 삼년은 마음을 못 놓는다(-後 三年-) [격]
새마을 금고＝새마을금고(-金庫)
새 마음
새막(-幕)
새막이
새맑은 하늘
새 망에 기러기 걸린다(-網-) [격]
새매통방
새머리
새 며느리
새 며느리 친정 나들이(-親庭-) [격]
새 묘 써서 삼 년(-墓-三年) [격]
새무리 ＝조류(鳥類).
새문안(-門-)
새물내
새물청어(-青魚)
새바람
새 바지에 똥 싼다 [격]
새발뜨기
새발심지(-,心-)
새 발의 피 [격]
새 발자국
새발장식(-裝飾)
새밭 띠나 억새가 우거진 곳.
새벽같이 일어나다
새벽 공기(-空氣)
새벽길 가다
새벽까치
새벽꿈
새벽녘
새벽노을
새벽달
새벽달 보려고 으스름달 안 보랴 [격]
새벽달 보자고 초저녁부터 기다린다(-初-) [격]
새벽닭
새벽동자 날이 샐 무렵에 밥을 지음. 또는 그런 일.
새벽뒤
새벽바람
새벽바람 사초롱(-紗-) [격]
새벽밥
새벽밥하다
새벽 봉창 두들긴다 [격]

새벽불
새벽빛
새벽안개
새벽어둠
새벽 예불(-禮佛)
새벽이슬
새벽일
새벽잠
새벽조반(-朝飯)
새벽종(-鐘)
새벽질하다
새벽차(-車)
새벽하늘
새벽 호랑이[격]
새벽 호랑이 중이나 개를 헤아리지 않는다 [격]
새벽 호랑이 쥐나 개나 모기나 하루살이나 하는 판 [격]
새 보다 [관]
새봄
새부리뼈
새붉은 저고리
새빨간 거짓말 [관]
새빨개지다
새뽀얀 얼굴
새뽀얘지다
새사람
새사람 들여 삼 년(-三年) [격]
새살 돋다
새살떨다
새살림
새살림 나다
새살림 차리다
새살림하다
새삼 그립다
새 새끼
새새틈틈
새색시
새소리
새 소식(-消息)
새수나다
새수못하다
새순 돋다(-筍-)
새 술은 새 부대에(-負袋-)
새 시대(-時代)
새신랑(-新郎)
새 신

새실떨다
새실맞다
새싹 나다
새아가
새아기
새아기씨
새아씨
새아주머니
새 아침
새알 참새의 알.
새알꼽재기
새알만 하다
새알 멜빵 하겠다 [격]
새알 볶아 먹을 놈 [격]
새알사탕(-沙糖)
새알심(-心)
새알콩
새알팥
새앙가루
새앙각시
새앙낭자(-娘子)
새앙단자(-團餈)
새앙머리
새앙물
새앙뿔
새앙손이
새앙순(-筍)
새앙순정과(-筍正果)
새앙술
새앙엿
새앙장아찌
새앙정과(-正果)
새앙주(-酒)
새앙즙(-汁)
새앙차(-茶)
새앙초(-醋)
새앙편
새어 나가다
새어 들다
새어 들어오다
새어머니
새언니
새엄마
새열둑 새벽에 잡은 새우.
새 오리 장가가면 헌 오리 나도 한다 [격]
새 옷

새옹밥
새우구이
새우다시피 하다
새우등
새우등지다
새우 등 터지다
새우로 잉어를 낚는다 [격]
새우만두(-饅頭)
새우무침
새우 벼락 맞던 이야기를 한다 [격]
새우볶음
새우 싸움에 고래 등 터진다 [격]
새우잠
새우저냐
새우전(-煎)
새우전(-廛)
새우젓국
새우젓 장수
새우젓찌개
새우지짐이
새우찌개
새우다시피 하다
새우튀김
새우포(-脯)
새 움 나다
새 일
새잎
새잡다 남의 비밀을 엿듣다.
새 잡아 잔치할 것을 소 잡아 잔치한다 [격]
새 잡으러 가다
새잡이
새 장(-場)
새장(-欌)
새장가 가다
새장가 들다
새점(-占)
새젓 '새우젓'의 준말.
새줄랑이
새중간(-中間)
새집
새쌈
새찜
새참
새창(-腸)
새 책(-冊)
새 천년(-千年)

새총(-銃)
새 출발(-出發)
새치기하다
새치미 떼다 [관]
새치부리다
새치 뽑다
새침데기
새침데기 골로 빠진다 [격]
새침을 떼다 [관]
새카만 얼굴
새카매지다
새코짜리
새털
새털구름
새털구름층(-層)
새털수(-繡)
새퉁바가지
새퉁빠지다
새파래지다
새파르족족하다
새판 벌이다
새판잡이
새판 짜다
새 편에 붙었다 쥐 편에 붙었다 한다(-便-便-)
　　[격]
새품　억새의 꽃.
새하얘지다
새 학기(-學期)
새 학년(-學年)
새 한 마리도 백 놈이 갈라 먹는다(-百-) [격]
새해
새해 들어
새해맞이
새해 못할 제사 있으랴(-祭祀-) [격]
새해 소망(-所望)
새해 아침
새해 예산(-豫算)
새해 운세(-運勢)
새해 인사(-人事)
새해 차례=새해차례(-茶禮)
색 갈다(色-) [관]
색깔이하다(色-)
색견본(色見本)
색깔 논쟁(色-論爭)
색깔 띠다(色-)
색날기(色-)　물들인 색이 바래져 사라지는 현

상.
색노끈(色-)
색다른 맛(色-)
색달리 보이다(色-)
색대님(色-)
색동두루마기(色-)
색동마고자(色-)
색동옷(色-)
색동저고리(色-)
색동천(色-)
색떡(色-)
색 먹다(色-) [관]
색무명(色-)
색미투리(色-)
색바꿈(色-)
색바람　이른 가을에 부는 선선한 바람.
색바램(色-)
색분필(色粉筆)
색사진(色寫眞)
색소경(色-)　=색맹.
색스럽다(色-)
색스혼족(saxhorn 族)
색시가 고우면 처갓집 외양간 말뚝에도 절한다
　　(-妻家-間-) [격]
색시걸음
색시 귀신에 붙들리면 발을 못 뺀다(-鬼神-)
　　[격]
색시 그루는 다홍치마 적에 앉혀야 한다(-紅-)
　　[격]
색시꼴
색시놀이
색시비　새색시처럼 수줍은 듯 소리없이 내리
　　는 이슬비.
색시장가
색시절
색시 짚신에 구슬 감기가 웬일인고 [격]
색실(色-)
색싯감
색싯집
색쌈(色-)
색 쓰다(色-) [관]
색안경 쓰다(色眼鏡-) [관]
색안경을 끼고 보다(色眼鏡-) [관]
색에 밭다(色-) [관]
색연필(色鉛筆)
색올림(色-)

색옷(色-) =무색옷.

색 이름(色-)

색절편(色-)

색종이(色-)

색주가(色酒家)

색주가질하다(色酒家-)

색줄(色-)

색줏집(色酒-)

색차지(色次知)

색채움(色-)

색출 작전(索出作戰)

색출해 내다(索出-)

색팽이(色-)

색흙(色-)

샌드위치맨(sandwich man)

샐그러뜨리다

샐그러지다

샐그러트리다

샐기죽샐기죽하다

샐녘

샐빛

샘구멍

샘나다

샘내다

샘논

샘물가

샘물받이

샘물줄기

샘물터

샘바르다

샘바리

샘받이

샘솟다

샘에 든 고기 [격]

샘을 보고 하늘을 본다 [격]

샘터

샘 파다

샛가지

샛강(-江)

샛강 물소리 멎을 때 북촌 마님 빈대떡 주무르
　　듯(-江-北村-) [격]

샛검불

샛골목

샛길

샛노래지다

샛눈

샛말갛다

샛말개지다

샛문(-門)

샛바람

샛바람에 게 눈 감기듯 [격]

샛바리

샛바리 짚바리 나무란다 [격]

샛방(-房)

샛별

샛별가리　볏단을 십자형으로 더미를 지어 쌓
　　은 볏가리.

샛별눈

샛서방(-書房)

샛요기(-療飢) =새참.

샛장지(-障-)

샛짚

생가슴(生-)

생가슴 뜯다(生-) [관]

생가시아비(生-)

생가시아비 묶듯(生-) [격]

생가죽(生-)

생가죽 벗기다(生-) [관]

생가지(生-)

생가 터(生家-)

생각나는 대로

생각나다

생각난 듯하다

생각다 못해 [관]

생각대로 안 되다

생각도 못 하다

생각도 안 하다

생각 돌다 [관]

생각 마라

생각만큼 안 되다

생각 말라고 하다

생각 말라다

생각 못 하다

생각 밖의 일

생각 안 나다

생각 없다

생각에서 깨어나다 [관]

생각 외로 쉽다(-外-)

생각을 돌리다 [관]

생각이 꿀떡 같다 [관]

생각이 팔자(-八字) [관]

생각 잘못하다

536

생각지도 못한 일
생각지 마라
생각하는 대로
생각할 거야
생각할걸
생각할 걸세
생각할걸요
생각할게
생각할게요
생각할 듯하다
생각해 내다
생각해 두다
생각해 보다
생각해 본 적 있다
생각해 볼 만하다
생각해 봄 직하다
생각해 오다
생각해 온 대로
생각해 주다
생갈이하다(生-)
생감(生-)
생감자(生-)
생강가루(生薑-)
생강단자(生薑團瓷)
생강뿔(生薑-)
생강순(生薑筍)
생강순정과(生薑筍正果)
생강술(生薑-)
생강엿(生薑-)
생강장아찌(生薑-)
생강정과(生薑正果)
생강즙(生薑汁)
생강짜(生-)
생강차(生薑茶)
생강초(生薑醋)
생강편(生薑-)
생거름(生-)
생거짓말(生-)
생걱정(生-)
생것(生-)
생게망게하다
생겨나다
생계 대책(生計對策)
생계 수단(生計手段)
생계유지(生計維持)
생계 잇다(生計-)

생고구마(生-)
생고기(生-)
생고무(生-)
생고생(生苦生)
생고집(生固執)
생고치(生-)
생과부(生寡婦)
생과실(生果實)
생과일(生-)
생과자(生菓子)
생광목(生廣木)
생굴(生-)
생금덩이(生金-)
생급살(生急煞)
생기 나다(生氣-)
생기는 대로
생기 돌다(生氣-)
생기 없다(生氣-)
생기 있어 보이다(生氣-)
생기짚다(生氣-)
생기침(生氣-)
생긴 대로
생길(生-) 길이 없던 곳에 처음으로 낸 길.
생길 거야
생길걸
생길 걸세
생길걸요
생길 듯하다
생길 만도 하다
생김(生-)
생김생김
생김수(-數)
생김치(生-)
생꾼(生-) =생무지.
생나무(生-)
생나무 꺾듯(生-) [관]
생나무 휘어잡기(生-) [격]
생나물(生-)
생난리(生亂離)
생남턱(生男-)
생낮(生-)
생년월일(生年月日)
생논(生-) 갈이가 잘되지 않은 논.
생눈(生-)
생눈 뽑다(生-)
생눈길(生-)

생눈깔(生-)
생눈깔 뽑다(生-) [관]
생눈판(生-)
생니(生-)
생닭(生-)
생담배(生-)
생당목(生唐木)
생도둑(生-)
생도라지(生-)
생돈(生-)
생동쌀
생동찰
생동팥
생되다(生-)
생된장(生-醬)
생딱지(生-)
생딴전(生-)
생땅(生-)
생때같다(生-)
생떡국(生-)
생떼(生-)
생떼거리(生-)
생뚱맞다
생략해 버리다(省略-)
생량머리(生凉-) 초가을로 접어들어 서늘해질
    무렵.
생력꾼(生力-) 기운이 왕성하여 힘이 넘치는
    사람.
생률 치다(生栗-) [관]
생리 기간(生理期間)
생리 때(生理-)
생리위생(生理衛生)
생리 작용=생리작용(生理作用)
생리학자(生理學者)
생리 현상(生理現象)
생리 휴가=생리휴가(生理休暇)
생마 갈기 외로 갈지 바로 갈지(生馬-) [격]
생마새끼(生馬-)
생마 잡아 길 들이기(生馬-) [격]
생말(生-) 억지로 끌어대는 말.
생매(生-) 길 들이지 않은 매.
생매장(生埋葬)
생매장해 버리다(生埋葬-)
생맥주(生麥酒)
생맥줏집(生麥酒-)
생머리(生-)

생먹다(生-) (1)남이 하는 말을 잘 듣지 않다.
    (2)일부러 모르는 체하다.
생먹이(生-)
생멧소(生-)
생면목(生面目) 처음으로 대하는 얼굴.
생면부지(生面不知)
생명 보험=생명보험(生命保險)
생명 연장(生命延長)
생명 존중(生命尊重)
생명주실(生明紬-)
생명 줄(生命-)
생모시(生-)
생목숨(生-)
생목 오르다(生-)
생몰년(生沒年)
생무덤(生-)
생무명(生-)
생무지(生-)
생물자원(生物資源)
생미역(生-)
생밤(生-)
생방송(生放送)
생배(生-) 아무런 이유 없이 갑자기 아픈 배.
생배앓다(生-)
생배앓이(生-)
생베(生-)
생벼락(生-)
생병(生病)
생병신(生病身)
생병 앓다(生病-)
생복구이(生鰒-)
생복회(生鰒膾)
생부모(生父母)
생빚(生-) 공연히 얻게 된 빚.
생뿔 =생강뿔.
생사고락(生死苦樂)
생사람 잡다(生-)
생사 불명(生死不明)
생사 여부(生死與否)
생사윤회(生死輪廻)
생사 확인(生死確認)
생산 공장(生産工場)
생산 기술=생산기술(生産技術)
생산 단가(生産單價)
생산 설비(生産設備)
생산 실적(生産實積)

생산 업체(生産業體)

생산 원가=생산원가(生産原價)

생산 인력(生産人力)

생산 품목(生産品目)

생산해 내다(生産-)

생산 현장(生産現場)

생산 활동(生産活動)

생살(生-)

생새우(生-)

생색나다(生色-)

생색내다(生色-)

생색 안 나다(生色-)

생생가(生生家)

생생목(生-) 천을 짠 후에 잿물에 삶지 않은
　　당목.

생생이

생생이판

생선 가게(生鮮-)

생선가루(生鮮-)

생선 값(生鮮-)

생선거름(生鮮-)

생선구이(生鮮-)

생선국(生鮮-)

생선 대가리(生鮮-)

생선 망신은 꼴뚜기가 시킨다(生鮮亡身-) [격]

생선묵(生鮮-)

생선묵튀김(生鮮-)

생선볶음(生鮮-)

생선 비늘(生鮮-)

생선 비린내(生鮮-)

생선 요리(生鮮料理)

생선 장사(生鮮-)

생선 장수(生鮮-)

생선저냐(生鮮-)

생선적(生鮮炙)

생선전(生鮮煎)

생선젓(生鮮-)

생선죽(生鮮粥)

생선찌개(生鮮-)

생선찜(生鮮-)

생선철(生鮮-)

생선 초밥(生鮮醋-)

생선 토막(生鮮-)

생선 튀김(生鮮-)

생선포(生鮮脯)

생선회(生鮮膾)

생성 과정(生成過程)

생소나무(生-)

생소리(生-)

생소주(生燒酒) 안주 없이 마시는 소주.

생손톱(生-)

생솔(生-)

생솔 가지(生-)

생수받이(生水-) 땅에서 솟아나는 샘물을 이
　　용하여 농사를 짓는 논.

생수절(生守節)

생술(生-) =풋술.

생시에 먹은 마음 취중에 나온다(生時-醉中-)
　　[격]

생시치미(生-)

생시침(生-) '생시치미'의 준말.

생식 기관=생식기관(生殖器官)

생식깃(生殖-)

생신 날(生辰-)

생신 선물(生辰膳物)

생신차례(生辰茶禮)

생실(生-)

생실과(生實果)

생심 내다(生心-)

생심코(生心-)

생쌀(生-)

생아버지(生-) =친아버지.

생아편(生阿片)

생야단(生惹端)

생약 성분(生藥成分)

생어머니(生-) =친어머니.

생억지(生-)

생열녀문(生烈女門) 살아 있을 때에 세운 열녀
　　문.

생엿 =생강엿.

생오이(生-)

생옥양목(生玉洋木)

생옹이(生-)

생외가(生外家) 양자로 간 사람의 생가 쪽의
　　외가.

생우유(生牛乳)

생원님이 종만 업신여긴다(生員-) [격]

생월생시(生月生時)

생육신(生六臣)

생으로 먹다(生-)

생이 벼락 맞던 이야기를 한다 [격]

생이별(生離別)

539

생이적(-炙)

생이젓

생이지짐이

생인발

생인손

생일 기념(生日紀念)

생일날(生日-)

생일날 잘 먹으려고 이레를 굶는다(生日-) [격]

생일맞이(生日-)

생일빔(生日-)

생일빠낙(生日-) 생일잔치를 차리는 때.

생일상(生日床)

생일상 차리다(生日床-)

생일 선물(生日膳物)

생일잔치(生日-)

생일 축하(生日祝賀)

생일 파티(生日party)

생입 놀리다(生-)

생잎(生-)

생자리(生-)

생자식(生子息)

생잡이(生-)

생장 발육(生長發育)

생장작(生長斫)

생장해 오다(生長-)

생재기(生-) 종이나 피륙 따위의 성한 곳.

생재기 미다(生-)

생전 모습(生前-)

생전 부귀요 사후 문장이라(生前富貴-死後文
    章-) [격]

생전 처음(生前-)

생절이(生-)

생젖(生-)

생존 경쟁=생존경쟁(生存競爭)

생존 기간(生存期間)

생존 방식(生存方式)

생존 본능(生存本能)

생존 전략(生存戰略)

생존해 오다(生存-)

생죽음(生-)

생쥐 같은 놈

생쥐 고양이한테 덤비는 격(-格) [격]

생쥐 발싸개만 하다 [격]

생쥐 불가심할 것도 없다 [격]

생쥐 새끼 같다 [격]

생쥐 소금 먹듯 [격]

생지옥(生地獄)

생지옥살이(生地獄-)

생질녀(甥姪女)

생짜(生-)

생쪽매듭

생차(-茶) =생강차.

생채기 나다

생채기 내다

생천(生-)

생청 =생떼.

생청붙이다

생체 실험(生體實驗)

생초목(生草木)

생초목에 불붙는다(生草木-) [격]

생초상(生初喪)

생축산물(生畜産物)

생치구이(生雉-)

생치김치(生雉-)

생치만두(生雉饅頭)

생치저냐(生雉-)

생치적(生雉炙)

생치조림(生雉-)

생침 삼키다(生-)

생코 골다(生-)

생콩(生-)

생탈 부리다(生頉-)

생태 공원(生態公園)

생태 변화=생태변화(生態變化)

생태 조사(生態調査)

생트집 잡다(生-)

생트집하다(生-)

생파(生-)

생파리(生-)

생파리같다(生-)

생파리 잡아떼듯(生-) [격]

생판 모르는 일(生-)

생포 작전(生捕作戰)

생포해 오다(生捕-)

생풀(生-)

생풀하다(生-)

생피(生-)

생핀잔 듣다(生-)

생호령(生號令)

생혼나다(生魂-)

생홀아비(生-)

생활 개선=생활개선(生活改善)

540

생활공간(生活空間)
생활 규범(生活規範)
생활 수단(生活手段)
생활수준(生活水準)
생활 습관(生活習慣)
생활신조(生活信條)
생활 쓰레기(生活-)
생활양식(生活樣式)
생활 여건(生活與件)
생활 영어(生活英語)
생활 예절(生活禮節)
생활용수(生活用水)
생활 용품(生活用品)
생활 정보(生活情報)
생활 체육=상활체육(生活體育)
생활 태도(生活態度)
생활 터전(生活-)
생활 폐수(生活廢水)
생활필수품(生活必需品)
생활하수(生活下水)
생활해 가다(生活-)
생활해 나가다(生活-)
생활해 오다(生活-)
생활 형편(生活形便)
생활화해 나가다(生活化-)
생활환경(生活環境)
생흙(生-)
삼쌍둥이(Siam雙-)
서거리깍두기
서 계시다
서구 문명(西歐文明)
서구 사회(西歐社會)
서글서글해 보이다
서까래편수
서까랫감
서까랫감인지 도릿감인지 모르고 길다 짧다 한
　　다 [격]
서남간(西南間)
서남부 지역(西南部地域)
서남아시아(西南Asia)
서남쪽(西南-)
서남향(西南向)
서낭굿
서낭나무
서낭신(-神)
서낭에 가 절만 한다 [격]

서낭에 나다 [관]
서낭에 난 물건이냐(-物件-) [격]
서너 군데
서너때
서너째
서너 해
서녘 하늘
서느레지다
서늘바람
서늘해져 가다
서 달라고 하다
서 달라다
서답방(-房)
서당 개 삼 년에 풍월한다(書堂-三年-風月-)
　　[격]
서당 아이들은 초달에 매여 산다(書堂-楚撻-)
　　[격]
서덜길　냇가나 강가 따위에 나 있는, 돌이 많
　　은 길.
서 돈
서두르지 마라
서두를 거야
서두를걸
서두를 걸세
서두를걸요
서두를게
서두를게요
서두를 놓다(序頭-) [관]
서둘다 보니
서둘러 달라고 하다
서둘러 달라다
서둘러 오다
서둘러 해 버리다
서라말　흰 바탕에 거뭇한 점이 섞여 있는 말.
서러움 받다
서러움 주다
서러워할 거야
서러워할걸
서러워할 걸세
서러워할걸요
서력기원(西曆紀元)
서력기원전(西曆紀元前)
서로 간에(-間-)
서로서로
서로치기
서류 가방(書類-)

서류꽂이(書類-)
서류 봉투(書類封套)
서류 작성(書類作成)
서류 제출(書類提出)
서른 과부는 넘겨도 마흔 과부는 못 넘긴다(-寡婦-寡婦-) [격]
서른넷
서른 대여섯
서른 댓 살
서른 두세 살
서른 두어 살
서른 서너 살
서른세 해 만에 꿈 아야기 한다 [격]
서름서름한 사이
서리 같은 칼날 [관]
서리꽃
서리꾼
서리 내리다 [관]
서리 맞다 [관]
서리 맞은 구렁이 [격]
서리병아리
서리서리
서리유리(-琉璃)
서리 이다 [관]
서리털
서린꼭지
서린잡이
서릿가을
서릿김
서릿바람
서릿발
서릿발 이다 [관]
서릿발이 서다 [관]
서릿발 치다 [관]
서릿점(-點)
서막을 올리다(序幕-) [관]
서 말
서머스쿨(summer school)
서먹서먹해 보이다
서면 계약=서면계약(書面契約)
서면 조사=서면조사(書面調査)
서면표결(書面表決)
서면 합의(書面合意)
서명 날인=서명날인(署名捺印)
서명 안 하다(署名-)
서명 운동=서명운동(署名運動)

서명해 주다(署名-)
서무날
서무 주임(庶務主任)
서민 경제(庶民經濟)
서민 생활(庶民生活)
서민 의식(庶民意識)
서민 주택(庶民住宅)
서 발
서 발 막대 거칠 것 없다 [격]
서방 국가=서방국가(西方國家)
서방덤(書房-) 자반고등어 따위의 배에 덤으로 끼워 놓는 꽤 큰 새끼 자반.
서방 맞다(書房-) [관]
서방맞이(書房-)
서방 맞히다(書房-) [관]
서방질하다(書房-)
서방행자(西方行者)
서 버리다
서벅돌
서부렁섭적
서부 영화=서부영화(西部映畵)
서부 전선=서부전선(西部戰線)
서부 지역(西部地域)
서부 활극=서부활극(西部活劇)
서분한살 굵으면서도 가벼운 화살.
서비스산업=서비스산업(service 産業)
서비스업계(service 業界)
서산나귀
서산 너머(西山-)
서산대질(書算-)
서산마루(西山-)
서산머리(西山-)
서서 먹다
서서 보다
서서출발(-出發)
서속밥(黍粟-)
서술해 나가다(敍述-)
서술해 놓다(敍述-)
서슬이 시퍼렇다 [관]
서슬이 푸르다 [관]
서슴없다
서신 연락(書信連絡)
서아시아(西Asia)
서양개(西洋-)
서양고추(西洋-)
서양과자(西洋菓子)

서양못(西洋-)
서양 문화(西洋文化)
서양배(西洋-)
서양 사람(西洋-)
서양수수꽃다리(西洋-)
서양 요리(西洋料理)
서양 음악=서양음악(西洋音樂)
서양장기(西洋將棋)
서양칠엽수(西洋七葉樹) =마로니에.
서예 작품(書藝作品)
서운해 보이다
서울 가는 놈이 눈썹을 빼고 간다 [격]
서울 가서 김 서방 찾기(-金書房-) [격]
서울 갔다 오다
서울 거리
서울까투리
서울깍쟁이
서울내기
서울 놈의 글 꼭질 모른다고 말꼭지야 모르랴
　　[격]
서울 땅
서울뜨기
서울마디
서울말
서울 말씨
서울반닫이(-半-)
서울 방면(-方面)
서울 부산 간(-釜山間)
서울 사람은 비만 오면 풍년이란다(-豊年-) [격]
서울 사람을 못 속이면 보름을 똥을 못 눈다
　　[격]
서울 생활(-生活)
서울서 매 맞고 송도서 주먹질한다(-松都-) [격]
서울 소식은 시골 가서 들어라(-消息-) [격]
서울 시내(-市內)
서울 시민(-市民)
서울 아침이다 [격]
서울에 가야 과거도 본다(-科擧-) [격]
서울 와 있을 때
서울이 낭이라 [격]
서울이 낭이라니까 과천부터 긴다(-果川-) [격]
서울이 무섭다니까 남태령부터 긴다(-南太嶺-)
　　[격]
서울 전역(-全域)
서울 지역(-地域)
서울 출신(-出身)

서울행(-行)
서 있는 채로
서 있다시피 하다
서자녀(庶子女)
서자 취급(庶子取扱)
서조모(庶祖母)
서 주다
서쪽 나라(西-)
서쪽 방면(西-方面)
서쪽에서 해가 뜨다(西-) [관]
서쪽 하늘(西-)
서천에서 해가 뜨겠다(西天-) [격]
서초머리(西草-)
서총대무명(瑞葱臺-)
서캐 훑듯
서캐훑이
서클 활동(circle活動)
서털구털하다
서투르게나마
서투르다 보니
서투른 과방이 안반 타박한다(-果房-) [격]
서투른 도둑 첫날밤에 들킨다 [격]
서투른 무당이 마당 기울다 한다 [격]
서투른 무당이 장구만 나무란다 [격]
서투른 숙수가 안반만 나무란다(-熟手-) [격]
서투른 풍수 집안만 망쳐 놓는다(-風水-亡-)
　　[격]
서투를 거야
서투를걸
서투를 걸세
서투를걸요
서툰 짓 하다
서툴러 보이다
서 편짝(西便-)
서 푼 한 푼, 두 푼, 서 푼…….
서푼 아주 보잘것없는 값.
서푼목정
서푼짜리
서피목도리(鼠皮-)
서해 바다(西海-)
서향집(西向-)
서향판(西向-)
서 홉에도 참견 닷 홉에도 참견(-參見-參見)
　　[격]
석각장이(石刻-)
석간신문(夕刊新聞)

석고끌(石膏-)
석굴(石窟)
석기 시대=석기시대(石器時代)
석 냥(-兩)
석다치다
석 달간(-間)
석 달 남짓
석 달 동안
석 달 만에
석 달 열흘
석 달 장마에도 개부심이 제일(-第一) [격]
석 달째
석동무늬
석 되
석류나무(石榴-)
석류노리개(石榴-)
석류는 떨어져도 안 떨어지는 유자를 부러워하
    지 않는다(石榴-柚子-) [격]
석류 알 같은(石榴-)
석물 공장(石物工場)
석방시켜 주다(釋放-)
석방 안 되다(釋放-)
석벌(石-)
석벌의 집(石-) [관]
석비레(石-) 푸석푸석한 돌이 많이 섞인 흙.
석비레담(石-)
석사 과정=석사과정(碩士課程)
석사 학위(碩士學位)
석삼년(-三年)
석새
석새베
석새베에 씨도 안 든다 [격]
석새베에 열새 바느질 [격]
석새삼베
석새에서 한 새 빠진 소리 한다 [격]
석새짚신
석새짚신에 구슬 감기 [격]
석 섬
석쇠무늬
석수 일 하다(石手-)
석수장이(石手-)
석수장이 눈깜작이부터 배운다(石手-) [격]
석수질하다(石手-)
석숭의 재물도 하루아침(石崇-財物-) [격]
석양 무렵(夕陽-)
석양볕(夕陽-)

석양빛(夕陽-)
석양판(夕陽-) 해질 무렵.
석얼음(石-)
석연찮아 보이다(釋然-)
석연치 않다(釋然-)
석유 값(石油-)
석유곤로(石油O爐)
석유난로(石油煖爐)
석유 냄새(石油-)
석유등(石油燈)
석유 등잔(石油燈盞)
석유램프(石油lamp)
석유 배급(石油配給)
석유 병(石油瓶)
석유 산업=석유산업(石油産業)
석유 자원(石油資源)
석유 제품=석유제품(石油製品)
석유풍로(石油風爐)
석유 화학=석유화학(石油化學)
석이나물(石耳-)
석이단자(石耳團餈)
석이떡(石耳-)
석이쌈(石耳-)
석이저냐(石耳-)
석이채(石耳菜)
석 자
석 자 베를 짜도 베틀 벌이기는 일반(--般)
    [격]
석 자 세 치 발감개를 하다 [관]
석장볏(-張-)
석전꾼(石戰-)
석전놀이(石戰-)
석전질(石戰-)
석조 건물(石造建物)
석좌 교수=석좌교수(碩座敎授)
석탄불(石炭-)
석탄재(石炭-)
섞갈리다
섞바꾸다
섞바뀌다
섞박지
섞붙이기하다
섞사귀다
섞어 놓다
섞어 놔두다
섞어 두다

섞어 마시다
섞어 먹다
섞어 버리다
섞어 쓰다
섞어 주다
섞어짓기하다
섞어찌개
섞여 나오다
섞여 들어가다
섞음품종(-品種)
섞임씨
섰이 삭다
선가 없는 놈이 배에 먼저 오른다(船價-) [격]
선거 공약=선거공약(選擧公約)
선거 관리(選擧管理)
선거 기간=선거기간(選擧期間)
선거 때(選擧-)
선거 비용=선거비용(選擧費用)
선거 운동=선거운동(選擧運動)
선거인단(選擧人團)
선거 자금(選擧資金)
선거철(選擧-)
선걸음
선결 과제(先決課題)
선결문제(先決問題)
선결 조건(先決條件)
선교 활동(宣敎活動)
선글라스(sunglass)
선금 받다(先金-)
선남선녀(善男善女)
선대부인(先大夫人)
선도 역할(先導役割)
선도 차량(先導車輛)
선도해 나가다(先導-)
선동 정치(煽動政治)
선동해 오다(煽動-)
선두 경쟁(先頭競爭)
선두 다툼(先頭-)
선두르기(線-)
선두름(線-)
선두 자리(先頭-)
선두 주자(先頭走者)
선둥이(先-)
선들바람
선떡
선떡 가지고 친정에 간다(-親庭-) [격]

선떡 먹고 체하였나 웃기는 왜 웃어(-滯-) [격]
선떡 받듯이 [격]
선떡이 부스러진다 [격]
선떡부스러기
선똥
선량해 보이다(善良-)
선례 남기다(先例-)
선린 외교=선린외교(善隣外交)
선머리(先-)
선머슴
선명해 보이다(鮮明-)
선무당
선무당이 마당 기울다 한다 [격]
선무당이 사람 잡는다 [격]
선무당이 장구만 나무란다 [격]
선무당이 장구 탓한다 [격]
선문 놓다(先文-) [관]
선물 교환(膳物交換)
선물 꾸러미(膳物-)
선물 못 사다(膳物-)
선물 사 주다(膳物-)
선물 상자(膳物箱子)
선민의식(選民意識)
선바람
선바람쐬다
선바위
선박 회사(船舶會社)
선반에서 떨어진 떡 [격]
선반턱
선발 경기=선발경기(選拔競技)
선발 대회(選拔大會)
선발 못 하다(選拔-)
선발 인원(選拔人員)
선발 제도(選拔制度)
선발해 놓다(選拔-)
선배 노릇(先輩-)
선배 언니(先輩-)
선배 역할(先輩役割)
선배 형(先輩兄)
선별 기준(選別基準)
선별 작업(選別作業)
선별저울(選別-)
선별해 놓다(選別-)
선병자 의라(先病者醫-) [격]
선보다
선보러 가다

선보름(先-)

선보이다

선볼 거야

선볼걸

선볼 걸세

선볼걸요

선볼게

선볼게요

선봉대장(先鋒大將)

선봉대장 투구 쓰듯(先鋒大將-) [격]

선불 급소에 바로 맞지 않은 총알.

선불 걸다 [관]

선불 놓다 [관]

선불 맞다 [관]

선불 맞은 노루 모양(-模樣) [격]

선불 지르다 [관]

선불질하다

선비 논 데 용 나고 학이 논 데 비늘이 쏟아진
     다(-龍-鶴-) [격]

선비양반(-兩班)

선비 정신(-精神)

선사 시대=선사시대(先史時代)

선산발치(先山-)

선상 생활(船上生活)

선생기생(先生妓生)

선생 노릇 하다(先生-)

선생님 댁(先生-宅)

선생무당(先生-)

선생 삼다(先生-)

선생 신분(先生身分)

선생의 똥은 개도 안 먹는다(先生-)

선생질하다(先生-)

선생티 나다(先生-)

선셈하다(先-)

선소리꾼(先-)

선소리치다(先-)

선소리하다

선손(先-)

선손 걸다(先-) [관]

선손 쓰다(先-) [관]

선손질하다(先-)

선손질 후 방망이(先-後-) [격]

선수 걸다(先手-) [관]

선수 뺏기다(先手-)

선수 생활(選手生活)

선수 쓰다(先手-) [관]

선수 치다(先手-) [관]

선술집

선심 공세(善心攻勢)

선심 쓰다(善心-) [관]

선심이 내키다(善心-) [관]

선심 행정(善心行政)

선악과나무(善惡果-)

선양해 주다(宣揚-)

선영 명당에 바람이 난다(先塋明堂-) [격]

선왕재하고 지벌 입는다(善往齋-罰-) [격]

선외가작(選外佳作)

선웃음

선웃음 치다

선원수첩(船員手帖)

선을 대다(線-) [관]

선이 가늘다(線-) [관]

선이 굵다(線-) [관]

선일 서서 하는 일.

선임 하사=선임하사(先任下士)

선임해 놓다(選任-)

선입관념(先入觀念)

선자 고래=선자고래(扇子-)

선자귀

선자귀장이

선자물쇠

선자추녀(扇子-)

선잠

선잠 깨다

선잠 들다

선장사 =도붓장사.

선전 구호(宣傳口號)

선전기구(宣傳氣球)

선전도안(宣傳圖案)

선전 문구(宣傳文句)

선전 포고=선전포고(宣戰布告)

선전해 오다(宣傳-)

선전해 주다(宣傳-)

선정 작업(選定作業)

선정해 놓다(選定-)

선제골(先制goal)

선제공격(先制攻擊)

선조 임금(宣祖-)

선지저냐

선지찌개

선지피

선진 국가(先進國家)

선진 기술(先進技術)
선진 문명(先進文明)
선짓국
선짓국을 먹고 발등걸이를 하였다 [격]
선짓덩이
선창다리(船艙-)
선창머리(船艙-)
선처해 달라고 하다(善處-)
선처해 달라다(善處-)
선출될 듯하다(選出-)
선출 못 하다(選出-)
선출 방법(選出方法)
선출해 놓다(選出-)
선키 섰을 때의 키.
선택 과목=선택과목(選擇科目)
선택 사항(選擇事項)
선택 잘못하다(選擇-)
선택 진료(選擇診療)
선택해 주다(選擇-)
선통 놓다(先通-) [관]
선틀 =문설주.
선포해 버리다(宣布-)
선하품
선행 조건=선행조건(先行條件)
선행 학습(先行學習)
선헤엄
선홈통(-桶)
선후걸이(先後-)
선후배 사이(先後輩-)
섣달 그믐
섣달 그믐께
섣달 그믐날
섣달 그믐날 개밥 퍼 주듯 [격]
섣달 그믐날 시루 얻으러 가다니 [격]
섣달 그믐날 흰떡 맞듯 [격]
섣달받이
섣달에 들어온 머슴이 주인마누라 속곳 걱정한
　　다(-主人-) [격]
섣달이 둘이라도 시원치 않다 [격]
섣부르다
섣부른 짓 하다
섣불리 안 하다
설거지물
설거지통(-桶)
설거지해 놓다
설거지해 주다

설 거야
설걸
설 걸세
설걸요
설게
설게요
설계 도면(設計圖面)
설계 변경(設計變更)
설계해 놓다(設計-)
설고빵(雪餻-) =카스텔라.
설 곳 없다
설구이
설굳다
설굽다
설깨다
설꼭지
설날 아침
설날에 옴 오르듯 [격]
설늙은이
설다듬이
설다루다
설다리
설 대목
설데치다
설되다
설득 못 하다(說得-)
설득 작업(說得作業)
설득 작전(說得作戰)
설득해 보다(說得-)
설든다
설렁줄
설렁탕 집(-湯-)
설레꾼
설레발놓다
설레발치다
설립 목적(設立目的)
설립 취지(設立趣旨)
설마가 사람 잡는다 [격]
설마르다
설마 설마 하다가
설마하니
설망낚시(-網-)
설맞다
설맞이하다
설명 못 하다(說明-)
설명 안 하다(說明-)

ㅅ

설 명절(-名節)
설명해 주다(說明-)
설문 조사(設問調査)
설미지근하다
설밑
설밑 대목
설밥 설날에 오는 눈을 비유적으로 이르는 말.
설보다
설비 투자=설비투자(設備投資)
설빔
설빔 지어 입히다
설사 나다(泄瀉-)
설 사돈 있고 누울 사돈 있다(-査頓-査頓-)
   [격]
설사 증세 보이다(泄瀉症勢-)
설삶다
설삶은 말 대가리 [격]
설 선물(-膳物)
설설 기다
설설 끓다
설 쇠다
설술 설에 쓰는 술.
설앓이
설 연휴(-連休)
설요기 간단하게 겨우 시장기를 면하는 것.
설워하다
설음식(-飮食)
설익다
설자다
설 자리
설 자리 앉을 자리 모른다 [격]
설 자리 잃다
설잡다
설잡도리
설잡죄다
설장(-場) 설을 가까이 앞두고 서는 장.
설정 안 되다(設定-)
설정해 놓다(設定-)
설 제 궂긴 아이가 날 제도 궂긴다 [격]
설죽다
설죽이다
설차다
설쳐 대다
설치다
설치 미술=설치미술(設置美術)
설치해 놓다(設置-)

설치해 주다(設置-)
설탕 맛(雪糖-)
설탕물(雪糖-)
설탕 타 마시다(雪糖-)
설통발(-筒-)
설피창이
설해 방지(雪害防止)
섬거적
섬겨 오다
섬곡식(-穀食)
섬기듯이 하다
섬기듯 하다
섬나라
섬놈
섬누룩
섬돌 밑
섬둑
섬떡 쌀을 한 섬이나 들여서 만든 떡.
섬마섬마
섬 마을
섬멍구럭
섬밥 한 섬쯤 되는 쌀로 지은 밥.
섬벼 섬에 넣은 벼.
섬사람
섬 색시
섬 생활(-生活)
섬세해 보이다(纖細-)
섬 속에서 소 잡아먹겠다 [격]
섬유 공장(纖維工場)
섬유 제품=섬유제품(纖維製品)
섬유 회사(纖維會社)
섬 주민(-住民)
섬지기
섬 지역(-地域)
섬 진 놈 멱 진 놈 [격]
섬틀 섬을 치는 틀.
섬 틈에 오쟁이 끼겠나 [격]
섬피(-皮) 곡식을 담는 섬의 겉껍질.
섭산적(-散炙)
섭산적이 되도록 맞다(-散炙-) [격]
섭새김질
섭섭지 않게 하다
섭섭해 보이다
섭슬려 다니다
섭씨온도(攝氏溫度)
섭외 활동(涉外活動)

섭조개
섭죽(-粥) 섭조개를 넣고 쑨 죽.
섭집게 섭조개를 잡는 집게.
섭취해 오다(攝取-)
섰다판
성가퀴(城-) 성 위에 낮게 쌓은 담.
성가시게 굴다
성게알젓
성격 이상=성격이상(性格異常)
성격 장애=성격장애(性格障碍)
성격 차이(性格差異)
성격 탓(性格-)
성결 교회=성결교회(聖潔敎會)
성경 구절(聖經句節)
성 경험(性經驗)
성공리에 마치다(成功裏-)
성공 못 하다(成功-)
성공 비결(成功秘訣)
성공 사례(成功事例)
성공 신화(成功神話)
성공 요인(成功要因)
성공할 거야(成功-)
성공할걸(成功-)
성공할 걸세(成功-)
성공할걸요(成功-)
성공할게(成功-)
성공할게요(成功-)
성공할 듯하다(成功-)
성공 확률(成功確率)
성과 못 올리다(成果-)
성과 없이 끝나다(成果-)
성과 올리다(成果-)
성과 위주(成果爲主)
성곽 도시=성곽도시(城郭都市)
성곽지기(城郭-)
성 관계(性關係)
성교불능증(性交不能症)
성교육(性敎育)
성균관 개구리(成均館-) [격]
성근 머리칼
성금 내다(誠金-)
성금 모금(誠金募金)
성금 세우다
성금요일(聖金曜日)
성금이 서다
성금 접수(誠金接受)

성급한 놈 술값 먼저 낸다(性急-) [격]
성급해 보이다(性急-)
성 기능(性機能)
성깔 내다
성깔머리
성깔 부리다
성깔 사나운 놈
성나게 하다
성나 바위 차기 [격]
성난 끝에 돌 차기 [격]
성난 듯하다
성난 황소 영각하듯 [격]
성내어 바위를 차니 발부리만 아프다 [격]
성내지 마라
성낼 거야
성낼걸
성낼 걸세
성낼걸요
성낼게
성낼게요
성냥갑(-匣)
성냥갑만 하다(-匣-)
성냥개비
성냥골
성냥 공장(-工場)
성냥불
성능 시험(性能試驗)
성능 좋은 차(性能-車)
성당 가는 길(聖堂-)
성당 다니다(聖堂-)
성당 입구(聖堂入口)
성대모사(聲帶模寫)
성도덕(性道德)
성돌기(城-)
성립될 듯하다(成立-)
성립 안 되다(成立-)
성마른 성격(性-性格)
성 매매(性賣買)
성명 미상(姓名未詳)
성명부지(姓名不知)
성명없다(姓名-)
성명 표기(姓名表記)
성모둠(性-)
성모 마리아=성모마리아(聖母Maria)
성목요일(聖木曜日)
성묘 가다(省墓-)

성묘 길(省墓-)
성묘 온 사람들(省墓-)
성묘하러 가는 길(省墓-)
성문 밖(城門-)
성 문제(性問題)
성미가 가시다(性味-) [관]
성미나다(性味-)
성미 마르다(性味-) [관]
성미부리다(性味-)
성 바꿀 놈(姓-) [격]
성바지(姓-) 성(姓)의 종류.
성 밖(城-)
성범죄(性犯罪)
성복날(成服) 초상이 나서 처음으로 상복을
    입는 날.
성복 뒤에 약방문(成服-藥方文) [격]
성복제 지내는데 약 공론한다(成服祭-藥公論-)
    [격]
성부동형제(姓不同兄弟)
성부르다
성부지명부지(姓不知名不知)
성분 분석(成分分析)
성불구(性不具)
성사 가능성(成事可能性)
성사될 듯하다(成事-)
성사시켜 주다(成事-)
성사 안 되다(成事-)
성사 여부(成事與否)
성생활(性生活)
성세포(性細胞)
성숙 단계(成熟段階)
성숙되어 가다(成熟-)
성숙해 보이다(成熟-)
성숙해져 가다(成熟-)
성숭배(性崇拜)
성신굿(星神-)
성실해 보이다(誠實-)
성실해져 가다(誠實-)
성심껏(誠心-)
성심성의껏(誠心誠意-)
성 쌓고 남은 돌(城-) [격]
성씨가 같다(姓氏-)
성 씨 댁(成氏宅)
성안(城-)
성 안 내다
성 안 차다(性-)

성애술 흥정을 도와준 대가로 대접하는 술.
성에꽃
성에 끼다
성에 차다(性-) [관]
성엣장
성역 없는 수사(聖域-搜査)
성염색체(性染色體)
성욕 감퇴(性慾減退)
성욕주의(性慾主義)
성원 되다(成員-)
성원 미달(成員未達)
성원 안 되다(成員-)
성원해 주다(聲援-)
성 윤리(性倫理)
성은 피가라도 옥관자 맛에 다닌다(姓-皮哥-
    玉貫子-) [격]
성을 갈겠다(姓-) [관]
성의껏 하다(誠意-)
성 의식(性意識)
성의 없이(誠意-)
성의 표시(誠意表示)
성이 머리끝까지 나다
성인군자 같은 사람도 남의 첩 노릇을 하면 변
    한다(聖人君子-妾-變-) [격]
성인 그늘이 팔십 리를 간다(聖人-八十里-)
    [격]
성인 남녀(成人男女)
성인도 시속을 따른다(聖人-時俗-) [격]
성인도 제 그름을 모른다(聖人-) [격]
성인도 하루에 죽을 말을 세 번 한다(聖人-番-)
    [격]
성인 못 된 기린(聖人-麒麟) [격]
성인문화(成人文化)
성인 벼락 맞는다(聖人-) [격]
성인 영화=성인영화(成人映畵)
성인은 미치광이 말도 가려 쓴다(聖人-) [격]
성인 잡지(成人雜誌)
성자다워 보이다(聖者-)
성장 과정(成長過程)
성장 동력(成長動力)
성장 발육(成長發育)
성장 소설=성장소설(成長小說)
성장해 오다(成長-)
성적 만족(性的滿足)
성적 매력(性的魅力)
성적 미달(成績未達)

성적 부진(成績不振)
성적 불량(成績不良)
성적순(成績順)
성적 오르다(成績-)
성적 올려 주다(成績-)
성적 욕구(性的欲求)
성적 위주(成績爲主)
성적 증명서(成績證明書)
성정머리(性情-)
성조굿(成造-)
성주대감(-大監)
성주 받다
성주받이
성주받이굿
성주풀이
성줏굿
성줏대
성줏상(-床)
성지 순례=성지순례(聖地巡禮)
성질 급한 사람(性質急-)
성질나다(性質-)
성질날 거야(性質-)
성질날걸(性質-)
성질내다(性質-)
성질낼 일 아니다(性質-)
성질대로 한다면(性質-)
성질부리다(性質-)
성질부릴 것까지야(性質-)
성 차별(性差別)
성추행(性醜行)
성취동기(成就動機)
성취될 듯하다(成就-)
성취 의욕(成就意慾)
성취해 가다(成就-)
성큼 다가오다
성탄꽃(聖誕-)
성탄 전야(聖誕前夜)
성탄절 날(聖誕節-)
성탄절딱지(聖誕節-紙) =크리스마스실.
성터(城-)
성토대회(聲討大會)
성토요일(聖土曜日)
성패 여부(成敗與否)
성폭력(性暴力)
성폭행(性暴行)
성풀다 일어났던 성을 가라앉히다.

성풀이하다
성 풍속(性風俗)
성한 데가 없다(盛-)
성행위(性行爲)
성행해 오다(盛行-)
성현 군자(聖賢君子)
성현이 나면 기린이 나고 군자가 나면 봉이 난
　　다(聖賢-麒麟-君子--鳳-) [격]
성형 수술=성형수술(成形手術)
성형 시술(成形施術)
성형외과(成形外科)
성호르몬(性hormone)
성혼 선언(成婚宣言)
성화같다(星火-)
성화 나다(成火-)
성화 내다(成火-)
성화 대다(成火-) [관]
성화독촉(星火督促)
성화를 먹이다(成火-) [관]
성화를 받다(成火-) [관]
성화 바치다(成火-) [관]
성화 봉송(聖火奉送)
성화 부리다(成火-)
성화스럽다(成火-)
성화 시키다(成火-) [관]
성황나무(城隍-)
성황리에 열리다(盛況裏-)
성희롱(性戱弄)
섶감
섶귀
섶나무
섶누에
섶단
섶머리
섶사냥
섶을 지고 불로 들어가려 한다 [격]
섶청올치　꼬지 않은 채로 얽는 칡덩굴의 속껍
　　질.
섶코
섶폭(-幅)
세 가지
세간 나다
세간 내다
세간박　세간으로 삼고 쓰는 바가지.
세간붙이
세간집

세간차지(-次知)
세간치장(-治粧)
세 갈래 길
세거리
세겹살
세겹실
세계 각지(世界各地)
세계 경제=세계경제(世界經濟)
세계고금(世界古今)
세계 기록=세계기록(世界記錄)
세계 대회(世界大會)
세계만방(世界萬邦)
세계무대(世界舞臺)
세계 문화(世界文化)
세계 수준(世界水準)
세계 여러 나라(世界-)
세계열강(世界列强)
세계의식(世界意識)
세계 일주(世界一周)
세계 정상(世界頂上)
세계정세(世界情勢)
세계 제일(世界第一)
세계 지도=세계지도(世界地圖)
세계 질서(世界秩序)
세계 최강(世界最强)
세계 최초(世界最初)
세계 평화(世界平和)
세계휴일(世界休日)
세고리자루
세골접이
세관 심사(稅關審査)
세균 감염(細菌感染)
세균 덩어리
세균 전쟁=세균전쟁(細菌戰爭)
세그루짓기
세금 감면(稅金減免)
세금 공제(稅金控除)
세금 내다(稅金-)
세금 면제(稅金免除)
세금 못 내다(稅金-)
세금 물리다(稅金-)
세금 안 내다(稅金-)
세금 징수(稅金徵收)
세금 탈루(稅金脫漏)
세끼
세 끼 굶으면 군자가 없다(-君子-) [격]

세 끼 굶으면 쌀 가지고 오는 놈 있다 [격]
세 끼 굶은 시어머니 상판 같다(-媤-相-) [격]
세나다
세나절
세난 장사 말랬다 [격]
세내다(貰-)
세놓다(貰-)
세 놓다 세어 놓다.
세뇌 교육(洗腦敎育)
세누비(細-)
세는나이 태어난 해를 1년으로 쳐서 함께 세는
    나이.
세 닢 주고 집 사고 천 냥 주고 이웃 산다(-千
    兩-) [격]
세 닢짜리 십만 냥짜리 흉본다(-十萬兩-) [격]
세단뛰기(-段-)
세대 간
세대교체(世代交替)
세대명가(世代名家)
세대박이
세대삿갓(細-)
세대 차이(世代差異)
세도 가문(勢道家門)
세도가 빨랫줄이다(勢道-) [관]
세도 부리다(勢道-)
세도 쓰다(勢道-)
세도인심(世道人心)
세도쟁이(勢道-)
세도 정치=세도정치(勢道政治)
세돗집(勢道-)
세 들어 살다(貰-)
세 들이다(貰-)
세뚜리
세력 다툼(勢力-)
세력이 빨랫줄 같다(勢力-) [관]
세력 확장(勢力擴張)
세련돼 보이다(洗練-)
세례 받다(洗禮-)
세로결
세로글씨
세로금
세로끼움표(-標)
세로돛
세로뜨기
세로띠
세로무늬

세로선(-線)
세로쓰기
세로줄
세로지다
세로짜기
세로축(-軸)
세로톱
세로피리
세로획(-劃)
세마치
세말에 팔리다(歲末-) [관]
세면도구(洗面道具)
세모꼴
세모끌
세모나다
세모난 그릇
세모눈
세모뿔
세모송곳
세모시(細-)
세모지다
세모창(-槍)
세몰이(勢-)
세무 조사=세무조사(稅務調查)
세문안(歲問安)
세물전 영감이다(貰物廛-) [격]
세밑(歲-)
세반강정(細飯-)
세반산자(細飯馓子)
세반요홧대(細飯蓼花-)
세받다(洗-)
세발뛰기
세발소반(-小盤)
세발솥
세발자전거(-自轉車)
세발창(-槍)
세배꾼(歲拜-)
세배 다니다(歲拜-)
세배상(歲拜床)
세배 왔다 가다(歲拜-)
세 배쯤(-倍-)
세배치(-倍-)
세백목(細白木)
세뱃값(歲拜-)
세뱃돈(歲拜-)
세버들(細-)

세 번뛰기(-番-)
세 번째(-番-)
세벌논
세벌매기
세벌상투
세벌장대(-長臺)
세부 계획(細部計劃)
세부득이(勢不得已)
세부 방침(細部方針)
세부 자료(細部資料)
세분도표(細分圖表)
세 살 난 아이 물가에 놓은 것 같다 [격]
세 살다(貰-)
세 살 된 아기
세 살 먹은 아이도 제 손의 것 안 내놓는다 [격]
세 살 먹은 아이 말도 귀담아들으랬다 [격]
세 살배기
세살부채(細-)
세 살에 도리질한다 [격]
세 살 적 버릇 여든까지 간다 [격]
세 살짜리 아기
세살창(細-窓)
세상 근심(世上-)
세상길(世上-)
세상눈(世上-)
세상눈 무서운 줄 알아야(世上-)
세상 다되다(世上-)
세상 떠나다(世上-) [관]
세상 뜨다(世上-)
세상 만난 듯이 날뛰다(世上-)
세상만사(世上萬事)
세상맛(世上-)
세상모르고 약은 것이 세상 넓은 못난이만 못
   하다(世上-世上-) [격]
세상모르는 소리(世上-)
세상 물정 모르고(世上物情-)
세상 버리다(世上-) [관]
세상사(世上事)
세상살이(世上-)
세상없다(世上-)
세상없어도(世上-)
세상없이 착한 사람(世上-)
세상에 물들다(世上-) [관]
세상에 서다(世上-) [관]
세상에, 이럴 수개(世上-)
세상은 각박해도 인정은 후덥다(世上-刻薄-人

情-) [격]
세상은 넓고도 좁다(世上-) [격]
세상을 등지다(世上-) [관]
세상을 하직하다(世上-下直-) [관]
세상이 바뀌다(世上-) [관]
세상 이치(世上理致)
세상인심(世上人心)
세상일(世上-)
세상 좋은 사람(世上-)
세상천지(世上天地)
세상 형편(世上形便)
세섯덩이 김맬 때에, 떠서 앞으로 엎는 흙덩어리.
세세만년(歲歲萬年)
세세사정(細細事情)
세세손손(世世孫孫)
세세연년(歲歲年年)
세세한 도장에 범이 든다(細細-) [격]
세속화되어 가다(世俗化-)
세손목카래
세손목한카래
세수수건(洗手手巾)
세수시켜 주다(洗手-)
세수 증대(稅收增大)
세숫대야(洗手-)
세숫물(洗手-)
세숫비누(洗手-)
세습돼 오다(世襲-)
세습 왕조(世襲王朝)
세시 풍속(歲時風俗)
세실(細-)
세쌍둥이(-雙-)
세안(歲-) 한 해가 끝나기 이전.
세안에 끝내다(歲-)
세알모끼
세어 가다
세어 놓다
세어 두다
세어 보다
세어 주다
세우 찧는 절구에도 손 들어갈 때 있다 [격]
세운돌
세움말
세워 가다
세워 놓다
세워 놔두다

세워 달라고 하다
세워 달라다
세워 주다
세워 줄 거야
세워 줄걸
세워 줄 걸세
세워 줄걸요
세워 줄게
세워 줄게요
세워총(-銃)
세월 가는 줄 모르고(歲月-)
세월 따라 가 버린 사랑(歲月-)
세월없다(歲月-)
세월에 속아 산다(歲月-) [격]
세월은 사람을 기다려 주지 않는다(歲月-) [격]
세월을 만나다(歲月-) [관]
세월이 가는지 오는지도 모른다(歲月-) [격]
세월이 나다(歲月-) [관]
세월이 약(歲月-藥) [격]
세월이 좀먹다(歲月-)
세이레
세일 기간(sale期間)
세일배(歲一拜)
세잎꽃
세 자매(-姉妹)
세자 책봉(世子冊封)
세장질 어린아이를 운동시키기 위하여 일으켜 앉혀서 두 손을 붙들고 앞뒤로 자꾸 밀었다 당겼다 하는 짓.
세전 토끼(歲前-) [격]
세제곱
세제곱근(-根)
세제곱미터(-meter)
세종 대왕=세종대왕(世宗大王)
세종실록(世宗實錄)
세종 임금(世宗-)
세 좋아 인심 얻어라(勢-人心-) [격]
세주다(貰-)
세줄노리개
세쪽잎
세찰 거야
세찰걸
세찰 걸세
세찰걸요
세책 놓다(貰冊-)
세책집(貰冊-)

세치각목(-角木)
세치못
세 치 혀가 사람 잡는다 [격]
세코짚신
세코짚신에는 제 날이 좋다 [격]
세탁비누(洗濯-)
세탁용수(洗濯用水)
세탁집(洗濯-)
세태 변화(世態變化)
세태인정(世態人情)
세톨박이
세톱(細-)
세폐겨냥(歲幣-)
세포 분열=세포분열(細胞分裂)
세피리(細-)
세하젓(細蝦-)
세 해
섹스어필(sex-appeal)
섹시하다(sexy-)
섹트주의(sect主義)
센개 털빛이 흰 개.
센둥이
센둥이가 검둥이고 검둥이가 센둥이다 [격]
센머리
센바람
센 불
센숫돌
센털
센티멘탈하다(sentimental-)
센티미터(centimeter)
셀 수 없이
셀프서비스(self-service)
셈 끌다
셈나다
셈대
셈들다
셈본
셈속
셈에 들다 [관]
셈여림표(-標)
셈을 차리다 [관]
셈이 질기다 [관]
셈 잘하다
셈제기
셈 치다 [관]
셈판(-板)

셈평 좋다
셋가게(貰-)
셋겸상(-兼床)
셋돈(貰-)
셋메기
셋방(貰房)
셋방 들다(貰房-)
셋방 살다(貰房-)
셋방살이(貰房-)
셋벼(貰-)
셋붙이
셋소(貰-)
셋이 먹다가 둘이 죽어도 모른다 [격]
셋자리(貰-)
셋줄(勢-)
셋집(貰-)
셋째 날
셋째 딸
셋째 아들
셋째양반(-兩班)
셋째 주(-週)
셋째 줄
셔틀버스(shuttle bus)
션찮다
소 가는 데 말도 간다 [격]
소가죽
소가지 내다
소가 짖겠다 [격]
소가 크면 왕 노릇 하나(-王-) [격]
소각소독(燒却消毒)
소간(-肝) =쇠간.
소 갈 데 말 갈 데 [격]
소갈딱지
소갈머리
소갈비구이(素-)
소갈이 소로 논밭을 가는 일.
소 값
소강상태(小康狀態)
소 같은 사람
소같이 먹다 [관]
소같이 벌어서 쥐같이 먹어라 [격]
소개말(紹介-)
소개시켜 주다(紹介-)
소개해 달라고 하다(紹介-)
소개해 달라다(紹介-)
소개해 주다(紹介-)

555

소거간(-居間)
소거간꾼(-居間-)
소겨리
소겨리하다
소견거리(消遣-) =소일거리.
소견머리(所見-)
소견 발표(所見發表)
소견세월(消遣歲月)
소경 갓난아이 더듬듯 [격]
소경 개천 그르다 하여 무얼 해(-川-) [격]
소경 개천 나무란다(-川-) [격]
소경 관등 가듯(-觀燈-) [격]
소경 기름 값 내기 [격]
소경낚시
소경낚시질
소경노릇
소경놀이
소경 눈치 보아 뭘 하나 점 잘 치면 됐지(-占-)
  [격]
소경 단청 구경(-丹靑-) [격]
소경막대
소경 매질하듯 [격]
소경 맴돌이 시켜 놓은 것 같다 [격]
소경 머루 먹듯 [격]
소경 문고리 잡듯(-門-) [격]
소경 북자루 쥐듯 [격]
소경 시집 다녀오듯(-媤-) [격]
소경 아이 낳아 만지듯 [격]
소경의 안질(-眼疾) [격]
소경의 월수를 내어서라도(-月收-) [격]
소경의 초하룻날(-初-) [격]
소경이 넘어지면 막대 탓이다 [격]
소경이 장 먹듯(-醬-) [격]
소경이 저 죽을 날 모른다 [격]
소경이 코끼리 만지고 말하듯 [격]
소경 잠자나 마나 [격]
소경 장 떠먹기(-醬-) [격]
소경 제 닭 잡아먹기 [격]
소경 제 호박 따기 [격]
소경 죽이고 살인 빚을 갚는다(-殺人-) [격]
소경 죽이고 살인 춘다(-殺人-) [격]
소경 집 보다 [격]
소경 코끼리 배 만진 격(-格) [격]
소경 파밭 두드리듯 [격]
소경 팔양경 외듯(-八陽經-) [격]
소고기

소고도리 중간 크기의 고등어 새끼.
소고삐
소고집(-固執)
소골
소관 부서(所管部署)
소관 업무(所管業務)
소구유
소 궁둥이에다 꼴을 던진다 [격]
소귀 =쇠귀.
소귀신(-鬼神)
소금가마
소금구이
소금국
소금기(-氣)
소금깍두기
소금대통(-桶)
소금도 곰팡 난다 [격]
소금도 없이 간 내먹다 [격]
소금 들고 덤비다 [관]
소금 먹던 게 장을 먹으면 조갈병에 죽는다(-
  醬-燥渴病-) [격]
소금 먹은 놈이 물켠다 [격]
소금 먹은 소 굴우물 들여다보듯 [격]
소금 먹은 푸성귀 [격]
소금물
소금물가리기
소금물고르기
소금물고르기하다
소금밥
소금밭
소금버캐
소금 섬을 물로 끌라고 해도 끈다 [격]
소금 실은 배만 하다 [격]
소금에 아니 전 놈이 장에 절까(-醬-) [격]
소금엣밥
소금으로 장을 담근다 해도 곧이듣지 않는다(-
  醬-) [격]
소금을 굽다 [관]
소금이 쉰다 [격]
소금이 쉴까 [격]
소금이 쉴 때까지 해보자 [격]
소금 장사
소금 장수
소금절이
소금죽(-粥)
소금쩍

소금 쳐 먹다
소금편포(-片脯)
소급 적용(溯及適用)
소기름
소김치(素-)
소깍두기(素-)
소꼬리
소꼬리채
소꿉놀이
소꿉동무
소꿉장난
소꿉질하다
소꿉친구(-親舊)
소나기구름
소나기눈
소나기매
소나기밥
소나기 삼 형제(-三兄弟) [격]
소나기술
소나무가 무성하면 잣나무도 기뻐한다(-茂盛-)
　　[격]
소나무 숲
소낙구름
소낙눈
소낙비
소낙비구름
소녀 가장(少女家長)
소녀 시절(少女時節)
소녀취미(少女趣味)
소녀티(少女-)
소년 같아 보인다(少年-)
소년고생(少年苦生)
소년고생은 사서 하랬다(少年苦生-) [격]
소년 시대(少年時代)
소년티(少年-)
소눈
소눈깔
소는 농가의 조상(-農家-祖上) [격]
소달구지
소 닭 보듯 [격]
소대성이 모양으로 잠만 자나(蘇大成-模樣-)
　　[격]
소대성이 이마빡 쳤나(蘇大成-) [격]
소댕꼭지
소댕으로 자라 잡듯 [격]
소더러 한 말은 안 나도 처더러 한 말은 난다(-

妻-) [격]
소도둑
소도둑놈
소도리
소 도 언덕이 있어야 비빈다 [격]
소도적(-盜賊)
소도적놈(-盜賊-)
소도적놈같이 생겼다(-盜賊-) [격]
소독내(消毒-)
소독 냄새(消毒-)
소독저(消毒-)
소독해 주다(消毒-)
소두엄
소 뒷걸음질 치다 쥐 잡기 [격]
소드락질　남의 재물 따위를 빼앗는 짓.
소득 감소(所得減少)
소득 공제=소득공제(所得控除)
소득밤
소득 증대(所得增大)
소등나팔(消燈喇叭)
소등 시간(消燈時間)
소 등심
소딱지
소 떼
소똥
소똥도 약에 쓸 때가 있다(-藥-) [격]
소똥찜
소 뜨물 켜듯이 [관]
소띠
소라가 똥 누러 가니 소라게 기어들었다 [격]
소라고둥
소라구이
소라 껍데기
소라딱지
소라잔(-盞)
소라젓
소란 피우다(騷亂-)
소란 행위(騷亂行爲)
소래기 지르다
소루쟁잇국
소름 끼치다
소름 돋다
소리굽쇠
소리글
소리글자(-字)
소리꾼

557

소리 나는 대로
소리 내다
소리넓이
소리 높이 부르짖다
소리를 죽이다 [관]
소리마디
소리맵시
소리 먹이다 [관]
소리소리 지르다
소리 소문도 없이(-所聞-) [관]
소리시늉말
소리 안 나다
소리 없는 고양이 쥐 잡듯 [격]
소리 없는 벌레가 벽을 뚫는다(-壁-) [격]
소리 없는 총이 있으면 좋겠다(-銃-) [격]
소리쟁이
소리 죽여 흐느끼다
소리 지르다
소리쳐 외치다
소리하다
소리흉내말
소릿구멍
소릿바람
소마구유 오줌을 누거나 모아 두는, 구유 모양
　　으로 만든 나무통.
소마보다
소마항아리(-缸-)
소만두(素饅頭)
소매가격(小賣價格)
소매 걷고 나서다 [관]
소매구덩이 밭에 거름을 줄 때 쓰는 농기구.
소매 긴 김에 춤춘다 [관]
소매를 걷다 [관]
소매를 걷어붙이다 [관]
소매를 두르다 [관]
소매상점(小賣商店)
소매 속에서 놀다 [관]
소매 시장=소매시장(小賣市場)
소매업자(小賣業者)
소매치기
소매치기꾼
소매통 소매의 넓이.
소매평생(素昧平生)
소맷값(小賣-)
소맷귀
소맷길

소맷동
소맷동냥
소맷배래기
소맷부리
소맷자락
소머리
소머리 고기
소머리떡
소머리뼈
소머리편육(-片肉)
소머릿살
소 먹듯 하다 [관]
소먹이
소 먹이다
소 멱미레 같다 [격]
소멸되어 가다(消滅-)
소멸 위기(消滅危機)
소멸해 버리다(消滅-)
소명 기회(疏明機會)
소명 의식(召命意識)
소명 자료=소명자료(疏明資料)
소모해 버리다(消耗-)
소목장이(小木-)
소몰이
소몰이꾼
소몰이하다
소문나다(所聞-)
소문난 대로(所聞-)
소문난 물산이 더 안되었다(所聞-物産-) [격]
소문난 잔치 비지떡이 두레 반이라(所聞-半-)
　　[격]
소문난 잔치에 먹을 것 없다(所聞-) [격]
소문난 호랑이 잔등이 부러진다(所聞-) [격]
소문내다(所聞-)
소문놀이(所聞-)
소문 다 퍼진 뒤(所聞-)
소문 돌다(所聞-)
소문 듣고 알다(所聞-)
소문 못 듣다(所聞-)
소문 안 나다(所聞-)
소문 안 내다(所聞-)
소문은 잘된 일보다 못된 것이 더 빠르다(所
　　聞-) [격]
소문을 놓다(所聞-) [관]
소문이 사납다(所聞-) [관]
소바리

소바리꾼
소바리짐
소박데기(疏薄-)
소박맞다(疏薄-)
소박이
소박이김치
소박해 보이다(素朴-)
소반다듬이(小盤-) 소반 위에 쌀이나 콩 따위의 곡식을 한 겹으로 펴 놓고 뉘나 모래 따위의 잡것을 고르는 일.
소발 =쇠족.
소발구
소밥(素-) 고기반찬이 없는 밥.
소방대원(消防隊員)
소방 도로(消防道路)
소방망루(消防望樓)
소방 시설(消防施設)
소방 훈련(消防訓練)
소백장
소백정(-白丁)
소변 검사=소변검사(小便檢查)
소변 누고 오다(小便-)
소변 마렵다(小便-)
소변보다(小便-)
소변 지리다(小便-)
소보름(小-)
소복단장(素服丹粧)
소복 차림(素服-)
소부등(小不等) 그리 굵지 않은 둥근 나무.
소부락(小部落)
소불고기
소불알
소비문화(消費文化)
소비 생활=소비생활(消費生活)
소비 심리(消費心理)
소비조합(消費組合)
소비 침체(消費沈滯)
소비해 버리다(消費-)
소비 행태(消費行態)
소뼈
소뿔
소뿔고추
소뿔뜸
소뿔참외
소뿔테
소살쭈

소삼작노리개(小三作-)
소생시켜 놓다(蘇生-)
소설꾼(掃雪-)
소설 쓰다(小說-)
소설쟁이(小說-)
소설화되다(小說化-)
소소리바람
소소리패(-牌)
소속 단체(所屬團體)
소속 불명(所屬不明)
소속 집단(所屬集團)
소송 사건=소송사건(訴訟事件)
소수나다
소수 민족=소수민족(少數民族)
소수 의견(少數意見)
소수 정예(少數精銳)
소수 집단=소수집단(少數集團)
소스치다
소슬바람(蕭瑟-)
소식 두절(消息杜絕)
소식 못 듣다(消息-)
소식불통(消息不通)
소식이 깡통(消息-筒) [관]
소식 전하다(消息傳-)
소식줄(消息-) =소식통.
소신껏(所信-)
소신대로 일하다(所信-)
소실댁(小室宅)
소실되어 버리다(燒失-)
소심더깨
소심해 보이다(小心-)
소심해져 가다(小心-)
소싯적(少時-)
소싸움
소쌈
소씨 씨받이하기 위한 소의 종자.
소아마비(小兒痲痺)
소아범
소액 주주=소액주주(少額株主)
소여물
소외 계층(疏外階層)
소요 경비(所要經費)
소요될 거야(所要-)
소요될걸(所要-)
소요될 걸세(所要-)
소요될걸요(所要-)

소요될 듯하다(所要-)
소요 사태(騷擾事態)
소요 시간(所要時間)
소요 인원(所要人員)
소용 닿다(所用-) [관]
소용돌이
소용돌이금
소용돌이무늬
소용돌이비
소용돌이치다
소용돌이테
소용없다(所用-)
소원대로 되다(所願-)
소원 성취(所願成就)
소원 풀다(所願-)
소원해 오다(所願-)
소유 지분(所有支分)
소유해 오다(所有-)
소음 공해(騷音公害)
소인네(小人-)
소일거리(消日-)
소일놀이(消日-)
소일 삼아(消日-)
소일터(消日-)
소일해 오다(消日-)
소 잃고 외양간 고친다(-間-) [격]
소임 다하다(所任-)
소잎자루(小-)
소작논(小作-)
소작살이(小作-)
소 잡아먹다 [관]
소 잡은 터전은 없어도 밤 벗긴 자리는 있다 [격]
소장 도서(所藏圖書)
소장의 혀(蘇張-)
소재 불명(所在不明)
소재 파악(所在把握)
소전거리(-廛)
소전 뒤 글자 같다(小錢-字-) [격]
소정 양식(所定樣式)
소젖
소족(-足)
소족두리(素-)
소주 내리다(燒酒-) [관]
소죽가마(-粥-)
소죽물(-粥-)
소죽바가지(-粥-)

소 죽은 귀신 같다(-鬼神-) [격]
소 죽은 넋을 덮어쓰다 [격]
소죽통(-粥桶)
소줏고리(燒酒-)
소줏불(燒酒-)
소줏집(燒酒-)
소증 나다(素症-)
소증 나면 병아리만 쫓아도 낫다(素症-) [격]
소증사납다   하는 짓의 동기가 곱지 못하다.
소지랑물
소지랑탕
소진의 혀(蘇秦-) [격]
소진이도 말 잘 못할 때가 있다(蘇秦-) [격]
소진해 버리다(消盡-)
소질 있어 보이다(素質-)
소집 영장=소집영장(召集令狀)
소짚신
소창옷(小氅-)
소책자(小冊子)
소 치다
소침   =쇠침.
소침해 보이다(消沈-)
소코
소코뚜레
소쿠라지다
소 탄 양반의 송사 결정이라(-兩班-訟事決
   定-) [격]
소탕 작전(掃蕩作戰)
소태껍질
소태맛
소태 문 듯 쓰다
소털
소털담배
소톱(小-)
소통 안 되다(疏通-)
소포 부치다(小包-)
소포 우편=소포우편(小包郵便)
소폭 인상(小幅引上)
소폭 인하(小幅引下)
소 푸주에 들어가듯 [관]
소풍 가다(逍風-)
소풍경(-風磬)
소풍날(逍風-)
소피보다(小避-)
소피 좀 보고 오다(小避-)
소한의 얼음 대한에 녹는다(小寒-大寒-) [격]

560

소한 추위(小寒-)
소한 추위는 꾸어다가라도 한다(小寒-) [격]
소한테 물렸다 [격]
소해 소띠 해.
소행머리(所行-)
소형 금고(小型金庫)
소홀해져 가다(疏忽-)
소홀히 해 오다(疏忽-)
소화 기관＝소화기관(消化器官)
소화 기구(消火器具)
소화 기능(消化機能)
소화 못 시키다(消化-)
소화 불량＝소화불량(消化不良)
소화 안 되다(消化-)
소화해 내다(消化-)
소화 효소＝소화효소(消化酵素)
소환 조사(召喚調査)
소휴식(小休息)
소 힘도 힘이요 새 힘도 힘이다 [격]
속가량(-假量)
속가루
속가름
속가마
속가슴
속가죽
속 각각 말 각각(-各各-各各) [격]
속감
속감침
속겨
속계산(-計算)
속고갱이
속고삿
속고의
속곡식(-穀食)
속곳
속곳 벗고 은가락지 낀다(-銀-) [격]
속곳 벗고 함지박에 들었다 [격]
속곳 열둘 입어도 밑구멍은 밑구멍대로 나왔다
    [격]
속구구(-九九)
속궁리(-窮理)
속궁합(-宮合)
속 굵다 [관]
속굿
속굿 넣다 [관]
속 깊다

속꺼풀
속껍데기
속껍질
속 끓이다 [관]
속나깨
속나무
속내다
속내 드러내다
속내복(-內服)
속내의(-內衣)
속내평 ＝속내.
속눈 눈을 감은 체하면서 조금 뜨는 눈.
속눈물
속눈썹
속눈치
속눈 흘기다
속는 셈 치다
속니
속니 갈다 [관]
속 다르고 겉 다르다
속다짐
속닦질
속단추
속단해 버리다(速斷-)
속달뱅이 작은 규모.
속달 우편＝속달우편(速達郵便)
속담딱지(俗談-)
속대쌈
속대중
속댓국
속더께
속도 내다(速度-)
속도랑
속도위반(速度違反)
속도 조절(速度調節)
속돌매
속된 말로 하자면(俗-)
속 들여다보이다
속들이
속뜨물
속뜻
속력 내다(速力-)
속력 안 내다(速力-)
속마음
속말
속맘

속멋
속모
속모 가다 [관]
속 모르는 소리
속모 보내다 [관]
속물근성(俗物根性)
속바람
속바지
속바치다(贖-)
속박당하다(束縛當-)
속박해 오다(束縛-)
속받침
속발톱
속밤 껍데기 속에 든 밤톨.
속 버리다
속버선
속벌
속병(-病)
속병 들다(-病-)
속병쟁이(-病-)
속 보이다
속부피
속불꽃
속비밀(-秘密)
속 빈 강정 [격]
속뼈
속뼈대
속뽑이
속사람 사람의 됨됨이.
속사랑
속사연(-事緣)
속사정(-事情)
속사주(-四柱)
속삭여 주다
속살 드러나다
속살 찌다 [관]
속상하다(-傷-)
속상한데 서방질이나 하라는 격(-傷-書房-格)
　　[격]
속상해 못 살겠다(-傷-)
속상해 하다
속새질
속생각
속셈
속셈 잡다 [관]
속셈 학원(-學院)

속셔츠(-shirts)
속속곳
속속 드러나다(續續-)
속속들이 드러나다
속손톱
속수무책(束手無策)
속숨 =내호흡.
속 시원하다
속시침
속심지(-心志)
속싸개
속쌀뜨물
속 썩다
속 썩이다 [관]
속 쓰리다
속 쓰림
속씨껍질
속씨름
속씨식물(-植物)
속아가미
속아 넘어가다
속아 살다
속아 주다
속어림
속어림해 보다
속언약(-言約)
속없다
속에 대감이 몇 개 들어앉았다(-大監-個-) [격]
속에 뼈 있는 소리[격]
속에서 방망이가 치밀다 [관]
속에서 쪼르륵 소리가 난다 [격]
속에 얹히다 [관]
속에 없는 말 [관]
속여 먹다
속여 오다
속여 팔다
속옷
속옷가지
속옷까지 벗어 주다 [격]
속옷 바람으로 나서다
속요량(-料量)
속울음
속웃음
속웃음 치다
속으로 기역 자를 긋는다(-字-) [격]
속으로 호박씨만 깐다 [격]

속을 달래다 [관]
속을 뜨다 [관]
속을 말리다 [관]
속을 빼놓다 [관]
속을 빼다 [관]
속을 뽑다 [관]
속을 상우다 [관]
속을 쓰다 [관]
속을 차리다 [관]
속을 태우다 [관]
속을 터놓다 [관]
속이 구리다 [관]
속이 끓다 [관]
속이 달다 [관]
속이 뒤집히다 [관]
속이 들다 [관]
속이 떨리다 [관]
속이려 들다
속이 마르다 [관]
속이 먹통 [격]
속이 보이다 [관]
속이 빈 깡통이 소리만 요란하다(-筒-搖亂-)
　　[격]
속이 살다 [관]
속이 시원하다 [관]
속이 시꺼멓다 [관]
속이 앉다 [관]
속이 오르다 [관]
속이 저리다 [관]
속이 치밀다 [관]
속이 타다 [관]
속이 토라지다 [관]
속이 트이다 [관]
속이 풀리다 [관]
속임낚시
속임낚시질
속임수(-數)
속임수 쓰다(-數-)
속임약(-藥)
속임질
속잎
속잎꼴
속자락
속잠
속잠방이
속재목(-材木)

속재미
속저고리
속저고리 벗고 은반지(-銀斑指) [격]
속적삼
속전속결(速戰速決)
속절없다
속젓
속정(-情)
속정신(-精神)
속조사(-調査)
속 좁은 소리
속종　마음속에 품은 소견.
속주름
속주머니
속증(-症) =속병.
속지(-紙)
속진속결(速進速決)
속짐작(-斟酌)
속 차리다
속창
속청
속치레
속치마
속치부(-置簿)
속치장(-治粧)
속 타다 [관]
속타산(-打算)
속탈(-頉)
속 태우다 [관]
속 터지다
속 트이다 [관]
속 편하다(-便-)
속 편히 살다(-便-)
속폭　봉투 속에 들어 있는 물건.
속표제지(-表題紙)
속표지(-表紙)
속 풀다
속환이(俗還-)
속환이 되 동냥 안 준다(俗還-) [격]
속흙
속힘
숧아 내다
숧아베기
숧아 주다
숧음국
숧음배추

숙음배춧국
숙음질
손가늠
손가락글
손가락도 길고 짧다 [격]
손가락 마디
손가락만 하다
손가락무늬
손가락빗
손가락뼈
손가락셈
손가락 안에 꼽히다 [관]
손가락에 불을 지르고 하늘에 오른다 [격]
손가락에 장을 지지겠다(-醬-) [격]
손가락으로 하늘 찌르기 [격]
손가락으로 헤아릴 정도(-程度) [관]
손가락장갑(-掌匣)
손가락질
손가락질 받다 [관]
손가락질하다
손가락표(-票)
손가락 하나 까딱 않다 [관]
손가락 하나도 움직이지 못하다 [관]
손가마
손가마 타다
손가마 태우다
손가방
손 갈 데 없이
손거스러미
손거울
손겪다
손겪이하다
손결
손곱
손공(-功)
손괭이
손구구(-九九)
손국수
손궤(-櫃)
손궤짝(-櫃-)
손그릇
손금고(-金庫)
손금 보다 [관]
손금 보듯 하다 [관]
손금쟁이
손기계(-機械)

손길 닿다
손길 안 닿다
손길을 뻗치다 [관]
손길 잡다 [관]
손깍지
손꼴
손꼴맥(-脈)
손꼴잎
손꼽다
손꼽아 기다리다 [관]
손꼽이
손꼽이치다
손꼽혀 오다
손꽁치
손 끊다
손끌
손끝
손 끝에 물도 안 튀긴다 [격]
손 끝에 물이 오르다 [관]
손끝을 맺다 [관]
손끝이 거름 [격]
손끝이 맵다 [관]
손끝이 여물다 [관]
손끝 하나 까딱 안 하다
손끝 하나 못 대다 [관]
손 나거든 가마
손나발(-喇叭)
손낚시
손날
손 내밀다
손녀딸(孫女-)
손녀뻘 되다(孫女-)
손녀사위(孫女-)
손노동(-勞動)
손 놀다
손 놀리다
손놀림
손 놓고 기다리다
손누비
손님격(-格)
손님겪이
손님 끌다
손님 노릇 하다
손님 대접(-待接)
손님마마
손님 맞다

손님맞이
손님방(-房)
손님상(-床)
손님 오다
손님장(-醬) 간장을 담글 때, 따로 쓰려고 작
　　은 그릇에 담그는 간장.
손님 접대(-接待)
손님치레
손님 행세 하다(-行世-)
손다리미
손달구
손 닿는 데마다
손대기
손대야
손대중
손대지 마라
손대패
손더듬이
손덕(-德)
손덕 보다(-德-)
손도끼
손도 못 대다
손도 못 쓰다
손도울이 =곁꾼.
손도장(-圖章)
손독(-毒)
손돌바람(孫乭-)
손돌이바람(孫乭-)
손돌이추위(孫乭-)
손동작(-動作)
손두께
손두레박
손뒤주
손들고 말다
손들어 버리다
손들어 주다
손등
손때
손때 맵다 [관]
손때 먹이다 [관]
손때 묻다 [관]
손때 오르다 [관]
손떠퀴
손 떼다
손뜨개
손뜨개질

손뜨겁다
손띠
손마디
손맛
손맞이
손매 손의 맵시.
손맥(-脈) 손의 힘.
손모가지
손 모자라다
손목뼈
손목시계(-時計)
손목을 잡고 말리다 [관]
손목 잡다
손목춤
손 못 대다
손 못 쓰다
손바구니
손바꿈하다
손바느질
손바닥
손바닥 뒤집듯 [관]
손바닥만 하다
손바닥 보듯 하다
손바닥뼈
손바닥에 장을 지지겠다(-醬-) [격]
손바닥에 털이 나겠다 [격]
손바닥으로 하늘 가리기 [격]
손바닥을 뒤집는 것처럼 쉽다 [격]
손바닥을 맞추다 [관]
손바람
손바로
손발 맞추다
손발 묶이다
손발 안 맞다
손발을 걷다 [관]
손발을 치다 [관]
손발이 닳도록 빌다 [관]
손발이 맞다 [관]
손발톱
손방 아주 할 줄 모르는 솜씨.
손버릇
손버릇이 사납다 [관]
손 벌리다
손버루
손보기
손보다

손볼 데 손보다
손봐 주다
손부끄럽다
손부채
손북 손잡이가 달린 작은 북.
손빗 =손가락빗.
손빚기
손빨래
손 뻗치다
손뼈
손뼉
손뼉 치다 [관]
손뼘재기
손사래
손사래 치다 [관]
손사랫짓하다
손삳
손삳으로 밑 가리기 [격]
손색없다(遜色-)
손 설다
손세탁(-洗濯)
손수(-繡)
손수건(-手巾)
손수레
손수레꾼
손숫물 손을 씻는 물.
손쉬워 보이다
손쉽다
손시늉
손 시리다
손실 보다(損失-)
손실 입다(損失-)
손심부름
손 싸매다
손써 놓다
손써 주다
손쓸 새도 없이
손 씻다
손씻이
손아귀
손아귀에 넣다 [관]
손아래
손아래 동서(-同壻)
손아랫뻘 대하듯(-對-)
손아랫사람
손안 =수중(手中).

손 안 간 곳 없이
손 안 닿는 데 없이
손 안 대고 코 풀기 [격]
손 안 벌리다
손 안 써 주다
손안에 넣다 [관]
손안에 놓인 듯 [관]
손안에서 주무르다 [관]
손 안 타다
손어림
손어림해 보다
손 없는 날
손에 걸리다 [관]
손에 땀을 쥐다 [관]
손에 물 한 방울 묻히지 않고 살다 [관]
손에 붙다 [관]
손에 붙은 밥 아니 먹을까 [격]
손에 손 잡다 [관]
손에 안 익다
손에 오르다 [관]
손에 익다 [관]
손에 잡히다 [관]
손에 잡힐 듯하다 [관]
손에 쥐인 듯 들여다보인다 [격]
손요강
손위
손위 처남(-妻男)
손윗사람
손으로 살 막듯 [격]
손은 갈수록 좋고 비는 올소록 좋다 [격]
손을 거치다 [관]
손을 걸다 [관]
손을 끊다 [관]
손을 나누다 [관]
손을 내밀다 [관]
손을 넘기다 [관]
손을 놓다 [관]
손을 늦추다 [관]
손을 떼다 [관]
손을 맞잡다 [관]
손을 맺다 [관]
손을 멈추다 [관]
손을 벌리다 [관]
손을 붙이다 [관]
손을 빼다 [관]
손을 뻗치다 [관]

손을 씻다 [관]
손을 잠그다 [관]
손을 적시다 [관]
손을 주다 [관]
손을 치르다 [관]
손을 펴다 [관]
손이 거칠다 [관]
손이 걸다 [관]
손이 나다 [관]
손이 놀다 [관]
손이 닳도록 [관]
손이 닿다 [관]
손이 덜어지다 [관]
손이 돌다 [관]
손이 들이굽지 내굽나 [격]
손이 뜨다 [관]
손이 많으면 일도 쉽다 [격]
손이 맑다 [관]
손이 맞다 [관]
손이 맵다 [관]
손이 발이 되도록 빌다 [격]
손이 비다 [관]
손이 빠르다 [관]
손이 서투르다 [관]
손이 싸다 [관]
손이야 발이야 [관]
손이 여물다 [관]
손이 작다 [관]
손이 잠기다 [관]
손이 재다 [관]
손이 저리다 [관]
손이 짜이다 [관]
손이 차가운 사람은 심장이 뜨겁다(-心臟-) [격]
손이 크다 [관]
손익 계산=손익계산(損益計算)
손 익다
손일 손을 움직여서 하는 일.
손자국
손자국 나다
손자귀
손자 녀석(孫子-)
손자 놈(孫子-)
손자를 귀애하면 코 묻은 밥을 먹는다(孫子-貴愛-) [격]
손자며느리(孫子-)
손자 밥 떠먹고 천장 쳐다본다(孫子-天障-)

[격]
손자병법(孫子兵法)
손자뻘(孫子-)
손자사위(孫子-)
손자새끼(孫子-)
손자 손녀(孫子孫女)
손자 아이(孫子-)
손자 잃은 영감(孫子-) [격]
손자 턱에 흰 수염 나겠다(孫子-鬚髥-) [격]
손자 환갑 닥치겠다(孫子還甲-) [격]
손작두
손작업(-作業)
손잔등
손잡다
손잡아 주다
손잡이
손장난
손장난 치다
손장단
손재간(-才幹)
손재봉침(-裁縫針)
손재봉틀(-裁縫-)
손재주
손 잰 중 비질하듯 [격]
손저울
손전등(-電燈)
손전지(-電池)
손절구
손조종(-操縱)
손지갑(-紙匣)
손질해 놓다
손질해 두다
손질해 주다
손짐작(-斟酌)
손짓
손짓 발짓 다 해 가며
손짭손
손찌검
손차양(-遮陽)
손철궤(-鐵櫃)
손청방(-廳房)
손춤
손치다(1) 물건을 매만져 바로잡다.
손치다(2) 돈을 받고 손님을 묵게 하다.
손치레
손칼국수

567

손 크다

손 큰 어미 장 도르듯 하다(-醬-) [격]

손 타다

손 털다

손톱 곪는 줄은 알아도 염통 곪는 줄은 모른다
   [격]

손톱괄호(-括弧)

손톱깎이

손톱눈

손톱도 안 들어가다 [관]

손톱독(-毒)

손톱만 하다

손톱무늬

손톱묶음

손톱 밑의 가시

손톱 밑의 가시가 생손으로 곪는다 [격]

손톱 발톱이 젖혀지도록 벌어 먹인다 [격]

손톱 손질

손톱에 장을 지지겠다(-醬-) [격]

손톱 여물을 썰다 [격]

손톱을 튀기다 [관]

손톱자국

손톱자국 나다

손톱 제기다 [관]

손톱칠(-漆)

손톱 하나 까딱 안 하다 [관]

손틀

손틀켜기

손티 약간 곱게 얽은 얼굴의 마맛자국.

손팔신호(-信號)

손포 일할 사람.

손포 모자라다

손풀무

손풀무질

손품 손을 놀리면서 일을 하는 품.

손품 팔다

손풍금(-風琴)

손풍금수(-風琴手)

손 하나 까딱 안 하다

손함(-函)

손해 끼치다(損害-)

손해나다(損害-)

손해날 듯하다(損害-)

손해 덜 보다(損害-)

손해 배상=손해배상(損害賠償)

손해 보다(損害-)

손해 보험=손해보험(損害保險)

손해 안 보다(損害-)

손해 입히다(損害-)

손화로(-火爐)

손회목

손힘

솔가루

솔가리

솔가지

솔개 까치집 뺏듯 [격]

솔개는 매 편(-便) [격]

솔개도 오래면 꿩을 잡는다 [격]

솔개를 매로 보았다 [격]

솔개 어물전 돌듯(-魚物廛-) [격]

솔기 꿰매다

솔따비

솔먹

솔문(-門)

솔바람

솔바탕

솔발 놋쇠로 만든 종 모양의 큰 방울.

솔발을 놓다 [관]

솔발을 치다 [관]

솔방울

솔밭

솔밭 길

솔밭에 가서 고기 낚기 [격]

솔버덩

솔봉이

솔불 =관솔불.

솔비

솔빗

솔뿌리

솔소반(-小盤) 작은 소반.

솔솔바람

솔솔이

솔수펑이 솔숲이 있는 곳.

솔숲

솔숲 길

솔 심어 정자라(-亭子-) [격]

솔잎

솔잎이 버썩하니 가랑잎이 할 말이 없다 [격]

솔잎 새파라니까 오뉴월만 여긴다(-五六月-)
   [격]

솔잎대강이 짧게 깎은 머리털이 부드럽지 못하
  고 빳빳이 일어선 머리 모양을 이르는 말.

솔잎상투
솔잎수(-繡)
솔잎즙(-汁)
솔잎차(-茶)
솔장수
솔장이
솔직해 보이다(率直-)
솔질하다
솔찜
솔찜질
솔통 소나무로 만든 장구통.
솔포기
솔폭
솔향기(-香氣)
솜고치
솜구름
솜꽃 흰 솜처럼 생긴 꽃.
솜 누비옷
솜덩이
솜돗 솜반을 짓는 데 쓰는 돗자리.
솜두루마기
솜마고자
솜먼지
솜몽둥이
솜뭉치
솜뭉치로 가슴 칠 일 [격]
솜뭉치로 사람 때린다 [격]
솜바지
솜반
솜방망이
솜방망이로 허구리를 찌른다 [격]
솜버선
솜병아리
솜붙이
솜사탕(-沙糖)
솜싸개
솜씨꾼
솜씨는 관 밖에 내어 놓아라(-棺-) [격]
솜씨 자랑
솜에 채어도 발가락이 깨진다 [격]
솜옷
솜이불
솜저고리
솜채
솜치마
솜털

솜털실
솜틀
솜틀집
솜판(-板) 솜틀에서 비어져 나온 솜.
솜활 =무명활.
솟거리
솟고라지다
솟구쳐 오르다
솟구치다
솟국(素-) 고기를 넣지 않고 끓인 국.
솟대
솟대쟁이
솟보다
솟아나다
솟아오르다
솟을대문(-大門)
솟을무늬
솟을지붕
송곳날
송곳눈
송곳니
송곳니가 방석니가 된다(-方席-) [격]
송곳니를 가진 호랑이는 뿔이 없다 [격]
송곳닛돌
송곳도 끝부터 들어간다 [격]
송곳망치
송곳 모로 박을 곳도 없다 [격]
송곳 박을 땅도 없다 [격]
송곳방석(-方席)
송곳 세울 틈도 없다 [격]
송곳으로 매운 재 끌어내듯 [격]
송곳질
송곳집
송곳창(-槍)
송곳치기
송곳칼
송곳 항렬인가(-行列-) [격]
송구영신(送舊迎新)
송금해 주다(送金-)
송기개피떡(松肌-)
송기떡(松肌-)
송기송편(松肌松-)
송기절편(松肌-)
송기정과(松肌正果)
송기죽(松肌粥)
송나라(宋-)

569

송낙뿔 둘 다 옆으로 꼬부라진 쇠뿔.

송년 모임(送年-)

송도가 망하려니까 불가사리가 나왔다(松都-亡-) [격]

송도 계원(松都契員) [격]

송도 말년의 불가사리라(松都末年-) [격]

송도삼절(松都三絕)

송도 오이 장수(松都-) [격]

송두리

송두리째

송사는 졌어도 재판은 잘하더라(訟事-裁判-) [격]

송사리 끓듯 [격]

송사리 떼

송사리 한 마리가 온 강물을 흐린다(-江-) [격]

송사질(訟事-)

송수화기(送受話器)

송아리

송아지 못된 것은 엉덩이에 뿔 난다 [격]

송아지 천자 가르치듯(-千字-) [격]

송이구름

송이누름적(松耳-炙)

송이밤

송이밥(松耳-)

송이버섯(松耳-)

송이산적(松耳散炙)

송이송이 영글어 가다

송이술 익은 술독에서 전국으로 떠낸 술.

송이재강

송이저냐(松耳-)

송이전골(松耳-)

송이찌개(松耳-)

송이찜(松耳-)

송이채(松耳菜)

송이탕(松耳湯)

송이화향적(松耳花香炙)

송잇국(松耳-)

송장 냄새

송장 때리고 살인났다(-殺人-) [격]

송장 빼놓고 장사 지낸다(-葬事-) [격]

송장 치다 [관]

송장치레

송장헤엄

송진감투(松津-)

송진내(松津-)

송충이가 갈밭에 내려왔다(松蟲-) [격]

송충이는 솔잎을 먹어야 한다(松蟲-) [격]

송파장 웃머리(松坡場-) [격]

송판때기(松板-)

송편 빚다(松-)

송편으로 목을 따 죽지(松-) [격]

송편을 물다(松-) [관]

송피정과(松皮正果)

송화강정(松花-)

송화다식(松花茶食)

송화밀수(松花蜜水)

송화색(松花色)

송환되어 오다(送還-)

송홧가루(松花-)

솥 걸다

솥검정

솥귀

솥단지

솥땜장이

솥 떼어 놓고 삼 년(-三年) [격]

솥뚜껑

솥뚜껑만 하다

솥뚜껑에 엿을 놓았나 [격]

솥뚜껑 운전수(-運轉手) [관]

솥물

솥 밑

솥 바닥

솥발

솥발내기

솥발이

솥 속의 콩도 쪄야 익지 [격]

솥솔

솥 씻어 놓고 기다리기 [격]

솥에 개 누웠다 [격]

솥에 넣은 팥이라도 익어야 먹지 [격]

솥은 검어도 밥은 검지 않다 [격]

솥은 부엌에 걸고 절구는 헛간에 놓아라 한다(-間-) [격]

솥이맛돌

솥전

솥전(-廛)

솥점(-店)

솥젖

솥지기

쇄국 정책=쇄국정책(鎖國政策)

쇄신 운동(刷新運動)

쇄자질(刷子-)

쇠가락지
쇠가래
쇠가 쇠를 먹고 살이 살을 먹는다 [격]
쇠가죽
쇠가죽을 무릅쓰다
쇠간(-肝)
쇠갈고리
쇠갈비
쇠갈퀴
쇠거울
쇠겁 쇠로 만든 거푸집.
쇠고기
쇠고기 열 점보다 새고기 한 점이 낫다 [격]
쇠고랑
쇠고랑 차다
쇠고리
쇠고삐
쇠고집(-固執)
쇠고집과 닭고집이다(-固執-固執-) [격]
쇠골 소의 골.
쇠골무
쇠공
쇠공이
쇠관(-管)
쇠구들
쇠귀 소의 귀.
쇠귀를 잡다 [관]
쇠귀신(-鬼神)
쇠귀에 경 읽기(-經-) [격]
쇠 그릇
쇠기둥
쇠기름
쇠기침
쇠꼬리
쇠꼬리보다 닭 대가리가 낫다 [격]
쇠꼬리채
쇠꼬챙이
쇠꼴
쇠꾼
쇠끄트러기
쇠끝
쇠나다
쇠눈 쌓이고 다져져서 잘 녹지 않는 눈.
쇠다락
쇠다리
쇠달구

쇠닻
쇠덕석
쇠도끼
쇠도리깨
쇠돈
쇠두겁
쇠두엄
쇠등
쇠등자(-鐙子)
쇠딱지
쇠똥
쇠똥도 약에 쓰려면 없다(-藥-) [격]
쇠똥에 미끄러져 개똥에 코 박은 셈이다 [격]
쇠똥이 지짐 떡 같으냐 [격]
쇠똥찜
쇠뚜껑
쇠라도 맞부딪쳐야 소리가 난다 [격]
쇠마구간(-馬廏間)
쇠막대기
쇠 말뚝
쇠 말뚝도 꾸미기 탓이라 [격]
쇠망치
쇠머리
쇠머리뼈
쇠머리편육(-片肉)
쇠머릿살
쇠 먹는 줄 [격]
쇠 먹은 똥은 삭지 않는다 [격]
쇠먹이
쇠메
쇠 멱미레 같다 [격]
쇠모루
쇠목
쇠목에 방울 단다 [격]
쇠못
쇠몽둥이
쇠몽치
쇠문(-門)
쇠뭉치
쇠바가지
쇠 바늘
쇠발
쇠발개발
쇠발고무래
쇠발구
쇠밧줄

쇠백장
쇠백정(-白丁)
쇠버짐
쇠불알
쇠불알 떨어지면 구워 먹기 [격]
쇠불알 떨어질까 봐 숯불 장만하고 기다린다
　　[격]
쇠불알 보고 화롯불 마련한다(-火爐-) [격]
쇠붙이
쇠붙잇감
쇠비름나물
쇠뼈
쇠뼈다귀
쇠뼈다귀 우려먹듯 [격]
쇠뿔
쇠뿔고추　소의 뿔처럼 생긴 고추.
쇠뿔도 각각 염주도 몫몫(-各各念珠-) [격]
쇠뿔도 단김에 빼랬다 [격]
쇠뿔 잡다가 소 죽인다 [격]
쇠뿔참외
쇠뿔테
쇠사다리
쇠사슬
쇠살
쇠살문(-門)
쇠 살에 말 뼈 [격]
쇠살쭈
쇠살창(-窓)
쇠새끼
쇠서　고기로서의 소의 혀.
쇠서저냐
쇠소댕
쇠솥
쇠숟가락
쇠술
쇠스랑
쇠시위
쇠심
쇠심더깨
쇠심줄
쇠심회(-膾)
쇠써레
쇠쐐기
쇠약해 보이다(衰弱-)
쇠약해져 가다(衰弱-)
쇠여물

쇠오줌
쇠옹두리
쇠옹두리 우리듯 [격]
쇠울짱
쇠자루
쇠자루칼
쇠잠　깊이 든 잠.
쇠잠 들다
쇠잡이
쇠잡이꾼
쇠장(-場)
쇠장대(-長-)
쇠 장식(-裝飾)
쇠전(-廛)
쇠전(-錢)
쇠전거리(-廛-)
쇠젖
쇠족(-足)
쇠족지짐이(-足-)
쇠좆매
쇠주먹
쇠죽(-粥)
쇠죽가마(-粥-)
쇠죽가마에 달걀 삶아 먹을라(-粥-) [격]
쇠죽간(-粥間)
쇠죽물(-粥-)
쇠죽바가지(-粥-)
쇠죽불(-粥-)
쇠죽솥(-粥-)
쇠줄
쇠지랑물
쇠지랑탕
쇠지레
쇠진 목소리
쇠짚신
쇠찌
쇠찌끼
쇠차돌
쇠창살(-窓-)
쇠채
쇠천.　‘소전(小錢)’을 속되게 이르는 말.
쇠천 뒤 글자 같다(-字-) [격]
쇠천 샐 닢도 없다 [격]
쇠총(-銃)
쇠침
쇠침쟁이(-鍼-)

572

쇠칼

쇠코 소의 코.

쇠코에 경 읽기(-經-) [격]

쇠코뚜레

쇠코잠방이

쇠털

쇠털 같은 날 [격]

쇠털같이 많다 [격]

쇠털같이 하고많은 날 [격]

쇠털담배 쇠털처럼 잘게 썬 담배.

쇠털벙거지

쇠털을 뽑아 제 구멍에 박는다 [격]

쇠테

쇠토막

쇠톱

쇠퇴되어 가다(衰退-)

쇠틀

쇠판(-板)

쇠푼

쇠풍경(-風磬)

쇠호두 꺼풀이 두꺼워 딱딱한 호두.

쇠화덕(-火-)

쇠흙손

쇤네

쇤네를 내붙이다 [관]

쇳가루

쇳기(-氣)

쇳내

쇳냥(-兩)

쇳녹(-綠)

쇳덩어리

쇳덩이

쇳독(-毒)

쇳독땅(-毒-)

쇳돌

쇳몸

쇳물

쇳밥

쇳빛

쇳소리

쇳소리가 나다 [관]

쇳조각

쇳줄

쇼크 먹다(shock-)

쇼크 받다(shock-)

쇼핑 다니다(shopping-)

쇼핑센터(shopping center)

쇼핑 정보(shopping情報)

쇼핑하다(shopping-)

쇼하다(show-)

수가 깊다(手-) [관]

수가 달리다(手-) [관]

수가 세다(手-) [관]

수가 익다 [관]

수가 좋다(手-) [관]

수각집(水閣-)

수간호사(首看護師)

수감 생활(收監生活)

수갑 차다(手匣-)

수강 신청(受講申請)

수강 인원(受講人員)

수강해 오다(受講-)

수개미

수개월(數個月)

수개월간(數個月間)

수개월 내에(數個月內-)

수개월 동안(數個月-)

수개월 만에(數個月-)

수거미

수거해 가다(收去-)

수건걸이(手巾-)

수건돌리기(手巾-)

수건질(手巾-)

수게 게의 수컷.

수결 두다(手決-) [관]

수고양이

수고해 주다

수곰

수괭이

수교위

수교 훈장=수교훈장(修交勳章)

수구렁이

수구레

수구레편

수구문 차례(水口門次例) [격]

수구 세력(守舊勢力)

수군덕질

수급 대책(需給對策)

수급 상황(需給狀況)

수긍 못 하다(首肯-)

수기생(首妓生)

수까마귀

573

수꽃
수꽃술
수꽃이삭
수꿩
수나귀
수나무
수나방
수나비
수나비노리개(繡-)
수나사(-螺絲)
수나사끌(-螺絲-)
수나이
수난 겪다(受難-)
수납공간(受納空間)
수납 안내(收納案內)
수냇소
수년간(數年間)
수년 내에(數年內-)
수년 동안(數年-)
수년래(數年來)
수년 만에(數年-)
수년 후(數年後)
수노루
수놈
수놓다(繡-)
수놓아 주다(繡-)
수눅버선
수능 시험(修能試驗)
수다 떨다
수다스러워 보이다
수다식구(數多食口)
수다쟁이
수단꾼(手段-)
수단 좋다(手段-)
수단추
수더분해 보이다
수도꼭지(水道-)
수도 놓다(水道-)
수도 시설(水道施設)
수도 없이 많다(數-)
수도 요금(水道料金)
수돗물(水道-)
수땜(數-)
수떨다
수띠(繡-)
수락 연설(受諾演說)

수락해 버리다(受諾-)
수란 뜨다(水卵-)
수란짜(水卵-)
수렁논
수렁배미
수레꾼
수레바퀴
수레 위에서 이를 간다 [격]
수레홈 수레가 지나간 뒤에 땅에 팬 바퀴자국.
수력 발전=수력발전(水力發電)
수련 시설(修鍊施設)
수렴청정(垂簾聽政)
수렵 생활(狩獵生活)
수로만리(水路萬里)
수로왕릉(首露王陵)
수록해 놓다(收錄-)
수뢰 혐의(受賂嫌疑)
수료한 듯하다(修了-)
수륙만리(水陸萬里)
수륙 양용=수륙양용(水陸兩用)
수를 놓다(繡-) [관]
수를 때우다(數-) [관]
수리 공사(修理工事)
수리먹다
수리 중(修理中)
수리취떡
수리해 주다(修理-)
수림길(樹林-)
수릿날
수 마일 밖(數mile-)
수막새
수막현상(水膜現象)
수만금(數萬金)
수만 년(數萬年)
수만 명(數萬名)
수많다
수많이 나오다
수말
수맛 사내와 사귀는 재미.
수매미노리개(繡-)
수머슴(首-)
수멍
수멍대
수면기와(獸面-)
수면 밑(水面-)
수면 부족(睡眠不足)

수면 중(睡眠中)
수명 다하다(壽命-)
수명 연장(壽命延長)
수명장수(壽命長壽)
수몰 지역(水沒地域)
수무지개
수묵 산수=수묵산수(水墨山水)
수묵 지다(水墨-)
수묵 치다(水墨-)
수문지기(水門-)
수바늘(繡-)
수박 겉 핥기 [격]
수박깍두기
수박 껍질
수박등(-燈)
수박만 하다
수박 맛
수박빛
수박색(-色)
수박 서리
수박씨
수박은 속을 봐야 알고 사람은 지내봐야 안다
　　[격]
수박정과(-正果)
수박춤(手拍-)
수박화채(-花菜)
수발들다
수방석(繡方席)
수배 전단(手配傳單)
수배 차량(手配車輛)
수배해 놓다(手配-)
수백 가지(數百-)
수백 년간(數百年間)
수백 년 내(數百年內)
수백만 명(數百萬名)
수버선(繡-)
수벌
수범
수베개(繡-)
수보다(數-)
수복강녕(壽福康寧)
수복 지구(收復地區)
수볶이(數-)
수부족(手不足)
수북꾼(首-)
수비둘기

수비질(水飛-)
수비해 오다(守備-)
수빠지다(手-)
수사 과정(搜査過程)
수사 기관=수사기관(搜査機關)
수사납다(數-)
수사 당국(搜査當局)
수사 대상(搜査對象)
수사돈(-査頓) 사위 쪽의 사돈.
수사본부(搜査本部)
수사슴
수사 안 하다(搜査-)
수사 요원(搜査要員)
수사 중(搜査中)
수사해 보다(搜査-)
수산 시장(水産市場)
수삼(-蔘)
수삼 일이 지나다(數三日-)
수상 가옥(水上家屋)
수상생활(水上生活)
수상생활자(水上生活者)
수상쩍어 보이다(殊常-)
수상해 보이다(殊常-)
수새 새의 수컷.
수색 영장=수색영장(搜索令狀)
수색 작업(搜索作業)
수석대표(首席代表)
수석 입학(首席入學)
수석 합격(首席合格)
수선 떨다
수선 부리다
수선쟁이
수선 피우다
수선해 주다(修繕-)
수세미 다 되다
수세 베어 주다 [관]
수소
수소 가스(水素gas)
수소문해 보다(搜所聞-)
수소 폭탄=수소폭탄(水素爆彈)
수속 밟다(手續-)
수속 절차(手續節次)
수송 열차(輸送列車)
수송 작전(輸送作戰)
수송 차량(輸送車輛)
수수 가루

수수개떡
수수경단(-瓊團)
수수깡도 아래위 마디가 있다 [격]
수수꾸다
수수 농사(-農事)
수수떡
수수만년(數數萬年)
수수목
수수목대
수수미음(-米飮)
수수미틀 김맬 때 흙덩이를 떠서 들다가 반을
　　꺾어 누이는 일.
수수밥
수수방관해 오다(袖手傍觀-)
수수부꾸미
수수비
수수설기
수수소주(-燒酒)
수수쌀
수수엿
수수옹이
수수 이삭
수수 잎
수수전병(-煎餅)
수수죽(-粥)
수수팥떡
수수팥떡 안팎이 없다 [격]
수수풀떡
수술 결과(手術結果)
수술 도구(手術道具)
수술머리 수술의 맨 윗부분.
수술 못 하다(手術-)
수술 부위(手術部位)
수술 자국(手術-)
수술칼(手術-)
수술해 주다(手術-)
수술 환자(手術患者)
수숫겨
수숫단자(-團餈)
수숫대
수숫대도 아래위 마디가 있다 [격]
수숫목
수숫잎괭이
수숫잎덩이
수습 기간(修習期間)
수습기자(修習記者)

수습 대책(收拾對策)
수습 방안(收拾方案)
수습사원(修習社員)
수습해 놓다(收拾-)
수시 모집(隨時募集)
수시 점검(隨時點檢)
수식해 주다(修飾-)
수신(繡-)
수실(繡-)
수실책(繡-冊)
수심 찬 얼굴(愁心-)
수십 가지(數十-)
수십 년간(數十年間)
수십 년 내로(數十年內-)
수십 년 동안(數十年-)
수십 년 만에(數十年-)
수십 년 전에(數十年前-)
수십 리 길(數十里-)
수십만 명(數十萬名)
수십 번(數十番))
수십억 원(數十億-)
수양가다(收養-)
수양골
수양딸(收養-)
수양딸로 며느리 삼는다(收養-) [격]
수양딸 삼다(收養-)
수양부모(收養父母)
수양산 그늘이 강동 팔십 리를 간다(首陽山-江
　　東八十里-) [격]
수양아들(收養-)
수양아버지(收養-)
수양어머니(收養-)
수양오다(收養-)
수억 년(數億年)
수억만(數億萬)
수업 내용(授業內容)
수업 못 하다(授業-)
수업 시간(授業時間)
수업 안 하다(授業-)
수업 일수=수업일수(授業日數)
수업 준비(授業準備)
수업증서(修業證書)
수없다(數-)
수여리 꿀벌의 암컷.
수염 깎다(鬚髥-)
수염 나다(鬚髥-)

수염낭(繡-)
수염발(鬚髥-)
수염수세(鬚髥-)   수염의 숱.
수염 안 나다(鬚髥-)
수염을 내리쓴다(鬚髥-) [격]
수염의 불 끄듯(鬚髥-) [격]
수염이 대 자라도 먹어야 양반이다(鬚髥-兩
班-) [격]
수염자리(鬚髥-)
수염터(鬚髥-)
수영 대회(水泳大會)
수영복 차림(水泳服-)
수영 선수(水泳選手)
수요 공급(需要供給)
수요일 날(水曜日-)
수요 증가(需要增加)
수용 능력(收容能力)
수용될 듯하다(收容-)
수용 시설(收容施設)
수용 인원(收容人員)
수용해 놓다(收容-)
수월내기
수월놀이
수월래놀이
수월찮다
수월찮아 보이다
수월해져 가다
수위 아저씨(守衛-)
수위 조절(水位調節)
수유기름(茱萸-)
수은단지(水銀-)
수은 빛(水銀-)
수은행나무(-銀杏-)
수의 계약=수의계약(隨意契約)
수의 차림(囚衣-)
수익 사업(收益事業)
수일간(數日間)
수일 내로(數日內-)
수일 동안(數日-)
수일 후(數日後)
수읽기(手-)
수임 기구(受任機構)
수입 가격(輸入價格)
수입 고기(輸入-)
수입 금지(輸入禁止)
수입 물량(輸入物量)

수입 쇠고기(輸入-)
수입 식품(輸入食品)
수입 안 하다(輸入-)
수입업자(輸入業者)
수입 이자(收入利子))
수입 제품(輸入製品)
수입해 오다(輸入-)
수작 걸다(酬酌-)
수작 떨다(酬酌-)
수작 부리다(酬酌-)
수작 붙이다(酬酌-)
수작질하다(酬酌-)
수재 난 마을(水災-)
수재 소리 듣다(秀才-)
수저를 놀리다 [관]
수저받침
수저질
수저통(-筒)
수적질(水賊-)
수절해 오다(守節-)
수젓집
수정 동의(修正動議)
수정 보완(修正補完)
수정 작업(修正作業)
수정해 주다(修正-)
수제비 뜨다 [관]
수제비 잘하는 사람이 국수도 잘한다 [격]
수제비태껸   어른에게 버릇없이 함부로 대드는
말다툼.
수족 노릇(手足-)
수족을 놀리다(手足-) [관]
수족이 멀쩡하다(手足-) [관]
수주간(數週間)
수주 내로(數週內-)
수주 동안(數週-)
수주 만에(數週-)
수주머니(繡-)
수준 미달(水準未達)
수준 이하(水準以下)
수준 차이(水準差異)
수준 향상(水準向上)
수줍어 보이다
수줍어하다
수줍어할 거야
수줍어할걸
수줍은 듯하다

수줍은 척하다
수줍음 타다
수중다리
수중 식물＝수중식물(水中植物)
수중안경(水中眼鏡)
수중 작업(水中作業)
수중 촬영＝수중촬영(水中撮影)
수중 침투(水中浸透)
수중혼(水中魂)
수지 균형(收支均衡)
수지니 사람의 손으로 길들인 매나 새매.
수지맞는 장사
수지비누(樹脂-)
수지톱(手指-)
수지톱 가시다(手指-) [관]
수진개(手陳-) 수지니인 매.
수진매(手陳-) ＝수지니.
수진상전에 지팡이를 짚기 쉽겠다(壽進床廛-)
　　[격]
수질 개선(水質改善)
수질 검사(水質檢査)
수질 오염＝수질오염(水質汚染)
수질 정화(水質淨化)
수집해 놓다(收集-)
수짝
수짠지
수차례 찾아오다(數次例-)
수채 냄새
수채움하다(數-)
수채통(-筒)
수챗구멍
수척해 보이다(瘦瘠-)
수천 개(數千個)
수천 년 동안(數千年-)
수천만 명(數千萬名)
수천만 원짜리(數千萬-)
수천수만의 별(數千數萬-)
수청 들다(守廳-) [관]
수초낚시(水草-)
수출 가격(輸出價格)
수출 길 열리다(輸出-)
수출 물량(輸出物量)
수출 부진(輸出不振)
수출 시장(輸出市場)
수출 업체(輸出業體)
수출 증대(輸出增大)

수출 품목(輸出品目)
수출해 오다(輸出-)
수치 배를 갈라 소금에 절여 말린 민어의 수컷.
수치레(數-)
수치마(繡-)
수치질(-痔疾)
수캉아지
수캐
수컷
수키와
수키왓장(-張)
수타국수(手打-)
수탈해 가다(收奪-)
수탉
수탉이 울어야 날이 새지 [격]
수탕나귀
수토끼
수톨쩌귀
수통박이(水筒-)
수퇘지
수퉁니
수틀 암틀에 끼워 넣는 틀.
수틀(繡-)
수틀리다
수파련에 밀동자(水波蓮-童子) [격]
수판 놓다(數板-) [관]
수판셈(數板-)
수판알(數板-)
수판알을 튀기다(數板-) [관]
수판질하다(數板-)
수평실(水平-) 수평을 알기 위하여 표준틀에
　　맨 실.
수평아리
수풀가
수풀땅
수풀엣 꿩은 개가 내몰고 오장엣 말은 술이 내
　　몬다(-五臟-) [격]
수학 공부(數學工夫)
수학 공식(數學公式)
수학 능력(修學能力)
수학 시험(數學試驗)
수학여행(修學旅行)
수학 책(數學册)
수할치 매를 부리면서 매사냥을 지휘하는 사
　　람.
수해 나다(水害-)

수해 복구(水害復舊)
수해 입다(水害-)
수해 지역(水害地域)
수행 기자(隨行記者)
수행해 내다(遂行-)
수행해 오다(遂行-)
수험 번호(受驗番號)
수혈지다(水穴-)
수형 생활(受刑生活)
수혜 대상(受惠對象)
수호 조약=수호조약(修好條約)
수호천사(守護天使)
수호해 주다(守護-)
수홍색(水紅色)
수확 철(收穫-)
숙김치(熟-)
숙깍두기(熟-)
숙녀 행세(淑女行世)
숙달되어 가다(熟達-)
숙덕공론(-公論)
숙덕질하다
숙련되어 가다(熟練-)
숙마줄(熟麻-)
숙맥이 상팔자(菽麥-上八字) [격]
숙박 시설(宿泊施設)
숙박신고(宿泊申告)
숙박업소(宿泊業所)
숙부모(叔父母)
숙붙다
숙성이 된 곡식은 여물기도 일찍 된다(夙成-穀
　　食-) [격]
숙성해 보이다(夙成-)
숙수단(熟手段)
숙연해 보이다(肅然-)
숙원 사업(宿願事業)
숙인 머리는 베지 않는다 [격]
숙장아찌(熟醬-)
숙전갈이(熟田-)
숙제 검사(宿題檢査)
숙제 내다(宿題-)
숙제 못 하다(宿題-)
숙주나물
숙주나물국
숙주채(-菜)
숙질간(叔姪間)
숙청해 버리다(肅淸-)

숙취 해소(宿醉解消)
숙향전이 고담이라(淑香傳-古談-) [격]
-순(順)　(접사) 가나다순, 나이순, 도착순, 연
　　대순, 키순.
-순(順)　(명사) 놀고, 먹고, 자는 순으로 진행
　　되다. 선호하는 직업은 교사, 의사, 법조인
　　순이었다.
순간순간(瞬間瞬間)
순간온수기(瞬間溫水器)
순 거짓말쟁이 같은 놈
순경꾼(巡更-)
순교 정신(殉敎精神)
순국선열(殉國先烈)
순국열사(殉國烈士)
순국의거(殉國義擧)
순금 열쇠(純金-)
순기능(順機能)
순담배(筍-)
순대찜
순댓국
순댓국 집
순 도둑놈 같으니
순두부(-豆腐)
순두부찌개(-豆腐-)
순둥이(順-)
순따주기(筍-)
순라 돌다(巡邏-)
순리대로 풀리다(順理-)
순 몹쓸 놈 같으니
순무채(-菜)
순물　순두부가 엉기면서 나오는 누르스름한
　　물.
순박해 보이다(淳朴-)
순방 길에 오르다(巡訪-)
순방 외교(巡訪外交)
순백자(純白瓷)　무늬가 없는 백자.
순뽕(筍-)
순뽕따기(筍-)
순사질(巡査-)
순서대로 기다리다(順序-)
순서 안 지키다(順序-)
순수 문학=순수문학(純粹文學)
순수 혈통(純粹血統)
순시 나가다(巡視-)
순시차 내려오다(巡視次-)
순 우리말(純-)

순위 경쟁(順位競爭)
순응해 오다(順應-)
순임금(舜-)
순임금이 독 장사를 했을까(舜-) [격]
순잎(筍-)
순장바둑(順將-)
순조로워 보이다(順調-)
순종해 오다(順從-)
순지르다(筍-)
순진한 듯하다(純眞-)
순진한 양하다(純眞-)
순진한 척하다(純眞-)
순진해 보이다(純眞-)
순찰 나가다(巡察-)
순찰 돌다(巡察-)
순찰 중(巡察中)
순챗국(蓴菜-)
순청빛(純靑-)
순치다(筍-)
순탄해 보이다(順坦-)
순평밭(順平-)
순풍에 돛 단 듯이(順風-)
순풍에 돛을 달고 뱃놀이한다(順風-) [격]
순 한글(純-)
순해 보이다(順-)
순해 빠지다(順-)
순홍빛(純紅-)
순화되어 가다(醇化-)
순환 근무(循環勤務)
순환 도로=순환도로(循環道路)
순환 보직(循環補職)
순황빛(純黃-)
순회강연(巡廻講演)
순회공연(巡廻公演)
순회 교육(巡廻敎育)
순회문고(巡廻文庫)
순회 버스(巡廻bus)
순회병원(巡廻病院)
순회 전시(巡廻展示))
순회 진료(巡廻診療)
숟가락 놓다 [관]
숟가락 들다 [관]
숟가락질
숟가락집
숟가락총
숟갈

숟갈질하다
숟갈총
숟갈 한 단 못 세는 사람이 살림은 잘한다 [격]
숟집
술값
술값 내다
술거품
술고래
술과 안주를 보면 맹세도 잊는다(-按酒-盟誓-)
　　[격]
술구기
술구기를 들다 [관]
술구기를 잡히다 [관]
술구더기
술국
술국밥
술국집
술 권하다(-勸-)
술기(-氣)
술기운
술김에 한 소리
술 깨다
술꾼
술난리(-亂離)
술난리 나다(-亂離-)
술내
술내 나다
술내 풍기다
술 냄새
술놀음
술누룩
술 담그다
술 담배 안 하다
술 담배 참아 소 샀더니 호랑이가 물어 갔다 [격]
술대접(-待接)
술 덜 깨다
술덤벙물덤벙
술덧
술도가(-都家)
술도깨비
술독
술독(-毒)
술독에 빠지다 [관]
술독에 치마 두르듯 [격]
술동이
술두루미

580

술 들다
술등(-燈) 술 파는 집에서 내건 초롱.
술 따르다
술떡
술띠
술래놀이
술래잡기
술래잡기하다
술마당
술 마시다
술 맛
술 맛 나다
술 맛 안 나다
술망나니
술 먹다
술 먹여 놓고 해장 가자 부른다(-解酲-) [격]
술 먹은 개 [격]
술 몇 잔 마시다(-盞-)
술목 숟가락 자루와 뜨는 부분이 이어진 부분.
술 못 마시다
술 문화(-文化)
술밑 누룩을 섞어 버무린 지에밥.
술바닥
술 받아 주고 뺨 맞는다 [격]
술밥
술방구리
술버릇
술벗
술벗 해 주다
술병(-瓶)
술병(-病)
술병 나다(-病-)
술비지
술빚
술빚 갚다
술 사 주고 뺨 맞는다 [격]
술살
술상(-床)
술상 보다(-床-)
술상 차리다(-床-)
술 샘 나는 주전자(-酒煎子) [격]
술 생각 나다
술설사(-泄瀉)
술손
술손님
술 시중 들다

술 실력(-實力)
술심부름
술쌀
술아비
술 안 먹다
술안주(-按酒)
술 약속(-約束)
술어미
술에 감기다 [관]
술에 먹히다 [관]
술에 물 탄 것 같다 [격]
술에 물 탄 이 [격]
술에 술 탄 듯 물에 물 탄 듯 [격]
술에 술 탄 이 [격]
술오한(-惡寒)
술은 괼 때 걸러야 한다 [격]
술은 백약의 장(-百藥-長) [격]
술은 어른 앞에서 배워야 점잖게 배운다 [격]
술은 해장에 망하고 투전은 본전 추다 망한다
　　(-解酲-亡-鬪牋-本錢-亡) [격]
술을 먹으면 사촌한테 기와집도 사 준다(-四
　　寸-) [격]
술을 치다 [관]
술이 길다 [관]
술이 사람을 먹다 [관]
술이 술을 먹다 [관]
술이 아무리 독해도 먹지 않으면 취하지 않는
　　다(-毒-醉-) [격]
술 익다
술 익자 체 장수 간다 [격]
술자리
술잔(-盞)
술잔거리(-盞-)
술잔 돌리다(-盞-)
술잔 비우다(-盞-) [관]
술잔을 기울이다(-盞-) [관]
술잔을 나누다(-盞-) [관]
술잔치
술 잘 먹다
술장사
술장수
술적심
술 접대(-接待)
술 좀 사라
술좌석(-座席)
술주자(-酒榨) 술을 거르거나 짜내는 틀.

술주정(-酒酊)
술주정꾼(-酒酊-)
술주정뱅이(-酒酊-)
술지게미
술지게미초(-醋)
술질
술집
술집 여자(-女子)
술찌끼
술책 부리다(術策-)
술청
술추렴
술 취하다(-醉-)
술 취한 놈 달걀 팔듯(-醉-) [격]
술 취한 사람과 아이는 거짓말을 안 한다(-醉-)
　[격]
술 취한 사람 사촌 집 사 준다(-醉-四寸-) [격]
술 취한 체하다(-醉-)
술친구(-親舊)
술친구는 친구가 아니다(-親舊-親舊-) [격]
술타령
술탈(- 頉)
술탐(-貪)
술턱
술통(-桶)
술틀
술파리
술판
술푼주
술 한 잔도 못 마시다(-盞-)
술 한잔 마시다(-盞-)
술 한잔하다
술 항아리(-缸-)
숨 가쁘다 [관]
숨 거두다 [관]
숨겨 놓다
숨겨 놔두다
숨겨 두다
숨겨 오다
숨겨 주다
숨결
숨구멍
숨기(-氣) 숨을 쉬는 기운.
숨기다시피 하다
숨기운
숨기척

숨긴 채
숨김없다
숨 끊어지다 [관]
숨 넘기다 [관]
숨 넘어가는 소리 [관]
숨 넘어가다
숨다 보니 포도청 집이라(-捕盜廳-) [격]
숨도 못 쉬다
숨 돌리다 [관]
숨 돌릴 사이도 없다 [관]
숨듯 하다
숨 막혀 죽다
숨 막힐 듯하다
숨 모으다 [관]
숨 못 쉬다
숨문(-門)
숨바꼭질
숨박질
숨 붙어 있다 [관]
숨소리
숨쉬기
숨 쉬다 [관]
숨 쉴 사이 없다 [관]
숨어 다니다
숨어들다
숨어 버리다
숨어 살다
숨어 살다시피 하다
숨어 지내다
숨운동(-運動)
숨은그림찾기
숨은 내쉬고 말은 내 하지 말라 [격]
숨은덕(-德)
숨은바위 =암초.
숨은상침(-上針)
숨은싸움 겉으로 드러나지 않고 적대 행위를
　함.
숨은흠(-欠)
숨을 거두다 [관]
숨을 끊다 [관]
숨이 막히다 [관]
숨이 턱에 닿다 [관]
숨이 트이다 [관]
숨져 가다
숨져 버리다
숨 죽다 [관]

숨죽여 지켜보다
숨죽인 채
숨진 듯하다
숨진옷
숨진 지 이틀 만에
숨진 채
숨차다
숨탄것 여러 가지 동물을 통틀어 이르는 말.
숨통 끊어지다(-筒-) [관]
숨통 막히다(-筒-) [관]
숨통 조이다(-筒-) [관]
숨통 틔우다(-筒-) [관]
숨틀
숫간(-間)
수컷
숫결(繡-)
숫구멍
숫국
숫기(-氣)
숫기 좋다(-氣-)
숫눈
숫눈길
숫대살문(數-門)
숫대집(數-)
숫돌물
숫돌이 저 닳는 줄 모른다 [격]
숫되다
숫백성(-百姓)
숫보기 (1)순진하고 어수룩한 사람. (2)숫총각
　　이나 숫처녀.
숫사람
숫색시
숫양(-羊)
숫염소
숫음식(-飮食)
숫자 놀음(數字-)
숫자풀이(數字-)
숫저운 사람
숫접다
숫쥐
숫처녀(-處女)
숫총각(-總角)
숫티 나다
숭고해 보이다(崇高-)
숭늉 제사상에 올리는 물.
숭늉 맛

숭늉에 물 탄 격(-格) [격]
숭어가 뛰니까 망둥이도 뛴다 [격]
숭어구이
숭어국수
숭어리
숭어어채(-魚采)
숭어저냐
숭어찜
숭어회(-膾)
숯 가루
숯가마
숯감
숯검정
숯구이
숯내
숯내 나다
숯내 맡다
숯다리미
숯덩이
숯등걸
숯막(-幕)
숯막골(-幕-)
숯막지기(-幕-)
숯머리 숯내를 맡아서 아픈 머리.
숯먹
숯불
숯불갈비
숯불고기
숯섬
숯은 달아서 피우고 쌀은 세어서 짓는다 [격]
숯이 검정 나무란다 [격]
숯장수
숯쟁이
숱한 사람들
숲 가에서
숲길
숲나이
숲 속의 호박은 잘 자란다 [격]
숲을 이루다 [관]
숲이 깊어야 도깨비가 나온다 [격]
숲이 짙으면 범이 든다 [격]
숲이 커야 짐승이 나온다 [격]
숲정이
숲 쪽
쉬게 해 주다
쉬고 싶어 하다

人

583

쉬고 싶은가 보다
쉬는화산(-火山) =휴화산.
쉬다 보니
쉬 더운 방이 쉬 식는다(-房-) [격]
쉬러 가다
쉬려던 차에 넘어진다(-次-) [격]
쉬쉬하다
쉬쉬해 오다
쉬슬다
쉬야하다
쉬어 가다
쉬어 버리다
쉬어 빠지다
쉬어 오다
쉬어 터지다
쉬었다 가다
쉬었다 하다
쉬운 게 아니다
쉬운 듯하다
쉬운 듯해 보이다
쉬울 거야
쉬울걸
쉬울 걸세
쉬울걸요
쉬울 것 같지 않다
쉬울 리 없다
쉬울 텐데
쉬워 보이다
쉬워질 거야
쉬워질걸
쉬워질 걸세
쉬워질걸요
쉬이보다
쉬이여기다
쉬파리 꾫듯 [관]
쉬파리 똥 갈기듯 한다 [격]
쉬파리 무서워 장 못 담글까(-醬-) [격]
쉬하다
쉰 길 나무도 베면 끝이 있다 [격]
쉰내
쉰내 나다
쉰 냄새
쉰넷
쉰다섯
쉰두 살
쉰두째

쉰둥이
쉰 목소리
쉰밥
쉰밥 고양이 주기 아깝다 [격]
쉰 살
쉰셋
쉰아홉
쉰젖
쉰하나
쉰한 살
쉴 거야
쉴걸
쉴 걸세
쉴걸요
쉴게
쉴게요
쉴 곳 없이 떠돌다
쉴 새 없이
쉴손
쉴 수밖에 없다
쉴 자리
쉴 틈 안 주다
쉼터
쉼표(-標)
쉽게 단 쇠가 쉽게 식는다 [격]
쉽게 안 되다
쉽게 여기다
쉽기가 손바닥 뒤집기다 [격]
쉽긴 해도
쉽다나 봐
쉽사리 끝날 것 같지 않다
쉽지 않아 보이다
쉽지 않을 듯하다
슈퍼마켓(supermarket)
스냅 사진=스냅사진(snap 寫眞)
스님 눈물 같다 [격]
스란치마
스러져 가다
스며 나오다
스며들다
스며 들어오다
스무 가지
스무고개
스무나흗날
스무나흘
스무날

스무날비
스무닷새
스무닷샛날
스무 번째(-番-)
스무사흗날
스무사흘
스무아흐렛날
스무여드렛날
스무이렛날
스무이튿날
스무째
스무하룻날
스물다섯
스물대여섯
스물댓 살
스물두세 살
스물두어 살
스물두째 22위.
스물둘째 22개째.
스물서너 살
스물셋
스물째
스물한 살
스미어 나오다
스스럼없어 보이다
스스로 하다
스승 삼다
스쳐 가다
스쳐 가 버리다
스쳐 지나가다
스침견지낚시
스카치테이프(Scotch tape)
스쿨버스(school bus)
스크랩북(scrapbook)
스키 타다(ski-)
스틸 사진(still 寫眞)
스파이 조직(spy 組織)
스파이 활동(spy 活動)
스페어 기사(spare 技士)
스포츠 기자(sports 記者)
스포츠 뉴스(sports news)
스포츠머리(sports-) =상고머리.
스포츠 센터=스포츠센터(sports center)
스포츠 신문(sports 新聞)
스포츠 정신(sports 精神)
스피커 소리(speaker-)

슬기로워 보이다
슬기주머니
슬레이트못(slate-)
슬레이트 지붕(slate-)
슬슬 피하다(-避-)
슬인 춤에 지게 지고 엉덩춤 춘다(瑟人-) [격]
슬퍼 보이다
슬퍼질 거야
슬퍼해 오다
슬프기도 하다
슬프다 못해
슬픈 듯하다
슬픈 듯해 보이다
슬픈 체하다
슬플 거야
슬플걸
슬플 걸세
슬플걸요
슬픔 안고 가다
슬피 울다
습격해 오다(襲擊-)
습관 된 듯하다(習慣-)
습관 들다(習慣-)
습관 들이다(習慣-)
습기 끼다(濕氣-)
습기 차다(濕氣-)
습득 못 하다(習得-)
습자배기(襲-)
승강이 벌이다(昇降-)
승강이질(昇降-)
승검초강정(-草-)
승검초다식(-草茶食)
승검초단자(-草團餈)
승검초떡(-草-)
승검초증편(-草蒸-)
승겁들다
승격시켜 주다(昇格-)
승격 안 되다(昇格-)
승낙 못 받다(承諾-)
승낙 안 해 주다(承諾-)
승냥이는 꿈속에서도 양 무리를 생각한다(-羊-)
　　[격]
승냥이 똥이라 [격]
승단 대회(昇段大會)
승리할 듯하다(勝利-)
승맛돌(乘馬-) =노둣돌.

승모춤(僧貌-)
승복 못 하다(承服-)
승복 안 하다(承服-)
승부 가리다(勝負-)
승부 겨루다(勝負-)
승부 나다(勝負-)
승부 못 가리다(勝負-)
승부수 던지다(勝負手-)
승부 안 나다(勝負-)
승부차기(勝負-)
승산 없는 싸움(勝算-)
승산 있어 보이다(勝算-)
승새 곱다(升-)
승소 판결(勝訴判決)
승인 나다(承認-)
승인 못 받다(承認-)
승인 신청(承認申請)
승인 안 해 주다(承認-)
승인해 주다(承認-)
승진 꿈 꾸다(昇進-)
승진 못 하다(昇進-)
승진 발령(昇進發令)
승진시켜 주다(昇進-)
승진 시험(昇進試驗)
승진 안 되다(昇進-)
승진 인사(昇進人事)
승진 턱 내다(昇進-)
승차 거부(乘車拒否)
승차 인원(乘車人員)
승패 가리다(勝敗-)
승합자동차(乘合自動車)
-시(時) (의존 명사) 비행 시에는, 규칙을 어겼
　　을 시에는.
시가대로 쳐 주다(時價-)
시가족(媤家族)
시가 차이(時價差異)
시가행진(市街行進)
시각이 위태하다(時刻-危殆-) [관]
시각 장애(視覺障碍)
시각전달(視覺傳達)
시각 차이(視角差異)
시간 가는 줄 모르다(時間-) [관]
시간 강사=시간강사(時間講師)
시간 걸리다(時間-)
시간과 분을 쪼개다(時間-分-) [관]
시간관념(時間觀念)

시간 끌다(時間-)
시간 나는 대로(時間-)
시간 낭비(時間浪費)
시간 내 보다(時間-)
시간 내 주다(時間-)
시간 다되다(時間-)
시간 단축(時間短縮)
시간당 삼천 원(時間當三千-)
시간대별(時間帶別)
시간 되다(時間-)
시간 때우다(時間-)
시간 맞추다(時間-)
시간 맞춰 가다(時間-)
시간 못 내다(時間-)
시간 못 맞추다(時間-)
시간문제(時間問題)
시간밥(時間-)　날마다 일정한 시각에 먹을 수
　　있도록 짓는 밥.
시간 배당(時間配當)
시간 벌다(時間-)
시간 보내다(時間-)
시간 부족(時間不足)
시간 안 가다(時間-)
시간 안 나다(時間-)
시간 안 되다(時間-)
시간 안 지키다(時間-)
시간 약속(時間約束)
시간 없어 못 가다(時間-)
시간 연장(時間延長)
시간을 벌다(時間-) [관]
시간 절약(時間節約)
시간제한(時間制限)
시간 조절(時間調節)
시간 지나다(時間-)
시간 지키다(時間-)
시간 차이(時間差異)
시거든 떫지나 말고 얽거든 검지나 말지 [격]
시건드러지다
시건방져 보이다
시건장치(施鍵裝置)
시계전(-廛)
시곗금
시곗돈
시곗바리
시곗박　식기를 담아 두는 함지박.
시곗장수

시계방(時計房)
시계 방향(時計方向)
시계불알(時計-)
시계장이(時計-)
시계태엽(時計胎葉)
시곗바늘(時計-)
시곗줄(時計-)
시골 가다
시골고라리   어리석고 고집 센 시골 사람을 놀
　　림조로 이르는 말.
시골구석
시골 길
시골 깍쟁이 서울 곰만 못하다 [격]
시골내기
시골 놈이 서울 놈 못 속이면 보름씩 배를 앓는
　　다 [격]
시골 놈 제 말 하면 온다 [격]
시골 다녀오다
시골뜨기
시골 마을
시골말
시골 사람
시골 살다 오다
시골 생활(-生活)
시골 역(-驛)
시골 장(-場)
시골 장날(-場-)
시골 장터(-場-)
시골집
시골 처녀(-處女)
시골 출신(-出身)
시골티 나다
시골풍(-風)
시공 업자(施工業者)
시공 회사(施工會社)
시국 사건(時局事件)
시국 사범(時局事犯)
시국 선언(時局宣言)
시국 수습(時局收拾)
시궁구멍
시궁발치
시궁에서 용 난다(-龍-) [격]
시궁창
시궁창에서 용이 난다(-龍-) [격]
시궁치   =시궁발치.
시근벌떡시근벌떡하다

시금치나물
시금치쌈
시금치죽(-粥)
시금칫국
시급한 듯하다(時急-)
시급해 보이다(時急-)
시기는 산 개미 똥구멍이다 [격]
시기상조(時機尙早)
시기적절(時期適切)
시기해 오다(猜忌-)
시꺼먼 도둑놈 [격]
시끄러워 못 견디다
시끄러워져 가다
시난고난하다
시내 곳곳(市內-)
시내낚시   시냇물에서 하는 낚시.
시내버스(市內bus)
시내 전화=시내전화(市內電話)
시냇가
시냇가 돌 닳듯 [격]
시냇물
시냇물도 퍼 쓰면 준다 [격]
시냇물 소리
시너지 효과(synergy效果)
시녀 노릇(侍女-)
시녀 역 맡다(侍女役-)
시누올케(媤-)
시누이는 고추보다 맵다(媤-) [격]
시누이올케(媤-)
시누이올케 춤추는 가운데 올케 못 출까(媤-)
　　[격]
시누 하나에 바늘이 네 쌈(媤-) [격]
시뉘(媤-)
시늉말
시다는데 초를 친다(-醋-) [격]
시달려 오다
시달리다 못해
시달리다시피 하다
시달릴 뻔하다
시달해 놓다(示達-)
시답잖다
시대감각(時代感覺)
시대 구분=시대구분(時代區分)
시대별로(時代別-)
시대 상황(時代狀況)
시대정신(時代精神)

587

시대 조류(時代潮流))
시대착오(時代錯誤)
시댁 어른(媤宅-)
시도 때도 없이(時-)
시도해 보다(試圖-))
시동 걸다(始動-)
시동 걸리지 않다(始動-)
시동 끄고(始動-)
시동 안 걸리다(始動-)
시든 호박잎 같은 소리 [격]
시들고 말다
시들마르다
시들방귀
시들병(-病)
시들어 가다
시들어뜨리다
시들어 버리다
시들어트리다
시들해 보이다
시들해져 가다
시듦병(-病)
시디시다
시디신 살구
시래기나물
시래기두름
시래기떡
시래기뭉치
시래기죽(-粥)
시래기지짐이
시래기찌개
시래깃국
시량거리(柴糧-)
시러베아들
시러베자식(-子息)
시러베장단
시러베장단에 호박 국 끓여 먹는다 [격]
시렁가래
시렁 눈 부채 손[격]
시렁집
시려 오다
시력 검사=시력검사(視力檢查)
시력 보호(視力保護)
시련 겪다(試鍊-)
시료환자(施療患者)
시루논
시루떡

시루에 물 퍼 붓기[격]
시룻밑
시룻방석(-方席)
시룻번
시르렁둥당
시르죽다
시를 매기다(時-) [관]
시를 찾다(時-) [관]
시름 놓다 [관]
시름맞아 몸져눕다
시름시름 앓다
시름없다
시립 대학(市立大學)
시립 병원(市立病院)
시먹다
시모에게 역정 나서 개의 옆구리 찬다(媤母-逆
　情-) [격]
시모녀(媤母女)
시목밭(柴木-)
시묘 살다(侍墓-)
시무룩해 보이다
시민 공원(市民公園)
시민 단체(市民團體)
시민대회(市民大會)
시민 생활(市民生活)
시민운동(市民運動)
시민 의식(市民意識)
시민전쟁(市民戰爭)
시민 혁명＝시민혁명(市民革命)
시발주자(始發走者)
시범 경기(示範競技)
시범학교(示範學校)
시부모님(媤父母-)
시비 가리다(是非-)
시비 걸다(是非-)
시비 걸어 오다(是非-)
시비곡절(是非曲折)
시비꾼(是非-)
시비질(是非-)
시비해 오다(是非-)
시빗거리(是非-)
시빗주비(是非-)
시뻐하다
시뻘게지다
시뿌예지다
시사만평(時事漫評)

시사만화(時事漫畫)
시사 문제(時事問題)
시사 상식(時事常識)
시사용어(時事用語)
시사평론(時事評論)
시사 해설(時事解說)
시삼촌댁(媤三寸宅)
시새움하다
시색이 좋다(時色-)
시샘질하다
시서느렇다
시선 끌다(視線-)
시선 끌 만하다(視線-)
시선 집중(視線集中)
시설 관리(施設管理)
시설떨다
시설 미비(施設未備)
시설 투자(施設投資)
시설 확충(施設擴充)
시세가 그르다(時勢-) [관]
시세가 기울다(時勢-) [관]
시세가 닿다(時勢-) [관]
시세꾼(時勢-)
시세도 모르고 값을 놓는다(時勢-) [격]
시세 차익(時勢差益)
시세 폭락(時勢暴落)
시셋값(時勢-)
시소게임(seesaw game)
시시껄렁해 보이다
시시덕이
시시덕이는 재를 넘어도 새침데기는 골로 빠진
　　다 [격]
시시때때로(時時-)
시시비비(是是非非)
시시비비주의(是是非非主義)
시시콜콜하다
시시해 보이다
시시해져 가다
시신 수습(屍身收拾)
시아버님(媤-)
시아버지(媤-)
시아버지 무릎에 앉은 것 같다(媤-) [격]
시아주버니(媤-)
시아주버니와 제수는 백 년 손(媤-弟嫂-百
　　年-) [격]
시아주비(媤-)

시앗끼리는 하품도 옮지 않는다 [격]
시앗 들이다
시앗 보다
시앗 싸움에 요강 장수[격]
시앗을 보면 길가의 돌부처도 돌아앉는다 [격]
시앗이 시앗 꼴을 못 본다 [격]
시앗 죽은 눈물만큼 [격]
시앗 죽은 눈물이 눈 가장자리 젖으랴 [격]
시앗질
시어른(媤-)
시어머니(媤-)
시어머니에게 역정 나서 개 배때기 찬다(媤-逆
　　情-) [격]
시어머님(媤-)
시어미가 죽으면 안방은 내 차지(媤-房-) [격]
시어미 미워서 개 옆구리 찬다(媤-) [격]
시어미 범 안 잡은 사람 없다(媤-) [격]
시어미 부를 노래를 며느리가 먼저 부른다(媤-)
　　[격]
시어미 속옷이나 며느리 속옷이나(媤-) [격]
시어 버리다
시외버스(市外bus)
시외삼촌(媤外三寸)
시외삼촌댁(媤外三寸宅)
시외 전화=시외전화(市外電話)
시외조모(媤外祖母)
시외조부(媤外祖父)
시외할머니(媤外-)
시외할아버지(媤外-)
시우쇠
시울질　물고기의 식욕을 돋우기 위하여 줄에
　　달린 미끼를 움직이게 하는 일.
시원섭섭하다
시원스러워 보이다
시원시원히
시원찮아 보이다
시원찮은 국에 입 덴다 [격]
시원찮은 귀신이 사람 잡아간다(-鬼神-) [격]
시원하기만 하다
시원해 보이다
시월 달(十月-)
시월막사리(十月-)　시월 그믐께, 강물이 얼어
　　붙기 전 조수가 들어오는 마지막 시기.
시월 말(十月末)
시월상달(十月上-)
시월 호(十月號)

시위 군중(示威群衆)
시위 문화(示威文化)
시위운동(示威運動)
시위잠
시위 행렬(示威行列)
시위행진(示威行進)
시위 효과=시위효과(示威效果)
시읍면장(市邑面長)
시의 적절(時宜適切)
시인 안 하다(是認-)
시인해 버리다(是認-)
시작 단계(始作段階)
시작되자마자(始作-)
시작된 지 오래되다(始作-)
시작매듭(始作-)
시작 못 하다(始作-)
시작 안 하다(始作-)
시작이 반이다(始作-半-) [격]
시작종 치다(始作鐘-)
시작하자마자(始作-)
시작한 듯하다(始作-)
시작한 일은 끝을 보라(始作-) [격]
시작한 지 이틀 만에(始作-)
시작해 보다(始作-)
시장 가격=시장가격(市場價格)
시장 가다(市場-)
시장 개방(市場開放)
시장 개입(市場介入)
시장 경제=시장경제(市場經濟)
시장 골목(市場-)
시장기 돌다(-氣-)
시장 논리(市場論理)
시장바구니(市場-)
시장 바닥(市場-)
시장 보다(市場-)
시장 봐 오다(市場-)
시장 상인(市場商人)
시장 원리(市場原理)
시장이 반찬(-飯饌) [격]
시장 입구(市場入口)
시장 조사=시장조사(市場調査)
시장 질서(市場秩序)
시장질
시장하면 밥그릇을 통째로 삼키나 [격]
시장한 사람더러 요기시키란다(-療飢-) [격]
시장할 텐데

시잿돈(時在-)
시정되어 가다(是正-)
시정마(-馬)
시정 명령(是正命令)
시정 방안(是正方案)
시정아치(市井-)   시장에서 장사하는 사람들의
　　무리.
시정 안 되다(是正-)
시정 연설=시정연설(施政演說)
시정잡배(市井雜輩)
시정해 나가다(是正-)
시제 지내다(時祭-)
시조놀이(時調-)
시조를 하느냐 양시조를 하느냐(時調-洋時調-)
　　[격]
시조모(媤祖母)
시조부(媤祖父)
시조 문학(時調文學)
시조 시인(時調詩人)
시조하라 하면 발뒤축이 아프다 한다(時調-)
　　[격]
시종여일(始終如一)
시종일관(始終一貫)
시주님이 잡수셔야 잡수었나 하지(施主-) [격]
시줏돈(施主-)
시중 가격(市中價格)
시중 금리=시중금리(市中金利)
시중꾼
시중들다
시중들어 주다
시중 은행=시중은행(市中銀行)
시중해 오다
시중해 주다
시지도 않아서 군내부터 먼저 난다 [격]
시집가는 데 강아지 따르는 것이 제격이라(媤-
　　格-) [격]
시집가 버리다(媤-)
시집갈 날 등창이 난다(媤-瘡-) [격]
시집도 가기 전에 기저귀 마련한다(媤-前-) [격]
시집도 아니 가서 포대기 장만한다(媤-) [격]
시집 못 가다(媤-)
시집 못 보내다(媤-)
시집 밥은 살이 찌고 친정 밥은 뼈 살이 찐다
　　(媤-親庭-) [격]
시집보내다(媤-)
시집보내 버리다(媤-)

시집살이(媤-)
시집 식구(媤-食口)
시집 안 가다(媤-)
시집오다(媤-)
시집 잘 가다(媤-)
시 짓다(詩-)
시차출근(時差出勤)
시찰 나가다(視察-)
시찰 다니다(視察-)
시찰 오다(視察-)
시찾다(時-)
시청각 교육=시청각교육(視聽覺敎育)
시청 광장(市廳廣場)
시청 앞(市廳-)
시체 더미(屍體-)
시체방(屍體房)
시체 유기(屍體遺棄)
시쳇말(時體-)
시치미 떼다 [관]
시침 따다
시침 떼다 [관]
시침바느질
시침바늘
시침실
시침질
시커메지다
시켜 놓다
시켜 달라고 하다
시켜 달라다
시켜 드리다
시켜 먹다
시켜 버리다
시켜 보내다
시켜 보다
시켜 오다
시켜 주다
시크름하다
시큰둥이
시큰둥해 보이다
시큼씁쓸하다
시키는 대로
시키는 일 다 하고 죽은 무덤은 없다 [격]
시킨 대로
시태질 소의 등에 짐을 싣는 일.
시퉁머리
시퉁머리 터지다 [관]

시퉁머리스럽다
시트커버(seat cover)
시판 중(市販中)
시판해 오다(市販-)
시퍼런 하늘
시퍼레지다
시푸르다
시한 내로(時限內-)
시한부 인생(時限附人生)
시 한 수(詩-首)
시한스위치(時限 switch)
시한장치(時限裝置)
시한폭탄(時限爆彈)
시할머니(媤-)
시할아버지(媤-)
시합 도중(試合途中)
시합 벌이다(試合-)
시합해 보다(試合-)
시행 계획(施行計劃)
시행 규칙=시행규칙(施行規則)
시행되어 오다(施行-)
시행 못 하다(施行-)
시행 시기=시행시기(施行時期)
시행 안 되다(施行-)
시행 일자(施行日子)
시행착오(試行錯誤)
시행해 나가다(施行-)
시행해 오다(施行-)
시허옇다
시허예지다
시험 가동(試驗稼動)
시험공부(試驗工夫)
시험 과목(試驗科目)
시험관 아기=시험관아기(試驗管-)
시험 기간(試驗期間)
시험 날짜(試驗-)
시험 당하다
시험대에 오르다(試驗臺-) [관]
시험 못 보다(試驗-)
시험 문제=시험문제(試驗問題)
시험 발사(試驗發射)
시험 보다(試驗-)
시험 보이다(試驗-)
시험 비행=시험비행(試驗飛行)
시험 삼아(試驗-)
시험 성적(試驗成績)

591

시험 안 보다(試驗-)
시험용지(試驗用紙)
시험 운전(試驗運轉)
시험 점수(試驗點數)
시험 제도=시험제도(試驗制度)
시험 준비(試驗準備)
시험지옥(試驗地獄)
시험 치다(試驗-)
시험 치르다(試驗-)
시험해 보다(試驗-)
시형님 잡숫고 조왕님 잡숫고 이제는 먹어 보
　　랄 게 없다(媤兄-竈王-) [격]
시형님 잡숴야 잡순 듯하다(媤兄-) [격]
식구끼리만 먹다(食口-)
식구들 중에(食口-中-)
식기 세척기(食器洗滌器)
식기틀(食器-)
식당 일(食堂-)
식당 주인(食堂主人)
식당차(食堂車)
식당 칸(食堂-)
식되(食-)
식량 공급(食糧供給)
식량 배급(食糧配給)
식량우산(食糧雨傘)
식량 지원(食糧支援)
식량 창고(食糧倉庫)
식료품 값(食料品-)
식모 노릇(食母-)
식모살이(食母-)
식모아이(食母-)
식모애(食母-)
식문화(食文化)
식물도감(植物圖鑑)
식물인간(植物人間)
식민 정책=식민정책(植民政策)
식민 지배(植民支配)
식민지화되다(植民地化-)
식민 통치(植民統治)
식별 못 하다(識別-)
식별해 내다(識別-)
식빵(食-)
식사 당번(食事當番)
식사 대접(食事待接)
식사 때(食事-)
식사 시간(食事時間)

식사 안 하다(食事-)
식사 예절(食事禮節)
식사 자리(食事-)
식사 조절(食事調節)
식사 주문(食事注文)
식사 준비(食事準備)
식사 중(食事中)
식사하러 가다(食事-)
식성대로 시키다(食性-)
식성 안 맞다(食性-)
식수 공급(食水供給)
식수조림(植樹造林)
식어 가다
식어 버리다
식욕 감퇴(食慾減退)
식욕 부진=식욕부진(食慾不振)
식욕 증진(食慾增進)
식용 버섯=식용버섯(食用-)
식용 색소=식용색소(食用色素)
식은 것 같다
식은 국도 맛보고 먹으랬다 [격]
식은 국도 불고 먹는다 [격]
식은땀 나다
식은땀 흘리다
식은 밥이 되다 [관]
식은 밥이 밥일런가 명태 반찬이 반찬일런가(明
　　太飯饌-飯饌-) [격]
식은 죽도 불어 가며 먹어라(-粥-) [격]
식은 죽 먹고 냉방에 앉았다(-粥-冷房-) [격]
식은 죽 먹기(-粥-)
식은 죽 먹듯(-粥-) [관]
식은태　가마에서 꺼낸 뒤 곧 터진 그릇.
식을 줄 모르다
식이 요법=식이요법(食餌療法)
식전 개가 똥을 참지(食前-) [격]
식전글(食前-)
식전꼭두(食前-)
식전 마수에 까마귀 우는 소리(食前-) [격]
식전바람(食前-)
식전에 조양이라(食前-朝陽-) [격]
식전 팔십 리(食前八十里) [격]
식지에 붙은 밥풀(食紙-) [격]
식초병(食醋甁)
식초병보다 병마개가 더 시다(食醋甁-甁-) [격]
식칼이 제 자루를 못 깎는다(食-) [격]
식칼질(食-)

592

식품 가게(食品-)
식품 매장(食品賣場)
식품 위생=식품위생(食品衛生)
식품 회사(食品會社)
식혜 마시다
식혜 주다
식혜 먹은 고양이 상(食醯-相) [격]
식혜 먹은 고양이 속(食醯-) [격]
식혜암죽(食醯-粥)
식혯밥(食醯-)
신간 도서(新刊圖書)
신간 서적(新刊書籍)
신개간지(新開墾地)
신갱기
신겨 드리다
신경 계통=신경계통(神經系統)
신경과민(神經過敏)
신경 세포=신경세포(神經細胞)
신경 쇠약=신경쇠약(神經衰弱)
신경 써 주다(神經-)
신경 쓰다(神經-) [관]
신경 쓰이다(神經-)
신경 안 쓰다(神經-)
신경외과(神經外科)
신경이 가늘다(神經-) [관]
신경이 굵다(神經-) [관]
신경이 날카롭다(神經-) [관]
신경 조직=신경조직(神經組織)
신경질 나다(神經質-)
신경질 내다(神經質-)
신경질 부리다(神經質-)
신경질쟁이(神經質-)
신고 가다
신고 기간(申告期間)
신고 내용(申告內容)
신고 다니다
신고 대장(申告臺帳)
신고 못 받다(申告-)
신고 못 하다(申告-)
신고 센터(申告center)
신고 안 하다(申告-)
신고 전화(申告電話)
신고해 버리다(申告-)
신곡머리(新穀-)
신골방망이
신골 치듯 [관]

신규 가입(新規加入)
신규 대출(新規貸出)
신규 등록(新規登錄)
신규 사업(新規事業)
신규 채용(新規採用)
신기로워 보이다(神奇-)
신기료장수
신기하리만큼(神奇-)
신기해 보이다(神奇-)
신꼬챙이
신 나다
신 난다는 듯이
신날 꼬다
신내기(新-)
신 내리다(神-) [관]
신년 교서(新年敎書)
신년 선물(新年膳物)
신년 운세(新年運勢)
신년원단(新年元旦)
신년 인사(新年人事)
신답풀이(新畓-)
신당 창당(新黨創黨)
신도송편(新稻松-)
신 두 켤레
신둥부러지다
신들리다(神-)
신들린 듯이(神-)
신딸(神-)
신떨음 신이 나는 대로 실컷 함.
신라 때(新羅-)
신라 시대(新羅時代)
신랑각시놀음(新郎-)
신랑감(新郎-)
신랑달기(新郎-)
신랑 마두에 발괄한다(新郎馬頭-) [격]
신랑 삼다(新郎-)
신랑 신부(新郎新婦)
신랑 집(新郎-)
신래 불리다(新來-) [관]
신로심불로(身老心不老)
신뢰구축(信賴構築)
신뢰 안 하다(信賴-)
신뢰해 오다(信賴-)
신맛 나다
신명 나다
신명 내다

신명 안 나다
신명을 떨다 [관]
신명지다
신문 광고=신문광고(新聞廣告)
신문 기사(新聞記事)
신문 기자=신문기자(新聞記者)
신문 배달(新聞配達)
심문 보다(新聞-)
신문 보도(新聞報道)
신문 소설=신문소설(新聞小說)
신문쟁이(新聞-)
신문팔이(新聞-)
신물 나다 [관]
신바람 나다
신바람 안 나다
신발 가게
신발 값
신발값 =신발차.
신발 공장(-工場)
신발 끈
신발 신다
신발에 귀가 달렸다 [격]
신발 장사
신발 장수
신발주머니
신발차 심부름하는 값으로 주는 돈.
신발차 후히 주어 보내다(-厚-)
신발창
신 배도 맛들일 탓 [격]
신 벗고 따라도 못 따른다 [격]
신벼나 신발의 울과 바닥 창을 이어 꿰맨 곳.
신변 보호(身邊保護)
신변잡기(身邊雜記)
신변잡사(身邊雜事)
신병 교육(新兵敎育)
신병 인도(身柄引渡)
신병 처리(身柄處理)
신병 치료(身病治療)
신병 훈련(新兵訓練)
신볼 신발의 폭.
신볼 좁은 신
신부 삼다(新婦-)
신부 집(新婦-)
신부 쪽(新婦-)
신분 노출(身分露出)
신분 보장=신분보장(身分保障)

신분 상승(身分上昇)
신분증명서(身分證明書)
신불림 신 장수가 신을 팔기 위하여 소리 높여
　　외치는 일.
신붓감(新婦-)
신비스러워 보이다(神秘-)
신사 구두(紳士-)
신사다워 보이다(紳士-)
신사 양반(紳士兩班)
신사 정장(紳士正裝)
신사 참배=신사참배(神社參拜)
신사 행세(紳士行世)
신사협정(紳士協定)
신상 공개(身上公開)
신상 기록(身上記錄)
신상명세서(身上明細書)
신상 발언(身上發言)
신상 자료(身上資料)
신상 정보(身上情報)
신상투(新-)
신생 국가=신생국가(新生國家)
신석기 시대=신석기시대(新石器時代)
신선놀음(神仙-)
신선놀음에 도낏자루 썩는 줄 모른다(神仙-)
　　[격]
신선도 두루 박람을 해야 한다(神仙-博覽-)
　　[격]
신선손바닥(神仙-)
신선 식품(新鮮食品)
신선할뿐더러(新鮮-)
신선할 뿐만 아니라(新鮮-)
신선해 보이다(新鮮-)
신설 공사(新設工事)
신성불가침(神聖不可侵)
신성시해 오다(神聖視-)
신성해 보이다(神聖-)
신세 갚다(身世-)
신세 끼치다(身世-)
신세도 신세같이 못 지면서 누이네 폐만 끼친
　　다(身世-身世-弊-) [격]
신세 망치다(身世-)
신세 안 끼치다(身世-)
신세 안 지다(身世-)
신세 지다(身世-)
신세타령(身世-)
신소리 나다

신소리해 대다
신속 배달(迅速配達)
신속 정확(迅速正確)
신수가 사나우면 넘어져도 코가 깨진다(身數-)
   [격]
신수가 훤하다(身手-) [관]
신수 보다(身數-)
신수 사납다(身數-)
신수 좋다(身手-)
신시가지(新市街地)
신식 무기(新式武器)
신 신고 발바닥 긁기 [격]
신 신기다
신신당부(申申當付)
신신부탁(申申付託)
신 신어 보다
신실해 보이다(信實-)
신아들(神-)
신 안 나다
신앙 고백＝신앙고백(信仰告白)
신앙생활(信仰生活)
신약 성서＝신약성서(新約聖書)
신어 보고 사다
신어사전(新語辭典)
신에 붙잖다
신예 작가(新銳作家)
신용 거래＝신용거래(信用去來)
신용 금고＝신용금고(信用金庫)
신용 대출(信用貸出)
신용 등급(信用等級)
신용 보증＝신용보증(信用保證)
신용 불량(信用不良)
신용 안 지키다(信用-)
신용 없는 사람(信用-)
신용 정보(信用情報)
신용 조사＝신용조사(信用調査)
신용 조회(信用照會)
신용 카드＝신용카드(信用card)
신용 판매＝신용판매(信用販賣)
신용 한도(信用限度)
신용해 오다(信用-)
신용 회복(信用回復)
신원 미상(身元未詳)
신원 보증＝신원보증(身元保證)
신원 불명(身元不明)
신원 조사(身元調査)

신원 조회(身元照會)
신원 확인(身元確認)
신을 거꾸로 신고 나가다 [관]
신음 소리(呻吟-)
신음해 오다(呻吟-)
신의 저버리다(信義-)
신의주평야(新義州平野)
신이 나다
신이야 넋이야 [관]
신익다(神-)
신인 가수(新人歌手)
신인공노(神人共怒)
신인도주의(新人道主義)
신인 발굴(新人發掘)
신인 배우(新人俳優)
신인 작가(新人作家)
신임 못 받다(信任-)
신임 시장(新任市長)
신임 안 하다(信任-)
신임 인사(新任人事)
신임 투표＝신임투표(信任投票)
신임해 오다(信任-)
신입 사원(新入社員)
신입 회원(新入會員)
신자 행세(信者行世)
신작로 닦아 놓으니까 문둥이가 먼저 지나간다
   (新作路-) [격]
신장개업(新裝開業)
신장대 떨듯(神將-) [관]
신장되어 가다(伸張-)
신장 이식＝신장이식(腎臟移植)
신접살림(新接-)
신접살이(新接-)
신정도 좋지만 구정도 잊지 말랬다(新情-舊
   情-) [격]
신정이 구정만 못하다(新情-舊情-) [격]
신주 개 물려 보내겠다(神主-) [격]
신주 개 물어 간다(神主-) [격]
신주머니
신주 모시듯(神主-) [관]
신주 밑구멍을 들먹인다(神主-) [격]
신주 싸움에 팥죽을 놓지(神主-粥-) [격]
신주양자(神主養子)
신주치레(神主-)
신주치레하다가 제 못 지낸다(神主-祭-) [격]
신줏단지(神主-)

신중해 보이다(愼重-)
신 지피다(神-) [관]
신진기예(新進氣銳)
신진 세력(新進勢力)
신짚
신짝 들고 튀다
신찐나무 =베틀신대.
신찐줄 =베틀신끈.
신청 방법(申請方法)
신청부같다
신청 안 하다(申請-)
신청 자격(申請資格)
신청 접수(申請接受)
신청해 놓다(申請-)
신체검사(身體檢査)
신체 기관(身體器官)
신체 단련(身體鍛鍊)
신체발부(身體髮膚)
신체 부위(身體部位)
신체부자유아(身體不自由兒)
신체장애(身體障碍)
신체적성(身體適性)
신체 조건(身體條件)
신총 내다
신축 건물(新築建物)
신축 공사(新築工事)
신축년에 남편 찾듯(辛丑年-男便-) [격]
신춘 문예=신춘문예(新春文藝)
신출귀몰(神出鬼沒)
신출내기(新出-)
신코 없는 신발
신탁 통치=신탁통치(信託統治)
신토불이(身土不二)
신통방통하다(神通-通-)
신통찮아 보이다(神通-)
신트림
신파 연극=신파연극(新派演劇)
신풀이하다(新-)
신행길(新行-)
신형 무기(新型武器)
신호나팔(信號喇叭)
신호 대기(信號待期)
신호 위반(信號違反)
신호 체계(信號體系)
신호총(信號銃)
신호해 주다(信號-)

신혼 때(新婚-)
신혼부부(新婚夫婦)
신혼살림(新婚-)
신혼 생활(新婚生活)
신혼 시절(新婚時節)
신혼여행(新婚旅行)
신혼집(新婚-)
신홋불(信號-)
신후리 고등어를 잡을 때 쓰는 후릿그물.
신흥 도시=신흥도시(新興都市)
신흥 종교=신흥종교(新興宗敎)
싣고 가다
싣고 오다
실 가는 데 바늘도 간다 [격]
실가락지
실가지
실감개
실감 나다(實感-)
실개울
실개천
실격 판정(失格判定)
실고추
실고치
실골 좁고 가느다란 골짜기.
실골목
실과나무(實果-)
실과 망신은 모과가 시킨다(實果亡身-木瓜-)
   [격]
실구름
실구름무늬
실국수
실굽
실굽달이
실권 잡다(實權-)
실궤(-櫃)
실그러뜨리다
실그물
실금 간 그릇
실금 그어 놓다
실기 교육(實技敎育)
실기둥
실기 시험(實技試驗)
실기죽샐기죽하다
실꼴 가늘고 긴 모양.
실꾸리
실꾼(實-) 그 일을 능히 감당할 일꾼.

596

실끝매기
실낚시
실낱같다
실낳이
실내경기(室內競技)
실내 공간(室內空間)
실내 공기(室內空氣)
실내등(室內燈)
실내마님(室內-)
실내마마(室內-)
실내 온도(室內溫度)
실내 운동＝실내운동(室內運動)
실내 장식＝실내장식(室內裝飾)
실내조명(室內照明)
실내 체육관(室內體育館)
실눈 뜨고 보다
실눈썹
실답지 않은 말
실대패
실도랑
실도랑 모여 대동강이 된다(-大同江-) [격]
실 동강
실뒤 집 짓고 남은 좁은 뒷마당.
실뜨기
실뜯개
실띠 실을 꼬아서 만든 띠.
실랑이 벌이다
실랑이질
실랑이해 오다
실려 가다
실려 나가다
실려 나오다
실려 들어오다
실려 오다
실력다짐(實力-)
실력대결(實力對決)
실력 발휘(實力發揮)
실력 위주(實力爲主)
실력 차(實力差)
실력 평가(實力評價)
실력 행사(實力行使)
실력 향상(實力向上)
실례 안 되다(失禮-)
실리 외교(實利外交)
실마디
실마리 찾다

실망스러워 보이다(失望-)
실망시켜 드리다(失望-)
실망시켜 주다(失望-)
실망 안 시키다(失望-)
실망 안 하다(失望-)
실망해 버리다(失望-)
실매듭
실머리동이
실머슴(實-)
실명 계좌(實名計座)
실명 확인(實名確認)
실몽당이
실무 경험(實務經驗)
실무 교육(實務敎育)
실무 능력(實務能力)
실무 작업(實務作業)
실무 회담(實務會談)
실물결
실물 경제＝실물경제(實物經濟)
실물 크기(實物-)
실미적지근하다
실바람 타고 오다
실반대
실밥 뜯다
실백산자(實柏饊子)
실백잣(實柏-)
실뱀장어(-長魚)
실뱀 한 마리가 온 바다를 흐리게 한다 [격]
실버들
실버산업(silver産業)
실버족(silver族)
실버타운(silver town)
실벽(-壁)
실보무라지
실부모(實父母)
실북 실꾸리를 넣는 북.
실붙이기
실비 오다
실뽑기
실뽕주기
실뿌리
실사 작업(實査作業)
실살(實-) 겉으로 드러나지 않은 실제의 이익.
실성한 영감 죽은 딸네 집 바라본다(失性-) [격]
실소(實-) 농사짓는 데 부릴 수 있는 튼튼한
소.

597

실소유주(實所有主)

실속 못 차리다(實-)

실속 없는 사람(實-)

실속 차리다(實-)

실솥　누에고치에서 실을 뽑으려고 고치를 넣고 끓이는 솥.

실수 안 하다(失手-)

실수 없는 사람(失手-)

실수요자(實需要者)

실수투성이(失手-)

실습 가다(實習-)

실습 나가다(實習-)

실습 삼아 해 보다(實習-)

실습수업(實習授業)

실습 시간(實習時間)

실습 위주(實習爲主)

실시 중(實施中)

실시해 오다(實施-)

실신 상태(失神狀態)

실신해 버리다(失神-)

실싸움

실안개

실어 가다

실어 나르다

실어 놓다

실어다 주다

실어다 달라고 하다

실어다 달라

실어 보내다

실어 오다

실어 주다

실어 줘라

실업 교육=실업교육(實業敎育)

실업 급여(失業給與)

실업 대책(失業對策)

실업 수당=실업수당(失業手當)

실업학교(實業學校)

실없는 말이 송사 간다(實-訟事-) [격]

실없는 부채 손(實-) [격]

실없쟁이(實-)

실 엉킨 것은 풀어도 노 엉킨 것은 못 푼다 [격]

실연기(-煙氣)

실오라기

실오리

실온 보관(室溫保管)

실외 온도(室外溫度)

실용 특허=실용특허(實用特許)

실용 학문(實用學問)

실을 거야

실을걸

실을 걸세

실을걸요

실을게

실을게요

실이 와야 바늘이 가지 [격]

실잣기

실장갑(-掌匣)

실적 배당(實績配當)

실적 부진(實績不振)

실적주의(實績主義)

실전 경험(實戰經驗)

실전 배치(實戰配置)

실제 나이(實際-)

실제 모습(實際-)

실제 상황(實際狀況)

실제 생활(實際生活)

실존주의(實存主義)

실존 철학=실존철학(實存哲學)

실종 사건(失踪事件)

실종 신고(失踪申告)

실주름

실직당하다(失職當-)

실직 상태(失職狀態)

실직해 버리다(失職-)

실천 계획(實踐計劃)

실천과학(實踐科學)

실천 방안(實踐方案)

실천 사항(實踐事項)

실천 의지(實踐意志)

실천해 나가다(實踐-)

실천해 오다(實踐-)

실칼　몸이 가는 칼.

실컷 울고 나서 뉘 초상인가 물어 본다(-初喪-) [격]

실켜다

실코　실로 고리처럼 만든 코.

실크 로드=실크로드(Silk Road)

실크해트(silk hat)

실타래

실태 조사(實態調査)

실태 파악(實態把握)

실터

실테뜨기
실톱
실톳
실퇴(-退) 좁게 놓은 툇마루.
실틈
실패강정
실패 사례(失敗事例)
실패 없이(失敗-)
실패 요인(失敗要因)
실패할까 봐(失敗-)
실패할 뻔하다(失敗-)
실패해 버리다(失敗-)
실패해 보다(失敗-)
실핏줄
실 한 오리 안 걸치다 [관]
실해 보이다(實-)
실해져 가다(實-)
실행 단계(實行段階)
실행 못 하다(實行-)
실행 안 되다(實行-)
실행해 나가다(實行-)
실행해 오다(實行-)
실험값(實驗-)
실험 결과(實驗結果)
실험 단계(實驗段階)
실험 도구(實驗道具)
실험동물(實驗動物)
실험 실습(實驗實習)
실험 일지(實驗日誌)
실험 준비(實驗準備)
실험해 보다(實驗-)
실현시켜 주다(實現-)
실현 안 되다(實現-)
실현해 나가다(實現-)
실형 살다(實刑-)
실형 선고(實刑宣告)
실황 중계=실황중계(實況中繼)
실효 거두다(實效-)
실효 못 거두다(實效-)
싫기만 하다
싫다고 하는 데도
싫다나 봐
싫든 좋든
싫든지 좋든지
싫어져 가다
싫어질 거야

싫어질걸
싫어질 걸세
싫어질걸요
싫어하나 봐
싫어하는 듯하다
싫어할 거야
싫어할걸
싫어할 걸세
싫어할걸요
싫어할뿐더러
싫어할 뿐 아니라
싫어할수록
싫어해 오다
싫은가 보다
싫은 거로구나
싫은 것 같다
싫은데 선떡 [격]
싫은 매는 맞아도 싫은 음식은 못 먹는다(-飮
    食-) [격]
싫은 밥은 있어도 싫은 술은 없다 [격]
싫은 소리 듣다
싫은 소리 안 하다
싫을 거야
싫을걸
싫을 걸세
싫을걸요
싫을 겁니다
싫이 생각 마라
싫이 여기다
싫증 나다(-症-)
싫증 난 듯하다(-症-)
싫증 내 오다(-症-)
싫증 느끼다(-症-)
싫증 못 느끼다(-症-)
싫증 안 나다(-症-)
싫증 잘 안 내다(-症-)
심각한 듯하다(深刻-)
심각해 보이다(深刻-)
심각해져 가다(深刻-)
심경 변화(心境變化)
심구멍(心-)
심근 경색=심근경색(心筋梗塞)
심금을 울리다(心琴-) [관]
심금을 털어놓다(心襟-) [관]
심기일전(心機一轉)
심나물

심돈우개(心-)
심드렁해 보이다
심떠깨
심란해 보이다(心亂-)
심려 끼치다(心慮-)
심리 묘사=심리묘사(心理描寫)
심리 분석(心理分析)
심리 상태(心理狀態)
심리 요법=심리요법(心理療法)
심리 작용(心理作用)
심리 작전=심리작전(心理作戰)
심리해 오다(審理-)
심마니말
심메를 보다
심문해 보다(審問-)
심바치 =심밭.
심박동(心搏動)
심벌마크(symbol mark)
심보 고약하다(心-)
심봤다
심부름 가다
심부름 값
심부름꾼
심부름 다니다
심부름 들다 [관]
심부름만 하다
심부름 보내다
심부름센터(-center)
심부름 시키다
심부름 안 하다
심부름 오다
심부름 잘 안 하다
심부름해 주다
심사가 꼴리다(心思-) [관]
심사가 꽁지벌레라(心思-) [격]
심사가 놀부라(心思-) [격]
심사가 틀리다(心思-) [관]
심사 결과(審査結果)
심사 과정(審査過程)
심사 기준(審査基準)
심사 꿰지다(心思-) [관]
심사를 털어놓다(心思-) [관]
심사 부리다(心思-)
심사 사납다(心思-) [관]
심사 서류(審査書類)
심사숙고해 오다(深思熟考-)

심사 안 받다(審査-)
심사 위원(審査委員)
심사 절차(審査節次)
심산계곡(深山溪谷)
심산유곡(深山幽谷)
심살내리다
심상소학교(尋常小學校)
심상찮아 보이다(尋常-)
심상찮아져 가다(尋常-)
심속(心-) 속에 품고 있는 마음.
심술궂어 보이다(心術-)
심술궂은 만을보(心術-萬乙甫) [격]
심술기 가득한(心術氣-)
심술깨나 부리겠다(心術-)
심술꾸러기(心術-)
심술 나다(心術-)
심술 내다(心術-)
심술 놀다(心術-) [관]
심술딱지(心術-)
심술만 하여도 삼 년 더 살겠다(心術-三年-)
　　[격]
심술보(心術-)
심술부리다(心術-)
심술 사납다(心術-) [관]
심술스럽다(心術-)
심술이 왕골 장골 떼라(心術-王骨張骨-) [격]
심술쟁이(心術-)
심술주머니(心術-)
심술퉁이(心術-)
심술 파다(心術-) [관]
심술패기(心術-)
심술 피우다(心術-)
심신 단련(心身鍛鍊)
심신불안(心神不安)
심신산란(心神散亂)
심신 수련(心身修鍊)
심신 장애=심신장애(心神障碍)
심심산골(深深山-)
심심산속(深深山-)
심심산중(深深山中)
심심산천(深深山川)
심심소일(-消日)
심심증 나다(-症-)
심심찮다
심심초(-草)
심심파적으로(-破寂-)

600

심심 파적하다(-破寂-)
심심풀이
심심풀이하다
심심하면 좌수 볼기 때린다(-座首-) [격]
심쌀(心-) 죽을 끓일 때 넣는 쌀.
심야 극장(深夜劇場)
심야 방송＝심야방송(深夜放送)
심야 영업(深夜營業)
심야 전력(深夜電力)
심야 토론(深夜討論)
심야 회의(深夜會議)
심약해 보이다(心弱-)
심어 가다
심어 나가다
심어 놓다
심어 놔두다
심어 두다
심어 보다
심어 주다
심은 대로 거두다
심의 기준(審議基準)
심의 안 하다(審議-)
심의 위원(審議委員)
심의해 오다(審議-)
심인 광고(尋人廣告)
심장 마비＝심장마비(心臟痲痺)
심장 박동(心臟搏動)
심장에 불을 지피다(心臟-) [관]
심장에 새기다(心臟-) [관]
심장에 파고들다(心臟-) [관]
심장을 찌르다(心臟-) [관]
심장이 강하다(心臟-强-) [관]
심장이 끓다(心臟-) [관]
심장이 뛰다(心臟-) [관]
심장 이식＝심장이식(心臟移植)
심장이 약하다(心臟-弱-) [관]
심장이 작다(心臟-) [관]
심장이 크다(心臟-) [관]
심장 질환(心臟疾患)
심적 갈등(心的葛藤)
심적 고통(心的苦痛)
심줄
심지 곱다(心地-)
심지 돋우다(心-)
심지 바르다(心地-)
심지실(心-)

심취되어 가다(心醉-)
심층 분석(深層分析)
심층 연구(深層研究)
심층 취재(深層取材)
심토리 땅을 깊이 갈기 위하여 쟁기에 덧붙이
　는 장치.
심통 나다(心-)
심통머리(心-)
심통 부리다(心-)
심통 사납다(心-)
심통스럽다(心痛-)
심통이 놀부 같다(心-) [격]
심판 내리다(審判-)
심판 못 하다(審判-)
심판 판정(審判判定)
심판해 주다(審判-)
심폐 기능＝심폐기능(心肺機能)
심폐 소생(心肺蘇生)
심한 듯하다(甚-)
심한 편이다(甚-便-)
심해 가다(甚-)
심해 보이다(甚-)
심해 어업(深海漁業)
심해져 가다(甚-)
심해질뿐더러(甚-)
심해질 뿐 아니라(甚-)
심해질수록(甚-)
심화 과정(深化課程)
심화되어 가다(深化-)
심화를 끓이다(心火-)
심화시켜 주다(深化-)
심화풀이(心火-)
십간십이지(十干十二支)
십구공탄(十九孔炭)
십구 세기(十九世紀)
십 년 가량(十年-)
십 년간(十年間)
십년감수(十年減壽)
십년공부(十年工夫)
십년공부 도로 아미타불(十年工夫-阿彌陀佛)
　[격]
십 년 과수로 앉았다가 고자 영감을 만났다(十
　年寡守-鼓子-) [격]
십 년 내에(十年內-)
십 년 동안(十年-)
십 년 된(十年-)

601

십 년 만에(十年-)

십 년 묵은 체증이 내리다(十年-滯症-) [격]

십 년밖에 안 된(十年-)

십 년분(十年分)

십 년 세도 없고 열흘 붉은 꽃 없다(十年勢道-) [격]

십 년 안에(十年-)

십 년여 만에(十年餘-)

십 년이면 산천도 변한다(十年-山川-變-) [격]

십 년 전에(十年前-)

십년지기(十年知己)

십 년 후에(十年後-)

십 대 소녀(十代少女)

십 대 때의 일(十代-)

십동갑(十同甲) 열 곱.

십 리가 모랫바닥이라도 눈 찌를 가시나무가 있다(十里-) [격]

십 리 강변에 빨래질 갔느냐(十里江邊-) [격]

십 리 길에 점심 싸기(十里-點心-) [격]

십 리 눈치꾸러기(十里-) [격]

십 리도 못 가서(十里-)

십 리밖에 안 되는(十里-)

십 리 밖에 있어도 오리나무(十里-) [격]

십 리 밖으로(十里-)

십 리 반찬(十里飯饌) [격]

십 리에 다리 놓았다(十里-) [격]

십 리에 장승 서듯(十里-) [격]

십만 리(十萬里)

십만 명(十萬名)

십만여 명(十萬餘名)

십만 원(十萬-)

십만 원대(十萬-臺)

십 명분(十名分)

십 명 치(十名-)

십 분간(十分間)

십 분 거리(十分距離)

십 분 내로(十分內-)

십분의 일(十分-一)

십사행시(十四行詩)

십상팔구(十常八九)

십 세기(十世紀)

십수 년간(十數年間)

십수 년 전(十數年前)

십시일반(十匙一飯)

십억여 원(十億餘-)

십억 원대(十億-臺)

십여 개국(十餘個國)

십여 년간(十餘年間)

십여 년 전(十餘年前)

십여 년 후(十餘年後)

십여만 명(十餘萬名)

십여 명씩(十餘名-)

십여 분 동안(十餘分-)

십오 세기(十五世紀)

십오 일 동안(十五日-)

십 원짜리(十-)

십육밀리(十六milli meter)

십육방위(十六方位)

십육분음표(十六分音標)

십육절판(十六切版)

십이월 달(十二月-)

십이월 말경(十二月末頃)

십이월 초(十二月初)

십이월 호(十二月號)

십이지장충(十二指腸蟲)

십 인분(十人分)

십인십색(十人十色)

십 일간(十日間)

십 일 동안(十日-)

십 일분(十日分)

십일월 달(十一月-)

십일월 말경(十一月末頃)

십일월 중(十一月中)

십일월 초(十一月初)

십일월 호(十一月號)

십자가두(十字街頭)   '十'자 모양으로 교차하는 거리.

십자가를 지다(十字架-) [관]

십자가 메고 가다(十字架-)

십자군 전쟁(十字軍戰爭)

십자꼴(十字-)

십자꽃(十字-)

십자꽃부리(十字-)

십자나사돌리개(十字螺絲-)

십자둥근머리(十字-)

십자드라이버(十字driver)

십자말풀이(十字-)

십자매달리기(十字-)

십자못(十字-)

십자발(十字-)

십자썰기(十字-)

십자접시머리(十字-)

십자 포화＝십자포화(十字砲火)
십자행진(十字行進)
십전대보탕(十全大補湯)
십 주 동안(十週-)
십중팔구(十中八九)
십칠 세기(十七世紀)
십편거리(十片-)
싯누런 옷
싯누레지다
싯멀겋다
싯멀게지다
싯발 달다
싱건김치
싱건지
싱검쟁이
싱검털털하다
싱겁기는 고드름장아찌라 [격]
싱겁기는 늑대 불알이라 [격]
싱겁기는 황새 똥구멍이라 [격]
싱숭증 나다(-症-)
싱싱한 듯하다
싱싱해 보이다
싶어하다 (보조동사) 보고 싶어하다. 가고 싶어
　　하다.
싶은가 봐
싶은 대로
싶은 만큼
싸 가다
싸 가지고 가다
싸 갈 거야
싸 갈 거예요
싸 갈걸
싸 갈 걸세
싸 갈걸요
싸 갈게
싸 갈게요
싸 갖고 다니다
싸개가마니
싸개쟁이
싸개종이
싸개질하다
싸개통
싸개판
싸게 받다
싸게 사다
싸게 주다

싸게 팔다
싸고돌다
싸고 싼 사향도 냄새 난다(-麝香-) [격]
싸구려 물건(-物件)
싸구려 옷
싸구려판
싸기만 하다
싸긴 하지만
싸 놓다
싸 놓아두다
싸늘해 보이다
싸늘해져 가다
싸다니다
싸다듬이
싸 달라고 하다
싸 달라다
싸대치다
싸데려가다
싸돌다
싸돌아다니다
싸 두다
싸 둔 채
싸 드리다
싸 들고 가다
싸라기눈
싸라기밥
싸라기밥을 먹었나 [격]
싸라기설탕(-雪糖)
싸락눈
싸락밥
싸리끝
싸리나무
싸리말 태우다 [관] 반갑지 않은 손님을 쫓아내
　　다.
싸리문(-門)
싸리바자
싸리발
싸리비
싸리울
싸리 울타리
싸릿가지
싸릿개비
싸매 주다
싸 먹다
싸 바르다
싸 보내다

싸부랑질하다
싸안다
싸 오다
싸 왔을 거야
싸우는 것 같다
싸우는 대로
싸우는 듯하다
싸우는 통에
싸우다 말고
싸우다 보니
싸우려 들다
싸우려 안 하다
싸우자마자
싸우지 마라
싸운 듯하다
싸운 적 있다
싸운 지 오래되다
싸울 거야
싸울걸
싸울 걸세
싸울걸요
싸울 것 같다
싸울게
싸울게요
싸울 뻔하다
싸울 뿐 아니라
싸울수록
싸울 줄 알고
싸울 테면 싸워 봐
싸움 걸다
싸움 구경
싸움 끝에 정이 붙는다(-情-) [격]
싸움 나다
싸움 날 뻔하다
싸움닭
싸움 못 하게 하다
싸움발톱
싸움배
싸움 붙이다
싸움소
싸움 안 하다
싸움은 말리고 불은 끄랬다 [격]
싸움은 말리고 흥정은 붙이랬다 [격]
싸움 잘하는 놈 매 맞아 죽는다 [격]
싸움쟁이
싸움질하다

싸움짓거리
싸움터
싸움판
싸움패(-牌)
싸움해 이한 데 없고 굿해 해한 데 없다(-利-害-) [격]
싸워 가며
싸워 나가다
싸워 본 적 있다
싸워 쌓다
싸워 오다
싸워 이기다
싸워 주다
싸잡다
싸잡아 때리다
싸잡히다
싸전(-廛) 쌀과 그밖의 곡식을 파는 가게.
싸전에 가서 밥 달라고 한다(-廛-) [격]
싸전쟁이(-廛-)
싸 주다
싸쥐다
싸지르다
싸질러 버리다
싸하다
싹 가시다
싹꽂이
싹 나다
싹 나오다
싹도 없다 [관]
싹수 노랗다
싹수머리
싹수없다
싹싹하기란 제철 참배 맛이다 [격]
싹싹해 보이다
싹쓸바람
싹 쓸어 버리다
싹쓸이하다
싹쓸이하다시피 하다
싹쓸이하듯 하다
싹없다
싹을 밟다 [관]
싹이 노랗다 [관]
싹접(-椄)
싹 지우다
싹터 오다
싹틔우기

싹 틔우다
싼 가격(-價格)
싼값에 사다
싼거리 물건을 싸게 팔거나 사는 일.
싼거리질하다
싼거리하다
싼 거야
싼 건가요
싼걸
싼 걸세
싼걸요
싼 겁니다
싼 것이 비지떡 [격]
싼 곳
싼 듯하다
싼 맛에 사다
싼 편이다(-便-)
싼흥정
쌀가게
쌀가루
쌀가마
쌀가마니
쌀값
쌀강아지
쌀강정
쌀개
쌀 거야
쌀걸
쌀 걸세
쌀걸요
쌀게 보따리 쌀게.
쌀게요
쌀겨
쌀고리
쌀고리에 닭이라 [격]
쌀고치
쌀곡자(-曲子) =쌀누룩.
쌀골집
쌀광 쌀을 넣어 두는 광.
쌀광에 든 쥐 [격]
쌀광에서 인심 난다(-人心-) [격]
쌀금 =쌀값.
쌀금새 =쌀값.
쌀깃
쌀농사(-農事)
쌀누룩

쌀눈
쌀더미
쌀도둑
쌀도적(-盜賊)
쌀독
쌀독에 거미줄 치다 [격]
쌀독에서 인심 난다(-人心-) [격]
쌀독에 앉은 쥐 [격]
쌀되
쌀된장(-醬)
쌀뒤주
쌀떡
쌀뜨물
쌀말
쌀 먹은 개 욱대기듯 [격]
쌀무거리
쌀미음(-米飮)
쌀바가지
쌀밥
쌀벌레
쌀부대(-負袋)
쌀붕어
쌀뿐더러
쌀 뿐 아니라
쌀사다
쌀 사 주다
쌀섬
쌀 소비(-消費)
쌀 수입(-輸入)
쌀 시장(-市場)
쌀쌀맞다
쌀쌀하긴 하다
쌀쓿이
쌀알
쌀 알갱이
쌀알수(-繡)
쌀에 뉘[격]
쌀에서 뉘 고르듯 [격]
쌀은 쏟고 주워도 말은 하고 못 줍는다 [격]
쌀자루
쌀장사
쌀장수
쌀죽(-粥)
쌀집
쌀책박
쌀초(-醋)

쌀통(-桶)
쌀팔다
쌀 포대(-包袋)
쌀풀 쌀가루로 쑨 풀.
쌀 한 알 보고 뜨물 한 동이 마신다 [격]
쌀 한 톨
쌀 항아리(-缸-)
쌈 구경 가다
쌈김치
쌈꾼
쌈노
쌈닭
쌈밥
쌈배
쌈솔
쌈 싸다
쌈 싸 먹다
쌈싸우다
쌈 안 하다
쌈장(-醬)
쌈쟁이
쌈지뜨다
쌈지 속
쌈질하다
쌈짓거리
쌈짓거리하다
쌈짓돈
쌈짓돈이 주머니 돈 [격]
쌈터
쌈판
쌈패(-牌)
쌍가락지(雙-)
쌍가마(雙-)
쌍가마 속에도 설움은 있다(雙-) [격]
쌍갈래(雙-)
쌍갈랫길(雙-)
쌍갈지다(雙-)
쌍감(雙-)
쌍것
쌍겹눈(雙-)
쌍고 내다(雙-)
쌍고리(雙-)
쌍고치(雙-)
쌍고치질(雙-)
쌍과부(雙寡婦)
쌍구멍(雙-)

쌍굴뚝박이(雙-)
쌍그네(雙-)
쌍그렇다
쌍기둥(雙-)
쌍까풀(雙-)
쌍까풀눈(雙-)
쌍꺼풀(雙-)
쌍꺼풀눈(雙-)
쌍꺼풀지다(雙-)
쌍꽂이(雙-)
쌍날(雙-)
쌍날따비(雙-)
쌍날면도(雙-面刀)
쌍날칼(雙-)
쌍내 나다
쌍년
쌍놈
쌍다래끼(雙-)
쌍닫이문(雙-門)
쌍동딸(雙童-)
쌍동밤(雙童-)
쌍동아들(雙童-)
쌍동중매(雙童中媒)
쌍동짝(雙童-)
쌍돛(雙-)
쌍된 놈
쌍두마차(雙頭馬車)
쌍두멍에(雙頭-)
쌍둥이 딸(雙-)
쌍둥이 아들(雙-)
쌍둥이 중매냐 똑같이 다니니(雙-中媒-) [격]
쌍둥이 형제(雙-兄弟)
쌍떡잎식물(雙-植物)
쌍륙 치다(雙六-) [관]
쌍말
쌍멍에(雙-)
쌍메(雙-)
쌍메질하다(雙-)
쌍무덤(雙-)
쌍무지개(雙-)
쌍미닫이(雙-)
쌍미닫이창(雙-窓)
쌍바늘(雙-)
쌍바라지(雙-)
쌍받침(雙-)
쌍발창(雙-槍) 두 개의 날이 달린 창.

쌍방 간에(雙方間-)
쌍방망이질(雙-)
쌍방아(雙-)
쌍방울표(雙-標)
쌍배목(雙-)
쌍봉낙타(雙峰駱駝)
쌍불(雙-)
쌍붙임(雙-)
쌍사대패(雙絲-)
쌍사밀이(雙絲-)
쌍사슬고리(雙-)
쌍상투(雙-)
쌍소리
쌍수 들다(雙手-) [관]
쌍술(雙-)
쌍심지(雙心-)
쌍심지나다(雙心-)
쌍심지서다(雙心-)
쌍심지오르다(雙心-)
쌍심지 켜다(雙心-) [관]
쌍쌍 파티(雙雙 party)
쌍알(雙-)
쌍알 지다(雙-) [관]
쌍알 지르다(雙-) [관]
쌍언청이(雙-)
쌍언청이가 외언청이 타령한다(雙-) [격]
쌍여닫이(雙-)
쌍열박이(雙-)
쌍올실(雙-)
쌍욕(-辱)
쌍일
쌍자엽식물(雙子葉植物)
쌍작사리(雙-)
쌍장부끌(雙-)
쌍조치(雙-)
쌍줄 치다(雙-)
쌍지게질(雙-)
쌍지팡이(雙-)
쌍지팡이 짚고 나서다(雙-) [관]
쌍창워라 몸빛은 검은색이고 엉덩이만 흰 말.
쌍초롱(雙-)
쌍칼(雙-)
쌍코(雙-)
쌍코신(雙-)
쌍코피(雙-)
쌍태 낳은 호랑이 하루살이 하나 먹은 셈(雙

胎-) [격]
쌍태 임신＝쌍태임신(雙胎姙娠)
쌍패인력거(雙牌人力車)
쌍피리(雙-)
쌍항아리(雙缸-)
쌓다 보니
쌓듯 하다
쌓아 가다
쌓아 나가다
쌓아 놓다
쌓아 두다
쌓아 둔 채
쌓아 보다
쌓아 오다
쌓아 올리다
쌓아 주다
쌓여 가다
쌓이고 쌓이다
쌓일 대로 쌓이다
쌔고 버리다 [관]
쌔고 쌔다
쌘구름
쌘비구름
쌩이질
써 가지고 오다
써 나가다
써내다
써 내려가다
써넣다
써넣어 보다
써 놓다
써 달라고 하다
써 달라다
써 두다
써레꾼
써레몽둥이
써레소리
써레씻이
써레질
써레질꾼
써먹다
써먹히다
써 버리다
써 보내다
써 보다
써 보이다

써 본 적 있다
써 볼 만하다
써 붙이다
써야 할 데가 있다
써 없애다
써 오다
써 주다
써 주다시피 하다
써 준 적 있다
썩어 가다
썩어 나가다
썩어도 준치 [격]
썩어 들어가다
썩어 문드러지다
썩어 버리다
썩어 빠지다
썩여 두다
썩여 주다
썩은 고기에 벌레 난다 [격]
썩은 공물이요 성한 간색이라(-貢物-看色-) [격]
썩은 동아줄 같다 [격]
썩은새 오래되어 썩은 이엉.
썩은 새끼도 쓸 데가 있다 [격]
썩은 새끼로 범 잡기 [격]
썩은 새끼에 목을 맨다 [격]
썩은 생선에 쉬파리 꾀듯(-生鮮-) [격]
썩을 대로 썩다
썩 잘되다
썩 잘하다
썩정이
썩초(-草) 빛깔이 검고 품질이 낮은 담배.
썩혀 놓다
썩혀 두다
썩혀 둔 채
썩혀 버리다
썩힐 뻔하다
썰 거야
썰걸
썰 걸세
썰걸요
썰게
썰게요
썰렁해 보이다
썰레놓다
썰매놀이

썰매채
썰매 타다
썰맷길
썰물 같은
썰물같이
썰물 때
썰물 빠져나가다
썰물 진 듯이
썰어 가다
썰어 내다
썰어 넣다
썰어 놓다
썰어 달라고 하다
썰어 달라다
썰어 두다
썰어 먹다
썰어 보다
썰어 오다
썰어 주다
썰음질
썰줄
쏘가리구이
쏘가리저냐
쏘가리지짐이
쏘가리탕(-湯)
쏘가리회(-膾)
쏘개질하다
쏘다니다
쏘삭질
쏘시개나무
쏘아 놓은 살이요 엎지른 물이다 [격]
쏘아 대다
쏘아 버리다
쏘아보다 쏘아보는 눈초리.
쏘아 보다 총을 한번 쏘아 보다.
쏘아붙이다
쏘아 올리다
쏘여 주다
쏘이러 나가다
쏘지르다
쏙닥질
쏙대기
쏙 들다
쏙 들어가다
쏙소그레하다
쏙 빠지다

쏙 빼닮다
쏜살같고 총알 같다(-銃-) [격]
쏜살같다
쏟아 가다
쏟아 내다
쏟아 넣다
쏟아 놓다
쏟아 버리다
쏟아 붓다
쏟아져 나오다
쏟아져 내리다
쏟아져 들어오다
쏟아 주다
쏟아지듯 하다
쏟아진 물[격]
쏟아질 듯하다
쏟아질 뻔하다
쏠 듯이
쏠라닥질하다
쏠림 현상(-現象)
쏠 뻔하다
쏠장질 흙이나 모래 따위가 무너지지 않게 말
　　뚝을 박아 받치는 일.
쏴 버리다
쏴 보다
쏴붙이다
쏴 죽이다
쐐기가름
쐐기깨기
쐐기 박다 [관]
쐐기접(-椄)
쐐기질하다
쐬고 오다
쐬러 가다
쐬러 나가다
쑤군대다
쑤셔 넣다
쑤셔 놓다
쑤셔 대다
쑤셔 보다
쑤셔 주다
쑤시개질하다
쑤심질하다
쑥갓강회(-膾)
쑥갓나물
쑥갓생채(-生菜)

쑥갓쌈
쑥개피떡
쑥국을 먹다
쑥굴리
쑥담배
쑥대강이
쑥대김
쑥대머리
쑥대밭
쑥대밭 되다
쑥댓불
쑥덕공론(-公論)
쑥덕질하다
쑥떡
쑥뜸
쑥물
쑥밥
쑥방망이
쑥밭 되다
쑥버무리
쑥불
쑥색(-色)
쑥설기
쑥엿
쑥인절미
쑥전(-煎)
쑥절편
쑥탕(-湯)
쑥홰 쑥으로 엮어 만든 홰.
쑨 죽이 밥 될까(-粥-) [격]
쓰개수건(-手巾)
쓰개치마
쓰게 되다
쓰게 하다
쓰고 나니
쓰고 남은
쓰고 다니다
쓰고 버리다
쓰고 보다
쓰고 싶어 하다
쓰기만 하다
쓰기 싫어하다
쓰긴 쓰지만
쓰는 대로
쓰는 만큼 내다
쓰니 시어머니(-媤-) [격]

쓰다 남다
쓰다 달다 말이 없다 [격]
쓰다듬다
쓰다듬어 주다
쓰다 마느니
쓰다 말다
쓰다 보니
쓰던 대로
쓰듯 하다
쓰디쓰다
쓰러져 가는 나무는 아주 쓰러뜨려라 [격]
쓰러져 버리다
쓰러지다시피 하다
쓰러지듯 하다
쓰러지자마자
쓰러질까 봐
쓰러질 듯 말 듯 하다
쓰러질 듯해 보이다
쓰러질 뻔하다
쓰레그물
쓰레그물배
쓰레기꾼
쓰레기 더미
쓰레기덤
쓰레기봉투(-封套)
쓰레기 수거(-收去)
쓰레기장(-場)
쓰레기차(-車)
쓰레기터
쓰레기통(-桶)
쓰레받기
쓰레장판(-壯版)
쓰레질하다
쓰렛대
쓰려 하다
쓰름쓰름 울다
쓰면 뱉고 달면 삼킨다 [격]
쓰인 대로
쓰임쓰임
쓰잘 데 없이
쓰잘머리 없이
쓴 거야
쓴 것이 약(-藥) [격]
쓴다나 봐
쓴 도라지 보듯 [격]
쓴 듯하다

쓴 만큼 내다
쓴맛 단맛 다 보다
쓴맛 보다
쓴물
쓴 배도 맛 들일 탓 [격]
쓴 약이 더 좋다(-藥-) [격]
쓴 오이 보듯 하다
쓴웃음
쓴입
쓴 입맛
쓴입을 다시다
쓴잔을 들다(-盞-) [관]
쓴잔을 안기다(-盞-) [관]
쓴 지 오래되다
쓸개머리
쓸개 빠지다 [관]
쓸개 빠진 놈 [관]
쓸개에 가 붙고 간에 가 붙는다(-肝-) [격]
쓸개 자루가 크다 [관]
쓸개주머니
쓸개즙(-汁)
쓸개즙약(-汁藥)
쓸개진(-津)
쓸 거리
쓸 거야
쓸걸
쓸 걸세
쓸걸요
쓸 겁니다
쓸 것 같다
쓸게
쓸게요
쓸고 가다
쓸고 지나가다
쓸까 말까 하다
쓸까스르다
쓸데가 없다
쓸데없다
쓸 돈 없다
쓸듯이
쓸려 나가다
쓸려 나오다
쓸려 내려가다
쓸 만큼
쓸 만하다
쓸 만해 보이다

610

쓸모없다
쓸모 있다
쓸모 있어 보이다
쓸쓸한 듯하다
쓸쓸해 보이다
쓸어 가다
쓸어 가 버리다
쓸어 내다
쓸어내리다
쓸어 넘기다
쓸어 놓다
쓸어 달라고 하다
쓸어 달라다
쓸어 담다
쓸어맡기다
쓸어 모으다
쓸어버리다 '다 없애다'의 뜻.
쓸어 버리다
쓸어안다
쓸어 올리다
쓸어 주다
쓸음질하다
쓸 줄 모르다
쓿은쌀
씀바귀나물
씀씀이 헤픈 사람
씌워 놓다
씌워 두다
씌워 주다
-씨(氏) (의존 명사) (그 사람을 높여서) 김 씨,
　　희빈 장 씨, 김길동 씨.
-씨(氏) (접사) (성을 나타내는 명사 뒤에) 김
　　씨, 이씨, 박씨.
씨가 따로 있나 [격]
씨가 마르다 [관]
씨가 먹다 [관]
씨감자
씨고기
씨고치
씨과실(-果實)
씨굿 씨를 두는 구덩이.
씨근펄떡씨근펄떡하다
씨껍질
씨내리하다
씨는 속일 수 없다 [격]
씨 다른 아이

씨닭
씨도 남기지 않다 [관]
씨도둑
씨도둑은 못한다
씨도리
씨도리배추
씨도 안 먹히다
씨도 없이 [관]
씨동무
씨돼지
씨를 말리다 [관]
씨를 받다 [관]
씨를 붙이다 [관]
씨를 뿌리다 [관]
씨를 뿌리면 거두게 마련이다 [격]
씨름꾼
씨름 대회(-大會)
씨름 선수(-選手)
씨름에 진 놈이 말이 많다 [격]
씨름은 잘해도 등허리에 흙 떨어지는 날 없다
　　[격]
씨름잠방이
씨름장(-場)
씨름판
씨말 =종마(種馬).
씨망태
씨모 씨에서 싹이 터서 난 모.
씨 바른 고양이다 [격]
씨받다
씨받이밭
씨벼 =볍씨.
씨 보고 춤춘다 [격]
씨뿌리
씨뿌리개
씨뿌리기
씨 뿌리다
씨 뿌린 자는 거두어야 한다(-者-)
씨소 =종우(種牛).
씨솎음하다
씨수말
씨수소
씨수컷
씨수퇘지
씨숫양(-羊)
씨식잖다
씨실

씨아 등에 아이를 업힌다 [격]
씨아와 사위는 먹어도 안 먹는다 [격]
씨아질하다
씨아 틈에 불알을 놓고 견디지 [격]
씨알머리
씨알머리 박히다 [관]
씨알머리 없다 [관]
씨알이 먹다 [관]
씨암말
씨암소
씨암양(-羊)
씨암컷
씨암탉
씨암탉걸음
씨암탉 잡아 주다
씨암탉 잡은 듯하다 [격]
씨암퇘지
씨양이질하다
씨 없는 수박
씨열매
씨오쟁이
씨올
씨은어(-銀魚)
씨조개
씨족 사회=씨족사회(氏族社會)
씨족 중심(氏族中心)
씨종 대대로 내려가며 종노릇을 하는 사람.
씨종자(-種子)
씨주머니
씨줄
씨지다
씨토끼
씨호박
씨황소

씩씩해 보이다
씩 웃다
씹구멍
씹는담배
씹어 먹다
씹어뱉다
씹어 삼키다
씹하다
씻가시다
씻겨 드리다
씻겨 주다
씻고 보다
씻김굿
씻부시다
씻어 가다
씻어 내다
씻어 놓다
씻어 놓은 흰 죽사발 같다(-粥沙鉢-) [격]
씻어 달라고 하다
씻어 달라다
씻어 두다
씻어 버리다
씻어 오다
씻어 주다
씻으나 마나 하다
씻은 듯 부신 듯 [관]
씻은 듯이 [관]
씻은 듯하다
씻은 배추 줄기 같다 [격]
씻은 팥알 같다 [격]
씻을 수 없다
씽긋씽긋하다
씽씽매미

아가딸
아가리가 광주리만 해도 막말은 못한다 [격]
아가리 놀리다 [관]
아가리 닥치다 [관]
아가리 벌리다 [관]
아가리질
아가미구멍
아가미덮개
아가미덮개뼈
아가미뚜껑
아가미뼈
아갈머리
아갈바위
아갈잡이
아갈잡이해 놓다
아감구멍
아감딱지
아감뼈
아감젓
아교풀(阿膠-)
아궁쇠
아귀다툼
아귀 맞다 [관]
아귀 맞추다 [관]
아귀매운탕(-湯)
아귀 무르다 [관]
아귀세다
아귀손
아귀아귀 먹다
아귀 안 맞다
아귀찜
아귀차다
아귀 크다 [관]
아귀힘

아금받다
아기 곰
아기그네
아기나인
아기 낳다
아기누에
아기 다람쥐
아기동지(-冬至) =오동지.
아기 때
아기 못 낳다
아기 배다
아기 버릇 임의 버릇 [격]
아기별
아기뿌리
아기살
아기상여(-喪輿)
아기 서다
아기씨름
아기 엄마
아기 엄마 똥칠한다(-漆-) [격]
아기 예수
아기 옷
아기자기스러워 보이다
아기자기해 보이다
아기잠
아기장(-欌)
아기장수
아기집
아기차(-車)
아기태 어린 명태.
아까시나무
아까운 듯하다
아까울 거야
아까울걸

아까울 걸세
아까울걸요
아까울 만큼
아까워 보이다
아까워하다
아깝긴 하지만
아껴 가며
아껴 두다
아껴 먹다
아껴 써 오다
아껴 오다
아껴 주다
아끼는 것이 찌로 간다 [격]
아끼는 듯하다
아끼다 똥 된다 [격]
아낌없다
아나나비야 고양이를 부를 때 쓰는 소리.
아나 보다
아낙군수(-郡守)
아날로그시계(analogue時計)
아내가 귀여우면 처갓집 말뚝 보고도 절한다(-
　　妻家-) [격]
아내가 귀여우면 처갓집 문설주도 귀엽다(-妻
　　家-門-柱-) [격]
아내 나쁜 것은 백 년 원수 된장 신 것은 일 년
　　원수(-百年怨讐-醬--年怨讐) [격]
아내 덕에(-德-)
아내 된 도리(-道理)
아내 사랑
아내 삼다
아내 없는 처갓집 가나 마나(-妻家-) [격]
아내 행실은 다홍치마 적부터 그루를 앉힌다(-
　　行實-紅-) [격]
아늑해 보이다
아는 것이 탈 [격]
아는 길도 물어 가랬다 [격]
아는 놈이 도둑놈 [격]
아는 대로
아는 도끼에 발등 찍힌다 [격]
아는 데로 가다
아는 도둑놈 붂듯 [격]
아는 듯 모르는 듯
아는 듯하다
아는 만큼 보인다
아는 바 없다
아는지 모르는지

아는 척도 안 하다
아는 체하다
아는 한(-限)
아늠살
아니 감만 못하다
아니고말고
아니긴 하지만
아니꼬운 듯하다
아니꼬워져 가다
아니꼬웠을 거야
아니꼬웠을걸
아니꼬웠을 걸세
아니꼬웠을걸요
아니꼽기만 하다
아니나 다를까 [관]
아니다 싶어
아니 드는 칼로 목 베기 [격]
아니 때린 장구 북 소리 날까 [격]
아니 땐 굴뚝에 연기 날까(-煙氣-) [격]
아니 먹는 씨아가 소리만 난다 [격]
아니 무너진 하늘에 작대기 받치자 한다 [격]
아니 밴 아이를 자꾸 낳으란다 [격]
아니었나 보다
아니참
아니 한 것만 못하다
아니 할 말로 [관]
아니 함만 못하다
아닌가 보다
아닌 걸
아닌 게 아니라 [관]
아닌 듯싶다
아닌 때 아닌 곳 [관]
아닌 만큼
아닌 바에야
아닌 밤중에(-中-) [관]
아닌 밤중에 남의 칼을 맞다(-中-) [격]
아닌 밤중에 찰시루떡(-中-) [격]
아닌 밤중에 홍두깨(-中-) [격]
아닌 보살 하다 [격]
아닌 척하다
아닐 거야
아닐걸
아닐 걸세
아닐걸요
아닐 겁니다
아닐 것 같다

아닐 듯하다
아닐망정
아닐뿐더러
아닐 뿐 아니라
아닐 수 없다 [관]
아닐 텐데
아닥치듯 싸우다
아동 도서(兒童圖書)
아동 문학=아동문학(兒童文學)
아동문화(兒童文化)
아동 복지=아동복지(兒童福祉)
아동판수(兒童-) 어린 소경 무당.
아동판수 육갑 외듯(兒童-六甲-) [격]
아동 학대(兒童虐待)
아둔패기
아득한 듯하다
아득해 보이다
아득해져 가다
아들 낳다
아들 내외(-內外)
아들네 집
아들네 집 가 밥 먹고 딸네 집 가 물 마신다 [격]
아들 녀석
아들 노릇 하다
아들놈
아들 된 도리(-道理)
아들 둔 부모(-父母)
아들딸 같은
아들딸같이
아들마늘 마늘종 끝에 생기는 작은 마늘.
아들 못 낳다
아들바퀴 쳇불을 메우는 데에 쓰는 두 개의 좁
  은 테.
아들 부부(-夫婦)
아들뻘 되다
아들 삼다
아들 세대(-世代)
아들아이
아들애
아들 역(-役)
아들이삭 벼의 겉 줄기에서 나는 이삭.
아들 자랑 하다
아들자식(-子息)
아들 집
아디걸이
아딧줄

아라사버들(俄羅斯-)
아라사병정(俄羅斯兵丁)
아락바락 대들다
아람 불다 [관]
아랍 국가(Arab國家)
아랍 어=아랍어(Arab語)
아랍 지역(Arab地域)
아랑곳 안 하다
아랑곳 않다
아랑곳없다
아랑곳 여기다 [관]
아랑곳하지 않다
아랑주(-酒)
아래 급(-級)
아래뜸
아래뻘
아래알 수판의 가름대 아래쪽의 알.
아래옷
아래와 같이
아래위
아래위턱
아래윗간(-間)
아래윗니
아래윗막이
아래윗벌
아래윗집
아래 줄
아래 직원(-職員)
아래짝
아래쪽
아래쪽 길로
아래채
아래층(-層)
아래 칸
아래턱
아래턱이 위턱에 올라가 붙다 [격]
아래턱뼈
아래통
아래판그물
아래팔
아래팔뼈
아래편짝(-便-)
아래 학년(-學年)
아랫간(-間)
아랫거죽
아랫것

아랫구멍
아랫길
아랫길도 못 가고 윗길도 못 가겠다 [격]
아랫너비
아랫녘
아랫녘장수 화류계 여자를 속되게 이르는 말.
아랫놈
아랫눈시울
아랫눈썹
아랫니
아랫다리
아랫단
아랫대(-代)
아랫도리
아랫도리사람
아랫도리옷
아랫돌
아랫돌 빼서 윗돌 괴고 윗돌 빼서 아랫돌 괴기
   [격]
아랫동강
아랫동네
아랫동아리
아랫마구리
아랫마기 아랫도리에 입는 옷.
아랫마디
아랫마을
아랫말
아랫머리
아랫목
아랫몸
아랫물
아랫바닥
아랫바람
아랫바지
아랫반(-班)
아랫방(-房)
아랫배
아랫벌
아랫벗
아랫볼
아랫부분(-部分)
아랫사람
아랫사랑(-舍廊)
아랫수염(-鬚髥)
아랫심
아랫입술

아랫잇몸
아랫자리
아랫집
아려 오다
아려 올 거야
아려 올걸
아려 올 걸세
아려 올걸요
아려 올 겁니다
아로새기다
아롱무늬
아롱사태
아롱이다롱이
아롱점말
아름다울 거야
아름다울걸
아름다울 걸세
아름다울뿐더러
아름다울 뿐 아니라
아름다워 보이다
아름답긴 하다
아름답지 못하다
아름되
아름드리
아름드리나무
아름이 벌다 [관]
아름이 크다 [관]
아름차다
아리따울뿐더러
아리따울 뿐 아니라
아리따워 보이다
아리송아리송하다
아마기름(亞麻-)
아마기름종이(亞麻-)
아망위에 턱을 걸었나
아무개 씨(-氏)
아무 걱정 안 하다
아무것
아무것도 못하는 놈이 문벌만 높다(-門閥-)
   [격]
아무것도 아닌 걸 가지고
아무 구실 못 하다
아무 기척 없이
아무나 하는 일
아무 날
아무 대꾸 안 하다

아무 데나 가다
아무 데도 못 가다
아무 데서나
아무도 못 믿다
아무도 안 하다
아무 때나
아무 때 먹어도 김가가 먹을 것이다(-金哥-)
　　[격]
아무 뜻 없이
아무런 까닭 없이
아무런들
아무렇지도 않다는 듯이
아무렇지도 않은 다리에 침놓기(-鍼-) [격]
아무렇지 않게 생각하다
아무렇지 않아 보이다
아무려나
아무려니
아무려면
아무리 바빠도 바늘허리 매어 쓰지는 못한다
　　[격]
아무리 봐도
아무리 생각해 봐도
아무리 없어도 딸 먹일 것과 쥐 먹일 것은 있다
　　[격]
아무리 쫓겨도 신발 벗고 가랴 [격]
아무리 해 봐도
아무 말도 못 하고
아무 말도 안 하다
아무 말 하지 마라
아무 변함 없이(-變-)
아무 사고 없이(-事故-)
아무 생각 안 나다
아무 소리 말고
아무 소리 못 하다
아무 쓸모 없다
아무아무 날
아무 일 못 하다
아무 일 안 하다
아무 일 없다는 듯이
아무 잘못 없이
아무 짓도 안 하다
아무짝에도 못 쓰다
아무짝에도 쓸모없다
아무쪼록
아무 쪽이나
아무 탈 없이

아무튼 간에(-間-)
아무튼지
아무한테도
아물 거야
아물걸
아물 걸세
아물걸요
아물리고 나서
아물어 가다
아물어져 가다
아미를 숙이다(蛾眉-) [관]
아바마마
아버님 댁(-宅)
아버님 전 상서(-前上書)
아버지 노릇 하다
아버지 덕에(-德-)
아버지 된 도리(-道理)
아버지만 한 자식 없다(-子息-)
아버지뻘 되다
아버지 삼다
아버지 역(-役)
아버지 종도 내 종만 못하다 [격]
아부 안 하다(阿附-)
아부해 오다(阿附-)
아비만 한 자식 없다(-子息-) [격]
아비 아들 범벅 금 그어 먹어라 [격]
아비 없는 후레자식(-子息-) [관]
아비 죽은 지 나흘 후에 약을 구한다(後-藥-
　　求-) [격]
아빠 곰
아빠 허수아비
아쉬운 감 장수 유월부터 한다(-六月-) [격]
아쉬운 대로 쓸 만하다
아쉬운 듯해 보이다
아쉬운 소리 [관]
아쉬울 거야
아쉬울걸
아쉬울 걸세
아쉬울걸요
아쉬울뿐더러
아쉬울 뿐 아니라
아쉬워 보이다
아쉬워 엄나무 방석이라(-方席-) [격]
아쉬워 잡아 엄나무 [격]
아쉬워지다
아쉬워해 오다

618

아쉽기만 하다
아쉽긴 하지만
아쉽다나 봐
아스팔트 길(asphalt-)
아스팔트지(asphalt紙)
아슬아슬해 보이다
아시는 듯하다
아시는 바와 같이
아시는 줄 모르고
아시다시피
아시자마자
아실 만한 분
아씨님
아얌드림
아양 떨다
아양 부리다
아역 배우(兒役俳優)
아열대숲(亞熱帶-)
아열대 지방(亞熱帶地方)
아예 안 받다
아옹개비   어린아이의 말로 '고양이'를 이르는
    말.
아옹다옹해 오다
아우거리
아우 노릇 하다
아우 된 도리(-道理)
아우를 보다 [관]
아우를 타다 [관]
아우만 한 형 없다(-兄-)
아우뻘 되다
아우 삼다
아우성치듯 하다
아우형제(-兄弟)
아욱국
아욱쌈
아욱장아찌
아욱죽(-粥)
아이가 지다 [관]
아이 가진 떡 [격]
아이고나
아이고땜
아이고머니
아이고머니나
아이고아이고
아이기생(-妓生)
아이 낳고 살다

아이 낳는데 속옷 벗어 달란다 [격]
아이 녀석
아이년
아이놈
아이는 작게 낳아서 크게 길러라 [격]
아이는 칠수록 운다 [격]
아이답지 않다
아이도 낳기 전에 포대기 장만한다(-前-) [격]
아이도 사랑하는 데로 붙는다 [격]
아이들 방(-房)
아이들이 아니면 웃을 일이 없다 [격]
아이 때
아이라인(eye line)
아이를 기르려면 무당 반 어사 반(-半御使半)
    [격]
아이를 사르고 태를 길렀나(-胎-) [격]
아이를 예뻐하면 옷에 똥칠을 한다(-漆-) [격]
아이 마음
아이만 하다
아이 말도 귀여겨들으랬다 [격]
아이 말 듣고 배 탄다 [격]
아이 못 낳는 년이 밤마다 용꿈 꾼다(-龍-)
    [격]
아이 발이 첫발이라 [격]
아이 방(-房)
아이 밴 계집 배 차기 [격]
아이 밴 나를 어찌할까 [격]
아이 밴 적 있다
아이 버릴 덤불은 있어도 나 버릴 덤불은 없다
    [격]
아이보개
아이 보는 데는 찬물도 못 먹는다 [격]
아이보다 배꼽이 크다 [격]
아이 보채듯 [관]
아이 봐 주다
아이 서다
아이 싸움이 어른 싸움 된다 [격]
아이아버지
아이아범
아이아비
아이 아빠
아이어머니
아이어멈
아이어미
아이와 북은 칠수록 소리 난다 [격]
아이 자라 어른 된다 [격]

아이 적부터
아이 좋다니까 씨암탉을 잡는다 [격]
아이 지우다 [관]
아이 짓다
아이참
아이 취급 하다(-取扱-)
아이 치레 송장 치레 [격]
아이하고 여자는 길 들일 탓(-女子-) [격]
아장걸음
아저씨 댁(-宅)
아저씨 못난 것 조카 장짐 지운다(-場-) [격]
아저씨뻘 되다
아저씨 아니어도 망건이 동난다(-網巾-) [격]
아저씨 아저씨 하고 길짐만 지운다 [격]
아저씨 집
아전의 술 한 잔이 환자가 석 섬이라고(衙前-盞-還子-) [격]
아주까리기름
아주까리누에
아주까리 대에 개똥참외 달라붙듯 [격]
아주까리씨
아주머니 댁(-宅)
아주머니 떡도 싸야 사 먹지 [격]
아주머니뻘 되다
아주먹이⑴ 더 손댈 필요가 없을 만큼 깨끗하게 쓿은 쌀.
아주먹이⑵ 겹옷을 입을 때 솜을 두어 입는 옷.
아주 먼 데서
아주 뽕빠졌다 [관]
아주 홍화색이라(-松花色-) [관]
아주 아주 멀리
아직 다 못 하다
아직 못 해 놓다
아직 신날도 안 꼬았다 [격]
아직 안 끝나다
아직 안 오다
아직 이도 나기 전에 갈비를 뜯는다(-前-) [격]
아차 싶어
아차 하고 보니
아첨꾼(阿諂-)
아첨쟁이(阿諂-)
아첨질하다(阿諂-)
아첨해 오다(阿諂-)
아청빛(鴉靑-)
아침거리
아침결

아침 겸 점심(-兼點心)
아침곁두리
아침나절
아침노을
아침놀
아침놀 저녁 비요 저녁놀 아침 비라 [격]
아침 뉴스(-news)
아침 다르고 저녁 다르다
아침동자 아침밥을 짓는 일.
아침때
아침뜸
아침 먹고 나니
아침 못 먹다
아침 무렵
아침 바람
아침밥
아침밥 먹다
아침 밥상(-床)
아침 볕
아침상(-床)
아침상식(-上食)
아침선반(-宣飯)
아침 술
아침 시간(-時間)
아침 식사(-食事)
아침 신문(-新聞)
아침쌀
아침 아저씨 저녁 소 아들 [격]
아침 안개가 중 대가리 깬다 [격]
아침 예불(-禮佛)
아침 운동(-運動)
아침 이슬
아침 인사(-人事)
아침 일찍
아침잠
아침저녁으로
아침 준비(-準備)
아침진지
아침 짓다
아침참
아침 해가 뜨다
아침 해 주다
아침 햇살
아퀴가 나다
아퀴를 내다
아퀴쟁이 가장귀가 진 나무의 가지.

620

아퀴 짓다
아킬레스건(Achilles腱)
아파 보이다
아파 오다
아파하다
아편굴(阿片窟)
아편쟁이(阿片-)
아편 중독=아편중독(阿片中毒)
아편 침 두 대에 황소 떨어지듯(阿片鍼-) [격]
아픈가 보다
아픈 듯하다
아픈 아이 눈 들어가듯 한다 [격]
아픈 체하다
아플 거야
아플걸
아플 걸세
아플걸요
아픔 겪다
아 해 다르고 어 해 다르다 [격]
아홉 가진 놈 하나 가진 놈 부러워한다 [격]
아홉 살 된 아이
아홉수(-數)
아홉줄고누
아홉째
아흐레 만에
아흐렛날
아흔하나
아흔한 살
악감정 품다(惡感情-)
악결과(惡結果)
악기 소리(樂器-)
악다구니를 놀리다
악다구니 부리다
악다구니질하다
악다구니 치다
악다구니판
악다구니하다
악담반지거리(惡談半-)
악담은 덕담이다(惡談-德談-) [격]
악대말 불깐 말.
악대소
악대양(-羊)
악덕 기업(惡德企業)
악독한 고승록이라(惡毒-高承祿-) [격]
악독해 보이다(惡毒-)
악랄해져 가다(惡辣-)

악마디(惡-)
악머구리 끓듯 [관]
악명 높다(惡名-)
악몽 꾸다(惡夢-)
악바리 악돌이 악쓰다 [격]
악박골 호랑이 선불 맞은 소리 [격]
악사를 먹이다(惡事-) [관]
악사천리(惡事千里)
악살박살
악성 루머(惡性rumor)
악성 종양=악성종양(惡性腫瘍)
악센 짓
악소년(惡少年) =불량소년.
악소패거리(惡少-)
악쓰는 소리
악어가죽(鰐魚-)
악에 받치다
악영향 미치다(惡影響-)
악용해 오다(惡用-)
악으로 모은 살림 악으로 망한다(惡-惡-亡-)
    [격]
악의로 한 말 아니다(惡意-)
악장치다
악전고투해 오다(惡戰苦鬪-)
악지 빼다 [관]
악질분자(惡質分子)
악짓손
악착같다(齷齪-)
악착꾸러기(齷齪-)
악착빼기(齷齪-)
악청구 악에 받친 지청구.
악취 나다(惡臭-)
악취 풍기다(惡臭-)
악패듯 울어 대다
악풀이하다(惡-)
악한 듯하다(惡-)
악해 보이다(惡-)
악해져 가다(惡-)
악행위(惡行僞)
악형틀(惡刑-)
안 가는 데 없다
안 가는 듯싶다
안 가는 척하다
안 가면 안 된다
안 가 버릇하다
안 가 본 데 없다

안 가져갈까 보다
안 간 적 없다
안 간 줄 알다
안 간 지 오래되다
안간힘 쓰다
안 갈 거야
안 갈걸
안 갈 걸세
안 갈걸요
안 갈 겁니다
안 갈게
안 갈게요
안 갈까 보다
안 갈 듯하다
안 갈 바에는
안갈이
안 갈 줄 알고
안 갈 테야
안감 대다
안 갔을 거야
안 갖다 주다
안갖춘꽃
안갚음
안개 걷히다
안개구름
안개 끼다
안개비
안개 속
안개집 =홀씨주머니.
안개치마 안개처럼 엷고 가벼운 치마.
안 거야
안건 심의(案件審議)
안겨 드리다
안겨 들다
안겨 오다
안겨 주다
안 겪어 보다
안경 끼다(眼鏡-)
안경다리(眼鏡-)
안경 맞추다(眼鏡-)
안경 쓰다(眼鏡-) [관]
안경 안 쓰다(眼鏡-)
안경알(眼鏡-)
안경잡이(眼鏡-)
안경쟁이(眼鏡-)
안경집(眼鏡-)

안경테(眼鏡-)
안고 가다
안고 나가다
안고나다
안고나서다
안고 넘어가다
안고 돌다 [관]
안고 돌아가다 [관]
안고른꽃
안고른꽃부리
안고른잎
안고 오다
안고지다 남을 해치려다가 도리어 해를 입다.
안과 의사(眼科醫師)
안광이 지배를 철한다(眼光-紙背-) [격]
안구은행(眼球銀行)
안그네
안 그래도 그러려고 하다
안 그런 척하다
안 그럴 거예요
안기고 싶어 하다
안기다시피 하다
안긴 듯하다
안길 거야
안길걸
안길 걸세
안길걸요
안길게
안길게요
안길 듯하다
안깃선(-線)
안껍데기
안 나가다
안 나다
안 나타나다
안낚시걸이
안날 바로 전날.
안 남을 텐데
안 내다
안 내려 하다
안내 말씀(案內-)
안 내면 안 된다
안내 방송(案內放送)
안내양(案內孃)
안내 요원(案內要員)
안내 전화(案內電話)

안내 지도(案內地圖)
안내 책자(案內冊子)
안내 표지=안내표지(案內標識)
안내해 오다(案內-)
안내해 주다(案內-)
안 낼 거야
안 낼걸
안 낼 걸세
안 낼걸요
안 낼 겁니다
안 낼게
안 낼게요
안 낼 수 없다
안녕질서(安寧秩序)
안노인(-老人)
안 놀 거야
안 놀걸
안 놀 걸세
안 놀걸요
안 놀게
안 놀게요
안 놀아 주다
안 놀 줄 알다
안는 암탉 잡아먹기 [격]
안늙은이
안다나 봐
안 다녀 본 데 없이
안다니 똥파리 [격]
안다미로
안다미씌우다
안다시피 하다
안단감 안단을 지을 감.
안달 떨다
안달머리
안달머리스럽다
안달뱅이
안달복달하다
안달 부리다
안 당해 보면 모른다(-當-)
안 닿는 데 없이
안대문(-大門)
안대청(-大廳)
안댁(-宅)
안 도와주다
안돈 여자들이 가지고 있는 적은 액수의 돈.
안돌이

안돌잇길
안동네 =안마을.
안동답답이(按棟-)
안동정
안돼 보이다
안 되겠다 싶어
안되는 놈은 두부에도 뼈라(-豆腐-) [격]
안되는 사람은 자빠져도 코가 깨진다 [격]
안 되는 일 없이
안되면 조상 탓(-祖上-) [격]
안된 얘기지만
안 될 리 없다
안 될 줄 알다
안둘렛기둥
안뒤꼍
안뒷간(-間)
안뒷간에 똥 누고 안 아가씨더러 밑 씻겨 달라
    겠다(-間-) [격]
안 들려 주다
안 들어 본 것 같다
안 들을까 봐
안뜰
안뜸
안락의자(安樂椅子)
안마누라
안마당
안마루
안 마시다
안마을
안 만나다
안말이
안 맞을 테니
안머슴
안 먹겠다 침 뱉은 물 돌아서서 다시 먹는다
    [격]
안 먹고 말지
안 먹고 사는 장사가 없다(-壯士-) [격]
안 먹고 안 쓰다
안 먹는 한(-限)
안 먹어 본 것
안 먹어 주다
안 먹으면 안 된다
안 먹은 듯하다
안 먹은 줄 알다
안 먹은 척하다
안 먹을까 봐

안 먹혀들다
안면 근육(顔面筋肉)
안면 바꾸다(顔面-)
안면박대(顔面薄待)
안면방해(安眠妨害)
안면치레(顔面-)
안 모 씨(安某氏)
안문(-門)
안문간(-門間)
안물방아
안 믿다
안 믿어 버리다
안 믿어 주다
안바다
안반 이고 보 마르러 가겠다(-槃-) [격]
안반뒤지기
안반엉덩이
안반짝
안반틀
안 받아 주다
안 받은 줄 알다
안 받을 거야
안 받을걸
안 받을 걸세
안 받을걸요
안 받을게
안 받을게요
안 받을까 봐
안 받을 줄 알다
안받음
안 받치다 [관]
안받침
안 밝히다
안방구석(-房-)
안방극장(-房劇場)
안방 드나들듯 하다(-房-)
안방마님(-房-)
안방샌님(-房-)
안방술집(-房-)
안방을 밝히면 못쓴다(-房-) [격]
안방지기(-房-)
안배해 놓다(按配-)
안벽 치고 밭벽 친다(-壁-壁-) [격]
안 보는 새
안 보여 주다
안보 위기(安保危機)

안보 위협(安保威脅)
안 보이는 데에 숨다
안 보일 거야
안 보일걸
안 보일까 봐
안보 태세(安保態勢)
안 본 듯이
안 본 용은 그려도 본 뱀은 못 그린다(-龍-) [격]
안 본 지 오래되다
안 볼 거야
안 볼 테다
안봉투(-封套)
안 봐 버릇하다
안부모(-父母)
안부 묻다(安否-)
안부인(-婦人)
안부 인사(安否人事)
안부 전하다(安否傳-)
안부 전화(安否電話)
안부 편지(安否便紙)
안 비키다
안빗장
안사돈(-査頓)
안사람
안사랑(-舍廊)
안 사 버릇하다
안살림
안살림살이
안 살 테니
안상제(-喪制)
안색을 살피다(顔色-) [관]
안색을 짓다(顔色-) [관]
안색이 굳어지다(顔色-) [관]
안 선생 댁(安先生宅)
안성맞춤(安城-)
안섶
안섶선(-線)
안셈 안에 지니고 있는 마음.
안소 소 두 마리가 쟁기를 끌 때, 왼쪽에 맨 소.
안소매
안손님
안수 기도=안수기도(按手祈禱)
안수눅
안수틀
안식구(-食口)

안심부름
안심살
안심시켜 드리다(安心-)
안심쥐 =안심살.
안심찮다(安心-)
안심해 오다(安心-)
안 싸 오다
안 싸 주다
안 쌀 거야
안 써 주다
안쓰러워 보이다
안 쓸 거야
안 쓸걸
안 쓸 걸세
안 쓸걸요
안 쓸게
안 쓸게요
안 씨 댁(安氏宅)
안씨 문중(安氏門中)
안씨 성 가진 사람(安氏姓-)
안아맡다
안아 보다
안아 올리다
안아 일으키다
안아 주다
안아치다
안 아프다
안 아픈 데가 없다
안악 사는 과부(安岳-寡婦) [격]
안 알려 주다
안 알아 주다
안양반(-兩班)
안어른
안어버이
안에서뿐만 아니라
안여닫이
안 오는 한(-限)
안 오면 안 된다
안 온 줄 알다
안 온 지 오래되다
안 올 거야
안 올걸
안 올 걸세
안 올걸요
안 올 것 같다
안 올까 봐

안 올 듯하다
안 올려 주다
안올리다 안쪽을 칠하다.
안 올 리 없다
안 올 줄 알다
안 올 텐데
안옷
안옷고름
안 와도 돼
안 와 버릇하다
안 와 본 데
안 와 주다
안 왔을 거야
안 왔을걸
안울림소리
안으려 들다
안으로 들어가다 [관]
안은 채
안 인심이 좋아야 바깥양반 출입이 넓다(-人
　　心-兩班出入-) [격]
안일 주로 여자들이 하는 일.
안일 도와주다
안 읽어 보다
안 입다
안 잊다
안자락
안잠살다
안잠자기
안잠자다
안 잡고 못 잡고
안장가리개(鞍裝-)
안장가죽(鞍裝-)
안장깔개(鞍裝-)
안장꾸미개(鞍裝-)
안장말(鞍裝-) 안장을 지운 말.
안장상처(鞍裝傷處)
안장을 짓다(鞍裝-) [관]
안장주머니(鞍裝-)
안장코(鞍裝-)
안장틀(鞍裝-)
안저지 어린아이를 보살펴 주는 일을 하는 여
　　자 하인.
안전 가옥(安全家屋)
안전거리(安全距離)
안전 관리(安全管理)
안전그물(安全-)

625

안전기사(安全技師)
안전 대책(安全對策)
안전띠(安全-)
안전마크(安全mark)
안전못(安全-)
안전벨트(安全belt)
안전 보장=안전보장(安全保障)
안전빛(安全-)
안전빛깔(安全-)
안전사고(安全事故)
안전색채(安全色彩)
안전성냥(安全-)
안전 수칙(安全守則)
안전시설(安全施設)
안전완장(安全腕章)
안전 요원(安全要員)
안전 운전(安全運轉)
안전유리(安全琉璃)
안전 의식(安全意識)
안전장치(安全裝置)
안전 점검(安全點檢)
안전제일(安全第一)
안전 조치=안전조치(安全措置)
안전지대(安全地帶)
안전 진단(安全診斷)
안전표지(安全標識)
안전표찰(安全標札)
안전핀(安全pin)
안전한 듯하다(安全-)
안전할 거야(安全-)
안전해 보이다(安全-)
안절부절못하다
안절부절못할 만큼
안정 대책(安定對策)
안정되어 가다(安定-)
안정 되찾다(安定-)
안정 못 하다(安定-)
안정시켜 주다(安定-)
안 좋아 보이다
안 좋아져 가다
안주 값(按酒-)
안 주려 하다
안주머니
안 주면 안 된다
안주바라지(按酒-)
안주 삼아 먹다(按酒-)

안주상(按酒床)
안주 안 먹으면 사위 덕 못 본다(按酒-德-)
　　[격]
안주인(-主人)
안주장(-主張)
안주지기(按酒-)
안 죽을 거야
안 죽을걸
안 죽을 걸세
안 죽을 만큼
안 죽을 줄 알다
안 줄 거야
안 줄걸
안 줄 걸세
안 줄걸요
안 줄게
안 줄게요
안 줄까 봐
안 줄 줄 알고
안 줄 테니
안줏감(按酒-)
안줏거리(按酒-)
안중문(-中門)
안중에 사람이 없다(眼中-) [격]
안중에 없다(眼中-)
안 줘도 된다
안 지키다
안질에 고춧가루(眼疾-) [격]
안질에 노랑 수건(眼疾-手巾) [격]
안질 환자(眼疾患者)
안집
안짱걸음
안짱다리
안쪽 구석
안쪽 부분(-部分)
안찜
안찜광목(-廣木)
안차고 다라지다 [관]
안창고기
안창치기
안채
안추르다
안치수(-數)
안치시켜 놓다(安置-)
안치해 두다(安置-)
안침술집 =내외술집.

안침지다
안타까울 거야
안타까울뿐더러
안타까울 뿐 아니라
안타까워하다
안타깝긴 하다
안타깝이 걸핏하면 안타까워하는 사람.
안타깨비 명주실의 토막을 이어서 짠 굵은 명
　　주.
안타 치고 나가다(安打-)
안 탄 줄 알다
안택굿(安宅-)
안테나선(antenna線)
안 통하다(-通-)
안틀다
안 파는 데 없다
안팎곱사
안팎곱사등이
안팎곱사등이 굽도 젖도 못한다 [격]
안팎날
안팎노자(-路資)
안팎드난
안팎발걸이
안팎벌
안팎벽(-壁)
안팎살림
안팎식구(-食口)
안팎심부름
안팎옷
안팎으로 꼭 맞다 [관]
안팎일
안팎장사
안팎중매(-中媒)
안팎채
안 팔리다
안 팔 줄 알다
안편지(-片紙)
안표지(-表紙)
안 하게 되다
안 하기로 하다
안 하던 일
안 하면 안 된다
안하무인격(眼下無人格)
안 한 것만 못하다
안 한 줄 알다
안 한 지 오래되다

안 한 체하다
안 할 거야
안 할걸
안 할 걸세
안 할걸요
안 할 것 같다
안 할게
안 할게요
안 할까 봐
안 할 때
안 할 리 없다
안 할 뿐 아니라
안 할 수 없다
안 할 줄 알다
안 할 테니
안 함만 못하다
안해 =지난해.
안 해도 되다
안 해 버릇하다
안 해 보다
안 해 주다
안 했을 텐데
안형제(-兄弟)
안확
앉고 싶어 하다
앉아 가다
앉아 계시다
앉아 기다리다 [관]
앉아 놀다
앉아 달라고 하다
앉아 달라다
앉아 똥 누기는 발허리나 시지 [격]
앉아 뭉개다 [관]
앉아 배기다 [관]
앉아 버리다
앉아버티다
앉아 보다
앉아 삼천 리 서서 구만 리(-三千里-九萬里)
　　[격]
앉아서 가다
앉아서 먹으면 태산도 못 당한다(-泰山-當-)
　　[격]
앉아서 벼락 맞다 [관]
앉아서 보다
앉아 쉬다
앉아 쉴 틈 없다

앉아쏴
앉아 주고 서서 받는다 [격]
앉아 준 돈 서서도 못 받는다 [격]
앉았다 섰다 하다
앉으나 마나 하다
앉으나 서나 [관]
앉으려 들다
앉은 개 입에 똥 들어가나 [격]
앉은걸음
앉은검정
앉은계원(-契員)
앉은 데가 본이다 [격]
앉은뱅이
앉은뱅이가 서면 천 리를 가나(-千里-) [격]
앉은뱅이걸음
앉은뱅이놀이
앉은뱅이 뜀뛰듯 [격]
앉은뱅이 무엇 자랑하듯 [격]
앉은뱅이 앉으나 마나 [격]
앉은뱅이 암만 뛰어도 그 자리에 있다 [격]
앉은뱅이 용쓴다 [격]
앉은뱅이의 망건 뜨기(-網巾-) [격]
앉은뱅이저울
앉은뱅이책상(-冊床)
앉은뱅이 천리 대참(-千里代參) [격]
앉은벼락
앉은일
앉은자리　어떤 일이 벌어진 바로 그 자리.
앉은 자리　실제 앉아 있는 자리.
앉은 자리에 풀도 안 나겠다 [격]
앉은잠
앉은장사　한곳에 가게를 내고 하는 장사.
앉은장사 선 동무 [격]
앉은장수
앉은절
앉은주낙
앉은 채
앉은키
앉은키자
앉은헤엄
앉을 거야
앉을걸
앉을 걸세
앉을걸요
앉을게
앉을게요

앉을까 말까
앉을깨
앉을자리　책상 앉을자리를 고르다.
앉을 자리
앉을 자리 봐 가며 앉으라 [격]
앉을 자리 설 자리를 가리다 [격]
앉음매
앉음새
앉음앉음
앉음앉이　=앉음새.
앉자마자
앉지 마라
앉지 말아라
앉혀 놓다
앉혀 두다
앉혀 주고 가다
앉힐낚시
않기로 하다
않는 한(-限)
않았나 보다
않았다 뿐이지
않았을 거야
않으면 안 되다
않은 채
않을 거야
않을걸
않을 걸세
않을걸요
않을게
않을게요
않을 리 없다
않을 만치
않을 만큼
않을뿐더러
않을 뿐 아니라
않을 수 없다
않을 텐데
알가난
알감　잎이 다 떨어진 가지에 달린 감.
알개미
알거냥하다
알 거야
알거지
알 건 다 안다
알건달(-乾達)
알걸

알 걸세

알걸요

알 겁니다

알 것 같다

알게 되다

알게 된 지 오래되다

알게 모르게

알 게 뭐람

알게 해 주다

알겨내다

알겨먹다

알견다

알고 가다

알고기씨. 알을 많이 낳고 고기 맛도 좋은 닭의
　　종자.

알고 나니

알고도 모른 체하다

알고도 죽는 해수병이라(-咳嗽病-) [격]

알고말고

알고 먹다

알고명

알고 보니

알고 보니 수원 나그네(-水原-) [격]

알고 보면

알고 본즉

알고 싶어 하다

알고 오다

알고 있나 보다

알고 있는 대로

알고 있는 일일수록 더욱 명치에 가둬야 한다
　　[격]

알고 있듯이

알고 있을 텐데

알고 주다

알고 지내다

알고 하다

알곡(-穀)

알곡식(-穀食)

알과녁

알괘

알구기　술이나 기름, 죽 따위를 풀 때에 쓰는
　　작은 기구.

알궁둥이

알금뱅이

알기는 오뉴월 똥파리로군(-五六月-) [격]

알기는 칠월 귀뚜라미(-七月-) [격]

알기는 태주 같다 [격]

알기 쉬운

알긴 뭘 알아

알긴 하지만

알 길 없다

알까기　=부화(孵化).

알 까기 전에 병아리 세지 마라(-前-) [격]

알 까다

알까 말까 하다

알까 봐서

알까지다　지나치게 약삭빠르다.

알깍쟁이

알껍데기

알꼴

알끈

알나리

알나리깔나리

알 낳아 둔 자리냐 [격]

알내기　알을 얻기 위하여 닭이나 오리를 기르
　　는 일.

알다가도 모를 일 [관]

알다 뿐이냐

알다시피

알닭

알대가리

알던 정 모르던 정 없다(-情-情-) [격]

알돈

알둥지

알든 말든

알든 모르든

알든지 말든지

알든지 모르든지

알들다

알 듯도 하다

알 듯 말 듯 하다

알 듯 모를 듯

알듯이

알 듯하다

알땅

알뚝배기

알뜯이

알뜰 구매(-購買)

알뜰 살림

알뜰 시장(-市場)

알뜰 장터(-場-)

알뜰 주부(-主婦)

알뜰해 보이다
알라꿍달라꿍하다
알랑방귀
알랑방귀 뀌다
알랑쇠
알랑수
알랑꼴랑하다
알려 달라고 하다
알려 달라다
알려 두다
알려 드리다
알려 오다
알려 주다
알려진 대로
알려질까 봐
알려질 만큼 알려지다
알로까다 몹시 약다.
알로 먹고 꿩으로 먹는다 [격]
알로하셔츠(aloha shirts)
알롱지다
알리게 하다
알 리 없다
알림 쪽지
알 만도 하다
알 만큼 알다
알 만하다
알 만한 사람
알맞아 보이다
알맞추 익다
알맹이 빠진 말
알맹이지다
알머리
알모이
알몸
알몸뚱이
알몸 사진(-寫眞)
알몸 시위(-示威)
알바가지 작은 바가지.
알바늘
알 바 아니다
알반대기
알받이
알받이씨
알밤
알방구리
알배기

알배다
알밴 생선(-生鮮)
알보지 =밴대보지.
알부랑자(-浮浪者)
알부자(-富者)
알부피
알불
알불량자(-不良者)
알 뻔하다
알뿌리
알뿐더러
알 뿐 아니라
알사탕(-沙糖)
알살
알새 열매나 과실 따위의 알의 크기.
알선 수뢰=알선수뢰(斡旋收賂)
알선해 주다(斡旋-)
알선 행위(斡旋行爲)
알섬 (1)사람이 살지 않는 작은 섬. (2)육지 가
      까운 곳에 있고 물새들이 많이 모여들어 알
      을 낳는 섬.
알송편(-松-)
알 수 없다
알심장자(-壯士) 뚝심이 센 장사.
알쌈
알쏭달쏭해 보이다
알아 가다
알아내다
알아내지 못하다
알아낼 거야
알아낼까 봐
알아 놓다
알아 달라고 하다
알아 달라다
알아 두다
알아듣다
알아맞히다
알아먹다
알아 모시다
알아방이다 무슨 일의 낌새를 알고 미리 대비
      하다.
알아보다
알아본 듯하다
알아볼 거야
알아볼걸
알아볼 걸세

알아볼걸요
알아볼게
알아볼게요
알아볼까 봐
알아볼 수 없다
알아봐 달라고 하다
알아봐 달라다
알아서 하게 하다
알아서 할게요
알아서 해라
알아야 면장을 하지(-面墙-) [격]
알아주다
알아줄 만도 하다
알아차리다
알아채다
알아채지 못하다
알아챌 거야
알안자 알 모양의 주전자.
알았나 보다
알았을 거야
알았을걸
알았을 걸세
알았을걸요
알약(-藥)
알요강 어린아이의 오줌을 누이는 작은 요강.
알은척
알은척도 안 하다
알은척하다
알은체
알은체하다
알을 두고 온 새의 마음 [격]
알음알음
알음알음하다
알음알이
알이마
알자리
알자마자
알쟁이대구(-大口)
알전구(-電球)
알전등(-電燈)
알젓
알젓찌개
알제기다
알조
알조개쌈
알종아리

알주머니
알지 못한 채
알집 =난소(卵巢).
알짜배기
알짜 부자(-富者)
알찌개
알차다
알코올 중독=알코올중독(alcohol中毒)
알탄(-炭)
알 턱이 없다
알 텐데
알토란(-土卵)
알통 튀어나오다
앍둑빼기
앍작빼기
앍족빼기
앓고 나니
앓느니 죽지 [격]
앓는 데는 장사 없다(-壯士-) [격]
앓는 소리 [관]
앓던 이 빠진 것 같다 [격]
앓아눕다
앓아 오다
암가루
암거래해 오다(暗去來-)
암거미
암게
암고양이
암고양이 자지 베어 먹을 놈 [격]
암곰
암구렁이
암기 능력(暗記能力)
암기 위주(暗記爲主)
암까마귀
암꿩
암나귀
암나비
암나사(-螺絲)
암나사끝(-螺絲-)
암내
암내 나다
암노루
암놈
암니옴니
암단추
암담해 보이다(暗澹-)

631

암담해져 가다(暗澹-)
암만 기다려도 오지 않는다
암말
암말 말고
암말 없이
암묵리에(暗默裏-)
암벌
암범
암벽 등반=암벽등반(巖壁登攀)
암벽 타기(巖壁-)
암 보험(癌保險)
암비둘기
암사내
암사돈(-査頓)
암사슴
암산해 보다(暗算-)
암살당하다(暗殺當-)
암살 음모(暗殺陰謀)
암삼(-蔘)
암상꾸러기
암상 나다
암상 떨다
암상떨이
암상 부리다
암상이 돋치다 [관]
암상쟁이
암세포(癌細胞)
암소
암수
암수거리(暗數-)
암수딴꽃
암수딴몸
암수딴빛
암수한꽃
암수한몸
암수 한 쌍(-雙)
암수한그루
암수한포기
암술머리
암시해 주다(暗示-)
암양반(-兩班)
암염소
암 예방(癌豫防)
암은행나무(-銀杏-)
암 조직(癌組織)
암죽(-粥)

암죽가루(-粥-)
암죽거리(-粥-)
암쥐
암짝
암치 뼈에 불개미 덤비듯 [격]
암캉아지
암캐
암키와
암키왓물   막지 못하는 형세를 비유적으로 이
    르는 말.
암키왓장(-張)
암탉
암탉걸음
암탉의 무녀리냐 [격]
암탉이 운다 [격]
암탉이 울면 집안이 망한다(-亡-) [격]
암탉이 울어 날 샌 일 없다[격]
암탕나귀
암토끼
암톨쩌귀
암퇘지
암팡눈
암평아리
암포기
암행 감사(暗行監査)
암행 감찰(暗行監察)
암행어사(暗行御史)
암호 해독=암호해독(暗號解讀)
암 환자(癌患者)
암흑사회(暗黑社會)
암흑 생활(暗黑生活)
암흑세계(暗黑世界)
암흑시대(暗黑時代)
암흑 정치(暗黑政治)
암흑천지(暗黑天地)
압도당하다(壓倒當-)
압도되어 버리다(壓倒-)
압도할 듯하다(壓倒-)
압도해 버리다(壓倒-)
압도해 오다(壓倒-)
압력 넣다(壓力-)
압력 단체=압력단체(壓力團體)
압력 밥솥(壓力-)
압력솥(壓力-)
압류당하다(押留當-)
압류해 놓다(押留-)

압박 붕대=압박붕대(壓迫繃帶)
압수 수색=압수수색(押收搜索)
압수해 버리다(押收-)
압축해 놓다(壓縮-)
압핀(押pin)
앗기고 말다
앗아 가다
앗아넣다
앙가발이
앙가슴
앙감질해 가다
앙갚음하다
앙금쌀쌀
앙금흙
앙기 부리다
앙기 품다
앙다문 입술
앙달머리
앙달머리스러워 보이다
앙당그러지다
앙버티다
앙분풀이(怏憤-)
앙살 부리다
앙살 피우다
앙상궂어 보이다
앙상쟁이
앙상해 보이다
앙세다
앙심 먹다(怏心-)
앙심 사다(怏心-)
앙심 품다(怏心-)
앙심 품어 오다(怏心-)
앙알대지 마라
앙얼 보살이 내릴 일(殃孼-) [격]
앙증맞아 보이다
앙짜 부리다
앙칼지다
앙탈 부리다
앙탈쟁이
앙토장이(仰土-)
앙토질(仰土-)
앞가르마
앞가림하다
앞가슴
앞가슴마디
앞갈망하다

앞갈무리
앞갈비
앞갈이하다
앞개울
앞걸음
앞걸이
앞 골목
앞그루
앞길
앞길이 구만 리 같다(-九萬里-) [격]
앞길이 멀다 [관]
앞깃선(-線)
앞날
앞날개
앞 남산 호랑이가 뭘 먹고 사나(-南山-) [격]
앞내
앞늘품 앞이 넓은 품.
앞니
앞다리
앞 다투어 나서다
앞단 앞에 댄 옷단.
앞닫이
앞당겨 주다
앞당길 듯하다
앞대가리
앞대문(-大門)
앞도련
앞동산
앞뒤가 다르다 [관]
앞뒤 가리지 않다 [관]
앞뒤 가릴 것 없이
앞뒤가 막히다 [관]
앞뒤가 맞다 [관]
앞뒤갈이
앞뒤 걸음을 재다 [관]
앞뒤를 재다 [관]
앞뒤 마을
앞뒤 맞지 않는 말
앞뒤 생각 없이
앞뒤 안 맞는 소리
앞뒤 안 보고
앞뒤 재다
앞뒤짱구
앞뒤축
앞뒷문(-門)
앞뒷일

앞뒷질
앞뒷집
앞들
앞딱지
앞뚜룩   앞 호주머니를 속되게 이르는 말.
앞뜰
앞마구리
앞마당
앞마디
앞마루
앞마을
앞말
앞맵시
앞머리
앞머리뼈
앞메꾼
앞면(-面)
앞면도(-面刀)
앞모습
앞모양(-模樣)
앞몸
앞 못 보는 생쥐 [격]
앞무릎
앞문(-門)
앞바다
앞바닥
앞바람
앞바퀴
앞바탕
앞발
앞발굽
앞발질하다
앞발치
앞방(-房)
앞 방석을 차지하다(-方席-) [관]
앞밭
앞배 나오다
앞벌
앞 범퍼(-bumper)
앞보름
앞볼이 넓다
앞부리
앞부분(-部分)
앞빵   '앞주머니'를 속되게 이르는 말.
앞사람
앞산(-山)

앞생각
앞서 가다
앞서거니 뒤서거니 [관]
앞서 나가다
앞서다시피 하다
앞서 들은 대로
앞서 보이다
앞선 듯하다
앞섶
앞세우고 가다
앞세워 보내다
앞수갑(-手匣)
앞앞이 놓다
앞어금니
앞에 내세우다 [관]
앞에서 꼬리 치는 개가 후에 발뒤꿈치 문다(-
　　後-) [격]
앞에 서다
앞에총(-銃)
앞에 할 말 뒤에 하고 뒤에 할 말 앞에 하고 [격]
앞여밈
앞위(-胃)
앞으로가
앞으로나란히
앞으로 던지다
앞으로 보나 뒤로 보나 정방산(-正方山) [격]
앞을 닦다 [관]
앞을 못 보다 [관]
앞이 꿀리다 [관]
앞이마
앞이 벌다 [관]
앞이 캄캄하다 [관]
앞일
앞자락
앞자락이 넓다 [관]
앞자리
앞잡이
앞잡이질하다
앞장서 가다
앞장서다
앞장서 오다
앞장세우다
앞장세워 보내다
앞장 안 서다
앞정강이
앞조각

앞 좌석(-座席)
앞주머니
앞줄
앞줄댕기
앞지르기하다
앞질러 가다
앞집
앞집 떡 치는 소리 듣고 김칫국부터 마신다 [격]
앞집 처녀 믿다가 장가 못 간다(-處女-) [격]
앞 짧은 소리 [관]
앞짧은소리 장래성이 없거나 장래의 불행을 뜻
　　하게 된 말마디.
앞짱구
앞쪽
앞차(-車)
앞채
앞채잡이
앞처짐
앞철기
앞초리
앞치레
앞치마
앞코
앞태(-態)
앞터
앞턱
앞턱따기
앞트기
앞트임
앞편짝(-便-)
앞폭(-幅)
앞표지(-表紙)
앞품
애가 마르다 [관]
애가 받치다 [관]
애가 썩다 [관]
애가 씌우다 [관]
애가 졸다 [관]
애가 터지다 [관]
애간이 타다(-肝-) [관]
애간장 녹는다(-肝腸-) [관]
애간장 녹이다(-肝腸-) [관]
애간장 마르다(-肝腸-) [관]
애간장 말리다(-肝腸-) [관]
애간장을 저미다(-肝腸-) [관]
애간장 타다(-肝腸-) [관]

애간장 태우다(-肝腸-) [관]
애갈이하다
애 같은 짓 하다
애걸복걸하다(哀乞伏乞-)
애걸하다시피 하다(哀乞-)
애견 센터(愛犬center)
애고대고 울다
애고땜
애고사리
애고지고
애교꾸러기(愛嬌-)
애교 떨다(愛嬌-)
애교 만점(愛嬌滿點)
애교머리(愛嬌-)
애교 부리다(愛嬌-)
애교 어린 목소리(愛嬌-)
애국 동포(愛國同胞)
애국 사상(愛國思想)
애국선열(愛國先烈)
애국 시민(愛國市民)
애국 열사(愛國烈士)
애국정신(愛國精神)
애국지사(愛國志士)
애국 투사(愛國鬪士)
애기나방
애꾸눈
애꾸눈이
애꿎은 두꺼비 돌에 맞다 [격]
애끊다
애끌 커다란 끌.
애끓다
애나다
애나무
애 낳다
애낳이하다
애년
애놈
애늙은이
애달다
애달피 울다
애당기다
애동지(-冬至)
애돌 한 살이 된 돼지.
애둥소 어린 소.
애들 꿈은 개꿈 [격]
애들 장난 같은 짓

635

애로 사항(隘路事項)
애를 말리다 [관]
애를 졸이다 [관]
애만 태우다
애 많이 쓰다
애매기 =애벌매기.
애매미
애매한 두꺼비 돌에 치었다 [격]
애매해 보이다(曖昧-)
애머슴
애먹다
애먹이다
애먼 사람
애면글면 살다
애 못 낳다
애무해 주다(愛撫-)
애물단지(-物-)
애바르다
애바리
애바쁘다
애받이
애 배다
애버들
애벌갈이
애벌구이
애벌기름
애벌김
애벌논
애벌다듬이
애벌땜
애벌매기
애벌목
애벌방아
애벌빨래
애벌칠(-漆)
애보개　아이를 돌보는 일을 맡아 하는 사람.
애 보다
애 봐 주다
애빨래
애삼(-蔘)　어린 삼.
애 삼신은 같은 삼신이다(-三神-三神-) [격]
애새끼
애 서다
애성이 나다
애솔
애솔나무

애솔밭
애송나무(-松-)
애송목(-松木)
애송밭(-松-)
애송아지
애송이판
애송해 오다(愛誦-)
애수 어리다(哀愁-)
애순(-筍)
애써 오다
애써 주다
애쑥
애쓰다
애아버지
애아범
애아비
애 안 쓰다
애어른
애어머니
애어멈
애어미
애오이
애옥살림
애옥살이　가난에 쪼들려서 애를 써 가며 사는
　　살림살이.
애완동물(愛玩動物)
애완식물(愛玩植物)
애용해 오다(愛用-)
애용해 주다(愛用-)
애원조로(哀願調-)
애원하다시피 하다(哀願-)
애인 관계(愛人關係)
애인 사이(愛人-)
애인 삼다(愛人-)
애잇기름
애잇닭기
애잇머리
애잎
애자식(-子息)
애저구이(-豬-)
애저찜(-豬-)
애젊다
애젊은이
애정 다툼(愛情-)
애정 싸움(愛情-)
애정이 헛벌이 한다(愛情-) [격]

636

애정 표현(愛情表現)
애정 행각(愛情行脚)
애증 관계(愛憎關係)
애지중지해 오다(愛之重之-)
애참나무
애창가요(愛唱歌謠)
애처롭게 되다
애총각(-總角)
애 취급 하다(-取扱-)
애타다
애태우다
애통 터지다
애티 나다
애호박
애호박에 말뚝 박기 [격]
애호박나물
애호박전(-煎)
애호박찜
애호박채(-菜)
애환 어린(哀歡-)
액날(厄-)
액달(厄-)
액때우다(厄-)
액때움하다(厄-)
액막이(厄-)
액막이굿(厄-)
액막이연(厄-鳶)
액막이옷(厄-)
액면 가격=액면가격(額面價格)
액면 그대로(額面-)
액면대로 받아들이다(額面-)
액션 배우(action俳優)
액션 영화(action映畫)
액자 소설=액자소설(額子小說)
액정 화면(液晶畫面)
액체 상태(液體狀態)
앳돼 보이다
앳된 얼굴
앵돌다
앵돌아 눕다
앵돌아서다
앵돌아앉다
앵돌아지다
앵두꽃
앵두나무
앵두 따다 [관]

앵두숙(-熟)
앵두장수 잘못을 저지르고 어디론지 자취를 감춘
　　사람을 이르는 말.
앵두정과(-正果)
앵두편
앵두화채(-花菜)
앵무새는 말 잘하여도 날아다니는 새다(鸚鵡-)
　　[격]
앵미(-米)
앵벌이
앵커맨(anchor man)
앵클부츠(ankle boots)
야간 근무(夜間勤務)
야간 대학=야간대학(夜間大學)
야간도주(夜間逃走)
야간 수당(夜間手當)
야간 수업(夜間授業)
야간 순찰(夜間巡察)
야간 업소(夜間業所)
야간열차(夜間列車)
야간 전투=야간전투(夜間戰鬪)
야간 집회(夜間集會)
야간 학교=야간학교(夜間學校)
야간 훈련(夜間訓練)
야거릿대
야경꾼(夜警-)
야경 돌다(夜警-)
야경벌이(夜警-)
야구 경기(野球競技)
야구공(野球-)
야구공만 하다(野球-)
야구 구경(野球-)
야구 방망이=야구방망이(野球-)
야구 선수(野球選手)
야구 시합(野球試合)
야근해 오다(夜勤-)
야금야금
야기부리다
야나치다
야다하면
야단나다(惹端-)
야단맞다(惹端-)
야단받이(惹端-)
야단법석 떨다(惹端-)
야단살풍경(惹端殺風景)
야단 안 치다(惹端-)

야단야단하다(惹端惹端-)
야단을 때리다(惹端-) [관]
야단을 만나다(惹端-) [관]
야단치다(惹端-)
야담쟁이(野談-)
야당 당수(野黨黨首)
야당 대표(野黨代表)
야당 시절(野黨時節)
야당 의원(野黨議員)
야당 인사(野黨人士)
야당 총재(野黨總裁)
야당 편(野黨便)
야당 후보(野黨候補)
야드르르하다
야드파운드법(yard pound法)
야릇해져 가다
야멸치다
야무져 보이다
야물긴 해도
야바위꾼
야바위 치다
야바위판
야바윗속
야박스레 굴다(野薄-)
야반도주(夜半逃走)
야반삼경(夜半三更)
야발단지
야발쟁이
야밤(夜-)
야밤중(夜-中)
야번꾼(夜番-)
야비다리
야비다리 치다
야비한 듯하다(野卑-)
야비해 보이다(野卑-)
야살 까다
야살꾼
야살쟁이
야삼경(夜三更)
야생 동물=야생동물(野生動物)
야생말(野生-)
야생벌(野生-)
야생 상태(野生狀態)
야생 식물=야생식물(野生植物)
야생이죽(-粥)
야생 조류(野生鳥類)

야성미 넘치는(野性美-)
야속하기만 하다(野俗-)
야시꾼(夜市-)
야시장(夜市場)
야시장꾼(夜市場-)
야심만만해 보이다(野心滿滿-)
야심 찬 젊은이(野心-)
야영 훈련(野營訓練)
야외 공연(野外公演)
야외극장(野外劇場)
야외무대(野外舞臺)
야외 수업(野外授業)
야외 집회(野外集會)
야외 촬영=야외촬영(野外撮影)
야외 활동(野外活動)
야위어 가다
야위어 보이다
야윈 말이 짐 탐한다(-貪-) [격]
야윌 대로 야위다
야자버리다
야자열매(椰子-)
야장일(冶匠-)
야장장이(冶匠-)
야적더미(野積-)
야적창고(野積倉庫)
야전 병원=야전병원(野戰病院)
야전삽(野戰-)
야전잠바(野戰jumper)
야전 침대=야전침대(野戰寢臺)
야젓잖다
야지랑 떨다
야지랑 피우다
야채 가게(野菜-)
야채붙이(野菜-)
야채샐러드(野菜salad)
야채수프(野菜soup)
야채 장사(野菜-)
야채 장수(野菜-)
야채 즙(野菜汁)
야청빛(-靑-)
야코죽다
야코죽이다
야학 다니다(夜學-)
야해 보이다(野-)
약가심하다(藥-)
약간 명(若干名)

약값(藥-)
약게 굴다
약계바라지(藥契-) 약방의 들창.
약고추장(藥-醬)
약과는 누가 먼저 먹을는지(藥果-) [격]
약과 먹기(藥果-) [격]
약과무늬(藥果-)
약국집(藥局-)
약국집 맷돌인가(藥局-) [격]
약그릇(藥-)
약기는 묘구 같다(-墓寇-) [격]
약기는 쥐 새끼나 참새 굴레도 씌우겠다 [격]
약 기운(藥-)
약나무(藥-)
약내(藥-)
약 냄새(藥-)
약단지(藥-)
약 달이다(藥-)
약대접(藥-)
약두구리(藥-)
약둥이 약고 똑똑한 아이.
약력 소개(略歷紹介)
약막대기(藥-)
약 먹다(藥-)
약 먹이다(藥-)
약물 남용(藥物濫用)
약물 맞다(藥-) [관]
약물 복용=약물복용(藥物服用)
약물 요법=약물요법(藥物療法)
약물 중독=약물중독(藥物中毒)
약물 치료(藥物治療)
약물터(藥-) =약수터.
약발 받다(藥-)
약밥(藥-)
약방 기생 볼 줴지르게 잘생기다(藥房妓生-)
　　[격]
약방에 감초(藥房-甘草) [격]
약방에 전다리 모이듯(藥房-) [격]
약병(藥瓶)
약병아리(藥-)
약봉지(藥封紙)
약비(藥-)
약비나다
약비누(藥-)
약빠르다
약빠른 고양이 밤눈이 어둡다 [격]

약빠른 고양이 앞을 못 본다 [격]
약빨리 눈치 채다
약 뿌리다(藥-)
약 사 먹다(藥-)
약사발(藥沙鉢)
약삭빠르다
약삭빠른 강아지 밤눈이 어둡다 [격]
약삭빨리 눈치 채다
약산적(藥散炙)
약 살 돈(藥-)
약상자(藥箱子)
약샘(藥-)
약서랍(藥-)
약세 보이다(弱勢-)
약소국가(弱小國家)
약소금(藥-)
약소민족(弱小民族)
약속대로 해 주다(約束-)
약속 못 지키다(約束-)
약속 시간(約束時間)
약속 안 지키다(約束-)
약속 어기다(約束-)
약속 어음=약속어음(約束-)
약속 위반(約束違反)
약속을 메우다(約束-) [관]
약속 장소(約束場所)
약속 지키다(約束-)
약속한 대로(約束-)
약속한 듯이(約束-)
약속해 놓다(約束-)
약속해 두다(約束-)
약속해 주다(約束-)
약손(藥-)
약손가락(藥-)
약솜(藥-)
약수건(藥手巾)
약수터(藥水-)
약숟가락(藥-)
약술(藥-)
약시중(藥-)
약시 환자(弱視患者)
약쑥(藥-)
약 쓰다(藥-)
약아 보이다
약아빠지다
약에 쓰려도 없다(藥-) [격]

약엿(藥-)

약 오르다 [관]

약 올리다 [관]

약용 식물＝약용식물(藥用植物)

약우물(藥-)

약은 나누어 먹지 않는다(藥-) [격]

약은 빛내어서라도 먹어라(藥-) [격]

약은 쥐가 밤눈 어둡다 [격]

약을 걸다(藥-) [관] 약국을 차리다.

약을 지르다(藥-) [관]

약자 편에 서다(弱者便-)

약작두(藥斫-)

약장사(藥-)

약장수(藥-)

약재료(藥材料)

약저울(藥-)

약전골(藥塵-)

약전국(藥-)

약절구(藥-)

약점 안 잡히다(弱點-)

약점 잡다(弱點-)

약점 잡히다(弱點-)

약정 한도(約定限度)

약정해 놓다(約定-)

약주룹(藥-)

약주머니(藥-)

약주상(藥酒床)

약주술(藥酒-)

약주 한잔 하다(藥酒-盞-)

약 지어 오다(藥-)

약질이 살인낸다(弱質-殺人-) [격]

약 짓다(藥-)

약초밭(藥草-)

약 치다(藥-)

약치료(藥治療)

약칠해 주다(藥漆-)

약 타 오다(藥-)

약탈해 가다(掠奪-)

약탈 행위(掠奪行爲)

약통(藥桶/藥筒)

약틀(藥-)

약 팔다(藥-) [관]

약풀(藥-)

약품 처리(藥品處理)

약풍로(藥風爐)

약하다 해도(弱-)

약 한 첩 못 써 보고(藥-貼-)

약할 거야(弱-)

약해 보이다(弱-)

약해져 가다(弱-)

약해질 대로 약해지다(弱-弱-)

약혼반지(約婚斑指)

약혼 선물(約婚膳物)

약혼식 날(約婚式-)

약화되어 가다(弱化-)

안정머리 없다

얄미워 보이다

얄밉긴 해도

얄밉상스럽다

얄팍수 쓰다

얄팍썰기

얄팍해 보이다

얇디얇다

얇아 보이다

얇아져 가다

얌생이꾼

얌생이 몰다 [관]

얌심꾸러기

얌심데기

얌전단지

얌전 떨다

얌전 빼다

얌전 피우다

얌전한 고양이 부뚜막에 먼저 올라간다 [격]

얌전해 보이다

얌전해져 가다

얌체족(-族)

얌체 짓

얌치머리

얌치 빠지다 [관]

얌치없는 짓

얌통머리

양가독자(兩家獨子)

양 가문 한 집에는 까마귀도 앉지 않는다(兩家門-) [격]

양가 부모(兩家父母)

양가죽(羊-)

양가죽을 쓰다(羊-) [관]

양갈보(洋-)

양갓집(良家-)

양경장수 '도적'을 속되게 이르는 말.

양고기(羊-)

양고는 심장한다(良賈-深藏-) [격]
양고리봉돌(兩-)
양곡 수매(糧穀收買)
양골국(陽骨-)
양골조림(陽骨-)
양공주(洋公主)
양과자(洋菓子)
양과자점(洋菓子店)
양국 간(兩國間)
양국 정부(兩國政府)
양국 정상(兩國頂上)
양귀 말이나 나귀의 굽은 귀.
양귀비꽃(楊貴妃-)
양 귀비 외딴치다(楊貴妃-) [관]
양그루(兩-) =이모작.
양기 부족(陽氣不足)
양기와(洋-)
양 김 씨(兩金氏)
양껏 마시다(量-)
양 끝(兩-)
양끝못(兩-)
양끼(兩-) 아침과 저녁의 두 끼니.
양날(兩-)
양날 칼(兩-)
양날톱(兩-)
양녀 삼다(養女-)
양년(洋-)
양념간장(-醬)
양념감
양념값
양념거리
양념 구이
양념 안 하다
양념엿
양념장(-醬)
양념절구
양념 치킨(-chicken)
양념해 놓다
양념해 두다
양놈(洋-)
양다리 걸치다(兩-) [관]
양단간에(兩端間-)
양단붙이(洋緞-)
양달건조(陽-乾燥)
양닭(洋-)
양담배(洋-)

양당 정치=양당정치(兩黨政治)
양대 산맥(兩大山脈)
양대 세력(兩大勢力)
양대 진영(兩大陣營)
양도깨비(洋-)
양도 소득=양도소득(讓渡所得)
양도 차익(讓渡差益)
양도해 주다(讓渡-)
양돈 농가(養豚農家)
양동이(洋-)
양돼지(洋-)
양두마차(兩頭馬車)
양딸(養-)
양 떼 같다(羊-)
양떼구름(羊-)
양띠 해(羊-)
양말대님(洋襪-)
양말목(洋襪-)
양말 벗다(洋襪-)
양말 신다(洋襪-)
양머리(洋-) 서양식으로 단장한 여자의 머리.
양면 거울(兩面-)
양면 작전=양면작전(兩面作戰)
양면테이프(兩面tape)
양모피(羊毛皮)
양몰이(羊-)
양몰이꾼(羊-)
양묘밭(養苗-) =모종밭.
양 무릎(兩-)
양민 학살(良民虐殺)
양밀가루(洋-)
양반 가문(兩班家門)
양반걸음(兩班-)
양반 계급=양반계급(兩班階級)
양반 김칫국 떠먹듯(兩班-) [격]
양반 노릇 하다(兩班-)
양반다리(兩班-)
양반 때리고 볼기 맞는다(兩班-) [격]
양반 못된 것이 장에 가 호령한다(兩班-場-號
    令-) [격]
양반 사회(兩班社會)
양반 양반 두 양반(兩班兩班-兩班) [격]
양반은 물에 빠져도 개헤엄은 안 한다(兩班-)
    [격]
양반은 세 끼만 굶으면 된장 맛 보잔다(兩班-
    醬-) [격]

양반은 안 먹어도 긴 트림(兩班-) [격]

양반은 얼어 죽어도 짚불은 안 쬔다(兩班-) [격]

양반은 죽어도 문자 쓴다(兩班-文字-) [격]

양반은 죽을 먹어도 이를 쑤신다(兩班-粥-) [격]

양반은 하인이 양반 시킨다(兩班-下人-兩班-)
　[격]

양반의 자식이 열둘이면 호패를 찬다(兩班-子
　息-號牌-) [격]

양반의 집 못되려면 초라니 새끼 난다(兩班-)
　[격]

양반이 대추 한 개가 해장국이라고(兩班-個-
　解酲-) [격]

양반인가 두 냥 반인가(兩班-兩半-) [격]

양반 지게 진 것 같다(兩班-) [격]

양반집(兩班-)

양반 집안(兩班-)

양반 출신(兩班出身)

양반춤(兩班-)

양반 파립 쓰고 한 번 대변 보긴 예사(兩班破
　笠-番大便-例事) [격]

양반 행세(兩班行世)

양발(兩-)

양방 간에(兩方間-)

양보라(洋-)

양보 안 하다(讓步-)

양보해 주다(讓步-)

양복감(洋服-)

양복떼기(洋服-)

양복 맞추다(洋服-)

양복바지(洋服-)

양복 입다(洋服-)

양복장이(洋服-)　양복 짓는 사람.

양복쟁이(洋服-)　양복 입은 사람.

양복저고리(洋服-)

양복 주머니(洋服-)

양복집(洋服-)

양복 짓다(洋服-)

양복짜리(洋服-)

양복 차림(洋服-)

양복천(洋服-)

양붓이(胖-)

양볼제비(兩-)

양봉 꿀(養蜂-)

양부모(養父母)

양분해 놓다(兩分-)

양산 쓰다(陽傘-)

양산해 내다(量産-)

양산해 오다(量産-)

양상군자(梁上君子)

양 새끼(羊-)

양서랍책상(兩-冊床)

양서리목(胖-)

양성 기관(養成機關)

양성 반응=양성반응(陽性反應)

양성 장마=양성장마(陽性-)

양성 평등(兩性平等)

양성해 오다(養成-)

양성화해 주다(陽性化-)

양소금(洋-)

양소매책상(兩-冊床)

양손(兩-)

양손녀(養孫女)

양손 들다(兩-)

양손의 떡(兩-)

양손자(養孫子)

양손잡이(兩-)

양송이버섯(洋松栮-)

양수걸이(兩手-)

양수잡이(兩手-)

양수책상(兩袖冊床)

양순해 보이다(良順-)

양순해져 가다(良順-)

양숟가락(洋-)

양식거리(糧食-)

양식 걱정(糧食-)

양식 어업=양식어업(養殖漁業)

양식집(洋食-)

양실(洋-)

양심 고백(良心告白)

양심선언(良心宣言)

양쌀(洋-)

양씨(洋-)　서양에서 온 동식물의 씨.

양아들(養-)

양아들 삼다(養-)

양아버지(養-)

양아비(養-)

양양누룩(襄陽-)

양어깨(兩-)

양어깨에 동자보살이 있다(兩-童子菩薩-) [격]

양어머니(養-)

양어미(養-)

양어버이(養-)

양옆(兩-)
양옥집(洋屋-)
양외가(養外家)
양요리(洋料理)
양요릿집(洋料理-)
양육저냐(羊肉-)
양육젓(羊肉-)
양육죽(羊肉粥)
양육해 오다(養育-)
양은그릇(洋銀-)
양은 냄비(洋銀-)
양은솥(洋銀-)
양을 보째 낳는 암소(胖-) [격]
양일간(兩日間)
양자 가다(養子-) [관]
양자 간(兩者間)
양자 구도(兩者構圖)
양자 대결(兩者對決)
양자 들다(養子-) [관]
양자 들이다(養子-) [관]
양자배기(洋-)
양자 보내다(養子-)
양자 세우다(養子-) [관]
양자하다(養子-)
양자 협상(兩者協商)
양자 회담(兩者會談)
양잠 농가(養蠶農家)
양장미인(洋裝美人)
양장 차림(洋裝-)
양잿물(洋-)
양저냐(胖-)
양접시(洋-)
양젖(羊-)
양조간장(釀造-醬)
양족편(羊足-)
양주 싸움은 칼로 물 베기(兩主-) [격]
양주밤(楊州-)
양주 밥 먹고 고양 구실(楊州-高陽-) [격]
양주 사는 홀아비(楊州-) [격]
양주잔(洋酒盞)
양지가 음지 되고 음지가 양지 된다(陽地-陰地-陰地-陽地-) [격]
양지 되다(陽地-)
양지머리
양지머리뼈
양지바르다(陽地-)

양지받이(陽地-)
양지쪽(陽地-)
양지차돌
양지초(羊脂-)
양 집안(兩-)
양쪽 구석(兩-)
양쪽 다리(兩-)
양쪽 부모(兩-父母)
양찌끼(胖-)
양찌끼찌개(胖-)
양찜(羊-)
양차렵(兩-)
양철가위(洋鐵-)
양철 지붕(洋鐵-)
양철집(洋鐵-)
양첩한 놈 때 굶는다(養妾-) [격]
양초시계(洋-時計)
양춤(洋-)
양측 대표(兩側代表)
양치겁이(兩-)
양치기(-器) 양치할 때 쓰는 그릇.
양치기 소년(羊-少年)
양치질하다
양칫대
양칫대야
양칫소금
양코배기(洋-)
양탄자(洋-)
양탄자꽃밭(洋-)
양태 값도 못 버는 놈 [격]
양태머리(兩-)
양턱(兩-)
양털실(羊-)
양틀(洋-)
양 팀
양파 껍질(洋-)
양파저냐(洋-)
양팔(兩-)
양편(兩便)
양편짝(兩便-)
양편쪽(兩便-)
양푼 밑구멍은 마치 자국이나 있지 [격]
양할머니(養-)
양할아버지(養-)
양해 각서(諒解覺書)
양해해 달라고 하다(諒解-)

양해해 달라다(諒解-)
양해해 주다(諒解-)
양호 교사=양호교사(養護敎師)
양호 선생님(養護先生-)
양호해 보이다(良好-)
양호해져 가다(良好-)
얕기만 하다
얕긴 해도
얕디얕다
얕보는 것 같다
얕봐 오다
얕아 보이다
얕은꾀
얕은꾀 부리다
얕은꾀 쓰다
얕은 내도 깊게 건너라 [격]
얕은 데로 건너다
얕은맛
얕은맛 나다
얕은수 쓰다
얕은안개
얕을 거야
얕을걸
얕을 걸세
얕을걸요
얕잡아 보다
얕추 보다
얕추 심다
얕푸르다
얘기꽃 피우다
얘기꾼
얘기 나누다
얘기 듣다
얘기 못 하게 하다
얘기 안 해 주다
얘기쟁이
얘기책(-冊)
얘기판
얘기한 대로
얘기한 적 없다
얘기해 놓다
얘기해 두다
얘기해 주다
얘깃거리
얘깃주머니
어가 행렬(御駕行列)

어간마루
어간문(-門)
어간장(魚-醬)
어간재비
어거리풍년(-豐年) 매우 드물게 농사가 잘된 해.
어겨 버리다
어겨 오다
어귀어귀 먹다
어그러뜨리다
어그러져 가다
어그러져 버리다
어그러트리다
어그솟다
어금껏쇠
어금니가 아픈가 보다 [관]
어금니를 악물다 [관]
어금닛소리
어금막히다
어긋나가다
어긋나기눈
어긋나기잎
어긋나다
어긋놓다
어긋맞다
어긋매끼다
어긋물다
어긋물리다
어긋시침
어기대다
어기려 들다
어기면 안 된다
어기야디야
어기영차
어기지 마라
어기차다
어긴 데 대하여(-對-)
어긴 듯하다
어길 때
어김다리
어김없다
어깃장 놓다
어깨가 가볍다 [관]
어깨가 귀를 넘어까지 산다 [격]
어깨가 무겁다 [관]
어깨가 올라가다 [관]
어깨가 움츠러들다 [관]

어깨가 으쓱거리다 [관]
어깨가 처지다 [관]
어깨걸이
어깨너머
어깨너머로 배우다
어깨너머문장(-文章)
어깨너멋글
어깨넘이
어깨놀이
어깨동갑(-同甲)
어깨동무
어깨동무하다
어깨띠
어깨로 숨을 쉬다 [관]
어깨를 같이하다 [관]
어깨를 겨누다 [관]
어깨를 겯다 [관]
어깨를 나란히 하다 [관]
어깨를 낮추다 [관]
어깨를 들이밀다 [관]
어깨를 짓누르다 [관]
어깨 못 펴다
어깨뼈
어깨선(-線)
어깨솔
어깨솔기
어깨심(-心)
어깨에 걸머지다 [관]
어깨에 지다 [관]
어깨차례(-次例)
어깨채
어깨처짐
어깨총(-銃)
어깨춤
어깨춤 추다
어깨치기
어깨치마
어깨통
어깨판
어깨 펴다
어깨폭
어깨허리
어깨 힘 빼다
어깻등
어깻바대
어깻바람

어깻부들기
어깻숨
어깻자맞춤(-字-)
어깻죽지
어깻죽지가 처지다 [관]
어깻집
어깻짓
어녹다
어녹음부서지기
어녹음흘기
어녹이다
어녹이치다
어느 거나
어느 것이든
어느 겨를에 [관]
어느 결에
어느 곳이든
어느 구름에 눈이 들며 어느 구름에 비가 들었
　　나 [격]
어느 구름에 비가 올지 [격]
어느 날 밤
어느 누가
어느 누구 [관]
어느덧
어느 동네 아이 이름인 줄 아나 [격]
어느 때고 [관]
어느 때쯤
어느 만큼
어느 모로 보나
어느 바람이 들이불까 [격]
어느 사이에
어느새
어느 세월에(-歲月-) [관]
어느 어느 집
어느 장단에 춤추랴 [격]
어느 집 개가 짖느냐 한다 [격]
어느 천년에(-千年-)
어느 틈에
어느 편이든(-便-)
어느 한 가지 빼놓지 않고
어느 한쪽
어느 해
어두운 데에서
어두운 밤에 눈 깜짝이기 [격]
어두운 밤에 손 내미는 격(-格) [격]
어두운 밤에 주먹질 [격]

어두운 밤의 등불(-燈-) [격]
어두운 밤중에 홍두깨(-中-) [격]
어두울 거야
어두울걸
어두울 걸세
어두울걸요
어두워 가다
어두워 보이다
어두워져 가다
어두워질 거야
어두커니
어둑발
어둑새벽
어둠길
어둠별
어둠살
어둠상자(-箱子-)
어둡긴 해도
어디 가는 거야
어디 가든지
어디 가 있다가
어디 갖다 놓아도
어디 개가 짖느냐 한다 [격]
어디건 간에(-間-)
어디까지나
어디 두고 보자 [관]
어디든 간에(-間-)
어디라 없이 [관]
어디를 막론하고(-莫論-) [관]
어디 보자
어디서든지
어디 소경은 본다던 [격]
어디 어디
어디 없이
어디에다 대고 [관]
어디에서든지
어디 있다 왔나
어디 있든지
어디쯤 오고 있나
어디 한번 보자(-番-)
어딘 줄 알고
어딘지 모르게
어딜 가나
어딜 가든지
어딜 들어오려고
어따 대고

어떠하든 간에(-間-)
어떡할 거야
어떡할 건데
어떡할 테냐
어떡해
어떤 거야
어떤 건지
어떤 걸 바라니
어떤 게 좋아
어떤 곳에서든
어떤 녀석
어떤 년
어떤 놈
어떤 데서라도
어떤 때
어떤 분
어떤 이
어떤 일
어떤 쪽
어떨는지 모르겠다
어떨 때는 어떨지 몰라
어떻게 되든
어떻게 된 거야
어떻게 된 셈인지
어떻게든지
어떻게 보면
어떻게 하다 보니
어떻게 할 거야
어떻게 해야 할까
어떻든 간에(-間-)
어뜨무러차   어린아이나 무거운 물건을 들어올
    릴 때 내는 소리.
어렁목   도자기 가마에 적당하고 알맞게 때는
    불.
어레미논
어레미집
어려 보이다
어려운가 보다
어려운 가운데서도
어려운 거야
어려운 걸음 하다 [관]
어려운 듯하다
어려운 듯해 보이다
어려울 거야
어려울걸
어려울 걸세

646

어려울걸요
어려울 듯하다
어려울 듯해 보이다
어려울뿐더러
어려울 뿐 아니라
어려울수록
어려울 수밖에
어려울 테니
어려움 겪다
어려워 보이다
어려워져 가다
어려워질 거야
어려워할 거야
어려워할걸요
어련무던하다
어렴풋이나마
어렵게 돼 버리다
어렵게 되어 가다
어렵기도 하려니와
어렵기만 하다
어렵긴 해도
어렵다나 봐
어렵다 보면
어렵다 해서
어렵사리
어로 작업＝어로작업(漁撈作業)
어루꾀다
어루더듬다
어루러기지다 ＝얼룩지다.
어루만져 주다
어루쇠
어루화초담(-花草-)
어르고 등골 뺀다 [격]
어르고 뺨 치기 [격]
어르신네
어른값
어른 같아 보이다
어른 괄시는 해도 애들 괄시는 하지 말랬다(-
　　 愧視-愧視-) [격]
어른 노릇 하다
어른 대접 받다(-待接-)
어른도 한 그릇 아이도 한 그릇 [격]
어른 되다
어른 된 도리(-道理)
어른들끼리
어른 말을 들으면 자다가도 떡이 생긴다 [격]

어른벌레
어른 뺨치다 [관]
어른스러워 보이다
어른씨름
어른 아이 할 것 없이
어른 없는 데서 자라났다 [격]
어른 취급 하다(-取扱-)
어른티 나다
어름더듬하다
어름새
어리광 부리다
어리광쟁이
어리광 피우다
어리광하다
어리굴젓
어리눅다
어리눅어 보이다
어리대다
어리둥절해 보이다
어리둥절해하다
어리마리하다
어리바리하다
어리뱅어젓
어리보기
어리석기 짝이 없다
어리석어 보이다
어리석은 듯하다
어리석은 듯해 보이다
어리석은 자가 농사일을 한다(-者-農事-) [격]
어리석은 체하다
어리숭어리숭하다
어리장사
어리장사하다
어리장수
어리전(-廛)
어리젓
어리치다
어리친 개 새끼 하나 없다 [격]
어린것
어린기 보이다(-氣-)
어린나무
어린 나이
어린년
어린놈
어린누에
어린눈

어린둥이
어린모
어린 만큼
어린뿌리
어린순(-筍)
어린 시절(-時節)
어린싹
어린 아들
어린 아들 굿에 간 어미 기다리듯 [격]
어린아이
어린아이 가진 떡도 뺏어 먹겠다 [격]
어린아이 말도 귀담아들어라 [격]
어린아이 보지에 밥알 뜯어먹기 [격]
어린아이와 개는 괴는 데로 간다 [격]
어린아이 자지가 크면 얼마나 클까 [격]
어린아이 팔 꺾은 것 같다 [격]
어린애 매도 많이 맞으면 아프다 [격]
어린애 싸움이 어른 싸움 된다 [격]
어린애 입 잰 것 [격]
어린애 장난 같다
어린애 젖 조르듯 [격]
어린애 취급 하다(-取扱-)
어린애 친하면 코 묻은 밥 먹는다(-親-) [격]
어린양(-羊)
어린이극(-劇)
어린이날
어린이다워 보이다
어린이 장난 같다
어린이집
어린이 취급 하다(-取扱-)
어린이 헌장=어린이헌장(-憲章)
어린이회(-會)
어린잎
어린줄기
어린 중 젓국 먹이듯 [격]
어릴 때 굽은 길맛가지
어릴 적에
어림값
어림도 없다
어림 반 닷곱 없는 소리 한다(-半-) [격]
어림 반 푼 어치도 없다(-半-) [관]
어림생각
어림셈하다
어림수(-數)
어림없다
어림잡다

어림잡아 보다
어림재기
어림쟁이
어림짐작하다
어림치
어림치다
어림해 보다
어릿간(-間)
어릿광대
어릿광대 노릇
어릿광대짓
어릿광대춤
어릿보기
어릿보기눈
어마뜨거라
어마마마
어마어마해 보이다
어마지두에
어만두(魚饅頭)
어머니가 반중매쟁이가 되어야 딸을 살린다(-
    半中媒-) [격]
어머니가 의붓어머니면 친아버지도 의붓아버지
    가 된다(-親-) [격]
어머니 교실(-敎室)
어머니 다음에 형수(-兄嫂) [격]
어머니 배 속에서 배워 가지고 나오다 [격]
어머니뻘 되는 분
어머니 삼다
어머니상(-像)
어머니 역(-役)
어머니회(-會)
어머님 전 상서(-前上書)
어문 계열(語文系列)
어문 정책(語文政策)
어물어물 넘기다
어물어물해 오다
어물전 망신은 꼴뚜기가 시킨다(魚物塵亡身-)
    [격]
어물전 털어먹고 꼴뚜기 장사 한다(魚物塵-)
    [격]
어물쩍 넘어가다
어미 구실 못 하다
어미그루
어미나무
어미 노릇 못 하다
어미 닭

어미 돼지
어미 말
어미바늘
어미벌레
어미 본 아기 물 본 기러기 [격]
어미 소
어미 양(-羊)
어미 잃은 송아지
어미젖
어미 팔아 동무 산다 [격]
어미한테 한 말은 나고 소한테 한 말은 안 난다
　　[격]
어버이날
어복에 장사 지내다(魚腹-) [관]
어복장국(-醬-)
어복쟁반(-錚盤)
어복포 되다(魚腹脯-)
어부랭이　메뚜기, 잠자리 따위의 벌레나 곤충
　　이 짝을 지은 것.
어부바하다
어비딸
어비아들
어빡자빡하다
어사는 가어사가 더 무섭다(御使-假御使-) [격]
어사 덕분에 큰기침한다(御使德分-) [격]
어사리
어사출또(御使出-)
어산적(魚散炙)
어살막(魚-幕)
어살 지르다(魚-) [관]
어색하기 짝이 없다(語塞-)
어색하긴 해도(語塞-)
어색하리만큼(語塞-)
어색해 보이다(語塞-)
어색해져 가다(語塞-)
어서 가 봐라
어서어서
어서 와 봐
어석소
어석송아지
어석술　한쪽이 닳아진 숟가락.
어설퍼 보이다
어설프긴 해도
어설픈 약국이 사람 죽인다(-藥局-) [격]
어설피 굴지 마라
어섯눈

어수룩한 듯하다
어수룩한 체하다
어수룩해 보이다
어수선산란하다
어수선해 보이다
어수우물(御水-)
어스럭송아지　크기가 중간 정도 될 만큼 자란
　　큰 송아지.
어스름밤
어슨솔기
어슬녘
어슴새벽
어슷비슷할 거야
어슷비슷해 보이다
어슷시침
어슷썰기
어신찌(魚信-)
어쌔고비쌔다
어안 렌즈(魚眼lens)
어안이 막히다
어안이 벙벙하다
어알탕(-湯)
어야디야
어업 기술(漁業技術)
어업 협정=어업협정(漁業協定)
어여머리
어여뻐 보이다
어여쁠 거야
어여삐 여기다
어연간하다
어염족두리
어영부영해 보이다
어용 문학=어용문학(御用文學)
어용학자(御用學者)
어우러져 가다
어우렁그네
어우렁더우렁하다
어울러 하다
어울려 다니다
어울려 돌아다니다
어울려 지내다
어울릴 거야
어울릴걸
어울릴 걸세
어울릴걸요
어울릴게

어울릴게요
어울무덤
어원사전(語源辭典)
어유등잔(魚油燈盞)
어육김치(魚肉-)
어육 제품(魚肉製品)
어음 할인=어음할인(-割引)
어이구머니
어이구머니나
어이딸
어이딸이 두부 앗듯(-豆腐-) [격]
어이딸이 쌍절구질하듯(-雙-) [격]
어이며느리
어이새끼
어이아들
어이없어하다
어이자식(-子息)
어이하면 좋으냐
어장이 안되려면 해파리만 끓는다(漁場-) [격]
어저께 밤
어전 회의=어전회의(御前會議)
어절씨구
어정다리밟기
어정뜨기는 칠팔월 개구리(-七八月-) [격]
어정뱅이
어정어정 걷다
어정잡이
어정쩡해 보이다
어정칠월(-七月)
어제가 다르고 오늘이 다르다 [관]
어제가 옛날 [관]
어제 낮
어제 보던 손님 [격]
어제 아침
어제오늘
어제오늘의 일이 아니다
어제 오늘 할 것 없이 [관]
어제와 오늘이 다르다 [관]
어제 일 같다
어제저녁
어젯밤
어줍은 듯이
어중간해 보이다(於中間-)
어중이떠중이
어중치기
어지간하다

어지간해야 생원님하고 벗하지(-生員-) [격]
어지간히 해 두다
어지러뜨리다
어지러운 듯이
어지러울 만큼
어지러워 보이다
어지러트리다
어지럼병(-病)
어지럼증(-症)
어지빠르다
어지자지
어진혼(-魂)
어진혼 나가다(-魂-) [관]
어질러 놓다
어질병(-病)
어질병이 지랄병 된다(-病-病-) [격]
어질증(-症) =현기증.
어쨌든 간에(-間-)
어쩌고 어째
어쩌고저쩌고
어쩌고저쩌고하다
어쩌다가
어쩌다 보니
어쩌려고 그러니
어쩌지 못하다
어쩐 일
어쩔 거야
어쩔 수 없다는 듯이
어쩔 줄 모르다
어쩔 줄 몰라 하다
어쩔 테냐
어쭙잖다
어찌 됐건
어찌 된 거야
어찌 된 셈이냐
어찌 보면
어찌 생각해 보면
어찌어찌하여
어찌하는 수 없이
어찌할 바 모르고
어찌할 줄 모르고
어찌해 볼 도리 없다(-道理-)
어찌해야 하나
어처구니없다
어청어청 걸어 나오다
어청어청하다

650

어촌 마을(漁村-)
어촌 지역(漁村地域)
어촌 출신(漁村出身)
어포 안주(魚脯按酒)
어푸어푸하다
어피집(魚皮-) 상어 가죽으로 만든 안경집.
어하다
어학 공부(語學工夫)
어학 실력(語學實力)
어학연수(語學研修)
어항에 금붕어 놀듯(魚缸-金-) [격]
어해 주다
어허라달구야
어허야어허
어혈 풀다(瘀血-) [관]
어화둥둥
억누르지 못하다
억눌러 오다
억눌려 지내다
억대 부자(億臺富者)
억대 연봉(億臺年俸)
억류 생활(抑留生活)
억류해 두다(抑留-)
억만 가지(億萬-)
억만금을 줘도(億萬金-)
억만년(億萬年)
억만대(億萬代)
억만장자(億萬長者)
억매흥정(抑買-)
억매흥정(抑賣-)
억박적박하다
억보소리
억새에 손가락 베었다 [격]
억새반지기
억새밭
억새풀
억설쟁이(臆說-)
억세어 보이다
억세어져 가다
억센 듯하다
억셀 것 같다
억수장마
억압받아 오다(抑壓-)
억압 상태(抑壓狀態)
억압 수단(抑壓手段)
억압 안 하다(抑壓-)

억압 정치(抑壓政治)
억압해 오다(抑壓-)
억울한 듯하다(抑鬱-)
억울할 거야(抑鬱-)
억장이 무너지다(億丈-)
억제 정책(抑制政策)
억제해 오다(抑制-)
억조창생(億兆蒼生)
억죄어 오다
억지가 반 벌충이다(-半-) [격]
억지가 사촌보다 낫다(-四寸-) [격]
억지 고집(-固執)
억지공사(-公事)
억지꾼
억지 논리(-論理)
억지 눈물
억지다짐
억지떼
억지로 안 되다
억지로 절 받기 [격]
억지 부리다
억지 세다 [관]
억지 세우다 [관]
억지소리
억지 쓰다
억지웃음
억지 주장(-主張)
억지 춘향(-春香) [격]
억지투정
억지힘
억짓손
억척같다
억척꾸러기
억척보두
억척빼기
억척스러워 보이다
억척 주부(-主婦)
억천만겁(億千萬劫)
억천만 번(億千萬番)
억패듯
억하심정(抑何心情)
언감생심(焉敢生心)
언거번거하다
언걸먹다
언걸입다
언구럭 부리다

651

언구럭 피우다
언급 않다(言及-)
언급해 두다(言及-)
언급해 오다(言及-)
언니 구실
언니네 집
언니 노릇 하다
언니뻘 되다
언니 삼다
언니 집
언 다리에 빠진다 [격]
언덕길
언덕 너머
언덕땅
언덕 마루
언덕 밑
언덕바지
언덕밥
언덕빼기
언덕 위
언덕지다
언덕진 곳
언덕 쪽
언두부(-豆腐)
언 땅
언뜻 보기에
언뜻 생각해 보니
언뜻하면
언론 기관=언론기관(言論機關)
언막이(堰-)
언문일치(言文一致)
언문풍월에 염이 있으랴(諺文風月-簾-) [격]
언 발에 오줌 누기 [격]
언밸런스하다(unbalance-)
언성 높이다(言聲-)
언 소반 받들듯(-小盤-) [격]
언 손
언 손 불기 [격]
언 수탉 같다 [격]
언약한 대로(言約-)
언어 감각(言語感覺)
언어도단(言語道斷)
언어문화(言語文化)
언어생활(言語生活)
언어 순화(言語醇化)
언어 습득(言語習得)

언어 예절(言語禮節)
언어유희(言語遊戱)
언어 장벽(言語障壁)
언어 장애=언어장애(言語障碍)
언어폭력(言語暴力)
언월도상투(偃月刀-)
언월상투(偃月-)
언제 갈 거야
언제 그랬냐는 듯이
언제는 외조할미 콩죽으로 살았나(-外祖-粥-)
　　[격]
언제 들어도
언제 보아도
언제 쓰자는 하눌타리냐 [격]
언제 올 거야
언제 한번 보자(-番-)
언중유골(言中有骨)
언질 잡다(言質-)
언질 주다(言質-)
언짢아 보이다
언짢아하다
언청샌님
언청이 굴회 마시듯(-膾-) [격]
언청이도 저 잘난 맛에 산다 [격]
언청이 아가리에 콩가루 [격]
언청이 아가리에 토란 비어지듯(-土卵-) [격]
언청이 아니면 일색(--色) [격]
언청이 콩가루 쥐어 먹기 [격]
언청이 통소 대듯 [격]
언치 뜯는 말 [격]
언턱거리
언필칭 요순(言必稱堯舜) [격]
언행일치(言行一致)
얹어 놓다
얹어 두다
얹어 주다
얹은머리
얹혀살다
얹혀 지내다
얻기 쉬운 계집 버리기 쉽다 [격]
얻는 게 없다
얻는 대로
얻는 데 그치다
얻다가 두었는지
얻어 가다
얻어 가지고 가다

얻어걸리다
얻어 내다
얻어 드리다
얻어듣다
얻어들은 풍월(-風月) [관]
얻어맞을 뻔하다
얻어먹고 살다
얻어먹는 놈이 이밥 조밥 가리랴 [격]
얻어먹은 데서 빌어먹는다 [격]
얻어 먹이다
얻어먹지 못하는 제사에 갓망건 부순다(-祭
　祀-網巾-) [격]
얻어 쓰다
얻어 오다
얻어 온 쇄기 [격]
얻어 입다
얻어 주다
얻어 줄 거야
얻어 줄걸요
얻어 줄게
얻어 줄 테니
얻어 타고 가다
얻어터지다
얻으러 가다
얻으러 다니다
얻으러 오다
얻은 가래로 식전 보 막기(-食前洑-) [격]
얻은 것이 잠방이라 [격]
얻은 도끼나 잃은 도끼나 [격]
얻은 떡이 두레 반(-半) [격]
얻은 이 타령이냐 [격]
얻은잠방이
얻은 장 한 번 더 떠먹는다(-醬-) [격]
얻은 죽에 머리가 아프다(-粥-) [격]
얻을 듯하다
얻지 못하다
얼 가다
얼간구이
얼간망둥이
얼간쌈
얼간이 노릇 하다
얼간치　소금에 절인 생선.
얼갈이
얼갈이김치
얼갈이배추
얼갈이하다

얼개화꾼(-開化-)
얼거리 잡다 [관]
얼 거야
얼결
얼 걸세
얼걸요
얼 겁니다
얼겁이 들다 [관]
얼결수　얼떨결에 이루어진 수.
얼결에
얼굴 가죽이 두껍다 [관]
얼굴값
얼굴 깎이다
얼굴 내밀다
얼굴 들고 다닐 수 없다
얼굴 마담(-madame)
얼굴만 쳐다보다 [관]
얼굴 모습
얼굴 못 들다
얼굴바대기
얼굴 보기 힘들다
얼굴보다 코가 더 크다 [격]
얼굴 보아 가며 이름 짓는다 [격]
얼굴빛
얼굴 빛깔
얼굴빛을 바로잡다 [관]
얼굴빛이 붉으락푸르락하다 [관]
얼굴뼈
얼굴색(-色)
얼굴 생김새
얼굴선(-線)
얼굴에 그늘이 지다 [관]
얼굴에 모닥불을 담아 붓듯 [격]
얼굴에 외꽃이 피다 [관]
얼굴에 철판을 깔다(-鐵板-) [관]
얼굴을 고치다 [관]
얼굴을 깎다 [관]
얼굴을 내밀다 [관]
얼굴을 더럽히다 [관]
얼굴을 들다 [관]
얼굴을 보다 [관]
얼굴이 꽹과리 같다 [격]
얼굴이 두껍다 [관]
얼굴이 뜨겁다 [관]
얼굴이 뜨뜻하다 [관]
얼굴이 반쪽이 되다(-半-) [관]

얼굴이 선지 방구리가 되다 [관]
얼굴이 요패라(-腰牌-) [격]
얼굴이 피다 [관]
얼굴이 홍당무가 되다 [관]
얼굴이 화끈하다 [관]
얼굴이 홧홧거리다 [관]
얼굴장사   알음알이를 바탕으로 하는 장사.
얼굴짝
얼굴판
얼굴 표정(-表情)
얼근해져 가다
얼금뱅이
얼금숨숨하다
얼기설기 수양딸 맏며느리 삼는다(-收養-) [격]
얼기설기 얽다
얼김에 얼 나가다
얼넘기다
얼넘어가다
얼녹다
얼녹은 길
얼녹이다
얼더듬다
얼동생(蘖-)
얼 들다
얼떨결에
얼뚱아기
얼뜨기 같은
얼뜬 봉변이다(-逢變-) [격]
얼락녹을락하다
얼락배락하다
얼러기 강아지
얼러꿍덜러꿍하다
얼러맞추다
얼러먹다
얼러방치다
얼러붙다
얼러치다
얼러 키운 후레자식(-子息) [격]
얼럭광대
얼럭말
얼럭소
얼럭집
얼렁가래
얼렁뚱땅하다
얼렁쇠
얼렁수 쓰다

얼렁장사
얼렁질하다
얼레빗
얼레살풀다
얼레짓가루
얼루기 강아지
얼룩무늬
얼룩 반점(-斑點)
얼룩빼기
얼룩소
얼룩송아지
얼룩점(-點)
얼마간(-間)
얼마나 놀랐던지 몰라
얼마 동안
얼마 뒤
얼마르다
얼마른 북어(-北魚)
얼마 만에
얼마 만이냐
얼마만큼
얼마만 한 것이냐
얼마 못 가다
얼마 상관 아니다(-相關-) [관]
얼마 안 가서
얼마 안 남다
얼마 안 돼
얼마 안 될 거야
얼마 안 들다
얼마 안 있다가
얼마 안 하다
얼마 전 일(-前-)
얼마 지나지 않아
얼마짜리냐?
얼마쯤
얼마큼
얼마 후
얼 먹다
얼미닫이
얼바람
얼바람둥이
얼바람 맞다 [관]
얼방둥이
얼버무려 두다
얼버무려 먹다
얼벙어리

얼보다
얼부풀다
얼비추다
얼비치다
얼빠지다
얼빠진 듯하다
얼뺨
얼삼촌(孼三寸)
얼승낙(-承諾)
얼싸둥둥
얼싸매다
얼싸서 부둥켜안다
얼싸안다
얼싸절싸하다
얼싸쥐다
얼씨구나절씨구나
얼씨구나 좋다
얼씨구절씨구 지화자 좋다
얼씬도 못 하다
얼씬 안 하다
얼씬없다
얼어 가다
얼어들다
얼어 버리다
얼어붙다
얼어 죽고 데어 죽는다 [격]
얼어 죽은 귀신이 홑이불이 당한 거냐(-鬼神-)
　　[격]
얼어 죽을 [관]
얼어 터지다
얼없다
얼었나 보다
얼었다 녹았다 하다
얼었을 거야
얼요기(-療飢)
얼을 먹다 [관]
얼을 빼다 [관]
얼을 뽑다 [관]
얼음 가게
얼음 같은
얼음같이
얼음걷기
얼음과자(-菓子)
얼음길
얼음끌
얼음낚시

얼음냉수(-冷水)
얼음덩이
얼음도끼
얼음무늬
얼음물
얼음 바다
얼음벽(-壁)
얼음비
얼음사탕(-沙糖)
얼음산(-山)
얼음송곳
얼음싸라기
얼음 얼다
얼음에 박 밀듯 [격]
얼음에 자빠진 쇠 눈깔 [격]
얼음엿
얼음장 같은
얼음장같이
얼음 조각
얼음조기
얼음주머니
얼음지치기
얼음 지치다
얼음집
얼음찜
얼음찜질
얼음차(-茶)
얼음판
얼음판에 넘어진 황소 눈깔 같다 [격]
얼음편자
얼이 나가다 [관]
얼이 치다 [관]
얼입다
얼젓국지
얼조개젓
얼조리다
얼차려
얼추 다 되다
얼추잡다
얼추탕(孼鰍湯)
얼크러진 그물이요 쏟아 놓은 쌀이다 [격]
얼키설키하다
얼토당토아니하다
얼토당토않다
얼통량(-統涼)
얼핏 듣기에

얼핏 보면
얼혼 나다(-魂-)
얼혼 빠지다(-魂-)
얽거든 검지나 말지 [격]
얽동이다
얽둑빼기
얽매그물
얽매여 살다
얽보
얽빼기
얽석이다
얽어내다
얽어도 유자(-柚子) [격]
얽어매 놓다
얽어매 주다
얽어 짜다
얽은 구멍에 슬기 든다 [격]
얽이치다
얽적빼기
얽혀 가다
얽혀 돌아가다
얽히고설키다
엄격해 보이다(嚴格-)
엄격해져 가다(嚴格-)
엄대 긋다 [관]
엄대질하다
엄두가 안 나다
엄두도 못 내다
엄마 노릇 못 하다
엄마 닮다
엄마 돼지
엄마 된 도리(-道理)
엄마 사랑 못 받다
엄마 생각
엄마 소
엄마 젖
엄마 품
엄발나다
엄범부렁하다
엄벙덤벙하다 물에 빠졌다 [격]
엄벙뗑
엄벙통
엄벙판
엄부럭 떨다
엄부럭 부리다
엄부럭 피우다

엄부자모(嚴父慈母)
엄부형(嚴父兄)
엄분부(嚴吩咐)
엄살궂다
엄살꾸러기
엄살떨다
엄살 부리다
엄살쟁이
엄살 피우다
엄살풀 =미모사.
엄선해 두다(嚴選-)
엄성노인(奄成老人)
엄수해 오다(嚴守-)
엄숙주의(嚴肅主義)
엄숙해 보이다(嚴肅-)
엄습해 오다(掩襲-)
엄정중립(嚴正中立)
엄중 경고(嚴重警告)
엄지가락
엄지기둥
엄지머리
엄지머리총각(-總角)
엄지발
엄지발가락
엄지발톱
엄지벌레 =자란벌레.
엄지손
엄지손가락
엄지손가락으로 치다 [관]
엄지손톱
엄지장지(-長指)
엄지총
엄짚신
엄처시하(嚴妻侍下)
엄천득이 가게 벌이듯(嚴千得-) [격]
엄청나다
엄청 비싸다
엄청 크다
엄친시하(嚴親侍下)
엄펑소니 의뭉스럽게 남을 속이거나 곯리는
     짓. 또는 그런 솜씨.
엄포 놓다 [관]
엄해 보이다(嚴-)
엄해져 가다(嚴-)
엄호 사격=엄호사격(掩護射擊)
업간체조(業間體操)

656

업계 대표(業界代表)
업고 가다
업고 나오다
업고 다니다
업고 들다 [관]
업고 오다
업고 와 보아라
업구렁이
업두꺼비
업무 감사=업무감사(業務監査)
업무 계획(業務計劃)
업무 내용(業務內容)
업무 방해=업무방해(業務妨害)
업무 보고(業務報告)
업무 시간(業務時間)
업무 연락(業務連絡)
업무 일지(業務日誌)
업무 지시(業務指示)
업무 처리(業務處理)
업무 파악(業務把握)
업무 협의(業務協議)
업신여기다
업신여기던 딸이 떡함지 이고 온다 [격]
업신여김
업신여김당하다(-當-)
업어 가도 모르다 [관]
업어다 난장 맞힌다(-亂杖-) [격]
업어다 놓다
업어다 주다
업어 달라고 하다
업어 달라다
업어라도 주고 싶다 [관]
업어 오다
업어 온 중[격]
업어 주다
업어 줘 버릇하다
업으나 지나[격]
업은 아기 말도 귀담아들으랬다 [격]
업은 아이 삼 년 찾는다(-三年-) [격]
업은 아이 삼이웃 찾는다(-三-) [격]
업은 자식에게 배운다(-子息-) [격]
업음질하다
업자마자 잠들다
업저지 어린아이를 업어 주며 돌보는 여자 하
　　인.
업자 편(業者便)

업저지 등에 업히다
업적 평가(業績評價)
업족제비
업족제비가 비행기를 탔다(-飛行機-) [격]
업종별로(業種別-)
업진편육(-片肉)
업체 선정(業體選定)
업혀 가는 돼지 눈 [격]
업혀 가다
업혀 다니다
업혀 보내다
업혀 오다
없게 되다
없고말고
없나 보다
없느니만 못하다
없는가 보다
없는 거로군
없는걸
없는 것만 못하다
없는 것이 없다 [관]
없는 게 낫다
없는 고로(-故-)
없는 꼬리를 흔들까 [격]
없는 놈이 비단이 한 때라(-緋緞-) [격]
없는 놈이 있는 체 못난 놈이 잘난 체 [격]
없는 놈이 자 두 치 떡 즐겨한다 [격]
없는 놈이 찬밥 더운밥을 가리랴 [격]
없는 대로
없는 데다가
없는 동안
없는 듯싶다
없는 듯하다
없는 듯해 보이다
없는 셈 치다
없는 손자 환갑 닥치겠다(-孫子還甲-) [격]
없는 척하다
없는 체하다
없다 보니
없다손 치더라도
없다시피 하다
없다 해도
없든 있든 간에(-間-)
없애 가다
없애 놓다
없애 달라고 하다

657

없애 달라다
없애려 들다
없애 버리다
없애 보려 하다
없애 주다
없어 보이다
없어서라기보다
없어서 비단 치마(-緋緞-) [격]
없어 일곱 버릇 있어 마흔여덟 버릇 [격]
없어져 가다
없어져 버리다
없어진 듯하다
없어진 지 오래되다
없어진 채
없어질 거야
없어질걸
없어질 걸세
없어질걸요
없어질까 봐
없어 하다   자신이 없어 하다.
없었기에 망정이지
없었나 보다
없었을 거야
없었을걸
없었을 걸세
없었을걸요
없었을 테니
없으면 제 아비 제사도 못 지낸다(-祭祀-) [격]
없을 거야
없을걸
없을 걸세
없을걸요
없을는지도 모른다
없을 듯하다
없을 만큼
없을뿐더러
없을 뿐만 아니라
없을 성싶다
없을 텐데
없이 살다
없이 지내다
없이하다
없지 않다
엇갈려 놓이다
엇갈이짓기
엇구수하다

엇그루
엇기대어 서서
엇길로 가다
엇깎지 말고
엇꺾쇠
엇나가다
엇논   물이 어중되고 모자란 논.
엇놀리다
엇누비다
엇눕다
엇눕히다
엇달래다
엇답(-畓)   =엇논.
엇대어 박다
엇돌다
엇되어 보이다
엇디디다
엇뜨다
엇매끼다
엇먹다
엇메다
엇바꾸다
엇바뀌다
엇박다
엇베다
엇부딪치다
엇부루기   아직 큰 소가 되지 못한 수송아지.
엇붙다
엇붙이다
엇비끼다
엇비뚜름하다
엇비스듬하다
엇비슷하다
엇비치다
엇빗내기
엇살창(-窓)
엇서고 싶지 않다
엇섞어 놓다
엇셈
엇송아지   아직 다 자라지 못한 송아지.
엇시침
엇잡다
엇지르다
엇차다
엉거벌리다
엉거주춤 서서

엉겁결에
엉겅퀴나물
엉겨들다
엉겨 붙다
엉그름지다
엉금썰썰 기다
엉기성기하다
엉기정기
엉김값
엉너리 치다
엉너릿손
엉덩머리
엉덩받이
엉덩방아
엉덩배지기
엉덩이가 구리다 [관]
엉덩이가 근질근질하다 [관]
엉덩이가 무겁다 [관]
엉덩이가 질기다 [관]
엉덩이끈
엉덩이를 붙이다 [관]
엉덩이로 밤송이를 까라면 깠지 [격]
엉덩이뼈
엉덩이에 뿔이 났다 [격]
엉덩이춤
엉덩잇바람
엉덩잇짓
엉덩짝
엉덩춤
엉덩판
엉두덜엉두덜하다
엉뚱한 데 가 있다
엉뚱해 보이다
엉망 되다
엉망진창 되다
엉망진창이 돼 버리다
엉버티고 서서
엉벌리다
엉성드뭇하다
엉성해 보이다
엉세판   매우 가난하고 궁한 판.
엉야벙야하다
엉얼엉얼하다
엉이야벙이야
엉정벙정하다
엉치등뼈

엉켜 버리다
엉클어뜨리다
엉클어지다
엉클어트리다
엉큼대왕(-大王)
엉큼해 보이다
엉터리 같은
엉터리같이
엉터리없다
엉터리없이 빛나가 버리다
엊그저께
엊그제
엊빠르다
엊저녁
엎누르다
엎더져 가는 놈 꼭뒤 찬다 [격]
엎더지며 곱더지며 [관]
엎드러지며 곱드러지다 [관]
엎드러지면 코 닿을 데 [격]
엎드려뻗쳐
엎드려뻗치다
엎드려쏴
엎드려 절받기 [격]
엎드린 채
엎어 놓다
엎어누르다
엎어말다
엎어말이
엎어먹다
엎어삶다
엎어져도 코가 깨지고 자빠져도 코가 깨진다
   [격]
엎어지면 궁둥이요 자빠지면 불알뿐이다 [격]
엎어지면 코 닿을 데 [격]
엎어진 김에 쉬어 간다 [격]
엎어진 놈 꼭뒤 차기 [격]
엎어진 둥지에는 성한 알이 없다 [격]
엎어질 듯하다
엎자치
엎지른 물
엎질러 놓다
엎질러 버리다
엎질러지다
엎쳐뵈다
엎치고 덮치다 [관]
엎치나 덮치나 [관]

659

엎치락덮치락
엎치락뒤치락
엎치락잦히락
엎친 데 덮치다 [관]
에게 해(Aegean 海)
에구데구
에구부러지다
에구에구
에나멜가죽(enamel-)
에너르다
에너른 밭골이라
에너지 소비(energy 消費)
에너지 절감(energy 節減)
에넘느레하다
에누리해 주다
에누릿속
에는 듯하다
에덴동산(Eden 東山)
에돌아가다
에돌아 흐르다
에둘러 싸다
에둘러치다
에뜨거라
에멜무지로
에밀레종(-鐘)
에어백(air bag)
에움길
에워가다
에워싸다
에워싸이다
에 해 다르고 애 해 다르다 [격]
엑 하면 떽 한다
엔간찮다
엔간히 잔 듯하다
엔구부정하다
엔구비치다
엔담   사방으로 빙 둘러쌓은 담.
엔담짜기
엔진 소리(engine-)
엘 듯하다
여가 생활(餘暇生活)
여가 활동(餘暇活動)
여각이 망하려니 나귀만 든다(旅閣-亡-) [격]
여간내기(如干-)
여간만(如干-)
여간 아니다(如干-) [관]

여간해서는(如干-)
여간행장(旅間行裝)
여객 열차=여객열차(旅客列車)
여겨듣다
여겨보다
여겨 오다
여겨져 오다
여고 동창(女高同窓)
여고 시절(女高時節)
여과 안 되다(濾過-)
여관발이(旅館-)
여관집(旅館-)
여권 갱신(旅券更新)
여권 사진(旅券寫眞)
여권 위조(旅券僞造)
여기저기
여뀌누룩
여남은 명(-名)
여남은밖에 안 모이다
여남은째
여남째
여년묵다(-年-)
여녑살
여느 날
여느 때
여느 때 없다 [관]
여느 집
여느 해 같으면
여닫이문(-門)
여닫이창(-窓)
여당 대표(與黨代表)
여당 의원(與黨議員)
여당 후보(與黨候補)
여덟달반(-半)
여덟 명(-名)
여덟모
여덟무날
여덟 살
여덟아홉
여덟째
여덟팔자걸음(-八字-)
여덟팔자수염(-八字鬚髥)
여동밥   중이 밥을 먹기 전에 귀신에게 주려고
         한 술 떠 놓는 밥.
여드레 동안
여드레 병풍 친다(-屛風-)

여드레 삶은 호박에 도래송곳 안 들어갈 말이
　　다 [격]
여드레 팔십 리(-八十里) [격]
여드렛날
여드름 나다
여드름 자국
여드름쟁이
여든넷
여든다섯 살
여든대다
여든둘
여든 살이라도 마음은 어린애라 [격]
여든셋
여든아홉
여든에 낳은 아들인가 [격]
여든에 둥둥이 [격]
여든에 이가 나나 [격]
여든에 이 앓는 소리 [격]
여든에 죽어도 구들 동티에 죽었다지 [격]
여든에 첫 아이 비치듯 [격]
여든여덟
여든여섯
여든일곱
여든하나
여들없다
여러 가지
여러 곳
여러 군데
여러그루짓기
여러 날
여러 말 할 것 없이
여러모꼴
여러모로
여러 번(-番)
여러 소리 마라
여러 차례(-次例)
여러 해 동안
여러 해 만에
여러해살이
여러해살이풀
여럿의 말이 쇠도 녹인다 [격]
여럿이 가는 데 섞이면 병든 다리도 끌려간다
　　(-病-) [격]
여려 보이다
여론 몰이(輿論-)
여론 수렴(輿論收斂)

여론 조사=여론조사(輿論調査)
여론 형성(輿論形成)
여류 문학(女流文學)
여류 시인(女流詩人)
여름귤정과(-橘正果)
여름 기운 돌다
여름 나다
여름 난 중의로군(-中衣-) [격]
여름날
여름 날씨
여름낳이
여름내
여름 내내
여름냉면(-冷麵)
여름누에
여름눈
여름 동안
여름밀감(-蜜柑)
여름밀감정과(-蜜柑正果)
여름 바다
여름밤
여름 방학=여름방학(-放學)
여름 불도 쬐다 나면 섭섭하다 [격]
여름 비
여름 비는 잠 비 가을 비는 떡 비 [격]
여름빛
여름살이
여름 상품(-商品)
여름새
여름 세일(-sale)
여름에 먹자고 얼음 뜨기 [격]
여름에 하루 놀면 겨울에 열흘 굶는다 [격]
여름옷
여름일
여름작물(-作物)
여름잠
여름철
여름 철새
여름 타다
여름털
여름풀
여름 하늘에 소낙비 [격]
여름학교(-學校)
여름 학기(-學期)
여름 호(-號)
여름휴가(-休暇)

661

여릉귀잡히다
여리꾼
여린말
여림뼈
여린줄기
여립켜다
여메기지짐이
여며 주다
여물간(-間)
여물 거야
여물걸
여물 걸세
여물걸요
여물 많이 먹은 소 똥 눌 때 알아본다 [격]
여물바가지
여물박
여물 쑤다
여물 안 먹고 잘 걷는 말 [격]
여물어 가다
여물죽(-粥)
여물통(-桶)
여벌 옷(餘-)
여보세요
여보시게
여보시오
여보십시오
여보아라
여복이 바늘귀를 꿴다(女卜-) [격]
여복이 아이 낳아 더듬듯(女卜-) [격]
여봅시오
여봐라
여봐란듯이
여봐요
여부없다(與否-)
여북하면
여북하면 눈이 머나 [격]
여사풍경(餘事風景)
여산의 진면목(廬山-眞面目) [관]
여산 중놈 쓸 것(廬山-) [격]
여산 칠십 리나 들어갔다(廬山七十里-) [격]
여산 풍경에 헌 쪽박이라(廬山風景-) [격]
여생 동안(餘生-)
여섯꽃잎
여섯무날
여섯발고누
여섯 번째(-番-)

여섯 살 난 아이
여섯 살짜리
여섯잎꽃
여섯줄고누
여섯째
여섯째 딸
여섯 해
여성 단체(女性團體)
여성 운동＝여성운동(女性運動)
여성 인력(女性人力)
여성 전용(女性專用)
여성지다(女性-)
여성 차별(女性差別)
여소 야대(與小野大)
여스님(女-)
여식 아이(女息-)
여식 애(女息-)
여식이 나거든 웅천으로 보내라(女息-熊川-)
    [격]
여야 공조(與野共助)
여야 대립(與野對立)
여야 할 것 없이(與野-)
여야 합의(與野合意)
여염마을(閭閻-)
여염집(閭閻-)
여왕개미(女王-)
여우가 죽으니까 토끼가 슬퍼한다 [격]
여우 굴(-窟)
여우꼬리비
여우 뒤웅박 쓰고 삼밭에 든 것(-蔘-) [격]
여우를 피해서 호랑이를 만났다 [격]
여우볕
여우볕에 콩 볶아 먹는다 [격]
여우비
여울꼬리
여울놀이
여울돌
여울로 소금 섬을 끌래도 끌지 [격]
여울머리
여울져 가다
여위어 가다
여위어 보이다
여윈 강아지 똥 탐한다(-貪-) [격]
여윈 당나귀 귀 베고 무엇 베면 남을 것이 없다
    [격]
여윈열매

662

여윈잠

여유 공간(餘裕空間)

여유 만만해 보이다(餘裕滿滿-)

여유 부리다(餘裕-)

여유 시간(餘裕時間)

여유 없어 보이다(餘裕-)

여유 자금(餘裕資金)

여윳돈(餘裕-)

여의보주를 얻은 듯(如意寶珠-) [격]

여의주를 얻은 듯(如意珠-) [격]

여의찮아 보이다(如意-)

여인네(女人-)

여인네 셋 앉으면 하나는 저 저 하다 만다(女
人-) [격]

여인은 돌면 버리고 가구는 빌리면 깨진다(女
人-家具-) [격]

여인 천하(女人天下)

여자가 셋이면 나무 접시가 들논다(女子-) [격]

여자가 한을 품으면 오뉴월에도 서리가 내린다
(女子-恨-五六月-) [격]

여자관계(女子關係)

여자구실(女子-)

여자는 높이 놀고 낮이 논다(女子-)[격]

여자는 사흘을 안 때리면 여우가 된다(女子-)
[격]

여자는 익은 음식 같다(女子-飮食-) [격]

여자는 제 고을 장날을 몰라야 팔자가 좋다(女
子-場-八字-) [격]

여자다워 보이다(女子-)

여자 대학=여자대학(女子大學)

여자 동생(女子-)

여자 마음(女子-)

여자 문제(女子問題)

여자 배우(女子俳優)

여자 셋이 모이면 새 접시를 뒤집어 놓는다(女
子-) [격]

여자 손님(女子-)

여자 아이(女子-)

여자 애(女子-)

여자 어린이(女子-)

여자 열이 모이면 쇠도 녹인다(女子-) [격]

여자의 악담에는 오뉴월에도 서리가 온다(女
子-惡談-五六月-) [격]

여자 일(女子-)

여자 친구(女子親舊)

여장미남(女裝美男)

여전해 보이다(如前-)

여종(女-) 여자인 종.

여주인공(女主人公)

여줄가리

여지없다(餘地-)

여쭈어 보다

여쭤 보다

여차하면(如此-)

여청(女-) 여자의 목청.

여태껏

여태 안 가다

여투어 두다

여편네(女便-)

여편네 아니 걸린 살인 없다(女便-殺人-) [격]

여편네 팔자는 뒤웅박 팔자라(女便-八字-八
字-) [격]

여편네 활수하면 벌어들여도 시루에 물 붓기(女
便-滑手-) [격]

여포 창날 같다(呂布槍-) [격]

여하간(如何間)

여하튼(如何-)

여하튼지(如何-)

여한 없다(餘恨-)

여행 가다(旅行-)

여행 가방(旅行-)

여행 갔다 오다(旅行-)

여행 경비(旅行經費)

여행길(旅行-)

여행 다녀오다(旅行-)

여행 떠나다(旅行-)

여행 비용(旅行費用)

여행안내(旅行案內)

여행 일정(旅行日程)

여행 정보(旅行情報)

여행증명(旅行證明)

여형제(女兄弟)

여혼잔치(女婚-) 딸을 시집보낼 때 베푸는 잔
치.

역겨운 듯하다

역겨워하다

역결(逆-) 거꾸로 된 나뭇결.

역결과(逆結果)

역 광장(驛廣場)

역구내(驛區內)

역귀성(逆歸省)

역놈(驛-)

역도 선수(力道選手)
역돌연변이(逆突然變異)
역마도 갈아타면 좋다(驛馬-) [격]
역마살 끼다(驛馬煞-)
역마을(驛-)
역말도 갈아타면 낫다(驛-) [격]
역모 사건(逆謀事件)
역빠르다
역사박물관(歷史博物館)
역사 소설=역사소설(歷史小說)
역사 왜곡(歷史歪曲)
역사의식(歷史意識)
역사 인식(歷史認識)
역사 탐방(歷史探訪)
역사터(役事-)
역설해 오다(力說-)
역성들다
역성쟁이
역세모꼴(逆-)
역적 대가리 같다(逆賊-) [격]
역적의 기물(逆賊-器物) [격]
역적질(逆賊-)
역전 광장(驛前廣場)
역전되어 가다(逆轉-)
역전 우승(逆轉優勝)
역전 현상(逆轉現象)
역점 사업(力點事業)
역정 나다(逆情-)
역정 내다(逆情-)
역정 부리다(逆情-)
역정풀이(逆情-)
역질 흑함 되듯 한다(疫疾黑陷-) [격]
역학 관계(力學關係)
역학 조사=역학조사(疫學調査)
역할 못 하다(役割-)
역할 분담(役割分擔)
엮어 가다
엮어 놓다
엮어 두다
엮어 보다
엮어 주다
엮은이
엮음새
-연(延) (접사) 연건평, 연인원.
-연(然) (접사) 학자연, 대가연.
연간 소득(年間所得)

연간 수익(年間收益)
연감(軟-) 물렁물렁하게 잘 익은 감.
연갑내기(年甲-)
연갑살(年甲-)
연건평(延建坪)
연 걸리듯 하다(鳶-)
연결 고리(連結-)
연결 짓다(連結-)
연결 통로(連結通路)
연결해 주다(連結-)
연계 버스=연계버스(連繫bus)
연고무판(軟-板)
연공서열(年功序列)
연관 관계(聯關關係)
연관 지어 보다(聯關-)
연구 개발(研究開發)
연구 결과(研究結果)
연구 과제(研究課題)
연구 기관(研究機關)
연구 단지(研究團地)
연구 수업=연구수업(研究授業)
연구 실적(研究實績)
연구 용역(研究用役)
연구 인력(研究人力)
연구 자료(研究資料)
연구해 볼 만하다(研究-)
연구해 오다(研究-)
연구 활동(研究活動)
연극 공연(演劇公演)
연극 무대(演劇舞臺)
연극배우(演劇俳優)
연극 보러 가다(演劇-)
연극쟁이(演劇-)
연근저냐(蓮根-)
연근정과(蓮根正果)
연금 상태(軟禁狀態)
연금 생활(軟禁生活)
연기구름(煙氣-)
연기 나다(煙氣-)
연기 냄새(煙氣-)
연기 마신 고양이(煙氣-)
연기받이(煙氣-)
연기 생활(演技生活)
연기 안 나다(煙氣-)
연기찜(煙氣-)
연기 피우다(煙氣-)

연기해 놓다(延期-)
연기해 주다(延期-)
연기 활동(演技活動)
연꽃끌(蓮-)
연꽃누룩(蓮-)
연꽃등(蓮-燈)
연꽃무늬(蓮-)
연꽃새김(蓮-)
연꽃잎(蓮-)
연꽃진달래(蓮-)
연날리기(鳶-)
연년생(年年生)
연노랗다(軟-)
연놈
연누른빛(軟-)
연달(鳶-)
연당초무늬(蓮唐草-)
연대 미상(年代未詳)
연대 보증=연대보증(連帶保證)
연대순(年代順)
연대 의식(連帶意識)
연대 파업(連帶罷業)
연두 교서=연두교서(年頭敎書)
연두 순시(年頭巡視)
연두저고리(軟豆-)
연두 회견(年頭會見)
연둣빛(軟豆-)
연득없다
연들다(軟-)
연등달(燃燈-)
연때 맞다(緣-)
연때 안 맞다(緣-)
연락 닿다(連絡-)
연락 두절(連絡杜絶)
연락 못 받다(連絡-)
연락 안 닿다(連絡-)
연락 안 되다(連絡-)
연락 안 해 주다(連絡-)
연락 오다(連絡-)
연락 장소(連絡場所)
연락 전화(連絡電話)
연락해 주다(連絡-)
연령 미달(年齡未達)
연령 제한(年齡制限)
연령 초과(年齡超過)
연례행사(年例行事)

연로한 듯하다(年老-)
연로해 보이다(年老-)
연료 공급(燃料供給)
연루된 듯하다(連累-)
연루 의혹(連累疑惑)
연립 내각=연립내각(聯立內閣)
연립 정부=연립정부(聯立政府)
연립 주택=연립주택(聯立住宅)
연마해 오다(研磨-)
연막 소독(煙幕消毒)
연막작전(煙幕作戰)
연막전술(煙幕戰術)
연막 치다(煙幕-) [관]
연말 결산(年末決算)
연말 선물(年末膳物)
연말연시(年末年始)
연말 정산=연말정산(年末精算)
연메꾼(輦-) 임금이 타는 가마인, 연을 메는 사
  람.
연면적(延面積)
연명해 가다(延命-)
연명해 오다(延命-)
연목재(軟木材)
연목편수(椽木-)
연못가에(蓮-)
연못 골 나막신을 신긴다(蓮-) [격]
연바람(鳶-)
연발해 오다(連發-)
연밤색(軟-色)
연밥(蓮-) 연꽃의 열매.
연밥 먹이다(蓮-) [관]
연밥돌쩌귀(蓮-)
연밥심(蓮-)
연밥장아찌(蓮-)
연밥죽(蓮-粥)
연방연방
연보라색(軟-色)
연보랏빛(軟-)
연봇돈(捐補-)
연봉무지기(蓮-)
연분 맺다(緣分-)
연분홍빛(軟粉紅-)
연분홍색(軟粉紅色)
연붉다(軟-)
연붉은빛(軟-)
연붉은색(軟-色)

연뿌리(蓮-)
연뿌리죽(蓮-粥)
연삭숫돌(研削-)
연상시켜 주다(聯想-)
연상해 보다(聯想-)
연색(鳶色)　약간 검은빛을 띤 갈색.
연석회의(連席會議)
연설 못하다(演說-)
연설쟁이(演說-)
연설조로 말하다(演說調-)
연세 높은 분(年歲-)
연세 드신 분(年歲-)
연소해 버리다(燃燒-)
연속 동작(連續動作)
연속무늬(連續-)
연속 상영(連續上映)
연쇄 반응＝연쇄반응(連鎖反應)
연쇄 사고(連鎖事故)
연쇄 폭발(連鎖爆發)
연수 기간(研修期間)
연수 못 받다(研修-)
연수 보내다(研修-)
연수 안 받다(研修-)
연습 경기(練習競技)
연습 못 하다(練習-)
연습 문제(練習問題)
연습 삼아(練習-)
연습 시간(練習時間)
연습 안 하다(練習-)
연습한 대로(練習-)
연습해 오다(練習-)
연습 효과＝연습효과(練習效果)
연시감(軟柿-)
연실(鳶-)
연실갓끈(蓮實-)
연실돌쩌귀(蓮實-)
연싸움(鳶-)
연안 부두(沿岸埠頭)
연애 감정(戀愛感情)
연애결혼(戀愛結婚)
연애 못 해 보다(戀愛-)
연애 반 중매 반(戀愛半中媒半)
연애 소설＝연애소설(戀愛小說)
연애순례(戀愛巡禮)
연애쟁이(戀愛-)
연애질(戀愛-)

연애편지(戀愛便紙)
연애해 오다(戀愛-)
연약밥(軟藥-)　보들보들하고 맛이 좋은 약밥.
연약해 보이다(軟弱-)
연어두부(鰱魚豆腐)
연어사리(鰱魚-)
연어알젓(鰱魚-)
연어알찌개(鰱魚-)
연어저냐(鰱魚-)
연엽대접(蓮葉-)
연엽바리때(蓮葉-)
연엽살
연엽자반(蓮葉-)
연엽적(葉炙)
연엽주발(蓮葉周鉢)
연옥빛(軟玉-)
연옥색(軟玉色)
연월일(年月日)
연월일시(年月日時)
연음 현상(連音現象)
연인 관계(戀人關係)
연인원(延人員)
연일연시(連日連時)
연임해 오다(連任-)
연잎(蓮-)
연잎술(蓮-)
연잎쌈(蓮-)
연자매를 가는 당나귀(研子--唐-) [격]
연자매질(研子-)
연자맷간(研子--間)
연자방아(研子-)
연자방앗간(研子--間)
연자주색(軟紫朱色)
연자줏빛(軟紫朱-)
연자질(研子--)
연장궤(-櫃)
연장 근무(延長勤務)
연장되어 오다(延長-)
연장시켜 주다(延長-)
연장 운행(延長運行)
연장주머니
연장해 주다(延長-)
연잦다(連-)
연재만화(連載漫畫)
연재소설(連載小說)
연재해 오다(連載-)

666

연적젖(硯滴-)
연전길(揀箭-)
연전띠(揀箭-)
연전띠내기(揀箭-)
연전연승(連戰連勝)
연전연패(連戰連敗)
연좌구들
연좌 농성(連坐籠城)
연좌데모(連坐demo)
연좌시위(連坐示威)
연주곡목(演奏曲目)
연주창 앓는 놈의 갓끈을 핥겠다(連珠瘡-) [격]
연주해 보다(演奏-)
연줄연줄(緣-緣-)
연줄혼인(緣-婚姻)
연중 기획(年中企劃)
연중무휴(年中無休)
연중행사(年中行事)
연지먹(臙脂-)
연지 찍다(臙脂-)
연질고무(軟質-)
연차 총회(年次總會)
연차 휴가＝연차휴가(年次休暇)
연착될 듯하다(延着-)
연청빛(軟靑-)
연청색(軟靑色)
연체 대금(延滯代金)
연체동물(軟體動物)
연체 요금(延滯料金)
연체 이자＝연체이자(延滯利子)
연체해 오다(延滯-)
연초록빛(軟草綠-)
연초록색(軟草綠色)
연출해 오다(演出-)
연촛대
연탄 가게(煉炭-)
연탄가스(煉炭gas)
연탄구멍(煉炭-)
연탄난로(煉炭煖爐)
연탄보일러(煉炭boiler)
연탄불(煉炭-)
연탄아궁이(煉炭-)
연탄장수(煉炭-)
연탄재(煉炭-)
연탄집게(煉炭-)
연파만리(煙波萬里)

연판장 돌리다(連判狀-)
연평균(年平均)
연폿국(軟泡-)
연푸르다(軟-)
연푸른빛(軟-)
연푸른색(軟-色)
연필그림(鉛筆-)
연필깍지(鉛筆-)
연필 깎다(鉛筆-)
연필깎이(鉛筆-)
연필꽂이(鉛筆-)
연필두겁(鉛筆-)
연필밥(鉛筆-)
연필심(鉛筆芯)
연필알(鉛筆-)
연하우편(年賀郵便)
연하전보(年賀電報)
연할 거야(軟-)
연할걸(軟-)
연할 걸세(軟-)
연할걸요(軟-)
연합고사(聯合考査)
연합 공천(聯合公薦)
연합 세력(聯合勢力)
연합 작전＝연합작전(聯合作戰)
연합 전선(聯合戰線)
연해 보이다(軟-)
연해연방(連-)
연해져 가다(軟-)
연행해 가다(連行-)
연홍빛(軟紅-)
연홍색(軟紅色)
연화 현상(軟化現象)
연황빛(軟黃-)
연황색(軟黃色)
연회비(年會費)
연휴 기간(連休期間)
연휴 동안(連休-)
연희궁 까마귀 골수박 파먹듯(延禧宮-骨-) [격]
열아홉 여덟이나 아홉쯤 되는 수.
열아홉째
열값(熱-)
열 개 중 한 개(-個中-個)
열 개째(-個-)
열 거야
열걸

열 걸세
열걸요
열게요
열고나다
열고 보나 닫고 보나 [관]
열 고을 화냥년이 한 고을 지어미 된다 [격]
열 골 물이 한 골로 모인다 [격]
열 공급(熱供給)
열광해 오다(熱狂-)
열구름
열구자탕(悅口子湯)
열기 넘치다(熱氣-)
열기 띠다(熱氣-)
열기 뿜다(熱氣-)
열기 식다(熱氣-)
열 길 물속은 알아도 한 길 사람 속은 모른다
　　[격]
열김에 소리 지르다(熱-)
열꽃 피다(熱-)
열나다(熱-)
열나 미치겠다(熱-)
열나절
열나흗날
열나흘
열 내지 스물(-乃至-)
열네다섯
열네댓
열네댓째
열넷
열녀전 끼고 서방질하기(烈女傳-書房-) [격]
열 놈에 죽 한 사발(-粥-沙鉢) [격]
열다섯
열 달간(-間)
열 달 동안
열닷새
열닷샛날
열대과실(熱帶果實)
열대 식물＝열대식물(熱帶植物)
열대여섯
열대 우림＝열대우림(熱帶雨林)
열대작물(熱帶作物)
열대 지방＝열대지방(熱帶地方)
열댓 개(-個)
열두 가지 재주에 저녁거리가 없다 [격]
열두 개째(-個-)
열두모

열두무날
열두발고누
열두 살
열두서너 개(-個)
열두어 개(-個)
열두 자
열두째
열두 폭 말기를 달아 입었나(-幅-) [격]
열두 폭 치마를 둘렀나(-幅-) [격]
열둘
열둘째
열등의식(劣等意識)
열따랗다
열뜨다
열뜨리다
열띤 응원(熱-應援)
열러 간 사이
열렬해져 가다(熱烈-)
열리자마자
열린 교육(-敎育)
열린 듯하다
열린 마음
열린사회(-社會)
열릴 듯 말 듯
열림새
열매가지
열매껍질
열매꼭지
열매 될 꽃은 첫 삼월부터 안다(-三月-) [격]
열매 맺다
열매맺이
열매 맺히다
열매솎기
열매 안 열리다
열매 열리다
열매즙(-汁)
열매채소(-菜蔬)
열매철
열명길 ＝저승길.
열 명분(-名分)
열 모로 뜯어보다 [관]
열목카래
열무김치
열무날
열무장아찌
열물

열바람(熱-)

열 받다(熱-) [관]

열 발 성한 방게 같다 [격]

열방망이(熱-)

열 배 넘다(-倍-)

열 번 듣는 것이 한 번 보는 것만 못하다(-番-番-) [격]

열 번 쓰러지면 열 번 일어난다(-番-番-) [격]

열 번 잘하고 한 번 실수를 하지 말아야 한다(-番-番失手-) [격]

열 번 죽었다 살아도(-番-) [관]

열 번째(-番)

열 번 찍어 안 넘어가는 나무 없다(-番-) [격]

열벙거지(熱-)

열 벙어리가 말을 해도 가만 있어라 [격]

열병 앓다(熱病-)

열보라 비교적 흰빛을 띤 보라매.

열불 나다(熱-)

열불 치밀다(熱-)

열 사람이 백 말을 하여도 들을 이 짐작(-百-斟酌) [격]

열 사람이 지켜도 한 도둑놈을 못 막는다 [격]

열 사위는 밉지 않아도 한 며느리가 밉다 [격]

열 사위 미운 데 없고 외며느리 고운 데 없다 [격]

열사흗날

열사흘

열사흘부스럼

열사흘부스럼을 앓느냐

열 살 되다

열 살짜리

열삼(-蔘) 종자로 쓰기 위하여 기르는 삼.

열 새끼 낳은 소 멍에 벗는 날이 없다 [격]

열서너 살

열성분자(熱誠分子)

열성 팬(熱誠fan)

열세 개(-個)

열셋

열 소경에 한 막대[격]

열소리 어린 소리.

열 손가락 깨물어 안 아픈 손가락이 없다 [격]

열 손가락으로 물을 튀긴다 [격]

열손님 지나가는 손님.

열 손실(熱損失)

열 손 재배한다 [격]

열 손 한 지레 [격]

열쇠고리

열쇠 꾸러미

열쇠돈

열쇠 수리(-修理)

열쇠표(-標) 열쇠로 태엽을 감는 방식의 손목시계.

열 시앗이 밉지 않고 한 시누이가 밉다(-媤-) [격]

열 시쯤(-時-)

열째다

열아홉

열아흐레

열아흐렛날

열악해 보이다(劣惡-)

열악해져 가다(劣惡-)

열어 가다

열어 나가다

열어 놓다

열어 놓다시피 하다

열어 놓아 두다

열어 놓은 채

열어 놓자마자

열어 달라고 하다

열어 달라다

열어 둔 채

열어 드리다

열어 버리다

열어 보이다

열어붙이다

열어 오다

열어젖뜨리다

열어젖트리다

열어젖히다

열어 주다

열없는 색시 달밤에 삿갓 쓴다 [격]

열없이 되다

열없쟁이

열었나 보다

열었다 닫았다 하다

열었을 거야

열었을걸

열었을 걸세

열었을걸요

열에너지(熱energy)

열에 뜨다(熱-) [관]

열에 받치다(熱-) [관]

열에 아홉 [관]
열에 한 맛도 없다 [격]
열여덟
열여드레
열여드렛날
열여섯
열엿새
열엿샛날
열예닐곱
열 오르다(熱-) [관]
열 올리다(熱-) [관]
열을 듣고 하나도 모른다 [격]
열의 있는 듯하다(熱意-)
열의 한 술 밥 [격]
열의 한 술 밥이 한 그릇 푼푼하다 [격]
열이레
열이렛날
열이 삭다(熱-) [관]
열이 상투 끝까지 오르다(熱-) [격]
열이 식다(熱-) [관]
열이 오르다(熱-) [관]
열이 올랐다 내렸다 하다(熱-) [관]
열이튿날
열이틀
열일곱
열 일 제쳐 놓다
열 일 제치다 [관]
열전도(熱傳導)
열중쉬어(列中-)
열중해 오다(熱中-)
열 짓다(列-)
열째 번(-番)
열째 칸
열차 사고(列車事故)
열차 안(列車-)
열차 운행(列車運行)
열차 타다(列車-)
열차 편으로 가다(列車便-)
열창(-窓) 열고 닫을 수 있는 창.
열처리(熱處理)
열통 터지다(熱-)
열퉁적다
열풍 불다(熱風-)
열하나
열하나째
열하루

열하룻날
열한두 개(-個)
열한둘
열한무날
열한물
열한 살
열한째 줄
열혈남아(熱血男兒)
열혈 청년(熱血青年)
열화 같은(熱火-)
열화같이(熱火-)
열흘
열흘 굶어 군자 없다(-君子-) [격]
열흘길
열흘 길 하루도 아니 가서 [격]
열흘 나그네 하루 길 바빠한다 [격]
열흘날
열흘날 잔치에 열하룻날 병풍 친다(-屛風-) [격]
열흘 동안
열흘 만에
열흘밖에 못 쉬다
열흘 밤 새우다
열흘분밖에 없다(-分-)
열흘 붉은 꽃이 없다 [격]
열흘 앞둔 때
열흘째
열흘쯤
열흘 치 받다
엷붉다
엷어 보이다
엷어져 가다
엷파랗다
엷푸르다
염낭쌈지(-囊-)
염내(鹽-) 두부나 비지 따위에서 나는 간수의 냄새.
염도 못 내다(念-)
염라대왕(閻羅大王)
염라대왕도 돈 쓰기에 달렸다(閻羅大王-) [격]
염라대왕도 돈 앞에는 한쪽 눈을 감는다(閻羅大王-) [격]
염라대왕이 문 밖에서 기다린다(閻羅大王-門-) [격]
염라대왕이 제 할아버지라도(閻羅大王-) [격]
염려 덕분으로(念慮德分-)
염려 마라(念慮-)

염려 안 하다(念慮-)

염병떼(染病-) 몹시 심하게 쓰는 떼.

염병 앓다(染病-)

염병에 까마귀 소리(染病-) [격]

염병에 땀을 못 낼 놈(染病-) [격]

염병에 보리죽을 먹어야 오히려 낫겠다(染病-
　　粥-) [격]

염병쟁이(染病-)

염병 치른 놈의 대가리 같다(染病-) [격]

염병할 놈(染病-)

염불 빠진 년 같다 [격]

염불도 몫몫이요 쇠뿔도 각각이다(念佛-各各-)
　　[격]

염불 못하는 중이 아궁이에 불을 땐다(念佛-)
　　[격]

염불 법사 염주 매듯(念佛法師念珠-) [격]

염불에는 맘이 없고 잿밥에만 맘이 있다(念佛-
　　齋-) [격]

염불 외듯(念佛-) [관]

염색집(染色-)

염색해 주다(染色-)

염소 나물 밭 빠댄다 [격]

염소 물똥 누는 것 보았나 [격]

염소수염(-鬚髥)

염소에 소지장 쓴다(-所志狀-) [격]

염소웃음

염소젖

염알이(廉-)

염알이꾼(廉-)

염알이질하다(廉-)

염원해 오다(念願-)

염의없다(廉義-)

염잡수다(殮-)

염장 미역(鹽藏-)

염주찌(念珠-)

염증 나다(厭症-)

염증 생기다(炎症-)

염초청 굴뚝 같다(焰硝廳-) [격]

염충강이 무장 먹듯(廉忠强-醬-) [격]

염치머리(廉恥-)

염치 없는 조 발막이다(廉恥-趙-) [격]

염치없다(廉恥-)

염치와 담 쌓은 놈(廉恥-) [격]

염치 좋다(廉恥-)

염치 차리다(廉恥-)

염탐꾼(廉探-)

염탐질하다(廉探-)

염탐해 오다(廉探-)

염통구이

염통꼴

염통꼴잎

염통산적(-散炙)

염통에 바람 들다 [관]

염통에 털이 나다 [관]

염통이 비뚤어 앉다 [관]

염통이 곪는 줄은 몰라도 손톱 곪는 줄은 안다
　　[격]

염통잎

염통주머니

염통집

염폿국(殮布-)

염화구리(鹽化-)

엽궐련(葉卷煙)

엽뽕(葉-) =잎뽕.

엽색꾼(獵色-)

엽색 행각(獵色行脚)

엽자금 동자삼이라(葉子金童子蔘-) [격]

엽전 꾸러미(葉錢-)

엽전풀이(葉錢-)

엿가락

엿가락 늘이다

엿가래

엿가마

엿가위

엿감주(-甘酒)

엿강정

엿경단(-瓊團)

엿기름

엿기름가루

엿기름물

엿기름을 넣다

엿길금

엿길금가루

엿누룽지

엿단쇠

엿도가(-都家)

엿돈이

엿듣다

엿들은 듯하다

엿들을 거야

엿 먹어라

엿 먹이다

671

엿목판(-木板)
엿물
엿물을 흘렸다 [관]
엿반대기
엿밥
엿방망이
엿보다
엿보이다
엿본 듯하다
엿볼 거야
엿볼걸
엿볼 걸세
엿볼걸요
엿볼게
엿볼게요
엿불림
엿살피다
엿새
엿샛날
엿을 물고 개잘량에 엎드러졌나 [격]
엿자박
엿장수
엿장수 맘대로 [관]
엿죽
엿죽방망이
엿집
엿치기
엿 치를 쓰라오 닷 치를 쓰라오 [격]
엿틀
엿판(-板)
영 (부사) 영 가망이 없다, 영 맥을 못추다, 영 죽을 맛이다.
영 재미 없다
영각 쓰다 [관]
영각을 켜다
영감마님(令監-)
영감의 상투(令監-) [격]
영감의 상투가 커야 맛이냐(令監-) [격]
영감쟁이(令監-)
영감 죽고 처음(令監-) [격]
영감태기(令監-)
영감탱이(令監-)
영계구이(-鷄-)
영계백숙(-鷄白熟)
영계찜(-鷄-)
영광 굴비(靈光-)

영구 귀국(永久歸國)
영구꾼(靈柩-)
영구불변(永久不變)
영구 이주(永久移住)
영구 제명(永久除名)
영국 신사(英國紳士)
영글어 가다
영글어져 가다
영금을 보다
영남 지방(嶺南地方)
영남 출신(嶺南出身)
영농 기술(營農技術)
영농 자금=영농자금(營農資金)
영덕 게=영덕게(盈德-)
영덕평야(盈德平野)
영도해 나가다(領導-)
영동 지방(嶺東地方)
영동할머니 =영등할머니.
영등굿
영등굿놀이
영등날
영등달
영등마마
영등맞이
영등바람
영등사리
영등신(-神)
영등할머니
영 딴판이다
영락없다(零落-)
영롱해 보이다(玲瓏-)
영롱해져 가다(玲瓏-)
영리 단체=영리단체(營利團體)
영리 목적(營利目的)
영리 법인=영리법인(營利法人)
영리사업(營利事業)
영리한 고양이가 밤눈 어둡다(怜悧-) [격]
영리한 척하다(怜悧-)
영리해 보이다(怜悧-)
영리 활동(營利活動)
영마루(嶺-)
영매스러운 눈빛(英邁-)
영문 모를 일
영문을 통 모르겠다
영민해 보이다(英敏-)
영바람

영산야 지산야 한다(靈山-) [격]
영상 문화(映像文化)
영상 미학=영상미학(映像美學)
영상 회의(映像會議)
영생불멸(永生不滅)
영서 지방(嶺西地方)
영세 기업=영세기업(零細企業)
영세 농민=영세농민(零細農民)
영세업자(零細業者)
영수 회담(領袖會談)
영순위(零順位)
영악스러워 보이다(靈惡-)
영 안 오다
영 안 자다
영양 공급(營養供給)
영양 보충(營養補充)
영양 부족=영양부족(營養不足)
영양 섭취(營養攝取)
영양실조(營養失調)
영어 공부(英語工夫)
영어 교사(英語敎師)
영어 단어(英語單語)
영어 선생(英語先生)
영어 시험(英語試驗)
영어 연수(英語硏修)
영어 회화(英語會話)
영업 사원(營業社員)
영업 소득=영업소득(營業所得)
영업시간(營業時間)
영업 실적(營業實績)
영업 정지=영업정지(營業停止)
영업 중(營業中)
영업집(營業-)
영업 허가=영업허가(營業許可)
영에서 뺨 맞고 집에 와서 계집 찬다(營-) [격]
영역 침범(領域侵犯)
영영 잊지 못하다(永永-)
영외 거주=영외거주(營外居住)
영웅 대접(英雄待接)
영웅시대(英雄時代)
영웅시해 오다(英雄視-)
영웅 심리(英雄心理)
영웅 취급(英雄取扱)
영웅호걸(英雄豪傑)
영위해 가다(營爲-)
영위해 오다(營爲-)

영이돌다
영이별(永離別)
영장 나오다(令狀-)
영장 받다(令狀-)
영장 발부(令狀發付)
영장이
영장 집행(令狀執行)
영재 교육=영재교육(英才敎育)
영전해 가다(榮轉-)
영접해 주다(迎接-)
영정 사진(影幀寫眞)
영 죽을 맛이다
영지버섯(靈芝-)
영창 살다(營倉-)
영초댕기(英綃-)
영치기영차
영토 분쟁(領土紛爭)
영토 확장(領土擴張)
영 틀리다
영피다
영한사전(英韓辭典)
영해 침범(領海侵犯)
영향 미치다(影響-)
영향받은 듯하다(影響-)
영향 안 받다(影響-)
영혼결혼식(靈魂結婚式)
영화감독(映畫監督)
영화 감상(映畫鑑賞)
영화 구경(映畫-)
영화배우(映畫俳優)
영화 상영(映畫上映)
영화 잡지(映畫雜誌)
영화 제작=영화제작(映畫製作)
영화 촬영(映畫撮影)
영화 출연(映畫出演)
옅디옅다
옆 가지
옆갈비
옆 건물(-建物)
옆구리
옆구리에 섬 찼나 [격]
옆구리 찌르다 [관]
옆길
옆널
옆넓이
옆댕이

옆 동네
옆들다
옆 마을
옆막이
옆머리
옆머리뼈
옆머릿살
옆면(-面)
옆모서리
옆모습
옆문(-門)
옆바람
옆발치
옆방(-房)
옆벽(-壁)
옆붙이접(-椄)
옆뿌리
옆 사람
옆얼굴
옆옆이 앉다
옆으로 빠지다 [관]
옆 자리
옆주름
옆줄
옆질
옆집
옆집 개가 짖어서 도적 면했다(-盜賊免-) [격]
옆집 처녀 믿고 장가 안 간다(-處女-) [격]
옆집 처녀 믿다가 장가 못 간다(-處女-) [격]
옆쪽
옆찌르다
옆찔러 절받기
옆채
옆 칸
옆태(-態)
옆통수
옆트기
옆트임
옆폭(-幅)
옆훑이
예견 못 하다(豫見-)
예견해 오다(豫見-)
예고 없이(豫告-)
예고해 오다(豫告-)
예굽다
예금 계좌=예금계좌(預金計座)

예금 이자=예금이자(預金利子)
예금 조회(預金照會)
예금 통장=예금통장(預金通帳)
예기 지르다(銳氣-) [관]
예기치 못한 일(豫期-)
예끼, 고얀 놈
예나 지금이나
예년 기온(例年氣溫)
예능 교육=예능교육(藝能敎育)
예니레
예닐곱
예닐곱째
예답다(禮-)
예도옛날 아주 오래된 옛날.
예도옛적
예라, 이 자식아(-子息-)
예를 들면(例-)
예를 이루다(禮-) [관]
예리해 보이다(銳利-)
예매해 오다(豫賣-)
예모다운 몸가짐(禮貌-)
예물 교환(禮物交換)
예민한 듯하다(銳敏-)
예민해 보이다(銳敏-)
예민해져 가다(銳敏-)
예바르다(禮-)
예방 대책(豫防對策)
예방 접종=예방접종(豫防接種)
예방 주사=예방주사(豫防注射)
예방 효과(豫防效果)
예배 보다(禮拜-)
예보해 주다(豫報-)
예복짜리(禮服-)
예불 시간(禮佛時間)
예비고사(豫備考査)
예비 교육=예비교육(豫備敎育)
예비부부(豫備夫婦)
예비 소집(豫備召集)
예비 신부(豫備新婦)
예비해 놓다(豫備-)
예비회담(豫備會談)
예뻐 보이다
예뻐져 가다
예뻐해 오다
예뻐해 주다
예쁘기만 하다

예쁘긴 하지만
예쁘다 보니
예쁘디예쁘다
예쁘장해 보이다
예쁜이수술(-手術)
예쁜 자식 매로 키운다(-子息-) [격]
예쁜 체하다
예쁠 거야
예쁠뿐더러
예쁠 뿐만 아니라
예사내기(例事-)
예사말(例事-)
예사소리(例事-)
예산 낭비(豫算浪費)
예산 배정(豫算配定)
예산 부족(豫算不足)
예산 삭감(豫算削減)
예산 심의＝예산심의(豫算審議)
예산 절감(豫算節減)
예산 집행＝예산집행(豫算執行)
예산 편성＝예산편성(豫算編成)
예삿날(例事-)
예삿일(例事-)
예상 문제(豫想問題)
예상 밖의 일(豫想-)
예상 안 하다(豫想-)
예상외의 일(豫想外-)
예상일(例常-)
예상 점수(豫想點數)
예상해 오다(豫想-)
예선 탈락(豫選脫落)
예선 통과(豫選通過)
예수교인(Jesus敎人)
예수꾼(Jesus-)
예수남은 예순이 조금 넘는 수.
예수쟁이(Jesus-)
예순넷
예순다섯
예순대여섯
예순둘
예순셋
예순아홉
예순여덟
예순여섯
예순일곱
예순하나

예술 단체(藝術團體)
예술 작품(藝術作品)
예술 행위(藝術行爲)
예스럽다
예스맨(yes man)
예시험(豫試驗) ＝예비시험.
예약 안 해 두다(豫約-)
예약 취소(豫約取消)
예약해 놓다(豫約-)
예언해 오다(豫言-)
예외 규정(例外規定)
예외 조항(例外條項)
예우개 산란기에 고기 떼가 강가로 나올 때 강
       심 쪽으로 숨어들어 날쌔게 그물을 던져 에
       워싸는 방법.
예우개질
예우해 주다(禮遇-)
예의 못 차리다(禮儀-)
예의 바르다(禮儀-)
예의범절(禮儀凡節)
예의염치(禮儀廉恥)
예의 차리다(禮儀-)
예이제 예전과 지금을 아울러 이르는 말.
예전 같으면
예전만 못하다
예정 인원(豫定人員)
예제없이
예조 담 모퉁이로(禮曹-) [격]
예 짐 동이듯 한다(禮-) [격]
예측 못 하다(豫測-)
예측해 오다(豫測-)
예치해 두다(預置-)
예탐꾼(豫探-)
예하 부대(隷下部隊)
예행연습(豫行演習)
예황제 부럽지 않다(-皇帝-) [격]
옌장, 다 글렀다
옐로카드(yellow card)
옛것
옛글
옛 기록(-記錄)
옛길
옛날 갑인 날 콩 볶아 먹은 날(-甲寅-) [격]
옛날 같으면
옛날 같지 않다
옛날 것

675

옛날만 못하다
옛날 맛 나다
옛날 생각 나다
옛날 옛적에 [관]
옛날이야기
옛날 일
옛 노래
옛 동산(-東山)
옛 땅
옛 마을
옛말 그른 데 없다 [격]
옛말하며 살다
옛 맛
옛 모습
옛 무덤
옛사람
옛사랑
옛 생각
옛이야기
옛일
옛 자취
옛적 버릇
옛정(-情)
옛집
옛 추억(-追憶)
옛 친구(-親舊)
옛터
옛네, 이것 받게
옛다, 이것 가져라
옛소, 다 가져가오
오가는 길에
오가리 들다 [관]
오가리 지다
오가리솥
오가리잡탕(-雜湯)
오가재비
오가피나무(五加皮 -)
오각뿔(五角-)
오간 데 없다
오갈 데 없다
오갈 들다 [관]
오갈병(-病)
오갈잎병(-病)
오갈피술
오강 사공의 닻줄 감듯(五江沙工-) [격]
오거나 말거나

오거리(五-)
오건 말건
오게 될 거야
오게 될 듯하다
오게 하다
오고 가는 길에
오고 나니
오고 말다
오고 싶은가 보다
오고자 하다
오곡밥(五穀-)
오곡백과(五穀百果)
오곡수라(五穀水剌)
오골호박
오관 떼다 [관]
오광대놀이(五-)
오구작작
오구잡탕(烏口雜湯)
오구탕 치다
오궁도화(五宮桃花)
오그라들다
오그락지
오그랑망태(-網-)
오그랑바가지
오그랑박
오그랑벙거지
오그랑이
오그랑장사
오그랑쪽박
오금대패
오금드리   오금까지 이를 만큼 자란 풀이나 나무.
오금 못 쓰다
오금 못 펴다
오금아 날 살려라 [관]
오금에 돌개바람 들다 [관]
오금에서 불이 나게 [관]
오금을 떼다 [관]
오금을 못 쓰다 [관]
오금을 못 추다 [관]
오금을 못 펴다 [관]
오금을 박다 [관]
오금을 추지 못하다 [관]
오금을 펴다 [관]
오금이 굳다 [관]
오금이 뜨다 [관]

오금이 묶이다 [관]
오금이 밀리다 [관]
오금이 박히다 [관]
오금이 붙다 [관]
오금이 쑤시다 [관]
오금이 저리다 [관]
오금팽이
오기는커녕
오기만 해 봐
오기 부리다(傲氣-)
오기에 쥐 잡는다(傲氣-) [격]
오기진 소리만 해 쌓는다(傲氣-)
오기 피우다(傲氣-)
오나가나
오나 마나
오나 보다
오나 봐라
오나 안 오나
오냐오냐하다
오너라 가거라 하다 [관]
오 년여 만에(五年餘-)
오뉘바꿈
오뉘죽(-粥)
오뉴월 감기는 개도 아니 걸린다(五六月感氣-)
  [격]
오뉴월 감주 맛 변하듯(五六月甘酒-變-) [격]
오뉴월 감투도 팔아먹는다(五六月-)[격]
오뉴월 개 가죽 문인가(五六月-門-) [격]
오뉴월 개 팔자(五六月-八字) [관]
오뉴월 겻불도 쬐다 나면 서운하다(五六月-)
  [격]
오뉴월 녹두 깝대기 같다(五六月綠豆-) [격]
오뉴월 닭이 오죽하면 지붕에 올라갈까(五六
  月-) [격]
오뉴월 댑싸리 밑의 개 팔자(五六月-八字) [격]
오뉴월 두룽다리(五六月-) [격]
오뉴월 똥파리(五六月-) [격]
오뉴월 맹꽁이도 울다가 그친다(五六月-) [격]
오뉴월 바람도 불면 차갑다(五六月-) [격]
오뉴월 배 양반이오 동지섣달은 뱃놈(五六月-
  兩班-冬至-) [격]
오뉴월 병아리 하룻볕 쬐기가 무섭다(五六月-)
  [격]
오뉴월 볕은 솔개만 지나도 낫다(五六月-)[격]
오뉴월 상한 고기에 구더기 끓듯(五六月傷-)
  [격]

오뉴월 소나기는 쇠등을 두고 다툰다(五六月-)
  [격]
오뉴월 손님은 호랑이보다 무섭다(五六月-) [격]
오뉴월 송장이라(五六月-) [격]
오뉴월 쇠불알 떨어지기를 기다린다(五六月-)
  [격]
오뉴월 써렛발 같다(五六月-) [관]
오뉴월에도 남의 일은 손이 시리다(五六月-)
  [격]
오뉴월에도 얼어 죽는다(五六月-) [격]
오뉴월 염천(五六月炎天) [관]
오뉴월 존장이라(五六月尊長-) [격]
오뉴월 품앗이 논둑 밑에 있다(五六月-) [격]
오뉴월 품앗이도 먼저 갚으랬다(五六月-) [격]
오뉴월 하룻볕도 무섭다(五六月-) [격]
오느니 마느니
오는가 보다
오는 날이 장날(-場-) [격]
오는 대로
오는 동안
오는 떡이 두터워야 가는 떡이 두텁다 [격]
오는 말이 고와야 가는 말이 곱다 [격]
오는 정이 있어야 가는 정이 있다(-情-情-)
  [격]
오는 족족
오는지 안 오는지
오늘껏
오늘날
오늘내일 끝내자(-來日-)
오늘내일하다(-來日-)
오늘 밤
오늘 안으로
오늘 일
오늘 하루
오니도피(-桃皮)
오늬무늬
오늬쪽매
오다가다 만나다
오다가다 옷깃만 스쳐도 전세의 인연이다(-前
  世-因緣-) [격]
오다 말고
오다 보면
오다 안 오다 하다
오달지기는 사돈네 가을 닭이다(-査頓-) [격]
오대조 할아버지(五代祖-)
오도 가도 못하다 [관]

677

오도깝스럽다
오도독뼈
오도발싸하다
오동나무만 보아도 춤을 춘다(梧桐-) [격]
오동딱지(烏銅-)
오동빛(烏銅-)
오동색(烏銅色)
오동수복(烏銅壽福)
오동 숟가락에 가물칫국을 먹었나(烏銅-) [격]
오동시계(烏銅時計)
오동 씨만 보아도 춤을 춘다(梧桐-) [격]
오동 잎(梧桐-)
오동장롱(梧桐欌籠)
오동지(-冬至)
오두막집(-幕-)
오두발광(-發狂)
오두방정
오둠지
오둠지진상(-進上)
오든 말든
오든 안 오든
오디나무
오디술
오뚝이찌
오라 가라 하다 [관]
오라는 대로
오라는 데는 없어도 갈 데는 많다 [격]
오라버니댁(-宅)
오라범댁(-宅)
오라지우다
오라질 놈
오라질 연놈들
오락 기구(娛樂器具)
오락 시설(娛樂施設)
오랏바람
오랏줄
오랑캐꽃
오래가다
오래가지 못하다
오래간만에
오래갈 거야
오래갈걸
오래갈 걸세
오래갈걸요
오래갈 듯하다
오래 걸릴 듯하다

오래달리기
오래도록
오래되다
오래되어 보이다
오래될수록
오래 못 가다
오래 못 살 거야
오래 살 것 같지 않다
오래 살다 보니
오래 살 만하다
오래 살면 도랑 새우 무엇 하는 것을 보겠다 [격]
오래 살면 손자 늙어 죽는 꼴을 본다(-孫子-)
　　[격]
오래 살면 욕이 많다(-辱-) [격]
오래살이
오래 살지 못하다
오래 안 갈 거야
오래 안 갈 듯하다
오래 앉으면 새도 살을 맞는다 [격]
오래오래
오래전(-前)
오래 해 먹은 면주인(-面主人) [격]
오랜만에
오랜 원수를 갚으려다가 새 원수가 생겼다(-怨
　　讐-怨讐-) [격]
오랫동안
오려 가다
오려 내다
오려논　올벼를 심은 논.
오려논에 물 터놓기 [격]
오려 놓다
오려 두다
오려 보다
오려 붙이다
오려 주다
오례송편(-松-)
오례쌀　올벼의 쌀.
오로지하다　판소리만을 오로지하다.
오롱이조롱이
오륙 년(五六年)
오륙일(五六日)
오르나 마나
오르내리다
오르내리창(-窓)
오르락내리락하다
오르막길

678

오르자마자
오르지 못할 나무는 쳐다보지도 마라 [격]
오른나사(-螺絲)
오른 다리
오른돌이
오른 무릎
오른발
오른번(-番)
오른뺨
오른새끼
오른섶
오른손
오른손잡이
오른씨름
오른올
오른짝
오른쪽
오른쪽 궁둥이나 왼쪽 볼기나 [격]
오른쪽 눈
오른쪽 발
오른쪽 손
오른치마
오른팔
오른편(-便)
오른편짝(-便-)
오를 거야
오를걸
오를 걸세
오를걸요
오를게
오를게요
오를 듯 말 듯
오를 듯하다
오를 만하다
오름길
오름다리
오름세(-勢)
오름폭(-幅)
오리가리
오리걸음
오리 고기
오리구름
오리나무
오 리를 보고 십 리를 간다(五里-十里-) [격]
오리발
오리병(-瓶)

오리볶음
오리알구이
오리알산병(-散餅)
오리 알에 제 똥 묻은 격(-格) [격]
오리 알에 제 똥 묻은 줄 모른다 [격]
오리젓
오리털
오리 홰 탄 것 같다 [격]
오림장이
오림톱
오막살이(-幕-)
오막살이집(-幕-)
오막조막하다
오만 가지(五萬-)
오만 군데(五萬-)
오만 데(五萬-)
오만 방정 다 떨다(五萬-)
오만불손(傲慢不遜)
오만상 짓다(五萬相-)
오만 설움 다 겪다(五萬-)
오만소리 다 듣다(五萬-)
오만여 명(五萬餘名)
오만 욕 다 듣다(五萬辱-)
오만 원(五萬-)
오만해 보이다(傲慢-)
오만해져 가다(傲慢-)
오망부리
오망자루
오맞이꾼(五-)
오면가면
오목 거울=오목거울
오목날
오목누비
오목눈
오목다리
오목면경(-面鏡)
오목설대(烏木-)
오목손걸이
오목주발(-周鉢)
오목해 보이다
오무래미 이가 다 빠진 입으로 늘 오물거리는
　　　　늙은이를 낮잡아 이르는 말.
오므라들다
오므라지다
오미자차(五味子茶)
오미잣국(五味子--)

오미잣국에 달걀(五味子-) [격]
오미잣물(五味子-)
오발 사고(誤發事故)
오밤중(午-中)
오방낭자(五方囊子)
오방빛(五方-)
오방색(五方色)
오방색실(五方色-)
오방장두루마기(五方將-)
오방주머니(五方-)
오배자나무(五倍子--)
오백만여 원(五百萬餘-)
오백여 년 전(五百萬餘年前)
오백여만 명(五百餘萬名)
오백 원어치(五百-)
오백 원짜리(五百-)
오버센스(over sense)
오버액션(overaction)
오벼 파다
오복조르듯
오복조림 심하게 조름.
오봉술(五-)
오 분 내로(五分內-)
오빠 생각
오사리 옥수수 이삭을 싸고 있는 껍질.
오사리잡것(-雜-)
오사리잡놈(-雜-)
오사리잡탕놈(-雜湯-)
오사리젓 초여름 사리 때에 잡은 새우로 담근
    젓.
오사리조기
오색경단(五色瓊團)
오색구름(五色-)
오색단청(五色丹靑)
오색실(五色-)
오색잡놈(五色雜-)
오색화나물(五色花-)
오성홍기(五星紅旗)
오소리감투
오소리감투가 둘이다 [격]
오솔길
오순도순
오실 거야
오실걸
오실 걸세
오실걸요

오십 대 여성(五十代女性)
오십보백보(五十步百步)
오십여 년(五十餘年)
오십 평생(五十平生)
오 씨 댁(吳氏宅)
오염 방지(汚染防止)
오염 지역(汚染地域)
오용해 오다(誤用-)
오월 농부 팔월 신선(五月農夫八月神仙) [격]
오월 달(五月-)
오월 말(五月末)
오월 호(五月號)
오유선생(烏有先生) 세상에 존재하지 아니하는
    것처럼 꾸며낸 인물.
오이김치
오이깍두기
오이 껍질
오이꽃
오이나물
오이냉국(-冷-)
오이는 씨가 있어도 두둑은 씨가 없다 [격]
오이 덩굴에서 가지 열리는 법은 없다(-法-)
    [격]
오이를 거꾸로 먹어도 제멋 [격]
오이막(-幕)
오이무름
오이무름국
오이생채(-生彩)
오이선(-膳)
오이소박이
오이소박이김치
오이순(-筍)
오이씨
오이장(-醬)
오이장아찌
오이지
오이지무침
오이지지짐이
오이짠지
오이찜
오이찬국
오이채
오일장(五日場)
오일펜스(oil fence)
오입쟁이(誤入-)
오입쟁이떡(誤入-)

오입쟁이 제 욕심 채우듯(誤入-慾心-) [격]
오입쟁이 헌 갓 쓰고 똥 누기는 예사다(誤入-
　　例事-) [격]
오입질(誤入-)
오입판(誤入-)
오자기 안에서 소를 잡는다(烏瓷器-) [격]
오자마자
오자미 놀이
오장까지 뒤집어 보인다(五臟-) [격]
오장 육부＝오장육부(五臟六腑)
오장을 긁다(五臟-) [관]
오장을 뒤집다(五臟-) [관]
오장이 뒤집히다(五臟-) [관]
오쟁이 지다 [관]
오전 내내(午前-)
오전 수업(午前授業)
오점을 찍다(汚點-) [관]
오젓 　＝오사리젓.
오조 먹은 돼지 벼르듯 [격]
오좀통 　거란지뼈의 밑에 있는 고기.
오종종해 보이다
오죽 못났으면
오죽이나 배가 고팠으면
오죽잖다
오죽하면
오죽한 도깨비 낮에 날까 [격]
오줄없다
오줌길
오줌 냄새
오줌 누는 새에 십 리 간다(-十里-) [격]
오줌동이
오줌똥
오줌 마렵다
오줌발
오줌버캐
오줌보
오줌소태
오줌싸개
오줌 싸다
오줌에도 데겠다 [격]
오줌에 뒷나무 [격]
오줌작대기
오줌장군
오줌주머니
오줌줄
오줌 줄기

오줌통(-桶)
오중주곡(五重奏曲)
오지그릇
오지기와
오지끈뚝딱하다
오지단지
오지독
오지동이
오지랖 넓다 [관]
오지 마라
오지 말라고 하다
오지 말라다
오지벽돌(-甓-)
오지병(-瓶)
오지부처
오지자배기
오지종발(-鍾鉢)
오지항아리(-缸-)
오짓물
오징어무침
오징어순대
오징어채
오징어탕(-湯)
오징어포(-脯)
오찬 자리(午餐-)
오천 년(五千年)
오천여 명(五千餘名)
오천 원어치(五千-)
오첩반상(五-飯床)
오초의 흥망이 내 알 바 아니다(吳楚-興亡-)
　　[격]
오 층(五層)
오층탑(五層塔)
오평생하는 줄 알았더니(誤平生-)
오푼널(五-)
오픈카(open car)
오한 나다(惡寒-)
오합무지기(五合-)
오합탁자(烏合卓子)
오해 사다(誤解-)
오해해 오다(誤解-)
오 형제(五兄弟)
오호통재라(嗚呼痛哉-)
오후 내내(午後-)
오후 들어(午後-)
오후 시간(午後時間)

옥가락지(玉-)
옥가루(玉-)
옥갈다
옥갈리다
옥거울(玉-)
옥결(玉-)
옥고리(玉-)
옥고 치르다(獄苦-)
옥공예(玉工藝)
옥그릇(玉-)
옥까뀌
옥깨물다
옥나비(玉-)
옥난간(玉欄干)
옥낫
옥니(1) 안으로 옥게 난 이.
옥니(2) 옥으로 만들어 박은 의치.
옥니바늘
옥니박이
옥다리
옥다물다
옥당목(玉唐木)
옥도 갈아야 빛이 난다(玉-) [격]
옥도끼(玉-)
옥돌(玉-)
옥돌 침대(玉-寢臺)
옥동귀
옥뜰(獄-) 감옥의 뜰.
옥로갓(玉鷺-)
옥무지개(玉-)
옥물부리(玉-)
옥미투리(玉-)
옥밀이
옥바라지(獄-)
옥반에 진주 구르듯(玉盤-眞珠-) [관]
옥발(玉-)
옥밥(獄-)
옥밥 먹다(獄-) [관]
옥밭(玉-) 기름지고 좋은 밭.
옥백미(玉白米)
옥볼(玉-) 아름답고 고운 여인의 볼.
옥붙다
옥비녀(玉-)
옥빛(玉-)
옥사쟁이(獄-)
옥살이(獄-)

옥색 치마(玉色-)
옥생각
옥석도 닦아야 빛이 난다(玉石-) [격]
옥섬돌(玉-)
옥셈하다
옥수수기름
옥수수떡
옥수수묵
옥수수밥
옥수수 밭
옥수수소주(-燒酒)
옥수수수염(-鬚髥)
옥수수쌀
옥수수엿
옥수수자루
옥수수탕(-湯)
옥수수튀김
옥수숫대
옥신각신하다
옥아 들다
옥에는 티나 있지(玉-) [격]
옥에도 티가 있다(玉-) [격]
옥에 티(玉-) [격]
옥외 경기＝옥외경기(屋外競技)
옥외 활동(屋外活動)
옥은종아리
옥잎잠(玉-簪)
옥자귀
옥자둥이(玉子-)
옥자새
옥장사
옥장이(玉-)
옥쟁반(玉錚盤)
옥접뒤꽂이(玉蝶-)
옥죄다
옥죄이다
옥주전자(玉酒煎子)
옥중 생활(獄中生活)
옥쥐다
옥지기(獄-)
옥지르다
옥토끼(玉-)
옥퉁소(玉-)
옥티(玉-)
옥팔찌(玉-)
옥피리(玉-)

682

온- (관사) 온 집안, 온 식구, 온 하루.

온- (접사) 온달, 온마리, 온음.

온 가족(-家族)

온갖 것

온갖 소리

온건 세력(穩健勢力)

온건해 보이다(穩健-)

온공일(-空日)

온 국민(-國民)

온 누리

온다 간다 말없이 [관]

온다손 치고

온달

온대 지방(溫帶地方)

온데간데없다

온돌방(溫突房)

온 동네

온 듯하다

온땀침(-針)

온마리

온 마을

온 마음

온면 먹을 제부터 그르다(溫麵-) [격]

온몸

온몸 운동＝온몸운동(-運動)

온몸이 입이라도 말 못하겠다 [격]

온 바닷물을 다 켜야 맛이냐 [격]

온박음질

온밤

온 방에(-房-)

온백색(溫白色)

온 백성(-百姓)

온새미로

온 세상(-世上)

온 세상을 얻은 듯(-世上-) [관]

온수난방(溫水暖房)

온순해 보이다(溫順-)

온승낙(-承諾)

온 식구(-食口)

온실 속에서 자란 화초(溫室-花草) [관]

온실 속의 화초(溫室-花草)

온실 효과＝온실효과(溫室效果)

온양 온천에 헌 다리 모이듯(溫陽溫泉-) [격]

온음(-音)

온전한 듯하다(穩全-)

온정신(-精神)

온종일(-終日)

온 지 오래되다

온 집안

온찜질(溫-)

온채

온챗집

온천물(溫泉-)

온천 지대(溫泉地帶)

온 천하(-天下)

온폭(-幅)

온품

온풍난방(溫風暖房)

온허락(-許諾)

온화해 보이다(穩和-)

온 힘

올가미 쓰다 [관]

올가미 씌우다 [관]

올가미 없는 개장사 [격]

올가미질하다

올가을

올감자

올 거야

올 건가 보다

올걸

올 걸세

올걸요

올게

올게요

올겨울

올고구마

올곡식(-穀食)

올곧잖다

올과실(-果實)

올과일

올깎이

올내년(-來年)

올 농사(-農事)

올데갈데없다

올되다

올 둥 말 둥 하다

올 듯도 하다

올 듯 말 듯 하다

올 듯하다

올라가다

올라가 버리다

올라가 보다

올라가 앉다
올라붙다
올라서다
올라앉다
올라오다
올라와 버리다
올라와 보다
올라와 앉다
올라채다
올라타다
올라탄 채
올려놓다
올려다보다
올려다보이다
올려 받다
올려 보내다
올려붙이다
올려 쌓다
올려 주다
올려치다
올리닫다
올리삐치다
올릴 듯하다
올림꽃밭
올림대 놓다
올림말
올림머리
올림픽 경기＝올림픽경기(Olympic競技)
올림픽기(Olympic旗)
올망이졸망이
올모심기
올목갖다
올무꾼
올 무렵
올바람
올바로 하다
올발 천을 짠 씨실이나 날실의 오라기.
올밤
올밥 ＝아침밥.
올배
올벼
올보리
올복숭아
올봄 올해 봄.
올빼미 눈 같다 [관]
올빼미파(-派)

올뽕
올사과
올 사람 다 오다
올서리
올 설
올 성싶다
올여름
올작물(-作物)
올 적 갈 적 들르다
올조 제철보다 일찍 여무는 조.
올 줄 알다
올지 안 올지 모르겠다
올차(-茶)
올챙이 개구리 된 지 몇 해나 되나 [격]
올챙이국수
올챙이묵
올챙이배
올챙이 적 생각은 못하고 개구리 된 생각만 한
　　　다 [격]
올 초(-初)
올콩
올 테니까
올 테면 오라지
올파종(-播種)
올팥
올풀이
올품종(-品種)
올 한 해
올해
올해 들어
올해뿐만 아니라
올호박
옭걸다
옭매다
옭매듭
옭아내다
옭아 넣다
옭아매다
옭혀들다
옮겨 가며
옮겨 놓다
옮겨 다니다
옮겨 버리다
옮겨 보다
옮겨 붙다
옮겨 싣다

옮겨심기
옮겨심기하다
옮겨 쓰다
옮겨 앉다
옮겨 오다
옮겨 적다
옮겨 주다
옮겨 짓다
옮겨 타다
옮아가다
옮아앉다
옮아오다
옳을 것 같다
옳다구나
옳으나 그르나
옳은 듯하다
옳을 거야
옳을걸
옳을 걸세
옳을걸요
옳을 듯싶다
옳을 듯하다
옳을 뿐만 아니라
옴나위없다
옴나위하다
옴니암니
옴 덕에 보지 긁는다(-德-) [관]
옴두꺼비
옴딱지
옴딱지 떼고 비상 칠한다(-砒霜漆-) [격]
옴딱지 떼듯 [격]
옴배롱(-焙籠)
옴쌀   인절미에 덜 뭉개진 채 섞여 있는 찹쌀
　　알.
옴씹다   자꾸 되씹다.
옴 오르다
옴쟁이
옴짝달싹 못하다
옴츠러들다
옴치고 뛸 수도 없다 [관]
옴켜잡다
옴켜쥐다
옴파다
옴팡눈
옴팡눈이
옴포동이

옴포동이같다
옴피우다
옷 가게
옷가슴
옷가지
옷감
옷감가지
옷값
옷거리
옷걸이
옷고름
옷고름고
옷궤(-櫃)
옷기장
옷깃
옷깃을 여미다 [관]
옷깃차례(-次例)
옷꿍저기   옷을 꾸린 뭉치.
옷끈
옷농(-籠)
옷단
옷 맞추다
옷매
옷매무새
옷맵시
옷밥
옷벌
옷 벗고
옷보
옷보(-褓)
옷본(-本)
옷붙이
옷 사 달라고 하다
옷 사 달라다
옷 사 입다
옷 사 주다
옷사치(-奢侈)
옷 살 돈 없다
옷상자(-箱子)
옷 색깔(-色-)
옷섶
옷셋집(-貰-)
옷소매
옷솔
옷시중
옷엣니

685

옷은 나이로 입는다 [격]
옷은 새 옷이 좋고 사람은 옛 사람이 좋다 [격]
옷은 새 옷이 좋고 임은 옛 임이 좋다 [격]
옷은 시집올 때처럼 음식은 한가위처럼(-媤-
　飮食-) [격]
옷을 격해 가려운 데를 긁는다(-隔-) [격]
옷이 날개고 밥이 분이다 [격]
옷이 날개라 [격]
옷 입고 가려운 데 긁기 [격]
옷 입히다
옷자락
옷 자랑
옷장(-欌)
옷 장사
옷주제　옷을 입는 모양새.
옷차림
옷차림새
옷치레
옷핀(-pin)
옷 한 벌
옹고집(壅固執)
옹고집쟁이(壅固執-)
옹골지다
옹골차다
옹구바지
옹구소매
옹기그릇(甕器-)
옹기밥(甕器-)
옹기솥(甕器-)
옹기옹기하다
옹기 장사(甕器-)
옹기장수(甕器-)
옹기장이(甕器-)
옹기종기하다
옹다물다
옹다물리다
옹달샘
옹달솥
옹달시루
옹달우물
옹당이지다
옹동고라지다
옹동그리다
옹동이(甕-)
옹두라지
옹두리뼈

옹망추니
옹방구리
옹색해 보이다(壅塞-)
옹생원(-生員)
옹솥　=옹달솥.
옹솥(甕-)
옹시루
옹알이
옹이구멍
옹이눈
옹이박이
옹이에 마디 [격]
옹이 지다 [관]
옹자물　도랑 같은 데에 조금 괸 물.
옹자배기
옹졸해 보이다(擁拙-)
옹차다　=옹골차다.
옹춘마니　소견이 좁고 마음이 너그럽지 못한
　사람.
옹치잠바(-jumper)
옹호해 주다(擁護-)
옻그릇
옻기장
옻나무
옻닭
옻독(-毒)
옻빛
옻소반(-小盤)
옻오르다
옻 올리다 [관]
옻칠(-漆)
옻 타다 [관]
와가탕(-湯)　모시조개를 맹물에 삶아서 끓인
　국.
와 다오
와 달라고 하다
와 달라다
와당탕퉁탕하다
와 닿다
와락 달려들다
와룡촛대(臥龍-臺)
와 버릇하다
와 버리다
와 보니
와 본 적 없다
와 볼 거야

와 볼걸

와 볼 걸세

와 볼걸요

와 볼 만하다

와 봤자 별수 없다(-別-)

와야 돼

와이샤쓰(white shirt)

와이셔츠(white shirt)

와전돼 오다(訛傳-)

와 줄 거야

와 줄걸

와 줘 봐야

와지끈뚝딱거리다

와하다

왁댓값

왁살궂게 생기다

왁살꾼

왁저지 끓이다

완강해져 가다(頑强-)

완고쟁이(頑固-)

완곳덩이(頑固-)

완두콩(豌豆-)

완성 단계(完成段階)

완장 찬 사람(腕章-)

완전 개방(完全開放)

완전 군장=완전군장(完全軍裝)

완전 면제(完全免除)

완전무결(完全無缺)

완전 범죄=완전범죄(完全犯罪)

완전 정복(完全征服)

완전해 보이다(完全-)

완쾌된 듯하다(完快-)

완행버스(緩行bus)

완행열차(緩行列車)

완화시켜 주다(緩和-)

왈가닥탕(-湯) 강화도에서 가무락조개탕을 이
　　르는 말.

왈짜자식(-子息) 불량한 놈.

왈짜패(-牌)

왈패질(-牌-)

왔나 보다

왔네그려

왔다가 가다

왔다 갔다 하다 [관]

왔을 거야

왔을걸

왔을 걸세

왔을걸요

왕가물(王-)

왕가뭄(王-)

왕감(王-)

왕겨(王-)

왕겨숯(王-)

왕겨탄(王-炭)

왕고모(王姑母)

왕고모부(王姑母夫)

왕고집(王固執)

왕골기직

왕골껍질

왕골논

왕골속

왕골자리

왕기 뜨이다(王氣-) [관]

왕 노릇(王-)

왕눈이(王-)

왕니(王-)

왕대고모(王大姑母)

왕대밭(王-)

왕대밭에 왕대 난다(王-王-) [관]

왕대포(王-)

왕돈(王-) 둘레가 큰 돈.

왕둥발가락(王-)

왕땡(王-)

왕래해 오다(往來-)

왕마디(王-)

왕만두(王饅頭)

왕매미(王-)

왕모래(王-)

왕못(王-)

왕바람(王-)

왕바위(王-)

왕밤(王-)

왕방울(王-)

왕방울로 솥 가시듯(王-) [격]

왕방울로 퉁노구 가시는 소리(王-) [격]

왕방울만 하다(王-)

왕배덕배

왕배야덕배야 여기저기서 시달려 괴로움을 견
　　딜 수 없을 때 부르짖는 소리.

왕뱀(王-)

왕벌(王-)

왕별(王-)

왕복 여비(往復旅費)
왕복 엽서＝왕복엽서(往復葉書)
왕복 요금(往復料金)
왕부모(王父母)
왕산(王山)
왕새기(王-)
왕새우(王-)
왕성해 보이다(旺盛-)
왕세자비(王世子妃)
왕소금(王-)
왕얽이(王-)
왕얽이짚신(王-)
왕위 계승(王位繼承)
왕자갈(王-)
왕조 시대＝왕조시대(王朝時代)
왕 중 왕(王中王)
왕지네 마당에 씨암탉 걸음(王-) [격]
왕진 가다(往診-)
왕청같다
왕청되다
왕청뜨다
왕청스럽다
왕콩(王-)
왕파(王-)
왕파리
왕후장상이 씨가 있나(王侯將相-) [격]
왜가리 새 여울목 넘어다보듯 [격]
왜간장(倭-醬)
왜갈보(倭-)
왜곡 보도(歪曲報道)
왜곡해 오다(歪曲-)
왜골스럽다
왜골참외
왜광대(倭-)
왜나막신(倭-)
왜낫(倭-)
왜냄비(倭-)
왜냐하면
왜년(倭-)
왜놈(倭-)
왜돗자리(倭-)
왜된장(倭-醬)
왜떡(倭-)
왜뚜리
왜롱그리다
왜먹(倭-)

왜모시(倭-)
왜 몰라주나
왜못(倭-)
왜무짠지(倭-)
왜밀기름(倭-)
왜바람(倭-)
왜반물(倭-)
왜배기
왜벼슬(倭-)
왜부채(倭-)
왜붓(倭-)
왜비누(倭-)
왜사기(倭沙器)
왜소금(倭-)
왜소주(倭燒酒)
왜소해 보이다(矮小-)
왜솜(倭-)
왜솥(倭-)
왜수건(倭手巾)
왜식집(倭食-)
왜 안 알아주나
왜 알 적에 안 곯았나 [격]
왜자하다
왜장녀(-女)
왜장녀냐 제명월이냐 똥 덮개냐(-女-霽明月-)
　　[격]
왜장독장치다
왜장질
왜장치다
왜전골(倭-)
왜젓가락(倭-)
왜정 시대＝왜정시대(倭政時代)
왜주칠(倭朱漆)　선명하고 새빨간 옻칠.
왜주홍(倭朱紅)
왜죽걸음
왜증댕기(倭繒-)
왜짠지(倭-)
왜청빛(倭靑-)
왜태(-太)　큰 명태.
왜틀(倭-)
왠지 모르게
외가닥
외가댁(外家宅)
외가래
외가붙이(外家-)
외가지

외가 쪽(外家−)
외간 남자(外間男子)
외갈래
외갓집(外家−)
외갓집 들어가듯(外家−) [격]
외갓집 콩죽에 잔뼈가 굵었겠나(外家−粥−) [격]
외 거꾸로 먹어도 제 재미다 [격]
외겹실
외고리눈이
외고집(−固執)
외고집쟁이(−固執−)
외골목
외골수(−骨髓)
외곬으로 생각하다
외과 병원(外科病院)
외곽 도로(外廓道路)
외곽 지역(外廓地域)
외교 관계(外交關係)
외교 문서＝외교문서(外交文書)
외교 분쟁(外交紛爭)
외교 사절＝외교사절(外交使節)
외교 전략(外交戰略)
외교 정책＝외교정책(外交政策)
외국 공관(外國公館)
외국 기업(外國企業)
외국 돈(外國−)
외국 말(外國−)
외국 물건(外國物件)
외국 사람(外國−)
외국 생활(外國生活)
외국 손님(外國−)
외국 여행(外國旅行)
외국 영화＝외국영화(外國映畫)
외국 유학(外國留學)
외국 자본＝외국자본(外國資本)
외국 제품(外國製品)
외국 학생(外國學生)
외기둥
외기러기
외길
외길목
외김치
외까풀
외꼬부랑이
외꽂이
외꽃

외나무다리
외나무다리에서 만날 날이 있다 [격]
외나물
외넝쿨
외눈
외눈깔
외눈박이
외눈부처
외다리
외다리방아
외닫이
외닫이 문(−門)
외대머리
외대박이
외 덩굴에 가지 열릴까[격]
외도질(外道−)
외독자(−獨子) ＝외아들.
외돌토리
외동덤　자반고등어의 배 속에 덤으로 끼워 놓
　　　는 한 마리의 새끼 자반.
외동딸
외동바리　구덩이가 무너지지 않도록 받치는
　　　한 개의 기둥.
외동발
외동서(外同壻)
외동아들
외동아이
외동자식(−子息)
외돛배
외둥이
외따님
외따로운 집
외딴곳
외딴길
외딴 마을
외딴 방(−房)
외딴섬
외딴집
외딴치다
외딸
외떡잎식물(−植物)
외떨어진 마을
외래문화(外來文化)
외래 사조(外來思潮)
외래 환자＝외래환자(外來患者)
외로울 거야

외로울걸
외로울 걸세
외로울걸요
외로워 보이다
외로 지나 바로 지나 [관]
외마디
외마치
외며느리
외며느리 고운 데 없다 [격]
외면치레(外面-)
외면해 오다(外面-)
외모는 거울로 보고 마음은 술로 본다(外貌-)
　　[격]
외목장사
외목장수
외몬다위
외무름
외미닫이
외바퀴
외박 나온 군인(外泊-軍人)
외발
외발뛰기
외발 자전거(-自轉車)
외발제기
외방출입(外房出入)
외밭
외벌
외벌노
외벌매듭
외보도리
외봉우리
외봉치다(外-)
외부 감사=외부감사(外部監査)
외부 공사(外部工事)
외부 압력(外部壓力)
외부 요인(外部要因)
외부 인사(外部人士)
외부 침입(外部侵入)
외부 활동(外部活動)
외빼기
외사촌 누이(外四寸-)
외삼촌댁(外三寸宅) '외숙모'를 이르는 말.
외삼촌 댁(外三寸宅) 외삼촌의 집.
외삼촌 물에 빠졌는가 웃기는 왜 웃나(外三寸-)
　　[격]
외삼촌 사는 골에 가지도 말랬다(外三寸-) [격]

외삼촌 산소에 벌초하듯(外三寸山所-伐草-)
　　[격]
외상 받다(-床-)
외상값
외상 거래(-去來)
외상말코지
외상술
외상 안 주다
외상없다
외상이면 사돈집 소도 잡아먹는다(-査頓-) [격]
외상이면 소도 잡아먹는다 [격]
외상자리
외상질
외상투
외설 문학(猥褻文學)
외소매책상(-冊床)
외소박이
외손
외손녀딸(外孫女-)
외손뼉
외손뼉이 못 울고 한 다리로 가지 못한다 [격]
외손뼉이 소리 날까 [격]
외손뼉이 울랴 [격]
외손뼉이 울지 못한다 [격]
외손의 방축이라(外孫-防築-) [격]
외손자를 보아 주느니 파밭을 매지(外孫子-)
　　[격]
외손잡이
외손지다
외손질
외손포
외수없다(外數-)
외숙모님(外叔母-)
외숙부님(外叔父-)
외시골(外-) 먼 시골.
외식 산업=외식산업(外食産業)
외신 기자(外信記者)
외신 보도(外信報道)
외 심은 데 콩 나랴 [격]
외씨
외씨버선
외아들
외아들 잡아먹은 할미 상(-相) [격]
외알박이
외알제기
외양간두엄(-間-)

외어깨
외어 보다
외어서다
외어 쓰다
외어앉다
외언청이
외 얽고 벽 친다(-壁-) [격]
외얽다
외여닫이
외오빼다
외올
외올뜨기
외올망건(-網巾)
외올베
외올실
외올탕건(-宕巾)
외와들다
외욕질 =욕지기질.
외우나 마나
외우다시피 하다
외워 쓰다
외인부대(外人部隊)
외입쟁이(外入-)
외입질(外入-)
외자 도입=외자도입(外資導入)
외자매(外姊妹)
외자상투
외자식(-子息)
외자 유치(外資誘致)
외자 이름(-字-)
외잡이
외장치다(-場-)
외제 담배(外製-)
외제 차(外製車)
외조부모(外祖父母)
외종숙모(外從叔母)
외종형제(外從兄弟)
외주둥이
외주둥이 굶는다 [격]
외주름
외주물구석
외주물집
외줄
외줄기
외줄기문서(-文書)
외줄낚시

외줄빼기
외줄 타기
외지 사람(外地-)
외진 길
외진 마을
외질멜빵
외질빵
외짝
외짝다리
외짝사랑 =짝사랑.
외쪽
외쪽박이
외쪽부모(-父母)
외쪽사랑
외쪽생각
외쪽송사(-訟事)
외쪽어버이
외챗집
외쳐 대다
외쳐 부르다
외쳐 오다
외출 금지(外出禁止)
외출 못 하다(外出-)
외출부재(外出不在)
외출옷(外出-)
외출 중(外出中)
외코신
외톨
외톨마늘
외톨박이
외톨밤
외톨밤이 벌레가 먹었다 [격]
외톨이 신세(-身世)
외통굴(-通窟)
외통길(-通-)
외투천(外套-) =외툿감.
외툿감(外套-)
외틀어지다
외판 사원(外販社員)
외팔
외패잡이
외할머니 댁(外-宅)
외할아버님(外-)
외화 낭비(外貨浪費)
외화 유출(外貨流出)
외환 시세=외환시세(外換市勢)

외환 위기(外換危機)
왼고개
왼고개를 젓다 [관]
왼고개를 틀다 [관]
왼나사(-螺絲)
왼낫
왼녘
왼 다리
왼발
왼발 구르고 침 뱉는다 [격]
왼발잡이
왼빚
왼뺨
왼새끼
왼새끼 꼬다 [관]
왼새끼 내던졌다 [격]
왼섶
왼소리 사람이 죽었다는 소문.
왼손
왼손잡이
왼손좍질 식사할 때, 순가락이나 젓가락을 왼
    손으로 쥠. 또는 그런 짓.
왼씨름
왼씨아
왼쪽 눈
왼쪽 손
왼쪽 팔
왼치마
왼팔
왼팔도 쓸 데가 있다
왼편(-便)
왼편짝(-便-)
왼호미
욀재주(-才-) 잘 외는 재주.
욀총(-聰) 잘 외어 기억하는 총기.
요강깨 요강 뚜껑.
요강 단지
요강담살이
요강대가리
요강도둑
요강도적(-盜賊)
요강 뚜껑으로 물 떠 먹은 셈 [격]
요것
요것조것
요구 사항(要求事項)
요구 조건(要求條件)

요구하다시피 하다(要求-)
요구한 대로(要求-)
요구해 오다(要求-)
요 근래(-近來)
요금 내다(料金-)
요금 안 내다(料金-)
요금 인하(料金引下)
요기조기
요긴하긴 하다만(要緊-)
요긴해 보이다(要緊-)
요깃거리(療飢-)
요까지로
요까짓 것
요까짓 일로
요 깔고 자다
요깟 일에
요 껍데기
요냥조냥
요 녀석
요년
요놈
요다음
요다지 모질까
요대로 가다가는
요동질(搖動-)
요동치다(搖動-)
요 따위
요란 떨다(搖亂-)
요란뻑적지근하다(搖亂-)
요란 피우다(搖亂-)
요래라조래라 하다
요랬다조랬다 하다
요러나조러나 마찬가지
요루루하다
요러조러하다
요러쿵조러쿵하다
요럭하다
요런대로
요런 일에
요령꾼(要領-)
요령 도둑놈(搖鈴-)
요령잡이(鐃鈴-)
요령잡이소리(鐃鈴-)
요리 방법(料理方法)
요리 솜씨(料理-)
요리조리

692

요리쿵조리쿵하다
요릿집(料理-)
요마적
요만 일 가지고
요만조만하다
요만치
요만큼
요만하면 될 거야
요맘때
요망 사항(要望事項)
요 며칠 새
요 몇 년간(-年間)
요 몇 달 새
요모조모 따져 보다
요물단지(妖物-)
요번 한 번만(-番-番-)
요변쟁이(妖變-)
요분질 성교할 때에, 여자가 남자에게 쾌감을
　　　주려고 아랫도리를 요리조리 놀리는 행위.
요사 떨다(妖邪-)
요사이 들어
요샛말
요설쟁이(饒舌-)
요소요소(要所要所)
요순시절(堯舜時節)
요술 방망이(妖術-)
요술 부리다(妖術-)
요술쟁이(妖術-)
요술 피리(妖術-)
요술 항아리(妖術缸-)
요식업자(料食業者)
요식 행위=요식행위(要式行爲)
요 앞 가게
요약정리(要約整理)
요양 가다(療養-)
요양 보내다(療養-)
요양 시설(療養施設)
요여꾼(腰輿-)
요염해 보이다(妖艶-)
요원의 불길(燎原-) [관]
요원해 보이다(遙遠-)
요임금(堯-)
요전번(-前番)
요전(-前)
요절나다(撓折-)
요절내다(撓折-)

요절내 버리다(撓折-)
요절 복통(腰折腹痛)
요주의(要注意)
요주의자(要注意者)
요즈막
요즈음
요즘 같아서는
요즘 들어
요즘 와서
요즘처럼
요직 인사(要職人事)
요쪽
요쯤
요청해 오다(要請-)
요컨대(要-)
요탓조탓하다
요트 경기=요트경기(yacht競技)
요포대기
요행수(僥倖數)
요행수 바라다(僥倖數-)
욕가마리(辱-)
욕감태기(辱-)
욕구 불만=욕구불만(欲求不滿)
욕되이 살다(辱-)
욕바가지(辱-)
욕보다(辱-)
욕보이다(辱-)
욕사발(辱沙鉢)
욕설질(辱說-)
욕심껏(慾心-)
욕심꾸러기(慾心-)
욕심나다(慾心-)
욕심내다(慾心-)
욕심낼 거야(慾心-)
욕심낼걸(慾心-)
욕심낼 걸세(慾心-)
욕심낼걸요(慾心-)
욕심낼 만하다(慾心-)
욕심보(慾心-)
욕심 부리지 마라(慾心-)
욕심 사납다(慾心-) [관]
욕심 안 내다(慾心-)
욕심은 부엉이 같다(慾心-) [격]
욕심이 눈을 가리다(慾心-) [관]
욕심이 사람 죽인다(慾心-) [격]
욕심쟁이(慾心-)

693

욕을 벌다(辱-) [관]

욕이 금인 줄 알아라(辱-金-) [격]

욕쟁이(辱-)

욕지거리(辱-)

욕지기나다

욕지기질

욕지기하다

욕질하다(辱-)

욕치레(辱-)

욕 한 번 안 먹다(辱-番-)

욧거죽

욧속

욧잇

용 가는 데 구름 가고 범 가는 데 바람 간다 (龍-) [격]

용 가는 데 구름 간다(龍-) [격]

용가마 큰 가마솥.

용갈이(龍-)

용감한 듯하다(勇敢-)

용감해 보이다(勇敢-)

용검도 써야 칼이지(龍劍-) [격]

용고뚜리 지나치게 담배를 많이 피우는 사람을 놀림조로 이르는 말.

용골때질

용공 세력(容共勢力)

용기 나다(勇氣-)

용기 내다(勇氣-)

용기백배(勇氣百倍)

용기 잃다(勇氣-)

용꿈(龍-)

용 나다(龍-)

용납 안 되다(容納-)

용눈썹(龍-)

용달차(用達車)

용대기 내세우듯(龍大旗-) [관]

용대기에 비 맞다(龍大旗-) [관]

용도 변경(用途變更)

용도 폐기(用途廢棄)

용돈 아껴 쓰다(用-)

용돈 타 쓰다(用-)

용 되다(龍-) [관]

용 될 고기는 모이 철부터 안다(龍-) [격]

용두레

용두머리

용두밀

용두쇠

용두질하다

용띠 해(龍-)

용마 갈기 사이에 뿔 나거든(龍馬-) [격]

용마룻대(龍-)

용마름(龍-)

용맹스러워 보이다(勇猛-)

용머리기와(龍-)

용모 단정(容貌端正)

용 못 된 이무기(龍-) [격]

용무늬(龍-)

용문산 안개 두르듯(龍門山-) [격]

용문산에 안개 모이듯(龍門山-) [격]

용미에 범 앉은 것 같다(龍尾-) [격]

용벚

용변 가리다(用便-)

용변 보다(用便-)

용봉비녀(龍鳳-)

용봉족편(龍鳳足-)

용비녀(龍-)

용빼는 재주

용서 못 할 놈(容恕-)

용서 없을 줄 알아라(容恕-)

용서해 주다(容恕-)

용솟아 오르다(湧-)

용솟음치다(湧-)

용수가 채반이 되도록 우긴다(-盤-) [격]

용수뒤

용수에 담은 찰밥도 엎지르겠네 [격]

용수 지르다 [관]

용숫바람

용심꾸러기

용심부리다

용심쟁이

용심지(-心-)

용쓰다

용역 계약(用役契約)

용역업체(用役業體)

용오름(龍-)

용올림(龍-)

용용 죽겠지

용울음(龍-) 갑자기 내는 큰 울음.

용을 낳다(龍-) [관]

용의 알을 얻은 것 같다(龍-) [격]

용의주도하다(用意周到-)

용의 초리(龍-) [관]

용이 물 밖에 나면 개미가 침노를 한다(龍-侵

694

攜-) [격]
용이 물을 잃은 듯(龍-) [격]
용이 여의주를 얻고 범이 바람을 탐과 같다
　　(龍-如意珠-) [격]
용이한 듯하다(容易-)
용이해 보이다(容易-)
용인해 주다(容認-)
용자리(龍-)
용자물쇠(龍-)
용자창(用字窓)
용장대(龍-)
용접해 놓다(鎔接-)
용정쟁이(春精-)
용지렁이(龍-)　큰 지렁이.
용짓감
용천검도 쓸 줄 알아야 한다(龍泉劍-) [격]
용천맞은 소리
용천지랄하다
용총줄
용춤 추다 [관]
용춤 추이다 [관]
용코로 걸리다
용트림(龍-)
용틀임(龍-)
우각새(牛角顋)　쇠뿔 속에 든 골.
우거져 가다
우거지
우거지김치
우거지상(-相)
우거짓국
우걱뿔
우걱뿔이
우겨 대다
우격다짐
우궁깃
우귓날(于歸-)
우그러들다
우그렁이
우그렁쪽박
우그려잡다
우글대다
우글우글하다
우글쭈글하다
우김성(-性)
우김질하다
우너리　가죽신의 운두.

우넘기
우네부네하다
우는 가슴에 말뚝 박듯 [격]
우는살
우는 소리 [관]
우는 시늉
우는 아기 똥 먹이기 [격]
우는 아이 젖 준다 [격]
우는 애도 속이 있어 운다 [격]
우당탕우당탕
우당탕퉁탕하다
우대 금리=우대금리(優待金利)
우대해 주다(優待-)
우댓사람
우덜거지
우데기
우두커니
우둔살
우둔한 것이 범 잡는다(愚鈍-) [격]
우둔해 보이다(愚鈍-)
우둥푸둥하다
우등상장(優等賞狀)
우등 열차=우등열차(優等列車)
우뚝 서다
우뚝 솟다
우뚝우뚝하다
우라질 것
우락부락하다
우락부리
우람차다
우량 기업(優良企業)
우량도서(優良圖書)
우량 식품(優良食品)
우량종자(優良種子)
우러나다
우러나오다
우러러보다
우러러보이다
우럭바늘
우렁이도 두렁 넘을 꾀가 있다 [격]
우렁이도 집이 있다 [격]
우렁이 속에도 생각이 들었다 [격]
우렁잇속
우레 같은 박수(-拍手)
우렛소리
우려내다

우려먹다
우려해 오다(憂慮-)
우로나란히(右-)
우로봐(右-)
우로어깨총(右-銃)
우롱해 오다(愚弄-)
우리 같으면
우리 것
우리 고장
우리구멍 논물이 빠져나가도록 논두렁에 뚫어
　　놓은 작은 구멍.
우리 국민(-國民)
우리글
우리나라
우리 동네
우리 땅
우리 때는
우리 마을
우리말
우리말고는
우리 말글
우리 맛
우리 모두
우리 몸
우리 민족(-民族)
우리뿐 아니라
우리 아빠
우리 엄마
우리 일
우리 집
우리판(-板)
우리판문(-板門)
우리 편(-便)
우린감
우림 지역(雨林地域)
우립 만드는 동안에 날이 갠다(雨笠-) [격]
우릿간(-間)
우마가 기린 되랴(牛馬-麒麟-) [격]
우마차(牛馬車)
우멍거지
우무묵
우무장아찌
우무종이
우무채
우묵땅
우묵식기(-食器)

우묵우묵하다
우묵주묵하다
우묵주발(-周鉢)
우묵해 보이다
우물가
우물가 공론(-公論) [관]
우물가에 애 보낸 것 같다 [격]
우물곁
우물고누
우물고누 첫수(-數) [격]
우물 공사(-工事) [관]
우물귀신(-鬼神)
우물귀신 잡아넣듯 하다(-鬼神-) [격]
우물길
우물눈
우물당치다
우물둔덕
우물둔덕에 애 내놓은 것 같다 [격]
우물 들고 마시겠다 [격]
우물물
우물 밑에 똥 누기 [격]
우물 속
우물 안 개구리 [격]
우물에 가 숭늉 찾는다 [격]
우물 옆에서 목말라 죽는다 [격]
우물을 파도 한 우물을 파라 [격]
우물질
우물집
우물쩍우물쩍하다
우물쭈물해 오다
우물 치다
우물 파다
우뭇가시
우뭇국
우므러들다
우박 맞다
우박 맞은 잿더미 같고 활량의 사포 같다(雨
　　雹-射布-) [격]
우박 맞은 잿더미 같다(雨雹-) [격]
우박 치다 [관]
우발사고(偶發事故)
우발 사태(偶發事態)
우방 국가(友邦國家)
우범 지대=우범지대(虞犯地帶)
우벼 넣다
우벼 파다

우비깃(雨備-)
우산걸음(雨傘-)
우산대(雨傘-)
우산 받다(雨傘-)
우산살(雨傘-)
우산 쓰다(雨傘-)
우산장이(雨傘-)
우산차비(雨傘差備)
우상 숭배＝우상숭배(偶像崇拜)
우선 먹기는 곶감이 달다(于先-) [격]
우선멈춤(優先-)
우선순위(優先順位)
우선시해 오다(優先視-)
우선해 오다(優先-)
우세해 보이다(優勢-)
우셋거리
우송해 버리다(郵送-)
우송해 주다(郵送-)
우수 기업(優秀企業)
우수 논문(優秀論文)
우수받이(雨水-)
우수 인력(優秀人力)
우수 작품(優秀作品)
우수 제품(優秀製品)
우숫물(雨水-)
우숫물 지다(雨水-)
우스갯말
우스갯소리
우스갯짓
우스꽝스러워 보이다
우스울 거야
우스울걸
우스울 걸세
우스울걸요
우스워질 거야
우스워질걸
우습게보다
우습게본 나무에 눈 찔린다 [격]
우습지도 않다 [관]
우승 상패(優勝賞牌)
우승컵(優勝 cup)
우승 팀(優勝 team)
우아해 보이다(優雅-)
우엉조림
우연만하다
우연찮다

우왕좌왕해 오다(右往左往-)
우울해 보이다(憂鬱-)
우유 값(牛乳-)
우유병(牛乳瓶)
우윳빛(牛乳-)
우이 잡다(牛耳-) [관]
우익 단체(右翼團體)
우장옷(雨裝-)
우정 어린 편지(友情-便紙)
우정 출연(友情出演)
우주 공간(宇宙空間)
우주 기지＝우주기지(宇宙基地)
우주 만물(宇宙萬物)
우주여행(宇宙旅行)
우주 탐사＝우주탐사(宇宙探查)
우죽불(牛粥-)
우줅이다
우중충해 보이다
우직한 듯하다(愚直-)
우직해 보이다(愚直-)
우천순연(雨天順延)
우측통행(右側通行)
우파 정부(右派政府)
우편배달(郵便配達)
우편 번호＝우편번호(郵便番號)
우편엽서(郵便葉書)
우편집배원(郵便集配員)
우편 판매(郵便販賣)
우표딱지(郵票-)
우표 수집(郵票蒐集)
우호증진(友好增進)
우화 소설＝우화소설(寓話小說)
우환덩어리(憂患-)
우황 든 소 같다(牛黃-) [격]
우황 든 소 앓듯(牛黃-) [격]
우회 도로(迂廻道路)
우회해 가다(迂廻-)
욱걷다
욱기 나다(-氣-)
욱끓다
욱대기다
욱여넣다
욱여들다
욱여싸다
욱은지붕
욱조이다

욱죄다
욱죄이다
욱쥐다
욱지르다
욱하는 마음
운김에
운꾼 한데 어울려 일할 사람.
운 나쁜(運-)
운남바둑 알쏭달쏭하여 분간하기 어려운 일.
운달다
운 달다(韻-) [관]
운동 경기=운동경기(運動競技)
운동 기구=운동기구(運動器具)
운동모자(運動帽子)
운동 부족(運動不足)
운동 삼아 걷다(運動-)
운동선수(運動選手)
운동 신경=운동신경(運動神經)
운동장만 하다(運動場-)
운동회 날(運動會-)
운두 낮은 신발
운반 수단(運搬手段)
운반 시설(運搬施設)
운반차(運搬車)
운반 차량(運搬車輛)
운송 수단(運送手段)
운송 회사(運送會社)
운수 대통(運數大通)
운수불길(運數不吉)
운수 사납다(運數-)
운수소관(運數所關)
운신 못 하다(運身-)
운 없다(運-)
운영되어 오다(運營-)
운영 실태(運營實態)
운영 자금=운영자금(運營資金)
운영해 오다(運營-)
운을 떼다(韻-) [관]
운을 밟다(韻-) [관]
운임 인상(運貨引上)
운전기사(運轉技士)
운전 기술(運轉技術)
운전대 놓다(運轉-) [관]
운전대 잡다(運轉-) [관]
운전면허(運轉免許)
운전 습관(運轉習慣)

운전 연습(運轉演習)
운전해 오다(運轉-)
운 좋게(運-)
운 티 안 나다
운항 노선(運航路線)
운항 정지(運航停止)
운행 시간(運行時間)
운행 정지(運行停止)
운행해 오다(運行-)
운행 횟수(運行回數)
운형자(雲形-)
울가망하다
울 거야
울걸
울 걸세
울걸요
울 겁니다
울게요
울고 가다 [관]
울고 넘는
울고 다니다
울고 말다
울고 먹는 씨아라 [격]
울고불고
울고불고하다
울고 싶다
울고 싶자 때린다 [격]
울골질하다
울기만 하다
울긴 왜 울어
울다 말고
울 듯 말 듯 하다
울 듯하다
울뚝밸
울띠
울럭김에
울렁증(-症)
울렁출렁하다
울려 나오다
울려는 아이 빰 치기 [격]
울려들다
울려서 아이 빰치기 [격]
울려오다
울려 주다
울려 퍼지다
울력걸음

울력걸음에 봉충다리 [격]
울력꾼
울력다짐
울력성당(-成黨)
울림구멍
울림막대
울림소리
울멍지다
울며 가다
울며 겨자 먹기 [격]
울며불며
울목(-木)
울바자
울바자가 헐어지니 이웃집 개가 드나든다 [격]
울바자굽
울부라리다
울부짖다
울 뻔하다
울뽕
울섶
울 수 없으니까 웃는다 [격]
울숲
울어 대다
울어리
울어 버리다
울어 쌓다
울었나 보다
울음기 섞인 목소리
울음꾼
울음바다
울음보따리
울음보 터지다
울음소리
울음에 젖다 [관]
울음을 삼키다 [관]
울음이 쇠다 [관]
울음주머니
울음 큰 새라 [격]
울음판
울이 세다 [관]
울적해 보이다(鬱寂-)
울지 마라
울지 않는 아이 젖 주랴 [격]
울창해 보이다(鬱蒼-)
울창해져 가다(鬱蒼-)
울타리가 허니까 이웃집 개가 드나든다 [격]

울타리를 벗어나다 [관]
울타리 밖을 모르다 [격]
울타리 치다
울퉁불퉁해 보이다
울화병 나다(鬱火病-)
울화통 터지다(鬱火-)
울홧술 마시다(鬱火-)
움고모(-姑母)
움 나다
움나무
움누이   시집간 누이가 죽고 난 뒤 그 누이의
       남편과 결혼한 여자.
움도 싹도 없다 [격]
움 돋다
움돋이
움따기
움딱지
움딸
움막(-幕)
움막살이(-幕-)
움막의 단장(-幕-醬) [격]
움막집(-幕-)
움버들
움벼
움불
움뽕
움싹
움씨
움 안에 간장(-醬) [격]
움 안에서 떡 받는다 [격]
움을 묻다 [관]
움을 지르다 [관]
움이 질리다 [관]
움잎
움직도르래
움직여 나가다
움직여 오다
움직여 주다
움직이는 듯하다
움직일 듯하다
움직임새
움집
움집살이
움집터
움츠러들다
움츠러들이다

699

움츠러지다
움치고 앉다
움켜잡다
움켜잡히다
움켜쥐다
움파다
움파리
움펑눈
움펑눈이
움포대(-砲臺)
움해(-害)
웁쌀   솥 밑에 잡곡을 깔고 그 위에 조금 얹어
　　안치는 쌀.
웃거름
웃겨 주다
웃고 나니
웃고 넘어가다
웃고만 있을 수는 없다
웃고 말다
웃고명
웃고 사람 친다 [격]
웃국
웃기는 선떡 먹고 취했나(-醉-) [격]
웃기는 소리
웃기떡
웃기만 하다
웃날
웃날이 들다 [관]
웃느라 한 말에 초상 난다(-初喪-) [격]
웃는 낯에 침 못 뱉는다 [격]
웃는 집에 복이 있다(-福-) [격]
웃다 말고
웃더껑이
웃돈 받다
웃돈 얹다
웃머리
웃물
윗바람
웃보다
웃비
웃비걷다
웃소금
웃아귀
웃어넘기다
웃어 대다
웃어른

웃어 버리다
웃어 보다
웃어 쌓다
웃어 주다
웃옷
웃으며 뺨 치듯 [격]
웃을 거야
웃을걸
웃을 걸세
웃을걸요
웃을게
웃을게요
웃을까 봐
웃음가마리
웃음거리
웃음기 돌다(-氣-)
웃음꽃 피다
웃음꾼
웃음 끝에 눈물 [격]
웃음 띠다
웃음바다
웃음보따리
웃음보 터지다
웃음빛
웃음살 가득하다
웃음 섞인 말
웃음소리
웃음 속에 칼이 있다
웃음엣말
웃음엣소리
웃음엣짓
웃음을 사다 [관]
웃음을 팔다 [관]
웃음주머니
웃음집
웃음 짓다
웃음통
웃음판
웃자라다
웃자람하다
웃지 마라
웃짐
웃짐을 치다 [관]
웃통 벗다
웃풍(-風)
웅덩이지다

700

웅변대회(雄辯大會)
웅변쟁이(雄辯-)
웅변조로(雄辯調-)
웅숭깊다
웅장해 보이다(雄壯-)
웅퉁바위
워낭 소리
원가 계산=원가계산(原價計算)
원가 절감=원가절감(原價節減)
원격 조종=원격조종(遠隔操縱)
원경 늦은 경으로(遠景-) [관]
원고 매수(原稿枚數)
원고 승소(原告勝訴)
원고용지(原稿用紙)
원고 집필(原稿執筆)
원고 청탁(原稿請託)
원그림(原-)
원그림표(圓-表)
원기둥(圓-)
원기 부족(元氣不足)
원기 회복(元氣回復)
원나무(原-)
원 내고 좌수 내고(員-座首-) [격]
원내 총무=원내총무(院內總務)
원님과 급창이 흥정을 해도 에누리가 없다(員-
     及唱-) [격]
원님 덕에 나팔 분다(員-德-喇叭-) [격]
원님도 보고 환자도 탄다(員-還子-) [격]
원님은 책방에서 춘다(員-冊房-) [격]
원님이 심심하면 좌수 볼기를 친다(員-座首-)
     [격]
원달구(圓-)
원달구질(圓-)
원대로 하다(願-)
원대 복귀(原隊復歸)
원두 놓다(園頭-) [관]
원두덩굴(園頭-)
원두밭(園頭-)
원두 부치다(園頭-) [관]
원두커피(原豆coffee)
원두한이(園頭干-)
원두한이 사촌을 모른다(園頭干-四寸-) [격]
원두한이 쓴 외 보듯(園頭干-) [격]
원둘레(圓-)
원뜻(元-, 原-)
원로 시인(元老詩人)

원로 학자(元老學者)
원리 원칙(原理原則)
원만해 보이다(圓滿-)
원만해져 가다(圓滿-)
원망 들어 가며(怨望-)
원망 안 하다(怨望-)
원망해 오다(怨望-)
원목 가구(原木家具)
원바닥(元-)
원반던지기(圓盤-)
원반써레(圓盤-)
원반칼(圓盤-)
원밥수기 떡국에 밥을 넣어 끓인 음식.
원 보고 송사 본다(員-訟事-) [격]
원뿌리(元-)
원뿔(圓-)
원뿔나무(圓-)
원산말뚝 ‘북어’를 속되게 이르는 말.
원산폭격(元山爆擊)
원살이 고공살이(員-雇工-) [격]
원상 복구(原狀復舊)
원상회복(原狀回復)
원색 사진=원색사진(原色寫眞)
원생동물(原生動物)
원생식물(原生植物)
원서 접수(願書接受)
원소 기호=원소기호(元素記號)
원수 갚다(怨讐-)
원수는 순으로 풀라(怨讐-順-) [격]
원수는 외나무다리에서 만난다(怨讐-) [격]
원수 보듯(怨讐-)
원수지다(怨讐-)
원수진 사이(怨讐-)
원수풀이(怨讐-)
원숙해 보이다(圓熟-)
원숙해져 가다(圓熟-)
원숭이걸음
원숭이 달 잡기 [관]
원숭이도 나무에서 떨어진다 [격]
원숭이 똥구멍같이 말갛다 [격]
원숭이띠
원숭이띠 해
원숭이 볼기짝인가 [격]
원숭이의 고기 재판하듯(-裁判-) [격]
원숭이 이 잡아먹듯 [격]
원숭이해

701

원숭이 흉내 내듯 [격]
원시말(原始-)
원시생활(原始生活)
원시 시대=원시시대(原始時代)
원시정보(原始情報)
원시 종교=원시종교(原始宗教)
원식구(原食口)
원앙이 녹수를 만났다(鴛鴦-綠水-) [격]
원앙금침(鴛鴦衾枕)
원앙새장(鴛鴦-欌)
원양 어선=원양어선(遠洋漁船)
원 없이 먹다(願-)
원예 식물=원예식물(園藝植物)
원옥살이(冤獄-)
원외 투쟁=원외투쟁(院外鬪爭)
원운동(圓運動)
원유 가격(原油價格)
원을 만나거나 시주를 받거나(員-施主-) [격]
원이름(原-)
원인 규명(原因糾明)
원인 무효(原因無效)
원인 분석(原因分析)
원인 제공(原因提供)
원자구름(原子-)
원자시계(原子時計)
원자재 값(原資材-)
원자 폭탄=원자폭탄(原子爆彈)
원저자(原著者)
원적외선(遠赤外線)
원정 가다(遠征-)
원정 경기(遠征競技)
원조 교제(援助交際)
원조해 주다(援助-)
원족 가다(遠足-)
원줄기(元-)
원천 기술(源泉技術)
원천 봉쇄(源泉封鎖)
원천 징수=원천징수(源泉徵收)
원청회사(原請會社)
원추리나물
원탁회의(圓卓會議)
원통그물(圓筒-)
원 풀다(願-)
원 풀어 주다(願-)
원풀이하다(怨-, 願-)
원하는 대로(願-)

원하든 안 하든(願-)
원한 관계(怨恨關係)
원한 맺히다(怨恨-)
원한 살 일(怨恨-)
원해 오다(願-)
원형 무대(圓形舞臺)
원활해 보이다(圓滑-)
원활해져 가다(圓滑-)
월간 잡지(月刊雜誌)
월경 주기=월경주기(月經週期)
월권행위(越權行爲)
월급날(月給-)
월급 못 받다(月給-)
월급 못 주다(月給-)
월급 받다(月給-)
월급봉투(月給封套)
월급살이(月給-)
월급쟁이(月給-)
월급 주다(月給-)
월급 타다(月給-)
월남 인사(越南人士)
월남치마(越南-)
월동 준비(越冬準備)
월동채소(越冬茱蔬)
월따말 털빛이 붉고 갈기가 검은 말.
월례 보고(月例報告)
월례 행사(月例行事)
월말 결산(月末決算)
월말 시험=월말시험(月末試驗)
월부 판매=월부판매(月賦販賣)
월북 작가(越北作家)
월세 살다(月貰-)
월수입(月收入)
월숫돈(月收-)
월요일 날(月曜日-)
월요일 밤(月曜日-)
월중 행사(月中行事)
월차 휴가=월차휴가(月次休暇)
월천꾼에 난쟁이 빠지듯(越川-) [격]
월천꾼처럼 다리부터 걷는다(越川-) [격]
월평균(月平均)
웨딩드레스(wedding dress)
웬 거냐
웬걸
웬 놈이냐
웬 떡이냐

702

웬만치 살다
웬만큼 해라
웬만하면
웬 불똥이 튀어 박혔나 [격]
웬셈
웬일로
웬 잔말이 그리 많으냐
위각나다(違角−)
위계질서(位階秩序)
위급 상황(危急狀況)
위급해 보이다(危急−)
위급 환자(危急患者)
위기관리(危機管理)
위기 극복(危機克服)
위기 대처(危機對處)
위기 상황(危機狀況)
위기의식(危機意識)
위기일발(危機一髮)
위기 탈출(危機脫出)
위내시경(胃內視鏡)
위대해 보이다(偉大−)
위덮다
위독해 보이다(危篤−)
위뜸
위로 방문(慰勞訪問)
위로 전화(慰勞電話)
위로조로(慰勞調−)
위로 진 물이 발등에 진다 [격]
위로해 주다(慰勞−)
위문 가다(慰問−)
위문 공연(慰問公演)
위문주머니(慰問−)
위문편지(慰問便紙)
위반 사항(違反事項)
위반 안 하다(違反−)
위반 차량(違反車輛)
위반해 오다(違反−)
위반 행위(違反行爲)
위법 사항(違法事項)
위법 행위=위법행위(違法行爲)
위불위없다(爲不爲−)
위상 정립(位相定立)
위생 상태(衛生狀態)
위생인부(衛生人夫)
위생 점검(衛生點檢)
위성 방송=위성방송(衛星放送)

위성사진(衛星寫眞)
위성 중계=위성중계(衛星中繼)
위세 당당(威勢堂堂)
위세 부리다(威勢−)
위세 피우다(威勢−)
위신 떨어지다(威信−)
위신 안 서다(威信−)
위아래
위아랫막이
위아랫물지다
위안거리(慰安−)
위안해 주다(慰安−)
위엄차다(威嚴−)
위없다
위에는 위가 있다 [격]
위원 총회(委員總會)
위임해 버리다(委任−)
위임해 주다(委任−)
위장 결혼(僞裝結婚)
위장옷(僞裝−)
위장장애(胃腸障碍)
위장 전입(僞裝轉入)
위장 질환(胃腸疾患)
위장 취업(僞裝就業)
위 조금 아래 골고루 [격]
위조꾼(僞造−)
위조문서(僞造文書)
위조 수표=위조수표(僞造手票)
위조 여권(僞造旅券)
위조지폐(僞造紙幣)
위조 화폐=위조화폐(僞造貨幣)
위증 혐의(僞證嫌疑)
위짝
위쪽
위채
위초리
위층(−層)
위치마
위 칸
위탁 관리(委託管理)
위탁 교육(委託敎育)
위탁 판매=위탁판매(委託販賣)
위태로워 보이다(危殆−)
위태해 보이다(危殆−)
위턱
위턱구름

703

위턱뼈
위팔뼈
위편짝(-便-)
위풍당당(威風堂堂)
위하는 듯하다(爲-)
위하는 척하다(爲-)
위해 주다(爲-)
위헌 결정(違憲決定)
위헌 판결=위헌판결(違憲判決)
위험 물질(危險物質)
위험 부담=위험부담(危險負擔)
위험 상황(危險狀況)
위험수당(危險手當)
위험 수위=위험수위(危險水位)
위험 신호=위험신호(危險信號)
위험인물(危險人物)
위험 지역=위험지역(危險地域)
위험천만(危險千萬)
위험한 듯하다(危險-)
위험할뿐더러(危險-)
위험할 뿐 아니라(危險-)
위험해 보이다(危險-)
위협사격(威脅射擊)
윗가지
윗간(-間)
윗거죽
윗구멍
윗길
윗넓이
윗녘
윗누이
윗눈시울
윗눈썹
윗니
윗다리
윗당줄
윗덧줄
윗도리
윗돌
윗돌 빼서 아랫돌 괴고 아랫돌 빼서 윗돌 괴기
　　[격]
윗동강
윗동네(-洞-)
윗동아리
윗마구리
윗마기

윗마디
윗마을
윗막이
윗머리
윗면(-面)
윗목
윗몸
윗물
윗물이 맑아야 아랫물이 맑다 [격]
윗미닫이틀
윗바람
윗반(-班)
윗방(-房)
윗방아기(-房-)
윗배
윗배미
윗벌
윗변(-邊)
윗볼
윗부리
윗부분(-部分)
윗사람
윗사랑(-舍廊)
윗세장
윗수염(-鬚髥)
윗아귀
윗알　수판의 가름대 위에 있는 알.
윗옷
윗입술
윗입술이 아랫입술에 닿느냐[격]
윗잇몸
윗자리
윗중방(-中枋)
윗집
유가 사상(儒家思想)
유가 아니다(類-) [관]
유가 증권=유가증권(有價證券)
유감없다(遺憾-)
유감천만(遺憾千萬)
유격 훈련(遊擊訓練)
유경살이(留京-)
유경촛대(鍮檠-臺)
유관 기관(有關機關)
유괴 사건(誘拐事件)
유교 사상(儒敎思想)
유교 사회(儒敎社會)

유구무언(有口無言)
유권 해석=유권해석(有權解釋)
유급 제도(留級制度)
유급 휴가=유급휴가(有給休暇)
유기그릇(鍮器-)
유기 농업=유기농업(有機農業)
유기장이(柳器-)
유기 정학(有期停學)
유기해 버리다(遺棄-)
유난 떨다
유난스러워 보이다
유년 시절(幼年時節)
유념해 두다(留念-)
유다르다(類-)
유달리(類-)
유대 강화(紐帶强化)
유대 관계(紐帶關係)
유도 선수(柔道選手)
유도 신문=유도신문(誘導訊問)
유도 장치=유도장치(誘導裝置)
유도해 나가다(誘導-)
유독 물질(有毒物質)
유동 인구(流動人口)
유두손비비다(流頭-)
유둣날(流頭-)
유둣물(流頭-)
유들유들해 보이다
유랑 극단(流浪劇團)
유랑 생활(流浪生活)
유럽 대륙(Europe大陸)
유럽 연합=유럽연합(Europe聯合)
유력 인사(有力人士)
유력해 보이다(有力-)
유령 회사(幽靈會社)
유례없는 일(類例-)
유록빛(柳綠-)
유료 도로=유료도로(有料道路)
유리개미(琉璃-)
유리걸식(流離乞食)
유리구슬(琉璃-)
유리그릇(琉璃-)
유리물(琉璃-)
유리벽돌(琉璃甓-)
유리 상자(琉璃箱子)
유리알(琉璃-)
유리 조각(琉璃-)

유리종이(琉璃-)
유리창살(琉璃窓-)
유리칼(琉璃-)
유리컵(琉璃cup)
유리 파편(琉璃破片)
유리한 듯하다(有利-)
유리해 보이다(有利-)
유리해져 가다(有利-)
유린되어 오다(蹂躪-)
유망 사업(有望事業)
유망 업종(有望業種)
유망 직종(有望職種)
유망해 보이다(有望-)
유머 감각(humor感覺)
유머 소설=유머소설(humor小說)
유명무실(有名無實)
유명 상품(有名商品)
유명을 달리하다(幽明-)
유명 인사(有名人士)
유명 작품(有名作品)
유모살이(乳母-)
유목 민족(遊牧民族)
유물 발굴(遺物發掘)
유바지(油-) 비 올 때에 마부들이 입는 바지.
유방구름(乳房-)
유배 가다(流配-)
유배 생활(流配生活)
유별나다(有別-)
유별난 듯하다(有別-)
유복한 과수는 앉아도 요강 꼭지에 앉는다(裕福-寡守-) [격]
유복해 보이다(裕福-)
유부국수(油腐-)
유비가 한중 믿듯(劉備-漢中-)
유비냐 울기도 잘한다(劉備-)
유비무환(有備無患)
유사사건(類似事件)
유사상표=유사상표(類似商標)
유사 이래(有史以來)
유사 제품(類似製品)
유산 상속=유산상속(遺産相續)
유색야채(有色野菜)
유색 인종=유색인종(有色人種)
유서 깊다(由緒-)
유선 방송=유선방송(有線放送)
유성기판(留聲機板)

유세 다니다(遊說-)
유세 부리다(有勢-)
유세 피우다(有勢-)
유식꾼(有識-)
유식쟁이(有識-)
유식한 체하다(有識-)
유식해 보이다(有識-)
유신 정권(維新政權)
유신 체제(維新體制)
유씨 문중(柳,劉,俞,庚氏 門中)
유씨 성 가진 사람(柳,劉,俞,庚氏姓-)
유 씨 집(柳,劉,俞,庚氏-)
유아 교육=유아교육(幼兒敎育)
유야무야되다(有耶無耶-)
유언비어(流言蜚語)
유언양자(遺言養子)
유언해 놓다(遺言-)
유엔 가입(UN加入)
유엔 본부(UN本部)
유엔잠바(UNjumper)
유엔 총회=유엔총회(UN總會)
유연해 보이다(柔軟-)
유예 기간=유예기간(猶豫期間)
유용해 오다(流用-)
유월 달(六月-)
유월 말경(六月末頃)
유월 장마에 돌도 큰다(六月-) [격]
유월 저승을 지나면 팔월 신선이 돌아온다(六
　月-八月神仙-) [격]
유월 호(六月號)
유유상종(類類相從)
유유자적(悠悠自適)
유의 사항(留意事項)
유인된 듯하다(誘引-)
유인해 오다(誘引-)
유일무이(唯一無二)
유일사상(唯一思想)
유임될 듯하다(留任-)
유임해 오다(留任-)
유입 인구(流入人口)
유자나무(柚子-)
유자단자(柚子團餈)
유적 답사(遺跡踏査)
유전 개발(油田開發)
유전 인자=유전인자(遺傳因子)
유전 지대(油田地帶)

유전 형질=유전형질(遺傳形質)
유죄 판결=유죄판결(有罪判決)
유지매미(油脂-)
유지 비용(維持費用)
유지해 가다(維持-)
유지해 오다(維持-)
유착 관계(癒着關係)
유추해 보다(類推-)
유출 사건(流出事件)
유치 경쟁(誘致競爭)
유치 운동(誘致運動)
유치해 보이다(幼稚-)
유치해 오다(誘致-)
유치 활동(誘致活動)
유쾌해 보이다(愉快-)
유통 경로(流通經路)
유통 구조(流通構造)
유통 기한=유통기한(流通期限)
유통 시장=유통시장(流通市場)
유통 안 되다(流通-)
유통 질서(流通秩序)
유통 회사(流通會社)
유학 가다(留學-)
유학 길에(留學-)
유학 떠나다(留學-)
유학 비자(留學visa)
유학 사상(儒學思想)
유학 생활(留學生活)
유학 시절(留學時節)
유한마담(有閑madame)
유한부인(有閑夫人)
유해 가스=유해가스(有害gas)
유해 물질(有害物質)
유해 식품(有害食品)
유행 따라(流行-)
유행 상품(流行商品)
유행 안 타다(流行-)
유행 타다(流行-)
유행해 오다(流行-)
유혈 사태(流血事態)
유혈 진압(流血鎭壓)
유혈 충돌(流血衝突(
유혈 혁명=유혈혁명(流血革命)
유형별(類型別)
유혹해 오다(誘惑-)
유화 작전(宥和作戰)

유화틀(油畫-)
유황불(硫黃-)
유황빛(硫黃-)
유황성냥(硫黃-)
유효 기간=유효기간(有效期間)
유효 성분(有效成分)
유효 투표(有效投票)
유휴 시설(遊休施設)
유휴 자금=유휴자금(遊休資金)
유흥업소(遊興業所)
유흥 주점(遊興酒店)
육간대청(六間大廳)
육간장(肉-醬)
육갑 떨다(六甲-)
육갑을 짚다(六甲-) [관]
육고추장(肉-醬)
육군 병원=육군병원(陸軍病院)
육군 장병(陸軍將兵)
육군 중위(陸軍中尉)
육 대조(六代祖)
육도뒤꽂이(六桃-)
육두망신(-亡身)
육두문자(肉頭文字)
육로 관광(陸路觀光)
육모 방망이=육모방망이(六-)
육모썰기(六-)
육모얼레(六-)
육모얼레에 연줄 감듯(六-鳶-) [격]
육미붙이(肉味-)
육바라기(六波羅-)
육바라밀짚신(六波羅蜜-)
육박해 오다(肉薄-)
육방망이(六-)
육밭고누(六-)
육붙이(肉-)
육삭둥이(六朔-)
육상 경기=육상경기(陸上競技)
육상 생물(陸上生物)
육상 선수(陸上選手)
육섣달(六-)
육성 녹음(肉聲錄音)
육성 방안(育成方案)
육성해 오다(育成-)
육손이(六-)
육시랄(戮屍-)
육식 동물=육식동물(肉食動物)

육십갑자(六十甲子)
육십 대(六十代)
육십 줄에 들다(六十-)
육십 평생(六十平生)
육아 휴직(育兒休職)
육영 사업=육영사업(育英事業)
육장 줄로 친 듯하다(六場-) [격]
육젓(六-)
육중해 보이다(肉重-)
육지 사람(陸地-)
육쪽마늘
육체관계(肉體關係)
육체노동(肉體勞動)
육촌 오빠(六寸-)
육촌 형(六寸兄)
육친 관계(肉親關係)
육칠 년(六七年)
육칠월(六七月)
육칠월 늦장마에 물 퍼내어 버리듯(六七月-)
    [격]
육탄 공세(肉彈攻勢)
육탄 저지(肉彈沮止)
육태질(陸駄-)
육통터지다(六通-)
육필 원고(肉筆原稿)
육하원칙(六何原則)
육해공군(陸海空軍)
육 형제(六兄弟)
육혹(肉-)
윤곽 잡히다(輪廓-)
윤기 돌다(潤氣-)
윤나다(潤-)
윤내다(潤-)
윤달(閏-)
윤달에 만난 회양목(閏-陽木) [격]
윤동짓달(閏冬至-)
윤동짓달 스무 초하룻날 주겠다(閏冬至-初-)
    [격]
윤똑똑이
윤락 여성(淪落女性)
윤리 규범(倫理規範)
윤리 의식(倫理意識)
윤 선생님(尹先生-)
윤섣달(閏-)
윤섣달엔 앉은 방석도 안 돌려놓는다(閏-方
席-) [격]

윤씨 문중(尹氏門中)
윤 씨 집(尹氏-)
윤이월(閏二月)
윤이월 제사냐(閏二月祭祀-) [격]
윤척없다(倫脊-)
윤택해 보이다(潤澤-)
윤택해져 가다(潤澤-)
윤 회장님(尹會長-)
율무쌀
율무응이
율무죽(-粥)
융단 폭격=융단폭격(絨緞爆擊)
융자해 주다(融資-)
융통해 오다(融通-)
윷가락
윷꾼
윷놀이
윷밭
윷자리
윷점(-占)
윷진아비
윷짝
윷짝 가르듯 [관]
으깨다
으깨어 보다
-으나마 (어미) 늦었으나마, 좋지는 않았으나
　　　마.
-으니만치 (어미) 힘들게 일자리를 얻었으니
　　　만치.
-으니만큼 (어미) 날씨가 좋으니만큼, 여유가
　　　있으니만큼.
으뜸가다
-으련마는 (어미) 제 잘못을 알았으련마는.
-으로부터 (조사) 그곳으로부터, 남쪽으로부터.
으르딱딱거리다
으름장 놓다
으리으리해 보이다
으스대다
으스름달
으스름달밤
으슥한 데 꿩 알 낳는다 [격]
윽다물다
윽물다
윽물리다
윽박다
윽박지르다

윽벼르다
윽살리다
윽죄다
윽죄이다
은가락지(銀-)
은가루(銀-)
은거울(銀-)
은결들다
은고리(銀-)
은구기(銀-)
은구슬(銀-)
은그릇(銀-)
은근짜(慇懃-)
은 나라 뚝딱 금 나라 뚝딱(銀-金-) [격]
은니(銀-)
은닉 재산(隱匿財産)
-은뎁쇼 (어미) 성능이 좋은뎁쇼.
은돈(銀-)
은동거리(銀-)
은동곳(銀-)
은두구리(銀-)
은둔사상(隱遁思想)
은둔 생활(隱遁生活)
은딱지(銀-)
은모래(銀-)
은목감이(銀-)
은물(銀-)
은물결(銀-)
-은바 (어미) 진상을 들은바, 그것이 사실이 아
　　　니다. 은혜가 하해와 같은바 갚을 길이 없다.
은바둑(銀-)
은반지(銀半指)
은방울(銀-)
은방울을 굴리는 듯하다(銀-) [관]
은붙이(銀-)
은비녀(銀-)
은비늘(銀-)
은비둘기(銀-)
은빛(銀-)
은빛 돌다(銀-)
은사슬(銀-)
은수저(銀-)
은 숟가락(銀-)
은시계(銀時計)
은실(銀-)
은어받이

은에서 은 못 고른다(銀-銀-) [격]
은연중
은은해 보이다(隱隱-)
은인자중(隱忍自重)
은장이(銀-)
은저울(銀-)
은 젓가락(銀-)
은종이(銀-)
은줄(銀-)
은진은 강경으로 꾸려 간다(恩津-江景-) [격]
은총이(銀-) 불알이 흰 말.
은테(銀-)
은테두리(銀-)
은토끼(銀-)
은퇴 연도(隱退年度)
은팔찌(銀-)
은폐해 오다(隱蔽-)
은행 강도(銀行强盜)
은행 거래=은행거래(銀行去來)
은행 계좌(銀行計座)
은행나무(銀杏-)
은행나무도 마주 서야 연다(銀杏-) [격]
은행나무 잎(銀杏-)
은행 대출(銀行貸出)
은행 빚(銀行-)
은행 예금=은행예금(銀行預金)
은행 이자(銀行利子)
은행 잎(銀杏-)
은행 잔액(銀行殘額)
은행 창구(銀行窓口)
은행털이(銀行-)
은행 통장(銀行通帳)
은혈못(隱穴-) 아래위를 뾰족하게 깎아 만든
　　나무못.
은혈자물쇠(隱穴-)
은혜 갚다(恩惠-)
은혜를 원수로 갚는다(恩惠-怨讐-) [격]
은혜 입다(恩惠-)
은혜풀이(恩惠-)
은화식물(隱花植物)
-을라치면 (어미) 보고 있을라치면.
-을랑은 (조사) 그 사람일랑은 부르지 마라.
을러대다
을러메다
을러방망이
을러방망이를 치다 [관]

을러방망이하다
을사조약(乙巳條約)
-을쏜가 (어미) 그 말을 믿을쏜가, 하늘보다
　　높을쏜가.
을씨년스러워 보이다
-을작시면 (어미) 그 말을 들을작시면.
-을지니라 (어미) 곧 날이 밝을지니라, 내 말
　　을 믿을지니라.
-을지언정 (어미) 차라리 굶을지언정, 나이는
　　어렸을지언정.
읊어 가다
읊어 나가다
읊어 보다
읊어 주다
읊조리다
음넓이(音-)
음높이(音-)
음담패설(淫談悖說)
음독자살(飲毒自殺)
음란 서적(淫亂書籍)
음란 행위(淫亂行爲)
음력설(陰曆-)
음미할 만하다(吟味-)
음미해 보다(吟味-)
음산해 보이다(陰散-)
음성 소득(陰性所得)
음성 수입(陰性收入)
음성 정보(音聲情報)
음식 값(飲食-)
음식 같잖은 개떡수제비에 입천장만 덴다(飲
　　食-天障-) [격]
음식 구경을 못하다(飲食-) [관]
음식 냄새(飲食-)
음식 대접(飲食待接)
음식 맛(飲食-)
음식 문화(飲食文化)
음식 솜씨(飲食-)
음식 싫은 건 개나 주지 사람 싫은 건 할 수 있
　　나(飲食-) [격]
음식은 갈수록 줄고 말은 갈수록 는다(飲食-)
　　[격]
음식은 한데 먹고 잠은 따로 자라(飲食-) [격]
음식 장만(飲食-)
음식 장사(飲食-)
음식 찌꺼기(飲食-)
음악 감상(音樂鑑賞)

음악 교사(音樂教師)
음악다방(音樂茶房)
음악 대학=음악대학(音樂大學)
음악 선생님(音樂先生-)
음악 책(音樂册)
음악 평론(音樂評論)
음악 학원(音樂學院)
음유 시인=음유시인(吟遊詩人)
음으로 양으로(陰-陽-) [관]
음자리표(音-標)
음주 단속(飮酒團束)
음주 문화(飮酒文化)
음주 사고(飮酒事故)
음주 운전(飮酒運轉)
음주 측정(飮酒測定)
음지가 양지 되고 양지가 음지 된다(陰地-陽
    地-陽地-陰地-) [격]
음지나무(陰地-)
음지도 양지 될 때가 있다(陰地-陽地-) [격]
음지 식물=음지식물(陰地植物)
음지의 개 팔자(陰地-八字) [격]
음지쪽(陰地-)
음짚신(陰-) 상제가 여막에서 신는 짚신.
음충맞다
음침해 보이다(陰沈-)
음탕해 보이다(淫蕩-)
음탕해져 가다(淫蕩-)
음풍농월(吟風弄月)
음해 공작(陰害工作)
음향 기기(音響器機)
음향 시설(音響施設)
음향 효과=음향효과(音響效果)
음흉주머니(陰凶-)
음흉해 보이다(陰凶-)
음흉해져 가다(陰凶-)
읍선생(邑先生) 고을 원으로 있었던 사람.
읍에서 매 맞고 장거리에서 눈 흘긴다(邑-場-)
    [격]
응고 현상(凝固現象)
응급 구조(應急救助)
응급 복구(應急復舊)
응급수단(應急手段)
응급 수술=응급수술(應急手術)
응급조치(應急措置)
응급 환자(應急患者)
응달건조(-乾燥)

응달나무
응달 식물=응달식물(-植物)
응달에도 햇빛 드는 날이 있다 [격]
응달지다
응달쪽
응답해 주다(應答-)
응대 안 해 주다(應對-)
응대해 주다(應對-)
응등그러지다
응모 기간(應募期間)
응모해 보다(應募-)
응석꾸러기
응석둥이
응석받이
응석 부리다
응석으로 자란 자식(-子息) [격]
응석 피우다
응시 과목(應試科目)
응시 자격(應試資格)
응아응아
응애응애
응어리지다
응어리 풀다
응용과학(應用科學)
응용 기술(應用技術)
응용문제(應用問題)
응용해 오다(應用-)
응원 가다(應援-)
응원 갔다 오다(應援-)
응원 연습(應援練習)
응원해 주다(應援-)
응접세트(應接set)
응접탁자(應接卓子)
응해 보다(應-)
응해 오다(應-)
응해 주다(應-)
응혈이 지다(凝血-) [관]
의가 나다(誼-) [관]
의가 좋으면 처갓집 말뚝에도 절한다(誼-妻
    家-) [격]
의가 좋으면 천하도 반분한다(誼-天下-半分-)
    [격]
의견 교환(意見交換)
의견 대립(意見對立)
의견 수렴(意見收斂)
의견 일치(意見一致)

710

의견 제시(意見提示)
의견 조율(意見調律)
의견 차이(意見差異)
의견 충돌(意見衝突)
의결 사항(議決事項)
의기소침(意氣銷沈)
의기양양해 보이다(意氣揚揚-)
의기투합(意氣投合)
의 끊다(誼-)
의논 안 하다(議論-)
의논이 맞으면 부처도 앙군다(議論-) [격]
의논한 대로(議論-)
의논해 보다(議論-)
의논해 오다(議論-)
의뢰해 놓다(依賴-)
의뢰해 오다(依賴-)
의료 기관(醫療機關)
의료 기술(醫療技術)
의료 보험=의료보험(醫療保險)
의료 사고=의료사고(醫療事故)
의료 시설(醫療施設)
의료 장비(醫療裝備)
의료 행위(醫療行爲)
의료 혜택(醫療惠澤)
의류 도매(衣類都賣)
의리부동(義理不同)
의리 없는 놈(義理-)
의무 교육=의무교육(義務敎育)
의무 사항(義務事項)
의무연한(義務年限)
의무 조항(義務條項)
의문 사항(疑問事項)
의문에 붙이다(疑問-)
의뭉 떨다
의뭉하기는 노전 대사라(-爐殿大師-) [격]
의뭉하기는 음창 벌레라(-陰瘡-) [격]
의뭉한 두꺼비 옛말 한다 [격]
의미 부여(意味附與)
의미심장(意味深長)
의미 있는 일(意味-)
의병 제대=의병제대(依病除隊)
의병 활동(義兵活動)
의보 수가(醫保酬價)
의복가지(衣服-)
의복이 날개(衣服-) [격]
의붓딸

의붓아들
의붓아버지
의붓아비
의붓아비 묘의 벌초(-墓-伐草) [격]
의붓아비 소 팔러 보낸 것 같다 [격]
의붓아비 아비라 하랴 [격]
의붓아비 제삿날 몰리듯(-祭祀-) [격]
의붓어머니
의붓어멈
의붓어미
의붓어미 눈치 보듯 [격]
의붓자식(-子息)
의붓자식 다루듯(-子息-) [격]
의붓자식 소 팔러 보낸 것 같다(-子息-) [격]
의붓자식 옷 해 준 셈(-子息-) [격]
의사가 제 병 못 고친다(醫師-病-) [격]
의사 결정(意思決定)
의사 선생님(醫師先生-)
의사소통(意思疏通)
의사일정(議事日程)
의사 전달(意思傳達)
의사 진행(議事進行)
의사 타진(意思打診)
의사 표시=의사표시(意思表示)
의사 행세(醫師行世)
의식 교육(意識敎育)
의식 구조=의식구조(意識構造)
의식 못 하다(意識-)
의식 불명=의식불명(意識不明)
의식 세계(意識世界)
의식해 오다(意識-)
의심 가는 데가 있다(疑心-)
의심꾸러기(疑心-)
의심나다(疑心-)
의심스러워 보이다(疑心-)
의심 안 가는 것은(疑心-)
의심 안 하다(疑心-)
의심쟁이(疑心-)
의심쩍다(疑心-)
의심해 보다(疑心-)
의심해 오다(疑心-)
의아쩍다(疑訝-)
의아한 듯하다(疑訝-)
의약 분업=의약분업(醫藥分業)
의연해 보이다(毅然-)
의욕 나다(意慾-)

의욕 넘치다(意慾-)
의원 총회=의원총회(議員總會)
의자장이(椅子-)
의장 특허(意匠特許)
의전 행사(儀典行事)
의젓잖다
의젓해 보이다
의젓해져 가다
의정 활동(議政活動)
의존 심리(依存心理)
의존해 오다(依存-)
의좋아 보이다(誼-)
의주 파발도 똥 눌 때가 있다(義州擺撥-) [격]
의주 파천에도 곱똥은 누고 간다(義州播遷-)
　　　　[격]
의지가지없다
의지 않고(依支-)
의지할 데 없다(依支-)
의지해 오다(依支-)
의혹 사건(疑惑事件)
의회 정치=의회정치(議會政治)
이가(李哥)
이가 갈리다 [관]
이가 떨리다 [관]
이가 빠지다 [관]
이가 자식보다 낫다(-子息-) [격]
이가 칼을 쓰겠다 [격]
이간 붙이다(離間-) [관]
이간질하다(離間-)
이 같은
이같이
이 개월간(二個月間)
이 개월 내에(二個月內-)
이 개월 동안(二個月-)
이 개월 만에(二個月-)
이 개월 전(二個月前)
이 개월 후(二個月後)
이거 너 가져
이거면 되겠다
이거야말로
이것 말고
이것밖에 없다
이것뿐만 아니라
이것뿐 아니라
이것은 다방골 잠이냐(-茶坊-) [격]
이것은 재관 풍류냐(-齋官風流-) [격]

이것은 형조 패두의 버릇이냐(-刑曹牌頭-) [격]
이것이야말로
이것저것
이것쯤이야
이겨 가는 판에
이겨 나가다
이겨 내다
이겨 낼 듯하다
이겨 버리다
이겨 보다
이겨 본 적 없다
이겨야 할 텐데
이겨 오다
이견 조정(異見調停)
이겹실(二-)
이고 가다
이고 오다
이고 지고 가다
이고 지고 가도 제 복 없으면 못산다(-福-) [격]
이골 나다
이곳
이곳저곳
이과 계열(理科系列)
이구동성(異口同聲)
이국땅(異國-)
이국정취(異國情趣)
이국취미(異國趣味)
이 곳에는 춤추기 어렵다 [격]
이권 개입(利權介入)
이권 다툼(利權-)
이권 단체(利權團體)
이글대다
이급 비밀=이급비밀(二級秘密)
이기건 지건
이기고 오다
이기는 것이 지는 것 [격]
이기든 지든
이기려 들다
이기면 충신 지면 역적(-忠臣-逆賊) [격]
이기주의(利己主義)
이기죽대다
이긴다 해도
이길 듯하다
이 길밖에 없다
이길 줄 알다
이길지 모르겠다

이길지도 몰라
이까지로
이까짓 것
이까짓 놈
이깟 일에
이 꼴 저 꼴 안 보다
이꾸러기
이끄는 대로
이끌고 가다
이끌려 가다
이끌려 나오다
이끌어 가다
이끌어 내다
이끌어 오다
이끌어 주다
이끼 끼다
이나마 없었다면
이나저나
이날 밤
이날 새벽
이날 이때까지 [관]
이날 자로(-字-)
이날 저 날 한다 [격]
이날 춤추기 어렵다 [격]
이날 하루
이내 마음
이내 몸
이내 신세(-身世)
이냥저냥
이 년간(二年間)
이 년 동안(二年-)
이 년 만에(二年-)
이년생근(二年生根)
이 년여 만에(二年餘-)
이 년 치(二年-)
이념 논쟁(理念論爭)
이놈
이놈의 장기 흉년에 배웠나(-將棋凶年-) [격]
이농 현상(離農現象)
이뇨 작용(利尿作用)
이 눈치 저 눈치 보다
이다음
이단젖힘(二段-)
이달
이달 들어
이달 치

이대로 두면
이 대 일(二對一)
이 덕 저 덕이 다 하늘 덕(-德-德-德) [격]
이도 아니 나서 콩밥을 씹는다 [격]
이도 아니 나서 황밤을 먹는다(-黃-) [격]
이도 안 나다 [관]
이도 안 난 것이 뼈다귀 추렴하겠단다 [격]
이도 저도 아니다
이동 경로(移動經路)
이동 시간(移動時間)
이동 전화=이동전화(移動電話)
이동차(移動車)
이동치마(二-)
이동 통신(移動通信)
이동파출소(移動派出所)
이동해 가다(移動-)
이 될 게 없다(利-)
이듬달
이듬매기
이듬해
이등 선실(二等船室)
이등칸(二等-)
이따가 갈게
이따금씩
이따 나 좀 보자
이따위
이따위가 다 있어
이딴 일로
이 땅 위에
이때나 저 때나
이때라는 듯이
이때만 해도
이 떡 먹고 말 말아라[격]
이랑이 고랑 되고 고랑이 이랑 된다 [격]
이랑지다
이래 가지고
이래도 일생 저래도 일생(--生--生) [격]
이래도 한세상 저래도 한세상(-世上-世上) [격]
이래라저래라 하다
이래라저래라 해 오다
이래 봐도
이래저래
이랬나 보다
이랬다저랬다 하다
이랬다저랬다 해 오다
이랬을 거야

이러고저러고 하여
이러나저러나
이러는 거야
이러니만큼
이러니저러니 해도
이러다가는
이러다 말 일이 아니다
이러다 보니
이러잖아도
이러지도 저러지도 못하다
이러지 마라
이러쿵저러쿵하다
이러한즉
이럭저럭 지내다
이런가 보다
이런 거야
이런 게 아니다
이런고로(-故-)
이런 년 봤나
이런 데도
이런 듯싶다
이런 만큼
이런 바에야
이런저런 일
이런 적 없다
이런 줄 모르다
이런즉
이럴 거야
이럴걸
이럴 걸세
이럴걸요
이럴 게 아니라
이럴 만도 하다
이럴 바에는
이럴 뿐 아니라
이럴 수는 없다
이럴 수밖에 없다
이럴 텐데
이럼 안 돼
이렁성저렁성
이렁저렁
이렇게 된 데에는
이렇게밖에 안 되다
이렇게 저렇게 하여
이렇다나 봐
이렇다손 치더라도

이렇다 저렇다 말이 없다
이렇다 할 만한 게 없다
이렇듯이
이레 동안
이레 안에 백구 친다(-白鷗-) [격]
이렛날
이렛동풍(-東風)
이력 나다(履歷-)
이로 말미암아
이로 미루어 보아
이로워 보이다(利-)
이론벌레(利-)
이론새(利-)
이륜구동(二輪驅動)
이륜마차(二輪馬車)
이륜자동차(二輪自動車)
이른모
이른바
이른 봄
이른 새끼가 살 안 찐다 [격]
이른 아침
이를 갈다 [관]
이를 거야
이를걸
이를 걸세
이를걸요
이를게
이를게요
이를 데 없다 [관]
이를 악물다 [관]
이를테면
이를 테면 일러 봐
이를 테야
이름값 하다
이름나다
이름난 잔치 배고프다 [격]
이름 날리다 [관]
이름 남기다 [관]
이름 내다
이름도 성도 모른다(-姓-) [격]
이름 떨치다
이름 모를 새
이름 붙이다
이름뿐인 행사(-行事)
이름 없다 [관]
이름을 걸다 [관]

이름이 고와야 듣기도 좋다 [격]
이름이 좋아 불로초라(-不老草-) [격]
이름 있다 [관]
이름 좋은 하눌타리 [격]
이름 짓다
이름 팔다 [관]
이리가 잦으니 개가 꼬리 흔든다 [격]
이리 굴고 저리 굴다 [관]
이리 뒤적 저리 뒤적 [관]
이리 뒤척 저리 뒤척 [관]
이리 떼 틀고 앉았던 수세미 자리 같다 [격]
이리 뛰고 저리 뛰다 [관]
이리박이
이리 보고 저리 보고
이리 앞의 양(-羊) [격]
이리 오너라 [관]
이리 와 봐
이리위 저리위 하다 [관]
이리이리 가면 된다
이리 재고 저리 재고 [관]
이리저냐
이리저리
이리 줘 봐
이리 채이고 저리 채이고
이리쿵저리쿵
이리탕(-湯)
이리 핑계 저리 핑계 [관]
이마를 마주하다 [관]
이마를 뚫어도 진물도 안 난다 [격]
이마를 찔러도 피 한 방울 안 나겠다 [격]
이마마하다
이마받이
이마방아
이마빡이 벗어지도록 덥다 [격]
이마빼기
이마에 내 천자를 그리다 [관]
이마에 부은 물이 발뒤꿈치로 흐른다 [격]
이마에 송곳을 박아도 진물 한 점 안 난다 [격]
이마에 와 닿다 [관]
이마에 피도 안 마르다 [관]
이마하다 이마의 솜털을 뽑다. 실에 물을 축인
    뒤 양 끝을 쥐고 켕기면서 이마에 대고 미
    는 것을 이른다.
이만 것 가지고
이만 리(二萬里)
이만여 원(二萬餘-)

이만 일 가지고
이만저만이 아니다
이만저만한 일이 아니다
이만치라도 한 게 어디냐
이만큼을 덜어 내다
이만하다
이 말 다르고 저 말 다르다
이말 저말
이 말 한 마디
이맘때
이맛돌
이맛등(-燈)
이맛머리
이맛살
이맛전
이면경계도 모르다(裏面境界-) [관]
이면 계약(裏面契約)
이면공작(裏面工作)
이면 도로(裏面道路)
이면부지(裏面不知)
이면불한당(裏面不汗黨)
이면을 모르다(裏面-) [관]
이면이 밝다(裏面-) [관]
이면이 없다(裏面-) [관]
이면치레(裏面-)
이면 합의(裏面合意)
이모네(姨母-)
이모님 댁(姨母-宅)
이모저모
이모할머니(姨母-)
이모할아버지(姨母-)
이모형(異母兄)
이모형제(異母兄弟)
이목구비(耳目口鼻)
이목을 끌다(耳目-) [관]
이목이 넓다(耳目-) [관]
이목 집중(耳目集中)
이무깃돌
이문 남기다(利文-)
이문 볼 거야(利文-)
이문 안 남기다(利文-)
이문 없이 팔다(利文-)
이물간(-間)
이물방(-房)
이물창(-窓)
이미 가 버리다

이미 씌워 놓은 망건이라(-網巾-) [격]
이민 가다(移民-)
이민 가 버리다(移民-)
이민 떠나다(移民-)
이민 생활(移民生活)
이민 오다(移民-)
이민 정책=이민정책(移民政策)
이바지해 오다
이바짓값
이 밖에도 많다
이발쟁이(理髮-)
이밥이면 다 젯밥인가(-祭-) [격]
이백만 원(二百萬-)
이백여 년 전(二百餘年前)
이번 달(-番-)
이번 달 안으로(-番-)
이번만큼은(-番-)
이번뿐만 아니라(-番-)
이번에야말로(-番-)
이번 주 내로(-番週內-)
이번 주 들어(-番週-)
이보다 더 좋을 수가
이보시오
이보우
이복동생(異腹-)
이복형(異腹兄)
이복형제(異腹兄弟)
이봐
이부동생(異父-)
이부자리
이부자리를 보다 [관]
이부자리 보고 발을 펴라 [격]
이부형제(異父兄弟)
이북내기(以北-)
이북 땅(以北-)
이분이 내 이웃
이분의 일(二分-一)
이불감
이불귀
이불깃
이불깃 봐 가며 발 편다 [격]
이불때기
이불 밑에 엿 묻었나 [격]
이불보(-褓)
이불 속에서 하는 일도 안다 [격]
이불 속에서 활개 친다 [격]

이불솜
이불 안 활개 [관]
이불잇
이불자락
이불장(-欌)
이 빠진 강아지 언 똥에 덤빈다 [격]
이 빠진 개 한뎃뒷간 만났다(-間-) [격]
이 빠진 듯하다
이빨 빠진 듯하다
이빨 자국
이빨질
이쁘둥이
이사 가다(移徙-)
이사 가 버리다(移徙-)
이사 다니다(移徙-)
이사분기(二四分期)
이사 비용(移徙費用)
이사 안 가다(移徙-)
이사 오다(移徙-)
이사 온 지 오래되다(移徙-)
이사이
이사 철(移徙-)
이사 턱 내다(移徙-)
이사할 때 강아지 따라다니듯(移徙-) [격]
이사 회의(理事會議)
이삭 밥에도 가난이 든다 [격]
이삭열매
이삭줍기하다
이삭 줍다
이삭 패다 [관]
이산가족(離散家族)
이삼 년간(二三年間)
이삼 분 동안(二三分-)
이삼십여 년(二三十餘年)
이삼월(二三月)
이삼일(二三日)
이삼일 만에(二三日-)
이삿짐센터(移徙-center)
이상 기류(異常氣流)
이상 세계(理想世界)
이상야릇해 보이다(異常-)
이상야릇해져 가다(異常-)
이상 없다(異常-)
이상 유무(異常有無)
이상하다 싶더니(異常-)
이상하리만큼(異常-)

이상 한파(異常寒波)
이상해 보이다(異常-)
이상해져 가다(異常-)
이새를 못 참고 가 버리다
이색인종(異色人種)
이색 취미(異色趣味)
이 생각 저 생각 하다
이 선생 댁(李先生宅)
이 설움 저 설움 해도 배고픈 설움이 제일(-第
　一) [격]
이성 교제(異性交際)
이성에 눈을 뜨다(異性-) [관]
이성을 알다(異性-) [관]
이성을 잃다(理性-)
이성 친구(異性親舊)
이세국민(二世國民)
이슥토록
이슥해지다
이슬기(-氣)
이슬땀
이슬떨이
이슬로 사라지다 [관]
이슬마루
이슬 맞다
이슬받이
이슬방울
이슬비 맞아 가며
이슬아침
이슬양(-量)
이슬을 차다 [관]
이슬이 되다 [관]
이슬 젖은 꽃
이슬지다
이승을 떠나다 [관]
이승잠
이식 수술=이식수술(移植手術)
이심전심(以心傳心)
이십 대 때(二十代-)
이십만 명(二十萬名)
이십사금(二十四金)
이십사방위(二十四方位)
이십사절기(二十四節氣)
이십 세기(二十世紀)
이십 안 자식 삼십 안 천량(二十-子息三十-)
　[격]
이쑤시개

이 씨 댁(李氏宅)
이씨 문중(李氏門中)
이씨 성 가진 사람(李氏姓-)
이 씨 집(李氏-)
이 아무개 씨(李-氏)
이아치다
이 아픈 날 콩밥 한다 [격]
이 안 닦다
이알이 곤두서다
이 앓는 놈 뺨 치기 [격]
이앓이하다
이애저애하다
이야기가 났으니 말이지 [관]
이야기꽃
이야기꽃 피우다
이야기꾼
이야기 나누다
이야기보따리
이야기장(-場)
이야기 장단에 도낏자루 썩는다 [격]
이야기쟁이
이야기책(-冊)
이야기판
이야기해 주다
이야깃거리
이야깃주머니
이야말로
이어 가다
이어 갈 만하다
이어갈이하다
이어 나가다
이어 놓다
이어달리기하다
이어 대다
이어말하기 =끝말잇기.
이어 맞추다
이어받다
이어 붙이다
이어 오다
이어져 가다
이어져 나가다
이어져 내려오다
이어져 오다
이어 주다
이어짓기하다
이 없으면 잇몸으로 살지 [격]

이엉꼬챙이

이엉장이 이엉을 엮거나 이는 일을 직업으로
　　하는 사람.

이엉지붕

이엉초(-草)

이에 따라

이에 못지않다

이에 반해(-反-)

이에 비해(-比-)

이에 신물이 돈다 [격]

이에 앞서

이에쌈 두 물건을 맞붙여 이은 짬.

이역 땅(異域-)

이역만리(異域萬里)

이역살이(異域-)

이 역시(-亦是)

이 열 종대(二列縱隊)

이 열 횡대(二列橫隊)

이온 음료(ion飮料)

이와 같은

이와 같이

이와는 달리

이와 더불어

이와 마찬가지로

이와 함께

이왕 그렇게 된 일(已往-)

이왕에 버린 몸(已往-) [관]

이왕이면 마음에 드는 것으로(已往-)

이왕이면 창덕궁(已往-昌德宮) [격]

이왕 할 일(已往-)

이 외에(-外-)

이용 가치(利用價値)

이용돼 오다(利用-)

이용 못 하다(利用-)

이용 방법(利用方法)

이용 손님(利用-)

이용 시간(利用時間)

이용 안내(利用案內)

이용 요금(利用料金)

이용 제한(利用制限)

이용하는 듯하다(利用-)

이용 한도(利用限度)

이용해 오다(利用-)

이 우물에 똥을 누어도 다시 그 우물을 먹는다
　　[격]

이웃끼리

이웃 나라

이웃 돕기 운동(-運動)

이웃 동네

이웃 마을

이웃사촌(-四寸)

이웃이 사촌보다 낫다(-四寸-) [격]

이웃집

이웃집 개가 짖어서 도적을 면했다(-盜賊-免-)
　　[격]

이웃집 개도 부르면 온다 [격]

이웃집 나그네도 손 볼 날이 있다 [격]

이웃집 며느리 흉도 많다 [격]

이웃집 무당 영하지 않다(-靈-) [격]

이웃집 색시 믿고 장가 못 든다 [격]

이웃집 장단에 덩달아 춤춘다 [격]

이웃해 살다

이월 달(二月-)

이월 말경(二月末頃)

이월 바람에 검은 쇠뿔이 오그라진다(二月-)
　　[격]

이월에 김칫독 터진다(二月-) [격]

이월에 보리 환상 갔다 얼어 죽겠다(二月-還
　　上-) [격]

이월 초(二月初)

이월할머니(二月-)

이월 호(二月號)

이유 없이(理由-)

이윤 내다(利潤-)

이윤 추구(利潤追求)

이율배반(二律背反)

이을 거야

이을걸

이을 걸세

이을걸요

이을게

이을게요

이음달다

이음매

이음새

이응 자(-字)

이의 신청(異議申請)

이의 제기(異意提起)

이이가 누구죠?

이익 나다(利益-)

이익 내다(利益-)

이익 될 일(利益-)

이익 못 내다(利益-)
이익 배당=이익배당(利益配當)
이익 보다(利益-)
이익 안 남다(利益-)
이익 없는 장사(利益-)
이익 창출(利益創出)
이 인분(二人分)
이 일 외에(-外-)
이임 인사(離任人事)
이 입에서 신물이 난다 [격]
이자(-者) '이 사람'을 낮잡아 이르는 삼인칭
    대명사.
이자 내는 날(利子-)
이자를 매우 쳐라(-者-)
이자머리
이자 물다(利子-)
이자 받다(利子-)
이자 소득=이자소득(利子所得)
이자 수입(利子收入)
이 잡듯이[관]
이자 쳐 주다(利子-)
이잣돈(利子-)
이 장떡이 큰가 저 장떡이 큰가 [격]
이적 단체(利敵團體)
이적 행위(利敵行爲)
이전해 가다(移轉-)
이 절도 못 믿고 저 절도 못 믿겠다 [격]
이 정도 가지고(-程度-)
이 정도쯤(-程度-)
이제껏
이제나저제나
이제 봤더니
이제야말로
이제 와서
이제저제하다
이종 동생(姨從-)
이종 사촌(姨從四寸)
이종형(姨從兄)
이종 형제(姨從兄弟)
이 주기(二周忌)
이 주일째(二週日-)
이주해 오다(移住-)
이중간첩(二重間諜)
이중 계약(二重契約)
이중과세(二重過歲)
이중 국적=이중국적(二重國籍)

이중 부담(二重負擔)
이중생활(二重生活)
이중성격(二重性格)
이중인격(二重人格)
이중장부(二重帳簿)
이중주곡(二重奏曲)
이중 창문=이중창문(二重窓門)
이중 효과(二重效果)
이즈막
이즈음
이지러져 가다
이지러진 방망이 서울 남대문에 가니 팩했다(-
    南大門-) [격]
이 짓 안 하면
이징가미 질그릇의 깨어진 조각.
이쪽
이쪽저쪽
이쪽 편(-便)
이쯤
이쯤 해 두다
이차 산업=이차산업(二次産業)
이 차 시험(二次試驗)
이찰떡
이참에
이천여 년 동안(二千年-)
이춤 추다
이충무공(李忠武公)
이층집(二層-)
이칠일(二七日)
이칠장(二七場)
이커서니
이탈 현상(離脫現象)
이탓저탓
이태 동안
이태 만에
이태백(李太白)
이토록
이튿날
이틀거리
이틀 길
이틀 동안
이틀 만에
이틀밖에 안 남다
이틀 밤
이틀분(-分)
이틀 앞두고

이틀 연속(-連續)
이틀째
이틀 치
이틈에 끼다
이판사판
이 판에
이팔방년(二八芳年)
이팔월(二八月)
이팔청춘(二八靑春)
이 팽이가 돌면 저 팽이도 돈다 [격]
이편(-便)
이편저편(-便-便)
이풀 입쌀 가루로 쑨 풀.
이 핑계 저 핑계 [관]
이학 박사=이학박사(理學博士)
이 한 몸 바쳐
이합집산(離合集散)
이해 가는 일(理解-)
이해 안 가다(理解-)
이해 안 되다(理解-)
이해관계(利害關係)
이해 다툼(利害-)
이해 당사자(利害當事者)
이해득실(利害得失)
이해를 잊지 못하다
이해상반(利害相反)
이해시켜 주다(理解-)
이해 안 되다(理解-)
이해 증진(理解增進)
이해타산(利害打算)
이해할 만하다(理解-)
이해해 달라고 하다(理解-)
이해해 달라다(理解-)
이해해 주다(理解-)
이행 여부(履行與否)
이행해 오다(履行-)
이혼 못 하다(離婚-)
이혼 사유(離婚事由)
이혼 소송=이혼소송(離婚訴訟)
이혼 안 해 주다(離婚-)
이혼할 만하다(離婚-)
이혼해 달라고 하다(離婚-)
이혼해 달라다(離婚-)
이혼해 버리다(離婚-)
이혼해 주다(離婚-)
익반죽

익사 사고(溺死事故)
익삭이다
익살꾸러기
익살꾼
익살 떨다
익살 부리다
익살쟁이
익숙지 않다
익숙해 보이다
익숙해져 가다
익어 가다
익어 버리다
익은 감도 떨어지고 선 감도 떨어진다 [격]
익은말
익은 밥 먹고 선소리한다 [격]
익은 밥이 날로 돌아갈 수 없다 [격]
익은이 쇠고기의 살이나 내장을 삶아 익힌 것.
익혀 가다
익혀 놓다
익혀 두다
익혀 오다
익혀 주다
익히 아는 바와 같이
익히 해 본 일
인가난(人-)
인가 안 해 주다(認可-)
인가 취소(認可取消)
인가해 주다(認可-)
인간 구제는 지옥 밑이라(人間救濟-地獄-) [격]
인간관계(人間關係)
인간 됨됨이(人間-)
인간 만사는 새옹지마라(人間萬事-塞翁之馬-)
    [격]
인간말짜(人間末-)
인간문화재(人間文化財)
인간 복제(人間複製)
인간 본성(人間本性)
인간 본연의 모습(人間本然-)
인간 세상(人間世上)
인간 소외=인간소외(人間疏外)
인간 승리(人間勝利)
인간 심리(人間心理)
인간쓰레기(人間-)
인간 위주(人間爲主)
인간은 고해라(人間-苦海-) [격]
인간은 만물의 척도(人間-萬物-尺度) [격]

인간이별(人間離別)
인감 내다(印鑑−)
인감도장(印鑑圖章)
인걸은 지령이라(人傑−地靈−) [격]
인격 도야(人格陶冶)
인격 모독(人格冒瀆)
인격 수양(人格修養)
인격 형성(人格形成)
인경 꼭지가 말랑말랑하거든(人定−) [격]
인경 꼭지나 만져 보아라(人定−) [격]
인계 안 하다(引繼−)
인계해 주다(引繼−)
인공 강우＝인공강우(人工降雨)
인공 수정＝인공수정(人工受精)
인공위성(人工衛星)
인공조명(人工照明)
인공 지능＝인공지능(人工知能)
인공피임(人工避妊)
인공 호수(人工湖水)
인공호흡(人工呼吸)
인과 관계＝인과관계(因果關係)
인과응보(因果應報)
인구 밀도＝인구밀도(人口密度)
인구 분산(人口分散)
인구 분포(人口分布)
인구 이동(人口移動)
인구 조사＝인구조사(人口調査)
인구 증가(人口增加)
인권 단체(人權團體)
인권 보장(人權保障)
인권 신장(人權伸張)
인권 운동(人權運動)
인권 유린＝인권유린(人權蹂躪)
인권 침해＝인권침해(人權侵害)
인권 탄압(人權彈壓)
인근 주민(隣近住民)
인근 해역(隣近海域)
인기 가수(人氣歌手)
인기 끌다(人氣−)
인기 누리다(人氣−)
인기 만점(人氣滿點)
인기 못 끌다(人氣−)
인기 상품(人氣商品)
인기 스타(人氣 star)
인기 영합(人氣迎合)
인기 작가(人氣作家)

인기 절정(人氣絕頂)
인기 직종(人氣職種)
이기척 나다(人−)
인기척 내다(人−)
인기척 느끼다(人−)
인기척 없다(人−)
인기투표(人氣投票)
인기 폭발(人氣暴發)
인기 품목(人氣品目)
인기 학과(人氣學科)
인꼭지(印−) 도장 따위의 손잡이.
인끈(印−) 인꼭지에 꿴 끈.
인내 나다(人−)
인내해 오다(忍耐−)
인도 사람(印度−)
인도솜(印度−)
인도해 주다(引導−)
인동무늬(忍冬−)
인동초무늬(忍冬草−)
인두겁 쓰다(人−) [관]
인두그림
인두끌
인두질
인두판(−板)
인둘리다(人−)
인둣불
인력 감축(人力減縮)
인력거꾼(人力車−)
인력 낭비(人力浪費)
인력 부족(人力不足)
인력 수급(人力需給)
인력 시장＝인력시장(人力市場)
인력 양성(人力養成)
인력 충원(人力充員)
인류 문명(人類文明)
인류 사회(人類社會)
인류 평화(人類平和)
인륜대사(人倫大事)
인멀미(人−) ＝사람멀미.
인면수심(人面獸心)
인명 구조(人命救助)
인명 사고(人命事故)
인명사전(人名事典)
인명 손실(人命損失)
인명재천(人命在天)
인명 피해(人命被害)

인모앞(人毛-)
인문 계열(人文系列)
인문주의(人文主義)
인물가난(人物-)
인물값(人物-)
인물 나다(人物-)
인물 됨됨이(人物-)
인물 사전(人物事典)
인물 사진(人物寫眞)
인물 소개(人物紹介)
인물 좋으면 천하일색 양귀비(人物-天下一色 楊貴妃) [격]
인물평론(人物評論)
인민재판(人民裁判)
인버러지(人-)
인복 없는 놈(人福-)
인부정 타다(人不淨-) [관]
인분 냄새(人糞-)
인비늘(人-)
인사 가다(人事-)
인사 고과=인사고과(人事考課)
인사 관행(人事慣行)
인사 교류(人事交流)
인사 규정(人事規程)
인사 기록(人事記錄)
인사 나누다(人事-)
인사는 관 뚜껑 덮고 나서 결정된다(人事-棺- 結定-) [격]
인사닦음(人事-) =인사치레.
인사를 붙이다(人事-) [관]
인사말(人事-)
인사 발령(人事發令)
인사범절(人事凡節)
인사불성(人事不省)
인사비밀(人事秘密)
인사성 밝다(人事性-)
인사 안 받다(人事-)
인사 알고 똥 싼다(人事-) [격]
인사 올리다(人事-)
인사이동(人事異動)
인사 제도(人事制度)
인사 조치(人事措置)
인사 참모=인사참모(人事參謀)
인사 청탁(人事請託)
인사치레(人事-)
인사 파동(人事波動)

인사 편중(人事偏重)
인삼 밭(人蔘-)
인삼정과(人蔘正果)
인상 긁다(人相-)
인상 깊다(印象-)
인상 쓰다(人相-)
인상 안 하다(引上-)
인상 요인(引上要因)
인상 좋다(印象-)
인상 찌푸리다(人相-)
인상착의(人相着衣)
인색한 부자가 손쓰는 가난뱅이보다 낫다(吝 嗇-富者-) [격]
인색해 보이다(吝嗇-)
인생 겨우 오십 년(人生-五十年) [관]
인생고초(人生苦楚)
인생극장(人生劇場)
인생길(人生-)
인생독본(人生讀本)
인생무상(人生無常)
인생 백 년에 고락이 상반이라(人生百年-苦 樂-相半-) [격]
인생복덕방(人生福德房)
인생살이(人生-)
인생 역정(人生歷程)
인생은 뿌리 없는 평초(人生-萍草) [격]
인생철학(人生哲學)
인생 편력(人生遍歷)
인생행로(人生行路)
인석장이(茵席-)
인선 작업(人選作業)
인성 검사(人性檢査)
인성 교육(人性敎育)
인성만성 떠들다
인솔 교사(引率敎師)
인솔해 가다(引率-)
인쇄 매체(印刷媒體)
인쇄 부수(印刷部數)
인쇄용지(印刷用紙)
인수인계(引受引繼)
인수 합병(引受合倂)
인수해 버리다(引受-)
인습도덕(因習道德)
인식되어 오다(認識-)
인식 못 하다(認識-)
인식 부족(認識不足)

인식 차이(認識差異)
인식해 오다(認識-)
인신공격(人身攻擊)
인신 구속(人身拘束)
인신매매(人身賣買)
인심 나다(人心-)
인심 사납다(人心-) [관]
인심 사다(人心-) [관]
인심세태(人心世態)
인심 쓰다(人心-) [관]
인심 얻다(人心-)
인심은 천심(人心-天心) [격]
인심 잃다(人心-) [관]
인심 좋다(人心-)
인에 둘리다(人-) [관]
인에서 인을 못 고른다(人-人-) [격]
인연 끊다(因緣-)
인연 못 끊다(因緣-)
인연 안 닿다(因緣-)
인연이 멀다(因緣-) [관]
인왕산 그늘이 강동 팔십 리 간다(仁旺山-江東
　　八十里-) [격]
인왕산 모르는 호랑이가 있나(仁旺山-) [격]
인왕산 중허리 같다(仁旺山中-) [격]
인왕산 차돌을 먹고 살기로 사돈의 밥을 먹으
　　랴(仁旺山-査頓-) [격]
인왕산 호랑이(仁旺山-) [관]
인용해 오다(引用-)
인원 감축(人員減縮)
인원 미달(人員未達)
인원 보고(人員報告)
인원 점검(人員點檢)
인원 초과(人員超過)
인원 파악(人員把握)
인육시장(人肉市場)
인은 노를 써라(人-老-) [격]
인을 찍다(印-) [관]
인을 치다(印-) [관]
인의예지(仁義禮智)
인이 박이다 [관]
인이 오다 [관]
인자무적(仁者無敵)
인자스러워 보이다(仁慈-)
인재 발굴(人材發掘)
인재 양성(人材養成)
인재 육성(人材育成)

인적 교류(人的交流)
인적 드문 곳(人跡-)
인적 사항(人的事項)
인적 자원(人的資源)
인절미에 조청 찍은 맛 [격]
인절미 팥고물 묻히듯이 [격]
인접 국가(隣接國家)
인접 지역(隣接地域)
인접 해역(隣接海域)
인정값(人情-)
인정 넘치다(人情-)
인정도 품앗이라(人情-) [격]
인정 많은 사람(人情-)
인정머리 없는 놈(人情-)
인정 못 받다(人情-)
인정물태(人情物態)
인정미 넘치다(人情味-)
인정받다(認定-)
인정사정 볼 것 없다(人情事情-)
인정사정없다(人情事情-)
인정세태(人情世態)
인정스러운 얼굴(人情-)
인정 어리다(人情-)
인정에 겨워 동네 시아비가 아홉이라(人情-
　　媤-) [격]
인정에 녹다(人情-) [관]
인정에 빠지다(人情-) [관]
인정에 흐르다(人情-) [관]
인정은 바리로 싣고 진상은 꼬치로 꿴다(人情-
　　進上-) [격]
인정을 쓰다(人情-) [관]
인정이라고는 눈곱만큼도 없다(人情-)
인정이 무르다(人情-) [관]
인정할 수밖에 없다(認定-)
인정해 달라고 하다(認定-)
인정해 달라다(認定-)
인정해 주다(認定-)
인제 보니 수원 나그네(-水原-) [격]
인조 가죽=인조가죽(人造-)
인조고기(人造-)
인조 대리석=인조대리석(人造大理石)
인조물감(人造-)
인조반정(仁祖反正)
인조염료(人造染料)
인조인간(人造人間)
인종 차별=인종차별(人種差別)

인주갑(印朱匣)
인주 자국(印朱-)
인증 마크(認證 mark)
인지 기능(認知機能)
인지 능력=인지능력(認知能力)
인지상정(人之常情)
인지 수입=인지수입(印紙收入)
인지주먹(人指-)
인진떡(茵蔯-)
인질 강도(人質强盜)
인척 관계(姻戚關係)
인천 지역(仁川地域)
인체 공학(人體工學)
인출해 가다(引出-)
인터넷 게임(internet game)
인턴사원(intern 社員)
인하해 주다(引下-)
인해 전술=인해전술(人海戰術)
인형 놀이(人形-)
인화 단결(人和團結)
인화 물질(引火物質)
일가권속(一家眷屬)
일가 못 된 건 계수(一家-季嫂) [격]
일가 못된 것이 항렬만 높다(一家-行列-) [격]
일가문중(一家門中)
일가붙이(一家-)
일가식솔(一家食率)
일가 싸움은 개싸움(一家-) [격]
일가에서 방자한다(一家-) [격]
일가족(一家族)
일가친지(一家親知)
일가친척(一家親戚)
일각일초(一刻一秒)
일각천금(一刻千金)
일간두옥(一間斗屋)
일간 신문=일간신문(日刊新聞)
일간초옥(一間草屋)
일갓집(一家-)
일 같지 않은 일
일 개월간(一個月間)
일 개월 내(一個月內)
일 개월 동안(一個月-)
일 개월분(一個月分)
일 개월여 만에(一個月餘-)
일 개월 치(一個月-)
일거무소식(一去無消息)

일거수일투족(一擧手一投足)
일거양득(一擧兩得)
일거일동(一擧一動)
일고여덟
일고여덟째
일곱 번 재고 천을 째라(-番-) [격]
일곱무날
일곱물
일곱이레
일곱째
일공쟁이(日工-)
일과 시간(日課時間)
일관해 오다(一貫-)
일괄 사표(一括辭表)
일구난설(一口難說)
일구어 가다
일구어 나가다
일구어 내다
일구어 놓다
일구월심(日久月深)
일구이언(一口二言)
일궈 가다
일궈 내다
일궈 놓다
일그러져 가다
일급근로자(日給勤勞者)
일급비밀(一級秘密)
일급월급(日給月給)
일급쟁이(日給-)
일기가 좋아 대사는 잘 지냈소(日氣-大事-)
　　[격]
일기당천(一騎當千)
일기불순(日氣不順)
일기 쓰다(日記-)
일기 안 쓰다(日記-)
일기 예보=일기예보(日氣豫報)
일기 탓하다(日氣-)
일깨워 주다
일깬날 잠을 일찍 깬 날.
일꾼개미
일꾼 노릇 하다
일꾼 된 마당에
일끝 일의 실마리.
일 끝나다
일 나가다
일 나다

일내다
일낼 거야
일낼걸
일낼 걸세
일낼걸요
일 년 가량(一年-)
일 년간(一年間)
일년감(一年-) =토마토.
일 년 남짓(一年-)
일 년 내내(一年-)
일 년 내로(一年內-)
일 년 동안(一年-)
일 년 뒤(一年-)
일 년 만에(一年-)
일 년 못 가다(一年-)
일 년밖에 안 되다(一年-)
일 년 반 동안(一年半-)
일 년분(一年分)
일년생근(一年生根)
일년생초(一年生草)
일 년여 동안(一年餘-)
일 년여 만에(一年餘-)
일 년여 전(一年餘前)
일 년 열두 달(一年-) [관]
일 년을 십 년같이(一年-十年-) [관]
일 년 전(一年前)
일년지계는 봄에 있고 일일지계는 아침에 있다
　　(一年之計-一日之計-) [격]
일 년 치(一年-)
일 다 하고 죽은 무덤 없다 [격]
일단락 짓다(一段落-)
일단정지(一旦停止)
일당 독재=일당독재(一黨獨裁)
일대 소동(一大騷動)
일대일로 맞서다(一對一-)
일 대 일로 비기다(一對一-)
일대 혁신(一大革新)
일대호걸(一代豪傑)
일더위　첫여름부터 일찍 오는 더위.
일도 못하고 불알에 똥칠만 한다(-漆-) [격]
일도양단(一刀兩斷)
일동무
일 되는 대로
일된 과일
일등감(一等-)
일등 공신(一等功臣)

일등칸(一等-)
일등 국민(一等國民)
일떠나다
일떠서다
일떠세우다
일러 놓다
일러 달라고 하다
일러 달라다
일러두기
일러두다
일러바치다
일러 보내다
일러 주다
일렀나 보다
이렀을 거야
일렀을걸
일렀을 걸세
일렀을걸요
일련번호(一連番號)
일렬종대(一列縱隊)
일렬횡대(一列橫隊)
일로매진(一路邁進)
일류 기업(一流企業)
일류 대학(一流大學)
일류신사(一流紳士)
일류 제품(一流製品)
일류 회사(一流會社)
일률천편(一律千篇)
일 마치다
일만여 명(一萬餘名)
일만 해 오다
일망타진(一網打盡)
일 맡다
일매지다
일맥상통(一脈相通)
일머리
일면식 없는 사이(一面識-)
일목요연(一目瞭然)
일목장군(一目將軍)
일 못 하는 늙은이 쥐 못 잡는 고양이도 있으면
　　낫다 [격]
일 못 해 보다
일무소득(一無所得)
일무소식(一無消息)
일문일답(一問一答)
일박 이 일(一泊二日)

일반교양(一般敎養)
일반 대중(一般大衆)
일반 독자(一般讀者)
일반 상식(一般常識)
일반 서민(一般庶民)
일반 시민(一般市民)
일반폐기물(一般廢棄物)
일반화 안 되다(一般化-)
일반 회원(一般會員)
일발필중(一發必中)
일밥 먹이다
일방교통(一方交通)
일방부시(一放-)　한 번 쳐서 깃에 불이 붙는 좋은 부시.
일방 통보(一方通報)
일방통행(一方通行)
일방포수(一放砲手)
일벌
일벌백계(一罰百戒)
일벗
일별삼춘(一別三春)
일 보고 오다
일보 진전(一步進展)
일복(-服)　일을 할 때 입는 옷.
일복(-福)　늘 할 일이 많은 복.
일복 만나다(-福-)
일본간장(日本-醬)
일본 군대(日本軍隊)
일본 땅(日本-)
일본 말(日本-)
일본 문화(日本文化)
일본 사람(日本-)
일본 열도＝일본열도(日本列島)
일본 요리(日本料理)
일본 유학(日本留學)
일본 정부(日本政府)
일본 제품(日本製品)
일본 측(日本側)
일부다처제(一夫多妻制)
일부 의견(一部意見)
일부일부제(一夫一婦制)
일부종사(一夫從事)
일부 지역(一部地域)
일 분 가량(一分-)
일 분 내(一分內)
일 분 동안(一分-)

일분일초라도 아껴라(一分一秒-)
일 분 전(一分前)
일 분 후(一分後)
일불이 살육통(一不-殺六-) [격]
일사분기(一四分期)
일사불란(一絲不亂)
일사일언(一事一言)
일사천리(一瀉千里)
일산화탄소(一酸化炭素)
일삼다
일삼아 오다
일상다반사(日常茶飯事)
일상생활(日常生活)
일상용어(日常用語)
일상화되다(日常化-)
일색 소박은 있어도 박색 소박은 없다(一色疏薄-薄色疏薄-) [격]
일생 동안(一生-)
일생일대(一生一大)
일생토록(一生-)
일생 화근은 성품 고약한 아내(一生禍根-性品-) [격]
일서두르다
일석이조(一石二鳥)
일석점호(日夕點呼)
일선 교사(一線敎師)
일선 장병(一線將兵)
일선 학교(一線學校)
일세계(一世界)
일 세기(一世紀)
일소에 부치다(一笑-) [관]
일손 놓다 [관]
일손 달리다
일손 도와주다
일손 돕다
일손 떼다 [관]
일손 부족(-不足)
일손 안 잡히다
일손을 붙들다 [관]
일손을 쉬다 [관]
일손이 놀다 [관]
일손이 세다 [관]
일손이 오르다 [관]
일손이 잡히다 [관]
일솜씨
일수놀이(日收-)

일수불퇴(一手不退)
일수입(日收入)
일수쟁이(日收-)
일수판매(一手販賣)
일숙박(一宿泊)
일순간(一瞬間)
일숫돈(日收-)
일승일패(一勝一敗)
일시가 바쁘다(一時-) [관]
일시일시(一時一時)
일시 정지(一時停止)
일시 중단(一時中斷)
일 시키다
일식경(一息耕) 넓이가 한 식경인 밭을 갈 만한
　　동안.
일식집(日食-)
일실동거(一室同居)
일심동체(一心同體)
일심전력(一心專力)
일심협력(一心協力)
일 안 나가다
일 안되다
일 안 시키다
일 안 주다
일 안 하는 가장(-家長) [격]
일 안 하다
일 안 해 보다
일 안 해 주다
일어나다
일어나 보다
일어나 앉다
일어날 거야
일어날걸
일어날 걸세
일어날걸요
일어날게
일어날게요
일어서다
일어설 거야
일어앉다
일언반구(一言半句)
일언일구(一言一句)
일 없어 빈둥거리다
일없이 돌아다니다
일에는 배돌이 먹을 땐 감돌이 [격]
일여덟 살

일여덟째
일여드레
일 열로 서다(一列-)
일엽편주(一葉片舟)
일옷 갈아입다
일요일 날(日曜日-)
일요일 밤(日曜日-)
일요작가(日曜作家)
일요화가(日曜畵家)
일 욕심 부리다(-慾心-)
일용 상품(日用商品)
일용 인부(日傭人夫)
일용 잡부(日傭雜夫)
일울다
일 원짜리(一-)
일월 달(一月-)
일월 말(一月末)
일월은 크고 이월은 작다(一月-二月-) [격]
일월 호(一月號)
일으켜 놓다
일으켜 세우다
일으켜 주다
일은 할 탓이고 도지개는 맬 탓 [격]
일이 년(一二年)
일이 되면 입도 되다 [격]
일이월(一二月)
일인당천(一人當千)
일 인당 천 원(一人當千-)
일인 독재(一人獨裁)
일 인분(一人分)
일인 시위(一人示威)
일인이역(一人二役)
일인일기(一人一技)
일인일당주의(一人一黨主義)
일인 통치(一人統治)
일일 교사(一日敎師)
일일 보고(一日報告)
일일분(一日分)
일일생활권(一日生活圈)
일일여삼추(一日如三秋)
일일 연속극(一日連續劇)
일일 찻집(一日茶-)
일일천리(一日千里)
일일천추(一日千秋)
일일 체험(一日體驗)
일임해 놓다(一任-)

일임해 두다(一任-)
일자나사못(一字螺絲-)
일자리
일자못(一字-)
일자무소식(一字無消息)
일자무식(一字無識)
일자바지(一字-)
일자진(一字陣)
일자집(一字-)
일 잘하는 아들 낳지 말고 말 잘하는 아들 낳으
　　라 [격]
일잠 들다
일장일단(一長一短)
일장춘몽(一場春夢)
일재간(-才幹)
일재미
일 저지르다
일전 불사(一戰不辭)
일절 못 하다(一切-)
일절 안 하다(一切-)
일점혈육(一點血肉)
일정 금액(一定金額)
일정 기간(一定期間)
일정 기준(一定基準)
일정 비율(一定比率)
일정 수준(一定水準)
일정에 오르다(日程-)[관]
일정 장소(一定場所)
일제 단속(一齊團束)
일제 만행(日帝蠻行)
일제 말기(日帝末期)
일제 사격＝일제사격(一齊射擊)
일제 조사(一齊調査)
일제 침략(日帝侵略)
일조일석(一朝一夕)
일조점호(一朝點呼)
일주야(一晝夜)　만 하루.
일주 여행(一周旅行)
일주일간(一週日間)
일주일 내에(一週日內-)
일주일 만에(一週日-)
일주일분(一週日分)
일주일 치(一週日-)
일진광풍(一陣狂風)
일진일퇴(一進一退)
일짓다

일쩝다
일찌감치
일찍일찍이
일찰나(一刹那)
일처다부제(一妻多夫制)
일천여 명(一千餘名)
일 초 내(一秒內)
일촉즉발(一觸卽發)
일촌간장(一寸肝腸)
일촌간장이 봄 눈 녹듯 한다(一寸肝腸-) [격]
일촌광음(一寸光陰)
일취월장(日就月將)
일 층(一層)
일치단결(一致團結)
일 치르다
일침을 놓다(一鍼-) [관]
일컬어 오다
일탈 행위(逸脫行爲)
일테면
일토시
일파만파(一波萬波)
일편단심(一片丹心)
일평생(一平生)
일품요리(一品料理)
일필휘지(一筆揮之)
일하기만 하다
일하긴 하지만
일하는 데가 어디냐
일하는 듯하다
일하는 체하다
일하다 가다
일하다 말다
일하다 보면
일하든 말든
일하러 가다
일하러 다니다
일한다나 봐
일한사전(日韓辭典)
일할 거야
일할걸
일할 걸세
일할걸요
일할게
일할게요
일할 만하다
일할 맛 나다

728

일해 나가다
일해 달라고 하다
일해 달라다
일해 보다
일해 오다
일해 주다
일확천금(一攫千金)
일회용품(一回用品)
일희일비(一喜一悲)
읽고 나서
읽기만 하다
읽다 말다
읽다 보니
읽어 가다
읽어 나가다
읽어 내다
읽어 내려가다
읽어 달라고 하다
읽어 달라다
읽어 보다
읽어 볼 만하다
읽어 오다
읽어 주다
읽으려 하다
읽은 거야
읽을거리
읽을 거야
읽을걸
읽을 걸세
읽을걸요
읽을게
읽을게요
읽을 만하다
읽을수록
잃어 가다
잃어버리다
잃어 주다
잃은 도끼나 얻은 도끼나 일반(-一般) [격]
잃은 도끼는 쇠가 좋거니 [격]
잃은 사람이 죄가 많다(-罪-) [격]
임금 격차=임금격차(賃金格差)
임금 노릇
임금 인상(賃金引上)
임금 자리 내놓다
임금 체불(賃金滯拂)
임금 협상(賃金協商)

임기 동안(任期-)
임기 만료(任期滿了)
임기응변(臨機應變)
임기 중(任期中)
임대 계약=임대계약(賃貸契約)
임대 보증(賃貸保證)
임대 수입(賃貸收入)
임대 주택=임대주택(賃貸住宅)
임대해 주다(賃貸-)
임도 보고 뽕도 딴다 [격]
임명 동의(任命同意)
임무 교대(任務交代)
임무 수행(任務遂行)
임무 완수(任務完遂)
임박해 오다(臨迫-)
임반달(-半-)
임방꾼
임병양란(壬丙兩亂)
임 보러 가다
임상 경험(臨床經驗)
임상 치료(臨床治療)
임시 거처(臨時居處)
임시 공휴일(臨時公休日)
임시 국회=임시국회(臨時國會)
임시방편(臨時方便)
임시변통(臨時變通)
임시 열차(臨時列車)
임시 정부=임시정부(臨時政府)
임시 직원(臨時職員)
임시 휴교(臨時休校)
임신구토(姙娠嘔吐)
임신 기간(姙娠期間)
임신 중(姙娠中)
임신 초기(姙娠初期)
임신한 듯하다(姙娠-)
임 씨 댁(林, 任氏宅)
임씨 성 가진 사람(林, 任氏姓-)
임 없는 밥은 돌도 반 뉘도 반(-半-半) [격]
임오군란(壬午軍亂)
임용 고시(任用考試)
임용 시험(任用試驗)
임원 명단(任員名單)
임원 선출(任員選出)
임원 회의(任員會議)
임은 품에 들어야 맛[격]
임을 보아야 아이를 낳지[격]

임의 동행=임의동행(任意同行)
임 이고 가다
임자 만나다 [관]
임자몸
임자 못 만나다
임자 없는 용마(-龍馬) [격]
임자 잃은 논밭에 돌피 성하듯(-盛-) [격]
임전무퇴(臨戰無退)
임전 태세(臨戰態勢)
임종 환자(臨終患者)
임진년 원수다(壬辰年怨讐-) [격]
임진왜란(壬辰倭亂)
임차 기간(賃借期間)
입 가리고 고양이 흉내 [격]
입가심
입간판(立看板)
입걱정
입건해 놓다(立件-)
입결에
입고 가다
입고 나니
입고 나오다
입고 다니다
입고 싶다
입고 오다
입구린내
입구자집(-口字-)
입구 쪽(入口-)
입국 금지(入國禁止)
입국 사증=입국사증(入國查證)
입국 수속(入國手續)
입국 신고(入國申告)
입국 심사(入國審査)
입국 허가=입국허가(入國許可)
입금 통장(入金通帳)
입금해 주다(入金-)
입기 좋은 옷
입기 편한 옷(-便-)
입길에 오르다
입김 세다
입김이 어리다 [관]
입내 피우다
입 냄새
입노릇
입 놀리다
입놀림

입는다나 봐
입는 둥 마는 둥
입 다물다
입다짐
입단속(-團束)
입담배
입담 좋다
입당 원서(入黨願書)
입대 연기(入隊延期)
입덧 나다
입도선매(立稻先賣)
입도 염치 믿고 산다(-廉恥-) [격]
입때껏
입력시켜 두다(入力-)
입력해 두다(入力-)
입마개
입막음하다
입만 가지면 서울 이 서방 집도 찾아간다(-李
　　書房-) [격]
입만 살다 [관]
입만 아프다 [관]
입맛 나자 노수 떨어진다(-路需-) [격]
입맛 다시다 [관]
입맛 당기다
입맛대로 하다 [관]
입맛 돌다
입맛 떨어지다
입맛 쓰다 [관]
입맛 안 나다
입맛을 붙이다 [관]
입맛이 반찬(-飯饌) [격]
입 맞추다
입맞춤
입맵시
입맷상(-床) 잔치 같은 데에 큰상을 차리기 전에
　　먼저 간단하게 차려 대접하는 음식상.
입모습
입 모양(-模樣)
입바르다
입바른 소리
입 밖에 내다 [관]
입발림 =사탕발림.
입방귀
입방아
입방아를 찧다
입방정

730

입방정을 놀다
입버릇처럼
입 벌리다
입법 취지(立法趣旨)
입비뚤이
입빠르다
입사 동기(入社同期)
입사발(-沙鉢) 작은 사발.
입사 시험(入社試驗)
입사 원서(入社願書)
입산 금지(入山禁止)
입산수도(入山修道)
입산 통제(入山統制)
입성이 날개라 [격]
입 소문(-所聞)
입속말
입수염(-鬚髥)
입수해 오다(入手-)
입술감 주머니의 아가리를 만들 감.
입술에 침도 마르기 전에 돌아앉는다(-前-) [격]
입술에 침 바른 소리 [관]
입술에 침이나 바르지 [관]
입술연지(-臙脂)
입술을 깨물다 [관]
입술이 없으면 이가 시리다 [격]
입시 공부(入試工夫)
입시 교육(入試敎育)
입시 부정(入試不正)
입시 요강(入試要綱)
입시 전쟁(入試戰爭)
입시 제도(入試制度)
입시 지옥(入試地獄)
입시 학원(入試學院)
입신양명(立身揚名)
입신출세(立身出世)
입심을 겨루다 [관]
입심을 뽑다 [관]
입심 좋다
입쌀밥
입쌀풀
입씨름 벌이다
입씻김
입씻이
입아귀
입아귀를 새기다 [관]
입 아래 코 [격]

입 안 가득
입안말 =입속말.
입 안에서 돌다 [관]
입 안 열다
입 안의 소리 [관]
입 안이 쓰다 [관]
입앓이
입양 보내다(入養-)
입어 버릇하다
입어 보다
입었을 거야
입었을걸
입었을 걸세
입었을걸요
입에 거미줄 치다 [관]
입에 게거품을 물다 [관]
입에 꿀을 바른 말 [관]
입에 달고 다니다 [관]
입에 담지 못할 말
입에 대다 [관]
입에 들어가는 밥술도 제가 떠 넣어야 한다 [격]
입에 맞는 떡 [격]
입에 문 혀도 깨문다 [격]
입에 발린 소리 [관]
입에 붙은 밥풀 [격]
입에서 신물이 난다 [격]
입에서 젖내가 난다 [격]
입에 쓴 약이 병에도 좋다(-藥-病-) [격]
입에 쓴 약이 병을 고친다(-藥-病-) [격]
입에 자갈을 물리다 [격]
입에 침 바른 소리 [관]
입에 침이 마르다 [관]
입 열다
입요기(-療飢)
입원 비용(入院費用)
입원 치료(入院治療)
입원 환자(入院患者)
입은 거지는 얻어먹어도 벗은 거지는 못 얻어
    먹는다 [격]
입은 비뚤어져도 말은 바로 하랬다 [격]
입은 비뚤어져도 주라는 바로 불어라 [격]
입을 거야
입을걸
입을 걸세
입을걸요
입을게

731

입을게요

입을 놀리다 [관]

입을 다물다 [관]

입을 딱 벌리다 [관]

입을 떼다 [관]

입을 막다 [관]

입을 만하다

입을 맞추다 [관]

입을 모으다 [관]

입을 봉하다(-封-) [관]

입을 씻기다 [관]

입을 씻다 [관]

입을 열 자나 빼고 있다 [관]

입을 틀어막다 [관]

입의 혀 같다 [관]

입이 가로 터지다 [관]

입이 가볍다 [관]

입이 개차반이다 [격]

입이 걸기가 사복개천 같다(-司僕-川-) [격]

입이 광주리만 하다 [격]

입이 광주리만 해도 말 못한다 [격]

입이 귀밑까지 찢어지다 [관]

입이 높다 [관]

입이 달다 [관]

입이 닳도록 [관]

입이 더럽다 [관]

입이 도끼날 같다 [관]

입이 되다 [관]

입이 딱 벌어지다 [관]

입이 떨어지다 [관]

입이 뜨다 [관]

입이 무겁다 [관]

입이 밭다 [관]

입이 보배 [격]

입이 삐죽하다 [관]

입이 서울이라 [격]

입이 쓰다 [관]

입이 여럿이면 금도 녹인다(-金-) [격]

입이 여물다 [관]

입이 열 개라도 할 말이 없다(-個-) [격]

입이 열둘이라도 말 못한다 [격]

입이 원수(-怨讐) [격]

입이 질다 [관]

입이 천 근 같다(-千斤-) [관]

입이 포도청(-捕盜廳) [격]

입이 함박만 하다 [격]

입인사(-人事)

입잔 작은 술잔.

입장 곤란(立場困難)

입장단

입장 바꾸다(立場-)

입장시켜 주다(立場-)

입장 요금(立場料金)

입장 정리(立場整理)

입장 표명(立場表明)

입정을 놀리다 [관]

입정이 사납다 [관]

입젯날(入祭-)

입주름

입주상량(立柱上樑)

입주 예정(入住豫定)

입줄에 오르내리다

입증 못 하다(立證-)

입지 조건(立地條件)

입짓

입찬말

입찬말은 묘 앞에 가서 하라(-墓-) [격]

입찬소리

입찬소리는 무덤 앞에 가서 하라 [격]

입찰 공고(入札公告)

입천장(-天障)

입천장소리되기(-天障-)

입체낭독(立體朗讀)

입추의 여지가 없다(立錐-餘地-) [격]

입춘 거꾸로 붙였나(立春-) [격]

입춘대길(立春大吉)

입춘 추위(立春-)

입치다꺼리

입치레

입학 동기(入學同期)

입학 성적(入學成績)

입학시험(入學試驗)

입학식 날(入學式-)

입학 연도(入學年度)

입학 원서=입학원서(入學願書)

입학 자격(入學資格)

입학 전형(入學銓衡)

입학 정원(入學定員)

입학 조건(入學條件)

입혀 놓다

입혀 드리다

입혀 보다

입혀 주다
입회 원서(入會願書)
잇게 되다
잇구멍(利-)
잇달다
잇달리다
잇닿다
잇대어 놓다
잇따르다
잇몸 병(-病)
잇바디
잇비 메벼의 짚으로 만든 비.
잇새
잇새도 어우르지 않는다
잇속 차리다(利-)
잇자국
잇줄
잇짚
있거나 말거나
있게끔 하다
있게 해 주다
있고말고
있기까지
있기 마련이다
있긴 하지만
있나 보다
있느니만 못하다
있느니만큼
있는가 보다
있는 거로군
있는 거야
있는 것은 마디고 없는 것은 헤프다 [격]
있는 고로(-故-)
있는 대로
있는 데다가
있는 동안
있는 듯 마는 듯
있는 듯싶다
있는 듯하다
있는 만큼
있는지조차 모른다
있는 체하다
있다나 봐
있다 보니
있다손 치더라도
있어 보이다

있어서는 안 될 일
있어 오다
있었을 거야
있었을걸
있었을 걸세
있었을걸요
있었을 텐데
있었음 직하다
있으나 마나
있은 지 얼마나 되나
있을 거야
있을걸
있을 걸세
있을걸요
있을게
있을 게다
있을게요
있을까 말까
있을 듯싶다
있을 듯하다
있을 때 아껴야지 없으면 아낄 것도 없다 [격]
있을 만하다
있을 만큼
있을망정
있을뿐더러
있을 뿐 아니라
있을 성싶다
있을수록
있을 줄 알다
있을지 모른다
있을 터인데
있을 테니까
있을 텐데
있음 직한
있음 직해 보이다
잉걸덩이
잉걸불
잉꼬부부(-夫婦)
잉앗대
잉앗실
잉어가 뛰니까 망둥이도 뛴다 [격]
잉어 숭어가 오니 물고기라고 송사리도 온다
　　　[격]
잉어자물통(-筒)
잉어젓
잉어찜

733

잉어회(-膾)
잉엇국
잉엇국 먹고 용트림한다 [격]
잉크병(ink瓶)
잊고 살다
잊고 싶다
잊고 지내다
잊어 가다
잊어 달라고 하다
잊어 달라다
잊어 먹다
잊어버리다
잊어 본 적 없다
잊어서는 안 된다
잊어 주다
잊은 듯하다
잊은 적 없다
잊은 줄 알다
잊은 지 오래되다
잊을 길 없다
잊을 뻔하다

잊지 못하다
잊혀져 가다
잊혀져 오다
잎가지
잎갈이
잎거미도 줄을 쳐야 벌레를 잡는다 [격]
잎꼴
잎나물
잎담배
잎망울
잎사귀
잎사귀머리
잎샘하다
잎성냥
잎잎이
잎자루
잎줄기
잎줄기채소(-菜蔬)
잎채소(-菜蔬)
잎파랑이.

[ㅈ]

자가광고(自家廣告)
자가당착(自家撞着)
자가도취(自家陶醉)
자가발전(自家發電)
자가비판(自家批判)
자가비하(自家卑下)
자가사리 끓듯 [격]
자가사리 용을 건드린다(-龍-) [격]
자가사리지짐이
자가선전(自家宣傳)
자가소비(自家消費)
자가용림(自家用林)
자가용 차(自家用車)
자가운전(自家運轉)
자각 증상=자각증상(自覺症狀)
자갈길
자갈논
자갈돌
자갈땅
자갈밭
자갈판
자갈흙
자개경대(-鏡臺)
자개 공예(-工藝)
자개구름
자개그릇
자개농(-籠)
자개단추
자개 문갑(-文匣)
자개바람
자개바람이 일다 [관]
자개소반(-小盤)
자개장(-欌)
자개장롱(-欌籠)

자개함(-函)
자객질(刺客-)
자갯돌
자게 마마
자게 하다
자게 해 달라고 하다
자게 해 달라다
자격 기준(資格基準)
자격 못 갖추다(資格-)
자격 미달(資格未達)
자격 상실=자격상실(資格喪失)
자격시험(資格試驗)
자격 요건(資格要件)
자격 유무(資格有無)
자격 정지=자격정지(資格停止)
자격 제한(資格制限)
자격 취득(資格取得)
자경마(自-) 말 탄 사람이 스스로 고삐를 잡고
    몲.
자경마 들다(自-)
자고 가다
자고 나니
자고 나오다
자고 난 뒤
자고로(自古-) =자고이래로.
자고 싶다
자고 오다
자고이래로(自古以來-)
자고 일어나다
자구넘이
자구 노력(自救勞力)
자구 수정(字句修正)
자구 행위=자구행위(自救行爲)
자국걸음

자국 나다

자국 내다

자국눈 겨우 발자국이 날 만큼 적게 내린 눈.

자국물

자국 밟다 [관]

자국 영토(自國領土)

자귀질

자귀 짚다 [관]

자귓밥

자그마치

자그마해 보이다

자그매지다

자극해 오다(刺戟-)

자금 관리(資金管理)

자금 세탁(資金洗濯)

자금 압박(資金壓迫)

자금 조달(資金調達)

자금줄(資金-)

자금 지원(資金支援)

자급자족(自給自足)

자기감정(自己感情)

자기 계발(自己啓發)

자기 고백(自己告白)

자기 과시=자기과시(自己誇示)

자기 관리(自己管理)

자기기만(自己欺瞞)

자기 나라(自己-)

자기 나름대로(自己-)

자기네 집(自己-)

자기뇨를 먹다(自己尿-) [관]

자기 늙은 것은 몰라도 남 자라는 것은 안다(自己-) [격]

자기도 모르게(自己-) [관]

자기도취(自己陶醉)

자기 돈 쓰다(自己-)

자기 돈 안 쓰다(自己-)

자기 딴에는(自己-)

자기 뜻대로(自己-)

자기만족(自己滿足)

자기 맘대로 하다(自己-)

자기모순(自己矛盾)

자기 몫(自己-)

자기밖에 모르다(自己-)

자기반성(自己反省)

자기 배 부르면 남의 배 고픈 줄 모른다 [격]

자기변명(自己辨明)

자기변호(自己辯護)

자기 불신(自己不信)

자기비판(自己批判)

자기 비하(自己卑下)

자기 사람(自己-)

자기 사업(自己事業)

자기 생각만 하다(自己-)

자기선전(自己宣傳)

자기 성찰(自己省察)

자기 세계(自己世界)

자기소개(自己紹介)

자기수를 먹다(自己溲-) [관]

자기 수양(自己修養)

자기 스스로(自己-)

자기실현(自己實現)

자기 암시=자기암시(自己暗示)

자기앞 수표=자기앞수표(自己-手票)

자기 얼굴에 침 뱉기(自己-) [격]

자기완성(自己完成)

자기 의견(自己意見)

자기의식(自己意識)

자기 이름(自己-)

자기 일(自己-)

자기 자랑(自己-)

자기 자리(自己-)

자기 자본=자기자본(自己資本)

자기 자식(自己子息)

자기 자신(自己自身)

자기 잘못(自己-)

자기 재량(自己裁量)

자기 절제(自己節制)

자기주장(自己主張)

자기중심(自己中心)

자기중심주의(自己中心主義)

자기 집 쪽으로(自己-)

자기 차(自己車)

자기 책임(自己責任)

자기 통제=자기통제(自己統制)

자기편(自己便)

자기표현(自己表現)

자기 학대(自己虐待)

자기 할 일(自己-)

자기 혁신(自己革新)

자기혐오(自己嫌惡)

자기희생(自己犧牲)

자꾸자꾸

자끈동 부러지다
자나 깨내[관]
자나 마나
자나 보다
자네 일
자녀 교육(子女敎育)
자는 거예요
자는걸요
자는 둥 마는 둥
자는 듯하다
자는 벌집 건드린다 [격]
자는 범 코침 주기 [격]
자는 입에 콩가루 떨어 넣기 [격]
자는 체하다
자다가 벼락을 맞는다 [격]
자다가 봉창 두드린다(-封窓-) [격]
자다가 생병 얻는 것 같다(-生病-) [격]
자다가 얻은 병(-病) [격]
자다 깨다 하다
자다 말고
자다 보니
자대 배치(自隊配置)
자던 아이 가지 따러 갔다 [격]
자던 아이 깨겠다
자던 중도 떡 다섯 개(-個) [격]
자도 걱정 먹어도 걱정 [격]
자동계단(自動階段) =에스컬레이터.
자동 납부(自動納付)
자동번역기(自動飜譯機)
자동 소총=자동소총(自動小銃)
자동신호(自動信號)
자동 연장(自動延長)
자동 이체=자동이체(自動移替)
자동저울(自動-)
자동차고누(自動車-)
자동 폐기(自動廢棄)
자동 화기=자동화기(自動火器)
자두나무
자 두는 게 좋다
자두부(煮豆腐)
자두치떡
자드락길
자드락나다
자드락밭
자디잘다
자라 가다

자라구이
자라나는 호박에 말뚝 박는다 [격]
자라눈 젖먹이의 엉덩이 양쪽으로 오목하게
        들어간 자리.
자라목
자라목셔츠(-shirts)
자라목 오그라들듯 [관]
자라목이 되다 [관]
자라병(-瓶)
자라 보고 놀란 가슴 소댕 보고 놀란다 [격]
자라 알 바라듯 [격]
자라 오다
자라자지 (1)양기가 동하지 않았을 때에 자라
        목처럼 바싹 움츠러든 자지. (2)보통 때에
        는 작아도 흥분하면 매우 커지는 자지.
자라탕(-湯)
자란고기
자란벌레
자랄 나무는 떡잎부터 알아본다 [격]
자랄 대로 자라다
자랑거리
자랑 끝에 불붙는다 [격]
자랑 끝에 쉬슨다 [격]
자랑 마라
자랑삼다
자랑스러워 보이다
자랑스러워하다
자랑차다
자랑할 게 못 되다
자랑할 만하다
자랑해 오다
자러 가다
자러 들어오다
자러 오다
자력갱생(自力更生)
자료 분석(資料分析)
자료 수집(資料蒐集)
자료 정리(資料整理)
자료 제출(資料提出)
자료 조사(資料調査)
자루걸레
자루걸레질
자루그물
자루를 찢는다 [격]
자루바가지
자루 베는 칼 없다 [격]

자루 속의 송곳 [격]
자루솥
자르듯 하다
자를·거야
자를걸
자를 걸세
자를걸요
자를게
자를게요
자리가 길어지다 [관]
자리갈이
자리개질
자리그물
자리 나다 [관]
자리낚시
자리다툼
자리를 같이하다 [관]
자리를 걷다 [관]
자리를 뜨다 [관]
자리를 보고 발을 펴라 [격]
자리를 차고 일어나다 [관]
자리를 털고 일어나다 [관]
자리맡에 두다
자리 매김 하다
자리바꿈
자리 배치(-配置)
자리 보다 [관]
자리보전(-保全)
자리 봐 드리다
자리 비우다
자리싸움
자리쌈
자리에 눕다 [관]
자리옷
자리 이동(-移動)
자리자리하다
자리 잡다 [관]
자리 잡아 가다
자리 잡히다 [관]
자리젓 자리돔으로 담근 것.
자리 지키다
자리틀
자리하다
자리회(-膾)
자린고비
자립 경제(自立經濟)

자립 기반(自立基盤)
자립정신(自立精神)
자립해 나가다(自立-)
자릿날
자릿삯
자릿상(-床)
자릿세(-貰)
자릿세 낼 만하다(-貰-)
자릿세 받아 가다(-貰-)
자릿장(-欌)
자릿저고리
자릿적삼
자릿조반(-朝飯)
자마구 곡식의 꽃가루.
자막대
자막대기
자만자족(自慢自足)
자만해 오다(自慢-)
자맞춤(字-)
자맞춤딱지(字-)
자매결연(姉妹結緣)
자매기관(姉妹機關)
자매단체(姉妹團體)
자매 부대(姉妹部隊)
자매부락(姉妹部落)
자매 학교=자매학교(姉妹學校)
자맥질
자머리
자멸해 버리다(自滅-)
자명해져 가다(自明-)
자모순(字母順)
자모음(字母音)
자문 기관=자문기관(諮問機關)
자문 기구(諮問機構)
자문 위원(諮問委員)
자문자답(自問自答)
자물단추
자물쇠청
자물쇠통(-筒)
자물통
자바리바늘 자바리를 낚는 데 쓰는 낚싯바늘.
자반갈치
자반고등어
자반국
자반도어(-刀魚)
자반뒤지

739

자반뒤지기
자반뒤집기
자반뒤집기하다
자반민어(-民魚)
자반방어(-魴魚)
자반밴댕이
자반비웃
자반삼치
자반연어(-鰱魚)
자반전어(-鱣魚)
자반조기
자반준치
자발떨다
자발머리없다
자발없는 귀신은 무랍도 못 얻어먹는다(-鬼神-) [격]
자백해 버리다(自白-)
자 버릇하다
자별나다(自別-)
자본 시장=자본시장(資本市場)
자본 유치(資本誘致)
자본 잠식(資本蠶食)
자 본 적 없다
자볼기
자볼기 맞겠다 [격]
자 볼 새가 없다
자부레기
자부지
자비가 짚 벙거지(慈悲-) [격]
자비 부담(自費負擔)
자비 출판=자비출판(自費出版)
자빗간(-間)
자빠져도 코가 깨진다 [격]
자빠진 놈 꼭뒤 차기 [격]
자빠질 뻔하다
자빡뿔
자빡을 대다 [관]
자빡을 맞다 [관]
자사 제품(自社製品)
자산 가치(資産價値)
자산 규모(資産規模)
자살골(自殺goal)
자살 기도(自殺企圖)
자살 미수(自殺未遂)
자살 사건(自殺事件)
자살 행위(自殺行爲)

자상해 보이다(仔詳-)
자새질하다
자생 능력(自生能力)
자생 식물=자생식물(自生植物)
자석벼루(紫石-)
자선 공연(慈善公演)
자선기금(慈善基金)
자선냄비(慈善-)
자선 단체=자선단체(慈善團體)
자선 사업=자선사업(慈善事業)
자선 행사(慈善行事)
자세해 보이다(仔細-)
자손 대대로(子孫代代-)
자손만대(子孫萬代)
자수바늘(刺繡-)
자수삭발(自手削髮)
자수성가(自手成家)
자수틀(刺繡-)
자수해 버리다(自首-)
자수해 오다(自首-)
자습 시간(自習時間)
자승자박(自繩自縛)
자시오 할 땐 마다더니 아가리에 박으라 해야 먹는다 [격]
자식 걱정(子息-)
자식 겉 낳지 속은 못 낳는다(子息-) [격]
자식 과년하면 부모가 반중매쟁이 된다(子息過年-父母-半仲媒-) [격]
자식 교육(子息敎育)
자식 기르는 것 배우고 시집가는 계집 없다(子息-媤-) [격]
자식 노릇(子息-)
자식 놈(子息-)
자식 농사(子息農事)
자식도 많으면 천하다(子息-賤-) [격]
자식도 품 안에 들 때 내 자식이지(子息-子息-) [격]
자식 된 도리(子息-道理)
자식 둔 골에는 호랑이도 두남둔다(子息-) [격]
자식 둔 부모 근심 놓을 날 없다(子息-父母-) [격]
자식 둔 부모는 알 둔 새 같다(子息-父母-) [격]
자식들은 평생 부모 앞에 죄짓고 산다(子息-平生父母-罪-) [격]
자식 복(子息福)
자식 볼 낯 없다(子息-)

자식 사랑(子息-)
자식 삼다(子息-)
자식새끼(子息-)
자식 없는 것이 상팔자(子息-上八字) [격]
자식은 낳기보다 키우기가 더 어렵다(子息-) [격]
자식은 생물 장사(子息-生物-) [격]
자식은 애물이라(子息-物-) [격]
자식은 오복이 아니라도 이는 오복에 든다(子息-五福-五福-) [격]
자식은 쪽박에 밥 주워 담듯 한다(子息-) [격]
자식을 길러 봐야 부모 사랑을 안다(子息-父母-) [격]
자식을 보기 전에 어머니를 보랬다(子息-前-) [격]
자식이 자라면 상전 된다(子息-上典-) [격]
자식 자랑(子息-)
자식 죽는 건 봐도 곡식 타는 건 못 본다(子息-穀食-) [격]
자식 추기 반미친놈 계집 추기 온미친놈(子息-半-) [격]
자신감 넘치다(自信感-)
자신만만해 보이다(自信滿滿-)
자신 없어 보이다(自信-)
자신 없어져 가다(自信-)
자신 있어 보이다(自信-)
자아내다
자아도취(自我陶醉)
자아비판(自我批判)
자아실현(自我實現)
자아올리다
자아의식(自我意識)
자업자득(自業自得)
자에도 모자랄 적이 있고 치에도 넉넉할 적이 있다 [격]
자연가스(自然gas)
자연경관(自然景觀)
자연 계열(自然系列)
자연공원(自然公園)
자연 과학=자연과학(自然科學)
자연법칙(自然法則)
자연보호(自然保護)
자연 분만=자연분만(自然分娩)
자연 상태(自然狀態)
자연생활(自然生活)
자연 숙성(自然熟成)

자연스러워 보이다(自然-)
자연식품(自然食品)
자연재해(自然災害)
자연정화(自然淨化)
자연조건(自然條件)
자연치료(自然治療)
자연 친화적(自然親和的)
자연통풍(自然通風)
자연현상(自然現象)
자연환경(自然環境)
자욱포수(-砲手) 사냥할 때 짐승의 발자국을 잘 찾아 쫓아가는 포수.
자웅눈(雌雄-) 한쪽은 크고 한쪽은 작게 생긴 눈.
자웅눈이(雌雄-)
자원 낭비(資源浪費)
자원 부국(資源富國)
자원입대(自願入隊)
자위가 돌다 [관]
자위가 뜨다 [관]
자위를 뜨다 [관]
자위본능(自衛本能)
자위 수단(自衛手段)
자위질(自慰-)
자위행위(自慰行爲)
자유 경선(自由競選)
자유 경쟁=자유경쟁(自由競爭)
자유로워 보이다(自由-)
자유 무역=자유무역(自由貿易)
자유방임(自由放任)
자유분방(自由奔放)
자유선거(自由選擧)
자유세계(自由世界)
자유수입(自由輸入)
자유수출(自由輸出)
자유 수호(自由守護)
자유스러워 보이다(自由-)
자유 시간(自由時間)
자유 시장(自由市場)
자유 언론(自由言論)
자유연애(自由戀愛)
자유의사(自由意思)
자유 의지=자유의지(自由意志)
자유자재(自由自在)
자유재량(自由裁量)
자유정신(自由精神)

자유직업(自由職業)
자유 평등＝자유평등(自由平等)
자유해방(自由解放)
자유행동(自由行動)
자율 경영(自律經營)
자율 규제(自律規制)
자율 신경＝자율신경(自律神經)
자율 학습(自律學習)
자의든 타의든(自意－他意－)
자의 반 타의 반(自意半他意半)
자인 장 바소쿠리(慈仁場－) [격]
자임해 오다(自任－)
자자손손(子子孫孫)
자장가 삼다(－歌－)
자장귀
자장노래
자장붙이(資粧－)
자장타령
자재 값(資材－)
자전거 길(自轉車－)
자전거포(自轉車鋪)
자전 소설＝자전소설(自傳小說)
자정 넘겨서(子正－)
자정 무렵(子正－)
자제 못 하다(自制－)
자제해 오다(自制－)
자조 섞인 말(自嘲－)
자족 도시(自足都市)
자존심 걸다(自尊心－)
자존심 상하다(自尊心傷－)
자주 가다
자주 고름 입에 물고(紫朱－)
자주고동색(紫朱古銅色)
자주국방(自主國防)
자주꼴뚜기(紫朱－)
자주꼴뚜기를 진장 발라 구운 듯하다(紫朱－陳醬－) [격]
자주독립(自主獨立)
자주 못 보다
자주방위(自主防衛)
자주 빛깔(紫朱－)
자주 와 보다
자주 외교(自主外交)
자주자주
자주정신(自主精神)
자주 통일(自主統一)

자주 해 본 일
자줏물(紫朱－)
자지러들다
자지리도 못난 사람
자진 사퇴(自進辭退)
자진 신고(自進申告)
자진 출두(自進出頭)
자진 해산(自進解散)
자질구레해 보이다
자질 부족(資質不足)
자질 향상(資質向上)
자짜리 한 자짜리 물고기.
자채논(紫彩－)
자채벼(紫彩－)
자채볏논(紫彩－)
자채쌀(紫彩－)
자책골(自責goal)
자처울다
자처해 오다(自處－)
자체 감사(自體監査)
자체 분석(自體分析)
자체 조달(自體調達)
자체 조사(自體調査)
자초지종(自初至終)
자춤발이 다리에 힘이 없어 조금 가볍게 다리를 절며 걷는 사람.
자춤자춤하다
자충수(自充手)
자취를 감추다
자취방(自炊房)
자취 생활(自炊生活)
자취 없이 사라지다
자치 구역(自治區域)
자치기
자치 단체＝자치단체(自治團體)
자치동갑(－同甲) 한 살 차이가 나는 동갑.
자치 지역(自治地域)
자치통
자치 활동＝자치활동(自治活動)
자칫 잘못하면
자칫하면
자칭군자(自稱君子)
자칭왕(自稱王)
자칭천자(自稱天子)
자택 연금(自宅軟禁)
자택 전화(自宅電話)

자투리땅
자포자기(自暴自棄)
자풀이
자필 서명(自筆署名)
자필 이력서(自筆履歷書)
자학자습(自學自習)
자해 행위(自害行爲)
자행해 오다(恣行－)
자화자찬(自畫自讚)
작가 의식(作家意識)
작건 크건
작게 먹고 가는 똥 누어라 [격]
작기는커녕
작기도 하다
작기만 하다
작긴 하다만
작년 가을(昨年－)
작년 같았으면(昨年－)
작년까지만 해도(昨年－)
작년 대비(昨年對比)
작년 말(昨年末)
작년 봄(昨年－)
작년에 고인 눈물 금년에 떨어진다(昨年－今
　年－) [격]
작년에 왔던 각설이 또 찾아왔다(昨年－) [격]
작년 연말(昨年年末)
작년 이맘때(昨年－)
작년 초(昨年初)
작년 팔월에 먹었던 오례송편이 나온다(昨年八
　月－松－) [격]
작년 한 해 동안(昨年－)
자다나 보다
작다 해도
작달막한 키
작달비
작대기모
작대기바늘
작대기찜질
작동 방법(作動方法)
작동 원리(作動原理)
작동 중(作動中)
작두날
작두바탕
작두질
작두춤
작두칼

작두판(－板)
작둣간(－間)
작든 크든
작디작다
작문 실력(作文實力)
작문 잡다(作門－) [관]
작박구리
작벼리　물가의 모래벌판에 돌이 섞여 있는 곳.
작별 인사(作別人事)
작살나다
작살내다
작살비
작성 못 하다(作成－)
작성해 두다(作成－)
작심삼일(作心三日)
작아도 대추 커도 소반(－小盤) [격]
작아도 콩 싸라기 커도 콩 싸라기 [격]
작아도 후추 알[격]
작아 보이다
작아져 가다
작아져 버리다
작아질 거야
작아질걸
작아질 걸세
작아질걸요
작업 기간(作業期間)
작업 도구(作業道具)
작업반원(作業班員)
작업반장(作業班長)
작업 시간(作業時間)
작업 일수(作業日數)
작업 지시(作業指示)
작업해 오다(作業－)
작용물질(作用物質)
작용해 오다(作用－)
작으면 작을수록
작은가 봐
작은 것부터 큰 것이 이루어진다 [격]
작은계집
작은 고모(－姑母)
작은 고추가 더 맵다 [격]
작은꾸리
작은놈
작은누나
작은누이
작은달

작은댁(-宅)
작은 도끼도 연달아 치면 큰 나무를 눕힌다 [격]
작은동서(-同壻)
작은되
작은 듯하다
작은따님
작은따옴표(-標)
작은딸
작은마누라
작은매부(-妹夫)
작은며느리
작은며느리 보고 나서 큰며느리 무던한 줄 안
　다 [격]
작은바늘
작은방(-房)
작은북
작은사랑(-舍廊)
작은사위
작은삼촌(-三寸)
작은설
작은손녀(-孫女)
작은손자(-孫子)
작은시누(-媤-)
작은아가씨
작은아기
작은아들
작은아버님
작은아버지
작은아비
작은아비 제삿날 지내듯(-祭祀-) [격]
작은아씨
작은아이
작은애
작은어머니
작은어머님
작은어미
작은어미 제삿날 지내듯(-祭祀-) [격]
작은언니
작은엄마
작은오빠
작은올케
작은이
작은 이모(-姨母)
작은 일이 끝 못 맺는다 [격]
작은조카
작은종조모(-從祖母)

작은종조모님(-從祖母-)
작은종조부(-從祖父)
작은종조부님(-從祖父-)
작은종조할머니(-從祖-)
작은종조할머님(-從祖-)
작은종조할아버님(-從祖-)
작은종조할아버지(-從祖-)
작은집
작은창자
작은처남(-妻男)
작은추석(-秋夕)
작은칼
작은큰키나무
작은 탕관이 이내 뜨거워진다(-湯罐-) [격]
작은할머니
작은할머님
작은할미
작은할아버님
작은할아버지
작은할아비
작은형(-兄)
작은형수(-兄嫂)
작을 거야
작을걸
작을 걸세
작을걸요
작을 듯하다
작을뿐더러
작을 뿐 아니라
작을수록 좋다
작자 미상(作者未詳)
작작 먹고 가는 똥 누어라 [격]
작작 먹고 가늘게 싸라 [격]
작전 계획(作戰計劃)
작전 명령=작전명령(作戰命令)
작전 수행(作戰遂行)
작전 장교(作戰將校)
작전 지시(作戰指示)
작전 지역=작전지역(作戰地域)
작정해 놓다(作定-)
작중 인물=작중인물(作中人物)
작차다　가득하게 차다.
작취미성(昨醉未醒)
작패 놓다(作悖-)
작패 부리다(作悖-)
작품 세계(作品世界)

작품 활동(作品活動)
작히나 좋을까
잔가락
잔가랑니
잔가시
잔가지
잔거품
잔걱정
잔걸음
잔고기
잔고기 가시 세다 [격]
잔고 증명(殘高證明)
잔골재(-骨材)
잔구멍
잔글씨
잔글자
잔금 가늘고 짧은 금.
잔금 치르다(殘金-)
잔기침
잔꾀 부리다
잔꾀 피우다
잔나비 밥 짓듯 [격]
잔나비 잔치다 [격]
잔누비
잔누비질
잔눈치
잔다나 봐
잔다리밟다 낮은 지위에서부터 높은 지위로 차
　　차 오르다.
잔달음
잔달음질
잔돈
잔돈푼
잔돌
잔 돌리다(盞-)
잔돌밭
잔 둥 만 둥
잔 들다(盞-)
잔 듯 만 듯
잔등머리
잔디 구장(-球場)
잔디밭
잔디밭에서 바늘 찾기 [격]
잔디찰방(-察訪)
잔딧불
잔뜩잔뜩

잔말
잔말 마라
잔말쟁이
잔머리
잔머리 굴리다
잔머리 쓰다
잔모래
잔못
잔무늬
잔물결
잔물잔물하다
잔물지다
잔입고 얄밉다 [관]
잔입다
잔바느질
잔바늘
잔바늘 쑤시듯 [격]
잔바람
잔방귀
잔별
잔병(-病)
잔병꾸러기(-病-)
잔병에 효자 없다(-病-孝子-) [격]
잔병치레(-病-)
잔부끄러움
잔부끄럼
잔불 화력이 약한 총알.
잔불놀이
잔불질
잔 비우다(盞-)
잔뼈
잔뼈가 굵다 [관]
잔뼈가 굵어지다 [관]
잔뿌리
잔사설(-辭說)
잔살 =잔주름살.
잔살림
잔생이 보배라 [격]
잔셈
잔소리
잔소리꾼
잔소리 말고
잔소리질
잔소리해 오다
잔손 가다
잔손금

잔손불림
잔손질
잔솔
잔솔가지
잔솔밭
잔솔잎
잔솔포기
잔술(盞-)
잔술집(盞-)
잔시중
잔시중 들다
잔식구(-食口)
잔신경(-神經)
잔심부름
잔심부름꾼
잔악무도(殘惡無道)
잔액 조회(殘額照會)
잔여기간(殘餘期間)
잔여 임기(殘餘任期)
잔여 형기(殘餘刑期)
잔웃음
잔을 기울이다(盞-) [관]
잔을 드리다(盞-) [관]
잔을 비우다(盞-) [관]
잔을 올리다(盞-) [관]
잔인무도(殘忍無道)
잔인해 보이다(殘忍-)
잔일
잔입
잔잎
잔자갈
잔작돌 =자갈.
잔잔누비
잔잔해 보이다
잔잔해져 가다
잔 잡은 팔 밖으로 펴지 못한다(盞-) [격]
잔 잡은 팔이 안으로 굽는다(盞-) [격]
잔재미
잔재미 보다
잔재비
잔재주
잔재주 부리다
잔재주 피우다
잔정(-情)
잔존 세력(殘存勢力)
잔주름

잔주름살
잔주접
잔주접 들다
잔줄
잔줄 긋다
잔질(盞-)
잔짐
잔짐승
잔채
잔치 벌이다
잔치설거지
잔치엔 먹으러 가고 장사엔 보러 간다(-葬事-)
　　[격]
잔치옷
잔치 음식(-飮食)
잔치잡이
잔치 치르다
잔치판
잔칫날
잔칫방(-房)
잔칫상(-床)
잔칫집
잔칫집에는 같이 가지 못하겠다 [격]
잔칼질
잔털
잔파도(-波濤)
잔파동(-波動)
잔판머리　일의 끝판 무렵.
잔풀
잔풀나기
잔풀내기
잔풀이(盞-)
잔풀호사(-豪奢)　분에 넘치는 호사나 허영에
　　들뜬 옷차림.
잔풍지다(殘風-)
잔학무도(殘虐無道)
잔해 속(殘骸-)
잔허리
잔혹해져 가다(殘酷-)
잔혹 행위(殘酷行爲)
잗갈다
잗갈리다
잗널다
잗다듬다
잗다랗다
잗다래지다

746

잗달다
잗닳다
잗젊다
잗주름
잗징
잗타다
잘 가다
잘개질
잘 거야
잘걸
잘 걸세
잘걸요
잘게
잘게요
잘나가다
잘 나가다 삼천포로 빠진다(-三千浦-) [격]
잘나다
잘난 놈
잘난 사람이 있어야 못난 사람이 있다 [격]
잘난 척을 하다
잘난 척하다
잘난 체를 하다
잘난 체하다
잘 놀다
잘 다녀오다
잘 대해 주다(-對-)
잘덧저고리
잘도 한다
잘돼 가다
잘돼 나가다
잘돼야 할 텐데
잘되는 밥 가마에 재를 넣는다 [격]
잘되면 제 탓 못되면 조상 탓(-祖上-) [격]
잘되어 가다
잘된다 하더라도
잘될 거야
잘될걸
잘될 걸세
잘될걸요
잘될는지 모르겠다
잘될 리 없다
잘될 줄 알다
잘 두다
잘두루마기
잘 둔 덕에(-德-)
잘 듣다

잘 들어 주다
잘뚜마기 긴 물건의 잘록하게 들어간 부분.
잘라 가다
잘라 내다
잘라 말하다
잘라매다
잘라먹다 내 돈을 잘라먹을 셈인가.
잘라 먹다 잘라서 먹다.
잘라뱅이 짧게 된 물건.
잘라 버리다
잘라 주다
잘려 나가다
잘름발이
잘 만나다
잘만 하면
잘만 해 봐라
잘 먹고 잘살아라
잘 모르실 텐데
잘 모를 거야
잘 모를걸
잘 모를 걸세
잘 모를걸요
잘 못 가다 자주 못 가다.
잘못 가다 다른 데로 가다.
잘못 건드리다
잘 못 그리다 잘 그리지 못하다.
잘못 그리다 틀리게 그리다.
잘못된 듯하다
잘못 들다
잘 못 먹다 잘 먹지 못하다.
잘못 먹다 탈이 나다.
잘 못 보다 잘 보지 못하다.
잘못 보다 잘 못 알아보다.
잘 못 살다 어렵게 살다.
잘못 살다 인생을 잘못 살다.
잘 못 쓰다 잘 쓰지 못하다.
잘못 쓰다 바르게 쓰지 못하다.
잘못 알다
잘못 알려지다
잘 못 알아듣다 잘 알아듣지 못하다.
잘못 알아듣다 틀리게 알아듣다.
잘 못 알아보다
잘못 알아보다
잘못 없다
잘 못 자다
잘못 전해져 오다(-傳-)

ㅈ

잘못짚다

잘 못 키우다 잘 키우지 못하다.

잘못 키우다 바람직하지 못하게 키우다.

잘못하다간 큰코다친다

잘배자(-褙子)

잘 보다

잘 봐 달라고 하다

잘 봐 달라다

잘 봐 두다

잘 봐주다

잘빠지다

잘살다

잘 살아가다

잘살아 보세

잘생기다

잘 시키다

잘 쓰다

잘 아시는 바와 같이

잘 아시다시피

잘 아실 텐데

잘 안 가다

잘 안 다니다

잘 안되다

잘 안될 텐데

잘 안 듣다

잘 안 들리다

잘 안 먹다

잘 안 보다

잘 안 보이다

잘 안 오다

잘 안 주다

잘 안 통하다(-通-)

잘 알고 지내다

잘 알다시피

잘 알려진 대로

잘 알 만한 사람

잘 알아 놓다

잘 알아 두다

잘 알 텐데

잘 어울리다

잘 오다

잘 익다

잘 익어 오다

잘 입다

잘 자라다

잘 자라 오다

잘 자라 주다

잘잘매다

잘잘못

잘잘못간에(-間-)

잘잘못 따지다

잘 지내다

잘 챙기다

잘코사니 고소하게 여겨지는 일.

잘크라지다

잘토시 검은담비의 털가죽을 안에 대고 지은
   토시.

잘 팔려 나가다

잘하는 것 같다

잘한 건지 잘못한 건지

잘할 거야

잘할걸

잘할 걸세

잘할걸요

잘할게

잘할게요

잘해 나가다

잘해 내다

잘해 놓다

잘해 달라고 하다

잘해 달라다

잘해도 한 꾸중 못해도 한 꾸중 [격]

잘해 드리다

잘해 보자

잘해야 할 텐데

잘해 오다

잘해 주다

잘 헤는 놈 빠져 죽고 잘 오르는 놈 떨어져 죽
   는다 [격]

잠가 놓다

잠가 놔두다

잠가 달라고 하다

잠가 달라다

잠가 두다

잠가 버리다

잠가 주다

잠겨 버리다

잠결에 남의 다리 긁는다 [격]

잠귀가 엷다 [관]

잠귀가 질기다 [관]

잠귀 어둡다

잠글 거야

잠글걸

잠글 걸세

잠글걸요

잠글게

잠글게요

잠금단추

잠금장치(-裝置)

잠기(-氣)

잠기운

잠길여　간조 때 드러나는 바위.

잠깐 동안

잠깐 사이

잠깐잠깐

잠 깨다

잠꼬대

잠꾸러기

잠꾸러기 집은 잠꾸러기만 모인다 [격]

잠나라

잠누에

잠동무

잠든 듯하다

잠든 척하다

잠든 체하다

잠들고 말다

잠똥갈이(蠶-)

잠만 자다

잠 못 들다

잠 못 이루다

잠 못 자다

잠방이에 대님 치듯 [격]

잠버릇

잠보　=잠꾸러기.

잠복근무(潛伏勤務)

잠복 기간(潛伏期間)

잠복시켜 놓다(潛伏-)

잠 설치다

잠수질(潛水-)

잠시간(暫時間)

잠시나마(暫時-)

잠시 동안(暫時-)

잠식해 들어가다(蠶食-)

잠식해 오다(蠶食-)

잠 안 들다

잠 안 오다

잠 안 자다

잠에 떨어지다 [관]

잠에 취하다(-醉-) [관]

잠 오다

잠 올 듯하다

잠옷

잠옷 바람으로

잠욕(-慾)

잠은 같이 자도 꿈은 다른 꿈을 꾼다 [격]

잠을 깨우다 [관]

잠을 자야 꿈을 꾸지 [격]

잠입해 오다(潛入-)

잠자고 나니

잠자는 듯이

잠자는 듯하다

잠자는 척하다

잠자는 체하다

잠자다 말고

잠자리 같이하다 [관]

잠자리 나는 듯 [관]

잠자리 날개 같다 [관]

잠자리 들다

잠자리 보다

잠자리 부접대듯 한다 [격]

잠자리비행기(-飛行機)

잠자리채

잠자코 있는 것이 무식을 면한다(-無識-免-)
　　[격]

잠잖다

잠잘 때

잠 잘 자다

잠재 능력(潛在能力)

잠재우다

잠재워 주다

잠재의식(潛在意識)

잠적해 버리다(潛跡-)

잠정 결론(暫定結論)

잠정 중단(暫定中斷)

잠정 합의(暫定合意)

잠지 좀 만져 보자

잠투정

잠투정 부리다

잠 한숨 못 자다

잠허리

잡것(雜-)

잡고기(雜-)

잡고 늘어지다

잡곡밥(雜穀-)

ㅈ

749

잡공사(雜工事)
잡과인절미(雜果-)
잡과편(雜果-)
잡귀신(雜鬼神)
잡기꾼(雜技-)
잡꽃(雜-)
잡나무(雜-)
잡녀석(雜-)
잡년(雜-)
잡놈(雜-)
잡누르미(雜-)
잡다시피 하다
잡담거리(雜談-)
잡담꾼(雜談-)
잡담 제하다(雜談除-) [관]
잡도리
잡도리를 차리다 [관]
잡동사니(雜-)
잡되다(雜-)
잡말(雜-)
잡맛(雜-)
잡매다
잡목 숲(雜木-)
잡무늬(雜-)
잡부 노릇(雜夫-)
잡살뱅이
잡살전(-廛)
잡생각(雜-)
잡소리(雜-)
잡손님(雜-)
잡손질(雜-)
잡수수료(雜手數料)
잡식구(雜食口)
잡아가는지도 모르게
잡아 가두다
잡아끊다
잡아끌다
잡아끌리다
잡아낚다
잡아내다
잡아넣다
잡아 놓다
잡아 놔두다
잡아 늘이다
잡아 달라고 하다
잡아 달라다

잡아당기다
잡아 두다
잡아들다
잡아들이다
잡아떼다
잡아 뜯다
잡아매다
잡아매 두다
잡아먹다
잡아먹어 버리다
잡아먹을 듯하다
잡아먹히다
잡아 보다
잡아 빼다
잡아 오다
잡아 올리다
잡아 일으키다
잡아 주다
잡아 죽이다
잡아채다
잡아타다
잡아 흔들다
잡았을 거야
잡았을걸
잡았을 걸세
잡았을걸요
잡역꾼(雜役-)
잡으러 가다
잡으러 오다
잡으려 들다
잡은 꿩 놓아주고 나는 꿩 잡자 한다 [격]
잡은 듯하다
잡을 거야
잡을걸
잡을 걸세
잡을걸요
잡을게
잡을게요
잡을까 말까
잡을 듯하다
잡을손
잡을손 뜨다 [관]
잡을 수밖에 없다
잡을 테면 잡아 봐라
잡이자(雜利子)
잡일(雜-)

잡자마자
잡장개비(雜杖-) 잡살뱅이 나뭇가지의 낱개비.
잡젓(雜-)
잡죄다
잡쥐다
잡지 기사(雜誌記事)
잡지꽂이(雜誌-)
잡지 마라
잡지 말라고 하다
잡지 말라다
잡지책(雜誌冊)
잡차래 삶아 낸 잡살뱅이 쇠고기.
잡채밥(雜菜-)
잡채화석(雜彩花席)
잡쳐 놓다
잡쳐 버리다
잡추렴(雜-)
잡춤(雜-)
잡치고 말다
잡탕말(雜湯-)
잡탕밥(雜湯-)
잡티(雜-)
잡풀(雜-)
잡혀가다
잡혀 나오다
잡혀 들어가다
잡혀 먹다
잡혀 오다
잡혔나 보다
잡혔을지 모른다
잡히는 대로
잡히자마자
잡힌 듯하다
잡힐 거야
잡힐걸
잡힐 걸세
잡힐걸요
잡힐 듯 말 듯
잡힐 듯하다
잡힐 만하면
잡힐손 무슨 일에든지 쓸모가 있는 재간.
잣가루
잣가루강정
잣강정
잣구리
잣기름

잣나무복령(-茯苓)
잣눈
잣눈도 모르고 조복 마른다(-朝服-) [격]
잣단자(-團餈)
잣대
잣대질
잣박산(-薄饊)
잣베개
잣불
잣송이
잣송진(-松津)
잣알
잣엿
잣죽(-粥)
잣즙(-汁)
잣집게
잣징 대가리가 잣처럼 둥글고 못이 하나 달린
    작은 징.
잣편
잤나 봐
잤을 거야
잤을걸
잤을 걸세
잤을걸요
장가가다
장가는 알이 들고 시집은 높이 가렸다(-媤-)
    [격]
장가들다
장가들러 가는 놈이 불알 떼어 놓고 간다 [격]
장가들이다
장가를 세 번 가면 불 끄는 걸 잊어버린다(-
    番-) [격]
장가 못 가다
장가 못 들다
장가보내다
장가 안 가다
장가 안 들다
장가오다
장가 잘 가다
장가 잘못 가다
장가처(-妻) 정식으로 예를 갖추어 맞은 아내.
장갑 끼다(掌匣-)
장강대하(長江大河)
장거리(場-)
장거리에서 수염 난 건 모두 네 할아비냐(場-
    鬚髯-) [격]

751

장거리포(長距離砲)
장건건이(醬-)
장경첩(長-)
장고래(長-)
장관 명의(長官名義)
장관 시켜 주다(長官-)
장관 자리(長官-)
장교 생활(將校生活)
장교 출신(將校出身)
장 구경(場-)
장구 깨진 무당 같다 [격]
장구력(場-)
장구를 쳐야 춤을 추지 [격]
장구매듭
장구머리초(-草)
장구배미
장구 소리
장구재비
장구채
장구 치고 북 치고
장구통
장구통배
장구통타구(-唾具)
장구팽이
장국냉면(醬-冷麵)
장국밥(醬-)
장국밥집(醬-)
장국죽(醬-粥)
장군감(將軍-)
장군놀이(將軍-)
장군 멍군(將軍-) [관]
장군 받다(將軍-) [관]
장군연(將軍鳶)
장굴젓(醬-)
장금(場-) =장시세.
장기 결석(長期缺席)
장기 계획(長期計劃)
장기근속(長期勤續)
장기 기증(臟器寄贈)
장기꾼(將棋-)
장기 두다(將棋-)
장기망태(將棋網-)
장기망태기(將棋網-)
장기 매매(臟器賣買)
장기바둑(將棋-)
장기 복무(長期服務)

장기 복역(長期服役)
장기 불황(長期不況)
장기 자랑(長技-)
장기 전망(長期展望)
장기 집권(長期執權)
장기짝(將棋-)
장기짝 맞듯(將棋-) [격]
장기 체류(長期滯留)
장기 투자(長期投資)
장기튀김(將棋-) 한 군데에서 생긴 일이 차차
　　　다른 데로 옮겨 미침.
장기판 벌어지다(將棋-)
장기 휴직(長期休職)
장김치(醬-)
장깍두기(醬-)
장꾼(場-)
장꾼은 하나인데 풍각쟁이는 열둘이라(場-風
　　　角-) [격]
장끼 한 마리
장나무(長-)
장나무에 낫 걸기(長-) [격]
장난감 총(-銃)
장난기(-氣)
장난꾸러기
장난꾼
장난 끝에 살인난다(-殺人-)
장난말
장난삼다
장난삼아 한 말
장난 안 하다
장난에 팔리다 [관]
장난이 아이 된다 [격]
장난 전화(-電話)
장난조로(-調-)
장난질
장난치다
장난해 오다
장내가 떠나갈 듯이(場內-) [관]
장내기옷(場-)
장내를 뒤흔들다(場內-) [관]
장 냄새(醬-)
장녀 승(長女僧) 여승들 가운데 우두머리인 여
　　　승.
장님 개천 나무란다(-川-) [격]
장님도가(-都家) 여러 사람이 모여 떠들어 대
　　　는 곳을 이르는 말.

장님 문고리 잡기(-門-) [격]

장님북채

장님 손 보듯 한다 [격]

장님술래

장님 은빛 보기다(-銀-) [격]

장님이 넘어지면 지팡이 나쁘다 한다 [격]

장님이 문 바로 들어갔다(-門-) [격]

장님이 사람 친다 [격]

장님이 외나무다리 건너듯 [격]

장님 잠자나 마나 [격]

장님 제 닭 잡아먹듯 [격]

장님총(-銃)

장님 코끼리 만지는 격(-格) [격]

장님 코끼리 말하듯 [격]

장님 파밭 들어가듯 [격]

장다리꽃

장다리무

장단 맞다 [관]

장단 맞추다 [관]

장 단 집에는 가도 말 단 집에는 가지 마라(醬-)
    [격]

장단 치다 [관]

장닭

장닭이 울어야 날이 새지[격]

장담(長-) 길게 쌓은 담.

장 담그다(醬-)

장담 못 하다(壯談-)

장담해 오다(壯談-)

장대 같은 비(長-)

장대같이 큰 키(長-)

장대구(醬大口) 간장에 절였다가 배를 갈라 말
    린 대구.

장대높이뛰기(長-)

장대다

장대도둑(長-) 장대질을 하여 남의 물건을 훔
    치는 도둑.

장대 들고 망태 메고(長-網-)

장대로 하늘 재기(長-)

장대비(長-)

장대질(長-)

장대추위(長-)

장대타기(長-)

장대패(長-)

장댓돌(長臺-)

장도감 치다(張都監-) [관]

장도끈(粧刀-)

장도노리개(粧刀-)

장도리메

장도릿배

장도막(場-)

장도칼(粧刀-)

장독(醬-)

장독간(醬-間)

장독대(醬-臺)

장독 뚜껑(醬-)

장독받침(醬-)

장독보다 장맛이 좋다(醬-醬-) [격]

장독소래(醬-)

장독소래기(醬-) 장독을 덮는, 오지나 질 따위로
    만든 뚜껑.

장돌다

장돌림(場-)

장돌뱅이(場-)

장두 서다(狀頭-) [관]

장떡(醬-)

장똑또기(醬-)

장래를 약속하다(將來-約束-) [관]

장려해 오다(獎勵-)

장력세다(壯力-)

장례 비용(葬禮費用)

장례식 날(葬禮式-)

장례 위원(葬禮委員)

장례 치르다(葬禮-)

장롱 서랍(欌籠-)

장리 놓다(長利-)

장리 먹다(長利-) [관]

장리쌀(長利-)

장릿벼(長利-)

장마가 무서워 호박을 못 심겠다 [격]

장마 개구리 호박잎에 뛰어오르듯 [격]

장마기(-期)

장마나무 장마철에 쓸 땔나무.

장마다 꼴뚜기 날까(場-) [격]

장마당(場-)

장마당의 조약돌 닳듯(場-) [격]

장마 도깨비 여울 건너가는 소리 [격]

장마 뒤에 외 자라듯 [격]

장마 들다 [관]

장마 전선=장마전선(-前線)

장마 지다 [관]

장마철에 비구름 모여들듯 [격]

장마철의 여우볕 [격]

장막꾼(帳幕-)
장만 못 하다
장만해 놓다
장만해 두다
장만해 주다
장맛(醬-)
장맛날
장맛비
장망태(場網-)
장망태기(場網-)
장맞이
장머리(場-)
장면 묘사(場面描寫)
장모 삼다(丈母-)
장목비 (1)꿩의 꽁지깃을 묶어 만든 비. (2)장목
　　수수의 이삭으로 만든 비.
장목수수
장묘 문화(葬墓文化)
장묘 시설(葬墓施設)
장묵죽(醬-粥)
장물(醬-)
장물아비(臟物-)
장미 가시(薔薇-)
장미꽃에는 가시가 있다(薔薇-) [격]
장미 덩굴(薔薇-)
장미 빛깔(薔薇-)
장미 향기(薔薇香氣)
장미화전(薔薇花煎)
장미화채(薔薇花菜)
장밋빛(薔薇-)
장바닥(場-)
장바닥의 조약돌 닳듯(場-) [격]
장 받다(將-) [관]
장발시인(長髮詩人)
장발에 치인 빈대 같다(欌-) [격]
장밤(長-) 긴 밤.
장변놀이(場邊-)
장보기(場-)
장 보러 가다(場-)
장 봐 오다(場-)
장부가 칼을 빼었다가 도로 꽂나(丈夫-) [격]
장부꾼
장부의 한 말이 천금같이 무겁다(丈夫-千金-)
　　[격]
장부잡이
장부 정리(帳簿整理)

장부책(帳簿冊)
장부켜기톱
장붓구멍
장비가 싸움을 마대(張飛-) [격]
장비 군령이라(張飛軍令-) [격]
장비는 만나면 싸움(張飛-) [격]
장비더러 풀벌레를 그리라 한다(張飛-) [격]
장비 부족(裝備不足)
장비야 내 배 다칠라(張飛-) [격]
장비지(醬-)
장비하고 쌈 안 하면 그만이지(張飛-) [격]
장비 호통이라(張飛-) [격]
장뺨(長-)
장사가 나면 용마가 난다(壯士-龍馬-) [격]
장사꾼
장사 나가다
장사 나면 용마 나고 문장 나면 명필 난다(壯
　　士-龍馬-文章-名筆-) [격]
장사눈 장사의 잇속에 대한 안목.
장사 다니다
장사 밑천
장사배(-輩)
장사 안 하다
장사 웃덮기 [격]
장사 잘되다
장사정포(長射程砲)
장사 지내다(葬事-)
장사 지내러 가는 놈이 시체 두고 간다(葬事-
　　屍體-) [격]
장사진 치다(長蛇陣-)
장사치
장사 치르다(葬事-)
장사판
장삼이사(張三李四)
장삿길
장삿날(葬事-)
장삿목
장삿배
장삿속
장생불사(長生不死)
장 서다(場-)
장 선생(張先生)
장수가 나면 용마가 난다(將帥-龍馬-) [격]
장수가 엄하면 군사가 강하다(將帥-嚴-軍士-
　　强-) [격]
장수 나자 용마 났다(將帥-龍馬-) [격]

장수 노인(長壽老人)
장수를 잡으려면 말부터 쏘아야 한다(將帥−)
　　[격]
장수 마을(長壽−)
장수벌(將帥−) =여왕벌.
장수 비결(長壽秘訣)
장수 식품(長壽食品)
장수 이 죽이듯(將帥−) [관]
장승같다
장승도깨비
장승박이
장승박이로 끌고 가겠다 [격]
장승이라도 걸리겠다 [격]
장승하고 말하는 것이 낫겠다 [격]
장시세(場時勢)
장식일꾼(裝飾−)
장식해 놓다(裝飾−)
장써레(長−)
장 씨 댁(張氏宅)
장애 등급(障碍等級)
장애 아동(障碍兒童)
장애 요인(障碍要因)
장애 학생(障碍學生)
장어구름(長魚−)
장어구이(長魚−)
장어통발(長魚−)
장엄해 보이다(莊嚴−)
장 없는 놈이 국 즐긴다(醬−) [격]
장옷 쓰고 엿 먹기 [격]
장옷짜리
장외 집회(場外集會)
장외 투쟁=장외투쟁(場外鬪爭)
장운동(腸運動)
장원 급제=장원급제(壯元及第)
장을 트다(場−)
장의자(長椅子)
장윗감(葬儀−)
장이 단 집에 복이 많다(醬−福−) [격]
장이야 멍이야(將−) [관]
장인바치(匠人−)
장인어른(丈人−)
장인 장모(丈人丈母)
장인 정신(匠人精神)
장작가리(長斫−)
장작개비(長斫−)
장작단(長斫−)

장작더미(長斫−)
장작모시(長斫−)　굵고 성기게 짠 모시.
장작바리(長斫−)
장작불(長斫−)
장작불과 계집은 쑤석거리면 탈난다(長斫−) [격]
장작윷(長斫−)
장작 패듯(長斫−)
장장이(欌−)
장장춘일(長長春日)
장장치기
장장하일(長長夏日)
장재젓　대구 아가미로 담근 것.
장전해 놓다(裝塡−)
장정 같은(壯丁−)
장정같이(壯丁−)
장정꾼(壯丁−)
장정 노릇 하다(壯丁−)
장정 못지않다(壯丁−)
장조카(長−)
장족마치(獐足−)
장족장도리(獐足−)
장족편(醬足−)
장족한량(獐足閑良)
장주릅(場−)　예전에, 장에서 흥정 붙이는 일을
　　직업으로 하던 사람.
장지네 회 쳐 먹겠다(−膾−) [격]
장지문(障−門)
장지틀(障−)
장짐(場−)
장짓가락(長指−)
장짠지(醬−)
장쪽박(醬−)
장찌개(醬−)
장차다(長−)
장착해 놓다(裝着−)
장찬 길(長−)
장찬밭　이랑이 매우 긴 밭.
장창 쓴다(長槍) [관]
장치기공
장치해 놓다(裝置−)
장타령꾼(場−)
장탕국(醬湯−)
장터(場−)
장터거리(場−)
장터걸(場−)　'장터거리'의 준말.
장터어름(場−)

755

장털 수탉의 꼬리털.

장톱 =내릴톱.

장통김치(醬-)

장판구들(壯版-)

장판머리

장판방(壯版房)

장판방에서 자빠진다(壯版房-) [격]

장판철(-鐵)

장편 소설=장편소설(長篇小說)

장학 기금(奬學基金)

장학 재단(奬學財團)

장항아리(醬缸-)

장해 보이다(壯-)

장형부모(長兄父母)

장흥정(場-)

잦다듬다

잦아들다

잦아져 가다

잦은걸음

잦은방귀

잦을수채통

잦쥐다

잦추 울어대다

잦혀지다

잦힌 밥에 흙 퍼붓기[격]

잦힌 밥이 멀랴 말 탄 서방이 멀랴(-書房-) [격]

재가 되다 [관]

재가해 주다(裁可-)

재간꾼(才幹-)

재간둥이(才幹-)

재갈 먹이다 [관]

재갈 먹인 말 같다 [격]

재갈멈치

재갈 물리다

재강만두(-饅頭)

재강아지

재강아지 눈 감은 듯하다 [격]

재강죽(-粥)

재개될 듯하다(再開-)

재개발 공사(再開發工事)

재거르개

재거름

재건 사업(再建事業)

재계 인사(財界人事)

재고 관리=재고관리(在庫管理)

재고 떨이(在庫-)

재고 정리(在庫整理)

재고 조사(在庫調査)

재고해 볼 만하다(再考-)

재고 현황(在庫現況)

재곤두치다

재교부해 주다(再交付-)

재기 넘치다(才氣-)

재기 발랄(才氣潑剌)

재기 불능(再起不能)

재나 마나

재난 극복(災難克服)

재난 방지(災難防止)

재난 지역(災難地域)

재 너머

재넘이 =산바람.

재는 넘을수록 험하고 내는 건널수록 깊다(-險-) [격]

재능 있어 보이다(才能-)

재단 이사(財團理事)

재담꾼(才談-)

재당숙(再堂叔)

재당숙모(再堂叔母)

재당질(再堂姪)

재당질녀(再堂姪女)

재덕겸비(才德兼備)

재 들은 중(齋-) [격]

재떨이와 부자는 모일수록 더럽다(-富者-) [격]

재랄 치다 [관]

재래시장(在來市場)

재량에 맡기다(裁量-)

재론 않기로(再論-)

재롱둥이(才弄-)

재롱떨다(才弄-)

재롱받이(才弄-)

재롱부리다(才弄-)

재롱쟁이(才弄-)

재롱 피우다(才弄-)

재료 값(材料-)

재료 공학(材料工學)

재목감(材木-)

재무 구조=재무구조(財務構造)

재무제표(財務諸表)

재 묻은 떡 [관]

재미나다

재미난 골에 범 난다 [격]

재미는 누가 보고 성은 누구한테 내느냐 [격]

재미 동포(在美同胞)
재미 들이다
재미 못 보다
재미 보다 [관]
재미 본 듯하다
재미 붙이다 [관]
재미 삼다
재미없다
재미없어 보이다
재미없어져 가다
재미 위주로(-爲主-)
재미있다
재미있어 보이다
재미있어져 가다
재미적다
재미 좀 보다
재밋거리
재바닥 짚다 [관]
재바르다
재발 방지(再發防止)
재발 안 되다(再發-)
재방송해 주다(再放送-)
재배 기술(栽培技術)
재배 농가(栽培農家)
재배해 오다(栽培-)
재벌 기업(財閥企業)
재벌질(再-)
재벌 총수(財閥總帥)
재벌 회사(財閥會社)
재봉실(裁縫-)
재봉틀(裁縫-)
재빠르다
재빼기 =잿마루.
재산 공개(財産公開)
재산 규모(財産規模)
재산 동결(財産凍結)
재산 모으다(財産-)
재산 목록=재산목록(財産目錄)
재산 분배(財産分配)
재산 불리다(財産-)
재산 상속=재산상속(財産相續)
재산 은닉(財産隱匿)
재산을 잃고 쌀알을 줍는다(財産-) [격]
재산 정리(財産整理)
재산 취득(財産取得)
재산 피해(財産被害)

재삼재사(再三在四)
재삼태기
재상 자리(宰相-)
재생고무(再生-)
재선 운동(再選運動)
재선 의원(再選議員)
재수가 물밀 듯하다(財數-) [격]
재수가 불붙었다(財數-) [격]
재수가 불 일 듯하다(財數-) [격]
재수 없는 놈은 자빠져도 코가 깨진다(財數-)
   [격]
재수 없는 포수는 곰을 잡아도 웅담이 없다(財
   數-砲手-熊膽-) [격]
재수 옴 붙었다(財數-) [격]
재수 좋은 놈(財數-)
재수 학원(再修學院)
재수해 보다(再修-)
재숫머리(財數-)
재시험 보다(再試驗-)
재아궁
재야 단체(在野團體)
재야 세력(在野勢力)
재야인사(在野人士)
재어 가다
재어 넣다
재어 놓다
재어 두다
재어 보다
재어 주다
재에 호 춤(齋-胡-) [격]
재외 공관=재외공관(在外公館)
재외 동포(在外同胞)
재워 놓다
재워 두다
재워 주다
재원 조달(財源調達)
재인식시켜 주다(再認識-)
재일 동포(在日同胞)
재임 기간(在任期間)
재임 시절(在任時節)
재작년(再昨年)
재장구치다(再-)
재장바르다
재재바르다
재재보살(-菩薩)
재재작년(再再昨年)

재적 의원(在籍議員)
재정 상태(財政狀態)
재정 악화(財政惡化)
재정 자립(財政自立)
재정 적자(財政赤字)
재정 파탄(財政破綻)
재조명해 보다(再照明-)
재종고모(再從姑母)
재종고모부(再從姑母夫)
재종매부(再從妹夫)
재종손녀(再從孫女)
재종손부(再從孫婦)
재종손서(再從孫壻)
재종손자(再從孫子)
재종숙모(再從叔母)
재종씨(再從氏)
재종조모(再從祖母)
재종조부(再從祖父)
재종조할머니(再從祖-)
재종조할아버지(再從祖-)
재종질녀(再從姪女)
재종형제(再從兄弟)
재주껏
재주꾼
재주넘다
재주놀이 =곡예.
재주는 곰이 넘고 돈은 되놈이 받는다 [격]
재주는 장에 가도 못 산다(-場-) [격]
재주를 다 배우고 나니 눈이 어둡다 [격]
재주 많은 사람
재주 부리다
재주 없다
재주 있다
재주 피우다
재지니(再-) 두 해 묵어서 세 살 된 매. 또는
    새매.
재직 기간(在職期間)
재직 중(在職中)
재치 넘치다(才致-)
재치 있는 말(才致-)
재택 근무(在宅勤務)
재테크(財tech)
재판 기록(裁判記錄)
재학 기간(在學期間)
재학 때(在學-)
재학 시절(在學時節)

재해 대책(災害對策)
재해 성금(災害誠金)
재해 지역(災害地域)
재향 군인=재향군인(在鄕軍人)
재현해 내다(再現-)
재형저축(財形貯蓄)
재확인시켜 주다(再確認-)
재확인해 보다(再確認-)
재활 교육(再活教育)
재활 기관(再活機關)
재활용품(再活用品)
재활 치료(再活治療)
재활 훈련(再活訓練)
잰걸음
잰 놈 뜬 놈만 못하다 [격]
잰 듯이
잼줄 길이나 거리 따위를 잴 때 자 대신 쓰는
    줄.
잼처 묻다
잽싸다
잽싼 걸음
잿간(-間)
잿고무래
잿골
잿골에 말뚝 박기 [격]
잿길
잿더미
잿독
잿독에 말뚝 박기 [격]
잿마루
잿물
잿물 내리다 [관]
잿물기와
잿물벽돌(-甓-)
잿물시루
잿박
잿밥(齋-)
잿불
잿불 화로의 불씨가 끊어져서는 집안이 망한다
    (-火爐-亡-) [격]
잿비
잿빛
쟁기고기
쟁기꾼
쟁기지게
쟁기질

쟁기질 못하는 놈이 소 탓한다 [격]
쟁깃금(-金)
쟁깃밥
쟁깃술
쟁반국수(錚盤-)
쟁반만 하다(錚盤-)
쟁북(錚-)
쟁북을 맞추다(錚-) [관]
쟁북이 맞아야 한다(錚-) [관]
쟁여 놓다
쟁여 놔두다
쟁여 두다
쟁의 조정(爭議調整)
쟁의 행위=쟁의행위(爭議行爲)
쟁쟁해 보이다(錚錚-)
쟁점 사항(爭點事項)
쟤 말마따나
쟤 좀 봐
저가 경쟁(低價競爭)
저가 제품(低價製品)
저 갈 길 가다
저 같은 놈이
저같이 미련한 놈이
저거시기
저거야말로
저 걷던 놈도 나만 보면 타고 가려네 [격]
저것 말고
저것밖에 없다
저것 봐
저것뿐만 아니라
저것 좀 봐
저것쯤이야
저격 사건(狙擊事件)
저고리 바람으로
저거릿감
저공비행(低空飛行)
저금통장(貯金通帳)
저금해 놓다(貯金-)
저금해 두다(貯金-)
저 긴지 않는다고 우물에 똥 눌까 [격]
저까지로
저까짓 것
저까짓 놈
저깟 놈
저 너머
저 녀석

저녁거리
저녁곁두리
저녁 굶은 시어미 상(-媤-相) [격]
저녁나절
저녁내
저녁녘
저녁노을
저녁놀
저녁달
저녁닭 초저녁에 우는 닭.
저녁 대접(-待接)
저녁때
저녁마을
저녁매미 =쓰르라미.
저녁먹이
저녁 무렵
저녁 바람
저녁밥
저녁볕
저녁상(-床)
저녁상식(-上食)
저녁샛별
저녁술
저녁 식사(-食事)
저녁 신문(-新聞)
저녁쌀
저녁 약속(-約束)
저녁 어스름
저녁연기(-煙氣)
저녁 인사(-人事)
저녁잠
저녁제(-祭)
저녁 준비(-準備)
저녁 짓다
저녁차(-車)
저녁참
저녁 햇살
저녁 회식(-會食)
저년
저년이 듣자 듣자 하니
저놈
저놈 잡아라
저는 잘난 백정으로 알고 남은 헌 정승으로 안
    다(-白丁-政丞-) [격]
저 늙은 것은 몰라도 아이 크는 것은 안다 [격]
저다지 속이 좁을까

759

저당 잡다(抵當-)
저당 잡히다(抵當-)
저들뿐 아니라
저따위
저따위 짓
저래 가지고
저래 놓고
저래 봬도
저러는 동안
저러니만큼
저러다 말겠지
저러다 보면
저러루하다
저런가 보다
저런가 하면
저런 거야
저런 게 아니다
저런 년이
저런 놈이
저런대로 살 만하다
저런 데다가
저런 듯싶다
저런 만큼
저런 바에야
저런 식으로(-式-)
저런 줄 모르고
저런 지 오래되다
저런 탓으로
저런 투로(-套-)
저럴 거라면
저럴 거야
저럴걸
저럴 걸세
저럴걸요
저럴 것 같다
저럴 듯하다
저럴 만도 하다
저럴 바에야
저럴 뿐 아니라
저럴 수밖에 없다
저럴 줄 모르고
저럴 줄 알았다는 듯이
저럴 테지
저렇게 급하면 할미 속으로 왜 아니 나와(-急-)
  [격]
저렇게 될 줄 몰랐다

저렇게만 한다면
저렇게밖에 안 될까
저렇다나 봐
저렇다 보니
저렇다손 치더라도
저렇듯
저렇듯이
저려 오다
저름나다
저리 가라 한다
저리 가 봐
저리 가 있어라
저마다의 생각
저만 일 가지고
저만치 떨어져서
저만큼 해 주니
저만하면 되지
저맘때
저 먹자니 싫고 남 주자니 아깝다 [격]
저며 놓다
저며 두다
저며 먹다
저며썰기
저며 주다
저명인사(著名人士)
저모립 쓰고 물구나무를 서도 제멋이다(豬毛
  笠-) [격]
저문 날
저물 거야
저물걸
저물 걸세
저물걸요
저물녘
저물어 가다
저버리다
저버린 채
저변 확대(底邊擴大)
저보게
저 보란 듯이
저보세요
저보시오
저보십시오
저 봐라
저분이 누구시냐
저 산 너머(-山-)
저 산 아래(-山-)

760

저 살 길 찾다
저 새끼
저세상(-世上)
저소득층(低所得層)
저속 운행(低速運行)
저속해 보이다(低俗-)
저속해져 가다(低俗-)
저수탱크(貯水tank)
저술 활동(著述活動)
저승길
저승길과 변소 길은 대로 못 간다(-便所-代-)
　　[격]
저승길이 구만 리(-九萬里) [격]
저승길이 대문 밖이다(-大門-) [격]
저승만 하다 [관]
저승빚
저승사자(-使者)
저승에 가다 [관]
저승으로 보내다 [관]
저 애
저어 가다
저어 나가다
저어 보다
저어 오다
저어 주다
저와 같은
저와 같이
저와는 달리
저울눈
저울대
저울질
저울추(-錘)
저울판(-板)
저이들끼리
저 일 가지고 저 야단이다(-惹端-)
저자(-者)　'저 사람'을 낮잡아 이르는 삼인칭
　　대명사.
저자를 잡아라(-者-)
저자 보다 [관]
저 자식(-子息)
저 잘난 멋에 산다 [격]
저 잘난 체하다
저잣거리
저장 시설(貯藏施設)
저장 식품(貯藏食品)
저장 창고(貯藏倉庫)

저장해 두다(貯藏-)
저장해 오다(貯藏-)
저절로
저절로 굴러 들어오다
저 좀 봐 줘요
저주해 오다(詛呪-)
저 중 잘 뛴다니까 장삼 벗어 걸머지고 뛴다(-
　　長衫-) [격]
저즐개　베실이 마르면 물을 적셔다가 축이는
　　나무.
저지난달
저지난밤
저지난번(-番)
저지난해
저지레
저지레를 다 치고 다니다
저지르고 말다
저지 운동(沮止運動)
저지 투쟁(沮止鬪爭)
저지해 오다(沮止-)
저질러 놓다
저질러 버리다
저질러 오다
저질 문화(低質文化)
저쪽 길
저쪽 편(-便)
저쯤 되면 화가 날 만도 하다(-火-)
저축 안 하다(貯蓄-)
저축 예금＝저축예금(貯蓄預金)
저축해 두다(貯蓄-)
저축해 오다(貯蓄-)
저토록 달라질 수 있을까
저 팽이가 돌면 이 팽이도 돈다 [격]
저편(-便)
저 편짝(-便-)
저 하고 싶어서 하는 일은 힘든 줄 모른다 [격]
저 하고 싶은 대로
저 할 나름이다
저 할 일
저항 세력(抵抗勢力)
저항 운동＝저항운동(抵抗運動)
저항 정신(抵抗精神)
저항해 오다(抵抗-)
저해 요인(沮害要因)
저 혼자 원님을 내고 좌수를 낸다(-員-座首-)
　　[격]

저희들 깐에는

저희 집

적갈나끈 사냥할 때에, 매의 두 다리를 잡아매
　　는 끈.

적건 많건

적게 먹으면 약이요 많이 먹으면 망주다(-藥
　　酒-亡酒-) [격]

적극 개입(積極介入)

적극 검토(積極檢討)

적극 반대(積極反對)

적극 지지(積極支持)

적극 추진(積極推進)

적금 들다(積金-)

적금 타다(積金-)

적기만 하다

적긴 하지만

적꼬치(炙-)

적꽂(炙-)

적다나 봐

적다 하더라도

적당주의(適當主義)

적당해 보이다(適當-)

적대 감정(敵對感情)

적대 관계(敵對關係)

적대시해 오다(敵對視-)

적대해 오다(敵對-)

적대 행위(敵對行爲)

적덕은 백 년이요 앙해는 금년이라(積德-百
　　年-殃害-今年-) [격]

적도 모르고 가지 딴다 [격]

적든 많든

적립해 두다(積立-)

적립해 오다(積立-)

적마누라(嫡-) =장가처.

적막강산(寂寞江山)

적막해 보이다(寂寞-)

적바르다

적바른 수입(-收入)

적바림 나중에 참고하기 위하여 글로 간단히
　　적어 둠. 또는 그런 기록.

적바림해 두다

적반하장(賊反荷杖)

적발해 내다(摘發-)

적법 절차=적법절차(適法節次)

적법 행위=적법행위(適法行爲)

적부루마(赤-馬) 붉은빛과 흰빛의 털이 섞여

있는 말.

적산 가옥(敵産家屋)

적삼 벗고 은가락지 낀다(-銀-) [격]

적색경보(赤色警報)

적색분자(赤色分子)

적성 검사=적성검사(適性檢査)

적성 국가(敵性國家)

적셔 두다

적셔 주다

적쇳가락(炙-)

적수공권(赤手空拳)

적수성가(赤手成家)

적십자기(赤十字旗)

적십자정신(赤十字精神)

적어 가지고 가다

적어 나가다

적어 내다

적어 내려가다

적어 넣다

적어 놓다

적어 달라고 하다

적어 달라다

적어도 너처럼은 하지 않으리

적어 두다

적어 둬라

적어 드리다

적어 보내다

적어 보다

적어 주다

적어질 거야

적어질걸

적어질 걸세

적어질걸요

적용 대상(適用對象)

적용 범위(適用範圍)

적용 안 되다(適用-)

적용해 오다(適用-)

적은가 보다

적은 데다가

적은 듯하다

적은 듯해 보이다

적을 거야

적을걸

적을 걸세

적을걸요

적을 듯하다

적을뿐더러
적을 뿐만 아니라
적을 뿐 아니라
적을수록
적을지도 모른다
적응 요령(適應要領)
적응해 나가다(適應-)
적응해 오다(適應-)
적응 훈련(適應訓練)
적이나하면
적자 경영(赤字經營)
적자 규모(赤字規模)
적자 나다(赤字-)
적자 내다(赤字-)
적자 보다(赤字-)
적자 보이다(赤字-)
적자 보전(赤字補塡)
적자 상태(赤字狀態)
적자생존(適者生存)
적자 안 나다(赤字-)
적자 안 보다(赤字-)
적자 예산=적자예산(赤字豫算)
적자 운영=적자운영(赤字運營)
적자 폭(赤字幅)
적잖아 보이다
적잖이 놀라다
적재적소(適材適所)
적적할 때는 내 볼기짝 친다(寂寂-) [격]
적적해 보이다(寂寂-)
적절해 보이다(適切-)
적정 가격=적정가격(適正價格)
적정 규모=적정규모(適正規模)
적정 금액(適正金額)
적정 수준(適正水準)
적정 온도(適正溫度)
적정 이윤=적정이윤(適正利潤)
적지도 많지도 않다
적지 않아 보이다
적톳길(赤土-)
적합해 보이다(適合-)
적혀 있는 대로
적화 통일=적화통일(赤化統一)
적힌 대로
전 가족(全家族)
전가해 버리다(轉嫁-)
전갈꾼(傳喝-)

전갈하님(傳喝-)
전갈하인(傳喝下人)
전 같으면(前-)
전같이 되다(前-)
전 같지 않다(前-)
전개 과정(展開過程)
전개되어 가다(展開-)
전개해 나가다(展開-)
전격 발표(電擊發表)
전격 시행(電擊施行)
전격 합의(電擊合意)
전결 사항=전결사항(專決事項)
전경 버스(戰警bus)
전골냄비
전골틀
전공과목(專功科目)
전공 분야(專功分野)
전공 서적(專攻書籍)
전과 같은(前-)
전과 같이(前-)
전과 기록(前科記錄)
전과 달리(前-)
전 과목(全科目)
전 과정(全過程)
전관예우(前官禮遇)
전광 뉴스(電光news)
전광석화(電光石火)
전 교직원(全敎職員)
전 구간(全區間)
전국 각지(全國各地)
전국 규모(全國規模)
전국 단위(全國單位)
전국 대회(全國大會)
전국 도처(全國到處)
전 국민(全國民)
전국 순회(全國巡廻)
전국술(全-) 군물을 타지 않은 전국의 술.
전국 일주(全國一周)
전국 체전=전국체전(全國體典)
전국 최고(全國最高)
전 국토(全國土)
전국 평균(全國平均)
전근 가다(轉勤-)
전근 보내다(轉勤-)
전근시켜 주다(轉勤-)
전기 고문(電氣拷問)

전기 공급(電氣供給)
전기 공사=전기공사(電氣工事)
전기 기구=전기기구(電氣器具)
전기난로(電氣煖爐)
전기 누전(電氣漏電)
전기다리미(電氣-)
전기담요(電氣毯-)
전기땜(電氣-)
전기면도기(電氣面刀器)
전기밥솥(電氣-)
전기밥통(電氣-桶)
전기방석(電氣方席)
전기 사고(電氣事故)
전기세탁기(電氣洗濯機)
전기솥(電氣-)
전기 시설(電氣施設)
전기온돌(電氣溫突)
전기온수기(電氣溫水器)
전기요(電氣-)
전기 요금(電氣料金)
전기용품(電氣用品)
전기의자(電氣椅子)
전기인두(電氣-)
전기 작가(傳記作家)
전기작살(電氣-)
전기장판(電氣壯版)
전기 절약(電氣節約)
전기 제품(電氣製品)
전기초인종(電氣超人鐘)
전기톱(電氣-)
전기풍로(電氣風爐)
전기 합선(電氣合線)
전깃불(電氣-)
전깃줄(電氣-)
전깍쟁이(全-) 지독한 깍쟁이.
전나귀 다리를 절름거리는 나귀.
전나무 =젓나무.
전나무 숲
전날 밤(前-)
전남 지역(全南地域)
전남편(前男便)
전남평야(全南平野)
전내기(全-) 물을 조금도 타지 않은 순수한
　　술.
전내기(廛-) 가게에 내다 팔려고 날림으로 만
　　든 물건.

전년 대비(前年對比)
전념해 오다(專念-)
전 노선(全路線)
전다리 절름절름 저는 다리.
전 단계(前段階)
전달(前-)
전달 매체(傳達媒體)
전달 못 받다(傳達-)
전달 수단(傳達手段)
전달 안 되다(傳達-)
전달 체계(傳達體系)
전달해 주다(傳達-)
전담 기관(全擔機關)
전담 부서(全擔部署)
전담 요원(全擔要員)
전담하다시피 하다(全擔-)
전담해 오다(全擔-)
전당거리(典當-)
전당 대회=전당대회(全黨大會)
전당 잡다(典當-)
전당 잡은 촛대 같고 꾸어 온 보릿자루 같다(典
　　當-臺-) [격]
전당질(典當-)
전대미문(前代未聞)
전대야
전대원(全隊員)
전 대통령(前大統領)
전더구니
전도양양(前途洋洋)
전도요원(前途遙遠)
전도유망(前途有望)
전동주머니(箭筒-)
전드리다(塵-)
전들기름(全-)
전등갓(電燈-)
전등불(電燈-)
전등알(電燈-) =전구(電球).
전라남도(全羅南道)
전라도 땅(全羅道-)
전라명태(全羅明太)
전라북도(全羅北道)
전라 지역(全羅地域)
전락해 가다(轉落-)
전락해 버리다(轉落-)
전람회장(展覽會場)
전래 동화(傳來童話)

전래해 오다(傳來-)
전략 무기=전략무기(戰略武器)
전력 강화(戰力强化)
전력 공급(電力供給)
전력 생산(電力生産)
전력 소비(電力消費)
전력 수요(電力需要)
전력 질주(全力疾走)
전력투구(全力投球)
전례 없는 일(前例-)
전만 못한 듯하다(前-)
전망 없는 일(展望-)
전망해 오다(展望-)
전맞춤(塵-)
전매 차익(轉賣差益)
전매특허(專賣特許)
전면 개각(全面改閣)
전면 개방(全面開放)
전면 개편(全面改編)
전면 공격(全面攻擊)
전면 광고(全面廣告)
전면 금지(全面禁止)
전면 부인(全面否認)
전면 실시(全面實施)
전면 전쟁=전면전쟁(全面戰爭)
전면 중단(全面中斷)
전면 취소(全面取消)
전면 통제(全面統制)
전면 파업=전면파업(全面罷業)
전면 폐지(全面廢止)
전면 허용(全面許容)
전멸시켜 버리다(全滅-)
전멸해 버리다(全滅-)
전몰군경(戰歿軍警)
전몰장병(戰歿將兵)
전무이사(專務理事)
전무후무(前無後無)
전문 관료(專門官僚)
전문 기관(專門機關)
전문대학(專門大學)
전문 병원(專門病院)
전문 서적(專門書籍)
전문 업종(專門業種)
전문 요원(專門要員)
전문 용어(專門用語)
전문 위원=전문위원(專門委員)

전문 인력(專門人力)
전문 지식(專門知識)
전문 직종(專門職種)
전반같다(剪板-)
전방 부대(前方部隊)
전범 재판(戰犯裁判)
전보 받다(電報-)
전보 발령(轉補發令)
전보 치다(電報-)
전복 사고(顚覆事故)
전복쌈(全鰒-)
전복장아찌(全鰒-)
전복젓(全鰒-)
전복죽(全鰒粥)
전복지짐이(全鰒-)
전봇줄(電報-)
전북 지역(全北地域)
전 사내(前-)
전사 통지(戰死通知)
전산 업무(電算業務)
전산 오류(電算誤謬)
전산 장애(電算障碍)
전산 처리(電算處理)
전 생애(全生涯)
전생연분(前生緣分)
전 서방(前書房)
전선줄(電線-)
전성시대(全盛時代)
전세 값(傳貰-)
전세 계약(傳貰契約)
전 세계(全世界)
전세기(前世紀)
전세 내다(傳貰-)
전세 버스(傳貰bus)
전세 살다(傳貰-)
전세살이(傳貰-)
전세월(前歲月)
전세 자금(傳貰資金)
전세 주다(傳貰-)
전셋돈(傳貰-)
전셋배(傳貰-)
전셋집(傳貰-)
전소해 버리다(全燒-)
전속 가수(專屬歌手)
전속 계약(專屬契約)
전속 배우(專屬俳優)

전수 교육(專修敎育)
전수해 주다(傳授-)
전승 공예(傳承工藝)
전승되어 오다(傳承-)
전시 공간(展示空間)
전 시민(全市民)
전시 상태(戰時狀態)
전시 체제=전시체제(戰時體制)
전시해 놓다(展示-)
전시 행정(展示行政)
전시회장(展示會場)
전신 마비(全身痲痺)
전신 마취=전신마취(全身痲醉)
전신만신(全身滿身)
전신미용(全身美容)
전신사진(全身寫眞)
전신 운동=전신운동(全身運動)
전신전령(全身全靈)
전신줄(電信-)
전실 딸(前室-)
전실 아들(前室-)
전심전력(全心全力)
전 아내(前-)
전어머니(前-) 후취의 자식이 그 아버지의 전
　　취를 이르는 말.
전어사리(錢魚-)
전업농가(專業農家)
전업 주부(專業主婦)
전에 없이(前-) [관]
전 역(前驛)
전역 군인(轉役軍人)
전열 기구(電熱器具)
전염된 듯하다(傳染-)
전염병원(傳染病院)
전용 극장(專用劇場)
전용 도로(專用道路)
전용 면적=전용면적(專用面積)
전용 열차(專用列車)
전용 차선(專用車線)
전용해 오다(轉用-)
전원교외(田園郊外)
전원도시(田園都市)
전원 마을(田園-)
전원생활(田園生活)
전원주택(田園住宅)
전원 출석(全員出席)

전원 탈퇴(全員脫退)
전위 예술=전위예술(前衛藝術)
전 인류(全人類)
전인미답(前人未踏)
전임 강사=전임강사(專任講師)
전임 교수(專任敎授)
전임 장관(前任長官)
전임 회장(前任會長)
전입신고(轉入申告)
전입해 오다(轉入-)
전자계산기(電子計算器)
전자구름(電子-)
전자두뇌(電子頭腦)
전자 부품(電子部品)
전자 사전=전자사전(電子辭典)
전자 상가(電子商街)
전자수첩(電子手帖)
전자시계(電子時計)
전자 신문=전자신문(電子新聞)
전자오락(電子娛樂)
전자 우편=전자우편(電子郵便)
전자저울(電子-)
전자 제품(電子製品)
전자책(電子冊)
전 재산(全財産)
전쟁고아(戰爭孤兒)
전쟁 나다(戰爭-)
전쟁놀이(戰爭-)
전쟁 당시(戰爭當時)
전쟁 때(戰爭-)
전쟁미망인(戰爭未亡人)
전쟁 발발(戰爭勃發)
전쟁상인(戰爭商人)
전쟁 상태(戰爭狀態)
전쟁 영웅(戰爭英雄)
전쟁 영화(戰爭映畫)
전쟁 일으키다(戰爭-)
전쟁 치르다(戰爭-)
전쟁터 같은(戰爭-)
전쟁터같이(戰爭-)
전쟁 통에(戰爭-)
전쟁판(戰爭-)
전쟁 포로(戰爭捕虜)
전전걸식(轉轉乞食)
전전긍긍(戰戰兢兢)
전전날(前前-)

전전달(前前-)
전전푼푼이(錢錢分分-)
전전해 오다(轉轉-)
전 정거장(前停車場)
전정이 구만 리 같다(前程-九萬里-) [격]
전제 조건(前提條件)
전제주의(專制主義)
전주르다
전주반닫이(全州半-)
전주비빔밥(全州-)
전 주인(前主人)
전지가위(剪枝-)
전지분유(全脂粉乳)
전 지역(全地域)
전지전능(全知全能)
전지훈련(轉地訓鍊)
전직 관료(前職官僚)
전 직원(全職員)
전진 기지=전진기지(前進基地)
전진 배치(前進配置)
전진해 나가다(前進-)
전진해 오다(前進-)
전짓다리
전짓대
전짓불(電池-)
전짬(全-)   다른 것이 섞이지 않은, 순수하고
    진한 것.
전차 부대(戰車部隊)
전찻길(電車-)
전찻삯(電車-)
전처소생(前妻所生)
전철 노선(電鐵路線)
전철 승객(電鐵乘客)
전철 요금(電鐵料金)
전철을 밟다(前轍-)
전철 타고 다니다(電鐵-)
전체 수석(全體首席)
전체의식(全體意識)
전체 인구(全體人口)
전체 주민(全體住民)
전체주의(全體主義)
전체 회의(全體會議)
전초 기지=전초기지(前哨基地)
전 총리(全總理)
전춘날(餞春-) 봄을 마지막으로 보내는 날. 음
    력 삼월 그믐날을 이른다.

전춘놀이(餞春-)
전취소생(前娶所生)
전통 공예(傳統工藝)
전통문화(傳統文化)
전통 사상(傳統思想)
전통 사회(傳統社會)
전통 악기=전통악기(傳統樂器)
전통 요리(傳統料理)
전통 음악=전통음악(傳統音樂)
전통 의상(傳統衣裳)
전통 의식(傳統儀式)
전통 제례(傳統祭禮)
전통주머니(箭筒-)
전통주의(傳統主義)
전통 차(傳統茶)
전통 한옥(傳統韓屋)
전투 경찰=전투경찰(戰鬪警察)
전투 병력(戰鬪兵力)
전투 부대=전투부대(戰鬪部隊)
전투태세(戰鬪態勢)
전투 훈련(戰鬪訓鍊)
전파무기(電波武器)
전 품목(全品目)
전하러 오다(傳-)
전학 가다(轉學-)
전학 가 버리다(轉學-)
전학 오다(轉學-)
전학해 오다(轉學-)
전할 길 없다(傳-)
전함지
전해(前-) =지난해.
전해 내려오다(傳-)
전해 달라고 하다(傳-)
전해 달라다(傳-)
전해 드리다(傳-)
전해 듣다(傳-)
전해 오다(傳-)
전해져 오다(傳-)
전해진 듯하다(傳-)
전혀 못 알아보다(全-)
전화 걸다(電話-)
전화 드리다(電話-)
전화로(-火爐)
전화 못 해 주다(電話-)
전화번호(電話番號)
전화벨 소리(電話bell-)

ㅈ

767

전화 상담(電話相談)
전화 연락(電話連絡)
전화 예약(電話豫約)
전화 오고 나서(電話-)
전화 요금(電話料金)
전화위복(轉禍爲福)
전화 제보(電話提報)
전화 조사(電話調査)
전화폭력(電話暴力)
전화 한 통 없이(電話-通-)
전화해 주다(電話-)
전환 사채=전환사채(轉換社債)
전환 시대(轉換時代)
전환해 버리다(轉換-)
전 회원(全會員)
전후곡절(前後曲折)
전후사연(前後事緣)
전후 사정(前後事情)
전후좌우(前後左右)
절간고구마(切干-) 얇게 썰어서 볕에 말린 고
    구마.
절감 대책(節減對策)
절값
절개 수술=절개수술(切開手術)
절구떡
절구질
절구통(-桶)
절굿공이
절굿공이가 순경 돌면 집안이 망한다(-巡更-
    亡-) [격]
절놀이
절단 수술(切斷手術)
절단해 놓다(切斷-)
절대가인(絶代佳人)
절대 군주(絶對君主)
절대 권력(絶對權力)
절대 농지=절대농지(絶對農地)
절대다수(絶對多數)
절대명령(絶對命令)
절대무기(絶對武器)
절대복종(絶對服從)
절대부정(絶對否定)
절대주의(絶對主義)
절댓값(絶對-)
절도 사건(竊盜事件)
절도 행각(竊盜行脚)

절도 혐의(竊盜嫌疑)
절따마(-馬)
절따말 털빛이 붉은 말.
절뚝발이
절량농가(絶糧農家)
절로 죽은 고목에 꽃 피거든(-枯木-) [격]
절름발
절름발이
절름발이 원행(-遠行) [격]
절망 마라(絶望-)
절망 상태(絶望狀態)
절망 안 하다(絶望-)
절망해 버리다(絶望-)
절명해 버리다(絶命-)
절 모르고 시주하기(-施主-) [격]
절묘해 보이다(絶妙-)
절문안(-問安)
절박해 보이다(切迫-)
절박흥정(切迫-)
절반 가격(折半價格)
절반 값(折半-)
절반 남짓(折半-)
절반밖에 안 남다(折半-)
절반 이상(折半以上)
절벽강산(絶壁江山)
절세가인(絶世佳人)
절세미인(絶世美人)
절실해 보이다(切實-)
절실해져 가다(切實-)
절약 정신(節約精神)
절약해 오다(節約-)
절에 가면 중 노릇 하고 싶다 [격]
절에 가면 중이 되라 [격]
절에 가면 중 이야기 촌에 가면 속인 이야기(-
    村-俗人-) [격]
절에 가서 젓국 달라 한다 [격]
절에 간 색시 [격]
절여 놓다
절여 두다
절여 먹다
절여 주다
절은 타도 빈대 죽는 게 시원하다 [격]
절이 망하려니까 새우젓 장수가 들어온다(-亡-)
    [격]
절인사(-人事)
절절 끓다

절절매다
절제 못 하다(節制-)
절제해 오다(節制-)
절지동물(節肢動物)
절차 밟아 가다(節次-)
절차탁마(切磋琢磨)
절체절명(絕體絕命)
절충못자리(折衷-)
절충해 오다(折衷-)
절치부심(切齒腐心)
절친한 듯하다(切親-)
절터
절편판(-板)
절해고도(絕海孤島)
젊어 보이다
젊으신네
젊은것
젊은 과부 한숨 쉬듯(-寡婦-) [격]
젊은 날
젊은 시절(-時節)
젊은이 망령은 몽둥이로 고친다(-妄靈-) [격]
젊은 축에 끼다
점거 농성(占據籠城)
점거 시위(占據示威)
점거해 버리다(占據-)
점검해 보다(點檢-)
점검해 주다(點檢-)
점고 맞다(點考-) [관]
점내기(點-)
점돈(占-)
점령 지역(占領地域)
점령해 버리다(占領-)
점맞섬(點-) =점대칭.
점무늬(點-)
점 보러 가다(占-)
점뿌림(點-)
점성술사(占星術師)
점수 따다(點數-)
점수 매기다(點數-)
점수 배당(點數配當)
점수 주다(點數-)
점수 차이(點數差異)
점심 값(點心-)
점심거리(點心-)
점심나절(點心-)
점심 내다(點心-)

점심 대접(點心待接)
점심때(點心-)
점심 먹다(點心-)
점심 먹으러 가다(點心-)
점심밥(點心-)
점심 사다(點心-)
점심시간(點心時間)
점심 시키다(點心-)
점심 식사(點心食事)
점심 싸 들고 나서다(點心-) [관]
점심 약속(點心約束)
점심 준비(點心準備)
점심참(點心-)
점유해 버리다(占有-)
점입가경(漸入佳境)
점잔 부리다
점잔 빼다
점잔 피우다
점잖아 보이다
점잖아져 가다
점잖은 개가 똥을 먹는다 [격]
점잖은 개가 부뚜막에 오른다 [격]
점잖은 듯하다
점잖은 체하다
점잖지 못하다
점점 더해 가다
점지해 주다
점찍다(點-)
점찍어 놓다(點-)
점찍어 두다(點-)
점쳐 보다(占-)
점치다(占-)
접개어 놓다
접객업소(接客業所)
접경 도시(接境都市)
접경지대(接境地帶)
접경 지역(接境地域)
접근 금지(接近禁止)
접근 못 하다(接近-)
접근 방식(接近方式)
접근해 가다(接近-)
접꾼(接-)
접낫
접눈(椄-)
접대 비용(接待費用)
접대패(接-)

접대해 주다(接待-)
접바둑
접부채
접붙이기하다(接-)
접선 안 되다(接線-)
접선 지점(接線地點)
접속 금지(接續禁止)
접속 안 되다(接續-)
접수 기간(接受期間)
접수 마감(接受磨勘)
접수 번호(接受番號)
접수 안 되다(接受-)
접수 장소(接受場所)
접수창구(接受窓口)
접수해 주다(接受-)
접시 닦아 주다
접시대갈못
접시돌리기
접시 물에 빠져 죽지 [격]
접시 밥도 담을 탓이다 [격]
접시저울
접시저울대
접싯불
접어놓다
접어 두다
접어들다
접어주다 얼마쯤 너그럽게 대하다.
접어 주다 접어서 주다.
접었다 폈다 하다
접을 거야
접을걸
접을 걸세
접을걸요
접을게
접을게요
접의자(摺椅子)
접이창(-窓)
접자 접었다 폈다 할 수 있게 만든 자.
접질리다
접초롱
접촉 금지(接觸禁止)
접촉 사고(接觸事故)
접촉해 오다(接觸-)
접칼
접톱
접해 오다(接-)

접힌 대로
젓가락돈
젓가락으로 김칫국을 집어 먹을 놈 [격]
젓가락 장단
젓가락질
젓갈 가게에 중 [격]
젓갈 담그다
젓갈붙이
젓갈품(-品)
젓개질
젓국
젓국물
젓국수란(-水卵)
젓국찌개
젓국포(-脯)
젓조기
정- (부사) 정 가겠다면 가거라, 정 싫으면 하
　　　지 않아도 된다.
-정(整) (접사) 1만 원정.
정 각각 흉 각각(情各各-各各) [격]
정갈해 보이다
정감 어린 목소리(情感-)
정강마루
정강말
정강말을 타다 [관]
정강이가 맏아들보다 낫다 [격]
정강이뼈
정것대(停車-)
정겨이 바라보다
정견 발표(政見發表)
정경부인(貞敬夫人)
정경 분리=정경분리(政經分離)
정경 유착(政經癒着)
정계 은퇴(政界隱退)
정계 진출(政界進出)
정관 개정(定款改正)
정교분리(政敎分離)
정교해 보이다(精巧-)
정구공(庭球-)
정구채(庭球-)
정국공신(靖國功臣)
정국 현안(政局懸案)
정굽이(正-)
정권 교체(政權交替)
정권 다툼(政權-)
정권 실세(政權實勢)

정권 유지(政權維持)
정권 이양(政權移讓)
정권 창출(政權創出)
정권 퇴진(政權退陣)
정규 과목(正規科目)
정규 교육＝정규교육(正規敎育)
정규 대학＝정규대학(定規大學)
정규 수업(正規授業)
정규 회원(正規會員)
정기 검사(定期檢査)
정기 검진＝정기검진(定期檢診)
정기 구독(定期購讀)
정기 국회＝정기국회(定期國會)
정기 예금＝정기예금(定期預金)
정기 인사(定期人事)
정기 적금＝정기적금(定期積金)
정기 점검(定期點檢)
정기 항로＝정기항로(定期航路)
정나미 떨어지다
정남향(正南向)
정네모기둥(正-)
정네모뿔(正-)
정년 보장(停年保障)
정년 퇴임(停年退任)
정년퇴직(停年退職)
정다듬 정으로 돌을 쪼아 다듬는 일.
정다시다(精-)
정다심(精-)
정다워 보이다(情-)
정담도 길면 잔말이 생긴다(情談-) [격]
정당방위(正當防衛)
정당 정치＝정당정치(政黨政治)
정당 활동(政黨活動)
정돈해 놓다(整頓-)
정든 땅(情-)
정들어 가다(情-)
정들여 놓다(情-)
정들이다(情-)
정들자 이별(情-離別) [격]
정떨어져 버리다(情-)
정 떼다(情-)
정략결혼(政略結婚)
정략혼인(政略婚姻)
정력 넘치다(精力-)
정력 증진(精力增進)
정렬해 놓다(整列-)

정례 모임(定例-)
정례 회동(定例會同)
정리 안 되다(整理-)
정리 정돈(整理整頓)
정리 해고(整理解雇)
정리해 나가다(整理-)
정리해 놓다(整理-)
정리해 버리다(整理-)
정말 같지 않다(正-)
정머리
정면 대결(正面對決)
정면 도전(正面挑戰)
정면 돌파(正面突破)
정면충돌(正面衝突)
정 못 붙이다(情-)
정밀 감정(精密鑑定)
정밀과학(精密科學)
정밀 기계＝정밀기계(精密機械)
정밀 기술(精密技術)
정밀 조사(精密調査)
정밀 진단(精密診斷)
정배도 가려다 못 가면 섭섭하다(定配-) [격]
정배살이(定配-)
정벌 길에 오르다(征伐-)
정보 검색＝정보검색(情報檢索)
정보 공개＝정보공개(情報公開)
정보 공유(情報共有)
정보 교류(情報交流)
정보기관(情報機關)
정보 산업＝정보산업(情報産業)
정보 수집(情報蒐集)
정보 유출(情報流出)
정보은행(情報銀行)
정보 제공(情報提供)
정보활동(情報活動)
정복 차림(正服-)
정복해 버리다(征服-)
정부 기관(政府機關)
정부 방침(政府方針)
정부 수립(政府樹立)
정부 시책(政府施策)
정부 예산(政府豫算)
정부 정책(政府政策)
정부 조직(政府組織)
정부 지원(政府支援)
정부 청사(政府廳舍)

ㅈ

정북향(正北向)
정분나다(情分-)
정붙이다(情-)
정비 공장(整備工場)
정비 불량(整備不良)
정비해 두다(整備-)
정사각기둥(正四角-)
정사각뿔(正四角-)
정사다리꼴(正-)
정사면체(正四面體)
정산해 주다(精算-)
정삼각기둥(正三角-)
정삼각뿔(正三角-)
정상 가동(正常稼動)
정상 궤도(正常軌度)
정상 근무(正常勤務)
정상 생활(正常生活)
정상 소통(正常疏通)
정상 수업(正常授業)
정상 업무(正常業務)
정상 영업(正常營業)
정상 운행(正常運行)
정상 참작=정상참작(情狀參酌)
정상 출근(正常出勤)
정상화 안 되다(正常化-)
정상 회담=정상회담(頂上會談)
정서 불안(情緖不安)
정서 순화(情緖醇化)
정서 장애=정서장애(情緖障碍)
정서향(正西向)
정선 골 물레방아 물레바퀴 돌듯(旌善-) [격]
정성껏 돌보다(精誠-)
정성 다하다(精誠-)
정성 다해 오다(精誠-)
정성 들이다(精誠-)
정성스러워 보이다(精誠-)
정성 쏟다(精誠-)
정성 안 들이다(精誠-)
정성 어린(精誠-)
정성을 들였다고 마음을 놓지 마라(精誠-) [격]
정성이 있으면 한식에도 세배 간다(精誠-寒食-歲拜-) [격]
정성이 지극하면 돌 위에도 풀이 난다(精誠-至極-) [격]
정성이 지극하면 동지섣달에도 꽃이 핀다(精誠-至極-冬至-) [격]

정세모기둥(正-)
정수리에 부은 물이 발뒤꿈치까지 흐른다(頂-) [격]
정수리뼈(頂-)
정수 시설(淨水施設)
정승 날 때 강아지 난다(政丞-) [격]
정승 댁(政丞宅)
정승도 저 싫으면 안 한다(政丞-) [격]
정승 자리(政丞-)
정승 판서 사귀지 말고 제 입이나 잘 닦아라(政丞判書-) [격]
정시 모집(定時募集)
정식 계약(正式契約)
정식 사원(正式社員)
정식 재판=정식재판(定式裁判)
정식 통보(正式通報)
정신 감정=정신감정(精神鑑定)
정신 건강(精神健康)
정신골자(精神骨子) 일의 가장 중요한 부분.
정신 나가다(精神-) [관]
정신 나간 듯하다(精神-)
정신 나간 소리(精神-)
정신 나다(精神-) [관]
정신노동(精神勞動)
정신 들다(精神-)
정신머리(精神-)
정신 못 차리다(精神-)
전신 무장(精神武裝)
정신문화(精神文化)
정신박약(精神薄弱)
정신 병원=정신병원(精神病院)
정신병자(精神病者)
정신 빠지다(精神-) [관]
정신 상태(精神狀態)
정신생활(精神生活)
정신세계(精神世界)
정신 수양(精神修養)
정신 안 들다(精神-)
정신없는 늙은이 죽은 딸네 집에 간다(精神-) [격]
정신없다(精神-)
정신외과(精神外科)
정신은 꽁무니에 차고 다닌다(精神-) [격]
정신은 문둥 아비라(精神-) [격]
정신은 빼서 개 주었나(精神-) [격]
정신은 처가에 간다 하고 외가에를 가겠다(精

772

神-外家-) [격]

정신은 침 뱉고 뒤지 하겠다(精神-紙-) [격]

정신을 뽑다(精神-) [관]

정신을 차려야 염불을 하지(精神-念佛-) [격]

정신이 돌다(精神-) [관]

정신이 들다(精神-) [관]

정신이 팔리다(精神-) [관]

정신 자세(精神姿勢)

정신 장애=정신장애(精神障碍)

정신 질환(精神疾患)

정신 집중(精神集中)

정신 차리다(精神-) [관]

정신 착란=정신착란(精神錯亂)

정신 팔다(精神-)

정신 팔리다(精神-)

정실부인(正室夫人)

정실 인사(情實人事)

정심공부(正心工夫)

정 씨 댁(鄭氏宅)

정씨 문중(鄭氏門中)

정씨 성 가진 사람(鄭氏姓-)

정액 요금(定額料金)

정액은행(精液銀行)

정어리기름

정어리깻묵

정에서 노염이 난다(情-) [격]

정연해 보이다(整然-)

정예 부대=정예부대(精銳部隊)

정예 요원(精銳要員)

정오 뉴스(正午news)

정원 미달(定員未達)

정원 초과(定員超過)

정월 달(正月-)

정월 대보름(正月大-)

정월 대보름날 귀머거리장군 연 떠나가듯(正月
大-將軍鳶-) [격]

정월둥이(正月-) 정월에 태어난 아이.

정월 열나흗날 밤에 잠을 자면 눈썹이 센다(正
月-) [격]

정월 지난 무에 삼십 넘은 여자(正月-三十-女
子) [격]

정월 초하루(正月初-)

정유 공장(精油工場)

정유 시설(精油施設)

정유 회사(精油會社)

정을 쏟다(情-) [관]

정을 통하다(情-通-) [관]

정의투합(情意投合)

정이월(正二月)

정이월에 대독 터진다(正二月-) [격]

정일시장(定日市場)

정자고누(井字-)

정자나무(亭子-)

정자매듭(井字-)

정자은행(精子銀行)

정장 차림(正裝-)

정전 사고(停電事故)

정전 협정=정전협정(停戰協定)

정절부인(貞節夫人)

정정 기사(訂正記事)

정정당당(正正堂堂)

정정 보도(訂正報道)

정 주고 떠난 사람(情-)

정중해 보이다(鄭重-)

정지 상태(停止狀態)

정지 신호=정지신호(停止信號)

정지 작업(整地作業)

정직해 보이다(正直-)

정착 단계(定着段階)

정착해 오다(定着-)

정찰 나가다(偵察-)

정찰 비행=정찰비행(偵察飛行)

정찰 활동(偵察活動)

정책 노선(政策路線)

정책 대결(政策對決)

정책 수립(政策樹立)

정책 추진(政策推進)

정책 현안(政策懸案)

정처 없이(定處-)

정체 구간(停滯區間)

정체불명(正體不明)

정체 상태(停滯狀態)

정체 지역(停滯地域)

정체 현상(停滯現象)

정치 개혁(政治改革)

정치 공세(政治攻勢)

정치교수(政治敎授)

정치군인(政治軍人)

정치권력(政治權力)

정치 노선(政治路線)

정치 보복(政治報復)

정치 불신(政治不信)

ㅈ

정치사상(政治思想)
정치 사찰(政治査察)
정치 생명(政治生命)
정치 선전(政治宣傳)
정치 세력(政治勢力)
정치 외적인(政治外的-)
정치의식(政治意識)
정치 자금＝정치자금(政治資金)
정치 참여(政治參與)
정치 투쟁＝정치투쟁(政治鬪爭)
정치 평론(政治評論)
정치 풍토(政治風土)
정치 현실(政治現實)
정치 활동(政治活動)
정칠월(正七月)
정탐꾼(偵探-)
정탐해 오다(偵探-)
정통주의(正統主義)
정통한 듯하다(正統-)
정파 싸움(政派-)
정평 나다(定評-)
정풍 운동＝정풍운동(整風運動)
정학시켜 버리다(停學-)
정학 처분(停學處分)
정한 대로(定-)
정한 듯하다(定-)
정한 지 오래되다(定-)
정해 놓다(定-)
정해 두다(定-)
정해 주다(定-)
정해 준 대로(定-)
정해 줄 거야(定-)
정해 줄걸(定-)
정해 줄 걸세(定-)
정해 줄걸요(定-)
정해 줄게(定-)
정해 줄게요(定-)
정해진 대로(定-)
정해진 듯하다(定-)
정해질 거야(定-)
정해질걸(定-)
정해질 걸세(定-)
정해질걸요(定-)
정형외과(整形外科)
정화되어 가다(淨化-)
정화수 떠 놓고(井華水-)

정화 안 되다(淨化-)
정화 작업(淨化作業)
정화 작용(淨化作用)
정화해 주다(淨化-)
정확한 듯하다(正確-)
정확해 보이다(正確-)
정확해져 가다(正確-)
젖가슴
젖국
젖기름
젖기름이 흐르다 [관]
젖꼭지
젖꽃판
젖내
젖내기
젖내 나다 [관]
젖니
젖동냥
젖동생(-同生)
젖 떨어지다 [관]
젖 떨어진 강아지 같다 [격]
젖떼기
젖 떼다 [관]
젖 먹는 강아지 발뒤축 문다 [격]
젖 먹던 힘이 다 든다 [격]
젖 먹여 주다
젖 먹은 밸까지 뒤집힌다
젖 먹은 힘까지 낸다
젖먹이
젖먹이 두고 가는 년은 자국마다 피가 맺힌다
　　[격]
젖멍울
젖몸살
젖몸살 나다
젖 못 먹다
젖무덤
젖미수
젖배
젖배 곯다
젖밸
젖밸이 치밀다
젖병(-瓶)
젖병(-病)
젖부들기
젖부리
젖비린내

젖비린내가 나다 [관]
젖빛
젖빛 유리=젖빛유리(-琉璃)
젖살
젖살 내리다
젖살 빠지다
젖살 오르다
젖송이
젖앓이
젖양(-羊) 젖을 짜기 위하여 기르는 양.
젖어 들다
젖어 들어가다
젖어머니
젖어멈
젖어미
젖어 버리다
젖엄마
젖은 보채는 아이한테 먼저 준다 [격]
젖을개
젖주럽 젖이 모자라 아이가 잘 자라지 못하는
　　　상태.
젖줄
젖줄이 좋다 [관]
젖퉁이
젖혀 놓다
젖혀 두다
젖형제(-兄弟)
제가 기른 개에게 발꿈치 물린다 [격]
제가끔
제가루받이
제가 제 무덤을 판다 [격]
제가 제 뺨을 친다 [격]
제가 춤추고 싶어서 동서를 권한다(-同壻-勸-)
　　　[격]
제가 하고 싶어 하는 일은 흥이 난다(-興-) [격]
제각각(-各各)
제각기(-各其)
제갈동지(-同知)
제갈량이 왔다가 울고 가겠다(諸葛亮-) [격]
제갈량이 칠성단에서 동남풍 기다리듯(諸葛亮-
　　　七星壇-東南風-) [격]
제값
제값 못 받다
제값 받다
제값 주다
제값 쳐 주다

제값 하다
제 값에 좀 난다 [격]
제 값에 침 뱉기 [격]
제거 못 하다(除去-)
제거해 버리다(除去-)
제 것같이
제 것 주고 뺨 맞는다 [격]
제겨내다
제겨디디다
제겨잇다
제격(-格)
제격일 듯하다(-格-)
제곱미터(-meter)
제공 못 하다(提供-)
제공해 오다(提供-)
제공해 주다(提供-)
제곳 '제고장'의 준말.
제구실
제구실 다하다
제구실해 오다
제구 장(第九章)
제구 호(第九號)
제구 회(第九回)
제국주의(帝國主義)
제 궤도에 들어서다(-軌道-) [관]
제 기능 못 하다(-機能-)
제기차기
제기 차다
제기해 놓다(提起-)
제 길 가다
제깃물 간장을 담근 뒤 뜨기 전에 장물이 줄어
　　　드는 대로 채우는 소금물.
제까짓 것
제까짓 놈
제깟
제꼬리배당(-配當)
제꽃정받이(-精-)
제 꾀에 넘어가다 [격]
제꾼(祭-)
제 나라
제 나락 주고 제 떡 사 먹기 [격]
제날
제날을 넘기다
제날짜
제날짜 어기지 마라
제 논에 모가 큰 것은 모른다 [격]

제 논에 물 대기 [격]
제 눈 똥에 주저앉는다 [격]
제 눈에 안경(-眼鏡) [관]
제달
제달에 맞춰 오너라
제 닭 잡아먹기
제대 군인=제대군인(除隊軍人)
제대로 못 하다
제대로 안 하다
제 대접 받다(-待接-)
제 덕에 이밥이라(-祭德-) [격]
제도 개선(制度改善)
제 도끼에 제 발등 찍힌다 [격]
제도루묵이
제도문화(制度文化)
제도 용구(製圖用具)
제도화해 놓다(制度化-)
제 돈 쓰듯
제 돈 주고 사다
제동 걸다(制動-)
제동 걸리다(制動-)
제동 장치=제동장치(制動裝置)
제 딴은
제 딴죽에 제가 넘어졌다 [격]
제 땅이라고는 메밀 씨 모로 박을 땅도 없다 [격]
제때
제때 안 하다
제때 제때
제 떡 먹기라 [격]
제 똥 구린 줄 모른다 [격]
제 뜻대로
제례 의식(祭禮儀式)
제 마음대로
제 마음에 괴어야 궁합(-宮合) [격]
제 맘대로
제 맛 나다
제 머리 못 깎는다
제먹이끼다
제멋
제멋대로
제멋대로 살다
제멋에 살다
제명(-命)
제명 다하다(-命-)
제명대로 못 살다(-命-)
제명에 못 죽다(-命-)

제명 처분(除名處分)
제명해 버리다(除名-)
제 모습
제 목소리 내다
제 몫
제 몫 챙기다
제 몫 할 거야
제 몫 할걸
제 몫 할 걸세
제 몫 할걸요
제 몸같이
제 몸이 중이면 중의 행세를 하라고(-行世-)
　[격]
제물국수
제물 김칫국
제물낚시
제물땜
제물로 잠이 들다
제물국
제물물부리
제물에
제물에 배를 잃어버리다 [격]
제물장(-欌)
제미붙을
제밀할
제밀할 놈
제밑동생
제 밑 들어 남 보이기 [격]
제 밑이 구리다 [관]
제 밑 핥는 개 [격]
제바닥
제바람
제바람에 넘어지다
제반 규정(諸般規定)
제반 법규(諸般法規)
제반 사업(諸般事業)
제반 상황(諸般狀況)
제반 여건(諸般與件)
제발 덕분에(-德分-)
제 발등에 오줌 누기 [격]
제 발등의 불을 먼저 끄랬다 [격]
제 발등을 제가 찍는다 [격]
제 발등 제가 찍는다 [격]
제 발등 찍기
제 발로 걸어가다 [관]
제 발 저리다 [관]

제 밥그릇 챙기다

제 밥 덜어 줄 샌님은 물 건너부터 안다 [격]

제 방귀에 놀란다 [격]

제 배 부르니 종의 배 고픈 줄 모른다 [격]

제 버릇 개 줄까 [격]

제 보금자리 사랑할 줄 모르는 새 없다 [격]

제보 내용(提報內容)

제보 전화(提報電話)

제보해 주다(提報-)

제복살 소의 갈비에 붙은 고기.

제복 차림(制服-)

제 볼일 보다

제분 공장(製粉工場)

제 분을 못 이기다(-憤-)

제붙이

제비는 작아도 강남 간다(-江南-) [격]

제비는 작아도 알만 낳는다 [격]

제비부리

제비부리댕기

제비뽑기

제비 뽑다

제비 집

제비초리

제비초리경대(-鏡臺)

제비추리

제비턱

제빛

제빛 안 나다

제사날로

제사 덕에 이밥이라(祭祀德-) [격]

제사 드리다(祭祀-)

제 사람 되면 다 고와 보인다 [격]

제 사랑 제가 끼고 있다 [격]

제 사랑 제가 진다

제사를 지내려니 식혜부터 쉰다(祭祀-食醯-)
    [격]

제사 모시다(祭祀-)

제사보다 젯밥에 정신이 있다(祭祀-祭-精神-)
    [격]

제사상(祭祀床)

제사 안 지내다(祭祀-)

제사 음식(祭祀飲食)

제사 의식(祭祀儀式)

제사 장(第四章)

제사장(祭祀場)

제사장을 보다(祭祀場-) [관]

제사 지내다(祭祀-)

제사 호(第四號)

제사 회(第四回)

제 살 궁리는 다 한다(-窮理-) [격]

제 살길 찾다

제 살 깎기

제살붙이

제살이

제살이를 가다 [관]

제 살이 아프면 남의 살도 아픈 줄 알아라 [격]

제삼 장(第三章)

제삼 호(第三號)

제삼 회(第三回)

제삿감(祭祀-)

제삿날(祭祀-)

제삿밥(祭祀-)

제삿술(祭祀-)

제삿술 가지고 친구 사귄다(祭祀-親舊-) [격]

제상 다리를 친다(祭床-) [격]

제상도 산 사람 먹자고 차린다(祭床-) [격]

제상 차리다(祭床-)

제 새끼 밉다는 사람 없다 [격]

제 새끼 잡아먹는 범은 없다 [격]

제 생각 같아서는

제설 도구(除雪道具)

제설 작업(除雪作業)

제설 장비(除雪裝備)

제세경륜(濟世經綸)

제 세상 만난 듯(-世上-) [관]

제소리

제소리 내다

제소해 오다(提訴-)

제 속은 줄 모르고 남 속이려 든다 [격]

제 속 제가 끓이다 [관]

제 속 흐린 게 남 보고 집 봐 달라고 말 못한다
    [격]

제 손금 보듯 하다 [격]

제 손도 안팎이 다르다 [격]

제 손으로 제 눈 찌르기 [격]

제 손으로 제 뺨을 친다 [격]

제수 흥정에 삼색실과(祭需-三色實果) [격]

제 스스로

제시간(-時間)

제시간에 도착하다(-時間-到着-)

제시해 오다(提示-)

제 식구 챙기다(-食口-)

제아무리 잘난 체해도
제안 설명(提案說明)
제안해 오다(提案-)
제압 못 하다(制壓-)
제압해 버리다(制壓-)
제 앞가림도 못 하다
제 앞에 큰 감 놓는다 [격]
제 앞을 가리다 [관]
제 앞을 차리다 [관]
제약 안 받다(制約-)
제약 회사(製藥會社)
제 어미 시집오는 것 보았다는 놈과 같다(-媤-)
　　[격]
제어 장치=제어장치(制御裝置)
제 언치 뜯는 말이라 [격]
제 얼굴 가죽을 제가 벗긴다 [격]
제 얼굴 더러운 줄 모르고 거울만 나무란다 [격]
제 얼굴엔 분 바르고 남의 얼굴엔 똥 바른다(-
　　粉-) [격]
제 얼굴은 제가 못 본다 [격]
제 역할 다하다(-役割-)
제 역할 못 하다(-役割-)
제 오라를 제가 졌다 [격]
제오 장(第五章)
제오 호(第五號)
제오 회(第五回)
제 옷 벗어 남의 발에 감발 쳐 준다 [격]
제왈(-曰)
제왈 높다 크다 하는 것들(-曰-)
제외해 놓다(除外-)
제외해 버리다(除外-)
제웅으로 만들었나 [격]
제육구이(-肉-)
제육무침(-肉-)
제육볶음(-肉-)
제육뼈조림(-肉-)
제육저냐(-肉-)
제육전(-肉廛)
제육젓(-肉-)
제육조림(-肉-)
제육지짐이(-肉-)
제육편육(-肉片肉)
제육포(-肉脯)
제의해 오다(提議-)
제육 장(第六章)

제육 호(第六號)
제육 회(第六回)
제이 장(第二章)
제이 호(第二號)
제이 회(第二回)
제일가다(第一-)
제일강산(第一江山)
제 일 바쁘지 않다는 사람 없다 [격]
제일인자(第一人者)
제일 장(第一章)
제일주의(第一主義)
제일 처음(第一-)
제일 호(第一號)
제일 회(第一回)
제 입맛대로
제 잇속 챙기다(-利-)
제 자랑 하듯
제 자루 떡메 [격]
제자루칼
제자리걸음
제자리높이뛰기
제자리 뛰기
제자리멀리뛰기
제자리 못 찾다
제자리접(-椄)
제자리 지키다
제자리 찾다
제자리표(-標)
제자리흙
제자백가(諸子百家)
제자백가서(諸子百家書)
제자 사랑(弟子-)
제자 삼다(弟子-)
제 자식 잘못은 모른다(-子息-) [격]
제작 과정(製作過程)
제작 기간(製作期間)
제작 기법(製作技法)
제작 기술(製作技術)
제작 능력(製作能力)
제작 비용(製作費用)
제작해 놓다(製作-)
제작해 주다(製作-)
제작 회사(製作會社)
제재당하다(制裁當-)
제재 못 하다(制裁-)
제재 안 하다(制裁-)

제재 조치(制裁措置)
제재해 오다(制裁−)
제적해 버리다(除籍−)
제 절 부처는 제가 위하랬다(−爲−) [격]
제정신 돌아오다(−精神−)
제정신 들다(−精神−)
제정신 아니다(−精神−)
제정신 차리다(−精神−)
제정해 놓다(制定−)
제조 공장(製造工場)
제조 기술(製造技術)
제조 비법(製造秘法)
제조 원가＝제조원가(製造原價)
제조 품목(製造品目)
제조해 오다(製造−)
제조 회사(製造會社)
제 죄 남 안 준다(−罪−) [격]
제주 감귤(濟州柑橘)
제주말(濟州−)
제주말 갈기 외로 질지 바로 질지(濟州−) [격]
제주말 제 갈기 뜯어먹기(濟州−) [격]
제 주머니
제주목련(濟州木蓮)
제주 미역 머리 감듯(濟州−) [격]
제주에 말 사 놓은 듯(濟州−) [격]
제주잔(祭酒盞)
제주 지방(濟州地方)
제주 지역(濟州地域)
제지내다(祭−)
제지레 ＝지렛대.
제지 못 하다(制止−)
제지 안 하다(制止−)
제지해 버리다(制止−)
제집 자기의 집.
제 집같이 드나들다
제집 개에게 발뒤꿈치 물린 셈 [격]
제집 드나들듯 [관]
제집 안방 드나들듯 하다(−房−)
제집 어른 섬기면 남의 어른도 섬긴다 [격]
제집 연기는 남의 집 연기보다 낫다(−煙氣−煙
　　氣−) [격]
제집 장만
제짝
제짝 찾다
제 처 말 안 듣는 사람 없다(−妻−) [격]
제천 의식＝제천의식(祭天儀式)

제철
제철 만나다
제철 지난 과일
제철 회사(製鐵會社)
제쳐 놓다
제쳐 두다
제초 작업(除草作業)
제총박이
제출 마감(提出磨勘)
제출 못 하다(提出−)
제출물로
제출물에
제출 서류(提出書類)
제출해 놓다(提出−)
제칠 장(第七章)
제칠 호(第七號)
제칠 회(第七回)
제 침 발라 꼰 새끼가 제일이다(−第一−) [격]
제 칼도 남의 칼집에 들면 찾기 어렵다 [격]
제 코가 석 자 [격]
제 코도 못 닦는 것이 남의 코 닦으려고 한다
　　[격]
제 탓
제터(祭−)
제터 방죽에 줄남생이 늘어앉듯(祭−) [격]
제 털 뽑아 제 구멍에 박기 [격]
제판으로 굴다
제 팔자 개 못 준다(−八字−) [격]
제팔 장(第八章)
제팔 호(第八號)
제팔 회(第八回)
제풀로
제풀에
제품 개발(製品開發)
제 핏줄
제한 구역＝제한구역(制限區域)
제한 높이(制限−)
제 한 몸
제한 속도＝제한속도(制限速度)
제한 안 두다(制限−)
제한 안 받다(制限−)
제한 조치(制限措置)
제한 폭(制限幅)
제한해 버리다(制限−)
제한해 오다(制限−)
제 할 바 다하다

제 할 일 못 하다
제핵칼(除核-)
제행무상(諸行無常)
제헌절 날(制憲節-)
제 현상(諸現象)
제휴 업체(提携業體)
제 흉 제가 모른다 [격]
제힘
제힘 닿는 대로
제힘 모르고 강가 씨름 갈까(-江-) [격]
제힘으로 이루다
젠장맞을
젠장칠
젠체하다
젯날(祭-)
젯메(祭-)
젯메쌀(祭-)
젯밥(祭-)
젯술(祭-)
져 나르다
져 버리다
져 주다
조가비꼴
조각 공원(彫刻公園)
조각구름
조각나다
조각내다
조각달
조각돌
조각배
조각보(-褓)
조각비늘구름
조각 작품(彫刻作品)
조각장이(彫刻-) =조각가.
조각조각
조각칼(彫刻-)
조각하늘
조간신문(朝刊新聞)
조개관자(-貫子)
조개구름
조개깍두기
조개껍데기
조개껍데기는 녹슬지 않는다 [격]
조개껍질
조개더미
조개도련

조개무지
조개밥
조개볼
조개봉돌
조개부전
조개부전 이 맞듯 [격]
조개붙이
조개 속의 게 [격]
조개송편(-松-)
조개어채(-魚菜)
조개저냐
조개젓
조개젓 단지에 괭이 발 드나들듯 [격]
조개찌개
조개탄(-炭)
조개탕(-湯)
조개턱
조갯국
조갯돌
조갯살
조갯속게
조건 반사=조건반사(條件反射)
조건 없이(條件-)
조것
조경 공사(造景工事)
조국 강산(祖國江山)
조국 땅(祖國-)
조국 통일(祖國統一)
조궁장이(造弓-)
조그마해 보이다
조그마해져 가다
조그만 실뱀이 온 바닷물을 흐린다 [격]
조그만큼
조금날(潮-)
조금 더
조금밖에 안 되다
조금씩 조금씩
조금이나마
조금조금
조금 전에
조금치도 어려워하지 않고
조금 해 놓다
조급해 보이다(躁急-)
조기 교육=조기교육(早期教育)
조기국수
조기 발견(早期發見)

조기 입학(早期入學)
조기젓
조기젓편
조기조림
조기 졸업(早期卒業)
조기죽(-粥)
조기지짐이
조기 치료(早期治療)
조기 퇴진(早期退陣)
조기품종(早期品種)
조기 한 손
조기회(-膾)
조깃국
조깃배
조깃배에는 못 가리라 [격]
조까지로
조까짓
조깜부기
조깟
조끔조끔
조끼적삼
조끼치마
조끼허리
조끼허리통치마
조난 사건(遭難事件)
조난 신고(遭難申告)
조난 신호=조난신호(遭難信號)
조 녀석
조년을 그냥
조놈
조는 듯하다
조는 집에 자는 며느리 온다 [격]
조는 체하다
조닐로
조다짐 조밥 먹는 일을 속되게 이르는 말.
조달 안 되다(調達-)
조달해 주다(調達-)
조당수
조대쓰레기(粗大-)
조대우 조를 심은 대우.
조대우 파다 [관]
조독 들다(爪毒-) [관]
조독 들이다(爪毒-) [관]
조동아리
조동이 싸다 [관]
조따위

조라떨다
조랑마차(-馬車)
조랑말
조랑망아지
조러루하다
조러조러하다
조런 놈
조런대로
조렇듯
조렇듯이
조력해 오다(助力-)
조련찮다
조령모개(朝令暮改)
조례만 있으면 사또질하겠다(皂隷-) [격]
조로인생(朝露人生)
조로 현상(早老現象)
조록싸리 피거든 남의 집도 가지 마라 [격]
조롱거리(嘲弄-)
조롱떡국
조롱목
조롱박
조롱박잔(-盞)
조롱받아 오다(嘲弄-)
조롱 안의 새(鳥籠-) [격]
조롱에 갇힌 새(鳥籠-) [격]
조롱이떡
조르지 마라
조를 거야
조를걸
조를 걸세
조를걸요
조를 겁니다
조를게
조를게요
조름불
조리 기구(調理器具)
조리돌리다
조리복소니 원래 크던 물건이 차차 졸아들거나
    깎여서 볼품이 없게 된 것.
조리에 옻칠한다(-漆-) [격]
조리자지(笊籬-)
조리 장수 매끼 돈을 내어서라도 [격]
조리중
조리치기
조리치다
조림 사업(造林事業)

781

조립 공장(組立工場)

조립장난감(組立-)

조립 주택=조립주택(組立住宅)

조립해 놓다(組立-)

조마조마하다

조마증 나다(-症-)

조막다시

조막만 하다

조막손

조막손이

조막손이 달걀 도둑질한다 [격]

조막손이 달걀 만지듯 [격]

조만 것이

조만치

조만큼

조만한 일 가지고

조맘때

조명 기기(照明器機)

조명 시설(照明施設)

조명해 보다(照明-)

조목조목이 따지다

조묵　좁쌀가루로 죽을 쑤어 그릇에 담아 굳힌 음식.

조문 가다(弔問-)

조문 사절(弔問使節)

조문을 켜다(條文-) [관]

조바심 나다

조바심 내다

조바심치다

조밥

조밥도 많이 먹으면 배부르다 [격]

조밥에도 큰 덩이 작은 덩이가 있다 [격]

조방꾸니(助幇-)

조밭

조비비다

조비비듯 기다리다

조사 결과(調査結果)

조사 기관(調査機關)

조사 나오다(調査-)

조사 대상(調査對象)

조사 안 받다(調査-)

조사 통계(調査統計)

조사해 보다(調査-)

조사해 오다(調査-)

조상같이 알다(祖上-) [관]

조상굿(祖上-)

조상귀신(祖上鬼神)

조상꾼(弔喪-)

조상 덕에 이밥을 먹는다(祖上德-) [격]

조상 묘(祖上墓)

조상받이(祖上-)

조상 숭배=조상숭배(祖上崇拜)

조상에는 정신 없고 팥죽에만 정신이 간다(祖上-精神-粥-精神-) [격]

조상치레(祖上-)

조석거리(朝夕-)　=끼닛거리.

조석공양(朝夕供養)

조석 싸 가지고 말리러 다닌다(朝夕-) [격]

조선간장(朝鮮-醬)

조선낫(朝鮮-)

조선돌조개(朝鮮-)

조선 땅(朝鮮-)

조선 망하고 대국 망한다(朝鮮亡-大國亡-) [격]

조선 바늘에 되놈 실 꿰듯(朝鮮-) [격]

조선 백자(朝鮮白磁)

조선 사람은 낯 먹고 산다(朝鮮-) [격]

조선 사회(朝鮮社會)

조선 시대(朝鮮時代)

조선 왕조=조선왕조(朝鮮王朝)

조선왕조실록(朝鮮王朝實錄)

조선장이(造船-)

조선종이(朝鮮-)

조선집(朝鮮-)　=한옥(韓屋).

조선쪽(朝鮮-)　우리나라의 전통적인 방법으로 머리카락을 땋아서 만든 쪽.

조선 팔도(朝鮮八道)

조선호박(朝鮮-)

조성 공사(造成工事)

조성 사업(造成事業)

조성해 놓다(造成-)

조세 정의(租稅正義)

조세 제도=조세제도(租稅制度)

조손간(祖孫間)

조수막이(潮水-)

조숙해 보이다(早熟-)

조실부모(早失父母)

조심성 없이(操心性-)

조심조심해 오다(操心操心-)

조심해 오다(操心-)

조쌀스럽다

조 아이

조아팔다

조알 세듯

조 애

조약돌

조약돌을 피하니까 수마석을 만난다(−避−水磨
石−) [격]

조약밭

조약 체결(條約締結)

조언해 주다(助言−)

조업 중단(操業中斷)

조여 가다

조여들다

조여 오다

조역꾼(助役−)

조연 배우(助演俳優)

조용조용히

조용해 보이다

조용해져 가다

조율미음(棗栗米飮)

조인절미

조자룡이 헌 칼 쓰듯(趙子龍−) [격]

조작 행위(造作行爲)

조잔부리

조잡들다

조잡해 보이다(粗雜−)

조장해 오다(助長−)

조절해 가다(調節−)

조절해 주다(調節−)

조정 공론 사흘 못 간다(朝廷公論−) [격]

조정 능력(調整能力)

조정해 놓다(調整−)

조제해 주다(調劑−)

조져 놓다

조조는 웃다 망한다(曹操−亡−) [격]

조조의 살이 조조를 쏜다(曹操−曹操−) [격]

조조할인(早朝割引)

조종해 오다(操縱−)

조죽(−粥)

조준 사격(照準射擊)

조직 개편(組織改編)

조직 검사(組織檢査)

조직 관리(組織管理)

조직 내(組織內)

조직범죄(組織犯罪)

조직 생활(組織生活)

조직 체계(組織體系)

조직해 놓다(組織−)

조짐머리

조짚   조나 피 따위의 낟알을 떨어낸 짚.

조짜빼다

조쯤

조차떡   차조의 가루로 만든 떡.

조찬 모임(朝餐−)

조처해 놓다(措處−)

조촐해 보이다

조촘병(−病)

조촘증(−症)

조치해 놓다(措置−)

조침떡

조침젓   여러 가지 물고기를 섞어 담근 것.

조칫보

조카 내외(−內外)

조카 녀석

조카님

조카딸

조카며느리

조카뻘 되다

조카사위

조카 생각하는 것만큼 아재비 생각도 한다 [격]

조카아이

조카애

조카자식(−子息)

조팝꽃

조핏가루

조화가 붙다(造化−) [관]

조화 부리다(造化−)

조홧속(造化−)

조회해 보다(照會−)

족두리잠(−簪)

족두리전(−廛)

족두리하님

족발(足−)   각을 뜬 돼지의 발. 또는 그것을 조
린 음식.

족벌 경영(族閥經營)

족벌 정치(族閥政治)

족보자루

족볶이(足−)

족부족간에(足不足間−)

족산대

족쇄 채우다(足鎖−)

족자걸이(簇子−)

족장을 대다(足掌−) [관]

족장을 맞다(足掌−) [관]

ㅈ

783

족장을 치다(足掌-) [관]
족제비 난장 맞고 홍문재 넘어가듯(-亂杖-) [격]
족제비눈
족제비는 꼬리 보고 잡는다 [격]
족제비도 낯짝이 있다 [격]
족제비 똥 누듯 [격]
족제비 밥 탐하다 치어 죽는다(-貪-) [격]
족제비얼레
족제비 잡으니까 꼬리를 달란다 [격]
족제비 잡은 데 꼬리 달라는 격(-格) [격]
족집게 같은
족집게같이
족채(足-)
족편(足-)
족형제(族兄弟)
존경받을 만하다(尊敬-)
존경할 만하다(尊敬-)
존경해 마지않다(尊敬-)
존경해 오다(尊敬-)
존립 기반(存立基盤)
존속 살인=존속살인(尊屬殺人)
존속해 오다(存續-)
존재 가치(存在價値)
존재 여부(存在與否)
존재 이유(存在理由)
존재해 오다(存在-)
존조리 나무라다
존조리 타이르다
존중 안 하다(尊重-)
존중해 오다(尊重-)
존중해 주다(尊重-)
존폐 기로(存廢岐路)
존폐 위기(存廢危機)
졸경 치르다(卒更-) [관]
졸기만 하다
졸다 깬 걸 거야
졸들다
졸라 대다
졸라매다
졸려 죽다
졸릴 거야
졸릴걸
졸릴 걸세
졸릴걸요
졸릴 겁니다
졸밥

졸병 취급(卒兵取扱)
졸보기눈
졸보기안경(-眼鏡)
졸속 공사(拙速工事)
졸속 처리(拙速處理)
졸속 행정(拙速行政)
졸아들다
졸아붙다
졸업 기념(卒業記念)
졸업꾼(卒業-)
졸업 논문=졸업논문(卒業論文)
졸업 못 하다(卒業-)
졸업 선물(卒業膳物)
졸업 성적(卒業成績)
졸업 시험(卒業試驗)
졸업 연도(卒業年度)
졸음기(-氣)
졸음 오다
졸음운전(-運轉)
졸자라다
졸잡다
좀것
좀꾀
좀꾀에 매꾸러기
좀내
좀노릇
좀놈
좀 더
좀 더 크다
좀도둑
좀도둑놈
좀도둑질
좀도적(-盜賊)
좀도적질(-盜賊-)
좀된 놈
좀말
좀먹다
좀복숭아
좀사내
좀생원(-生員)
좀생이구멍
좀생이막대
좀생이별
좀생이점(-占)
좀약(-藥)
좀이 들다 [관]

좀이 쑤시다 [관]
좀짓
좀처럼 잘 것 같지 않다
좀체말
좀쳇것
좀쳇놈
좀쳇일
좀한 일에는 화를 내지 않는다
좁다나 봐요
좁다란 골목
좁디좁다
좁싸라기
좁쌀 가루
좁쌀과녁
좁쌀눈
좁쌀땀
좁쌀떡
좁쌀만큼 아끼다가 담 돌만큼 해 본다(-害-)
　　[격]
좁쌀미음(-米飮)
좁쌀뱅이
좁쌀 썰어 먹을 놈 [격]
좁쌀에 뒤웅 판다 [격]
좁쌀여우
좁쌀엿
좁쌀영감(-令監)
좁쌀죽(-粥)
좁쌀친구(-親舊)
좁쌀풀떡
좁쌀 한 섬 두고 흉년 들기를 기다린다(-|凶年-)
　　[격]
좁아 보이다
좁아져 가다
좁아질 거야
좁아질걸
좁아질 걸세
좁아질걸요
좁은 데 장모 낀다(-丈母-) [격]
좁은 입으로 말하고 넓은 치맛자락으로 못 막
　　는다 [격]
좁은 틈에 장목 낀다(-長木-) [격]
좁을 거야
좁을걸
좁을 걸세
좁을걸요
좁혀 가다

좁혀 나가다
좁혀 놓다
좁혀 두다
좁혀 들어가다
좁혀 들어오다
좁혀 보다
좁혀 오다
좁혀 주다
좁혀 지내다
좃겨　조의 낟알을 찧어서 좁쌀을 골라내고 남
　　은 겨.
종가래
종가래질
종갓집(宗家-)
종갓집 며느리 틀이 있다(宗家-) [격]
종결지어 버리다(終結-)
종결해 버리다(終結-)
종고모(從姑母)
종고모부(從姑母夫)
종과 상전은 한솥밥이나 먹지(-上典-) [격]
종교 단체(宗敎團體)
종교 분쟁(宗敎紛爭)
종교 서적(宗敎書籍)
종교 음악=종교음악(宗敎音樂)
종교의식(宗敎意識)
종교 의식=종교의식(宗敎儀式)
종교 행사(宗敎行事)
종고라기
종구잡이
종군 기자=종군기자(從軍記者)
종굴박
종그리다
종기가 커야 고름이 많다(腫氣-) [격]
종년
종년 간통은 소 타기(-姦通-) [격]
종노릇
종노릇해 오다
종놈
종다래끼
종댕기
종래로 내려오는(從來-)
종로 거리(鍾路-)
종로에서 뺨 맞고 한강에서 눈 흘긴다(鍾路-漢
　　江-) [격]
종로제기(鍾路-)
종로통 쪽(鍾路通-)

종료 시점(終了時點)
종마루(宗-)
종말을 고하다(終末-告-) [관]
종묘 대제(宗廟大祭)
종묘사직(宗廟社稷)
종무소식(終無消息)
종방울(鐘-)
종부돋움   (1)물건을 높이 차곡차곡 쌓아 올리
　　　는 일. (2)=발돋움.
종 부리다
종사 업무(從事業務)
종사위(宗-) 아들 대신 대를 이어줄 사위.
종사해 오다(從事-)
종살이
종살이해 오다
종소리(鐘-)
종속 관계(從屬關係)
종속인구(從屬人口)
종신자식(終身子息)
종신토록(終身-)
종신회원(終身會員)
종아리마디
종아리 맞다
종아리뼈
종아리채
종아리 치다
종아이 종으로 둔 아이.
종없다 =종작없다.
종을 달다(腫-) [관]
종이 기저귀
종이꽃
종이끼우개
종이도 네 귀를 들어야 바르다 [격]
종이돈
종이뜨기
종이 뭉치
종이배
종이범 =종이호랑이.
종이봉투(-封套)
종이부채
종이비누
종이비행기(-飛行機)
종이 상자(-箱子)
종이솜
종이수염(-鬚髯)
종이신 종이로 노를 꼬아 만든 신.

종이옷
종이우산(-雨傘)
종이 인형(-人形)
종이 접기
종이 종을 부리면 식칼로 형문을 친다(-食-刑
　　問-) [격]
종이쪽
종이쪽지
종이찍개
종이창(-窓)
종이칼
종이컵(-cup)
종이탈
종이테이프(-tape)
종이풍선(-風船)
종이학(-鶴)
종이 한 장 차이(-張差異) [관]
종이호랑이(-虎狼-)
종일 가는 길에 중도 보고 속도 본다(終日-俗-)
　　[격]
종일토록(終日-)
종잇살 종이에 잡힌 주름살.
종잇장(-張)
종잇장 같은(-張-)
종잇장같이(-張-)
종잇장도 네 귀를 들어야 바르다(-張-) [격]
종잇장도 맞들면 낫다(-張-) [격]
종잇조각
종자 개량(種子改良)
종자돈(種子-)
종자벼(種子-)
종자순(種子筍)
종자식물(種子植物)
종작없다
종잘거리기는 아침 까치로구나 [격]
종잡기 어렵다
종잡을 수 없다
종적을 감추다(蹤跡-) [관]
종적을 밟다(蹤跡-) [관]
종전 가격(從前價格)
종전 기록(從前記錄)
종전대로(從前-)
종점 부근(終點附近)
종제수(從弟嫂)
종조모(從祖母)
종조모님(從祖母-)

종조부(從祖父)
종조부님(從祖父-)
종조부모(從祖父母)
종조할머니(從祖-)
종조할머님(從祖-)
종조할아버님(從祖-)
종조할아버지(從祖-)
종조형제(從祖兄弟)
종족 보존(種族保存)
종종걸음
종종걸음 치다 [관]
종종머리
종종모   매우 촘촘히 심은 볏모.
종주먹
종주먹 들이대다
종중논(宗中-)
종중 땅(宗中-)
종중밭(宗中-)
종중산(宗中山)
종중 재산(宗中財産)
종중전답(宗中田畓)
종중회의(宗中會議)
종증조모(從曾祖母)
종증조부(從曾祖父)
종증조할머니(從曾祖-)
종증조할아버지(從曾祖-)
종지기(鐘-)
종지부를 찍다(終止符-) [관]
종짓굽
종짓굽아 날 살려라 [관]
종짓굽이 떨어지다 [관]
종짓불
종첩(-妾)
종 치다(鐘-)
종친 어른(宗親-)
종콩   빛이 희고 알이 잔 콩.
종합 검사(綜合檢査)
종합 검진=종합검진(綜合檢診)
종합 계획(綜合計劃)
종합 대책(綜合對策)
종합 병원=종합병원(綜合病院)
종합시험(綜合試驗)
종합 예술=종합예술(綜合藝術)
종합 청사(綜合廳舍)
종합해 보다(綜合-)
종횡무진(縱橫無盡)

좆같다
좆같은 새끼
좆같은 소리
좆같이 굴지 마라
좆 꼴리다
좆만 한 새끼가
좆심
좆심 좋다
좇아가다
좇아오다
좇아 하다
좋거나 싫거나
좋건 싫건
좋게 보면
좋기도 하다
좋다나 보다
좋든 싫든
좋아 보이다
좋아져 가다
좋아지내다
좋아질 거야
좋아질걸
좋이질 걸세
좋아질걸요
좋아하다
좋아할 거야
좋아할걸
좋아할 걸세
좋아할뿐더러
좋아할 뿐만 아니라
좋아할 뿐 아니라
좋아할 텐데
좋아해 오다
좋았나 보다
좋았을 텐데
좋으니만큼
좋은가 보다
좋은 거로구나
좋은 게 좋다
좋은 노래도 세 번 들으면 귀가 싫어한다(-番-)
   [격]
좋은 농사꾼에게는 나쁜 땅이 없다(-農事-)
   [격]
좋은 대로
좋은 듯하다
좋은 일에는 남이요 궂은일에는 일가다(--

家-) [격]
좋은 일에 마가 든다(-魔-) [격]
좋은 일은 맞지 않아도 나쁜 일은 잘 맞는다 [격]
좋은 일 하다
좋을 거야
좋을걸
좋을 걸세
좋을걸요
좋을 대로 하다
좋을 듯싶다
좋을 듯하다
좋을 땐 외삼촌 하고 나쁠 땐 돌아선다(-外三寸-) [격]
좋을 리 없다
좋을 성싶다
좋을 텐데
좋이 여기다
좋이 지내라
좌경 세력(左傾勢力)
좌고우면(左顧右眄)
좌궁깃(左弓-)
좌뜨다   생각이 남보다 뛰어나다.
좌로어깨총(-銃)
좌불안석(坐不安席)
좌석 배치(座席配置)
좌석 번호(座席番號)
좌수 볼기 치기(座首-) [격]
좌시해 오다(坐視-)
좌우간에(左右間-)
좌우충돌(左右衝突)
좌우편(左右便)
좌우해 오다(左右-)
좌우협공(左右挾攻)
좌의자(坐椅子)
좌익 단체(左翼團體)
좌익분자(左翼分子)
좌익 운동(左翼運動)
좌익 활동(左翼活動)
좌절해 버리다(挫折-)
좌지우지(左之右之)
좌지우지해 오다(左之右之-)
좌초롱(坐-)
좌충우돌(左衝右突)
좌측통행(左側通行)
좌파 세력(左派勢力)
좌파 정부(左派政府)

좌포우혜(左脯右醯)
좌향앞으로가(坐向-)
좨기밥
쟁이그물
쟁이질
죄는 막둥이가 짓고 벼락은 샌님이 맞는다(罪-) [격]
죄는 샌님이 짓고 벼락은 막둥이가 맞는다(罪-) [격]
죄는 지은 데로 가고 덕은 닦은 데로 간다(罪-德-) [격]
죄는 지은 데로 가고 물은 곬으로 흐른다(罪-) [격]
죄는 지은 데로 가고 물은 트는 데로 간다(罪-) [격]
죄다짐(罪-)
죄 될 일 아니다(罪-)
죄를 얽다(罪-) [관]
죄 많은 신세(罪-身世)
죄밑을 밝히다(罪-)
죄받을 짓(罪-)
죄송천만(罪悚千萬)
죄수옷(罪囚-)
죄스러운 마음(罪-)
죄악시해 오다(罪惡視-)
죄악은 전생 것이 더 무섭다(罪惡-前生-) [격]
죄 안 짓고 살다(罪-)
죄암질하다
죄어들다
죄어 들어오다
죄어 매다
죄어 오다
죄어치다
죄 없는 아이(罪-)
죄인 대하듯(罪人對-)
죄인 된 신세(罪人-身世)
죄인 취급(罪人取扱)
죄입은 몸(罪-)
죄 있는 놈 겁부터 먹는다(罪-怯-) [격]
죄죄반반
죄주다(罪-)
죄지은 놈 옆에 오면 방귀도 못 뀐다(罪-) [격]
죄지은 놈 옆에 있다가 벼락 맞는다(罪-) [격]
죄지은 놈 원님 돗자리에다 큰절을 한다(罪-員-) [격]
죄지은 놈이 서 발을 못 간다(罪-) [격]

죄짓고 못 산다(罪-) [격]
죄짓지 마라(罪-)
죄책을 당하다(罪責-當-)
죔나사(-螺絲)
죔띠
죔쇠
죔통
죔틀
죗값(罪-)
죗값 받다(罪-)
죗값 치르다(罪-)
주가 상승(株價上昇)
주가 오르다(株價-)
주가 조작(株價造作)
주가 폭락(株價暴落)
주간 날씨(週間-)
주간 신문=주간신문(週刊新聞)
주간 행사(週間行事)
주객이 청탁을 가리랴(酒客-淸濁-) [격]
주객일체(主客一體)
주객전도(主客顚倒)
주거 공간(住居空間)
주거나 말거나
주거니 받거니 [관]
주거 문화(住居文化)
주거 생활(住居生活)
주거 시설(住居施設)
주거 지역=주거지역(住居地域)
주거 침입=주거침입(住居侵入)
주거 환경(住居環境)
주걱꺾쇠
주걱뼈
주걱상(-相)
주걱턱
주건 안 주건
주견머리(主見-)
주견 없이 흔들리다(主見-)
주경야독(晝耕夜讀)
주고 나니
주고 난 뒤
주고 남은 돈
주고말고
주고 말다
주고받다
주고 보니
주고 싶은가 보다

주고 안 주고
주고 오다
주곡지뼈
주과포혜(酒果脯醯)
주관해 오다(主管-)
주권 국가=주권국가(主權國家)
주권 의식(主權意識)
주권 침해(主權侵害)
주권 행사(主權行使)
주근깨박이
주금에 누룩 장사(酒禁-) [격]
주기는커녕
주기만 하다
주긴 주지만
주나 마나
주나 보다
주나 안 주나
주낙배
주낙줄
주낙질하다
주내다(註-)
주눅 든 듯하다
주눅 들다 [관]
주눅 들어 보이다
주느니 마느니
주는 거야
주는 걸 거야
주는 대로
주는 데 보기에 두려움을 주는 데가 있다.
주는데 죽은 사람 소원도 들어 주는데 까짓것
        산 사람 소원 못 풀어줄 것도 없지.
주는 듯하다
주는 떡도 못 받아먹는다 [격]
주는 만큼
주는 족족 받아먹다
주는지 안 주는지
주는 척하다
주니 나다
주니어급(junior級)
주닛대치마 누런빛이 섞인 붉은색의 천을 잇대
        어 만든 치마.
주다 말다 하다
주다시피 하다
주던 대로
주도면밀(周到綿密)
주도산업(主導産業)

ㅈ

789

주도 세력(主導勢力)
주도해 나가다(主導-)
주도해 오다(主導-)
주독코(酒毒-)
주동 세력(主動勢力)
주된 내용(主-內容)
주된 일(主-)
주둔 부대=주둔부대(駐屯部隊)
주둔 지역(駐屯地域)
주둥망(-網)
주둥아리
주둥이가 삐죽 나오다 [관]
주둥이가 여물다 [관]
주둥이를 놀리다 [관]
주둥이만 까다 [관]
주둥이만 살다 [관]
주든 말든
주든 안 주든
주든지 말든지
주라는 대로 주다
주란사실(-紗-)
주량회갑(舟梁回甲)
주려 하다
주력 기업(主力企業)
주력 부대=주력부대(主力部隊)
주력 사업(主力事業)
주력 상품(主力商品)
주력 제품(主力製品)
주력해 오다(主力-)
주례 보고(週例報告)
주례 서다(主禮-)
주례 세우다(主禮-)
주례 회동(週例會同)
주를 달다(註-) [관]
주름못
주름살 지다
주름살투성이
주름살 펴다
주름상자(-箱子)
주름잡다
주름 진 얼굴
주름치마
주름투성이
주릅들다
주리경을 치다(-黥-) [관]
주리질

주리 참듯 [격]
주리 틀다 [관]
주리팅이
주린 개가 뒷간을 바라보고 기뻐한다(-間-) [격]
주린 고양이가 쥐를 만났다 [격]
주린 귀신 듣는 데 떡 이야기 하기(-鬼神-) [격]
주린 듯이
주린 범의 가재다 [격]
주릿대
주릿대경(-黥)
주릿대경을 치다(-黥-) [관]
주릿대 안기다 [관]
주릿대 안다 [관]
주릿대질
주릿대 틀다 [관]
주릿방망이
주릿방망이 맛을 보다 [관]
주마간산(走馬看山)
주마당(主-)
주막거리(酒幕-)
주막 년네 오줌 종작(酒幕-) [격]
주막쟁이(酒幕-)
주막집(酒幕-)
주말경(週末頃)
주말 나들이(週末-)
주말 농장(週末農場)
주말 부부(週末夫婦)
주말 산행(週末山行)
주말여행(週末旅行)
주말 회동(週末會同)
주말 휴가(週末休暇)
주머니가 가볍다 [관]
주머니가 넉넉하다 [관]
주머니곰 =코알라.
주머니 구구에 박 터진다(-九九-) [격]
주머니그물
주머니 끈을 조르다 [관]
주머니 뒤짐
주머니떨이
주머니밑천
주머니 사정(-事情)
주머니에 들어간 송곳이라 [격]
주머니칼
주머니코
주머니 털다 [관]
주머니 털어 먼지 안 나오는 사람 없다 [격]

주머닛돈
주머닛돈이 쌈짓돈 [격]
주먹곤죽(-粥)
주먹구구(-九九)
주먹구구식(-九九式)
주먹구구에 박 터진다(-九九-) [격]
주먹다짐
주먹 대결(-對決)
주먹동발
주먹떼
주먹만 하다
주먹만 해 보이다
주먹맛 보다
주먹 맞은 감투 [격]
주먹묶음
주먹밥
주먹비 쏟아지는 비 같은 매우 심한 주먹질.
주먹뺨
주먹상모(-象毛)
주먹상투
주먹세례(-洗禮)
주먹셈
주먹손
주먹심
주먹 싸움
주먹으로 물 찧기 [격]
주먹은 가깝고 법은 멀다(-法-) [격]
주먹을 불끈 쥐다 [관]
주먹이 오고 가다 [관]
주먹이 운다 [관]
주먹 자랑 하다
주먹 쥐다
주먹 쥐자 눈 빠진다 [격]
주먹질하다
주먹총(-銃)
주먹총질하다(-銃-)
주먹치기
주먹코
주먹 큰 놈이 어른이다 [격]
주먹흥정
주면 줄수록
주모 보면 염소 똥 보고 설사한다(酒母-泄瀉-)
　　[격]
주목거리(注目-)
주목 못 받다(注目-)
주목받아 오다(注目-)

주목할 만하다(注目-)
주목해 오다(注目-)
주무 관청(主務官廳)
주무르듯 하다
주무르지 마라
주무 부서(主務部署)
주무실 거야
주무실걸
주무실 걸세
주무실걸요
주무 장관＝주무장관(主務長官)
주문대로(注文-)
주문배수(注文拜受)
주문 생산＝주문생산(注文生產)
주문 전화(注文電話)
주문 판매(注文販賣)
주문해 놓다(注文-)
주문해 두다(注文-)
주물러 놓다
주물러 대다
주물러 보다
주물러 빨다
주물러 주다
주물모래(鑄物-)
주미 대사(駐美大使)
주민 대표(住民代表)
주민 등록＝주민등록(住民登錄)
주민 복지(住民福祉)
주민 의견(住民意見)
주민 투표(住民投票)
주민 편의(住民便宜)
주발대접(周鉢-)
주발 뚜껑(周鉢-)
주발만 하다(周鉢-)
주방 기구(廚房器具)
주방 일 하다(廚房-)
주변 경관(周邊景觀)
주변 국가(周邊國家)
주변 도시(周邊都市)
주변머리 없는 놈
주변 상황(周邊狀況)
주변 인물(周邊人物)
주변 정리(周邊整理)
주변 정세(周邊情勢)
주변 환경(周邊環境)
주보급로(主補給路)

주부 교실(主婦敎室)
주부 노릇(主婦-)
주부 사원(主婦社員)
주부코
주사 놓다(注射-)
주사니것(紬-) 명주로 만든 옷.
주사 맞다(注射-)
주사 맞히다(注射-)
주사위 놀이
주사위는 던져졌다 [격]
주사위뼈
주산단지(主産團地)
주살나다 =뻗찔나다.
주살질하다
주삿바늘(注射-)
주색잡기(酒色雜技)
주색잡기에 패가망신 안 하는 놈 없다(酒色雜
    技-敗家亡身-) [격]
주석 달다(註釋-)
주석땜(朱錫-)
주선해 주다(周旋-)
주소 불명(住所不明)
주소 이전(住所移轉)
주술 행위(呪術行爲)
주식 거래=주식거래(株式去來)
주식 시장=주식시장(株式市場)
주식 투자(株式投資)
주식회사(株式會社)
주암옹두리
주야골몰(晝夜汨沒)
주야장천(晝夜長川)
주어 가면서
주어 놓고
주어 버릇하다
주어 버리다
주어 오다
주어진 대로
주었나 보다
주었나 봐
주었다 뺏었다 하다
주연 배우=주연배우(主演俳優)
주염떡
주옥같다(珠玉-)
주요 골자(主要骨子)
주요 기관(主要機關)
주요 내용(主要內容)

주요 보직(主要補職)
주요 시설(主要施設)
주요 업무(主要業務)
주요 인사(主要人士)
주요 일과(主要日課)
주요 직책(主要職責)
주요 현안(主要懸案)
주울 거야
주울걸
주울 걸세
주울걸요
주울게
주울게요
주워 가다
주워 나르다
주워 달라고 하다
주워 달라다
주워 담다
주워대다
주워듣다
주워 들다
주워 먹다
주워 모으다
주워 보다
주워섬기다
주워 오다
주워 읽다
주원인(主原因)
주위 사정(周圍事情)
주위 환경(周圍環境)
주유천하(周遊天下)
주의 깊게 바라보다(注意-)
주의 끌다(注意-)
주의 못 끌다(注意-)
주의 사항(注意事項)
주의 안 하다(注意-)
주의 의무=주의의무(注意義務)
주의 주다(注意-)
주의 주장(主義主張)
주의 태만(注意怠慢)
주의할 거야(注意-)
주의할걸(注意-)
주의할 걸세(注意-)
주의할걸요(注意-)
주의할게(注意-)
주의할게요(注意-)

주의해 오다(注意-)
주인 기다리는 개가 지리산만 바라본다(主人-智異山-) [격]
주인 노릇(主人-)
주인님(主人-)
주인댁(主人宅)
주인마누라(主人-)
주인마님(主人-)
주인 많은 나그네 밥 굶는다(主人-) [격]
주인 모르는 공사 없다(主人-工事-) [격]
주인 배 아픈데 머슴이 설사한다(主人-泄瀉-) [격]
주인보다 객이 많다(主人-客-) [격]
주인 보탤 나그네 없다(主人-) [격]
주인아씨(主人-)
주인아저씨(主人-)
주인아주머니(主人-)
주인아줌마(主人-)
주인 양반(主人兩班)
주인어른(主人-)
주인 영감(主人令監)
주인옹(主人翁) 늙은 주인.
주인 의식(主人意識)
주인 잡다(主人-) [관]
주인 장 떨어지자 나그네 국 맛 없다 한다(主人醬-) [격]
주인집(主人-)
주인집 장 떨어지자 나그네 국 마단다(主人-醬-) [격]
주일날(主日-)
주일 대사(駐日大使)
주일 예배=주일예배(主日禮拜)
주일 학교=주일학교(主日學校)
주일 헌금(主日獻金)
주임 검사(主任檢査)
주임 교사(主任敎師)
주임 교수=주임교수(主任敎授)
주임 상사=주임상사(主任上士)
주임 신부=주임신부(主任神父)
주입시켜 놓다(注入-)
주입해 오다(注入-)
주자마자
주장대로(主張-)
주장 못 하다(主張-)
주장삼다(主張-)
주장삼아 오다(主張-)

주장 안 하다(主張-)
주장한 대로(主張-)
주장해 오다(主張-)
주저롭다
주저리주저리 달리다
주저 마라(躊躇-)
주저 말고(躊躇-)
주저앉다
주저앉아 버리다
주저앉히다
주저 없이(躊躇-)
주저주저 말고(躊躇躊躇-)
주저탕(-湯)
주저해 오다(躊躇-)
주전부리
주전주전하다
주접대다
주접 들다 [관]
주접떨다
주접부리다
주접스레 굴다
주젓개 죽을 쑬 때 죽을 휘젓는 나무 방망이.
주젓개질하다
주정꾼(酒酊-)
주정받이(酒酊-)
주정배기(酒酊-)
주정뱅이(酒酊-)
주정 부리다(酒酊-)
주정쟁이(酒酊-)
주정질하다(酒酊-)
주제꼴
주제넘다
주제 발표(主題發表)
주제에 수캐라고 다리 들고 오줌 눈다 [격]
주종 관계(主從關係)
주주 총회=주주총회(株主總會)
주중 행사(週中行事)
주지 마라
주지 스님(住持-)
주지육림(酒池肉林)
주지주의(主知主義)
주지하다시피(周知-)
주차 공간(駐車空間)
주차 금지(駐車禁止)
주차 단속(駐車團束)
주차 못 하다(駐車-)

주차 시설(駐車施設)
주차 요금(駐車料金)
주차 위반(駐車違反)
주차해 오다(駐車-)
주책 떨다
주책망나니
주책머리
주책바가지
주책없다
주책없이 굴다
주체 괴롭다 [관]
주체궂다
주체 못하다 [관]
주체 사상(主體思想)
주체스럽다
주체 어지럽다 [관]
주체 의식(主體意識)
주쳇덩어리
주최 측(主催側)
주최해 오다(主催-)
주춤병(-病)
주춤증(-症)
주춧돌
주칠빛(朱漆-)
주택 건설(住宅建設)
주택 공급(住宅供給)
주택 단지=주택단지(住宅團地)
주택 보급(住宅普及)
주택 분양(住宅分讓)
주택 자금=주택자금(住宅資金)
주택 청약(住宅請約)
주토 광대를 그리다(朱土-)
주톳빛(朱土-)
주판셈(籌板-)
주판알(籌板-)
주판알 굴리다(籌板-)
주판알을 튀기다(籌板-) [관]
주판질하다(籌板-)
주한 대사(駐韓大使)
주한 미군(駐韓美軍)
주행 거리=주행거리(走行距離)
주행 속도=주행속도(走行速度)
주행 시간(走行時間)
죽거나 말거나
죽건 말건
죽게 되다

죽고 나서
죽고 난 후(-後)
죽고 말다
죽고 못 살다 [관]
죽고 싶다
죽고 싶어도 못 죽다
죽공예품(竹工藝品)
죽과 병은 되어야 한다(粥-病-) [격]
죽과 장이 맞다(粥-醬-) [관]
죽 그릇(粥-)
죽기는 섧지 않으나 늙기가 섧다 [격]
죽기는 정승 하기보다 어렵다(-政丞-) [격]
죽기로 싸우다
죽기를 기 쓰다(-氣-) [관]
죽기 마련이다
죽기밖에 더 할까
죽기보다 싫다 [관]
죽기 살기는 시왕전에 매였다(-十王殿-) [격]
죽기 살기로
죽기 아니면 살기
죽 끓듯 하다(粥-)
죽 끓이다(粥-)
죽느니만 못하다
죽느니 사느니
죽는 게 낫다
죽는 년이 밑 감추랴 [격]
죽는 놈이 탈 없으랴 [격]
죽는소리
죽는 줄 알다
죽다 살다
죽다시피 하다
죽도 못 먹은 듯하다(粥-)
죽도 밥도 안 되다(粥-) [관]
죽든 살든
죽든지 살든지
죽 떠먹듯(粥-) [격]
죽 떠먹은 자리(粥-) [관]
죽떡(粥-)
죽마고우(竹馬故友)
죽머리
죽 먹고 살다(粥-)
죽물(粥-)
죽바디 소의 다리 안쪽에 붙은 고기.
죽밥(粥-)
죽밥간에(粥-間-)
죽방울

죽방울 받다 [관]
죽비 소리(竹篦-)
죽사발(粥沙鉢)
죽사발이 웃음이요 밥사발이 눈물이라(粥沙鉢-
　沙鉢-) [격]
죽살이
죽살이치다
죽상(-相)
죽상자(竹箱子)
죽상 좀 펴라(-相-)
죽상 짓다(-相-)
죽순밥(竹筍-)
죽순방석(竹筍方席)
죽순정과(竹筍正果)
죽순채(竹筍菜)
죽순탕(竹筍湯)
죽술(粥-)
죽술연명(粥-延命)
죽술이나 겨우 뜨다(粥-)
죽식간에(粥食間-)
죽 쑤어 개 바라지한다(粥-) [격]
죽 쑤어 개 좋은 일 하였다(粥-) [격]
죽 쑤어 개 준다(粥-) [격]
죽 쑤어 식힐 동안이 급하다(粥-急-) [격]
죽어 가다
죽어 나가다
죽어나다
죽어 대령이라(-待令-) [격]
죽어도 시집 울타리 밑에서 죽어라(-媤-) [격]
죽어도 시집의 귀신(-媤-鬼神) [격]
죽어도 안 가다
죽어도 안 하다
죽어 마땅하다
죽어 버리다
죽어 버린 듯하다
죽어 보아야 저승을 안다 [격]
죽어서도 넋두리를 한다 [격]
죽어서 상여 뒤에 따라와야 자식이다(-喪輿-
　子息-) [격]
죽어 석 잔 술이 살아 한 잔 술만 못하다(-盞-
　盞-) [격]
죽어 없어지다
죽어지내다
죽었나 보다
죽었다 깨어도 [관]
죽었다는 헛소문이 돈 사람은 오래 산다(-所

聞-) [격]
죽었을 거야
죽었을걸
죽었을지도 모른다
죽여 놓다
죽여 달라고 하다
죽여 달라다
죽여 버릴 테다
죽여 보다
죽여 없애다
죽여주다
죽여 줄 테다
죽으나 사나 [관]
죽으러 가는 양의 걸음(-羊-) [격]
죽으려 하다
죽으면 그만이다
죽으면 안 돼
죽은 게도 동여매고 먹으라 [격]
죽은 고기 안문하기(-按問-) [격]
죽은 고양이가 산 고양이 보고 아웅 한다 [격]
죽은 나무 밑에 살 나무 난다 [격]
죽은 나무에 꽃이 핀다 [격]
죽은 놈의 발바닥 같다 [격]
죽은 놈의 콧김만도 못하다 [격]
죽은 다음에 청심환(-淸心丸) [격]
죽은 닭에도 호세를 붙인다(-戶稅-) [격]
죽은 덤불에 산 열매 난다 [격]
죽은 뒤에 약방문(-藥方文) [격]
죽은 듯싶다
죽은 듯이
죽은 듯하다
죽은말
죽은 목숨[관]
죽은 사람 원도 푼다(-怨-) [격]
죽은 석숭보다 산 돼지가 낫다(-石崇-) [격]
죽은 시어미도 방아 찧을 때는 생각난다(-媤-)
　[격]
죽은 아이 눈매가 곱다 [격]
죽은옹이
죽은 자식 나이 세기(-子息-) [격]
죽은 자식 자지 만져 보기(-子息-) [격]
죽은 정승이 산 개만 못하다(-政丞-) [격]
죽은 죽어도 못 먹고 밥은 바빠서 못 먹고(粥-)
　[격]
죽은 줄 알다
죽은 중 매질하기 [격]

795

죽은 지 며칠 만에
죽은 지 오래되다
죽은 채
죽은 체하다
죽은 최가 하나가 산 김가 셋을 당한다(-崔哥-金哥-當-) [격]
죽은화산(-火山)
죽을 거야
죽을걸
죽을 걸세
죽을걸요
죽을 겁니다
죽을 것 같다
죽을 겨를이 없다
죽을고 막다른 고비나 골목.
죽을 고비 넘기다
죽을 고생을 하다(-苦生-) [관]
죽을까 보다
죽을 놈이 한 배에 탔다 [격]
죽을 둥 살 둥 [관]
죽을 듯하다
죽을 똥을 싸다 [관]
죽을락 말락 하다
죽을 만큼
죽을망정
죽을 바에는
죽을병(-病)
죽을병에도 살 약이 있다(-病-藥-) [격]
죽을 뻔 댁(-宅) [격]
죽을 뻔하다
죽을상(-相)
죽을상 짓다(-相-)
죽을 수가 닥치면 살 수가 생긴다 [격]
죽을 수밖에 없다
죽을 쑤다(粥-) [관]
죽을 약 곁에 살 약이 있다(-藥-藥-) [격]
죽을죄(-罪)
죽을죄 짓다(-罪-)
죽을 줄 알다
죽을 지경(-地境)
죽을지 살지 모르다
죽을 짬도 없다 [격]
죽을 테니까
죽을힘
죽을힘을 다하다
죽음에는 편작도 할 수 없다(-扁鵲-) [격]

죽음은 급살이 제일이라(-急煞-第一-) [격]
죽음터
죽이 끓는지 밥이 끓는지 모른다(粥-) [격]
죽이 되든 밥이 되든(粥-) [관]
죽이려 들다
죽이 맞다
죽이 풀려도 솥 안에 있다(粥-) [격]
죽일 거야
죽일걸
죽일 걸세
죽일걸요
죽일 겁니다
죽일게
죽일게요
죽일 녀석
죽일 년
죽일 놈
죽일 놈도 먹이고 죽인다 [격]
죽일 만큼
죽일지 살릴지
죽자마자
죽자 사자 하다 [관]
죽재도 죽을 겨를이 없다 [격]
죽절비녀(竹節-)
죽젓개(粥-)
죽젓광이(粥-)
죽지도 살지도 못한다 [관]
죽지 떼다 [관]
죽지 못해 살다 [관]
죽지뼈
죽지 않을 만큼
죽치다
죽침질(竹針-)
죽탕(粥-)
죽피방석(竹皮方席)
죽 한 그릇 못 먹다(粥-)
죽합찌개(竹蛤-)
준강간죄(準强姦罪)
준 거야
준 것만큼
준공 검사=준공검사(竣工檢査)
준다손 치더라도
준다 해도
준 대로 받다
준돈 돈치기할 때 맞히라고 지정한 돈.
준 듯싶다

796

준 듯하다
준 만큼 받다
준말
준법 의식(遵法意識)
준법정신(遵法精神)
준보다(準-) =교정보다.
준비 기간(準備期間)
준비되는 대로(準備-)
준비 부족(準備不足)
준비시켜 놓다(準備-)
준비 안 되다(準備-)
준비 완료(準備完了)
준비 운동＝준비운동(準備運動)
준비 작업(準備作業)
준비 태세(準備態勢)
준비한 만큼(準備-)
준비해 가다(準備-)
준비해 놓다(準備-)
준비해 두다(準備-)
준비해 주다(準備-)
준수 사항(遵守事項)
준수해 오다(遵守-)
준 적 있다
준 지 오래되다
준치저냐
준치젓
준치찜
준치회(-膾)
준칫국
줄가리를 치다 [관]
줄갈이
줄감개
줄 거야
줄 거야 안 줄 거야
줄 건가 보다
줄 건 주고
줄 건지 안 줄 건지
줄 걷다 [관]
줄걸
줄 걸세
줄걸요
줄걸음
줄 것 같지 않다
줄 게 없다
줄게요
줄고누

줄곧 기다리다
줄광대
줄 긋다
줄기둥
줄기잎
줄기줄기
줄기지다
줄기직
줄기차다
줄기채소(-菜蔬)
줄까 말까 하다
줄까 보다
줄꾼
줄나다
줄나무 줄지어 선 나무.
줄낚시
줄남생이
줄남생이 따르듯 [관]
줄넘기
줄넘기하다
줄누비
줄눈흙손
줄느림
줄다리 =출렁다리.
줄다리기
줄다리기하다
줄달다
줄달아 가다
줄달음
줄달음질
줄달음질 치다
줄달음질하다
줄달음치다
줄달음하다
줄달이등(-燈)
줄담배
줄 대다
줄도망(-逃亡)
줄도망질(-逃亡-)
줄뒤짐
줄드리다
줄 듯 말 듯 하다
줄 듯싶다
줄 듯 줄 듯 하면서 안 준다 [격]
줄 듯하다
줄등(-燈)

797

줄따귀
줄 따르는 거미 [격]
줄띄우다
줄로 그은 듯하다 [관]
줄 만도 하다
줄 만큼 주다
줄 만하다
줄 맞추다
줄맞히다
줄모
줄무늬
줄무더기
줄무더기형제(-兄弟) =이복형제.
줄밑
줄밑걷다
줄바둑
줄반장(-班長)
줄밤　연이은 밤.
줄밤 새워 가며
줄밥
줄밥에 매로구나 [격]
줄방귀
줄방석(-方席)
줄방울
줄방죽
줄버들
줄번개
줄봉사
줄부채
줄불
줄뿌림
줄뿐더러
줄 뿐만 아니라
줄사다리
줄사닥다리
줄사설(-辭說)
줄 서다
줄섬　=열도(列島).
줄 성싶지 않다
줄 세우다
줄수록 양양 [격]
줄 수밖에 없다
줄심기
줄쌈지
줄씨　줄뿌림한 씨.
줄씹

줄어 가다
줄어들다
줄어 버리다
줄어 오다
줄어져 가다
줄어지다
줄 없는 거문고 [격]
줄었나 보다
줄었을 거야
줄여 가다
줄여 나가다
줄여 놓다
줄여 버리다
줄여 보다
줄여 오다
줄여 주다
줄엮음
줄을 놀리다 [관]
줄을 놓다 [관]
줄을 대다 [관]
줄을 타다 [관]
줄이 풀리다 [관]
줄 잇다
줄자
줄잡다
줄잡이
줄잡이꾼
줄주리
줄줄 새다
줄지도 모른다
줄지 안 줄지
줄지어 가다
줄지어 서다
줄질하다
줄짓다
줄 쳐 두다
줄초상(-初喪)
줄초풍(-風)
줄 치다
줄 친 듯하다 [관]
줄칼
줄타기
줄타기하다
줄 타다
줄 텐데
줄통뽑다

798

줄파

줄팔매

줄팔매질

줄팽이

줄팽팽이

줄폭탄(-爆彈)

줄풀부채

줄행랑 놓다 [관]

줄행랑치다

줌벌다 한 줌으로 쥐기에 지나치다.

줌앞 활을 쏠 때에 줌통을 쥔 주먹의 안쪽.

줌앞가다

줌앞줌뒤

줌을 쥐다

줌통 내밀듯

줏대잡이(主-)

중가마(中-)

중간 결산(中間決算)

중간고사(中間考査)

중간낭설(中間浪說)

중간노선(中間路線)

중간따기(中間-)

중간막이(中間-)

중간발표(中間發表)

중간보고(中間報告)

중간 상인=중간상인(中間商人)

중간 선거=중간선거(中間選擧)

중간 수준(中間水準)

중간 순위(中間順位)

중간시옷(中間-) =사이시옷.

중간시험(中間試驗)

중간 역(中間驛)

중간이득(中間利得)

중간 정산(中間精算)

중간 중간(中間中間)

중간 지점(中間地點)

중간치(中間-)

중간큰키나무(中間-)

중간 평가(中間評價)

중간 형태(中間形態)

중갈이(中-)

중갈이김치(中-)

중갈이 채소(中-菜蔬)

중강아지(中-)

중개업자(仲介業者)

중개 역할(仲介役割)

중거루(中-) 크기가 비교적 큰 거룻배.

중거름(中-)

중견 간부(中堅幹部)

중견 기업(中堅企業)

중견 작가=중견작가(中堅作家)

중계방송(中繼放送)

중계해 오다(中繼-)

중계해 주다(中繼-)

중고모(仲姑母)

중고생(中高生)

중고참(中古參)

중과부적(衆寡不敵)

중구난방(衆口難防)

중국 교포(中國僑胞)

중국 동포(中國同胞)

중국 땅(中國-)

중국 문화(中國文化)

중국 사람(中國-)

중국술(中國-)

중국옷(中國-)

중국 요리(中國料理)

중국 음식(中國飮食)

중국 제품(中國製品)

중국집(中國-)

중굿날(重九-)

중규모(中規模)

중그루(中-)

중급 정도(中級程度)

중년 남자(中年男子)

중년 부부(中年夫婦)

중년 부인(中年婦人)

중년 상처는 대들보가 휜다(中年喪妻-大-) [격]

중년 여성(中年女性)

중년 이후(中年以後)

중노동(重勞動)

중노릇

중노미 음식점, 여관 따위에서 허드렛일을 하
는 남자.

중노인(中老人) =중늙은이.

중놈

중놈 돝 고기 값 치른다 [격]

중놈 장에 가서 성내기(-場-) [격]

중누비(中-)

중늙은이(中-)

중다버지 길게 자라서 더펄더펄한 아이의 머
리. 또는 그 아이.

중다버지는 댕기치레나 하지 [격]

중단되다시피 되어 버리다(中斷-)

중단 상태(中斷狀態)

중단 없이 이어지다(中斷-)

중단하자마자(中斷-)

중단해 버리다(中斷-)

중닭(中-)

중대가리

중대 결심(重大決心)

중대님(中-)

중대 발표(重大發表)

중대 본부(中隊本部)

중대 사태(重大事態)

중대 위기(重大危機)

중도 개도 아니다 [격]

중 도망은 절에 가 찾지(-逃亡-) [격]

중도 속환이도 아니다(-俗還-) [격]

중도 좌파=중도좌파(中道左派)

중도 탈락(中途脫落)

중도 포기(中途抛棄)

중도 하차(中途下車)

중도 해지(中途解止)

중동끈(中-)

중동무이(中-)

중동바지(中-)

중동 분쟁(中東紛爭)

중동 지역(中東地域)

중동치레(中-)

중동풀다(中-)

중동풀이(中-)

중돔(中-)

중돼지(中-)

중두리(中-)

중둥꺾기

중둥밥(重-)

중등 교사(中等敎師)

중등 교육=중등교육(中等敎育)

중등학교(中等學校)

중류 가정(中流家庭)

중류 사회=중류사회(中流社會)

중립 국가(中立國家)

중립 내각=중립내각(中立內閣)

중마름(中-)

중매결혼(仲媒結婚)

중매 들다(仲媒-) [관]

중매 반 연애 반(仲媒半戀愛半)

중매 보고 기저귀 장만한다(仲媒-) [격]

중매 서다(仲媒-) [관]

중매업자(仲買業者)

중매쟁이(仲媒-)

중머리

중머슴(中-)

중 먹을 국수는 고기를 속에 넣고 담는다 [격]

중무장(重武裝)

중바늘(中-)

중반 무렵(中盤-)

중방 밑 귀뚜라미(中枋-) [격]

중병 걸리다(重病-)

중병 들다(重病-)

중병아리(中-)

중병 앓다(重病-)

중복 가입(重複加入)

중복 무렵(中伏-)

중복허리(中伏-) 중복 무렵의 가장 더운 때.

중부 전선(中部前線)

중부 지방=중부지방(中部地方)

중부 지역(中部地域)

중뿔나다(中-)

중산모자(中山帽子)

중살이

중상모략(中傷謀略)

중상 아래 반드시 날랜 사람 있다(重賞-) [격]

중새끼(中-) 거의 어미만큼 자란 새끼.

중세 도시=중세도시(中世都市)

중세 시대(中世時代)

중소기업(中小企業)

중소 도시(中小都市)

중속환이(-俗還-)

중송아지(中-)

중솥(中-)

중쇠(中-) =맷돌중쇠.

중쇠받이(中-)

중순경(中旬頃)

중숭어

중숲(中-)

중시해 오다(重視-)

중신 서다(中-) [관]

중신아비(中-)

중신어미(中-)

중신할미(中-)

중신해 주다(中-)

중심 내용(中心內容)

800

중심 도시(中心都市)
중심 세력(中心勢力)
중심송곳(中心-)
중심인물(中心人物)
중심 잡다(中心-)
중심 지역(中心地域)
중쑬쑬하다(中-)
중씨름(中-)
중씨름꾼(中-)
중씰해 보이다
중앙난방(中央煖房)
중앙 무대(中央舞臺)
중앙 부처(中央部處)
중앙아시아(中央Asia)
중앙 위원=중앙위원(中央委員)
중앙은행(中央銀行)
중앙 정부=중앙정부(中央政府)
중앙 집중(中央集中)
중 양식이 절 양식(-糧食-糧食) [격]
중언부언(重言復言)
중역 회의(重役會議)
중요 사항(重要事項)
중요시해 오다(重要視-)
중요 안건(重要案件)
중요 자료(重要資料)
중요해 보이다(重要-)
중요해져 가다(重要-)
중요 현안(重要懸案)
중요 회의(重要會議)
중용해 오다(重用-)
중은 절로 가면 설치한다(-雪恥-) [격]
중은 중이라도 절 모르는 중이라 [격]
중을 보고 칼을 뽑는다 [격]
중을 잡아먹었나 [격]
중의 공사가 삼 일(-公事-三日) [격]
중의 관자 구멍이다(-貫子-) [격]
중의 망건 값 안 모인다(-網巾-) [격]
중의 법고 치듯(-法鼓-) [격]
중의 벗고 환도 차는 격(中衣-環刀-格) [격]
중의 벗은 아이 마구 풀 끌어 넣듯(中衣-) [격]
중의 빗 [격]
중의 상투 [격]
중의 이마 씻은 물 [격]
중이 개고기 사 먹듯 [격]
중이 고기 맛을 알면 절에 빈대가 안 남는다 [격]
중이 미우면 가사도 밉다(-袈裟-) [격]

중이 절 보기 싫으면 떠나야지 [격]
중이 제 머리를 못 깎는다 [격]
중이 팔양경 읽듯(-八陽經-) [격]
중이 회 값 문다(-膾-) [격]
중인환시(衆人環視)
중일 관계(中日關係)
중전 마마(中殿-)
중절모자(中折帽子)
중점 관리(重點管理)
중점 사업(重點事業)
중정을 떠보다(中情-) [관]
중정이 허하다(中情-虛-) [관]
중죄 저지르다(重罪-)
중증 환자(重症患者)
중지해 오다(中止-)
중진 의원(重鎭議員)
중진 작가(重鎭作家)
중참(中-) =새참.
중 쳐 죽이고 살인한다(-殺人-) [격]
중추가절(仲秋佳節)
중추 기관(中樞機關)
중추명월(仲秋明月)
중추 신경=중추신경(中樞神經)
중추 역할(中樞役割)
중추인물(中樞人物)
중치막
중치막짜리
중키(中-)
중키나무(中-)
중탕냄비(重湯-)
중턱(中-)
중톱(中-)
중판매다(中-) 하던 일을 도중에 그만두다.
중풍 걸리다(中風-)
중풍 들다(中風-)
중풍 맞다(中風-)
중풍 환자(中風患者)
중하무침(中蝦-)
중하젓(中蝦-)
중학교 때(中學校-)
중학 시절(中學時節)
중한사전(中韓辭典)
중 행세 하다(-行世-)
중허리(中-) =중턱.
중화사상(中華思想)
중화요리(中華料理)

중화참(中火-) 길을 가다가 점심을 먹거나 쉼.
　　또는 그런 곳.
줘 가며
줘 버릇하다
줘 버리다
줘 보내다
줘 보다
줘 오다
줬나 보다
줬다 뺏었다 하다
줬다손 치더라도
줴뜯기다
줴뜯다
줴바르다
줴박다
줴살다
줴지내다
줴지르다
줴질리다
줴흔들다
쥐가 고양이를 만난 격(-格) [격]
쥐가 쥐 꼬리를 물고 [격]
쥐걸음
쥐걸음 치다
쥐고 펼 줄을 모른다 [격]
쥐고 흔들다 [관]
쥐구멍
쥐구멍에도 눈이 든다
쥐구멍에도 볕 들 날 있다
쥐구멍에 홍살문 세우겠다(-紅-門-)
쥐구멍으로 소 몰려 한다
쥐구멍이 소구멍 된다
쥐꼬리
쥐 꼬리는 송곳집으로나 쓰지 [격]
쥐꼬리만도 못하다
쥐꼬리만큼
쥐꼬리만 하다
쥐꼬리톱
쥐나 개나 [격]
쥐 나다
쥐눈이콩 ＝여우콩.
쥐덫
쥐도 들구멍 날구멍이 있다 [격]
쥐도 새도 모르게 [관]
쥐 드나들듯 하다
쥐 뜯어먹은 것 같다 [격]

쥐띠
쥐띠 해
쥐락펴락하다
쥐를 때리려 해도 접시가 아깝다 [격]
쥐마당
쥐머리
쥐면 꺼질까 불면 날까 [격]
쥐 밑도 모르고 은서피 값을 친다(-銀鼠皮-)
　　[격]
쥐 밑살 같다 [격]
쥐방울만하다
쥐벼룩
쥐 본 고양이 [격]
쥐불놀이
쥐불놓이
쥐뼘
쥐뿔
쥐뿔같다
쥐뿔 나다 [관]
쥐뿔도 모르다 [관]
쥐뿔도 없다 [관]
쥐뿔만도 못하다 [관]
쥐뿔이나 있어야지 [관]
쥐살 소의 앞다리에 붙은 고기.
쥐새끼
쥐 새끼가 쇠 새끼 보고 작다 한다 [격]
쥐 새끼 한 마리 얼씬 하지 않는다 [격]
쥐색(-色)
쥐 소금 나르듯 [격]
쥐 소금 먹듯 [격]
쥐 숨듯 [관]
쥐악상추 잎이 덜 자란 상추.
쥐 안 잡는 고양이라 [격]
쥐 알 볶아 먹게 생겼다 [격]
쥐알봉수
쥐어뜯기다
쥐어뜯다
쥐어바르다
쥐어박다
쥐어 보다
쥐어뿌리다
쥐어 주다
쥐어지르다
쥐어질리다
쥐어 짜내다
쥐어짜다

쥐어치다
쥐어틀다
쥐어흔들다
쥐엄떡
쥐엄발이
쥐엄질하다
쥐었다 놓은 개떡 같다 [격]
쥐었다 폈다 하다 [관]
쥐여살다
쥐여지내다
쥐 오르다
쥐 잡듯이 [관]
쥐 잡으려다가 쌀독 깬다 [격]
쥐장난
쥐정신(-精神)
쥐젖
쥐좆같다
쥐 죽은 날 고양이 눈물 [격]
쥐 죽은 듯이 [관]
쥐 초 먹은 것 같다(-醋-) [격]
쥐코맞상(-床)
쥐코밥상(-床) 밥 한 그릇과 반찬 한두 가지만으
　　　로 아주 간단히 차린 밥상.
쥐코조리
쥐 코 조림 같다 [격]
쥐틀
쥐포(-脯)
쥐 포수(-捕手) [격]
쥐포육장수(-脯肉-)
쥐 한 마리 얼씬 않는다 [격]
쥔해
쥔님
쥔댁(-宅)
쥔마누라
쥔마님
쥔아씨
쥔아저씨
쥔아주머니
쥔아줌마
쥔어른
쥔장
쥔집
쥘대
쥘부채
쥘손
쥘쌈지

쥘힘　=악력(握力).
쥣빛
즉결 심판=즉결심판(卽決審判)
즉결 처분(卽決處分)
즉석식품(卽席食品)
즉석연설(卽席演說)
즉석요리(卽席料理)
즉석조리(卽席調理)
즉시즉시(卽時卽時)
즉석카메라(卽席camera)
즉시통화(卽時通話)
즉효 보다(卽效-)
즉흥시인(卽興詩人)
즉흥 연설(卽興演說)
즐거운 듯이
즐거운 듯하다
즐거울 거야
즐거울걸
즐거울 걸세
즐거울걸요
즐거워 보이다
즐거워져 가다
즐겁고말고
즐겁긴 해도
즐겨 놀다
즐겨 듣다
즐겨 마시다
즐겨 먹다
즐겨 보다
즐겨 부르다
즐겨 쓰다
즐겨 읽다
즐겨 찾다
즐겨 하다
즐기는 듯하다
즐기듯이 하다
즐길 줄 모르다
즐길 줄 알다
즙 내다(汁-)
증가 추세(增加趨勢)
증가해 오다(增加-)
증거 능력=증거능력(證據能力)
증거 수집(證據收集)
증거 인멸=증거인멸(證據湮滅)
증거 자료=증거자료(證據資料)
증거 제시(證據提示)

ㅈ

증거 조작(證據造作)
증것거리(證據-)
증권 거래(證券去來)
증권 시세(證券時勢)
증권 시장=증권시장(證券市場)
증권업자(證券業者)
증권 투자=증권투자(證券投資)
증권 회사=증권회사(證券會社)
증기난로(蒸氣煖爐)
증기난방(蒸氣煖房)
증기다리미(蒸氣-)
증기빵(蒸氣-) =찐빵.
증깃밥(蒸氣-)
증명사진(證明寫眞)
증명해 보이다(證明-)
증명해 주다(證明-)
증발해 버리다(蒸發-)
증빙 서류=증빙서류(證憑書類)
증빙 자료(證憑資料)
증상맞다(憎狀-)
증설 공사(增設工事)
증손자뻘 되다(曾孫子-)
증시 동향(證市動向)
증시 침체(證市沈滯)
증언해 주다(證言-)
증오해 오다(憎惡-)
증원해 주다(增員-)
증인 서다(證人-)
증인 선서(證人宣誓)
증인 세우다(證人-)
증인 신문=증인신문(證人訊問)
증인 채택(證人採擇)
증정해 주다(贈呈-)
증조할머니(曾祖-)
증조할머님(曾祖-)
증조할아버님(曾祖-)
증조할아버지(曾祖-)
증축 공사(增築工事)
증축 허가(增築許可)
증편틀(蒸-)
-지 (어미) 큰지 작은지 모르겠다.
-지 (의존 명사) 만난 지 오래되다, 집 나간 지
　　사흘 만에.
지가 상승(地價上昇)
지각 나다(知覺-)
지각 대장(遲刻大將)

지각 들다(知覺-)
지각망나니(知覺-)
지각머리(知覺-)
지각 변동=지각변동(地殼變動)
지각없다(知覺-)
지각이 나자 망령(知覺-妄靈) [격]
지각하고는 담쌓았다(知覺-) [격]
지거나 말거나
지거나 이기거나
지건 이기건
지게걸음
지게꼬리
지게꾼
지게등받이
지게를 지고 제사를 지내도 제멋이다(-祭祀-)
　　[격]
지게막대
지게막대기
지게문(-門)
지게미
지게벌이
지게뿔
지게송장　지게로 져다가 장사 지내는 송장.
지게 지다
지게질하다
지게차(-車)
지게코
지게판(-板)
지겟가지
지겟다리
지겟등태
지겟작대기
지겨운 듯하다
지겨워 보이다
지겨워하다
지겨워해 오다
지경 넘기다(地境-) [관]
지고 가다
지고 다니다
지고 말다
지고 오다
지고지순(至高至純)
지구 궤도=지구궤도(地球軌道)
지구 환경=지구환경(地球環境)
지궐련갑(紙卷煙匣)
지궐련 마는 당지로 인경을 싸려 한다(紙卷煙-

唐紙-) [격]
지극 정성(至極精誠)
지근거리(至近距離)
지금 같아서는(只今-)
지금 당장(只今當場)
지금만 한 때도 없다(只今-)
지금으로부터(只今-)
지금이야말로(只今-)
지금지금하다
지금쯤(只今-)
지급 대상(支給對象)
지급 보증=지급보증(支給保證)
지급 정지=지급정지(支給停止)
지급해 주다(支給-)
지긋해 보이다
-지기 (접사) 문지기, 청지기.
지기 못 펴다
지기 펴다 [관]
지껄떠벌리다
지나가는 달팽이도 밟으면 꿈틀한다 [격]
지나가는 말로 [관]
지나가는 불에 밥 익히기 [격]
지나가 버리다
지나고 나니
지나고 보면
지나는 말로 [관]
지나는 불에 밥 익히기 [격]
지나다니다
지나다 보면
지나 버리다
지나새나
지나 업으나 [관]
지나오다
지나지 아니하다 [관]
지나쳐 가다
지나쳐 버리다
지나쳐 오다
지나치리만큼
지나친 듯하다
지나칠 만큼
지나칠 뻔하다
지난가을
지난겨울
지난날
지난달
지난달 치

지난밤
지난번(-番)
지난봄
지난 시절(-時節)
지난 그 어느 해보다
지난여름
지난 연말(-年末)
지난주(-週)
지난 지 오래되다
지난 한 해 동안
지난해
지난해 말(-末)
지난 호(-號)
지날결 지나가는 길.
지날말 별다른 의미 없이 하는 말.
지남석에 날바늘(指南石-)
지났나 봐
지났는데도
지내기 편하다(-便-)
지내 놓고 보면
지내다 보니
지내듣다
지내보다
지내 오다
지낼 듯하다
지낼 만하다
지네그물
지네닭
지네발
지네 발에 신 신긴다 [격]
지네발연(-鳶)
지녀 오다
지느러미뼈
지는 게 이기는 것이다 [격]
지는 쪽
지능 개발(知能開發)
지능 검사=지능검사(知能檢査)
지능화하다(知能化-)
지니고 가다
지니고 다니다
지닐재주(-才-)
지닐총(-聰)
지다위
지다위질
지당한 듯하다(至當-)
지당해 보이다(至當-)

지댓돌(址臺-)
지더리다
지덕이 사납다(地德-) [관]
지도 교사=지도교사(指導敎師)
지도 교수(指導敎授)
지도 체제(指導體制)
지도 편달(指導鞭撻)
지도해 나가다(指導-)
지독방망이(至毒-)
지독해 보이다(至毒-)
지돌이
지돌잇길
지랄 같은 세상(-世上)
지랄같이
지랄 떨다
지랄 발광 네굽질(-發狂-) [격]
지랄버릇
지랄병(-病)
지랄 부리다
지랄용천
지랄쟁이
지랄증(-症)
지랄 치다
지랑물
지러지다
지런지런하다
지렁이 갈비다 [격]
지렁이 갈빗대 [격]
지렁이고무
지렁이도 밟으면 꿈틀한다 [격]
지레 겁 먹다(-怯-)
지레결혼(-結婚)
지레김치 김장 전에 조금 담그는 김치.
지레 꿰지다 [관]
지레뜸 뜸이 들기 전에 밥을 푸는 일. 또는 그
      밥.
지레저울
지레질하다
지레짐작(-斟酌)
지레짐작 매꾸러기(-斟酌-)
지레 채다 [관]
지레 터진 개살구 [격]
지렛대 삼다
지로꾼(指路-)
지뢰밭(地雷-)
지뢰 지대=지뢰지대(地雷地帶)

지뢰 폭발(地雷爆發)
지루하기만 하다
지루하긴 하지만
지루할 테데
지루해 보이다
지루해져 가다
지르감다
지르끼다
지르누르다
지르되다
지르물다
지르밟다
지르보다
지르신다
지르잡다
지름길
지름나무
지릅고개
지릅뜨기
지릅뜨다
지리멸렬(支離滅裂)
지리부도(地理附圖)
지리산 포수(智異山砲手) [격]
지리 책(地理冊)
지린 것은 똥 아닌가 [격]
지린내 나다
지망없다(志望-)
지멸있다
지명 수배=지명수배(指名手配)
지명인사(知名人士)
지명해 주다(指名-)
지모끼
지목돼 오다(指目-)
지목해 오다(指目-)
지문 감식(指紋鑑識)
지문 대조(指紋對照)
지문 인식(指紋認識)
지문 조회(指紋照會)
지문 채취(指紋採取)
지방 공연(地方公演)
지방 대학=지방대학(地方大學)
지방 도시(地方都市)
지방 분권=지방분권(地方分權)
지방 선거=지방선거(地方選擧)
지방 의회=지방의회(地方議會)
지방 이전(地方移轉)

지방 정부=지방정부(地方政府)
지방 출장(地方出張)
지방 학생(地方學生)
지배 계급=지배계급(支配階級)
지배 구조(支配構造)
지배 세력(支配勢力)
지배해 오다(支配-)
지분을 다스리다(脂粉-) [관]
지불 각서(支拂覺書)
지불 능력(支拂能力)
지불 보증=지불보증(支拂保證)
지불 안 하다(支拂-)
지불해 주다(支拂-)
지붕갓
지붕골
지붕돌
지붕돌받침
지붕마루
지붕 삼다
지붕 없는 집
지붕의 호박도 못 따면서 하늘의 천도 따겠단
　　다(-天桃-) [격]
지붕이기
지붕짐차(-車)
지붕차(-車)
지붕틀
지뼘　엄지손가락과 집게손가락을 한껏 벌린
　　거리.
지상 과제(至上課題)
지상 낙원=지상낙원(地上樂園)
지상 명령=지상명령(至上命令)
지상 목표(至上目標)
지상 천국=지상천국(地上天國)
지새고 나니
지새는달　먼동이 튼 뒤에 서쪽 하늘에 보이는
　　달.
지새우다
지성미 넘치다(知性美-)
지성이면 감천(至誠-感天) [격]
지속돼 오다(持續-)
지속해 오다(持續-)
지시대로(指示-)
지시 못 받다(指示-)
지시 사항(指示事項)
지시해 오다(指示-)
지식 경영(知識經營)

지식 산업=지식산업(知識産業)
지식수준(知識水準)
지신굿(地神-)
지신밟기(地神-)
지신에 붙이고 성주에 붙인다(地神-) [격]
지신풀이(地神-)
지양해 나가다(止揚-)
지어 가다
지어 나가다
지어 나르다
지어내다
지어낸 이야기
지어 놓다
지어 드리다
지어먹다　지어먹은 마음.
지어 먹다　밥을 지어 먹다.
지어먹은 마음이 사흘을 못 간다 [격]
지어미 손 큰 것 [격]
지어 보다
지어 보이다
지어붓다
지어 오다
지어 올리다
지어 주다
지어총(-銃)
지었나 보다
지었을 거야
지었을걸
지었을 걸세
지었을걸요
지에밥
지역 갈등(地域葛藤)
지역감정(地域感情)
지역 개발=지역개발(地域開發)
지역 경제(地域經濟)
지역 구도(地域構圖)
지역난방(地域暖房)
지역 대표=지역대표(地域代表)
지역 문화(地域文化)
지역 발전(地域發展)
지역 사회=지역사회(地域社會)
지역 신문=지역신문(地域新聞)
지역 안배(地域按配)
지역 인사(地域人士)
지역 주민(地域住民)
지연될 듯하다(遲延-)

ㅈ

807

지연시켜 오다(遲延-)
지연작전(遲延作戰)
지옥 같은(地獄-)
지옥같이(地獄-)
지옥사자(地獄使者)
지옥살이(地獄-)
지옥세계(地獄世界)
지옥장부(地獄-)
지옥 훈련(地獄訓練)
지워 가다
지워 나가다
지워 놓다
지워 버리다
지워 없애다
지워 주다
지워지다
지워질 거야
지워질걸
지워질 걸세
지워질걸요
지원 나가다(支援-)
지원 대상(支援對象)
지원 못 하다(支援-)
지원 방법(支援方法)
지원 부대=지원부대(支援部隊)
지원 사업(支援事業)
지원 요청(支援要請)
지원 유세(支援遊說)
지원 자격(志願資格)
지원해 오다(支援-)
지원해 주다(支援-)
지원 활동(支援活動)
지위가 지다
지위 향상(地位向上)
지은 듯하다
지은 지 오래되다
지을 거야
지을걸
지을 걸세
지을걸요
지을게
지을게요
지을 만하다
지음치다
지장 받다(支障-)
지장 안 받다(支障-)

지장 없다(支障-)
지장 주다(支障-)
지장 찍다(指章-)
지저깨비
지저분하기는 오간수 다리 밑이다(-五澗水-)
　　[격]
지저분해 보이다
지저지저하다
지적 능력(知的能力)
지적돼 오다(指摘-)
지적 사항(指摘事項)
지적 산물(知的産物)
지적 수준(知的水準)
지적해 주다(指摘-)
지전 시정에 나비 쫓아가듯 한다(紙廛市井-)
　　[격]
지절거리기는 똥 본 오리라 [격]
지절이 나다(枝節-) [관]
지정될 듯하다(指定-)
지정머리 좋지 못한 짓거리.
지정 못 받다(指定-)
지정 좌석(指定座席)
지정해 주다(指定-)
지조 굳은 사람(志操-)
지조 안 지키다(志操-)
지조 없이(志操-)
지조 지키다(志操-)
지주 계급=지주계급(地主階級)
지지고 볶다
지지 기반(支持基盤)
지지난
지지난달
지지난밤
지지난번(-番)
지지난해
지지누르다
지지눌리다
지지러지다
지지러트리다
지지르다
지지름돌
지지리 가난한
지지리 못난
지지리 못생긴
지지 마라
지지배배

지지벌개다
지지벌겋다
지지부진(遲遲不進)
지지 선언(支持宣言)
지지 세력(支持勢力)
지지 안 하다(支持-)
지지 연설(支持演說)
지지 운동(支持運動)
지지재재하다
지지해 주다(支持-)
지지 후보(支持候補)
지진 나다(地震-)
지진 참사(地震慘死)
지진 피해(地震被害)
지질맞다
지질 조사＝지질조사(地質調査)
지질지질 처져 내리다
지질컹이
지질펀펀하다
지짐지짐하다
지짐질
지척의 원수가 천 리의 벗보다 낫다(咫尺-怨
　　讐-千里-) [격]
지척이 천 리라(咫尺-千里-) [격]
지청구꾸러기
지청구 듣다
지청구 받아 삭이다
지청구하다
지체 낮은
지체 높은
지체부자유아(肢體不自由兒)
지체 없이(遲滯-)
지체해 오다(遲滯-)
지쳐 떨어지다
지쳐 버리다
지쳐 보이다
지쳐 쓰러지다
지쳤나 보다
지쳤을 거야
지쳤을걸
지쳤을 걸세
지쳤을걸요
지초롱(紙-)
지출 내역(支出內譯)
지출 명세(支出明細)
지출해 주다(支出-)

지치고 지치다
지치긴 하지만
지치보라　도라지 꽃의 빛깔과 같은 보라.
지친것　어떤 일에 오래 종사하다가 물러난 사
　　람.
지친 듯하다
지칠 대로 지치다
지칠 만큼
지칠 줄 모르다
지켜 가다
지켜 나가다
지켜 내다
지켜 내려오다
지켜 낼 줄 알고
지켜 드리다
지켜보다
지켜봐 오다
지켜 오다
지켜져 오다
지켜 주다
지키는 냄비가 더디 끓는다 [격]
지키는 사람 열이 도둑 하나를 못 당한다(-當-)
　　[격]
지킬 줄 알고
지탱해 나가다(支撐-)
지탱해 주다(支撐-)
지팡막대
지팡이를 짚었지 [격]
지표 조사(地表調査)
지하 경제＝지하경제(地下經濟)
지하 공간(地下空間)
지하공작(地下工作)
지하당원(地下黨員)
지하 동굴(地下洞窟)
지하보도(地下步道)
지하상가(地下商街)
지하신문(地下新聞)
지하원혼(地下冤魂)
지하자원(地下資源)
지하 차도(地下車道)
지하 창고(地下倉庫)
지하철역(地下鐵驛)
지하 통로(地下通路)
지하투쟁(地下鬪爭)
지향해 오다(指向-)
지형지물(地形地物)

ㅈ

지혜로워 보이다(智慧-)
지휘 계통(指揮系統)
지휘 본부(指揮本部)
지휘봉을 잡다(指揮棒-) [관]
지휘 체계(指揮體系)
지휘해 오다(指揮-)
직거래해 오다(直去來-)
직계 가족＝직계가족(直系家族)
직계 자손(直系子孫)
직계 혈족＝직계혈족(直系血族)
직계 후손(直系後孫)
직권 남용＝직권남용(職權濫用)
직급 체계(職級體系)
직능 대표＝직능대표(職能代表)
직렬연결(直列連結)
직렬접속(直列接續)
직무 대행(職務代行)
직무 유기(職務遺棄)
직무 태만(職務怠慢)
직뿔체(直-體)
직사광선(直射光線)
직사포탄(直射砲彈)
직선거리(直線距離)
직선 도로(直線道路)
직성이 풀리다(直星-) [관]
직속 기관(直屬機關)
직속상관(直屬上官)
직시해 오다(直視-)
직언해 오다(直言-)
직업 군인＝직업군인(職業軍人)
직업소개소(職業紹介所)
직업여성(職業女性)
직업윤리(職業倫理)
직업의식(職業意識)
직업 전선＝직업전선(職業戰線)
직업 훈련＝직업훈련(職業訓鍊)
직역하다 보니(直譯-)
직역해 놓다(直譯-)
직원 명단(職員名單)
직원 모집(職員募集)
직원 식당(職員食堂)
직원 채용(職員採用)
직원회의(職員會議)
직위 해제(職位解除)
직장결혼(職場結婚)
직장 구하다(職場求-)

직장 나가다(職場-)
직장 다니다(職場-)
직장 동료(職場同僚)
직장 상사(職場上司)
직장 생활(職場生活)
직장 얻다(職場-)
직장 여성(職場女性)
직장 폐쇄(職場閉鎖)
직전 단계(直前段階)
직접 선거＝직접선거(直接選擧)
직접 화법＝직접화법(直接話法)
직진 신호(直進信號)
직통 전화＝직통전화(直通電話)
-직하다 (보조형용사) 먹었음 직한데. 믿음 직
　　한데. 사실임 직하다.
직행갈이(直行-)
직행 버스＝직행버스(直行bus)
진간장(-醬)
진갈이
진격해 오다(進擊-)
진경산수(眞景山水)
진공 상태＝진공상태(眞空狀態)
진공소제기(眞空掃除機)
진공청소기(眞空淸掃機)
진공 포장＝진공포장(眞空包裝)
진구덥 자질구레하고 지저분한 뒤치다꺼리하
　　는 일.
진국은 나 먹고 훗국은 너 먹어라(津-後-) [격]
진국술(眞-)
진군나팔(進軍喇叭)
진군죽(眞君粥) 쌀에다 씨를 뺀 살구를 넣고
　　쑨 흰죽.
진급 못 하다(進級-)
진급 시험＝진급시험(進級試驗)
진기 빠지다(津氣-) [관]
진기 쓰다(津氣-) [관]
진 꽃은 또 피지만 꺾인 꽃은 다시 피지 않는다
　　[격]
진날
진날 개 사귄 이 같다 [격]
진날 개 싸대듯 [격]
진날 나막신 [격]
진날 나막신 찾듯 [격]
진논
진눈
진눈 가지면 파리 못 사귈까 [격]

진눈깨비
진다 해도
진단 내리다(診斷-)
진단 못 받다(診斷-)
진단장(-丹裝)
진단해 보다(診斷-)
진달래꽃
진달래술
진담 반 농담 반(眞談半弄談半)
진대 붙다
진대 붙이다
진도 맞추다(進度-)
진도 맞춰 가다(進度-)
진도 안 나가다(進度-)
진두지휘(陣頭指揮)
진둥걸음
진득찰도깨비
진땀 나다
진땀 빼다 [관]
진땀 흘리다 [관]
진 땅
진때
진력나다(盡力-)
진력내다(盡力-)
진력을 빼다(盡力-) [관]
진로 문제(進路問題)
진로 상담(進路相談)
진로 수정(進路修正)
진료 기록(診療記錄)
진료 장비(診療裝備)
진료 활동(診療活動)
진리 탐구(眞理探究)
진물(津-) 부스럼이나 상처 따위에서 흐르는
  물.
진물 나다(津-)
진반찬(-飯饌)
진발로 들어서다
진배없다
진버짐
진보 단체(進步團體)
진보라(津-)
진보 세력(進步勢力)
진보 정당(進步政黨)
진보주의(進步主義)
진보 진영(進步陣營)
진부해 보이다(陳腐-)

진분홍빛(津粉紅-)
진빨강(津-)
진 빼기 작전(津-作戰)
진뺏기(陣-)
진사 노새 보듯(進士-) [격]
진사 시정 연줄 감듯(眞絲市井鳶-) [격]
진상 가는 꿀 병 동이듯(進上-瓶-) [격]
진상 가는 송아지 배때기를 찼다(進上-) [격]
진상 규명(眞相糾明)
진상 조사(眞相調査)
진상은 꼬챙이에 꿰고 인정은 바리로 싣는다(進
  上-人情-) [격]
진상 퇴물림 없다(進上退-) [격]
진상 파악(眞相把握)
진상항아리(進上缸-)
진속(眞-) 진짜 속내나 참된 속마음.
진손
진솔
진솔 버선
진솔옷
진솔집
진수성찬(珍羞盛饌)
진술 내용(陳述內容)
진술 조서(陳述調書)
진시황이 만리장성 쌓는 줄 아느냐(秦始皇-萬
  里長城-) [격]
진신
진신발
진실 규명(眞實糾明)
진실인 듯하다(眞實-)
진실해 보이다(眞實-)
진심 어린 얼굴(眞心-)
진쑥 마르지 않은 쑥.
진안주(-按酒)
진압 경찰=진압경찰(鎭壓警察)
진압 못 하다(鎭壓-)
진압 부대(鎭壓部隊)
진압 작전(鎭壓作戰)
진압해 버리다(鎭壓-)
진열해 놓다(陳列-)
진외가(陳外家)
진외조모(陳外祖母)
진외조부(陳外祖父)
진외종조모(陳外從祖母)
진외종조부(陳外從祖父)
진위 여부(眞僞與否)

ㅈ

진을 빼다(津-) [관]
진이 빠지다(津-) [관]
진일
진일 골라 시키다
진일공부(盡日工夫)
진입 금지(進入禁止)
진입 도로(進入道路)
진입 못 하다(進入-)
진입 작전(進入作戰)
진잎 날것이나 절인 푸성귀 잎.
진잎밥
진잎죽(-粥)
진잎죽 먹고 잣죽 트림 한다(-粥-粥-) [격]
진자리
진자리 마른 자리 갈아 뉘시며
진자시계(振子時計)
진자줏빛(津紫朱-)
진저리
진저리 나다
진저리 내다
진저리 치다
진저리 칠 만큼
진전되어 가다(進展-)
진전 상황(進展狀況)
진절머리
진절머리 나다
진절머리 내다
진절머리 치다
진정 국면(鎭靜局面)
진정 상태(鎭靜狀態)
진종일(盡終日)
진주구름(眞珠-)
진주노리개(眞珠-)
진주 목걸이(眞珠-)
진주 반지(眞珠斑指)
진주부채(眞珠-)
진주비빔밥(晉州-)
진주알(眞珠-)
진주조개(眞珠-)
진주혼식(眞珠婚式)
진지러뜨리다
진지러지다
진지해 보이다(眞摯-)
진진의 인연을 맺다(秦晉-因緣-) [관]
진집 나다
진집 내다

진짓상(-床)
진짓상 보다(-床-)
진짓상 봐 드리다(-床-)
진짓상 올리다(-床-)
진짓상 차리다(-床-)
진짜 같은(眞-)
진짜같이(眞-)
진짜배기(眞-)
진찬합(-饌盒)
진찰 결과(診察結果)
진찰해 보다(診察-)
진참흙
진창
진창길
진창말이
진창물
진척 상황(進陟狀況)
진 척하다
진천동지(震天動地)
진 체하다
진출 못 하다(進出-)
진 치다(陣-) [관]
진타작(-打作) =물타작
진탕만탕
진탕 써 버리다
진터(陣-)
진통 없이 낳다(鎭痛-)
진퇴양난(進退兩難)
진펄
진펄 식물=진펄식물(-植物)
진풀(1) 시들어 마르지 않은 푸른 풀.
진풀(2) 옷 따위를 빨아서 마르기 전에 곧 먹이
    는 풀.
진피아들 지지리 못난 사람을 이르는 말.
진학 못 하다(進學-)
진학 상담(進學相談)
진학 정보(進學情報)
진학 지도=진학지도(進學指導)
진한 듯하다(津-)
진행 과정(進行過程)
진행돼 오다(進行-)
진행 못 하다(進行-)
진행 상황(進行狀況)
진행 요원(進行要員)
진행해 나가다(進行-)
진행해 오다(進行-)

진허리
진혼나팔(鎭魂喇叭)
진홍두깨
진화 과정(進化過程)
진화 작업(鎭火作業)
진화해 오다(進化-)
진흙
진흙 길
진흙 더미
진흙 덩어리
진흙땅
진흙물
진흙 벌
진흙 범벅
진흙상(-像)
진흙탕
진흙탕 싸움
질가마
질 거야
질걸
질 걸세
질걸요
질것
질겨 보이다
질경잎쌈
질기둥이
질기와
질긴 것 같다
질긴껍질
질긴 듯하다
질나발(-喇叭)
질 나쁜 사람(質-)
질 낮은 물건(質-物件)
질냄비
질대접
질도장(-圖章)
질동이
질동이 깨뜨리고 놋동이 얻었다 [격]
질 듯하다
질땅
질뚝배기
질뚱바리
질러가는 길이 돌아가는 길이다 [격]
질러먹다
질러오다
질리고 말다

질림조(-調)
질문 공세(質問攻勢)
질문 사항(質問事項)
질문해 오다(質問-)
질받이꾼
질방구리
질병 예방(疾病豫防)
질병 치료(疾病治療)
질병코(-瓶-)
질빵
질삿반(-盤)
질서 문란(秩序紊亂)
질서 안 지키다(秩序-)
질서 유지=질서유지(秩序維持)
질서 의식(秩序意識)
질서 잡히다(秩序-)
질서 정연(秩序整然)
질서 지키다(秩序-)
질서 확립(秩序確立)
질솥
질 수밖에
질식해 버리다(窒息-)
질의응답(質疑應答)
질자배기
질장구
질 좋은 물건(質-物件)
질 줄 알고
질질 끌다
질질 끌려 다니다
질찰흙
질참흙
질탕관(-湯罐)
질탕관에 두부장 끓듯(-湯罐-豆腐醬-) [격]
질탕치다(跌宕-)
질통(-桶)
질통꾼(-桶-)
질투 나다(嫉妬-)
질투 부리다(嫉妬-)
질투해 오다(嫉妬-)
질풍 같은(疾風-)
질풍같이(疾風-)
질풍노도(疾風怒濤)
질항아리(-缸-)
질화로(-火爐)
질흙
짊어지다

짊어지우다

짐 꾸리다

짐꾼

짐꾼 노릇 하다

짐 나르다

짐나무

짐 날라 주다

짐 덜다

짐 덜어 주다

짐 되는 일

짐마차(-馬車)

짐만 되다

짐말

짐밀이

짐밀이꾼

짐바

짐바리

짐바릿삯

짐받이

짐방 곡식을 도매로 파는 큰 싸전.

짐방꾼

짐방도중(-徒衆) 짐을 지어 날라 주고 돈벌이
　　하는 사람들의 무리.

짐방벌이

짐배

짐 벗다

짐벙지다

짐병 행악이나 억지 또는 떼.

짐병 부리다

짐 보따리

짐 부리다

짐 부치다

짐삯

짐수레

짐수레꾼

짐승 꼴

짐승만도 못한

짐승 부리듯

짐승털니

짐 싣다

짐 실어 오다

짐실이

짐 싸다

짐을 벗다 [관]

짐을 싸다 [관]

짐을 풀다 [관]

짐이 기울다 [관]

짐자동차(-自動車)

짐작 가다(斟酌-)

짐작대로(斟酌-)

짐작도 못 할 일(斟酌-)

짐작 안 가다(斟酌-)

짐작이 팔십 리(斟酌-八十里) [격]

짐작할 만하다(斟酌-)

짐작했던 대로(斟酌-)

짐장사

짐장수

짐 져 주다

짐지게

짐 지다

짐 지우다

짐 지워 보내다

짐질

짐질꾼

짐짝

짐짝 다루듯

짐짝 부리듯 하다

짐짝 취급(-取扱)

짐차(-車) =짐자동차.

짐칸

짐태(-駄) =짐바리.

짐표(-票)

짐 풀다

집 가지고 살다

집가축하다

집값

집개

집 걱정 하다

집게덫

집게발

집게발톱

집게뺌

집게손가락

집게틀

집계산(-計算) =계가(計家).

집계해 보다(集計-)

집고양이

집골목

집과 계집은 가꾸기 탓 [격]

집괭이

집 구경

집구석

집 구석구석에
집권 세력(執權勢力)
집권 초기(執權初期)
집 나가다
집 나간 지 오래되다
집내기
집누에
집단 거부(集團拒否)
집단검사(集團檢查)
집단 구타(集團毆打)
집단 농성(集團籠城)
집단 반발(集團反撥)
집단생활(集團生活)
집단속(-團束)
집단 수용(集團收容)
집단 유급(集團留級)
집단의식(集團意識)
집단 저항(集團抵抗)
집단 탈출(集團脫出)
집단 퇴장(集團退場)
집단 파업(集團罷業)
집단 폭행(集團暴行)
집단 해고(集團解雇)
집단행동(集團行動)
집단 훈련(集團訓練)
집닭
집대성해 놓다(集大成-)
집도 절도 없다 [격]
집동(-棟)　한 채의 집.
집돼지
집뒤짐
집들이
집 떠나면 고생이다(-苦生-) [격]
집말　집에서 기르는 말.
집무편람(執務便覽)
집무해 오다(執務-)
집문서(-文書)
집배　지붕 모양의 덮개를 갖춘 배.
집벌
집 보러 가다
집 보아 주다
집비둘기
집 비우다
집 비워 주다
집뻠　=집게뻠.
집 사다

집사람
집 사 주다
집 살 사람
집살이　=시집살이.
집 생각 나다
집 생각 않고 살다
집세(-貰)
집세 내다(-貰-)
집세 못 내다(-貰-)
집세 밀리다(-貰-)
집세 올리다(-貰-)
집소
집수리(-修理)
집시치마(Gypsy-)
집식구(-食口)
집 안　집 안에 날아든 꿩은 잡지 않는다.
집안　집안 어른, 집안 간.
집안 걱정
집 안 구석구석
집안 귀신이 사람 잡아간다(-鬼神-) [격]
집안 꼴 말이 아니다
집안 내력(-來歷)
집안닦달　집 안을 깨끗이 치우는 일.
집안 단속(-團束)
집안 망신(-亡身)
집안 망신은 며느리가 시킨다(-亡身-) [격]
집안사람
집안 사정(-事情)
집안 살림
집안싸움
집안 어른
집 안에 연기 차면 비 올 징조(-煙氣-徵兆)
　　[격]
집안이 결딴나면 생쥐가 춤을 춘다 [격]
집안이 망하려면 맏며느리가 수염이 난다(-亡-
　　鬚髥-) [격]
집안이 망하면 집터 잡은 사람만 탓한다(-亡-)
　　[격]
집안이 안되려면 구정물 통의 호박 꼭지가 춤
　　을 춘다(-桶-) [격]
집안일
집안 잔치
집 안 좁은 건 살아도 마음 좁은 건 못 산다
　　[격]
집 안팎
집안 행사(-行事)

집안 형편(-形便)

집알이　새로 집을 지었거나 이사한 집에 집 구경 겸 인사로 찾아보는 일.

집 앞

집약해 놓다(集約-)

집어 가다

집 어귀

집어 나르다

집어내다

집어넣다

집어던지다

집어 들다

집어먹다

집어삼키다

집어세다

집어세우다

집어쓰다

집어 오다

집어 주다

집어치우다

집어타다

집 없이 살다

집에 가 보다

집에 꿀단지를 파묻었나 [격]

집에서는 아이들 때문에 웃는다 [격]

집에서 새는 바가지는 들에 가도 샌다 [격]

집에서 큰소리치는 놈 나가서 어쩌지 못한다
　　[격]

집오리

집을 나다 [관]

집을 사면 이웃을 본다 [격]

집이 나다 [관]

집이 망하면 지관 탓만 한다(-亡-地官-) [격]

집이 타도 빈대 죽으니 좋다 [격]

집일

집 잃고

집임자

집 자랑

집잡기

집 잡히다

집장(-醬)

집 장만

집 장만 못 하다

집 장사 하다

집장 십 년이면 호랑이도 안 먹는다(執杖十年-)
　　[격]

집 전화(-電話)

집종

집주릅　집 흥정을 붙이는 일을 직업으로 가진
　　사람.

집 주소(-住所)

집주인(-主人)

집중 공격(集中攻擊)

집중 공세(集中攻勢)

집중난방(集中暖房)

집중 단속(集中團束)

집중 못 하다(集中-)

집중 조명(集中照明)

집중 지원(集中支援)

집중 추궁(集中追窮)

집중 취재(集中取材)

집중 탐구(集中探究)

집중 투자=집중투자(集中投資)

집중포화(集中砲火)

집중해 오다(集中-)

집중 호우=집중호우(集中豪雨)

집지기

집 지어 주다

집지킴

집짐승

집짓기

집 짓는 사람

집채 같은

집채같이

집채만 하다

집치레

집치장(-治粧)

집칸

집칸 늘이다

집 태우고 바늘 줍는다 [격]

집터서리　집의 바깥 언저리.

집토끼

집 팔다

집필 활동(執筆活動)

집 한 채

집 한 칸 없이

집합 시간(集合時間)

집합 장소(集合場所)

집행 기관=집행기관(執行機關)

집행 유예=집행유예(執行猶豫)

집행해 버리다(執行-)

집행해 오다(執行-)

집회 신고(集會申告)
집회 장소(集會場所)
집히는 대로
집힌 듯하다
짓갈기다
짓개다
짓거리
짓것
짓고 나니
짓고땡
짓고 보다
짓고생(-苦生)
짓구기다
짓궂기다
짓궂다
짓궂은 장난
짓까불다
짓깔다
짓깔리다
짓깨물다
짓끓다
짓 나다
짓 내다
짓널다
짓누르다
짓눌러 오다
짓눌려 살다
짓눌려 오다
짓눌려 자라다
짓눌려 지내다
짓눌리다
짓는다나 봐
짓다듬다
짓다 만 집
짓다 말다
짓달리다
짓두드리다
짓두들기다
짓둥이
짓떠들다
짓뚜드리다
짓망신(-亡身)
짓먹다
짓무르다
짓무찌르다
짓문지르다

짓물러 버리다
짓뭉개다
짓뭉개 버리다
짓뭉기다
짓바수다
짓밟다
짓밟아 놓다
짓밟아 버리다
짓밟히다
짓볶이다
짓부릅뜨다
짓부수다
짓부숴 버리다
짓북새 심한 북새.
짓빠대다
짓시늉
짓시늉말
짓시키다
짓싸대다
짓쑤셔 놓다
짓씹다
짓씹어 놓다
짓옷
짓이겨 버리다
짓조르다
짓졸라 대다
짓죽이다
짓지르다
짓질리다
짓쩌다
짓쩍어 하다
짓찌르다
짓찔러 버리다
짓찔리다
짓찢다
짓찢어 놓다
짓찧다
짓찧어 놓다
짓쳐들어오다
짓치다
짓패다
징거매다
징걸이
징검다리
징검돌
징검바늘

징검바늘시침
징계 사유(懲戒事由)
징계 조치(懲戒措置)
징그러워 보이다
징글맞다
징 박다
징발해 가다(徵發-)
징병 검사=징병검사(徵兵檢査)
징 소리
징소집(徵召集)
징수해 오다(徵收-)
징역 가다(懲役-)
징역꾼(懲役-)
징역 살다(懲役-)
징역살이(懲役-)
징용 가다(徵用-)
징잡이
징장구
징집 연도=징집연도(徵集年度)
징집영장(徵集令狀)
징징 울다
징징 짜다
징채   징을 치는 채.
징 치다
짖는 개는 물지 않는다 [격]
짖는 개는 여위고 먹는 개는 살찐다 [격]
짖는 개는 있어도 잡아먹는 개는 없다 [격]
짖어 대다
짖어 쌓다
짙디짙다
짙붉다
짙어 가다
짙은천량   대대로 전하여 내려오는 많은 재물.
짙푸르다
짚가리
짚고 넘어가다 [관]
짚공예품(-工藝品)
짚그물
짚그물로 고기를 잡을까 [격]
짚나라미   새끼 따위에서 떨어지는 너더분한
    부스러기.
짚단 묶다
짚단 쌓다
짚동   짚단을 모아 한 덩이로 만든 묶음.
짚둥우리
짚둥우리 타다 [관]

짚둥우리 태우다 [관]
짚무지
짚뭇   =짚단.
짚바리
짚방석(-方席)
짚북데기
짚불
짚불 꺼지듯 하다 [격]
짚불도 쬐다 나면 섭섭하다 [격]
짚불에 무쇠가 녹는다 [격]
짚불 피워 놓다
짚솔
짚수세미
짚신
짚신감발
짚신감발에 사립 쓰고 간다(-簑笠-) [격]
짚신도 제날이 좋다 [격]
짚신도 제짝이 있다 [격]
짚신 삼다
짚신 신고 오다
짚신에 국화 그리기(-菊花-) [격]
짚신을 거꾸로 끌다 [격]
짚신을 뒤집어 신는다 [격]
짚신장이
짚신장이 헌 신 신는다 [격]
짚신짝
짚신할아범
짚신할아비
짚어 나가다
짚어 보다
짚어 주다
짚여물
짚이는 바가 없다
짚자리
짚재
짚털   흙을 이기는 데 넣기 위하여 짚을 털같이
    부드럽게 만든 것.
짜개김치
짜개 놓다
짜개못
짜개반(-半)
짜개발
짜개 버리다
짜개버선
짜개 주다
짜개청국장(-淸麴醬)

짜개황밤(-黃-)
짜고 한 일
짜기만 한 국
짜긴 해도
짜깁기
짜내다
짜 놓다
짜 놓은 대로
짜 두다
짜드라기
짜드라오다
짜드라웃다
짜드락나다
짜른대 =곰방대.
짜 맞추다
짜 맞춘 듯하다
짜 맞춰 놓다
짜발량이   짜그라져서 못 쓰게 된 사람이나 물
　　건.
짜부라뜨리다
짜부라져 가다
짜여진 대로
짜 오다
짜임새 있게
짜증 나다
짜증 내다
짜증 부리다
짜증스러워 보이다
짜증 안 내다
짜지 않은 놈 짜게 먹고 맵지 않은 놈 맵게 먹
　　는다 [격]
짜하다
짝갈이
짝귀
짝눈
짝눈이
짝돈   백 냥쯤 되는 돈.
짝 맞추다 [관]
짝 맺다
짝 못 구하다(-求-)
짝문(-門)
짝발
짝버선
짝 붙여 주다
짝사랑
짝사랑에 외기러기

짝사랑해 오다
짝수 층(-數層)
짝숫날(-數-)
짝신
짝 없는 화가 없다(-禍-) [격]
짝이 기울다 [관]
짝 잃은 기러기 [격]
짝 잃은 원앙(-鴛鴦) [격]
짝젖
짝 지어 주다
짝짓기
짝 짓다
짝짜기
짝짜꿍이
짝짜꿍이가 벌어지다 [격]
짝패(-牌)
짝하다
짠돌이
짠땅
짠맛
짠물
짠물고기 =바닷물고기.
짠물내기
짠바닥
짠바람
짠지
짠지무침
짠짓국
짤깍눈
짤깍눈이
짤따랗다
짤라뱅이
짤짤매다
짧기는 하다만
짧아 보이다
짧아져 가다
짧아질 거야
짧아질걸
짧아질 걸세
짧아질걸요
짧아질수록
짧은 글 짓기
짧은 듯하다
짧은바늘
짧은뼈
짧은소리

짧은작 길이가 짧은 화살.
짧을 거야
짧을걸
짧을 걸세
짧을걸요
짧을 뿐만 아니라
짬 나면
짬 안 나다
짬장(-長)　주방의 우두머리를 속되게 이르는
　　　말.
짬질 꼭 짜서 물기를 빼는 일.
짬짜미하다
짭짤찮다
짱구 머리
짱돌
째려보다
째못
째지는 듯하다
째푸린 하늘
짹소리
짹소리 마라
짹소리 한 번 못하다(-番-)
쨍그러뜨리다
쨍그러지다
쩌개다
쩍말없다
쩔쩔매다
쩡쩡 울리다
쩨쩨해 보이다
쪄 내다
쪄 먹다
쪼개기만 하다
쪼개 쓰다
쪼개접(-椄)
쪼개 주다
쪼개 팔다
쪼갤 듯이
쪼그라들다
쪼그랑박
쪼그랑할멈
쪼그마하다
쪼들리다
쪼막수염(-鬚髥)
쪼아 내다
쪼아 대다
쪼아 먹다

쪼크라들다
쪼크라뜨리다
쪽가위
쪽거울
쪽걸상(-床)
쪽김치
쪽달기계(-機械)
쪽대문(-大門)
쪽댕기
쪽마늘
쪽마루
쪽매붙임
쪽매질
쪽머리
쪽모이
쪽문(-門)
쪽박굿
쪽박귀
쪽박세간
쪽박신세(-身世)
쪽박 쓰고 비 피하기(-避-) [격]
쪽박에 밤 담아 놓은 듯 [격]
쪽박을 쓰고 벼락을 피하랴(-避-) [격]
쪽박이 제 재주를 모르고 한강을 건너려 한다
　　　(-漢江-) [격]
쪽박 차다 [관]
쪽반달(-半-)
쪽배
쪽봉투(-封套)
쪽빛
쪽빛 바다
쪽소매
쪽소매책상(-冊床)
쪽술 쪽박처럼 생긴 숟가락.
쪽을 못 쓰다 [관]
쪽잎
쪽잠
쪽접시 작은 접시.
쪽정과(-正果)
쪽지(-紙)
쪽지게
쪽찌다
쪽 찐 머리
쪽창(-窓)
쪽팔리다
쫄딱 망하다(-亡-)

820

쫄딱 반하다
쫄딱보
쫄래둥이
쫑파티(-party)
쫓겨 가다
쫓겨 가다가 경치 보랴(-景致-) [격]
쫓겨나다
쫓겨나다시피 하다
쫓겨나자마자
쫓겨날 듯하다
쫓겨 다니다
쫓겨 달아나다
쫓겨 오다
쫓고 쫓기다
쫓기는 듯하다
쫓기다 못해
쫓기듯이 달아나다
쫓아가다
쫓아 나가다
쫓아 나오다
쫓아내다
쫓아내다시피 하다
쫓아 내려가다
쫓아 내려오다
쫓아내려 하다
쫓아내자마자
쫓아다니다
쫓아 들어가다
쫓아 들어오다
쫓아 버리다
쫓아 보내다
쫓아오다
쫓아 올라가다
쫓아 올라오다
쫓아올 거야
쫓아올걸
쫓아올 걸세
쫓아올걸요
쫓아올지 모른다
쫙 깔리다
쫙 펴고 다니다
쬐어 주다
쬔 병아리 같다 [격]
쭈그러들다
쭈그러뜨리다
쭈그러지다

쭈그러트리다
쭈그렁바가지
쭈그렁박
쭈그렁밤
쭈그렁밤송이
쭈그렁밤송이 삼 년 간다(-三年-) [격]
쭈그렁사과(-沙果)
쭈그리고 앉은 손님 사흘 만에 간다 [격]
쭈글쭈글해 보이다
쭈크러뜨리다
쭈크러트리다
쭉 벋은 나뭇가지
쭉 뻗다
쭉신 해지고 쭈그러진 헌 신.
쭉정밤
쭉정이는 불 놓고 알맹이는 거둬들인다 [격]
찌개 끓이다
찌개백반(-白飯)
찌개주걱
찌고무
찌그러뜨리다
찌그러져 가다
찌그러질 듯하다
찌그렁이 붙다 [관]
찌그려 버리다
찌꼬리
찌끼술
찌낚시
찌날라리
찌눈금
찌는 듯하다
찌는 듯한 날씨
찌든 때
찌들어 가다
찌들어 보이다
찌르고 들어가다 [관]
찌르려 하다
찌를 거야
찌를걸
찌를 걸세
찌를걸요
찌를게
찌를게요
찌를 듯 말 듯 하다
찌를 듯이
찌를 뻔하다

ㅈ

찌맞춤
찌머리
찌목
찌몸통
찌물쿠다
찌부러뜨리다
찌부러트리다
찌뿌드드하다
찌삶다
찌증(-症) 마음에 꼭 맞지 않아 벌컥 역정을
　　내는 짓.
찌지(-紙)
찌톱
찌통(-桶)
찌푸리다
찌푸린 날씨
찍개 =촬영기.
찍게발
찍새
찍새 노릇 하다
찍소리 마라
찍소리 못하다
찍어 가며
찍어 내다
찍어 놓다
찍어 누르다
찍어 다오
찍어 두다
찍어매다
찍어 먹다
찍어 바르다
찍어 보다
찍어 쌓다
찍어 주다
찍자 찍자 해도 차마 못 찍는다 [격]
찍혀 나오다
찍혀 버리다
찍힌 듯하다
찐 달걀
찐덥다
찐덥지다
찐만두(-饅頭)
찐보리
찐 붕어가 되었다 [격]
찐빵
찐쌀

찐조
찔꺽눈
찔꺽눈이
찔러 넣다
찔러 놓다
찔러도 피 한 방울 안 나겠다 [격]
찔러 버리다
찔러보다
찔러주다
찔러 죽이다
찔러 피를 내다 [관]
찔레꽃가뭄 모내기 철이자 찔레꽃이 한창 필
　　무렵인 음력 오월에 드는 가뭄.
찔레나무
찔려 죽다
찔릴 뻔하다
찜닭
찜부럭 몸이나 마음이 괴로울 때 걸핏하면 짜
　　증을 내는 짓.
찜없다
찜질
찜 쪄 먹다 [관]
찜 찌다
찜찜한 듯하다
찜통더위
찜해 두다
찝쩍대다
찝찌레하다
찡그러뜨리다
찡등그리다
찡얼대다
찢겨 나가다
찢기는 듯하다
찢는 듯하다
찢어 놓다
찢어발기다
찢어 버리다
찢어 보다
찢어져 버리다
찢어졌으니 언청이 [격]
찢어 주다
찢어지는 듯하다
찢어질 거야
찢어질걸
찢어질 걸세
찢어질걸요

찢었나 보다
찢을 거야
찢을게
찢을게요
찢트려 놓다
찧고 까불다

찧는 방아도 손이 나들어야 한다 [격]
찧어 놓다
찧어 달라고 하다
찧어 달라다
찧어 오다
찧어 주다

ㅈ

[ㅊ]

-차(次) (접사) 연수차 도미한다.
-차(次) (의존 명사) 고향에 갔던 차에 선을 보
　　았다.
차가다
차 가다　거의 차 가다.
차가운 듯하다
차가워 보이다
차가워져 가다
차갈매(茶-)　차를 가루가 되게 가는 맷돌.
차게 하다
차고 넘치다
차고 다니다
차고앉다
차고 일어나다
차관 급(次官級)
차관 자리(次官-)
차광안경(遮光眼鏡)
차기 정권(次期政權)
차기 정부(次期政府)
차꼬마루
차꼬막이
차꾼(車-)
차 끓여 놓다(茶-)
차나무(茶-)
차 넣다
차단 장치(遮斷裝置)
차단해 놓다(遮斷-)
차 대다(車-)
차 대접(茶待接)
차 댈 데 없다(車-)
차돌멩이
차돌에 바람 들면 석돌보다 못하다 [격]
차돌조리개　차돌박이를 고아서 경단처럼 뭉쳐
　　조린 반찬.

차등 적용(差等適用)
차등 지급(差等支給)
차디차다
차디찬 물
차떼기(車-)
차량 검사(車輛檢查)
차량 번호(車輛番號)
차량 운행(車輛運行)
차량 통제(車輛統制)
차량 통행(車輛通行)
차량 행렬(車輛行列)
차려 가다
차려 내다
차려 놓다
차려 놔두다
차려 두다
차려 먹다
차려 보다
차려 오다
차려입다
차려 주다
차력꾼(借力-)
차렵것　솜을 얇게 두어 지은 옷.
차렵두루마기
차렵바지
차렵이불
차렵저고리
차령산맥(車嶺山脈)
차례대로(次例-)
차례 지내다(茶禮-)
차례지다(次例-)
차례차례(次例次例)
차례탑(茶禮塔)
차렛걸음(次例-)

차림차림
차마 말 못 할 일
차마 못 할 말
차 마시다(茶-)
차막이(車-)
차 맛(茶-)
차머리(車-)
차멀미(車-)
차면 넘친다
차명 계좌(借名計座)
차 몰고 다니다(車-)
차 문(車門)
차바퀴
차받침(茶-)
차 버리다
차별 대우(差別待遇)
차별 두다(差別-)
차별 안 하다(差別-)
차별 의식(差別意識)
차별 행위(差別行爲)
차보시기(茶-)
차분해 보이다
차분해져 가다
차붓소(車夫-) 달구지를 끄는 큰 소.
차비 내다(車費-)
차 사고(車事故)
차산병(-散餅)
차선 위반(車線違反)
차세대(次世代)
차 소리(車-)
차 속(車-)
차 시간 맞추다(車時間-)
차 시중(茶-)
차 시키다(茶-)
차 심부름(茶-)
차 안(車-)
차 안 타다(車-)
차압해 버리다(差押-)
차 열쇠(車-)
차오르다
차올리다
차용 증서=차용증서(借用證書)
차용해 쓰다(借用-)
차용해 오다(借用-)
차원 높은(次元-)
차 위(車-)

차이 나다(差異-)
차이 안 나다(差異-)
차이 없다(差異-)
차인꾼(差人-)
차일피일(此日彼日)
차일피일해 오다(此日彼日-)
차전놀이(車戰-)
차전병(-煎餅)
차조
차조기보숭이
차조기죽(-粥)
차조미음(-米飮)
차조밥
차 조심(車操心)
차좁쌀
차 주인(車主人)
차지해 버리다
차진 떡
차질다
차질 없이(蹉跌-)
차창 밖(車窓-)
차출해 오다(差出-)
차츰차츰
차 치고 포 친다(車-包-) [격]
차치기(車-)
차 키(車key)
차 타다(車-)
차 태우다(車-)
차 태워 보내다(車-)
차틀(車-)
차포 오졸(車包五卒) [관]
차표 끊다(車票-)
차표 끊어 놓다(車票-)
차표 사다(車票-)
차하지다(差下-)
차 한 잔(茶-盞)
차후 문제(此後問題)
착 가라앉다
착각한 듯하다(錯覺-)
착공 행사(着工行事)
착 달라붙다
착륙 지점(着陸地點)
착살맞다
착살부리다
착색유리(着色琉璃)
착수 못 하다(着手-)

ㅊ

827

착실해 보이다(着實-)
착안 사항(着眼事項)
착안해 내다(着眼-)
착오 생기다(錯誤-)
착오 없이(錯誤-)
착오 일으키다(錯誤-)
착용 안 하다(着用-)
착잡한 듯하다(錯雜-)
착잡해 보이다(錯雜-)
착지자세(着地姿勢)
착착 감기다
착취해 가다(搾取-)
착하기만 하다
착하긴 하지만
착하다 해도
착한 듯하다
착한 며느리도 악처만 못하다(-惡妻-) [격]
착해 보이다
착해져 가다
찬가위(饌-)
찬간자 온몸의 털이 푸르고 얼굴과 이마만 흰
　　　말.
찬감각(-感覺)
찬값(饌-)
찬거리(饌-)
찬 거야
찬 것 같다
찬광(饌-) 반찬이나 반찬거리를 넣어 두는 광.
찬국
찬그릇(饌-)
찬기(-氣)
찬기 돌다(-氣-)
찬 기운
찬김
찬란해 보이다(燦爛-)
찬마루(饌-)
찬물
찬물도 위아래가 있다 [격]
찬물때
찬물 마시다
찬물 먹고 냉돌방에서 땀 낸다(-冷埃房-) [격]
찬물받이
찬물배미
찬물에 기름 돌듯 [격]
찬물에 돌 같다 [격]
찬물을 끼얹다

찬미해 오다(讚美-)
찬바람
찬바람 돌다
찬바람머리
찬바람을 일으키다 [관]
찬바람이 일다 [관]
찬반 논의(贊反論議)
찬반 논쟁(贊反論爭)
찬반양론(贊反兩論)
찬반 토론(贊反討論)
찬반 투표(贊反投票)
찬밥
찬밥 더운밥 가리다 [관]
찬밥 덩어리
찬밥 두고 잠 아니 온다 [격]
찬밥 먹다
찬밥 신세(-身世)
찬밥에 국 적은 줄만 안다 [격]
찬밥에 국 적은 줄 모른다
찬밥(饌-) 찬합에 담은 밥.
찬방(-房) =냉방.
찬비 차갑게 느껴지는 비.
찬비 내리다
찬비 맞은 강아지
찬색(-色)
찬 서리
찬성 입장(贊成立場)
찬성투표(贊成投票)
찬성할 듯하다(贊成-)
찬성해 오다(贊成-)
찬술
찬 없이 먹는 밥(饌-)
찬요리(-料理)
찬웃음 =냉소(冷笑).
찬 음식(-飮食)
찬 이슬
찬 이슬 맞는 놈[격]
찬조 발언(贊助發言)
찬조 연설(贊助演說)
찬조 출연(贊助出演)
찬조해 주다(贊助-)
찬찜질
찬칼(饌-)
찬피 동물=찬피동물(-動物)
찰가난
찰감

찰개화(-開化) 올바르고 충실한 개화.

찰거머리

찰것

찰고무

찰곡(-穀)

찰곡식(-穀食)

찰구식(-舊式) 시대에 뒤떨어진 아주 케케묵은 방식이나 일.

찰기(-氣)

찰기장

찰기장쌀

찰깍쟁이

찰나주의(刹那主義)

찰담쟁이 고치기 어려울 만큼 아주 심한 매독에 걸린 사람을 낮잡아 이르는 말.

찰떡같다

찰떡궁합(-宮合)

찰떡근원(-根源)

찰밥

찰벼

찰복숭아

찰부꾸미

찰수수

찰수수밥

찰수수쌀

찰시루떡

찰쌈지

찰쌀기

찰씨

찰옥수수

찰완고(-頑固) 아주 완고함. 또는 그런 사람.

찰원수(-怨讐)

찰젓

찰짜 성질이 수더분하지 않고 몹시 까다로운 사람.

찰찰 넘치다

찰찰이 불찰이다(察察-不察-)

찰코

찰통 고치기가 매우 어려운 매독.

찰피

찰피쌀

찰흙

참가 못 하다(參加-)

참가 비용(參加費用)

참가 신청(參加申請)

참가 안 하다(參加-)

참가 인원(參加人員)

참가 자격(參加資格)

참가해 오다(參加-)

참견 마라(參見-)

참견 말라고 하다(參見-)

참견 안 하다(參見-)

참견을 들다(參見-) [관]

참견해 오다(參見-)

참고 문헌(參考文獻)

참고 사항(參考事項)

참고삼다(參考-)

참고삼을 만하다(參考-)

참고 서류(參考書類)

참고 자료(參考資料)

참고 지내다

참고할 만하다(參考-)

참관해 오다(參觀-)

참기름쟁이

참기만 하다

참기 어렵다

참긴 해도

참깨

참깨가 기니 짧으니 한다 [격]

참깨 들깨 노는데 아주까리 못 놀까 [격]

참깨죽(-粥)

참깻묵

참깻잎

참꿀 =토종꿀.

참나무 =상수리나무.

참나무고지 활을 만들기 위하여 다듬어 놓은 참나무.

참나무에 곁낫 걸이 [격]

참나무통(-桶)

참눈 사물을 올바로 볼 줄 아는 눈.

참는 듯하다

참는 자에게 복이 있다(-者-福-) [격]

참는 체하다

참다못해

참다 보면

참담해 보이다(慘憺-)

참당나귀(-唐-)

참대못

참댓개비

참돈

참되다

참된 삶

ㅊ

참두릅
참둑중개
참따랗다
참땅다
참뜻
참마음
참말
참말로 가는 거야
참맘
참매듭
참매미
참먹
참모습
참물 만조 때의 물.
참밀
참바
참밥 일을 하다가 잠시 쉬는 동안에 먹는 밥.
참밥 내오다
참배해 오다(參拜-)
참벌
참빗
참빗으로 훑듯 [격]
참빗장수
참빗질
참사람
참사랑
참살 군살 없이 통통하게 찐 살.
참삶
참새가 기니 짧으니 한다 [격]
참새가 방앗간에 치여 죽어도 짹 하고 죽는다
　　(-間-) [격]
참새가 방앗간을 그저 지나랴(-間-) [격]
참새가슴
참새가 작아도 알만 잘 깐다 [격]
참새가 죽어도 짹 한다 [격]
참새고기
참새구이
참새 굴레 쌀 만하다 [격]
참새 굴레 씌우겠다 [격]
참새 그물에 기러기 걸린다 [격]
참새 떼
참새 떼 덤비듯 [격]
참새를 까먹었다 [격]
참새를 볶아 먹었나 [격]
참새만두(-饅頭)
참새 무리가 어찌 대붕의 뜻을 알랴(-大鵬-)

[격]
참새 물 먹듯 [관]
참새 소리
참새 씹히듯 하다 [격]
참새 알
참새 알을 까먹었나 [격]
참새 앞정강이를 긁어 먹는다 [격]
참새 얼려 잡겠다 [격]
참새올무
참새저냐
참새전유화(-煎油花)
참새젓
참새창애
참생활(-生活)
참석 못 하다(參席-)
참석 안 하다(參席-)
참석 여부(參席與否)
참석할 거야(參席-)
참석해 오다(參席-)
참속 속에 품고 있는 진짜 생각이나 마음.
참숯
참숯불
참스럽다
참신해 보이다(斬新-)
참아 나가다
참아 내다
참아 달라고 하다
참아 달라다
참아 보다
참아 오다
참아 주다
참여 안 하다(參與-)
참여 의식(參與意識)
참여해 오다(參與-)
참열매
참외 덩굴
참외를 버리고 호박을 먹는다 [격]
참외 밭
참외 서리
참외장아찌
참외지짐이
참으로
참을 듯하다
참을 만하다
참을성 없이(-性-)
참을성 있게(-性-)

830

참을 인 자를 붙이고 다니랬다(-忍字-) [격]
참을 인 자 셋이면 살인도 피한다(-忍字-殺人-避-) [격]
참전 국가(參戰國家)
참전 용사(參戰勇士)
참젓
참조기
참죽나물
참죽순(-筍)
참죽순적(-筍炙)
참죽쌈
참죽잎쌈
참죽자반
참죽튀각
참지 마라
참지 않으면 안 된다
참척을 보다(慘慽-) [관]
참패해 버리다(慘敗-)
참해 보이다
참혹해 보이다(慘酷-)
참회 기도(懺悔祈禱)
참흙
찹쌀가루
찹쌀고추장(-醬)
찹쌀떡
찹쌀막걸리
찹쌀밥
찹쌀술
찹쌀엿
찹쌀지에바지
찹쌀지에밥
찻가마(茶-)
찻감(茶-)
찻값(茶-)
찻값 내다(茶-)
찻거르개(茶-)
찻그릇(茶-)
찻길(車-)
찻물(茶-)
찻삯(車-)
찻숟가락(茶-)
찻숟갈(茶-)
찻잔(茶盞)
찻종(茶鍾)
찻종지(茶-)
찻주전자(茶酒煎子)

찻집(茶-)
찻집 출입 삼 년에 남의 얼굴 볼 줄만 안다(茶-出入三年-) [격]
창가에(窓-)
창간호(創刊號)
창갈이
창고달(槍-)
창공에 뜬 백구(蒼空-白鷗) [격]
창구멍 안 내고 꿰매다
창구 역할(窓口役割)
창꾼(槍-)
창끝(槍-)
창난젓
창날(槍-)
창당 대회(創黨大會)
창대(槍-)
창던지기(槍-)
창립 기념(創立記念)
창립총회(創立總會)
창립 회원(創立會員)
창머리(窓-)
창목(槍-)
창문가에(窓門-)
창문 밖(窓門-)
창문짝(窓門-)
창문턱(窓門-)
창문틀(窓門-)
창밑(窓-)
창밖(窓-)
창받이
창백해 보이다(蒼白-)
창백해져 가다(蒼白-)
창부리(槍-)
창불(窓-)   질그릇을 구울 때 가마의 창구멍에 때는 불.
창사 기념(創社紀念)
창살문(窓-門)
창살 없는 감옥(窓-監獄)
창세전(創世前)
창세후(創世後)
창씨개명(創氏改名)
창 앞(窓-)
창애 놓다
창애에 치인 쥐 눈 [격]
창업 공신(創業功臣)
창업 자금(創業資金)

창업 정신(創業精神)
창업 지원(創業支援)
창열(槍-)
창옷(氅-)
창옷짜리(氅-)
창유리(窓琉璃)
창의짜리(氅衣-)
창이채(蒼耳菜)
창자가 끊어지다 [관]
창자가 미어지다 [관]
창자가 빠지다 [관]
창자를 끊다 [관]
창자찜
창작 활동(創作活動)
창잡이(槍-)
창조해 내다(創造-)
창졸간에(倉卒間-)
창졸에(倉卒-)
창질하다(槍-)
창출해 내다(創出-)
창칼(槍-)
창턱(窓-)
창틀(窓-)
창틈(窓-)
창포물(菖蒲-)
창피 주다(猖披-)
찾게 되다
찾게 하다
찾게 해보다
찾고 보니
찾긴 했으나
찾는다 해도
찾는 데 힘쓰다
찾는 이 없는
찾아가다
찾아가 보다
찾아가 봄직하다
찾아가 뵙다
찾아 나서다
찾아내다
찾아 놓다
찾아다니다
찾아 달라고 하다
찾아 달라다
찾아 두다
찾아 드리다

찾아들다
찾아 먹다
찾아보다
찾아뵈다
찾아뵙다
찾아오다
찾아온 듯하다
찾아올 거야
찾아올걸
찾아올 걸세
찾아올걸요
찾아올게
찾아올게요
찾아와 봐라
찾아 주다
찾아 헤매다
찾으러 가다
찾으러 다니다
찾으러 오다
찾으려 안 하다
찾을 길 없다
찾을모 없는
찾을 수밖에 없다
찾음표(-票)
찾지 마라
찾지 못하다
채 가다
채 가시지 않다
채 가지다
채고추
채광주리
채권 은행(債權銀行)
채권 회수(債權回收)
채그릇
채근해 오다(採根-)
채김치
채깍두기
채낚시
채독
채독벌레(菜毒-)
채둥우리
채롱부채(-籠-)
채롱부처(-籠-)
채마머리(菜麻-)
채마밭(菜麻-)
채마지기(菜麻-)

832

채 못 미치다
채무 변제(債務辨濟)
채무 이행=채무이행(債務履行)
채반이 용수가 되게 우긴다(-盤-) [격]
채받이
채복꾼(採鰒-)
채비해 놓다
채비해 두다
채산 맞추다(採算-)
채산 안 맞다(採算-)
채삼꾼(採蔘-)
채소 가게(菜蔬-)
채소 값(菜蔬-)
채소 농사(菜蔬農事)
채소밥(菜蔬-)
채소밭(菜蔬-)
채소 장사(菜蔬-)
채소 장수(菜蔬-)
채소 재배(菜蔬栽培)
채손 장구채를 잡은 손.
채수염(-鬚髥)
채식 위주(菜食爲主)
채식주의(菜食主義)
채신머리
채신머리사납다
채신머리없다
채신사납다
채신없다
채썰기
채 안 되다
채어 가다
채어 달아나다
채용 공고(採用公告)
채용 시험(採用試驗)
채용 인원(採用人員)
채우긴 채웠다만
채울 길 없다
채워 가다
채워 나가다
채워 넣다
채워 놓다
채워 두다
채워 보다
채워 오다
채워져 가다
채워 주다

채워질 수 없다
채 잇지 못하다
채점 위원(採點委員)
채점해 보다(採點-)
채종밭(採種-)
채질
채집 비단에 수를 놓아 곱게 꾸민 바늘 주머니.
채집해 오다(採集-)
채찍낚시
채찍질
채 치다 [관]
채칼
채택 안 되다(採擇-)
채택해 주다(採擇-)
책가방(冊-)
책가위(冊-) 책의 겉장이 상하지 않게 종이, 비
    닐, 헝겊 따위로 덧씌우는 일.
책갈피(冊-)
책값(冊-)
책개비(冊-)
책거리(冊-)
책걸상(冊-床)
책글씨(冊-)
책꽂이(冊-)
책날개(冊-)
책 내다(冊-)
책 낸 지 오래되다(冊-)
책대(冊-) =서산대.
책등(冊-)
책뚜껑(冊-) =표지.
책력 보아 가며 밥 먹는다(冊曆-) [격]
책망 듣다(責望-)
책망 안 듣다(責望-)
책망해 오다(責望-)
책머리(冊-) 책의 윗부분.
책받침(冊-)
책방(冊房)
책방 주인(冊房主人)
책벌레(冊-)
책보자기(冊褓-)
책 볼 겨를 없다(冊-)
책상다리(冊床-)
책상머리(冊床-)
책상물림(冊床-)
책상 서랍(冊床-)
책상양반(冊床兩班)

책상퇴물(冊床退物)
책 속에 길이 있다(冊-)
책송곳(冊-)
책술(冊-) 책의 두껍고 얇은 정도.
책시렁(冊-)
책실(冊-) 책을 매는 데 쓰는 실.
책싸개(冊-)
책 쓰다(冊-)
책씻이(冊-)
책 안 읽다(冊-)
책 이름(冊-)
책 읽다(冊-)
책임 경영(責任經營)
책임 규명(責任糾明)
책임 다하다(責任-)
책임 맡다(責任-)
책임 못 지다(責任-)
책임 소재(責任所在)
책임 안 지다(責任-)
책임 완수(責任完遂)
책임 의식(責任意識)
책임 전가(責任轉嫁)
책임 정치=책임정치(責任政治)
책임져 주다(責任-)
책임 지도(責任指導)
책임질 일(責任-)
책임 추궁(責任追窮)
책임 회피(責任回避)
책잡다(責-)
책잡으려 들다(責-)
책잡히다(責-)
책잡힐 일(責-)
책정해 놓다(策定-)
책치레(冊-)
책탁자(冊卓子)
책 팔러 가다(冊-)
책 한 권(冊-)
챈 발에 곱챈다 [격]
챌목매 =하늘코.
챗고리
챗국
챗돌
챗열
챙겨 가다
챙겨 놓다
챙겨 두다

챙겨 먹다
챙겨 오다
챙겨 주다
챙장이
처가댁(妻家宅)
처가붙이(妻家-)
처가살이(妻家-)
처가속(妻家屬) 아내의 친정 집안 식구들.
처가 식구(妻家食口)
처가 재물 양가 재물은 쓸데없다(妻家財物養家
    財物-) [격]
처갓집(妻家-)
처갓집살이(妻家-)
처걸다 굳게 닫아걸다.
처고모(妻姑母)
처남남매(妻男男妹)
처남댁(妻男宅)
처남의 댁네 병 보듯(妻男-宅-病-) [격]
처넣다
처녀가 늙어 가면 산으로 맷돌짝 지고 오른다
    (處女-山-) [격]
처녀가 아이를 낳아도 할 말이 있다(處女-) [격]
처녀가 아이를 낳았나(處女-) [격]
처녀가 한증을 해도 제 마련은 있다(處女-汗
    蒸-) [격]
처녀 귀신(處女鬼神)
처녀꼴(處女-)
처녀꼴이 박이다(處女-) [격]
처녀들은 말 방귀만 꾸어도 웃는다(處女-) [격]
처녀면 다 확실인가(處女-確實-) [격]
처녀 불알(處女-) [격]
처녀비행(處女飛行)
처녀 성복전도 먹어야 된다(處女成服奠-) [격]
처녀장가(處女-)
처녀장가 가다(處女-)
처녀장가 들다(處女-)
처녀 장딴지를 보고 씹 봤다 한다(處女-) [격]
처녀 적 일(處女-)
처녀 총각(處女總角)
처녀 출전(處女出戰)
처녀티 나다(處女-)
처녀 한창때는 말똥 굴러 가는 것 보고도 웃는
    다(處女-) [격]
처녀항해(處女航海)
처녑볶음
처녑에 똥 쌓였다 [격]

처녑저냐
처녑즙(-汁)
처녑회(-膾)
처닫다
처담다
처당숙(妻堂叔)
처대다
처들이다
처때다
처뜨리다
처란알 처란의 날개.
처량한 듯하다(凄凉-)
처량해 보이다(凄凉-)
처량해져 가다(凄凉-)
처리 규정(處理規定)
처리될 듯하다(處理-)
처리 못 하다(處理-)
처리 방법(處理方法)
처리 시한(處理時限)
처리 안 되다(處理-)
처리 절차(處理節次)
처리해 내다(處理-)
처리해 주다(處理-)
처마 끝
처마널
처마돌림
처마 밑
처마시다
처마안허리
처맛기슭
처맡기다
처매다
처먹다
처먹이다
처박다
처박지르다
처박히다
처방 내리다(處方-)
처벌 규정(處罰規定)
처벌 못 하다(處罰-)
처벌 안 하다(處罰-)
처벌 조항(處罰條項)
처벌해 달라고 하다(處罰-)
처벌해 달라다(處罰-)
처벌해 오다(處罰-)
처부모(妻父母)

처분될 듯하다(處分-)
처분해 버리다(處分-)
처사촌(妻四寸)
처삼촌(妻三寸)
처삼촌 뫼에 벌초하듯(妻三寸-伐草-) [격]
처시하(妻侍下)
처신사납다(處身-)
처신없다(處身-)
처싣다
처실어 가다
처엎다
처오촌(妻五寸) =처당숙.
처외가(妻外家)
처외삼촌(妻外三寸)
처외편(妻外便) 아내의 외가 친족.
처우 개선(處遇改善)
처유모(妻乳母) 아내의 유모.
처음 가다
처음 같은
처음같이
처음 듣는 소리
처음 만난 사람
처음 먹어 보다
처음 본 사람
처음 온 곳
처음 와 보다
처음인 데다가
처음치고는
처음 타다
처자빠지다
처자식(妻子息)
처자식 먹여 살리다(妻子息-)
처쟁이다
처조모(妻祖母)
처조부(妻祖父)
처조부모(妻祖父母)
처조카(妻-)
처종숙(妻從叔)
처지르다
처진 어깨
처참해 보이다(悽慘-)
처치불능(處置不能)
처치해 버리다(處置-)
처트리다
처형해 버리다(處刑-)
척 그러면 울 너머 호박 떨어지는 줄 알아라 [격]

척 보면 알 수 있다
척수 보아 옷 짓는다(尺數-) [격]
척지다
척진 일
척짓다
척척박사(-博士)
척추 교정(脊椎矯正)
척추동물(脊椎動物)
척하면 삼천리(-三千里) [관]
척하면 알아듣다
척하면 척이다 [관]
천 갈래 만 갈래(千-萬-) [관]
천것(賤-)
천격스럽다(賤格-)
천고마비(天高馬肥)
천고만난(千苦萬難)
천군만마(千軍萬馬)
천근만근(千斤萬斤)
천근역사(千斤力士)
천금 같은 아들(千金-)
천금같이(千金-)
천기누설(天機漏洩)
천길만길 뛰다(千-萬-) [관]
천 길 물속은 알아도 한 길 사람의 속은 모른다
　　(千-) [격]
천 냥(千兩)
천 냥 만 냥 판(千兩萬兩-) [격]
천 냥 부담에 갓모 못 칠까(千兩負擔-) [격]
천 냥 빚(千兩-)
천 냥 빚도 말로 갚는다(千兩-) [격]
천 냥 시주 말고 애매한 소리 마라(千兩施主-
　　曖昧-) [격]
천 냥 잃고 조리 겯기(千兩-) [격]
천 냥 지나 천한 냥 지나 먹고나 보자(千兩-
　　千-兩-) [격]
천 냥짜리 서 푼도 본다(千兩-) [격]
천 년간(千年間)
천 년 고찰(千年古刹)
천 년 동안(千年-)
천년만년(千年萬年)
천 년 묵은 구렁이(千年-)
천 년여 동안(千年餘-)
천년일청(千年一淸)
천 년 전(千年前)
천 년 후(千年後)
천당 가다(天堂-)

천당 못 가다(天堂-)
천대해 오다(賤待-)
천덕구니(賤-)
천덕꾸러기(賤-)
천도복숭아(天桃-)
천둥 번개 치는 날
천둥벌거숭이
천둥소리
천둥에 개 뛰어들듯 [격]
천둥인지 지둥인지 모르겠다 [격]
천둥지기　빗물에 의하여서만 벼를 재배할 수
　　있는 논.
천둥 치다
천뜨기(賤-)
천려일실(千慮一失)
천렵 가다(川獵-)
천 리 길(千里-)
천 리 길도 십 리(千里-十里) [격]
천 리 길도 한 걸음부터(千里-) [격]
천 리 길을 찾아와서 문턱 넘어 죽는다(千里-
　　門-) [격]
천 리도 지척이라(千里-咫尺-) [격]
천리만리(千里萬里)
천 리 밖(千里-)
천리오추마(千里烏騅馬)　검은 털에 흰 털이 섞
　　인 천리마.
천 마리 참새가 한 마리 봉만 못하다(千-鳳-)
　　[격]
천막 교실(天幕敎室)
천막 극장(天幕劇場)
천막생활(天幕生活)
천막집(天幕-)
천막촌(天幕村)
천막 치다(天幕-)
천만겁(千萬劫)
천만군(千萬軍)
천만근(千萬斤)
천만금(千萬金)
천만년(千萬年)
천만다행(千萬多幸)
천만당부(千萬當付)
천만대(千萬代)
천만뜻밖(千萬-)
천만리(千萬里)
천만번(千萬番)
천만부당(千萬不當)

천만불가(千萬不可)
천만사(千萬事)
천만세(千萬世) =천만대.
천만세(千萬歲) =천만년.
천만여 명(千萬餘名)
천만의 말씀(千萬-) [관]
천만인(千萬人)
천만장자(千萬長者)
천 명 중에서(千名中-)
천 몇백 년(千-百年)
천문동나물(天門冬-)
천문동정과(天門冬正果)
천문동주(天門冬酒)
천민 출신(賤民出身)
천박해 보이다(淺薄-)
천방지축(天方地軸)
천백번(千百番) =천만번.
천벌 받다(天罰-)
천벼락(天-)
천변만화(千變萬化)
천변지이(千變地異)
천변집(川邊-)
천봉만학(千峰萬壑)
천부당만부당(千不當萬不當)
천불(天-)
천불이 나다(天-) [관]
천사슬(天-)
천상천하(天上天下)
천생배필(天生配匹)
천생 버릇은 임을 봐도 못 고친다(天生-) [격]
천생연분(天生緣分)
천생연분에 보리 개떡(天生緣分-) [격]
천생인연(天生因緣)
천생 팔자가 눌은밥이라(天生八字-) [격]
천석꾼(千石-)
천석꾼에 천 가지 걱정 만석꾼에 만 가지 걱정
　　(千石-千-萬石-萬-) [격]
천세나다(千歲-)
천수 치다(千手-) [관]
천시해 오다(賤視-)
천식 환자(喘息患者)
천식만고(千辛萬苦)
천실만실(千-萬-)
천애 고아(天涯孤兒)
천야만야한 낭떠러지(千耶萬耶-)
천양지차(天壤之差)

천에 하나(千-) [관]
천여 년간(千餘年間)
천여 년 전(千餘年前)
천연가스(天然gas)
천연고무(天然-)
천연기념물(天然記念物)
천연덕스럽다(天然-)
천연물감(天然-)
천연 색소=천연색소(天然色素)
천연생산물(天然生産物)
천연생활(天然生活)
천연 성분(天然成分)
천연연료(天然燃料)
천연자원(天然資源)
천왕의 지팡이라(天王-) [격]
천우신조(天佑神助)
천 원짜리(千-)
천은망극(天恩罔極)
천을 트다(薦-) [관]
천의무봉(天衣無縫)
천인공노(天人共怒)
천일기도(天日祈禱)
천일염전(天日鹽田)
천자만홍(千紫萬紅)
천자문도 못 읽고 인 위조한다(千字文-印僞
　　造-) [격]
천재 교육=천재교육(天才教育)
천재 소년(天才少年)
천재 시인(天才詩人)
천재일우(千載一遇)
천재지변(天災地變)
천정배필(天定配匹)
천정부지(天井不知)
천좍쟁이(天-)
천주교회(天主教會)
천주학쟁이(天主學-)
천지가 진동하다(天地-震動-) [관]
천지개벽(天地開闢)
천지신명(天地神明)
천지일색(天地一色)
천지조화(天地造化)
천진난만(天眞爛漫)
천진무구(天眞無垢)
천차만별(千差萬別)
천초자반(川椒-)
천초장아찌(川椒-)

천총 내고 파총 낸다(千摠-把摠-) [격]
천태만상(千態萬象)
천티(賤-)
천파만파(千波萬波)
천편일률(千篇一律)
천하를 얻은 듯(天下-) [관]
천하만사(天下萬事)
천하무적(天下無敵)
천하없어도(天下-)
천하일(天下一)
천하일색(天下一色)
천하일품(天下一品)
천하잡년(天下雜-)
천하잡놈(天下雜-)
천하장사(天下壯士)
천하절색(天下絶色)
천하제일(天下第一)
천하태평(天下泰平)
천하 통일(天下統一)
천혜 자원(天惠資源)
철갑상어(鐵甲-)
철강 공업＝철강공업(鐵鋼工業)
철거 비용(撤去費用)
철거해 버리다(撤去-)
철겨운 부채질 하다 봉변 안 당하는 놈 없다(-
　　逢變-當-) [격]
철겨운 옷차림
철권 정치(鐵拳政治)
철권통치(鐵拳統治)
철 그른 동남풍(-東南風) [격]
철길(鐵-)
철꽃　철 따라 피고 지는 꽃.
철끈(綴-)
철나다
철나자 망령 난다(-妄靈-) [격]
철난 아이
철날 때 멀다
철노동(-勞動)
철노동자(-勞動者)
철 늦은 꽃
철다툼
철 대문 집(鐵大門-)
철도 사고(鐵道事故)
철도 여행(鐵道旅行)
철도 요금(鐵道料金)
철두철미(徹頭徹尾)

철둑(鐵-)
철둑길(鐵-)
철들다
철들어 가다
철들자 망령이라(-妄靈-) [격]
철따구니
철딱서니
철딱서니 없다
철로바탕(鐵路-)
철로 변(鐵路邊)
철록어미
철록어미냐 용귀돌이냐 담배도 잘 먹는다 [격]
철롯둑(鐵路-)
철망유리(鐵網琉璃)
철망 치다(鐵網-)
철면피한(鐵面皮漢)
철모르고 날뛰다
철모르쟁이
철 묵은 색시 [격]
철벽같다(鐵壁-)
철복(-服)　제철에 알맞은 옷.
철부지 같은
철부지같이
철붙이(鐵-)　＝쇠붙이.
철새 정치인(-政治人)
철새족(-族)
철석간장(鐵石肝腸)
철석같다(鐵石-)
철수 지령(撤收指令)
철수해 버리다(撤收-)
철 안 들다
철야 근무(徹夜勤務)
철야 기도(徹夜祈禱)
철야해 가며(徹夜-)
철어렁이(鐵-)
철없는 아이들
철없어 보이다
철없이 굴다
철옹산성(鐵甕山城)
철을 찾다 [관]
철음식(-飮食)　철에 따라 특별히 해 먹는 음
　　식.
철이 그르다 [관]
철 이른 꽃
철저해 보이다(徹底-)
철제 가구(鐵製家具)

838

철제 의자(鐵製椅子)
철제 책상(鐵製冊床)
철 지난 옷
철질해 먹다(鐵-)
철창생활(鐵窓生活)
철창신세(鐵窓身世)
철창 없는 감옥(鐵窓-監獄) [관]
철찾다
철천지원수(徹天之怨讐)
철철 넘치다
철청총이(鐵靑驄-)
철총이(鐵驄-)
철통같다(鐵桶-)
철통같은 수비(鐵桶-守備)
철통 보안(鐵桶保安)
철퇴를 가하다(鐵槌-加-) [관]
철퇴를 맞다(鐵槌-)
철판구이(鐵板-)
철판상어(鐵板-)
철판을 깔다(鐵板-)
철학 사전(哲學辭典)
철화같다(鐵火-)
철회해 버리다(撤回-)
첨가 안 되다(添加-)
첨가해 주다(添加-)
첨단 과학(尖端科學)
첨단 기술(尖端技術)
첨단 무기(尖端武器)
첨단 장비(尖端裝備)
첨단 제품(尖端製品)
첨부해 놓다(添附-)
첨예분자(尖銳分子)
첩년(妾-)
첩년 꼴 안 보다(妾-)
첩 노릇 하다(妾-)
첩 두고는 못 산다(妾-)
첩 들이다(妾-)
첩며느리(妾-) 아들의 첩.
첩보 기관(諜報機關)
첩보 수집(諜報收集)
첩보 영화(諜報映畵)
첩보 작전(諜報作戰)
첩보 활동(諜報活動)
첩살림(妾-)
첩살이하다(妾-)
첩 삼은 년(妾-)

첩의 살림은 밑 빠진 독에 물 길어 붓기(妾-)
　　[격]
첩자 노릇 하다(諜者-)
첩장가(妾-)
첩장모(妾丈母)
첩장인(妾丈人)
첩쟁이(妾-)
첩 정은 삼 년 본처 정은 백 년(妾情-三年本妻
　　情-百年) [격]
첩지머리
첩첩산중(疊疊山中)
첫가물
첫가을
첫가을에는 손톱 발톱 다 먹는다 [격]
첫가지
첫 거래(-去來)
첫걸음
첫걸음마
첫걸음마를 떼다 [관]
첫걸음마를 타다 [관]
첫겨울
첫 경험(-經驗)
첫고등 맨 처음의 기회.
첫 구절(-句節)
첫국
첫국밥
첫 글자(-字)
첫 기록(-記錄)
첫기제(-忌祭)
첫길
첫나들이
첫나들이를 하다 [격]
첫날
첫날밤
첫날밤에 속곳 벗어 메고 신방에 들어간다(-新
　　房-) [격]
첫낮
첫눈
첫눈에 들다
첫 단추
첫닭
첫닭 우는 소리
첫닭울이 첫닭이 울 무렵.
첫 대면(-對面)
첫대목
첫대바기 맞닥뜨린 맨 처음.

첫도위

첫도가 세간 밑천이다 [격]

첫돌

첫돌 잔치

첫딱지

첫딱지 떼다

첫딸

첫딸은 살림 밑천이다 [격]

첫마디

첫 만남

첫말

첫맛

첫맛에 가오릿국 [격]

첫머리

첫모

첫모 방정에 새 까먹는다 [격]

첫 모임

첫몸풀기 =초산(初産).

첫물

첫물가다

첫물지다

첫밗 일이나 행동의 맨 처음 국면.

첫밗부터 꼬이다

첫발

첫발을 내디디다 [관]

첫발 떼다 [관]

첫발자국

첫배 =맏배.

첫 번째(-番-)

첫봄

첫사랑

첫사리

첫 사위가 오면 장모가 신을 거꾸로 신고 나간
　　다(-丈母-) [격]

첫 삽 뜨다 [관]

첫새벽

첫서리

첫서리를 맞다

첫선 처음 세상에 내놓음.

첫선 보이다

첫소리

첫손가락

첫손가락에 꼽히다

첫솜씨

첫 수업(-授業)

첫 수확(-收穫)

첫 순서(-順序)

첫술

첫술에 배 부르랴 [격]

첫 시간(-時間)

첫아기

첫아기에 단산(-斷産)

첫아들

첫아들 낳기는 정승하기보다 어렵다(-政丞-)
　　　[격]

첫아이

첫애

첫얼음

첫여름

첫울음

첫 월급(-月給)

첫윷

첫이레

첫인사(-人事)

첫인사말(-人事-)

첫인상(-印象)

첫입

첫 자(-字)

첫 자리

첫 잔

첫잠

첫잠누에

첫잠 들다

첫 장면(-場面)

첫정(-情)

첫젖

첫제사(-祭祀)

첫조금

첫 졸업생(-卒業生)

첫 주(-週)

첫 줄

첫째

첫째가다

첫째 날

첫째날개깃

첫째날개덮깃

첫째 달

첫째 딸

첫째 며느리

첫째 아들

첫째 아이

첫째 주(-週)

첫째 줄
첫차(-車)
첫차 타고 가다(-車-)
첫추위
첫 출근(-出勤)
첫출발(-出發)
첫코
첫판
첫풀이
첫해
첫해 권농(-勸農)
첫 행(-行)
첫행보(-行步)
첫혼인(-婚姻)
첫 회(-回)
첫 휴가(-休暇)
청가라말(靑-) 털빛이 검붉은 말.
청각나물(靑角-)
청각 능력(聽覺能力)
청각 장애(聽覺障碍)
청개구리(靑-)
청고사리(靑-) 말리지 않은 푸른 고사리.
청구멍(請-)
청구 소송(請求訴訟)
청구해 오다(請求-)
청국장이 장이냐 거적문이 문이냐(淸麴醬-醬-
　　門-門-) [격]
청국장찌개(淸麴醬-)
청군 대 백군(靑軍對白軍)
청기와(靑-)
청기와 장수(靑-) [격] 비법이나 기술 따위를
　　자기만 알고 남에게는 알려 주지 않는 사람
　　을 비유적으로 이르는 말.
청꼭지(靑-)
청꾼(請-)
청년 문화(靑年文化)
청년 시절(靑年時節)
청년자제(靑年子弟)
청년재사(靑年才士)
청년 학도(靑年學徒)
청 놓애[관]
청대나무말(靑-)
청대콩(靑-)
청대콩자반(靑-)
청동화로(靑銅火爐)
청동호박

청동호박나물
청등홍가(靑燈紅街)
청량음료(淸凉飮料)
청력 장애(聽力障碍)
청렴결백(淸廉潔白)
청머루(靑-)
청머리동이(靑-)
청명하면 대마도를 건너다보겠네(淸明-對馬
　　島-) [격]
청바지(靑-)
청반달(靑半-)
청백리 똥구멍은 송곳 부리 같다(淸白吏-) [격]
청부 맡다(請負-)
청부 살인(請負殺人)
청부 폭력(請負暴力)
청사등롱(靑紗燈籠)
청사초롱(靑紗-)
청산녹수(靑山綠水)
청산 못 하다(淸算-)
청산에 매 띄워 놓기다(靑山-) [격]
청산유수(靑山流水)
청산해 버리다(淸算-)
청삽사리(靑-)
청상과부(靑孀寡婦)
청상과수(靑孀寡守)
청색경보(靑色警報)
청색전화(靑色電話)
청석집(靑石-) =너새집.
청소 당번(淸掃當番)
청소 도구(淸掃道具)
청소 안 하다(淸掃-)
청소 용구(淸掃用具)
청소 일(淸掃-)
청소 차량(淸掃車輛)
청소해 주다(淸掃-)
청솔가지(靑-)
청순가련(淸純可憐)
청순해 보이다(淸純-)
청숫돌(靑-)
청승궂다
청승꾸러기
청승 떨다
청승맞다
청승맞아 보이다
청승 부리다
청승살 팔자 사나운 노인이 어울리지 않게 찐

살.

청승은 늘어 가고 팔자는 오그라진다(-八字-)
   [격]

청승주머니

청실홍실(靑-紅-)

청약 부금(請約賦金)

청약 예금(請約預金)

청약 통장(請約通帳)

청약해 두다(請約-)

청어 굽는 데 된장 칠하듯(靑魚-醬漆-) [격]

청어백숙(靑魚白熟)

청어전유화(靑魚煎油花)

청어젓(靑魚-)

청어죽(靑魚粥)

청올치

청올치두메싸립

청올치비

청운의 꿈(靑雲-) [관]

청운의 뜻(靑雲-) [관]

청원 경찰=청원경찰(請願警察)

청을 넣다(請-) [관]

청을 빌려 방에 들어간다(廳-房-) [격]

청이 떨어지다 [관]

청인절미(靑-) =쑥인절미.

청자연적(靑瓷硯滴)

청잣빛(靑瓷-)

청정무구(淸淨無垢)

청정미미음(靑精米米飮)

청정미엿(靑精米-)

청정 식품(淸淨食品)

청정에너지(淸淨energy)

청정 지역(淸淨地域)

청정 채소=청정채소(淸淨菜蔬)

청정 해역(淸淨海域)

청지기(廳-)

청질(請-)

청쫍다(請-)

청참외(靑-)

청창옷(靑氅-)

청처지다

청처짐하다

청천대낮(靑天-)

청천백일(靑天白日)

청천백일기(靑天白日旗)

청천백일만지홍기(靑天白日滿地紅旗)

청천백일은 소경이라도 밝게 안다(靑天白日-)

   [격]

청천벽력(靑天霹靂)

청천에 구름 모이듯(靑天-) [격]

청천 하늘에 날벼락(靑天-) [격]

청철땜(靑鐵-)

청청다래

청춘과부(靑春寡婦)

청춘 남녀(靑春男女)

청춘사업(靑春事業)

청춘소년(靑春少年)

청춘 시절(靑春時節)

청출어람(靑出於藍)

청치(靑-) 현미에 섞인, 덜 여물어 푸른 빛깔
   을 띤 쌀알.

청치마(靑-)

청탁 대가(請託代價)

청탁 전화(請託電話)

청태자반(靑太-) =청대콩자반.

청태자반(靑苔-)

청태튀각(靑苔-)

청편지(請片紙)

청포묵(淸泡-)

청포채(淸泡-)

청풍뎅이(靑-)

청풍명월(淸風明月)

청한 듯하다(請-)

청해 오다(請-)

청호두(靑-) 설익은 호두.

체감 경기(體感景氣)

체감 온도=체감온도(體感溫度)

체결해 두다(締結-)

체계 잡히다(體系-)

체곗돈(遞計-)

체곗집(遞計-)

체납해 오다(滯納-)

체내다(滯-)

체내 조직(體內組織)

체념한 듯하다(諦念-)

체념해 버리다(諦念-)

체념해 오다(諦念-)

체두머리(剃頭-)

체득해 오다(體得-)

체력 단련(體力鍛鍊)

체력 소모(體力消耗)

체력 증진(體力增進)

체력 향상(體力向上)

체력 훈련(體力訓練)
체류 기간(滯留期間)
체류해 오다(滯留-)
체머리
체머리 흔들다 [관]
체메(體-) 체면을 모르는 사람.
체메꾼(體-)
체메 들다(體-)
체면 깎이다(體面-)
체면 봐 주다(體面-)
체면 사납다(體面-) [관]
체면 세워 주다(體面-)
체면 안 가리고(體面-)
체면 안 서다(體面-)
체면 안 차리다(體面-)
체면에 몰리다(體面-) [관]
체면 유지(體面維持)
체면이 말이 아니다(體面-)
체면이 사람 죽인다(體面-) [격]
체면 차리다(體面-)
체면 차리다 굶어 죽는다(體面-) [격]
체면치레(體面-)
체 보고 옷 짓고 꼴 보고 이름 짓는다(體-) [격]
체불 임금＝체불임금(滯拂賃金)
체수 보아 옷 짓는다(體-) [격]
체수없다(體-)
체외 수정＝체외수정(體外受精)
체육공원(體育公園)
체육 교사(體育敎師)
체육 대회＝체육대회(體育大會)
체육 시간(體育時間)
체육 시설(體育施設)
체육 행사(體育行事)
체 장수
체쟁이(滯-)
체제 개혁(體制改革)
체제 정비(體制整備)
체중 감량(體重減量)
체중 미달(體重未達)
체중 조절(體重調節)
체질 개선(體質改善)
체취 풍기다(體臭-)
체크무늬(check-)
체통 없이(體統-)
체통 지키다(體統-)
체포 영장(逮捕令狀)

체포해 가다(逮捕-)
체험해 보다(體驗-)
체험 행사(體驗行事)
쳇것
쳇눈
쳇다리
쳇바퀴
쳇바퀴 돌듯
쳇발
쳇병(-病)
쳇불
쳇불관(-冠)
쳇불관 쓰고 몽둥이 맞다(-冠-) [격]
쳐 넘기다
쳐 놓다
쳐다만 보다
쳐다보다
쳐다보이다
쳐다보지 마라
쳐볼 거야
쳐들다
쳐들리다
쳐들어가다
쳐들어오다
쳐들어 올리다
쳐부수다
쳐 없애다
쳐올리다
쳐주다
쳐 죽이다
-초(初) (의존 명사) 내년 초, 20세기 초, 학기
    초.
초(超)- (접사) 초강대국, 초음속, 초만원.
초가삼간(草家三間)
초가삼간 다 타도 빈대 죽는 것만 시원하다(草
    家三間-) [격]
초가을(初-)
초가지붕(草家-)
초가집(草家-)
초간장(醋-醬)
초겨울(初-)
초계 비행＝초계비행(哨戒飛行)
초고리 작은 매.
초고리는 작아도 꿩만 잡는다 [격]
초고속도(超高速度)
초과 근무＝초과근무(超過勤務)

843

초과 달성(超過達成)

초과 시간(超過時間)

초과 안 되다(超過-)

초과 지출(超過支出)

초교탕(-湯)

초군아이(樵軍-) 땔나무를 하는 아이.

초군질(樵軍-)

초근목피(草根木皮)

초기 단계(初期段階)

초기 증상(初期症狀)

초김치(醋-)

초김치가 되다(醋-) [관]

초꼬슴(初-) 어떤 일을 하는 데에서 맨 처음.

초꽃이

초나물(醋-)

초나흗날(初-)

초나흘(初-)

초년고생(初年苦生)

초년고생은 만년 복이라(初年苦生-晩年福-)
    [격]

초년고생은 사서라도 한다(初年苦生-) [격]

초년고생은 양식 지고 다니며 한다(初年苦生-
    糧食-) [격]

초년고생은 은을 주어도 안 바꾼다(初年苦生-
    銀-) [격]

초년고생은 은 주고 산다(初年苦生-銀-) [격]

초다듬(初-)

초다듬이(初-)

초다듬이질(初-)

초다짐(初-)

초담배(草-)

초닷새(初-)

초닷샛날(初-)

초당 삼간이 다 타도 빈대 죽는 것만 시원하다
    (草堂三間-) [격]

초대 못 받다(招待-)

초대 손님(招待-)

초대 안 하다(招待-)

초대할 거야(招待-)

초대해 주다(招待-)

초대 회장(初代會長)

초도순시(初度巡視)

초동 수사=초동수사(初動搜査)

초들다

초들물(初-) 밀물이 들기 시작할 때.

초등 교사(初等敎師)

초등 교육=초등교육(初等敎育)

초등학교(初等學校)

초등학생(初等學生)

초라니 대상 물리듯(-大祥-) [격]

초라니 수고 채 메듯(-手鼓-) [격]

초라니 열은 보아도 능구렁이 하나는 못 본다
    [격]

초라니탈

초라니탈에도 차례가 있다(-次例-) [격]

초라떼다

초라해 보이다

초라해져 가다

초련 먹다 [관]

초례청에서 웃으면 첫딸을 낳는다(醮禮廳-) [격]

초로와 같다(草露-)

초로인생(草露人生)

초록은 동색(草綠-同色) [격]

초록은 제 빛이 좋다(草綠-) [격]

초롱꾼

초롱불

초립둥이(草笠-)

초립둥이 장님을 보았다(草笠-) [격]

초막집(草幕-)

초맛살

초면부지(初面不知)

초무침(醋-)

초미에 가오리탕(初味-湯) [격]

초바늘(秒-)

초방석(草方席)

초벌갈이(初-)

초벌구이(初-)

초벌매기(初-)

초벌 빨래(初-)

초병마개(醋瓶-)

초보 단계(初步段階)

초보 운전(初步運轉)

초복 날(初伏-)

초복 무렵(初伏-)

초사흗날(初-)

초사흘(初-)

초사흘 달은 잰 며느리가 본다(初-) [격]

초상나다(初喪-)

초상난 데 춤추기(初喪-) [격]

초상난 집 같다(初喪-) [관]

초상난 집 개(初喪-) [격]

초상 만난 집 같다(初喪-) [관]

초상술(初喪-)
초상술에 권주가 부른다(初喪-勸酒歌-) [격]
초상 안에 신주 마르듯(初喪-神酒-) [격]
초상집(初喪-)
초상집 개 같다(初喪-)
초상집의 주인 없는 개(初喪-主人-)
초상 치르다(初喪-)
초선 의원(初選議員)
초순경(初旬頃)
초스피드(超speed)
초승달(初-)
초승달은 잰 며느리가 본다(初-) [격]
초시가 잦으면 급제가 난다(初試-及第-) [격]
초식 동물＝초식동물(草食動物)
초썰물(初-) 바닷물이 빠지기 시작할 무렵.
초아흐레(初-)
초아흐렛날(初-)
초어스름(初-)
초여드레(初-)
초여드렛날(初-)
초여름(初-)
초연해 보이다(超然-)
초열흘(初-)
초열흘날(初-)
초엿새(初-)
초엿샛날(初-)
초월의식(超越意識)
초이레(初-)
초이렛날(初-)
초이튿날(初-)
초이틀(初-)
초일일(初一日)
초읽기(秒-)
초임 시절(初任時節)
초입새(初-)
초자연주의(超自然主義)
초장 술에 파장 매(初場-罷場-) [격]
초장에 까부는 게 파장에 매 맞는다(初場-罷
    場-) [격]
초저녁(初-)
초저녁 구들이 따뜻해야 새벽 구들이 따뜻하다
    (初-) [격]
초저녁달(初-)
초저녁잠(初-)
초전 박살(初戰-)
초점 맞추다(焦點-)

초점 안 맞다(焦點-)
초점 잃은 눈(焦點-)
초젓국(醋-)
초조금(初潮-)
초조한 듯하다(焦燥-)
초조할 거야(焦燥-)
초조해 보이다(焦燥-)
초조해져 가다(焦燥-)
초주검(初-)
초지일관(初志一貫)
초지장도 맞들면 낫다(草紙張-) [격]
초지 한 장이 바람은 막는다(草紙-張-) [격]
초집게(草-)
초청 강사(招請講士)
초청 강연(招請講演)
초청 공연(招請公演)
초청 못 받다(招請-)
초청 손님(招請-)
초청 안 하다(招請-)
초청 인사(招請人士)
초청해 주다(招請-)
초청 행사(招請行事)
초췌해 보이다(憔悴-)
초췌해져 가다(憔悴-)
초 치다(醋-)
초친놈(醋-)
초친맛(醋-)
초칠일(初七日)
초특작품(超特作品)
초 판 쌀이라 [격]
초파일(初八日)
초하루(初-)
초하룻날(初-)
초하룻날 먹어 보면 열하룻날 또 간다(初-) [격]
초행길(初行-)
초현대식(超現代式)
초현실주의(超現實主義)
초혜집 이쑤시개나 귀이개 따위를 넣는 조그
    마한 통.
초호화판(超豪華-)
초호황(超好況)
촉각을 곤두세우다(觸角-) [관]
촉구해 오다(促求-)
촉매 역할(觸媒役割)
촉박해져 가다(促迫-)
촉빠르다 생기가 있고 재치가 빠르다.

촉빠른 사람
촉새가 황새를 따라가다 가랑이 찢어진다 [격]
촉새부리
촉수동물(觸手動物)
촉수를 뻗치다(觸手-) [관]
촌것(村-)
촌구석(村-)
촌길(村-)
촌년(村-)
촌년이 늦바람 나면 솟곳 밑에 단추 단다(村-)
　　　[격]
촌년이 아전 서방을 하면 날 샌 줄을 모른다
　　　(村-衙前書房-) [격]
촌놈(村-)
촌놈 관청에 끌려온 것 같다(村-官廳-) [격]
촌놈 성이 김가 아니면 이가라(村-姓-金哥-
　　　李哥-) [격]
촌놈에 관장 들었다(村-官長-) [격]
촌놈 엿가락 빼듯(村-) [격]
촌놈은 똥배 부른 것만 친다(村-) [격]
촌놈은 밥그릇 높은 것만 친다(村-) [격]
촌닭(村-)
촌닭 관청에 간 것 같다(村-官廳-) [격]
촌닭 관청에 잡아다 놓은 것 같다(村-官廳-)
　　　[격]
촌닭이 관청 닭 눈 빼 먹는다(村-官廳-) [격]
촌뜨기(村-)
촌마을(村-)
촌맛(村-)
촌무지렁이(村-)
촌백성(村百姓)
촌보리동지(村-同志)
촌부락(村部落)
촌부자(村富者)
촌사람(村-)
촌살림(村-)
촌색시(村-)
촌샌님(村-)
촌생원(村生員)
촌스러워 보이다(村-)
촌아이(村-)
촌집(村-)
촌 처녀 자란 것은 모른다(村處女-) [격]
촌철살인(寸鐵殺人)
촌치(寸-)
촌티(村-)

촌티 나다(村-)
촌티 흐르다(村-)
촐랑이 수염 같다(-鬚髥-) [관]
촛국(醋-)
촛농(-膿)
촛대(-臺)
촛대다리(-臺-)
촛밑(醋-)
촛불놀이
촛불 시위(-示威)
총각 귀신(總角鬼神)
총각김치(總角-)
총각깍두기(總角-)
총각 딱지를 떼다(總角-) [관]
총각무(總角-)
총감투
총개머리(銃-)
총갱기
총걸다(銃-)
총걸이(銃-)
총 겨누다(銃-)
총격 사건(銃擊事件)
총괄 부서(總括部署)
총구멍(銃-)
총궐기 대회(總蹶起大會)
총기 강도(銃器强盜)
총기 난동(銃器亂動)
총기 난사(銃器亂射)
총기 사고(銃器事故)
총기 오발(銃器誤發)
총넓이(總-)
총담요(-毯-)　말총으로 두껍게 짜서 만든 요.
총대 메다(銃-) [격]
총대우　말총이나 쇠꼬리의 털로 짜서 옷을 칠
　　　한 갓.
총떡
총력안보(總力安保)
총력외교(總力外交)
총력전 펼치다(總力戰-)
총 맞다(銃-)
총명이 둔필만 못하다(聰明-鈍筆-)
총모자(-帽子)
총 못 쏘다(銃-)
총무원장(總務院長)
총받이(銃-)
총발휘(總發揮)

846

총부리(銃-)
총부리 들이대다(銃-)
총사냥(銃-)
총사령관(總司令官)
총살해 버리다(銃殺-)
총상 입다(銃傷-)
총생산물(總生産物)
총선 전략(總選戰略)
총소리(銃-)
총싸움(銃-)
총 쏘다(銃-)
총알구멍(銃-) =총구멍.
총알받이(銃-)
총알 자국(銃-)
총알택시(銃-taxi)
총이말(驄-) 갈기와 꼬리가 파르스름한 흰 말.
총자루(銃-)
총 잡다(銃-) [관]
총잡이(銃-)
총지배인(總支配人)
총지휘(總指揮)
총질(銃-)
총집(銃-)
총집중(總集中)
총집합(總集合)
총채질
총책임자(總責任者)
총천연색(總天然色)
총총걸음
총총들이(蔥蔥-)
총총들이 반 병이라(蔥蔥-半甁-) [격]
총추개
총출동(總出動)
총출연(總出演)
총칼(銃-)
총탄 세례(銃彈洗禮)
총퇴장(總退場)
총파업(總罷業)
총평수(總坪數)
총화력(總火力)
총회꾼(總會-)
총휴업(總休業)
촬영 기사=촬영기사(撮影技師)
촬영 현지(撮影現地)
최고 가격(最高價格)
최고 권력(最高權力)

최고 권위(最高權威)
최고 기록(最高記錄)
최고 등급(最高等級)
최고 속도(最高速度)
최고 수준(最高水準)
최고 위원(最高委員)
최고위층(最高位層)
최고 점수(最高點數)
최고 학부=최고학부(最高學府)
최근 동향(最近動向)
최근 들어(最近-)
최근 며칠 사이(最近-)
최단 기간(最短期間)
최대 규모(最大規模)
최대급행(最大急行)
최대 용량(最大容量)
최대 위기(最大危機)
최대한도(最大限度)
최대 현안(最大懸案)
최동학의 기별 보듯(崔東學-寄別-)
최루 가스=최루가스(催淚gas)
최면 걸다(催眠-)
최면 상태(催眠狀態)
최상 등급(最上等級)
최 생원의 신주 마르듯(崔生員-神主-) [격]
최선 다하다(最善-)
최소 규모(最小規模)
최소한도(最小限度)
최신 기술(最新技術)
최신 무기(最新武器)
최신 시설(最新施設)
최신 이론(最新理論)
최우등생(最優等生)
최장 기간(最長期間)
최저 가격(最低價格)
최저 기온=최저기온(最低氣溫)
최저 생활(最低生活)
최저한도(最低限度)
최종 결단(最終決斷)
최종 단계(最終段階)
최종 마감(最終-)
최종 시한(最終時限)
최종 심사(最終審査)
최종 점검(最終點檢)
최종 평가(最終評價)
최종 학력(最終學歷)

ㅊ

최종 합격(最終合格)
최종 확인(最終確認)
최종회(最終回)
최하 등급(最下等級)
최후 수단(最後手段)
최후일각(最後一刻)
최후 진술=최후진술(最後陳述)
최후통첩(最後通牒)
추가 모집(追加募集)
추가 비용(追加費用)
추가 시험=추가시험(追加試驗)
추가 신청(追加申請)
추가 합격(追加合格)
추가해 오다(追加-)
추경치다(秋耕-)　가을에 논밭을 갈다.
추곡 수매(秋穀收買)
추구월(秋九月)
추구해 오다(追求-)
추깃물　송장이 썩어서 흐르는 물.
추나요법(推拏療法)
추녀마루
추녀 물은 항상 제자리에 떨어진다(-恒常-) [격]
추녀허리
추도모임(追悼-)
추도 행사(追悼行事)
추돌 사고(追突事故)
추락 사고(墜落事故)
추레해 보이다
추려 내다
추려 놓다
추려 두다
추려 주다
추렴 들다 [관]
추렴새　추렴하는 돈이나 물건.
추리해 보다(推理-)
추림대(-臺)
추모 공원(追慕公園)
추모 대회(追慕大會)
추모 사업(追慕事業)
추모 행사(追慕行事)
추방해 버리다(追放-)
추산해 보다(推算-)
추상같다(秋霜-)
추상주의(抽象主義)
추석날(秋夕-)
추석놀이(秋夕-)

추석 대목(秋夕-)
추석 때(秋夕-)
추석비(秋夕-)　추석에 내리는 비.
추석빔(秋夕-)
추석 선물(秋夕膳物)
추석 쇠다(秋夕-)
추석 연휴(秋夕連休)
추수 때(秋收-)
추수철(秋收-)
추슬러 나가다
추악해 보이다(醜惡-)
추악해져 가다(醜惡-)
추어내다　=들추어내다.
추어올리다
추어주다
추우면 다가들고 더우면 물러선다 [격]
추운가 보다
추운걸
추운 듯하다
추운 소한은 있어도 추운 대한은 없다(-小寒-
　　大寒-) [격]
추울 거야
추울걸
추울 걸세
추울걸요
추울 듯하다
추울 텐데
추워 보이다
추워져 가다
추웠을 거야
추위막이
추위 안 타다
추위 타다
추잡스러워 보이다(醜雜-)
추저분해 보이다(醜-)
추적 조사(追跡調査)
추적해 오다(追跡-)
추접스러워 보이다(醜-)
추접지근하다(醜-)
추정해 보다(推定-)
추종 세력(追從勢力)
추종해 오다(追從-)
추진 능력(推進能力)
추진 못 하다(推進-)
추진 사업(推進事業)
추진 위원(推進委員)

추진 일정(推進日程)
추진해 나가다(推進-)
추진해 오다(推進-)
추천 도서(推薦圖書)
추첨 제도(抽籤制度)
추출해 내다(抽出-)
추측 기사(推測記事)
추측해 보다(推測-)
추켜들다
추켜올리다
추켜잡다
추태 부리다(醜態-)
추파 던지다(秋波-)
추파질(秋波-)
추팔월(秋八月)
추포탕(-湯)
추풍낙엽(秋風落葉)
추한 듯하다(醜-)
추해 보이다(醜-)
추해져 가다(醜-)
축가다(縮-)
축구 경기(蹴球競技)
축구공(蹴球-)
축구 선수(蹴球選手)
축구 시합(蹴球試合)
축구장만 하다(蹴球場-)
축내다(縮-)
축대 쌓다(築臺-)
축댓돌(築臺-)
축배 들다(祝杯-)
축복해 주다(祝福-)
축산 농가(畜産農家)
축산업자(畜産業者)
축에 끼다
축에 들다
축에 못 끼다
축에 못 들다
축여 주다
축적해 가다(蓄積-)
축전 치다(祝電-)
축제 기간(祝祭期間)
축제 행렬(祝祭行列)
축지다(縮-)
축짓다(軸-)
축 처지다
축축해 보이다

축출해 버리다(逐出-)
축하 공연(祝賀公演)
축하 모임(祝賀-)
축하 사절(祝賀使節)
축하 잔치(祝賀-)
축하 전화(祝賀電話)
축하해 주다(祝賀-)
축하 행렬(祝賀行列)
축하 행사(祝賀行事)
춘분날(春分-)
춘삼월(春三月)
춘정월(春正月)
춘풍으로 남을 대하고 추풍으로 나를 대하라(春
　　風-對-秋風-對-) [격]
춘하추잠(春夏秋蠶)
춘향대제(春享大祭)
춘향이가 인도환생을 했나(春香-人道還生-)
　　[격]
춘향이 집 가리키기(春香-)
출가수행(出家修行)
출가외인(出嫁外人)
출고 현황(出庫現況)
출구 조사(出口調査)
출구통로(出口通路)
출국 금지(出國禁止)
출국 수속(出國手續)
출국 신고(出國申告)
출근길(出勤-)
출근 안 하다(出勤-)
출근 일수(出勤日數)
출금 업무(出金業務)
출동 명령(出動命令)
출동 안 하다(出動-)
출동 준비(出動準備)
출두 명령(出頭命令)
출두 요청(出頭要請)
출렁다리
출렁쇠 =용수철.
출마 선언(出馬宣言)
출마 포기(出馬抛棄)
출마해 보다(出馬-)
출무성하다
출물꾼(出物-)
출발 당시(出發當時)
출발 시간(出發時間)
출발 신호(出發信號)

출발역(出發驛)
출발 일시(出發日時)
출발 지점(出發地點)
출발해 버리다(出發-)
출범 당시(出帆當時)
출산 휴가=출산휴가(出産休暇)
출생 신고=출생신고(出生申告)
출생증명서(出生證明書)
출생지주의(出生地主義)
출석 부르다(出席-)
출석 인원(出席人員)
출석할 듯하다(出席-)
출세 가도를 달리다(出世街道-)
출세 비결(出世秘訣)
출세주의(出世主義)
출셋길(出世-)
출신 성분(出身成分)
출신 학교(出身學校)
출연 요청(出演要請)
출영 나가다(出迎-)
출입 금지(出入禁止)
출입 기자(出入記者)
출입길(出入-)
출입 못 하다(出入-)
출입 안 하다(出入-)
출입옷(出入-) =나들이옷.
출입 통제(出入統制)
출입해 오다(出入-)
출장 가다(出張-)
출장 기간(出張期間)
출장길(出張-)
출장 명령(出張命令)
출장 요리(出張料理)
출전 선수(出戰選手)
출전 준비(出戰準備)
출제 경향(出題傾向)
출제 위원(出題委員)
출중나다(出衆-)
출퇴근길(出退勤-)
출판문화(出版文化)
출판 시장(出版市場)
출판업자(出版業者)
출품해 오다(出品-)
출혈 경쟁=출혈경쟁(出血競爭)
춤가락
춤꾼

춤마당
춤 못 추다
춤 바람
춤사위
춤 실력(-實力)
춤추고 싶은 둘째 동서 맏동서보고 춤추라 한
　다(-同壻-同壻-) [격]
춤추다
춤추듯 하다
춤판 벌이다
춥기는 삼청 냉돌이라(-三廳冷堗-) [격]
춥기만 하다
춥긴 하지만
춥다나 봐-)
춥지 않은 소한 없고 추운 대한 없다(-小寒-大
　寒-) [격]
충격 요법=충격요법(衝擊療法)
충격 효과(衝擊效果)
충고해 주다(忠告-)
충나다(蟲-)
충당될 듯하다(充當-)
충당해 오다(充當-)
충돌 사고(衝突事故)
충돌해 버리다(衝突-)
충동구매(衝動購買)
충동질(衝動-)
충만해 보이다(充滿-)
충북 지역(忠北地域)
충분조건(充分條件)
충분한 듯하다(充分-)
충분해 보이다(充分-)
충빠지다　화살이 떨며 나가다.
충성스러워 보이다(忠誠-)
충신열사(忠臣烈士)
충신의 편도 천명 역적의 편도 천명(忠臣-便-
　天命逆賊-便-天命) [격]
충신이 죽으면 대나무가 난다(忠臣-) [격]
충실해 보이다(充實-)
충원해 주다(充員-)
충전해 두다(充電-)
충족 못 시키다(充足-)
충주 결은 고비(忠州-고비) [격]
충주 달래 꼽재기 같다(忠州-) [격]
충주 자린고비(忠州-) [격]
충직스러워 보이다(忠直-)
충청남도(忠淸南道)

850

충청북도(忠淸北道)
충항아리(-缸-)
취객이 외나무다리 잘 건넌다(醉客-) [격]
취급 안 하다(取扱-)
취급해 오다(取扱-)
취기 돌다(醉氣-)
취기 오르다(醉氣-)
취나물
취담 중에 진담이 있다(醉談中-眞談-) [격]
취떡
취로 사업=취로사업(就勞事業)
취미 교실(趣味敎室)
취미 붙이다(趣味-)
취미 삼다(趣味-)
취미 생활(趣味生活)
취사도구(炊事道具)
취사반장(炊事班長)
취사선택(取捨選擇)
취소될 듯하다(取消-)
취소시켜 버리다(取消-)
취소 처분(取消處分)
취소해 버리다(取消-)
취쌈
취약해 보이다(脆弱-)
취업 못 하다(就業-)
취업 이민(就業移民)
취업 준비 중(就業準備中)
취업 지도(就業指導)
취임 인사(就任人事)
취임할 듯하다(就任-)
취재 기자=취재기자(取材記者)
취재해 오다(取材-)
취재 활동(取材活動)
취중에 무천자라(醉中-無天子-) [격]
취중에 진담이 나온다(醉中-眞談-) [격]
취중 진담(醉中眞談)
취직 못 하다(就職-)
취직시켜 주다(就職-)
취직자리(就職-)
취침나팔(就寢喇叭)
취침 시간(就寢時間)
취하해 버리다(取下-)
취학 아동=취학아동(就學兒童)
취한 놈 달걀 팔듯(醉-) [격]
취한 듯하다(醉-)
취한 체하다(醉-)

취해 가다(醉-)
취해 버리다(醉-)
취해 오다(醉-)
첫국 참취로 끓인 국.
-측(側) (의존 명사) 반대하는 측에서, 이긴 측
    에서.
측근 인사(側近人士)
측량없다(測量-)
측량해 보다(測量-)
측은해 보이다(惻隱-)
측정 못 하다(測定-)
측정해 보다(測定-)
층갈이(層-) =계단 경작.
층계참(層階站)
층구름(層-)
층나다(層-)
층널(層-)
층댓돌(層臺-)
층쌘구름(層-)
층어귀(層-)
층지다(層-)
층층다리(層層-)
층층시하(層層侍下)
층층시하에 줄방귀 참는 새댁처럼(層層侍下-
    宅-) [격]
층타렴타다
층하 지다(層下-)
치가 떨리다(齒-) [관]
치가리다
치감고 내리감다 [관]
치개다
치걷다
-치고 (조사) 겨울치고는 따뜻하다.
-치고 (동사) 피아노를 치고.
치고 가다
치고 나가다
치고 나오다
치고받다
치고 보니 삼촌이라(-三寸-) [격]
치고 빠지다
치과 의사(齒科醫師)
치국평천하(治國平天下)
치굴리다
치굿다
치기만만하다(稚氣滿滿-)
치기배(-輩)

851

치기 부리다(稚氣-)
치기 어린 행동(稚氣-行動)
치꽂다
치다꺼리
치다루다
치닫다
치달리다
치대어 헹구다
치더듬다
치도곤을 안기다(治盜棍-) [관]
치 떨다(齒-) [관]
치 떨리다(齒-) [관]
치뚫다
치뛰다
치뜨다
치뜨리다
치러 가다
치러 갔다가 맞기도 예사(-例事) [격]
치러 나가다
치러 내다
치러 보다
치러 본 적 없다
치러 주다
치레기고치 추리고 남은 누에고치.
치렛감
치렛거리
치렛깃
치렛말
치렛장(-欌) =장식장.
치료 못 받다(治療-)
치료 방법(治療方法)
치료 안 되다(治療-)
치료해 오다(治療-)
치룽구니
치룽장수
치르고 나니
치르고 보니
치를 거야
치를걸
치를 걸세
치를걸요
치를게
치를게요
치를 떨다(齒-) [관]
치마가 열두 폭인가(-幅-) [격]
치마꼬리

치마끈
치마머리 머리털이 적은 남자가 상투를 짤 때
    본머리에 덧둘러서 감는 딴머리.
치마 밑에 키운 자식(-子息) [격]
치마바지
치마상투
치마양반(-兩班) 신분이 낮으면서 신분이 높은
    집과 혼인함으로써 지위를 얻게 된 양반.
치마에서 비파 소리가 난다(-琵琶-) [격]
치마연(-鳶)
치마 입다
치마저고리
치마차(-次) =치맛감.
치마통
치마폭(-幅)
치마폭이 넓다(-幅-) [격]
치마폭이 스물네 폭이다(-幅-幅-) [격]
치마허리
치맛감
치맛귀
치맛단
치맛말
치맛말기
치맛바람
치맛자락
치맛자락이 넓다
치맛주름
치매기다
치매 노인(癡呆老人)
치매 환자(癡呆患者)
치먹다
치먹이다
치명상 입다(致命傷-)
치밀다
치밀어 오르다
치밀해 보이다(緻密-)
치받다
치받들다
치받이
치받치다
치벋다
치보다
치부꾼(致富-)
치부해 버리다(置簿-)
치부해 오다(致富-)
치붙다

치빼다
치뻗다
치뿜다
치사랑
치사 사건(致死事件)
치사스러워 보이다(恥事-)
치사하게 굴지 마라(恥事-)
치사해 보이다(恥事-)
치산치수(治山治水)
치살리다
치성 드리다(致誠-)
치성터(致誠-)
치세우다
치소금(齒-) 이를 닦는 데에 쓰는 소금.
치솟다
치수 내다(-數-) [관]
치수 대다(-數-) [관]
치수 맞춰 옷 마른다(-數-) [격]
치쉬다
치신머리
치신머리사납다
치신머리없다
치신없다
치실(齒-)
치쌓다
치쌓이다
치쏘다
치쓸다
치아 교정(齒牙矯正)
치아머리(齒牙-)
치안 유지(治安維持)
치어걸(cheer girl)
치어나다
치어다보다
치열한 듯하다(熾烈-)
치열해 보이다(熾烈-)
치오르다
치외 법권=치외법권(治外法權)
치우치다
치워 가다
치워 나가다
치워 두다
치워 버리다
치워 주다
치 위에 치가 있다 [격]
치읽다

치임개질
치잡다
치장 차리다가 신주 개 물려 보낸다(治粧-神主-) [격]
치장해 두다(治粧-)
치정 관계(癡情關係)
치정 살인(癡情殺人)
치졸해 보이다(稚拙-)
치중해 오다(置重-)
치지르다
치질살(痔疾-)
치질 앓는 고양이 모양 같다(痔疾-模樣-) [격]
치째다
치째지다
치쪼다
치치다
치켜들다
치켜뜨다
치켜세우다
치키다
치트리다
치훑다
칙사 대접(勅使待接)
칙살맞다
칙살부리다
칙살스럽다
칙칙해 보이다
친가 쪽(親家-)
친구네 집(親舊-)
친구 녀석(親舊-)
친구 놈(親舊-)
친구는 옛 친구가 좋고 옷은 새 옷이 좋다(親舊-親舊-) [격]
친구 덕에(親舊德-)
친구 되는 사람(親舊-)
친구 따라 강남 간다(親舊-江南-) [격]
친구 삼다(親舊-)
친구의 망신은 곱사등이 시킨다(親舊-亡身-) [격]
친구인가 보다(親舊-)
친구 집(親舊-)
친근해 보이다(親近-)
친남매(親男妹)
친누이(親-)
친동기간(親同氣間)
친동생(親同生)

친딸(親-)
친목 단체(親睦團體)
친목 모임(親睦-)
친목 행사(親睦行事)
친미 세력(親美勢力)
친부모(親父母)
친부모 대하듯(親父母對-)
친부형(親父兄)
친북 세력(親北勢力)
친사돈(親査頓)
친사돈이 못된 형제보다 낫다(親査頓-兄弟-)
　　[격]
친사촌(親四寸)
친살붙이(親-)
친삼촌(親三寸)
친선 경기=친선경기(親善競技)
친선 방문(親善訪問)
친손녀(親孫女)
친손자(親孫子)
친손자는 걸리고 외손자는 업고 간다(親孫子-
　　外孫子-) [격]
친숙해 보이다(親熟-)
친아들(親-)
친아버지(親-)
친아비(親-)
친아우(親-)
친어머니(親-)
친어미(親-)
친어버이(親-)
친언니(親-)
친위 부대(親衛部隊)
친일 문화(親日文化)
친일 인사(親日人士)
친일 행각(親日行脚)
친자식(親子息)
친절해 보이다(親切-)
친정 가면 자루 아홉 가지고 온다(親庭-) [격]
친정 나들이(親庭-)
친정댁(親庭宅)
친정 부모(親庭父母)
친정붙이(親庭-)
친정살이(親庭-)
친정 식구(親庭食口)
친정아버지(親庭-)
친정어머니(親庭-)
친정 오빠(親庭-)

친정 일가 같다(親庭一家-) [관]
친정 조카(親庭-)
친정집(親庭-)
친조모(親祖母)
친조부(親祖父)
친조카(親-)
친족 관계(親族關係)
친좁다(親-)
친지간(親知間)
친쪼다(親-)　가까이 모시고 지내다.
친척 관계(親戚關係)
친척 되는 사람(親戚-)
친척 방문(親戚訪問)
친척 집(親戚-)
친친 감다
친탁하다(親-)
친필 편지(親筆便紙)
친할머니(親-)
친할미(親-)
친할아버지(親-)
친할아비(親-)
친해 가다(親-)
친해 두다(親-)
친해 보이다(親-)
친행길(親行-)
친형제(親兄弟)
칠교놀이(七巧-)
칠그릇(漆-)
칠 년 가뭄에는 살아도 석 달 장마에는 못 산다
　　(七年-) [격]
칠 년 가뭄에 하루 쓸 날 없다(七年-) [격]
칠 년 간병에 삼 년 묵은 쑥을 찾는다(七年看
　　病-三年-) [격]
칠년대한(七年大旱)
칠년대한 단비 온다(七年大旱-) [격]
칠년대한에 대우 기다리듯(七年大旱-大雨-)
　　[격]
칠 년 대흉이 들어도 무당만은 안 굶어 죽는다
　　(七年大凶-) [격]
칠뜨기(七-)
칠보단장(七寶丹粧)
칠보뒤꽂이(七寶-)
칠보반지(七寶斑指)
칠보족두리(七寶-)
칠보화관(七寶花冠)
칠부바지(七分-)

칠분도쌀(七分搗-)
칠붓(漆-)
칠뿜기(漆-)
칠삭둥이(七朔-)
칠석날(七夕-)
칠석날 까치 대가리 같다(七夕-) [격]
칠석물(七夕-)
칠석물이 지다(七夕-) [관]
칠성판을 지다(七星板-) [관]
칠순 잔치(七旬-)
칠순 할머니(七旬-)
칠순 할아버지(七旬-)
칠십 노인(七十老人)
칠십 대(七十代)
칠십 줄에 들다(七十-)
칠요일(七曜日)
칠월 달(七月-)
칠월 더부살이가 주인 마누라 속곳 걱정한다(七
　月-主人-) [격]
칠월 말(七月末)
칠월 송아지(七月-)
칠월 장마는 꾸어서 해도 한다(七月-) [격]
칠월 초(七月初)
칠월 칠석(七月七夕)
칠월 호(七月號)
칠인두(漆-)
칠장이(漆-)
칠전팔기(七顚八起)
칠첩반상(七-飯床)
칠칠찮다
칠판지우개(漆板-)
칠팔 명(七八名)
칠팔월(七八月)
칠팔월 수숫잎(七八月-) [격]
칠팔월 은어 곯듯(七八月銀魚-) [격]
칠해 가다(漆-)
칠해 나가다(漆-)
칠해 놓다(漆-)
칠해 두다(漆-)
칠해 주다(漆-)
칠 홉 송장(七-) [격]
칡가루
칡꽃
칡넝쿨
칡덤불
칡덩굴

칡밭
칡베
칡뿌리
칡뿌리떡
칡산(-山)
칡 즙(-汁)
칡차(-茶)
침공해 오다(侵攻-)
침놓다(鍼-)
침담그다(沈-)
침대차(寢臺車)
침대칸(寢臺-)
침략 전쟁(侵略戰爭)
침략해 오다(侵略-)
침략 행위(侵略行爲)
침 맞다(鍼-)
침 먹은 지네 [격]
침몰시켜 버리다(沈沒-)
침묵시위(沈默示威)
침 묻다
침 바르다
침 발린 말[격]
침방울
침 뱉고 밑 씻겠다 [격]
침 뱉은 우물 다시 먹는다 [격]
침버캐
침범 안 하다(侵犯-)
침범해 오다(侵犯-)
침범 행위(侵犯行爲)
침수 지역(浸水地域)
침수 피해(浸水被害)
침식불안(寢食不安)
침식을 같이하다(寢食-) [관]
침식을 잊다 [관]
침식 작용＝침식작용(浸蝕作用)
침안주(-按酒)
침엽수림(針葉樹林)
침울해 보이다(沈鬱-)
침을 뱉다 [관]
침을 삼키다 [관]
침이 마르다 [관]
침입해 오다(侵入-)
침자질(針刺-)　바느질하고 수놓는 일.
침쟁이(鍼-)
침주다(鍼-)　＝침놓다.
침질(鍼-)

855

침집(鍼-)
침착해 보이다(沈着-)
침체 상태(沈滯狀態)
침통노리개(針筒-)
침통해 보이다(沈痛-)
침투 작전(浸透作戰)
침투해 오다(浸透-)
침 튀기다
침해 안 하다(侵害-)
침해 행위(侵害行爲)
침흘리개
침흘림증(-症)
칩거해 오다(蟄居-)
칩떠보다
칩떠오르다

칩떠치다
칩뜨다
칫솔갑(齒-匣)
칫솔대(齒-)
칫솔질(齒-)
칭송되어 오다(稱頌-)
칭얼댈 거야
칭얼댈걸
칭얼댈 걸세
칭얼댈걸요
칭찬 듣다(稱讚-)
칭찬 못 듣다(稱讚-)
칭찬할 만하다(稱讚-)
칭찬해 오다(稱讚-)
칭찬해 주다(稱讚-)

[ㅋ]

카드 결제(card決濟)
카드놀이(card-)
카드 대금(card代金)
카드 빚(card-)
카드 회원(card會員)
카메라맨(cameraman)
카우보이모자(cowboy帽子)
카퍼레이드(car parade)
칸막이벽(-壁)
칼가래질
칼 갈다 [관]
칼갈이
칼국수 집
칼귀 칼처럼 굴곡이 없이 삐죽한 귀.
칼금
칼깃
칼끝
칼날
칼날 위에 서다 [관]
칼날이 날카로워도 제 자루 못 깎는다 [격]
칼날 쥔 놈이 자루 쥔 놈을 당할까(-當-) [격]
칼눈 무기로 쓰는 칼의 한 부분.
칼도마
칼등
칼로 물 베기 [격]
칼막이끌
칼 맞다 [관]
칼 물고 뒈질 녀석 [격]
칼 물고 뜀뛰기 [격]
칼바람
칼바위
칼벼락
칼 벼리다
칼부림

칼부림 나다
칼 빼다
칼 뽑다
칼싸움
칼싹두기
칼쌈
칼 쓰다 [관]
칼 씌우다 [관]
칼을 갈다 [관]
칼을 맞다 [관]
칼을 먹이다 [관]
칼을 물고 토할 노릇이다(-吐-) [격]
칼을 뽑고는 그대로 집에 꽂지 않는다 [격]
칼을 품다 [관]
칼자국
칼자루
칼자루 쥐다 [관]
칼잠
칼잡이
칼장단
칼제비
칼질하다
칼집
칼집 내다
칼 차다
칼춤
칼춤 추다 [관]
칼침(-鍼)
칼침 맞다(-鍼-)
칼코등이
칼 휘두르다
캐 가다
캐 갈 수 없다
캐내다

캐낼 수 없다
캐 놓다
캐 두다
캐듯 하다
캐러 가다
캐 먹다
캐묻다
캐물어 오다
캐 보다
캐 볼 거야
캐어 가다
캐어 내다
캐어 놓다
캐어 두다
캐어묻다
캐어물을 거야
캐어 보다
캐어 오다
캐어 주다
캐 오다
캐 주다
캐주얼웨어(casual wear)
캔 맥주(can麥酒)
캠핑 가다(camping-)
캠핑카(camping car)
커 가다
커닝 행위(cunning行爲)
커다랗다
커다래 보이다
커닿다
커도 한 그릇 작아도 한 그릇 [격]
커 버리다
커 보이다
커브 길(curve-)
커브자(curve-)
커 오다
커져 가다
커져 버리다
커질 거야
커질걸요
커질 수밖에 없다
커트라인(cut line)
커튼 치다(curtain-)
커튼콜(curtain call)
커프스단추(cuffs-)
커피 값(coffee-)

커피 맛(coffee-)
커피색(coffee色)
커피세트(coffee set)
커피차(coffee茶)
커피콩(coffee-) 커피나무 열매의 씨.
컨트리클럽(country club)
컬러복사기(color複寫機)
컬러 사진=컬러사진(color寫眞)
컵 받침(cup-)
컵케이크(cupcake)
컸을 거야
컸을걸
컸을 걸세
케이블 방송(cable放送)
케이오(KO)
케케묵다
켄트지(Kent紙)
켜내다
켜 놓다
켜 대다
켜 두다
켜 들다
켜떡
켜 보다
켜 주다
켠 채
켤 거야
켤걸
켤 걸세
켤걸요
켤게
켤게요
켯속 일이 되어 가는 속사정.
켰나 보다
켰다 껐다 하다
코가 꿰이다 [관]
코가 납작해지다 [관]
코가 높다 [관]
코가 땅에 닿다 [관]
코가 비뚤어지게 [관]
코가 빠지다 [관]
코가 세다 [관]
코가 솟다 [관]
코가 쉰댓 자나 빠졌다 [격]
코가 어디 붙은지 모른다 [격]
코가 우뚝하다 [관]

ㅋ

859

코각시 콧구멍 속에 생기는 작은 부스럼.
코감기
코 값을 하다 [관]
코고무신
코 골다
코끝
코끝도 볼 수 없다 [관]
코끝도 안 보인다 [관]
코끼리 비스킷(-biscuit) [관]
코나팔(-喇叭)
코납작이
코담배
코 닿을 데
코대답(-對答)
코딱지
코딱지 두면 살이 되랴 [격]
코딱지만 하다
코 떼다
코 떼어 주머니에 넣다 [격]
코뚜레 =쇠코뚜레.
코를 내다 [관]
코를 떼다 [관]
코를 맞대다 [관]
코를 박듯 [관]
코를 불다 [관]
코를 싸쥐다 [관]
코를 잡아도 모르겠다 [격]
코를 줍다 [관]
코린내 나다
코마개
코 막고 답답하다고 한다 [격]
코 막고 숨막힌다고 한다 [격]
코 맞은 개 싸쥐듯 [격]
코맹맹이 소리
코머거리
코 먹은 소리 [관]
코멘소리
코 묻은 돈 [관]
코 묻은 떡이라도 뺏어 먹겠다 [격]
코밑
코밑수염(-鬚髥)
코바늘
코방아
코방아 찧다
코 베어 가다
코 빠지다

코빼기
코빼기도 내밀지 않다
코빼기도 못 보다
코빼기도 안 내밀다
코뼈
코 세다
코신
코 아니 흘리고 유복하다(-有福-) [격]
코 아래 입 [관]
코 아래 제상도 먹는 것이 제일(-祭床-第一)
    [격]
코 아래 진상(-進上) [관]
코앞
코약(-藥)
코언저리
코에 걸다 [관]
코에 걸면 코걸이 귀에 걸면 귀걸이 [격]
코에서 단내가 난다 [격]
코웃음
코웃음 나다
코웃음 짓다
코웃음 치다
코주부
코주부 영감(-令監)
코쭝배기
코찡찡이
코청
코침
코침을 주다
코 큰 소리 [관]
코타령
코털
코털이 세다 [관]
코투레
코푸렁이
코 풀다
코피
코피 나다
코피 터지다
코허리
코허리가 저리고 시다 [격]
코훌쩍이
코흘리개
코 흘리다
콘플레이크(cornflakes)
콜걸(call girl)

860

콜록쟁이
콜택시(call taxi)
콧구멍
콧구멍 같은 집에 밑구멍 같은 나그네 온다 [격]
콧구멍 둘 마련하기가 다행이라(-多幸-) [격]
콧구멍만 하다
콧구멍에 낀 대추 씨 [격]
콧구멍이 둘이니 숨을 쉬지 [격]
콧구멍홈
콧기름
콧김
콧김이 세다 [관]
콧날
콧노래
콧대
콧대 꺾다 [관]
콧대 낮추다 [관]
콧대 높다 [관]
콧대 세다 [관]
콧대 세우다 [관]
콧대에 바늘 세울 만큼 골이 진다 [격]
콧등
콧등노리
콧등이 붓다 [관]
콧등이 세다 [관]
콧등이 시다 [관]
콧등이 시큰하다 [관]
콧마루
콧물
콧물감기(-感氣)
콧물 범벅
콧바람
콧바람 내다
콧방(-放)
콧방귀
콧방귀를 뀌다 [관]
콧방 맞다(-放-) [관]
콧방아
콧방아 찧다
콧방울
콧벽(-壁)
콧벽쟁이(-壁-)
콧병(-病)
콧병 든 병아리 같다(-病-) [격]
콧부리
콧사등이

콧사배기
콧살
콧살 찌푸리다
콧소리
콧속
콧수염(-鬚髯)
콧숨
콧잔등
콧잔등이
콧잔등이 간지럽다 [관]
콧장단
콧좆
콩가루
콩가루가 되다 [관]
콩가루 집안 [관]
콩 가지고 두부 만든대도 곧이 안 듣는다(-豆腐-) [격]
콩강정
콩거름
콩고물
콩과 보리도 분간하지 못한다(-分揀-) [격]
콩국
콩국수
콩기름
콩깍지
콩깻묵
콩꼬투리
콩나물국
콩나물밥
콩나물순(-筍)
콩나물시루
콩나물죽(-粥)
콩 날 데 콩 나고 팥 날 데 팥 난다 [격]
콩 났네 팥 났네 한다 [격]
콩노굿
콩노굿 일다 [관]
콩다식(-茶食)
콩대
콩대우
콩대우 파다 [관]
콩댐
콩도 닷 말 팥도 닷 말 [격]
콩된장(-醬)
콩떡
콩마당
콩마당에 넘어졌나 [격]

콩마당질
콩머리비녀
콩멍석
콩몽둥이 둥글게 비벼서 길쭉하게 자른 콩엿.
콩무리
콩 반 알도 남의 몫 지어 있다(-半-) [격]
콩밥
콩밥 맛을 보다 [관]
콩밥 먹다 [관]
콩밥 먹이다 [관]
콩밥 신세를 지다(-身世-) [관]
콩밭
콩밭에 가서 두부 찾는다(-豆腐-) [격]
콩밭에 간수 치겠다(-水-) [격]
콩밭에 소 풀어 놓고도 할 말이 있다 [격]
콩버무리
콩 볶는 듯하다
콩 볶듯 [관]
콩 볶아 먹다가 가마솥 깨뜨린다 [격]
콩 볶아 재미 낸다 [격]
콩볶은이 불에 볶은 콩.
콩 본 당나귀같이 흥흥한다(-唐-) [격]
콩부대기
콩비지
콩 서리
콩설기
콩소
콩 심어라 팥 심어라 한다 [격]
콩 심은 데 콩 나고 팥 심은 데 팥 난다 [격]
콩알
콩알만 하다
콩에서 콩 나고 팥에서 팥 난다 [격]
콩엿
콩윷
콩으로 메주를 쑨다 하여도 곧이 안 듣는다 [격]
콩을 심다 [관]
콩을 팥이라고 우긴다 [격]
콩을 팥이라 해도 곧이듣는다 [격]
콩이야 팥이야 한다 [격]
콩잎
콩잎장(-醬)
콩자반
콩장(-醬)
콩젓
콩죽(-粥)
콩죽은 내가 먹고 배는 남이 앓는다(-粥-) [격]

콩짚
콩짜개
콩찰떡
콩켸팥켸   사물이 뒤섞여서 뒤죽박죽된 것을
         이르는 말.
콩탕(-湯)
콩 튀듯 [관]
콩 튀듯 팥 튀듯 [관]
콩팔칠팔
콩팥회(-膾)
콩풀
쾌락주의(快樂主義)
쾌승장군(快勝將軍)
쾌재 부르다(快哉-)
쾌적해 보이다(快適-)
쾌활해 보이다(快活-)
쿠린내 나다
퀴즈 문제(quiz問題)
크거나 작거나
크고 단 참외 [격]
크기만 하다
크나 작으나 [관]
크나크다
크나큰 돌
크넓은 사랑
크다 해도
크든 작든
크디크다
크디큰 집
크리스마스이브(Christmas Eve)
크리스마스카드(Christmas card)
크리스마스트리(Christmas tree)
크림빵(cream-)
크림수프(cream soup)
크면 클수록
크지도 작지도 않다
큰가래
큰가래질
큰가 보다
큰 거야
큰 것
큰계집
큰 고기는 깊은 물속에 있다 [격]
큰 고생 하다(-苦生-)
큰 그릇
큰 기대 않다(-期待-)

큰기침
큰길
큰길가
큰꾸리
큰꼴
큰놈
큰누나
큰누님
큰달
큰대삿갓
큰댁(-宅)
큰 도움 안 되다
큰 도적이 좀도적 잡는 시늉한다(-盜賊-盜賊-)
　[격]
큰돈
큰동서(-同壻)
큰따님
큰따옴표(-標)
큰딸
큰떠돌이별
큰 뜻을 품다
큰마누라
큰마음
큰마음 먹고
큰만두(-饅頭)
큰 말이 나가면 작은 말이 큰 말 노릇 한다 [격]
큰맘
큰맘 먹다
큰매부(-妹夫)
큰며느리
큰 못
큰 문제 아니다(-問題-)
큰물
큰물에서 놀다
큰물에 큰 고기 논다 [격]
큰물이 가다 [관]
큰물이 지다 [관]
큰바늘
큰바람
큰방(-房)
큰 방죽도 개미구멍으로 무너진다 [격]
큰 벙거지 귀 짐작(-斟酌) [격]
큰 병 앓다(-病-)
큰 부담 되다(-負擔-)
큰부처
큰북

큰북에서 큰 소리 난다 [격]
큰불
큰불 놓다
큰 불편 없이(-不便-)
큰비
큰비녀
큰 사고 없이(-事故-)
큰사람
큰사랑(-舍廊)
큰사마귀
큰사위
큰 산(-山)
큰산소(-山所)
큰살림
큰살림하다
큰삼촌(-三寸)
큰상(-床)
큰상 받다(-床-)
큰 상 타다(-賞-)
큰선비
큰센바람
큰 소가 나가면 작은 소가 큰 소 노릇 한다 [격]
큰 소리　멀리서도 들리는 큰 소리.
큰소리　큰소리치지 마라.
큰소리치다
큰소리하다
큰소매
큰 소 잃고 송아지도 잃고 [격]
큰손
큰손녀(-孫女)
큰손님
큰손 쓰다
큰손자(-孫子)
큰 손해 보다(-損害-)
큰 손해 입히다(-損害-)
큰솥
큰쇠
큰스님
큰시누(-媤-)
큰아가씨
큰아기
큰아들
큰아버님
큰아버지
큰아씨
큰아이

863

큰아저씨
큰아주머니
큰애
큰 야단 나다(-惹端-)
큰어금니
큰어머니
큰어미
큰어미 날 지내는 데 작은어미 떡 먹듯 [격]
큰언니
큰오빠
큰올케
큰옷
큰이
큰일
큰일 나다 [관]
큰일 날 뻔하다
큰일 내다
큰일 저지르다
큰일 치다 [관]
큰일 치르다
큰일 해 내다
큰자귀
큰자식(-子息) =맏아들.
큰 잘못 저지르다
큰저울
큰절
큰절 올리다
큰제목(-題目)
큰조카
큰짐승
큰집
큰집 드나들듯 [관]
큰 집 무너지는 데 기둥 하나도 버티지 못한다
　[격]
큰 집이 기울어도 삼 년 간다(-三年-) [격]
큰집 잔치에 작은집 돼지 잡는다 [격]
큰 차이 없다(-差異-)
큰창자
큰처남(-妻男)
큰춤
큰춤 보다 [관]
큰 충격 없이(-衝擊-)
큰치마
큰칼 쓰다
큰코다치다
큰키나무

큰 탈 나다(-頉-)
큰 탈 없이(-頉-)
큰톱
큰톱장이
큰톱질
큰 통
큰판
큰 폭 인상(-幅引上)
큰 표 차로(-票差-)
큰할머니
큰할머님
큰할아버지
큰형(-兄)
큰형수(-兄嫂)
큰활
큰 힘 되다
클 거야
클걸
클 걸세
클걸요
클 겁니다
클 것 같다
클 대로 커 버리다
클뿐더러
클 뿐 아니라
큼지막해 보이다
큼직해 보이다
키꺽다리
키꼴
키내림
키는 작아도 담은 크다(-膽-) [격]
키를 다투다
키를 쓰다 [관]
키를 잡다 [관]
키 순서로(-順序-)
키순으로(-順-)
키 안 크다
키워 가다
키워 나가다
키워 내다
키워 놓다
키워 달라고 하다
키워 달라
키워 보다
키워 오다
키워 주다

키 재다
키질
키친타월(kitchen towel)
키 크고 묽지 않은 놈 없다 [격]
키 크고 속 없다 [격]
키 크고 싱겁지 않은 사람 없다 [격]

키 큰 놈의 집에서 내려 먹을 것 없다 [격]
키 큰 암소 똥 누듯 [격]
키포인트(key point)
킬로그램(kilogram)
킷값
킹사이즈(king size)

ㅋ

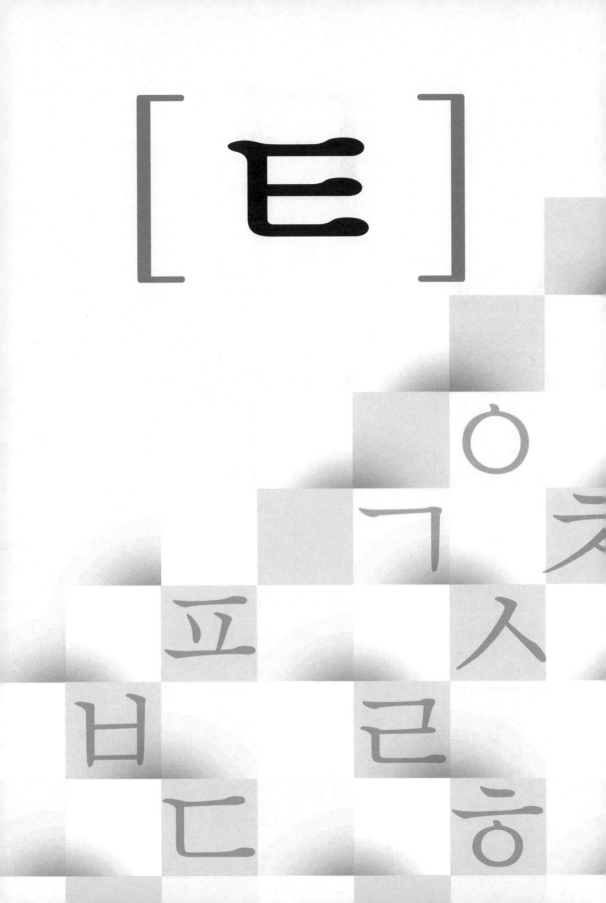

[ㅌ]

타 가다
타 가지고 오다
타개해 나가다(打開-)
타게 하다
타격 입다(打擊-)
타결 보다(妥結-)
타결 짓다(妥結-)
타결해 나가다(妥結-)
타고 가다
타고 나니
타고나다
타고난 재주 사람마다 하나씩은 있다 [격]
타고난 팔자(-八字) [격]
타고 내려오다
타고 다니다
타고을(他-)
타고장(他-)
타골(他-)
타곳(他-)
타관 땅(他官-)
타관바치(他官-)
타관살이(他官-)
타관 양반이 누가 허 좌수인 줄 아나(他官兩
　　班-許座首-) [격]
타관 타다(他官-) [관]
타국 땅(他國-)
타남(他-)　'남'을 강조하여 이르는 말.
타내다
타 내다　용돈을 타 내다.
타 놓다
타는 닭이 꼬꼬하고 그슬린 돝이 달음질한다
　[격]
타는 듯하다
타는 불에 부채질한다 [격]

타다 남은 불
타다 만 불
타다 먹다
타당할 듯싶다(妥當-)
타당할 듯하다(妥當-)
타당해 보이다(妥當-)
타 대학(他大學)
타도타관(他道他官)
타도해 버리다(打倒-)
타동네(他-)
타들다
타 들어가다
타 들어오다
타락 선거(墮落選擧)
타락줄　사람의 머리털을 꼬아 만든 줄.
타락해 버리다(墮落-)
타래박
타래박질
타래버선
타래송곳
타래쇠
타래실
타래엿
타러 가다
타 먹다
타민족(他民族)
타박 놓다
타박 주다
타방면(他方面)
타 버리다
타 보다
타 부서(他部署)
타산 맞다(打算-)
타산 밝다(打算-)

타산 빠르다(打算-)
타산 안 맞다(打算-)
타산지석(他山之石)
타성바지(他姓-)
타 쓰다
타 업종(他業種)
타 오다
타오르다
타월을 던지다(towel-) [관]
타이기록(tie記錄)
타이르다
타인 명의(他人名義)
타일러 보내다
타임머신(time machine)
타임아웃(time-out)
타자 치다(打字-)
타작꾼(打作-)
타작마당(打作-)
타작해 오다(打作-)
타종신호(打鐘信號)
타 주다
타 죽다
타 줘
타지방(他地方)
타 지역(他地域)
타진해 보다(打診-)
타짜
타짜꾼
타파해 버리다(打破-)
타향 땅(他鄕-)
타향살이(他鄕-)
타협해 오다(妥協-)
탁구 경기(卓球競技)
탁구공(卓球-)
탁발 스님(托鉢-)
탁방나다(坼榜-)
탁방내다(坼榜-)
탁본 뜨다(拓本-)
탁상공론(卓上空論)
탁상시계(卓上時計)
탁상일기(卓上日記)
탁상 행정(卓上行政)
탁월해 보이다(卓越-)
탁탁방아
탁 털어놓다
탁 트인 하늘

탁해 보이다(濁-)
탄가루(炭-)
탄값(炭-)
탄광굴(炭鑛窟)
탄광 지대(炭鑛地帶)
탄내(炭-)
탄띠(彈-)
탄로 나다(綻露-)
탄로 내다(綻露-)
탄복할 만하다(歎服-)
탄불(炭-)
탄불갈이(炭-)
탄산가스(炭酸gas)
탄산음료(炭酸飮料)
탄수화물(炭水化物)
탄알(彈-)
탄알받이(彈-)
탄압해 오다(彈壓-)
탄약 창고(彈藥倉庫)
탄탄대로(坦坦大路)
탄탄한 듯하다
탄탄해 보이다
탈거리(頉-)
탈 거야
탈걸
탈 걸세
탈걸요
탈것
탈게
탈게요
탈공해(脫公害)
탈광대
탈굿
탈꾼
탈놀음
탈놀이
탈당해 버리다(脫黨-)
탈락될 듯하다(脫落-)
탈락해 버리다(脫落-)
탈막(-幕)
탈바가지
탈바꿈
탈바꿈해 오다
탈법 행위=탈법행위(脫法行爲)
탈보(-褓)
탈북 난민(脫北難民)

탈선 안 하다(脫線-)
탈선해 버리다(脫線-)
탈선행위(脫線行爲)
탈세 혐의(脫稅嫌疑)
탈수 현상(脫水現象)
탈 안 나다(頉-)
탈 없이 자라다(頉-)
탈을 벗다 [관]
탈을 쓰다 [관]
탈이 자배기만큼 났다(頉-) [관]
탈지분유(脫脂粉乳)
탈진 상태(脫盡狀態)
탈진한 듯하다(脫盡-)
탈진해 버리다(脫盡-)
탈출 작전(脫出作戰)
탈출해 버리다(脫出-)
탈춤놀이
탈춤 추다
탈취 사건(奪取事件)
탈퇴해 버리다(脫退-)
탈환 작전(奪還作戰)
탐관오리(貪官汚吏)
탐구 정신(探究精神)
탐나다(貪-)
탐내다(貪-)
탐낼 만하다(貪-)
탐문 수사(探聞搜査)
탐방 코스(探訪course)
탐사 활동(探査活動)
탐색구조(探索救助)
탐스러워 보이다(貪-)
탐 안 내다(貪-)
탐욕스러워 보이다(貪慾-)
탐정 소설=탐정소설(探偵小說)
탐지꾼(探知-)
탐지해 내다(探知-)
탑골치(搭-)   튼튼하게 잘 삼은 미투리.
탑구름(搭-)
탑돌이(搭-)
탑삭나룻
탑삭부리
탑새기주다
탑승 수속(搭乘手續)
탑승 인원(搭乘人員)
탑시계(搭時計)
탑 쌓다(搭-)

탓하지 마라
탓할 거야
탔을 거야
탔을걸
탔을 걸세
탔을걸요
탕감해 주다(蕩減-)
탕개 치다 [관]
탕개 틀다 [관]
탕개목(-木)
탕개붙임
탕개톱
탕갯줄
탕거리(湯-)
탕건 쓰고 세수한다(宕巾-洗手-) [격]
탕건집(宕巾-)
탕국물(湯-)
탕약 달이다(湯藥-)
탕약에 감초 빠질까(湯藥-甘草-) [격]
탕지기(湯-)
탕진해 버리다(蕩盡-)
탕창짜리(宕氅-)
태가다
태곳적(太古-)
태극무늬(太極-)
태극 문양(太極紋樣)
태극부채(太極-)
태깔 나다 [관]
태나다
태도 표명(態度表明)
태를 길렀다(胎-) [격]
태를 치다
태만한 듯하다(怠慢-)
태만해 보이다(怠慢-)
태몽 꾸다(胎夢-)
태무심하다(殆無心-)
태부족(太不足)
태산북두(泰山北斗)
태산을 넘으면 평지를 본다(泰山-平地-) [격]
태산이 평지 된다(泰山-平地-) [격]
태산준령(泰山峻嶺)
태안반도(泰安半島)
태안젓(太眼-)   명태의 눈으로 담근 것.
태양신(太陽神)
태양열(太陽熱)
태양 흑점=태양흑점(太陽黑點)

태어나자마자
태어난 지 이틀
태없다(態-)
태연자약(泰然自若)
태연한 듯하다(泰然-)
태연해 보이다(泰然-)
태엽이 풀리다(胎葉-)
태우고 가다
태운 듯하다
태울 거야
태울걸
태울 걸세
태울걸요
태울게
태울게요
태워 가다
태워 다오
태워 달라고 하다
태워 달라다
태워 버리다
태워 보다
태워 오다
태워 주다
태장젓(太腸-) =창난젓.
태질치다
태짐(駄-)
태짐꾼(駄-)
태치다
태평성대(太平聖代)
태평세월(太平歲月)
태평연월(太平烟月)
태평천하(太平天下)
태평해 보이다(太平-)
태풍 경보＝태풍경보(颱風警報)
태풍 불 때(颱風-)
태풍 피해(颱風被害)
택배 상품(宅配商品)
택시 기사(taxi技士)
택시 요금(taxi料金)
택시 회사(taxi會社)
택일단자(擇日單子)
택지 개발(宅地開發)
택지 조성＝택지조성(宅地造成)
택해 주다(擇-)
탯덩이(胎-)
탯돌

탯자리개　타작할 때에 벼, 보리 따위의 단을
　　묶는 데 쓰는 굵은 새끼.
탯줄(胎-)
탯줄 잡듯 하다(胎-)
탱크 부대(tank部隊)
탱크차(tank車)
터가 세다 [관]
터놓고 지내다
터다지다
터 닦다
터뜨려 놓다
터뜨려 보다
터뜨릴 거야
터뜨릴걸
터뜨릴 걸세
터뜨릴걸요
터뜨릴게
터뜨릴게요
터럭손
터를 닦아야 집을 짓는다 [격]
터무니없다
터무니없이 굴다
터 버리다
터벅머리
터앝　집의 울안에 있는 작은 밭.
터 오다
터 잡다
터져 나오다
터져 버리다
터 주다
터주에 놓고 조왕에 놓고 나면 아무것도 없다
　　(主-) [격]
터주에 붙이고 조왕에 붙인다(-主-) [격]
터주항아리(-主缸-)
터줏가리(-主-)
터줏고기(-主-)
터줏대감(-主大監)
터줏상(-主床)
터줏자리(-主-)
터지고 말다
터지든 말든
터진개　강 따위에 트여 있는 개천.
터진 것 같다
터진 꽈리 보듯 한다 [격]
터진다 해도
터진 듯하다

E

터진목
터진 방앗공이에 보리알 끼듯 하였다 [격]
터질 거야
터질걸
터질 걸세
터질걸요
터질 듯 말 듯
터질 만하다
터짐열매
터키담배(Turkey-)
터키모자(Turkey帽子)
터키탕(Turkey湯)
터 파다
턱걸이하다
턱 괴다
턱 대다 [관]
턱 떨어지는 줄 모른다 [격]
턱 떨어진 개 지리산 쳐다보듯(-智異山-) [격]
턱 떨어진 광대 [격]
턱밑 아주 가까운 곳을 비유적으로 이르는 말.
턱밑까지 밀고 들어오다
턱 밑에 난 수염(-鬚髥)
턱받이
턱받침
턱뼈
턱살
턱살밑
턱수염(-鬚髥)
턱없다
턱없이 모자라다
턱을 까불다 [관]
턱을 대다 [관]
턱자가미
턱자귀
턱주가리
턱주머니
턱지다
턱진 길
턱짓
턱찌꺼기 먹고 남은 음식.
턱찌끼
턱춤
턱턱
털가슴
털가죽
털갈이

털구름
털구멍
털 깎다
털끝
털끝도 못 건드리게 하다 [관]
털끝만치
털끝 하나 안 건드리다
털낚시
털내복(-內服)
털내의(-內衣)
털너덜 털가죽으로 크게 만든 버선.
털도 아니 난 것이 날기부터 하려 한다 [격]
털도 안 뜯고 먹겠다 한다 [격]
털도 없이 부얼부얼한 체한다 [격]
털 뜯은 꿩 [격]
털려 버리다
털메기 굵고 거칠게 삼은 짚신.
털모자(-帽子)
털목도리
털 뭉치
털바늘
털바늘낚시질
털반대기
털방석(-方席)
털배자(-褙子)
털버선
털벌레
털 벗은 솔개 [격]
털벙거지
털복사
털복숭아
털북숭이
털빛
털 뽑아 신을 삼겠다 [격]
털 뽑아 제 구멍 메우기 [격]
털색(-色)
털수건(-手巾)
털수세
털신
털실
털쌘구름
털 안 나다
털양말(-洋襪)
털어 가다
털어 내다
털어 넣다

872

털어놓다
털어 달아나다
털어먹다
털어 버리다
털어 보다
털어 오다
털어 주다
털오리
털올실
털옷
털옷감
털외투(-外套)
털요
털을 뽑아 신을 삼겠다
털이꾼
털자리 털가죽으로 만든 자리.
털장갑(-掌匣)
털저고리
털찝
털총이(-驄-)
털층구름(-層-)
털토시
털토시를 끼고 게 구멍을 쑤셔도 제 재미라 [격]
텁석나룻
텁석부리
텁석부리 사람 된 데 없다 [격]
텃구실
텃논
텃도지(-賭地)
텃마당
텃물
텃밭
텃밭머리
텃새
텃세(-貰)
텅 비다
텅 빈 듯하다
테니스공(tennis-)
테니스장(tennis場)
테 두르다
테두리 안
테러 공격(terror攻擊)
테러 사건(terror事件)
테러 행위(terror行爲)
테메우다
테받다

테설궂다
테이블보(table褓)
텐트 치다(tent-)
텐트촌(tent村)
토건 사업(土建事業)
토건 회사(土建會社)
토굴집(土窟-)
토기벼루(土器-)
토기장이(土器-)
토기점(土器店)
토끼가 제 방귀에 놀란다 [격]
토끼 고기
토끼그물
토끼 둘을 잡으려다가 하나도 못 잡는다 [격]
토끼 똥
토끼뜀
토끼띠
토끼몰이
토끼 새끼
토끼우리
토끼 입에 콩가루 먹은 것 같다 [격]
토끼잠
토끼 죽으니 여우 슬퍼한다 [격]
토끼집
토끼털
토끼해
토 달다
토담장이(土-)
토담집(土-)
토담틀(土-)
토라져 버리다
토라진 듯하다
토란국(土卵-)
토란떡(土卵-)
토란장아찌(土卵-)
토로해 버리다(吐露-)
토론 시간(討論時間)
토론해 보다(討論-)
토리실
토마루(土-)
토막고기
토막구름
토막글
토막 기사(-記事)
토막길
토막나무

E

873

토막나무 곤 자국과 같다 [격]
토막나무에 낫걸이 [격]
토막낚싯대
토막 내다
토막대
토막돌림
토막말
토막반찬(-飯饌)
토막살이(土幕-)
토막생각
토막실
토막집(土幕-)
토막 치다
토막토막
토목건축(土木建築)
토목 공사=토목공사(土木工事)
토목공이(土木-)
토박이꽃
토박이말
토벌 작전(討伐作戰)
토벽돌(土甓-)
토벽돌집(土甓-)
토사 나다(吐瀉-)
토산불알
토산불이
토색질(討索-)
토속 신앙=토속신앙(土俗信仰)
토속 음식(土俗飮食)
토시 끼다
토시살
토악질(吐-)
토양 오염=토양오염(土壤汚染)
토역꾼(土役-)
토역일(土役-)
토역장이(土役-)
토역질(土役-)
토욕질(土浴-)
토육전유어(兔肉煎油魚)
토의 사항(討議事項)
토의 안건(討議案件)
토의해 보다(討議-)
토장국(土醬-)
토장물(土醬-)
토장찌개(土醬-)
토정비결(土亭秘訣)
토종꿀(土種-)

토종닭(土種-)
토종말(土種-)
토종벌(土種-)
토종 식물(土種植物)
토지 가격(土地價格)
토지 개혁=토지개혁(土地改革)
토지 거래(土地去來)
토지 대장=토지대장(土地臺帳)
토지 문서(土地文書)
토지 임대(土地賃貸)
토찌끼 간장에 가라앉은 된장 찌끼.
토착 신앙(土着信仰)
토탄흙(土炭-)
토하젓(土蝦-)
토할 거야(吐-)
토할 듯하다(吐-)
토해 내다(吐-)
토해 버리다(吐-)
토호질(土豪-)
토호질꾼(土豪-)
톡배다
톡 쏘다
톤수(ton數)
톱기사(top記事)
톱날
톱날나사(-螺絲)
톱날낫
톱날지붕
톱니무늬
톱니바퀴
톱니잎
톱니잎가
톱몸
톱밥
톱손
톱스타(top star)
톱자국
톱자루
톱질
톱칼
톳나무
통가리(桶-)
통가죽
통감발
통감자
통것

통겨주다
통계 내다(統計-)
통계 수치(統計數値)
통계연감(統計年鑑)
통계 자료=통계자료(統計資料)
통고 안 하다(通告-)
통고추
통고해 버리다(通告-)
통곡 소리(痛哭-)
통과될 듯하다(通過-)
통과 못 시키다(通過-)
통과 의례=통과의례(通過儀禮)
통과해 버리다(通過-)
통관 수속(通關手續)
통관 절차=통관절차(通關節次)
통구이
통국수
통근 버스(通勤bus)
통근 열차(通勤列車)
통근차(通勤車)
통금 시간(通禁時間)
통금 해제(通禁解除)
통기어 나오다
통기타(筒guitar)
통김치
통김치쌈
통깨
통꼭지(桶-)
통꽃받침
통나무
통나무배
통나무집
통닭
통닭구이
통닭집
통닭찜
통대구(-大口)
통돼지
통 들다 [관]
통마늘
통만두(桶饅頭)
통메우다(桶-)
통메장이(桶-)
통밀다
통바지
통반장(統班長)

통밤 온 밤 내내.
통방아
통방앗간(-間)
통배추
통버선
통보리
통보 안 하다(通報-)
통보해 오다(通報-)
통보해 주다(通報-)
통북어(-北魚)
통뼈
통사정(通事情)
통사정해 보다(通事情-)
통상 마찰(通商摩擦)
통상 조약=통상조약(通商條約)
통성명(通姓名)
통속가요(通俗歌謠)
통속 소설=통속소설(通俗小說)
통솔해 오다(統率-)
통송곳
통수수
통술(桶-)
통신 기기=통신기기(通信器機)
통신 수단=통신수단(通信手段)
통신 시설(通信施設)
통신 요금(通信料金)
통신 위성=통신위성(通信衛星)
통신 장비(通信裝備)
통신 판매=통신판매(通信販賣)
통신회의(通信會議)
통 안 가다
통역 맡다(通譯-)
통역 임무(通譯任務)
통역 장교=통역장교(通譯將校)
통역해 주다(通譯-)
통영갓(統營-)
통옷
통용해 오다(通用-)
통원 치료(通院治療)
통유리(-琉璃)
통이불(筒-)
통일 기원(統一祈願)
통일 문제(統一問題)
통일 방안(統一方案)
통일벼(統一-)
통일 시대(統一時代)

E

통일 신라=통일신라(統一新羅)
통일 안 되다(統一ㅡ)
통일 운동(統一運動)
통일천하(統一天下)
통자물쇠
통잠
통잣
통장 번호(通帳番號)
통장수(桶ㅡ)
통장이(桶ㅡ)
통장작(ㅡ長斫)
통장 정리(通帳整理)
통장질(通帳ㅡ) 장부에 올리고 외상으로 물건
　　을 사는 짓.
통젖(桶ㅡ)
통제 구역=통제구역(統制區域)
통제 못 하다(統制ㅡ)
통제 불능(統制不能)
통제 안 받다(統制ㅡ)
통제해 나가다(統制ㅡ)
통제해 오다(統制ㅡ)
통조림통(桶ㅡ桶)
통줄
통줄 주다 [관]
통증 가시다(痛症ㅡ)
통증 못 느끼다(痛症ㅡ)
통증 심하다(痛症甚ㅡ)
통지기
통지기년
통지기년 서방질하듯(ㅡ書房ㅡ) [격]
통지기 오입이 제일이다(ㅡ誤入ㅡ第一ㅡ) [격]
통지해 주다(通知ㅡ)
통짜다
통짜로 삼키다
통째썰기
통차기(桶ㅡ)
통차지하다
통치권자(統治權者)
통치마
통치 자금(統治資金)
통치해 오다(統治ㅡ)
통치 행위=통치행위(統治行爲)
통칡
통쾌해 보이다(痛快ㅡ)
통 크다
통탄해 오다(痛嘆ㅡ)

통통걸음
통통배
통통해 보이다
통틀다
통틀어 이것뿐이다
통팥
통폐합하다(統廢合ㅡ)
통풍 잘되다(通風ㅡ)
통학 버스(通學bus)
통학시켜 주다(通學ㅡ)
통합 못 하다(統合ㅡ)
통합 안 되다(統合ㅡ)
통합해 버리다(統合ㅡ)
통해 오다(通ㅡ)
통행금지(通行禁止)
통행 못 하다(通行ㅡ)
통행 안 시키다(通行ㅡ)
통행 요금(通行料金)
통행 제한(通行制限)
통행해 오다(通行ㅡ)
통화 내용(通話內容)
통화 못 하다(通話ㅡ)
통화 안 되다(通話ㅡ)
통화 요금(通話料金)
통화해 오다(通話ㅡ)
통홰 길을 들인 매가 올라앉아 쉴 수 있도록
　　둥근 나무토막 위에 만든 홰.
톺아 보다
톺질하다
퇴각해 버리다(退却ㅡ)
퇴거 신고=퇴거신고(退去申告)
퇴거해 버리다(退去ㅡ)
퇴교 조치(退校措置)
퇴교 처분(退校處分)
퇴근길(退勤ㅡ)
퇴근 못 하다(退勤ㅡ)
퇴근 시간(退勤時間)
퇴근해 버리다(退勤ㅡ)
퇴내다(退ㅡ)
퇴 놓다(退ㅡ) [관]
퇴물 기생(退物妓生)
퇴물림(退ㅡ)
퇴박 놓다(退ㅡ)
퇴박맞다(退ㅡ)
퇴보해 가다(退步ㅡ)
퇴보해 버리다(退步ㅡ)

퇴색 안 되다(退色-)
퇴색해 가다(退色-)
퇴색해 버리다(退色-)
퇴역 장교(退役將校)
퇴역해 버리다(退役-)
퇴원 못 하다(退院-)
퇴원 수속(退院手續)
퇴원 안 하다(退院-)
퇴원해 버리다(退院-)
퇴일보(退一步)
퇴임 기념(退任記念)
퇴임 인사(退任人事)
퇴장해 버리다(退場-)
퇴줏그릇(退酒-)
퇴직 교사(退職教師)
퇴직 급여=퇴직급여(退職給與)
퇴직해 버리다(退職-)
퇴진 요구(退陣要求)
퇴진 운동(退陣運動)
퇴진할 듯하다(退陣-)
퇴짜 놓다(退字-) [관]
퇴짜 맞다(退字-) [관]
퇴침모(退枕-)
퇴판(退-)
퇴폐 업소(頹廢業所)
퇴폐 영업(頹廢營業)
퇴폐주의(頹廢主義)
퇴폐풍조(頹廢風潮)
퇴폐 행위(頹廢行爲)
퇴학 맞다(退學-)
퇴학 처분(退學處分)
퇴해 주다(退-)
퇴화해 가다(退化-)
퇴화해 버리다(退化-)
퇴화 현상(退化現象)
툇돌
툇마루
투고해 보다(投稿-)
투기 과열(投機過熱)
투기꾼(投機-)
투기사업(投機事業)
투기업자(投機業者)
투기 지역(投機地域)
투기 현상(投機現象)
투기 혐의(投機嫌疑)
투매 현상(投賣現象)

투명 경영(透明經營)
투명 인간(透明人間)
투병 생활(鬪病生活)
투석꾼(投石-)
투숙해 오다(投宿-)
투신자살(投身自殺)
투자 가치=투자가치(投資價値)
투자 비용(投資費用)
투자 수익(投資收益)
투자 심리(投資心理)
투자 유치(投資誘致)
투자 이민(投資移民)
투자 전략(投資戰略)
투자 회사=투자회사(投資會社)
투쟁 방법(鬪爭方法)
투쟁해 나가다(鬪爭-)
투쟁해 오다(鬪爭-)
투전꾼(鬪牋-)
투정꾼
투정 부리다
투정쟁이
투지만만(鬪志滿滿)
투척 훈련(投擲訓練)
투표 결과(投票結果)
투표용지(投票用紙)
투합해 버리다(投合-)
투항해 버리다(投降-)
투해머(投hammer)
투호삼작(投壺三作)
투호삼작노리개(投壺三作-)
툭 털어놓다
툭툭 털어 버리다
툭 튀어나오다
툭하면 화를 낸다(-火-)
퉁겨져 나오다
퉁노구
퉁노구의 밥은 설수록 좋다 [격]
퉁때 엽전에 묻은 때.
퉁명부리다
퉁명스럽다
퉁바리
퉁바리맞다
퉁방울
퉁방울눈
퉁방울이
퉁부처

E

퉁비(-碑)
퉁어리적다
퉁주발(-周鉢)
퉁퉁걸음
퉁퉁 붓다
튀각산자(-饊子)
튀겨 먹다
튀김옷
튀김 요리(-料理)
튀김찜
튀김틀
튀는열매
튀밥
튀밥 튀기다 [관]
튀어 나가다
튀어나오다
튀어 오르다
튀한 돼지
튕겨 나가다
튕겨 나오다
튕겨져 나오다
트럭 기사(truck 技士)
트레머리
트레바리
트레방석(-方席)
트레이닝셔츠(training shirts)
트레이닝팬츠(training pants)
트레이드 마크(trade mark)
트렌치코트(trench coat)
트루먼주의(Truman主義)
트집거리
트집바탈 무슨 일이건 트집만 부리는 일.
트집을 걸다 [관]
트집을 잡다 [관]
트집쟁이
트집조로 말하다(-調-)
트집해 오다
특공 작전(特攻作戰)
특권 의식(特權意識)
특급 대우(特級待遇)
특급 열차=특급열차(特急列車)
특급 호텔(特級hotel)
특기 교육(特技敎育)
특기 사항(特記事項)
특등 사수(特等射手)
특별 감사(特別監査)

특별 관리(特別管理)
특별 기고(特別寄稿)
특별나다(特別-)
특별난 행동(特別-行動)
특별 대우(特別待遇)
특별 법안(特別法案)
특별 사면=특별사면(特別赦免)
특별 열차=특별열차(特別列車)
특별 지시(特別指示)
특별 취급(特別取扱)
특별 혜택(特別惠澤)
특별 활동=특별활동(特別活動)
특별 휴가(特別休暇)
특선 요리(特選料理)
특수 관계(特殊關係)
특수 부대=특수부대(特殊部隊)
특수 요원(特殊要員)
특수학교(特殊學校)
특수 훈련(特殊訓練)
특이 상황(特異狀況)
특이 체질=특이체질(特異體質)
특이해 보이다(特異-)
특정 단체(特定團體)
특정 범죄=특정범죄(特定犯罪)
특정 분야(特定分野)
특정 인물(特定人物)
특정 지역(特定地域)
특정 후보(特定候補)
특종 보도(特種報道)
특집 기사(特輯記事)
특집 방송(特輯放送)
특징짓다(特徵-)
특출 나다(特出-)
특허 기술(特許技術)
특허 신청(特許申請)
특허 출원=특허출원(特許出願)
특활 시간(特活時間)
튼튼해 보이다
틀가락
틀개
틀개 놓다 [관]
틀계단(-階段)
틀국수
틀기름
틀널
틀누비

틀니 해 박다
틀려먹다
틀림없다
틀바느질
틀사냥
틀송곳
틀어넣다
틀어막다
틀어박다
틀어박히다
틀어 보다
틀어 올리다
틀어잡다
틀어져 버리다
틀어 주다
틀어쥐다
틀에 맞추다 [관]
틀에 박힌 소리
틀을 잡다 [관]
틀이 잡히다 [관]
틀톱
틈나는 대로
틈 난 돌이 터지고 태 먹은 돌이 깨진다 [격]
틈내다
틈새시장(-市場)

틈샘
틈 안 나다
틈타다
틔워 주다
티가 나다
티격나다
티격태격하다
티끌만큼
티끌만 하다
티끌 모아 태산(-泰山) [격]
티끌세상(-世上)
티 나다
티 내지 마라
티눈 박이다
티를 뜯다 [관]
티를 보다 [관]
티 안 나다
티 없는 얼굴
티자(T-)
티타임(teatime)
티 하나 없다
팀워크(teamwork)
팀 회의(team會議)
팁 주다(tip-)
팃검불

[ㅍ]

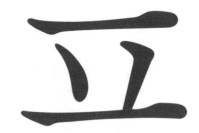

파 가다
파간장(-醬)
파강회(-膾)
파격 인사(破格人事)
파견 근무(派遣勤務)
파견 나가다(派遣-)
파견 명령(派遣命令)
파견해 놓다(派遣-)
파계해 버리다(破戒-)
파고다 공원=파고다공원(pagoda公園)
파고들다
파고들어 가다
파고무(破-) 낡아서 못 쓰게 된 고무.
파고 세운 장나무(-長-) [격]
파고철(破古鐵)
파괴 분자(破壞分子)
파괴해 버리다(破壞-)
파괴 행위(破壞行爲)
파급 효과=파급효과(波及效果)
파기록(破記錄)
파기와(破-)
파김치
파김치가 되다 [관]
파꽃
파 나가다
파나마모자(panama帽子)
파나물
파내다
파 내려가다
파 놓다
파누름적(-炙)
파도 소리(波濤-)
파도치다(波濤-)
파도타기(波濤-)

파동 치다(波動-)
파 두다
파 들어가다
파란곡절(波瀾曲折)
파란만장(波瀾萬丈)
파란 많은 삶(波瀾-)
파란불
파란빛
파란 새
파란색(-色)
파란 일다(波瀾-)
파랑 경보=파랑경보(波浪警報)
파랑무지기
파랑새
파랑 잉크(-ink)
파랑콩
파래무침
파래박 배 안에 들어온 물을 퍼내는 데 쓰는
     바가지.
파래 보이다
파래져 가다
파래지다
파래튀각
파랫국
파렴치범(破廉恥犯)
파르르니 깎은 머리
파리 경주인(-京主人) [격]
파리 날리다 [관]
파리 떼
파리똥
파리똥도 똥이다 [격]
파리똥새
파리똥은 똥이 아니랴 [격]
파리 목숨 [관]

파리 발 드리다 [관]
파리 수보다 기생이 셋 많다(-數-妓生-) [격]
파리약(-藥)
파리 잡듯 [관]
파리채
파리통(-筒)
파리한 강아지 꽁지 치레하듯 [격]
파리해 보이다
파마머리(permanent-)
파먹다
파면해 버리다(罷免-)
파멸시켜 버리다(破滅-)
파명당(破明堂)
파문 일다(波紋-)
파문 일으키다(波紋-)
파묻다
파묻어 놓다
파묻어 두다
파묻어 버리다
파묻어 주다
파묻은 듯하다
파묻혀 버리다
파묻혀 살다
파발꾼(擺撥-)
파방에 수수엿 장수(罷榜-) [격]
파방을 치다(罷榜-) [관]
파방판(罷榜-)
파밭
파밭 밟듯 하다 [관]
파 버리다
파벌 싸움(派閥-)
파벌 정치(派閥政治)
파벌주의(派閥主義)
파벽돌(破甓-)
파 보다
파뿌리   '백발'을 비유적으로 이르는 말.
파뿌리가 되도록
파 뿌리 다듬다
파사기(破沙器)
파사리조기(罷-)
파산 상태(破産狀態)
파산 선고=파산선고(破産宣告)
파산 위기(破産危機)
파산적(-散炙)
파산해 버리다(破産-)
파상 공격=파상공격(波狀攻擊)

파손 안 되다(破損-)
파쇄해 버리다(破碎-)
파수꾼 노릇(把守-)
파수막(把守幕)
파수 보다(把守-)
파악 못 하다(把握-)
파악 안 되다(把握-)
파악해 보다(把握-)
파업 사태(罷業事態)
파업 투쟁(罷業鬪爭)
파 오다
파 오도록 하다
파월 장병(派越將兵)
파유리(破琉璃)
파일등(八日燈)
파자마 차림(pajamas-)
파잡다
파장국(-醬-)
파장머리(罷場-)
파장 무렵(罷場-)
파장아찌
파장에 수수엿 장수(罷場-)
파재목(破材木)
파적거리(破寂-)
파적 삼다(破寂-)
파전(-煎)
파제삿날(罷祭祀-)
파젯날(罷祭-)
파 주다
파죽음
파찬국
파총 벼슬에 감투 걱정한다(把摠-) [격]
파탄 나다(破綻-)
파탄 위기(破綻危機)
파투 나다(破鬪-)
파투 놓다(破鬪-)
파파노인(皤皤老人)
파피리
파행 상태(跛行狀態)
파행 인사(跛行人事)
파헤쳐 나가다
파헤쳐 놓다
파헤쳐 보다
파혼해 버리다(破婚-)
판가름 나다
판가름 내다

판가름 못 내다
판가름 못 짓다
판가름 짓다
판가름해 주다
판값
판결 나다(判決-)
판결 내리다(判決-)
판결 안 나다(判決-)
판 깨다
판 깨지다
판나다 (1)끝장이 나다. (2)재산이나 물건이 모
　　조리 없어지다.
판날 듯하다
판다르다
판단 기준(判斷基準)
판단 능력(判斷能力)
판단 못 하다(判斷-)
판단 착오(判斷錯誤)
판독해 내다(判讀-)
판돈 걸다
판돈 대다
판돈 떼다 [관]
판돈 일곱 닢에 노름꾼은 아홉 [격]
판들다
판때리다
판로 개척(販路開拓)
판로 확장(販路擴張)
판막다
판막음하다
판막이
판매 가격(販賣價格)
판매 금지(販賣禁止)
판매 대금(販賣代金)
판매 대행(販賣代行)
판매 부수(販賣部數)
판매 사원(販賣社員)
판매 수입(販賣收入)
판매 실적(販賣實績)
판매 안 하다(販賣-)
판매업자(販賣業者)
판매 전략(販賣戰略)
판매 직원(販賣職員)
판매해 오다(販賣-)
판매 활동(販賣活動)
판매 회사＝판매회사(販賣會社)
판명 나다(判明-)

판몰이
판무식(判無識)
판무식꾼(判無識-)
판무식쟁이(判無識-)
판 밖의 사람 [관]
판 벌이다
판별해 내다(判別-)
판상놈(-常-)
판설다
판셈
판수익다　어떤 일의 사정에 아주 익숙하다.
판시세(-時勢)
판싸움
판쌈
판쓸이
판에 박은 것 같다 [관]
판에 박은 듯하다 [관]
판유리(板琉璃)
판을 거듭하다 [관]
판이해 보이다(判異-)
판자때기(板子-)
판자벽(板子壁)
판잣집(板子-)
판정 기준(判定基準)
판정 못 내리다(判定-)
판정 시비(判定是非)
판정해 주다(判定-)
판주다
판촉 행사(販促行事)
판촉 활동(販促活動)
판판해 보이다
팔가락지　＝팔찌.
팔각기둥(八角-)
팔각뿔(八角-)
팔각시계(八角時計)
팔각지붕(八角-)
팔각집(八角-)
팔 거야
팔걸
팔 걸세
팔걸요
팔걸음
팔걸이의자(-椅子)
팔게
팔게요
팔고 가다

팔고 다니다
팔고 살다
팔고 오다
팔 고쳐 주니 다리 부러졌다 한다 [격]
팔구월(八九月)
팔구일(八九日)
팔 굽혀 펴기 = 팔굽혀펴기
팔 굽히다
팔긴 팔지만
팔꿈치
팔난봉
팔난봉에 뫼 썼다 [격]
팔년풍진(八年風塵)
팔놀림
팔다리
팔다리뼈
팔도강산(八道江山)
팔도를 무른 메주 밟듯(八道-) [격]
팔도에 솥 걸어 놓았다(八道-) [격]
팔등신(八等身)
팔뚝만 하다
팔뚝을 뽐내다 [관]
팔뚝질
팔랑개비
팔러 가다
팔러 다니다
팔러 오다
팔려 가다
팔려 나가다
팔려 버리다
팔리는 대로
팔리는 만큼
팔림새
팔 만큼 팔아 보다
팔매선(-線) =포물선.
팔매질
팔매치기
팔맷돌
팔모가지
팔모기둥(八-)
팔모상(八-床)
팔모얼레(八-)
팔모지다(八-)
팔모지붕(八-)
팔모항아리(八-缸-)
팔목

팔밀이
팔밀이꾼
팔방돌이(八方-)
팔방망이(八-)
팔방미인(八方美人)
팔배태
팔베개
팔보두부(八寶豆腐)
팔분음표(八分音標)
팔뼈
팔삭둥이(八朔-)
팔선교자상(八仙交子床)
팔선녀를 꾸민다(八仙女-) [격]
팔선소주(八仙燒酒)
팔소매
팔소매를 걷어붙이다 [관]
팔순 잔치(八旬-)
팔순 할아버지(八旬-)
팔심
팔십 대 할머니(八十代-)
팔십 줄에 들어서야(八十-)
팔싸리(八-)
팔씨름
팔아 가며 살다
팔아넘기다
팔아 달라고 하다
팔아 달라다
팔아먹다
팔아 버리다
팔아 보다
팔아 오다
팔아 주다
팔아 치우다
팔았나 보다
팔오금
팔 운동 = 팔운동(-運動)
팔월대보름(八月大-)
팔월 말(八月末)
팔월 보름(八月-)
팔월 초(八月初)
팔월 호(八月號)
팔을 걷고 나서다 [관]
팔을 걷어붙이다 [관]
팔이 들이굽지 내굽나 [격]
팔자가 사나우니까 의붓아들이 삼 년 맏이라(八
   字-三年-) [격]

팔자가 좋으면 동이 장수 맏며느리가 됐으랴(八字-) [격]

팔자걸음(八字-)

팔자 고치다(八字-) [관]

팔자는 길들이기로 간다(八字-) [격]

팔자는 독에 들어가서도 못 피한다(八字-避-) [격]

팔자 늘어지다(八字-) [관]

팔자 도망은 못한다(八字逃亡-) [격]

팔자땜(八字-)

팔자 사납다(八字-)

팔자 세다(八字-)

팔자소관(八字所關)

팔자수염(八字鬚髥)

팔자에 없다(八字-) [관]

팔자타령(八字-)

팔죽지

팔짓

팔짱 끼고 보다 [관]

팔짱 지르다 [관]

팔찌 끼다

팔춤

팔팔결 다른 정도가 엄청남.

팔팔해 보이다

팔풍받이(八風-)

팔회목

팟국

팟종 다 자란 파의 꽃줄기.

팡개질

팡이무리

팡파지다

팡파짐해 보이다

팥가루

팥고물

팥고추장(-醬)

팥꼬투리

팥꽃

팥노굿

팥노굿 일다

팥단자(-團瓷)

팥대우

팥대우 파다

팥뒤주

팥떡

팥매 팥을 타는 데에 쓰는 맷돌.

팥물

팥물밥

팥밥

팥빵

팥소

팥알

팥알만 하다

팥으로 메주를 쑨대도 곧이듣는다 [격]

팥을 콩이라 해도 곧이듣는다 [격]

팥이 풀어져도 솥 안에 있다 [격]

팥잎

팥잎국

팥잎댕기

팥잎죽(-粥)

팥장(-醬)

팥죽(-粥)

팥죽 단지에 생쥐 달랑거리듯(-粥-) [격]

팥죽빛(-粥-)

팥죽색(-粥色)

팥죽 쑤다(-粥-)

팥죽집(-粥-)

팥죽할멈(-粥-)

팥편

패가망신(敗家亡身)

패거리(牌-)

패거리 정치(牌-政治)

패군의 장수는 용맹을 말하지 않는다(敗軍-將帥-勇猛-)

패권주의(覇權主義)

패기 넘치다(覇氣-)

패기 있어 보이다(覇氣-)

패기 찬 얼굴(覇氣-)

패나다(覇-)

패노름(牌-)

패는 곡식 이삭 뽑기(-穀食-) [격]

패대기치다

패랭이고누

패랭이꽃

패랭이에 숟가락 꽂고 산다 [격]

패륜 범죄(悖倫犯罪)

패륜 행위(悖倫行爲)

패를 떼다(牌-) [관]

패를 잡다(牌-) [관]

패를 차다(牌-) [관]

패를 채우다(牌-) [관]

패배당하다(敗北當-) [관]

패배 의식(敗北意識)

패배주의(敗北主義)
패션모델(fashion model)
패션 산업(fashion産業)
패션쇼(fashion show)
패소당하다(敗訴當-)
패소 판결(敗訴判決)
패싸움(牌-)
패싸움 벌이다(牌-)
패쌈(牌-)
패쓰다(覇-)
패어 들어가다
패에 떨어졌다(覇-) [격]
패자 부활전＝패자부활전(敗者復活戰)
패 주다
패 죽이다
패지 말라고 하다
패째다 가랑이가 찢어지다.
패차다(牌-)
패해 버리다(敗-)
팩한 성미
팬잔례(-禮) 첫딸을 낳은 사람이 친구들에게
    졸리어 한턱 냄.
팬케이크(pancake)
팻돈(牌-)
팻말(牌-)
팽개질
팽개쳐 버리다
팽배해져 가다(澎湃-)
팽이채
팽이치기하다
팽이 치다
팽창주의(膨脹主義)
팽총(-銃)
팽팽해 보이다
팽팽해져 가다
퍼 가다
퍼 나르다
퍼내다
퍼 넣다
퍼 놓다
퍼 담다
퍼더버리다
퍼더앉다
퍼런빛
퍼런색(-色)
퍼마시다

퍼먹다
퍼 먹이다
퍼부어 주다
퍼붓다
퍼 오다
퍼 올리다
퍼져 가다
퍼져 나가다
퍼 주다
퍼지르다
퍼질 듯하다
퍼질러 앉다
퍼질러 자다
펀치기
펀펀해 보이다
펄쩍 뛰다
펑크 나다(puncture-)
펑펑 터뜨리다
펴 가다
펴 나가다
펴내다
펴낸이
펴놓다
펴 놓은 춤이래[격]
펴 두다
펴 들다
펴 보다
펴 보이다
펴 오다
펴 주다
펴지 마라
편 가르다(便-)
편 갈리다(便-)
편견 없이(偏見-)
편기울기(偏-)
편들다(便-)
편리해 보이다(便利-)
편리해져 가다(便利-)
편먹다(便-)
편법 처리(便法處理)
편보다 떡이 낫다 [격]
편성 안 되다(編成-)
편식 안 하다(偏食-)
편싸움(便-)
편싸움꾼(便-)
편싸움질하다(便-)

Ⅱ

편쌈(便-)
편쌈꾼(便-)
편쌈질하다(便-)
편쑤기 정월 초하룻날 차례를 지내는 데에 쓰
　　　는 떡국.
편씨름(便-)
편안해 보이다(便安-)
편안해져 가다(便安-)
편애해 오다(偏愛-)
편윷(便-)
편의 도모(便宜圖謀)
편의 봐주다(便宜-)
편의 시설(便宜施設)
편의주의(便宜主義)
편입 시험(編入試驗)
편입 안 되다(編入-)
편입 제도(編入制度)
편중 인사(偏重人事)
편중 현상(偏重現象)
편지 교환(便紙交換)
편지꽂이(便紙-)
편지 내용(便紙內容)
편지 못 받다(便紙-)
편지 받다(便紙-)
편지 배달(便紙配達)
편지 봉투(便紙封套)
편지 부치다(便紙-)
편지 쓴 지 오래되다(便紙-)
편지 안 하다(便紙-)
편지에 문안(便紙-問安) [격]
편지 오다(便紙-)
편지질하다(便紙-)
편지투(便紙套)
편지틀(便紙-)
편지 한 장(便紙-張)
편지함(便紙函)
편지해 다오(便紙-)
편지해 주다(便紙-)
편집 업무(編輯業務)
편집 위원=편집위원(編輯委員)
편집해 주다(編輯-)
편집 회의=편집회의(編輯會議)
편짓다(片-)
편짜다(便-)
편짝(便-)
편찬해 내다(編纂-)

편찮다(便-)
편찮아 보이다(便-)
편찮은 듯하다(便-)
편틀
편파 보도(偏頗報道)
편파 인사(偏頗人事)
편파 판정(偏頗判定)
편편찮다(便便-)
편편찮아 보이다(便便-)
편하기만 하다(便-)
편하긴 하다만(便-)
편한 대로(便-)
편할 대로 해(便-)
편해 보이다(便-)
편해져 가다(便-)
편향 보도(偏向報道)
편협해 보이다(偏狹-)
편히쉬어(便-)
편히앉아(便-)
펼쳐 가다
펼쳐 나가다
펼쳐 놓다
펼쳐 두다
펼쳐 들다
펼쳐 보다
펼쳐 보이다
펼쳐 오다
펼칠 만하다
폄하 발언(貶下發言)
평가 기관(評價機關)
평가 기준(評價基準)
평가 못 하다(評價-)
평가 방법(評價方法)
평가 안 하다(評價-)
평가 자료(評價資料)
평가 절하=평가절하(平價切下)
평가할 만하다(評價-)
평가 항목(評價項目)
평가해 보다(評價-)
평가해 주다(評價-)
평균값(平均-)
평균 기온=평균기온(平均氣溫)
평균 내다(平均-)
평균 수명=평균수명(平均壽命)
평균 연령=평균연령(平均年齡)
평균 점수(平均點數)

평나막신(平-)
평년값(平年-)
평년 기온(平年氣溫)
평년 수준(平年水準)
평다리(平-)
평다리치다
평당 가격(坪當價格)
평대패(平-)
평등사상(平等思想)
평등 사회(平等社會)
평등주의(平等主義)
평등해 보이다(平等-)
평등해져 가다(平等-)
평량갓(平凉-)
평말(平-) 곡식을 될 때 평미레로 고르게 밀어
　　된 말.
평머리못(平-)
평면거울(平面-)
평미레(平-)
평미레질하다(平-)
평미리치다
평민 계급＝평민계급(平民階級)
평민 출신(平民出身)
평반에 물 담은 듯(平盤-) [격]
평발(平-)
평범한 듯하다(平凡-)
평범해 보이다(平凡-)
평복 차림(平服-)
평생 가다(平生-)
평생 교육＝평생교육(平生敎育)
평생 동안(平生-)
평생소원(平生所願)
평생소원이 누룽지(平生所願-) [격]
평생 안 한 일(平生-)
평생을 맡기다(平生-) [관]
평생을 살아도 임의 속은 모른다(平生-) [격]
평생지기(平生知己)
평생 직업(平生職業)
평생직장(平生職場)
평생토록(平生-)
평생회원(平生會員)
평소 같으면(平素-)
평소 생활(平素生活)
평안 감사도 저 싫으면 그만이다(平安監司-)
　　[격]
평안해 보이다(平安-)

평야 지대(平野地帶)
평양냉면(平壤冷麵)
평양 돌팔매 들어가듯(平壤-) [격]
평양반닫이(平壤半-)
평양 병정의 발싸개 같다(平壤兵丁-) [격]
평양짚신(平壤-)
평양 황 고집이다(平壤黃固執-) [격]
평온무사(平穩無事)
평온한 듯하다(平穩-)
평온해 보이다(平穩-)
평이해 보이다(平易-)
평인사(平人事)
평일 낮(平日-)
평일 밤(平日-)
평지 길(平地-)
평지낙상(平地落傷)
평지돌출(平地突出)
평지밭(平地-)
평지붕(平-)
평지풍파(平地風波)
평탄해 보이다(平坦-)
평택이 무너지나 아산이 깨어지나(平澤-牙山-)
　　[격]
평토깍두기(平土-) 짜게 담가 땅에 묻었다가
　　이듬해 여름에 꺼내 먹는 깍두기.
평평해 보이다(平平-)
평할 만하다(評-)
평해 주다(評-)
평형감각(平衡感覺)
평화 공존＝평화공존(平和共存)
평화로워져 가다(平和-)
평화스러워 보이다(平和-)
평화 시위(平和示威)
평화 유지(平和維持)
평화 정착(平和定着)
평화 조약＝평화조약(平和條約)
평화 통일＝평화통일(平和統一)
평활(平-) 연습할 때 쓰는 활.
폐간해 버리다(廢刊-)
폐건전지(廢乾電池)
폐기름(廢-)
폐기시켜 버리다(廢棄-)
폐기 처분(廢棄處分)
폐기해 버리다(廢棄-)
폐 끼치다(弊-)
폐막 시간(閉幕時間)

폐문해 버리다(閉門-)
폐백닭(幣帛-)
폐백대추(幣帛-)
폐백 드리다(幣帛-)
폐병 앓다(肺病-)
폐병쟁이(肺病-)
폐병 환자(肺病患者)
폐부를 찌르다(肺腑-) [관]
폐부에 새기다(肺腑-) [관]
폐쇄 사회(閉鎖社會)
폐쇄 조치(閉鎖措置)
폐쇄해 버리다(閉鎖-)
폐쇄 회로(閉鎖回路)
폐수 처리=폐수처리(廢水處理)
폐 안 끼치다(弊-)
폐암 환자(肺癌患者)
폐업 신고(廢業申告)
폐업해 버리다(廢業-)
폐일언하다(蔽一言-)
폐지 안 하다(廢止-)
폐지해 버리다(廢止-)
폐차 처분=폐차처분(廢車處分)
폐차해 버리다(廢車-)
폐타이어(廢tier)
폐품 수집(廢品收集)
폐품 활용(廢品活用)
폐허 된 땅(廢墟-)
폐회 선언(閉會宣言)
폐휴지(廢休紙)
포개 놓다
포개 두다
포개 보다
포개 쌓다
포개 얹다
포격해 오다(砲擊-)
포교 활동(布敎活動)
포근해져 가다
포기 각서(抛棄覺書)
포기김치
포기 못 하다(抛棄-)
포기 상태(抛棄狀態)
포기 안 하다(抛棄-)
포기하다시피 하다(抛棄-)
포기한 듯하다(抛棄-)
포기할 수밖에(抛棄-)
포기할지 몰라(抛棄-)

포기해 버리다(抛棄-)
포달 부리다
포도 농사(葡萄農事)
포도대장(捕盜大將)
포도 덩굴(葡萄-)
포도밭(葡萄-)
포도송이(葡萄-)
포도 알(葡萄-)
포도 잎(葡萄-)
포도즙(葡萄汁)
포도차(葡萄茶)
포도청 변쓰듯(捕盜廳-) [격]
포도청의 문고리 빼겠다(捕盜廳-門-) [격]
포로 교환(捕虜交換)
포로수용소(捕虜收容所)
포목 장사(布木-)
포목 장수(布木-)
포문을 열다(砲門-)
포박해 오다(捕縛-)
포배기다
포복절도(抱腹絶倒)
포볼(four ball)
포상 휴가(褒賞休暇)
포선 뒤에서 엿 먹는 것 같다(布扇-) [격]
포섭해 버리다(包攝-)
포수질(砲手-)
포수 집 강아지 범 무서운 줄 모르듯(砲手-) [격]
포수 집 개는 호랑이가 물어가야 말이 없다(砲
　　手-) [격]
포스터물감(poster-)
포승줄(捕繩-)
포시럽다
포식 동물(捕食動物)
포씨름(布-)
포악무도(暴惡無道)
포악스러워 보이다(暴惡-)
포악질(暴惡-)
포알(砲-)
포얼음(包-)
포옹해 주다(抱擁-)
포용 정책(包容政策)
포위 작전(包圍作戰)
포위해 버리다(包圍-)
포유동물(哺乳動物)
포자반(脯-)
포자 생식=포자생식(胞子生殖)

포자식물(胞子植物)
포장길(鋪裝-)
포장도로(鋪裝道路)
포장마차(布帳馬車)
포장 안 되다(鋪裝, 包裝-)
포장용지(包裝用紙)
포장집(布帳-) =포장마차.
포장 친 집(布帳-)
포장 판매(包裝販賣)
포장해 두다(包裝-)
포쪽(脯-)
포착해 내다(捕捉-)
포천 소 까닭이란다(抱川疏-) [격]
포촌놈(浦村-)
포켓북(pocket book)
포탄 세례(砲彈洗禮)
포학무도(暴虐無道)
포함 안 되다(包含-)
포화 상태(飽和狀態)
포환던지기(砲丸-)
포획해 오다(捕獲-)
폭격 맞다(爆擊-)
폭내기(幅-) 천의 너비를 넓혀 주는 일.
폭넓다(幅-)
폭동 사태(暴動事態)
폭등해 버리다(暴騰-)
폭락해 버리다(暴落-)
폭력 단체(暴力團體)
폭력 사건(暴力事件)
폭력 사태(暴力事態)
폭력 시위(暴力示威)
폭력 쓰다(暴力-)
폭력 안 쓰다(暴力-)
폭력 조직(暴力組織)
폭력 집단(暴力集團)
폭력 행위(暴力行爲)
폭로 기사(暴露記事)
폭로 안 하다(暴露-)
폭로 전술=폭로전술(暴露戰術)
폭로해 버리다(暴露-)
폭리 취하다(暴利取-)
폭발 사고(爆發事故)
폭발 직전(爆發直前)
폭발해 버리다(爆發-)
폭설 피해(暴雪被害)
폭우 내리다(暴雨-)

폭우 피해(暴雨被害)
폭죽놀이(爆竹-)
폭죽 터지다(爆竹-)
폭치마(幅-)
폭탄선언(爆彈宣言)
폭탄 세례(爆彈洗禮)
폭탄 테러(爆彈terror)
폭파 사건(爆破事件)
폭파해 버리다(爆破-)
폭포 소리(瀑布-)
폭풍우 뚫고 나가다(暴風雨-)
폭풍우 휘몰아치다(暴風雨-)
폭풍 전야(暴風前夜)
폭행 사건(暴行事件)
폭행해 오다(暴行-)
폭행 혐의(暴行嫌疑)
폼 나다(form-)
폼 잡다(form-)
폼 재다(form-)
폿소리(砲-)
표가라말(驃-) 몸은 검고 갈기가 흰 말.
표결 결과(表決結果)
표결 처리(表決處理)
표고나물
표고버섯
표고조림
표기 방법(表記方法)
표기 안 되다(表記-)
표기해 두다(表記-)
표 깎일 짓(票-)
표 끊다(票-)
표 나다(標-)
표 남기다(標-)
표 대결(票對決)
표독해 보이다(慓毒-)
표류해 오다(漂流-)
표리가 없다(表裏-) [관]
표리부동(表裏不同)
표명 않다(表明-)
표명해 오다(表明-)
표방해 오다(標榜-)
표밭(票-)
표밭 다지다(票-)
표변해 버리다(豹變-)
표본 조사=표본조사(標本調査)
표 사는 곳(票-)

ㅍ

표 사 두다(票-)
표 살 돈 없다(票-)
표시 안 되다(表示-)
표시해 두다(表示-)
표 안 나다(票-)
표 안 사다(票-)
표적 수사(標的搜査)
표절따말(驃-) 몸이 누런색 바탕에 흰 털이 섞이
　　고 갈기와 꼬리가 흰 말.
표절 시비(剽竊是非)
표정 관리(表情管理)
표정 짓다(表情-)
표준 가격=표준가격(標準價格)
표준검사(標準檢査)
표준 발음(標準發音)
표준 삼다(標準-)
표준 약관(標準約款)
표준 용량(標準容量)
표준틀(標準-)
표준 화법(標準話法)
표지 모델(表紙model)
표지 사진(表紙寫眞)
표차롭다(表-)
표 판 돈(票-)
표 팔다(票-)
표해 놓다(標-)
표해 두다(標-)
표현대로(表現-)
표현 못 하다(表現-)
표현 방법(表現方法)
표현 안 하다(表現-)
표현 양식(表現樣式)
표현주의(表現主義)
표현해 보다(表現-)
푯대(標-)
푯돌(標-)
푯말(標-)
푸근한 듯하다
푸근해 보이다
푸나무
푸념 섞인 말
푸닥거리하다
푸대접(-待接)
푸대접 안 하다(-待接-)
푸대접해 오다(-待接-)
푸독사(-毒蛇) 새파랗게 독이 세게 오른 독사.

푸르고 푸른 들
푸르누런 나뭇잎
푸르대콩
푸르데데하다
푸르디푸르다
푸른곰팡이
푸른나물
푸른똥
푸른빛
푸른색(-色)
푸른얼음
푸상투
푸새김치
푸석돌
푸석돌에 불 난다 [격]
푸석살
푸솜　타지 않은 날솜.
푸접 없다
푸접 있다
푸접 좋다
푸조기
푸주한(-漢)
푸줏간(-間)
푸줏간에 든 소(-間-) [관]
푸줏간에 들어가는 소 걸음(-間-) [격]
푸지개
푸지개꾼
푸짐해 보이다
푹 고아 먹다
푹 꺼지다
푹 눌러쓰다
푹 빠지다
푹 수그리다
푹 쉬다
푹신푹신해 보이다
푹 익다
푹 익히다
푹 자다
푹해져 가다
푼거리　땔나무나 물건 따위를 몇 푼어치씩 팔
　　고 사는 일.
푼거리나무
푼거리질하다
푼끌
푼나무
푼내기

푼내기흥정
푼돈
푼물
푼빵
푼사실(-絲-)
푼수데기
푼수에 맞다 [관]
푼어치
푼장수
푼푼이 번 돈
푼소 여름에 생풀만 먹고 사는 소.
푼소가죽
푼소고기
풀가루
풀각시
풀각시놀이
풀감
풀갓
풀기 깔깔한 홑이불(-氣-)
풀 길 없다
풀꺾다
풀꺾이하다
풀꾼
풀끝 매우 적은 풀의 분량.
풀 끝에 앉은 새 몸이래[격]
풀 끝의 이슬[격]
풀 냄새
풀다듬이
풀단
풀대
풀대님
풀덤불
풀독(-毒)
풀돌다
풀둔덕
풀등
풀떡
풀떨기
풀떼기
풀려 가다
풀려 나가다
풀려나다
풀려나오다
풀려나올 듯하다
풀려날 듯하다
풀려 오다

풀릴 듯하다
풀릴지 모른다
풀막(-幕)
풀매기
풀매듭
풀맷돌
풀머리
풀 먹은 개 나무라듯 [격]
풀 먹이다 [관]
풀무질
풀물
풀물 든 옷
풀발
풀발 서다
풀발 세다
풀 방구리에 쥐 드나들듯 [격]
풀방석(-方席)
풀밭
풀벌레
풀베기
풀베기꾼
풀 베기 싫어하는 놈이 단 수만 센다(-數-) [격]
풀베기하다
풀 베다
풀보기
풀보기날
풀비
풀빛
풀빵
풀 뽑다
풀뿌리
풀살
풀색(-色)
풀 선 옷
풀솜
풀솜에 싸 길렀나 [격]
풀솜할머니 ‘외할머니’를 친근하게 이르는 말.
풀숲
풀싸움
풀싹
풀쌀
풀쌈
풀 쑤다
풀 쑤어 개 좋은 일 하다 [격]
풀씨
풀어 가다

풀어 나가다
풀어내다
풀어놓다
풀어 달라고 하다
풀어 달라다
풀어먹다
풀어먹이다
풀어 보다
풀어 주다
풀어지다
풀어질걸
풀어질 걸세
풀어질걸요
풀어헤치다
풀을 먹이다
풀을 베면 뿌리를 없이하라 [격]
풀이름
풀이말
풀이 빠지다
풀이 서다 [관]
풀이 죽다 [관]
풀이해 놓다
풀이해 보다
풀이해 주다
풀잎피리
풀젓개
풀주머니
풀줄기
풀질하다
풀치마
풀칠(-漆)
풀칠해 나가다(-漆-)
풀칼
풀타임(full time)
풀판(-板)
풀포기
풀포수(-泡水)
풀풀 날리다
풀피리
풀하다
풀하러 가다
풀함(-函)
풀함지
풀해 널다
풀흙
품값

품 갚다
품갚음
품격 떨어뜨리다(品格-)
품고 가다
품고 다니다
품고 살다
품고 오다
품귀 현상(品貴現象)
품꾼
품돈
품마다 사랑이 있다 [격]
품목별로 나누다(品目別-)
품밥
품방아
품방아 찧다
품버리다
품 사다
품삯
품삯 받고 일하다
품삯 주고 시키다
품속 아기
품 안에 있어야 자식이라(-子息-) [격]
품 안의 자식(-子息) [격]
품앗이
품앗이꾼
품앗이하다
품어 안다
품어 오다
품어 주다
품위 안 지키다(品位-)
품위 없이 굴다(品位-)
품위 유지(品位維持)
품위 지키다(品位-)
품을 갚다 [관]
품을 메다 [관]
품을 앗다 [관]
품을 팔다 [관]
품종 개량=품종개량(品種改良)
품질 검사(品質檢査)
품질 관리=품질관리(品質管理)
품질 향상(品質向上)
품칼
품 팔다 [관]
품팔이
품팔이꾼
품팔이하다

풋가지
풋감
풋거름
풋것
풋게
풋고추
풋고추간장(-醬)
풋고추누름적(-炙)
풋고추볶음
풋고추잡채(-雜菜)
풋고추장아찌
풋고추조림
풋고추찌개
풋고추찜
풋곡(-穀)
풋곡식(-穀食)
풋과실(-果實)
풋과일
풋기운
풋기운깨나 쓰다
풋김치
풋꼴
풋나무
풋나물
풋나물 먹듯 [관]
풋낯
풋내
풋내기
풋내 나다
풋내 풍기다
풋눈
풋다래
풋담배
풋담배꾼
풋담배질
풋대
풋대추
풋돈냥(-兩)
풋되다
풋되어 보이다
풋마늘
풋마름병(-病)
풋머루
풋머리
풋먹이
풋면목(-面目)

풋바둑
풋바람
풋바람 들다
풋바심
풋밤
풋배
풋벼
풋벼바심
풋병아리
풋보리
풋사과(-沙果)
풋사랑
풋솜씨
풋수(-手)
풋수염(-鬚髥) 어른이 되면서 처음으로 나는
　　수염.
풋술
풋심
풋심 쓰다
풋윷
풋인사(-人事)
풋잠
풋잠 들다
풋장
풋장기(-將棋)
풋절이
풋정(-情)
풋정 들다(-情-)
풋콩
풋향기(-香氣)
풍각쟁이(風角-)
풍겨 나오다
풍겨 오다
풍겨 주다
풍경 소리(風磬-)
풍경치다(風磬-)
풍계묻이
풍광 좋은 곳(風光-)
풍구질하다(風-)
풍금땡금놀이
풍금 소리(風琴-)
풍금 치다(風琴-)
풍기는 듯하다
풍기 문란(風紀紊亂)
풍년 개 팔자(豐年-八字) [격]
풍년거지(豐年-)

풍년거지가 더 섫다(豊年-) [격]

풍년거지 쪽박 깨뜨린 형상(豊年-形象) [격]

풍년거지 팔자라(豊年-八字-) [격]

풍년기근(豊年飢饉)

풍년놀이(豊年-)

풍년 두부 같다(豊年豆腐-) [격]

풍년 들다(豊年-)

풍년에 못 지낸 제사 흉년에 지내랴(豊年-祭祀
凶年-) [격]

풍년풀덩이(豊年-)

풍년화자(豊年花子)

풍 들다(風-)

풍롯불(風爐-)

풍류남아(風流男兒)

풍류남자(風流男子)

풍류놀이(風流-)

풍마구리(風磨-)

풍만해 보이다(豊滿-)

풍만해져 가다(豊滿-)

풍 맞다(風-)

풍물 기행(風物紀行)

풍물꾼(風物-)

풍물놀이(風物-)

풍물을 갖추어도 춤이 짐작(風物-斟酌) [격]

풍물장이(風物-)

풍물재비(風物-)

풍물 치다(風物-) [관]

풍미해 오다(風靡-)

풍부해 보이다(豊富-)

풍부해져 가다(豊富-)

풍비박산(風飛雹散)

풍산개(豊山-)

풍석질하다(風席-)

풍선껌(風船gum)

풍성해 보이다(豊盛-)

풍성해져 가다(豊盛-)

풍속 사범=풍속사범(風俗事犯)

풍속영업(風俗營業)

풍수신앙(風水信仰)

풍수쟁이(風水-)

풍수지리(風水地理)

풍악꾼(風樂-)

풍악 소리(風樂-)

풍악 울리다(風樂-)

풍악을 잡히다(風樂-)

풍안집(風眼-)

풍어놀이(豊魚-)

풍요로워 보이다(豊饒-)

풍요해 보이다(豊饒-)

풍요해져 가다(豊饒-)

풍운의 뜻(風雲-)

풍월주인(風月主人)

풍자만화(諷刺漫畫)

풍자 소설=풍자소설(諷刺小說)

풍자시(諷刺詩)

풍작기근(豊作飢饉)

풍전등화(風前燈火)

풍족해 보이다(豊足-)

풍족해져 가다(豊足-)

풍진세계(風塵世界)

풍차바지(風遮-)

풍찬노숙(風餐露宿)

풍채 좋은 사람(風采-)

풍치 지구=풍치지구(風致地區)

풍혹(風-) 단풍나무의 옹두리가 뭉쳐 커진 혹.

풍화 작용=풍화작용(風化作用)

퓨전 요리(fusion料理)

프라이드치킨(fried chicken)

프랑스빵(France-)

프랑스 요리(France料理)

플라스틱밭(plastic-) 플라스틱 상자로 만든 밭.

피가 거꾸로 솟다 [관]

피가 끓다 [관]

피가 뜨겁다 [관]

피가래

피가 마르다 [관]

피가 켕기다 [관]

피가 통하다(-通-) [관]

피 같은 돈

피거품

피검사(-檢査)

피격 사건(被擊事件)

피고개

피고름

피고발인(被告發人)

피고 지고

피곤한 듯하다(疲困-)

피곤해 보이다(疲困-)

피골상접(皮骨相接)

피 끓는 청춘(-靑春)

피나는 노력(-努力)

피나무 껍질 벗기듯 [격]

896

피난 가다(避難-)
피난길(避難-)
피난꾼(避難-)
피난 못 가다(避難-)
피난살이(避難-)
피난 생활(避難生活)
피난 시설(避難施設)
피난 안 가다(避難-)
피난 오다
피난 행렬(避難行列)
피눈물
피눈물 나는 고생(-苦生)
피눈물 흘리다
피댓줄(皮帶-)
피도 눈물도 없다 [관]
피돌기
피딱지
피땀
피땀을 흘리다 [관]
피땀이 어리다 [관]
피똥
피똥을 싸다 [관]
피란 가다(避亂-)
피란길(避亂-)
피란꾼(避亂-)
피란 못 가다(避亂-)
피란살이(避亂-)
피란 생활(避亂生活)
피란 시절(避亂時節)
피란 안 가다(避亂-)
피란 행렬(避亂行列)
피랍 사건(被拉事件)
피로 쌓이다(疲勞-)
피로 풀다(疲勞-)
피로 피를 씻다 [관]
피로한 듯하다(疲勞-)
피로해 보이다(疲勞-)
피로 해소(疲勞解消)
피를 굵다 [관]
피를 나누다 [관]
피를 마시다 [관]
피를 말리다 [관]
피를 보다 [관]
피를 빨다 [관]
피를 토하다(-吐-) [관]
피를 흘리다 [관]

피리 불다
피리 소리
피 마르다
피마자기름(萞麻子-)
피 말리다
피맺히다
피멍
피멍 들다
피멍울
피무늬
피 묻은 발톱 [관]
피 묻히다
피바다
피바람
피바람 불다
피밥
피밭
피범벅
피 보다
피부 관리(皮膚管理)
피부 미용(皮膚美容)
피부 이식(皮膚移植)
피붙이
피비리다
피비린내
피빨강이
피사리
피살된 듯하다(被殺-)
피살 사건(被殺事件)
피새나다 숨기던 일이 뜻밖에 발각되다.
피새놓다
피새 떨다
피새 여물다
피서 가다(避暑-)
피서 다녀오다(避暑-)
피서 안 가다(避暑-)
피신해 오다(避身-)
피어나다
피어리다
피어린 자국
피어오르다
피에 울다 [관]
피에 주리다 [관]
피와 살이 되다 [관]
피우지 마라
피워 내다

ㅍ

피워 놓다
피워 대다
피워 두다
피워 물다
피워 보다
피워 오다
피워 올리다
피의 사실(被疑事實)
피임해 오다(避妊-)
피잣(皮-) 껍데기를 벗기지 않은 잣.
피장이 내일 모레(皮-來日-)
피장파장
피죽(-粥)
피죽바람(-粥-)
피죽상자(皮竹箱子)
피차없다(彼此-)
피차일반(彼此一般)
피천 대 푼 없다 [격]
피천 샐 닢 없다 [격]
피천 한 닢 없다 [격]
피치 못하다(避-)
피투성이
피 한 방울
피해 가다(避-)
피해 나가다(避-)
피해 다니다(避-)
피해망상(被害妄想)
피해 버리다(避-)
피해 보다(避-)
피해 보상(被害補償)
피해 복구(被害復舊)
피해 본들(避-)
피해 봤자(避-)
피해 상황(被害狀況)
피해 신고(被害申告)
피해 안 가다(被害-)
피해 안 주다(被害-)
피해 오다(避-)
피해 의식(被害意識)
피해 입다(被害-)
피해 주민(被害住民)
피해 지역(被害地域)
피해 차량(被害車輛)
피 흘리다
픽 쓰러지다
핀잔 듣다

핀잔맞다
핀잔먹다
핀잔주다
핀컬(pin curl)
필기도구(筆記道具)
필기시험(筆記試驗)
필기 용구(筆記用具)
필기해 놓다(筆記-)
필기해 두다(筆記-)
필누비(疋-)
필담 나누다(筆談-)
필답 고사(筆答考查)
필답시험(筆答試驗)
필독 도서(必讀圖書)
필부필부(匹夫匹婦)
필수 과목=필수과목(必須科目)
필수 조건(必須條件)
필요 없이(必要-)
필요 이상으로(必要以上-)
필요조건(必要條件)
필요충분조건(必要充分條件)
필요한 대로(必要-)
필요한 듯하다(必要-)
필요한 만큼(必要-)
필요할 듯하다(必要-)
필요해 보이다(必要-)
필자 소개(筆者紹介)
필적 감정=필적감정(筆跡鑑定)
필적할 만하다(匹敵-)
핏기 가시다(-氣-)
핏기 잃은 얼굴(-氣-)
핏대 서다 [관]
핏대 세우다 [관]
핏대 올리다 [관]
핏덩어리
핏덩이
핏물 배어 나오다
핏발 서다
핏방울
핏빛
핏자국
핏줄
핏줄 쓰이다
핏줄기
핑계가 좋아서 사돈네 집에 간다(-査頓-) [격]
핑계 대다

핑계 대지 마라
핑계 삼다
핑계 안 대다
핑계 없는 무덤이 없다 [격]
핑계 핑계 도라지 캐러 간다 [격] 적당한 핑계

를 대고 제 볼일을 보러 간다는 말.
핑계해 오다
핑 돌다
핑크 빛(pink-)
핑핑 돌아가다

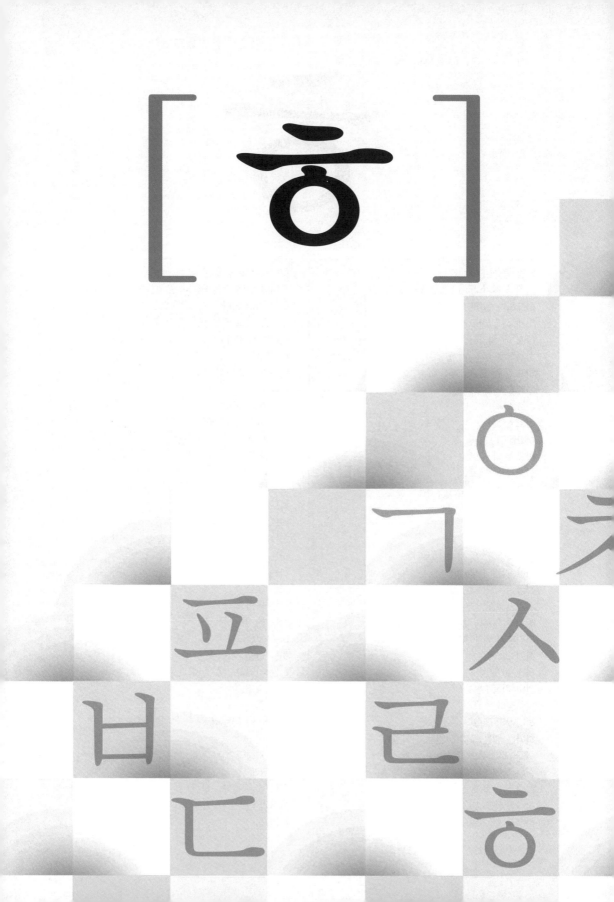

하강 곡선(下降曲線)
하거나 말거나
하게하는 말투(-套)
하게 해 달라고 하다
하게 해 달라다
하계작물(夏季作物)
하계 훈련(夏季訓練)
하계휴가(夏季休暇)
하고 나니
하고 난 뒤
하고많다
하고 말다
하고 싶은 대로
하고자 하다
하고하다
하교 시간(下校時間)
하굣길(下校-)
하굿둑(河口-)
하급 기관(下級機關)
하급 부대(下級部隊)
하기만 하면
하기 방학=하기방학(夏期放學)
하기휴가(夏期休暇)
하긴 그렇다
하긴 하지만
하나 가득 [관]
하나같다
하나같이 예쁘다
하나는 열을 꾸려도 열은 하나를 못 꾸린다 [격]
하나 되다
하나 둘이 아니다
하나로 잇닿아 있다 [관]
하나를 듣고 열을 안다 [격]
하나를 보고 열을 안다 [격]

하나를 부르면 열을 짚는다 [격]
하나를 알면 백을 안다(-百-) [격]
하나 마나 하다
하나만 알고 둘은 모른다 [격]
하나밖에 없다
하나 보다
하나부터 열까지 [관]
하나뿐
하나씩 하나씩
하나하나 짚어 가다
하냉면(夏冷麵) =여름냉면.
하냥다짐
하느냐 마느냐
하느니 마느니
하느니만큼
하느님 맙소사 [관]
하는가 보다
하는 거야
하는 걸 거야
하는 대로
하는 동안
하는 둥 마는 둥
하는 듯하다
하는 만큼
하는 바에야
하는 수 없이
하는 족족
하는지 안 하는지
하는 척하다
하는 체하다
하늘가에
하늘 같은 은혜(-恩惠)
하늘과 땅 [관]
하늘 길

하늘나라
하늘 높은 줄만 알고 땅 넓은 줄은 모른다 [격]
하늘 높은 줄 모르다 [관]
하늘 높은 줄은 모르고 땅 넓은 줄만 안다 [격]
하늘 높이
하늘도 끝 갈 날이 있다
하늘땅
하늘로 올라갔나 땅으로 들어갔나 [격]
하늘만큼 땅만큼
하늘 무서운 말 [격]
하늘 밑의 벌레 [격]
하늘바라기   =천둥지기.
하늘 보고 손가락질한다 [격]
하늘 보고 침 뱉기 [격]
하늘빛
하늘색(-色)
하늘 아래 첫 고개 [격]
하늘 아래 첫 동네(-洞-) [격]
하늘에 닿다 [관]
하늘에 돌 던지는 격(-格) [격]
하늘에 두 해가 없다 [격]
하늘에 막대 겨루기 [격]
하늘에 방망이를 달겠다 [격]
하늘에서 떨어졌나 땅에서 솟았나 [격]
하늘 울 때마다 벼락 칠까 [격]
하늘은 스스로 돕는 자를 돕는다(-者-) [격]
하늘을 도리질 치다 [격]
하늘을 보아야 별을 따지 [격]
하늘을 쓰고 도리질한다 [격]
하늘을 지붕 삼다 [관]
하늘을 찌르다 [관]
하늘의 별 따기 [격]
하늘이 노랗다 [관]
하늘이 돈짝만 하다 [격]
하늘이 두 쪽 나도 [관]
하늘이 무너져도 솟아날 구멍이 있다 [격]
하늘이 새다 [관]
하늘이 캄캄하다 [관]
하늘처럼 믿다 [관]
하늘 천 따 지(-天-地) [관]
하늘 천 따 지 하다(-天-地-) [관]
하늘 천 하면 검을 현 한다(-天-玄-) [격]
하늘코
하늬바람
하늬바람에 곡식이 모질어진다(-穀食-) [격]
하늬바람에 엿장수 골내듯 [격]

하다 남은 일
하다마다
하다 말다
하다못해
하다 보니
하다시피 하다
하다 하다 안 될 때는
하던 대로
하던 지랄도 멍석 펴 놓으면 안 한다 [격]
하든 말든
하등 동물=하등동물(下等動物)
하라느니 말라느니
하라는 대로
하라는 파총에 감투 걱정한다(-把摠-) [격]
하라 말라 하다
하락해 버리다(下落-)
하란젓(蝦卵-) 새우의 알로 담근 것.
하란찌개(蝦卵-)
하려고 들다
하려 안 하다
하루가 다르다
하루가 멀다고 [관]
하루가 새롭다 [관]
하루가 여삼추(-如三秋) [격]
하루갈이
하루거리
하루건너
하루걸러
하루 걸리는 곳
하루 굶은 것은 몰라도 헐벗은 것은 안다 [격]
하루 낮
하루 내내
하루도 못 가다
하루도 안 거르다
하루돌이
하루 동안
하루 만에
하루 먼저
하루 물림이 열흘 간다 [격]
하루바삐
하루밖에 못 놀다
하루 밤낮
하루 벌어 하루 살다
하루빨리
하루살이
하루살이꾼

ㅎ

하루 새
하루 세 끼 밥 먹듯 [격]
하루속히(-速-)
하루아침에
하루 앞으로
하루 이틀도 아니고
하루 이틀 사이에
하루 일
하루 저녁
하루 종일(-終日)
하루 죽을 줄은 모르고 열흘 살 줄만 안다 [격]
하루치
하루치기 일
하루하루
하루 한 날 [관]
하루 한 알씩
하루해
하루 화근은 식전 취한 술(-禍根-食前醉-) [격]
하룻강아지
하룻강아지 범 무서운 줄 모른다 [격]
하룻길
하룻날
하룻망아지
하룻망아지 서울 다녀오듯 [격]
하룻밤
하룻밤 새
하룻밤을 자도 만리성을 쌓는다(-萬里城-) [격]
하룻밤을 자도 헌 각시 [격]
하룻볕
하룻비둘기
하룻비둘기 재를 못 넘는다 [격]
하류 계급=하류계급(下流階級)
하류 사회=하류사회(下流社會)
하류 지역(下流地域)
하릅강아지
하릅망아지
하릅비둘기
하릅송아지
하리놀다
하리들다
하리쟁이
하리질
하릴없다
하마터면
하 마음에 들다
하면 안 돼

하면 할수록
하바리(下-)
하벼 놓다
하산 길(下山-)
하선동력으로 시골에서 생색낸다(夏扇冬曆-生色-) [격]
하소연해 오다
하수 공사=하수공사(下水工事)
하수 시설(下水施設)
하숙방(下宿房)
하숙 생활(下宿生活)
하숙옥(下宿屋)
하숙집(下宿-)
하숙 치다(下宿-)
하숙해 오다(下宿-)
하순경(下旬頃)
하실 건가
하 심심하여 길군악이나 하지(-軍樂-) [격]
하야말갛다
하얀 꽃
하얀빛
하얀색(-色)
하얘 보이다
하역 작업(荷役作業)
하염없다
하엽무늬(荷葉-)
하였을 텐데
하원 의원(下院議員)
하위 개념=하위개념(下位概念)
하위문화(下位文化)
하위 직급(下位職級)
하윗술
하의상달(下意上達)
하인 노릇(下人-)
하인상(下人床)
하인 취급(下人取扱)
하자는 대로
하자마자
하자 보수(瑕疵補修)
하자 없도록(瑕疵-)
하잘것없다
하지도 못할 놈이 잠방이 벗는다 [격]
하지를 지나면 발을 물꼬에 담그고 잔다(夏至-) [격]
하지 마라
하지 말라고 하다

하지 말라다
하지 않고는 배길 수 없다
하지중(下之中) 품질에 따라 상,중,하로 등급을 매길 때에, 하등 가운데 중길인 것.
하지 지낸 뜸부기(夏至-) [격]
하지하(下之下) 품질에 따라 상,중,하로 등급을 매길 때에, 하등 가운데 아랫길인 것.
하직 인사(下直人事)
하짓날(夏至-)
하짓머리(夏至-)
하차묵지않다 (1)품질이 약간 좋다. (2)성질이 조금 착하다.
하찮아 보이다
하찮은 듯하다
하천 유역(河川流域)
하청 공장(下請工場)
하청 업체(下請業體)
하치않다
하품 나오다
하품만 하고 있다 [관]
하품에 딸꾹질 [격]
하학 길(下學-)
하학종(下學鐘)
하행 열차(下行列車)
하향 곡선(下向曲線)
하향 추세(下向趨勢)
하현달(下弦-)
하후상박(下厚上薄)
학과별(學科別)
학교 가는 길(學校-)
학교 간 뒤(學校-)
학교 갔다 오다(學校-)
학교 공부(學校工夫)
학교 교사(學校敎師)
학교 교육=학교교육(學校敎育)
학교 구경도 못하다(學校-) [관]
학교 급식=학교급식(學校給食)
학교 다녀오다(學校-)
학교 다니다(學校-)
학교 당국(學校當局)
학교 동창(學校同窓)
학교 땅(學校-)
학교 못 가다(學校-)
학교 못 오다(學校-)
학교 보내다(學校-)
학교 부지(學校敷地)

학교생활(學校生活)
학교 선생(學校先生)
학교 성적(學校成績)
학교 수업(學校授業)
학교 시설(學校施設)
학교 신문=학교신문(學校新聞)
학교 안 가다(學校-)
학교 안 다니다(學校-)
학교 안 오다(學校-)
학교 앞(學校-)
학교 일(學校-)
학교 입구(學校入口)
학교 재단(學校財團)
학교 주변(學校周邊)
학교 쪽(學校-)
학교 차(學校車)
학교 차별(學校差別)
학교 터(學校-)
학교 폭력(學校暴力)
학교 행사=학교행사(學校行事)
학교 현황(學校現況)
학군 장교(學軍將校)
학급 문고=학급문고(學級文庫)
학급 일지=학급일지(學級日誌)
학기말 고사=학기말고사(學期末考査)
학기 초(學期初)
학내 분규(學內紛糾)
학년 말(學年末)
학년 초(學年初)
학 다리 구멍을 들여다보듯(鶴-) [격]
학대 안 하다(虐待-)
학대해 오다(虐待-)
학대 행위(虐待行爲)
학도 아니고 봉도 아니고(鶴-鳳-) [격]
학도의용대(學徒義勇隊)
학력 격차(學力隔差)
학력 경시 대회(學力競試大會)
학력고사(學力考査)
학력 부진(學力不振)
학력 위조(學力僞造)
학력 인정(學力認定)
학력 차별(學力差別)
학력 평가(學力評價)
학령 아동=학령아동(學齡兒童)
학령인구(學齡人口)
학문 활동(學問活動)

학벌 따지다(學閥-)
학벌 사회(學閥社會)
학벌 안 따지다(學閥-)
학벌 위주로(學閥爲主-)
학벌 타파(學閥打破)
학부 과정(學部課程)
학부모회(學父母會)
학비 감면(學費減免)
학비 내다(學費-)
학비 대다(學費-)
학비 마련(學費-)
학비 못 내다(學費-)
학비 안 내다(學費-)
학사 경고(學事警告)
학사 일정(學事日程)
학사 출신(學士出身)
학사 편입(學士編入)
학사 학위(學士學位)
학살 사건(虐殺事件)
학살해 버리다(虐殺-)
학생 교류(學生交流)
학생 모집(學生募集)
학생 선발(學生選拔)
학생 시절(學生時節)
학생 신문=학생신문(學生新聞)
학생 신분(學生身分)
학생 운동=학생운동(學生運動)
학생 의거(學生義擧)
학생 지도(學生指導)
학생티 나다(學生-)
학수고대(鶴首苦待)
학술 교류(學術交流)
학술 단체(學術團體)
학술 대회(學術大會)
학술 서적(學術書籍)
학술회의(學術會議)
학습 능력(學習能力)
학습 만화(學習漫畫)
학습 방법(學習方法)
학습 시간(學習時間)
학습 지도=학습지도(學習指導)
학습 태도(學習態度)
학습해 오다(學習-)
학습 효과(學習效果)
학업 성적=학업성적(學業成績)
학원 가다(學院-)

학원 강사(學院講師)
학원 다니다(學院-)
학위 논문=학위논문(學位論文)
학위 따다(學位-)
학위 받다(學位-)
학위 취득(學位取得)
학이 곡곡 하고 우니 황새도 곡곡 하고 운다
　　(鶴-) [격]
학자연하다(學者然-)
학자 출신(學者出身)
학점 교류(學點交流)
학점 따다(學點-)
학점 못 따다(學點-)
학질모기(瘧疾-)
학질을 떼다(瘧疾-)
학창 시절(學窓時節)
학춤(鶴-)
학춤을 추이다(鶴-) [관]
학치뼈
학회 활동(學會活動)
한 가닥
한가득
한가득하다
한가락 뽑다 [관]
한가락 하다 [관]
한 가랑이에 두 다리 넣는다 [격]
한가로워 보이다(閑暇-)
한가로워져 가다(閑暇-)
한가슴
한가운데
한가위
한가윗날
한가을
한가한 듯하다(閑暇-)
한가해 보이다(閑暇-)
한가해져 가다(閑暇-)
한갓되다
한갓지다
한갓진 곳
한강 가서 목욕한다(漢江-沐浴-) [격]
한강 다리(漢江-)
한강 둔치(漢江-)
한강 물(漢江-)
한강 물 다 먹어야 짜냐(漢江-) [격]
한강 물이 제 곬으로 흐른다(漢江-) [격]
한강 변(漢江邊)

한강에 그물 놓기(漢江-) [격]
한강에 돌 던지기(漢江-) [격]
한강에 배 지나간 자리 있나(漢江-) [격]
한강이 녹두죽이라도 쪽박이 없어 못 먹겠다(漢
　江-綠豆粥-) [격]
한강 줄기(漢江-)
한강투석(漢江投石)
한 개(-個)
한 갯물이 열 갯물 흐린다 [격]
한걱정
한걱정 덜다
한 건가 봐
한건주의(-件主義)
한 건 하다(-件-)
한 걸음 물러서다
한걸음에 달려가다
한 것만큼
한겨울
한겨울 동안
한결 나아지다
한겻 =반나절.
한 계단씩 밟아 올라가다(-階段-) [격]
한계 상황=한계상황(限界狀況)
한고비
한고비 넘기다
한골(-骨)
한골 나가다(-骨-) [관]
한 곳 두 곳
한곳에 오래 머무르다
한공중(-空中)
한구석
한 구절(-句節)
한국 경제(韓國經濟)
한국 국민(韓國國民)
한국 국적(韓國國籍)
한국 돈(韓國-)
한국동란(韓國動亂)
한국 땅(韓國-)
한국말(韓國-)
한국 문화(韓國文化)
한국 사람(韓國-)
한국 선수(韓國選手)
한국 요리(韓國料理)
한국은행(韓國銀行)
한국 음식(韓國飮食)
한국 전쟁=한국전쟁(韓國戰爭)

한 군데 두 군데
한군데 붙박여 살다
한 귀 걸치다
한 귀로 듣고 한 귀로 흘린다 [격]
한 귀로 흘리다 [관]
한 그루
한그루짓기
한근심
한근심 놓다
한근심 덜다
한글 맞춤법=한글맞춤법
한글문화(-文化)
한글세대(-世代)
한글 신문(-新聞)
한글 전용(-專用)
한금줍다(-金-)
한기 나다(寒氣-)
한기 느끼다(寒氣-)
한길로 나가다
한꺼번에
한껍에
한껏 먹다
한끝
한 끼 때우다
한나절
한나절 걸리다
한나절 새에
한날한시에(-時-)
한날한시에 난 손가락도 짧고 길다(-時-) [격]
한낮
한낮이 기울다 [관]
한날
한 냥짜리 굿하다가 백 냥짜리 징 깨뜨린다(-
　兩-百兩-) [격]
한 냥 추렴에 닷 돈 냈다(-兩-) [격]
한 녀석
한 노래로 긴 밤 새울까 [격]
한 놈
한 놈의 계집은 한 덩굴에 열린다 [격]
한눈 붙이다 [관]
한눈에 들어오다
한눈에 열 줄 [관]
한눈팔다
한눈팔지 마라
한 닢도 없는 놈이 두 돈 오푼 바란다(-五-)
　[격]

ㅎ

907

한 닢 주고 보라 하면 두 닢 주고 막겠다 [격]
한다나 봐요
한 다리가 천 리(-千里) [격]
한 다리 건너다
한 다리 걸치다 [관]
한 다리 끼다 [관]
한다하는 집안
한다 해 보았자
한 달 가량
한 달간(-間)
한 달 걸리다
한 달 남짓
한 달 내내
한 달 동안
한 달 되다
한 달 만에
한 달 못 가다
한 달밖에 안 되다
한 달 반밖에 안 되다(-半-)
한 달 봐도 보름 보기[격]
한 달분(-分)
한 달 새
한 달 서른 날[관]
한 달 안 되다
한 달에 한 번(-番)
한 달여 동안(-餘-)
한 달여 만에(-餘-)
한달음에 달려가다
한 달 이상(-以上)
한 달이 크면 한 달이 작다 [격]
한 달 잡고 부름은 못 본다 [격]
한 달쯤
한 달 치
한 대 맞다
한 대중
한댁(-宅)
한더위
한더위에 털감투 [격]
한데가꿈 =노지 재배.
한데 모이다
한데 뭉치다
한데 방앗간의 피나무 쌀개(-間-) [격]
한데 섞이다
한데아궁이
한데 앉아서 음지 걱정한다(-陰地-) [격]
한데에 나앉다 [관]

한데우물
한뎃가마
한뎃뒤주
한뎃뒷간(-間)
한뎃부뚜막
한뎃부엌
한뎃솥
한뎃잠
한뎃잠 자다
한뎃장사(-葬事)
한도 끝도 없다(限-)
한독사전(韓獨辭典)
한 돈 추렴에 돈반 낸 놈 같다(-半-) [격]
한돌림
한동갑(-同甲)
한동기(-同氣)
한동기간(-同氣間)
한동네(-洞-)
한동생(-同生)
한동아리
한동안
한동자 끼니를 마친 후에 새로 밥을 짓는 일.
한동치마
한 되들이
한 되 주고 한 섬 받는다 [격]
한됫병(-瓶)
한두 가지
한두 군데
한두 달
한두 번이 아니다(-番-)
한두 번쯤(-番-)
한두째
한두 해
한둘
한 둥 만 둥 하다
한 듯싶다
한 듯이
한 듯하다
한때
한뜻
한량없다(限量-)
한량음식(閑良飲食)
한량이 죽어도 기생집 울타리 밑에서 죽는다(閑良-妓生-) [격]
한련김치(旱蓮-)
한림뚜에(翰林-)

한림탕건(翰林宕巾)
한마디 말도 없이
한마디씩
한마디 하다
한마디 해 주다
한 마리 고기가 온 강물을 흐린다(-江-) [격]
한마루공사(-公事)
한 마을 공사(-公事) [격]
한마을에서 자라다
한마음으로 뭉치다
한마음 한뜻
한 많은 인생(恨-人生)
한 말 등에 두 길마를 지울까 [격]
한 말로 하자면
한 말씀 드리다
한 말씀 올리다
한 말씀 해 주다
한 말에 두 안장이 없다(-鞍裝-) [격]
한 말 주고 한 되 받는다 [격]
한 말 했다가 본전도 못 찾는다(-本錢-) [격]
한 맺히다(恨-)
한목소리 내다
한목숨 바치다
한목에 다 갚다
한몫
한몫 거들다
한몫 끼다 [관]
한몫 들다 [관]
한몫 보다 [관]
한몫 잡다 [관]
한몫해 내다
한 몸이 되다 [관]
한 몸처럼
한무날
한무릎
한무릎공부(-工夫)
한무릎 다가앉다
한물가다
한물 나다
한물넘다
한물이 지다 [관]
한물 지나다
한물지다
한물 피해(-被害)
한미 공조(韓美共助)
한미 동맹(韓美同盟)

한미 합작(韓美合作)
한밑천
한밑천 잡다
한바다
한바닥
한 바리에 싣다 [관]
한 바리에 실었으면 꼭 맞겠다 [격]
한바탕
한바탕 법석을 떨다
한바탕하다
한반먹 한반에 친 먹줄.
한발 늦다
한발 물러서다
한발 비켜서다
한발 앞서다
한발 처지다
한밤의 고요
한 밤 자고 올게
한밤중(-中)
한밥
한 밥그릇에 두 술이 없다 [격]
한 밥에 오르고 한 밥에 내린다 [격]
한방 병원=한방병원(韓方病院)
한방 쓰는 사이(-房-)
한방 요법(韓方療法)
한배 강아지
한 번 가도 화냥년 두 번 가도 화냥년(-番-番-) [격]
한번 가 보다(-番-)
한 번 걷어챈 돌에 두 번 다시 채지 않는다(-番-) [격]
한번 검으면 흴 줄 모른다(-番-) [격]
한 번 더(-番-)
한 번만 더(-番-)
한 번 속지 두 번 안 속는다(-番-番-) [격]
한 번 실수는 병가의 상사(-番失手-兵家-常事) [격]
한 번씩(-番-)
한번 엎지른 물은 다시 주워 담지 못한다(-番-) [격]
한번 쥐면 펼 줄 모른다(-番-) [격]
한번 해 보다(-番-)
한복 가게(韓服-)
한복감(韓服-)
한복 바지(韓服-)
한복 저고리(韓服-)

ㅎ

한복집(韓服-)
한복 차림(韓服-)
한복 치마(韓服-)
한복판
한봄 봄이 한창인 때.
한 불당에 앉아 내 사당 네 사당 한다(-佛堂-
　祠堂-祠堂-) [격]
한불사전(韓佛辭典)
한사람 같은 사람.
한 사람 건너
한 사람씩
한 사람의 덕을 열이 본다(-德-) [격]
한사리
한사리날
한사코(限死-)
한사코 말리다(限死-)
한산 모시=한산모시(韓山-)
한산해 보이다(閑散-)
한 살 더 먹고 똥 싼다 [격]
한살되다 부부가 되다.
한 살 되다
한 살배기
한 살이 =일생.
한 살짜리
한 상 차리다(-床-)
한 서리다(恨-)
한성부에 대가리 터진 놈 달려들 듯(漢城府-)
　[격]
한 세대 동안(-世代-)
한세상(-世上)
한세상 살다(-世上-)
한소끔 끓다
한소끔 자다
한 소리 하다
한속으로 노는 아이들
한 손 놓다 [관]
한 손 떼다 [관]
한 손뼉이 울지 못한다 [격]
한 손으로는 손뼉을 못 친다 [격]
한손잡이
한 손 접다 [관]
한 손 접히다 [관]
한솥밥
한솥밥 먹고 송사한다(-訟事-) [격]
한솥엣밥
한 수 가르치다(-手-)

한 수렁에 두 바퀴 끼듯 [격]
한 수 아래(-手-)
한순간(-瞬間)
한술 더 뜨다 [관]
한술 밥에 배 부르랴 [관]
한숨 돌리다 [관]
한숨 못 자다
한숨 섞여 나오다
한숨 소리
한숨 쉬다
한숨 자다
한숨짓다
한스러울 뿐이다(恨-)
한시가 급하다(-時-急-) [관]
한시가 바쁘다(-時-) [관]
한 시간 남짓(-時間-)
한 시간 만에(-時間-)
한 시간밖에 안 되다(-時間-)
한 시간씩(-時間-)
한시도 못 참다(-時-)
한시를 참으면 백 날이 편하다(-時-百-便-)
　[격]
한시름 놓다
한시름 덜다
한시바삐(-時-)
한시바삐 돌아가다(-時-)
한시 빨리(-時-)
한 식경을 지나서(-食頃-)
한식 날(寒食-)
한식사리(寒食-)
한식에 죽으나 청명에 죽으나(寒食-淸明-) [격]
한식집(韓式-)
한식집(韓食-)
한심스러워 보이다(寒心-)
한심해 보이다(寒心-)
한 아들에 열 며느리 [격]
한약 냄새(韓藥-)
한 어깨에 두 지게 질까 [격]
한 어미 자식도 아롱이다롱이(-子息-) [격]
한없는 사랑(限-)
한여름
한여름 내내
한여름 밤
한영사전(韓英辭典)
한옆
한옥 마을(韓屋-)

한 외양간에 암소가 두 마리(-間-) [격]
한 우물 파다
한우 불고기(韓牛-)
한을 가슴에 박다(恨-) [관]
한음식(-飮食) 끼니때가 아닌 때에 차린 음식.
한이레 =첫이레.
한인 사회(韓人社會)
한일 관계(韓日關係)
한일사전(韓日辭典)
한일자로 다문 입(-一字-)
한일 합작(韓日合作)
한일 회담=한일회담(韓日會談)
한입 가득 넣다
한 입 건너고 두 입 건넌다 [격]
한 입 건너 두 입 [격]
한입에 털어 넣다
한 입으로 두 말 하기 [격]
한 입으로 온 까마귀질 한다 [격]
한잎 두잎
한자 공부(漢字工夫)
한자 능력(漢字能力)
한 자 땅 밑이 저승이다 [격]
한 자루에 양식 넣어도 송사한다(-糧食-訟事-)
    [격]
한 자리밖에 안 남다
한자리에 누워서 서로 딴 꿈을 꾼다 [격]
한자리에 모이다
한자리 차지하다
한자리하다
한자 말(漢字-)
한자 숙어(漢字熟語)
한자 폐지(漢字廢止)
한잔 걸치다(-盞-) [관]
한잔 내다(-盞-)
한 잔밖에 못 마시다(-盞-)
한 잔 술에 눈물 나고 반 잔 술에 웃음 난다(-
    盞-半盞-) [격]
한잔하다(-盞-)
한잠도 못 자다
한잠 자고 나다
한저녁
한적해 보이다(閑寂-)
한 점 부끄러움 없다(-點-)
한점심(-點心) 끼니때가 지난 뒤에 간단하게
    먹는 점심.
한정 없이 대 주다(限定-)

한정 판매(限定販賣)
한정해 버리다(限定-)
한종일(限終日) 날이 저물 때까지로 한정함.
한 주간(-週間)
한주먹에 날아가다
한 주먹 집다
한 주일간(-週日間)
한 주일 내내(-週日-)
한 줄기
한줄기 퍼붓다
한 줌도 못 되다 [관]
한 줌밖에 안 되다 [관]
한중간(-中間)
한중 관계(韓中關係)
한중사전(韓中辭典)
한중 합작(韓中合作)
한증가마(汗蒸-)
한 지붕 밑
한 짐 지다
한 집 건너
한집 살아 보고 한배 타 보아야 속을 안다 [격]
한집 식구(-食口)
한집안 식구(-食口)
한집안에 김 별감 성을 모른다(-金別監姓-) [격]
한집에 감투쟁이 셋이 변(-變) [격]
한집에 늙은이가 둘이면 서로 죽으라고 민다
    [격]
한집에 살다
한집에 있어도 시어미 성을 모른다(-媤-姓-)
    [격]
한쪽 구석
한쪽 끝
한쪽 다리
한 쪽 먹어 보다
한차례 붙다(-次例-)
한차 타다(-車-)
한참 동안
한참 뒤
한참 만에
한창나이
한창때
한철 만나다
한추위
한 층 더 올라가다(-層-)
한층 목소리를 높이다(-層-)
한 치 걸러 두 치 [격]

한 치도 없는 놈이 두 치 닷 푼 바란다 [격]
한 치 벌레에도 오 푼 결기가 있다(-五分-氣-)
  [격]
한 치 앞을 못 보다 [관]
한 치 앞이 어둠 [격]
한카래
한카래꾼
한칼에
한탄해 오다(恨歎-)
한탕 벌이다
한탕 잡다
한탕주의(-主義)
한탕 치다
한탕 하다
한터 넓은 빈터.
한턱
한턱내다
한턱먹다
한턱 쓰다
한통속
한통으로 놀아나다
한통치다
한판 겨루다
한판 대결(-對決)
한판 붙다
한판 싸움
한 판에 찍어 낸 것 같다(-版-) [격]
한 팔을 잃다 [관]
한팔접이
한패(-牌)
한편(-便)
한편 말만 듣고 송사 못한다(-便-訟事-) [격]
한편 슬프고 한편 우습다(-便-便-)
한평생(-平生)
한 푼도 못 받다
한 푼 돈에 살인 난다(-殺人-) [격]
한 푼 아끼다 백 냥 잃는다(-百兩-) [격]
한 푼 안 내다
한 푼 안 쓰다
한 푼 장사에 두 푼을 밑져도 팔아야 한다 [격]
한 푼짜리 푸닥거리에 두부가 오 푼(-豆腐-
  五-) [격]
한풀 꺾이다 [관]
한 풀다(恨-)
한풀 수그러들다
한풀이(恨-)

한풀이하다(恨-)
한 학기 동안(-學期-)
한 해 동안
한해살이
한해살이뿌리
한해살이풀
한허리
한허리를 꺾다
한 홰 닭이 한꺼번에 운다 [격]
할 거야
할 건가 말 건가
할건가 보다
할 건지 말 건지
할걸
할 걸세
할걸요
할 것 같지 않다
할게
할게요
할까 보다
할까 하다
할당해 주다(割當-)
할 대로 하다
할 둥 말 둥 하다
할 듯 말 듯 하다
할라치면
할 만치 하다
할 만하다
할 말 다 하다
할 말 못 할 말
할 말 안 하다
할 말 잃다
할머니 댁(-宅)
할머니뻘 되다
할머니 집
할미쟁이
할 법하다(-法-)
할복자살(割腹自殺)
할부 구입(割賦購入)
할부 금액(割賦金額)
할부 판매＝할부판매(割賦販賣)
할 뻔하다
할뿐더러
할 뿐 아니라
할 성싶다
할 소리 못 할 소리

할 수밖에 없다
할 수 있는 대로
할아버지 감투를 손자가 쓴 것 같다(-孫子-)
　　[격]
할아버지 댁(-宅)
할아버지 떡도 커야 사 먹는다 [격]
할아버지뻘 되는 분
할애해 주다(割愛-)
할인 가격(割引價格)
할인 매장(割引賣場)
할인 요금(割引料金)
할인 판매(割引販賣)
할인해 주다(割引-)
할 일 다 하다
할 일 못 하다
할 일 없으면 낮잠이나 자라 [격]
할 줄 모른다
할 즈음
할증 요금(割增料金)
할지 말지
할지 안 할지
할 짓 다 하다
할 짓 못 할 짓
할퀴고 지나가다
할 터이다
할 텐데
핥아 가며
핥아먹다　남의 재물을 빼앗다.
핥아 먹다　아이스크림을 핥아 먹다.
핥아세다
핥아 주다
함께 가다
함께 못 살다
함께하다　생사고락을 함께하다.
함께 하다　공부를 함께 하다.
함께해 오다
함락해 버리다(陷落-)
함량 미달(含量未達)
함박꽃
함박눈
함박만 하다
함박송이
함박웃음
함부로 넘보다
함석꽃
함석담

함석장이
함석지붕
함석집
함석철사(-鐵絲)
함석판(-板)
함성 소리(喊聲-)
함속(函-)　함 속에 넣는 물건.
함실구들
함실방(-房)
함실아궁이
함실장
함실코
함정 단속(陷穽團束)
함정 수사=함정수사(陷穽搜査)
함정에 든 범(陷穽-) [격]
함정에서 뛰어 난 범(陷穽-) [격]
함정코(陷穽-)　함정에 빠지면 발이 걸리게 만
　　든 올가미.
함지박만 하다
함지 밥 보고 마누라 내쫓는다 [격]
함지방(-房)　한번 들어가면 나올 수 없게 된
　　방.
함진아비(函-)
함포 사격=함포사격(艦砲射擊)
함흥냉면(咸興冷麵)
함흥차사(咸興差使)
합각지붕(合閣-)
합각처마(合閣-)
합격 못 하다(合格-)
합격 안 되다(合格-)
합격 인원(合格人員)
합격 점수(合格點數)
합격 판정(合格判定)
합격할 듯하다(合格-)
합계 내다(合計-)
합당해 보이다(合當-)
합덕 방죽에 줄남생이 늘어앉듯(合德-) [격]
합동결혼식(合同結婚式)
합동 공연(合同公演)
합동 작전=합동작전(合同作戰)
합동 조사(合同調査)
합동 훈련=합동훈련(合同訓鍊)
합뜨리다(合-)
합류해 오다(合流-)
합리주의(合理主義)
합배뚜리(盒-)

ㅎ

합보시기(盒-)
합살머리
합석 안 하다(合席-)
합석된 듯하다(合線-)
합성고기(合成-)
합성 고무＝합성고무(合成-)
합성수지(合成樹脂)
합성해 내다(合成-)
합세해 오다(合勢-)
합수머리(合水-)
합수치다(合水-)
합숙 생활(合宿生活)
합숙해 오다(合宿-)
합숙 훈련(合宿訓鍊)
합승 안 하다(合乘-)
합승해 오다(合乘-)
합의 각서(合意覺書)
합의 도출(合意導出)
합의될 듯하다(合意-)
합의 못 보다(合意-)
합의 보다(合意-)
합의 본 일(合意-)
합의 사항(合意事項)
합의 안 되다(合意-)
합의 안 하다(合意-)
합의 이혼＝합의이혼(合意離婚)
합의해 버리다(合意-)
합의해 주다(合意-)
합자 회사＝합자회사(合資會社)
합장매듭(合掌-)
합재떨이(盒-)
합종연횡(合從連橫)
합죽할미
합창 소리(合唱-)
합쳐 보다(合-)
합치 안 되다(合致-)
합해 보다(合-)
합헌 결정(合憲決定)
핫것
핫뉴스(hot news)
핫두루마기
핫바지
핫바지에 똥 싼 비위(-脾胃) [격]
핫아비 ＝유부남.
핫어미 ＝유부녀.
핫옷

핫이불
핫저고리
항거 안 하다(抗拒-)
항거해 오다(抗拒-)
항공관제(航空管制)
항공 노선(航空路線)
항공모함(航空母艦)
항공사진(航空寫眞)
항공소음(航空騷音)
항공 요금(航空料金)
항공 우편＝항공우편(航空郵便)
항공 촬영＝항공촬영(航空撮影)
항구 도시＝항구도시(港口都市)
항명 파동(抗命波動)
항문 질환(肛門疾患)
항복 받다(降服-)
항복 안 하다(降服-)
항복할 듯하다(降服-)
항복해 버리다(降服-)
항생 물질＝항생물질(抗生物質)
항아리매듭(缸-)
항아리무늬(缸-)
항아리손님(缸-)
항아리치마(缸-)
항암 치료(抗癌治療)
항암 효과(抗癌效果)
항우는 고집으로 망하고 조조는 꾀로 망한다(項
    羽-固執-亡-曹操-亡-) [격]
항우도 댕댕이덩굴에 넘어진다(項羽-) [격]
항우도 먹어야 장수지(項羽-將帥-) [격]
항우 보고 앙증하다고 한다(項羽-) [격]
항우장사(項羽壯士)
항의 서한(抗議書翰)
항의 성명(抗議聲明)
항의 시위(抗議示威)
항의 안 하다(抗議-)
항의 전화(抗議電話)
항의 집회(抗議集會)
항일 운동＝항일운동(抗日運動)
항일 투쟁(抗日鬪爭)
항쟁해 오다(抗爭-)
-해(海) (접사) 발트 해, 에게 해, 지중해.
해가 길다 [관]
해 가다
해가 떨어지다 [관]
해가림

해가 서쪽에서 뜨다 [관]

해가 짧다 [관]

해감내(海-)

해거름

해거리하다

해걷이바람

해결 나다(解決-)

해결 못 하다(解決-)

해결 방법(解決方法)

해결 보다(解決-)

해결 수단(解決手段)

해결 안 나다(解決-)

해결해 나가다(解決-)

해결해 주다(解決-)

해고 수당=해고수당(解雇手當)

해고 안 하다(解雇-)

해고해 버리다(解雇-)

해골바가지(骸骨-)

해골박(骸骨-)

해골을 빌다(骸骨-) [관]

해골지킴(骸骨-)

해괴망측(駭怪罔測)

해괴해 보이다(駭怪-)

해군 기지=해군기지(海軍基地)

해군 부대(海軍部隊)

해군 장병(海軍將兵)

해군 함정(海軍艦艇)

해귀당신 얼굴이 어울리지 않게 넓으며 복스
    럽지 않게 생긴 사람을 낮잡아 이르는 말.

해기둥

해깍두기

해껏 일하다

해 끼치다(害-)

해 나가다

해나다

해난 날

해내다

해낼 거야

해낼걸

해낼 걸세

해낼걸요

해낼게

해낼게요

해 넘어가다

해넘이

해 놓다

해 다오

해 달라고 하다

해 달라다

해당 기관(該當機關)

해당 분야(該當分野)

해당분자(害黨分子)

해당 사항(該當事項)

해당 안 되다(該當-)

해당 지역(該當地域)

해당 행위(害黨行爲)

해 대다

해도 안 되다

해도 해도 너무한다

해독 못 하다(解讀-)

해독 안 되다(解讀-)

해독 작용(解毒作用)

해독해 내다(解讀-)

해 돋을 무렵

해돋이

해동갑(-同甲) 해가 질 때까지의 동안.

해동머리(解凍-)

해 두다

해 드리다

해땅콩

해 떨어지다

해 뜨는 곳

해 뜰 무렵

해라 마라 하다

해로워 보이다(害-)

해론벌레(害-)

해론새(害-)

해맑다

해망쩍다

해맞이

해 먹다

해명 못 하다(解明-)

해명 자료(解明資料)

해명해 주다(解明-)

해무늬

해묵다

해묵히다

해바라기 꽃

해바라기박(-粕)

해바라지다

해방둥이(解放-)

해방 안 되다(解放-)

ㅎ

915

해방 이후(解放以後)
해방 전(解放前)
해 버릇하다
해 버리다
해변 까마귀 골수박 파듯(海邊-骨-) [격]
해병 부대(海兵部隊)
해 보나 마나
해 보는 거야
해 보다
해 보려 하다
해 보이다
해 본 듯하다
해 본 적 없다
해 본 척하다
해 볼 거야
해 볼 만하다
해 볼 참이다
해 볼 테면 해 보라
해 봤을 거야
해부해 보다(解剖-)
해붓기
해산 구멍에 바람 들라(解産-) [격]
해산구완(解産-)
해산달(解産-)
해산때(解産-)
해산미역(解産-)
해산바라지(解産-)
해산쌀(解産-)
해산 안 하다(解産-)
해산어머니(解産-)
해산어미(解産-)
해산한 데 개 잡기(解産-) [격]
해산할 듯하다(解産-)
해산할미(解産-)
해삼백숙(海蔘白熟)
해삼알찌개(海蔘-)
해삼창젓(海蔘-)
해상공원(海上公園)
해상 교통(海上交通)
해상 봉쇄=해상봉쇄(海上封鎖)
해상 훈련(海上訓練)
해석 못 하다(解釋-)
해석해 주다(解釋-)
해설 기사(解說記事)
해설 위원(解說委員)
해설해 주다(解說-)

해소 방법(解消方法)
해소수 한 해가 좀 지나는 동안.
해소 안 되다(解消-)
해소일(-消日) 쓸데없는 일로 날을 보냄.
해소해 버리다(解消-)
해수욕객(海水浴客)
해수욕복(海水浴服)
해시계(-時計)
해쑥
해쓱해 보이다
해안가(海岸-)
해안 경비(海岸警備)
해 안 끼치다(害-)
해안 도로(海岸道路)
해안 지대(海岸地帶)
해암탉
해야 될 거야
해야 될걸
해야 될 걸세
해야 될걸요
해야 될 듯하다
해야 하나 말아야 하나
해야 할지 모르겠다
해야 할 텐데
해양 대국(海洋大國)
해양 동물(海洋動物)
해양 오염=해양오염(海洋汚染)
해양 탐사(海洋探査)
해양 훈련(海洋訓練)
해어뜨리다
해어지다
해어트리다
해 오다
해 오던 대로
해 온 터에
해와 달이 바뀌다 [관]
해 왔나 보다
해외 거주(海外居住)
해외 공관(海外公館)
해외 근무(海外勤務)
해외 동포(海外同胞)
해외 수출(海外輸出)
해외 순방(海外巡訪)
해외 시장=해외시장(海外市場)
해외여행(海外旅行)
해외 연수(海外研修)

해외 유학(海外留學)
해외 이전(海外移轉)
해외 입양(海外入養)
해외 출장(海外出張)
해외 취업(海外就業)
해외 투자＝해외투자(海外投資)
해외 파견(海外派遣)
해웃값　기생, 창기 따위와 관계를 가지고 그 대가로 주는 돈.
해웃돈
해읍스름하다
해이해 보이다(解弛-)
해이해져 가다(解弛-)
해임 건의(解任建議)
해임해 버리다(解任-)
해 입다
해 입히다
해작질
해장거리(解酲-)
해장국(解酲-)
해장술(解酲-)
해 저문 시골 길
해저 유물(海底遺物)
해저 탐사(海底探査)
해적질하다(海賊-)
해제경보(解除警報)
해제해 주다(解除-)
해종일(-終日)　하루 종일.
해 주다
해 줄 거야
해 줄걸
해 줄게
해 줘 보다
해 줬을 뿐
해 지는 곳
해 질 무렵
해찰궂다
해체 작업(解體作業)
해체해 버리다(解體-)
해쳐 오다(害-)
해초풀(海草-)
해치우다
해치워 버리다
해치지 마라(害-)
해코지(害-)
해코지 안 하다(害-)

해콩　그해에 난 콩.
해탈한 듯하다(解脫-)
해토머리(解土-)
해파리냉채(-冷菜)
해팥
해포가 지나 돌아오다
핵가족(核家族)
핵 개발(核開發)
핵겨울(核-)
핵 공격(核攻擊)
핵먼지(核-)
핵 시설(核施設)
핵 실험＝핵실험(核實驗)
핵심 과제(核心課題)
핵심 기술(核心技術)
핵심 부품(核心部品)
핵심 사업(核心事業)
핵심 역할(核心役割)
핵심 요원(核心要員)
핵심 인물(核心人物)
핵심 전략(核心戰略)
핵심 측근(核心側近)
핵알맹이(核-)
핵에너지(核energy)
핵연료(核燃料)
핵우산(核雨傘)
핵입자(核粒子)
핵전력(核戰力)
핵전쟁(核戰爭)
핵폐기물(核廢棄物)
핸섬하다(handsome-)
핼쑥해 보이다
핼쑥해져 가다
햅쌀
햅쌀밥
햇가지
햇감자
햇강아지
햇거지
햇것
햇고구마
햇고사리
햇곡(-穀)
햇곡식(-穀食)
햇과실(-果實)
햇과일

ㅎ

햇귀
햇김
햇김치
햇나물
햇누룩
햇닭
햇담배
햇덧 해가 지는 짧은 동안.
햇덩이
햇돈
햇동 햇곡식이 나올 때까지의 동안.
햇돝 그해에 나서 자란 돼지.
햇무리
햇무리구름
햇무리 지다
햇박
햇발
햇밤
햇밥
햇벼
햇병아리
햇볕
햇볕 들다
햇볕 정책(-政策)
햇보리
햇비둘기
햇비둘기 재 넘을까 [격]
햇빛
햇빛 비치다
햇사과(-沙果)
햇살
햇살 퍼지다
햇새
햇새가 더 무섭다 [격]
햇소
햇솜
햇순(-筍)
햇실과(-實果)
햇일 그해에 하는 일.
햇잎
했나 보다
했네그려
했다손 치더라도
했다 하면
했던 대로
했을 거야

했을걸
했을 걸세
했을걸요
행갈이(行-)
행군해 가다(行軍-)
행군 훈련(行軍訓練)
행동 강령(行動綱領)
행동거지(行動擧止)
행동반경(行動半徑)
행동 요령(行動要領)
행동 지침(行動指針)
행동 통일(行動統一)
행동해 오다(行動-)
행랑것(行廊-)
행랑뒷골(行廊-)
행랑 빌리면 안방까지 든다(行廊-房-) [격]
행랑살이(行廊-)
행랑아범(行廊-)
행랑어멈(行廊-)
행랑이 몸채 노릇 한다(行廊-) [격]
행랑집(行廊-)
행랑채(行廊-)
행려병사(行旅病死)
행려병자(行旅病者)
행려사망(行旅死亡)
행렬 지어 가다(行列-)
행로병자(行路病者)
행망쩍다
행방불명(行方不明)
행복스러워 보이다(幸福-)
행복해 보이다(幸福-)
행복해져 가다(幸福
행사가 개차반 같다(行使-)
행사 규모(行事規模)
행사 기간(行事期間)
행사 비용(行事費用)
행사 안내(行事案內)
행사 일정(行事日程)
행사 준비(行事準備)
행사 치른 뒤(行事-)
행사해 오다(行使-)
행사 후에 비녀 빼어 갈 놈(行事後-) [격]
행상 다니다(行商-)
행상소리(行喪-)
행세꾼(行世-)
행세해 오다(行世-)

918

행셋거리(行世-)
행셋경(行世-) 행세를 잘못하여 남에게 경을
    치는 일.
행수 행수 하고 짐 지운다(行首行首-) [격]
행신머리(行身-)
행실머리(行實-)
행실을 배우라 하니까 포도청 문고리를 뺀다(行
    實-捕盜廳門-) [격]
행악질(行惡-)
행여나 하고 바라다(幸-)
행여 돌아올까(幸-)
행위 예술(行爲藝術)
행정 고시(行政考試)
행정 구역＝행정구역(行政區域)
행정 기관＝행정기관(行政機關)
행정 당국(行政當局)
행정 수도(行政首都)
행정 수반(行政首班)
행정 요원(行政要員)
행정 절차＝행정절차(行政節次)
행정 조치(行政措置)
행정 처리(行政處理)
행정 처분＝행정처분(行政處分)
행정 체제(行政體制)
행주산성(幸州山城)
행주질
행주치마
행줏감
행진해 가다(行進-)
행차 뒤에 나팔(行次-喇叭) [격]
행티 부리다
행패 부리다(行悖-)
행패 안 부리다(行悖-)
행해 오다(行-)
향기 나는 꽃(香氣-)
향기 좋은 꽃(香氣-)
향기 풍기다(香氣-)
향꽂이(香-)
향내(香-)
향내 나다(香-)
향내 맡다(香-)
향내 풍기다(香-)
향냄새(香-)
향락 문화(享樂文化)
향락주의(享樂主義)
향불내(香-)

향불 없는 젯밥(香-祭-) [격]
향불 없는 제상(香-祭床) [격]
향불 피우다(香-) [관]
향선생(鄕先生) 그 지방에서 명망이 있는 선비.
향수 냄새(香水-)
향수 어린 이야기(鄕愁-)
향유고래기름(香油-)
향유해 오다(享有-)
향주머니(香-)
향집(香-)
향토 문화(鄕土文化)
향토방위(鄕土防衛)
향토색 짙다(鄕土色-)
향토 음식(鄕土飮食)
향토정서(鄕土情緖)
향해 가다(向-)
향해 서다(向-)
향후 대책(向後對策)
향후 일정(向後日程)
허가 구역(許可區域)
허가 기간(許可期間)
허가 나다(許可-)
허가 내다(許可-)
허가 맡다(許可-)
허가 못 내다(許可-)
허가 못 받다(許可-)
허가 신청(許可申請)
허가 안 나다(許可-)
허가 안 받다(許可-)
허가 지역(許可地域)
허가 취소(許可取消)
허가해 주다(許可-)
허겁떨다(虛怯-)
허겁지겁하다
허공에 뜨다(虛空-)
허구한 날(許久-)
허기진 강아지 물찌똥에 덤빈다(虛飢-) [격]
허기진 듯하다(虛飢-)
허깨비걸음
허나이테(虛-)
허덕허덕해 오다
허두를 떼다(虛頭-) [관]
허둥대지 마라
허드레꾼
허드레옷
허드렛물

허드렛일
허락 맡다(許諾-)
허락 받다(許諾-)
허락 안 받다(許諾-)
허락 안 하다(許諾-)
허락해 달라고 하다(許諾-)
허락해 달라다(許諾-)
허락해 주다(許諾-)
허랑방탕(虛浪放蕩)
허례허식(虛禮虛飾)
허를 찌르다(虛-) [관]
허름해 보이다
허릅숭이
허리가 꼿꼿하다 [관]
허리가 끊어지다 [관]
허리가 부러지다 [관]
허리끈
허리둘레
허리둘레선(-線)
허리등뼈
허리띠
허리띠가 길양식(-糧食) [격]
허리띠를 늦추다 [관]
허리띠를 조르다 [관]
허리띠를 졸라매다 [관]
허리띠를 풀다 [관]
허리띠 속에 상고장 들었다(-上告狀-) [격]
허리를 굽히다 [관]
허리를 못 펴다 [관]
허리를 잡다 [관]
허리를 쥐고 웃다 [관]
허리를 펴다 [관]
허리 부러진 호랑이 [격]
허리뼈
허리 아프다
허리앓이
허리에 돈 차고 학 타고 양주에 올라갈까(-鶴-
    楊州-) [격]
허리짬
허리 쪽
허리춤
허리춤에서 뱀 집어 던지듯 [격]
허리칼
허리통
허리폭(-幅)
허리 통증(-痛症)

허리휨새
허릿단
허릿매
허릿물
허릿심
허명무실(虛名無實)
허무주의(虛無主義)
허물 거야
허물걸
허물 걸세
허물걸요
허물게
허물게요
허물 모르는 게 내외(-內外) [격]
허물 벗다 [관]
허물 안 하다
허물어 내리다
허물어 놓다
허물어뜨리다
허물어 버리다
허물어져 가다
허물어질 듯하다
허물없다
허물없어 보이다
허물이 커야 고름이 많다 [격]
허방다리
허방다리를 짚다 [관]
허방 짚다 [관]
허방 치다
허벅다리
허벅살
허비 안 하다(虛費-)
허비해 버리다(虛費-)
허비해 오다(虛費-)
허섭스레기
허세 부리다(虛勢-)
허세 안 부리다(虛勢-)
허송세월(虛送歲月)
허술한 듯하다
허술해져 가다
허아비
허약 체질(虛弱體質)
허약한 듯하다(虛弱-)
허약해 보이다(虛弱-)
허약해져 가다(虛弱-)
허여멀겋다

허연빛
허연색(-色)
허영주머니(虛榮-)
허영청에 단자 걸기(虛影廳-單子-) [격]
허욕이 패가라(虛慾-敗家-) [격]
허용 기준(許容基準)
허용 안 되다(許容-)
허용 안 하다(許容-)
허용해 오다(許容-)
허용해 주다(許容-)
허우대 좋고 힘 좋다
허울 좋다 [관]
허울 좋은 과부(-寡婦) [격]
허울 좋은 도둑놈 [격]
허울 좋은 하눌타리 [격]
허위 광고(虛僞廣告)
허위 기재(虛僞記載)
허위넘다
허위단심으로
허위 보고(虛僞報告)
허위 신고(虛僞申告)
허위의식(虛僞意識)
허위 자백(虛僞自白)
허위 제보(虛僞提報)
허위 진술(虛僞陳述)
허장성세(虛張聲勢)
허전감(-感)
허전한 듯하다
허전해 보이다
허청 기둥이 칙간 기둥 흉본다(虛廳-間-) [격]
허탈해 보이다(虛脫-)
허탕 짚다
허탕쳐 버리다
허탕 치다
허텅지거리
허튼계집　정조가 없이 몸가짐이 헤픈 여자.
허튼고래
허튼구들
허튼모
허튼뱅이
허튼사람
허튼소리
허튼수작(-酬酌)
허튼짓
허튼톱
허파에 바람 들다

허파에 쉬슨 놈
허파 줄이 끊어졌나
허팟병(-病)
허풍 떨다(虛風-)
허풍선이(虛風扇-)
허풍이 세다(虛風-) [관]
허풍쟁이(虛風-)
허풍 치다(虛風-) [관]
허해 보이다(虛-)
허허바다
허허벌판
허허실실(虛虛實實)
허황해 보이다(虛荒-)
헌 가방
헌 갓 쓰고 똥 누기 [격]
헌걸차다
헌것
헌계집
헌 고리도 짝이 있다 [격]
헌금 내다(獻金-)
헌금 봉투(獻金封套)
헌 누더기 속에 쌍동자 섰다(-雙童子-) [격]
헌데
헌 돈
헌머리　상처가 나서 헌데가 생긴 머리.
헌머리에 이 모이듯 [격]
헌머리에 이 박이듯 [격]
헌머리에 이 잡듯 [격]
헌 바자 개 대가리 나오듯 [격]
헌 배에 물 푸기 [격]
헌법 공포(憲法公布)
헌법 소원(憲法訴願)
헌법 정신(憲法精神)
헌 분지 깨고 새 요강 물어 준다(-糞池-) [격]
헌 섬에 곡식이 더 든다(-穀食-) [격]
헌소리　조리에 맞지 않은 말.
헌솜
헌쇠
헌신짝
헌신짝 버리듯 [관]
헌 옷
헌 옷이 있어야 새 옷이 있다 [격]
헌정 질서(憲政秩序)
헌 집 고치기 [격]
헌책(-冊)
헌책방(-冊房)

헌 체로 술 거르듯 [격]
헌털뱅이
헌혈 운동(獻血運動)
헐가방매(歇價放賣)
헐값(歇-)
헐값 매각(歇-賣却)
헐 거야
헐거운 듯하다
헐거워 보이다
헐거워져 가다
헐걸
헐 걸세
헐걸요
헐게
헐게요
헐떡증(-症)
헐뜯다
헐뜯지 마라
헐려 버리다
헐릴 듯하다
헐복한 놈은 계란에도 뼈가 있다(歇福-鷄卵-)
　　[격]
헐수할수없다
헐어 내다
헐어 놓다
헐어 버리다
헐어 보다
헐어 주다
헐잡다(歇-)
헐한 듯하다(歇-)
헐한 편이다(歇-便-)
헐할 거야(歇-)
헐할걸(歇-)
헐할 걸세(歇-)
헐할 겁니다(歇-)
헐해 보이다(歇-)
헐해 본들(歇-)
헐해 봤자(歇-)
험난한 듯하다(險難-)
험난해 보이다(險難-)
험난해져 가다(險難-)
험담해 오다(險談-)
험상궂어 보이다(險狀-)
험상쟁이(險狀-)
험악해 보이다(險惡-)
험악해져 가다(險惡-)

험한 듯하다(險-)
험해 보이다(險-)
헛가게
헛가래
헛가지
헛간(-間)
헛간채(-間-)
헛걱정
헛걸음
헛걸음질
헛걸음치다
헛걸음한 듯하다
헛것
헛고생(-苦生)
헛공론(-公論)
헛공부(-工夫)
헛구역(-嘔逆)
헛구역질(-嘔逆-)
헛구호(-口號)
헛글
헛금줄(-禁-)
헛기다리다
헛기르다
헛기운
헛기침
헛길
헛김
헛김나다
헛꿈
헛끌
헛나가다
헛나이
헛나이를 먹다 [관]
헛날
헛노릇
헛농사(-農事)
헛놓다
헛놓이다
헛늙다
헛다리
헛다리질
헛다리 짚다
헛다리품
헛돈
헛돌다
헛돌리다

922

헛되이 하다
헛된 꿈
헛듣다
헛들리다
헛디디다
헛맞다
헛맞추다
헛맞히다
헛맹세
헛먹다
헛물
헛물켜다
헛바람
헛바퀴
헛발
헛발악(-發惡)
헛발질
헛방(-房)　허드레 세간을 넣어 두는 방.
헛방(-放)
헛방귀
헛방놓다
헛배
헛배 부르다
헛배우다
헛보다
헛보이다
헛부엌
헛불
헛불놓다
헛불 맞다 [관]
헛살다
헛삶이
헛생각
헛생색
헛선심(-善心)
헛세월(-歲月)
헛소동(-騷動)
헛소리
헛소리꾼
헛소문(-所聞)
헛소문 돌다(-所聞-)
헛소문 퍼지다(-所聞-)
헛손질
헛솥
헛수고
헛숨

헛심
헛아궁이
헛애　아무 보람 없이 쓰는 애.
헛애 쓰다
헛얼
헛열매
헛웃음
헛웃음 치다
헛일
헛일일 거야
헛일일걸
헛일일 걸세
헛일일걸요
헛일하고 말다
헛잠
헛잡다
헛장담(-壯談)
헛장사
헛장 치다
헛지붕
헛집
헛짓
헛짚다
헛찾다
헛채다
헛채질
헛청(-廳)　헛간으로 된 집채.
헛총(-銃)
헛총을 놓다(-銃-) [관]
헛총질(-銃-)
헛치레
헛침
헛코
헛코골다
헛턱　공연히 내는 턱.
헛헛증(-症)
헛헛한 듯하다
허겁지겁
헝겊신
헝겊 조각
헝클어 놓다
헤가르다
헤나다
헤대다
헤덤비다
헤매고 다니다

헤먹다
헤무르다
헤물장치다
헤묽다
헤벌리다
헤벌어지다
헤살꾼
헤살 놓다
헤살 부리다
헤살질
헤살 짓다
헤살 치다
헤식다
헤식은 웃음
헤아려 보다
헤아려 잡다
헤아릴 수 없다
헤어나다
헤어 나오다
헤어나지 못한 채
헤어나지 못할걸
헤어날 길 없다
헤어져 버리다
헤어지건 말건
헤어지고 나니
헤어지고 말다
헤어지나 마나
헤어지다시피 하다
헤어지자마자
헤어진 지 오래되다
헤어질 듯하다
헤어질지 모르겠다
헤엄다리
헤엄 못 치다
헤엄발
헤엄쳐 가다
헤엄쳐 나오다
헤엄쳐 다니다
헤엄쳐 오다
헤적질
헤젓다
헤지고 말다
헤질 수 없다
헤집어 놓다
헤쳐 나가다
헤쳐 나오다

헤쳐 놓다
헤쳐 오다
헤프긴 해도
헤픈 듯하다
헬스클럽(health club)
헷갈리는 듯하다
헹가래
헹가래질
헹가래 치다
헹궈 내다
헹궈 놓다
헹궈 두다
혀가 굳다 [관]
혀가 꼬부라지다 [관]
혀가 돌다 [관]
혀가 돌아가는 대로 [관]
혀가 돌아가다 [관]
혀가 빠지게 [관]
혀가 짧다 [관]
혀가 짧아도 침은 길게 뱉는다 [격]
혀 깨물다
혀 꼬부라진 소리
혀꼬부랑이
혀끝
혀끝소리
혀끝에 오르내리다 [관]
혀를 굴리다 [관]
혀를 깨물다 [관]
혀를 내두르다 [관]
혀를 내밀다 [관]
혀를 놀리다 [관]
혀를 두르다 [관]
혀를 빼물다 [관]
혀를 차다 [관]
혀말이
혀밑샘
혀 밑에 죽을 말 있다 [격]
혀 빠지게
혀뿌리
혀 아래 도끼 들었다 [격]
혀아랫소리
혀에 굳은살이 박이도록 [관]
혀짜래기
혀짜래기소리
혀짤배기
혀짤배기소리

혀 짧은 소리
혀 차는 소리
혁명 공약(革命公約)
혁명전쟁(革命戰爭)
혁명 정부＝혁명정부(革命政府)
혁명 주체(革命主體)
혁신 세력(革新勢力)
현관 밖(玄關-)
현관방(玄關房)
현관 쪽(玄關-)
현금 거래(現金去來)
현금주의(現金主義)
현금 준 손님(現金-)
현금 지출(現金支出)
현기증 나다(眩氣症-)
현 내각(現內閣)
현대 과학(現代科學)
현대 문명(現代文明)
현대 문학＝현대문학(現代文學)
현대 문화(現代文化)
현대 사회＝현대사회(現代社會)
현대 생활(現代生活)
현대 음악＝현대음악(現代音樂)
현 대통령(現大統領)
현란해 보이다(眩亂-)
현명해 보이다(賢明-)
현모양처(賢母良妻)
현물 거래＝현물거래(現物去來)
현미밥(玄米-)
현미빵(玄米-)
현부인(賢夫人)　(1)어진 부인. (2)남의 부인을
　　　높여 이르는 말.
현상 공모(懸賞公募)
현상 모집(懸賞募集)
현상 수배(懸賞手配)
현상 유지(現狀維持)
현 상황(現狀況)
현세대(現世代)
현세주의(現世主義)
현 수준(現水準)
현숙해 보이다(賢淑-)
현 시국(現時局)
현시대(現時代)
현시점(現時點)
현실 감각＝현실감각(現實感覺)
현실 같지 않다(現實-)

현실 도피＝현실도피(現實逃避)
현실 생활(現實生活)
현실 세계(現實世界)
현실 인식(現實認識)
현실 정치(現實政治)
현실주의(現實主義)
현실 참여(現實參與)
현실화해 주다(現實化-)
현안 문제(懸案問題)
현역 군인＝현역군인(現役軍人)
현역 시절(現役時節)
현역 의원(現役議員)
현역 입대(現役入隊)
현 위치(現位置)
현인군자(賢人君子)
현장 감독＝현장감독(現場監督)
현장 검증＝현장검증(現場檢證)
현장 경험(現場經驗)
현장 교육(現場敎育)
현장 답사(現場踏査)
현장 보고(現場報告)
현장 사진(現場寫眞)
현장 소장(現場所長)
현장 수습(現場收拾)
현장 점검(現場點檢)
현장 조사(現場調査)
현장 지도(現場指導)
현장 체험(現場體驗)
현장 학습＝현장학습(現場學習)
현재 상황(現在狀況)
현재 시각(現在時刻)
현재 위치(現在位置)
현재 진행＝현재진행(現在進行)
현 정권(現政權)
현 정부(現政府)
현존 인물(現存人物)
현주소(現住所)
현지 공장(現地工場)
현지답사(現地踏査)
현지 사정(現地事情)
현지 상황(現地狀況)
현지 시간(現地時間)
현지 조달(現地調達)
현지 주민(現地住民)
현직 교사(現職敎師)
현직 장관(現職長官)

현 집행부(現執行部)
현찰 거래(現札去來)
현 체제(現體制)
현행 법규(現行法規)
현황 보고(現況報告)
현황 파악(現況把握)
혈기 왕성(血氣旺盛)
혈맥상통(血脈相通)
혈맹 관계(血盟關係)
혈안이 되다(血眼-) [관]
혈압 오르다(血壓-)
혈압 재 보다(血壓-)
혈액 검사=혈액검사(血液檢査)
혈액은행(血液銀行)
혈연관계(血緣關係)
혈육을 나누다(血肉-) [관]
혈청은행(血淸銀行)
혈혈단신(孑孑單身)
혐오 시설(嫌惡施設)
혐오해 오다(嫌惡-)
혐의 내용(嫌疑內容)
혐의 사실(嫌疑事實)
혐의쩍다(嫌疑-)
협동 농장(協同農場)
협동 안 하다(協同-)
협동 작전=협동작전(協同作戰)
협동 정신(協同精神)
협동조합(協同組合)
협력 관계(協力關係)
협력 업체(協力業體)
협력해 나가다(協力-)
협력해 오다(協力-)
협력해 주다(協力-)
협박 전화(脅迫電話)
협박조로(脅迫調-)
협박 편지(脅迫便紙)
협상 결렬(協商決裂)
협상 대표(協商代表)
협상조약(協商條約)
협상해 보다(協商-)
협상해 오다(協商-)
협소한 듯하다(狹小-)
협소해 보이다(狹小-)
협소해져 가다(狹小-)
협의 안 하다(協議-)
협의 이혼=협의이혼(協議離婚)

협의 중(協議中)
협의해 나가다(協議-)
협의해 오다(協議-)
협잡꾼(挾雜-)
협잡질(挾雜-)
협정 위반(協定違反)
협정 체결(協定締結)
협조 공문(協助公文)
협조 기관(協助機關)
협조 못 얻다(協助-)
협조 못 하다(協助-)
협조 안 하다(協助-)
협조 요청(協助要請)
협조 체제(協助體制)
협조해 나가다(協助-)
협조해 오다(協助-)
협조해 주다(協助-)
협회 차원(協會次元)
혓바늘
혓바늘 돋다
혓바닥
혓바닥에 침이나 묻혀라 [격]
혓바닥째 넘어간다 [격]
혓바닥소리
혓소리
혓줄기
혓줄때기
-형(兄) 김 형, 박 형, 이 형, 김경수 형.
-형(兄) 큰형, 작은형.
형광 물질=형광물질(螢光物質)
형 노릇 하다(兄-)
형님 내외(兄-內外)
형님 댁(兄-宅)
형님 동생 하다(兄-)
형님 된 도리(兄-道理)
형님뻘 되다(兄-)
형님 삼다(兄-)
형 대신(兄代身)
형 동생 하는 사이(兄-)
형 된 도리(兄-道理)
형만 못하다(兄-)
형만 한 아우 없다(兄-) [격]
형무소 가다(刑務所-)
형무소 생활(刑務所生活)
형 미칠 아우 없고 아비 미칠 아들 없다(兄-)
　[격]

926

형 보니 아우(兄-) [격]
형뻘 되다(兄-)
형사 사건=형사사건(刑事事件)
형사 입건(刑事立件)
형사 처벌(刑事處罰)
형수님(兄嫂-)
형수씨(兄嫂氏)
형식주의(形式主義)
형 아우 하는 사이(兄-)
형제간(兄弟間)
형제 같아 보이다(兄弟-)
형제인가 보다(兄弟-)
형제자매(兄弟姉妹)
형제지간(兄弟之間)
형질 변경(形質變更)
형 집(兄-)
형틀 지고 와서 볼기 맞는다(刑-) [격]
형편 되는 대로(形便-)
형편 보아 가며(形便-)
형편없다(形便-)
형편없어 보이다(形便-)
형편 좋은 집안(形便-)
형편 피다(形便-)
형평 잃다(衡平-)
혜택 못 받다(惠澤-)
혜택 받은 사람(惠澤-)
혜택 안 주다(惠澤-)
호각 소리(號角-)
호감 가는 사람(好感-)
호감 안 가다(好感-)
호감정(好感情)
호강 못 시키다
호강 못 하다
호강살이
호강스러워 보이다
호강시켜 드리다
호강시켜 주다
호강시켜 줄 텐데
호강첩(-妾)
호강해 오다
호객 행위(呼客行爲)
호걸웃음(豪傑-)
호결과(好結果)
호경기(好景氣)
호고추(胡-)
호곡 소리(號哭-)

호구난(糊口難)
호국 영령(護國英靈)
호국 정신(護國精神)
호기남아(豪氣男兒)
호기 떨다(豪氣-)
호기 보이다(豪氣-)
호기 부리다(豪氣-)
호기심 가득 차다(好奇心-)
호기심 많은 사람(好奇心-)
호기심 어린 눈빛(好奇心-)
호기회(好機會)
호남아(好男兒)
호남 지방(湖南地方)
호남 출신(湖南出身)
호남평야(湖南平野)
호년하다(呼-) '이년, 저년' 하고 여자에게 '년'
   자를 붙여 부르다.
호노자식(胡奴子息)
호도갑수러워 보이다
호도리(好道理)
호두강정
호두과자(-菓子)
호두나무 집
호두당(-糖)
호두 알 같은
호두 알만 하다
호두엿
호두옴
호두장(-醬)
호두장아찌
호두주(-酒)
호두죽(-粥)
호두튀각
호두튀김
호둣속
호드기 불다
호들갑 떨다
호들갑 부리다
호들갑스러워 보이다
호들갑스러워져 가다
호들갑 피우다
호떡 장사
호떡 장수
호떡집
호떡집에 불난 것 같다 [관]
호락질

927

호락호락해 보이다
호랑이가 굶으면 환관도 먹는다(虎狼-宦官-)
　　[격]
호랑이가 새끼 치겠다(虎狼-) [격]
호랑이 가죽(虎狼-)
호랑이가 호랑이를 낳고 개가 개를 낳는다(虎
　　狼-虎狼-) [격]
호랑이 개 물어간 것만 하다(虎狼-) [격]
호랑이 개 어르듯(虎狼-) [격]
호랑이 굴(虎狼-窟)
호랑이 굴에 가야 호랑이 새끼를 잡는다(虎狼-
　　窟-虎狼-) [격]
호랑이 꼬리(虎狼-)
호랑이 날고기 먹는 줄은 다 안다(虎狼-) [격]
호랑이 담배 먹을 적(虎狼-) [격]
호랑이더러 날고기 봐 달란다(虎狼-) [격]
호랑이도 곤하면 잔다(虎狼-困-) [격]
호랑이도 새끼가 열이면 스라소니를 낳는다(虎
　　狼-) [격]
호랑이도 쏘아 놓고 나면 불쌍하다(虎狼-) [격]
호랑이도 자식 난 골에는 두남둔다(虎狼-子
　　息-) [격]
호랑이도 제 말 하면 온다(虎狼-) [격]
호랑이띠(虎狼-)
호랑이를 그리려다 강아지를 그린다(虎狼-) [격]
호랑이 배(虎狼-)
호랑이 보고 창구멍 막기(虎狼-窓-) [격]
호랑이 새끼(虎狼-)
호랑이 새끼는 자라면 사람을 물고야 만다(虎
　　狼-) [격]
호랑이 없는 골에 토끼가 왕 노릇 한다(虎狼-
　　王-) [격]
호랑이에게 개 꾸어 준 셈(虎狼-) [격]
호랑이에게 고기 달란다(虎狼-) [격]
호랑이에게 물려 가도 정신만 차리면 산다(虎
　　狼-精神-) [격]
호랑이에게 물려 갈 줄 알면 누가 산에 갈까(虎
　　狼-山-) [격]
호랑이 잡고 볼기 맞는다(虎狼-) [격]
호랑이 잡을 칼로 개를 잡는 것 같다(虎狼-)
　　[격]
호랑이 코빼기에 붙은 것도 떼어 먹는다(虎狼-)
　　[격]
호랑이해(虎狼-)
호래아들
호래자식(-子息)

호령바람(號令-)
호령조(號令調)
호령질(號令-)
호령해 오다(號令-)
호령호령하다(號令號令-)
호롱불
호루라기 소리
호리병(-瓶)
호리병박(-瓶-)
호리병삼작(-瓶三作)
호리질
호만두(胡饅頭)
호멧돼지(胡-)
호미걸이
호미글게
호미 날
호미를 씻다 [관]
호미로 막을 것을 가래로 막는다 [격]
호미모
호미씻기
호미씻이
호미자락
호미 자루
호미질
호밀짚(胡-)
호밋밥
호박개　뼈대가 굵고 털이 북슬북슬한 개.
호박고누
호박고지
호박광(琥珀光)　맑고 아름다운 술의 누런빛을
　　이르는 말.
호박김치
호박꽃도 꽃이냐 [격]
호박 나물에 힘쓴다 [격]
호박 덩굴
호박 덩굴이 뻗을 적 같아서야 [격]
호박떡
호박무늬(琥珀-)
호박무름
호박범벅
호박색(琥珀色)
호박순(-筍)
호박순지짐이(-筍-)
호박씨
호박씨 까다 [관]
호박씨 까서 한입에 털어 넣는다 [격]

호박에 말뚝 박기 [격]
호박에 침 주기(-鍼-) [격]
호박엿
호박오가리
호박을 쓰고 돼지 굴로 들어간다(-窟-) [격]
호박이 굴렀다 [격]
호박이 넝쿨째로 굴러 떨어졌다 [격]
호박잎
호박잎쌈
호박잎에 청개구리 뛰어오르듯(-靑-) [격]
호박잠(琥珀簪)
호박전(-煎)
호박주(琥珀酒)
호박죽(-粥)
호박지짐이
호박찜
호박풍잠(琥珀風簪)
호반새(湖畔-)
호방해 보이다(豪放-)
호배추(胡-)
호벼 파다
호벼 파내다
호별 방문(戶別訪問)
호봉 책정(號俸策定)
호비칼
호사다마(好事多魔)
호사 부리다(豪奢-)
호사스러워 보이다(豪奢-)
호상꾼(護喪-)
호색꾼(好色-)
호서 지방(湖西地方)
호성적(好成績)
호소식(好消息)
호소해 오다(呼訴-)
호송 간수(護送看守)
호송 차량(護送車輛)
호송해 오다(護送-)
호수 바닥(湖水-)
호수비(好守備)
호숫가(湖水-)
호시기(好時期)
호시절(好時節)
호시탐탐(虎視耽耽)
호언장담(豪言壯談)
호언장담해 오다(豪言壯談-)
호우 경보=호우경보(豪雨警報)

호우 피해(豪雨被害)
호위 부대(護衛部隊)
호위해 주다(護衛-)
호응 안 하다(呼應-)
호응해 주다(呼應-)
호의호식(好衣好食)
호의호식해 오다(好衣好食-)
호인물(好人物)
호인상(好印象)
호적 초본=호적초본(戶籍抄本)
호전되어 가다(好轉-)
호전시켜 주다(好轉-)
호전 안 되다(好轉-)
호조 담을 뚫겠다(戶曹-) [격]
호좁쌀(胡-)
호주머니 돈(胡-)
호주머니를 털다(胡-) [관]
호주머니를 털리다(胡-) [관]
호주 제도(戶主制度)
호출되어 가다(呼出-)
호텔 방(hotel 房)
호통바람
호통질
호통 치다 [관]
호팔자(好八字)
호평 못 받다(好評-)
호피변호사(虎皮辯護士) 재판에 이기려고 값진
　　뇌물을 쓰는 변호사를 속되게 이르는 말.
호형호제(呼兄呼弟)
호호백발(晧晧白髮)
호화 가구(豪華家具)
호화로워 보이다(豪華-)
호화로워져 가다(豪華-)
호화 생활(豪華生活)
호화스러워 보이다(豪華-)
호화 시설(豪華施設)
호화 저택(豪華邸宅)
호화 주택(豪華住宅)
호화찬란(豪華燦爛)
호화판(豪華-)
호환을 미리 알면 산에 갈 이 뉘 있으랴(虎患-
　　山-) [격]
호흡 곤란=호흡곤란(呼吸困難)
호흡기병(呼吸器病)
호흡을 같이하다(呼吸-) [관]
호흡을 맞추다(呼吸-) [관]

ㅎ

호흡이 맞다(呼吸-) [관]

혹 떼러 갔다 혹 붙여 온다 [격]

혹사시켜 오다(酷使-)

혹사해 오다(酷使-)

혹살

혹세무민(惑世誣民)

혹시가 사람 잡는다(或是-) [격]

혹심해져 가다(酷甚-)

혹여나(或如-)

혹한 피해(酷寒被害)

혼꾸멍나다(魂-)

혼꾸멍내다(魂-)

혼 나가다(魂-)

혼나다(魂-)

혼나 보면 안다(魂-)

혼내다(魂-)

혼내 줄 거야(魂-)

혼돈 상태(混沌狀態)

혼돈세계(混沌世界)

혼돈천지(混沌天地)

혼동 안 하다(混同-)

혼동 일으키다(混同-)

혼동해 오다(混同-)

혼뜨검(魂-)

혼띔(魂-)

혼띔 내다(魂-)

혼란스러워 보이다(混亂-)

혼란 일으키다(混亂-)

혼란해져 가다(混亂-)

혼례 날(婚禮-)

혼례 올리다(婚禮-)

혼례 치르다(婚禮-)

혼미해져 가다(昏迷-)

혼바람나다

혼백상자(魂帛箱子)

혼백이 상처했다(魂帛-喪妻-) [격]

혼비백산(魂飛魄散)

혼 빠지다(魂-) [관]

혼사 말하는데 장사 말한다(婚事-葬事-) [격]

혼사 문제(婚事問題)

혼삿길(婚事-)

혼삿말(婚事-)

혼솔 홈질로 꿰맨 옷의 솔기.

혼수 비용(婚需費用)

혼수상태(昏睡狀態)

혼수 장만(婚需-)

혼수 준비(婚需準備)

혼수철(婚需-)

혼숫감(婚需-)

혼연일체(渾然一體)

혼연일치(渾然一致)

혼외정사(婚外情事)

혼용해 오다(混用-)

혼을 뽑다(魂-) [관]

혼이 나가다(魂-) [관]

혼이 뜨다(魂-) [관]

혼인과 물길은 끌어 대기에 달렸다(婚姻-) [격]

혼인 관계(婚姻關係)

혼인길(婚姻-)

혼인길이 막히다(婚姻-)

혼인날(婚姻-)

혼인날 등창이 난다(婚姻-瘡-)

혼인날 똥 쌌다(婚姻-)

혼인 뒤에 병풍 친다(婚姻-屛風-) [격]

혼인 못 하다(婚姻-)

혼인 서약(婚姻誓約)

혼인 신고＝혼인신고(婚姻申告)

혼인 안 하다(婚姻-)

혼인에 트레바리(婚姻-) [격]

혼인 예식(婚姻禮式)

혼인 잔치(婚姻-)

혼인집(婚姻-)

혼인집에서 신랑 잃어버렸다(婚姻-新郎-) [격]

혼인치레(婚姻-)

혼인치레 말고 팔자치레 하랬다(婚姻-八字-) [격]

혼인할 듯하다(婚姻-)

혼자 남겨 두다

혼자 내버려 두다

혼자되다 부부 가운데 한쪽이 죽어 홀로 남다.

혼자 두다

혼자 몸

혼자 못 할 일

혼자 손으로

혼자 해 나가다

혼자 해 보다

혼자 힘으로

혼잡스러워 보이다(混雜-)

혼잡한 듯하다(混雜-)

혼잡해 보이다(混雜-)

혼잡해져 가다(混雜-)

혼잣말

혼잣소리
혼잣손
혼전 양상(混戰樣相)
혼쭐나다(魂-)
혼쭐내다(魂-)
혼쭐 빠지다(魂-) [관]
혼찌검(魂-)
혼찌검 나다(魂-)
혼찌검 내다(魂-)
혼취에 재물을 말함은 오랑캐 짓(婚娶-財物-) [격]
혼탁해져 가다(混濁-)
혼합간장(混合-醬)
혼합해 놓다(混合-)
혼합해 두다(混合-)
혼행길(婚行-)
홀가분해 보이다
홀대해 오다(忽待-)
홀딱 반하다
홀딱 벗다
홀라들이다
홀랑이치다
홀로 남다
홀로되다 =혼자되다.
홀로 서기
홀린 듯하다
홀맺다
홀몸
홀박자(-拍子)
홀수 층(-數層)
홀시아버지(-媤-)
홀시어머니(-媤-)
홀시어머니 거느리기가 벽에 오르기보다도 어렵다(-媤-壁-) [격]
홀시할머니(-媤-)
홀시할아버지(-媤-)
홀씨식물(-植物)
홀씨잎
홀씨주머니
홀씨주머니무리
홀씨줄기
홀씨켜
홀씻법(-法)
홀아버니
홀아버지
홀아범

홀아비
홀아비 굿 날 몰려 가듯 [격]
홀아비김치 무나 배추 한 가지로만 담근 김치.
홀아비 냄새
홀아비 되다
홀아비 법사 끌듯(-法事-) [격]
홀아비살림
홀아비 생활(-生活)
홀아비 신세(-身世)
홀아비 자식 동네마다 있다(-子息洞-) [격]
홀아비좆
홀앗이
홀앗이살림
홀어머니
홀어미
홀어미 아이 낳듯
홀어미 유복자 위하듯(-遺腹子-爲-)
홀어버이
홀왕홀래(忽往忽來)
홀의아들
홀이름씨
홀인원(hole in one)
홀지느러미
홀지에(忽地-)
홀짐승
홀짝술
홀짝술이 사발술 된다(-沙鉢-) [격]
홀쭉해 보이다
홀쳐매다
홀치기 끈
홀치기염색(-染色)
홀태바지
홀태버선
홀태부리
홀태소매
홈경기(home 競技)
홈끌
홈날도구(-道具)
홈닥터(home doctor)
홈대패
홈드라마(home drama)
홈드레스(home dress)
홈빡 젖다
홈자귀
홈질하다
홈쳐때리다

931

홈켜잡다
홈켜쥐다
홈타기
홈통(-桶)
홈통바위(-桶-)
홈통에 넣다(-桶-) [관]
홈통은 썩지 않는다(-桶-) [격]
홈파다
홈패다
홈패션(home fashion)
홉뜨다
홉뜬 눈
홍 감사네 뫼 근방이라(洪監司-近方-) [격]
홍강정(紅-)
홍길동이 합천 해인사 털어먹듯(洪吉童-陜川
　海印寺-) [격]
홍꼭지(紅-)
홍두깨가 치밀다 [관]
홍두깨 같은 자랑 [격]
홍두깨다듬이
홍두깨떡
홍두깨로 소를 몬다 [격]
홍두깨살
홍두깨생갈이(-生-)
홍두깨 세 번 맞아 담 안 뛰어넘는 소가 없다
　[격]
홍두깨에 꽃이 핀다 [격]
홍두깨질
홍두깨틀
홍두깨흙
홍두깻감
홍띠(紅-)
홍머리동이(紅-)
홍보 계획(弘報計劃)
홍보 대행(弘報代行)
홍보 매체(弘報媒體)
홍보 사절(弘報使節)
홍보 안 되다(弘報-)
홍보 안 하다(弘報-)
홍보 자료(弘報資料)
홍보 책자(弘報冊子)
홍보해 오다(弘報-)
홍보 활동(弘報活動)
홍보 효과(弘報效果)
홍 생원네 흙질하듯(洪生員-)
홍수 경보=홍수경보(洪水警報)

홍수 나다(洪水-)
홍수를 이루다(洪水-) [관]
홍수막이(洪水-)
홍수 예방(洪水豫防)
홍수터(洪水-)
홍수 피해(洪水被害)
홍스란치마(紅-)
홍시 먹다가 이 빠진다(紅枾-) [격]
홍시죽(紅枾粥)
홍싸리(紅-)
홍아기
홍어백숙(洪魚白熟)
홍어어채(洪魚魚菜)
홍어회(洪魚膾)
홍엇국(洪魚-)
홍역은 평생에 안 걸리면 무덤에서라도 앓는다
　(紅疫-平生-) [격]
홍역을 치르다(紅疫-) [관]
홍예다리(虹霓-)
홍예를 틀다(虹霓-) [관]
홍예머리(虹霓-)
홍예밑(虹霓-)
홍예벽돌(虹霓甓-)
홍익인간(弘益人間)
홍제원 나무 장사 잔디 뿌리 뜯듯(洪濟院-) [격]
홍제원 인절미(洪濟院-) [격]
홍진세계(紅塵世界)
홍치마(紅-) =다홍치마.
홍합백숙(紅蛤白熟)
홍합장아찌(紅蛤-)
홍합젓(紅蛤-)
홍합죽(紅蛤粥)
홑겹
홑고쟁이
홑껍데기
홑꽃
홑꽃잎
홑낚시
홑날대패
홑단
홑단청(-丹靑)
홑단치마
홑담　한 겹으로 쌓은 담.
홑당의(-唐衣)
홑당저고리(-唐-)
홑대패

홑도르래
홑두루마기
홑떡잎식물(-植物)
홑매듭
홑몸
홑무늬
홑무덤
홑문장(-文章)
홑바지
홑반
홑반뿌리
홑버선
홑벌
홑벌로 보다 [관]
홑벌사람
홑벽(-壁)
홑사람
홑숲
홑실
홑씨방(-房)
홑씨주머니
홑열매
홑옷
홑으로 보다 [관]
홑이불
홑잎
홑자락
홑적삼
홑중의(-中衣)
홑중의에 겹말(-中衣-) [격]
홑지다
홑집
홑창옷(-氅-)
홑처마
홑청
홑체
홑치마
홑탁자(-卓子)
홑틀
홑판(-板)
화가 동하다(火-動-) [관]
화가 뜨다(火-) [관]
화가래
화가 머리끝까지 나다(火-) [관]
화가 복이 된다(禍-福-) [격]
화가 홀아비 동심하듯(火-動心-) [격]

화각빗(畵角-)
화공붓(畵工-)
화공 약품(化工藥品)
화관족두리(花冠-)
화근거리(禍根-)
화기애애하다(和氣靄靄-)
화기 엄금(火氣嚴禁)
화나다(火-)
화나 보이다(火-)
화난 김에 돌부리 찬다(火-) [격]
화난 듯하다(火-)
화낼 거야(火-)
화냥기(-氣)
화냥년
화냥년 시집 다니듯(-媤-) [격]
화냥질
화는 홀로 다니지 않는다(禍-) [격]
화도끝(華-)
화등잔(火燈盞) =등잔.
화등잔(華燈盞) 꽃무늬로 장식된 화려한 등잔.
화딱지(火-)
화딱지 나다(火-)
화랑정신(花郎精神)
화려해 보이다(華麗-)
화력 발전=화력발전(火力發電)
화로구이(火爐-)
화로방석(火爐方席)
화롯가(火爐-)
화롯가에 엿을 붙이고 왔나(火爐-) [격]
화롯불(火爐-)
화롯전(火爐-)
화룡점정(畵龍點睛)
화류경대(樺榴鏡臺)
화를 끓이다(火-) [관]
화리를 끼다(禾利-) [관]
화목해 보이다(和睦-)
화목해져 가다(和睦-)
화무십일홍(花無十日紅)
화물 열차=화물열차(貨物列車)
화물칸(貨物-)
화물 트럭(貨物truck)
화발받침(花鉢-)
화사해 보이다(華奢-)
화산섬(火山-)
화산재(火山-)
화산 폭발(火山爆發)

화산흙(火山-)
화살기도(-祈禱)
화살길
화살대
화살을 돌리다 [관]
화살집
화살촉(-촉)
화상 입다(火傷-)
화상 회의＝화상회의(畵像會議)
화씨온도(華氏溫度)
화 안 나다(火-)
화 안 내다(火-)
화약내(火藥-)
화약 냄새(火藥-)
화약 심지(火藥心-)
화약을 지고 불로 들어간다(火藥-) [격]
화약총(火藥銃)
화양누르미(華陽-)
화양적(華陽炙)
화요일 날(火曜日-)
화장걸음(-長-)
화장 고치다(化粧-)
화장기 없는 얼굴(化粧氣-)
화장 냄새(化粧-)
화장 도구(化粧道具)
화장벽돌(化粧甓-)
화장비누(化粧-)
화장 안 받다(化粧-)
화장 안 하다(化粧-)
화장터(火葬-)
화장합판(化粧合板)
화재 감식(火災鑑識)
화재 경보(火災警報)
화재경보기(火災警報機)
화재 나다(火災-)
화재 난 데 도둑질(火災-) [격]
화재 발생(火災發生)
화재 사고(火災事故)
화재 신고(火災申告)
화재 원인(火災原因)
화재 현장(火災現場)
화적 봇짐 털어먹는다(火賊褓-) [격]
화적질(火賊-)
화전골(火田-)
화전놀이(花煎-)
화전묵이(火田-)

화제를 내다(和劑-) [관]
화제 인물(話題人物)
화제 작가(話題作家)
화젯거리(話題-)
화중군자(花中君子)
화증 나다(火症-)
화증 내다(火症-)
화초기생(花草妓生)
화초밭(花草-)
화초밭의 괴석(花草-怪石) [격]
화초쟁이(花草-)
화초집(花草-)
화촉동방(華燭洞房)
화촉을 밝히다(華燭-) [관]
화침질(火針-)
화톳불
화투 놀이(花鬪-)
화투짝(花鬪-)
화투 치다(花鬪-)
화투판(花鬪-)
화톳목(花鬪-)
화폐 수집(貨幣蒐集)
화풀이(火-)
화학 무기＝화학무기(化學武器)
화학 비료＝화학비료(化學肥料)
화학솜(化學-)
화학조미료(化學調味料)
화합 안 되다(和合-)
화해 붙이다(和解-) [관]
화해 안 되다(和解-)
화해 안 하다(和解-)
화훼 농가(花卉農家)
화훼 단지(花卉團地)
화훼 산업(花卉産業)
확고부동(確固不動)
확고한 듯하다(確固-)
확고해 보이다(確固-)
확고해져 가다(確固-)
확 깊은 집에 주둥이 긴 개가 들어온다 [격]
확답 안 하다(確答-)
확답해 주다(確答-)
확대 개편(擴大改編)
확대 안 하다(擴大-)
확대일로(擴大一路)
확대해 나가다(擴大-)
확대 해석＝확대해석(擴大解釋)

확대해 오다(擴大-)
확대회의(擴大會議)
확립 안 되다(確立-)
확립해 나가다(確立-)
확립해 주다(確立-)
확보 안 되다(確保-)
확보해 놓다(確保-)
확보해 놔두다(確保-)
확산되어 가다(擴散-)
확신 못 하다(確信-)
확신 안 서다(確信-)
확신해 오다(確信-)
확실시되다(確實視-)
확실한 듯하다(確實-)
확실해 보이다(確實-)
확실해져 가다(確實-)
확약 못 하다(確約-)
확약 안 하다(確約-)
확언 못 하다(確言-)
확언해 주다(確言-)
확인 결과(確認結果)
확인 못 하다(確認-)
확인 불능(確認不能)
확인 사살(確認射殺)
확인 안 되다(確認-)
확인 안 하다(確認-)
확인 요청(確認要請)
확인 전화(確認電話)
확인 절차(確認節次)
확인해 두다(確認-)
확인해 보다(確認-)
확인해 주다(確認-)
확장 공사(擴張工事)
확장 못 하다(擴張-)
확장 안 되다(擴張-)
확장 안 하다(擴張-)
확장해 나가다(擴張-)
확장해 오다(擴張-)
확정되다시피 하다(確定-)
확정 못 짓다(確定-)
확정 못 하다(確定-)
확정 안 되다(確定-)
확정 안 하다(確定-)
확정 일자=확정일자(確定日字)
확정 짓다(確定-)
확정 판결=확정판결(確定判決)

확정해 놓다(確定-)
확정해 주다(確定-)
확증 못 잡다(確證-)
확증 잡다(確證-)
확충되어 가다(擴充-)
확충해 나가다(擴充-)
확 트이다
환각 상태(幻覺狀態)
환갑 나이(還甲-)
환갑날(還甲-)
환갑노인(還甲老人)
환갑 되다(還甲-)
환갑 안 되다(還甲-)
환갑잔치(還甲-)
환갑 지난 나이(還甲-)
환갑 진갑 다 지내다(還甲進甲-) [관]
환갑집(還甲-)
환경 개선(環境改善)
환경 교육(環境敎育)
환경 단체(環境團體)
환경 문제=환경문제(環境問題)
환경 미화(環境美化)
환경 보호=환경보호(環境保護)
환경오염(環境汚染)
환경 운동(環境運動)
환경 파괴(環境破壞)
환고향(還故鄕)
환골탈태(換骨奪胎)
환급해 주다(還給-)
환기 시설(換氣施設)
환기 안 되다(換氣-)
환기 장치=환기장치(換氣裝置)
환기창(換氣窓)
환난 겪다(患難-)
환담 나누다(歡談-)
환대해 주다(歡待-)
환돗집(還刀-)
환멸 느끼다(幻滅-)
환방치다(換房-)
환불해 주다(還拂-)
환산해 보다(換算-)
환송 나가다(歡送-)
환송 모임(歡送-)
환송 파티(歡送party)
환송해 주다(歡送-)
환송 행사(歡送行事)

ㅎ

환수해 버리다(還收-)
환승 시설＝환승시설(換乘施設)
환승 지점(換乘地點)
환심을 사다(歡心-) [관]
환영 나가다(歡迎-)
환영 만찬(歡迎晩餐)
환영 모임(歡迎-)
환영 못 받다(歡迎-)
환영 안 해 주다(歡迎-)
환영 인파(歡迎人波)
환영 파티(歡迎party)
환영해 주다(歡迎-)
환영 행사(歡迎行事)
환원해 주다(還元-)
환율 인상(換率引上)
환자 노릇(患者-)
환자 취급(患者取扱)
환자 행세(患者行世)
환쟁이
환전해 주다(換錢-)
환절머리(換節-)
환짓다(丸-)
환치기(換-)
환치다
환칠(-漆)
환해 보이다
환해져 가다
환호 소리(歡呼-)
활개똥
활개를 젓다 [관]
활개를 치다 [관]
활개를 펴다 [관]
활개춤
활갯짓
활고자 활의 양 끝 머리.
활과 과녁이 서로 맞는다 [격]
활기 넘치다(活氣-)
활기 띠다(活氣-)
활기차다(活氣-)
활기차 보이다(活氣-)
활달해 보이다(豁達-)
활동 계획(活動計劃)
활동 못 하다(活動-)
활동 무대(活動舞臺)
활동 비용(活動費用)
활동사진(活動寫眞)

활동 안 하다(活動-)
활동 자금(活動資金)
활동 지침(活動指針)
활동해 오다(活動-)
활등코
활력 넘치다(活力-)
활머리
활무늬
활무대(活舞臺)
활발스러운 아이(活潑-)
활발해 보이다(活潑-)
활발해져 가다(活潑-)
활보해 오다(闊步-)
활성화 안 되다(活性化-)
활시위
활시위를 얹다 [관]
활쏘기
활 쏘다
활약해 오다(活躍-)
활엽 관목(闊葉灌木)
활엽 교목(闊葉喬木)
활엽수림(闊葉樹林)
활용 가치(活用價値)
활용되어 오다(活用-)
활용 못 하다(活用-)
활용 방안(活用方案)
활용 안 되다(活用-)
활용 안 하다(活用-)
활용해 보다(活用-)
활용해 오다(活用-)
활을 당기어 콧물을 씻는다 [격]
활을 메우다 [관]
활을 부리다 [관]
활이야 살이야 [격]
활자 매체(活字媒體)
활자인간(活字人間)
활잡이
활주로등(滑走路燈)
활주머니
활줄
활줌통
활집
활짝 열다
활짝 피다
활짱 활의 몸체.
활창애

936

활촉(−鏃)
활터
활톱
활팔찌
홧김에 서방질한다(火−書房−) [격]
홧담배(火−)
홧담배질(火−)
홧술(火−)
홧홧해 보이다
황가루(黃−)
황각나물(黃角−)
황각자반(黃角−)
황개비(黃−)
황고라말(黃−) =구렁말.
황고집(黃固執)
황고집쟁이(黃固執−)
황공무지(惶恐無地)
황공한 듯하다(惶恐−)
황구렁이(黃−)
황금 노선(黃金路線)
황금 덩어리(黃金−)
황금 들(黃金−)
황금 들녘(黃金−)
황금물결(黃金−)
황금벌(黃金−)
황금벌판(黃金−)
황금빛(黃金−)
황금시대(黃金時代)
황금 시장(黃金市場)
황금 알(黃金−)
황금 어장(黃金漁場)
황금연휴(黃金連休)
황금 천 냥이 자식 교육만 못하다(黃金千兩−子
息敎育−) [격]
황기끼다(惶氣−)
황끼다(黃−)
황내리다(黃−)
황달이 들다(黃疸−)
황당무계하다(荒唐無稽−)
황대구(黃大口)
황들다(黃−)
황량해 보이다(荒涼−)
황밤(黃−)
황변을 보다(黃變−) [관]
황볶이탕(黃−湯)
황사 바람(黃沙−)

황사 현상=황사현상(黃沙現象)
황새걸음
황새괭이
황새낫
황새 논두렁 넘겨 보듯 [격]
황새머리
황새 올미 주워 먹듯 [격]
황새 조알 까먹은 것 같다 [격]
황색 빛
황석어젓(黃石魚−)
황소걸음
황소 고기
황소고집(−固執)
황소고집을 세우다(−固執−) [관]
황소 뒷걸음에 잡힌 개구리 [격]
황소 뒷걸음치다가 쥐 잡는다 [격]
황소만 하다
황소바람
황소 불알
황소숨
황소울음
황소 제 이불 뜯어 먹기 [격]
황송무지(惶悚無地)
황송아지
황송해 보이다(惶悚−)
황아장수(荒−) 집집을 찾아다니며 끈목, 담배
쌈지, 바늘, 실 따위의 자질구레한 일용 잡
화를 파는 사람.
황아장수 망신은 고불통이 시킨다(荒−亡身−
桶−) [격]
황아장수 잠자리 옮기듯(荒−) [격]
황야 지대(荒野地帶)
황을 그리다 [관]
황잡다
황제 무덤에 신하 도깨비 모여들 듯(皇帝−臣
下−) [격]
황제 폐하(皇帝陛下)
황천 가다(黃泉−) [관]
황천객이 되다(黃泉客−) [관]
황천길(黃泉−)
황천으로 보내다(黃泉−) [관]
황초(黃−)
황충이 간 데는 가을도 봄(蝗蟲−) [격]
황치마(黃−)
황토밭(黃土−)
황토배기(黃土−)

ㅎ

황톳길(黃土-)
황폐해 보이다(荒廢-)
황폐해져 가다(荒廢-)
황포 돛대(黃布-)
황해도 처녀(黃海道處女) [격]
황해도 판수 가야금 따르듯(黃海道-伽倻琴-)
    [격]
황해 바다(黃海-)
황혼 녘(黃昏-)
황혼 무렵(黃昏-)
황혼연설(黃昏演說)
황혼이 깃들다(黃昏-) [관]
황홀해 보이다(恍惚-)
황희 정승네 치마 하나 가지고 세 어이딸이 입
    듯(黃喜政丞-) [격]
홰꾼
홰뿔
홰잡이
홰치는 소리
횃대
횃대 밑 사내 [격]
횃대 밑에서 호랑이 잡고 나가서 쥐구멍 찾는
    다(-虎狼-) [격]
횃대뿔
횃대에 동저고리 넘어가듯 [격]
횃댓보(-褓)
횃댓줄
횃보(-褓)
횃불
횃불싸움
횃불잡이
횃줄
행누르미
회가 동하다(蛔-動-) [관]
회갑 기념(回甲記念)
회갑 날(回甲-)
회갑 노인(回甲老人)
회갑 잔치(回甲-)
회계를 닦다(會計-) [관]
회계 법인(會計法人)
회계 비리(會計非理)
회계 업무(會計業務)
회계 연도=회계연도(會計年度)
회계 자료(會計資料)
회계 조작(會計造作)
회계 처리(會計處理)

회고해 보다(回顧-)
회관 건립(會館建立)
회교 사원(回敎寺院)
회국순례(回國巡禮)
회귀 본능=회귀본능(回歸本能)
회깟(膾-) 소의 간, 처녑, 양, 콩팥 따위를 잘게
    썰고 온갖 양념을 하여 만든 회.
회다짐(灰-)
회담 의제(會談議題)
회답 못 받다(回答-)
회답 안 하다(回答-)
회답해 주다(回答-)
회덮밥(膾-)
회돌이
회돌이목
회동그랗다
회동그래지다
회두리
회두리판
회 떠 오다(膾-)
회 뜨러 가다(膾-)
회람잡지(回覽雜誌)
회를 치다(膾-) [관]
회리바람
회리밤
회리봉(-峯)
회반죽(灰-)
회반죽벽(灰-壁)
회방아(灰-)
회방아질(灰-)
회백토반죽(灰白土-)
회벽질(灰壁-)
회보 발간(回報發刊)
회복 단계(回復段階)
회복 못 하다(回復-)
회복 불능(回復不能)
회복 상태(回復狀態)
회복시켜 주다(回復-)
회복 안 되다(回復-)
회복 중(回復中)
회복한 듯하다(回復-)
회복해 가다(回復-)
회비 걷다(會費-)
회사 간부(會社幹部)
회사 건물(會社建物)
회사 대표(會社代表)

회사 동료(會社同僚)
회사 명의(會社名義)
회사 문 닫다(會社門-)
회사 사정(會社事情)
회사 앞(會社-)
회사 일(會社-)
회사 임원(會社任員)
회사 주식(會社株式)
회사 직원(會社職員)
회사 형편(會社形便)
회상해 보다(回想-)
회색분자(灰色分子)
회색선전(灰色宣傳)
회색혁명(灰色革命)
회생 불능(回生不能)
회수 안 되다(回收-)
회수해 가다(回收-)
회식 비용(會食費用)
회식 자리(會食-)
회신해 주다(回信-)
회오리바람
회오리밤
회오리밤 벗듯 [관]
회오리봉(-峯)
회오리치다
회원 가입(會員加入)
회원 명부(會員名簿)
회원 모집(會員募集)
회원 자격(會員資格)
회유열차(回遊列車)
회의 개최(會議開催)
회의 내용(會議內容)
회의 석상(會議席上)
회의 순서(會議順序)
회의 시간(會議時間)
회의 안건(會議案件)
회의 자료(會議資料)
회의 준비(會議準備)
회의 참석(會議參席)
회자정리(會者定離)
회장꾼(會葬-)
회장 선거(會長選擧)
회장 선출(會長選出)
회장 자리(會長-)
회장저고리(回裝-)
회전목마(回轉木馬)

회전 무대＝회전무대(回轉舞臺)
회전의자(回轉椅子)
회전침대(回轉寢臺)
회중시계(懷中時計)
회중전등(懷中電燈)
회 쳐 먹다(膾-)
회총박이
회 치다(膾-)
회칼(膾-)
회포 풀다(懷抱-)
회피해 오다(回避-)
획득해 오다(獲得-)
획을 긋다(劃-) [관]
획일주의(劃一主義)
획일화되어 가다(劃一化-)
횟가루(灰-)
횟감(膾-)
횟물(灰-)
횟반(灰-)
횟방아(灰-)
횟배(蛔-)
횟배앓이(蛔-)
횟집(膾-)
횡단보도(橫斷步道)
횡단 비행＝횡단비행(橫斷飛行)
횡단해 오다(橫斷-)
횡령 사건(橫領事件)
횡령해 오다(橫領-)
횡보다(橫-) 똑바로 보지 못하고 잘못 보다.
횡설수설(橫說竪說)
횡재 만나다(橫財-)
횡포 부리다(橫暴-)
효과 나다(效果-)
효과 만점(效果滿點)
효과 못 보다(效果-)
효과 보다(效果-)
효과 안 나다(效果-)
효과 없다(效果-)
효과 있다(效果-)
효과 있어 보이다(效果-)
효도 보다(孝道-) [관]
효도 잔치(孝道-)
효도해 오다(孝道-)
효력 정지(效力停止)
효를 보다(孝-) [관]
효부 없는 효자 없다(孝婦-孝子-) [격]

효성스러워 보이다(孝誠-)

효성이 지극하면 돌 위에 꽃이 핀다(孝誠-至極-) [격]

효성이 지극하면 돌 위에 풀이 난다(孝誠-至極-) [격]

효용 가치(效用價值)

효자가 악처만 못하다(孝子-惡妻-) [격]

효자 끝에 불효 나고 불효 끝에 효자 난다(孝子-不孝-不孝-孝子-) [격]

효자 노릇(孝子-)

효자 상품(孝子商品)

효자 소리 듣다(孝子-)

효자손(孝子-)

효자 효녀가 나면 집안이 망한다(孝子孝女-亡-) [격]

효자 효부(孝子孝婦)

효험 못 보다(效驗-)

효험 보다(效驗-)

후걸이(後-)

후계 다툼(後繼-)

후계 양성(後繼養成)

후끈 달다

후끈 달아오르다

후남편(後男便)

후대 사람(後代-)

후더침(後-)

후덕군자(厚德君子)

후두들기다

후래삼배(後來三杯)

후레아들

후레자식(-子息)

후려갈기다

후려내다

후려잡다

후려치다

후련해 보이다

후리장(-場)

후리질

후리채

후리치

후림대수작(-酬酢)

후림불

후림비둘기

후릿가래질

후릿고삐

후릿그물

후릿줄

후머리(後-)

후무려 가다

후물리기(後-)   먹고 난 나머지.

후물림(後-)

후미진 골짜기

후밋길

후반생(後半生)

후반신(後半身)

후발 업체(後發業體)

후발 주자(後發走者)

후방 근무=후방근무(後方勤務)

후방 부대(後方部隊)

후방 지원(後方支援)

후배 된 도리(後輩-道理)

후배 양성(後輩養成)

후벼 내다

후벼 넣다

후벼 파다

후보 경선(候補競選)

후보 등록(候補登錄)

후보름(後-)

후보 선출(候補選出)

후부를 하다(後夫-) [관]   후서방을 얻다.

후살이(後-)

후생 각이 우뚝하다(後生角-) [격]

후생 복지(厚生福祉)

후생 시설=후생시설(厚生施設)

후서방(後書房)

후속 대책(後續對策)

후속 조치(後續措置)

후송되어 오다(後送-)

후송 열차(後送列車)

후원 단체(後援團體)

후원 못 받다(後援-)

후원 안 하다(後援-)

후원 업체(後援業體)

후원해 주다(後援-)

후원 활동(後援活動)

후장 떡이 클지 작을지 누가 아나(後場-) [격]

후줄근해 보이다

후진 국가(後進國家)

후진 양성(後進養成)

후처에 감투 벗어지는 줄 모른다(後妻-) [격]

후추는 작아도 맵다 [격]

후추는 작아도 진상에만 간다(-進上-) [격]

후추를 통째로 삼킨다 [격]
후추엿
후춧가루
후취처가(後娶妻家)
후퇴 안 하다(後退-)
후퇴 작전(後退作戰)
후퇴해 버리다(後退-)
후학 양성(後學養成)
후한 듯하다(厚-)
후해 보이다(厚-)
후행꾼(後行-)
후행손님(後行-)
후환거리(後患-)
후환 없이(後患-)
후회막급(後悔莫及)
후회막심(後悔莫甚)
후회 안 하다(後悔-)
후회 없이(後悔-)
후회할뿐더러(後悔-)
후회할 뿐 아니라(後悔-)
후회해 오다(後悔-)
후후년(後後年)
훈계조(訓戒調)
훈김(薰-)
훈련 기간(訓練期間)
훈련 방법(訓練方法)
훈련 안 되다(訓練-)
훈련 안 하다(訓練-)
훈련해 오다(訓練-)
훈민정음(訓民正音)
훈수 두다(訓手-)
훈수를 들다(訓手-) [관]
훈육 주임＝훈육주임(訓育主任)
훈장 노릇(訓長-)
훈장 똥은 개도 안 먹는다(訓長-) [격]
훈장 수여(勳章授與)
훈장질(訓長-)
훈장 추서(勳章追敍)
훈장 타다(勳章-)
훈제 연어(燻製연魚)
훈훈해 보이다(薰薰-)
훈훈해져 가다(薰薰-)
훌닦다
훌닦이다
훌라들이다
훌렁이질

훌렁이치다
훌륭한 듯하다
훌륭해 보이다
훌부시다
훌뿌리다
훌쩍 떠나다
훌쭉해 보이다
훌치기낚시
훌훌 털다
훑고 가다
훑고 지나가다
훑어가다
훑어가 버리다
훑어 내다
훑어 내려가다
훑어 놓다
훑어 두다
훑어보다　대충 훑어보다.
훑어 보다　손으로 훑어 보다.
훑어 주다
훑이기대패
훔쳐 가다
훔쳐 가지 마라
훔쳐 내다
훔쳐 달아나다
훔쳐때리다
훔쳐 먹다
훔쳐보다　몰래 훔쳐보다.
훔쳐 보다　남의 물건을 훔쳐 본 적 있다.
훔쳐 오다
훔쳐 주다
훔쳐 타다
훔치개질
훔치질
훔켜잡다
훔켜쥐다
훔파다
훗국(後-)
훗날(後-)
훗달(後-)
훗배앓이(後-)
훗사람(後-)
훗일(後-)
훗조금(後潮-)
훤칠해 보이다
훤해 보이다

ㅎ

훤히 꿰뚫다
훤히 내다보다
훤히 알다
훨씬 더하다
훨씬 덜하다
훨훨 날다
훨훨 날아가다
훨훨 타오르다
훼방꾼(毁謗-)
훼방 놓다(毁謗-) [관]
훼방 부리다(毁謗-)
훼방 치다(毁謗-) [관]
훼손 안 되다(毁損-)
훼손해 오다(毁損-)
휑뎅그렁하다
휑한 빈 집에서 서 발 막대 거칠 것 없다 [격]
휘갈겨 쓰다
휘감기다
휘감아 돌다
휘감아 쥐다
휘감치다
휘갑뜨기
휘갑쇠
휘갑치다
휘굴리다
휘넓다
휘달리다
휘더듬다
휘덮다
휘덮이다
휘돌리다
휘돌아 가다
휘돌아 나가다
휘돌아다니다
휘돌아보다
휘돌아 흐르다
휘두들기다
휘둘러 대다
휘둘러보다 사방을 휘둘러보다.
휘둘러 보다 주먹을 휘둘러 보다.
휘둥글다
휘둥글리다
휘뚜루마뚜루 이것저것 가리지 않고 닥치는 대
　　로 마구 해치우는 모양.
휘뚜루 쓰이다
휘말려 들다

휘말려 들어가다
휘모리장단
휘몰아 가다
휘몰아 들이다
휘몰아 오다
휘몰아치다
휘문이
휘묻잇법(-法)
휘불다
휘뿌리다
휘어가다
휘어넘어가다
휘어대다
휘어들다
휘어 들어가다
휘어박다
휘어박히다
휘어붙이다
휘어잡다
휘어져 늘어지다
휘어질 듯하다
휘영청 밝은 달
휘장걸음(揮帳-)
휘장 치다(揮帳-)
휘저어 놓다
휘저어 두다
휘저어 보다
휘저어 주다
휘젓개
휘젓고 다니다
휘주무르다
휘주물리다
휘진 몸
휘청휘청 걸어가다
휘파람 불다
휘파람 소리
휘휘 감다
휘휘 둘러보다
휘휘친친 감다
휩싸고 돌다
휩싸 쥐다
휩쓸고 가다
휩쓸고 지나가다
휩쓸려 가다
휩쓸려 다니다
휩쓸려 들다

휩쓸려 들어가다
휩쓸어 놓다
휩쓸어 버리다
휫손
휭하니 나가다
휴가 가다(休暇-)
휴가 군인(休暇軍人)
휴가 기간(休暇期間)
휴가 길에(休暇-)
휴가 나오다(休暇-)
휴가 내다(休暇-)
휴가 동안(休暇-)
휴가 못 가다(休暇-)
휴가 받다(休暇-)
휴가 보내다(休暇-)
휴가 안 가다(休暇-)
휴가 얻다(休暇-)
휴가 오다(休暇-)
휴가 장병(休暇將兵)
휴가 주다(休暇-)
휴가철(休暇-)
휴교령 내리다(休校令-)
휴대 안 하다(携帶-)
휴대 전화=휴대전화(携帶電話)
휴대해 오다(携帶-)
휴면 계좌=휴면계좌(休眠計座)
휴면 상태(休眠狀態)
휴식 공간(休息空間)
휴식 시간(休息時間)
휴식 없이(休息-)
휴양 가다(休養-)
휴양 도시=휴양도시(休養都市)
휴양 시설(休養施設)
휴양 오다(休養-)
휴업 중(休業中)
휴일 나들이(休日-)
휴일 밤(休日-)
휴일 저녁(休日-)
휴전 상태(休戰狀態)
휴전 협상(休戰協商)
휴전 협정=휴전협정(休戰協定)
휴지 조각(休紙-)
휴직 상태(休職狀態)
휴직해 버리다(休職-)
휴회 선언(休會宣言)
흉가도 지낼 탓(凶家-) [격]

흉 각각 정 각각(-各各情各各) [격]
흉갓집(凶家-)
흉금을 털어놓다(胸襟-) [관]
흉기 난동(凶器亂動)
흉내 내다
흉내 낼 수 없는 짓
흉내말
흉내 못 내다
흉내쟁이
흉년거지(凶年-)
흉년 들다(凶年-)
흉년에 밥 빌어먹겠다(凶年-) [격]
흉년에 배운 장기(凶年-將棋) [격]
흉년에 어미는 굶어 죽고 아이는 배 터져 죽는
　　다(凶年-) [격]
흉년에 윤달(凶年-閏-) [격]
흉년에 죽 아이도 한 그릇 어른도 한 그릇(凶
　　年-粥-) [격]
흉년에 한 농토 벌지 말고 한 입 덜라(凶年-農
　　土-) [격]
흉년의 곡식이다(凶年-穀食-) [격]
흉년의 떡도 많이 나면 싸다(凶年-) [격]
흉 되는 일
흉 될 일
흉몽대길(凶夢大吉)
흉물 떨다(凶物-)
흉물스럽다(凶物-)
흉벽을 치다(胸壁-) [관]
흉보다
흉볼까 보아
흉부외과(胸部外科)
흉스러운 일(凶-)
흉악무도(凶惡無道)
흉악 범죄(凶惡犯罪)
흉악해 보이다(凶惡-)
흉악해져 가다(凶惡-)
흉 안 보다
흉업다(凶-)
흉 없는 사람 없다 [격]
흉이 없으면 며느리 다리가 희단다 [격]
흉잡다
흉잡지 마라
흉잡힐 일
흉 지다
흉질하다
흉충이 반흉(凶蟲-半凶)

943

흉측스러워 보이다(凶測-)
흉측해 보이다(凶測-)
흉한 벌레 모로 간다(凶-) [격]
흉해 보이다(凶-)
흉허물
흉허물 없다 [관]
흐너뜨리다
흐너지다
흐너트리다
흐느껴 울부짖다
흐느낌 소리
흐들갑 떨다
흐들갑 부리다
흐려 놓다
흐려 보이다
흐려 오다
흐려져 가다
흐르는 대로
흐르는 물은 썩지 않는다 [격]
흐를 거야
흐를걸
흐를 걸세
흐를걸요
흐름가꾸기
흐리디흐리다
흐리마리
흐리멍덩해 보이다
흐리터분하다
흐무러질 듯하다
흐뭇해 보이다
흐슬부슬하다
흐지부지
흐지부지돼 버리다
흐지부지해 버리다
흐트러뜨리다
흐트러져 가다
흐트러짐 없이
흑각 가로 보기라(黑角-) [격]
흑각비녀(黑角-)
흑백 논리=흑백논리(黑白論理)
흑백 분쟁(黑白紛爭)
흑백 사진=흑백사진(黑白寫眞)
흑보기
흑빵(黑-)
흑색선전(黑色宣傳)
흑심꾸러기(黑心-)

흑심 품다(黑心-)
흑싸리(黑-)
흑싸리 껍데기(黑-) [관]
흑인 노예(黑人奴隸)
흑인 사회(黑人社會)
흑자 경영(黑字經營)
흑자 기업(黑字企業)
흑자 나다(黑字-)
흑자 내다(黑字-)
흑자 전환(黑字轉換)
흑책질 교활한 수단을 써서 남의 일을 방해하
　　　는 짓.
흑흑 울다
흔들 거야
흔들걸
흔들 걸세
흔들걸요
흔들게
흔들게요
흔들림 없이
흔들바람
흔들바위
흔들비쭉이
흔들어 깨우다
흔들어 놓다
흔들어 대다
흔들어 버리다
흔들어 보다
흔들어 보이다
흔들어 쌓다
흔들어 주다
흔들의자(-椅子)
흔들통나무
흔연대접(欣然待接)
흔적 없이(痕迹-)
흔전만전
흔전흔전
흔치 않다
흔하다나 보다
흔한 듯하다
흔할 거야
흔할걸
흔할 걸세
흔할걸요
흔해 보이다
흔해 빠지다

흔해져 가다
흔해질 거야
흔해질걸
흔해질걸요
흘게가 늦다
흘게가 빠지다
흘겨보다
흘그산 흘깃흘깃 보는 것처럼 생긴 눈.
흘근번쩍하다
흘근번쩍흘근번쩍하다
흘기죽죽하다
흘기죽흘기죽하다
흘깃대다
흘떼기
흘떼기장기(-將棋)
흘러가는 물 퍼 주기 [격]
흘러가 버리다
흘러나오다
흘러내리다
흘러넘치다
흘러들다
흘러 들어오다
흘러보다
흘러오다
흘러 흘러
흘레구름 비를 내리려고 엉기기 시작하는 구
   름.
흘레바람
흘레붙다
흘레붙이다
흘레질
흘려 넘기다
흘려 넣다
흘려듣다
흘려버리다
흘려보내다
흘려쓰기
흘려주다
흘리띄우다
흘리젓다
흘리지 마라
흘림기둥
흘림낚시
흘림당산굿(-堂山-)
흙가래
흙가루

흙갈퀴
흙감태기
흙강아지
흙고물
흙공예(-工藝)
흙구덩이
흙구슬
흙기둥
흙깔기
흙내
흙내가 고소하다 [격]
흙내 나다
흙내 맡다 [관]
흙냄새
흙냄새 나다
흙넣기
흙다리
흙다짐
흙담집
흙담틀
흙더미
흙더버기
흙덩어리
흙덩이
흙덮기
흙도배(-塗褙)
흙둑
흙뒤
흙들이다
흙마루
흙막이
흙막이널
흙먼지
흙메움
흙모래
흙무더기
흙무덤
흙무지
흙문(-門)
흙 묻은 손
흙물
흙뭉치
흙뭉텅이
흙바닥
흙바람
흙바탕

945

흙받기
흙발
흙밥
흙방(-房)
흙벽(-壁)
흙벽돌(-甓-)
흙벽돌집(-甓-)
흙봉우리
흙비
흙비료(-肥料)
흙빛
흙빨래
흙산(-山)
흙살
흙색(-色)
흙섬돌
흙성(-城)
흙소쿠리
흙속물
흙손
흙손끌
흙손질
흙신
흙신발
흙싸개
흙얼개
흙일
흙일꾼
흙장난
흙점(-點)
흙주머니
흙주접
흙주접 들다
흙질
흙질꾼
흙짐
흙집
흙차(-車)
흙창(-窓)
흙체
흙칠(-漆)
흙탕(-湯)
흙탕질(-湯-)
흙탕물(-湯-)
흙탕치다(-湯-)
흙테

흙투성이
흙 파며 놀다
흙풍로(-風爐)
흙화덕(-火-)
흠가다(欠-)
흠구덕(欠-)
흠나다(欠-)
흠내다(欠-)
흠되다(欠-)
흠될 일(欠-)
흠뜯다(欠-)
흠모해 오다(欽慕-)
흠빨다
흠빨며 감빨다 [관]
흠 안 되다(欠-)
흠 없는 사람(欠-)
흠 있는 사람(欠-)
흠잡다(欠-)
흠잡으려 들다(欠-)
흠잡을 데 없다(欠-)
흠잡지 마라(欠-)
흠지다(欠-)
흠지러기
흠집(欠-)
흠집 나다(欠-)
흠집 내다(欠-)
흠집 생기다(欠-)
흠집 없는(欠-)
흠축나다(欠縮-)
흠칫 놀라다
흡사한 듯하다(恰似-)
흡사해 보이다(恰似-)
흡사해져 가다(恰似-)
흡수 못 하다(吸收-)
흡수 통일(吸收統一)
흡수해 버리다(吸收-)
흡연 구역(吸煙區域)
흡연 금지(吸煙禁止)
흡연 칸(吸煙-)
흡족한 듯하다(洽足-)
흡족해 보이다(洽足-)
흥건해 보이다
흥겨워 보이다(興-)
흥글방망이놀다 남의 일이 잘되지 못하게 방해
　　하다.
흥김에(興-)

흥 나다(興-)
흥 난 김에(興-)
흥망성쇠(興亡盛衰)
흥망성쇠와 부귀빈천이 물레바퀴 돌듯 한다(興
　亡盛衰-富貴貧賤-) [격]
흥미 나다(興味-)
흥미 더하다(興味-)
흥미 붙이다(興味-)
흥미 없는 듯하다(興味-)
흥미 없어 하다(興味-)
흥미 있어 보이다(興味-)
흥미진진하다(興味津津-)
흥밋거리(興味-)
흥분 상태(興奮狀態)
흥분 안 하다(興奮-)
흥분한 듯하다(興奮-)
흥 안 나다(興-)
흥야항야
흥에 띄다(興-) [관]
흥이야항이야
흥정거리
흥정꾼
흥정도 부조다(-扶助-) [격]
흥정바치
흥정 붙이다
흥정은 붙이고 싸움은 말리랬다 [격]
흥정해 보다
흥청대다
흥청망청
흥타령 부르다 [관]
흥해 가다(興-)
흥행 부진(興行不振)
흥행업자(興行業者)
흩뿌려 놓다
흩어 놓다
흩어져 버리다
흩어져 살다
희고 곰팡이 슬다 [관]
희곡 작가=희곡작가(戲曲作家)
희귀 동물(稀貴動物)
희귀 자료(稀貴資料)
희귀해 보이다(稀貴-)
희기가 까치 배 바닥 같다 [격]
희끗희끗해져 가다
희나리쌀　덜 익은 채로 마른 벼의 쌀.
희누르스레하다

희누른색(-色)
희대미문(稀代未聞)
희디희다
희디흰 속살
희떠운 소리
희떠워 보이다
희떱게 굴다
희뜩머룩이
희롱조(戲弄調)
희롱지거리(戲弄-)
희롱질(戲弄-)
희롱해롱하다
희롱해 오다(戲弄-)
희맑다
희맑은 소리
희망 사항(希望事項)
희망 없이(希望-)
희망의 등대(希望-燈臺) [관]
희망 있어 보이다(希望-)
희망차다(希望-)
희망찬 삶(希望-)
희망퇴직(希望退職)
희망해 오다(希望-)
희멀건 얼굴
희묽다
희묽은 얼굴
희미해 보이다(稀微-)
희미해져 가다(稀微-)
희박해 보이다(稀薄-)
희박해져 가다(稀薄-)
희부옇다
희부예지다
희불그레하다
희붉다
희붉은 얼굴
희비쌍곡선(喜悲雙曲線)
희비애환(喜悲哀歡)
희뿌연 안개
희색만면(喜色滿面)
희생 양(犧牲羊)
희생 없이(犧牲-)
희생정신(犧牲精神)
희생해 오다(犧牲-)
희소가치(稀少價値)
희어멀뚱하다
희어져 가다

희영수 주고받다(戱-)
희읍스름하다
희짜뽑다
희치희치 낡다
희푸르다
희푸른 하늘
희황세계(羲皇世界)
흰 개 꼬리 굴뚝에 삼 년 두어도 흰 개 꼬리다
    (-三年-) [격]
흰 것은 종이요 검은 것은 글씨라 [격]
흰골무
흰골무떡
흰골박 붉은 흙이나 다른 칠을 바르지 않은 함
    지박.
흰 구름
흰그루
흰깨
흰 꽃
흰누룩
흰 눈
흰 눈송이
흰 눈으로 보다 [관]
흰떡
흰떡 집에 산병 맞추듯(-散餠-) [격]
흰말
흰매
흰머리
흰모래
흰모시
흰목
흰목 쓰다
흰무늬
흰무리
흰무지기
흰밥
흰빛
흰 빛깔
흰색(-色)
흰색떡(-色-)
흰서리
흰소리
흰 수염(-鬚髥)
흰수작(-酬酌)
흰쌀
흰엿
흰옷

흰원미(-元味)
흰자
흰자막(-膜)
흰자위
흰잣가루
흰죽(-粥)
흰죽 먹다 사발 깬다(-粥-沙鉢-) [격]
흰죽에 고춧가루(-粥-) [격]
흰죽에 코(-粥-) [격]
흰콩
흰 털
흰 테
흰팥
흰풀
흰피톨
흰회색(-灰色)
흿허케 다녀오다
히든카드(hidden card)
히트 상품(hit商品)
힌트 주다(hint-)
힐난조(詰難調)
힐문조(詰問調)
힐책해 오다(詰責-)
힘겨루기
힘겨룸
힘겨운 듯하다
힘겨울 거야
힘겨울걸
힘겨울 걸세
힘겨울걸요
힘겨워 보이다
힘겨워져 가다
힘겨워질 거야
힘과 마음을 합치면 하늘을 이긴다(-合-) [격]
힘깨나 쓰다
힘껏 때리다
힘꼴 세다
힘 나다
힘내기
힘내기하다
힘닿는 데까지
힘닿다
힘든가 보다
힘든다 해도
힘든 듯하다
힘든 줄 모르다

힘들 거야
힘들걸
힘들 걸세
힘들걸요
힘들기만 하다
힘들 듯하다
힘들 뿐 아니라
힘들어 보이다
힘들어져 가다
힘들어하다
힘들었을 거야
힘들었을걸
힘들었을 걸세
힘들여 오다
힘들 텐데
힘 많은 소가 왕 노릇 하나(-王-) [격]
힘 모르고 강가 씨름 갈까 [격]
힘 못 쓰다
힘 미치는 곳
힘받이
힘받이천
힘받잇감
힘 부치는 일
힘 빠지다
힘빼물다 힘이 센 체하다.
힘살
힘세다
힘센 소가 왕 노릇 할까(-王-) [격]
힘센 아이 낳지 말고 말 잘하는 아이 낳아라 [격]
힘 솟다
힘 실리다
힘써 나가다
힘써 달라고 하다
힘써 달라다
힘써 보다

힘써 오다
힘써 주다
힘 쏟다
힘쓰기보다 꾀쓰기가 낫다 [격]
힘쓴 만큼
힘 안 드는 일
힘 안 들이다
힘 안 쓰다
힘 안 주다
힘없는 듯하다
힘없어 보이다
힘없어져 가다
힘을 기르다 [관]
힘을 다하다
힘을 돌리다 [관]
힘을 빌리다 [관]
힘을 얻다 [관]
힘을 올리다 [관]
힘입다
힘 있는 대로
힘 있어 보이다
힘자라다
힘자랑
힘장사(-壯士)
힘쟁이
힘 좀 쓰다
힘주다
힘주어 말하다
힘줄
힘줄기
힘줌말
힘차다
힘찬 발걸음
힘 합쳐 보다(-合-)

문교부 고시 제88-1호
1988.1.19.

[한글맞춤법]

일 러 두 기

1. 이 한글맞춤법은 개정된 규정에 따라 표기하였다.

2. 이 한글맞춤법은 본문 6장과 '부록'으로 되어 있다.

   제1장   총칙

   제2장   자모

   제3장   소리에 관한 것

   제4장   형태에 관한 것

   제5장   띄어쓰기

   제6장   그 밖의 것

   [부록]   문장 부호

3. 각 장은 절로 나누고, 각 절은 다시 항으로 나누어, 각기 원칙에 따르는 예시어들을 제시하였다.

4. 문법 체계와 용어는 '학교 문법 용어'(문교부 제정)에 따랐다.

5. 의미의 혼동을 줄 우려가 있는 경우에 한하여 한자를 병기하였다.

6. '다만'과 [붙임]은 다음과 같은 경우에 썼다.

   다만 : 규정의 본문에 해당되지 않는 예외 사항을 제시하는 경우

   [붙임] : 규정의 본문에 포함하여 설명하기 어려운 사항을 보충할 경우

제1장 총칙

제1항 한글맞춤법은 표준어를 소리대로 적되, 어법에 맞도록 함을 원칙으로 한다.
제2항 문장의 각 단어는 띄어 씀을 원칙으로 한다.
제3항 외래어는 '외래어 표기법'에 따라 적는다.

제2장 자모

제4항 한글 자모의 수는 스물넉 자로 하고, 그 순서와 이름은 다음과 같이 정한다.

ㄱ(기역)	ㄴ(니은)	ㄷ(디귿)	ㄹ(리을)	ㅁ(미음)
ㅂ(비읍)	ㅅ(시옷)	ㅇ(이응)	ㅈ(지읒)	ㅊ(치읓)
ㅋ(키읔)	ㅌ(티읕)	ㅍ(피읖)	ㅎ(히읗)	
ㅏ(아)	ㅑ(야)	ㅓ(어)	ㅕ(여)	ㅗ(오)
ㅛ(요)	ㅜ(우)	ㅠ(유)	ㅡ(으)	ㅣ(이)

[붙임1] 위의 자모로써 적을 수 없는 소리는 두 개 이상의 자모를 어울려서 적되, 그 순서와 이름은 다음과 같이 정한다.

ㄲ(쌍기역)	ㄸ(쌍디귿)	ㅃ(쌍비읍)	ㅆ(쌍시옷)	ㅉ(쌍지읒)
ㅐ(애)	ㅒ(얘)	ㅔ(에)	ㅖ(예)	ㅘ(와)
ㅙ(왜)	ㅚ(외)	ㅝ(워)	ㅞ(웨)	ㅟ(위)
ㅢ(의)				

[붙임2] 사전에 올릴 적의 자모 순서는 다음과 같이 정한다.

자음 ㄱ ㄲ ㄴ ㄷ ㄸ ㄹ ㅁ ㅂ ㅃ ㅅ ㅆ ㅇ ㅈ ㅉ ㅊ ㅋ ㅌ ㅍ ㅎ
모음 ㅏ ㅐ ㅑ ㅒ ㅓ ㅔ ㅕ ㅖ ㅗ ㅘ ㅙ ㅚ ㅛ ㅜ ㅝ ㅞ ㅟ ㅠ ㅡ ㅢ ㅣ

제3장 소리에 관한 것

제1절 된소리

제5항 한 단어 안에서 뚜렷한 까닭 없이 나는 된소리는 다음 음절의 첫소리를 된소리로 적는다.

 1. 두 모음 사이에서 나는 된소리

　　　소쩍새　어깨　오빠　으뜸　아끼다　기쁘다　깨끗하다　어떠하다

　　　해쓱하다　가끔　거꾸로　부썩　어찌　이따금

 2. 'ㄴ, ㄹ, ㅁ, ㅇ' 받침 뒤에서 나는 된소리

　　　　산뜻하다　잔뜩　살짝　훨씬　담뿍　움찔　몽땅　엉뚱하다

　　다만, 'ㄱ, ㅂ' 받침 뒤에서 나는 된소리는, 같은 음절이나 비슷한 음절이 겹쳐 나는 경우가 아니면 된소리로 적지 아니한다.

　　　국수　깍두기　딱지　색시　싹둑(~싹둑)　법석　갑자기　몹시

제2절 구개음화

제6항 'ㄷ, ㅌ' 받침 뒤에 종속적 관계를 가진 '-이(-)'나 '-히-'가 올 적에는 그 'ㄷ, ㅌ'이 'ㅈ, ㅊ'으로 소리나더라도 'ㄷ, ㅌ'으로 적는다. (ㄱ을 취하고, ㄴ을 버림.)

ㄱ	ㄴ	ㄱ	ㄴ
맏이	마지	핥이다	할치다
해돋이	해도지	걷히다	거치다
굳이	구지	닫히다	다치다
같이	가치	묻히다	무치다
끝이	끄치		

제3절 'ㄷ' 소리 받침

제7항 'ㄷ' 소리로 나는 받침 중에서 'ㄷ'으로 적을 근거가 없는 것은 'ㅅ'으로 적는다.

　　　덧저고리　돗자리　엇셈　웃어른　핫옷　무릇　사뭇　얼핏

　　　자칫하면　뭇[衆]　옛　첫　헛

제4절 모음

제8항 '계, 례, 몌, 폐, 혜'의 'ㅖ'는 'ㅔ'로 소리나는 경우가 있더라도 'ㅖ'로 적는다. (ㄱ을 취하고, ㄴ을 버림.)

ㄱ	ㄴ	ㄱ	ㄴ
계수(桂樹)	게수	연몌(連袂)	연메
사례(謝禮)	사레	폐품(廢品)	페품
혜택(惠澤)	헤택	핑계	핑게
계집	게집	계시다	게시다

다만, 다음 말은 본음대로 적는다.

계송(偈頌)   게시판(揭示板)   휴게실(休憩室)

제9항 '의'나, 자음을 첫소리로 가지고 있는 음절의 'ㅢ'는 'ㅣ'로 소리나는 경우가 있더라도 'ㅢ'로 적는다. (ㄱ을 취하고, ㄴ을 버림.)

ㄱ	ㄴ	ㄱ	ㄴ
의의(意義)	의이	닁큼	닝큼
본의(本義)	본이	띄어쓰기	띠어쓰기
무늬[紋]	무니	씌어	씨어
보늬	보니	틔어	티어
오늬	오니	희망(希望)	히망
하늬바람	하니바람	희다	히다
늴리리	닐리리	유희(遊戱)	유히

제5절 두음 법칙

제10항 한자음 '녀, 뇨, 뉴, 니'가 단어 첫머리에 올 적에는 두음 법칙에 따라 '여, 유, 요, 이'로 적는다. (ㄱ을 취하고, ㄴ을 버림.)

ㄱ	ㄴ	ㄱ	ㄴ
여자(女子)	녀자	유대(紐帶)	뉴대
연세(年歲)	년세	이토(泥土)	니토
요소(尿素)	뇨소	익명(匿名)	닉명

다만, 다음과 같은 의존 명사에서는 '냐, 녀' 음을 인정한다.

냥(兩)   냥쭝(兩-)   년(年)(몇 년)

[붙임 1] 단어의 첫머리 이외의 경우에는 본음대로 적는다.

남녀(男女)   당뇨(糖尿)   결뉴(結紐)   은닉(隱匿)

[붙임 2] 접두사처럼 쓰이는 한자가 붙어서 된 말이나 합성어에서, 뒷말의 첫소리가 'ㄴ' 소리로 나더라도 두음 법칙에 따라 적는다.

신여성(新女性)   공염불(空念佛)   남존여비(男尊女卑)

[붙임 3] 둘 이상의 단어로 이루어진 고유 명사를 붙여 쓰는 경우에도 붙임 2에 준하여 적는다.

한국여자대학   대한요소비료회사

제11항 한자음 '랴, 려, 례, 료, 류, 리'가 단어의 첫머리에 올 적에는 두음 법칙에 따라 '야, 여, 요, 유, 이'로 적는다. (ㄱ을 취하고, ㄴ을 버림.)

ㄱ	ㄴ		ㄱ	ㄴ
양심(良心)	량심		용궁(龍宮)	룡궁
역사(歷史)	력사		유행(流行)	류행
예의(禮儀)	례의		이발(理髮)	리발

다만, 다음과 같은 의존 명사는 본음대로 적는다.

리(里) : 몇 리냐?

리(理) : 그럴 리가 없다.

[붙임 1] 단어의 첫머리 이외의 경우에는 본음대로 적는다.

개량(改良)   선량(善良)   수력(水力)   협력(協力)
사례(謝禮)   혼례(婚禮)   와룡(臥龍)   쌍룡(雙龍)
하류(下流)   급류(急流)   도리(道理)   진리(眞理)

다만, 모음이나 'ㄴ' 받침 뒤에 이어지는 '렬, 률'은 '열, 율'로 적는다. (ㄱ을 취하고, ㄴ을 버림.)

ㄱ	ㄴ		ㄱ	ㄴ
나열(羅列)	나렬		진열(陳列)	진렬
치열(齒列)	치렬		선율(旋律)	선률
비열(卑劣)	비렬		비율(比率)	비률
규율(規律)	규률		실패율(失敗率)	실패률

| 분열(分裂) | 분렬 | 전율(戰慄) | 전률 |
| 선열(先烈) | 선렬 | 백분율(百分率) | 백분률 |

[붙임 2] 외자로 된 이름을 성에 붙여 쓸 경우에도 본음대로 적을 수 있다.

신립(申砬)　　　최린(崔麟)　　　채륜(蔡倫)　　　하륜(河崙)

[붙임 3] 준말에서 본음으로 소리나는 것은 본음대로 적는다.

국련(국제연합)　　　대한교련(대한교육연합회)

[붙임 4] 접두사처럼 쓰이는 한자가 붙어서 된 말이나 합성어에서 뒷말의 첫소리가 'ㄴ' 또는 'ㄹ' 소리로 나더라도 두음 법칙에 따라 적는다.

역이용(逆利用)　　　연이율(年利率)　　　열역학(熱力學)　　　해외여행(海外旅行)

[붙임 5] 둘 이상의 단어로 이루어진 고유 명사를 붙여 쓰는 경우나 십진법에 따라 쓰는 수(數)도 붙임 4에 준하여 적는다.

서울여관　　　신흥이발관　　　육천육백육십육(六千六百六十六)

제12항　한자음 '라, 래, 로, 뢰, 루, 르'가 단어의 첫머리에 올 적에는 두음 법칙에 따라 '나, 내, 노, 뇌, 누, 느'로 적는다. (ㄱ을 취하고, ㄴ을 버림.)

ㄱ	ㄴ	ㄱ	ㄴ
낙원(樂園)	락원	뇌성(雷聲)	뢰성
내일(來日)	래일	누각(樓閣)	루각
노인(老人)	로인	능묘(陵墓)	릉묘

[붙임 1] 단어의 첫머리 이외의 경우에는 본음대로 적는다.

쾌락(快樂)	극락(極樂)	거래(去來)	왕래(往來)
부로(父老)	연로(年老)	지뢰(地雷)	낙뢰(落雷)
고루(高樓)	광한루(廣寒樓)	가정란(家庭欄)	동구릉(東九陵)

[붙임 2] 접두사처럼 쓰이는 한자가 붙어서 된 단어는 뒷말을 두음 법칙에 따라 적는다.

내내월(來來月)　　　상노인(上老人)　　　중노동(重勞動)　　　비논리적(非論理的)

제6절 겹쳐 나는 소리

제13항　한 단어 안에서 같은 음절이나 비슷한 음절이 겹쳐 나는 부분은 같은 글자로

적는다. (ㄱ을 취하고, ㄴ을 버림.)

ㄱ	ㄴ	ㄱ	ㄴ
딱딱	딱닥	꼿꼿하다	꼿곳하다
쌕쌕	쌕색	놀놀하다	놀롤하다
씩씩	씩식	눅눅하다	눙눅하다
똑딱똑딱	똑닥똑닥	밋밋하다	민밋하다
쓱싹쓱싹	쓱삭쓱삭	싹싹하다	싹삭하다
연연불망(戀戀不忘)	연련불망	쌉쌀하다	쌉살하다
유유상종(類類相從)	유류상종	씁쓸하다	씁슬하다
누누이	누루이	짭짤하다	짭잘하다

제4장 형태에 관한 것

제1절 체언과 조사

제14항 체언은 조사와 구별하여 적는다.

떡이	떡을	떡에	떡도	떡만
손이	손을	손에	손도	손만
팔이	팔을	팔에	팔도	팔만
밤이	밤을	밤에	밤도	밤만
집이	집을	집에	집도	집만
옷이	옷을	옷에	옷도	옷만
콩이	콩을	콩에	콩도	콩만
낮이	낮을	낮에	낮도	낮만
꽃이	꽃을	꽃에	꽃도	꽃만
밭이	밭을	밭에	밭도	밭만
앞이	앞을	앞에	앞도	앞만
밖이	밖을	밖에	밖도	밖만
넋이	넋을	넋에	넋도	넋만
흙이	흙을	흙에	흙도	흙만

삶이	삶을	삶에	삶도	삶만
여덟이	여덟을	여덟에	여덟도	여덟만
곬이	곬을	곬에	곬도	곬만
값이	값을	값에	값도	값만

제2절 어간과 어미

제15항 용언의 어간과 어미는 구별하여 적는다.

먹다	먹고	먹어	먹으니
신다	신고	신어	신으니
믿다	믿고	믿어	믿으니
울다	울고	울어	(우니)
넘다	넘고	넘어	넘으니
입다	입고	입어	입으니
웃다	웃고	웃어	웃으니
찾다	찾고	찾아	찾으니
좇다	좇고	좇아	좇으니
같다	같고	같아	같으니
높다	높고	높아	높으니
좋다	좋고	좋아	좋으니
깎다	깎고	깎아	깎으니
앉다	앉고	앉아	앉으니
많다	많고	많아	많으니
늙다	늙고	늙어	늙으니
젊다	젊고	젊어	젊으니
넓다	넓고	넓어	넓으니
훑다	훑고	훑어	훑으니
읊다	읊고	읊어	읊으니
옳다	옳고	옳아	옳으니
없다	없고	없어	없으니

있다　　　　있고　　　　있어　　　　있으니

[붙임 1] 두 개의 용언이 어울려 한 개의 용언이 될 적에, 앞말의 본뜻이 유지되고 있
는 것은 그 원형을 밝히어 적고, 그 본뜻에서 멀어진 것은 밝히어 적지 아니한다.

(1) 앞말의 본뜻이 유지되고 있는 것

넘어지다　　　늘어나다　　　늘어지다　　　돌아가다　　　되짚어가다

들어가다　　　떨어지다　　　벌어지다　　　엎어지다　　　접어들다

틀어지다　　　흩어지다

(2) 본뜻에서 멀어진 것

드러나다　　　사라지다　　　쓰러지다

[붙임 2] 종결형에서 사용되는 어미 '-오'는 '요'로 소리나는 경우가 있더라도
그 원형을 밝혀 '오'로 적는다. (ㄱ을 취하고, ㄴ을 버림.)

ㄱ	ㄴ
이것은 책이오.	이것은 책이요.
이리로 오시오.	이리로 오시요.
이것은 책이 아니오.	이것은 책이 아니요.

[붙임 3] 연결형에서 사용되는 '이요'는 '이요'로 적는다. (ㄱ을 취하고, ㄴ을 버림.)

ㄱ	ㄴ
이것은 책이요, 저것은 붓이요, 또 저것은 먹이다.	이것은 책이오, 저것은 붓이오, 또 저것은 먹이다.

제16항 어간의 끝 음절 'ㅏ, ㅗ'일 때에는 어미를 '-아'로 적고, 그 밖의 모음일 때에
는 '-어'로 적는다.

1. '-아'로 적는 경우

나아　　　　　　나아도　　　　　　나아서

막아　　　　　　막아도　　　　　　막아서

얇아　　　　　　얇아도　　　　　　얇아서

돌아　　　　　　돌아도　　　　　　돌아서

보아　　　　　　보아도　　　　　　보아서

2. '-어'로 적는 경우

개어　　　　　　개어도　　　　　　개어서

겪어	겪어도	겪어서
되어	되어도	되어서
베어	베어도	베어서
쉬어	쉬어도	쉬어서
저어	저어도	저어서
주어	주어도	주어서
피어	피어도	피어서
희어	희어도	희어서

제17항 어미 뒤에 덧붙는 조사 '-요'는 '-요'로 적는다.

읽어	읽어요
참으리	참으리요
좋지	좋지요

제18항 다음과 같은 용언들은 어미가 바뀔 경우, 그 어간이나 어미가 원칙에 벗어나면 벗어나는 대로 적는다.

1. 어간의 끝 'ㄹ'이 줄어질 적

갈다 :	가니	간	갑니다	가시다	가오
놀다 :	노니	논	놉니다	노시다	노오
불다 :	부니	분	붑니다	부시다	부오
둥글다 :	둥그니	둥근	둥급니다	둥그시다	둥그오
어질다 :	어지니	어진	어집니다	어지시다	어지오

[붙임] 다음과 같은 말에서도 'ㄹ'이 준 대로 적는다.

마지못하다	마지않다
(하)다마다	(하)자마자
(하)지 마라	(하)지 마(아)

2. 어간의 끝 'ㅅ'이 줄어질 적

긋다 :	그어	그으니	그었다
낫다 :	나아	나으니	나았다
잇다 :	이어	이으니	이었다

| 짓다 : | 지어 | 지으니 | 지었다 |

3. 어간의 끝 'ㅎ'이 줄어질 적[1]

그렇다 :	그러니	그럴	그러면	그럽니다	그러오
까맣다 :	까마니	까말	까마면	까맙니다	까마오
동그랗다 :	동그라니	동그랄	동그라면	동그랍니다	동그라오
퍼렇다 :	퍼러니	퍼럴	퍼러면	퍼럽니다	퍼러오
하얗다 :	하야니	하얄	하야면	하얍니다	하야오

4. 어간의 끝 'ㅜ, ㅡ'가 줄어질 적

푸다 :	퍼	펐다	뜨다 :	떠	떴다
끄다 :	꺼	껐다	크다 :	커	컸다
담그다 :	담가	담갔다	고프다 :	고파	고팠다
따르다 :	따라	따랐다	바쁘다 :	바빠	바빴다

5. 어간의 끝 'ㄷ'이 'ㄹ'로 바뀔 적

걷다[步] :	걸어	걸으니	걸었다
듣다[聽] :	들어	들으니	들었다
묻다[問] :	물어	물으니	물었다
싣다[載] :	실어	실으니	실었다

6. 어간의 끝 'ㅂ'이 'ㅜ'로 바뀔 적

깁다 :	기워	기우니	기웠다
굽다[炙] :	구워	구우니	구웠다
가깝다 :	가까워	가까우니	가까웠다
괴롭다 :	괴로워	괴로우니	괴로웠다
맵다 :	매워	매우니	매웠다
무겁다 :	무거워	무거우니	무거웠다
밉다 :	미워	미우니	미웠다

---

1) 고시본에서 보였던 용례 중 '그럽니다, 까맙니다, 동그랍니다, 퍼럽니다, 하얍니다'는 1994년 12월 16일에 열린 국어 심의 회의 결정에 따라 삭제하기로 하였다. '표준어 규정' 제17항이 자음 뒤의 '-습니다'를 표준어로 정함에 따라 '그렇습니다, 까맣습니다, 동그랗습니다, 퍼렇습니다, 하얗습니다'가 표준어가 되는 것과 상충하기 때문이다.

쉽다 :	쉬워	쉬우니	쉬웠다

다만, '돕-, 곱-'과 같은 단음절 어간에 어미 '-아'가 결합되어 '와'로 소리나는 것은 '와'로 적는다.

돕다[助] :	도와	도와서	도와도	도왔다
곱다[麗] :	고와	고와서	고와도	고왔다

7. '하다'의 활용에서 어미 '-아'가 '여'로 바뀔 적

하다 :	하여	하여서	하여도	하여라	하였다

8. 어간의 끝 음절 '르' 뒤에 오는 어미 '-어'가 '-러'로 바뀔 적

이르다[至] :	이르러	이르렀다	누르다 :	누르러	누르렀다
노르다 :	노르러	노르렀다	푸르다 :	푸르러	푸르렀다

9. 어간의 끝 음절 '르'의 'ㅡ'가 줄고, 그 뒤에 오는 어미 '-아/-어'가 '-라/러'로 바뀔 적

가르다 :	갈라	갈랐다	부르다 :	불러	불렀다
거르다 :	걸러	걸렀다	오르다 :	올라	올랐다
구르다 :	굴러	굴렀다	이르다 :	일러	일렀다
벼르다 :	별러	별렀다	지르다 :	질러	질렀다

제3절 접미사가 붙어서 된 말

제19항 어간에 '-이'나 '-음/-ㅁ'이 붙어서 명사로 된 것과 '-이'나 '-히'가 붙어서 부사로 된 것은 그 어간의 원형을 밝히어 적는다.

1. '-이'가 붙어서 명사로 된 것

길이	깊이	높이	다듬이	땀받이	달맞이
먹이	미닫이	벌이	벼훑이	살림살이	쇠붙이

2. '-음/-ㅁ'이 붙어서 명사로 된 것

걸음	묶음	믿음	얼음	엮음	울음
웃음	졸음	죽음	앎	만듦	

3. '-이'가 붙어서 부사로 된 것

같이	굳이	길이	높이	많이	실없이

좋이   짓궂이

4. '-히'가 붙어서 부사로 된 것

　　밝히   익히   작히

다만, 어간에 '-이'나 '-음'이 붙어서 명사로 바뀐 것이라도 그 어간의 뜻과 멀어
진 것은 원형을 밝히어 적지 아니한다.

　　굽도리   다리[髢]   목거리(목병)   무녀리

　　코끼리   거름(비료)   고름[膿]   노름(도박)

　　[붙임] 어간에 '-이'나 '-음' 이외의 모음으로 시작된 접미사가 붙어서 다른 품사
　　로 바뀐 것은 그 어간의 원형을 밝히어 적지 아니한다.

　(1) 명사로 바뀐 것

　　귀머거리   까마귀   너머   뜨더귀   마감   마개

　　마중   무덤   비렁뱅이   쓰레기   올가미   주검

　(2) 부사로 바뀐 것

　　거뭇거뭇   너무   도로   뜨덤뜨덤   바투

　　울긋불긋   비로소   오긋오긋   자주   차마

　(3) 조사로 바뀌어 뜻이 달라진 것

　　나마   부터   조차

제20항 명사 뒤에 '-이'가 붙어서 된 말은 그 명사의 원형을 밝히어 적는다.

　1. 부사로 된 것

　　곳곳이   낱낱이   몫몫이   샅샅이   앞앞이   집집이

　2. 명사로 된 것

　　곰배팔이   바둑이   삼발이   애꾸눈이   육손이   절뚝발이/절름발이

　　[붙임] '-이' 이외의 모음으로 시작된 접미사가 붙어서 된 말은 그 명사의 원형을
　　밝히어 적지 아니한다.

　　꼬락서니   끄트머리   모가치   바가지   바깥   사타구니

　　싸라기   이파리   지붕   지푸라기   짜개

제21항 명사나 혹은 용언의 어간 뒤에 자음으로 시작된 접미사가 붙어서 된 말은 그
　　명사나 어간의 원형을 밝히어 적는다.

1. 명사 뒤에 자음으로 시작된 접미사가 붙어서 된 것

값지다　　홑지다　　넋두리　　빛깔　　옆댕이　　잎사귀

2. 어간 뒤에 자음으로 시작된 접미사가 붙어서 된 것

낚시　　　늙정이　　덮개　　　　뜯게질　　　갉작갉작하다

갉작거리다　뜯적거리다　뜯적뜯적하다　굵다랗다　　굵직하다

깊숙하다　　넓적하다　　높다랗다　　　늙수그레하다　얽죽얽죽하다

다만, 다음과 같은 말은 소리대로 적는다.

(1) 겹받침의 끝소리가 드러나지 아니하는 것

할짝거리다　　　널따랗다　　　널찍하다　　　말끔하다　　말쑥하다

말짱하다　　　실쭉하다　　　실큼하다　　　얄따랗다　　얄팍하다

짤따랗다　　　짤막하다　　　실컷

(2) 어원이 분명하지 아니하거나 본뜻에서 멀어진 것

넙치　　　　　올무　　　　골막하다　　　납작하다

제22항　용언의 어간에 다음과 같은 접미사들이 붙어서 이루어진 말들은 그 어간을 밝히어 적는다.

1. '-기-, -리-, -이-, -히-, -구-, -우-, -추-, -으키-, -이키-, -애-'가 붙는 것

맡기다　　옮기다　　웃기다　　쫓기다　　뚫리다　　울리다

낚이다　　쌓이다　　핥이다　　굳히다　　굽히다　　넓히다

앉히다　　얽히다　　잡히다　　돋구다　　솟구다　　돋우다

갖추다　　곧추다　　맞추다　　일으키다　　돌이키다　　없애다

다만, '-이-, -히-, -우-'가 붙어서 된 말이라도 본뜻에서 멀어진 것은 소리대로 적는다.

도리다(칼로 ~)　　　드리다(용돈을 ~) 고치다　　　바치다(세금을 ~)

부치다(편지를 ~)　　거두다　　　미루다　　　이루다

2. '-치-, -뜨리-/-트리'가 붙는 것

놓치다　　덮치다　　　떠받치다　　받치다　　　받치다　　부딪치다

뻗치다　　엎치다　　　부딪뜨리다/부딪트리다　　쏟뜨리다/쏟트리다

젖뜨리다/젖트리다　　찢뜨리다/찢트리다　　흩뜨리다/흩트리다

[붙임] '-업-, -읍-, -브-'가 붙어서 된 말은 소리대로 적는다.

미덥다 　　　　　 우습다 　　　　　 미쁘다

제23항　'-하다'나 '-거리다'가 붙는 어근에 '-이'가 붙어서 명사가 된 것은 그 원형을 밝히어 적는다. (ㄱ을 취하고, ㄴ을 버림.)

ㄱ	ㄴ	ㄱ	ㄴ
깔쭉이	깔쭈기	살살이	살사리
꿀꿀이	꿀꾸리	쌕쌕이	쌕쌔기
눈깜짝이	눈깜짜기	오뚝이	오뚜기
더펄이	더퍼리	코납작이	코납자기
배불뚝이	배불뚜기	푸석이	푸서기
삐죽이	삐주기	홀쭉이	홀쭈기

[붙임] '-하다'나 '-거리다'가 붙을 수 없는 어근에 '-이'나 또는 다른 모음으로 시작되는 접미사가 붙어서 명사가 된 것은 그 원형을 밝히어 적지 아니한다.

개구리　　귀뚜라미　　기러기　　깍두기　　꽹과리　　날라리
누더기　　동그라미　　두드러기　　딱따구리　　매미　　부스러기
뻐꾸기　　얼루기　　칼싹두기

제24항　'-거리다'가 붙을 수 있는 시늉말 어근에 '-이다'가 붙어서 된 용언은 그 어근을 밝히어 적는다. (ㄱ을 취하고, ㄴ을 버림.)

ㄱ	ㄴ	ㄱ	ㄴ
깜짝이다	깜짜기다	속삭이다	속사기다
꾸벅이다	꾸버기다	숙덕이다	숙더기다
끄덕이다	끄더기다	울먹이다	울머기다
뒤척이다	뒤처기다	움직이다	움지기다
들먹이다	들머기다	지껄이다	지꺼리다
망설이다	망서리다	퍼덕이다	퍼더기다
번득이다	번드기다	허덕이다	허더기다
번쩍이다	번쩌기다	헐떡이다	헐떠기다

제25항　'-하다'가 붙는 어근에 '-히'나 '-이'가 붙어서 부사가 되거나, 부사에 '-이'가 붙어서 뜻을 더하는 경우에는, 그 어근이나 부사의 원형을 밝히어 적는다.

1. '-하다'가 붙는 어근에 '-히'나 '-이'가 붙는 경우

급히　　　꾸준히　　　도저히　　　딱히　　　어렴풋이　　　깨끗이

[붙임] '-하다'가 붙지 않는 경우에는 소리대로 적는다.

갑자기　　　반드시(꼭)　　　슬며시

2. 부사에 '-이'가 붙어서 역시 부사가 되는 경우

곰곰이　　　더욱이　　　생긋이　　　오뚝이　　　일찍이　　　해죽이

제26항 '-하다'나 '-없다'가 붙어서 된 용언은 그 '-하다'나 '-없다'를 밝히어 적는다.

1. '-하다'가 붙어서 용언이 된 것

딱하다　　　숱하다　　　착하다　　　텁텁하다　　　푹하다

2. '-없다'가 붙어서 용언이 된 것

부질없다　　　상없다　　　시름없다　　　열없다　　　하염없다

제4절　합성어 및 접두사가 붙는 말

제27항 둘 이상의 단어가 어울리거나 접두사가 붙어서 이루어진 말은 각각 그 원형을 밝히어 적는다.

국말이　　　꺾꽂이　　　꽃잎　　　끝장　　　물난리

밑천　　　부엌일　　　싫증　　　옷안　　　웃옷

젖몸살　　　첫아들　　　칼날　　　팥알　　　헛웃음

홀아비　　　홑몸　　　흙내

값없다　　　겉늙다　　　굶주리다　　　낮잡다　　　맞먹다

받내다　　　벋놓다　　　빗나가다　　　빛나다　　　새파랗다

샛노랗다　　　시꺼멓다　　　싯누렇다　　　엇나가다　　　엎누르다

엿듣다　　　옷오르다　　　짓이기다　　　헛되다

[붙임 1] 어원은 분명하나 소리만 특이하게 변한 것은 변한 대로 적는다.

할아버지　　　할아범

[붙임 2] 어원이 분명하지 아니한 것은 원형을 밝히어 적지 아니한다.

골병　　　골탕　　　끌탕　　　며칠　　　아재비　　　오라비

업신여기다　　　부리나케

[붙임 3] '이[齒, 虱]'가 합성어나 이에 준하는 말에서 '니' 또는 '리'로 소리날 때에는 '니'로 적는다.

간니	덧니	사랑니	송곳니	앞니	어금니
윗니	젖니	톱니	틀니	가랑니	머릿니

제28항 끝소리가 'ㄹ'인 말과 딴 말이 어울릴 적에 'ㄹ'소리가 나지 아니하는 것은 아니 나는 대로 적는다.

다달이(달-달-이)	따님(딸-님)	마되(말-되)
마소(말-소)	무자위(물-자위)	바느질(바늘-질)
부나비(불-나비)	부삽(불-삽)	부손(불-손)
소나무(솔-나무)	싸전(쌀-전)	여닫이(열-닫이)
우짖다(울-짖다)	화살(활-살)	

제29항 끝소리가 'ㄹ'인 말과 딴 말이 어울릴 적에 'ㄹ'소리가 'ㄷ'소리로 나는 것은 'ㄷ'으로 적는다.

반짇고리(바느질~)	사흗날(사흘~)	삼짇날(삼질~)	섣달(설~)
숟가락(술~)	이튿날(이틀~)	잗주름(잘~)	푿소(풀~)
섣부르다(설~)	잗다듬다(잘~)	잗다랗다(잘~)	

제30항 사이시옷은 다음과 같은 경우에 받치어 적는다.

1. 순 우리말로 된 합성어로서 앞말이 모음으로 끝난 경우

  (1) 뒷말의 첫소리가 된소리로 나는 것

고랫재	귓밥	나룻배	나뭇가지	냇가	댓가지
뒷갈망	맷돌	머릿기름	모깃불	못자리	바닷가
뱃길	볏가리	부싯돌	선짓국	쇳조각	아랫집
우렁잇속	잇자국	잿더미	조갯살	찻집	쳇바퀴
킷값	핏대	햇볕	혓바늘		

  (2) 뒷말의 첫고리 'ㄴ, ㅁ' 앞에서 'ㄴ'소리가 덧나는 것

멧나물	아랫니	텃마당	아랫마을	뒷머리
잇몸	깻묵	냇물	빗물	

  (3) 뒷말의 첫소리 모음 앞에서 'ㄴㄴ'소리가 덧나는 것

도리깻열	뒷윷	두렛일	뒷일	뒷입맛
베갯잇	욧잇	깻잎	나뭇잎	댓잎

2. 순 우리말과 한자어로 된 합성어로서 앞말이 모음으로 끝난 경우

　(1) 뒷말의 첫소리가 된소리로 나는 것

귓병	머릿방	뱃병	봇둑	사잣밥
샛강	아랫방	자릿세	전셋집	찻잔
찻종	촛국	콧병	탯줄	텃세
핏기	햇수	횟가루	횟배	

　(2) 뒷말의 첫소리 ‘ㄴ, ㅁ’ 앞에서 ‘ㄴ’ 소리가 덧나는 것

곗날	제삿날	훗날	툇마루	양칫물

　(3) 뒷말의 첫소리 모음 앞에서 ‘ㄴㄴ’ 소리가 덧나는 것

가욋일	사삿일	예삿일	훗일

3. 두 음절로 된 다음 한자어

곳간(庫間)	셋방(貰房)	숫자(數字)
찻간(車間)	툇간(退間)	횟수(回數)

제31항 두 말이 어울릴 적에 ‘ㅂ’ 소리나 ‘ㅎ’ 소리가 덧나는 것은 소리대로 적는다.

1. ‘ㅂ’ 소리가 덧나는 것

댑싸리(대ㅂ싸리)	멥쌀(메ㅂ쌀)	볍씨(벼ㅂ씨)
입때(이ㅂ때)	입쌀(이ㅂ쌀)	접때(저ㅂ때)
좁쌀(조ㅂ쌀)	햅쌀(해ㅂ쌀)	

2. ‘ㅎ’ 소리가 덧나는 것

머리카락(머리ㅎ가락)	살코기(살ㅎ고기)	수캐(수ㅎ개)
수컷(수ㅎ것)	수탉(수ㅎ닭)	안팎(안ㅎ밖)
암캐(암ㅎ개)	암컷(암ㅎ것)	암탉(암ㅎ닭)

제5절 준 말

제32항 단어의 끝 모음이 줄어지고 자음만 남은 것은 그 앞의 음절에 받침으로 적는다.

(본말)	(준말)	(본말)	(준말)
기러기야	기럭아	~~온가자~~	~~온갖~~[2]
어제그저께	엊그저께	가지고, 가지지	갖고, 갖지
어제저녁	엊저녁	디디고, 디디지	딛고, 딛지

제33항 체언과 조사가 어울려 줄어지는 경우에는 준 대로 적는다.

(본말)	(준말)	(본말)	(준말)
그것은	그건	너는	넌
그것이	그게	너를	널
그것으로	그걸로	무엇을	뭣을/무얼/뭘
나는	난	무엇이	뭣이/무에
나를	날		

제34항 모음 'ㅏ, ㅓ'로 끝난 어간에 '-아/-어, -았-/-었-'이 어울릴 적에는 준 대로 적는다.

(본말)	(준말)	(본말)	(준말)
가아	가	가았다	갔다
나아	나	나았다	났다
타아	타	타았다	탔다
서어	서	서었다	섰다
켜어	켜	켜었다	켰다
펴어	펴	펴었다	폈다

[붙임 1] 'ㅐ, ㅔ' 뒤에 '-어, -었-'이 어울려 줄 적에는 준 대로 적는다.

(본말)	(준말)	(본말)	(준말)
개어	개	개었다	갰다

---

2) 고시본에서 보였던 '온갖, 온가지' 중 '온가지'는 '표준어 규정' 제 14항에서 비표준어로 처리하였으므로 삭제하였다.

내어	내	내었다	냈다
베어	베	베었다	벴다
세어	세	세었다	셌다

[붙임 2] '하여'가 한 음절로 줄어서 '해'로 될 적에는 준 대로 적는다.

(본말)	(준말)	(본말)	(준말)
하여	해	하였다	했다
더하여	더해	더하였다	더했다
흔하여	흔해	흔하였다	흔했다

제35항 모음 'ㅗ, ㅜ'로 끝난 어간에 '-아/-어, -았-/-었-'이 어울려 'ㅘ/ㅝ, 왔/웠'으로 될 적에는 준 대로 적는다.

(본말)	(준말)	(본말)	(준말)
꼬아	꽈	꼬았다	꽜다
보아	봐	보았다	봤다
쏘아	쏴	쏘았다	쐈다
두어	둬	두었다	뒀다
쑤어	쒀	쑤었다	쒔다
주어	줘	주었다	줬다

[붙임 1] '놓아'가 '놔'로 줄 적에는 준 대로 적는다.

[붙임 2] 'ㅚ' 뒤에 '-어, -었-'이 어울려 'ㅙ, 왰'으로 될 적에는 준 대로 적는다.

(본말)	(준말)	(본말)	(준말)
괴어	괘	괴었다	괬다
되어	돼	되었다	됐다
뵈어	봬	뵈었다	뵀다
쇠어	쇄	쇠었다	쇘다
쐬어	쐐	쐬었다	쐤다

제36항 'ㅣ' 뒤에 '-어'가 와서 'ㅕ'로 줄 적에는 준 대로 적는다.

(본말)	(준말)	(본말)	(준말)
가지어	가져	가지었다	가졌다

견디어	견뎌	견디었다	견뎠다
다니어	다녀	다니었다	다녔다
막히어	막혀	막히었다	막혔다
버티어	버텨	버티었다	버텼다
치이어	치여	치이었다	치였다

제37항 'ㅏ, ㅕ, ㅗ, ㅜ, ㅡ'로 끝난 어간에 '-이-'가 와서 각각 'ㅐ, ㅖ, ㅚ, ㅟ, ㅢ'로 줄 적에는 준 대로 적는다.

(본말)	(준말)	(본말)	(준말)
싸이다	쌔다	누이다	뉘다
펴이다	폐다	뜨이다	띄다
보이다	뵈다	쓰이다	씌다

제38항 'ㅏ, ㅗ, ㅜ, ㅡ' 뒤에 '-이어'가 어울려 줄어질 적에는 준 대로 적는다.

(본말)	(준말)		(본말)	(준말)	
싸이다	쌔어	싸여	뜨이어	띄어	
보이어	뵈어	보여	쓰이어	씌어	쓰여
쏘이어	쐬어	쏘여	트이어	틔어	트여
누이어	뉘어	누여			

제39항 어미 '-지' 뒤에 '않-'이 어울려 '-잖-'이 될 적과 '-하지' 뒤에 '않-'이 어울려 '-찮-'이 될 적에는 준 대로 적는다.

(본말)	(준말)	(본말)	(준말)
그렇지 않은	그렇잖은	만만하지 않다	만만찮다
적지 않은	적잖은	변변하지 않다	변변찮다

제40항 어간의 끝 음절 '하'의 'ㅏ'가 줄고 'ㅎ'이 다음 음절의 첫소리와 어울려 거센소리로 될 적에는 거센소리로 적는다.

(본말)	(준말)	(본말)	(준말)
간편하게	간편케	다정하다	다정타
연구하도록	연구토록	정결하다	정결타
가하다	가타	흔하다	흔타

[붙임 1] 'ㅎ'이 어간의 끝소리로 굳어진 것은 받침으로 적는다.

않다	않고	않지	않든지
그렇다	그렇고	그렇지	그렇든지
아무렇다	아무렇고	아무렇지	아무렇든지
어떻다	어떻고	어떻지	어떻든지
이렇다	이렇고	이렇지	이렇든지
저렇다	저렇고	저렇지	저렇든지

[붙임 2] 어간의 끝 음절 '하'가 아주 줄 적에는 준 대로 적는다.

(본말)	(준말)	(본말)	(준말)
거북하지	거북지	생각하다 못하여	생각다 못해
생각하건대	생각건대	깨끗하지 않다	깨끗지 않다
넉넉하지 않다	넉넉지 않다	섭섭하지 않다	섭섭지 않다
못하지 않다	못지않다	익숙하지 않다	익숙지 않다

[붙임 3] 다음과 같은 부사는 소리대로 적는다.

결단코	결코	기필코	무심코	아무튼	요컨대
정녕코	필연코	하마터면	하여튼	한사코	

제 5 장   띄 어 쓰 기

제1절   조 사

제41항   조사는 그 앞말에 붙여 쓴다.

꽃이	꽃마저	꽃밖에	꽃에서부터	꽃으로만
꽃이나마	꽃이다	꽃입니다	꽃처럼	어디까지나
거기도	멀리는	웃고만		

제2절   의존 명사, 단위를 나타내는 명사 및 열거하는 말 등

제42항   의존 명사는 띄어 쓴다.

아는 것이 힘이다.   나도 할 수 있다.

먹을 만큼 먹어라.   아는 이를 만났다.

네가 뜻한 바를 알겠다.   그가 떠난 지가 오래다.

제43항 단위를 나타내는 명사는 띄어 쓴다.

한 개   차 한 대   금 서 돈

소 한 마리   옷 한 벌   열 살

조기 한 손   연필 한 자루   버선 한 죽

집 한 채   신 두 켤레   북어 한 쾌

다만, 순서를 나타내는 경우나 숫자와 어울리어 쓰이는 경우에는 붙여 쓸 수 있다.

두시 삼십분 오초   제일과   삼학년   육층

1446년 10월 9일   2대대   16동 502호   제1어학실습실

80원   10개   7미터

제44항 수를 적을 적에는 '만(萬)' 단위로 띄어 쓴다.

십이억 삼천사백오십육만 칠천팔백구십팔

12억 3456만 7898

제45항 두 말을 이어 주거나 열거할 적에 쓰이는 말들은 띄어 쓴다.

국장 겸 과장   열 내지 스물

청군 대 백군   책상, 걸상 등이 있다.

이사장 및 이사들   사과, 배, 귤 등등

사과, 배 등속   부산, 광주 등지

제46항 단음절로 된 단어가 연이어 나타날 적에는 붙여 쓸 수 있다.

그때 그곳   좀더 큰것   이말 저말   한잎 두잎

제3절 보조 용언

제47항 보조 용언은 띄어 씀을 원칙으로 하되, 경우에 따라 붙여 씀도 허용한다. (ㄱ을
원칙으로 하고, ㄴ을 허용함.)

ㄱ   ㄴ

불이 꺼져 간다.   불이 꺼져간다.

내 힘으로 막아 낸다.	내 힘으로 막아낸다.
어머니를 도와 드린다.	어머니를 도와드린다.
그릇을 깨뜨려 버렸다.	그릇을 깨뜨려버렸다.
비가 올 듯하다.	비가 올듯하다.
그 일은 할 만하다.	그 일은 할만하다.
일이 될 법하다.	일이 될법하다.
비가 올 성싶다.	비가 올성싶다.
잘 아는 척한다.	잘 아는척한다.

다만, 앞말에 조사가 붙거나 앞말이 합성 동사인 경우, 그리고 중간에 조사가 들어 갈 적에는 그 뒤에 오는 보조 용언은 띄어 쓴다.

잘도 놀아만 나는구나!	책을 읽어도 보고…….
네가 덤벼들어 보아라.	강물에 떠내려가 버렸다.
그가 올 듯도 하다.	잘난 체를 한다.

제4절 고유 명사 및 전문 용어

제48항 성과 이름, 성과 호 등은 붙여 쓰고, 이에 덧붙는 호칭어, 관직명 등은 띄어 쓴다.

김양수(金良洙)	서화담(徐花潭)	채영신 씨
최치원 선생	박동식 박사	충무공 이순신 장군

다만, 성과 이름, 성과 호를 분명히 구분할 필요가 있을 경우에는 띄어 쓸 수 있다.

남궁억/남궁 억	독고준/독고 준	황보지봉(皇甫芝峯)/황보 지봉

제49항 성명 이외의 고유 명사는 단어별로 띄어 씀을 원칙으로 하되, 단위별로 띄어 쓸 수 있다. (ㄱ을 원칙으로 하고, ㄴ을 허용함.)

ㄱ	ㄴ
대한 중학교	대한중학교
한국 대학교 사범 대학	한국대학교 사범대학

제50항 전문 용어는 단어별로 띄어 씀을 원칙으로 하되, 붙여 쓸 수도 있다. (ㄱ을 원칙 으로 하고, ㄴ을 허용함.)

ㄱ	ㄴ
만성 골수성 백혈병	만성골수성백혈병
중거리 탄도 유도탄	중거리탄도유도탄

제6장   그 밖의 것

제51항 부사의 끝 음절이 분명히 '이'로만 나는 것은 '-이'로 적고, '히'로 나거나 '이'나 '히'로 나는 것은 '-히'로 적는다.

1. '이'로만 나는 것

가붓이	깨끗이	나붓이	느긋이	둥긋이
따뜻이	반듯이	버젓이	산뜻이	의젓이
가까이	고이	날카로이	대수로이	번거로이
많이	적이	헛되이		
겹겹이	번번이	일일이	집집이	틈틈이

2. '히'로만 나는 것

극히	급히	딱히	속히	작히	족히
특히	엄격히	정확히			

3. '이, 히'로 나는 것

솔직히	가만히	간편히	나른히	무단히	
각별히	소홀히	쓸쓸히	정결히		
과감히	꼼꼼히	심히	열심히		
급급히	답답히	섭섭히			
공평히	능히	당당히	분명히	상당히	조용히
간소히	고요히	도저히			

제52항 한자어에서 본음으로도 나고 속음으로도 나는 것은 각각 그 소리에 따라 적는다.

(본음으로 나는 것)	(속음으로 나는 것)
승낙(承諾)	수락(受諾), 쾌락(快諾), 허락(許諾)
만난(萬難)	곤란(困難), 논란(論難)
안녕(安寧)	의령(宜寧), 회령(會寧)

976

분노(忿怒)	대로(大怒), 희로애락(喜怒哀樂)
토론(討論)	의논(議論)
오륙십(五六十)	오뉴월, 유월(六月)
목재(木材)	모과(木瓜)
십일(十日)	시방정토(十方淨土), 시왕(十王), 시월(十月)
팔일(八日)	초파일(初八日)

제53항 다음과 같은 어미는 예사소리로 적는다. (ㄱ을 취하고, ㄴ을 버림.)

ㄱ	ㄴ	ㄱ	ㄴ
-(으)ㄹ거나	-(으)ㄹ꺼나	-(으)ㄹ지니라	-(으)ㄹ찌니라
-(으)ㄹ걸	-(으)ㄹ껄	-(으)ㄹ지라도	-(으)ㄹ찌라도
-(으)ㄹ게	-(으)ㄹ께	-(으)ㄹ지어다	-(으)ㄹ찌어다
-(으)ㄹ세	-(으)ㄹ쎄	-(으)ㄹ지언정	-(으)ㄹ찌언정
-(으)ㄹ세라	-(으)ㄹ쎄라	-(으)ㄹ진대	-(으)ㄹ찐대
-(으)ㄹ수록	-(으)ㄹ쑤록	-(으)ㄹ진저	-(으)ㄹ찐저
-(으)ㄹ시	-(으)ㄹ씨	-올시다	-올씨다
-(으)ㄹ지	-(으)ㄹ찌		

다만, 의문을 나타내는 다음 어미들은 된소리로 적는다.

-(으)ㄹ까? -(으)ㄹ꼬? -(스)ㅂ니까? -(으)리까? -(으)ㄹ쏘냐?

제54항 다음과 같은 접미사는 된소리로 적는다. (ㄱ을 취하고, ㄴ을 버림.)

ㄱ	ㄴ	ㄱ	ㄴ
심부름꾼	심부름군	지게꾼	지겟군
익살꾼	익살군	때깔	땟갈
일꾼	일군	빛깔	빛갈
장꾼	장군	성깔	성갈
장난꾼	장난군	귀때기	귓대기
볼때기	볼대기	이마빼기	이맛배기
판자때기	판잣대기	코빼기	콧배기
뒤꿈치	뒤굼치	객쩍다	객적다
팔꿈치	팔굼치	겸연쩍다	겸연적다

제55항 두 가지로 구별하여 적던 다음 말들은 한 가지로 적는다. (ㄱ을 취하고, ㄴ을 버림.)

ㄱ	ㄴ
맞추다(입을 맞추다. 양복을 맞추다.)	마추다
뻗치다(다리를 뻗친다. 멀리 뻗친다.)	뻐치다

제56항 '-더라, -던'과 '-든지'는 다음과 같이 적는다.

1. 지난 일을 나타내는 어미는 '-더라, -던'으로 적는다. (ㄱ을 취하고, ㄴ을 버림.)

ㄱ	ㄴ
지난 겨울은 몹시 춥더라.	지난 겨울은 몹시 춥드라.
깊던 물이 얕아졌다.	깊든 물이 얕아졌다
그렇게 좋던가?	그렇게 좋든가?
그 사람 말 잘하던데!	그 사람 말 잘하든데!
얼마나 놀랐던지 몰라.	얼마나 놀랐든지 몰라.

2. 물건이나 일의 내용을 가리지 아니하는 뜻을 나타내는 조사와 어미는 '(-)든지'로 적는다. (ㄱ을 취하고, ㄴ을 버림.)

ㄱ	ㄴ
배든지 사과든지 마음대로 먹어라.	배던지 사과던지 마음대로 먹어라.
가든지 오든지 마음대로 해라.	가던지 오던지 마음대로 해라.

제57항 다음 말들은 각각 구별하여 적는다.

가름	둘로 가름
갈음	새 책상으로 갈음하였다.

거름	풀을 썩인 거름
걸음	빠른 걸음

거치다	영월을 거쳐 왔다.
걷히다	외상값이 잘 걷힌다.

걷잡다   걷잡을 수 없는 상태
겉잡다   겉잡아서 이틀 걸릴 일

그러므로(그러니까)   그는 부지런하다. 그러므로 잘 산다.
그럼으로(써)(그렇게 하는 것으로)   그는 열심히 공부한다. 그럼으로(써) 은혜
                                    에 보답한다.

노름   노름판이 벌어졌다.
놀음(놀이)   즐거운 놀음

느리다   진도가 너무 느리다
늘이다   고무줄을 늘인다.
늘리다   수출량을 더 늘린다.

다리다   옷을 다린다.
달이다   약을 달인다.

다치다   부주의로 손을 다쳤다.
닫히다   문이 저절로 닫혔다.
닫치다   문을 힘껏 닫쳤다.

마치다   벌써 일을 마쳤다.
맞히다   여러 문제를 더 맞혔다.

목거리   목거리가 덧났다.
목걸이   금 목걸이, 은 목걸이

바치다   나라를 위해 목숨을 바쳤다.
받치다   우산을 받치고 간다.

책받침을 받친다.

받히다   쇠뿔에 받혔다.
밭치다   술을 체에 밭친다.

반드시   약속을 반드시 지켜라.
반듯이   고개를 반듯이 들어라.

부딪치다   차와 차가 마주 부딪쳤다.
부딪히다   마차가 화물차에 부딪혔다.

부치다   힘이 부치는 일이다.
          편지를 부친다.
          논밭을 부친다.
          빈대떡을 부친다.
          식목일에 부치는 글
          회의에 부치는 안건
          인쇄에 부치는 원고
          삼촌 집에 숙식을 부친다.

붙이다   우표를 붙인다.
          책상을 벽에 붙였다.
          흥정을 붙인다.
          불을 붙인다.
          감시원을 붙인다.
          조건을 붙인다.
          취미를 붙인다.
          별명을 붙인다.

시키다   일을 시킨다.
식히다   끓인 물을 식힌다.

아름   세 아름 되는 둘레
알음   전부터 알음이 있는 사이
앎   앎이 힘이다.

안치다   밥을 안친다.
앉히다   윗자리에 앉힌다.

어름   경계선 어름에서 일어난 현상
얼음   얼음이 얼었다.

이따가   이따가 오너라.
있다가   돈은 있다가도 없다.

저리다   다친 다리가 저린다.
절이다   김장 배추를 절인다.

조리다   생선을 조린다. 통조림, 병조림
졸이다   마음을 졸인다.

주리다   여러 날을 주렸다.
줄이다   비용을 줄인다.

하노라고   하노라고 한 것이 이 모양이다.
하느라고   공부하느라고 밤을 새웠다.

-느니보다(어미)   나를 찾아 오느니보다 집에 있거라.

-는 이보다(의존 명사)   오는 이가 가는 이보다 많다.

-(으)리만큼(어미)   그가 나를 미워하리만큼 내가 그에게 잘못한 일
                          이 없다.

-(으)ㄹ 이만큼(의존 명사)   찬성할 이도 반대할 이만큼이나 많을 것이다.

-(으)러 (목적)   공부하러 간다.

-(으)려 (의도)   서울 가려 한다.

-(으)로서 (자격)   사람으로서 그럴 수는 없다.

-(으)로써 (수단)   닭으로써 꿩을 대신했다.

-(으)므로(어미)   그가 나를 믿으므로 나도 그를 믿는다.

(-ㅁ, -음)으로(써)(조사)   그는 믿음으로(써) 산 보람을 느꼈다.

문 장 부 호

문장 부호의 이름과 그 사용법은 다음과 같이 정한다.

Ⅰ. 마침표[終止符]

1. 온점(.), 고리점(。)

가로쓰기에는 온점, 세로쓰기에는 고리점을 쓴다.

(1) 서술, 명령, 청유 등을 나타내는 문장의 끝에 쓴다.

　　젊은이는 나라의 기둥이다.

　　황금 보기를 돌같이 하라.

　　집으로 돌아가자.

다만, 표제어나 표어에는 쓰지 않는다.

　　압록강은 흐른다(표제어)

　　꺼진 불도 다시 보자(표어)

(2) 아라비아 숫자만으로 연월일을 표시할 적에 쓴다.

　　1919. 3. 1. (1919년 3월 1일)

(3) 표시 문자 다음에 쓴다.

　　1. 마침표　　　　ㄱ. 물음표　　　　가. 인명

(4) 준말을 나타내는 데 쓴다.

　　서. 1987. 3. 5. (서기)

2. 물음표(?)

의심이나 물음을 나타낸다.

(1) 직접 질문할 때에 쓴다.

　　이제 가면 언제 돌아오니?

　　이름이 뭐지?

(2) 반어나 수사 의문(修辭疑問)을 나타낼 때에 쓴다.

제가 감히 거역할 리가 있습니까?

이게 은혜에 대한 보답이냐?

남북 통일이 되면 얼마나 좋을까?

(3) 특정한 어구 또는 그 내용에 대하여 의심이나 빈정거림, 비웃음 등을 표시할 때, 또는 적절한 말을 쓰기 어려운 경우에 소괄호 안에 쓴다.

그것 참 훌륭한(?) 태도야.

우리 집 고양이가 가출(?)을 했어요.

[붙임 1] 한 문장에서 몇 개의 선택적인 물음이 겹쳤을 때에는 맨 끝의 물음에만 쓰지만, 각각 독립된 물음인 경우에는 물음마다 쓴다.

너는 한국인이냐, 중국인이냐?

너는 언제 왔니? 어디서 왔니? 무엇하러?

[붙임 2] 의문형 어미로 끝나는 문장이라도 의문의 정도가 약할 때에는 물음표 대신 온점(또는 고리점)을 쓸 수도 있다.

이 일을 도대체 어쩐단 말이냐.

아무도 그 일에 찬성하지 않을 거야. 혹 미친 사람이면 모를까.

3. 느낌표(!)

감탄이나 놀람, 부르짖음, 명령 등 강한 느낌을 나타낸다.

(1) 느낌을 힘차게 나타내기 위해 감탄사나 감탄형 종결 어미 다음에 쓴다.

앗!

아, 달이 밝구나!

(2) 강한 명령문 또는 청유문에 쓴다.

지금 즉시 대답해!

부디 몸조심하도록!

(3) 감정을 넣어 다른 사람을 부르거나 대답할 적에 쓴다.

춘향아!

예, 도련님!

(4) 물음의 말로써 놀람이나 항의의 뜻을 나타내는 경우에 쓴다.

이게 누구야!

내가 왜 나빠!

[붙임] 감탄형 어미로 끝나는 문장이라도 감탄의 정도가 약할 때에는 느낌표 대신 온점(또는 고리점)을 쓸 수도 있다.

개구리가 나온 것을 보니, 봄이 오긴 왔구나.

Ⅱ. 쉼표[休止符]

1. 반점(,), 모점(､)

가로쓰기에는 반점, 세로쓰기에는 모점을 쓴다.

문장 안에서 짧은 휴지를 나타낸다.

(1) 같은 자격의 어구가 열거될 때에 쓴다.

근면, 검소, 협동은 우리 겨레의 미덕이다.

충청도의 계룡산, 전라도의 내장산, 강원도의 설악산은 모두 국립 공원이다.

다만, 조사로 연결될 적에는 쓰지 않는다.

매화와 난초와 국화와 대나무를 사군자라고 한다.

(2) 짝을 지어 구별할 필요가 있을 때에 쓴다.

닭과 지네, 개와 고양이는 상극이다.

(3) 바로 다음의 말을 꾸미지 않을 때에 쓴다.

슬픈 사연을 간직한, 경주 불국사의 무영탑

성질 급한, 철수의 누이동생이 화를 내었다.

(4) 대등하거나 종속적인 절이 이어질 때에 절 사이에 쓴다.

콩 심으면 콩 나고, 팥 심으면 팥 난다.

흰 눈이 내리니, 경치가 더욱 아름답다.

(5) 부르는 말이나 대답하는 말 뒤에 쓴다.

애야, 이리 오너라.

예, 지금 가겠습니다.

(6) 제시어 다음에 쓴다.

빵, 빵이 인생의 전부이더냐?

용기, 이것이야말로 무엇과도 바꿀 수 없는 젊은이의 자산이다.

(7) 도치된 문장에 쓴다.

이리 오세요, 어머님.

다시 보자, 한강수야.

(8) 가벼운 감탄을 나타내는 말 뒤에 쓴다.

아, 깜빡 잊었구나.

(9) 문장 첫머리의 접속이나 연결을 나타내는 말 다음에 쓴다.

첫째, 몸이 튼튼해야 된다.

아무튼, 나는 집에 돌아가겠다.

다만, 일반적으로 쓰이는 접속어(그러나, 그러므로, 그리고, 그런데 등) 뒤에는 쓰지 않음을 원칙으로 한다.

그러나 너는 실망할 필요가 없다.

(10) 문장 중간에 끼여든 구절 앞뒤에 쓴다.

나는, 솔직히 말하면, 그 말이 별로 탐탁하지 않소.

철수는 미소를 띠고, 속으로는 화가 치밀었지만, 그들을 맞았다.

(11) 되풀이를 피하기 위하여 한 부분을 줄일 때에 쓴다.

여름에는 바다에서, 겨울에는 산에서 휴가를 즐겼다.

(12) 문맥상 끊어야 할 곳에 쓴다.

갑돌이는 울면서, 떠나는 갑순이를 배웅했다.

갑돌이가, 울면서 떠나는 갑순이를 배웅했다.

철수가, 내가 제일 좋아하는 친구이다.

남을 괴롭히는 사람들은, 만약 그들이 다른 사람에게 괴롭힘을 당해 본다면, 남을 괴롭히는 일이 얼마나 나쁜 일인지 깨달을 것이다.

(13) 숫자를 나열할 때에 쓴다.

1, 2, 3, 4

(14) 수의 폭이나 개략의 수를 나타낼 때에 쓴다.

5, 6세기   6, 7개

(15) 수의 자릿점을 나열할 때에 쓴다.

14, 314

2. 가운뎃점(·)

열거된 여러 단위가 대등하거나 밀접한 관계임을 나타낸다.

(1) 쉼표로 열거된 어구가 다시 여러 단위로 나누어질 때에 쓴다.

철수·영이, 영수·순이가 서로 짝이 되어 윷놀이를 하였다.

공주·논산, 천안·아산·천원 등 각 지역구에서 2명씩 국회 의원을 뽑는다.

시장에 가서 사과·배·복숭아, 고추·마늘·파, 조기·명태·고등어를 샀다.

(2) 특정한 의미를 가지는 날을 나타내는 숫자에 쓴다.

3·1운동   8·15 광복

(3) 같은 계열의 단어 사이에 쓴다.

경북 방언의 조사·연구

충북·충남 두 도를 합하여 충청도라고 한다.

동사·형용사를 합하여 용언이라고 한다.

3. 쌍점(:)

(1) 내포되는 종류를 들 적에 쓴다.

문장 부호 : 마침표, 쉼표, 따옴표, 묶음표 등

문방사우 : 붓, 먹, 벼루, 종이

(2) 소표제 뒤에 간단한 설명이 붙을 때에 쓴다.

일시 : 1984년 10월 15일 10시

마침표 : 문장이 끝남을 나타낸다.

(3) 저자명 다음에 저서명을 적을 때에 쓴다.

정약용 : 목민심서, 경세유표

주시경 : 국어 문법, 서울 박문서관, 1910.

(4) 시(時)와 분(分), 장(章)과 절(節) 따위를 구별할 때나, 둘 이상을 대비할 때에 쓴다.

오전 10 : 20(오전 10시 20분)

요한 3 : 16(요한복음 3장 16절)

대비 65 : 60(65 대 60)

4. 빗금(/)

(1) 대응, 대립되거나 대등한 것을 함께 보이는 단어와 구, 절 사이에 쓴다.

남궁만/남궁 만   백이십오 원/125원

착한 사람/악한 사람   맞닥뜨리다/맞닥트리다

(2) 분수를 나타낼 때에 쓰기도 한다.

3/4 분기   3/20

Ⅲ. 따옴표[引用符]

1. 큰따옴표(" "), 겹낫표(『 』)

가로쓰기에는 큰따옴표, 세로쓰기에는 겹낫표를 쓴다.

대화, 인용, 특별 어구 따위를 나타낸다.

(1) 글 가운데서 직접 대화를 표시할 때에 쓴다.

"전기가 없었을 때는 어떻게 책을 보았을까?"

"그야 등잔불을 켜고 보았겠지."

(2) 남의 말을 인용할 경우에 쓴다.

예로부터 "민심은 천심이다."라고 하였다.

"사람은 사회적 동물이다."라고 말한 학자가 있다.

2. 작은따옴표(' '), 낫표(「 」)

가로쓰기에는 작은따옴표, 세로쓰기에는 낫표를 쓴다.

(1) 따온 말 가운데 다시 따온 말이 들어 있을 때에 쓴다.

"여러분! 침착해야 합니다. '하늘이 무너져도 솟아날 구멍이 있다.'고 합니다."

(2) 마음 속으로 한 말을 적을 때에 쓴다.

'만약 내가 이런 모습으로 돌아간다면 모두들 깜짝 놀라겠지.'

[붙임] 문장에서 중요한 부분을 두드러지게 하기 위해 드러냄표 대신에 쓰기도 한다.

지금 필요한 것은 '지식'이 아니라 '실천'입니다.

'배부른 돼지'보다는 '배고픈 소크라테스'가 되겠다.

Ⅳ. 묶음표[括弧符]

1. 소괄호(( ))

(1) 원어, 연대, 주석, 설명 등을 넣을 적에 쓴다.

커피(coffee)는 기호 식품이다.

3 1 운동(1919) 당시 나는 중학생이었다.

'무정(無情)'은 춘원(6·25 때 납북)의 작품이다.

니체(독일의 철학자)는 이렇게 말했다.

(2) 특히, 기호 또는 기호적인 구실을 하는 문자, 단어, 구에 쓴다.

    ⑴ 주어　　　　(ㄱ) 명사　　　　(라) 소리에 관한 것

(3) 빈 자리임을 나타낼 적에 쓴다.

    우리나라의 수도는 (　　)이다.

2. 중괄호({ })

여러 단위를 동등하게 묶어서 보일 때에 쓴다.

$$\text{주격 조사} \left\{ \begin{array}{l} \text{이} \\ \text{가} \end{array} \right. \qquad \text{국가의 삼 요소} \left\{ \begin{array}{l} \text{국토} \\ \text{국민} \\ \text{주권} \end{array} \right.$$

3. 대괄호([　])

(1) 묶음표 안의 말이 바깥 말과 음이 다를 때에 쓴다.

    나이[年歲]　　　　낱말[單語]　　　　손발[手足]

(2) 묶음표 안에 또 묶음표가 있을 때에 쓴다.

    명령에 있어서의 불확실[단호(斷乎)하지 못함.]은 복종에 있어서의 불확실[모호(模糊)함.]을 낳는다.

Ⅴ. 이음표[連結符]

1. 줄표(　── 　)

이미 말한 내용을 다른 말로 부연하거나 보충함을 나타낸다.

(1) 문장 중간에 앞의 내용에 대해 부연하는 말이 끼여들 때에 쓴다.

    그 신동은 네 살에 ── 보통 아이 같으면 천자문도 모를 나이에 ── 벌써 시를 지었다.

(2) 앞의 말을 정정 또는 변명하는 말이 이어질 때에 쓴다.

어머님께 말했다가 —— 아니, 말씀드렸다가 —— 꾸중만 들었다.

이건 내 것이니까 —— 아니, 내가 처음 발견한 것이니까 —— 절대로 양보할 수가 없다.

2. 붙임표(-)

(1) 사전, 논문 등에서 합성어를 나타낼 적에, 또는 접사나 어미임을 나타낼 적에 쓴다.

겨울-나그네   불-구경   손-발

휘-날리다   슬기-롭다   -(으)ㄹ걸

(2) 외래어와 고유어 또는 한자어가 결합되는 경우를 보일 때에 쓴다.

나일론-실   다-장조   빛-에너지   염화-칼륨

3. 물결표(~)

(1) '내지'라는 뜻에 쓴다.

9월 15일~9월 25일

(2) 어떤 말의 앞이나 뒤에 들어갈 말 대신 쓴다.

새마을: ~ 운동   ~ 노래

-가(家): 음악 ~   미술 ~

Ⅵ. 드러냄표[顯在符]

1. 드러냄표(·, ˚)

·이나 ˚을 가로쓰기에는 글자 위에, 세로쓰기에는 글자 오른쪽에 쓴다.

문장 내용 중에서 주의가 미쳐야 할 곳이나 중요한 부분을 특별히 드러내 보일 때에 쓴다.

한글의 본 이름은 훈민정음이다.

중요한 것은 왜 사느냐가 아니라 어떻게 사느냐 하는 문제이다.

[붙임] 가로쓰기에서는 밑줄(—— , ﹏﹏)을 치기도 한다.

다음 보기에서 명사가 아닌 것은?

Ⅶ. 안드러냄표[潛在符]

1. 숨김표(××, ○○)

알면서도 고의로 드러내지 않음을 나타낸다.

(1) 금기어나 공공연히 쓰기 어려운 비속어의 경우, 그 글자의 수효만큼 쓴다.

　　배운 사람 입에서 어찌 ○○○란 말이 나올 수 있느냐?

　　그 말을 듣는 순간 ×××란 말이 목구멍까지 치밀었다.

(2) 비밀을 유지할 사항일 경우, 그 글자의 수효만큼 쓴다.

　　육군 ○○ 부대 ○○○명이 작전에 참가하였다.

　　그 모임의 참석자는 김 ××씨, 정 ×× 씨 등 5명이었다.

2. 빠짐표(□)

글자의 자리를 비워 둠을 나타낸다.

(1) 옛 비문이나 서적 등에서 글자가 분명하지 않을 때에 그 글자의 수효만큼 쓴다.

　　大師爲法主□□賴之大□薦

(2) 글자가 들어가야 할 자리를 나타낼 때에 쓴다.

　　훈민정음의 초성 중에서 아음(牙音)은 □□□의 석 자다.

3. 줄임표(……)

(1) 할 말을 줄였을 때에 쓴다.

　　"어디 나하고 한 번……."

　　하고 철수가 나섰다.

(2) 말이 없음을 나타낼 때에 쓴다.

　　"빨리 말해!"

　　"……."

문교부 고시 제88-2호
1988.1.19. 의거
1988.6.30.

한글맞춤법 해설

('띄어쓰기' 부분만 발췌)

제 5 장   띄 어 쓰 기

제1절   조 사

제41항   조사는 그 앞말에 붙여 쓴다.

꽃이	꽃마저	꽃밖에	꽃에서부터
꽃으로만	꽃이나마	꽃이다	꽃입니다
꽃처럼	어디까지나	거기도	멀리는
웃고만			

앞에서 말한 바와 같이, 조사는 독립성이 없기 때문에 다른 단어 뒤에 종속적(從屬的)인 관계로 존재한다.

조사는, 그것이 결합되는 체언이 지니는 문법적 기능을 표시하므로, 그 앞의 단어에 붙여 쓰는 것이다. 조사가 둘 이상 겹쳐지거나, 조사가 어미 뒤에 붙는 경우에도 붙여 쓴다.

집에서처럼	학교에서만이라도	여기서부터입니다
어디까지입니까	나가면서까지도	들어가기는커녕
아시다시피	옵니다그려	"알았다."라고

제2절   의 존 명 사, 단 위 를 나 타 내 는 명 사 및 열 거 하 는 말 등

제42항   의존 명사는 띄어 쓴다.

아는 것이 힘이다.	나도 할 수 있다.
먹을 만큼 먹어라.	아는 이를 만났다.
네가 뜻한 바를 알겠다.	그가 떠난 지가 오래다.

의존 명사는 의미적 독립성은 없으나 다른 단어 뒤에 의존하여 명사적 기능을 담당하므로, 하나의 단어로 이루어진다. 독립성이 없기 때문에, 앞 단어에 붙여 쓰느냐 띄어 쓰느냐 하는 문제가 논의의 대상이 되었지만, 문장의 각 단어는 띄어 쓴다는 원칙에 따라 띄어 쓰는 것이다.

동일한 형태가 경우에 따라 다르게 쓰이는 예를 들어 보면 다음과 같다.

(1) ‘들’이 ‘남자들, 학생들’처럼 하나의 단어에 결합하여 복수를 나타내는 경우는 접미사로 다루어 붙여 쓰지만,

> 쌀, 보리, 콩, 조, 기장 들을 오곡(五穀)이라 한다.

와 같이, 두 개 이상의 사물을 열거하는 구조에서 ‘그런 따위’란 뜻을 나타내는 경우는 의존 명사이므로 띄어 쓴다. “ㅂ, ㄷ, ㄱ 등은 파열음이다.”처럼 쓰이는 ‘등’도 마찬가지다.

(2) ‘뿐’이 ‘남자뿐이다, 셋뿐이다’처럼 체언 뒤에 붙어서 한정의 뜻을 나타내는 경우는 접미사로 다루어 붙여 쓰지만,

> 웃을 뿐이다.   만졌을 뿐이다.

와 같이, 용언의 관형사형 ‘-을’ 뒤에서 ‘따름’이란 뜻을 나타내는 경우는 의존 명사이므로 띄어 쓴다.

(3) ‘대로’가 ‘법대로, 약속대로’처럼 체언 뒤에 붙어서 ‘그와 같이’란 뜻을 나타내는 경우는 조사이므로 붙여 쓰지만,

> 아는 대로 말한다.   약속한 대로 이행한다.

와 같이, 용언의 관형사형 뒤에서 ‘그와 같이’란 뜻을 나타내는 경우는 의존 명사이므로 띄어 쓴다.

(4) ‘만큼’이 “여자도 남자만큼 일한다, 키가 전봇대만큼 크다.”처럼 체언 뒤에 붙어서 ‘그런 정도로’라는 뜻을 나타내는 경우는 조사이므로 붙여 쓰지만,

> 볼 만큼 보았다.   애쓴 만큼 얻는다.

와 같이, 용언의 관형사형 뒤에서 ‘그런 정도로’ 또는 ‘실컷’이란 뜻을 나타내는 경우는 의존 명사이므로 띄어 쓴다.

(5) ‘만’이 “하나만 알고, 둘은 모른다. 이것은 그것만 못하다.”처럼 체언에 붙어서 한정 또는 비교의 뜻을 나타내는 경우는 조사이므로 붙여 쓰지만,

> 떠난 지 사흘 만에 돌아왔다.   온 지 1년 만에 떠나갔다.

와 같이 경과한 시간을 나타내는 경우는 의존 명사이므로 띄어 쓴다.

(6) “집이 큰지 작은지 모르겠다.”처럼 쓰이는 ‘-지’는 어미의 일부이므로 붙여 쓰지만,

> 그가 떠난 지 보름이 지났다.   그를 만난 지 한 달이 지났다.

와 같이, 용언의 관형사형 뒤에서 경과한 시간을 나타내는 경우는 의존 명사이므로 띄어 쓴다.

(7) '차(次)'가 "연수차(研修次) 도미(渡美)한다."처럼 명사 뒤에 붙어서 '……하려고'란 뜻을 나타내는 경우는 접미사로 다루어 붙여 쓰지만,

　　　고향에 갔던 차에 선을 보았다.

와 같이, 용언의 관형사형 뒤에서 '어떤 기회에 겸해서'란 뜻을 나타내는 경우는 의존 명사이므로 띄어 쓴다.

(8) '판'이 '노름판, 씨름판, 웃음판'처럼 쓰일 때는 합성어를 이루는 명사이므로 붙여 쓰지만,

　　　바둑 한 판 두자.　　　　　　　　장기를 세 판이나 두었다.

와 같이, 수관형사 뒤에서 승부를 겨루는 일의 수효를 나타내는 경우는 의존 명사이므로 띄어 쓴다.

제43항 단위를 나타내는 명사는 띄어 쓴다.

한 개	차 한 대	금 서 돈	소 한 마리
옷 한 벌	열 살	조기 한 손	연필 한 자루
버선 한 죽	집 한 채	신 두 켤레	북어 한 쾌

다만, 순서를 나타내는 경우나 숫자와 어울리어 쓰이는 경우에는 붙여 쓸 수 있다.

두시 삼십분 오초	제일과	삼학년
육층	1446년 10월 9일	2대대
16동 502호	제1어학실습실	80원
10개	7미터	

단위를 나타내는 의존 명사(수량 단위 불완전 명사)는 그 앞의 수관형사와 띄어 쓴다.

나무 한 그루	고기 두 근	열 길 물 속
은 넉 냥(-쭝)	바느질 실 한 님	엽전 두 닢
금 서 돈(-쭝)	토끼 두 마리	논 두 마지기
쌀 서 말	물 한 모금	실 한 바람
장작 한 바리	열 바퀴	새끼 두 발
국수 한 사리	벼 석 섬	밥 한 술
흙 한 줌	집 세 채	밥 한 톨

김 네 톳   풀 한 포기

다만. 수관형사 뒤에 의존 명사가 붙어서 차례를 나타내는 경우나, 의존 명사가 아라비아 숫자 뒤에 붙는 경우는 붙여 쓸 수 있도록 하였다.

제일 편 → 제일편   제삼 장 → 제삼장   제칠 항 → 제칠항

'제-'가 생략된 경우라도, 차례를 나타내는 말일 때에는 붙여 쓸 수 있다.

(제)이십칠 대 → 이십칠대   (제)오십팔 회 → 오십팔회

(제)육십칠 번 → 육십칠번   (제)구십삼 차 → 구십삼차

다음과 같은 경우에도 붙여 쓸 수 있다.

(제)일 학년 → 일학년   (제)구 사단 → 구사단

(제)칠 연대 → 칠연대   (제)삼 층 → 삼층

(제)팔 단 → 팔단   (제)육 급 → 육급

(제)16 통 → 16통   (제)274 번지 → 274번지

제1 연구실 → 제1연구실

또, 연월일, 시각 등도 붙여 쓸 수 있다.

일천구백팔십팔 년 오 월 이십 일 → 일천구백팔십팔년 오월 이십일

여덟 시 오십구 분 → 여덟시 오십구분

다만, 수효를 나타내는 '개년, 개월, 일(간), 시간' 등은 붙여 쓰지 않는다.

삼 (개)년 육 개월 이십 일(간) 체류하였다.

그러나 아라비아 숫자 뒤에 붙는 의존 명사는 모두 붙여 쓸 수 있다.

35원   70관   42마일   26그램   3년 6개월 20일간

제44항 수를 적을 적에는 '만(萬)' 단위로 띄어 쓴다.

십이억 삼천사백오십육만 칠천팔백구십팔

12억 3456만 7898

십진법(十進法)에 따라 띄어 쓰던 것을 '만' 단위로 개정하였다. 따라서 '만, 억, 조' 및 '경(京), 해(垓), 자(秭)' 단위로 띄어 쓰는 것이다.

십진법에 의하여 띄어 쓰면, 그것이 합리적인 방식이긴 하지만, 너무 작게 갈라 놓는 것이 되어서, 오히려 의미 파악에 지장이 있다는 의견이 많았다. 그리하여 아라비아 숫

자로 금액을 표기할 때에 쉼표를 치는 것처럼 세 자리 단위로 띄어서,

　　　십 이억삼천사백 오십육만칠천 육백구십팔(1,234,567,698)

과 같이 띄느냐 하는 문제도 검토되었으나, '십'과 '이억', '사백'과 '오십육만'이 떨어

지는 등 불합리한 형식이 되므로, '만, 억, 조,……' 단위로 띄어쓰기로 한 것이다.

　　　삼천이백사십삼조 칠천팔백육십칠억 팔천구백이십칠만 육천삼백오십사

　　　3243조 7867억 8927만 6354

　다만, 금액을 적을 때에는 변조(變造) 등의 사고를 방지하려는 뜻에서 붙여 쓰는 게 관

례로 되어 있다.

　　　일금 : 삼십일만오천육백칠십팔원정.

　　　돈 : 일백칠십육만오천원임.

제45항　두 말을 이어 주거나 열거할 적에 쓰이는 말들은 띄어 쓴다.

국장 겸 과장	열 내지 스물
청군 대 백군	책상, 걸상 등이 있다.
이사장 및 이사들	사과, 배, 귤 등등
사과, 배 등속	부산, 광주 등지

---

　(1) '겸(兼)'은 한 가지 일 밖에 또 다른 일을 아울러 함을 뜻하는 한자어 형태소다.

'국장 겸 과장' 같은 경우, 한문 구조에서는 '겸'이 뒤의 '과장'을 목적어로 취하는

타동사로 설명되는 것이지만, 국어에서는 '뽕도 딸 겸 임도 볼 겸'처럼 관형어의 수

식을 받는 구조로도 사용되므로, 의존 명사로 다루어지고 있다.

　　　장관 겸 부총리　　　　　　친구도 만날 겸 구경도 할 겸

　(2) '청군 대 백군'의 경우도, 한문 구조에서는 '대(對)'가 뒤의 '백군'을 목적어로

취하는 타동사로 설명되지만, 예컨대 '윗마을 대 아랫마을, 다섯 대 셋'처럼 고유어

사이에서 '상대하는', 또는 '짝이 되는, 비교되는' 같은 뜻을 나타내기도 하므로, 의

존 명사로 다루어지고 있다.

　　　한국 대 일본　　　남자 대 여자　　　　5 대 3

　그러나 '대(짝)를 이룬다.'처럼 쓰이는 경우에는 자립 명사이며, 또 '대미(對美) 수출,

대일(對日) 무역'과 같이 '대'가 앞뒤 두 단어에 관계되지 않는 구조일 때에는, 뒤의 형

태소와 결합하여 하나의 단어를 형성하는 것으로 해석된다.

(3) '내지(乃至)'는, 순서나 정도를 나타내는 데 그 중간을 줄일 때에 쓰는 말이라고 풀이되고 있으나, 흔히 '혹은, 또는' 같은 뜻을 표시하므로, 접속 부사로 다루어 띄어 쓴다.

　　　　하나 내지 넷　　　열흘 내지 보름　　　경주 내지 포항

(4) '및'은 '그 밖에도 또, ……와 또'처럼 풀이되는 접속 부사이므로 띄어 쓰는 것이다.

　　　　위원장 및 위원들　　　사과 및 배, 복숭아

(5) '등(等), 등등(等等), 등속(等屬), 등지(等地)' 따위는 열거의 뜻을 표시하는 의존 명사이므로 띄어 쓴다.

　　　　ㄴ, ㄹ, ㅁ, ㅇ 등은 울림소리다.

　　　　과자, 과일, 식혜 등등 먹을 것이 많다.

　　　　사과, 배, 복숭아 등속을 사 왔다.

　　　　충주, 청주, 대전 등지로 돌아다녔다.

제46항 단음절로 된 단어가 연이어 나타날 적에는 붙여 쓸 수 있다.

　　　　그때 그곳　　　좀더 큰것　　　이말 저말　　　한잎 두잎

　앞에서 말한 바와 같이, 글을 띄어 쓰는 것은 그 의미를 쉽게 파악할 수 있도록 하려는 데 목적이 있다. 그런데 한 음절로 이루어진 단어가 여럿 이어지는 경우,

　　　　좀 더 큰 이 새 집

처럼 띄어 쓰면 기록하기에도 불편할 뿐 아니라, 시각적 부담을 가중시킴으로써 독서 능률이 감퇴(減退)될 염려가 있는 것이다. 그리하여

　　　　좀더 큰 이 새집

처럼 붙여 쓸 수 있도록 한 것이다.

　　　　이 곳 저 곳 → 이곳 저곳　　　내 것 네 것 → 내것 네것

　　　　이 집 저 집 → 이집 저집　　　한 잔 술 → 한잔 술

　그러나 이 허용 규정은 단음절어인 관형사와 명사, 부사와 부사가 연결되는 경우와 같이, 자연스럽게 의미적으로 한 덩이를 이룰 수 있는 구조에 적용되는 것이므로,

　　　　훨씬 더 큰 새 집 → (×) 훨씬 더큰 새집

더 큰 이 새 책상 → (×) 더큰 이새 책상

처럼, 한 개 음절로 된 단어는 무조건 붙여 쓸 수 있는 것이 아니다. 단음절어이면서 관형어나 부사인 경우라도, 관형어와 관형어, 부사와 관형어는 원칙적으로 띄어 쓰며, 또 부사와 부사가 연결되는 경우에도

더 못 간다(×더못 간다)　　　　꽤 안 온다(×꽤안 온다)

늘 더 먹는다(×늘더 먹는다)

와 같이, 의미적 유형이 다른 단어끼리는 붙여 쓰지 않는 게 원칙이다.

제3절　보조 용언

제47항　보조 용언은 띄어 씀을 원칙으로 하되, 경우에 따라 붙여 씀도 허용한다.(ㄱ을 원칙으로 하고, ㄴ을 허용함.)

(ㄱ)	(ㄴ)
불이 꺼져 간다.	불이 꺼져간다.
내 힘으로 막아 낸다.	내 힘으로 막아낸다.
어머니를 도와 드린다.	어머니를 도와드린다.
그릇을 깨뜨려 버렸다.	그릇을 깨뜨려버렸다.
비가 올 듯하다.	비가 올듯하다.
그 일은 할 만하다.	그 일은 할만하다.
일이 될 법하다.	일이 될법하다.
비가 올 성싶다.	비가 올성싶다.
잘 아는 척한다.	잘 아는척한다.

다만, 앞말에 조사가 붙거나 앞말이 합성 동사인 경우, 그리고 중간에 조사가 들어갈 적에는 그 뒤에 오는 보조 용언은 띄어 쓴다.

잘도 놀아만 나는구나!　　　책을 읽어도 보고…….

네가 덤벼들어 보아라.　　　강물에 떠내려가 버렸다.

그가 올 듯도 하다.　　　　잘난 체를 한다.

여기서 말하는 보조용언은, ⑴ '-아/-어' 뒤에 연결되는 보조 용언, ⑵ 의존 명사에 '-하다'나 '-싶다'가 붙어서 된 보조 용언을 가리킨다.

제15항 [붙임1]에서 다루어진 '늘어나다, 돌아가다, 접어들다'처럼, '-아/-어' 뒤에 다른 단어가 붙어서 된 단어의 예가 퍽 많다. 그리고 예컨대 '놀아나다, 늘어나다'에서의 '나다'와 '고난을 겪어 났다.'에서의 '나다'는 차이가 있는 것이지만, 얼른 생각하기로는 양자의 구별이 쉽게 이해되지 않는다. '-아/-어' 뒤에 딴 단어가 연결되는 형식에 있어서, 어떤 경우에는 하나의 단어로 다루어 붙여 쓰고, 어떤 경우에는 두 단어로 다루어 띄어 써야 하는지, 명확하게 분별하지 못하는 곤혹을 겪기가 쉽다. 그리하여 '-아/-어' 뒤에 붙는 보조 용언을 붙여 쓰자는 의견이 많았으나, 각 단어는 띄어 쓴다는, 일관성 있는 표기 체계를 유지하려는 뜻에서, 띄어 쓰는 것을 원칙으로 하되, 붙여 쓰는 것도 허용한 것이다.

(보조 용언)	(원칙)	(허용)
가다(진행)	늙어 간다, 되어 간다	늙어간다, 되어간다
가지다(보유)	알아 가지고 간다	알아가지고 간다
나다(종결)	겪어 났다, 견뎌 났다	겪어났다, 견뎌났다
내다(종결)	이겨 낸다, 참아 냈다	이겨낸다, 참아냈다
놓다(보유)	열어 놓다, 적어 놓다	열어놓다, 적어놓다
대다(강세)	떠들어 댄다	떠들어댄다
두다(보유)	알아 둔다, 기억해 둔다	알아둔다, 기억해둔다
드리다(봉사)	읽어 드린다	읽어드린다
버리다(종결)	놓쳐 버렸다	놓쳐버렸다
보다(시행)	뛰어 본다, 써 본다	뛰어본다, 써본다
쌓다(강세)	울어 쌓는다	울어쌓는다
오다(진행)	참아 온다, 견뎌 온다	참아온다, 견뎌온다
지다(피동)	이루어진다, 써진다, 예뻐진다	

그러나 '-아/-어' 뒤에 '서'가 줄어진 형식에서는 뒤의 단어가 보조 용언이 아니므로, 붙여 쓰는 게 허용되지 않는다.

(시험삼아) 고기를 잡아 본다 → 잡아본다. 〈허용〉

고기를 잡아(서) 본다 (× 잡아본다).

(그분의) 사과를 깎아 드린다 → 깎아드린다. 〈허용〉

사과를 깎아(서) 드린다(× 깎아드린다).

한편, 의존 명사 '양, 척, 체, 만, 법, 듯' 등에 '−하다'나 '−싶다'가 결합하여 된 보조 용언(으로 다루어지는 것)의 경우도 앞말에 붙여 쓸 수 있다.

(보조 용언)	(원칙)	(허용)
양하다	학자인 양하다.	학자인양하다.
체하다	모르는 체한다.	모르는체한다.
듯싶다	올 듯싶다.	올듯싶다.
뻔하다	놓칠 뻔하다.	놓칠뻔하다.

다만. 의존 명사 뒤에 조사가 붙거나, 앞 단어가 합성동사인 경우는 (보조 용언을) 붙여 쓰지 않는다. 조사가 개입되는 경우는, 두 단어(본용언과 의존 명사) 사이의 의미적, 기능적 구분이 분명하게 드러날 뿐 아니라, 제42항 규정과도 연관되므로, 붙여 쓰지 않도록 한 것이다. 또, 본용언이 합성어인 경우는, '덤벼들어보아라, 떠내려가버렸다' 처럼 길어지는 것을 피하기 위하여 띄어 쓰도록 한 것이다.

아는 체를 한다(× 아는체를한다).   비가 올 듯도 하다(× 올듯도하다).

값을 물어만 보고(× 물어만보고).   믿을 만은 하다(× 믿을만은하다).

밀어내 버렸다(× 밀어내버렸다).   잡아매 둔다(× 잡아매둔다).

매달아 놓는다(× 매달아놓는다).   집어넣어 둔다(× 집어넣어둔다).

'물고늘어져 본다, 파고들어 본다' 같은 경우도 이에 준한다.

그런데 합성 동사 뒤에 연결되는 보조 용언을 붙여 쓰지 않도록 한 것은, 그 표기 단위가 길어짐을 피하려는 것이므로, 예컨대

나-가 버렸다 → 나가버렸다 빛-나 보인다 → 빛나보인다

손-대 본다 → 손대본다 잡-매 준다 → 잡매준다

따위처럼, 단음절로 된 어휘 형태소가 결합한 합성어 뒤에 연결되는 보조 용언은 붙여 쓸 수 있다. 그리고

기억해 둘 만하다 읽어 볼 만하다 도와 줄 법하다 되어 가는 듯하다
처럼 보조 용언이 거듭되는 경우는

기억해둘 만하다 읽어볼 만하다 도와줄 만하다 되어가는 듯하다
와 같이, 앞의 보조 용언만을 붙여 쓸 수 있다.

제4절 고유명사 및 전문용어

제48항 성과 이름, 성과 호 등은 붙여 쓰고, 이에 덧붙는 호칭어, 관직명 등은 띄어 쓴다.

김양수(金良洙) 서화담(徐花潭)

채영신 씨 최치원 선생

박동식 박사 충무공 이순신 장군

다만, 성과 이름, 성과 호를 분명히 구분할 필요가 있을 경우에는 띄어 쓸 수 있다.

남궁억/남궁 억 독고준/독고 준

황보지봉(皇甫芝峰) 황보 지봉

성명에 있어서, 성과 이름은 별개 단어의 성격을 지니고 있다. 곧, 성은 혈통을 표시하며, 이름은 특정한 개인에게만 부여된 식별 부호(識別符號)이므로, 순수한 고유 명사의 성격을 지니는 것이다. 이렇게 볼 때, 성과 이름을 띄어 쓰는 게 합리적이긴 하지만, 한자 문화권에 속하는 나라들에서는 성명을 붙여 쓰는 것이 통례이고, 우리나라에서도 붙여 쓰는 게 관용 형식이라 할 것이다. 더구나, 우리 민족의 성은, 예외가 있긴 하지만, 거

의 모두 한 글자(음절)로 되어 있어서, 보통 하나의 단어로 인식되지 않는다. 그리하여 성과 이름은 붙여 쓰기로 한 것이다. 이름과 마찬가지 성격을 지닌 호(號)나 자(字)가 성에 붙는 형식도 이에 준한다.

최학수(崔學洙)　　　김영애(金榮愛)　　　유버들(柳-)

정송강(鄭松江) ('송강'은 호)　　　이태백(李太白) ('태백'은 자)

　다만. 예컨대 '남궁수, 황보영' 같은 성명의 경우, '남/궁수, 황/보영'인지 '남궁/수, 황보/영'인지 혼동될 염려가 있는 것이므로, 성과 이름을 분명하게 밝힐 필요가 있을 때에는 띄어 쓸 수 있도록 한 것이다.

　한편, 성명 또는 성이나 이름 뒤에 붙는 호칭어나 관·직명(官職名) 등은 고유명사와 별개의 단위이므로 띄어 쓴다. 호나 자 등이 성명 앞에 놓이는 경우에도 띄어 쓴다.

강인구 씨　　　강 선생　　　인구 군　　　총장 정영수 박사　　　백범 김구 선생

계 계장(桂係長)　　　사 사장(史社長)　　　여 여사(呂女史)　　　주 주사(朱主事)

　우리 한자음으로 적는 중국 인명의 경우도 본항 규정이 적용된다.

소정방(蘇定方)　　　이세민(李世民)　　　장개석(蔣介石)

제49항 성명 이외의 고유 명사는 단어별로 띄어 씀을 원칙으로 하되, 단위별로 띄어 쓸 수 있다. (ㄱ을 원칙으로 하고, ㄴ을 허용함.)

(ㄱ)	(ㄴ)
대한 중학교	대한중학교
한국 대학교 사범 대학	한국대학교 사범대학

　예컨대 '한국 정신 문화 연구원'처럼 단어별로 띄어 쓰면, '한국, 정신, 문화, 연구원'의 네 개 단어가 각각 지니고 있는 뜻은 분명하게 이해되지만, 그것이 하나의 대상으로

파악되지 않는 단점도 있는 것이다. 그리하여 둘 이상의 단어가 결합하여 이루어진 고유 명사는 단어별로 띄어 쓰는 것을 원칙으로 하되, 단위별로 붙여 쓸 수 있도록 한 것이다.

여기서 말하는 '단위'란, 그 고유 명사로 일컬어지는 대상물의 구성 단위를 뜻하는 것으로 설명된다. 다시 말하면, 어떤 체계를 가지는 구조물에 있어서, 각각 하나의 독립적인 지시 대상물로서 파악되는 것을 이른다. 예컨대 '서울 대학교 인문 대학 국어 국문학과'는 '서울 대학교/인문 대학/국어 국문학과'의 세 개 단위로 나누어지고, '한국 상업 은행 재동 지점 대부계'는 '한국 상업 은행/재동 지점/대부계'의 세 개 단위로 나누어진다.

> (원칙) 서울 대공원 관리 사업소 관리부 동물 관리과
> (허용) 서울대공원관리사업소 관리부 동물관리과
> (원칙) 한국 방송 공사 경영 기획 본부 경영 평가실 경영 평가 분석부
> (허용) 한국방송공사 경영기획본부 경영평가실 경영평가분석부

'부설(附設), 부속(附屬), 직속(直屬), 산하(傘下)' 따위는 고유 명사로 일컬어지는 대상물이 아니라, 그 대상물의 존재 관계(형식)를 나타내는 말이므로, 원칙적으로 앞뒤의 말과 띄어 쓴다.

> (원칙) 학술원 부설 국어 연구소
> (허용) 학술원 부설 국어연구소
> (원칙) 대통령 직속 국가 안전 보장 회의
> (허용) 대통령 직속 국가안전보장회의

다만, '부속 학교, 부속 초등 학교, 부속 중학교, 부속 고등 학교' 등은 교육학 연구나 교원 양성을 위하여 교육 대학이나 사범 대학에 부속시켜 설치한 학교를 이르므로, 하나의 단위로 다루어 붙여 쓸 수 있는 것이다.

> (원칙) 서울 대학교 사범 대학 부속 고등 학교

(허용) 서울대학교 사범대학 부속고등학교

　의학 연구나 의사 양성을 위하여 의과 대학에 부속시켜 설치한 병원의 경우도 이에 준한다.

(원칙) 한국 대학교 의과 대학 부속 병원
(허용) 한국대학교 의과대학 부속병원

제50항　전문 용어는 단어별로 띄어 씀을 원칙으로 하되, 붙여 쓸 수 있다. (ㄱ을 원칙으로 하고 ㄴ을 허용함.)

(ㄱ)	(ㄴ)
만성 골수성 백혈병	만성골수성백혈병
중거리 탄도 유도탄	중거리탄도유도탄

　전문 용어란, 특정의 학술 용어나 기술 용어를 말하는데, 대개 둘 이상의 단어가 결합하여 하나의 의미 단위에 대응하는 말, 곧 합성어의 성격으로 되어 있다. 따라서 붙여 쓸 만한 것이지만, 그 의미 파악이 쉽도록 하기 위하여 띄어 쓰는 것을 원칙으로 하고, 편의상 붙여 쓸 수 있도록 하였다.

(원칙)	(허용)
만국 음성 기호(萬國音聲記號)	만국음성기호
모음 조화(母音調和)	모음조화
긴급 재정 처분(緊急財政處分)	긴급재정처분
무한 책임 사원(無限責任社員)	무한책임사원
배당 준비 적립금(配當準備積立金)	배당준비적립금
손해 배상 청구(損害賠償請求)	손해배상청구
관상 동맥 경화증(冠狀動脈硬化症)	관상동맥경화증
급성 복막염(急性腹膜炎)	급성복막염

지구 중심설(地球中心說)   지구중심설

탄소 동화 작용(炭素同化作用)   탄소동화작용

해양성 기후(海洋性氣候)   해양성기후

두 팔 들어 가슴 벌리기   두팔들어가슴벌리기

무릎 대어 돌리기   무릎대어돌리기

여름 채소 가꾸기   여름채소가꾸기

    다만, 명사가 용언의 관사형으로 된 관형어의 수식을 받거나, 두 개 (이상의) 체언이 접속 조사로 연결되는 구조일 때에는 붙여 쓰지 않는다.

간단한 도면 그리기   쓸모 있는 주머니 만들기

아름다운 노래 부르기   바닷말과 물고기 기르기

두 개 (이상의) 전문 용어가 접속 조사로 이어지는 경우는 전문 용어 단위로 붙여 쓸 수 있다.

감자찌기와 달걀삶기   기구만들기와 기구다루기   도면그리기와 도면읽기